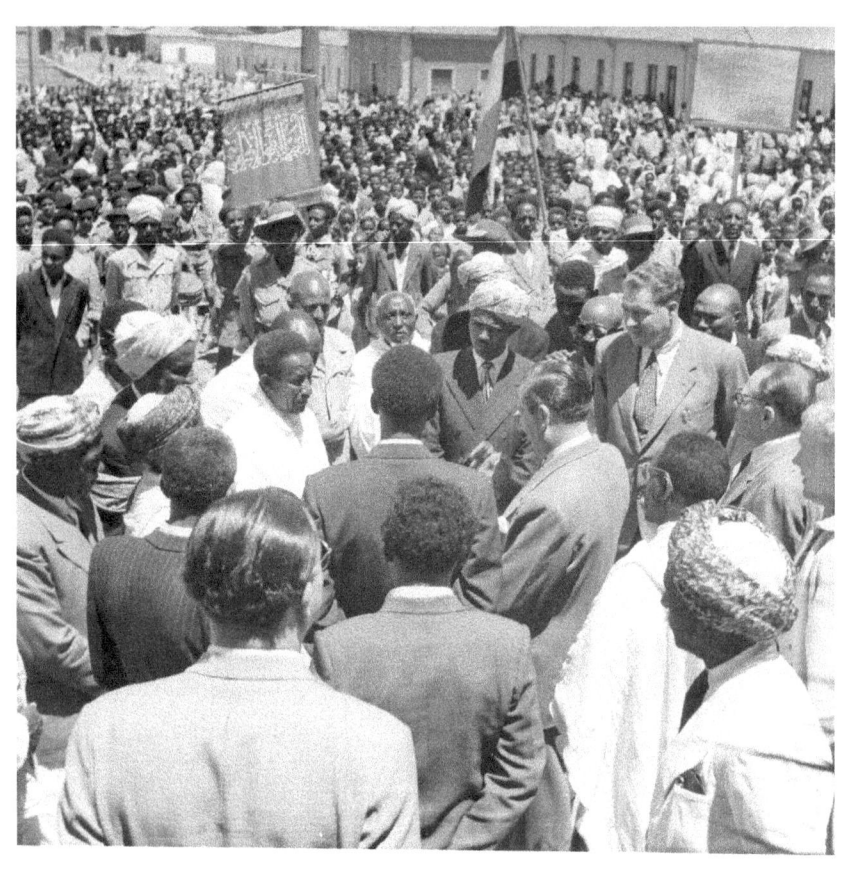

ኣኼባ ህዝቢ ኣስመራ ኣብ ምጅማር ሓምሳታት

ኣይንፈላለ

ኤርትራ 1941-1950

ኣለምሰገድ ተስፋይ

HDRI PUBLISHERS

ኣሕተምቲ ሕድሪ
ኣስመራ 2023

ሕትመት ሕድሪ
178 ጐደና ተጋደልቲ
ቍጽሪ ገዛ 35
ቍ.ሳ.ጶ. 1081
ቴሌ 291-1-126177
ፋክስ 291-1-125630
ኣስመራ - ኤርትራ

ኣይንፈላለ
ኤርትራ 1941-1950

ኩሉ መሰል ደራሲ ዝተሓለወ እዩ።

ቀዳማይ ሕታም 2001
ካልኣይ ምብዛሕ 2002
ሳልሳይ ምብዛሕ 2007
ራብዓይ ምብዛሕ 2023

ISBN 99948-0-053-1

ቅጥዒ መጽሓፍን (ዲዛይን) ምጽብባቕ ስእሊ፡ ፍረሚናጦስ እስቲፋኖስ
ገበር ስእሊ፡ ተስፋይ ገብረሚካኤል (ሓንክሽ)

ትሕዝቶ

መቅድም i
ምስጋና..vii
መእተዊ
ገለ ነጥብታት ብዛዕባ ካልኣይ ኲናት ዓለም..1
ኤርትራ ኣብ ዓንኬል ኲናት ዓለም 4
ኲናት ኣብ ኤርትራ 6
ምትሓዝ ከረንን ስዕረት ኢጣልያን 9

1. ኣንፈት ወተሃደራዊ ምምሕዳር ብሪጣንያን ማሕበር ፍቕሪ ሃገርን................16
   ምምስራት ማሕበር ፍቕሪ ሃገር 16
   ገምጋም ምምሕዳር ብሪጣንያ ብዛዕባ ማሕበረ ቍጠባዊ ኩነታት ኤርትራ...26
   ብዛዕባ መጻኢ ዕድል ኤርትራ 30
2. ምትእትታው መንግስቲ ኣመሪካ 36
   ኣመሪካውያን ኣብ ጉራዕን ኣስመራን 36
   ኩነታት መንግስቲ ኢትዮጵያ 39
   መሰረት ዝምድና ኣመሪካን ኢትዮጵያን 41
3. ማሕበረቁጠባዊኩነታትኣብኤርትራ(1941-1945)...............................45
   ከተማታት 45
   ኩነታት ገጠራት ኤርትራ 50
   ከበሳ 58
4. ፖለቲካዊ ፍሕሕታ 62
   ቃልስን ሕጽረታትን ማሕበር ፍቕሪ ሃገር (ማ.ፍ.ሃ.) 62
   ምትእትታው ኢትዮጵያን ኤርትራውያን ሰበስልጣናን...............................60
   ምብግጋስ ሃገራዊ ቃልሲ ንናጽነት 68
   ምንቅስቓስ ትግራይ ትግርኚ 71
5. ድሮ ምምስራት ፖለቲካዊ ሰልፍታት 74
   ኩነታት ራእሲ ተሰማን ሰዓብቶምን 74
   ፈተነታት ንቕጽበታዊ ሕብረት 78
   "ደገፍ ካብ ካልእ" - ናይ ሕብረት ድፍኢት ካብ ኣዲስ ኣበባ 81
   ምቅቓል ማሕበር ፍቕሪ ሃገር (ማ.ፍ.ሃ.) 85
6. ኤርትራን ጉዳያን ኣብ መፋርቕ ኣርብዓታት 93
   ዋዕላ ፓሪስ - ኣህጉራዊ መርገጺ ኣብ ልዕሊ ኤርትራ 93
   ኩነታት ኤርትራ ኣብ መፋርቕ 40'ታት 98

i

ሽፍትነትን ፖለቲካዊ ናዕብን 107
7. ዋዕላ ቤት-ጌጊሰን ሳዕቤኑን 116
   ቅድሚ ዋዕላ ዝኸበረ ኩነታት 116
   ህልቀት ኣብ ኣሰመራ 119
   ዋዕላ ቤት ጌርጊስ 126
8. ኣል ራቢጣ ኣል እስላሚያ ኣልኤርትሪያ 136
   ኣመሰራርታ ኣልራቢጣ 136
   ሰለምንታይ ኣልራቢጣ ኣልእሰላሚያ፤ 139
   ፕሮግራም ኣልራቢጣን ዘልዓሎ ክትዕን 146
9. ማሕበር ፍቕሪ ሃገር ኤርትራ
   ምስ ኢትዮጵያ ሓንቲ ኢትዮጵያ (ማሕበር ሕብረት) 154
   ብዛዕባ መራሕትን ሰዓብዮትን ማሕበር ሕብረት 154
   ምምስራት ማሕበር ሕብረት 157
   ልሳን ሕብረት - ጋዜጣ ኢትዮጵያ 161
10. 1947- ካብ ምምስረት ኤርትራ ንኤርትራውያን
    ክሳብ ምምጻእ ኮሚሽን ኣርባዕተ ሓያላት 165
    ማሕበር ነጻነትን ዕብዮትን ኤርትራ - ኤርትራ ንኤርትራውያን 165
    ፖለቲካዊ ምፍሕፋሕን ግብረ ሽበራን 171
    ምምስራት ሰልፊ "ሻሪ ኢጣልያ" (Pro-Italy Party) 179
11. ናይ ኣርባዕተ ሓያላት መንግስታት መርማሪት ኮሚሽን 183
    መርገጺ ኣርባዕተ ሓያላት መንግስታት 183
    መርማሪት ኮሚሽን ኣርባዕተ ሓያላት ኣብ ኤርትራ 186
    ውሳነታት መርማሪት ኮሚሽን 191
12. ምጅማር ውዱብ ፖለቲካዊ ግብረ ሽበራ 197
    ሽፍትነት ኣብ ኤርትራ 197
    ማሕበር ኣንድነትን ግብረ ሽበራን ከም መሳርሒ ፖለቲካ ኢትዮጵያ 202
    1948 ዓመት ሽፍትነትን ግብረ ሽበራን 209
    ፍሉይነት ሽፍትነት ዓዋተ 214
    ኢድ መንግስቲ ኢትዮጵያን ምጥርናፍ ሽፉቱን 216
13. ጉዳይ ኤርትራ ኣብ ሓፈሻዊ ባይቶ ሕቡራት ሃገራት(ባ.ሕ.ሃ.) 224
    ክሳብ መስዋእቲ ከቢረ ዝኸበረ ኩነታት 224
    ጉዳይ ከቢረን ኣተሓሕዛኡን 229
    ናብ ስምምዕ በቪን-ስፎርዛ ዘምርሕ ኣህጉራዊ ኣተሓሳሰባ 235
    ክትዕ ኣብ ቀዳማይ ኮሚተ ባይቶ ሕቡራት ሃገራት 243

ወከልቲ ፖለቲካዊ ማሕበራት ኤርትራ	247
ውዲት-ስምዕ በቪን-ሰፍርዛ	253

14. ቀጽሪ ናጽነት ኤርትራ 262
ጽልዋ ውጥን በቪን-ሰፍርሳ ኣብ ፖለቲካ ኤርትራ 262
ምጥርናፍ ቀጽሪ ናጽነትን ሳዕቤኑን 266
ፈተነታት ንምትዕንቓፍ ናጽነት 268

15. ጉዳይ ኤርትራ ኣብ ራብዓይ መጋባእያ ባ.ሕ.ሃ. 279
ካልኣይ ንቕሎ ናብ ለይክ ሳክሰስ 279
ክትዕ ኣብ ራብዓይ መጋባእያ ባይቶ ሕ.ሃ. 283
ምቕርራብ ንምምጻእ ኮሚሽን ሕ.ሃ. 291

16. ድሮ ምምጻእ ኮሚሽን ሕቡራት ሃገራት (ኮ.ሕ.ሃ.) 298
ሽባንን "ሓለዋ" ኣልራቢጣን 298
ጽንብል ቀ.ና.ኤ. 305
መንፈሳውን ኣካላውን ጉንጽ ኣብ ልዕሊ ቀ.ና.ኤ. 310
ውዲት ፍራንክ ስታፍርድ 342
ስታፎርድን ኣልራቢጣን ኣልእስላሚያ-ምዕራባዊ ቀላን 322

17. መርማራት ኮሚሽን ሕቡራት ሃገራት ኣብ ኤርትራ 327
ዕግርግር፥ ራዕድን ሓድሕድ ምቅትታልን ኣብ ኣስመራ ...327
ስራሓትን ጸብጻብን ኮ.ሕ.ሃ. 336
እማመታት ኮሚሽን ሕቡራት ሃገራት 343

18. ኤርትራ ድሕሪ ዉደት ኮ.ሕ.ሃ. 346
ውሽባዊ ኩነታት ኤርትራ - 1950 346
ሽበራን ጸረ ሽበራን 353

19. ቃልሲን ውዲትን ኣብ ሓሙሻይ መጋባእያ ባይቶ ሕ.ሃ. 362
እማመታት ኮ.ሕ.ሃ. ኣብ ባይቶ ሕ.ሃ. 362
ካልእ ውዲት ኣብ ኣዳራሻት ባይቶ ሕ.ሃ. 366
ኢ.ብራሂም ሱልጣን ኣብ ቀድሚ ፖለቲካዊ ኮሚቲ 371

20. ፌደራል ውሳነ ሓፈሻዊ ባይቶ ሕ.ሃ. 380
ክትዕ ኣብ ኮሚተን ሓፈሻዊ መጋባእያን ባይቶ ሕ.ሃ. 280
ውሳነ 390 ሃ(ራ) ናይ ባይቶ ሕ.ሃ. 384
ህዝቢ ኤርትራን ፌደራል ብይንን 387

መደምደምታ 424
ጉባኤ ሰላም 424

መቕድም

ነቲ ናብ ፈደረሽን ኤርትራ ምስ ኢትዮጵያ ዘብጽሐ ናይ 1940'ታት ታሪኽ ኤርትራ ኣዝዩ ዝተሓላለኸ ከም ዝኸውን ዝገብሮ ሓደ ዓቢ ምኽንያት ኣሎ። እዚ ድማ፡ ውሳኔ ባይቶ ሕቡራት ሃገራት ንፈደረሽን፡ ማለት'ውን ውሳነ 390/V ናይ 1950፡ ወጻኢ ካብቲ ኣብ ውሽጢ ኤርትራ ዝተኻየደን ንድሌት ህዝቢ ኤርትራ ዘንጸባረቐን ፖለቲካዊ ቃልሲ፡ ብመሰረት ኣህጉራዊ ረብሓታትን ስትራተጂ ሓያላት ሃገራትን ስለ ዝተወሰደ ኢዩ። ክልቲኡ እዚ መስርሓት እዚ፡ ነንሓድሕዱ ዝገራጮን ዘይራኸብን መስመራት ስለ ዝኸተለ፡ ብሓቂ ክልተ ዝተፈላለየ ዛንታታት ኢዩ ዘዘንቱ። ኣብ'ዚ መጽሓፍ'ዚ፡ ነዚ ኽልተ ማዕረ ማዕረ ዝኸደ ናይ ታሪኽ ጉዕዞ፡ ማለት ነቲ ናይ ህዝብና ቃልሲ ብሓደ ወገን፡ ነቲ ኣህጉራዊ መስርሕ ከኣ በቲ ኻልእ ጠሚርና ክንገልጾ ፈቲንና ኣለና።

ኣብዚ ሃቐነ'ዚ ድማ ጸገም ኣጓኒፉና። ካብ'ዚ ዝተጠቕሰ ክልተ መስርሓት፡ እቲ ብፈደረሽን ዝተደምደመ ኣህጉራዊ ኣጠማምታን፡ ውሽጣዊ ስምምዓትን ውዲታትን፡ ብሰነዳት፡ ጸብጻብ ኮሚሽዮናት ኣርባዕተ ሓያላትን ሕቡራት መንግስታትን፡ ብጽሑፋት ናይ ከም ጂ.ኬ.ኤን. ትረቫስኪስ ዝመሰሉ ናይቲ ጊዜ ደረስትን ሰበ ስልጣን ብሪጣንያን ብግቡእ ዝተሰነደን ዝተተንተነን ኢዩ። እቲ ብንድኑ ዝኸይድ ዝነበረ ቃልሲ ህዝቢ ኤርትራን ፖለቲካዊ ሰልፍታቱን ግን እዚ ብልጫ'ዚ የብሉን። እዚ ድማ፡ ብዘይካ ኣብ ኢድ ውልቀ ሰባት ዝርከብ ናይ'ቲ ጊዜ ጋዜጣታትን ሓደ ሓደ ሰነዳትን፡ እቲ ከም ናይ ሸኽ ኢብራሂም ሱልጣንን ኣቶ ወልደኣብ ወልደማርያምን ዝመሰለ ቃለ መጠይቓትን ዝተነጻጸለ ወረቓቕትን ዝኽርታትን፡ ሰነዳት ናይ'ተን ፖለቲካዊ ሰልፍታት ስለ ዝተጣፍአ ኢዩ። በዚ ምኽንያት'ዚ፡ ነቲ ናይ ህዝቢ ኣተሓሳስባ፡ ድሌትን ንጥፈታትን ብደቂቕ ንምርካብ፡ ናብተን ናይ'ቲ ጊዜ ጋዜጣታት ወይ ድማ ናብ ዝኽሪ ናይ ዘርከቡ ውሑዳት ሰባት ክንምርኮስ ግድን ኮይኑና።

ከምዚ ስለ ዝኾነ፡ እዚ ቐረብ ዘሎ ሰፊሕ ጽሑፍ ከም መበገሲ ናይ ዝያዳን ዝዓመቑን ናይ ታሪኽ ምርምር እምበር ከም ፍጹምን ንሕቶን ነቐፌታን ዘይቃላዕን ናይ መወዳእታ ቃል ክውሰድ ኣይግባእን። ዛጊት፡ ታሪኽ ህዝቢ ኤርትራ ብወጻእተኛታት ወይ ወጻእተኛታት ኣብ ዝበሉዎ ብዝተመርኮሰ መጽናዕቲ ኢዩ ክጸሓፈልና ጸኒሑ። ሎሚ ኢና ነቲ ወጻእተኛታት ዝጸሓፉዎን ዝሰነድዎን ምስ'ቲ ኤርትራውያን ዝበሉዎን ዝፈጸሙዎን ኣነጻጺርና ናብ ሓቀኛ ታሪኽ ገጽና ክንከይድ ንህቅን ዘለና። ከምዚ ስለ ዝኾነ፡ ኣብ'ዚ

ጽሑፍ'ዚ ገለ ሃንፋት፡ ገለ ዘጠራጥር ነጥብታት ወይ ፍጻሜታት፡ ብሓደ ትርጉም ወይ መዳይ ጥራይ ክድምደም ዘጸግም ናይ ታሪኽ ጭብጥታት ክህሉ ግድን ኢዩ። ብዝተኻእለ፡ ነዚ ከከም ኣድላይነቱ ኣመልኪትናሉ ወይ ኣስሚርናሉ ኣለና።

ታሪኽ፡ ጸብጻብ ናይ ዝሓለፈ ጥራይ ኣይኮነን። ትርጉም ናይ ዝሓለፈ እውን ኢዩ። ትርጉም ናይ ዝሓለፈ ስለ ዝኾነ ድማ፡ ብኣተሓሳስባን ፍልስፍናን ናይ'ቲ ዝትርጉሞን ዝጽሕፎን ዘሎ ሰብ ወይ ወለዶ ክጽሎን ክውሰንን ግድን ኢዩ። ናትና ወለዶ፡ ዝበዝሐ ጊዜኡ ኣብ ቃልሲ ኣሕሊፉ ናጽነት ኤርትራ ዝጨበጠ ኢዩ። እዚ ወለዶ'ዚ ከም ታሪኽ ኤርትራ ዝፈልጦን ንመጻኢ ትውልዲ ከመሓላልፎ ዝደሊን እምበኣር፡ ነቲ ካብ ጥንቲ ኣትሒዙ ፈኺም እናበለ፡ ናይ ካልኦት ዕብለላ እናፈንጠሰ፡ ዕንቅፋታትን መሰናኽላትን እናሰገረን እናጡሓሰን ንዘመናት ድሕሪ ምስላይ፡ ኣብ መወዳእታ ሓፂሉን ዓብሊሉን ናብ ናጽነት ዝበጽሐ መስመር ካብ ታሪኽና ኢዩ።

ከምዚ ስለ ዝተባህለ፡ እቲ ኣብ ውሽጢ ህዝቢ ኤርትራ በብጊዜኡ፡ ብፍላይ ድማ ካብ 1940'ታት ክሳብ ናጽነት ሃገርና ዝተራእየ፡ ግን ከኣ ናብ ናጽነት ኤርትራ ዘየብጽሐ መስመር ወይ መዳይ ታሪኽና፡ ዘይቅቡል ወይ ፍጹም ዝድርበ ኢዩ ማለት ኣይኮነን። ኣብ 1940'ታት፡ ናይ ናጽነት ድሌትን ቃልስን ጥራይ ኣይኮነን ተራእዩን ሓሊፉን። ሕብረት ምስ ኢትዮጵያ ዝደሊ ዘይነዓቕ ክፋል ሕብረተ-ሰብና ነይሩ ኢዩ። ኤርትራ ንኽትምቀል፡ ፍርቃ ንሱዳን ፍርቃ ድማ ንኢትዮጵያ ንኽትወሃብ፡ ዝደገፈ ካልእ ክፋል'ውን ነይሩ። ሕብረት ምስ ኢትዮጵያ ግን ብውዕል፡ መሰላት ኤርትራውያን እናተሓለወ ንክኸውን፡ ቃልሲ ተኻዪዱ። ጥልያን ብመጉዚትነት ዳግም ንኽምለስ ዝደለዩ'ውን ኣይተሳእኑን... ወዘተ።

እዚ ኹሉ፡ ታሪኽናን ቅርስናን ኢዩ። እቲ ናይ ናጽነት ቃልሲ ስለ ዝተዓወተ'ሞ ንዕኡ ድማ ንመጻኢ ትውልዲ ከነውርስ ስለ ዝደለና ጥራይ፡ ነቲ ዘይተዓወተ መዳይ ታሪኽና ክንድምስስ ጌጋ ኢዩ፡ ዝከኣል'ውን ኣይኮነን። ምንጪ መንነት ሓደ ህዝቢ ታሪኹ ኢዩ። ታሪኽ ድማ እኩብ ናይ ዝተፈላለየ ተመክሮታት ስለ ዝኾነ፡ ኣንፈታቱን ትሕዝቶኡን ዝተሓላለኸ ኢዩ። ዳህሲስካን ተመራሚርካን ክትርድኦ ዘይትኽእል ብዙሕ ደብዛዝ ኩርንዓት እውን ኣለዎ። ይትረፍዶ ኣብቲ ናይ ሕብረትን ምቕልን ደንበታት፡ ኣብ'ቲ ናይ ናጽነት'ውን እንተኾነ፡ ብዙሕ "ኣይመድለየን" ዝበሃለሉ ናይ ሕርኽራኽ መሸጉራጉራት ይርከብ ኢዩ።

ታሪኽ እምበኣር ጽቡቕን ሕማቕን ተባሂሉ ብንጹር ሕንጻጸት ክፍለ ዝከኣል ኣይኮነን። ወይ ድማ፡ ነቲ ጸጽቡቑ ዓቂብካ ነቲ ዝተረረ ክትሓብኦ እትኽእል ዓውዲ ኣይኮነን። ድምር ናይ ኩሉ ነገራት ስለ ዝኾነ፡ ሓደ ናይ

ታሪኽ ተመራማሪ ነቲ ኣብ ቅድሚኡ ዝቐረበ ጭብጥታት፡ ወገን ከይፈለየን ብስምዒት ጥራይ ከይተመርሐን፡ ከከም ኣመጻጽኣኡ ክርእዮ ግቡእ ኢዩ። እዚ ናትና ወለዶ ናጽነት ስለ ዘምጽአ ነቲ ዝሓለፈ ወለዶታት ክኹንን ወይ ክፈርድ እንተ ኾይኑ፡ በደል ክፍጽም ኢዩ። ታሪኽ ናይ 1940'ታት ንኣብነት፡ ምስቲ ጊዜ ተዛሚዱ ኢዩ ክርአ ዘለዎ። ደረጃ ፖለቲካዊ ንቕሓት ህዝብና ኣበየናይ ነይሩ? ተወዲብካ ናይ ምስራሕ ዓቕምን ተመኩሮን ነይሩዎዶ? ሃንደበት፡ ኣብ ዓይንን ውዲትን ኣህጉራዊ ሓይልታት ምእታዉ ብኸመይ ጸልዩዎ? እዚ ኹሉን ካልእን ኣብ ግምት ምስ ዘእቱ፡ ካብቲ ዝገበሮ ንላዕሊ ንኽገብር ምጽባዩ፡ ወይ ዘይገበረ ኢልካ ምኹናኑ ርትዓዊ ኣይከውንን።

እዚ ግን፡ ታሪኽ ወይ መጻኢ ትውልዲ ንዝበደሉን ምእንቲ ውልቃዊ ወይ ጉጅላዊ ጥቕሚ፡ ረብሓ ህዝብን ሃገርን ንዝሃሰዩን ክጸባጸቦም የብሉን ማለት ኣይኮነን። ኣብ መንጎ'ቲ ብፍላጥ ዝጽይቕን ስኣን ፍልጠትን ንቕሓትን ዘጉድልን ግን ናይ ኣገማግማ ፍልልይ ምግባር የድሊ። ንታሪኽ 1940'ታት ብዓይኒ ምርዳእን ምድንጋጽን ክንርእዮ እንተኾይንና፡ ዘመናዊ ፖለቲካ ኤርትራ ሽው ስለ ዝፈለመ'ሞ፡ ሕጽረት ናይ ተመኩሮ ስለ ዝነበረ ኢዩ። ካብኡ ዝቐጸለን ሕጂ'ውን ዝቕጽል ዘሎን ወለዶታት፡ ነዚ ናይ ምርዳእ፡ ምድንጋጽ ወይ ናይ ምንሓፍ ሓለፋ'ዚ ክረክብ ኣይግባእን። ምኽንያቱ ድማ፡ ነብስ ወከፍ ወለዶ ካብ ተመኩሮ ናይ ዝሓለፉ ናይ ምምሃር ሓላፍነት ስለ ዘለዎ ኢዩ።

እዚ ቐሪቡ ዘሎ ጽሑፍ ብመንጽር እዚ ሕቶታትን ክዉንነትን ዕቃበታትን ክንበብ ይግባእ። ኣብ'ዚ መጽሓፍ'ዚ፡ ተግባራትን ኣተሓሳስባን ናይ ብዙሓት ናይ'ቲ ጊዜ ሰባት ብሰፊሑ፡ ገሊኡ ብኣወንታ ገሊኡ ድማ ብኣሉታ፡ ተተንቲኑ ኣሎ። እዚ ተግባራትን ኣተሓሳስባን'ዚ፡ ናይ 1940'ታት ኢዩ። ገለ ካብ'ዚኣቶም፡ ኣብ ዳሕረዋይ ታሪኽ ኤርትራ ካልእ ኣተሓሳስባን ካልእ መርገጺን ሒዞም ይርከቡ ኢዮም። ንኣብነት፡ ተጣባቒ ናጽነት ዝነበረ ናብ ኢትዮጵያ ዝጽጋዕ፡ ሕብረት ዝነበረ ጸኒሑ ዝጠዓስ፡ ናይ ኢትዮጵያ ሸፍታ ዝነበረ ከይተረረፈ ኣንጻራ ዝኸይድ መሊኡ ኢዩ። እዚ ግን፡ ኣብ ዳሕረዋይ መድርኻት እምበር ኣብ መድርኽ 1940'ታት ዝግለጽ ኣይኮነን። ሓደ ሰብ፡ ኣብ 1940'ታት ከምዚ ነይሩ ስለ ዝተባህለ፡ ነቲ ዝደሓረ ታሪኹ ክንክየሉ ወይ ከጸባብቐሉ ኣይክእልን ኢዩ። እቲ ናይ ሽዑ ታሪኹ እንተ ኾነ'ውን፡ ካብቲ ልክዑ ዝሓልፍ ወይ ካብቲ ከምኡ ንክኸውን ዝደረኾ ምኽንያታት ወጻኢ ዝርአ ክኸውን ኣይክእልን። ታሪኽ እምበኣር ዳሕረዎት ንቐዳሞት ዝፈርዱሉ መድረኽ ጥራይ ኮይኑ ክቐርብ ወይ'ውን ክንበብ ኣይግባእን። ኢ..ኤች.ካር ዝተባህለ ናይ ታሪኽ ሊቕ ከምዚ ይብል፡-

ዘመናዊ ሰብ ንድሕሪት፡ ናብቲ ዝመንጩወሉ ወጋሕታ ተመሊሱ ዝመራመረሉ ምኽንያት፡ እቲ ደብዛዝ ጩራታት ናይ ዝሓለፈ ነቲ ሃሳስ መጻኢኡ እንተ'ብርሃሉ ብምትሰፋው ኢዩ። (E.H.Carr, The New Society, London, 1951, p.2)

ታሪኽ መምህር ኢዩ። መስትያት'ውን ኢዩ። ሓደ ህዝቢ ብዛዕባ ነብሱ ክፈልጥ፡ ብዛዕባ ጠባያቱ ክመራመር፡ ክፉኡን ጽቡቑን ፈልዩ ክለሊ፡ ካብ ሕሉፍን ህሉውን ጌጋታቱ ንኽማሃር ምስ ዝደሊ፡ ኣብ ታሪኹ የናድየ። ከምቲ ኢ.ኤች. ካር ዝበሎ፡ ሰባት ብዛዕባ መጻኢኦም ክንበዩ ስለ ዘይክእሉ፡ ገለ ኣንፈት እንተ ረኸቡ ኢሎም ኢዮም ታሪኾም ዝድህሰሱ። ብኻልእ ኣዘራርባ፡ ሓደ ህሉው ትውልዲ፡ ረብሓኡ ንምሕላው፡ ህላወኡን ቀጻልነቱን ንምርግጋጽ ኢዩ ብዛዕባ ታሪኹን ኣመጻጽኣኡን ዝግደስ።

ብምኽንያት እቲ ኣብ ልዕሊ ኤርትራ ዝወረደ ተኸታታሊ መግዛእትን ናይ መግዛእቲ ፈተነታትን፡ ታሪኽ ካብ ዝኾነ ይኹን ካልእ ህዝቢ ንኤርትራውያን የገድሶም። ናይ ናጽነት ቃልሲ ተባሂሉ ይጸዋዕ እምበር፡ ኣብ ኤርትራ ናይ ታሪኽ ቃልሲ ኢዩ ተኻዪዱ። ኣብ ዘመናዊ ታሪኽ ወዲ ሰብ ካብ ዝተራእየ ምጉትን ኩናትን ብዛዕባ ታሪኽን መንነትን ሓደ ህዝቢ፡ ምናልባት እቲ ኤርትራውያን ኣንጻር ኢትዮጵያ ዘካየድዎ ብቐዳምነት ክይተሰርዐ ኣይተርፍን። ምኽንያቱ፡ ናይ ኢትዮጵያ ኅበጣ ንኤርትራ፡ ከምቲ ናይ ኢጣልያ ቅሉዕ ኤውሮጳዊ ኅበጣ ንሓደ ኣፍሪቃዊ ህዝቢ ኮይኑ ኣይኣተወን። ኢትዮጵያዊ መግዛእቲ ንታሪኽ ህዝቢ ኤርትራ ብዝጥዕሞ ብምትርጓምን ብፈጠራ ብምጥምዛዝን፡ ናብ ጉዳይ መንነት ቀዲሩ ኢዩ ፈጺሙዎ።

ከምዚ ስለ ዝኾነ፡ ናይ'ቲ ጊዜ ሓያላት ዓለም እውን ንትርጉምን ፈጠራን መንግስቲ ኢትዮጵያ ከም ዝነበሮ ስለ ዝተቐበሉ፡ ጉዳይ ኤርትራ ኣዝዩ ክተሓላለኽ፡ ቃልሲ ህዝቢ ኤርትራ ክንጸል፡ ስቓይ ህዝቢ ኤርትራ ድማ ካብቲ ዝግባእ ንላዕሊ ክናዋሕ ክኢሉ። ምኽንያት መናውሒ ቃልሲን ስቓይን ህዝብና ግን ካብ ግዳም ዝመጸ ጥራይ ኣይነበረን። ኤርትራውያን እውን ንታሪኾምን መንነቶምን ኣብ ነብሶም ሒዞምን ዓቂቦምን ድኣ እምበር፡ ንዓለምስ ከየፍለጥዎ ኢዮም ጸኒሖም። ናይ ምጽሓፍ ባህሊ ስለ ዘይነበሮም፡ ሕጂ'ውን ንሕና ብዝግባእ ነማዕብሎ ስለ ዘየለና፡ ዝርዝራዊ ታሪኽና ካባና ወጻኢ ክይተፈለጠልና ኢዩ ተናቢሩን ዘሎ። ንግዛእ ታሪኽካ ብቓል ይኹን ብጽሑፍ ባዕልኻ ምስ ዘይተፍልጦ፡ ጓና ከፍልጠልካ ከም ዘይኮነ ህዝቢ ኤርትራ ብሕሱም ተመኩሮ ተማሂሩ ኢዩ። ጓና፡ ሽሕ ይፍተኻን ምሳኻ ይደናገጽን፡ ብዓይኑን ምስ ናቱ ባህልን ልምድን ብምንጽጻርን ኢዩ ዝርእየካን ዝመዝነካን። ካብኡ ዝተረፈ፡ ከምቶም ብዛዕባ ኤርትራ ዝጸሓፉ ኢጣልያውያን፡ እንግሊዛያንን ኢትዮጵያውያንን፡ ንመግዛእታዊ ረብሓታቱ ክብል ዘይናትካ ክህበካ ንቡር ኢዩ።

ናይ 1940'ታት ታሪኽ ኤርትራ፡ መንነት ህዝብና ኣብ ብርቱዕ ምጉትን ዋጋ ዕዳጋን ዝኣተወሉ ስለ ዝኾነ ንመንነትና ኣብ ምንጻር ዓብን ወሳንን ግደ ዝተጻወተ ኢዩ። ኩሉ'ቲ ንመንነት ሓደ ህዝቢ ዝምልከት ሕቶታት፡ ኣብቲ ዓሰርተ ዓመት እቲ ተላዒሉ ኢዩ። ግን ህዝቢ ዘይኮነስ ናይቲ እዋን መራሕቲ ፖለቲካ ኤርትራ ኣብ ትርጉም መንነትን ኣመጻጽኣ ናጻነትን ስለ ዝተበታተኑ፡ ጉዕዞ ናጽነትን ርእሰ ውሳነን ህዝቢ ኤርትራ ኣዝዩ ከም ዝተሃሰየ ዘካትዕ ኣይኮነን። ንባህሪ ናይ'ቲ ጊዜን ንውሽጣዊ ስምዒትን ሓቀኛ ድሌት ህዝብናን ኣድቂቑ ንዘይተገንዘበ፡ ኣብ ምውዳእ'ቲ እዋን'ቲ፡ መንነት ህዝቢ ኤርትራ ተጓዕጺጹ ዘብቅዐ መሲሉ ክረኣዮ ግድነት ነይሩ። ካብ ጥንቲ ዝሃነጾ ሓባራዊን ናይ ጽቡቕ ጉርብትናን ታሪኽን ባህልን ኣብ እዋን መግዛእቲ ኢጣልያ ድልዱል ሰረት ረኺቡ ናህሪ ስለ ዝደለበ ግን፡ ካብኡ ንነጀው መዕገቲ ብዘይተረኸቦ ድፍኢት ምቕጻሉን ኣብ ዓወት ምብጽሑን ንወሳንነት ናይ'ቲ ጊዜ የረጋግጽ።

እዚ መጽሓፍ'ዚ፡ ካብ ምእታው ብሪጣንያ ናብ ኤርትራ ክሳብ ውሳነ ባይቶ ሕቡራት ሃገራት ንፈደረሽን ኤርትራ ምስ ኢትዮጵያ ንዘዘርጋሕ ወሳኒ መድርኽ ታሪኽና ከዘንቱ ፈቲኑ ኣሎ።

"ኣይንፈላለ" ዝብል ስያመ ተመሪጹሉ ዘሎ ኸኣ ብዘይ ምኽንያት ኣይኮነን። ናይ 1940'ታት ኤርትራ፡ ኣህጉራዊ ውዲትን ጸቕጥን ዝኣለሞ ሓደጋ ምምቕቓል ፈንጺጋ ኢያ ሓድነታ ክትዕቅብ ዝኸኣለት። ሽሕ'ኳ እቲ ናይ ሕ.ሃ. ፈደራል ውሳነ ህዝቢ ኤርትራ ዘይሓተተሉ እንተ ነበረ፡ እቲ መድርኽ'ቲ በቲ ዘይተደለየ መዓልቦ ምድምዳሙ፡ ከም ተሳዓርነት ህዝቢ ክርአ ኩቶ ኣይግባእን። እዚ ድማ፡ ካብ'ቲ "ስዕረት" እቲ፡ ህዝቢ ኤርትራ ሓድነቱ ንምዕቃብ ዘካየዶ ቃልሰን ዝዓተሮ ዓወትን ስለ ዝዓቢ ኢዩ። ንመጻኢ ህይወትን ህላወን እታ ሃገርን ህዝብን ወሳኒ ዝኾነ እውን ንሱ እምበር እቲ ውጽኢት ውዲትን ዓመጽን ዝነበረ ፈደረሽን ኣይኮነን።

"ኣይንፈላለ"፡ ብቋንቋ ዓረብ ድማ፡ "ለን ነንፈሰል"፡ ጭርሖ ናይታ ሓደ እስላምን ሓደ ክርስትያንን ኢድ ንኢድ እናተጨባበጡ ዘረኣዩላ፡ ኣፈኛ ናይ ቀጽሪ ወይ ሰልፊ ናጽነት ኤርትራ ዝነበረት ጋዜጣ "ሓንቲ ኤርትራ" ወይ "ውሕዳ ኤረትረያ" ኢዩ። ንኽብሪ እቲ ቃልሲ እቲን ንኽብሪ እቶም፡ ፖለቲካዊ ይኹን ካልእ ፍልልያቶም ኣብ ቦትኡ እናሃለወ፡ ንሓድነት ኤርትራ ምረትን መሰዋእትን ኣሕሊፎምን ከፊሎምን ነዛ ሃገር እዚኣ ዘረከቡና ኣቦታትን ኣደታትን ከኣ ኢዩ፡ "ኣይንፈላለ" ኣርእስቲ እዚ ጽሑፍ'ዚ ኮይኑ ዘሎ።

ምስጋና

ነዚ መጽሓፍ'ዚ ዝኸውን ጥሪ ነገር ምእካብ ዝጀመርኩ ብ1987፡ ኣብ እዋን ብረታዊ ቃልሲ ኣባል ክፍሊ ሃገራዊ መርሓ፡ ጨንፈር ፖለቲካዊ ምንቅቓሕ ካብ ዝነበርኩሉ እዋን ኢዩ። ኣብ'ቲ ጊዜ'ቲ፡ ኣብ ክፍሊ ዜናን ክፍሊ ጉዳያት ወጻኢ ህ.ግ.ሓ.ኤ.ን ካብ ዝነበረ ውሱን ናይ ብሪጣንያን ኣመሪካን ሰነዳት፡ ካብ ገለ ጋዜጣታት ናይ'ቲ እዋንን ኣብ ሜዳን ሱዳንን ካብ ዝተኻየደ ቃለ መጠይቕ ምስ ናይ'ቲ ጊዜ ሰባትን፡ "ምምሕዳር ብሪጣንያን ፖለቲካዊ ቃልሲ ህዝቢ ኤርትራን (1940-1950)" ከምኡ'ውን፡ "መድርኽ ፈደረሽንን ጎበጣ ኤርትራ ብኢትዮጵያን (1950-1962)" ዝብላ ክልተ ሓጸርቲ መጻሕፍቲ፡ ብስም'ቲ ዝነበርኩዎ ክፍሊ ንኸበርክት በቒዐ ነይረ።

ይኹን'ምበር፡ ኣብ'ቲ ዝነበርናዮ ኩነታት ክእከብ ዝኽእል ዝነበረ ሓበሬታ ኣዝዩ ዝተወሰነ ካብ ምንባሩ ዝተላዕለ፡ እቲ ጽሑፍ ከምቲ ዝድለ ዝተማልአ ክኸውን ኣይከኣለን። ኣቀራርባኡ እንተ ኾነ'ውን፡ በቲ ናይ ሜዳ ኣተሓሳስባን ኣገባብ ኣጸሓሕፋን ስለ ዝተጸልወ፡ ብዙሕ ናይ ቅጥዒ ይኹን ትሕዝቶ ጉድለታት ከም ዝነበሮ ዘጠራጥር ኣይኮነን።

ምስቲ ኹሉ ሕጽረታቱ ግን፡ እቲ ጽሑፋት ክሳብ ሕጂ ከሳሊ ምኽኣሉ፡ ሓደ መደዓዓሲ ኢዩ። ኣብ'ቲ ጊዜ'ቲ፡ ቤት ሰነድ ክፍሊ ዜና፡ ብፍላይ ድማ ተጋዳሊት ኣዜብ ተወልደ፡ ሰነዳት ኣብ ምልላይን ምቕራብን ወሳኒ ምትሕብባር ገይራትለይ። ፈለማ ኣባል ቀጽሪ ናጽነት ኤርትራ፡ ጸኒሑ ድማ ኣባል ባይቶ ኤርትራ ንዝነበሩ ነብስሄር ባሻይ ፍስሓ ወልድማርያም ገቢል (ጋንዲ)፡ ብ1987 ናብ ፖርት ሱዳን ብምኻድ ሰፊሕ ቃለ መጠይቕ ኣግቢረዮም ነይረ። ኣብ ከሰላ'ውን ምስ ኣባል ባይቶ ኤርትራ ዝነበሩ ሸኽ ዑመር ኣደም ተመሳሳሊ ዝርርብ ኣካይድና፡ ርጡብ ሓበሬታ ረኺበሎም ነይረ እየ። ናይ'ዞም ክልተ ቃለ መጠይቕ ምስ ዝኽርታት ተጋዳላይ ቀሺ ፍስሃጽየን እልፈ ተደሚሩ ንመበገሲ ክኸውን ስለ ዝኸኣለ፡ ምስጋና ይግብኦም።

እዚ መጽሓፍ'ዚ ካብ'ቲ ዝቐደመ ዝሰፍሐን ዝዓመቑን ኮይኑ ዘሎ ምኽንያት፡ ኢድ ብዙሓት ሰባት ስለ ዝተሓወሶ ኢዩ። ንኹሎም'ዚኦቶም ብስም ምጥቃስ ዝከኣል ኣይኮነን። ኣዝዩ ወሳኒ ዝኾነ ግደ ዘበርከቱ ስለ ዘለዉ ግን፡ ክከም ኣበርክቶኦም ክጠቕሶም ክፍትን እየ።

ጠበቓ ኣቶ ዮሃንስ ጸጋይ፡ ካብ ፈለማ ኣባልን ተቓላሳይን ናይ'ቲ ናጽነታዊ ሰልፊ ምንባሮም ጥራይ ዘይኮነ፡ ፍልጠቶም ብዛዕባ ኣርብዓታትን ሓምሳታትን፡ ኣብ ፍጻሜታት ጥራይ ዝተወሰነ ኣይኮነን። ትንታነን ትርጉምን እውን ስለ

ዝሕወሶ፡ ንመረዳእታይ ኣዝዩ ከም ዘሰፍሖ ክገልጽ እፈቱ። ኣብ ልዕሊ'ዚ፡ ነቲ ኣዝዩ ሃብታም ዝኾነ ሰነዳቶምን ናይ ኣሳእል ኣልቡማቶምን ስለ ዝሃቡኒ ወይ ስለ ዘለቅሑኒን ገለ ክፋላት ናይ'ዚ ጽሑፍ ኣንቢቦም ኣድላዪ ርእይቶን ሓበሬታን እውን ስለ ዘካፈሉንን ኣበርክቶኦም ዝለዓለ ኢዩ። ዝኸበሩ ደጊያት ገብረዮሃንስ ተስፋማርያም፡ ሓደ ካብ ላዕለዎት ሰበ ስልጣን ሕብረት ኢዮም ነይሮም። በዚ መዳይ'ዚ ንዝነበረ ታሪኽ ብዘይ ተጕላባን ሕብእብእን፡ ምስ ዕድሚኦም ተራእዩ ድማ፡ ብዘደንቕ ናይ ምዝካር ክእለት ስለ ዝገለጹለይ፡ እዚ ጽሑፍ'ዚ ክሀብትም ክኢሉ ኣሎ። ደጊያት ገብረይዮሃንስ፡ ጸኒሖም ኣብ ትሕቲ ስርዓት ደርግ ዝተኣሰሩን ዝተሳቐዩን'ኳ እንተ ኾኑ፡ ካብ'ዚ ዳሕረዋይ መሪር ተመኵሮኦም ተበጊሶም ነቲ ዝቐደመ ከመዓራርዩ ዘይምፍታኖም፡ መርኣያ ቅንዕንኦም ኢዩ'ሞ፡ ክምጐሱ ግቡእ ኢዩ። ሸኽ ሳልሕ ሙሳ ኣቡ ዳውድ፡ ኣባል ኣልራቢጣን ባይቶ ኤርትራን ኢዮም ነይሮም። ብፍላይ ብሸነኽ ኣከለ-ጉዛይ ንዝነበረ ህዝባዊ ቃልሰን ጸኒሑ ኣብ ቀዳማይ ባይቶ ኤርትራ ብዛዕባ ዝተራእየ ፍጻሜታትን ኣዝዩ ዕቱብን ደቂቕን ሓበሬታ ስለ ዝሃቡ፡ ካብ ካልእ ምንጪ ክርከብ ዘይከኣል ሃብቲ ኣወፍዮም ኣለዉ። ግራዝማች ስዩም መዓሾ፡ ካብ መሰረትትን ዋና ጸሓፍን ኤርትራ ንኤርትራውያን ብምዃን ዝደለቡዎ ኣዝዩ ዓሚቕን ናይ ውሽጢ ሓበሬታን ትዕዝብትን ብዘይ ብቂ ለጊሶምልና። ንዕኦምን ንኹሎም እዞም ዝተጠቕሱ ብህይወቶምን ምስ ምሉእ ኣእምሮኦምን ምርካብና ዕድለኛታት ኢና።

ኣቶ ኣልኣዛር ተስፋሚካኤል፡ ኣብ መፋርቕ ኣርብዓታት ብቛንቋ ኣንግሊዝ ዝጽሕፉ ዝነበሩ ገዲም ኤርትራዊ ጋዜጠኛ ኢዮም። ሕጂ፡ ኣብ ዝያዳ 85 ዕድሚኦም፡ ብቛንቋ እንግሊዝ ታሪኽ ህይወቶም ኣብ ምጽሓፍ ይርከቡ። ብዛዕባ ኣተሓሳስባ መንግስቲ ኢትዮጵያን ሰበ ስልጣናን፡ ከምኡ'ውን ብዛዕባ ናይ'ቲ እዋን ኣህጉራዊ ኣጠማምታ ንኤርትራ፡ በሊሕ ትዕዝብቶም ኣካፊሎምኒ።

ተወሳኺ ሓፈሻዊ ሓበሬታ ብዛዕባ ኣርብዓታት ንሸኽ ዑመር ሃኪቶ፡ ቀኛዝማች ኣስፍሃ ካሕሳይ፡ ቀኛዝማች ሃይለማርያም ደበና፡ ቀኛዝማች ሱናባራ ማሕሙድ ዳመና እውን ብምውካስ፡ ኣጠማምታይ ከስፍሕ ክኢለ።

ዶክቶር የማነ ምስግና፡ ኣብ'ዚ ናይ ታሪኽ ፕሮጀክት ከም ተመራማሪ ኣብ ዘገልገለሉ ሓጺር እዋን፡ ብፍላይ ንታሪኽ ማሕበር ኣንድነትን ንተግባራት እቶም ብመንግስቲ ኢትዮጵያ ዝዕንገሉ ዝነበሩ ሽፋቱን ዝምልከት ሰፊሕ ምርምርን ቃለ መጠይቕን ኣካዪዱ። ገለ ካብ'ቲ ኣዝዩ ጠቓሚ ኣበርክቶኡ፡ ነቲ ምስ ኑብስሄር ግራዝማች ገብራይ መለስ፡ ምስ ግራዝማች ባህታ ኢዮኣብ፡ ፊታውራሪ ሓጎስ ተምነዎ፡ ዘርአ ደብረጽዮንን ንዕኦም ዝመስሉ ኣባላትን ተሳተፍትን ኣንድነትን ሽፍትነትን ንጠቕስ። ዶክቶር የማነ በዚ መዳይ'ዚ ብዝገበሮ ኣበርክቶ ልዑል ምስጋና ይግብኦ።

መሳርሕተይ ዑስማን ሳልሕ እውን ብፍላይ ንታሪኽ ኣልራቢጣ ኣል እስላሚያ ምዕራባዊ ቀላ (ተቐሲም)፡ ሸባን ኣልራቢጣን ኣብ ኣከለ-ጉዛይ ንዘነበረ ሽፍትነት ደቂ ሳሆን ሰፊሕ ሓበሬታ ብምእካብ ነቲ ክፋላት እቲ ከሀብትሞ ክኢሉ ኣሎ። ምስ ኣቶ መሓመድ ማሕሙድ ምርኻብ ዝገበሮ ቃለ መጠይቕ ድማ ካብ'ቲ ዝበለጸ ሓበሬታ ዝረኸብናሉ ስለ ዝኾነ፡ ብስሙን ብስመይን ኣመስግኖም።

ተኣምራት ወልደኣብ፡ ናይ ኣቦኡ ሓርበኛ ወልደኣብ ወልደማርያም ሰነዳትን ፎቶግራፋትን ኣብ'ዚ ፕሮጀክትና ብናጻ ንኽንልቅሖን ንኽንሰርሓሉን ኣፍቂዱልና። ኣብ'ዚ ጽሑፍ'ዚ፡ ጭላፍ ናይ'ቲ ቅርሲ ጥራይ ኢና ተጠቒምና ዘለና። ንዝገበረልናን ብሕጂ ንእንጽበዮን መጕስ ይግብኦ።

እዚ መጽሓፍ'ዚ ብኣሳእል ክሀብትም ዝኸኣለ፡ ብዙሓት ሰባት ስለ ዝተሓባበሩና ኢዩ። ኣብ ኒው ዮርክ ዝነብር ዓርከይ ዳዊት በላይ፡ ሰነዳት ጥራይ ዘይኮነ ፎቶግራፋት'ውን ካብ መዛግብ ውድብ ሕቡራት ሃገራት ሰዲዱ፣ ወይዘሮ ሙሉነሽ በርሀ፡ ናይ በዓል ቤተን ነፍስሄር ግራዝማች ኣስበሮም ወልደጊዮርጊስ ናይ ፎቶግራፍ ኣልቡማት ስለ ዘለቅሓና፡ ብፍላይ ንኤርትራ ንኤርትራውያን ዝምልከት ኣሳእል ረኺብና። ወይዘሮ ሰዕዲ ሓሰን ዓሊ ናይ ኣቡኦን ደጃዝማች ሓሰን ዓሊን ናይ ኣዝማች ዓብደልቃድር ጃብርን ኣሳእል ኣወፍየን። ወይዘሮ ዓዘዘትን ወይዘሮ ልኡልን ካብ'ቲ ብወላዲኦን ደጊያት ጆርጆ ሃብቲት ዝተገደፈ ኣሳእል፡ ሓያሎ ኣለቂሐናና። ሓጂ ሙሳ መሓመድ ኑር፡ ካብ ዝተፈላላየ ቦታታት ንዝኣከቡዎ ኣሳእል ሸባን ኣልራቢጣ ኣብ ልዕሊ ምቕራብ፡ ዝኽርታቶም'ውን ኣካፊሎምና። ካፕተን ዳንኤል ገብረስላሰ፡ ናይ ኣቡኡ ገብረስላሰ ጋርዛ ዝነበረ እኩብ ፎቶግራፋት ስለ ዘለቀሓና፡ ንኣባላት ኣንድነት ዝምልከት ብርክት ዝበለ ኣሳእል ክንከስብ ክኢልና። ሳልሕ መሓመድ ሰዒድ ኣበራ ናይ ሰድራ ቤት ኣበራ ሓጎስ፡ ሸኽ ሳልም ድማ ናይ ኣቡኦም ሙፍቲ ኢብራሂም ምኽታርን ናይ ካልኦት መራሕቲ ኣልራቢጣን ኣሳእል ኣወፍዮምልና። መምህር ይስሃቅ ገብረህይወት እውን ኣሳእል ደጊያት ሰብሃቱ ዮሃንስን ኣዝማች በርሀ ገብረኪዳንን ኣብ ልዕሊ ምውፋይ፡ ብዛዕባ'ዞም ክልተ ተቓለስቲ ሰፊሕ ሓበሬታ ሂቦምና። ወይዘሮ ሰብለ ኤፍሬም ድማ ናይ ኣቦኣ ብላቴን ጌታ ኤፍረምን ናይ ብላቴን ጌታ ሎረንሶ ታእዛዝን ኣሳእል ኣወፍያ። ኣብ ልዕሊ'ዚ ኣብ ናይ ለንደን ቤት ጽሕፈት ህዝባዊ ሰነዳት (Public Records Office) ኣትየ ኣገዳሲ ምርምር ንኸካይድ ክብ ዝበለን ዘይተቘጠበን ሓገዝ ኣበርኪታትለይ። ነዞም ኩሎም ዝተጠቐሱን ንኻልኦት ከምኦም ንዓይን ንመሳርሕተይን ምትሕብባር ዝገበሩልናን ኣመጕስ።

እቲ ዝተረፈ ኣሳእል፡ ካብ ናይ'ቲ ጊዜ ጋዜጣታት፡ ካብ መዛግብ ክፍሊ ዜናን ማእከል ምርምር ኤርትራን፡ ካብ ናይ ኢንተርነት መዛግብቲ ዓዋተ

ዶት ኮም፡ ሓሓሊፍና ድማ፡ ካብ ናይ ቀደም መጻሕፍትን መጽሔታትን ዝቐዳሕናዮ ምኻኑ ንሕብር።

ማሕሙድ ኣሕመድ ሸሪፎ፡ በራኺ ገብረስላሰ፡ ጠዓመ በየነ፡ ኪዳነ ጸጋ፡ ዓብዱ ሄጂ፡ ገብረሚካኤል መንግስቱን ዘምህረት ዮውሃንስን ነዚ ጽሑፍ'ዚ ካብ ጫፍ ናብ ጫፍ ብምንባብ፡ ኣብ ዝተፈላለየ ትሕዝቶኡን ኣቀራርባኡን ኣዝዩ ጠቓሚ ርእይቶን ሓበሬታን ስለ ዝሃቡኒ፡ ፍሉይን ኩብ ዝበለን ምስጋና ይብጽሓዮም። ተስፋይ ገብረስላሰን መሓመድ ኑር ኣሕመድን ድማ ዝተመርጸ ክፋላቱ ብምንባብ፡ ተመሳሳሊ ኣበርክቶ ኣወፍዮም ኢዮም እሞ፡ ምስጋናይ ኣቕርበሎም።

ማእከል ምርምርን ሰነዳን ኤርትራ፡ ማዓጹኡን ሰነዳቱን ከፊቱ ብዘይ ዝኾነ ዕንቅፋት ንኽንጥቀመሉ ንዓይን ንኹሎም መሳርሕተይን ስለ ዘፍቀደን ሕጂ'ውን ምሉእ ምትሕብባሩ ስለ ዘይተፈለየናን ጥራይ ኢዩ እዚ ጽሑፍ'ዚ ብደቂቕ ንኽሰነድ ተኻኢሉ ዘሎ። እዚ ትካል'ዚ ሓቝፉዎ ዘሎ ሓበሬታ ብቐሊሉ ዝግመት ስለ ዘይኮነ፡ ኣብ ምስፍሑን ምዕባለኡን ኩሉ ክተሓባበር በዚ ኣጋጣሚ እላቦ። ኣብ ቤት ጽሕፈት ህ.ግ.ደ.ፍ ዝርከብ ጨንፈር ቅድመ ሕትመት፡ ኣብቲ ፈለማ፡ ነቲ ናይ ሜዳ ጽሑፍ ኣብ ኮምፒዩተር ኣብ ምስፋር ንዝገበሮ ምትሕግጋዝ ኣመስግኖ።

ብርሃነ ዘርኣይ፡ ንብምሉኡ'ዚ መጽሓፍ ብምንባብ፡ ናይ ፊደላት ጌጋ ኣሪሙ፡ ሓደ መልክዕ ዝሕዘሉ መገዲ እውን ሓቢሩ። ካብ'ቲ ንሱ ዝገበሮ፡ ነቲ ዝበዝሐ ክቕበል እንክለኹ፡ ንዝወሓደ ግን በቲ ንዓይ ዝመስለኒ ክጽሕፎ መሪጸ። ናይ ኣጠቓቕማ ፊደል ጌጋ ወይ ሓላፍ ዘላፍ እንተ'ሎ ናቱ ኣይኮነን ናተይ ኢዩ። ምስጋናይ ከኣ ኣቕርበሉ።

ነዚ ጽሑፍ'ዚ ዝሸውን ቃለ መጠይቕ፡ ብዓሰርተታት ኣብ ዝቑጸር ናይ ድምጺ ቴፕ ዝተቐድሐ ኢዩ። ነዚ ናብ ናይ ኮምፒዩተር ጽሑፍ ንምስጋር በይኑን ከይሰልከየን ዝጸዓረ፡ መሳርሕተይ ክብሮም ስዩም ኢዩ። ካብ ውሽጢ'ቲ ኩሉ ኩምራ ጽሑፋት'ውን ዝድለ ፍሉይ ሓበሬታ ኣብ ምርካብ ብዙሕ ሓገዝ ኣወፍዩለይ።

ትምኒት ይበቲት፡ ነዚ ምሉእ መጽሓፍ ካብ ናይ ኢድ ናብ ናይ ኮምፒዩተር ጽሕፈት ኣሰጊራቶ። ሞያኣ ግን በዚ ጥራይ ዝውሰን ኣይኮነን። እዚ መጽሓፍ'ዚ፡ ምስ ኩሉ ስእልታቱ ነዚ ፎርማት'ዚ ሒዙ ንማሕተም ዝበቅዕ ውዱእ ስራሕ ከም ዝኸውን ስለ ዝገበረት፡ ስራሕ ኤዲተርን ዲዛይነርን ኢያ ፈጺማ። ብዘይ ናይ'ዞም ክልተን ዝተረፉ መሳርሕተይን ጻዕርን ኣበርክቶን እዚ ስራሕ'ዚ ነዚ መልክዕ'ዚ ኣይምሓዘን።

ኣብ መወዳእታ፡ ነቲ ኣቐዲመ ዝነበርኩሉ መንግስታዊ ስራሕ ገዲፈ፡ ምሉእ ጊዜይ ንጽሕፈትን ምርምር ታሪኽን ንኽውዕል ዝጎስጉሰንን ነዚ

ብምሉእ ናጽነት ዘካይደሉ ፕሮጀክት ብሓልዮት ህግደፍ ንኽውድብ መገዲ ዘጣጥሓለይን ዘምህረት ዮውሃንስ ምስጋናይ ኣቕርበሉ።

ሰኣላይ ተስፋይ ገብረሚካኤል (ሓንኪሽ)፡ ብተበግሶኡን ብምሉእ ድሌትን፡ ንገበር ናይ'ዚ መጽሓፍ ኣዳልዩን ወዲኡን ኣበርኪቱለይ። ብዙሕ ኣመስግኖ፡ ዕብየቱ ድማ እምነ።

ንስድራ ቤትካን ናይ ቀረባ ኣዕሩኽትኻን ምምስጋን ኣብ ባህልና ገና ኣይተለምደን ዘሎ። ክንድ'ዚ ዝኣክል መጽሓፍ ምድራስ ግን፡ ካብቲ ንዕኦም ዝግባእ ጊዜ ብምስራቕ ጥራይ ኢዩ ክፍጸም ዝከኣል። ስለ'ዚ፡ ነቶም እዚ ስራሕ'ዚ ተወዲኡ ክርእዩ ዝያዳይ ዝተሃንጠዩ ብዓልቲ ቤተይ ኣብርሀት፡ ወደይ ተመስገንን፡ ኩሎም ኣሕዋተይን ናይ ቀረባ ኣዕሩኽተይን እነሆ ጻማኹም እብሎም። ግን፡ ምናልባት ካልእ ዝሰዕብ መጽሓፍ ከይህሉ፡ ተወሳኺ ዓቕሊ እሓቶም።

ኣብ'ዚ ዘይተጠቕሱ ውሑዳት ኣይኮኑን። በብሓደ ዘይምጥቃሰይ ይቕሬታ እናሓተትኩ፡ ኣበርክቶኦም ስለ ዝነኣሰ ከምዘይኮነ ከረጋግጸሎም እፈቱ።

ኣብ መወዳእታ፡ እዚ ጽሑፍ'ዚ ኢድን ምትብባዕን ብዙሓት ይሃልዎ እምበር፡ እዚ ውዱእ መልክዑ'ዚ ናተይ ስለ ዝኾነ፡ ዝመለቔ ናይ ሕትመት ወይ ታይፒንግ ስሕተት ገዲፍካ፡ ኣብ ትሕዝቶኡ ይኹን ኣብ ቅጥዑ ጌጋ ምስ ዝጓንፍ ወይ ሕቶን ነቐፌታን ምስ ዝህሉ፡ ነዚ ባዕለይ ብሓላፍነት ዝሰከሞን ዝምልሰሉን ምኽንያት እሕብር። ብቓል ይኹን ብጽሑፍ ከኣ ነቐፌታዊ ገምጋምን ዝያዳ ሓበሬታን እጽበ።

ኣለምሰገድ ተስፋይ
ጥሪ 2001፡ ኣስመራ

መእተዊ

ገለ ነጥብታት ብዛዕባ ካልኣይ ኲናት ዓለም

ካልኣይ ኲናት ዓለም፡ ኣብቲ ብሪጣንያን ፈረንሳን ኣብ ልዕሊ ጀርመን ኲናት ዝኣወጃሉ ዕለት፡ ብ3 መስከረም 1939 ኢዩ ብወግዒ ተጀሚሩ። መበገሲኡ ብዙሕ ናይ ታሪኽ ሕልኽላኻት ዘለዎ፡ ንዓለም መን ገዚኣን ዓብለለን'ኳ እንተ ነበረ፡ እቲ ግርጭትን ግጥምን ኣብ መንጎ ክልተ ተጻራሪ ፍልስፍናን ስርዓታትን ኢዩ ዝነበረ። በዚ መሰረት፡ እቲ ሓደ ወገን ኣብ ቀዳማይ ኲናት ዓለም ተዓዊቱ ኣቓዲሙ ንዘጥረየ ሰፊሕ ዓለማዊ መግዛእታዊ ስርዓት ዓቂቡን ኣስፊሑን ዝነበረ፡ ብብሪጣንያን ፈረንሳን ዝቈመ፡ ጸኒሖን ግን ሕብረት ሶቭየትን ኣመሪካን ዝተጸንበራኦ ደንበ ነበረ። ብስም "ሓይልታት ኪዳን" ከኣ ይፍለጥ። እቲ ኻልኣይ ደንበ ድማ በታ ኣብ ቀዳማይ ኲናት ዓለም ተሳዒራ ዘጥፍኣቶ መሬትን ክብርን ክትመልስ ዓጢቓ ዝነበረት ጀርመን ዝምራሕ ኮይኑ፡ ጃፓንን ኢጣልያን ሰብ ኪዳና ነበራ። ናይ'ዚ መጸውዒ ስም ድማ "ሓይልታት ኣክሲስ" ነበረ።

ንጀርመንን ጃፓንን ኢጣልያን ዘሰመረን፡ ብ"ፋሺስትነት" ወይ "ናዚነት" ዝፍለጥ ብሃገራውን ናይ ዘርእን ልዕልነት ዝኣምን፡ ኣብኡ ዝተመርኰሰ ቅሉዕ ናይ ምስፍሕፋሕ ዕላማ ኸኣ ዝነበሮ ፍልስፍና ኢዩ ነይሩ። ኣብ ልዕሊ ኹሉ'ቲ ናይ ታሪኽን ፍልስፍናን ምኽንያታት፡ ናይ'ቲ እዋን ሓያላት ዓለም ብሪጣንያን ፈረንሳን ዕንቅፋት ናይ'ዚ ኣስፋሕፋሒ ሕልሚ ነበራ። ክልቲኣን፡ ኣቓዲመን ዝሓዛኦ ሰፊሕ ግዝኣታት ኣብ ኣፍሪቃ፡ እስያን ኣብ ኲለን ውቅያኖሳትን ስለ ዝነበረን፡ ንሓድሽ ምስፍሕፋሕ ዕድል ዝሀብ ኣይነበረን። ኣብ'ቲ ብስም "Scramble for Africa" ወይ ምግዛዛዕ ወይ ምሻማው ንኣፍሪቃ ዝጽዋዕ፡ ኣፍሪቃ ከም ሕሩድ ተጐዚያ ንምዕራባዊ መግዛእቲ ዝተመቓለትሉ ናይ መወዳእታ 19 ዘመን ኤውሮጳዊ ተግባር፡ ብሪጣንያን ፈረንሳን ኢየን ጨፈጫ ፡ማኡ ወሲደን። ጀርመንን ኢጣልያን ብበብጽሒተን ኣይተሓጐሳን።

ኢጣልያ፡ ንኤርትራ፡ ኢጣልያዊት ሶማልያን ሊብያን ጥራይ ረኺባ፣ ጀርመን ድማ ንታንጋኒካ፡ ካሜሩን፡ ቶጎን ደቡባዊ ምዕራብ ኣፍሪቃን (ናይ ሎሚ ናሚብያ ማለት ኢዩ) ጥራይ። ብ1896፡ ኢጣልያ ንኢትዮጵያ'ውን ክትገዝኣ ፈቲና ነይራ። ግን ብሓይልታት ሃጸይ ምኒሊክ ኣብ ዓድዋ ስለ ዝተሳዕረት ኣይሰለጣን። ጀርመን ድማ ኣብ ቀዳማይ ኲናት ዓለም ብብሪጣንያ፡ ፈረንሳን ካልኦት ሰብ ኪዳንን ስለ ዝተሳዕረት፡ ኣብቲ ብ28 ሰነ 1919 ንኽትፍርሞ ዝተገደደት ውዕል ቨርሳይ ነተን

ዝርካበን ናይ ኣፍሪቃ ግዝኣታታ ኣረኪባተን ጥራይ ዘይኮነ፡ ንኻልእ ትቈጻጸሮ ዝነበረት ቦታታት ከሲራን ሃገራዊ ክብራ ተተንኪፉን ነይሩ ኢዩ። እዚ ተወሳኺ ምንጪ ቂምን ቅርሕንትን ኮነ። ስለ'ዚ፡ ካልኣይ ኩናት ዓለም ብ1939 ክጅመር እንከሎ ሓደ ንኣፍሪቃ'ውን ዝጸሉ ወይ ክሓቝፍ ዝኽእል ባእታ ነበሮ።

ሽሕ'ኳ ኣብ ናይ ኣክሲስ ኪዳን ዝተጠርነፉ እንተ ነበሩ፡ ጃፓንን ኢጣልያን ቀልጢፈን ናብቲ ኲናት ኣይኣተዋን። ኣመሪካን ሩስያን ኣብ ጎድኒ ሓይልታት ኪዳን ዝሰለፉሉ ጊዜ ገና ስለ ዝነበረ ኸኣ፡ ካብ መስከረም 1939 ክሳብ ግንቦት-ሰነ 1940 እቲ ግጥም ኣብ ውሽጢ ኤውሮጳ፡ ኣብ መንጎ ጀርመን ብሓደ ወገን፡ ብሪጣንያን ፈረንሳን ድማ በቲ ኻልእ ጥራይ ተሓጺሩ ጸንሐ።

ድሕሪ ናይ ቀዳማይ ኩናት ዓለም ስዕረታ፡ ጀርመን ብኣዝዩ ብርቱዕ ፖለቲካውን ቍጠባውን ቅልውላዋት ክትሓልፍ ምስ ጸንሐት፡ እቲ ንናይ “ናዚ” ወይ “ሃገራዊ ማሕበርነት” ምንቅስቓሳ ዝመርሕ ዝነበረ ኣዶልፍ ሂትለር ብ1933 ኣብ ስልጣን ደዪቡ ነይሩ ኢዩ። እቲ ስልጣን ብህዝባዊ ምርጫ ኣይመጸን። ናይ ሂትለር ፖለቲካዊ ስልፊ፡ ብናይ “ኣርያን” ዓሌታዊ ልዕልነት ዝኣምኑን ብኡ ዝሰኸሩን፡ ብሓውሲ ወተሃደራዊ ኣገባብ ከኣ ብዝተወደቡን ብድስፕሊን ዝጸንዑን ኣባላት ዝቘመ ነበረ። እዚኣቶም፡ ጀርመን ናይ ቀደም ስልጣናን ክብራን እትመልስ፡ ብኹሉ መዳያት ምስ እትኸተትን ነቶም ናይ ውሽጢ ይኹን ናይ ደገ ጸላእታ ምስ ትድምስስን ምኳኑ ብሰፊሑ ዝሰብኩን ብግብሪ እውን ናብኡ ዝምርሕ ስጉምትታት ዝወሰዱን ነበሩ። ምረት ዘጥቀዮ ህዝቢ ጀርመን ከኣ ሰምዮም። በዚ ኣገባብ'ዝን ብተጽዕኖን ተዳጋጋሚ ናይ ዕልዋ ፈተነታትን፡ ከምኡ'ውን ብሰንኪ'ቲ ዝነበረ ፖለቲካውን ቍጠባውን ቅልውላውን ናይ ስልጣን ሃጓፍ ስለ ዝተፈጥረ ኢዩ ሂትለር ድሉው ሓይሊ ኮይኑ ዝተክአ። ካብ'ታ ነዚ ሓይሊ'ዚ ዝረኸበላ ህሞት፡ ሂትለር ኣይደቀሰን። ሃገራዊ ክብሪ ጀርመን ዘምልስ ግብራውን ፕሮፓጋንዳውን ስራሓትን ምቅርራባትን ስለ ዝገበረ ድማ፡ ካልኣይ ኩናት ዓለም ክጅመርን በቲ ዝኾመሮ ኣጽዋር ውግእን ዝዓለሞ ገዚፍ ሰራዊትን ንመላእ ኤውሮጳ ከንቀጥቅጣን ሓደ ኾነ።

ሃገራት ኤውሮጳ በብሓደ ወደቓ፣ ኣቑዲመን ኣውስትርያን ቸኮዝላቫክያን፣ ስዒበን ድማ ፖላንድ፡ ኖርወይ፡ ሆላንድን በልጂዩምን። ናይ ሂትለር ኤውሮጳዊ መጥቃዕቲ፡ ነታ ብዓለማዊ ሓይሊ ካልኣይቲ ብሪጣንያ ትቕጸር ዝነበረት ፈረንሳ'ውን ኣይመሓራን። ናብ 10 ግንቦት 1940 ዘውግሐ፡ ሓይልታት ውግእ ብሪጣንያን ፈረንሳን ኣብ ዘይሓሰቡዎ ሰዓትን ኣንፈትን፡ ጀርመን ንፈረንሳ ወረረታ። ብዘደንቕን በርቃውን ቅልጣፈ ድማ ኣብ ውሽጢ ኣስታት ሰለስተ ቕነ ምሉእ ብምሉእ ተቈጻጸረታ። ሓደ ኣብ'ዚ ወራር'ዚ ብሪጣንያን ፈረንሳን ዝተዓወታሉ፡ ንዝበዝሕ'ቲ ኣብ ኤውሮጳ ዝነበረ ሰራዊተን ካብ ገማግም ፈረንሳን ዳንከርክ ካብ እትብሃል ወደብ'ታ ሃገርን ናብ ደሴት ብሪጣንያ ከህድማ'ሞ ንመጻኢ ግጥማት ዝኸውን ሓይሊ ክዕቅባ ምኽኣለን ጥራይ ኢዩ ነይሩ። በዚ

መሰረት 338,200 ወተሃደራት ክልቲኣን ሃገራት ካብ ከበባን ፍጹም ምድምሳስን ደሓኑ።[1] እዚ ብምግዛፉ ዳርጋ መዳርግቲ ዘይርከቦ ናይ ምዝላቕ ስጉምቲ፡ ብ4 ሰነ 1940 ተፈጸመ።

ፈረንሳ ብጀርመን ተታሕዘት፡ ኣብታ ሃገር'ውን ብስም ቪሺ ዝፍለጥ፡ ብማርሻል ፔተን ዝተባህለ ፈረንሳዊ መኰንን ዝምራሕ ናይ ጀርመን ኲርኲር መንግስቲ ቈመ። ካብቶም ብ4 ሰነ 1940 ኣብ ብሪጣንያ ዝተዓቘቡ ኣማኢት ኣሽሓት ወተሃደራት ሓይልታት ኪዳን፡ እቶም 26,175 ፈረንሳውያን ስለ ዝነበሩ፡ ቃልሲ ፈረንሳውያን ኣንጻር ጀርመን ኣብ ትሕቲ መሪሕነት ጀነራል ሻርል ደጎል ካብ ግዳም ኣብ ውሽጢ ድማ ብደባይ ኲናት ቀጸለ።

እዚ ኹሉ እናኾነ እንከሎ፡ ኢጣልያ ኣብቲ ውግእ ኢዳ ከየእተወት ጸንሐት። ናይ ኢጣልያ ፋሽስት መራሒ ቤኒቶ ሙሶሊኒ፡ ኣንፈት እቲ ውግእ ናበይ ገጹ ከም ዝዘዙ ክየረጋገጸ ሃንደፍ ክብል ኣይደለየን። እዚ ኸኣ ንመኽሰቡ ኢዩ ነይሩ፣ ምኽንያቱ ክልቲኦም ተጻረርቲ ወገናት፡ ወገኖም ንኽሕዝ ወይ ብውሑዱ ኢዱ ክእኩብ የቀባጥሩሉ ስለ ዝነበሩ። ካብ'ቲ ምስኣቶምን ምስ ካልኦትን ዝኣትዎ ዝነበረ ኲንትራታትን ካልእ ዋኒናትን እምበኣር፡ ኢጣልያ ሓይላን ድሕነታን ጥራይ ዘይኮነ፡ ነቲ ውዒሉ ሓዲሩ ዘይተርፍ ኲናት ዝኸውን ብረትን ካልእ መጋበርያ ኲናትን ንኽትሃንጽ ዕድል ረኸበት።[2]

ፈረንሳ ምስ ወደቐት ግን፡ ሙሶሊኒ ጸግዒ ጀርመን ከም ዝሕዝ ዘየጠራጥር ኮነ። ኣብ ቀዳማይ ኲናት ዓለም፡ ኢጣልያን ብሪጣንያን ሰብ ኪዳን ኢየን ነይረን። ብ1935 ኢጣልያ ንኢትዮጵያ ምስ ወረረት ግን፡ ብሪጣንያ ኣትሪራ ስለ ዝተቓወመታን ቍጠባዊ እገዳ ንኽግበረላ ስለ ዝጐስጐሰትን፡ ሙሶሊኒ ንብሪጣንያ ተቐየማ። እዚ ዝተረድኦ ቸርቺል፡ ብ16 ግንቦት 1940 ኢጣልያ ኣብ ጐድኒ ጀርመን ኣንጻር ብሪጣንያ ኲናት ንኸይትእውጅ ዘማሕጽንን ዘጠንቅቕን መልእኽቲ ለኣኸሉ። ብ18 ግንቦት ሙሶሊኒ ኣብ ዝለኣኾ መልሲ "ብ1935 ኢጣልያ ካብ ኣፍሪቃዊ ጸሓይ ንእሽቶ ቃጽያ" (ኢትዮጵያ) ክትረክብ ንዘወሰደቶ ተበግሶ ብሪጣንያ ከም ዝተቓወመትን ኣብ ልዕሊ ኢጣልያ እገዳ ከም ዝኣወጀትን ክርሳዕ ከም ዘይከኣል ኣዘኻኸሮ። ቀጺሉ ድማ፡ ንምልኪ ሓይሊ ባሕሪ ብሪጣንያ ኣብ ማእከላይ ባሕሪ ከም ዘይቅበሎን ምስ ጀርመን ንዘነበሮ ኪዳን ኣብ ትሕቲ ዝኾነ ይኹን ኩነታት ከም ዘኽብሮን ሓበሮ።[3] በዚ መሰረት፡ ብ10 ሰነ 1940፡ ኢጣልያ ኣብ ልዕሊ ብሪጣንያ ኲናት ኣወጀት።

1. Churchill, The Second World War II, p. 102.
2. Ibid. P. 106.
3. Ibid. P. 107-108.

ኤርትራ ኣብ ዓንኬል ኲናት ዓለም

ኢጣልያ ብ10 ሰነ 1940 ኲናት ምስ ኣወጀት ካብ ጽባሒቱ ማለት ካብ 11 ሰነ ጀሚረን ነፈርቲ ብሪጣንያ ኣብ ልዕሊ ኣስመራ ክይተረፈ ክበራ ጀመራ። ንህዝቢ ኤርትራ ናጽነትን ራህዋን ዘመባጽዕ መንሹራት ኣዘንባ። ሓደ ካብ'ቲ መንሹራት'ቲ እዚ ዝሰዕብ ትሕዝቶ ነበሮ፤

ወተሃደራት ኤርትራ! ስምዑ! እዚ ጃጃዊ ኢጣልያዊ ጸላኢና ፈፍርያም መሬትኩም መንዚዑ ነቲ ዝተረፈ ምሕራስ ይኽልክለኩም፡ ኩብትኹም ከይተራብሑ ኸኣ ይዕንቅፈኩም ኣሎ። ንመንእሰያትኩም ኣብ መወዳእታ ዘይብሉ ኲናት እናእተወ የወድኦም ኣሎ። ኣብ ሶማልያ፡ ሊብያ፡ ኢትዮጵያ፡ ጽዋእኩም ሞት ይኸውን ኣሎ። መሬትኩም፡ ሃብትኹምን ክብረትኩምን ግን ብኢጣልያውያን ይምንዛዕ።

ሓደ ካልእ መንሹር ከኣ ከምዚ በለ፤

ኣብ ከረን ዘሎኹም ኤርትራውያን! ስምዑ! ንሕና መንግስቲ ብሪጣንያ ከም ሓርበኛታት ንሓርበኛታት ንዛረበኩም። ኢጣልያውያን ን50 ዓመት ገዚኦምኹም። ኩሉ ጊዜ ግን ኣብ ቅድመ ግንባር ኲናት ምስ ኣሰለፉኹም ኢዮም። ንሃገርኩም ብኣደነቕቲ ጽርግያታት መሊኦማ ዘለዉ፡ ናብ ህልቀትኩም ንኽትምርሑሎም ኢዩ።

ዎ ኤርትራውያን! ናይ ገዛእ ርእስኹም ባንዴራ ይግብኣኩም ኢዩ! መኲንናት ክትኮኑ፡ መሰልኩም ኢዩ! ካብቲ ብኢጣልያውያን ዝውሃበኩም ብዝበልጽ ኣጽዋር ክትዋግኡ መሰልኩም ኢዩ። ነዞም ተሳዒሮም ዘለዉ ኢጣልያውያን እንተ ራሕራሕኩም፡ ነዚ ኹሉ ክንፍጽመልኩም ንመባጽዕ።

ህይወት ኤርትራውያን ክብረት ዝህልዎ ኸምኡ ምስ ትገብሩ ኢዩ፡ ንህዝብኹም ብሰም ሃገር ንኽተጸውዑ ድፈሩ። ጊላታት ኢጣልያውያን ምኳን ኣቋርጹ። ቦጦሎኒታት ክትእዝዙ፡ ታንክታት ክትዝውሩ፡ ነፈርቲ ክትመርሑ ኢኹም።[4]

እቶም ሽዑ ብኢጣልያ ስለ ዝተወረሩ ኣብ ብሪጣንያ ተዓቚቦም ዝነበሩ ንጉሰ ነገስት ኢትዮጵያ ሃጸይ ሃይለስላሴ እውን ምስ'ዚ ናይ እንግሊዝ ለኪሞም መንሹራቶም ንኽድርብዩ ተፈቒደሎም። ትሕዝቶ እቲ መንሹራት ንታሪኻዊ ሓድነት ኤርትራን ኢትዮጵያን፡ ንባህላውን ዓሌታውን ሃይማኖታውን ተመሳሳልነት ክልቲኡ ህዝብታት፡ ከምኡ'ውን ን"መሰል ኢትዮጵያዊ ሓርነት" ህዝቢ ኤርትራን ዘጸቅጥን ዘሰብኽን ነበረ።

ስለምንታይ ኢያ ብሪጣንያ ኣብ ጽባሕ ኣዋጅ ውግእ ኢጣልያ ንኤርትራ ክንድ'ዚ ኣቓሊባትላ፧ ሽሕ'ኳ ግዝኣቲ ኢጣልያ እንተ ነበረት ካብ ኤውሮጳ ኣዝያ ርሕቕቲ ክነሳኽ ከመይ ኢላ ኢያ ኤርትራ ክንድ'ቲ ቀልጢፋ በቲ ኹናት

4. ካብ ሪቻርድ ፓንክረስት፡ ኣፍሪካ ኳርተርሊ 197-75 ገጽ 45። ብዛዕባ በረራ ነፈርቲ ብሪጣንያ ኣብ ልዕሊ ኣስመራ፡ Puglisi, Chi E dell'Eritrea, XVIII ርአ።

ክትጽሎ ዝኽኣለት፣ ነዚ ንምርዳእ፡ ኣብ ሰሜን ኣፍሪቃ ይኽሰት ንዝነበረ ኩነታት ምግላጽን ምግንዛብን የድሊ።

ኣብ እዋን ካልኣይ ኩናት ዓለም፡ ካብ ሃገራት ሰሜን ኣፍሪቃ፡ ሞሮኮ፡ ኣልጀርያን ቱኒዝያን ግዝኣት ፈረንሳ፣ ሊብያ ግዝኣት ኢጣልያ፣ ግብጺ ድማ ነጻ'ኳ እንተ ነበረት፡ ግዙፍ ወተሃደራዊ ሓይሊ ብሪጣንያ ካብ መሬታ ዘይወጸ ብምንባሩ፡ ኣብ ትሕቲ ጽልዋ ብሪጣንያ ኢያ ዝነበረት። ሙሶሊኒ፡ ኣቐዲሙ'ውን፡ ማለት ኣንጻር ብሪጣንያ ኩናት ቅድሚ ምእዋጁ ኣትሒዙ፡ ሓይልታቱን ኣጽዋር ውግኡን ኣብ ሊብያ ይኸምር ነይሩ ኢዩ። ቸርችል ከም ዝብሎ፡ ነቲ ናይ ጥንቲ ናይ ንግስነት ሮማ ግዝኣታት ብምምላስ፡ ንኢጣልያ ጉይታ ማእከላይ ባሕሪ (Mediterranean Sea) ናይ ምግባር ሕልሚ ነይሩዎ። ስለ ዝኾነ፡ ፈረንሳ ኣብ'ቲ ኩናት ምስ ተሳዕረት'ሞ ካብተን ግዝኣታታ ዝነበራ በዓል ቱኒዝያ ተቓውሞ ከም ዘየጋጥም ምስ ተገንዘበ፡ ነቲ ሕልሙ ግሁድ ንምግባር፡ ሙሶሊኒ ኣንፈቱ ናብ ግብጺ ጠውዩ ንኽወራ ቅሉዕ ምቅርራብ ገበረ።

ንብሪጣንያ፡ ምትሓዝ ግብጺ ብኢጣልያ ናይ ሞትን ሕየትን ጉዳይ ምኾነ። ምኽንያቱ ምስ ስዕረት ፈረንሳ፡ ብሪጣንያ ንበይና ኣንጻር ሓይልን መዓትን ጀርመን ደው ኢላ ስለ ዝነበረት፡ ብመገዲ ቀይሕ ባሕሪ ዝነበራ ርክብ ምስ ህንድን ርሑቕ ምብራቕን ከምኡ'ውን ምስ ናይ ኣፍሪቃ ግዝኣታታ ምተቘርጸ። ብደቡብ ኣፍሪቃ ኩሊልካ ብህንዳዊ ውቅያኖስ ምኾነ'ሞ፡ ክሳራኡን ምድንጓዩን ኣይምተኻእለን። ስለ'ዚ፡ ብሪጣንያ፡ ንግብጺ ምክልኻል፡ ማዕረ ምክልኻል ገዛእ ነፍሳ ብምርኣይ፡ ኣብኡ ኣንጻር ኢጣልያ ንምምካት መደብ ኣውጽኣት።

ኣብ ዝርዝር ምእታው ኣየድልየናን ኢዩ። ይኹን'ምበር፡ ብዘይካ'ቲ ኣብ ኤርትራን ኢትዮጵያን ሶማልያን ዝነበራ ሓይሊ፡ ኢጣልያ ኣብ ሊብያ ጥራይ 215,000 ወተሃደራት ምስ ምሉእ ናይ ፈኩስን ከቢድን ብረት ዕጥቀም ነበሩዋ። ብኣንጻሩ፡ ቸርችል ከም ዝገለጾ፡ ኣብ ሰነ 1940፡ ብሪጣንያ 50,000 ሰራዊትን ምጡን ፈኩስን ከቢድን ብረትን ጥራይ ኣብ'ዚ ቦታ'ዚ ነበራ። ኣብ ዝቐጸለ ኣዋርሕ ይኾነኒ ኢዩ እትብሎ ሰራዊትን ኣጽዋርን ወሰኸት'ሞ፡ ሰራዊት ኢጣልያ ኣብ ዘይሓሰቦን ዘይተቐረበሉን ዕለት፡ ማለት ብ8 ታሕሳስ 1940፡ ብሪጣንያ ኣብ'ቲ ዶብ ግብጺ ጥሒሱ ዓሪዱሉ ዝነበረ፡ ሲዲ ባራኒ ዝብሃል ገማግም ባሕሪ ኣጥቀዐቶ። ካብኡ ጀሚሩ፡ ግስጋሰ ሰራዊት ብሪጣንያ ዓጋቲ ሰኣነ። ደድሕሪ'ቲ ዝተበታተነን ዝሃድም ዝነበረን ሰራዊት ጣልያን ብምስዓብን ካብ ማእከላይ ባሕሪ ብድሕሪኡ ብምቅርራጽን ድማ፡ ብሪጣንያ ውሽጢ ሊብያ ብምእታው ኣብ ውሽጢ ክልተ ወርሒ ዘይመልእ ጊዜ ክሳብ ንበዓል ጦብሩቕ ሓዘት።

ብሪጣንያ ኣብ ሊብያ ከም ትዕወት ግን ኣቐዲማ፡ ማለት ብ12 ታሕሳስ ንሲዲ ባራኒ ምስ ተቘጻጸረት ኢያ ኣረጋጊጻ። እዚ ምስ ኮነ፡ ብሪጣንያዊ ኣዛዚ ውግእ መላእ ማእከላይ ምብራቕ፡ ጀነራል ዌቨል፡ ነቲ ኣብ ኩናት ሰሜን ኣፍሪቃ ድሕሪ ምቕናይ ኣዕሪፉ ዝነበረ ብህንዳውያን ዝቐመ 4ይ ክፍለ ሰራዊት፡ ቀልጢፉ

ንኤርትራ ንክኸይድ ኣዘዘ። እዚ ዝኾነሉ ምኽንያት እቲ ድሮ ከባቢ ከሰላ ዝነበረ ብጀኔራል ዊልያም ፕላት ዝምራሕ ህንዳዊ 5ይ ክፍለ ሰራዊት፡ ኣንጻር ኢጣልያዊ መግዛእቲ፡ ኣብ ኤርትራ ውግእ ክኸፍት ይቀራረብ ስለ ዝነበረ'ሞ ረዳት ስለ ዝተደልየ ኢዩ።

ኲናት ኣብ ኤርትራ

"ዘመተታት ኣቢሲንያ" ዝብል ወግዓዊ ጸብጻብ መንግስቲ ብሪጣንያ፡ ነቲ ኣብ ምብራቕ ኣፍሪቃ ዘካየደቶ ውግኣት ይገልጽ። እዚ፡ ኤርትራ ከመይ ኢላ ነቲ ኣብ ሰሜን ኣፍሪቃን መላእ ማእከላይን ርሑቕን ምብራቕን ዝነበረ ውግኣት እተገድሰ ሃገር ክትከውን ከም ዝኸኣለት የረድእ። ሙሶሊኒ ንኢትዮጵያ ብ1936 ወሪሩ ካብ ዝሕዛ ጀሚሩ ጥራይ፡ ኣብ ኤርትራን ኢትዮጵያን ኢጣልያዊት ሶማልያን 300,000 ወተሃደራት፡ 400 ቡብዓይነቱ ከበድቲ ኣጽዋርን 200 ነፈርቲ ኲናትን ኣኪቡ ነበረ። እተን ነፈርቲ ካብ ኤርትራ እናተበገሳ ንዘኾነ ኣብ ሱዳን፡ ግብጺ ይኹን ማእከላይ ምብራቕ ዝነበረ ዒላማታት ብሪጣንያ ወቒዐን ክምለሳ ዝእግመን ኣይነበረን። ብምድሪ እውን እንተ ኾነ ኢጣልያ ካብ ቃሮራ፡ ኦምሓጀር፡ መተማ፡ ጁባን ኩምሩክን ተበጊሳ ነታ ኣብ ትሕቲ ግዝኣት እንግሊዝ ዝነበረት ሱዳን ካብ ምጥቃዕን ምቍጽጻርን ዝኽልክላ ኣይነበረን። ምኽንያቱ፡ ይብል እቲ ጸብጻብ፡ ኣብ ምውዳእ 1940 ኣብ ሱዳን ዝነበረ ብሪጣንያዊ ሓለዋ ካርቱም፡ 4500 ወተሃደራት ጥራይ ዝሓዘ ሰለስተ ቦጦሎንን ክንድኡ ዝኸውን ብሱዳናውያን ዝቘመ ሓይልታት ምክልኻል ሱዳንን (Sudan Defense Forcs)፡ ኩሉ ኹለን ካብ ዕስራ ዘይበዝሓ ነፈርቲ ኲናትን ጥራይ ኢዩ ዝነበረ።

ሱዳን ብኢጣልያ እንተ ትተሓዝ፡ ብምሉኡ'ቲ ብቐይሕ ባሕሪ ኣቢሉ ናብ ማእከላይን ርሑቕን ምብራቕ ዝሓልፍ ዝነበረ መስመር ሓይልታት ኪዳን ምተዓጽወ። ኣብ ልዕል'ዚ እቲ ንኻርቱም ምስ ብሪጣንያዊ ግዝኣታት ምዕራብ ኣፍሪቃ ዘራኽብ ናይ ምድሪ መስመር'ውን ምተቘርጸ። እዚ ድማ ንግብጺ ብደቡብ ንመጥቃዕቲ መቃልዓ ጥራይ ዘይኮነ፡ ማእከላይ ምብራቕ ባዕሉ መከላኸሊ ምስኣነ'ሞ ጉዕዞ ናይ'ቲ ኲናት ንረብሓ ሓይልታት ኣክሲስ ምኾነ።[5]

ብሪጣንያ እምበኣር ኢጣልያ ካብ ኤርትራ ፍሕት ንኸይትብል ክትከላኸላ ነይሩዋ። ነዚ ዝድርኽ ተወሳኺ ምኽንያት'ውን ነይሩ። ኢጣልያ ኣብ ሊብያ ምስ ተሳዕረት፡ ሓይልታት ብሪጣንያ ብ21 ጥሪ 1941 ንጦብሩቕ ሓዙዋ። ኲነታት ሰሜን ኣፍሪቃ ሓደገኛ ምንባሩ ዝተረድኦ ሂትለር፡ ነቲ ኣብ ትሪፖሊ ዓሪዱ ዝነበረ ተረፍ ሰራዊት ኢጣልያ ዝሕግዝ ጀርመናዊ ሓይሊ ኣኪቡ ንኽዋጋእ፡ ነቲ ውሩይ ጀርመናዊ ጀኔራል ኤርዊን ሮመል መዘዘ። ሮመል እንግሊዝ ከይተረፉ ዘድንቕዎን ዝፈርሑዎን ኣዛዚ ኢዩ ዝነበረ። መዝነቱ ካብ ዝቕበል ኣብ ውሽጢ ሰለስተ ወርሒ ዘይመልእ ጊዜ፡ ማለት ብ31 መጋቢት 1941 ድማ፡ ነቲ ኣብ

5. Abyssinian Campaigns p. 12.

ልዕሊ ኢጣልያ ኣንጸባራቒ ዓወት ብምጉንጻፉ ፍናን ረኺቡ ዝነበረ ሰራዊት ብሪጣንያ ብምጽርራግ፡ ንባርድያ ዝተባህለት ኣብ ዶብ ሊብያን ግብጽን እትርከብ ስትራተጂያዊት ቦታ ተቘጻጸረ። ሰራዊት እንግሊዝ ኣብ ጦብሩኽ ተቖሪጹ ተረፈ። ጸኒሑ ሮመል ንጦብሩኽ ጥራይ ዘይኮነ ውሽጢ ግብጺ ኣትዩ ሰፊሕ መሬት እውን ተቘጻጸረ። እዚ ግን ኣብ ካልእ ታሪኽ ከእትወና ኢዩ።[6]

ብዓይኒ'ቲ ውግእ ክርእ እንከሎ እምበኣር፡ ምብራቕ ኣፍሪቃ፡ ሰሜን ኣፍሪቃን ኤውሮጳን ዝተኣሳሰረ ነበረ። ናይ ሸው ተንተንቲ'ውን ንምብራቕ ኣፍሪቃ ከም መበገስን እግርን፡ ንሰሜን ኣፍሪቃን ማእከላይ ምብራቕን ከም ኩብዲ፡ ንኤውሮጳ ድማ ከም ርእሲ ኢዮም ዝዛረቡሉ ዝነበሩ። በዚ መሰረት፡ ኤርትራ መርገጺ ወይ መበገሲ ነይራ ማለት ኢዩ። ነፈርቲ ብሪጣንያ ጽባሕ'ቲ ኢጣልያ ኩናት ዝኣወጀትሉ ዕለት መንሹራተን ኣብ ልዕሊ ኣስመራ ከዘንባ እምበኣር ዘገርም ኣይኮነን - ብሪጣንያ ደገፍ ህዝቢ ኤርትራ ትደሊ ስለ ዝነበረት። ካብ'ዚ ሓሊፉ፡ ካብ'ቲ ዝተባህለ ዕለት ጀሚሩ ከቢድ ደብዳብ ነፈርቲ ኣብ ኩሉ ኢጣልያ እትቈጻጸሮ መዓርፎ ነፈርቲ ተኻየደ። ከምኡ'ውን ሜካናይዝድ ኣሃዱታት ብሪጣንያ ካብ ከሰላ እናተበገሳ ኣብ ልዕሊ ሰራዊት ኢጣልያ ጉድኣታት ኣውረዳ። ይኹን'ምበር፡ ብሪጣንያ ኣብ'ቲ ከባቢ ዓበይቲ ዓወታት ዘጕናጽፍ ዓቕሚ ስለ ዘይነበራ፡ ሓይልታት ኢጣልያ ብ4 ሓምለ 1940 ካብ ኤርትራን ሰሜናዊ ምዕራብ ኢትዮጵያን ተበጊሰን ንከሰላን ጋላባትን ኣብ ትሕቲ ቍጽጽረን ከእትዋ እንከለዋ፡ ክትከላኸል ኣይከኣለትን። ጸኒሓ ብ4 ነሓሰ ናይ'ቲ ዓመት'ቲ፡ ኢጣልያ ንብሪጣንያዊት ሶማልያ'ውን ድሕሪ ናይ ክልተ ቕነ ውግእ ሓዘታ። እዚ ዓወት'ዚ፡ ካብኡ ንደቡብ ናብ በዓል ኬንያን ኡጋንዳን ንምዝርጋሕ ዘኽእላ ስለ ዝነበረ፡ ንሓይልታት ኪዳን፡ ብፍላይ ድማ ንብሪጣንያ፡ ኣዝዩ ኣሰጋኢ ኩነታት ፈጠረ።[7]

ብሪጣንያ ነዚ ኩነታት'ዚ ኢዳ ኣጣሚራ ክትርኢ ዘዋጽእ ኣይነበረን። ስለ'ዚ ኣብ ቀውዒ 1940፡ 5ይ ህንዳዊ ክፍለ ሰራዊት ዝመርሖን ብኻልኣት ናይ ደቡብ ኣፍሪቃ ብሪጌዳት ከኣ ዝቘመን ሓይሊ ኣብ ካርቱም ኣከበት። ኑቲ ኣቐዲምና ዝገለጽናዮ መጥቃዕቲ ኣብ ሰሜን ኣፍሪቃ እናኻየደት ከላ ድማ፡ ካብ ሰሜን ንኤርትራን ኢትዮጵያን፡ ካብ በዓል ኬንያ ድማ ንብሪጣንያዊት ሶማልያን ንደቡብ ኢትዮጵያን ንምጥቃዕ ትቀራረብ ነበረት። ብሸነኽ ሰሜን፡ ዕላማኣ ብሰለስተ ሸነኽ፡ ማለት፡ ብገዳርፍ ሓሊፍካ ጋላባት ብምጥቃዕ መገዲ ኢትዮጵያ ምኽፋት፣ ንኸሰላ ካብ ኢጣልያ መንጢልካ ተሰነይን ሱብደራትን ሒዝካ ንኸረንን ኣስመራን ምምራሽ፣ ብፖርት ሱዳን ድማ ቃሮራ ተቘጻጺርካ ንኹብኩብ፡ ንኸረንን ገምገመ-ገምገም ባሕሪ ንባጽዕን በዚ ድማ ንመላእ ኤርትራ ካብ ኢድ ኢጣልያ ምልቓቕ ነበረ።[8]

ኣብ ዶብ ኤርትራ ዝነበረ ሓይሊ ኢጣልያ ቀሊል ኣይነበረን። ኣብ ከሰላ፡ ሱብደራትን ተሰነይን ጥራይ ሓሙሽተ ቦጦሎኒ ነበሮ። ካብ'ዚ ንላዕሊ፡ ኣብ ከሰላ

6. Westwood, Greatest Battles of World War II p. 60.
7. Abyssinian Campaigns p. 14-16.
8. Ibid. P. 24-28.

ክልተ፡ ኣብ ኦም-ሓጀር ድማ ሓደ ብኤርትራውያን ካልኣይ ከኣ ብኢጣልያውያን ዝቖመ ብሪጌዳት ቀረቡ። እቲ ናይ ኤርትራውያን ሎረንሲኒ ብዝብሃል መንእሰይ መራሒ ዝእዘዝ፡ ኣብ ሶማልያ ኩብ ዝበለ ቕያ ዘጥረየ 2ይ ብሪጌድ ዝብሃል ነበረ።

ኣብ መወዳእታ 1940 ኣብ ከባቢ ከሰላ መጠነኛ ውግኣት ተራእየ። ይኹን'ምበር፡ ክልቲኦም ተፋጠጥቲ ሓይልታት ወሳኒ ዓወት ኣይተጉናጸፉን። ሓይልታት ብሪጣንያ ግን ሱዳን ንኸይትጥቃዕ ዝከላኸል መጸንሒ ቦታን ሓይልን ክድልቡ ከኣሉ። ኣብ ከምዚ ዝመሰለ ኩነታት ኢያ ብሪጣንያ ነቲ ተገሊጹ ዘሎ ዓወታት ኣብ ሊብያ ዝጨበጠት። ከምቲ ዝተባህለ'ውን ናይ ሊብያ ዓወቶም ከም ዝረጋገጽ ምስ ተኣማመኑ፡ መራሕቲ ኩናት ብሪጣንያ ን4ይ ህንዳዊ ክፍለ ሰራዊት ከም ተወሳኺ ሓይሊ ንኤርትራ ሰደዱዎ።

ኣዛዚ'ቲ ሰሜናዊ ግንባር፡ ጀነራል ፕላት፡ ናይ መጥቃዕቲ ዜሮ ሰዓት ኣብ 18 ጥሪ ወሰና። መደቡ፡ ንኸሰላ ድሕሪ ምሓዝ ሓይልታቱ ብኽልተ ሸነኽ፡ ማለት ብተሰነይ፡ ሃይኮታ፡ ባረንቱ ንኣቑርደት፣ ከምኡ'ውን፡ ብሰብደራት፡ ዋካይ፡ ኬሩ፡ ንኣቑርደት ከም ቀዳማይ መድረኽ መጥቃዕቲ ምስላጥ ነበረ። እቲ ንሓገዝ ዝመጸ 4ይ ብሪጌድ ቅሩብ ስለ ዘተደናገየ፡ ፕላት ንመጥቃዕቱ ናብ 19 ጥሪ ኣመሓላለፉ፡ ንኸሰላ መረሸ። ውግእ ግን ኣይነበረን። ምኽንያቱ፡ ሓይልታት ጣልያን ክልተ መዓልቲ ኣቐዲመን፡ ብ17 ጥሪ ዕርድታተን ገዲፈን ካብ ከሰላ ስሒበን ጸንሓ።

ቀልጢፈን ስሒበን ክኾና ነይሩወን ይብል ጀኔራል ኤቫንስ ዝተባሃለ ደራሲ፡ ምኽንያቱ፡ ኣብ ቤት ጽሕፈት ከሰላ፡ እዚ ዝስዕብ ልውውጥ መልእኽቲ ምስ ላዕለዋይ ኣዛዚ ሓይልታት ኢጣልያ ተረኽበ፡-

> ከሰላ፡- ንኹብሪ ዱቾን ንገሳዊ ግዝኣታትናን ክሳብ መጨረሽታ ክንዋጋእ ኢና።
> ላዕለዋይ-ኣዛዚ፡- ተዋስኦ ኣይትስራሕ፡ እተዝልቐሉ ዕለት ጥራይ ንገረና![9]

ሰራዊት ኢጣልያ ግን ካብ ከሰላ ጥራይ ዘይኮነ ካብ ተሰነይን ሰብደራትን'ውን ኣዝሊቑ ጸንሐ። ኣብ ተሰነይ ንድልድል ወይ ቢንቶ ጋሽ ኣፍሪሱ፡ ነቲ ዝቕጽል መገዲ'ውን ፈንጂ ዘሪኡሉ ስለ ዝነበረ፡ ሰራዊት ብሪጣንያ ሃይኮታ ንምብጻሕ ሳልስቲ፡ ማለት ክሳብ 21 ጥሪ ወሰደሉ። እቲ ብሰብደራት ዝገስገሰ ሓይሊ'ውን ከምኡ ሳልስቲ ፈንጂ ክለቅም ድሕሪ ምቕናይ ንመጀመርታ ኣብ ኬሩ ተቓዋሚ ሓይሊ ኢጣልያ ኣጋጠሞ። ኣብ ኬሩን ከባቢኣን ሓሙሽተ ቦጦሎኒ ጣልያን ዓሪደን ነይረን ኢየን።

9. Evans, The Battle for Keren p. 263.

ምትሓዝ ከረንን ስዕረት ኢጣልያን

ኣልቤርቶ ስባቺ ዝተባህለ ኢጣልያዊ ተመራማሪ ከም ዝገልጾ፡ ኣብ ምብራቕ ኣፍሪቃ ዝነበሩ ጠላይን ኲናት ኣይደለዩን ጥራይ ዘይኮነስ ንኲናት'ውን ቅሩባት ኣይነበሩን። ምኽንያቱ፡ ብፍላይ ድሕሪ ናይ ሊብያ ስዕረቶም፡ ብብዝሒ ሰራዊት'ኳ ጸብለልታ እንተ ነበሮም፡ ብዓይነት ኣጽዋር ብብሪጣንያ ይብለጹ ነበሩ። ከምቲ ኣቐዲምና ዝረኣናዮ'ውን፡ ንሳቶም ዘይኮኑስ፡ ብሪጣንያ ኢያ ከም ድሌታ ተወሳኺን ናይ ረዳትን ሓይሊ ካብ ሰሜን ኣፍሪቃ ከተምጽእ ትኽእል ዝነበረት። እዚ ድማ ካናል ስዌዝ ይኹን ፈለግ ኒል ኣብ ትሕቲ ቊጽጽራ ስለ ዝነበረ ኢዩ።

ስለ'ዚ፡ ይብል ስባቺ፡ ተስፋ ጣልያን ኣብ ገዛእ ሰራዊቶም ዘይኮነስ፡ ኣብ ሰራዊት ጀርመን ዝተመርኰሰ ኾነ። ብሪጣንያ ንኸረን ትግስግስሉ ኣብ ዝነበረት እዋን ሮመል ንሊብያ ክወርር ተቐራረበ። ናይ ጣልያን ስትራተጂ ኣብ ምብራቕ ኣፍሪቃ እምበኣር፡ ነቲ ዝወርር ዝነበረ ሓይሊ ብሪጣንያ ምጽናሕን ምድንጓይን ጥራይ ነበረ። ጀርመን ንብሪጣንያ ስዒሩ ግብጺ ክሕዝ ኢዩ ንዝብል ትምኒቶም ኣይተጠራጠሩሉን። ብዓቢኡ፡ ሓይልታት ኣክሲስ ኣብ ኤውሮጳ ከም ዝዕወቱ'ውን ከም ውሁብን ዘይተርፍን ወሰዱዎ። ስለ'ዚ፡ ዋላ'ኳ ኣብ ምብራቕ ኣፍሪቃ ዝነበረ ግዝኣቶምን ትሕዝኦምን፡ ማለት ኤርትራ፡ ሶማልያን ኢትዮጵያን ንጊዚኡ እንተ'ጥፍኡ፡ ኣባላት ኣክሲስ ብምዃኖም ጥራይ ኣብ ዘተ ታት ዕርቂ ኣብ ጉድኒ ተዓዋቲት ጀርመን ኮፍ ክብሉ'ሞ፡ ካብታ ንሰላም ምልማና ኣይተርፋን ኢዩ ዝበልዋ ብሪጣንያ ዝሰፍሐ መሬት ኣፍሪቃ ክምንዝዉ ኢዮም ዝጽበዩ ዝነበሩ።[10]

በዚ ምኽንያት'ዚ፡ ካብ ዶባት ኤርትራ ኣዝሊቖም ኣብ ከሩ ሓለዋ ኣቑርደት ዓረዱ። ጣልያን መቸም ፈኺራን ተዋስኦን ይፈትዉ'ዮም እናተባህሉ ይሕመዩ ኢዮም። ሰራዊት ብሪጣንያ ከሩ በጺሑ ንህጁም እናተቐራረበ እንከሎ፡ ሓደ ተዋስኦ ዝመስል ፍጻሜ ኣጋነፎ። ብዘይሓሰቦ ኣንፈት ሰሳ ዝኾኑ ብኣመደዮ ጊየ ዝተባህለ ኣብ ጻዕዳ ፈረስ ዝተወጥሐ ኢጣልያዊ መኰንን ዝምርሖ ኤርትራውያንን ካልኦትን ፈረሰኛታት፡ ነቲ ናይ ረሻሸን ከቢድ ብረትን ኣሃዱ ብድሕሪት ሃጀሙዎ። ነቲ ገረሙዎ ዝነበረ ኣሃዱ እንግሊዝ ክሳብ ዕስራን ሓሙሽተን ሜትሮ ቀሪቦም ድማ፡ ካብ ልዕሊ ኣፍራሶም ተኲሱሉን ቦምባታት ኢድ ደርበዩሉን። "ከበድቲ ብረትና 180 ዲግሪ ጠዊና ፊት ንፊት ተኲስናሎም" ይብል ጀኔራል ኤቫንስ። ፍርቂ'ቲ ዘጥቅዐ ሓይሊ ምስ ኣፍራሱ ምስ ወደቐ ጥራይ ከኣ ንድሕሪት ሰሓበ። "መቸም" ይብል ኤቫንስ "ፈረስ ተወጢሕካ ካብ ዝተፈተነ ህጁማት፡ እዚ ሓደ ካብ'ቲ ናይ መወዳእታ ክኸውን ኣለዎ።"[11]

ሽሕ'ኳ እዚ ናይ ኣመደዮ ጊየ ደፋር ስርሒት ንግስጋስ ብሪጣንያ ቁሩብ ኣደንጉይዎ ኢዩ እንተ ተባህለ፡[12] ቅብጸት ሰራዊት ኢጣልያ ዘርኢ ናይ ታህዲድ

10. Sbacci, Ethiopia Under Musolini, p. 212
11. Evans, p. 263.
12. Dan Segre, La Guerra Privata del Tenente Guillet, pp.115-121.

ፈተነ ኢዩ ነይሩ። ሓይሊ ጣልያን ኣብ ኬሩ ኣበርቲዕ ኣቢሉ ክዋጋእ'ኳ እንተ ፈተነ፡ ክፉል ናይ'ቲ ንባረንቱ ዘጥቅዕ ዝነበረ ሓይሊ ብሪጣንያ፡ ካብ ሃይኮታ ከይተራእየ ንሰሜናዊ ምዕራብ በቲኹ ኣብ ከባቢ ቢሻ፡ መገዲ ኬሩ-ኣቑርደት ዝርከብ ዒላታት ሸግለት ብምቍጽጻር፡ ሓሙሽተ ኪሎ ሜተር ካብ ኣቑርደት ኣዕረፈ። እቲ ኪኖ ኬሩ መገዲ ዝቑረጸ ሓይሊ መሊሱ ንድሕሪት ብምጥዋይ ድማ፡ ኣብ'ዚ ዝተባህለ ዕለት ጽርግያ ባረንቱ-ኣቑርደት በተኸ።[13] በዚ ድማ ኣብ ክልቲኣን ከተማታት ዝነበረ ሰራዊት ኢጣልያ ካብ ሓድሕዱ ተነጻጸለ።

ኣብ ኣቑርደት፡ ጣልያን ከትክሉ መደቡ። ነቲ ኣብ ሶማልያ ስለ ዝተዓወተ "ኣንበሳ ሳሃራ" ተጠሚቑ ዝነበረ ሎረንሲኒ ምስ 2ይ ብሪጌዱ ክሳብ መወዳእታ ንኽምክት ትእዛዝን ሓላፍነትን ኣሰኪሞም ድማ ንምሉእ እዚ ናይቲ ግንባር ሃቡዎ። ምሉእ ደገፍ ሓይሊ ኣየር ከም ዝገበረሉ'ውን ተመባጽዑሉ። ናይ እንግሊዝ ዓቢ ብልጫ ቅልጣፈ ኢዩ ነይሩ። መደብ ጣልያን ስለ ዝገመቱ፡ ጊዜን ዕድልን ከይሃቡ ንመዓርፎ ነፈርቲ ኣስመራን ጉራዕን ብምድብዳብ፡ ኣብቲ መዓልቦታት ወይ ራንወይ ኣስታት 200 ጕዳጕዲ ፈሓሩ'ሞ፡ ነፈርቲ ኲናት ኢጣልያ ካብ ዘዝነበራኦ ምዕይ ምባል ሰኣና። እቲ ንሎረንሲኒ ዝተገብረሉ መብጽዓ ደገፍ ሓይሊ ኣየር ስለ ዝመኸነ ኸኣ፡ ኣቑርደት ንሓደጋ ተቓልዐት።

ይኹን'ምበር ኣዘዝቲ ጣልያን ኣብ ኣቑርደት ክዋግኡ ነይሩዎም። ኣብ ቅድሚ ሰራዊቶም፡ ብሕልፊ ኸኣ ኣብ ቅድሚ'ቲ ኤርትራዊ ክፉሉ ሃሃዲምካ ምኻድ ዘዋጽኦም ኣይነበረን። ውድቀት ሞራልን ምብትታን እቲ ሰራዊትን ቀንዲ ፍርሖም ኮነ። ስለ'ዚ ሎረንሲኒ ምስ 12000 ኣጋር ሰራዊቱ፡ 72 ከቢድ ብረቱን ሓያሎ ታንክታቱን ኣብ ለቓታት፡ ምዕራብ ጽርግያ ኣቑርደት-ባረንቱ፡ ኣብ ኮከን ከኣ ብምብራቑ ዓሪዱ ተጸበየ።

ብ28 ጥሪ ምብራቓዊ ሸነኽ ኮከን ዝደየበ ህንዳዊ ሓይሊ ብሪጣንያ ክሳብ ዕለት 30 ተሪር ናይ ምርብራብ ውግእ ኣካየደ። ብ30 ጥሪ ግን፡ ካልእ ሓይሊ እንግሊዝ ኣብ ምብራቓዊ ብራኸታት ኮከን ምስ ነኸሰ፡ ብታንክታት ዝተሰነየ ተወሰኽቲ ሓይልታት ብመንጎ ኮከንን ለቓታትን ብምትርጋእን ብሰሜናዊ ሸነኽ ሩባ ባርካ ኀቦታትን ኩጀታትን ብምኽላልን ሓለዋ ድሕሪትን ከቢድ ብረትን ጣልያን ደምሰሳ። ሎረንሲኒ፡ ነቲ ተኣማሚኑሉ ዝነበረ ምኩር ብርጌዱ'ኳ ከይተጠቕመሉ ስዕረት ሰራዊቱ ተዓዘበ። ከም ኩሎም ኣዘዝቲ ኲናት ኢጣልያ ኣብ ሰሜን ኣፍሪቃ ይኹኑ ኣብ በዓል ኬሩ፡ ብቕልጣፈን ተዓጻጻፍነትን ሰራዊት ብሪጣንያ ፈዘዘ። ሰራዊቱ ድማ 1000 ምሩኻት፡ 43 ከቢድ ብረትን 14 ዝተቓጸላ ታንክታትን ራሕሪሑ ሃደመን ተበታተነን። ኣቑርደት ብ1 ለካቲት 1941 ተታሕዘት። ጣልያን እናሃደሙ ንቢንቶ እንገርን ኣፍሪሶም ከብዲ ሩባ ባርካ ፈንጂ ስለ ዝዘርኡሉ፡ ሰራዊት እንግሊዝ ሸሞንተ ሰዓት ተደናጕየ። ጣልያን ኣብ ከረን ንኽዓርዱ ጊዜ ረኸቡ።

13. Abyssinian Campaigns, p.33.

ንጽባሒቱ 2 ለካቲት፡ እታ ብ8000 ወተሃደራትን 32 ከቢድ ብረትን ትሕሎ ዝነበረት ባረንቱ'ውን ናብ ብሪጣንያ ወደቐት። ወተሃደራታ ተበታቲኖምን ምስቶም ካብ ኦምሓጀርን ወልቃይትን ዝሃደሙ ተጸንቢሮምን መገዲ ዓረዛ ሐዞም ዓዲ-ወግሪ፡ ወይ ብበዓል ወልቃይት መገዲ ዓድዋ ተራእዩ። ኣብ ውሽጢ ክልተ ቕነ ጥራይ፡ ኢጣልያ 6000 ወተሃደራት፡ 26 ታንክታትን 400 መኻይንን ከሰረት። ካብ'ዞም 6000 እቶም ዝበዝሑ ኢዶም ዝሃቡ ኤርትራውያን ነበሩ።[14]

ከረን ጽንዕቲ ዕርዲ ኢያ። ብዘይካ ጽርግያ ጥንቁልሓስ፡ ሰራዊትን ተሽከርከርትን ሐዚኻ እትድይብሉ ካልእ መገዲ የልቦን። ሰራዊት ኢጣልያ ካብኣ እንተ ለቒቑ፡ ንኤርትራ ጥራይ ዘይኮነ፡ ንመላእ ናይ ምብራቕ ኣፍሪቃ ግዝኣታቱ ከም ዘጥፍእ ፍጹም ኣይተሰወሮን። ስለ'ዚ፡ ባረንቱ ዝተታሕዘትላ'ሞ እንግሊዝ ፈንጅታት ባርካ ክኣልዩን ድልድል ከዐርዩን ዝወዓሉላ መዓልቲ፡ ንጽርግያ ጥንቁልሓስ ዳርጋ ካብ ፍርቂ ዓጸዎ። ነዚ ንምግባር፡ ጥቓ 200 ሜትሮ ዝንውሓቱ ጎቦ ብሚናታት ብምፍራስ፡ ነቲ ጽርግያ ብሓመድ ኣኻውሕን ኲረትን ደበዮ። ሰራዊት ብሪጣንያ ዝሓልፈሉ መገዲ ስለ ዝተዓጽወ፡ ታሕቲ፡ ኣብቲ ጉላጉል በዓል ግላሰን በጉን ተዓግተ።

ካብ መዓልታት ውግእ ኣቑርደት ጀሚሮም፡ ጣልያን ካብ ኣዲስ ኣበባ ከይተረፈ ሓይልታት ብምምጻእ ንኸረን ከደልድሉዋ ቐነዩ። ሓይልታት ብሪጣንያ፡ ብገደልን ኣኻውሕን ሰንጭሮታትን ከረን'ኳ እንተ ተሰናበዱ፡ ቀልጢፎም ኣብ ደቡባዊ ምብራቕ ከረን፡ ልዕሊ'ቲ ተቐኒቱዋ ዝሓልፍ መገዲ ባቡር ከረን-ኣቑርደት ንእትርኩብ እምባ ሰንኪል ንኽሕዙ ክድይቡዋ ፈተኑ። ካብኡ ተደፊኦም ስለ ዝወረዱ ግን ትሕቲኣ ናብ ዘላ ሓንቲ ተረተር ተዓቚቡ። ነዚኣ "ካሜሮን ሪጅ" ሰመዩዋ፡ ብስም ካሜሮን ዝፍለጥ ሓይሊ ስለ ዝሓዛ። ኣብ ዝቕጽል መዓልታት ካብ ሰንኪል ሰሜን ንዝርኩብ ተረተር እሽዲራን ሳርባራን (በጸዋውዓ እንግሊዛውያን፡ "ብሪግስ ፒክ" ዝብሃል) ተፈቲኑ፡ ኩሉ ዝዓይነቱ ብረት ኢጣልያ ይወድቕ ስለዝነበረ ግን፡ ኣይሰለጠን።

ካብ ጽርግያ ኣቑርደት-ከረን ንየማን ዝርከብ ቦታታት'ውን ብሸነኽ ደሎ'ኸሮዲኸ ብወገን ሩባ በጉ ኸኣ ንላዕሊ ንበዓል ጽላለን ፈለስታኾን (Zelale and Falestoh) ዝተፈተነ መጥቃዕቲ'ውን ድሕሪ ናይ መዓልታት ምርብራብ ዘፍ በለ። ከም ብሓድሽ፡ ብ11 ለካቲት፡ ሰንኪልን ሳርባራን (Brig's Peak) ተፈተና። ሰራዊት ብሪጣንያ ግን ድኻምን ጽምኢ ማይን ከፍኦ። እቲ ዝበዝሕ ዕጥቅን ስንቅን ኣብ ምምልላስ ስለ ዝተወሰነ ድማ፡ እቲ ተዋጋኢ ሓይሊ ጎቦ ደዩቡ ዘየድምዕ ኮነ። ብ12 ለካቲት፡ ሰራዊት ብሪጣንያ ንኸረን ብቐሊሉ ክሕዛ ከም ዘይኮነ ተረድኦ። ኣብ ናይ ዓሰርተ መዓልቲ ውግእ ንኸባቢ ኣራዊት (Cameron Ridge) ጥራይ ኢዩ ክሕዝ ክኢሉ። ክሳብ ዞኾነ ዝኸውን እምበኣር፡ ነታ ታባ'ቲኣ ኣደልዲሉ ንኽሕዝ ብምውሳን ዘገም ኢሉ ብዛዕባ ከረን ክሓስብ ንጊዚኡ ኣዕረፈ።[15]

14. Ibid. P. 35-37.
15. Ibid. P. 41-2.

ነዚ ናይ ዕረፍቲ ጊዜ ሰራዊት ብሪጣንያ ብብዙሕ መገዲ ተጠቐመሉ። ብቐዳምነት ጣልያን ካብ ዓረዛን መንደፈራን ሓገዝ መታን ከይረኽቡ ተኻይዩ ክዓግት ወይ ምንቅስቓስ ከይግበር ከፈራርሕ ዝኽእል ሓይሊ ኣብ ከባቢ ክልቲኣን ከተማታት ኣቐመጠ። እቲ ቐንዲ ናይ'ዚ ሰሙናት'ዚ ስራሕ ግን ናይ ነፈርቲ ኲናት ብሪጣንያ በረራታት ኮነ። ኣብ ልዕሊ'ቲ ብቐጻሊ ዘካይዳኦ ዝነበራ ደብዳብ መዓርፎ ነፈርቲ ጣልያን ኣብ ኣስመራ፡ ጉራዕን መቐለን ጽዑቕ መንሹራት ናይ ምድርባይ ዘመተ'ውን ኣካየዳ። እቲ ዘመተ ኣድማዒ ኢዩ ነይሩ ይብሉ ተረኽቲ ብሪጣንያ። ምኽንያቱ፡ ኣብ መፋርቕ ወርሒ ለካቲት ጥራይ 1500 ወተሃደራት ኢጣልያ ኢዶም ሃቡ። ካብዚ'ቶም እቶም 1000 ካብ'ታ ብኤርትራውያን ዝቘመት መበል 11 ብሪጌድ ነበሩ። እቲ ዋሕዚ መሊሱ ኣብ ወርሒ መጋቢት ከም ዝነሃረ'ውን ይንገር።[16]

እዚ እናኾነ እንከሎ፡ እቲ ብሰሜን ዘዘምት ዝነበረ ሰራዊት ብሪጣንያ'ውን ንሳሕል ይሰንጥቓ ነይሩ ኢዩ። እዚ ብሓደ ህንዳዊ ብሪጌድን ደቂ ሜድን ፈረንሳውያንን ዝርከቡዎ ፈረንሳዊ ሓይልን ዝቘመ ነበረ። እዚኣቶም ካብ ፖርት ሱዳን ብመርከብ ተጓዒዞም መሬት ድሕሪ ምርጋጽ፡ ዶብ ሰጊሮም ብ9 ለካቲት ንቓሮራ ሓዙዋ። ድሕሪ ቖሩብ መዓልታት ኣብ ኩብኩብ ዝነበረ ሓለዋ ደምሲሶም ብምሕላፍ፡ ብ1 መጋቢት ንመሰሓሊት ተቘጻጸሩዋ። በዚ ድማ፡ ሰራዊት ብሪጣንያ ንኸረን ብሰሜን፡ ንምጽዋዕ ድማ ብሰሜናዊ ምዕራብ ከጥቅዓሉ ዝኽእል ወሳኒ ቦታታት ሓዘ። ጣልያን'ውን ኣይተዛነዩን። ካብ መተማ (በጌምድር) ሓይልታት ስሒቦም፡ ኣብ ከረን ጥራይ 23,000 ዕጡቕ ሰራዊት ከም ዝህልዎም ገበሩ። ሰራዊት ብሪጣንያ ድማ ኩሉ ኹሉ 13,000 ዕጡቕ ወተሃደርን ኣዝዩ ብዙሕ ዝተፈላለየ ዝዓይነቱ ከቢድ ብረትን ኰመረ።

ኲናት ከረን ብ15 መጋቢት ሰዓት 07፡00 ንግሆ ጀመረ። ሰራዊት ብሪጣንያ መጀመርታ ንሳንኪልን ሳምዓናን (Sammana) ኣጥቅዑ። ክፋል ሰምዓና ሒዞም'ምበር ኣብ ሳንኪል ኣይከኣሉን። ካልኦት ሩባ ሰጊሮም ጥንቁልሓስ ክቈጻጸሩ ዝተቐረቡ ነይሮም። ጣልያን ንብምሉኡ'ቲ ጐላጉልን ሩባታትን ስለዝኣሰሩሉ ግን መሕለፊ ዝብሃል ኣይነበረን። ኣብ ልዕሊ'ዚ፡ እንግሊዝ ጸሓይን ሙቐትን ምኽኣል ስኢኖም ዘልሓጥሓጥ ክብሉ ወዓሉ። ንጽባሒቱ ንግሆ፡ ዕለት 16፡ ሓደ ድልዱል ሓይሊ ነቲ ኣብ ሸነኽ ምዕራብ ቁልቁለት ጥንቁልሓስ ዝርከብ ፎርቶ ዶሉኾሮዶኾ ኣጥቂዑ ብፍጥነት ሓዞን ወተሃደራት ጣልያን ማረኸን። ብ17 መጋቢት ካልእ ሓይሊ እግሪ-እግሩ ብምስዓብን ኪኖኡ ብምኻድን ንፈለስታኾን ዝባንን ተዓጠቐን። ኣብ'ዚ ድማ ንዓሰርተ መዓልቲ ኣትከለ።

ድሕሪ'ዚ፡ ኣዝዩ መሪር ኲናት ከም ዝተኻየደ እዩ ብኽልቲኡ ሸነኽ ዝንገር። እቲ ኣብ ኣግሪ ፈለስታኾን ዝባንን ዝነበረ ብሪጣንያዊ ሓይሊ ጥራይ ሸሞንተ ግዜ ከም ዝተሃጀመ ይዝንቶ። ብኽልቲኡ ሸነኽ ማእለያ ዘይብሉ ቦምባታት

16. Ibid. P. 42-43.

ካብ ዓበይቲ መዳፍዕ ዘነበ። ሎረንሲ፡ "እቲ ኣንበሳ ሰሃራ" ኣብ'ቲ ደብዳብ ሞተ። ሓይልታት ብሪጣንያ ብዙሕ ኣይሰጉሙን፡ ግን ንዶሉኽሮዶኽ ኣብ ኢዶም ኣትረፉ። ልዕሊ ኹሉ ሳንኪል ከፍኣቶም። ብዙሓት ኣዘዝቲ ዝርከቡዎም ወተሃደራት ከኣ ኣብኡ ጠፍኡ።

ንሰራዊት ብሪጣንያ፡ ሓንቲ ኣማራጺት ዝኸፈልካ ከፈልካ ብጽርግያ ጥንቁልሓስ ምትርጋእ'ሞ፡ ነቲ ኣብ ፍርቂ ዝነበረ ኲምራ ሓመደ-ከውሒ ምጽራግ ነበረ። ንብሪጣንያዊ ጀኔራል ፕላት ዘተባብዖ ነገራት ነበረ። ሓደ፡ ጣልያን ኣዝዮም ተሃስዮም ከም ዝነበሩ ይፈልጥ ነይሩ። ድሓር ከም ዝተረጋገጸ፡ ክሳብ'ዛ መድረኽ'ዚኣ ጥራይ፡ 1135 ምዉታትን 2300 ቁሱላትን ከሲሮም ነይሮም ኢዮም። ኣብ ልዕሊ'ዚኦም፡ ቁጽሪ ምሩኻትን ዝሰለሙን 1000 በጺሑ ነበረ። እዚኦም ኣብ ኢድ ሰራዊት ብሪጣንያ ዝኣተዉ ኢዮም። እቶም ዓውደ-ውግእ ራሕሪሖም ዓዓዶም ዝሃደሙ ኤርትራውያንን ካልኦትን ኣዝዮም ዝተዓጻጸፈ ቁጽሪ ስለዝነበሮም፡ ነቲ ዝነበረ ሓይሊ ጣልያን ናብ 30 ክሳብ 40 ካብ ሚእቲ ኣንቆልቍሎሞ ነይሮም ከኣ ይበሃል። ኤርትራውያን ይእድሙ ኢዮም ነይሮም። "ንሕና ደሚና እንተኤርና፡" ይብሉ ናይ ሽዑ ጸሓፍቲ፡ "ጣልያን ደኺሉ ነበረ።"[17]

25 መጋቢት፡ ወጋሕታ ሰዓት 4፡45 ናይ መወዳእታ ዜሮ ሰዓት ኮነት። ኣብ'ታ ሽነኽ ምዕራብ ቁልቁለት ጥንቁልሓስ እትርከ ጋለርያ ባቡር ምድሪ ተሓቢኡ ዝነበረ ህንዳዊ ኣጋር ብሪጌድ፡ ናብ'ቲ ሕሉም - ጎኒ ጽርግያ ጥንቁልሓስ ወረደ'ሞ ንኹሉ ቅድሚኡ ዝጸንሐ ጸራሪት፡ ምሉእ ቦጦሎኒን ሞርታራቱን ምስ ኣዛዚኡ ማረኹ፡ ኣጋ ፋዱስ ኪኖ'ቲ ዝፈረሰ ጽርግያ በጽሐ። እዚ እናኾነ እንከሎ፡ እቲ ኣብ ፎርቶ ዶሉኽሮዶኽ ዝነበረ ሓይሊ ንምዕራብ ገጹ ብምውርዋር፡ ነቲ ካብ ዝፈረሰ ጽርግያ ንደቡብ ሓለዋ ዝነበረ ሓይሊ ጣልያን ኣልገሰ፡ መርገጽ እግሪ ረኸበ። ጣልያን ጸረ-መጥቃዕቲ ፈቲኖም ምኳን ኣበዮም።

እዚ ምስ ኮነ፡ ሚናታት ዝጸዓና ታንክታት ኣባላት ሃንደሳ ኣኽቲለን ትኽ ኢለን በቲ ጽርግያ ደየባ'ሞ፡ ነቲ ዝተደበየ ክፋል ናይ ምጽራግ ዕማመን ጀመራ። ዕለት 26 ምሸት ጽርግያ ተኸፈተ። ኣዛዚ ሰራዊት ኢጣልያ ፍሩሰኪ ካብ ከረን ቅድሚ ምህዳሙ፡ "ኣብ መንገ'ዞም ድሕሪት ገዲፍናዮም እንኸይድ ዘለና ሰለስተ ሽሕ ምዉታት፡ ንከረን ክሳብ እንምለስ ዚሕልዉልና ሓደ ጀነራልን ሓሙሽተ ላዕለዎት መኰንናትን ይርከቡዎም...." ብምባል ሰራዊቱ ካብ ከረን ንኽዝልቕ ኣዘዘ።

ሰራዊት ብሪጣንያ'ውን ከም ሕሱም ተሃሪሙ ነይሩ እዩ። "ዘመተታት ኣቢሲንያ" ዝብሃል መጽሓፍ፡ ካብ ኩሉ ናይ ሽዑ ውግኣት ምብራቕ ኣፍሪቃ፡ ውግእ ከረን እቲ ዝያዳ ደማውን ወሳንን ከም ዝነበረ ይገልጽ። እተን ክልተ ብህንዳውያን ዝቐማ ክፍላተ ሰራዊት ጥራይ ካብ 4000-5000 ወተሃደራተን ኣጥፍኣ። ሓንቲኤን፡ ማለት 4ይ ክፍለ-ሰራዊት፡ ኣስታት 3000 ሰብ ከሰረት።[18]

17. Ibid. P. 45-46.
18. Ibid. P. 46.

ተረፍ ሰራዊት ኢጣልያ ተሳዒሩን ሞራሉ ተሰይሩን ዓድ-ተከለዛን ተኣኪቡ'ሞ፡ ካብ ኢትዮጵያ ምስ ዝመጸ ሓጋዚ ሓይሊ ኣብ ሃብረንገቓን ተረተር ደምበዛንን ክከላኸል ፈተነ። ከንቱ ኢዩ ነይሩ። ብ31 መጋቢት ሰራዊት ብሪጣንያ ምስ ደየቦ፡ ቀልጢፉ ተንበርከኸን ተበታተነን። ኣብ መንጎ ሰራዊት ብሪጣንያን ኣስመራን ዝቃወም ዝኾነ ሓይሊ ኣይነበረን።

ብ1 ሚያዝያ 1941፡ ሓንቲ ጻዕዳ ባንዴራ እተምበልብል ንእሽቶ መኪና ኣንጊሃ ብሸነኽ ኣስመራ ንዓድ-ተከለዛን መጸት። ካብኣ ኣቡን ማሪኖኒ ዝብሃሉ ኢጣልያዊ ጳጳስ ካቶሊካዊት ቤተ ክርስትያን ኤርትራ ዝርከቡዎም ኢጣልያውያን ሰበ ስልጣን ወረዱ'ሞ፡ ንኣስመራ ብሰላም ከረክቡ ከም ዝመጹ ሓበሩ። ሽዑ መዓልቲ ሰራዊት ብሪጣንያ ብቐትሩ ኣስመራ ኣተወ።

ውግእ ግን ኣየብቀዐን። ምኽንያቱ ጣልያን 10,000 ወተሃደራት፡ ሸውዓተ መራኽብ ውግእን፡ 70 ከቢድ ብረትን ሒዞም ገና ኣብ ባጽዕ ዓሪዶም ነበሩ። ካብተን መራኽብ ሓንቲ፡ ብሓይሊ ባሕሪ ብሪጣንያ ኣብ ከባቢ ባጽዕ ጥሒላ ነይራ ኢያ። ኣብ ፖርት ሱዳን ዝነበረ ነዳዲ እንግሊዝ ክቃጽላ ካብ ዝተላእካ ኣርባዕተ መራኽብ ኢጣልያ፡ ሓይሊ ባሕሪ ብሪጣንያ ነተን ክልተ'ውን ብ3 ሚያዝያ ኣጥሓለን፣ እተን ዝደሓና ክልተ ኻልኦት ድማ ኣብ ጅዳ ተዓቝባ። ኣብ መላእ ቀይሕ ባሕሪ ተሪፈን ዝነበራ ክልተ መራኽብ'ውን ካናል ሰወዝ ክጥቅዓ ምስ ተላእካ፡ ተወቒዐን ጠሓላ።

ኣብ ባጽዕ ዝነበረ ኢጣልያዊ ኣዛዚ ሓይሊ ባሕሪ፡ ኣድሚራል ቦነቲ፡ ኣብቲ ወደብ ኣዕሪፈን ንዝነበራ 19 ሲቪል መራኽብ ንኹሉ'ቲ መዐሸጊኣንን ክሬናትን ከቃጽልን ከዕኑን ካብ ሮማ ተኣዘዘ። ፈቲኑ ነይሩ ግን ጊዜ ዝረኸበ ኣይመስልን። ምኽንያቱ ድማ፡ ኣብ ነፋሲትን ካልእ ቦታታትን ዝነበረ ተቓውሞ ጣልያን ጥሒሱ ባጽዕ ዝተጸገዐ ሓይሊ እንግሊዝ፡ ምስ'ቲ ብገምገም ባሕሪ ዝቐርብ ዝነበረ መስነይትኡ ተራኺቡ'ሞ ንምጽዋዕ ኣኽበቡዋ። ብ8 ሚያዝያ ኣብ ዝተኻየደ ግጥም ድማ ተቓውሞ ኢጣልያ ተሰብረ። በቲ ዕለት እቲ ባጽዕ ብሰራዊት ብሪጣንያ ተታሕዘት።

ኣድሚራል ቦነቲ ብጅግንነት ክማረኽ ኢዩ ደልዩ ነይሩ። ከም መርኣያ ኢጣልያዊ ክብሩን እምቢታኡ ንብሪጣንያን ሻምላኡ ኣብ ብርኩ ክሰብር እንተ ፈተነ ግን፡ ተለውያ ጥራይ ኣበዩቶ'ሞ ተበሳጭዩ ናብቲ ባሕሪ ደርበያ። እቶም ዝሓዙዎ ወተሃደራት ብሪጣንያ፡ በይኑ ኣብ ገምገም ባሕሪ ክትክዝ ጸንሑም። ንሳቶም ድማ ነታ ሻምላ ኣውጺኦም፡ ናብ ንቡር ቅርጻ መሊሶም፡ ኣብ ቤት ጽሕፈት ኣዛዚኦም ንኽትንጥልጠል ካርቱም ለኣኹዋ።[19] ዓሰብ ጸኒሓ፡ ብ11 ሰነ ኢያ ኣብ ኢድ ብሪጣንያ ኣትያ።

ናይ ቦነቲ ኣተሓሕዛ ይኹን ናይ'ቶም ኣብ ኬሩ ብፈረስ ዝሃጀሙ ወተሃደራት ጉዳይ፡ መርኣያ ናይ ባዶነትን ጃህራዊ ጠባይን ስርዓት ፋሽስት ኢጣልያ ከም ዝርኢ

19. Ibid. P. 50.

ብሪጣንያውያን ተረኺቲ ይዛረቡ። ኩሉ ኹሉ፡ ጣልያን 65 ቦጦሎኒታት ኢዮም ኣብ ኤርትራ ጥራይ ኣዋፊኦም። 40,000 ወተሃደራቶምን 300 ቡብዓይነቱ ከቢድ ብረትን ተማሪኹዎም፣ ብዓሰርተታት ኣሽሓት ዝቝጸሩ ዓሳክር ራሕሪሖሞም ነናብ ዓዶም ተመሊሶም፣ ሰራዊት ብሪጣንያ ካብ ከሰላ ንኸረን ኣብ ዝመረሸላ ሳምንቲ ጥራይ፡ ሓንቲ ስኳድሮን ነፈርቲ እንግሊዝ 70 ነፈርቲ ውግእ ጣልያን ኣዕነወት። ብዘይካ'ቲ 20,000 ወተሃደራት ሒዙ ንኣዋርሕ ኣብ ጐንደር ዘትከለ ጀኔራል ናዚ፡ ካልእ ክንድ'ቲ ዘሰግእ ሓይሊ ኢጣልያ ስለዘይነበረ እምበኣር፡ ጉዕዞ ሰራዊት ብሪጣንያ ናብ ኢትዮጵያ ብዙሕ ዕንቅፋታት ኣይነበሮን። ውዒለን ሓዲረን ከኣ ሶማልያን ኢትዮጵያን'ውን ብሰራዊት ብሪጣንያ ካብ ኢድ ኢጣልያ ተላቐቓ። መንግስቲ ብሪጣንያ ድማ ኣብ ኤርትራ ሓደ ወተሃደራዊ ምምሕዳር መስረተ።

ምዕራፍ 1

ኣንፈት ወተሃደራዊ ምምሕዳር ብሪጣንያን ማሕበር ፍቅሪ ሃገርን

ምምስራት ማሕበር ፍቕሪ ሃገር

ሰራዊት ብሪጣንያ ዓዲ-ተከሌዛን ምስ በጽሐ፡ ኣብ ኣስመራ ዝኣደሙ ክልተ ቦጦሎኒ ጣልያን ነበሩ። ጀኔራል ፕላት ዝኾነ ዕግርግር ስለ ዘይደለየ፡ ተቐላጢፉ ወተሃደራቱ ብምስዳድ ነታ ከተማ ተቖጻጸራ። ሽዑ ዘርከቡ ከም ዝገልጹዎ፡ እቲ ኣተኣታትዋ ሰላማውን ሰላሕታውን ነበረ። ሰራሕ ውዒሎም ዝተፈደሱ ተቐማጦ ኣስመራ፡ ሓደስቲ ወተሃደራትን ብሽንኽ ጸጋም ጽርግያ ዝዘወራ መኻይንን ምስ ረኣዩ ጥራይ እንግሊዝ ኣስመራ ምእታዉ ፈለጡ።[1]

ህዝቢ ኣስመራ ግን ተሓጒሱን ደቢሉን ዘሊሉን ኢዩ። ካብ ኩሉ ኣብ ኣፍሪቃ ዝተራእየ ዓይነታት መግዛእቲ፡ ናይ ጣልያን ዝደሓረ ነይሩ ምባል ጌጋ ኣይኮነን። ጣልያን ንህዝቢ ኤርትራ ብሓይሊ ብረትን ጨካን መጽቀጥትን ጥራይ ዘይኮነ፡ ካብ ዘመናዊ ትምህርትን ቴክኖሎጅን ኮነ ኢሉ ብምሕራም፡ ኣብ ውሽጢ ዶባት ኤርትራ ዓጽዩን ካብ ዓለም ነጺሉን ኢዩ ክገዝኦ ዝፈተነ። ነቲ ኣብ ምጅማር ግዝኣቱ ኣብ ዝተፈላለየ ኩርናዓት ኤርትራ ዝተራእየ ኣብያታት ብሓይሊ'ኳ እንተ ደቖሶ፡ ብፍላይ ድሕሪ ምልዕዓል ደጊያት ባህታ ሓጎስ ግን፡ ኣብ ጉዳያት ህዝቢ ብቐጥታ ኢዱ ከየእተወ፡ ብመገዲ እሙናቱ ዝነበሩ መሳፍንትን ናይ ጸጥታ ሓይልታቱን ካብ ላዕሊ ምግዛእ ኢዩ መሪጹ ዝነበረ። ግብሪ ክሳብ ዝኣከበ፡ ንዕስክርናን ዕዮን ዝኸውን ጉልበት ኤርትራውያን ክሳብ ዝረኸበ፡ ጸጥታ'ውን ክሳብ ዝተኸብረሉ፡ ብዛዕባ ካልእ ክንድ'ቲ ዝሻቐል ዝነበረ ኣይመስልን።

እዚ ሜላ'ዚ፡ ህዝቢ ንምድንቋር፡ ኣሚን በሃላይን ተገዛኣይን ንምግባሩ ዝሓለነ'ኳ እንተ ነበረ፡ በቲ ገዛእቲ ጣልያን ዝውጥንዎ ጥራይ ዝኸይድ ኣይነበረን። ምኽንያቱ፡ ብቐዳምነት እቲ ህዝቢ፡ ወጻኢ ካብ ድሌት ገዛእቲ፡ እንተስ ብፋሕተርተሩ እንተስ እናተመኸሐየ፡ ነቲ ብወግዒ ዝተሓረሞ ፍልጠትን ጥበብን ተበላሒቱ ካብ ምቕሳም ዓዲ ኣይወዓለን። ልዕሊ'ዚ ግን፡ እቲ ካብ ገዛእቲ ይኹን ካብ ባህልታቶምን ዓለማዊ ዝምድናታቶምን ተነጺልካ ኣብ ናይ ቀደም መነባብሮኻን ባህልታትካን ምውሳን፡ ኣሉታዊ ጥራይ ኢዩ ነይሩ ንምባል ኣየድፍርን። ምኽንያቱ፡ እቲ

---

1. ቃለ መጠይቕ፡ ቀኛዝማች ሃይለማርያም ደበና፡ 19 ሚያዝያ 1997፡ ኣስመራ።

ተነጸሎ፡ ህዝቢ ኤርትራ ናይ ቀደም ያታታቱ፡ ምምሕዳራዊ ስርዓቱ፡ ሕግታቱን ኣገባባቱን፡ ብፍላይ ከኣ ዝጸንሖ ሃይማኖትን ናይ ሓድሕድ ዝምድናታትን..... ኮታ፡ ንብምሉኡ'ቲ ሓድነቱ ዓቂቡ ንኽምርሽ ዘኽእሎ ልምድታቱን ክብርታቱን ንኽዕቅብ ኣኽኢሉዎ ኢዩ። ልምድታቱን ክብርታቱን ከኣ ካብ ሕሰም መግዛእቲ ጣልያን ዕቑባ ኮይኖሞ ክብሃል ይክኣል። ኤርትራውያን እምበኣር፡ ኣብ ትሕቲ ኢጣልያ ከም ሃገር ክጥርነፉን ሃገራውነቶም ከማዕብሉን እንከለዉ፡ ዝጸንሖ ባህልታቶምን ልምድታቶምን ብምሻጥ ኣይነበረን።

እዚ ግዝእቲ ጣልያን ዘይሓሰቡዎ ረቛሒ'ዚ ይመስለና፡ ኤርትራውያን ብፍላይ ነቲ ቕድሚ ምምጻእ ፋሺስትነት ዝነበረ ናይ መግዛእቲ ሕሰም ንኽጻወሩዎ ዘኽኣሎም። ምምጻእ ፋሽስትነት ግን ነዚ'ውን ፈጺሙ ቀየሮ።

ስርዓት ኣፓርታይድ ምስ ደቡብ ኣፍሪቃ ይተኣሳሰር'ምበር፡ ብ1930'ታት ኣብ ከተማታት ኤርትራ ኢዩ ተጀሚሩ ምባል ካብ ሓቂ ምርሓቕ ኣይከውንን። ሕብሪ ቈርበት ወድ ሰብ ዝመሰረቱ ኣዝዩ ሕሱምን ፈላላይን ሜላ ፋሽስትነት፡ ንህዝቢ ኤርትራ ኣሳቐዮ። ዘይተተንከፈ መዳይ ናይ ህይወቱ ነይሩ ክብሃል ኣይክኣልን። ኩሉ መንነቱ፡ ታሪኹ፡ ባህልታቱን እምነታቱን ስለ ዝተተናኸፈ ኸኣ፡ ልቡ ብጽልኢ ጣልያን መሊኡ ነይሩ ኢዩ። ኩሉ'ቲ ጃህራን ልዕልነትን ፋሺስት ኢጣልያ ኣብ ቅድሚ ሰራዊት ብሪጣንያ ፈርከሽከሸ ክብል ምስ ተዓዘበ ድማ፡ ነቲ ሰሪጹ ዝነበረ ጽልኢ ንዕቀት ክውሰኾ ግድነት ኮነ።[2]

ምምሕዳር ብሪጣንያ ኣብ ኤርትራ ምስ ተተኽለ፡ መብጽዓታቱ ዘለዓዓሎ ተስፋ ህዝቢ ገንፈለ። እዚ ግን ካብ ተስፋ ዝሓልፍ ኣይነበረን፡ ምኽንያቱ፡ ከምቲ ኣቐዲምና ዝጠቐስናዮ፡ ሰራዊት ብሪጣንያ ኣስመራ ዝኣተወላ ሰሙን፡ ናይ ኪዳን ሓይልታት ኣብ ሊብያ ዓቢ ስዕረት የጋጥሞም ነይሩ ኢዩ። እዚ ዓወት'ዚ ንሓይልታት ኣክሲስ ጥራይ ዘይኮነ፡ ነቶም ኣብ ኤርትራ ተሳዒሮም ኣብ ራዕዲ ሰጢሞም ዝነበሩ ኣስታት 70,000 ኢጣልያውያን'ውን ዓቢ ተስፋ ሃቦም። ናይ እንግሊዝ ትሕዞ ንኤርትራ ነዊሕ ከይጸንሐ ክወድቕ'ሞ ኢጣልያ ግዝኣታ ንኽትመልስ ከኣ ሃንቀው ክብሉ ጀመሩ። ፍኒሕኒሕ ናይ ምባል ኣንፈት'ውን ኣርኣዩ። ሕልሚ'ኳ እንተ ነበረ፡ እንግሊዝ ነዚ ተኽእሎ'ዚ ንምድኻም፡ ሰልጣኑ ንምድልዳልን ሕርቃን ኢጣልያውያን ንምህዳእን ተቓላጢፉ ኩነታት መነባብሮኦም ኣብ ምምሕያሽ ኣድሃበ።

ኩናት፡ ንጣልያን ጥራይ ዘይኮነ ንኣማኢት ኣሽሓት ኤርትራውያን'ውን ብዘይ መዕንገሊ ደርብዩዎም ስለ ዝነበረ፡ ኣስመራ ብጻዕቂ ህዝቢ ቀምበይበይ ኢላ ነይራ ኢያ። ኣስታት 140,000 ኤርትራውያን ንኣስመራ ዓቕላ ኣጽበቡላ። ኩናት ዘዘኽተሞም ቈልዑ ኣብ ጽርግያታት ተፈነዉ። መግቢ፡ ሕክምና፡ ማይ'ውን ከይተረፈ ኣዝዩ ብምውሓዱ ህዝቢ ጥሜትን ሕማምን ኣንጸላለዎ። መስፈሪ ዝኸውን ገዛውቲ'ውን ፍጹም ተዋሓደ። ተቐባሊ ናይ'ዚ ኣደራዕ'ዚ እቲ ብቐደሙ'ውን ኣብ ድኽነት

2. ቃለ መጠይቕ ወልደኣብ ወልደማርያም፡ ሳሕል፡ 1987።

ዝነበረ ኤርትራዊ ክነሱ ኢዩ እምበኣር፡ እንግሊዝ ሸግር ኢጣልያውያን ኣብ ምፍታሕን ፖለቲካዊ ቦታኡ ኣብ ምጥጣሕን ዝኣተወ። ኢጣልያውያን በቲ ጸዕቂ ህዝቢ መታን ኣብ ሕማም ከይወድቁ ኸኣ ኢዩ፡ ብኣሸሓት ናብ ካልኦት ከታማታት ከም ዝግዕዙን ኣብ ዝመችአ ኣከባቢታት ከም ዝነብሩን ዝተገብረ። ብውግእ ዝዓነወ ገዛውቲ ንኽዕረየሎም መሃንድሳት ተጠልቡ። ማይ ምእንቲ ከይሰእኑ፡ ኣገልግሎት ማይ ሰፍሐ፣ ቦምባታቶም ከኣ ተዓረየሎም። ዝነብሩሉ ኣካባቢ መታን ክጸፍፍ፡ ሓደ ፍሉይ ኣሃዱ (ሮያል ኣርሚ ሜዲካል ኮር) ቈይሙ፡ ኣገልግሎቱ ኣወፈየን ናይ ጽሬት ሕግታት ኣውጽአን። ብቐደሙ፡ ኣብ ጊዜ ግዝኣቶም ኢጣልያውያን ዝነብሩሉ ካብቲ ናይ ሓበሻ ዝተፈለየ ስለ ዝነበረ፡ ንኣስመራ ምስ እንርኢ፡ እዚ ኹሉ ኣገልግሎት ካብ ኮምብሽታቶ፡ ገዛ ባንዳ ጥልያን፡ ፓራዲዞ፡ ካምፖፖሎ.....ወዘተ ዝሓልፍ ኣይነበረን። ኣባ ሻውል፡ ዕዳጋ ሓሙስ፡ ገዛ ብርሃኑ፡ ሓድሽ ዓዲ፡ ኣኽርያ፡ ገዛ ባንዳ ሓበሻ፡.....ወዘተ ካብ'ዚ ሓለፋታት'ዚ ወጻኢ ነበረ። እዚ ከይኣክል፡ ሽቕለት ንዘሰኣኑን ዝበተኹን ኢጣልያውያን መዝጊቡ፡ እንግሊዝ ካብ ግምጃታቱ ናይ ረድኤት ገንዘብ ለገሰሎም።

እንግሊዝ፡ ብስም ናይ ኪዳን ሓይልታት ኢዩ ንኤርትራ ዝሓዛ። ኣብቲ ቐዳማይ ዓመት ከኣ ወግዓዊ ስም ናይ'ቲ ምምሕዳሩ "ምምሕዳር ናይ ዝተታሕዘ ናይ ጸላኢ መሬት" (Occupied Enemy Territory Administration - OETA) ነበረ። ስለዚ፡ ናይ ገዛእ ርእሱ ስርዓት ምምሕዳር ቀልጢፉ ኣይተኸለን። ግን ኣብ ክንዲ ናቱ ኣመሓደርቲ ዝገብር ወይ ንኤርትራውያን ከሰልጥን ዝጅምር፡ ነቶም ዝጸንሑዎ ናይ ግዝኣት ኢጣልያ ሰበ ስልጣን ኣብ በቦታኦም ከም ዝቕጽሉ ገበረ። ኤርትራውያን ንሓላፍነት ኣይበቕዑን ኢዩም ዝብል ዓሌታዊ ኣተሓሳስባ ነይሩ ኢዩ። ነቶም ብስም ካራቢንየሪን ኢጣልያዊ ኣፍሪቃዊ ፖሊስን ዝፍለጡ ዝነበሩ ኣኽበርቲ ጸጥታ'ኳ እንተ በተኖም፡ ካብኦም ብዝተዋጽአን ምስ እንግሊዛውያንን ሱዳናውያንን ሓቢሩ ዝሰርሕን ናይ ፖሊስ ስርዓት ኣቘመ። ብዙሓት ኤርትራውያን ኣይመልመለን። ኣብ ኩሉ ጽፍሕታት ምምሕዳር ኣውራጃታትን ከተማታትን፡ ባዕሉ ዝቈጻጸሮም ኢጣልያውያን ኣቐመጠ። እቲ ንኤርትራውያን ኣብ ገዛእ መሬቶም ከም ካልኣይ ደረጃ ዜጋ ዝቘጽር ሕጊ ናይ ዓሌታዊ ኣፈላላይ ከኣ፡ ኣንጻር ትጽቢት ህዝቢ ኤርትራ፡ ኣይሰረዞን።

ኣንፈት እንግሊዝ ናበይ ገጹ የምርሕ ከም ዝነበረ ክዉል ኣይነበረን። ጣልያን ኣንጻር እንግሊዝ ኣብ ኤርትራ ናይ ምውጋእ ዓቕሚ ኣይነበሮምን። ኣብ ልዕል'ቲ ብስዕረቶም ከበሮኡ ዝወቕዐ ህዝቢ ኤርትራ ግን ሓድሽ ቅርሕንቲ ኣሕዲሮም ነይሮም ኢዮም። ሕጂ ጸግዒ እንግሊዝ ረኺቦም፡ ኢጣልያውያን ንኤርትራውያን ከበሳብሱ ጀመሩ። እንተ ዘየበሳበሱ'ውን ገና ኣብ ናይ ቀደም ስልጣኖም ኮፍ ብምባሎም፡ ብዝገድድ'ምበር ብዝሓይሽ ኣገባብ ከም ዘይሕዙዎም ግሁድ ኮነ። ናይ'ዚ መርኣያ'ውን ገለ ፍጻሜታት ኣብ ውሽጢ ሓጺር ጊዜ ክርአ ጀመረ። ጣልያን ንዘዕደዩዎም ኤርትራውያን ክሃድኑ፡ መሬት ሕርሻ ክግብቱ፡ ቀደም

ተገይሩ ዘይፈልጥ ድማ ኩብቲ ህዝቢ ክዘምቱ ተራእዩ። ኣብ ገጠራት ብንእሽቶ በደል ናይ ሓደ ክልተ ተቐማጦ፡ ዓዲ ምሉእ ክቕጻዕ ጀመረ። መብዛሕትኦም ኤርትራውያን ብረቶም ኣውሪዶም'ኳ እንተ ነበሩ፡ ብዙሓት ኢጣልያውያን ዝሓብኡዎ ብረት ገና ኣብ ኢዶም ነበረ። ስለዚ ህዝቢ ከፈራርሑ ተራእዩ።[3]

ህዝቢ ኤርትራ ጽቡቕ ኣይረኸበን። ነቶም ዝገዝኡዎ ዝነበሩ ጸዓዱ ካልኦት ጸዓዱ ተደሪቦሞም ነገር ክኸርር እምበር ክመሓየሽ ኣይረኣየን። ናይ እንግሊዝ መብጽዓ ባዶ ቓልን ተሰፋን ምንባሩ'ውን በብመዓልቱ እናተነጸረ ኸደ። እዚ ኩነታት'ዚ ዘሕመሞም ገለ ኤርትራውያን እምበኣር ብምስጢር ክተኣኻኸቡን ክላዘቡን ጀመሩ።

እዚ ልዝብን ምትእኽኻብን እዚ ንጹር ፖለቲካዊ ባይታ ወይ ውዳበ ከም ዘይነበሮ ናይ'ቲ ጊዜ ተዓዘብቲ ይገልጹ። ክነብሮ እውን ዝክኣል ኣይነበረን። ምኽንያቱ ኸኣ ክሳብ'ቲ እዋን'ቲ ብኤርትራውያን ዝተጠርነፈን ብኣኦም ዝካየድን ፖለቲካዊ ቃልሲ፡ ዕዮ ወይ ንጥፈት ስለ ዘይነበረ ኢዩ። እዚ ዝዓይነቱ ተመኩሮ ንኸይቕሰም፡ ኤርትራውያን ብዛዕባ መጻኢ ዕድል ሃገሮም ንኸይዝትዩን ንኸይሓስቡን'ውን ኢጣልያውያን ገዛእቲ ኮነ ኢሎም ተኸላኺሎሞምን ዓጽዮሞምን ነይሮም ኢዮም። ካብ ምጅማር ግዝኣቶም፡ ጣልያን ንዝኾነ ዝተቓወመ ወይ ዝቃወም ዝመስል ልምዳዊ መራሒ ይኹን ተራ ዜጋ ብሞት፡ ማእሰርትን ማሕዩርን ብምቕጻዕ፡ ንጽል ይኹን ውዱብ ተቓውሞ ከም ዘይብገስ ኢዩ ገይሩ። ስለ'ዚ ድማ፡ ነቲ ምስ ምምጻእ እንግሊዝ ዝተቐልቀለ ሕልኽላኽ ፖለቲካ ብግቡእ ተረዲኦም፡ ድሌት ህዝቢ ኤርትራ መምዮምን ፖለቲካዊ መስመር ኣትሒዞምን ክመርሑዎ ዝኽእሉ ሰባት፡ ገና ኣይተለለዩን ወይ ኣይማዕበሉን። ብኻልእ ኣዘራርባ፡ ብዘይካ'ቶም ኣብ ጊዜ ጣልያን ከም ልምዳውያንን ሃይማኖታውያንን መራሕቲ፡ ደያኑን ምስሌነታትን፡ ትርጁማንን ጸሓፍትን፡ መምህራንን ወተሃደራን.... ዝፈልጦም ዝነበረ፡ ህዝቢ ብደረጃ ሃገር ክቕበሎም ዝኽእል ካልኦት ናይ ፖለቲካ ሰባት ኣይነበሩን።

ፖለቲካዊ ጥርናፈ ኣይንበር እምበር፡ ገለ ካብዞም ዝተባህሉ ልምዳውያንን ሓደስትን መራሕቲ፡ በቲ ህዝቢ ኤርትራን ዘጓንፎ ዝነበረ ሽግርን ጸበባን ካብ ምስቍርቋር ዓዲ ኣይወዓሉን። ስለዚ ድማ፡ መጀመርታ በብጉጅለ፡ ጸኒሖም ግን ብጥምር ዝበለ ኣገባብ ክላዘቡ ጀመሩ። ኣውራ መራኸቢኦም ብዛዕባ መሰላት ህዝቢ ምዝታይ ብምንባሩ፡ ኣብ'ዚ ፈለማ እዋን'ዚ ኣብ መንጎኦም ዝተጋህደ ፖለቲካዊ ፍልልይ ዝነበረ ኣይመስልን። በዚ ድማ፡ ጸኒሖም ተጣበቕቲ ናጽነት ዝኾኑ፡ ከም ራእሲ ተሰማ፡ ደግያት ሓሰን ዓሊ፡ ሸኽ ኢብራሂም ሱልጣን፡ ኣቶ ወልደኣብ ወልደማርያም፡ ዓብደልቃድር ከቢረን ካልኦትን፡ ጸኒሖም ደለይቲ ሕብረት ምስ ኢትዮጵያ ምስ ዝኾኑ ከም ፊታውራሪ ገብረመስቀል ወልዱ፡ ደግያት ኣርኣያ ዋሴ፡ ፊታውራሪ ሓረጎት ኣባይን ብላታ ደምሳስ ወልደሚካኤልን ዝመስሉ ሰባት ኢዮም ዝላዘቡ ነይሮም።

3. ወልደኣብ ወልደማርያም፣ Sylvia Pankhurst, British Policy - Eritrea, p.3.

መብዛሕትኦም እዚኣቶም፡ ጣልያን ይህቦ ንዝነበረ ዝርካቡ ትምህርቲ ዝቐሰሙ፡ ናይ ምምሕዳር፡ ዳንነት፡ ትርጁማንነትን ምምህርናን ምጡን ተመኩሮ ዝቐሰሙ ወይ ከኣ ኣብ ንግዲ ዝተዋፈሩ ኢዮም ነይሮም። በዚ ድማ፡ ካብ መብዛሕትኡ ኤርትራዊ፡ ብፍላይ ካብ ልምዳውያን መራሕቲ ሃይማኖትን መሳፍንትን ዝፈልዮም ደረጃ ንቕሓትን መንቀሳቐሲታንስ ነይሩዎም ኢዩ። ቀደሙ'ውን፡ ኣብ ዝበዝሕ ክፋላት ኤርትራ ክንድ'ቲ ኣብ ንጉሳዊት ኢትዮጵያ ዝሰረተ ስርዓት መስፍንነት ኣይነበረን። ጸኒሕና ብዝዕባ'ዚ ክንዛረብ'ኳ እንተ ኾንና፡ ጣልያን ነቲ ዝነበረ ዝርካቡ መስፍናዊ ሰረት'ውን ብዝተኻእለ መጠን ኣዳኺሞዎ ወይ ኣብ ውሱን ቦታታትን ዓንኬላትን ሓጺሮሞ ነይሮም ኢዮም። ስለ'ዚ፡ ሽሕ'ኳ ስምን ክብርን መሳፍንቲ ዝሓዙ ራእስታት ሓማሴንን ሰራየን፡ ከንቲባያት ሳሕል፡ ደግለላት ቢንዓምርን ናይባት ሰምሃርን እንተ ነበሩ፡ ደረት ስልጣኖም ካብ ጆግራፍያዊ ዓንኬል ነፍሲ ወከፎም ዝወጽእ ኣይነበረን። እዚ ጥራይ ዘይኮነ፡ ብዘይካ'ቲ ጣልያን ብምስሌንነትን ሹምነትን ዝህቦምን ዝኸልኦምን ዝነበረ ውሱንን መብዛሕትኡ ልምዳውን ሓላፍነት፡ ኣብቲ መስሪቱዎ ዝነበረ ዘመናዊ ምምሕዳርን ፖለቲካዊ ስርዓትንሲ ክንድ'ቲ ሚዛን ክዋሃቦ ዝኽእል ስልጣን ከትሕዞም ኣይደለየን፣ ኣየትሓዞምን'ውን።

ብሪጣንያ ንኤርትራ ኣብ ዝሓዘትሉ ጊዜ እምበኣር፡ ብደረጃ መላእ ሃገር ዝፍለጡን ዝሰዓቡን ልምዳውያን ይኹኑ ዘመን ዘምጸኦም መራሕቲ ኣይነበሩን። ስልጣን ምስ መበቈል፡ ዓዲ ወይ ኣውራጃ ዝተኣሳሰረ ስለ ዝነበረ ኸኣ፡ መብዛሕትኦም እቶም ምስ ምምጻእ እንግሊዝ ይኽሰት ናብ ዝነበረ ፖለቲካዊ ዕድላት ክቀላቐሉ ዝጀምሩ ዝነበሩ ዜጋታት፡ ንመበቈሎም ደጀን ብምግባር ጥራይ ኢዮም ነቲ ዝድለ ተቐባልነት ክረኽቡ ዝኽእሉ ዝነበሩ። ስለ'ዚ፡ ካብ ምጅማሩ ኣትሒዙ፡ ናይ 40'ታት ፖለቲካ ነቲ ደሓር እናዓበየ ዝኸደ ወገንነታዊ ባእታ ሓቝፉ ኢዩ ተበጊሱ።

እዚ ወገንነታዊ ባእታ'ዚ ግን ካብቲ ልክዑ ዝያዳ ክርአ የብሉን። ሕብረተ ሰብ ኤርትራ ብቐቢላታትን እንዳታትን ዝቘመን ብዙሕ ቋንቋታት'ውን ዝዛረብን'ኳ እንተ ኾነ፡ ኣብ ውሽጡ ስግር'ዚ ቀቢላዊ፡ እንዳውን ናይ ቋንቋን ፍልልያት'ዚ ዝኸይድ ውሽጣዊ ናይ መበቈልን ናይ ደምን ምትእስሳራት ዘለዎም ብዙሓት ባእታታት ከም ዝርከቡዎ ምግንዛብ የድሊ። ጣልያን፡ ነዚ ጽቡቕ ገይሮም ኣጽኒዖሞን ተገንዚቦምን ነይሮም ኢዮም። ከም ኮንቲ ሮሲኒ፡ ማርቲኒ፡ ፖለራ፡ ፔሪኒ፡ ኦስቲኒን ካልኦትን ዝመሰሉ ተመራመርቲ'ውን፡ ዓሚቝን ሰፊሕን ዝትሕዝቶኡ ጽሑፋት ገዲፎም ኣለዉ። እዚ ምትእስሳር'ዚ ንብምሉኡ ህዝቢ ኤርትራ ዝሓቍፍን ብደምን መበቈልን ዘዛምድን'ኳ እንተ ዘይኮነ፡ ዝርጋሐኡ ሰፊሕ ብምዃኑ፡ ካብ ሓባራዊ ዝኽሪ (Collective memory) ህዝቢ ኤርትራ'ውን ስለ ዘይሃሰሰ፡ ኣብ ዕቃበ መንነት ህዝብን ኣመዓብብላ ኤርትራዊ ሃገራውነትን ቀሊል ግምት ዝወሃቦ ኣይኮነን።

ናይ 1940'ታት መራሕቲ ፖለቲካ ኤርትራ፡ ይትረፍዶ ነቲ ኣብ ትሕቲ ግዝኣት ኢጣልያ ማዕቢሉ ዝነበረ ኤርትራዊ ሃገራውነት፡ ነዚ ኣብ ትሕቲ ሸፉን ቀቢላነትን ዝተፈላለዩ ቋንቋታትን ሓሓሊፉ ዝርከብ ጥቡቕ ናይ መበቈል፡ ደም፡ መውስቦን ታሪኽን ምትእስሳር ህዝቢ ኤርትራ እኳ ኣይተገንዘቡዎን። በዚ ምኽንያት'ዚ፡ እቲ ህዝብን እቶም መራሕቱን ካብ ሓደ መረዳእታ ወይ ጽፍሒ ይብገሱ ነይሮም ምባል ኣዝዩ የጸግም። ምኽንያቱ፡ ኣስዒብና ብተደጋጋሚ ከም እንርእዮ፡ እቲ ህዝቢ ደድሕሪ ያታውያንን ሃይማኖታውያንን መራሕቱ ይኸይድ እምበር፡ ነቲ ፖለቲካዊ ሰዓብነት ልዕሊ'ቲ ናይ ሕውነትን ጽቡቕ ጉርብትናን ዝምድናታቱን ልምዱን ሰሪዑ ኣብ ሓድሕዱ ዝበኣሰ ወይ ዝባተኸ ኣይነበረን። እቲ ናይ መበቈል መጻምድቲ ዘይነበሮ ክፋል ህዝቢ እንተ ኾነ'ውን፡ ነቲ ዝጸንሐ ናይ ሰላምን ሓድሕዳዊ ምትሕግጋዝ፡ ምክብባርን ምጕርባትን ዝምድና ክቕይር ዝደሊ ኣይነበረን። እዚ ፍሉይ ጠባዩ ወይ ተውህቦኡ'ዚ፡ ኣብ ኣርብዓታት ጥራይ ዘይኮነ፡ ኣብ ቀጺሉ ዝሰዓበ እዋናት'ውን፡ እንኮላይ ኣብ'ቲ ብሃይማኖትን ወገንን ክገማምዩ ዝሃቀነ ናይ 1960'ታት ፖለቲካ ሰውራን ጸረ ሰውራን ከም ዝተፈታተኖ፡ ህዝቢ ኤርትራ ግን ከም ዝሰገሮ ምዝካር የድሊ። ብሓጺሩ፡ ኣብ 1940'ታት፡ እቲ መሪሕ ዝብሃል ኣካል መዓሙቕ ድሌት ህዝቢ ኣይተረድኣን፣ ብግቡእ ኣየንጸባረቖ፣ ኣይገለጾን'ውን።[4]

ምስ'ዚ ዝተኣሳሰር፡ ግን ከኣ ብዙሕ ጊዜ ዘይጽቀጠሉ ካልኣይ ነጥቢ ኣሎ። እቶም ብመግዛእቲ ኢጣልያ ኣብ ኤርትራ ዝተጠርነፉ ህዝብታት፡ ንዘመናት ሰላም ብዘዕብለሎ ጕርብትና ዝተናበሩ ኢዮም። ኣብ ሓድሕዶም ዝነየድ ብዙሕ ዝዓቐኑ ምውራርን ምዝምማትን'ኳ እንተ ነበረ፡ ሓደ ክፋል ወይ ህዝቢ ነቲ ኻልእ ክፋል ወይ ህዝቢ መሊኹ ዝገዝኣሉ እዋን ኣይነበረን። ኣብ'ቲ ዝተጠቕሰ ናይ ሓድሕድ ምውራር'ውን ዓሚቝ ስንብራት ወይ በሰላ ዝገደፈ ናይ ሓድሕድ ምግፍፋዕ ነይሩ ክብሃል ኣይከኣልን። ርግጽ ኣብ መታሕት ምልክን መግዛእትን ትግረ ብሽማግለ ሱር ዝሰደደ ነይሩ፣ ፈተነታት ራእሲ ወልደንኪኤል ንዕብለላ ከበሳታት ኣብ ገለ ክፋላት ሕማቕ ስምዒት ፈጢሩ ይኸውን፣ ከምኡ'ውን፡ ተግባራትን ዝምታን ባህታ ሓጎስ...... ወዘተ። ኣብ ውሱን ቦታታት፡ ንኣብነት ኣብ መንጎ ቤኒ-ዓምርን ሃደንደዋን፡ ጦርዓን ጸንዓደግለን፡ ከምኡ'ውን ብሰንኪ ምስሕሓብ መሬት ኣብ ዝተፈላለዩ ከባቢታት ውልዕ ጥፍእ ዝብል ግርጭታት ጸኒሑ ኢዩ። እዚ ግን፡ ካብ'ቲ ውሱን ዓንኬላቱ ዘይወጽእን ንኻልኦት ጐረባብቲ ዘይትንክፍን ወይ ዘይልክምን ስለ ዝነበረ፡ ኣብ መንጎ ኤርትራውያን ንሓድሕዶም ሰፋሕትን ዕምቈትን ዝነበሮ ቂምን ቅርሕንትን ኣይነበረን ምባል ምግናን ኣይከውንን።

ቂም፡ ቅርሕንትን ፍርሕን ዝነበረ ኣብ ልዕሊ ባዕዳውያን ገዛእቲ ኢዩ። ካብ ስግር መረብ ዝመጽእ ዝነበረ ወራራት መሳፍንቲ ትግራይን ኣምሓራን ንኣብነት፡

4. Alemseged Tesfai, Diversity, Identity and Unity in Eritrea, African Studies Unity, University of Leeds, 15-17 September, 1997. እዚ ጽሑፍ'ዚ፡ ነዚ ብሓጺሩ ተገሊጹ ዘሎ ጉዳይ ብዙሕነትን ሓድነትን ብዓይኒ ታሪኽ ርእዩ ክትንትን ዝፍትን ኢዩ።

እቲ ኣብ ትሕቲ ጣልያን ዓብዩ ንእንግሊዝ ዝተቐበለ ወለዶ ኤርትራውያን ባዕሉ ዝተመኩረሉ ወይ ካብ ኣፍ ወለዱ ብቐጥታ ዝሰምዖን ዝፈልጦን ኢዩ ነይሩ። ዝምታ፡ ራስያን መግረፍትን ውቤ፡ ሰባጋድስን ኣሉላ ባዕሉን ክሳብ'ዚ ዘለናዮ እዋን ኣሰሩ ኣየጥፍኣን። ህዝቢ ኤርትራ፡ ክበሳኡ ይኹን መታሕቱ፡ ንጣልያን ብዘይ ተቓውሞ ዝተቐበሎ፡ ካብ'ዚ ዝተባህለ ተደጋጋምን ኣዝዩ ኣዕናውን ወራራት ንምድሓንን ዕቑባ ንምርኻብን ኢዩ ዝብሉ ኣለዉ። ከምቲ ኣቐዲሙ ዝተጠቕሰ ግን "ዕቑባ ጣልያን" ክሳብ ምምጻእ ስርዓት ፋሽስትነት ኢዩ ኣሳልዩ። ካብኡ ቐጺሉ፡ እቲ ስርዓት ክወድቕን ካብ ኤርትራ ክእለን ኢዩ ኾይኑ ትምኒት ኤርትራውያን። "ብምንታይ ይተካእ፧" ዝብል ሕቶ ግን ናይ ሓባር መልሲ ኣይነበሮን። ብዛዕባ ዝመጽእ ፖለቲካዊ መልክዕ ኤርትራ፡ ካብ ኤርትራውያን ዝነቕል ጥሙር ሓሳብ ነይሩ ክብሃል እውን ኣይከኣለን። ኩሉ፡ ጽቡቕ ይኹን ሕማቕ፡ ካብ እንግሊዝ ንኽመጽእ ትጽቢት ዝነበረ ኢዩ ዝመስል።

እቲ ኣብ ላዕሊ ዝተዛረብናሉ ስዉር ሓፈሻዊ ምትእኽኻብ ኤርትራውያን ኣብ ምጅማር ግዝኣት ብሪጣንያ፡ ኣብ ውሽጢ'ዚ ሓፈሻዊ ስእሊ'ዚ ክርአ ኣለዎ። ዓሚቑ ጽልኣት ፋሺስታዊ መግዛእቲ ነይሩ፣ ኢጣልያውያን ዜጋታት ካብቲ ገና ሓዞሞ ዝነበሩ መንግስታውን ብሕታውን ስልጣን ለቒቖም ብኤርትራውያን ክትክኡ ዝብል ድሌት ዜጋታት ኤርትራ ነይሩ፣ እንግሊዝ ዝገብሮ ዝነበረ ምጽግጋዕ ናብ ኢጣልያውያን ከኣ ስክፍታ ይፈጥር ነይሩ። ኣብ'ዚ መጀመርታ እዋን'ዚ፡ ኢትዮጵያ ትምጽኣና ዝብል ግሁድ ጠለብ ኣብ ውሽጢ ኤርትራ ይስማዕ ኣይነበረን። ግን ምስቲ ጸኒሑ ብፍላይ ኣብ ከበሳ ዝገንፈለ ናይ ሕብረት ምንቅስቓስ፡ ከምኡ ዝመሰለ ድሌት ኣይነበረን ምባል ዝከኣል ኣይኮነን። በቲ ሓደ ኣንጻር፡ ኣግሂዱ ንናጽነት ኤርትራ ዝጠለበ'ውን ኣይነበረን። ከምቲ ዝተገልጸ፡ እቲ ምትእኽኻብ ማሕበራዊ እምበር ፖለቲካዊ መሰላት ንምርግጋጽ ኣይተበገሰን።

ሃይማኖቱን ኣውራጃኡን ብዘየገድስ፣ ኩሉ ይሳተፈሉ ስለ ዝነበረ ኸኣ፡ ኣበጋግሳኡ ሃገራዊ መልክዕን ባይታን ነይሩዎ። ዝበዝሕ ጊዜ፡ እቲ ዘተን ምትእኽኻብን ኣብ ሓደ ቤት ሻሂ፡ ማለት፡ ብስም ቤት ሉል ቀይሕ ባሕሪ ዝፍለጥ ዝነበረ እንዳ መሓመድ ኣበራ ሓጎስ ኢዩ ዝካየድ ዝነበረ። ካልእ መራኸቢ ቦታ ድማ፡ ኣብ'ቲ ኣብ ከባቢ እንዳ ማርያም ዝርከብ ቀጽሪ እንዳ ቁስመላህ ነበረ። እዚ ድማ፡ ፊታውራሪ መሓመድ ኣበራ ሓጎስን ሸኽ ኣደም ቁስመላህን ካብ'ቶም መስረትቲ ማሕበር ፍቕሪ ሃገር ብምዃን፡ ንገዛውቶም መራኸቢ ንክኸውን የፍቅዱ ስለ ዝነበሩ ኢዩ። እዞም ክልተ ጸኒሖም ካብ መስረትቲ ኣልራቢጣ ኣልእስላሚያ'ውን ንምዃን በቒዖም።[5]

5. እንዳ ኣበራ ሓጎስን እንዳ ቁስመላህን ካብ ጊዜ ጣልያን ጀሚሮም ኣብ ፖለቲካዊ ይኹን ንግዳዊ ህይወት ኤርትራ ሰፊሕ ተሳትፎን ጽልዋን ዝነበሮም ስድራ ቤታት ጀበርቲ ነበሩ። ካብ እንዳ ኣበራ፡ ፊታውራሪ መሓመድ ኣበራ ሓጎስ ጥራይ ዘይኮኑ፡ ንእሽቶ ሓዎም ኣቶ መሓመድ ሰዒድ ኣበራ እውን፡ ኣብ ምውዳእ 1940'ታት ብፍላይ ኣብ ምምስራት ማሕበር መንእሰይ ወይ ሸባን ኣልራቢጣ ዓቢ ተራ ዝተጻወቱ ሰብ ኢዮም። እንዳ ቁስመላህ ድማ፡ ካብ መበል 18 ክፍለ ዘመን ጀሚሮም፡ ብፍላይ ኣብ ሰራየ ናይ ሃይማኖት ሕጊ እንዳባን ፍልጠትን መሪሕነትን ዝነበሮም ስድራ ቤት ኮይኖም፡ ካብ ጊዜ ጣልያን ሰፊሕ ናይ ንግዲን ፖለቲካን ጽልዋ ዘሕደሩ ነበሩ። Juiseppe Puglisi, Shie e dell'Eritrea pp. 3, 176, 207.

ፊታውራሪ መሓመድ ኣበራ ሓጎስ

ሓጂ ኣደም ቁስመላህ

(መብዛሕትኡ ፖለቲካዊ ኣኼባታት ኤርትራውያን ኣብ ቤት እዞም ክልተ ሃገራውያን ኢዩ ዝካየድ ዝነበረ።)

እቲ ብቐጥታ ናብ ምምስራት ማሕበር ፍቕሪ ሃገር ዘምርሐ ፍጻመ ግን ብቐዳም 4 ግንቦት 1941 ኣጋነፈ። ቅድሚ ፍጹም ስዕረቱ፡ ምምሕዳር ኢጣልያ ነቶም ብዛብጥያ ዝፍለጡ ዝነበሩ ኣባላት ፖሊስ ኤርትራ ንኣስታት ሰለስተ ወርሒ ደሞዝ ከይከፈሎም ጸኒሑ ነይሩ ኢዩ። እዚኣቶም ከም ዝነበሩዎ ኣብ ስራሕ ፖሊስ ንኽቕጽሉ ምምሕዳር ብሪጣንያ ስለ ዝፈቐደ፡ ኣይተበታተኑን። በዚ ዝተጠቕሰ ዕለት፡ እቶም ዛብጥያ ዕስራ ዝኾኑ ወከልቲ ብምምራጽ፡ እቲ ዘይተኸፈሎም ደሞዝ ንኽውሃቦም ጥርዓን ከቕርቡ ናብ ዝምልከቶም ኣመሓደርቲ ብሪጣንያ ለኣኹዎም። ኣብ'ቲ ቤት ጽሕፈት ዝተቐበሎም መኰነን ግን እንግሊዛዊ ዘይኮነስ ኢጣልያዊ ሻምበል ናይ ካራቢኔሪ ነበረ። ከምኡ ዝመሰለ ሕቶ ካብ ኤርትራውያን ምቕራቡ ስለ ዘይተቐበሎን ስለ ዘሕረቖን፡ ነቲ ምስኡ ዝነበረ ኢጣልያዊ ወተሃደር ተኹሲ ክኸፍት ኣዘዞ'ሞ፡ እቲ ወተሃደር ትእዛዝ ፈጸመ። ኣብ ኣፍ ደገ'ዚ ሎሚ ብስም ኣጂፕ ዝፍለጥ ዘሎ መደበር ፖሊስ፡ ሓደ ተስፋስላሴ ሃብተ ዝተባህለ ኣባል ዛብጥያ ሞተ። እቶም ዝተረፉ ተበታቲኖም ምስ ሃደሙ፡ ካርቢኔሪ ደድሕሪኦም ብምስዓብ፡ ንሓደ ዛብጥያ ኣብ ቤተ-ክርስትያን ኪዳነ ምሕረት ኣርኪቦም ቀተሉዎ።[6]

ነዚ ምስ ገበሩ፡ እቶም ቀተልቲ ኣብ ከባቢ ቤተ ክርስትያን ኪዳነ ምሕረት ተሓብኡ። ህዝቢ ተኣኪቡ ኣውጺኡ ክቐትሎም ደልዩ ነይሩ። ግን ወተሃደራት እንግሊዝ መጺኦም ኣብ ትሕቲ ዕቑባኦም ብምእታው ኣድሓኑዎም። ሽዑ ምሸት፡ እዚ ናይ ቀዳም ፍጻሜ እኹል መበገሲ ስለ ዝኾኖም፡ እቶም እንዳ ኣበራ ሓጐስ ዝእከቡ ዝነበሩ ዜጋታት መሊሶም ብምስጢር ብምርኻብ፡ ማሕበር ክምስርቱ

6. Pankhurst. S., British Policy - Eritrea, p. 3-4

ወሰኑ። እቲ ማሕበር ወካልን ወዳእ ነገርን ህዝቢ ኾይኑ ንመሰል ኤርትራውያን ክማጐት ኢዩ ተሓሊኑ። ናብ ማሕበራዊ መሰላትን ጉዳያትን፡ መሰል ሰራሕን ዕዮን፡ መሰል ማዕርነት ኣብ ቅድሚ ሕጊ፡ ከምኡ'ውን ናብ ምዕቃብ ሰብኣዊ ክብሪ ኤርትራውያን ዝዛዘወ'ምበር፡ ፖለቲካዊ ሜላን ፕሮግራምን ሒዙ ዝተላዕለ ማሕበር ኣይነበረን። ዝኾነ ናይ ኣውራጃ፡ ሃይማኖት ይኹን ካልእ ወገናዊ ምፍልላይ ዝገሃደሉ ምትእኽኻብ'ውን ኣይነበረን። ኣብ መንጎ እቶም መስረትቲ ናይ ፖለቲካ ፍልልይ እንተ ነይሩ ድማ ኣብ'ዚ ደረጃ'ዚ ኣይተጋህደን።[7]

ከም'ዚ ኢሉ ማሕበር ፍቕሪ ሃገር (ማ.ፍ.ሃ.) ናብ 5 ግንቦት 1941 ኣብ ዘውግሐ ለይቲ ተመስረተ። ነቲ ማሕበር እተካይድ ሸማግለ ብዓሰርተ ኽልተ ሰባት፡ ሽዱሽተ እስላም፡ ሽዱሽተ ኸኣ ክርስትያን ቈመት። ኣብ መንጎ እዚኣቶም፡ ፊታውራሪ ገብረመስቀል ወልዱ፡ ደግያት ሓሰን ዓሊ፡ ሸኽ ዓብልቃድር ከቢረ፡ ብላታ ደምሳስ ወልደሚካኤል፡ ሓጂ ኢማም ሙሳ፡ ቀኛዝማች ብርሃኑ ኣሕመዲንን ኣቶ ወልደኣብ ወልደማርያምን ነበሩ። ፊታውራሪ ገብረመስቀል ወልዱ ድማ ቀዳማይ ፕረሲደንት እቲ ማሕበር ኮይኖም ተመርጹ። ሸኽ ዓብደልቃድር ከቢረ ምኽትል ፕረሲደንት ኮኑ።

ፊታውራሪ ገብረመስቀል ወልዱ

7. ቃለ መጠይቕ ኣቶ ዮሃንስ ጸጋይ 15/5/96።

ሰንበት 5 ግንቦት እቲ ማሕበር ኣብ ኣስመራ ሰላማዊ ሰልፊ ክግበር ጸውዐ። ሲልቪያ ፓንክረስት ካብ 3000 ክሳብ 4000 ህዝቢ ከም ዝተሳተፈ ትገልጽ።[8] ተሳተፍቲ ናይ'ቲ ሰልፊ ግን እቲ ቍጽሪ ካብ'ዚ ኣዝዩ ክብ ዝበለ ከም ዝነበረ የዘንትዉ።[9] መጀመርታ ናብ ቤተ መንግስቲ ብምኻድ፡ እቲ እኩብ ህዝቢ ብመገዲ ሽማግለታት ማሕበር ፍቕሪ ሃገር ንክራኸብ ሓተተ። ምስ ተፈቕደሉ፡ ሸኽ ዓብደልቃድር ከቢረ ዝርከብዎም ወከልቲ ምስቲ ሽዑ ወተሃደራዊ ኣመሓዳሪ ኤርትራ ዝተሸመ ብሪጋደር ጀነራል ኬነዲ-ኩክ ንኽራኸብ ለኣኸ። ሸኽ ዓብደልቃድር ከቢረ፡ ብ1902 ኣብ ደሴት እትብሃል ከባቢ ምጽዋዕ እትርከብ ደሴት ተወሊዶም፡ ኣብ ቤት ትምህርቲ ፈርዲናንዶ ማርቲኒ ናይ መባእታ ትምህርቲ ዝቐሰሙ፡ ኣብ ኣስመራን ምጽዋዕን ከም ጸሓፊ፡ ኣብ ሆደይዳ ኸኣ ከም ትርጁማን ናይ ልኡኽ መንግስቲ ኢጣልያ ኣብ የመን ዘገልገሉ ምሁር ሰብ ኢዮም ነይሮም።[10] ብትምህርቶም ጥራይ ዘይኮነ፡ ብሃገራዊ ስምዒቶም'ውን ፍሉጥ ስለ ዝነበሩ ኸኣ፡ ብስም ህዝቢ ኣስመራ ኣብ ቅድሚ ኬነዲ-ኩክ ንኽዛረቡ በታ ዝተዋጽአት ሽማግለ ተመዘዙ።

ናይ "እንቋዕ ብደሓን መጻእኩም" ዘረባኦም ምስ ወድኡ፡ ከቢረ ነቶም ሰበ ስልጣን ብሪጣንያ፡ ህዝቢ ኤርትራ ይጽበዮም ከም ዝነበረ፡ ካብ መጹ ኸኣ ነቲ ዘተሰፈዉዎ ሓርነቱን ዓዱን ንኽጨብጡዎ፡ መብጽዓኦም ንኽፍጽሙ ኣማሕጸንዎም።

ሸኽ ዓብደልቃድር ከቢረ ምስ በዓል ስልጣን እንግሊዝ

8. Puakhurst. S., p. 4.
9. ቃለ መጠይቕ ምስ ኣቶ ዮሃንስ ጸጋይ።
10. Giuseppe Puglisi, Chi e dell' Eritrea, p. 2,

ምዙን ዘረባ'ኳ እንተ ነበረ፡ ኬነዲ-ኩክ ብጽቡቕ ኣይተቐበሎን። ንኣስታት ዕስራ ዓመት ከም ወተሃደራዊ ገዛኢ ናይ ዝተፈላለየ ክፍልታት ሱዳን ዘገልገለ፡ መሰል ሓርነት ናይ ግዙኣት ኣፍሪቃውያን ንኽርዳእ ወይ ክቕበል ትጽቢት ዘይግበረሉ ዓይነተኛ ወተሃደርን ናይ መግዛእቲ መኰንንን ኢዩ ነይሩ። ንቓላት ዓብደልቃድር ከቢረ ብቐጥታ ከይመለሰ ድማ፡ "ቃልኩም ሰሚዐዮ ኣሎኹ። እዚ ጌርኩሞ ዘሎኹም ሰላማዊ ሰልፊ፡ ሕጊ ፖሊስ ዘየፍቀዶ ኢዩ። እንተኾነ ግን፡ ቅድሚ ሕጂ ስለ ዘይተኣወጀ፡ ሓጥያት ኮይኑ ኣይጽብጸበኩምን። ሕጂ ተበተኑ፡ ገዛኹም ኪዱ። ድሕሪ ሕጂ ግን ፖሊስ ዘየፍቅዶ ዝኾነ ይኹን ኣኼባ ከይግበር እእዝዘኩም ኣሎኹ" ዝበል ዘረባ ብምስማዕ ብዛዕባ ሓርነት፡ ሃገር ይኹን ሙብጽዓ ናይ መንግስቱ ቃል ከየውጽአ፡ ካብ ቤት ጽሕፈቱ ኣሰናበቶም።[11]

እቲ ኣብ ግዳም ዝጽበ ዝነበረ ህዝቢ ግን ኣይተበተነን። ብሸማግለኡ ተመሪሑ ድማ ጓይላኡን ጨፈራኡን እናሰምዐ ናብ ኩለን ኣብያተ ክርስትያን ኣስመራን ናብ ዓቢ መስጊድን ብምዛር ጸሎቱ ኣሰምዐ። ሓጐሱ'ውን ገለጸ። ሲልቪያ ፓንክረስት፡ እቲ ህዝቢ ንካቴድራል ኣስመራ ምስ ኢጣልያ ስለ ዘዛመዶ፡ ጕስዩዎ ከም ዝሓለፈ ትገልጽ።[12]

ካብ'ዚ ዕለት'ዚ ጀሚሩ ኬነዲ-ኩክ ብዘይ ፍቓድ ፖሊስ ሰላማዊ ሰልፊ ምግባር፡ ካብ ሓደ ዓቐን ዝረጉድ በትሪ ሒዝካ ምዛርን ካብ ክልተ ሰለስተ ንላዕሊ ምእካብን ዝኽልክል ሕጊ ከም ዝወጸን ነዚ ዝጠሓሰ ኸኣ ብፖሊስ ከም ዝሕተትን ብወግዒ ኣወጀ።

ከምዚ ኢሉ፡ ህዝቢ ኤርትራ ኣንጻር ትጽቢቱን ድሌቱን ናብ ዝኾነ፡ ዘሰክፍ ኣንፈት ሒዙ ናብ ዝተበገሰ መግዛእቲ እንግሊዝ ወይ ብሪጣንያ ኣተወ።

ገምጋም ምምሕዳር ብሪጣንያ ብዛዕባ ማሕበረ ቊጠባዊ ኩነታት ኤርትራ

ካብ መጀመርታኡ ምምሕዳር ብሪጣንያ ብኹነታት ኢጣልያውያን'ምበር ብኤርትራውያን ብዙሕ ከም ዘይተገደሰ ተኣሚቱ ኣሎ። ቀጺሉ ዝሰዓበ ፍጻሜታት መታን ብግቡእ ክስራዕ፡ ኣብተን ቀዳሞት ዓመታት ናይ ትሕዞኡ እንግሊዝ ንኤርትራን መጻኢ ዕድላን ብኸመይ ይርእዮ ከም ዝነበረ ምርዳእ ኣድላዪ ኢዩ። ካብቲ በብገዚኡ ዝፈትሖ ምስጢራዊ ሰነዳቱ ንላዕሊ ኸኣ ነዚ ዘብርህ ምንጪ ኣይርከብን።

እቲ ብ1942 ንብሪጋደር ኬነዲ-ኩክ ዝተክአ ወተሃደራዊ ኣመሓዳሪ፡ ብሪጋደር ስቲቨን ሎንግሪግ፡ ካብ ጥሪ ክሳብ 30 ሰነ 1942 ንዝነበረ ናይ ምምሕዳር ተመኩሮኡ ኣብ ዝሃቦ ጸብጻብ፡ ንኤርትራ ከም ሓንቲ ንቕጽትን ዘይእቶታዊትን ሃገር ይዛረበላ። ናይ መግቢ ጠለባ ከም ዘይተማልአ፣ ኣብ ናይ ወጻኢ ዕዳጋታት

11. ወልደኣብ ወልደማርያም፡ ቃለ መጠይቕ።
12. Pankhurst, p. 5 ቃለ መጠይቕ ምስ ወልደኣብ ወልደማርያም፣ ምስ ዮሃንስ ጸጋይ'ውን ርአ።

ተሸይጡ ከህብትማ ዝኽእል ኣቕሓ መሸጣ ከም ዘይብላ፣ ኢጣልያውያን ከኣ ብቐጻልነት ብኽሳራ ከም ዝገዝኡዋ ድሕሪ ምግላጽ ከኣ፡ ስትራተጅያዊ ኣቀማምጣኣ እውን ከይተረፈ ካብ ድኽነት ከድሕና ከም ዘይክእል ይድምድም።

ንምምሕዳር ብዝምልከት፡ ኣብ መንን'ቶም ብባህልን መበቆልን ዝፈላለዩ ኤርትራውያን፡ ናይ ደቀባት ምምሕዳራዊ ስርዓት ክሰርቱ ወይ ንኹብ ዝበለ ሓላፍነት ክምልመሉ ዝኽእሉ ባእታታት የለዉን ይብል ሎንግሪግ። ካብዚ ተበጊሱ፡ ንውሑዳት ኤርትራውያን፡ ከም ደያኑ ናይ ኣብያተ ፍርዲ ደቀባትን ሽሪዓን ክቖጽር እንከሎ፡ ቋንቋ ጥልያን ንዝፈልጡ ድማ ከም ጸሓፍትን ታሕተዎት ናይ መንግስቲ ሰራሕተኛታትን ቈጸሮም። ዝተረፈ ሰራሕ መንግስቲ ግን ንኢጣልያውያን ተገድፈ። እዚኦቶም፡ ነቲ ቕድሚ ስዕረት መንግስቶም ሒዞምዎ ዝነበሩ ናይ ሓላፍነት ቦታታት ቀጸልዎ። እንግሊዛውያን መኰንናት፡ ከም ላዕለዎት ተቈጻጸርቲ እንተ ዘይኮይኑ፡ ኣብቲ መዓልታዊ መንግስታዊ ስራሓት ዝሰላሰለሉ ዝነበረ ጽፍሕታት ኣይኣተዉን። እዚ ከም ቀደሙ፡ ናይ ኢጣልያውያን ሕዛእቲ ኮነ። ርግጽ ብርክት ዝበሉ ናይ ፋሽስት ኢጣልያ ተደናገጽትን መዕገርገርትን ዝተባህሉ ኢጣልያውያን ተኣሲሮም፡ ተባሪሮም፡ ወይ ኣብ ትሕቲ ሓለዋ ኣትዮም ነይሮም። ምስቲ ብዓሰርተታት ኣሽሓት ዝቝጸር ብዝሒ ኢጣልያውያን ኣብ ኤርትራ ክርአ እንከሎ ግን፡ እዚ ኣዝዩ ውሑድን ንጽልዋኦም ዘይትንክፍን ነበረ። ኤርትራ፡ ብዘይ'ቲ ዝጸንሐ ምምሕዳራዊ መኪና ፋሽስት ኢጣልያ ክትመሓደር ኣይትኽእልን ኢያ ዝብል ኣተሓሳስባ ዓብላሊ ስለ ዝነበረ፡ ሎንግሪግ ከምቲ ዝነበሮ ንኽቕጽል ወሰነን ቀጸሎን።

ከምዚ ስለ ዝኾነ፡ ካብ መጀመርታ ምምሕዳር እንግሊዝ ብዛዕባ ፖለቲካዊ ድሌትን ኣተሓሳስባን ኤርትራውያን ኣይተገደሰን። ንስምዒቶም'ውን ኣቓልቦ ኣይሃቦን። ንጣልያን ግን ብዝተፈላለየ ዓይኒ ጠመቶም። ብዙሓት ካብኣቶም ስምዒቶም፡ ክብረቶምን ሓርበኛነቶምን ክሳብ ዘይተተንከየ ከገልግልዎ ስለ ዝተሰማምዑ፡ ብሚላን ጥንቃቐን ክቐርቦም ወሰነ። ኣብዚ ጊዜ'ዚ ኣብ ሰሜን ኣፍሪቃ፡ ብሮሚል ዝምራሕ ሓይልታት ኣክሲስ ግብጺ ገጹ ይደፍእ ስለዝነበረ፡ እንግሊዝ ንኤርትራ ከም ደጀኑን ኣድላዪ መገጣጠሚ ኣቕሑ ዘስርሓላን ወተሃደራዊ ኣጽዋር ዝጽገነላን መደብሩ ኢዩ ይሃንጻ ኔሩ። ነቲ ኣብ'ዚ ዝነበረ ናይ ኢጣልያ ክእለታዊ ዕዮን ድሉው ምምሕዳርን ከኣ ክጥቀመሉ ወሰነ። ስለዚ ንረብሓ'ቶም ኢጣልያውያን ዘይኮነ፡ ንረብሓኡን ረብሓ ሰብ ኪዳኑን ጽቡቕን ሊጋስን ኣተሓሕዛ ንኽገብረሎም ከም ቀንዲ ሜላኡ ወሰዶ። እዚ ይብል ሎንግሊግ፡ "ብገለ ሰባት ዝንቀፍ ሜላ'ኳ እንተ ኾነ፡ ኣብ ቀረባ ንዘሎን ድሉው ንዝኾነን ባእታ ምዕቃብን ብእኡ ምጥቃምን ኣገዳሲ ኢዩ። ብቐንዱ እቲ ስራሕ ኣብ ኤርትራ ከም ዚኸውን ምግባር ዝደፋፍእ ምኽንያት እዚ (ባእታ'ዚ) ኢዩ።" ስለ'ዚ መነባበሮ ኢጣልያውያን ምጥጣሕ፡ ካብ ተቓውሞ ወይ ተጻባእነት ደቀባት ምሕላዎም፡ ወዘተ. ኣተኩሮ ተዋህቦ። ብስም "ሕውነት" ምስ ኢጣልያውያን ከኣ

እንግሊዛውያን ቡብጊዜኡ ምዱብ ርክባት፡ ናይ ጸወታ ኩዕሶ ግጥማት፡ ናይ ባህሊ ምርኢታት፡ ወዘተ. ገበሩ።

ናብ ኤርትራውያን ዝነበረ ኣቀራርባ መንግስቲ እንግሊዝ ዝተፈልየ ነበረ። ኣብቲ ጸብጻቡ ሎንግሪግ ከምዚ ይብል፦

......ፍርቂ ዘመን መግዛእቲ ኢጣልያ፡ ኤርትራውያን ንኢጣልያውያን ብመጠኑ ንኺፈትዉዎም፡ ሓሓሊፎም'ውን ንክኽብሩዎም ምሂሩዎም ኢዩ። ሕማቕ ኣጋጣሚ ኾይኑ፡ ንሕና ቅድሚ ትሕዞና ንዝኣተናሎም መብጽዓታትን ሓውሲ መብጽዓታትን ክንትግብር ኣይከኣልናን (ወይ'ውን ኣይደለናን)። እዚ ኸኣ እቶም ደቀባት ንኽትረምርሙ ምኽንያት ኮይኑዎም ኣሎ። እንተ ኾነ ግን ኣብዚ ቀረባ ግዜ ቍጠባዊ ኩነታት ተማሓይሹ ስለ ዘሎ፡ ንጊዜኡ ኤርትራዊ ጸገማት ይፈጥር የለን። ጥርዓናቱ ዝምርምርን ዘይበርህ ተግባራት ምምሕዳር ንኽረድእ ዝፍትንን ሓደ ናይ ጉዳያት ደቀባት ፖለቲካዊ መኰንን (P.O. Native Affairs) ዝቈጻጸሮ ኤርትራዊ ቤት ምኽሪ ቈይሙ ኣሎ። እዚ ጽቡቕ ውጽኢት ኣብ ልዕሊ ምርኣዩ፡ ንንጥፈታት ኣቡነ ማርቀስን ሰዓብቱን ይከታተሎ ኣሎ።

ብሓፈሻኡ ግን፡ እምነት ኤርትራውያን ነቲ ዝዕወት ወገንን ንበዓል ገንዘብን ክስዕብ ኢዩ። ካብ ካልኦት ኣፍሪቃውያን ዓሌታት ዝያዳ ምእዙዛትን ዝተሓተ ናይ ጕነጽ ዝንባለ ዘለዎምን ኢዮም፣ ፖለቲካዊ ደረጃኦም ዘይምዕቡል ብምዃኑ ኸኣ ከነመስግን ይግባኣና።

ታሪኽ ዘፍሸሎ ትንቢትን ገምጋም ናይ ሓደ ህዝብን እንተልዩ እዚ ኢዩ። ከም ኩሎም እንግሊዛውያን መኰንናት ናይ'ቲ ጊዜ፡ ሎንግሪግ ንሃገራዊ ስምዒት ኣፍሪቃውያን ኣዝዩ ትሑት ግምት ዝህብ ተጣባቒ ምስፍሕፋሕን ሃጸይነትን ብሪጣንያ ኢዩ ነይሩ። ንዕኡን ንኸምኡን፡ ኤርትራውያን ጥሙር መንነት ኣይነበሮምን። ከም ዝተነጻጸሉ፡ እንተ ለዓለ ብደረጃ ቀቢላን ኣውራጃን ዝርኣዩ፡ “ኔቲቭስ” (Natives) ኢዮም ነይሮም። ካልእ ቃል ስለ ዝሰኣን፡ “ኔቲቭ” ንዝብል እንግሊዛዊ ቃል፡ ብ“ደቀባት” ኢና ንትርጉሞ። ግን፡ ደቀባት እትብል ቃል ንእትሓቝፎ ክብርን መሰላትን ዝሓቍፍ ኣይነበረን። ምኽንያቱ፡ ገዛእቲ እንግሊዝ “ኔቲቭ” ክብሉ እንከለዉ፡ ካብ ስልጣኔ ኤውሮጳ ዝረሓቑን ዘይርድኦን፣ ክምራሕ እምበር ክመርሕ ዘይኽእል፣ ኣብ ድሑር እምነታት ጥሒሉ ጊዜኡ ብኸንቱ ዘባኽን፡ ናይ ምምሃርን ምስጓምን ተኽእሎ ዝተሓረሞ፣0... ውሉድ ናይ'ቲ ተገዚኡ ዘሎ ሃገር ማለቶም ኢዩ ነይሩ። ከም ተዓወትቲ መጸኦም፡ መበገሲ ፖለቲካውን ቍጠባውን ሚላኦም ኣብ ክንዲ ንኤርትራውያን ንኢጣልያውያን ምግባሮም እምበኣር፡ ብመንጽር'ቲ ኣረኣእያኦምን ካብ ኢጣልያውያን ክረኽቡዎ ዝኽእሉ ንዝነበሩ ናይ ዕዮ ጥበብን ክጥመት እንከሎ ዘገርም ኣይከውንን። ግዝኣትን ሃገርን ኢጣልያውያን እምበር፡ ሃገር ኤርትራውያን ዝረግጹ ዘለዉ ስለ ዘይመስሎም።

ነዚ ኣረኣእያ'ዚ ዘረጋግጽ ሓደ ጭቡጥ ኣብነት፡ ሎንግሪግ ባዕሉ ኣብቲ ጸብጻቡ ይህብ። መንግስቲ እንግሊዝ ብጥንቃቐ ክሕዞምን ናብ ጸግዑ ክስሕቦምን

ኣለዎ ካብ ዝበሎም ሸዱሸተ ኤርትራውያን ወይ "ዞባዊ" መራሕቲ፡ እቶም ሓሙሽተ ኢጣልያውያን ነይሮም፣ ሓደ ኣቡነ ማርቆስ ጥራይ ካብ ኤርትራውያን ሓዊሱ። ንሰም'ውን ብምኽንያት እቲ ግዝኣት ኢትዮጵያ ንምዕዳም ዘርእዩዎ ዝነበሩ ግሁድ ምንቅስቓስ ብጥንቃቐ ክትትል ክግበረሎም ይድለ ስለ ዝነበረ።

ስለዚ፡ ናይ ኤርትራውያንን መጻኢ ዕድሎምን ሕቶ ንግዝእቲ እንግሊዝ ዓቢ ሕቶ ኣይነበረን። ትጽቢቶም ህዝቢ ኤርትራ ደድሕሪ ዝተዓወተን በዓል ገንዘብን ክጉዩ፡ ንዘኾነ ብእኦም ዝተወሰነሉ ነገር ከኣ ብልኡምነት ክቕበል እዩ ነይሩ። ኣብቲ ሰፌሕ ጸብጻቡ፡ ሎንግሪግ ንቑጠባዊ፡ ማሕበራውን ፖለቲካውን ጉዳያት ኤርትራ ኣልዒሉ ኣስፊሑ ይገልጽ። ቀንዲ ኣቓልቦኡ ኣብተን ኢጣልያውያን ሰፈሮምለን ዝነበሩ ከተማታት ኮይኑ፡ ብዛዕባ'ቲ ኣብኣን ብመንግስቲ ዝጠፍእ ዝነበረ ወጻእን ካብ ኣብያተ ዕዮ ታተን ዝርከብ ዝነበረ ኣታውን ኣስፊሑ ይገልጽ። ንምምሕዳር ኣውራጃታት ብዝምልከት ግን፡ እቲ ምምሕዳር ይኹን ቊጠባዊ ንጥፈታት ህዝቢ በቲ ናይ ቀደሙ ንኽቕጽልን ንምምሕያሹ ብዙሕ ይጽዓር ከም ዘይነበረን የመልክት።

ገለ ኣብነታት ንምጥቃስ፡-

- **ኣብ ሓማሴን፡** ኣብ መንጎ መሳፍንቲ ዓድታት፡ ኮማት፡ ማይ ቤታትን ካልኦት **ዜጋታትን ዝልዓል ንዝነበረ ናይ መሬት ክርክራት መደምደምታ ከይተገበረሉ ብዕርቂ ይውዳእ ከም ዝነበረ ይጠቅስ። እዚ ኸኣ፡ እቲ ዕርቂ ፈሪሱ፡ እቲ ጉዳይ ንዓመታት ክቕጽል ምኻኑ እናተፈልጠ።**

- **ኣብ ኣከለ ጉዛይ፡ ብሰንኪ'ቲ ብ**1941 **ዝወረደ ደርቂ፡ ህዝቢ ኣብ ጥሜትን ስደትን ከም ዝበጽሐን ማዕረ** 1200 **ቤተ ሰብ ናብ ትግራይ ከም ዝተሰደደን ይሕብር። ኣቐዲሙ፡** ካብ ኣከለ ጉዛይ ኣዝዩ ብዙሕ መንእሰይ ብኢጣልያ ተገፊፉ ስለ ዝነበረ፡ ኩናት ምስ ኣዕረፈ ዓዓዱ ብምምላሱ፡ ነቲ ውጡር ቊጠባዊ ኩነታት ኣጋዲዱዎ ነይሩ ኢዩ። ነዚ ከም ኣሰጋኢ ጉዳይ ካብ ምምልካት ሓሊፉ፡ ሎንግሪግ ንኽፍወስ ዝተወሰደ ወይ ዝተመደበ ስጉምቲ ኣይገልጽን፡ ኣይነበረን'ውን።

- ኣብ ምዕራባዊ ቆላ፡ ነቲ ኣብ መንጎ ሃደንደዋን ቢኒ-ዓምርን ዝነበረን ዝጸንሐን ቀቢላዊ ግርጭታት ብዘተ ምፍታሑ ዝሕልን ሓደ ሰፊሕ ኣኼባ ኣብ ሰብደራት ከም ዝተገብረ ሎንግሪግ ይሕብር፡ ግን ነቲ ግርጭት ኩዳቕስ ዝኽእል ክስረት'ዩ ዝተባህለ ቀቢላዊ ቤት ፍርዲ ስለ ዘይተመስረተ፡ እቲ ግርጭት ኣይተፈትሐን። ኣብቲ ዞባ ሓድሕዳዊ ምቅትታልን ምዝምማት ኩብትን፡ ብፍላይ ኣብ መንጎ ባዛን ትግርኛን፡ ይቕጽል ምንባሩ'ውን ይገልጽ። ሎንግሪግ ጸብጻቡ ብምቕጻል፡ ክሕረስ ዝኽኣል ዝተሓዝአ መሬት'ኳ እንተ ነበረ፡ ኢጣልያውያን ሰብ ኮንቸስዮነ ነቲ ድሮ ብደቀባት ዝሕረስ ዝነበረ መሬት'ዩም ይጠልቡ ነይሮም። ኣብ ልዕሊ'ዚ፡ ገለ ኢጣልያውያን፡ ኣንጻር ተቓውሞ ህዝብን ካብ ልምዲ ይኹን ዝጸንሐ ሕጊ ወጻእን ንፍርያም መሬት ሩባታት ይጽዕዱ (Claim) ነይሮም። መንግስቲ እንግሊዝ ነዚ ጽዕዲ'ዚ ደጊፉ ጥራይ ዘይኮነ፡ ደቀባት ንመሬቶም ኣብ ውሽጢ ውሱን ጊዜ እንተ ዘይሓረስዎ፡ ብኮንቸስዮነ ንኢጣልያውያን ከም ዝውሃብ ኣፍሊጡ።

- ኣውራጃ ከረን (እንኮላይ ሳሕል) - ነዚ ዞባ'ዚ ብዝምልከት፡ ሎንግሪግ ብዛዕባ'ቲ ኣብ መንጎ "ትግረን" "ሽማግለን" ዝጸንሐ ፍልልይ ይጽሕፍ። ኣብ መንጎ ብሌን፡ መንሳዕን ማርያን ከኣ ይብል፡ እቶም ሽማግለ ለጋሳት ስለ ዝኾኑ፡ ተወፋሮኦም ሰፋሕቲ ሕርሻታትን ብዙሕ ከብትን ከውንኑ የፍቅዱሎም። ኣብ ቀቢላታት ቤት ኣስገደ (ሓባብ፡ ዓድ ትማርያም፡ ዓድ ተክሌስ፡ ዓድ ሙዓልም፡ ዓድ ሸኽ) ግን እቶም መሳፍንቲ ድኻታት ስለ ዝኾኑ፡ ነቶም ትግረ "እናበልዑ" ኢዮም ዝነብሩ። ነፍሲ ወከፍ ቀቢላ ዳርጋ ኽልተ ቐቢላ፡ ትግረን ሽማግለን ኮይና ኣላ ድማ ይብል።

ካብ ማሕበራዊ ትንታነን ሜላን ሎንግሪግ፡ መንግስቲ እንግሊዝ ንኹነታት እቲ ዝበዝሐ ህዝቢ ኤርትራ ይግደሰሉ ከም ዘይነበረ፡ ወይ ነቲ ስዒብና እንርእዮ ፖለቲካዊ ሜላኡ ክብል ደይ መደይ ኢሉ ካብ ድኽነትን ቀቢላዊ ግርጭታትን ክወጽእ ከም ዘይክእል ገይሩ የቐርቦ ምንባሩ ንርዳእ። ብኣንጻሩ፡ ከምቲ ኣቐዲሙ ዝተጠቐሰ፡ ኩለን ከተማታት ኤርትራ፡ ብፍላይ ሰንዓፈ፡ ዓዲ ቀይሕ፡ ደቀምሓረ፡ ከረን፡ መንደፈራ... ሰፈራ ናይ ኣብ ኣስመራ ዘይድለዩ ኢጣልያውያን ስለ ዝነበራ ንክኽትመን፡ መብራህትን ማይን ከእትወለን፡ ግቡእ ምምሕዳራዊ ኣገባብ ክሰርዓለን ይጽዕር ነይሩ ኢዩ። ብዛዕባ'ዝን ካልእ ንኢንዱስትሪያዊ፡ ህዝባዊ ኣገልግሎት፡ ኩነታት ዕዮ ኢጣልያውያንን ኤርትራውያንን ሰራሕተኛታት፡ ወዘተ. ዝምልከት ዝርዝራትን ሎንግሪግ ኣብ ጸብጻቡ የሰፍር። ኣስፈሕካ ምግላጹ ኣብ ደቂቕ ዝርዝር ምእታው ስለ ዝኾነ፡ ብሓፈሻኡ ንኣገልግሎት ናይ ኩናት ጠለባቱን ረብሓ ኢጣልያውያን ተቐማጦን ዘገልግል ምንባሩ ጥራይ ጠቒስና ንሓልፍ።[13]

ብዛዕባ መጻኢ ዕድል ኤርትራ

ካብ መጀመርታ፡ ምምሕዳር ብሪጣንያ ንፖለቲካዊ ዕድል ኤርትራ ብመንጽር ረብሓኡን ረብሓታት ካልኦትን'ምበር ብመንጽር ረብሓ እታ ሃገርን ህዝባን ከም ዘይረኣዮ ጠቒስና ነይርና። ንግለቱ፡ ናይ ኤርትራ መጻኢ ኣብ ዋዕላ ሰላም ስለ ዝውሰን፡ ትሕዞኡ ጊዜያውን ናይ ምጽናሕን ጥራይ ምንባሩን'ኳ ብተደጋጋሚ እንተ ገለጸ፡ ውሽጢ ውሽጥስ ሓደ ትልሚ ይሕንጽጽ ነይሩ ኢዩ። እቲ ትልሚ ኣብ ኤርትራ ጥራይ ከይተሓጸረ፡ ነቲ መንግስቲ ብሪጣንያ ኣብ መላእ ምብራቕ ኣፍሪቃ ክህልዋ ዝድለ ዝነበረ ቦታ ንምምችቻእ ዝሓለነ ነበረ። ኣብ'ዚ ሓፈሻዊ ትልሚ'ዚ፡ እንግሊዝ ንኤርትራ ብዘይካ ከም መዋገይን መጣልዕን ከም ነፍሳ ዝሽኣለት በዓልቲ መሰልን ህዝብን ኩቶ ኣይረኣያን።

ስነዳት ብሪጣንያ ከም ዘረጋግጹ፡ ኢትዮጵያ ንኤርትራ ብወግዒ ክትጽዕዳ ዝጀመረት ብ1942 ኢዩ። ኣብ ወርሒ ሰነ ናይ'ቲ ዓመት'ቲ መንግስቲ ኢትዮጵያ ንኣንቶኒ ኤደን ዝተባህለ ሚኒስተር ጉዳያት ወጻኢ ብሪጣንያ፡ ኤርትራ ብታሪኻዊ፡ ኤትኒካውን ናይ ቋንቋን ምኽንያታት ከም ትብጽሓን፡ ናይ ደገ ወራራትን ዓመጽን ብመገዲ ኤርትራ "ዳግም ነኸይኣትዋ" ድማ እቲ ሕቶኣ ክሰማዕ ቅኑዕን

---

13. ናይ ፍርቂ ዓመት ጸብጻብ ናይ ዝተታሕዘ መሬት ጸላኢ ምምሕዳር ሰነ 30፡ 1942።

ፍትሓውን ከም ዝነበረን ኣመልኪታ ነይራ። ኣብ'ቲ ዕለት እቲ፡ ኣንቶኒ ኤደን ኣር.ጂ.ሃው ንዝተባህለ ኣምባሳደር ብሪጣንያ ኣብ ኢትዮጵያ፡ ጉዳይ ኤርትራ ኣብ ዋዕላ ሰላም ጥራይ ከም ዝፍታሕ ድሕሪ ምሕባር፡ ሸሕ'ኳ ብሪጣንያ ናይ ገዛእ ርእሳ ትልምታት እንተ ሃለዋ፡ እቲ ትልምታት እቲ ኣብ 1942 ክግለጽ ከም ዘይግባእ ሓበር።[14] ኣምባሳደር ሃው ባዕሉ፡ ኣብ'ቲ እዋን'ቲ ካብ ኣዲስ ኣበባ ናብ ኤርትራ ገጹ ዘቕንዐ ሰግረ ሃገራውነት ወይ ድሌት ናይ ኢትዮጵያ (irredentism) ዳርጋ ከም ዘይነበረ ይእመን። ይኹን'ምበር፡ ይብል ኣብ ሓደ ካብ ደብዳቤታቱ፡ ኢትዮጵያ ኣብ ልዕሊ ኤርትራ እተቕርቦ ዝነበረት ሕቶታት ጸኒሑ ኣገዳስነት ምርካቡ ስለ ዘይተርፎ፡ ኣብ ኤርትራ ናብ ኢትዮጵያ ዝቐንዐ ኣንፈት ሰግረ ሃገራውነት እንተሎን ስምዒት ኤርትራውያን እንታይ ምዃኑን ንኽሕበር ኣጥቢቑ ይሓትት።[15]

ኣብ ምጅማር ኣርብዓታት፡ ኣብ ኤርትራ ኣብ ግምት ዝኣቱ ኢትዮጵያዊ ስምዒት ከም ዘይነበረ፡ ጂ.ኬ.ኤን ትሬቫስኪስ ዝተባህለ ናይ'ቲ ጊዜ ብሪጣንያዊ መኰነንን ብዛዕባ ኤርትራ ብዙሕ ዝተመራመረ ደራስን እውን ይገልጽ ኢዩ።[16] እዚ ግን ብሪጣንያ እተንብዖ ወይ እትግደሰሉ ጉዳይ ኣይነበረን። ምኽንያቱ፡ ጉዳይ ምውጋን ኤርትራን ኢጣልያዊ ሶማሊላንድ ነበርን ረብሓ ብሪጣንያ ብዘረጋግጽ መገዲ ጥራይ ንኽውሰን ተወዲኡ ከም ዝነበረ ብተደጋጋሚ ይግለጽ ነይሩ ኢዩ። ንኣብነት፡ ብ31 መጋቢት 1943፡ ኣምባሳደር ሃው ንኣንቶኒ ኤደን ኣብ ዝጸሓፎ ደብዳቡ፡ ነዚ መትከልን ውሳነን'ዚ ድሕሪ ምጥቃስ፡ ረብሓታት ብሪጣንያ ዝሕሎ፡ ብቐዳምነት ብሪጣንያ ብኣማኸርታ ኣቢላ ኣብ ልዕሊ ኢትዮጵያ ዓብላሊ ጽልዋኣ ምስ እተረጋግጽ፣ ካልኣይ፡ ኣብ ዶባት ኢትዮጵያ (ንኣብነት ባሮን ካልእን) ናይ ዶብ ምምሕያሻት ምስ ዝግበር፣ ሳልሳይ ድማ ከም መለወጢ ወይ መባድልቲ ድሌታት ብሪጣንያ፡ ጠለባት ንጉሰ ነገስት ኢትዮጵያ ምስ ዝማላእ ምንባሩ ይገልጽ።[17]

ነዛ ሳልሰይቲ ነጥቢ፡ ማለት ድማ፡ ንምምላእ ጠለባት ንጉሰ ነገስት ኢትዮጵያ ግን፡ ኣምባሳደር ሃው ባዕሉ ነዚ ዚስዕብ ሕቶታት የልዕለላ፡-

> ነዛ ብፖለቲካዊ መዳይ ካብ ኢትዮጵያ ክብ ኣብ ዝበለ ደረጃ እትርከብ ኤርትራ፡ ነቲ ንዚቈጻጸሮ ግዝኣታት'ኳ ብግቡእ ከማሓድር ዘይክኣለ ዘሎ ንጉሰ ነገስት ምሃባ ምኽኑይ ክንንብሮ ንኽእልዶ፧ ንኽእል እንተ ኰይኑ፡ ኣብ ምምሕዳራ ናይ ወጻኢ ኣማኸርቲ ግድን ይሃልዉ ክንብልዶ ኣይግባእን፧ ዘይንኽእል እንተ ኰይኑ፡ ኢትዮጵያን ሱዳንን ብሓባር ይቈጻጸራኣ (condominium) ምባል ግብራዊዶ ኣይምኾነን፧

ኣብ'ዚ ደው ከይበለ፡ ሃው፡ ኤርትራ ብግብጺ፡ ሱዳንን ኢትዮጵያን ክትመሓደር ኣሚሙ ነይሩ ኢዩ።[18] ኣብ'ዚ እቲ ቐንዲ ዘገድሰና፡ ምንጪ ናይ'ቲ እማመታት

14. FO. 371/31608, 27 June 1942።
15. PRO 196/5/42, 23 June1942።
16. Trevasakis, Eritrea, A Colony in Transition, p. 59.
17. J 1437/134/1,31943.
18. MEWC (43)1, 5/5/1943.

ካብ ኤርትራ ዝበቖለ ዘይምንባሩ ኢዩ። ክልተ ኣብ መጻኢ ዕድል ኤርትራ ወሳኒ ተራ ዝተጻወቱ ሓሳባት ግን ኣብ'ዚ ፈለማ እዋን'ዚ ተቐልቀሉ። ቀዳማይ፡ ንጠለባት ኢትዮጵያ ዝዓበየ ግምት ምሃብ፡ ካልኣይ ድማ ንኤርትራ ናይ ምምቃል ሓሳባት። ክልቲኡ'ዚ፡ ብዘይ ዝኾነ ርእይቶ ኤርትራውያን።

እዚ መታን ዝያዳ ክበርሃልና፡ ንኣበጃጃቕላ እቲ ሓሳባት ዘረድእ ተኸታታሊ ፍጻሜታት ንርአ። ብሪጣንያውያን ኣመሓደርቲ ኤርትራ፡ ኣብ'ታ ሃገር ንኢትዮጵያ ዝጠልብ ክዛርብ ዝኽእል ምንቅስቓስ የለን ይብሉሉ ኣብ ዝነበሩ እዋን፡ ብ18 ሚያዝያ 1943፡ ኢትዮጵያ መሊሳ ንኤርትራ ዝጠልብ ጥርዓን ናብ መንግስቲ ብሪጣንያ ኣቕረበት።[19]

ብድሕሪ'ዚ፡ ናይ መንግስቲ ብሪጣንያ ናይ ኢትዮጵያ ኮሚተ፡ ብ18 ግንቦት 1943 ተጋብአ። እዚ ሎርድ ሞይኒ ብዝተባህለ ናይ ብሪጣንያ ምክትል ሚኒስተር ጉዳያት ወጻኢ ዝምራሕ ኮይኑ፡ ኣመሓዳሪ ኤርትራ ስቲቨን ሎንግሪግ፡ ኣምባሳደር ሃውን እቲ ንጣልያን ኣብ ኤርትራ ዝሰዓረ ጀነራል ፕላትን ዝኣባላቱ ኢዩ ነይሩ። እቲ ኮሚተ ኣብ ኢትዮጵያን ኤርትራን ናይ ዶብ ምምሕያሽን ለውጥን ንኽግበር ድሕሪ ምስምማዕ፡ ነዚ ዝስዕብ ኣመመ፤

- ምምሕዳር ብሪጣንያ ንምጽዋዕን ጉላጉል ኣስመራን ሒዙ፡ ምስ ሱዳን ናጻ መስመር መጓዓዝያ ክህልዎ፡
- ኢትዮጵያ ንደንካልያን ዝተረፈ ትግርኛ ዝዝረቦ ክፋላት ደቡባዊ ኤርትራን ክትወስድ። እዚ ናይ ኦርቶዶክስ ክርስትያን ቦታታት'ዚ ድማ ምስ ትግራይ ብምሕዋስ፡ ብላዕለዋይ ቊጽጽር ብሪጣንያ ኣብ ልኡላውነት ኢትዮጵያ ክኣቱ፡
- ዝተረፈ ኤርትራ ናብ ሱዳን ክሕወስ፡ በዚ ድማ ቤኒ-ዓምር ኤርትራን ሱዳንን ካልኦት ህዝቢ ቤጃን ክሓብሩ።

ከም መዛነቒ ናይ'ዚ ኹሉ ሓለፋታት ኢትዮጵያ፡

- ነቲ ኹሉ ቀቢላታት ሶማልያ ብልምዲ ከም መጋሃጫ ዝጥቀሙሉ መሬት (ኦጋዴን ምኻኑ ኢዩ) ነታ ብሕብረት ኢጣልያዊትን ብሪጣንያዊትን ሶማሊላንድ እትቖውም ስምርቲ ሶማል ክትለቅቕ፡
- ኬንያ'ውን ብተመሳሳሊ ሰፊሕ ተዳዋቢ መሬት ክትገድፍ፡
- ሱዳን ድማ ሕሉም ባሮ፡ ንጋንቤላ ሓዊስካ፡ ክተረክብ እቲ ሸማግለ ኣመመ።[20]

ጸኒሕና ከም እንርእዮ፡ ሽሕ'ኳ እዚ እማመ'ዚ በብጊዚኡ እናተመሓየሸ ንኣሸቱ ለውጥታት ይግበረሉ እንተ ነበረ፡ ሕመረቱን ኣንፈቱን ግን ኣይቀየረን። ብሪጣንያ፡ ንመሰል ኢትዮጵያ ንገለ ክፋል ኤርትራ፡ ብፍላይ ከኣ ንኣፍ ደገ ባሕሪ

19. J 1542/107/1,7/4/1943, J 4139/78/1,11/1943).
20. J 2004/1260/1,18/5/1943.

ኤርትራ፡ ከም ውሁብን ቅቡልን ወሰደቶ። ከምቲ ኣብ ላዕሊ ጉሊሑ ዘሎ ድማ እዝን እቲ ኻልእ ናይ ብሪጣንያ ጠለባትን ልዕሊ ኹሉ ስለ ዝተራእየ ሓልዮት ኤርትራን ኤርትራውያንን ዝብሃል ዳርጋ ኣይነበረን።

ወርሒ ድሕሪ'ዚ ኣኼባ ኮሚተ ኢትዮጵያ፡ ማለት ብ21 ሰነ 1943፡ ብዛዕባ ኣገባብ ኣመቓቕላ ኤርትራ ንኽጽንዕ ዝተሰደደ ሓደ ብሪጣንያዊ መኰንን፡ ነዚ ዝስዕብ ጸብጻብን ርእይቶን ኣቕረበ፤

ንዓሰብ፡ ንኸረንን ናቕፋን ብኣየር ዘይረየ። ሕጂ ጽቡቕ ዝኾነ ፍልጠት ናይ ማእከላይን ሰሜናውን ኤርትራ ረኺበን እዚ ቦታታት ድማ በየናይ ኣገባብ ኣብ መንጎ መንግስቲ ሱዳን፡ ናይ ንጉስና መንግስትን (ብሪጣንያ) ኢትዮጵያን ከም ዝከፋፈል ኣጽኒዐን ኣለኹ። ብሓጺሩ፡ መንግስቲ ሱዳን ባዕላ ዝጠለበቶ መሬት'ኳ እንተ ዘየለ፡ እንተ ደኣ ተሓቲታ ግን፡ ነተን ክልተ ኣውራጃታት ከረን-ናቕፋን ኣቑርደት-ባረንቱን፡ ማለት ድማ፡ ነቲ እስላማዊ ቤጃ ክፍልታት ክትወስድ ድልውቲ ክትከውን ኢያ። እቲ ትግርኛ ዝዛረብ ክርስትያን ክፍልታት ንኻልኦት ጠለብቲ ይገደፍ። ዓሰብ'ኳ ሓንቲ እተሰካሕክሐ ናይ እሳተ ጎመራዊ ቃጸሎ፡ ዝፈራረሰ ህንጻታት፡ ዝተገፍዓ መራኽብን ናይ ርሱሓትን ድኽነትን ዑና ኢያ። ይውሰዳ'ቲ ንጉሰ ነገስት (ኢትዮጵያ)። ብልዕሊ ናይ እሳተ ጎመራ ጉዳጉዲ፡ ኩምራ ጨው፡ ትሕቲ ጽፍሒ ባሕሪ ዝነሃለ መሬት በሪርና ኢና ናብ'ቲ ፋሕሻው መሬት ደንካልያ በጺሕና - ውሑድ ሰብ፡ ትሕዝቶ ኣልቦ፡ ንመጓዓዝያ ዘጸግም....[21]

ብሓንቲ በረራ ኢዩ እዚ ኹሉ ትዕዝብትን ሃገር ናይ ምምቃል እማመን። እዛ ዝተጠቐሰት እማመ ክሳብ ክንደይ ብዕቱብነት ከም ዝተወሰደት'ኳ ዘረጋግጽ ሓበሬታ እንተ ዘየለ፡ ብዛዕባ'ቲ ኣብ ልዕሊ ኤርትራ ዝነበረ ሓፈሻዊ ኣመለኻኽታ ግን እኹል መረዳእታ ትህብ ኢያ።

ናይ እንግሊዝ ውጥን ኣብ ልዕሊ ኤርትራ በዚ ዝተባህለ ጥራይ ዘብቅዐ ኣይነበረን። ኣብ ሓደ ብ26/6/43/ ብኤች.ቢ፡ (ምሉእ ስሙ ኣይጸሓፈን) ዝተጻሕፈ ምስጢራዊ መዘክር፡ ብመንጽር ዓሌታውን ታሪኻውን ኣቃውማኣ ክርአ እንከሎ፡ ሓድነት ኤርትራ ብሰብ ዝተሰርሐ (ኣርቲፊሻል) ኢዩ ዝብል ንረክብ። ነዚ ብዝርዝር ከብርሆ እንከሎ "እቶም ክልተ ሲሶ ናይ ህዝቢ ኤርትራ ዘቑሙ ከበሳውያን፡ ብቛንቋ ይኹን ብማሕበራዊ ኣወዳድባ፡ ምስ ኣምሓራ ብቐረባ ዝተዛመዱ ኢዮም" ድሕሪ ምባል፡ 250,000 ካብኣቶም ብሃይማኖት ተዋህዶ ዝኣምኑን ኣብ ትሕቲ ስልጣን ኣቡን ናይ ኢትዮጵያ ዝጥርነፉን ኢዮም ይብል። ትንታኔኡ ብምቕጻል ኤች.ቢ.፡ እቶም ኣብ ባርካ ዝነብሩ ቤኒ ዓምር፡ ስግር ዶብ ሱዳን ኣዝማድ ከም ዘለዉዎም ይገልጽ።

ካብ'ዚ ተበጊሱ፡ እንተ ደኣ ብስትራተጂያዊ ምኽንያታት ኢጣልያ ናብ ኤርትራ ንኽትምለስ ዘይድለ ኾይኑ፡ ኤርትራ ናይ መንግስትነት ኣሰራርሓ (the makings of a state) ስለ ዘይብላ፡ ናጻ ናይ ምዃን ተኽእሎኣ ፈጺሙ ዝረሓቐ

21. IES 2118, 21 June1943.

ምኽንያት የመልክት። ስለዚ ይብል፦

ዓንቀጽ 1. ናይ ኣትላንቲካዊ ቻርተር[22] - ዝብሎ ብዘየገድስ፡ ንብምሉኡም ቤኒ ዓምር ናብ ሱዳን ብምጽንባር፡ ነቲ ኣብ መንጎ ኤርትራን ሱዳንን ዘሎ ዶብ ምምሕያሹ ፍትሓዊ ኢዩ። ብተመሳሳሊ ምኽንያት፡ ሓንቲ ካብተን ዕዉታት ሓይልታት ወይ ሕቡራት ሃገራት ብሓበራ ንወደብ ምጽዋዕ ከም ስረት ብምሓዝ፡ ነቲ ውሽጢ ሃገር መካላኸሊ ዝኸውን መሳለጥያታት ምንባር ብዙሕ ጸገም ዝፈጥር ኣይኮነን።
እዘን ክልተ ስጉምትታት እንተ ተራዒመን፡ ነቲ ዕድል ኤርትራ ናይ ምውሳን ሸግር ዝሓላልኻ ኣይክኾናን ኢየን። ካብተን ድሮ ተኣሚመን ዘለዋ ፍታሓት ምስ ሓንቲአን ከኣ ዝሰማማዕ ክኸውን ኢዩ። (እተን እማመታት) 1. ንብምልእታ እታ ሃገር ወይ ንዝዓበየ ክፋላ ንንጉሰ ነገስት ኢትዮጵያ ሂብካ ብለውጢ ካብኡ ገለ ነገር ምውሳድ፡
2. ምስ'ቲ ኣብ ፍልስጥኤም ዘቐውም ኣይሁዳዊ ሃገር ክተኣሳስር ወይ ከይተኣሳሰር ዝኽእል ኣይሁዳዊ ሰፈራታት ኣብ ኤርትራ ኣፍቂድካ፡ ሓደ ኣይሁዳዊ ግዝኣት (colony) ምምስራት።

ኤች.ቢ. ንምስፋር ኣይሁዳውያን ግብራዊ ኣይኮነን ዝብል ኣረኣእያ'ኳ እንተ ነበሮ፡ "ንምዕዳል ኤርትራ ንሃይለስላሴ" ግን መደብ ኣውጺኣሉ። መሬት ቤኒ-ዓምር ንሱዳን እንተ ተዋሂቡ ኸኣ በለ፡ "ምጽንባር ከበሳ ናብ ኢትዮጵያ" ዝንጸግ ኣይከውንን፣ ይቃለል'ውን። "ኣብ ታሪኽ" ቀጸለ ኤች.ቢ.፡ "ሽሕ'ኳ ሃጸይ ምኒሊክ ንኢጣልያ ስዒሩዋ እንከሎ ዶብ ኤርትራን ኢትዮጵያን ብምፍላዩ ንናይ ኢትዮጵያ ጠለብ ኣብ ቅድሚ ሕጊ ድኹም ዝገበሮ እንተ ኾነ፡ ፕሮጀክት ዓባይ ሶማልያ ምእንቲ ክዕወት ሃይለስላሴ ኸኣ ንዞባ ኦጋዴን መታን ክለቅቕ፡ ነቲ በረኸቲ ሕመረት ኤርትራን መውጽኢ ንቐይሕ ባሕርን ክንከልእ ግብራዊ ኣይኮነን።" ከምዚ ድሕሪ ምባል ኤች.ቢ.፡ ክፋል ናይ መሬት ደንካልያ ኣብቲ ናይ ዓባይ ሶማልያ ፕሮጀክት ክሕወስ፡ ዝተረፈ ኸኣ ናብ ኢትዮጵያ ክኣቱ ኣመመ።
ኤች.ቢ. ንስፈራ ኣይሁዳውያን ዝነጸገ፡ ካብ ሓልዮት ኣይሁዳውያን እምበር እቲ ስፈራ ኣብ ኤርትራውያን ከምጽኦ ካብ ዝኽእል ሳዕቤን ተበጊሱ ኣይነበረን። ኤርትራ ኣብ ትሕቲ ሃይለስላሴ ምእታዋ ዘይተርፉ ኢዩ ዝብል ኣረኣእያ ስለ ዝነበሮ፡ "ኣብ ውሽጢ መንግስቲ ናቶም መንግስቲ ንምቛም ኣይክኽእሉን ኢዮም፡" ዝብል ስግኣት ኢዩ ነቲ ሓሳብ ኣንጺጉዎ። እቲ ሓሳብ ግን ደገፍቲ ነበሩዎ።[23]

---

22. ኣትላንቲክ ቻርተር ዝብሃል፡ ብነሓሰ 1914፡ ማለት ካልኣይ ኩናት ዓለም እናተኻየደ እንከሎ፡ ኣብ መንጎ ፕረሲደንት ኣመሪካ ሩዝቨልትን ቀዳማይ ሚኒስተር ብሪጣንያ ቸርቺልን ዝተኸተመ ውዕል ኢዩ። እዚ ድሕሪ'ቲ ኩናት ንኽመጽእ ተስፋ ዝተነብረሉ መትከላትን ዕላማታትን ዘንጸረ ውዕል፡ ኣብ ቀዳማይ ዓንቀጹ፡ ክልቲአን ሃገራት መሬታዊ (territorial) ይኹን ካልእ ናይ ምስፍሕፋሕ ዕላማ ፈጺሙ ከም ዘይህልወን ቃል ክኣቱ እንከሎ፡ ኣብ ካልኣይ ዓንቀጹ ድማ፡ "ብናጻ ምስ ዝተገልጸ ድሌት ዝምልከቶ ህዝቢ ብዘሳነ መገዲ እንተ ዘይኮይኑ፡ ዝኾነ መሬታዊ ለውጥታት ክግበር ዘይድግፉ ምንባረን ዘነጽር ነበረ። World Book Encyclopaedia, 1994, p. 743.H.B እዚ ናይ ኣትላንቲክ ቻርተር መትከላት'ዚ ኣብ ኤርትራ ምስ በጽሐ ተፈጻምነት ክህልዎ የብሉን ንምባል ኢዩ። "ዓንቀጽ 1 ናይ ኣትላንቲክ ቻርተር ዝብሎ ብዘየገድስ...." ኢሉ ብምጅማር ናብ እማመታቱ ዝኣተወ።
23. P.R.O. 371/35414 128267, 28/6/1943

ኣብቲ እዋን ስቲቨን ሎንግሪግ ኣብ ዝጸሓፎ ደብዳቤ፡ ኣይሁዳውያን ኣብ ከበሳ ክሰፍሩ፡ ድሮ ብኽርስትያንን ሓረስታይን ህዝቢ ዝተታሕዘ ብምኻኑ ዝከኣል ኣይኮነን በለ። ምዕራባውን ምብራቓውን ቀላታት ድማ ንኤውሮጳውያን ምቹእ ስለ ዘይኮነ፡ ካብ ከረን ንሰሜን ኣብ ዘሎ ቦታታት ንኽፍትኑ ኣመመ። እዚ ብስእነት ማይ'ኳ ዝሸገር እንተ ኾነ ክብ ዝበለ ወጻኢ ገርካ ማይ ክዕቀበሉን ብዛላታት ከኣ ሕርሻ ክካየደሉን ዝኽእል ቦታ ስለ ዝኾነ፡ መጽናዕቲ ክካየደሉ፡ ውሳነ እንተ ተገይሩ ድማ ንዝደለየ ኣይሁዳዊ ክፉት ክኸውን እውን ሓበረ። እቲ ህዝቢ ሰበኽ ሳግም ስለ ዝኾነ ምልቃቑ ብዙሕ ጸገም ከምጽእ ኣይክእልን፡ ድሕሪ ምባል ሎንግሪግ፡ ብሰንኪ ቀጻሊ ምንቅስቓሱ እቲ ህዝቢ ነቶም ሰፈርቲ ኣይሁዳውያን ምንጪ ሕሱር ጉልበት ክኸውን ከም ዘይክእልን እዚኣ ኸኣ ጸገም ከተስዕበሎም ከም ዝኾነትን ብምምልካት ድማ ጽሑፉ ደምደመ።[24]

ክሳብ 28 ነሓሰ 1943፡ ብዛዕባ'ዚ ሓሳብ'ዚ ሓያሎ ደብዳቤታት ተጻሕፈ። ኣብቲ ዝተባህለ ዕለት ሎንግሪግ ንኹሉ ተኽእሎታት ደጊሙ ድሕሪ ምዝርዛር፡ ኤርትራ ዘይትምረጽ እንተኾይና ኣይሁድ ሰግር ኢትዮጵያ ኣብ ጂማ መስፈሪ ሃሰው ንኺብሉ ኣመመ። እቲ ጉዳይ ብሓፈሻ ግን ቀስ ኢሉ ቀሃመ።

ብሰፊሑ ክንዛረበሉ ዝተገደድናሉ ምኽንያት፡ መንግስቲ እንግሊዝ ኣብ ዕድል ኤርትራውያን ክንዲ ቅንጣብ እትኸውን ሓልዮት ከም ዘይነበሮ ብዘየወላውል ንምርግጋጽ ኢዩ። ሰፈራ ኣይሁዳውያን ኣብ ኤርትራ ኣይተግበር እምበር፡ እቲ ንኤርትራ ናይ ምምቃል ሓሳብ ግን ካብዚ ጊዜ ጀሚሩ እምነ ኩርናዕ ናይ ሚላኡ ኾነ።

24. WO 230/168-71061, 1943

ምዕራፍ 2

ምትእትታው መንግስቲ ኣመሪካ

ኣመሪካውያን ኣብ ጉራዕን ኣስመራን

ከምቲ ኣቐዲሙ ተገሊጹ ዘሎ፡ ኣብ መፋርቕ 1941 ፊልድ ማርሻል ሮመል ኣብ ሰሜን ኣፍሪቃ ዓበይቲ ዓወታት ምስ ኣመዝገበ፡ መንግስቲ ብሪጣንያን ሰብ ኪዳናን ነቲ ኣብ ግብጺ ዝነበረ ወተሃደራዊ ትካላቶም ናብ ኤርትራ ከግዕዙ ወሰኑ። ኤርትራ ካብ ፍልስጥኤም፡ ሱዳንን ኬንያን ዝተመረጸትሉ ምኽንያት፡ ካብ ደብዳብ ነፈርቲ ጀርመናውያን ርሕቕቲ ስለ ዝነበረት፡ ካብ መትረብ ስወጽ ብዙሕ ራሕቂ ስለ ዘይነበራ፡ ብዘመናዊ ወደብን ምሉእ ውሽጣዊ ናይ መጉዓዝያ መስመራትን ዘይትጽገም ብምንባራ፡ ክሊማኣ ንኤውሮጳውያን ምቹእ ብምንባሩን ድሉውን ክብ ዝበለን ክእለት ዝደለበ ሓይሊ ዕዮ'ውን ስለ ዝነበራን ኢዩ።[1]

እቲ ብ1939 ዝጀመረ ኲናት ዓለም፡ ሳልሳይ ዓመት ሒዙ ኢዩ ዝነበረ። ናይ ጀርመን ሓይልታት ውግእ ንግብጺ ሒዞም፡ መትረብ ስዌጽ ሰጊሮም ንበዓል ቱርኪ፡ ዒራቕን ኢራንን እንተ ዝቈጻጸሩ፡ ንብሪጣንያን ሰብ ኪዳናን ካብ'ቲ ምስ ህንድን ቺናን ዘራኽቦም ዝነበረ መስመር ምቍረጾም ጥራይ ዘይኮነ፡ ንሕብረት ሶቭየት ብደቡብ ብምጥቃዕ ምተቘጻጸራ ነይሩ። እዚ ንናይ ኪዳን ሓይልታት ኣዝዩ ሓደገኛን ኣብ ስዕረት ክውድቖ ዝኽእልን ስለ ዝነበረ እምበኣር፡ እቲ ኣብ ሰሜን ኣፍሪቃ ዝነበረ ውግእ ኣብ'ቲ ጊዜ'ቲ ወሳኒ ነበረ።[2] ኤርትራ ከም ደጀን ናይ'ዚ ወሳኒ ግጥም'ዚ ምምራጻ ኸኣ ንስትራተጂያዊ ኣገዳስነታ የረጋግጽ።

ዛጊት፡ ሕቡራት መንግስታት ኣመሪካ፡ ኣብቲ ኲናት እትውቲ ኣይነበረትን። ሂትለር፡ ሓይልታቱን ዝኾመሮ ኣጽዋር ውግእን ኣብ ኤውሮጳ ፈንዩ ሃገር ድሕሪ ሃገር ክሕዝ እንከሎ፡ ካብ ምዕራባውያን ሃገራት ብሪጣንያ ጥራይ ኢያ ትምክቶ ዝነበረት። ሕብረት ሶቭየት ባዕላ፡ ኣብ 1939 ምስ ሂትለር ናይ ዘይምጥቕቓዕ ውዕል ፈሪማ ስለ ዝነበረት፡ ክሳብ'ቲ ሂትለር ውዕል ኣፍሪሱ ብሰነ 1941 ዘጥቅዓ፡ ኣብቲ ኲናት ኣይኣተወትን። እዚ ኹሉ እናኾነ እንከሎ፡ ባይቶ ኣመሪካ ኣብቲ ኲናት ኢድ ናይ ዘይምእታው ሜላ ይኽተል ብምንባሩ፡ ኣንጻር ድሌት ፕረዚደንት ፍራንክሊን ሩዝቨልት፡ እታ ሃገር ብናይ ርሑቕ ተዓዛብነት ጥራይ ኣጽቂጣ ጸንሐት።

1. Trevaskis, p. 37.
2. Rasmunsson, The History of Kagnew Station, p. 21, 1975.

ሓይሊ ጀርመን እናበርትዐ፡ መጻኢ ዕድል ሓይልታት ኪዳን ከኣ እናሰግአ ምስ መጸ ግን፡ ኣመሪካ ነቲ ናይ ተነጽሎ ሜላኣ ኣቋሪጻ፡ ንሓይልታት ኪዳን ብሓፈሻ ንብሪጣንያ ኸኣ ብፍላይ ናይ ንዋት ደገፍ ክትህብ ወሰነት። እዚ ብስም "ልቓሕ-ክራይ ድንጋገ" (Lend-leas Act) ተባሂሉ ዝፍለጥ ናይ ባይቶ ኣመሪካ ውሳነ፡ ንናይ ኣመሪካ ፕረዚደንት ኣዝዩ ሰፊሕ ስልጣን ዝህብ ነበረ። በዚ መሰረት፡ እቲ ኣመሪካዊ ፕረዚደንት "ንምክልኻል ሕቡራት መንግስታት ኣመሪካ ኣገዳሲ ኢዩ ንዝበሎ ዝኾነ ሃገር፡ ናይ ኲናት ንዋት ንኸሰርሓሉ" ስልጣን ተዋህቦ። ኣድላዪ ኾይኑ ምስ ዝረኸቦ ኸኣ፡ ነቲ ንዋት ብዘይ ዋጋ ንኽዕድሎ ወይ ነቲ ዕዳ ንኽሰርዞ ዘኽእሎ ነበረ።[3] እዚ ድንጋገ'ዚ ብ8 ግንቦት 1941 ምስ ተሓገገ፡ ብሪጣንያ ሽውዓተ ቢልዮን ዶላር ኣመሪካ ዘውጽእ ብረት፡ ታንክታት፡ ቦምባታትን ነፈርትን ካብ ሕ.መ. ኣመሪካ ረኸበት፣ ሕብረት ሶቭየት'ውን ጸኒሓ ሓደ ዓቢ እጃም ተቐበለት።

ናይ ኣመሪካ ሓገዝ ንብሪጣንያ ግን በዚ ጥራይ ደው ኣይበለን። ብ19 ሕዳር 1941፡ ኣብ ሚኒስትሪ ኲናት ኣመሪካ ኣብ ዝተገብረ ምስጢራዊ ኣኼባ፡ ኣመሪካ ኣብ ጉራዕ መዓርፎ ነፈርቲ ክትምስርት ወሰነት። ናይ ሮመል ሰራዊት፡ ንሊብያ ተቈጻጺሩ ንውሽጢ ግብጺ ደፊኡ'ኳ እንተ ነበረ፡ ብናይ ብሪጣንያ ሓይሊ ኣየር ተዓጊቱ ነይሩ ኢዩ። ግን፡ ነፈርቲ ብሪጣንያ ብብዝሒ እናተሃርማ ይበላሸዋ ስለ ዝነበራ፡ ብቕልጡፍ ተዓርየን ከይተደናጎያ ከም ብሓድሽ ኣብ ኣገልግሎት ክውዕላሉ ዝኽእላ ጽኑዕ ደጀን ስለ ዘድለየ፡ ጉራዕ ተመርጸት። ኣብ ልዕል'ዚ፡ ሓደ ናይ ሓይሊ ባሕሪ ደጀን ኣብ ምጽዋዕ፡ ዝተፈላለየ ወተሃደራዊ ትካላት ድማ ኣብ ጊንዳዕ፡ ደንጎሎን ኣስመራን ንኽትከል ስለ ዝተወሰነ፡ መንግስቲ ኣመሪካ ነዚ ዝትግብሩ ክኢላታትን ካልኦት ሰራሕተኛታትን ክትልእኽ ተዳለወት።

እዚ ኹሉ፡ ኣብ ትሕቲ'ቲ መንግስታት ኣመሪካን ብሪጣንያን ዝኣተዋኦ ናይ ልቓሕ-ክራይ ውዕል ዝተመስረተ ብምንባሩ፡ ብመሰረት እቲ ድንጋገ ኤርትራ ንምክልኻል ሕቡራት መንግስታት ኣመሪካ ኣገዳሲት ኮይና ነይራ ማለት ኢዩ። እቲ ናይ ጉራዕ ውጥን፡ ፕሮጀክት 19 ዝብል ኣዝዩ ምስጢራዊ ዝኾነ ስም ተዋሂቡዎ፡ ንናይ ዳግላስ ናይ ነፈርቲ ኮርፖረሽንን ንናይ ጆንሶን ድሬክ ኤንድ ፓይፐር ኢንኮርፖሬትድ ዝተባህላ ዓበይቲ ኣመሪካውያን ትካላት ተዓደለ። ብቕልጡፍ፡ 120 ኣመሪካውያን መሃንድሳት ተመሪጾም ኣብ ኒዩ ዮርክ ተኣከቡ። ንዕኦም ዘሰንዩ ድማ 20 ሓኻይም፡ 24 ነርስታት፡ ኣቐሻሽቲ፡ ናይ ስኒ ሓኻይም፡ ሰራሕቲ መግብን ሰንከትቲ ሕብስትን፣ ቀምቀምቲ ጸጉሪ ርእስን ሰፈይቲ ክዳንን ከይተረፉ ተዳለዉ።[4]

ገለ መዓልታት ድሕሪ'ዚ፡ ናይ ጃፓን ሓይሊ ኣየር ፐርል ሃርበር ንእትብሃል ኣብ ሃዋይ ዝነበረት ናይ ኣመሪካ ናይ ሓይሊ ባሕሪ ደጀን ስለ ዝደብደባ፡ ኣመሪካ

3. Ibid, p. 21.
4. Ibid., p. 22.

ብወግዒ፡ ቅድም ኣንጻር ጃፓን ብ8 ታሕሳስ፡ ጸኒሓ ድማ ኣንጻር ጀርመንን ኢጣልያን ብ11 ታሕሳስ 1941 ኩናት ኣወጀት። ካብ'ዚ ጊዜ'ዚ ጀሚሩ ኸኣ ነቲ ኣብ ኤርትራ ወጢናቶ ዝነበረት ትካላት ኣቀላጢፈቶ። ኣብ ዝሰዓበ ክልተ ዓመት፡ ጉራዕ ናብ ሓንቲ ዓብይ ናይ ነፈርቲ መዐረይትን መገጣጠሚትን ማእከል ተቐየረት። 21 ሰነ 1942፡ ሓይልታት ውግእ ጀርመን ንጦብሩቕ ሒዞም ውሸጢ ግብጺ ምስ ኣተዉ፡ ምጽዋዕ እታ እንኮ ኣተኣማማኒት ወደብ ናይ ሓይልታት ኪዳን ኣብ መላእ ማእከላይ ምብራቕ ኮነት። እቲ ናይ ኣመሪካ ትካላት ክሳብ ክንደይ ሰፊሑ ከም ዝነበረ፡ ብቑጽሪ ናይ'ቶም ኣብ'ቲ ስራሕ ተዋፊሮም ዝነበሩ ስራሕተኛታት ንርዳእ። ብ1 ሓምለ 1942፡ ካብ ኣመሪካውያን ጥራይ፡ 58 ወተሃደራዊ መኩንናትን 911 ሲቪል ስራሕተኛታትን ኣብ ኤርትራ ነበሩ። ኣብ ልዕሊ'ዚኣቶም፡ 3434 ኢጣልያውያን፡ 5010 ደቀባት ኤርትራውያን፡ 10 ኸኣ ካልኦት ነበሩ።

ኣብ ጉራዕ ጥራይ፡ 1300 ሰብ ዝሕዝ ገዛውትን ናይ መዘናግዒ ቦታታትን፡ 250,000 ጋሎን ነዳዲ ዝዓቕር ጋብላታት፡ ብዓሰርተታት ዝቑጸሩ ነፈርቲ ዝዕረያሉ ገፋሕቲ ኣብያተ ዕዮን ተሰርሑ። ብ8 ሕዳር 1942፡ ሮመል ኣብ ሰሜን ኣፍሪቃ ተሳዒሩ እቲ ዞባ ብሓይልታት ኪዳን ክትሓዝ እንከሎ፡ ኣብ ምጽዋዕ ሽዱሽተ ዓበይቲ መራኽብ፡ ሓደ ግዙፍ ተንሳፋፊ ዕፍርን 100 ዝኾና ናይ እንግሊዝ መጠነ ንኡስ ናይ ውግእ መራኽብን ተዓርየን ነይረን። እቲ ናይ ሰሜን ኣፍሪቃ ኩናት ምስ ኣብቀዐ ግን፡ ኤርትራ'ውን ከም ደጀን ኣገዳስነታ ሃሰሰ። እቲ ትካላት ፈሪሱ ድማ ኣመሪካውያን መኩንናትን ስራሕተኛታትን ናብ ዓዶምን ናብ ካልእ ናይ ኩናት ቦታታትን ወጹ። እቲ ክይተማልኡዎ ዝኸዱ ንብረትን ከም ሆስፒታልን መኽዘንን ዝመሰለ ኣባይትን ብኸመይ ብምምሕዳር እንግሊዝ ከም ዝዓነወ ጸኒሕና ክንርኢ ኢና።

ከምዚ ኩብሃል እንከሎ ግን፡ ብዓይንን ረብሓን ኣመሪካውያን፡ ስትራተጂያዊነት ኤርትራ ኣብቂዑ ነይሩ ማለት ኣይኮነን። ብ26 ጥሪ 1943፡ ናይ መንግስቲ ኣመሪካ ናይ ውግእ ሚኒስትሪ ኣብ ኣስመራ ሓደ ናይ ሬድዮ መራኸብን ምልክትን ማዕከን ክስረት ዝኽእል ብዛዕባ ምኳኑ መጽናዕቲ ክገብር ወሰነ። ኣብ ምውዳእ ወርሒ ሚያዝያ ናይቲ ዓመት'ቲ ሸውዓተ ኣመሪካውያን ክኢላታት ኣብ ሬድዮ ማሪና ሰፊሮም፡ መጽናዕቶምን ፈተነታቶምን ጀመሩ። ኣቐዲሙ፡ ሬድዮ ማሪና ከም ናይ መንግስቲ ኢጣልያ ናይ ሓይሊ ባሕሪ መራኸቢ የገልግል ነይሩ ኢዩ። ብግንቦት 1943፡ እቶም ክኢላታት ኣንቴናታቶም ዘርጊሖም፡ ናይ መጀመርታ ርክቦም ምስ ዋሺንግቶን ገበሩ። ኣስመራ፡ ሰሜን ካብ ቅናት ምድርን፡ ኣብ 7600 ጫማ ካብ ጽፍሒ ባሕርን ዝተደኮነት ከተማ ብምኳና፡ ዝርጋሐን ንጹርነትን ናይ'ቲ ዝተገብረ ናይ ሬድዮ ርክብ ንኣመሪካውያን ኣሐጒሶም። ብወርሒ ታሕሳስ 1943 ከኣ፡ ኣርባዕተ መኩንናትን 50 ዕሉማት ወተሃደራትን ብምስዳድ፡ ንሬድዮ ማሪና፡ ጸኒሖም ከኣ ንመዓስከር ቃኘው ናብ ዓቢ መደበር ቀየሩዎ።[5]

5. Ibid., p. 23.

እቲ ብ1977 ዘብቅዐ ምስራት ኣመሪካውያን ኣብ መደብር ቃኘው እምበኣር፡ ካብዚ ጊዜ'ዚ ይጅምር። ኣብ ታሪኽን መጻኢ ዕድልን ኤርትራ ተራ ስለ ዘተጻወተ ኸኣ፡ ኣገዳሲ ፍጻሜ ኢዩ ነይሩ።

ኩነታት መንግስቲ ኢትዮጵያ

ብ1941 ሃጸይ ሃይለስላሴ ብሓይልታት ውግእ ብሪጣንያ ተሓጊዞም ኣዲስ ኣበባ ምስ ኣተዉ፡ ቀልጢፎም ምሉእ ስልጣን ኣይጨበጡን። ከም ዕውቲ ሓይሊ ኣብ ልዕሊ ህላወ መግዛእቲ ኢጣልያ ኣብ ኤርትራ፡ ኢትዮጵያን ሶማልያን፡ ብሪጣንያ ባዕላ ነቲ ዞባ ክትቈጻጸር ስለ ዘደለየት፡ ኣብቲ ፈለማ ንሃይለስላሴ ስልጣን ከተረክቦም ሓሳብ ኣይነበራን። ኣብ'ዚ ጉዳይ'ዚ፡ ሸሕ'ኳ ናይ ብሪጣንያ ቀዳማይ ሚኒስተር ዊንስቶን ቸርቺልን ናይ ወጻኢ ጉዳይ ሚኒስተሩ ኣንቶኒ ኤደንን ተደናገጽቲ ሃይለስላሴ እንተ ነበሩ፡ እቶም መራሕቲ ውግእን ናይ ግዝኣት መኰንናትን (colonial officers) ግን ዘተፈልየ ኣረኣእያ ነበሮም። ኣብ መንጎኦም፡ ግዝኣት ብሪጣንያ ንሱዳን፡ ኢትዮጵያ፡ ኤርትራን መላእ ሶማልያን ኣጠቓሊሉ፡ ምስ ምብራቕ ኣፍሪቃ፡ ማለት ምስ በዓል ኬንያ፡ ኡጋንዳን ታንጋኒካን ክጸንበር ዝብህጉ ነበሩ። ስለዚ፡ ሃይለስላሴ ሃገሮም ተመሊሶም ናይ ቀደም ስልጣኖም ክጭብጡ ምስ ሃቀኑ፡ ተቓወምዎም፣ ኣረ ከልከልዎም'ውን። ንኣብነት፡ ጆን ስፔንሰር ዝተባህለ ኣማኻሪ ሃይለስላሴ ዝነበረ ኣመሪካዊ ከም ዝገልጾ፡ ሰሙን ድሕሪ ናብ ኣዲስ ኣበባ ምእታዎም፡ እቶም ንጉስ ሸውዓተ ሚኒስተራት መሪጾም ስርሖም ክጅምሩ ምስ ተዳለዉ፡ ከም በዓል ስልጣን ከም ዘይፈልጦምን ከም ዘይቅበሎምን፡ ብሪጋደር ላሽ ዝብሃል እንግሊዛዊ ናይ ፖለቲካ ሓላፊ ገለጸሎም።

ሃይለስላሴ፡ ነዚ ከፍሸል ይኽእል'ዩ ዝበልዎ ሕጋዊ ክትዓት'ኳ እንተ 'ቐረቡ፡ ዝሰምዖም ሰኣኑ። ብኣንጻሩ'ኳ ደኣ፡ ኣብ ሎንዶን ዝተኣከቡ መራሕቲ ኩናት ብሪጣንያ፡ ሰበ ስልጣን ኢትዮጵያ ንኹሉ ውሽጣውን ናይ ግዳምን ጉዳያት ናይ'ታ ሃገር ብዘይ ምኽሪ መንግስቲ ብሪጣንያ ንኸይፍጽሙ ዝእዝዝ መልእኽቲ ናብ በዓል ስር ፊሊፕ ሚቸልን ብሪጋደር ላሽን (ወተሃደራውያን መኰንናት ኣብ ኢትዮጵያ) ኣመሓላለፉ። በዚ ከይተወሰነ፡ እቲ ትእዛዝ፡ መንግስቲ ብሪጣንያ ንዝኾነ ክፋል ኢትዮጵያ ኣብ ትሕቲ ቊጽጽራ ከተእቱ ከም ትኽእል፣ ብዘይ ፍቓድ መንግስቲ ብሪጣንያ ሃይለስላሴ ዝኾነ ወተሃደራዊ ስርሒት ክካይዱ ከም ዘይክእሉ፣ ስልጣን ናይ ግብሪ፡ መንግስታዊ ወጻእን ኩሉ መራኸቢታትን ኣብ ትሕቲ ቊጽጽር ብሪጣንያ ከም ዝኣተወ... ኣፍለጠ። ብለውጢ ናይ'ዚ ኹሉ፡ ሃይለስላሴ ናይ ገንዘብ ሓገዝ ክግበረሎም፡ እንግሊዛውያን ኣማኸርቲ ኸኣ ክወሃቡዎም ምኳኖም እቲ መምርሒ ኣመልከተ።

ሃይለስላሴ እምበኣር ጥብቂ ቊጽጽር ተገብረሎም። ኩሉ ናይ ወጻኢ መራኸቢታቶም ብሳንሱራት እንግሊዝ ይምመ ስለ ዝነበረ ኸኣ፡ ጥርዓኖም ብስቱር

ናብ ቸርቺል ኣብጽሑ። እቲ ጉዳይ ብናይ ብሪጣንያ ናይ ሚኒስተራት ቤት ምኽሪ ምስ ተመርመረ፡ ሓደ ብስም ኣንግሎ ኢትዮጵያ ስምምዕን ወተሃደራዊ ውዕልን ዝፍለጥ ሰነድ፡ ብ31 ጥሪ 1942 ተፈረመ። ሽሕ'ኳ እቲ ሰነድ ብሪጣንያ ናጽነት ኢትዮጵያ ክትፈልጥን ክትቅበልን ምኽና እንተ'ረጋገጸ፡ ነቲ ኣብ ጥርዓን ዘብጽሐ ኩነታት እታ ሃገር ግን ምቅይያር ኣይገበረሉን። ሃይለስላሴ ብሪጣንያውያን ኣማኸርቲ፡ ናይ ፖሊስ ኣዛዚ፡ ተቘጻጸርትን ደያኑን ክሸሙ ተቐሰቡ። ናይ ብሪጣንያ ኣምባሳደር ኣብ ኢትዮጵያ ኣብ ልዕሊ ኻልኦት ኣምባሳደራት ቀዳምነት ክህልዎ'ውን ተወሰነ።

ኣዲስ ኣበባ ኣብ ትሕቲ ቀጥታዊ ጽልዋን ቊጽጽርን ብሪጣንያ ኣተወት። መንግስቲ ብሪጣንያ፡ የድሊ ኢዩ ዝበሎ ወተሃደራዊ ሓይሊ ኣብ ኢትዮጵያ ንኸተቐምጥ መሰል ተዋህባ። ንኦጋዴን ጥራይ ዘይኮነ፡ ነቲ ምስ ሶማልያ ዘዳውብ ዶብ ኢትዮጵያ እውን ኣብ ትሕቲ ምሉእ ቊጽጽራ ኣእተወቶ። ወተሃደራት ብሪጣንያ ከም ድሌቶም ናብ ኢትዮጵያ ክኣትዉን ብኡ ክሓልፉን ተፈቕደ፡ ካብኡ ዝወጻ ነፈርቲ፡ ወተሃደራዊ ይኹና ሲቪል፡ ናይ ብሪጣንያ ጥራይ ክኾና ተወሰነ። ኣብ ውሽጢ ኢትዮጵያ ዝነበረ፡ ኢጣልያ ዝገደፈቶ ንብረት ብምሉኡ ኣብ ኢድ ብሪጣንያ ኣተወ። ናይ ሬድዮ መደበር፡ ናይ ስልኪ ስርዓት መራኸብን ባቡር ምድርን'ውን ብተመሳሳሊ መገዲ ተወሰደ። ኣብ ልዕሊ'ዚ ኹሉ፡ ኣብ ኢትዮጵያ ዝሰርሕ ዝነበረ ናይ ማርያ ተሬዛ ዶላር ተሪፉ፡ ናይ ምብራቕ ኣፍሪቃ ሽልን ጥራይ ከም ዝዘውር ተገብረ።

ብሓጺሩ፡ ኣብ ምጅማር 1942፡ ኢትዮጵያ ከም ኤርትራ ካብ ጸላኢ ዝተታሕዘት መሬት ተቘጺራ፡ ጽግዕተኛ መንግስቲ ብሪጣንያ ኮነት።[6]

ሃጸይ ሃይለስላሴ ነቲ ስምምዕ'ቲ ብኢደ ዋኒኖም ከይሰርዙ፡ ፍርሒ ወራር እንግሊዝ ንገለ ካብ ግዝኣቶም ነበሮም።[7] ይኹን'ምበር፡ በዚ ኣገባብ'ዚ ተቐዩዶም ክነብሩ ድሌትን ሓሳብን ስለ ዘይነበሮም፡ ቡብጊዚኡ ናይ ገዛእ ርእሶም መደባት ንብሪጣንያ ምቕራብ ኣየቋረጹን። ንመጸኢ ይኾነኒ ኢዩ ዝበልዎ ጠለባት ኣሕሊፎም ካብ ምጽናሕ'ውን ኣይተቘጠቡን። ንኣብነት፡ ካብ ሚያዝያን ሰነን 1942፡ ሓይልታት ኢትዮጵያን ብሪጣንያን ንጅቡቲ ብሓይሊ ንኽሕዙ ሃይለስላሴ ኣመሙ። ኣዘዝቲ ብሪጣንያ፡ ጅቡቲ ኣዝያ ዝተጠናኸረት ዕርዲ ምንባራ ብምሕባር፡ ኣብ ትሕቲ ፈረንሳ ንኽትጸንሕ ከም ዝምረጽ ሓበሩዎም።

ኣብ'ዚ ጊዜ'ዚ ፈረንሳ ባዕላ ብጀርመን ተታሒዛ፡ እቲ ኣብ ፈረንሳ ዝነበረ ፈረንሳዊ ናይ ቪሺ መንግስቲ ድማ ተሓባባሪ መንግስቲ ጀርመን ኮይኑ ነበረ። በረኣእያ መንግስቲ ኢትዮጵያ፡ ንጅቡቲ ምሓዝ ብተዘዋዋሪ መገዲ ሓይሊ መንግስቲ ቪሺን ጀርመንን ምድኻም ስለ ዝነበረ፡ ሃይለስላሴ ወተሃደራቶም ኣኽቲቶም ንጅቡቲ ክሕዙ፡ ከምቲ ዝተባህለ ጽንዕቲ ዕርዲ እንተ ኾይና ድማ

6. Spencer, Ethiopia At Bay, p. 96-98.
7. Ibid., p. 142-145

ብሓይሊ ብሪጣንያ ክሕገዙ ደጊሞም ሓተቱ። ብመሰረት ሓበሬታ ብሪጣንያዊ ጀኔራል ፕላት፡ 600 ፈረንሳውያን፡ 1200 ደቂ ማላጋሲን ሴኔጋልን ወተሃደራት ካብ ወደብ ጅቡቲ ክሳብ ወደብ ዛይላ ተዘርጊሖም ነይሮም። ብሪጣንያ ስለ ዘይተቐበለቶ፡ እዚ ሕቶ'ዚ ፈሸለ።[8]

ሃይለስላሴ ንጂቡትን ዛይላን ክጠልቡወን ፋልማዮም ኣይነበረን። ካብ 1920'ታት፡ ወራሲ ዓራት ዘውዲ ኢትዮጵያ ካብ ዝነበሩሉ እዋን ኢዮም ጀሚሮሞ። ይኹን'ምበር፡ እታ ንጅቡቲ ዝሃነጸት ፈረንሳ፡ ካብ'ታ ወደብ ጥራይ ዘይኮነ፡ ካብ'ቲ ካብ ጅቡቲ ንኣዲስ ኣበባ ዝዝርጋሕ መገዲ ባቡር'ውን ክብ ዝበለ እቶት ትረክብ ብምንባራ፡ ንጅቡቲ ዝቃጸጽ ካልእ ወደብ ኣብ ዛይላ ክሰራሕ ድሌት ኣይነበራን። በዚ ድማ ንጠለብ ሃይለስላሴ ትነጽጎ ነበረት።[9]

ኣብ ዝሓለፈ ምዕራፍ ከም ዝረአናዮ፡ ኢትዮጵያ ኣብ ከምዚ ዝመሰለ ኩነታት እንከላ ኢያ ንኤርትራ ብዝያዳ ካብ 1942 ክትጠልባ ዝጀመረት። ብሪጣንያ ብወገና፡ ንኤርትራ ብምልእታ'ኳ ኣይኹን'ምበር፡ ንገለ ክፋላ ንኢትዮጵያ ናይ ምሃብ ሓሳባት ከም ዝነበራ'ውን ርኢና ኢና። ናይ'ቲ እዋን ዝዓበየ ዕላማኦም ግን ንኦጋዴን እትሕውስ ዓባይ ሶማልያ ምምስራት ስለ ዝነበረ፡ እንግሊዝ ነቲ ናይ ኤርትራ መደቦም ንጊዚኡ ዓቂቦምን ብምስጢር ሒዞምን ጸንሑ። ስፔንሰር ከም ዝገልጾ፡ ንኦጋዴን ኣብ ትሕቲ ምሉእ ቊጽጽሮም ኣእትዮም ካብ ዝኾነ ጽልዋ ሃይለስላሴ ብምክልኻል፡ ንኢትዮጵያ ኣብ መዋጥር ኣእተዉዋ። ካብ ኤርትራን ኦጋዴንን ንመነን ከም ትመርጽ ከኣ ሓርበታ።[10]

በዚ ጥራይ ዘይኮነ ሃይለስላሴ ብኻልእ ጉዳያት'ውን ኣይደቀሱን። ስለስተ ተወሰኽቲ ነገራት ከኣ ደለዩ። ቀዳማይ፡ ነቲ ኣብ ትሕቲ ጽግዕተኛነት ብሪጣንያ ዘእተዎም ስምምዕ ምስራዝ፣ ካልኣይ፡ ናይ ምብራቕ ኣፍሪቃ ሸልን ሰሪዞም ብናይ ገዛእ ርእሶም ገንዘብ ምትካእ፣ ሳልሳይ፡ ካብ ትሕዞ ብሪጣንያ ከላቕቕ ዝኽእል ወተሃደራዊ ሓገዝ ምርካብ። ነዚ ኹሉ ኽኣ፡ ካብታ ናይ ተነጽሎ ሜላኣ ኣቋሪጻ፡ ኣካል ናይ ኪዳን ሓይልታት ኮይና ዝነበረት ሕቡራት መንግስታት ኣመሪካ ንኽረኽቡ፡ ናብኣ ገጾም ኣቕመቱ።

መሰረት ዝምድና ኣመሪካን ኢትዮጵያን

ብ11 ለካቲት 1943፡ ሓደ ብጀነራል ማክስዌል ዝተባህለ ኣመሪካዊ ወተሃደራዊ መኮንን ዝምራሕ ክብ ዝበለ ልኡኽ መንግስቲ ኣመሪካ ናብ ኣዲስ ኣበባ ኣትዩ ምስ ሃይለስላሴ ተራኸበ። ቅድሚኡ፡ መንግስቲ ብሪጣንያ ንኹሉ ናይ ሃይለስላሴ ርክባት ምስ ወጻኢ ዓጽያቶ ስለ ዝነበረት፡ ከምኡ ዝመሰለ ቀሉዕ ርክብ ምግባር ዝከኣል ኣይነበረን። ኣብቲ ርክብ፡ ኣብ ኣስመራ ናይ ኣመሪካ ቆንስል ኢ.ታልቦት ስሚዝ'ውን ተረኺበ። ሃይለስላሴ ኣብ'ቲ ኣኼባ ልዙብ ዘረባ ጥራይ ተዛሪቦም'ኳ

8. PRO - FO 371/31606, 25 Nov. 1942.
9. Spencer, p. 141-142.
10. Ibid., p. 141-142.

ኣይንፈላለ

እንተወጹ፡ ቀጺሎም ኣብ ዘሰዓቡዎ መዘከር ግን ንመንግስቲ ብሪጣንያ ካብ ዓሰርተ ሓደ ብዘይውሕድ ነጥብታት ወንጀሉዋ። ኢትዮጵያ ናይ ንግድን ሕርሻዊ ምዕባለን ዕድላታ ከም ዝተዓጸዋ፡ ብሪጣንያ ንብረት ኢጣልያን ኢትዮጵያን ከም ድሌታ ትራሲ ምንባራ፡ ናይ ኢትዮጵያ ውተሃደራዊ ዓቕሚ ንኸይዓቢ ምኽልካላ፡ ካብ ናይ ወጻኢ ዓለም ምንጻላ፡ ወዘተ......ኮታ ንኹሉ'ቲ በደል እንግሊዝ ዝበሉዎ ነጥብታት ሰሪዖም ንጀነራል ማክስወል ሃቡዎ።

ታልቦት ስሚዝ ብወገኑ፡ ኣብቲ ብ18 ለካቲት 1943፡ ናብ ናይ ኣመሪካ ናይ ወጻኢ ሚኒስትሪ ዝጸሓፎ ደብዳቡ፡ ኢትዮጵያ ከም ጽግዕተኛ ብሪጣንያ ክትተሓዝ ቅኑዕ ከም ዘይነበረ ሓበረ። ኣብ'ቲ ኣንጻር ሓይልታት ኣክሲስ ዝግበር ዝነበረ ኩናት ከአ ከም ኣብነት ናይ ሰናይ ግብሪ ሓይልታት ኪዳን ንኽትከውን'ውን ተማጐተ። ብዙሓት ሃገራት ኤውሮጳ ገና ኣብ ትሕቲ ጀርመን ስለ ዝነበራ፡ ኢትዮጵያ ብጽቡቕ እንተ ተታሒዛ፡ ህዝቢ ናይተን ናጻ ዘይወጻ ሃገራት ኣንጻር ጀርመን ንኽልዓሉ ኩተባብዕ ስለ ዝኽእል፡ ካብ ጽግዕተኛ ናይ ብሪጣንያ ናብ ነብሳ ዝኽኣለት ናጻ ሃገር እትልወጠሉ መገዲ ሃሰው ክብሃል ኣመመ። ናይ ልቓሕ-ክራይ ውዕልን ናይ ረድኤት ልግሰን ክግበረላ ኸአ ኣማሕጸነ።[11]

ጽባሕ ናይታ ምስ ማክስዌል ዝተራኸቡላ መዓልቲ፡ ሃይለስላሴ ናብ ፕረዚደንት ሩዝቨልት ደብዳበ ብምልኣኽ፡ ናይ ልቓሕ-ክራይ ሓገዝ ንኽግበረሎም ሓተቱ። ናይ ኣመሪካ ኤምባሲ ኣብ ኣዲስ ኣበባ ንክኽፈት ዝነበሮም ሃረርታ እውን ገለጹ።[12]

ብ22 ሰነ፡ 1943 ሩዝቨልት ናብ ሃይለስላሴ ኣብ ዝጸሓፎ ደብዳቡ፡ ህዝቢ ኢትዮጵያ ኣንጻር ንሕሰያ ዘይብሉ ጸላኢ ንዝገበሮ ተቓውሞ ኣመስጊኑ፡ ጻማ ስርሑ ክረክብ ከም ዘለዎ ድሕሪ ምርግጋጽ፡ ብመገዲ ናይ ልቓሕ-ክራይ ረድኤት፡ ንመከላኸሊ ኢትዮጵያ ዘድሊ ንዋት፡ ኣገልግሎትን ሓበሬታን ክህቦም ፍቓደኛ ምንባሩ ገለጸሎም። ብኻልእ መገዲ'ውን (ካብ ልቓሕ-ክራይ ውዕል ወጻኢ ማለት'ዩ)፡ ንዳግመ-ህንጻ ኢትዮጵያ ኩሉ ክውሃብ ዝክኣል ሓገዝ ከወፍየሎም ምኺኑ ኣበሰሮም።[13]

ከም'ዚ ዝመሰለ "ልግሲ" ካብ መንግስቲ ኣመሪካ፡ ንኢትዮጵያ ማና ካብ ሰማይ ነበረ። ኣመሪካ ግን፡ ብሓቂ ንኢትዮጵያ ከም ኣብነት ናይ ዝተሓረረት ሃገር ንዓለም ንኸተርእያ ጥራይ ኣይተበገሰትን። ስፔንሰር ከም ዝገልጾ፡ ነቲ ኢጣልያ ኣብ ኢትዮጵያ ዝገደፈቶ ናይ ሕርሻ ሞቶረታትን ካልእ ናውቲ ዕዮን ናብ ካልእ ቦታ ንምግዓዝ፣ ሕርሻ ኢትዮጵያ ኣማዕቢላ፡ ቀረብ መግቢ ናይቲ ኣብ ማእከላይ ምብራቕን ኤውሮጳን ዝነበረ ናይ ኩናት ቦታታት ንምምላእ፣ ከም መሰጋገሪት ናይተን ንማእከላይ ምብራቕ ዝበራ ዝነበራ ነፈርታ'ውን ንኽትጥቀመላ ድሌት ነይሩዋ ኢዩ።[14] እዚ ጥራይ ዘይኮነ ግን፡ ሓይሊ ጀርመን ናይ ምድኻም ኣንፈት ይሕዘሉ ኣብ ዝነበረ ጊዜ፡ ኣመሪካ ከም ዓብላሊት ምዕራባዊት ሃገር

11. U.S National Archives, Department of State,. 884.24/ 112/1/2 April 24 1943.
12. Ibid., 88. 24/1125 March 1943.
13. Ibid., 884.24/112White House, Washington D.C. June 19 1943.
14. Spencer, P. 104.

ተቐልቂላን ቦታኣ ተደላድልን ነይራ ኢያ። ተካኢት ናይ'ቲ ንዘመናት ዝጸንሐ ሓይሊ ብሪጣንያ ብምዃን ከኣ፡ ከም ሓዳስ ገዛኢት ዘይኮነትሲ፡ ከም ሓላይትን ለጋስን መድሕን ናይ ውጹዓት ክትርአ ድሌት ነይሩዋ። ስለዚ ሜላኣ ሕቡእ ነበረ። ስትራተጂያዊ ኣገዳስነት ዞባ ቀይሕ ባሕርን ማእከላይ ምብራቕን ከም ወሳኒ ናይ ንግድ መተሓላለፊ ጥራይ ዘይኮነ፡ ከም ምንጪ ናይ ነዳድን ካልእ ጥረ ነገራትን ክኸውላ ስለ ዘይተኻእለ፡ ፈጉፈጋ ኣትያ ንጽልዋን ሓይልን ብሪጣንያ ምድፋእ ስርሓይ ኢላ ተተሓሓዘቶ።

ብ9 ነሓሰ 1943፡ ሚኒስተር ንግድን ኢንዱስትሪን ዝነበረ ይልማ ደሬሳ ናይ ኢትዮጵያን ኮርደል ሆል ናይ ኣመሪካን ነቲ ናይ ልቓሕ-ክራይ ውዕል ብወግዒ ፈረሙሉ። ብመሰረት'ቲ ውዕል፡ ኢትዮጵያ ንምክልኻል መንግስቲ ኣመሪካ ከም ኣገዳሲት ሃገር ተወሲዳ፡ ንኹሉ'ቲ ውዕል ዝህባ ረድኤት ይኹን ልቓሕ ናይ ምቕባል ዕድል ረኸበት። ብወገና ኢትዮጵያ፡ ንምክልኻል መንግስቲ ኣመሪካ ዘድሊ ዘበለ ንዋት፡ ኣገልግሎት፡ መሳለጥያታትን ሓበሬታን ክትህብ ተሰማምዐት።[15] ኣብዚ እቲ ዘገድስ እቲ መሳለጥያታት (facilities) ዝብል ቃል ኢዩ። ኣመሪካ ናይ ምክልኻል ንዋት፡ ኣገልግሎትን ሓበሬታን ጥራይ ክትህብ፡ ኢትዮጵያ ኣብ ልዕሊኡ መሳለጥያታት'ውን ክተወፊ ተሰማምዐት። እዚ ድማ፡ ኣመሪካ የድልየኒ ኢዩ ንእትብሎ ዝኾነ ወተሃደራዊ ሰረት ዘውህባ ስለ ዝነበረ፡ ኢትዮጵያ ኣብ ትሕቲ ወተሃደራዊ ጽልዋን ዓንኬልን ኣመሪካ ኣተወት።

ነዊሕ ከይጸንሐ፡ ውጽኢት ናይዚ ስምምዕ'ዚ ክርአ ጀመረ። ብ20 መስከረም 1943፡ ናይ ኣመሪካ ኣምባሳደር ኣብ ኢትዮጵያ፡ ጆን ካልድዌል፡ ኢትዮጵያ ብናይ ወያኔ ሓይልታት ትግራይ ስለ ዝተሸገረትን ንሳቶም'ውን ጽኑዕ ዕርድታት ሒዞም ምልቃቕ ስለ ዝኣበዩን፡ ነፈርቲ ውግእ ንኽወሃባን ወተሃደራታ ብግቡእ ንኽዓጥቁን ኣትሪሩ ሓተተ።[16] ነፈርቲ ውግእ ጥራይ ዘይኮነ፡ ናይ መጓዓዝያ'ውን ክውሃባ'ሞ ነቲ ብእንግሊዝ ተባሒቱ ዝነበረ መስመራት ክጥቀሙሉ ኣመሪካውያን ሓተቱን ገበሩን'ውን። ቀስ ብቐስ፡ ኣብ ወተሃደራዊ ኣገልግሎት ሰራዊት ኢትዮጵያ ዝኣቱ ክዳውንቲ፡ ብረት (ከቢድን ፈኲስን)፡ መካይንን ካልእ ናይ መጓዓዝያ ኣቑሑትን ካብ ኣመሪካ ኣተወ።

ብግንቦት 1944፡ መንግስቲ ብሪጣንያ ንኢትዮጵያ ኣብ ትሕቲ መጉዚትነታ ናይ ምእታው ሓሳባት እናሰላሰለት እንከላ፡ ሓደ ናይ ቍጠባዊ ረድኤት ጉጅለ ካብ ኣመሪካ ናብ ኣዲስ ኣበባ ኣተወ። ዕላማኡ ብዛዕባ ቍጠባዊ፡ ሕርሻውን ማዕድናውን ሃብቲ ኢትዮጵያ ምጽናዕ ኮይኑ፡ ብሓደ ክብ ዝበለ ናይ ክኢላታት ጉጅለ ዝቐመ ነበረ። እዚ እናዓበየ ዝኸይድ ዝነበረ ምትእትታው ኣመሪካ ናብ ኢትዮጵያ ንሃይለስላሴ ስለ ዘተባብዖም፡ ጸግዕን ጽልዋን ኣመሪካ ሒዞም፡ ነቲ ብጥሪ 1942 ምስ ብሪጣንያ ዝፈረሙዎ ውዕል ከም ዝሰርዝዎን ብኡ ከም ዘይቅየዱን ኣፍለጡ። ኣብ ልዕሊ'ቲ ኻልእ ኣቐዲሙ ዝተጠቕሰ ነገራት፡ መንግስቲ ኢትዮጵያ

15. U.S National Archives, August 8, 1943.
16. Ibid., 29 August, 1943.

ነቲ ካብ ኣዲስ ኣበባ ናብ ጅቡቲ ዝዝርጋሕ መገዲ ባቡርን ምሉእ ኦጋዴንን ንኽምለሰላ ጠለበት።

ኣብ መጀመርታ ብሪጣንያ ኣጽቀጠት። ናይ ሃይለስላሴ ኣመሪካዊ ኣማኻሪ ጆን ስፐንሰርን በዓል ኣኽሊሉ ሃብተወልድ፡ ናይ ወጻኢ ጉዳይ ምክትል ሚኒስተር ዝነበረን፡ ግን ደጋጊሞም ሕቶታቶም ኣቕረቡ። ብመስከረም 1944፡ ሓደ ሎርድ ደላ ዋር ብዝተባህለ እንግሊዛዊ በዓል ስልጣን ዝምራሕ ጉጅለ ካብ ሎንዶን ናብ ኣዲስ ኣበባ ከደ'ሞ፡ ብሪጣንያ ንገለ ካብቲ ኣብ ልዕሊ ኢትዮጵያ ኣጽኒዓቶ ዝነበረት ቀይዲ ከተልዕል ድልውቲ ምንባራ ኣፍለጠ። በዚ መሰረት ድማ፡ ናይ እንግሊዝ ኣምባሳደር ስልጣን ኣብ ኢትዮጵያ ከምቲ ናይ ካልኦት ኮነ፣ ኢትዮጵያ ግድን ብሪጣንያውያን ፈራዶ ጥራይ ትቀበል ዝብል ዓንቀጽ ተረፈ፡ ወዘተ.። ኣብ ሕቶ ኦጋዴን ግን ብሪጣንያ ነቐጸት፣ ምስ ኢጣልያዊት ሶማልያ ኣብ ትሕቲ ምምሕዳራ ንኽትጸንሕ ከኣ ጠለበት።

እዚ ነጥቢ'ዚ ንነዊሕ ጊዜ ኣካትዐ። ብመሰረት'ቲ ቀዳማይ ስምምዕ ብሪጣንያ ንዝድለያ ክፋል መሬት ኢትዮጵያ ክትሕዝ ትኽእል ስለ ዝነበረት፡ ሰበብ ፈጢራ ንመላእ ኢትዮጵያ ክትጉብጥ ዝተደናደነት መሰለት። በብግዚኡ ኣኼባታት ተገብረ፣ ናይ ደብዳበን እማመታትን ልውውጥ እውን ተኻየደ። እዚ ናብ ሕቡራት መንግስታት ኣመሪካን ሕብረት ሶቭየትን ከም ሰብ ቃል ኪዳን ይለኣኽ ስለ ዝነበረ፡ ብተገዳስነት ዝከታተላኦ ጉዳይ ኢዩ ነይሩ። በቲ ሓዲሽ ምሕዝነታ ምስ ኣመሪካ ተተባቢዓ፡ ኢትዮጵያ ንብሪጣንያ ወጠረታ። ስለምንታይ ንኦጋዴን ዘይትገድፈላ፧

ስፔንሰር ከም ዝገልጾ እንተ ኾይኑ፡ ብሪጣንያ ንጹር መልሲ ትሀብ ዝነበረት ኣይትመስልን። ኣብ ሓደ መድረኽ ናይቲ ዝርርብ፡ ኦጋዴን ነቲ ሕቡራት መንግስታት ኣመሪካ ኣንጻር ጃፓን ተካይዶ ዝነበረት ኲናት ዘድሊ እንተ ኾይኑ፡ ክሳብ ፍጻሜ ናይቲ ውግእ ኣብ ትሕቲ ብሪጣንያ ክጸንሕ ድሕሪኡ ግን ንኽምለሰላ ከም ትሰማማዕ ኢትዮጵያ ገለጸት። ልኡኻት ብሪጣንያ በዚ ኣይተሓጉሱን ጥራይ ዘይኮነ፡ ድሌቶም ዘይኮነስ ድሌት ኣመሪካ ዘቐድም ብምንባሩ ስጉምቲ ከም ዝወሰዱ ኣፍለጡ። ኣብ መወዳእታኡ ግን፡ ኣብ ሕዳር 1944፡ ሃይለስላሴን ልኡኽ ብሪጣንያን ብዛዕባ ኦጋዴን ተሰማምዑ። ኣብቲ ስምምዕ ኦጋዴን መሬት ኢትዮጵያ ምዃኑ፡ ግን እቲ ሓዲሽ ስምምዕ ክሳብ ዘይፈረስ (ብገደብ ጊዜ ማለት'ዩ) ኦጋዴን ኣብ ትሕቲ ብሪጣንያ ንኽትጸንሕ ተፈራረሙ።[17] ከምዚ ኢላ ኢትዮጵያ፡ ንኦጋዴን ብሓገዝ ኣመሪካ ረኺበታ ወይ ኣብ ዝመጽእ ጊዜ ከም ትረኽባ ኣረጋገጸት። ኣብቲ ስምምዕ ብሪጣንያ ንኢትዮጵያ ከም ዝተታሕዘት ናይ ጸላኢ መሬት ዘይኮነስ ከም በዓልቲ ኪዳና ስለ ዝፈለጠታ፡ ኢትዮጵያ ነዚ ሓዲሽ ምሕዝነት ምርኩስ ገይራ፡ ንኤርትራ'ውን ካብ ብሪጣንያ ክትረኽበሉ እትኽእል መገዲ ንምጥጣሕ ክትባላሓት ጀመረት።[18]

17. ቅድሚ'ዚ ዓመት'ዚ ማለት ብ1943፡ ሓደ ማሕበር መንእሰያት ሶማል ዝተባህለ፡ ንምምስራት ዓባይ ሶማልያ ዝቃለስ ውድብ ተመስሪቱ ነይሩ ኢዩ።
18. Spencer, P. 147-151.

ምዕራፍ 3

ማሕበረ-ቍጠባዊ ኩነታት ኣብ ኤርትራ

1941-1945)

ከተማታት

ከም ኩለን ኤውሮጳውያን ገዛእቲ ሃገራት፡ ኢጣልያ ኣብ ምዕባለ ቍጠባ ኤርትራ ዝነበራ ተገዳስነት ምስ ረብሓኣ ዝተኣሳሰረ ነበረ። መሬት ካብ ህዝቢ እናወሰደት ዜጋታታ ብምስፋር ሰፋሕቲ ሕርሻታትን ኮንቸስዮነታትን'ኳ እንተ ኣማዕበለት፡ ዕላማኡ ጠለባት ዜጋታታን ናይ ወጻኢ ንግድን ንምምላእ'ምበር፡ ንህዝቢ ኤርትራ ንምጥቃም ወይ ምስ ዘመናዊ ኣገባብ ማሕረስ ንምልላዩ ኣይነበረን። በንጻሩ እኳ ደኣ፡ ኢጣልያ ንመብዛሕትኦም ዝጸንሑዋ መሳፍንትን ሹማምንትን ኣብ ዘዝነበሩዎ ከም ዝጸንሑ ብምግባርን ብስማ ንኽማሓድሩ ብምትብባዕን፡ ብፍላይ ንህዝቢ ገጠራት ኤርትራ ኣብ'ቲ ናይ ቀደም መነባብሮኡ ሒዛቶ ነይራ ኢያ። ስለዚ፡ ይትረፍዶ ዘመናዊ ማሕረስን ትምህርትን፡ ዘመናዊ ምምሕዳር'ውን ዝምልከቶን ብቐጥታ ዝትንክፎን ኣይነበረን። ንዕኡ ዝገዝእ ሕግን ንዕኡ ዝቈጻጸር ምምሕዳርን ካብቲ ናይ ጣልያን ዝተፈልየ ነበረ።

በዚ መሰረት፡ እቲ ዝለዓለ ህዝቢ ኤርትራ ክርእዮ ዝኽእል ወይ ጠሪዑ ክበጽሖ ዝኽእል ጫፍ ኢጣልያዊ ስልጣን፡ እቲ ኣብ ነፍስ ወከፍ ኣውራጃ ዘማሓድሮ ዝነበረ ኮሚሳርዮ ወይ ገዛኢ ኢዩ ዝነበረ። እዚ ንርእሱ ወረዳታት ብዘማሓድሩ ምስሌነታትን ጭቃታት ዓድን ይውከል ስለ ዝነበረ፡ እቲ ህዝቢ ካብ'ቲ ማእከላይ መንግስቲ ዝተነጸለ ነበረ። ቤት ፍርዲ ከይተረፈ ኣብ ናይ ሓበሻን ጣልያንን ዝተፈላለየሉ ጊዜ ኢዩ ነይሩ። ስራሕ መንግስቲ ክብሃል ከሎ ኸኣ ዝበዝሕ ናይ ተለኣኣኽትን ትርጁማንን ስለ ዝነበረ፡ እቲ ክብርን ስልጣንን ዘውህብስ ሕዙእ ናይ ጣልያን ነበረ።

ከምዚ ይኹን'ምበር፡ መንግስቲ ኢጣልያ ኣብ ዝደለዮን ከም ድልየቱን ሓይሊ ዕዮ ኤርትራውያን ይረክብ ነይሩ ኢዩ። ኣብ ናይ ከተማ ኢንዱስትሪታቱን ናይ ሕርሻ ኮንቸስዮነታቱን ናይ ጽርግያታት ህንጸቱን ጉልበት ምስ ዘድልዮ ካብቲ ህዝቢ ንምውሳድ፡ ንናይ ሊብያን ኢትዮጵያን ኩናት ዝኾኑ ወተሃደራት ብኽታበት ወይ ብግዲ ንምዕስካር፡ ጸገም ኣይነበሮን። ብፍላይ ኢጣልያ ንኢትዮጵያ ንምውራር ትሸባሸበሉ ኣብ ዝነበረት እዋን፡ እዚ ኩነታት'ዚ ኣዝዩ ዋዕዋዕ። ኣብ

መላእ ኤርትራ፡ ናይ ኩናት ቀጠባ ደንፍዐ። ወተሃደራዊ ትካላት፡ ኣባይቲ፡ ኣብያተ ዕዮን ፋብሪካታትን፡ መኻዚናታት...ብሰፊሑ ተሃንጸ። ነዚ ንምክያድ ዘድልዩ ኢጣልያውያን ክኢላታት፡ ናይ ኩናት መራሕትን ወተሃደራትን ብብዝሒ ስለ ዝወሓዙ፡ ቍጽሮም ኣብ ውሽጢ ሓጺር ጊዜ ብዓሰርተ ዕጽፊ፡ ካብ 5000 ናብ 50,000 ደየበ። ከተማታት ኤርትራ ብዘመናዊ ጽርግያታት ተራኸባ። ወደብ ምጽዋዕ ኣዝዩ ሰፊሑ ጥራይ ዘይኮነ፡ ሰብን ናይ ኩናት ንዋትን መታን ብስልጠት ከገዓዕዝ፡ ብዓበይቲ ናይ ኣቓዮን ሓጺንን መዐሸጊ መራኸብ፡ ዕፍሪታትን ካልእ ህንጻታትን ኣብዚ ዞባ ተወዳዳሪ ናብ ዘይብሉ ወደብ ተቐየረ። ኣብ ልዕሊ'ዚ፡ ጠለብ ኤውሮጳውያን ዘማልእ፡ ሃላኺ ኣቕሑ ዘወፍዩ፡ ንኣሽቱን ዓበይትን ኢንዱስትሪታት ተቐልቀላ። ኢጣልያውያን ሰብ ኮንቸስዮነ ኽእ ዝተፈላለዩ ፍረታትን ኣሕምልትን ቀረቡ። ብሓጺሩ፡ እንግሊዝ ንኤርትራ ኣብ ዝኣተወሉ ጊዜ ሓደ ንኤርትራውያን ብጉድኒ ጥራይ ዝጸሉ፡ ንረብሓኦም ተባሂሉ ዘይተመደበ ኩብ ዝበለ ቍጠባዊ ምዕባለ ጸንሖ።[1]

ኣብ 1941 ግን፡ ኩናት ነዚ ኹሉ ደው ኣበሎ። ሃንደበት፡ ብዓሰርተታት ኣሽሓት ዝቚጸሩ ኢጣልያውያንን ደቂ ሃገርን ካብ ስራሕ ወጻኢ ኾኑ። እቲ ምስ ኢጣልያ ደንፊዑ ዝነበረ ንግድን ካብኡ ዝርከብ ዝነበረ ንኢንዱስትሪ ዘድሊ ውዱእ ኣቕሓን ዋሕዙ ኣቋረጸ። ብቐደሙ፡ ኢጣልያ ንቑጠባ ኤርትራ ከም ተጸጋዒ ናይ ቍጠባኣ እምበር ነፍሱ ንክኽእል ኣይወደበቶን። ቴክኒካዊ ክእለት ዜጋታት ብሓርኮትኮቶም ዝመጸ ኢዩ ነይሩ። ተሓቢኡ ወይ ምስ ሚስዮናት ተጸጊዑ እንተ ዘይኩይኑ፡ ካብ ራብዓይ ክፍሊ ንላዕሊ ዝተማህረ ኤርትራዊ፡ ሽታ ማይ ኢዩ ነይሩ።

በዚ ምኽንያት'ዚ፡ ሃንደበታዊ ምዕናው ናይ ኩናት ቍጠባ፡ ሓደጋ ናይ ጥሜትን ሕማምን ሒዙ መጸ። ከምቲ ኣቐዲሙ ዝተገልጸ፡ እንግሊዝ ካብ ሽግር'ቶም ዝበዝሑ ኤርትራውያን ሽግር ኢጣልያውያን ስለ ዝዓጠጦ ድማ፡ ኣብ ኤርትራ ኣዝዩ ኣሰጋእን ተራጻምን ኩነታት ተፈጠረ።

"ቀዳሞት ንሓርነት" "The First to Be Freed" - ኣብ ዝብል ብዛዕባ ኤርትራን ሶማልያን ዝተጻሕፈ ጸብጻብ ሚኒስትሪ ዜና ብሪጣንያ፡ ካብ 1941 ክሳብ 1943 ግዝኣት እንግሊዝ ብዛዕባ ዝነበረ ኩነታት ኤርትራውያን ተገሊጹ ኣሎ። ኣብ'ዚ፡ ብፍላይ ኣብ ቀዳሞት ሰሙናት ምምሕዳር ብሪጣንያ፡ ኩነታት ጸጥታ ኣዝዩ ሕማቕ ከም ዝነበረ ንርዳእ። ኣብ መንጎ ህዝቢ በብዓይነቱ ብረት ፋሕ ኢሉ ከም ዝነበረ፡ እዚ ድማ ገሊኡ ንሽፍትነታዊ ዓመጻትን ኣብ ግርጭታት መሬትን ይውዕል ምንባሩ እቲ ጸብጻብ ይገልጽ። ህዝቢ ከበሳ ንኮንቸስዮነ ንዝተወሰደ መሬቱ ካብ ኢድ ወጻእተኛታት ብጉነጽ ክምለስ ይህቅን ከም ዝነበረን ነዚ ድማ ምምሕዳር ብሪጣንያ ሓይሊ ብምጥቃም ከም ዘምከኖን'ውን ተመልኪቱ ኣሎ።

1. Trevaskis, P. 36.

ቀንዲ ጸጥታዊ ጸገም ኣብ ኣስመራን ምጽዋዕን ኢዩ ነይሩ። ኣብ ኣስመራ ናይ እቶ እቶ (ኮፕሪፎኮ) ኣዋጅ'ኳ እንተ ነበረ፡ ንኣሽቱ ገበናትን ግጭት ኣብ መንጎ ዜጋታት ኤርትራን ወተሃደራት ሱዳንን ካልኦት ኣፍሪቃውያን መሓዙቶምን ቀጻሊ እናኾነ ስለ ዝኸደ፡ ነገር ንኽሃድእ እቶም ወተሃደራት ካብ'ታ ከተማ ክወጹ ግድን ኮይኑ ነበረ። እቲ ጸብጻብ ከም ዝሕብሮ፡ እቲ ዝኸፍአ ዘንነፈ ፍጻመ፡ ኣብ ባጽዕ ዝተረኸበ ኢዩ። ኣብ ክባቢ ነሓሰ 1941፡ ዜጋታት ኤርትራን ወተሃደራት ሱዳንን ስለ ዝተጋጨዉ፡ ካራን ሶንክን (ሳንጃ) ዝተሓወሶ ኣምባጓሮ ሰዓበ'ሞ፡ ካብ ክልቲኡ ወገናት 15 ሰባት ሞቱ። እዚ ከይኣክል፡ ብ7 ነሓሰ 1941፡ ሓደ ናይ ጣልያን ዝነበረ መኽዘን ብረትን ጥይትን ስለ ዝተቓጸለ፡ 8000 ቦምባን 1200 ፈንጅን ተባርዐ። ኣብ'ቲ ዝሰዓበ ዓቢ ናይ ሓዊ ቃጸሎ፡ 4000 ኤርትራውያን ተቐማጦ ምጽዋዕ ብዘይ መጽለሊ ተረፉ።[2] ጠንቂ ናይ'ቲ ባርዕ ክፍለጥ ኣይተኻእለን፣ ተግበርቲ'ውን ኣይተታሕዙን። ግን ብወገን'ቲ ምምሕዳር ናይ ሸርሒ (ሳቦታዥ) ተግባር ከም ዝነበረ ጥርጣረ ኣይነበረን።

ኩነታት ከምዚ ኢሉ እንከሎ ኢዩ ሮመል ኣብ ልዕል'ቲ ኣብ ሊብያ ዝነበረ ሓይሊ እንግሊዝን ሰብ-ኪዳናን ዝተዓወተ። ኣብ ማእከላይ ምብራቕ ዝነበረ ትካላት እንግሊዝ ከምቲ ቐደሙ ክሰርሕ ስለ ዘይከኣለን ሕጽረት ናይ ዝተፈላለዩ ሃለኽትን ቀወምትን ኣቕሑ ስለ ዘጋጠመን ከኣ እንግሊዝ ነቲ ኣብ ኤርትራ ዝነበረ ኢንዱስትርያውን ሕርሻውን ትካላት ክጥቀመሉ ጀመረ። ኤርትራ ካብቲ ዓውዲ ኩናት ርሒቓ ምርካባ፡ ከም መዕቈቢት ገለ ስትራተጂያዊ ስርሓቱ ወሰዳ። ስለዚ፡ ካብ ክራማት 1941 ጀሚሩ፡ ንገለ ዓበይቲ ወተሃደራዊ ትካላቱ ናብ ኤርትራ ኣምጽአ። ከም'ቲ ድሮ ዝተገልጸ ድማ፡ ንሓንቲ ዓባይ ናይ ኣመሪካ ኩባንያ ዓዲሙ፡ ኣብ ጉራዕ ሓደ መዓርፎ ነፈርትን ነፈርቲ ዝገጣጥመሉ ትካልን ኣቑመ። እቶም ኣመሪካውያን ኣብ ኣስመራ ሓደ ዓቢ ጋራጅ፡ ኣብ ጊንዳዕ ሓደ ናይ ብረት (ኤምዳድ) መኻዚኖ፡ ኣብ ምጽዋዕ ከኣ ናይ ሓይሊ ባሕሪ ደጀን ኣቘሙ። ቀሩብ ጸኒሓ፡ ኣመሪካ ባዕላ ናብቲ ኻልኣይ ኩናት ዓለም ስለ ዝኣተወት ወተሃደራታ ኣምጺኣ፡ ኣብዚ ዞባ'ዚ መትከል እግሪ ረኸበት። እንግሊዝ'ውን ነፈርቶም ዘዐርዩሉ ትካልን ክልተ ሆስፒታላትን ሰርሑ።

ከምዚ ኢሉ፡ እቲ ክወድቕ ጀሚሩ ዝነበረ ቍጠባ ኤርትራ፡ ከም ብሓድሽ ህይወት ዘርኣ። ኢጣልያውያን ናጻ ዕድል ስለ ዝረኸቡ፡ ሳሙና፡ ቢራ፡ ክርቢት፡ ናውቲ ዕዮ ካብ ዝተደርበየ ሓጺን-መጺን፡ ዘይቲ፡ ኦክስጅን፡ ወረቐት፡ ኮላ፡ ማርጋሪን፡ ወዘተ.፡ ብምፍራይ፡ ካብ ናይ ውሽጢ ዕዳጋ ሓሊፎም፡ ኣብ 1943 ንወጻኢ ዝኸውን ሃላኺ ኣቕሑ ክሰርሑ ከኣሉ። ትሬቫስኪስ ከም ዝገልጾ፡ ብ1943 ኣስመራ ሓደ ኢንዱስትርያዊ ምርኢት (ኤግዚቪሽን) ንምስንዳእ በቒዐት። ክብሪ ናይ'ቲ ንወጻኢ ዝለኣኸቶ ኣቕሑ ኸኣ ብ1943፡ 494,000 ፓውንድ ጥራይ ዝነበረ፡ ብ1945 ናብ 1,678,00 ፓውንድ ክብ በለ።

2. The First to Be Freed, p. 20-21.

ከምቲ ተደጋጊሙ ዝግለጽ ዘሎ፡ እዚ ቍጠባዊ ድንፍዐ እዚ ኩናት ዝፈጠሮን ጠለባት ኩናት ንምምላእን ስለ ዝነበረ፡ ተጠቀምቲ ኤርትራውያን ዘይኮኑ፡ መንግስቲ እንግሊዝን ወነንቲ ኢጣልያውያንን ኢዮም ነይሮም። ብውሑዱ ንጊዚኡ ግን፡ ሸግራት ሸቕለት ኣልቦነት ስለ ዘቃለለ፡ ተቐማጦ ከተማ ዝኾኑ ኤርትራውያን'ውን ቍሩብ ርህው ኢሉዎም ነይሩ ኢዩ። ቍጠባዊ ሸግራት ጥራይ ኣይኮነን ግን ዘተሓሳሰቦም ዝነበረ። ኩሉ ኣገዳሲ ስራሓት፡ መንግስታዊ ይኹን ዘይመንግስታዊ፡ ፍርዳዊ ይኹን ናይ ጸጥታ፡ ብጣልያን ዝተታሕዘ ብምንባሩ፡ ንዘያዳ ተሳታፍነት ሃንቀው ክብሉ ጀመሩ። ስራሕ ረኺቦም ክብሃል እንከሎ፡ ካብ ኢዶም ናብ ኣፎም ዘንብሮም ትሑትን ክብረት ዘይብሉን ናይ ሸቕለትን ጉልበትን ዕዮ'ምበር፡ ጉይቶት መጻኢ ዕድሎም ንክኾኑ ዘቀራርቦም፡ ኣብ ጉዳይ ሃገሮም ዘሳትፎም ኣይነበረን። ስራሕ መንግስቲ ሃንቀው ምባል ገዲፎም ኣብ ንግዲ ኽኣትዉ እንተ ደለዩ'ውን፡ ብኣዕራብን ህንዳውያንን ዝተታሕዘ ብምንባሩ፡ ብፍላይ ህዝቢ ኣስመራን ምጽዋዕን ብርቱዕ ሕርቃንን ቅርሕንትን ኣሕደረ። ብሰንኪ ናህሪ ዋጋ ኣቕሓ መሸጣ፡ ውሑድ ደሞዞም ከነብብሮም ስለ ዘይከኣለ ኸኣ፡ ናብርኦም ናይ ሸግርን ሃላኽን ነበረ። ኣብ ዘመን ጣልያን ተጫኒቖም ንዘጥረዩዎ ንብረትን ስልጣትን ኣንስቶምን ሓሪጆም ኣብ ፍጹም ምብታኽ ዝወደቑ ኤርትራውያን ውሑዳት ኣይነበሩን።

ርግጽ፡ ብጸዓትን ጥርዓናትን ማሕበር ፍቕሪ ሃገር፡ እንግሊዝ ሓደ ሓደ ለውጥታት ንኽገብር ተገዲዱ ነይሩ ኢዩ ይብሃል። ንኣብነት፡ ኣብ ምምሕዳር ዝሕግዞ ሓደ ኤርትራውያን ዝኣባላቱ ቤት ምኽሪ ኣቑመ። ከምቲ ዝብሃል ከኣ ንበዓል ኣቶ ተድላ ባይሩ፡ ደግያት ሓሰን ዓሊ፡ ደግያት ኣብርሃ ተሰማ፡ ደግያት በየነ በራኺ ብደረጃ ሃገር ንኽማኽሩዎ ክሓርዮም እንከሎ፡ ኣብ ነፍሲ ወከፍ ኮሚሳርያቶ'ውን ብተመሳሳሊ መገዲ ዝሕግዙዎ ሰባት መዘዘ። ኣብ ልዕሊ'ዚ ናይ ደቀባት ቤት ፍርዲ (ኮርተ ናቲቫ) ብዝብል ስም ጉዳይ ኤርትራውያን ዝሰምዕ ስርዓተ-ቤት ፍርዲ'ውን ኣቑመ። እዚ፡ ብዝያዳ ኣብ ገጠራት ወይ ኣብ ነፍሲ ወከፍ ኮሚሳርያቶ ከም ዝሰርሕ ስለ ዝተገብረ፡ ተቐማጦ ከተማታት ከም'ቲ ቐደሞም ኣብ ትሕቲ ዳንነት ጣልያን ጸንሑ።

ስለዚ ብኹሉ ሸነኻቱ ክርአ እንከሎ፡ መነባብሮ ከተመኛታት ኤርትራውያን ኣዝዩ ሓናቕን ዓቕሊ ዘጽብብን ነበረ። ትሬቫስኪስ ባዕሉ፡ ናይ ጣልያን ሓለፋታትን ኣብ ልዕሊ ኤርትራውያን ዝገብሩዎ ዝነበሩ ግፍዕን ሻራን ንኤርትራውያን ናብ ቅድም ዘይፈልጡዎን ዕዉርን ጽልኢ ናይ ጣልያን ከም ዘምረሖም ይገልጽ። ምስኦም ለኪሙ ኸኣ፡ ኑቶም ንንግዲ ብሒቶም ብዘይ ቀይድን ብናቱ ድኽነትን ይህብትሙ ኣለዉ ዝበሎም ኣዕራብ ብዓይኒ ቒምን ቅርሕንትን ጠመቶም።

ሓሓሊፉ፡ መርኣያ ናይ'ቲ ዝፍጠር ዝነበረ ቅብጸትን ቅርሕንትን ክኸውን ዝኽእል ሓደ ሓደ ፍጻሜታት ነይሩ ኢዩ። ኣብ ጥሪ 1943 ንኣብነት፡ ኣብ ምጽዋዕ ቀጥታዊ ጠንቁ እንታይ ምንባሩ ብንጹር ዘይፍለጥ ናዕቢ ኣብ መንጎ

ኤርትራውያንን ሱዳናውያን ወተሃደራትን ተላዒሉ ነይሩ። ምስቲ ኣቐዲሙ ዝተጠቕሰ ናይ 1941 ዕግርግር እዚ ንኻልኣይ ጊዜ ተፈጺሙ ማለት ኢዩ። ናይ ብሪጣንያ ሰነዳት ከም ዝሕብሩዎ፡ ኣብ'ዚ ወርሒ'ዚ፡ ካብ ቀቢላታት ሁባንን ሓንሰን ዝኾኑ ደቂ የመን ኣብ'ታ ከተማ ንሓድሕዶም ተባእሱ። እዚ ተላቢዑ ናብ ግጭት ኣብ መንጎ ኤርትራውያን ደቀባትን ሱዳናውያን ወተሃደራት ብሪጣንያን ስለ ዝለሓመ፡ ብ8 ጥሪ ካብ ሰዓት 16፡30 ጀሚሩ ክሳብ ምሸት፡ 15 ሰባት ሞቱ፡ 20 ድማ ቈሰሉ። ካብ'ቶም ዝሞቱ፡ ዓሰርተ ሓደ ሲቪል ኤርትራውያን፡ ሰለስተ ወተሃደራት ሱዳን፡ ሓደ ድማ ኢጣልያዊ ክኾኑ እንከለዉ፡ ካብ'ቶም ዝቘሰሉ ዓሰርተ ኽልተ ሲቪል ኤርትራውያን፡ ሓሙሽተ ኤርትራውያን ፖሊስ፡ ሰለስተ ድማ ወተሃደራት ሱዳን ምንባሮም እቲ ሰነዳት የመልክት። ሸው ምሸት ሰዓት ትሸዓተ፡ ወተሃደራት ሱዳን ብረት ከም ዘውርዱ ምስ ተገብረ ጥራይ ከኣ እቲ ዕግርግር ሃድአ።

በዚ ከዮብቀዐ፡ ድሕሪ ቍሩብ መዓልታት፡ ማለት 20 ጥሪ፡ እቲ ናዕቢ መሊሱ ኣብ መንጎ ኤርትራውያን ኣባላት መደበር ፖሊስ ቶሰሊን ሱዳናውያን ሰራሕተኛታትን ተላዕለ። ሕጂ'ውን ሓደ ኤርትራዊ ሰርጌንቲ ዝርከቦም ሹዱሽተ ሰባት ሞቱ። እቲ ብ15 ለካቲት ዝተጻሕፈ ጸብጻብ፡ ኣብ ምጽዋዕ ብርቱዕ ኤርትራዊ ስምዒት ኣንጻር ወተሃደራት ሱዳን ከም ዝነበረን፡ እቶም ሱዳናውያን እንተ ዘይተተከኦም ድማ እቲ ሓደገኛ ኩነታት ዝዝሕል ከም ዘይመስልን ብምምልካት ይዕጾ።[3]

ብድሕሪኡ ነዚ ፍጻመ'ዚ ዝጠቅስ ካልእ ሰነድ ወይ ጽሑፍ ኣይንረክብን። ቀጥታዊ መበገሲ ናይ'ቲ ናዕቢ ብዙሕ ግምት ዘይውሃቦ ንኣሽቱ ምኽንያታት ምንባሩ ዝጠቕሱ ገለ ሸማግለታት እውን ኣለዉ። ክንድ'ቲ ዝኣክል ናዕብን ምቅትታልን ንኽስዕብ ግን፡ ሕቡእ ስምዒት ክነብር ግድን ኢዩ። ጸኒሕና፡ በብጊዜኡ ዝግንፍል ዝነበረ ሕርቃን ኤርትራውያን፡ ከም'ዚ ናይ ምጽዋዕ ፍጻሜታት፡ ኣብ ዝተነጻጸለ ውልቀ ጉነጽን ረጽምን ይውዕል ከም ዝነበረ ክንርኢ ኢና። ጥምረት ወይ ናብ ጥምረት ዘምርሐ ሰፊሕ ውዳበ ስለ ዘይነበረ እምበኣር፡ ናይ ኤርትራውያን ተግባራትን መልሰ ተግባራትን ካብ ሃውርነትን ሃንደበታውነትን ክርሕቕ ኣይከኣለን።

ናይ እንግሊዝ ኣተሓሕዛ ጉርሕን ጥበብን ነይሩዎ። ንመብዛሕትኡ እቲ ብቐጥታ ምስ ህዝቢ ዘራኽቦ ስራሓት ንኢጣልያውያንን ኣዕራብን ብምግዳፍ፡ ባዕሉ ኣብ ልዕሊ'ቲ ዝፍጠር ዝነበረ ግርጭታት ጸብለል ንምባል ኢዩ ዝፍትን ነይሩ። ሚላኡ፡ ነቲ ተነቃፊ ናይ ጸጥታን ፖሊስን ስራሓት ከይተረፈ ንጣልያንን ሱዳናውያንን ብምርካብ ንሳቶም ተቐበልቲ ጽልእን ናህርን ኤርትራውያን ክኾኑ'ሞ፡ ንሱ ዓራቒ ኮይኑ ፖለቲካዊ ሽቶታቱ ክወቅዕ ዝሓለነ ይመስል ነበረ።

ይኹን'ምበር፡ ምምሕዳር ብሪጣንያ ዘተኣታተዎ ዓበይቲ ነገራት ከኣ ነይሩ። ሓደን እቲ ቐንድን ትምህርቲ ኢዩ። ብዘበን ጥልያን ፈጺሙ ዘይሕሰብ ዝነበረ

3. IES, J 3243/1/1, 24 July 1943.

ካብ መባእታ ደረጃ ዝልዕል ትምህርቲ ብእንግሊዝ ተኣታተወ። ኣብ ልዕል'ዚ፡ ኤርትራውያን ርእይቶታቶም ከስፍሩለን ዝኽእሉ ጋዜጣታት ንኽሕተማ ስለ ዝፍቀደ፡ ኣብ ኤርትራ ሓዲሽ ናይ ፍልጠትን ሓሳብካ ምግላጽን ናጽነት ንኽተኣታቶን ንኽሰፍሕን ገፊሕ ዕድል ከፈተ። እዚ፡ ኣብ ፖለቲካዊ ይኹን ማሕበራዊ ህይወት ህዝቢ ኤርትራ ዓይነታዊ ምቅይያር ዘምጽአ ሓዲሽ ኣንፈት ወይ ጉደና ኢዩ ነይሩ።

ኩነታት ገጠራት ኤርትራ

መታሕት

ጥሜት፡ ሕርቃንን ስግኣት ብዛዕባ መጻኢ ዕድልን ኣብ ከተማታት ኤርትራ ዝተወሰነ ኣይነበረን። ዝኸፍአ ኩነታት ኣብ ገጠራት ኢዩ ዝነበረ። ጣልያን ብዘይካ ነቶም ዝተቓወምዎን ረብሓኡ ዘየገልገሉን፡ ንዝበዝሑ ካልኦት ልምዳውያን መሳፍንትን ሹማምንትን ኣብ ቦታ ኣቦታቶም ኮይኖም ንኽገልግሉ ሸሙቶም ኣጽዲቑሎም ከም ዝነበረ ተገሊጹ ኣሎ። እንግሊዝ'ውን ነዚ መሰረታዊ ለውጢ ስለ ዘይገበረሉ፡ ኣብ ኩነታት ገጠራት ዝተመሓየሸ ዝኾነ ነገር ኣይተራእየን።

ብቐዳምነት ኣብ ሳሕልን ምዕራባዊ ቀላታትን፡ ካብ ዘመን ጣልያን ዝነቐለ ገና ኸኣ ፍታሕ ዘይረኸበ ምልዕዓል ተወፉሮ ወይ ትግረ ኣንጻር ሸማግለ ይቕጽል ነበረ። ጣልያን ነቲ ትግረ ክኸፍሉዎ ዝነበሮም ዓቐን ዘይነበሮ ግብሪ በብቑሩብ ነክዩዎ'ኳ እንተ ነበረ፡ ብኻልእ ሸነኽ ግን ነቲ ቐይዲ ከም ዝቕጽል ገይሩዎ ነይሩ ኢዩ። ልክዕ፡ ኣብ 1920'ታት ትግረ ቤት ኣልመዳ፡ ኣንጻር ንቤት ኣስገደ ዝኸፍሉዎ ዝነበሩ ግብሪ ምስ ተንስኡ፡ ጋስፓሪኒ ዝተባህለ ገዛኢ ኤርትራ ገለ ለውጥታት ገይሩሎም ነበረ። እዚ ግን፡ ካብ ነፍስ ወከፍ 24 ኣሓ ሓንቲ ትሕለብ ላም፣ ኣብ ነፍስ ወከፍ ዒድ ሓጅ፡ ሓንቲ ጤል፣ ኣብ ነፍሲ ወከፍ ጉዕዞ ሓደ ገመል.....ንክኸፍሉ ዝእዝዝ ስለ ዝነበረ፡ ኣይተቐበሉዎን። ተቓውሞኦም ቀጺሎም ዓይነት ግብሪ ቅድም ብገንዘብ ክኸፈል፡ ድሕሪ ናይ ዓመታት ቃልሲ ኸኣ ፈጺሙ ከም ዝተርፍ'ኳ እንተ ገበረ፡ ካብ ነፍስ ወከፍ ብትግረ ዝተሸጠት እንስሳ ክፍሊት ናይ ምልዓል ስልጣን ስለ ዘይተረፈ፡ ኣብ ልዕሊኡ'ውን ኣብ መርዓ፡ ቀብሪ፡ ተዝካር፡ በዓላት፡ ምሕፋስ ምህርቲ ወዘተ.፡ ንጉይተት ዝውሃብ ክፍሊት ስለ ዝቐጸለ፡ ኣብ ህይወት ናይ'ቶም ትግረ ዝመጸ ርኡይ ለውጢ ኣይነበረን።[4]

እንግሊዝ ናብ ኤርትራ ምስ ኣተወ፡ እቲ ኩነታት ከፈኡ'ምበር ኣይተቓለለን። ብሰንኪ ኩናት፡ መታሕት እውን፡ ከምቲ ናይ ከበሳ ደኣ ኣይኹን'ምበር - ዝበዝሕ እቲ ህዝቢ ሰበኽ ሳግም ስለ ዝነበረ'ሞ ክንድ'ቲ ምትእስሳር ምስ መግዛእታዊ ቍጠባ ስለ ዘይነበሮ - በቲ ቍጠባዊ ቅልውላው ብኣሉታ ተጸልወ። ናህሪ ዋጋ ሃለኸቲ ኣቕሑ ሸግር መነባብሮ ከምጽኣሉ ግድነት ኮነ። ካብኡ ንላዕሊ ግን፡

4. FPC, Appendix,18 IA part 1.

ጣልያን ነቲ ጽሉእ ስርዓት መሳፍንቲ ንኽቕበል ገዲዱዎ ስለ ዝነበረ፡ ምስ ከደሉ ተሰፋ ናይ ሓርነቱ ዝያዳ ንኽንቀሳቐስ ደፋፍኦ። ቀንዲ ጸላእቱን ጨቌንቱን መሳፍንቲ ቤት ኣስገደ፡ መንሳዕን ቤኒ ዓምርን ነበሩ።

ኣብ ምጅማር ኣርብዓታት፡ ምዕራባዊ ሸነኻት ባርካ ብሓደ ኣብ መንጎ ቀቢላታት ቤኒ ዓምርን ሃደንደዋን (ሕዳረብ) ብካየድ ዝነበረ ብረታዊ ምትህርራምን ምዝምማትን ተራቢሹ ስለ ዝነበረ፡ ሕቶ ተወፋሮ ንጊዜኡ ተወገነ። ከምቲ ዝብሃል እቲ ውግእ፡ ብስርቂ ሓንቲ ናይ ቤኒ ዓምር ገመል ኢዩ ተጀሚሩ። ሕነ ናይ'ዚ ንምፍዳይ፡ ይብል ትረሻስኪስ፡ ብዓሊ ሙንጣዝ ዝምርሑ ጭፍራ ቤኒ ዓምር ኩብቲ ሃደንደዋ ምስ ዘመቱ፡ ኩናት ንሰለስተ ዓመት መመላእታ ቐጸለ። ብዛዕባ ኣጀማምራ'ቲ ኩናት፡ ካልእ ሓበሬታ እውን ኣሎ። ምዝምማት ቤኒ ዓምርን ሃደንደዋን ሓዲሽ ነገር ኣይምኾነን። ግን ቀቅድም'ቲ ውግእ ቡብውልቂ ሓደሓደ ምቅትታል ስለ ዝነበረ፡ ምፍጣጥን ተነቃፊ ሃዋህውን ነጊሱ ነይሩ ኢዩ። ብ1941፡ እንግሊዝ ድሕሪ ምእታዉ፡ ሰይድ ሙስጣፋ ኣልኣሚን፡ ደግለል ናይ ቤኒ ዓምር ሞቱ እሞ፡ ኣጓብዝ ሃደንደዋ ቀብሪ ንዝወዓላ ኣንስቲ ቤኒ ዓምር ኩቲሮም ኣጋፍዑወን። እዚ ድማ ንዓሊ ሙንጣዝን መሓመድ ዝተባህለ ካልኣዩን ካልኣትን ኩብቲ ሃደንደዋ ንኽዘምቱ ደፋፍኦም። ሃደንደዋ፡ ሕነ'ዚ፡ ሰብ ምስ ቀተሉ ኸኣ ኢዩ ኩናት ዝተባርዐ፡ ይብሉ ደቂ'ቲ ኸባቢ።[5]

ብዘኾነ፡ እንግሊዝ ነቲ ኩናት ቀልጢፉ ደው ኩብሎ ስለ ዘይከኣለ፡ ብዙሕ ህይወትን ንብረትን ጠፍአ። ኣብ መወዳእታኡ፡ ሰዓብቲ ዓሊ ሙንጣዝ ስለ ዝበዝሑን ብረትን ጢያይትን'ውን ስለ ዝረኸቡን ሃደንደዋ ተሃሰዩ። እቲ ኩናት ንናራን ኩናማን'ውን ዝለከመ፡ ሰፊሕን ኣዕናውን ብመሰረቱ ኸኣ ቀቢላውን ይኹን እምበር፡ ካብ ቃልሲ ተወፋሮ ብሓፈሻ ዝረሓቐን ዝተነጸለን ኣይመስልን። ጸኒሑ ናብ'ታ ናይ ኣርባዕተ ሓያላን መንግስታት (ኢ.ሓ.መ.) መርማሪት-ኮሚሽን ብስም ኣልራቢጣ ኣልእስላሚያ ዝቐረበ መዘኽር ንዓሊ ሙንጣዝ፡ ምስ ብጾቱ ኢድሪስ ዓሊ በኺትን ዓሊ በኺት ዑመርን ከም ሸፋቱ ናይ ናብታብ ይቑጽሮምን ብደም ህዝቢ ሃደንደዋን ትግረን ይኸሰምን። ንኽቕጽዑ፡ ጋር ንክኸፍሉ፡ ዝተዘምታ ኩብቲ ንኽመልሱ ...ኣብ ልዕሊ ምምሕጻን፡ ዕዳታቶም ብትግረ ንኸይክፈል'ውን የማሕጽን።[6]

ክሲ ኣልራቢጣ ከም ሓቂ እንተ ተወሲዱ፡ እቲ ቓልሲ ክሳብ ክንደይ ተባሊሑ ከምዝነበረ ኢዩ ዘርኢ። ምስቲ ዝነበረ ቀቢላዊ ጽልእን ምዝምማትን ግን ምናልባት መበገሲ'ቲ ኩናት ጭቌና ናብታብ ኣብ ልዕሊ ህዝቡን ጉረባብቲ ቀቢላታትን ጥራይ ኢዩ ነይሩ ኢልካ ምድምዳም የጸግም ይኸውን። ብዘኾነ ኣብ መወዳእታ 1945 እቲ ውግእ ደው ምስ በለ፡ እዚ ኸኣ ድሕሪ ምትእትታው እንግሊዝን ድልዱል ሓይሊ ኣብ ፎርቶ ምስ ኣቐመጡን'ዩ፡ ህዝቢ ቤኒ ዓምር ንሃደንደዋ ብርክት ዝበለ ገንዘብን 700 ጠበናጁን ክኸፍሉ ተሰማምዑ። ብኣምሳያ ናይ'ዚ፡ መንግስቲ 250 ኣጓብዞም ብምሕረት ካብ ሸፍትነት ንኽኣትዉ ተሰማምዐ። ናራን

5. ቃለ መጠይቕ ካብ ተቐማጦ ኣቡ ሓሸላ፡ ባርካ 1987።
6. FPC, Appendix 18, p. 14.

ኩናማን ኣብዚ ሓፈሻዊ ስምምዕ ምስ ኣተዉ፡ ኣብቲ ዞባ ሰላም ነገሰ። እቲ ተወጊኑ ዝጸንሐ ቃልሲ ትግረ ኣንጻር ሽማግለ ግን ካብ'ቲ ድሮ ተጓሂሂሩሉ ዝነበረ ሳሕል ናብ ባርካ ሰገረ።

እቲ ቐንዲ ቃልሲ ትግረ ኣንጻር ሽማግለ እምበኣር ኣብ ሳሕል ኢዩ ዝካየድ ዝነበረ። ኢጣልያ፡ ኣብ ልዕሊ እቲ ንኽቐጽል ፈቒዳቶ ዝነበረት ክፍሊት፡ ብስማ ግብሪ መንግስቲ ንኽእክቡን ከም ፈራዶን ምስሌነታትን ኣብ ልዕሊ'ቲ ህዝቢ ንኽቕመጡን ንሽማግለ ምሉእ ስልጣን ሂባቶም ስለ ዝነበረት፡ ሓላፍነቶም ምሉእን ዝተኣማመኑሉን ኢዩ ነይሩ። ሓደ ትግረ፡ ኣብ ቅድሚ ሽማግለኡ ክገብሮ ዘይኽእል ብዙሕ ነገራት ነበረ። ማዕረኡ ክዛረብ፡ ክምጉት፡ ...ዘይሕሰብ ነበረ። ካብ'ቲ ዝኸፍሎ ዝነበረ ዝኸፍአ ኸኣ፡ እቲ ብልምዲ ንኸወፍዮ ዝግደድ ዝነበረ ጉልበታዊ ዕዮ ኢዩ። ይሓልበሉ፡ ዕንጸይቲ ይወፍረሉ፡ ማይ ይወርደሉ፡ ኣግማሉ ንዘኾነ ምግዕዓዝ የወፍየሉ ወዘተ.። ትግረ ናተይ ኢዩ ክብሎ ዝኽእል ጊዜ ውሑድ ስለ ዝነበረ፡ ውልቃዊ ናጽነት ኣይነበሮን።[7]

ብ1941፡ እቲ ሕቶ ብሓዲሽ ናህሪ ተላዕለ። ተወፋሮ ዓድ ተክሌስ ንኹሉ ግብርን ቀረጽን ምኽፋል ኣብ ልዕሊ ምእባይ፡ ምሉእ ናጽነት ንኽውሃቦም ምስ ጠለቡ ኢዩ ኸኣ ከም ብሓድሽ ዝተላዓለ። እንግሊዝ ምስ ትግረ እደናገጽ'የ እኳ እንተ በለ፡ ለውጢ ካብ ምግባር ተቖጠበ። ትሕዞይ ጊዜያዊ ኢዩ'ሞ፡ መሰረታዊ ለውጥታት ንምግባር ኣየፍቅደለይን ኢዩ ዝብል ምኽንያት ሂቡ ድማ ሽማግለ ፖለቲካዊ ስልጣኖም ክዕቅቡ ፈቐደሎም። ዝፈርዱ፡ ብስሙ ግብሪ ዘልዕሉ፡ ዘማሓድሩ... ሕጂ'ውን ሽማግለ ኾኑ። ግን ከኣ ትግረ ብድሌቶም እንተ ዘይኮይኑ ተገዲዶም ዝኾነ ግብሪ ወይ ቀረጽ ንሽማግለ ከይኸፍሉ እንግሊዝ ኣዘዘ።[8]

ፖለቲካውን ሕጋውን ስልጣን ንሽማግለ ሂቡ፡ ኣኽብሮቲ ግብሪ መንግስቲ ንዕኦም ሸይሙ፡ ንልምዳዊ ሓይሎምን ጽልዋኦምን ፈጺሙ ከይተንከፈ፡ ንትግረ "እንተ ደሊኹም ክፈሉዎም፡ እንተዘየሎ እበዩ...." ክብሎም ቅኑዕ ኣይነበረን። 300 ዓመት ዝጸንሐ ካብ ውሉድ ናብ ውሉድ ዝሓለፈ፡ ብምሕር ምድግጋም ናብ ባህልን እምነትን ዝተቐየረ ኣገባብ፡ ብኸምዚ ዝመሰለ ሰንኮፍ ሕጊ ወይ ትእዛዝ ክፈርስ ዝኽእል ኣይነበረን።

ብ1943፡ ነዚ ናይ ምፍጣጥ ኩነታት'ዚ ናብ ደረጃ ጉነጻዊ ምልዕዓል ዘደየበት ሓንቲ ፍጻሜ ኣጋነፈት። ሑመድ ሸንጡብ ዝተባህለ ካብ ቀቢላ ርግባት፡ ጸሊም ደንገል ኣብ ዝተባህለ ቦታ፡ ካብ ወላዲኡ ዝጸንሐቶ መሬት እናሓረሰ እንከሎ፡ መተለሚት ኣይሃብካን ኢሉ ጉይታኡ (ካብ ዓድ ኑረዲን፡ ቤት ኣስገደ) መሬት ንኽለቅቕ ኣዘዞ። ሸንጡብ ካብ ዘልምያን ዘጽረዮን መሬት ከም ዘይለቅቕን ንዕኡ ከም ዘይፈልጦን ምስ ነገሮ፡ እቲ ሽማግለ ሰብኡት እንተኺንኩም ጽባሕ ሕረሱ ኢሉዎ ኸደ።

7. Ibid., p. 18.
8. Trevaskis, p. 71-73.

ኣፈ ታሪኽ ናይ'ቲ ከባቢ ሕጂ ኸም ዝገልጾ፡ ንጽባሒቱ ጕረባብቲ ዓድ-ሸንጡብ፡ ማለት ካብ ርግባት፡ ኣልመዳ፡ ደብዓት፡ ኣግልምባ ዝተዋጽኡ ሓረስቶት ኣብዑሮም ጸሚዶም እናሓረሱ እንከለዉ፡ እቲ ጕይታ ሴፍን ካራሩን ብዝሓዙ ካልኦት ሸማግለ ተሰንዩ ነቶም ኣብዑር ክብትኖም ፈተነ። ሓሚሙ ዝነበረ ሑመድ ሸንጡብ ወፈራ ክርኢ እንተ ተመለሰ፡ ዕግርግር ጸንሖ። እምኒ ደርብዩ ከኣ ነቲ ጕይታ እግሩ ሰበሮ፡ እቶም ዝተረፉ ሸማግለ እውን ሴፍን ካራሩን ተሓድጉ። ነቲ ህሩም ተሰኪሞም ናብ ምምሕዳር'ኳ እንተ ኣረከቡዎ፡ ነዊሕ ከይጸንሐ ስለ ዝሞተ፡ ሑመድ ሸንጡብ ተኣሰረ።

መንግስቲ እንግሊዝ፡ ሑመድ ሸንጡብ ጋር ነፍሲ ንኽኸፍል ወሰነ። ሸንጡብ ኣብ መጀመርታ'ኳ እንተ ኣበየ፡ ብዓዱ ምስ ተለመነ ተቐበሎ። ግን፡ ኣብ ልዕሊ ጋር ናይ ሰለስተ ዓመት ማእሰርቲ ስለ ዝተበየነሉ፡ ንእስራት ዓዲኺላ ተወሰደ።

እቲ ቐንዲ ባእሲ ግን ኣብ ምኽፋልን ዘይምኽፋልን ጋር ነፍሲ ወይ'ውን ኣብ ማእሰርቲ ሑመድ ሸንጡብ ዘይኮነ፡ ኣብ ዓቐን ናይ'ቲ ጋር ነፍሲ ነበረ። ብልምዲ ቤት ኣስገደ፡ ህይወት ትግረ ማዕረ ህይወት ሸማግለ ይርአ ስለ ዘይነበረ፡ ጋር ናይ'ቲ ዝሞተ ሸማግለ ዕጽፊ ጋር ናይ ዝኾነ ትግረ፡ ማለት ብ100 ገመል ወይ ብዋጋኦን ንክኽፈል ተጠልበ። እዚ ጠለብ ናይ ከንቴባይ ሓባብ ናይ ቤት ኣስገደ ኸኣ ብኻልኦት መሳፍንቲ፡ ማለት ብደግለል ቤኒ ዓምር፡ ሹም ማርያ ጸላም፡ ሹም ማርያ ቀያሕን ናይብ ናይ ሰምሃርን ከይተረፈ ተደገፈ።

እቲ ጉዳይ ነዊሕ ጊዜ ዝወሰደ ኢዩ ነይሩ። ሸኽ ኢብራሂም ሱልጣን፡ ባዕሎም ካብ ርግባት፡ ኣብቲ ነገር ኣትዮም፡ ጋር ነፍሲ ንኹሉ ማዕረ እንተ ዘይኮይኑ ሸንጡብ ንኸይከፍል ሓገዙን ጕስጓስ ኣካየዱን። እንግሊዝ ኣብ ልዕሊ ሑመድ ሸንጡብ ክገብሮ ዝሃቀነ ጸቕጢ ስለ ዘይተዓወተ፡ ንናይ ማእሰርቲ ጊዜኡ ኣናውሖ። ብኣንጻር'ዚ፡ ዳርጋ ኹሉ ትግረ ተባሂሉ ዝጽዋዕ ዜጋ ምስ ሑመድ ሸንጡብ ደው ኢሉ መገሰን መተለሚትን ንኸይከፍል ተሰማምዐ።

ከምዚ ኢሉ፡ እቲ ኣንጻር ቤት ኣስገደ ጥራይ ቀኒዑ ዝነበረ ቓልሲ ናብ ካልኦት ግዝኣታት ሸማግለን ካልኦት ሹማትን ኣስፋሕፍሐ'ሞ እቲ ጉዳይ ናብ ተሪር ተቓውሞን ምልዕዓል ኣንጻር ኩሎም ሸማግለን ማዕበለ።[9]

ከበሳ

ዳርጋ ብምሉኡ ህዝቢ ከበሳ ሓረስታይ ኢዩ ነይሩ። ምንጪ እቶቱን ውሕስነት ህይወቱን ስለ ዝኾነት ከኣ፡ ትዕበ ትንኣስ፡ ከም ንመሬቱ፡ ንርስቱ ገይሩ ዝዋግኣላን ዝሰውኣላን ነገር ኣይነበረትን። ጣልያን ነቲ ዘዝለምዐን ሰፍሕ ዝበለን መሬት ከበሳ፡ መሬት ደማንያለ እናበለ ዜጋቱቱ ከስፍረሉ ዝኽኣለ፡ ተቓውሞ ብምድቋስ፡ ብምቕታልን ናብ ናኹራ ብምሕያርን ኢዩ። ብኸምዚ ዝጠፍኡ ዜጋታት ኣዝዮም

9. ህ.ግ.ሓ.ኤ. ክፍሊ ህዝባዊ ምምሕዳር፡ ኣብቲ ኸባቢ ምምሕዳር መጽናዕቲ።

ብዙሓት ነበሩ። መሬት ከበሳ ጸቢቡ፡ ህዝቢ ክመናጠለሉን ንሓድሕዱ ክዳፍኣሉን ካብ ዝጅምር ሓያሎ ጊዜ ሓሊፉ ነይሩ ኢዩ። መንግስቲ ኢጣልያ፡ ኣብ ገለ ክፍልታት መሬት ብምድያስ ኑቶም ካብ ዘድልዮም ንላዕሊ ገቢቶም ዝነበሩ ደቀባት ክኸያትሎም'ኳ እንተ ነበረት፡ ዕላማኣ ትርፊ መሬት ንርእሳ ንምውሳድ ስለ ዝነበረን ንመሳፍንትን ሹማምንትን ቤተ-ክህነትን ዝያዳ መሬት ዘትሕዞም ሓለፋታት ትገድፈሎም ስለ ዝነበረትን፡ እቲ ህዝቢ ካብ ምድያስ መሬት ዝኸሰቦ ነገር ኣይነበረን። ቍጽሪ ህዝቢ እናወሰኸ ምስ ከደ፡ እቲ ብዋሬዳ ዝከፋፈል መሬት እናነኣሰን እናተቘራረጸን ህዝቢ ክዕንግል ወይ ክነብብር ናብ ዘይክእለሉ ደረጃ እናበጽሐን ኢዩ ዝኸይድ ነይሩ። እቲ ዘይተደየሰ ክፋላት'ውን (ንኣብነት ዝበዝሕ ክፋላት ሰራየ) ከምኡ ነቲ ኽብኡ ዝመነባብሮኡ ህዝቢ ይጸቦ፡ ብፍግረ መሬት ይብሕጉግ፡ ይኣርግ'ምበር፡ ይሕደስ ወይ ይለምዕ ኣይነበረን።

ኢጣልያ፡ ካብ ገጠራት ንሸቐለት ይኹን ንውትህድርና ብዙሕ ህዝቢ ምስ ከተበት፡ ኣብ ልዕሊ መሬት ዝነበረ ጸቕጢ ቍሩብ ፍኹስ በለ። ካብ ጥንቲ፡ እቶም ርስተኛታት ካብ ደገ መጺኦም ንዝሰፍሩ፡ "ማእከላይ ዓሌት" ኢሎም ንዝጽውዑዎም ዜጋታት የንብሩ ስለ ዝነበሩ ግን፡ እዚኣቶም እናተፋረዩ ምስ ከዱ እቲ ጸበት ክጋደድ ግድን ኮነ። ኣብ ልዕሊ እዚ፡ እስላም፡ ክርስትያን፡ ሳሆ፡ ትግርኛ፡ ወዘተ.፡ ጐድኒ ንጐድኒ ዝነብሩሉ ቦታታት'ውን ኢዩ ነይሩ። ኣብ ታሪኽ እኳ ሓሓሊፍካ ምስሕሓብን ምርጻምን ይርአ እንተ ነበረ፡ እቲ ዝበዝሕ ጊዜስ ኩሉ ሃሃይማኖቱን መሞያኡን ሒዙ፡ ሕግታትን ባህልታትን ሓድሕዱ ኣኽቢሩ፡ ንሓድሕዱ እናተጠቓቐመ ብሰላም ዝነብር ዝነበረ ህዝቢ ኢዩ።

ኢጣልያ ምስ ተሳዕረት ግን እቲ ሃዋህው ተቐየረ። ኣሽሓት ደቂ ከበሳ ሸቐለት ሰኣኑ። ብዙሓት፡ መብዛሕትኦም ርስተኛታት ክርስትያን፡ ከኣ ናብ ዓዶምን መሬቶምን ተመልሱ። ሃንደበት፡ መሬት ከበሳ ጸበበ። ብኣማኢት ኣሽሓት ዝቝጸር ህዝቢ ኣብ ካብ 175,000 ሄክታር ዘይገፍሕ መሬት ተጨቓጨቐ። ደሞዝ ኢጣልያ ተቛሪጹ፡ እቲ ካብ ከተማ ናብ ገጠር ዝውሕዝ ዝነበረ ገንዘብ ስለ ዝተረፈ፡ ኮይና ተሪፉ ናብራ ካብ መሬት ኢያ ነይራ፣ እሞ ኸኣ ምስ'ቲ ኹሉ ኽብሪ ናይ ኩሉ ነገራት ኣብ ዕዳጋ። ኣብ እዋን ሽግር ዝፍጠር ፍቕርን ስኒትን ኣዝዩ ድልዱል ኢዩ። ኣብ መታሕት፡ ንጹር ቃልሲ ትግረ ሰሚሩ ነይሩ ኢዩ። ኣብ ከበሳ ግን ከምኡ ኣይነበረን። እቲ ህዝቢ ከም ቀደሙ መኻፍልቲ ሽግር ክኸውን ኣይከኣለን። ጥሜት ምስ ኣንጸላለዎ፡ ርስተኛ ንመሬቱ ክምንትት፡ "ንማእከላይ ዓሌት" ከውጽእ ፈተነ። ዝበዝሕ "ማእከላይ ዓሌት" ግን ሰሪቱ ወዲ ኣርብዓ ኾይኑ ብሕግታት እንዳባ መሰሉ ኣረጋጊጹ ነይሩ ኢዩ። ብንግድን ኢደ ጥበብን ዓቢ እጃም ዝነበሮም ጀበርቲ፡ ብገንዘቦምን ጥበቦምን ተጸልኡ። ኣብ በቦታኡ ኸኣ፡ ሳሆን ክርስትያንን ብዶብን ሕዛእትን ክፋጠጡን ክተሓናፈጡን ጀመሩ።

ምስቲ ኣብ ልዕሊ ባዕዲ ዝተላዕለ ጽልኢ ክወዳደር እንከሎ ግን፡ እዚ ናይ ሓድሕድ ግርጭት ክንድ'ቲ ዘሰግእ ኣይነበረን። ጸበት መሬት ጭንቀት ክፈጥር

እንከሎ፡ ውሑዳት ጠላይን ማዕረ 28,000 ሄክታር ዝኸውን ዝለምዐ መሬት ሒዞም፡ ከም ቀደሞም፡ ዕሙር ሕርሻ የካይዱ ነበሩ። እዚ ኸይኣክል፡ እንግሊዝ ንተቐማጦ ኤውሮጳውያን ማለት ንኢጣልያውያን፡ ብሪጣንያውያንን ኣመሪካውያንን ፍረታትን ኣሕምልትን ይውሕዶም ኣሎ ብምባል፡ ሓደ 4000 ሄክታር ዝኸውን ተወሳኺ ስቡሕ መሬት ካብ ህዝቢ ከበሳ ኣሕዲጉ፡ ንጣልያን ሃቦም።[10]

ትሬቫስኪስ ብዛዕባ'ዚ ክዛረብ እንከሎ፡ እንግሊዝ ብዛዕባ ሕግታት ትሕዝቶ መሬት ኤርትራ ስለ ዘይፈለጠ፡ ዘማኸሮ ስለ ዝሰኣነ....እምበር ደይ መደይ ኢሉ ርስቲ ህዝቢ ንምሕዳግ ከም ዘይነበረ ይሕብር። እዚ ግን ሓቂ ዘለዎ ኣይኮነን። ዓዲ ማይ ዝሰትየሉን ሳዕሪ ዘብልዓሉን ሻኻታት ክምንዝዕ እንከሎ፡ ንኣውያት ህዝቢ ጸማም እዝኒ ብምሃብ ኢዩ ነይሩ። በዚ ምኽንያት'ዚ፡ ህዝቢ ተስፋ ክቖርጽ፡ ኣብ እንግሊዝ ዝነበሮ እምነት ፍጹም ክጥፍእ፡ ንጠላይን ኣመሓደርቲ ይኹኑ ሰብ ኮንቸስዮን ብዓይኒ ክቱር ጽልእን ቅርሕንትን ክርኢ ግድነት ኮነ።

ነዚ ስምዒት'ዚ ኣንፈት ኣትሒዙ፡ ጠንቂ ሽግሩ እንታይ ከም ዝነበረ ኣረዲኡ፡ ቅኑዕ ናይ ቃልሲ ኣንፈት ዘትሕዞ መራሒ ኣይተረኽበን። እቲ ክመርሕ ዝኽእል ዝነበረ ናይ ከተማ ምሁር ንባዕሉ ብቑጠባዊ ጸገምን ስእነት ሸቐለትን ስለ ዝተሸገረ፡ ነዚ ሃጓፍ'ዚ ክማልእ ኣይከኣለን። ኣብዚ'ውን ካብ ህዝቢ መታሕት ይፍለ። ጸኒሕና ከም ንርእዮ፡ ቃልሲ ትግረ ተዋዓዊዑ ኣብ ሓደ መድረኽ ምስ በጽሐ፡ ብሸኽ ኢብራሂም ሱልጣን ዝምርሑ ተሰማዕነትን ገለ ትምህርትን ዝነበሮም መራሕቲ ቀቢላታት ነቲ ቓልሱ ኣንፈት ኣትሒዞሞ ኢዮም። ኣብ ከበሳ ግን ከምኡ ዝመስለ ጥርኑፍ ቃልሲ ወይ ጠርናፊ መራሒ ኣይተቐልቀለን። እቲ ህዝቢ ከም ቀደሙ ብጭቃታቱን ብምስሌነታቱን ዝግዛእ'ምበር፡ ምስቲ ማእከላይ መንግስቲ ቀጥታዊ ርክብ ኣይነበሮን። ዝበዝሕ ክርስትያን፡ ዝበዝሕ ትግርኛ ይንበር'ምበር፡ ቡብኣውራጃኡን እንዳኡን፡ ቡብሕጉን ስርዓቱን ዘኸይድ ህዝቢ ኢዩ ነይሩ። ጣልያን ዶባት መሰፍንነትን ጉልትን ኣፍሪሱ ኣብ ትሕቲ ሓደ ምምሕዳር የእትዎ'ምበር፡ ጽልኡ ወይ ተቓውሞኡ ንግፍዕታት ጣልያንን እንግሊዝን ካብ ኣብ ከባቢኡ ሓሊፉ ብደረጃ ሃገር ክትርጉመሉ ዘኽእል ደረጃ ንቕሓት ገና ኣይደለበን።

በዚ ምኽንያት'ዚ፡ ሓሓሊፉ ንተቓውሞኡ ብጉነጽ ገለጾ። ብ1942፡ ብከንቲባ ተሰፋማርያም ዝውነን'ሞ ኢጣልያውያን ዝካረዩዎ ዝነበሩ ናይ ፍረታት ጀርዲን ፍጹም ዓነወ። ብ1944 ከኣ፡ ጭፍራ ናይ ዝዓጠቑ ሰባት ንኽልተ ጠላይን ቀቲሎም ሕርሻኦም ኣበላሸዉሎም። ኣብ ዝኾነ ዝኸዱዎ ቦታ፡ ኢጣልያውያን ዕንጸይቲ ክቖርጹ፡ ፈሓም ክፍሕሙ፡ እምኒ ኽጸርቡ ወይ ማዕድናት ክድህስሱ ኣብ ዘይኽእሉሉ ኩነታት በጽሑ። ኣብ ኩሉ ተቓውሞ ኣጓነፎም። ካብ ኩናት ዝተረፈ፡ ተሓቢኡ ዝነበረ ብረት እናወጸ፡ ከበሳ ናብ ቦታ ሸፍትነት ተቐየረት። ሕግን ስርዓትን እናጠፍአ ኸደ።[11]

10. Trevaskis, p. 54.
11. Ibid., p. 55.

ካብ'ዚ ዝገደደ፡ ጽበት መሬት ንምፍኳስ፡ ብዙሓት ደቂ ከበሳ ከሰፋሕፍሑ ጀመሩ። ከምኡም ሓረስቶትን ክርስትያንን ንዝሓዙዎ መሬት ገዲፎም ከኣ፡ ቀላታት ገጾም ክዝርግሑ ጀመሩ። መብዛሕትኡ'ዚ፡ ብምብራቕ ብሳሆ፡ ብምዕራብ ከኣ ብቤኒ ዓምርን ኩናማን ዝተታሕዘ ወይ ምስኦም ዘደፋፍእ ስለ ዝነበረ፡ እዚ ምስፍሕፋሕ'ዚ ነቲ ኣቐዲሙ ዝተጠቕሰ ምፍጣጥ ዘስዕብ ኮነ። እንግሊዝ መሬት ጸቢቡዎ ኣብ ሞት ንዘሎ ህዝቢ ፍጹም ቀ'ልሕ ከይበለ፡ ጠለብ ፍረታትን ኣሕምልትን ኤውሮጳውያውን ከማልእ ምብጋሱ፡ ብዘይ ምኽንያት ኣይነበረን። ትረቫስኪስ "ዘሕዝን'ዩ ከምኡ ም'ኳኑ፡" ይበል'ምበር[12] ብዘይ ፍላጥን ብዘይ ተንኩልን ዝተገብረስ ኣይመስልን። ካብ ህውከት መ'ኽሰብ ዝረክብ ኣሎ። ንህዝቢ ከበሳ፡ ስለዚ ንክርስትያን ብጽበት መሬት ኣሚኒቑ ምስ ጐረባብቶም እስላም ንኽብኣሱ ደፋፊኡ ኢዩ ምባል ብዘይገበር ምውንጃሉ ኣይከውንን ኢዩ። ምኽንያቱ ብዙሕ ጊዜ ዝደጋግማ ጉዳይ ኢያ።

ዝኾነ ኾይኑ ኣብ'ተን ቀዳሞት ዓመታት መግዛእቲ እንግሊዝ፡ ኩነታት ከበሳ ከም ኣብ ዝኾነ ጊዜ ዝፍንጀር ነታጉ ነበረ።

12. Ibid., p. 55.

ምዕራፍ 4

ፖለቲካዊ ፍሕሕታ

ቃልሰን ሕጽረታትን ማሕበር ፍቕሪ ሃገር (ማ.ፍ.ሃ.)

እታ ብ5 ግንቦት 1941 ዝቖመት ማሕበር ፍቕሪ ሃገር (ማ.ፍ.ሃ.) ዝገደፈቶ ሰነዳት ስለ ዘየለ፡ ብዛዕባ ንጥፈታታን ዘሳለጠቶ ጉዳያትን ዝነግር ጽሑፋት ኣይርከብን።

ኣቶ ወልደኣብ ከም ዝበልዎ ግን ማ.ፍ.ሃ. ናይ ፖለቲካ ማሕበር ኣይነበረትን። ከምቲ ኣቐዲሙ ዝተገልጸ ድማ፡ ኣብ ምጅማር ኣርብዓታት ጣልያን ኣብ ትሕቲ እንግሊዝ ኰይኖም ኤርትራውያን ይቐትሉን ይዘምቱን ስለዝነበሩ፡ ነዚ እትቃወም "ናይ ጥርዓን ማሕበር" ኢያ ዝነበረት። ኣንጻር'ቲ ፋሺስት ኢጣልያ ዘተኣታተዎ ዓሌታዊ ኣፈላላይ፡ ኣንጻር ግፍዕታት ብረት ዘየውረዱ ኢጣልያውያን፡ ኣንጻር'ቲ ካብ ስልጣኖም ዘይተቐንጠጡ ኢጣልያውያን ኣመሓደርቲ ኣብ ልዕሊ ህዝቢ ዘውርድዎ ዝነበሩ መጠን ዘይነበሮ መቕጻዕትን ክፍሊትን፡ ወዘተ. ቃልሲ ከም ዘካየደት ድማ ይንገረላ።[1]

ኣብ'ቲ መጀመርታ፡ ማ.ፍ.ሃ. ብኣርብዓ ዝኾኑ መስረትቲ ኣባላት ኢያ ቈይማ። ክሳብ መወዳእታ 1943 ኣቢላ ኸኣ ነቲ ዝተመስረተትሉ ዕላማታት እናተቓለሰት ዳርጋ ብጥርንፍታ ጸንሐት። ሓደ ካብቲ እታ ማሕበር ዘሰላሰለቶ ጉዳያት፡ ብኣኣ ዝተሰየሙ ኣባላት ዝነበሩዎ፡ ንምምሕዳር ብሪጣንያ ዘማኽርን ዝሕግዝን ሓደ ቤት ምኽሪ ደቀባት ከም ዝምስረት ምግባር ኢዩ ነይሩ።[2] ኣብ ልዕሊ'ዚ፡ ኤርትራውያን ዜጋታት ክዳነዩሉ ዝኽእሉ ናቶም ፍሉይ ኣብያተ ፍርዲ ከም ዝቐውም ኣብ ልዕሊ ምግባር፡ ጉዳያቶም ብይግባይ ዝሰምዓሉ ላዕለዋይ ቤት ፍርዲ'ውን እቲ ምምሕዳር መስረተሎም።[3]

ማ.ፍ.ሃ. ካብ ግንቦት 1941 ክሳብ ጥቅምቲ 1943፡ ማለት ንኣስታት ክልተ ዓመትን ፈረቓን ኢያ ሰሪሓ። ኣብ'ዚ እዋን'ዚ ድማ፡ ክጥርዓሉ ዝግባእ ብዙሕ ተግባራት ምምሕዳር ብሪጣንያ ነይሩ ኢዩ። ሲልቪያ ፓንክረስት እትብሃል ተማጓቲት ሕብረት ኤርትራን ኢትዮጵያን፡ ምእንቲ ኢትዮጵያ ክትብል ንብዙሕ ካብ'ቲ ሻርነታውን ዓማጽን ተግባራት ናይቲ ምምሕዳር ተቃልዕ ነይራ ኢያ። ንኣብነት፡ ናይ ዓሌት ምፍልላይ ብብሪጣንያ'ውን ይቕጸል ከም ዝነበረ ንምርዳእ፡

1. ወልደኣብ ወልደማርያም ቃለ መጠይቕ፡ ዓራርብ 1987።
2. PRO FO 1015/4 XLA Contemporary Politics in Eritrea, The First to Be Freed , p. 25-27.
3. ወልደኣብ ወልደማርያም፡ ቃለ መጠይቕ፡ 1987።

ንሓደ መራሕተ ታክሲ ንዝነበሩ ኢጣልያውያን ዝተዋህበ ዘዋሪ መልእኽቲ ትጠቅስ። እቲ መልእኽቲ፡ "ብመሰረት ካብ ሰበ ስልጣን ብሪጣንያ ዝተዋህበ ትእዛዝ፡ (ኣብተን ታክሲ) ደቀባት ምስፋር ብጥብቂ ዝተኸልከለ ኢዩ። ነዚ ትእዛዝ'ዚ ምጥሓስ፡ ወረቐት ፍቓድ (ሊቸንሳ) ዘሕድግ ተግባር ኢዩ" ዝብል ነበረ።[4] ብብዙሕ መዳያት እምበኣር ፋሺስታዊ ዓሌትነት ከም ዝነበሮ ይቕጽል ነይሩ ማለት ኢዩ።

ጥርዓን ዘቕርበሉ ዝነበረ ካልእ ተግባር ናይ'ቲ ምምሕዳር፡ ንፍቓዳት ንግድን ዕደላ መሬትን ዝምልከት ነበረ። በዚ መሰረት፡ ምምሕዳር ብሪጣንያ ንኢጣልያውያን ናይ ለኣኽን ኣምጻእን ፍቓዳት ንግዲ ክህብ እንከሎ፡ ንኸም ዓብደላ ጎናፍር፡ ዓብደልቃድር ከቢረን ንዕኦም ዝመስሉ ካልኦት ደቀባት ኣመልከትትን ምኽልካሉ ብዙሕ ዘዛረበ ጉዳይ ነበረ። በዚ ከይተወሰነ፡ ምምሕዳር ብሪጣንያ መሬት ካብ ኤርትራውያን ወሲዱ ንኢጣልያውያን እናዓደለ እንከሎ፡ ተመሳሳሊ ዕድል ንኤርትራውያን ከልከለ። ካብ መንግ'ቲ ኢጣልያውያን መሬት ዝተዓደሉሉ ቦታታት፡ ፓንክረስት ንዓድ ወገራ፡ ደግራ ልብኤ፡ ቅነ ሓየላ፡ ጉራዕን ምራራን ትጠቅስ።[5] ብዛዕባ ምቕራጽ ኣግራብ ብኢጣልያውያንን ኣብ ልዕሊ ኤርትራውያን ዝጸዓን ዝነበረ ከቢድ ግብርን ቀረጽን'ውን ብዙሕ ጥርዓናት ቀሪቡ ኢዩ።[6]

ማ.ፍ.ሃ. ነዚ ኹሉ ብዝግባእ ተልዕሎን ትጣበቐሉን ከም ዝነበረት ብዙሕ ዘካትዕ ኣይመስልን። ስግር'ዚ ግን ክትከይድ ኣይከኣለትን። ፍቕሪ ሃገር ማለት ፍቕሪ ኤርትራ ከም ዝነበረ ኣቶ ወልደኣብ ጥራይ ዘይኮኑ ኣብቲ እዋን ናይ ኢትዮጵያ ዝንባለ ዝነበሮም ኤርትራውያ'ውን የረጋግጹ ኢዮም።[7] ፍቕሪ ኤርትራ ማለት ግን ብዝያዳ ፍቕሪ ናጽነት ካብ ፋሺስት ኢጣልያ'ምበር፡ ኣብ'ዚ ናይ ፈለማ እዋናት ካልእ ዝለዓለን ዝተነጸረን ትርጉም ዝውሃቦ ዝነበረ ኣይመስልን። ፖለቲካ ናይ'ቲ ጊዜ፡ ብዝያዳ ፖለቲካ ናይ ምክልኻል፡ ናብ ግዝኣት ጣልያን ንኸይትምለስ ናይ ምጽዓር፡ እንግሊዝ ንጣልያን ዝህቡዎም ዝነበሩ ስልጣን ናይ ምንካይን ንዕኡ ብዝመሳሰል ካልእ ኣመለኻኽታን ዝተዓብለለ ዝነበረ ይመስል።

ማ.ፍ.ሃ. ኣርማ ናጽነት ዘየልዓለትሉ ምኽንያት፡ ኣብ መንጎ መስረትታ ሃረርታ ናጽነት ስለ ዘይነበረ ዘይኮነስ፡ ኣብ'ቲ እዋን'ቲ ናጽነት ኤርትራ ይከኣል ኢዩ ወይ ብመንግስቲ ብሪጣንያን እተን ካልኦት ሓያላትን ክፍቀድ ይኽእል ኢዩ ዝብል ሓሳብ ወይ ተስፋ ብዘይ ምንባሩ ይመስል። ብሪጣንያ ንኤርትራ ምስ ሓዘት፡ ተቐላጢፋ ጊዜያዊ ወተሃደራዊ ምምሕዳር ኢያ ተኺላ። "ወሳኒት መጻኢ ዕድል ኤርትራ ኣይኮንኩን፡ እቲ ጉዳይ ብኣርባዕተ ሓያላት መንግስታት ኣብ ዋዕላ ሰላም ኢዩ ዝውዳእ" ስለ ዝበለት ድማ፡ እቲ ሕቶ ካብ ልቢ ኤርትራውያን ከም ዝውንዘፍ ኮይኑ ነይሩ ኢዩ። እዚ ጥራይ ዘይኮነ፡ ምምሕዳር ብሪጣንያ ክሳብ

4. Sylvia Pankhurst, British Policy in Eritrea, p. 8.
5. Ibid., p. 8.
6. Ibid., p. 8.
7. ቃለ መጠይቕ፡ ቀኛዝማች ሃይለማርያም ደበና፡ ቀኛዝማች ኣስፍሃ ካሕሳይ፡ ኣስመራ 1997።

1944 ግሁድ ፖለቲካዊ ንጥፈታት ብምኽልካሉ'ውን ናይ ምድስካል መንፈስ ነጊሱ ዝነበረ ይመስል።

እዚ እቲ ዝመስል ምኽንያታት ኢዩ። ብሓቂ ግን፡ ምምሕዳር ብሪጣንያ ንኤርትራ ከም ሓንቲ ንናጽነትን ሃገርነትን ዘይትበቅዕ ግዝኣት ኢያ ትቑጽራ ዝነበረት። ብቑጠባ ነፍሳ ኣይትኽእልን ኢያ ዝብል፡ ብዘበን ጣልያን ይኹን ሕጂ ብእንግሊዝ ብተደጋጋሚ ዝነዛሕ ዝነበረ ትንታኔን ፕሮፖጋንዳን፡ ንገለ ንናጽነት ክቃለሱ ዝግብኦም ዝነበሩ ኤርትራውያን ዳርጋ ኣእሚኑዎምን ተስፋ ኣቑሪጹዎምን ነይሩ ኢዩ። "ናጽነት እንተ በልና፡ መን ክህበና፣ እንተ ተዋሃብና ኸኣ ምስ'ዚ ድኽነትና ኣበይ ከይንኽእሎ...." ዝኣንፈቱ ኣብ ገለ ኤርትራውያን ዝነበረ መንፈስ ንሓደ ሰሙርን ጥሙርን ናይ ናጽነት ምንቅስቓስ ይዕንቅፍ ከም ዝነበረ ክግመት ይክኣል። ደጃዝማች ገብረዮሃንስ ተስፋማርያም ኣብ'ቲ እዋን ካብ ላዕለዎት መራሕቲ ሕብረት ምስ ኢትዮጵያ ዝነበሩ ኢዮም። ንሶምን ከምኦም ሕብረት ዝሓተቱ ካልኦት መንእሰያትን ናጽነት ዘይሓተቱሉ፡ ብኣንጻሩ ጸግዒ ኢትዮጵያ ዝሓዙሉ ምኽንያት ክገልጹ እንከለዉ ከምዚ ይብሉ፤

> እዚ ሎሚ ናጽነት እትብሉዎ ዘለኹም፡ ሳላ ክፍኣት ጣልያን፡ ከመይ ገይሩ ሽዑ ከምዚ ዝመሰለ ኣተሓሳስባን ሓንጐልን ክነብር፣ ናጽነት፡ ርእሰኻ ምኽኣልን ምምሕዳርን ክመጸና ኣይከኣለን። ናይ ተገዛእነት መንፈስ ኢዩ ኣብ ሓንጐልና ተቐሪጹ ዝነበረ። ...እቲ ሽዑ ዝነበረና ኣተሓሳስባ፡ ሕብረት ዝብል ይኹን፡ ናጽነት ዝብል ይኹን ካልእ ዝብል፡ ናይ ጽልኢ ስምዒት ደኣ'ምበር ዝኾነ ሰብ ኣዕሚቑ ሓሲቡ፡ ኣእሚሩ ገይሩዎ ኪብሃል ኣይከኣልን። በዚ ግብጺ ናተይ ትብል፡ በዚ ጣልያን ናተይ ትብል፡ በዚ እንግሊዝ ፖለቲካኡ ገይሩ ክፈላልየና ምስ በለ፡ እቲ ምርጫና ኾይኑ ዝረኸብናዮ ምስ ኢትዮጵያ ምሕባር ኢዩ።[8]

እዚ ንኣተሓሳስባ ሓደ ውሱን ክፋል ናይ'ቲ ሽዑ መንእሰይን ምሁርን ዝነበረ ዜጋ ይውክል። ኣብ ዝተፈላለዩ ኣጋጣሚታት ግን ኣቶ ወልደኣብ ወልደማርያም ስምዒት ኢትዮጵያ ደሓር ደኣ'ምበር ካብ ፈለማ ከም ዘይነበረ፡ ወይ እንተ ነበረ'ውን ሓይሊ ከም ዘይነበሮ ኢዮም ዝገልጹ ነይሮም። ኣብ ውሽጢ ማ.ፍ.ሃ. ዝነበረ ደላዩ ናጽነት ኤርትራ ድማ ስለ ዝተገርሀ ነታ ማሕበር ከም ዘጥፈኣ፡ ብናይ ስልኳን ናይ ውሽጢ ውሽጥን ተግባራት ጸግዒ ኢትዮጵያ ከም ዝሓዘት ኢዮም ዝገልጹ።

ሓደ ናይ'ቲ እዋን ሰነድ ብሪጣንያ'ውን ተመሳሳሊ ርእይቶ ይህብ። ናይ ማ.ፍ.ሃ. ኣረኣእያ ናብ ኢትዮጵያ ገጹ ኣብ ዝዛዘወሉ እዋን፡ ከም መራሒ እስላም ኣስመራ ዝረኣዩ ዝነበሩ ደግያት ሓሰን ዓሊ ነቲ ማሕበር ከም ዝገደፉዎ ድሕሪ ምጥቃስ፡ እቲ ሰነድ፡ "ኣብቲ መጀመርታ እምበኣር፡ እቲ ምንቅስቓስ (ወይ ማሕበር) ሃገራዊ ኣንፈት'ኳ እንተ ነበሮ፡ ንኤርትራ ምስ ኢትዮጵያ ክሕውሳ ዝተወፈየ (ዝተበገሰ) ኣይነበረን፡" ይብል።[9]

8. ቃለ መጠይቕ፡ ኣስመራ 1991።
9. Contemporary Politics in Eritrea , p. 5.

ኣብ ዝሓለፈ ምዕራፍ፡ እቲ ኣብ ቀላታት ኤርትራ ዝነበረ ኩነታት ካብ'ቲ ናይ ከበሳ ዝፍለየሉ ምኽንያታት ዘርዚርና ኔርና። ይኹን'ምበር፡ ኣብ'ዚ ቃልሲ ትግረ ኣንጻር ሽማግለ ንሂሩሉ ዝነበረ ምዕራባዊ ቀላታት'ውን ብደረጃ ሃገር ዝርአ ፖለቲካዊ ምንቅስቓስ ገና ኣይተበገሰን። ክሳብ 1943 ገጸም፡ ከም ሸኽ ኢብራሂም ሱልጣንን ሸኽ ዓብደልቃድር ከቢረን ዝመስሉ ደሓር መራሕቲ ኣልራቢጣ ኣልእስላሚያ ዝኾኑ ዜጋታት፡ ካብ ዓበይቲ መራሕቲ ማ.ፍ.ሃ. ኢዮም ነይሮም። ንኣብነት'ኳ ብላታ ፋሲል ዑቕባዝጊ ዝተባህሉ ደጋፊ ሕብረት ምስ ኢትዮጵያ፡ ብ22 ለካቲት 1944 ብምኽንያት ግሁድ ደገፎም ንኢትዮጵያ ብምምሕዳር ብሪጣንያ ምስ ተኣሰሩ፡ ዓብደልቃድር ከቢረ ኢዮም ተዋሒሶሞም።[10] እዚ ድማ፡ እቲ ምፍልላይ ገና ዘይተነጸረ ምንባሩ የመልክት።

ብሓጺሩ፡ ብውሑዱ ክሳብ መወዳእታ 1943፡ ኣብ ኤርትራ ወገን ዝፈለየን ዝተወደበን ፖለቲካዊ ጉጅለታት ነይሩ ክንብል የጸግም። ማ.ፍ.ሃ. እውን ኣብ ልዕሊ ህዝቢ ጸብለል ዝበለት ማሕበር ናይ ግዱሳት ዜጋታት ካብ ምኳን ክትሓልፍ ኣይከኣለትን። ነፍሰ ወከፍ ነታ ማሕበር ዝመርሕ ዝነበረ ሰብ፡ ናይ ገዛእ ርእሱ ጽልዋን ህዝባዊ ሰዓብነትን ዝነበሮ ኢዩ። እዚ ድማ፡ ብትውልዲ፡ ብሽመትን ብተመሳሳሊ ተፈላጥነትን ህዝባዊ ተቐባልነትን ዝመጸ ስለ ዝነበረ፡ ናይ ጸጸግዕኻ ሓዝ እምበር፡ ዋጋ ክውሃቦ ዝኽእል ናይ ምትእኽኻብን ሓድነትን ኣንፈት ኣይነበሮን።

ብኻልእ ኣዘራርባ፡ እተን ክሳብ 1944 ዝነበራ ቀዳሞት ሰለስተ ዓመታት ምምሕዳር ብሪጣንያ፡ ንናጽነት ኤርትራ ዝኸውን ፖለቲካዊ መንጸፍ ዘይተነጸፈለን ምንባረን ንግንዘብ። ኣብ'ዚ እዋን'ዚ፡ ብሪጣንያ ናይ ገዛእ ርእሳ ፖለቲካውን ስትራተጂያውን ትልምን መደባትን ትሕንጽጽ ምንባራ ርኢና ኢና። እታ ቐንዲ ነዚ ዘይንጹርን ዝተሓዋወሰን ፖለቲካዊ ኩነታት ኤርትራ ዝኸሰበትሉ ግን መንግስቲ ኢትዮጵያ ኾነት። በየናይ ኣገባብ ኢያ ነዚ ዕድል'ዚ ክትረክብ ዝኸኣለት፧

ምትእትታው ኢትዮጵያን ኤርትራውያን ሰበ ስልጣናን

ክሳብ ሚያዝያ 1943፡ ብሪጣንያውያን ኣማሓደርቲ ኣብ ኤርትራ ግምት ክውሃቦ ዝኽእል ኢትዮጵያዊ ስምዒት ከም ዘይነበረ ኢዮም ዝገልጹ ዝነበሩ። ኣብ ቀዳማይ ክፋል ናይ'ዚ ዓመት'ዚ እውን፡ መንግስቲ ኢትዮጵያ ኣብ ኣስመራ ሓደ ናይ ንግድ ወኪል ንኽህልዋ ትሓቶ ንዝነበረት ተደጋጋሚ ሕቶታት፡ ብሪጣንያ ብተደጋጋሚ ትነጽጎ ነይራ ኢያ። ቅድሚኡ ዝነበረ ዓመት'ውን ኣልጋ ወራሽ ኢትዮጵያ ኣስመራ ንኽበጽሕ ዝቐረበ ሕቶ ቅቡል ኣይነበረን።[11] ይኹን'ምበር ብሪጣንያዊ ኣምባሳደር ሃው ኣብ ኣዲስ ኣበባ ኾይኑ ነቲ ሕቶ ኣትሪሩ ይጣበቐሉ ስለ ዝነበረ፡ ኣብ መንጎ ብሪጣንያውያን ርሱን ክትዕ ምልዓሉ ኣይተረፈን።[12] ኢትዮጵያ'ውን ክሳብ ብ1945

10. Sylvia Pankhurst, p. 14.
11. H.R. Hone, FO 371/31608 11/68/91 14 August, 1942.
12. PRO J 145, 7 Jan. 1943 ; J 576 , 7 Feb. 1943 ; J 1056, 2 Mar. 1943 ; g. 1172 11 Mar. 1943…..

ብላቴን ጌታ ሎረንሶ ታእዛዝ

ንሓደ ግርማቸው ተክለሃዋርያት ዝተባህለ በዓል ስልጣን ሰዲዱ፡ ኣብ ኣስመራ "ናይ ዜና ወኪል" ክተቛምጥ ፈቲና ነይራ። ግን ኣይተኻኣላን።

ኢትዮጵያ ናብ ኤርትራ ብወግዒ ዝኣተወት፡ ኮሎኔል ነጋ ሃይለስላሴን ተኮላ ገብረመድህንን ዝተባህሉ ኢትዮጵያውያን ሰበ ስልጣን ብ1946 ሓደ ናይ ኢትዮጵያ ናይ ርክብ ቤት ጽሕፈት፡ ማለት ሊያዞን ኦፌስ፡ ምስ ከፈቱ ኢዩ። ቅድሚ'ዚ ጊዜ'ዚ ግን፡ ኣዝዩ ቐጻሊ ዝኾነ ዑደት ናይ ኢትዮጵያ ሰበ ስልጣን ናብ ኤርትራ ክግበር ጸንሐ። መብዛሕትኦም እዞም ሰበ ስልጣን እዚኣቶም ኤርትራውያን ስለ ዝነበሩ፡ ነቲ ውሽጠ ውሽጢ ዝካየድ ዝነበረ ፖለቲካዊ ንጥፈታት ጽቡቕ ጉልባብ ይኸውን ነበረ።

ሓደ ካብቶም ቀዳሞት ተራኽብቲ፡ ብላቴን ጌታ ሎሬንሶ ታእዛዝ ዝብሃሉ ኤርትራዊ ነበሩ። ሎሬንሶ፡ ብሰነ 1900 ኣብ ከተማ ዓዲ ቐይሕ ተወልዱ። ጣልያን ይህቦ ንዝነበረ ትምህርቲ ኣብ ኤርትራ ምስ ጨረሱ ግን፡ ከም ብዙሓት ናይ ትምህርቲ ሃረርታ ዝነበሮም መንእሰያት፡ ብ1922 ገጾም ናብ ኢትዮጵያ ብምኻድ ምስ ሃጸይ ሃይለስላሴ ተራኸቡ። ሃይለስላሴ፡ በቲ ጊዜ'ቲ ንኤርትራውያን ብጽቡቕ ናይ ምቕባል ሜላ ይኽተሉ ብምንባሮም፡ ንሎሬንሶ ናብ ሞንት ፖሊየ፡ ፈረንሳ ብምልኣኽ፡ ናይ ሕጊ ትምህርቲ ንኽከታተሉ ሓገዙዎም። ሎሬንሶ ካብ ፈረንሳ ምስ ተመልሱ፡ ሓደ ካብቶም ሃይለስላሴ ኣዝዮም ዝኣምኑዎምን ዝተኣማመኑሎምን ሰበ ስልጣን መንግስቶም ብምዃን ኣብ ዝተፈላለየ ክብ ዝበለ ሓላፍነታት ኣገልገሉ።

ጣልያን ንኢትዮጵያ ወሪሩ ምስ ሓዘ፡ ሎሬንሶ ምስ ሃይለስላሴ ተሰደዱ'ሞ፡ ዳርጋ ንብምሉኡ ናይቶም ንጉስ ሕጋዊ ክትዓት ኣብ ኣህጉራዊ መጋባእያታትን

ምስ መንግስታት ዓለምን ሓንጸጹሎምን ተማጕቱሎምን። ኣብ'ዚ ናይ ስደት እዋን፡ ካብ 1938 ክሳብ 1940 ኣብ ዝነበረ ጊዜ፡ ሎሬንሶ ካብ ኤውሮጳ ብመገዲ ሱዳን ናብ ኢትዮጵያ ስለኾም ብምእታው፡ ምስቶም ኣንጻር ጣልያን ዓጢቖም ዝነበሩ ሓርበኛታት ኢትዮጵያ ብምርኻብን ምስኣቶም ንኣስታት ሓደ ዓመት ብምጽናሕን ቀጻልነት ስልጣን ሃይለስላሴ ንኽረጋገጽ ዓቢ ኣበርክቶ ዝገበሩ ሰብ ነበሩ። ኣብ'ዚ ዑደቶም'ዚ፡ ምስቶም ንጣልያን እናራሕርሑ ምስ ሓርበኛታት ኢትዮጵያ ዝቃለሱ ዝነበሩ ኤርትራውያን ብምርኻብ እውን ናይ ሕብረት ምስ ኢትዮጵያ ሰብኩት ይገብሩ ከም ዝነበሩ ይንገረሎም። "ኤርትራ ኢትዮጵያዊት ኢያ" ዝብል ሓሳባት ኣብ ኣእምሮ ብሪጣንያውያን ይኹን ገለ ኤርትራውያን ንኽሰርጽ ካብ ዘኽኣሉ ሓደ፡ ሎሬንሶ ምንባሮም እውን ይዝንቶ።[13]

ኤርትራን ኢትዮጵያን ካብ ጣልያን ድሕሪ ምልቓቐን፡ ማለት ኣብ ምጅማር ኣርብዓታት'ውን፡ ሎረንሶ ኣስመራ እናመጹ ምስ ገለ ናብ ኢትዮጵያ ገጾም ዝዘዝዉ ዝነበሩ ኤርትራውያን ካብ ዝራኸቡ ሰበ ስልጣን ኢትዮጵያ ነበሩ። ናይ ሽዑ ሰባት ከም ዘዘንትዉዎ፡ ሎሬንሶ ይኹኑ ሃጸይ ሃይለስላሴ፡ ነቲ እንግሊዝ ዘሰምየ ዝነበረ ንኤርትራ ናይ ምምቃል ሓሳባት እውን እንተ ኾነ፡ ኣብ'ዚ እዋን'ዚ ዝቃወሙዎ ኣይነበሩን። ሎሬንሶ፡ ኣብ ቤት መንግስቲ ሃይለስላሴ ሰፊሕ ስልጣንን ተሰማዕነትን ስለ ዝነበሮም፡ ሚዛኖም ቀሊል ኣይነበረን። ነዊሕ ከይጸንሐ ግን፡ ኤርትራዊ መበቈሎም ቅንኢ ናይ ዝተፈላለዩ ሰበ ስልጣን ናይ'ቲ እዋን ከለዓዕለሎም ተራእየ። ጓል እቶም ከም መወዳድርቲ ሃጸይ ሃይለስላሴ ዝረኣዩን ብህዝቢ ኢትዮጵያ እውን ዝፍተዉ ዝነበሩን ራስ እምሩ ሃይለስላሴ ተመርዕዮም ስለ ዝነበሩ ድማ፡ ብዓይኒ ጥርጣረን ከም ተቓዋምን ክረኣዩ'ውን ጀመሩ'ሞ ስልጣኖምን ተሰማዕነቶምን ጉደለ። ኤርትራ ምስ ትግራይ ተሓዊሳ ኣብ ትሕቲ እንግሊዝ ንኽትጸንሕ ኢዩ ዝደሊ ዝብል ሕሜታን ክስን እውን ተሰንዘሮም።[14] ዝያዳ'ዚ ግን፡ ኣካይዳ ኢትዮጵያ ንሎረንሶ ዝምእምኦም ዝነበረ ኣይመስልን። ብ29 ጥቅምቲ 1943 ንኣብነት፡ ናይ ብሪጣንያ ኣምባሳደር ሃው ንሎረንሶ ከም ዝረኸቦም ይገልጽ። ኣብ'ቲ ርክቦም፡ ሎረንሶ፡ "ሃይለስላሴ ዲክታተር ኮይኑ፡ ናይ ውሽጢ ሃገርን ናይ ጽሕፈትን ሚኒስተሩ ጸሓፊ ትእዛዝ ወልደጊዮርጊስ ድማ ምሉእ ስልጣን ኣብ ኢዱ ብምእታው ኣዕሩኹን ኣዝማዱን ይሸይም ኣሎ..." ከም ዝበሉዎ ይጠቅስ። በዚ ደው ከይበሉ ሎረንሶ፡ መንግስቲ ኣዝዩ ድኹምን ብውዲት ዝተበልዐን ኮይኑ ኣሎ ክብሉ ከም ዝተዛረቡ ይጽሕፍ።[15]

ናይ ሎረንሶ ነቐፌታን ዕቃበን ኣብ ልዕሊ ኢትዮጵያ መሪር ዝነበረ ኢዩ ዝመስል። ኣብ ካልእ ሰነድ፡ ኣምባሳደር ሃው፡ "ሃይለስላሴ ቍጽጽር ኣጥፊኡን ተገላቢጡዎን'ኳ እንተሎ፡ ንእሽቶ ሂትለር ከኣ ይኸውን ኣሎ፡ ወልደጊዮርጊስን ብጾቱን ድማ ናይ ጌስታፖ ዝመስል ፖሊሳዊ ስርዓት ይኽተሉ ኣለዉ..." ክብሉ

13. ሰ.ጋ. 5/254፡ 17 ሓምለ 1947፣ ቢትወደድ ኣስፍሃ ወልደሚካኤል፡ ቃለ መጠይቕ፡ ኣዲስ ኣበባ 1996።
14. ኣስፍሃ ወልደሚካኤል ቃለ መጠይቕ፣ ገብረዮሃንስ ተስፋማርያም፡ ቃለ መጠይቕ፡ 1998።
15. PRO, J 464/134/1 29 Oct. 1943.

ሎሬንሶ ከም ዝተዛረቡዎ ይገልጽ።[16] ሎሬንሶ ነዚ ዝበሉ ካብቲ ብተኸታታሊ ዝሓዙዎ ናይ ወጻኢ ጉዳያት ናይ ፖስታን ቴለግራምን ሚኒስተርነት ወሪዶም፡ ናይ ቤት ምኽሪ መወሰኒ ሕጊ ፕረሲደንት ኮይኖምሉ ኣብ ዝነበሩ ናይ ሓውሲ ውሽጣዊ ማሕዩር እዋን'ዩ። ድሕሪ'ዚ ሎሬንሶ ነዊሕ ኣይጸንሑን። ብ1945 ኣምባሳደር ተባሂሎም ናብ ሞስኮ ብዝተጉልበበ ጥርዝያ ምስ ተሰደዱ፡ ካብ ዓንኬላት ስልጣን መንግስቲ ኢትዮጵያ ተገለሉ። ጸኒሕና ከም እንርኢ፡ ኣብ ዋዕላ ፓሪስ ብዝተጻወቱዎ ተራ ንኢትዮጵያ ጠቒሞማ ኢዮም።

ዋዕላ ፓሪስ እናተኻየደ እንከሎ ግን ሎሬንሶ ሓሚሞም ተባህለ። ብዛዕባ ኣማውታኦም፡ ኣብ ሓደ ሕታም ሰሙናዊ ጋዜጣ ንዝሰፈረ ንርአ፤

> ብወርሒ ሕዳር 1939 ዓ.ም. (ግእዝ) ብርቱዕ ሓሚሞም ስለ ዝነበሩ ናብ ኣዲስ ኣበባ ተመልሱ። እናወደቑን እናተንስኡን ገለ ወርሕታት ምስ ሓለፈ ግና ብጸማልያኦም ከለዉ ብ24 ግንቦት 1939 (ግእዝ) ካብ ኣዲስ ኣበባ ተመሊሶም ነቲ ዝጀመሩዎ ስርሖም መታን ክቕጽሉ ንሞስኮብ ምኻድ ተኣዘዙ'ሞ ብኣይሮፕላን ሃገር ሽወደን ምስ በጽሑ ሕማሞም ስለ ዝበርትዖም ኣብ ከተማ እስቶክሆልም ኦሶፔዳለ ኣትዮም ኦፐራስዮን ምስ ተገብረሎም ብ15 ሰነ 1939 መዓልቶም ሓጸረት።

"ብጸማልያኦም ከለዉ..... ተኣዘዙዎ" ዝብል ሓረግ ቅሬታን ጥርጣረን የስምዕ። ሞት ሎሬንሶ ኣዝዩ ዘተሓማምን ዘጠራጥርን ምንባሩ፡ ኣብ'ቲ ጊዜ'ቲ እውን ብዙሕ ከም ዘዛረበ ይዝንቶ ኢዩ። መንግስቲ ኢትዮጵያ ንኤርትራውያን ተጠቒማ ኣገዳስነቶም ምስ ኣብቀዐ ብኸመይ ተጸግዖም ከም ዝነበረት ቡብመድረኹ ክንርኢ ኢና። ሎሬንሶ ታእዛዝ ኢትዮጵያ ኣብ ኤርትራ መርገጽ እግሪ ንኽትረክብ ምድሪ ዘጣጠሑ'ኳ እንተ ነበሩ፡ ካብኦም ቀዳሞት እዚ ዕድል'ዚ ዘጓነፎም ኤርትራውያን ኮኑ።

ሎሬንሶ ጥራይ ኣይኮኑን ግን መልእኽቲ ኢትዮጵያ ናብ ኤርትራ ዘእትዉ ዝነበሩ። መሳድዶምን መማህርቶምን ብላቴን ጌታ ኤፍሬም ተወልደመድህን፡ ከምኡ'ውን ብላታ ዳዊት ዑቕባዝጊ፡ ኣቶ (ደሓር ደጃዝማች) ገብረመስቀል ሃብተማርያም፡ ብላታ ክፍለእግዚእ ይሕደጎ፡ ፊታውራሪ ኣብርሃ ወልደታትዮስን ቢትወደድ ኣስፍሃ ወልደሚካኤልን እውን ካብኦም ካብ 1941-1942 ጀሚሮም ኤርትራውያን ዝሓብሉ ልኡኻት ኢትዮጵያ ነበሩ።

ሰበ ስልጣን ብሪጣንያ፡ ነቲ ኣብ'ቲ እዋን'ቲ ዝርአ ዝነበረ ናይ ኢትዮጵያ ክእለትን ርቀትን ፕሮፓጋንዳ ከም ዘድንቑ ይዛረቡ። ካብ 1942 ጀሚራ ኢትዮጵያ ባዕላ እትኸፍሎም ቀወምቲ ልኡኻታን ተጣበቕታን ኣብ ኣስመራ ኣቐሚጣ ነይራ ኢያ። እዚኣቶም ነቶም ኣብ ላዕሊ ዝተጠቕሱ ሰበ ስልጣና ዝቕበሉን ዘጕሳጕሱሎምን "ከፈትቲ በሪ" ክቑጸሩ ይክኣሉ። እቲ ኣብ ኤርትራ ሰፊኑ ዝነበረ ቍጠባዊ ቅልውላው፡ ዝኾነ ተስፋ ዝሀብ ዝመስል ፕሮፓጋንዳ ክጥጥዓሉ ዝኽእል

16. PRO, RGH HMB 370/3/43, 29 Oct. 1943.

ፍርያም ባይታ ኾይኑ ኣገልገለ። ናይ ኢትዮጵያ ፕሮፖጋንደኛታት ከኣ ነታ ሃገር ከም ምድረ-ገነት ብምቕራብ፡ እዝኒ ብዙሓት ኣብ ዳር ቀብጸት በጺሑም ዝነበሩ፡ ብፍላይ ስራሕ ዝሰኣኑ ከተመኛታት ኤርትራውያን ክረኽቡ ከኣሉ።[17]

ኣብ ዝሓለፈ ምዕራፍ፡ ኩነታት ሓይሊ ፖሊስ ኤርትራ ሕማቕ ከም ዝነበረ ርኢና ኔርና። ብ1941 ኣብ ኣስመራ፡ ብ1943 ድማ ኣብ ምጽዋዕ ግዳያት ግፍዕን ቅትለትን ኢጣልያውያን መኰንናትን ሱዳናውያን ወተሃደራትን ኮይኖም ነይሮም ኢዮም። መንግስቲ ኢትዮጵያ ኣብ መንጎኦም ንዝነበረ ምረት ኣብ ረብሓኣ ንምቕያር፡ ካብ 1942 ጀሚራ ኣብኦም ኣተኩረት። ኣቐዲሞም ንኢጣልያ ራሕሪሖም ኣብ ጐድኒ ኢትዮጵያ ዝተዋግኡ ይኹኑ፡ ጸኒሖም ካብ እንግሊዝ ሃዲሞም ኣብ ኢትዮጵያ ዝተኸተቡ ኤርትራውያን ወተሃደራዊ መኰንናት እናለኣኸት ልቢ ፖሊስ ኤርትራ ዝሰልብን ዘተሃራርፍን ኣዝዩ ጉራሕ ጐስጓስ ኣካየደት። ምስ'ቲ ትሕቲ እንግሊዛውያንን ኢጣልያውያንን መኰንናት ብምኳኑ ተቐፂሙዎ ዝነበረ፡ ዓቢ ክፋል ፖሊስ ኤርትራ ብኣለባብሳን ጽሩራታትን እቶም በጻሕቲ ቀኒኡ ጥራይ ዘይኮነ፡ ከምኦም ንኽመስልን ንክኸውንን ናብ ኢትዮጵያ ገጹ ቍሊሕ ናይ ምባል ዝንባለ ከርኢ'ውን ጀመረ።[18]

ፖሊስን ስራሕ ዝሰኣኑ ከተመኛታትን ጥራይ ኣይኮኑን ግን ፕሮፖጋንዳ ኢትዮጵያ ክቕበሉ ዝጀመሩ። ምስ ውድቀት ኢጣልያዊ መግዛእቲ፡ መንግስታዊ ቦታታትን ንግዳዊ ትካላትን ክቈጻጸሩ ዝደልዩ ኤርትራውያን ምሁራትን ነጋዶን'ውን ብሰንኪ ፖሊሲታት ብሪጣንያ መሕለፍ መገዲ ስኢኖም ዓቕሊ የጽብቡ ነይሮም ኢዮም። ከምቲ ደግያት ገብረዮሃንስ ዝበሉዎ፡ ናጽነት ኤርትራ ኣይክመጽእን ኢዩ ዝብል መንፈስ ዝሓደሮም ገለ ምሁራት፡ ድሕነት ምስ ኢትዮጵያ ኢዩ ዝመጽእ ዝብል እምነት ክሰርጾም ጀመረ። ከምቲ ብሪጣንያውያን ሰበ ስልጣን ዝጥርጥሩዎ ዝነበሩ፡ ኢትዮጵያ እትኽፍሎም ሰባት'ውን ንውልቃዊ ረብሓ ጸግዓ ከም ዝሓዙ ዘካትዕ ኣይኮነን።

እዚ ኹሉ ከም ዘለዎ ኾይኑ ግን፡ ኩሉ ናይ'ቲ ጊዜ ሰነዳትን ዝኽርታት ውልቀ ሰባትን ከም ዝብሉዎን ዝሰማምዓሉን፡ ንኢትዮጵያ ቀንዲ ዓንድ ሕቖን መሳርሕን ኮይኖም ኣብ ኤርትራ ኣደልዲላ ንኽትረግጽ ዘኽኣሉዋ፡ ሸዑ ጳጳስ ኦርቶዶክሳዊት ተዋህዶ ቤተ-ክርስትያን ዝነበሩ ኣቡነ ማርቆስ ኢዮም። ኣቡነ ማርቆስ፡ ብ1884 ኣብ ከባቢ ደቀምሓረ፡ ኣከለጉዛይ ተወለዱ። ካብ 1932 ክሳብ 1936 ኣብ ደብረ ቢዘን ድሕሪ ምጽናሕ፡ ኢጣልያ ንኢትዮጵያ ምስ ሓዘታ ኣቡን ናይ ትግራይን ኤርትራን ኮይኖም ተሾሙ። ኢጣልያ ብ1936 ንኢትዮጵያ ምስ ሓዘታ፡ ሸዑ ጠቕላሊ ገዛኢ ኢትዮጵያ ዝኾነ ማርሻል ግራስያኒ ንኦርቶዶክሳዊት ተዋህዶ ቤተ-ክርስትያን ንምቍጽጻር፡ ካብ ጥንታዊ ርክቡ ምስ ናይ ኣለክሳንድርያ ቤተ-ክርስትያን በቲኹ፡ ኣብ ኣዲስ ኣበባ ሓዲሽ ሲኖዶስ ተኸለ። እዚ ናይ ጣልያን

17. Contemporary Politics .... p. 5; ወልደኣብ ወልደማርያም፡ 1987።
18. Ibid. P. 5.

ኣቡነ ማርቆስ

ሲኖዶስን ጣልያን ዘሸሞ ሓዲሽ ጳጳስን ኢዩ ኸኣ ንኣቡነ ማርቆስ ናይ ኤርትራን ትግራይን ጵጵስና ዝሃቦም። በዚ ምኽንያት'ዚ ኣቡነ ማርቆስ ቀንዲ ደጋፊ፡ ቀንዲ ጽግዕተኛ መንግስቲ ኢጣልያ ከም ዝነበሩ ይዝንቶ። [19]

ምስ ምምጻእ ብሪጣንያ ናብ ኤርትራ ግን ገጽ ኣቡነ ማርቆስ ናብ ኢትዮጵያ ቐንዐ። እዚ ዘኾነሉ ምኽንያት ብዝተፈላለየ መገዲ ይግለጽ'ዩ። መንግስቲ ኢጣልያ ኣብ ሰሜናዊ ባሕሪ ይርከብ ንዝነበረ ልሙዕ ሕርሻታት ቤተ ክህነት ወሲዳ ንህዝብን ኢጣልያውያን ሰብ ኮንቸስዮነን ዓዲላቶ ነይራ ኢያ። እዚ መሬት'ዚ ንኽምለስ፡ ቤተ ክህነት ተዋህዶ ናብ ምምሕዳር ብሪጣንያ ተደጋጋሚ ጥርዓናት ኣቕሪቡ ዘሰምዖ ስለ ዘሰኣነ፡ እቲ ፍታሕ ካብ ኢትዮጵያ ጥራይ ኢዩ ዝርከብ ዝብል ተስፋ ከሕድር ከኣለ። ነዚ ተስፋ'ዚ ንምርዋይ ኢዮም ኣቡነ ማርቆስ ጸግዒ ኢትዮጵያ ዝሓዙ ዝበሉ ኣለዉ።[20] ካልኦት ግን ኣብ ውልቃዊ መበገሲ ኣቡነ ማርቆስ የተኩሩ። ንሶም፡ ወጻኢ ካብ'ቲ ናይ ሸዑ ልምዲ ኦርቶዶክሳዊት ተዋህዶ ቤተ ክርስትያን ብስልጣን መንግስቲ ኢጣልያ ዝተሸሙ ስለዝነበሩ፡ ምስ ውድቀት ኢጣልያ ሸመቶም ከይቕንጠጡ ይሰግኡ ነበሩ። መዓርጎም ብኣዲስ ኣበባን ኣለክሳንድርያን ንኽፍለጠሎም፡ ርክቦምን ደገፎምን ንፋሽስት ኢጣልያ ክሕከኸሎም ድሌት ስለ ዝነበሮም ጥራይ ድማ ኢዮም ናብ ኢትዮጵያ ዝሰለሉ፣ እዚ ጥራይ ዘይኮነ፡ ጵጵስና ትግራይን ኤርትራን ሰፊሕ ስልጣን ስለ ዝነበረ፡ ክዕቀበሎም ይጽዕሩ ነይሮም እውን ይብሃል ኢዩ።[21]

19. Chi e dell'Eritrea, p.193, Trevaskis, p. 59-60, Spencer, p. 169.
20. Trevaskis, p. 60, ወልደኣብ ወልደማርያም፡ 1987።
21. ኣቶ ዮሃንስ ጸጋይ፡ 1997 ቀሺ ፍስሃጽዮን እልፊ፡ 1987 - ቃለ መጠይቕ።

ንመንግስቲ ኢትዮጵያ ናይ ኣቡነ ማርቆስ ህላወን ደገፍን ዓቢ መበገሲ ኾነ። ምስቶም ኣቐዲምና ዝጠቐስናዮም ኤርትራውያን ልኡኻታ ቀጻሊ ርክባት እናካየዱን መንፈሳዊ ደገፎም እናሃቡን ድማ፣ ናይ ኢትዮጵያ ሓሳብን ስምዒትን ካብ መንበረ ጵጵስናን መንበረ ታቦትን ናብ ምእመናን ንኸዘርጋሕ ኣበርቲዖም ሰርሑ። ቀልጢፎም ከኣ ኢዮም ጀሚሮሞ። ምኽንያቱ፣ ኣብ በዓል ጥምቀት 1942፣ ዝኾነ ፖለቲካዊ ንጥፈታት ይኹን መደረታት ብምምሕዳር ብሪጣንያ ዘይተፈቐደ ኣብ ዝነበረሉ እዋን፣ እቶም ኣቡን፣ "ኦ ህዝበይ፣ ስምዱ ኣሎኩም፣ ...(እተጥቡ) ኣደ ኣላትኩም፣ ከምቲ ንሳ ትደልየኩም ዘላ ኸኣ ፍለጥዋ ደኣ..." ኢሎም ብስም ኢትዮጵያ ከም ዝሰበኹ ትሬቫስኪስ ይገልጽ።[22]

ካብ'ዚ እዋን'ዚ ክሳብ'ቲ ብጥቅምቲ 1943 ምምሕዳር ብሪጣንያ ፖለቲካዊ ንጥፈታት ንኸካየድ ዝፈቐደሉ ዕለት እምበኣር፣ ፖለቲካዊ ሜዳ ኤርትራ ኣቡነ ማርቆስን ተሓጋገዝቶምን ሰዓብቶምን፣ ከምኡ'ውን ልኡኻት ኢትዮጵያ ካብ ኣዲስ ኣበባ ከም ድሌቶም ዝዋሰኡሉ መድረኽ ኮነ። ኣብ'ዚ እዋን'ዚ፣ እቶም ደሓር ናይ ናጽነት ቃልሲ ዘካየዱ ዜጋታት ዘሰላስሉዎ ርኡይ ፖለቲካዊ ስርሓት ነይሩ ክብሃል ኣይከኣልን። ስለ'ዚ ኣብዘን ቀዳሞት ክልተ-ሰለስተ ዓመታት ናይ 1940'ታት፣ ኣብ መጻኢ ዕድል ኤርትራ ወሳኒ ዝኾነ መንጸፍ ብመንግስቲ ኢትዮጵያ ስለ ዝተነጽፈ ኢዩ ድሒሩ ዝመጸ ኩነታትን ፍጻሜታትን ነቲ ዝሓዞ መልክዕ ክሕዝ ዝኸኣለ ምባል ካብ ሓቂ ምርሓቕ ኣይከውንን።

ሓደ ናይ ሽዑ ጸብጻብ ምምሕዳር ብሪጣንያ፣ "ሽሕ'ኳ ኣቡነ ማርቆስ ኣፈኛ ናይ'ቲ 'ሃገራዊ' ወገን ኮይኑ እንተ ቐረበ፣ እቲ ኣድማዒ ቍጽጽር ናይ'ቲ ማሕበርሲ ኣብ ኢድ እቶም ካብ'ዚ ዘይተማህረ ቀሺ'ዚ ዝያዳ ክእለትን ብስለትን ዘለዎም ሰባት ኢዩ ዘሎ..." ይብል።[23] ንመን ኢዩ እዚ ጸብጻብ'ዚ "ዝያዳ ክእለትን ብስለትን" ኣለዎም ዝበሎም፧

ኣብ ውሽጢ 1943፣ ኣቡነ ማርቆስ ጥራይ ዘይኮኑ፣ እቶም ከም ፕረዚደንት ማ.ፍ.ሃ. ዘገልገሉ ዝነበሩ ፊታውራሪ ገብረመስቀል ወልዱ'ውን ጸግዒ ኢትዮጵያ ክሕዙ ስለ ዝጀመሩ፣ እቲ ናይ ሕብረት ሓሳብ ሚዛንን ክብደትን ክውስኽ ተራእየ። ፊታ. ገብረመስቀል፣ ብ1907 ካብ ፍሉጣት ስድራ ቤት ጸንዓ ደግለ ዝተወለዱ፣ ኣብ ናይ ከረን ጀናዝዮ ትምህርቶም ምስ ወድኡ ኣብ ሱዳንን ሮማን ዝሰልጠኑ፣ ካብቶም ናይ'ቲ ጊዜ ፈላጣትን ሰብ ሰፊሕ ተመኩሮን ነበሩ። ብግርህናን ቅንዕናን እምበር ብሓሶትን ስርቅን ዘይፍለጡ ብምንባሮም ከኣ ኢዮ ንማሕበር ፍቕሪ ሃገር ብሓላፍነት ክመርሑ ብበጾቶም ዝተመርጹ።[24]

ናይ ፊታውራሪ ገብረመስቀል ናብ ደምበ ኢትዮጵያ ምስጋር፣ ከም ሓደ ካብቲ ዝዓበየ ፍጻሜታት ናይ'ቲ ጊዜ ይውሰድ። ምኽንያቱ ድማ ከም ናይ'ቲ እዋን ፈላጥን ምሁርን ፕረሲደንት ማ.ፍ.ሃ.ን ጽልዋኦም ሰፊሕን ኣገዳስን ብምንባሩ

22. Trevaskis, p. 60.
23. Contemporary Politics , p. 5.
24. ወልደኣብ ወልደማርያም፣ 1987።

ኢዩ። ካብ መንን'ቶም ምስኦም ነዚ ፖለቲካዊ መስመር'ዚ ዝሓዙ፡ ከም ደግያት ሓጐስ ገብረ፡ ፊታውራሪ ሓረጎት ኣባይ፡ ብላታ ደምሳሰ ወልደሚካኤል፡ ፊታውራሪ ሓድጉ ጊላጋብርን ብምሉኦም ደቂ ራእሲ በራኽን ዝመሰሉ፡ ዓበይቲ ኣማሓደርቲ ህዝብን ዳያኑን ነጋዶን ናይ'ቲ እዋን ይርከቡዎም። እዚኣቶም ብምሉኦም ኣባላት ማ.ፍ.ሃ. ስለ ዝነበሩ ድማ፡ እታ ማሕበር ጸኒሓ ኣብ ኣገልግሎት ኢትዮጵያ ንኽትውዕል ኣኽኣሉዋ።

ኣብ 1943 ኣቢሉ፡ እዚ ኣንፈት'ዚ ይንበር እምበር፡ ክንድ'ቲ ግሁድን ዓብላልን ወይ ሓይሊ ዝነበሮን ኣይነበረን። ከምቲ ኣቐዲሙ ዝተገልጸ፡ እቲ ኣንፈት ናበይ ገጹ ከም ዘምርሕ፡ ሕብረት ምስ ኢትዮጵያ ከመይ ዝመሰለ ሳዕቤናት ሒዙ ክመጽእ ከም ዝኽእል ዝሓሰበን ዝመዘነን ዝነበሮም'ውን ኣይመስልን። ፊታ. ገብረመስቀል ካብ ክቱር ጽልኢ ጸዓዱ፡ "ዑቕባ ኢትዮጵያ ይሓይሽ" ዝብል መበገሲ ከም ዝነበሮም ኢዩ ብኹሉ ዝግለጽ።[25] ኣብ ገለ ሰባት፡ "ንኢትዮጵያ ርእሳ ስለ ዝኾነትና ንዓና ዝያዳ ትብጽሓና..." ዝብል ስምዒት ከም ዝነበረ ይዝንቶ። ክንድ'ቲ ዝኣኽሉ ዓበይትን መሳፍንትን'ቲ ጊዜ ጸግዒ ኢትዮጵያ ዝሓዙ፡ መንግስቲ ኢጣልያ ብፍላይ ኣብ ሓማሴን መሬት ብምድያስ ርስትን ጉልትን ብዙሓት መሳፍንቲ ኣትሪፉ ስለ ዝነበረ፡ መንግስቲ ኢትዮጵያ ኸኣ፡ "ርስትን ጉልትን ናብ ዋናታቱ ምምላስ" ዝብል ጭርሖ ኣብ መላእ ኤርትራ ትነዝሕ ስለ ዝነበረት፡ ነዚ ንኽምልሱ ኢዩ..." እውን ይብሃል ኢዩ።[26]

ኣብ 1943 እምበኣር፡ ንኢትዮጵያ ዝውድስ ፕሮፖጋንዳ ጸዓቕን ዓብለለን። እዚ፡ ንጣልያንን እንግሊዝን ጥራይ ዘይኮነ ኣዕራብን ጀበርትን'ውን ቁጠባ ሃገር ስለ ዝዓብለሉ ከም ጸላእቲ ዘቕርብ ነበረ። ኢትዮጵያ፡ "ሓበሻ ዝነግሰላ፣ ኤውሮጳዊ ዝደነላ፣ ዓረብ ይኹን ኣስላማይ ካብ ቊጽጽር ዘይወጸላ ሃገር'ያ" ዝብል ስብከት ፈቐድኡ ተሰምዐ ጥራይ ዘይኮነ ኣብ መናድቕ'ውን ተለጠፈ። እዚ፡ ብቤተ ክህነት ተዋህዶ ዝተመረቐ ብመሰረቱ ሃይማኖታውን ሓደገኛን ስብከት'ዚ ነቲ ኣብ ደረት ቅብጸት ተንጠልጢሉ ዝነበረን ብሸቕለት ኣልቦነት ዝተጸገመን ተስፋ ዝቑረጸን ክስሕብ ግድነት ነበረ። ኣብ መንጎ እዚኣቶም ዓው ዓው ንኽብሉ ይኹን ነገርን ህውከትን ንኽላዕሉ ድሕር ዘይብሉ ብሸቕለት ኣልቦነት ዝሳቐዩ ኤርትራውያንን ንረብሓ ኢትዮጵያ ነገር ዝቕስቅሱ ኢትዮጵያውያን ነበርቲ ኤርትራን'ውን ነበሩዎም። በዚ ምኽንያት'ዚ ኸኣ፡ ቊጽሮም ካብቲ ሓቀኛ ዓቕሙ ንላዕሊ ክመስል ከኣለ። እዚ ኣብ ከተማ ክኸውን እንከሎ፡ ህዝቢ ገጠር ከበሳታት ኤርትራ ብሰብከታት ኣቐሸሸቱን ንኢትዮጵያ ዘይምስዓብ ከምጽኣሉ ብዝኽእል መንፈሳዊ ጸቕጥታትን'ኳ ሰኸኽ ይብል እንተ ነበረ፡ ኣብ'ቲ ፈለማስ በቲ ናይ ከተማ ፖለቲካ ይጽሎ ነይሩ ኢልካ ንምዝራብ ዘኽእል ኣንፈት ኣየርኣየን።

25. ንኣብነት ቃለ መጠይቕ ምስ ወልደኣብ ወልደማርያም፡ ኣሰፍሃ ወልደሚካኤል ርአ።
26. ጨ/ምርምር፡ ህ.ግ.ሓ.ኤ.፡ 1984።

ምብግጋስ ሃገራዊ ቃልሲ ንናጽነት
ምቅልቃል መሪሕነት ኢብራሂም ሱልጣን

ኣብ ምጅማር ኣርብዓታት፡ ደለይቲ ናጽነት ዝኾኑ ኤርትራውያን ነቲ ጊዜ ብዘግባእ ስለ ዘይተጠቐሙሉ ከም ዝተቐደሙ ኣሚትና ኣለና። ነቲ ተበግሶ፡ ኢትዮጵያ ኢያ መንጢላቶ። ዘበን ድንግርግርን ጉያን ስለ ዝነበረ ድማ፡ ነቲ ኢትዮጵያን ሰዓብታ ኤርትራውያንን ዝረኸቡዎ ጉንፆ (advantage) ኣርኪብካ ምስናፉ፡ ሓምሳ ዓመት ዝወሰድ ጻዕርን መስዋእትትን ዝጠለበ ቃልሲ ክኸውን ክኢሉ።

ስለምንታይ ከምኡ ኾይኑ፧ ካብ 1941 ክሳብ መወዳእታ 1943፡ ፖለቲካ ኢትዮጵያ ብፍላይ ኣብ ከበሳታት ክንዛሕን ክዝርጋሕን እንከሎ፡ እቲ ሃገራዊ ሸነኽ እንታይ ይገብር ነይሩ፧ ከምቲ ኣቶ ወልደኣብ ዝበሉዎ፡ "ተገሪሁ" ንማ.ፍ.ሃ. ኣጥፊኡዋ እንተ ኾይኑ፡ ስለምንታይ ኢዩ ተገሪሁ፧

እዚ ዝብሃል ዘሎ ጊዜ፡ እቲ ምዕራባዊ ቀላታት ብሸፍትነት ዓሊ ሙንጣዝ፡ ሳሕል ድማ ብምልዕዓል ትግረ ኣንጻር ሸማግለ ዝህወጸሉ ዝነበረ ኢዩ። እዚ ዳሕረዋይ፡ ቀሊል ቃልሲ ኣይነበረን። ናይ ሑመድ ሸንጡብ ባእሲ ምስ ጉይታኡን ዝሰዓበ ዕግርግርን ነቲ ጉዳይ ዝወልዐ'ምበር፡ ቀንዲ ጠንቅን መበገሲን ኣይነበረን። ውጽኢት ናይ ሓደ ነዊሕ ዘመን ዝጸንሐ፡ ብዙሕ ዘሰሓሓበን እቶም ተለዓዓልቲ ፍጹም ክድምሰሰሎም ዝጽዕሩሉ ዝነበሩን ምንጨ ጭቈናኦምን ሕማቕ መነባብሮኦምን ስለ ዝነበረ ድማ፡ ኣስታት ትሽዓተ ዕስሪት ህዝቢ ትግረ ዝሰዓቦ ኢዩ ነይሩ።

እቶም ደሓር መራሒ ናይ'ዚ ምንቅስቓስ'ዚ ዝኾኑ ሸኽ ኢብራሂም ሱልጣን ዓሊ፡ ፖለቲካዊ መንቋሕቋሕታኦም ኣብ ውሽጢ ቃልሲ ትግረ ከም ዝረኸቡ ይገልጹ። ፖለቲካ ኸኣ ይብሉ፡-

> ቀደም ቁልዓ እንከለኹ ምስ ትግረ እየ ጀሚረያ። እቶም ሸማግለ (ጸን ዓት) የዋርዱና ስለ ዝነበሩ፡ ነቲ ውርደት እጸልእ ነይረ። ንዓና፡ ረሳሕ ጸርፍታት ቅምቅም (ንኣሽቱ ሓሳኹ) ኢሎም ይጽውዑና። ከም ሰብ ኣይቈጽሩናን ነይሮም። ጓልና ይምርዓዉዋ፡ ጓሎም ኣይህቡናን፡ ሃብትናን ህይወትናን ኣብ ትሕቲ ኢዶም ኢዩ...። ነታብ ቀልዓ ክወልዱ እንከለዉ፡ ገና እቲ ዕትብቲ ከይተቖርጸ ኸሎ፡ ሓደ ኹቡቶም ትግረ የምጽኡ'ሞ ኣብ ቅድሚኡ ይቖረጽ። ስለዚ፡ እቲ ትግረ ባርያ ናይቲ ቁልዓ ይኸውን... ንሕና ነዚ ውርደት ንጸልእ ኔርና።

እዚ ሸኽ ኢብራሂም ዝተዛረቡሉ ውርደትን ጽልኣትን፡ በቲ ዝድለ ቅልጣፈ ናብ ሓደ ሰፊሕ ሃገራዊ ፖለቲካዊ ምንቅስቓስ ኣይተለወጠን። ከምኡ ዝኾነሉ ዓቢ ምኽንያት ስእነት ጥርናፈን መሪሕነትን'ኳ እንተ ነበረ፡ ተግባራትን ምትእትታውን ምምሕዳር ብሪጣንያ'ውን እጃም ነይሩዎ ኢዩ። ካብ መፈለምታን ብመሰረቱን፡

እንግሊዝ ኣብ ልዕሊ'ቲ ብእስልምና ዝኣምን ክፋል ህዝቢ ኤርትራ ዝነበሮ ገምጋም መግዛእታውን ናይ ንዕቀትን ኢዩ ዝነበረ። ብዛዕባ ኩነታት እስላም ኤርትራውያን ኣብ ምጅማር ኣርብዓታት ዝድህሰስ ሓደ ጽሑፍ ንኣብነት፣ "እስላም ኤርትራ ፖለቲካዊ ኣረኣእያኦም ገና ኣየነጸሩን ዘለዉ..." ክብል ጸኒሑ፣ ግምጥል ኢሉ፣ "ኣብ'ዚ ጊዜ'ዚ፣ እስላም ኣዎንታዊ ኣረኣእያ ኣለዎም ኢልካ ምሕሳብ ዘይከኣል ኢዩ..." ኸኣ ይብል። ልቅብ ኣቢሉ እቲ ጽሑፍ ከምዚ ዝስዕብ ይብል፡-

> ብዘይ ጥርጥር፣ ዝያዳ ዝተራቐቑ ሰባት ብሕጂ ክመጹ ኢዮም። ነቲ ብተጎራብትቲ እስላማውያን ህዝብታት ዝምረጽ ናይ ፖለቲካ ሓሳባት ክቕበሉ ስለዝኾኑ ድማ፣ (ኤርትራ) ምስ ሱዳን ክትሓብር ወይ ኣባል ናይ ዓረባዊ ወይ እስላማዊ ሕብረት ክትከውን ዝብል ጠለባት ክቐርብ ኢዩ። ንጊዜኡ ግን፣ ናይ እስላም ኣረኣእያ ብመሰረቱ ኣሉታዊ፣ ማለት ድማ፣ ንዝኾነ ዓይነት 'ኢትዮጵያዊ ክርስትያናዊ መንግስቲ' ዝቃወም......ኮይኑ ንረኽቦ።[27]

ትንታነኡ ብምቕጻል፣ እቲ ጽሑፍ እስላም ኤርትራውያን ነቲ ብስም "ትግራይ-ትግርኚ" ንሓጺር ጊዜ ተቐልቂሉ ዝነበረ ምንቅስቓስ ደቂ ከበሳ'ውን ማዕረ'ቲ ኢትዮጵያዊ መንግስቲ ከም ዝጸጉዎ ድሕሪ ምጥቃስ ከም'ዚ ይብል፡-

> ካብ ርእይቶታት መራሕቲ ቀቢላታት ከም እንርድኦ፣ ሎሚ ኤርትራውያን እስላም ኣብቲ ናይ ኢትዮጵያ ሃገራውያን ከስዕቡሎም ዝኽእሉ ሓደጋ ጥራይ ኢዮም ዘተኩሩ ዘለዉ። በዚ ምኽንያት'ዚ ድማ፣ መጻኢ መደባቶም ብዘየገድስ፣ ምስ ሃገራውያን ትግርኛ ክመሓዘዉ ድሉዋት ኢዮም ዘለዉ። ካብ ንመሓዙቶም ግን፣ ግዝኣት ብሪጣንያ ንዕኦም (ንእስላም) ኢዩ ዝያዳ ሰሓቢ ዝመስል ዘሎ፣ እዚ ድማ፣ ብሪጣንያውያን ነዊሕ ናይ እስላማውያን ሃገራት ልምዲ ከም ዘለዎም ስለ ዝፈልጡ፣ ኣብ ኢዶምስ ኣይክኸፍኣናን ኢዩ ኢሎም ስለ ዝኣምኑ ኢዩ።[28]

እዚ ጥቕስታት ከም ዝሕብሮ፣ ወተሃደራዊ ምምሕዳር ብሪጣንያ ነቲ ንእስላምን ክርስትያንን ኤርትራውያን ይፈላልዮም ይኽውን'ዩ ዝበሎ ነጥብታት ኢዩ ዘጉልሕ ዝነበረ። ረብሓ እስላም ምስ ብሪጣንያ ኢዩ ንዝብል መርገጺኦም ዝጸቕጡሉ ዝነበሩ፣ እምነ ኩርናዕ ናይ'ቲ ኣቐዲሞም'ውን ተሊሞሞ ዝነበሩ ምምቃል ኤርትራ ናብ ሱዳንን ኢትዮጵያን ንክኾናም ምዃኑ'ውን ኣየካትዕን። እዚ ክብሃል ከሎ ግን፣ ካብ ምምላስ ግዝኣት ኢጣልያን ምጽንባር ናብ ኢትዮጵያን፣ እስላም ኤርትራውያን ኣብ ትሕቲ ግዝኣት ብሪጣንያ ምጽናሕ ኣይመርጹን ነይሮም ማለት ኣይኮነን። እቲ ናይ ላዕሊ ጥቕሲ ከም ዘብርሆ ድማ፣ ኣብ'ዚ ምርጫ'ዚ፣ ምስ ደለይቲ ናጽነት ዝኾኑ ክርስትያን ደቂ ከበሳ፣ ኣብ ትሕቲ ብሪጣንያ ጸኒሕካ ናብ ናጽነት ናይ ምስግጋር ሓባራውን መበገስን ድሌት ነይሩዎም ኢዩ።

27. Contemporary Politics, p. 9.
28. Ibid., p. 9.

ሓደ ካብቲ በዚ መግዛእታዊ ኣረኣእያን ዝንባለን ምምሕዳር ብሪጣንያ ዝተዓናቐፈ መስርሓት፡ ቃልሲ ትግረ ኣንጻር ሽማግለ ኢዩ። ብሪጣንያዊ ኣመሓዳሪ ስቲቨን ሎንግሪግ፡ ፍታሕ ሽግር ትግረ ሰፊሕ መጽናዕቲ ከም ዘድልዮ ካብ 1943 ኣትሒዙ ይእምት ነይሩ ኢዩ። በዚ መሰረት ድማ፡ ከም ትረቫስኪስ ዝመሰሉ ሰበ ስልጣንን ተመራመርትን፡ ንኣቃውማ፡ ጂኦግራፍያዊ ዝርጋሐን ባህልን ልምድን ቀቢላታት ትግረ ብዝርዝር ዝሰርዕ ደቂቕ መጽናዕቲ ኣካየዱ። ጸኒሕና ከም እንርእዮ፡ ዕላማ ናይ'ቲ መጽናዕቲ፡ ነቲ ዛጊት ድልዱል ዝነበረ ሓይልን ስልጣንን ሽማግለ በታቲንካ፡ ናብ መራሕቲ ንኣሽቱ ቀቢላታት ምምሕልላፉ ነበረ። እዚ ሓሳብ'ዚ ብቐንዱ እንግሊዝ ዘምጽእ'ኳ እንተ ነበረ፡ ጽልኣት ጭቁና ሽማግለ ዝነበሮ ዝበዝሐ ህዝቢ ትግረ እናተቐበሎን እናሰዓቦን ከም ዝኸደ ይንገር።[29] ትሬቫስኪስ ባዕሉ፡ እቲ ሓሳብ ይኹን እቲ ዝርዝር ወለዶ ናይ ምጽብጻብን ምጽራይን መስርሕ ንኽዕወት፡ ሸኽ ኢብራሂም ሱልጣን ዓቢ እጃም ከም ዘወፈዩ ይገልጽ።[30]

እቲ ለውጢ ቀልጢፉ ኣይተተግበረን። መስርሑ ነዊሕ ስለ ዝነበረ፡ ክሳብ 1949 እውን ጸኒሑ ኢዩ። ውጽኢት ናይ'ቲ ከም "ፍታሕ" ዝቐረበ ሓዲሽ ኣወዳድባ ግን ንሓዋሩ ንሓድነት ህዝቢ ኤርትራን ናይ ናጽነት ቃልሱን ዝሃሰ ኾነ። እቲ ዝተወጠነ ምስግጋር ወይ ምምቕራሕ ሓላፍነት፡ ክንዲ ንባህሪ ናይቲ ቃልሲ ኣንጸባሪቑ ሱር መስፍንነት ዝነቕል፡ ነቲ ዝነበረ ጥርናፈ በቲኑ፡ ስልጣን ናብ መራሕቲ ቀቢላታት ዘመሓላልፍ ነበረ። ኣብ ትሕቲ ሓደ መስፍን ተጠሚረን ናይ ሓባር ቃልሲ ዘካይዳ ዝነበራ ቀቢላታት ፋሕ ኢለን ኣብ ነናይ ውሽጢ ጉዳየን ንኽድህባ ወይ ንሓድሕደን ንኽጠማምታ ዘተባብዕ'ውን ኢዩ ነይሩ።

ሓደገኛነት ናይ'ዚ ሓሳብ'ዚ ግን፡ በቲ ህዝቢ ትግረ ካብ ግዝኣት ቤት ኣስገደ፡ ናታብ ቤኒ ዓምር፡ ዓድ ሸክን ዓድ ሹምን ወዘተ.፡ ንምልቓቕ ዝነበሮ ክቱር ህርፋን ተዓብሊሉ፡ ቀልጢፉ ክምመ ኣይተኻእለን። ከምቲ ዝተገልጸ ኸኣ፡ ኢብራሂም ሱልጣን ባዕሎም ኣብ ምጽራይ ዶብን መበቈልን ቀቢላታት ዓቢ ተራ ተጻወቱ።

ኢብራሂም ሱልጣን፡ ካብቲ ዘዋዓዋዕ ዝነበረ ሃገራዊ ፖሊቲካዊ ቃልሲ'ውን ኣይረሓቑን። ካብቶም ቀንዲ መስረትትን መራሕትን ናይ ማሕበር ፍቕሪ ሃገር ብምዃን ከኣ ነቲ ኣብ መንጎ ቃልሲ ህዝቢ ትግረን ዝጅምሩዎ ዝነበሩ ሃገራዊ ቃልሲ ንናጽነትን ከም ድልድልን መራኸብን ከገልግሉ ጀመሩ። ካብ ንእስነቶም ጀሚሮም ጽልኢ ናይ ጸዓዱን መሳፍንትን ዘሕደሩ፡ ብሰንኪ'ዚ ጽልእ'ዚ ኸኣ ብዙሕ ዝተሳቐዩ ኢዮም ነይሮም። ኢጣልያ ንኢትዮጵያ ምስ ወረረታ "ፋሽሽት ጥልያን ንሓንቲ ናጻ ዝነበረት ኣፍሪቃዊት ሃገር ወሪሮም" ኢሎም ምስ ኣዕሩኽቶም ክዛረቡ ስለ ዝተሰምዑ ከም ዝተታሕዙ፡ በዚኣ ኣሳቢቦምን ካልእ ምኽንያት ምሂዞምን ከኣ ጣልያን ካብ ኣቑርደት ናብ ደቡብ ደንከል ከም ዝሓየሩዎም....

29. ሸኽ ዑመር ናሽፍ፡ ቃለ መጠይቕ፡ ከሰላ፡ 1987።
30. Trevaskis, p. 72.

ባዕሎም ይዛረቡ።[31] ስለዚ ኢብራሂም ሱልጣን ተመኩሮ ቃልሲ ኣንጻር ሸማግለን ርሱንን ሃገራዊን ጽልኢ ንባዕዳዊ መግዛእትን ሒዞም ዝመጹ ኣገዳሲ መራሒ ኢዮም ነይሮም።

ምንቅስቓስ ትግራይ ትግርኚ

እዚ ኹሉ ኣብ መታሕት እናተኻየደ እንከሎ፡ ኤርትራዊ ሃገራዊ ቃልሲ ኣብ ከበሳታት ኤርትራ ከመይ ዝመሰለ መልክዕ ይሕዝ ነይሩ፧ ኣብዚ፡ እቲ ታሪኽ ቀ-ሩብ ይደናገርን ናይ ጽሑፍ ሓበሬታ ይሰኣኖን ኢዩ። ካብትን ካብትን ዝተኣኻኸበ ጭርምራም ሐበሬታታት ሰሪዕካ ግን ሓደ ስእሊ ክርከብ ይክኣል። ነዚ ንምግባር፡ ክልተ ኣገደስቲ ፍጻሜታት ኣብ ግምት ከነእቱ የድሊ። ቀዳማይ፡ ብ1935 ኢጣልያ ንኢትዮጵያ ምስ ወረረታ፡ ንትግራይን ንኤርትራን ኣብ ሓደ ኣሰመራ ዝማእከሉ ምምሕዳር ምጥማሩ ክኸውን እንከሎ፡ እቲ ኻልኣይ ድማ ኣብ 1943 ንመላእ ትግራይ ዘናወጸ፡ ብብላታ ሃይለማርያም ረዳ ዝምራሕ ናይ ወያነ ምልዕዓል ምኽያዱ ኢዩ። እዚ ክልተ ዓበይቲ ፍጻሜታት'ዚ፡ ንሃገራዊ ቃልሲ ኤርትራ ጸልዩ ነይሩ ኢዩ። ብኸመይ፧

ጸኒሖም ዋና ጸሓፊ ማሕበር ኤርትራ ንኤርትራውያን (Liberal Progressive Party ወይ ሊበራላዊ ገስጋሲ ሰልፊ-ሊ.ገ.ሰ.) ዝኾኑ፡ ግራዝማች ሰዩም መዓሾ፡ ኣብ ምጅማር ኣርብዓታትን እዋን ምልዕዓል ወያነን ኣብ ትግራይ ዝነግዱ ዝነበሩ ኢዮም። ንሶም ከም ዝብልዎ፡ ሓይልታት ብሪጣንያ ንኤርትራ ሒዞም፡ ብትግራይ ኣቢሎም ናብ ኣዲስ ኣበባ ይግስግሱሉ ኣብ ዝነበሩ እዋን፡ ብዙሕ ተስፋ ዝህብ መንሹራት ይዝርግሑ ስለ ዝነበሩ፡ ኣብ ትግራይ ሓደ ናይ ሓርነት ስምዒት ሰፊኑ ነበረ። እቲ ናብ ምልዕዓል ወያነ ዘምርሐ ሰፊሕ ምንቅስቓስ ተጋሩ ድማ ኣብ'ዚ እዋን'ዚ ዝተበገሰ ኢዩ።

ኣብ 1943፡ መንግስቲ ኢትዮጵያ ገና ኣደልዲሉ ኣይቈመን ዝነበረ። እንግሊዝ ሙብጽዓታቱ ሰይሩ ንጣልያን ክሽይምን ቦታኦም ከጣጥሕን ምስ ጀመረ ድማ፡ ይብሉ ግራዝማች ሰዩም፡ ምስ ብዙሓት ግዝኣት ሃይለስላሴ ዘይመርጹ ዓበይቲ ትግራይ ዝርርብን ናይ ውሽጢ ውሽጢ ስራሕን ተጀመረ። ሓደ ኻብቶም ናይ ምስጢር ተንቀሳቐስቲ ባዕሎም ምንባሮም እውን ይገልጹ።

መበገሲ ናይ'ቲ ርኹብ ግን ሓደ ብትግራይን ብኸበሳ ኤርትራን ወይ ብመላእ ኤርትራን ዝቐመ ውሁድ ኣካል ንምምስራት ከም ዘይነበረ ግራዝማች ሰዩም የረድኡ። ኣብ ኤርትራ ማሕበር ፍቕሪ ሃገር ክቐውም እንከሎ ኸኣ ይብሉ፡

> ....ንሕና ምስቶም ኣብ ኣዲስ ኣበባ፡ ኣብ ዓድዋን መቐለን ዝነበሩ ዓበይቲ ተጋሩ፡ ብቕድም ኣትሒዞም ምስ መግዛእቲ ኢትዮጵያ ስለ ስምምዕ ዘይነበሮም፡ ብነፍስና ክንሓድር ዝብል ሓሳብ'ውን ስለ ዝነበሮም፡ ምሳታቶም ንዘራረብ ነይርና።

31. ኢብራሂም ሱልጣን፡ ቃለ መጠይቕ፡ ካይሮ 1982።

ካብ ተጋሩ ብምንታይ ንሓምቕ ኢልና ኢና ኸእ ነቲ ርኩብ ዝፈለምናየ። እዚ ክንገብር ከለና ግን፡ ምስ ኢትዮጵያ ክንሕወስ ኢልና ኣይኮንናን፡ ንሳቶም'ውን ምስ ኤርትራ ክሕወሱ ኢሎም ኣይኮኑን ዝረኸቡና ዝነበሩ። ክልቴና ቡብነፍስና ክንሓድር እንተ ኢልና ዘይከውን ኢዩ፣ ስለዚ፡ ሓደ ኣካል ክንከውን ኢና ዝብል ስብከት ንግበር መታን ሓይሊ ክንረክብ፡' ዝብል'ዩ ሓሳባትና ዝነበረ። ብዛዕባ'ዚ ኣነ ባዕለይ ምስ በዓል ብላታ ኪዳነማርያም ኣበራን ሻለቃ ካሳ ዝተባህሉን እዘራረብ ነይረ እየ።

ብመሰረት ሓበሬታ ግራዝማች ስዩም እምበኣር፡ እቲ ብስም "ትግራይ-ትግርኚ" ዝፍለጥ ምንቅስቓስ ስልታዊ ዝነበረ ኢዩ ዝመስል። ብወገን ኤርትራ፡ መራሕቲ ናይ'ዚ ምንቅስቓስ'ዚ፡ እቶም ጸኒሖም ራእሲ ዝኾኑ ደግያት ተሰማ ኣስበሮምን ወዶም ኣብርሃን ክኾኑ እንከለዉ፡ ደገፍ ናይ ዝበዝሑ ሹማምንቲ ኣከለጉዛይ ነበሮም። ካብ ሓሳብን ድሌትን ሓሊፎም ግን፡ እዞም ኤርትራውያን መራሕቲ ክሳብ ክንደየናይ ንሕብረት ምስ ትግራይ ከም ዝጸዓሩ ዘረድእ ጭቡጥ ስጉምትታት ምጥቃስ የሸግር። ገብሩ ታረቀ ዝተባህለ፡ ብዛዕባ ምልዕዓል ወያነ ኣስፊሑ ዝጸሓፈ ኢትዮጵያዊ ተመራማሪ፡ ንኣብነት፡ ካብ ኤርትራ ዝነቐለ ናይ "ዓባይ ትግራይ" ሓሳባት ተቐላቒሉ ከም ዝነበረን፡ ንገለ እዋን ከኣ ኣመሓደርቲ ብሪጣንያ ከም ዝደገፉዎን ካብ ምግላጽ ሓሊፉ ዝዘርዘሮ ካልእ ጭብጥታት ኣይርከብን።[32]

ሰነዳት ብሪጣንያ'ውን፡ ብዛዕባ "ትግራይ-ትግርኚ" ንዘሎ ስእነት ሓበሬታ ክሀብትም ዝኽእል ቁም ነገር ዘለዎ ጭብጥታት ኣይህብን። ኣብ'ታ Contemporary Politics እትብል ናይ'ቲ እዋን ጽሕፍቲ፡ ካብ 1942-1944፡ ናይ "ትግርኛ ሃገራውነት" ኣብ ኤርትራ ገርጊሩ ከም ዝነበረ ይገልጽ። ግን "ጽልኣት ልዕልነት ሸዋ" ዘበገሶ ብምንባሩ፡ "ዓቃባውን ድሑርን" (conservative and reactionary) ኢዩ ድሕሪ ምባል፡ መራሕቲ እቲ ምንቅስቓስ ሓገዝ ብሪጣንያ ንረክብ ንኸውን ኢና ዝብል ግጉይ ተስፋ ከም ዝነበሮም ይገልጽ። ብዝኾነ፡ እዚ ናብ ትግራይ ዘቐንዐ ኣረኣእያ፡ ኣብ ምውዳእ 1943፡ ማለት'ውን፡ ምልዕዓል ወያነ ብሓገዝ ምምሕዳር ብሪጣንያ ብዓወት መንግስቲ ኢትዮጵያ ምስ ተደምደመ፡ ተዳኺሙ።

ሰነዳት ብሪጣንያ፡ ን"ትግራይ-ትግርኚ" ጥራይ ዘይኮነ፡ ነቶም "ተገንጸልቲ" (separatists) ዝጠመቖም ናጽነት ኤርትራ ጥራይ ዝሓተ ዝነበሩ ዜጋታት'ውን ብምቅንጻብ ይዛረበሎም። ነዚኣቶም፡ "ብዘይካ ጽልኣት ሸዋ፡ ካልእ ናይ ሓባር ረብሓ ዘይብሎም፡ እኩባት ናይ ዝተፈላለየ ኣረኣእያ ኢዮም፡" ይብሎም። ጽላል ብሪጣንያ ዝሓቱ ድማ፡ ንግዚኡ፡ ክሳብ ዝጥጥሑም እምበር፡ ንነባርነት ከም ዘይኮነ የነጽር። እዚ ምንቅስቓስ'ዚ፡ "ዓቃባውን ዝሕትል ዝበለን" ዝኾነሉ ምኽንያት ከረድእ ከሎ እቲ ሰነድ፡ ቀንዲ ዕላማኡ ነቲ ዝነበረ ኩነታት፡ ማለት ንግዝኣት እንግሊዝ ምዕቃብ ስለ ዝነበረ፡ ብናህሪ ንኽዓቢ ኣይተደረኸን። ንሓደ ህሉው ኩነታት "ክድምሰስ ዘይተላዕለ ሰውራዊ ወገን" ክዓቢ ስለ ዘይክእል ድማ፡

32. Gebru Tareke, p. 103.

"ዓቃባውነቱን ዝሕቱል ምዕባለኡን" ክም ዘየገርም እቲ ሰነድ ይድምድም። በረኣእያ እንግሊዝ፡ "ሰውራዊ" ዝተጠመቐ እቲ ሕብረት ዝሓተተ፡ "ዓቃባውን ድሑርን" ድማ እቲ ናጽነት ኤርትራ ዝሓተተ ምንባሩ ምግንዛብ የድሊ።[33]

ኣብ'ዚ መቸም፡ ሓደ ኣዝዩ ብሩህ ነገር ኣሎ። እቲ ንናጽነት ዝሓትት ዝነበረ ወገናት ኤርትራ፡ በቲ ዝተሓተ ደረጃ'ኳ ውህደት ኣይነበሮን። ሰለስተ ኣንፈት፡ ማለት፡ ናይ መታሕት ንበይኑ፡ ናይ ከበሳ ድማ ኣብ ክልተ ተኸፊሉ ኢዩ ዝርከብ ዝነበረ። እዚ ዳሕረዋይ ኣብ ክልተ ዝኾነሉ ምኽንያት፡ ኣብ ውሽጡ ጣልያን ብመጉዚትነት ይመለስ ዝብል፡ ጸኒሑ ዝቐልቀል ዝንባለ ሓቝፉ ተበጊሱ ብምንባሩ ኢዩ። ናይ ወተሃደራዊ ምምሕዳር ብሪጣንያ ገምጋምን ትንታነን'ኳ ካብ ገዛእ ረብሓኡ ስለ ዝብገስ ምሉእ ተቐባልነት እንተ ዘይብሉ፡ ብሓቂ ግን እቲ ናይ ናጽነት ቃልሲ ዝተበታተነን ኣዝዩ ድኹምን ምንባሩ ዘካትዕ ኣይኮነን። ብኣንጻር'ዚ፡ ብምኽንያት ናይ'ቲ ካብ ኢትዮጵያ ዝውሃቦ ዝነበረ ሓገዝን ምድፍፋእን፡ እቲ ናይ ሕብረት ምንቅስቓስ ሓደ ሰረት ዝኾኖ መንጸፍስ የንጽፍ ነይሩ ኢዩ።

33. Contemporary Politics, p. 8-9.

ምዕራፍ 5

ድሮ ምምስራት ፖለቲካዊ ሰልፍታት

ኩነታት ራእሲ ተሰማን ሰዓብቶምን

ኣቐዲሙ ከም ዝተራእየ፡ ኣብ ወርሒ ጥቅምቲ 1943፡ ብሪጣንያዊ ኣማሓዳሪ ኤርትራ፡ ብሪጋደር ስቲቨን ሎንግሪግ፡ ኣብ ዓዲ ቐይሕ ኣብ ዝተኻየደ ኤግዚቢሽን ምህርቲ ሕርሻ ተሳተፈ። ኣብዚ፡ ብዙሓት ዓበይቲ ዓዲ፡ መራሕቲ ሃይማኖትን ደቀባት ሰበ ስልጣንን ስለ ዝተረኽቡ፡ እቲ ምርኢት ሰፊሕ ጉዳይ ነበረ። ሎንግሪግ፡ ነዚ ኣጋጣሚ'ዚ ተጠቒሙ ካብ'ቲ ዕለት'ቲ ጀሚሮም፡ ኤርትራውያን ብዛዕባ ፖለቲካዊ ጉዳይ ሃገሮም ክዝትዩን ብዝተወደበ ኣገባብ'ውን ኣብ'ቲ ብዛዕባ መጻኢ ዕድላ ዝግበር ክትዓት ርእይቶኦም ክቕርቡን ከም ዝተፈቕደ ገለጸ።

ወተሃደራዊ ምምሕዳር ብሪጣንያ ኣቐዲሙ፡ ማለት ካብ ምጅማር 1942 ኣትሒዙ፡ ሓደ ብቛንቋታት ትግርኛን ዓረብን ዝወጽእ፡ ኤርትራውያን ርእይቶኦም

ራእሲ ተሰማ ኣስበሮም

ዝገልጹሉ ጋዜጣ ንኽሕተም ፈቒዱ ነይሩ ኢዩ። ኣብ'ዚ ፈለማ ጊዜ ግን፡ እቲ ጋዜጣ ንመጻኢ ዕድል ኤርትራ ዝምልከት ወይ ንምምሕዳር ብሪጣንያ ዝነቕፍ ጽሑፍ ኣብ ዓምድታቱ ንኽሰፍር ይፍቀደሉ ኣይነበረን። ብዛዕባ ትምህርቲ፡ ስነ ምግባርን ባህልን ግን ዘኾነ ርእይቶ ንኽሕትም ክፉት ዕድል ተዋህቦ። ከምዚ ኢሉ፡ ናይ "ኤርትራ ሰሙናዊ ጋዜጣ" ተጀመረ። ኣቶ ወልደኣብ ወልደማርያም ናይ ትግርኛ፡ ኣቶ ማሕሙድ ኢራባዕ ድማ ናይ ዓረብ ክፋላቱ ሓለፍቲ ኾኑ ኾኑ።

ሸሕ'ኳ ብዙሓት ኤርትራውያን በዚ መሰሎም'ዚ ተጠቒሞም ሓሳባቶም እንተፍሰሱ፡ ቀልጢፎም ናብ ዝኾነ ፖለቲካዊ ክትዕ ኣይኣተዉን። ኣማቲ ሓሳባት፡ ግጥምታት፡ ጽውጽዋያትን ምዕዶታትን ግን ብብዝሒ ተጻሕፈ። ብዛዕባ ኣመዓባብላ ቋንቋ ትግርኛ ንኣብነት ብዙሕ ክትዓትን ኣስተምህሮታትን ሰሚናራትን ይካየድ ነበረ። ገለ ካብ ውጽኢታቱ'ውን ኣብ ዓምድታት'ቲ ጋዜጣ ሰፊረን ተተንተነን። ኣብ ዓምድታት "ሰሙናዊ ጋዜጣ" እኳ ኣይኹን'ምበር፡ ሓደ ሓደ እዋን እዚ ክትዓት'ዚ ይረሳሰን ከም ዝነበረ ይንገር። ኣብ መንጎ'ቶም ተኻታዕቲ፡ ንቛንቋታት ግእዝን ኣምሓርኛን ኣኽቢሮም ንትግርኛ ዘነኣእሱ ብሓደ ወገን፡ ነዚ ኣትሪሮም ተቓዊሞም ክብሪ ቋንቋ ትግርኛ ከረጋግጹ ዝጽዕሩ ድማ በቲ ኻልእ ነይሮም ይብሃል ኢዩ። ጸኒሑ ኣብ መንጎ ገለ መራሕቲ ፖለቲካ ዝተራእየ ፍልልይን ቂምን ኣብ'ዚ እዋን'ዚ ዝጀመረ ከም ዝኾነ'ውን ይሕበር።[1] ኣብ መንጎ'ቶም ቀንዲ ተኻታዕቲ፡ ኣቶ ወልደኣብ ወልደማርያም፡ ደግያት ኣብርሃ ተሰማ፡ መምህር ይስሃቅ ተወልደመድህን፡ ኣቶ ባይሩ ዑቕቢት (ኣቦኣም ንተድላን)፡ ካልኦትን ይርከቡዎም ነበሩ።

እዚ ኣብ ቋንቋ ዝተመርኰሰ ምንህሃር መቸም፡ ምስቲ ኣቐዲምና ዝተዛረብናሉ፡ ኣንፈት ሕብረት ምስ ኢትዮጵያ ወይ ኣንፈት ናጽነት ኤርትራ ዝሓዘ ፖለቲካ ከይተኣሳሰረ ክተርፍ ኣይክእልን። ከም መርኣያኡ ኸኣ ንወስዶ። ብዝኾነ፡ ሎንግሪግ እቲ ናይ ዓዲ ቐይሕ ፍቓድ ምስ ኣወጀ፡ ወገን ዝፈለየ ፖለቲካዊ ንጥፈታት ንኽጅመር ማዕጾ ኣርሓወ።

ኣብ ዝሓለፈ ክፋል ከም ዝገለጽናዮ፡ እቲ ደግያት ተሰማ ኣስበሮምን ወዶም ኣብርሃ ተሰማን ዝመርሑዎን ብዝያዳ ኣብ ኣከለ ጉዛይን ገለ ክፋላት ሰራየን ዝመበገሲኡን ምንቅስቓስ "ትግራይ ትግርኚ"፡ ካብ ድሌትን ሓሳብን፡ ወይ ከምቲ ግራዝማች ሰዩም መዓሾ ዝበሉዎ ኸኣ፡ ካብ መፈራርሕን ምንጪ ጊዜያዊ ተሰማዕነትን ዝሓልፍ ጭቡጥ ሰረት ከየደልደለ ኢዩ ቅሂሙ። ሓደ ካብቲ ቐንዲ መትከላቱ፡ ማለት እቲ ቋንቋታትን ባህልን ህዝቢ ትግርኛ ምዕቃብ ዝብል ግን፡ ጸኒሑ'ውን ኣብ ፕሮግራማት ማሕበር ኤርትራ ንኤርትራውያን ሰፊሩ ክንረኽቦ ኢና።

ምስ ሰዕረት ምልዕዓል ወያነ ኣብ ቀዳማይ ክፋል ጥቅምቲ 1943 ግን፡ እቲ ናብ ትግራይ ዘዘንበለ ኣረኣእያ በዓል ደግያት ተሰማ'ውን ኣብቂዑ ክብሃል ይክኣል። ኣብቂዑ ግን፡ ፍጹም ጠፊኡ ማለት ኣይነበረን፣ እኳ ደኣ፡ እቲ ጸኒሑ

1. ቃለ መጠይቕ፡ ባሻይ ፍስሓ ወልደማርያም (ጋንዲ) ፖርትሱዳን፡ 1987።

ብስም "ኤርትራ ንኤርትራውያን" ወይ "ሊበራል ፕሮግረሲቭ ፓርቲ" ዝቖመ ፖለቲካዊ ሰልፊ፡ ኣብ'ዚ ጊዜ'ዚ ኢዩ መልክዑ ክለብስ ዝጀመረ። ምኽንያቱ፡ ደድሕሪ'ቲ ናይ ጥቕምቲ መደረ ስቲቨን ሎንግሪግ- እዚ ድማ ገለ መዓልታት ድሕሪ ስዕረት ወያነ ማለት ኢዩ፡ መራሕቲ ኣውራጃ ኣከለ ጉዛይ ንኹሎም መራሕቲ ህዝቢ ኤርትራ ኣኪቦም ብዛዕባ መጻኢ ዕድል ኤርትራ ንኽዘትዩ ዕድል ክዋሃቦም ንምምሕዳር ብሪጣንያ ሓተቱ። እቲ ምምሕዳር ግን፡ ዘይወግዓዊ ኣኼባታትን ዘተታትን ደአ'ምበር፡ ከምቲ መራሕቲ ኣከለ-ጉዛይ ዝሓተቱዎ፡ ኣኼባ ናይ ኩሎም ኤርትራውያን መራሕቲ ክግበር ከም ዘይክኣል ሓበሩ። ከም'ዚ ዝመሰለ ሰፊሕ ዋዕላ ንኽግበር ፍሉይ መንግስታዊ ፍቓድ ስለ ዘድሊ ኢዩ ዝብል ምኽንያት ከኣ ኣቕረቡ።

እዚ ብወተሃደራዊ ምምሕዳር ዝተወሰደ ናይ ምኽልካል ስጉምቲ ንቐጻሊ ግስጋሰ ደግያት ተሰማን ሰዓብቶምን ዝሃሰ ኾነ። ምኽንያቱ፡ እዚ ጊዜ'ዚ ደገፍቲ ሕብረት ምስ ኢትዮጵያ ብጋህድን ብናህርን ህዝቢ ዝውድቡሉን ፈርማታት ደገፍቲ ዝእክቡሉን ዝነበሩ ኢዩ። ስለምንታይ ንበዓል ደግያት ተሰማ ተመሳሳሊ ዕድል ከም ዘይተዋህበ ብሩህ ኣይኮነን። እቲ ዝተዋህቦ ናይ "ፍሉይ ፍቓድ" ምኽንያት እውን ቅቡል ክኸውን ኣይክእልን።[2]

ናይ ብሪጣንያ ሜላ ኩሉ ጊዜ ምስ ተለዋወጠ ኢዩ። ኣብ'ዚ ዝተባህለ ኣዋርሕ፡ ሕብረታውያን ሰብ እናወደቡ እንከለዉ እቲ ምምሕዳር ነቲ ተጻራሪ ወገን ምኽልካሉ፡ ኣንጻር'ዞም ዳሕረዎት ደው ዝበለ መሰለ። ጽንሕ ኢሉ፡ ኣብ ምጅማር 1944 ንደግያት ተሰማ ኣስበሮም ናይ ራእሲ መዓርግ ምስ ሃበ ግን፡ ዝደገፎም መሰለ'ሞ ኣብ'ቲ ሓደ ደንበ ስግኣት ተፈጥረ። ኣብ'ዚ ጊዜ'ዚ፡ ራእሲ ተሰማ 73 ዝዕድሚኦም ሽማግለ'ኳ እንተ ነበሩ፡ ብዳኛነቶምን ዘይዕጸፍ ቃሎምን ዝተወርዩ፡ ኣብ መንጎ ዝተፈላለዩ ዓድታትን ቀቢላታትን ንዝነበረ ህውከትን ግርጭታትን ብምፍታሕ ክብ ዝበለ ዝናን ኣኽብሮትን ዘጥረዩ መራሒ ነበሩ።

ራእሲ ተሰማ፡ ብ1870 ኣብ ማዕረባ ተወልዱ። ካብ 1893 ወኪል ናይ ኣቦኦም ከንቲባ ኣስበሮም ዕንቱራ ኮይኖም ብምስሌንነት ድሕሪ ምግልጋል፡ ብ1896 ኢጣልያ ንኢትዮጵያ ንምሓዝ ኣብ ዝገበረቶ ፈተነ፡ ኣብ ጉድና ተሰለፉ። ብድሕር'ዚ፡ ነቲ ኣብ መንጎ ሮብራን ደቂ ኣድመቕምን ዝነበረ ደም ዘፋሰሰ ግርጭት ብ1929 ድሕሪ ምድቃስ፡ ብ1930 ምስሌነ ናይ እገላ ሓመስ፡ ሮብራን ደቂ ኣድመቕምን ኮይኖም ኣገልገሉ። ቅድሚ'ዚ ብ1922-23 ንህዝቢ ጨዓሎን መጽሐን ድሕሪኡ ድማ፡ ብ1946 ንጸንዓደግለን ጦርዓን፡ ቀጺሉ፡ ብ1951 ኣብ መንጎ ህዝቢ ሰራየን ህዝቢ ዓሳውርታን ተላዒሉ ንዝነበረ ግጭታት ብዳኛነትን መንጎኛነትን ኣዳቐሱ።[3]

2. Contemporary Politics, p. 9 .
3. Chi e dell'Eritrea, p. 281.

ናስር ኣቡበከር ፓሻ

ዓሊ. በይ

ኣብ ምጅማር ኣርብዓታት፡ ብዘይካ ደጃዝማች ገብራይ ተኸሉ፡ ምስሌነ ከባቢ. ደቀምሓረ፡ ዝተረፉ መራሕተ ኣውራጃ ኣከለ ጉዛይ ደገፍቲ ናይ'ቲ ራእሲ. ተሰማ ዘለዓዕሉዎ ዝነበሩ ናይ ናጽነት ሕቶ ነበሩ። ምስኦም ኣብቲ ምንቅስቓስን መሪሕነትን ከም ናስር ኣቡበከር ፓሻ፡ ምስሌነ ዓሳውርታ፣ መሓመድ ዓሊ. በይ፡ ምስሌነ ምኒፈረን ካልኦት መራሕቲ ህዝቢ. ሳሆን ስለ ዝነበሩ፡ ትሕዝቶ ናይቲ ምንቅስቓስ ንኽልቲኡ ሃይማኖታት ስለ ዝሓቍፍ፡ ብቐሊል ዘይግመት ነበረ። ደሓር፡ ፖለቲካዊ ሰልፍታት ምስ ቈማ ደኣ ክበታተን ጀሚሩ እምበር፡ ዳርጋ ከም ጥርኑፍ ኣካልን ምስ ሓይሉን ክሳብ ምጅማር 1946 ጸኒሑ ኢዩ።[4]

ይኹን'ምበር፡ ከምቲ ኣቐዲሙ'ውን ዝተጠቕሰ፡ እቲ ኣብ ኣከለ ጉዛይ ዝነበረ ምንቅስቓስ ናብ ደረጃ ጥርኑፍ ፖለቲካዊ ማሕበር ከይድይብ፡ ብምምሕዳር ብሪጣንያ መኻልፍ ኣጓነፎ። ግን ከኣ፡ ብወገን'ቶም ኣንቀሳቐስቲ ዝተወሰደ ተሪር ስጉምቲ፡ ወይ ነቲ ውሳነ ንምቕያር ዝተኻየደ ቃልሲ'ውን ዝነበረ ኣይመስልን። ምስ'ቲ ብሪጣንያ ዝደገፎም ዝመስለ፡ ዝተዛነዩ'ውን ይመስሉ ኢዮም። ማሕበር ሕብረት ዝእከቡዎ ዝነበሩ ፊርማታት መብዛሕትኡ ካብ ኣስመራን ከባቢኣን ዘይሓልፍ ስለ ዝነበረን ኣብ'ቲ ፈለማ ዝበዝሐ መሳፍንቲ ሰራየ'ውን ስለ ዘይተሳተፉዎን፡ ኩሉ ኣብ ኢዶም ዝነበረ መሲሉዎም ክኸውን ይኽእል።[5]

ብወገን'ዚ. ምልዕዓል'ዚ. ክርእ እንከሎ እምበኣር፡ 1944 ብዙሕ ቁም ነገር ከይተገብረላ ዝሓለፈት ዓመት ኮይና ንረኽባ። ይኹን'ምበር፡ ንጥፈታት ራእሲ. ተሰማን ሰዓብቶምን ሃረርታ ናጽነት ኣብ ዝነበሮም ኤርትራውያን ሓደ ብርቱዕ

4. FO 1015/4 XCH 62888, (ኣቤቱታ ወከልቲ ህዝቢ. ኣከለ ጉዛይ ናይ 8/1/1946 ርእ)።
5. Contemporary Politics, p. 9.

ሰምዒት ከም ዝቐስቀሰ ይንገር። በቲ ኻልእ ወገን፡ ደገፍቲ ሕብረት ነቲ ምንቅስቓስ ጥራይ ዘይኮነ፡ ምምሕዳር ብሪጣንያ'ውን ዝደገፎ ስለ ዝመሰሎ፡ ነቲ ምምሕዳር'ውን ኣበርቲዖም ነቐፉዎን ተቓወሙዎን። ንሻርነት እንግሊዝ'ውን ነቐፉ።[6]

ፈተነታት ንቕጽበታዊ ሕብረት

ድሕሪ ናይ ዓዲ ቐይሕ መደረ ብሪጋደር ሎንግሪግ፡ ኣብ መንጎ ደገፍቲ ሕብረት ዝነበረ ምንቅስቓስ ካብቲ ናይ በዓል ራእሲ ተሰማ ዝተፈልየን ኣዝዩ ዝነጠፈን ነበረ። ካብ 20 ጥሪ 1944፡ ማለት ካብ ዕለት ጥምቀተ ክርስቶስ ጀሚርካ፡ ብግቡእ ዝተሓሰበሉን ዝተወጠነን ዝመስል ፍጻሜታት ተራእየ። ኣብ'ዚ ዝተባህለ ዕለተ ጥምቀት፡ ኣቡነ ማርቆስ፡ ኢትዮጵያ ኣደ ህዝቢ ኤርትራ ምዃና ዝገልጽ ሓያል መደረ ኣስመዑ። ኣብ ልዕል'ዚ፡ ፓንክረስት ከም ትገልጾ፡ ብምስጢር ዝዓዩ መንእሰያት፡ ብ20 ጥሪ ባንዴራ ኢትዮጵያ ኣብ ጐደናታት ኣስመራ ከም ተንበልብል ገበሩ።[7]

እዚ እናተገብረ እንከሎ፡ መራሕቲ'ቲ ምንቅስቓስ ቅጽበታዊ ሕብረት ምስ ኢትዮጵያ ዝሓትት ጽሑፍ ናብ ምምሕዳር ብሪጣንያ ንምቕራብ፡ ናይ ህዝቢ ፊርማታት ምሕታት ቀጸሉ። ነዚ ንምዕዋት፡ ኣቡነ ማርቆስ ንምእመናኖም፡ ዘይፈረመ ብመንፈስ ከም ዝሕተት ወይ ከም ዝሽነን ኣጠንቀቑን ኣፈራርሑን። ኣብ ልዕል'ዚ፡ እቲ ጽሑፍ ምስናይ ፊርማታቱ ናብ ሃጸይ ሃይለስላሴ ክቐርብ ምዃኑ እናገለጹ፡ ሰብ ደለሉን ኣተሃራረፉን። ሰነዳት ብሪጣንያ፡ እዚ ጐስጓስን መብጽዓታትን ኣቡነ ማርቆስ ብዙሕ ሰብ ከም ዝሓበለን ኣብ ኣስመራ ጥራይ 5000 ዝኣክል ፊርማታት ተቐማጦ ከም ዝረኸበን ይገልጹ። ኣቡነ ማርቆስ ጥራይ ዘይኮኑ፡ ፕረሲደንት ማ.ፍ.ሃ. ዝነበሩ ፊታውራሪ ገብረመስቀል ወልዱ፡ ተመሳሳሊ ርእይቶ ዝነበሮም ደቂ ማሕበርን፡ ከምኡ'ውን እቶም ካብ ኣዲስ ኣበባ ዝመጹ ዝነበሩ ኤርትራውያን ሰበ ስልጣን ኢትዮጵያን ነቲ ብስእነት ስራሕ ከርተት ዝብል ዝነበረ ህዝቢ ኣስመራን ከባቢኣን ኣንጻር ብሪጣንያዊ ተግባራት ንኽሰለፍ ብምስባኽ፡ ኣብ ደንበ ሕብረት ንኽሰለፍ ይደፋፍኡዎ ነይሮም ኢዮም።[8]

ምናልባት ኣብ ቀዳማይ ክፋል 1944 ካብ ዝተራእየ ናይ ደገፍ ሕብረት ፍጻሜታት፡ እቲ ዝሓየለ ካብ 20 ጥሪ ጀሚሩ ንቕሩብ ዝቐጸለ ዘይምርግጋእን ኣድማታትን ሓይሊ ፖሊስ ኤርትራ (Eritrean Police Force) ነበረ። ኣብ'ዚ ዝተባህለ ዕለት፡ እቶም ብዋሕዲ ደሞዝን ዘይጽፉፍ ምምሕዳርን ዝሳቐዩ ዝነበሩ ኣባላት ፖሊስ ኤርትራ ሓደ ዝተወደበ ሰላማዊ ሰልፊ ኣካየዱ። ኣብ ውሽጢ ሰሙን ዘይኣክል ጊዜ፡ ማለት ብ5 ለካቲት፡ ኣባላት ቤት ትምህርቲ ታዕሊም ፖሊስን ፖሊስ ከተማ ኣስመራን ስለ ዝተሓወሱዎም፡ ሓደ ሰፊሕ ናይ ፖሊስ

6. Trevaskis, p. 62-63
7. Pankhurst, British Policy in Eritrea, p. 10-11.
8. Contemporary Politics, p. 6.

ኣድማ ተኻየደ። ሲልቪያ ፓንክረስት፡ 2800 ኣባላት ፖሊስ ኣብ "ኮርሶ ዲ ኢታልያ"፡ ማለት'ውን ኣብ ናይ ሎሚ ጉደና ሓርነት ተኣኪቦም፡ ጠለባቶም ከም ዘቕረቡ ትገልጽ። እቲ ጠለባት፤

1. በቲ ሰበ ስልጣን ብሪጣንያ ዘጽደቑዎ ሕግታት ፋሺስት ኢጣልያ ክዳነዩ ከም ዘይደልዩ፡
2. ሳእኒ ቡትስ ኣውጺኦም ኣብ እግሮም ጥላም ክወድዩን ናብ'ቲ ጣልያን መዲቡሎም ዝነበረ ናይ ጠርቡሽ ዩኒፎርምን ቀብዕ ቱርኪን (ፌዝ) ክምለሱ ከም ዘይደልዩ፣
3. ኣብ ትሕቲ ኢጣልያውያን መኰንናት ክሰርሑ ከም ዘይደልዩ፣ በንጻሩ፡ ብመሰረት እቲ ክቕጽሩ ከለዉ ብምምሕዳር ብሪጣንያ ዝተገብረሎም መብጽዓ፡ ኣብ ትሕቲ መኰንናት ብሪጣንያ ጥራይ ክገልግሉ ከም ዝመርጹ፡
4. ጠለባቶም እንተ ዘይተፈጺሙሎም ግን ካብ ስራሕ ክሰናበቱ ክፍቀደሎም ዝሓትት ነበረ።[9]

ሰበ ስልጣን ብሪጣንያ እቲ ጠለባት ፖለቲካዊ መበገሲ ከይህልዎ ስለ ዝተጠራጠሩ፡ ኣቕቢሎም ኣይረአዩዎን። ነቲ ቍጠባዊ መዳያቱ፡ ማለት ንሕቶ ጫማን ዩኒፎርምን ደሞዝን ገለ ፍታሓት ብምግባር፡ ናብ ምንጭን ኣበገስትን ናይ'ቲ ኣንጻሮምን ኣንጻር መኰንናት ጣልያንን ዘተኰረ ፖለቲካዊ ሕቶታት ኣድሃቡ። ጸኒሖም እቲ ተራ ሰራዊት ብዛዕባ ደሞዙን መነባብሮኡን እንተ ዘይኮይኑ፡ ብዛዕባ'ቲ ኻልእ ሕቶታት ክንድ'ቲ ተገዳስነት ከም ዘይነበሮ ከረጋግጹ ከም ዝኸኣሉ፡ ሓደ ናይ ሽው ሰነድ ይገልጽ። ብዘይካ ኣብ ወርሒ ለካቲት ዝተራእየ ሓደ ሓደ ህድማታት ከኣ፡ እቲ ኣድማ ኣብቶም ኣባላት ዕምቈ ዝበለ ጽልዋ ስለ ዘይገደፈ፡ ቀንዲ ሽግራቱ ምስ ተፈትሐ፡ እቲ ሰራዊት ብ26 ለካቲት ኣብ ዘካየዶ ዓቢ ሰልፊ ተኣማንነቱ ከም ዘረጋገጸ እቲ ጽሑፍ የረድእ።[10]

እዚ ምስ ኮነ፡ ወተሃደራዊ ምምሕዳር ነቶም ምስ ሰበ ስልጣን ኢትዮጵያን መራሕቲ ሕብረት ኣብ ኤርትራን ብምርኻብ ነቲ ኣድማ ወዲቦም ኢሉ ዝኸሰሶም ኤርትራውያን ኣዘዝቲ ሰራዊት ፖሊስ ኣሰረ። እዚኣቶም ክልተ ኢንስፔክተራት፡ ኣሰፋው ኣንስቲኖን ገብረማርያም ገብረኢየሱስን፡ ሓደ ድማ ሰርጀንተ ተኽለጊዮርጊስ ተመልሶ ዝብሃልን ነበሩ። ኮሎኔል ሚለር ዝተባህለ ዋና ጸሓፊ ናይ'ቲ ምምሕዳር ዝነበረ፡ ብዛዕባ ማእሰርቲ ኣሰፋው ኣንስቲኖ ከረድእ እንከሎ፡ ኣብ ፖለቲካ ኢዱ ንኸየእቱ ተደጋጋሚ መጠንቀቕታ እናተዋህቦ ካብ ንምምሕዳር ብሪጣንያ "ንኻልኦት ጕይቶት ከገልግል ስለ ዝመረጸ፡ ኣንጻር ረብሓ'ዚ ምምሕዳር'ዚ እውን ስለ ዝዓየየ፡ ገበነኛ ኢዩ። ዋጋ ተግባራቱ ክፍደ ስለ ዘለዎ ድማ፡ ኣብ'ቲ ገበናት ክደግመሉ ዘይኽእል ቦታ ክሕዞ ግቡእ ኢዩ..." ዝብል ቃል ሃበ።[11]

9. Pankhurst, British Policy in Eritrea, p. 11.
10. Contemporary Politics, p. 7.
11. Pankhurst, p. 13

ስጉምቲ ናይ'ቲ ምምሕዳር በዚ ደው ዝበለ ኣይነበረን። ብ23 ለካቲት፡ ነቶም ኣድማ ኣለዓዒሎም ኢሉ ዝጠርጠሮም ሓሙሽተ ሰባት፡ ማለት ግራዝማች ዘርአ በኺት፡ ብላታ ፋሲል ዑቕባዝጊ፡ ግራዝማች ተስፋሚካኤል ወርቀ፡ ብላታ ኣስፍሃ ኣብርሃን ኣቶ ኣርኣያ ስብሃቱን እውን ኣሲሩዎም ነይሩ ኢዩ። እዚኣቶም፡ ኣብ'ቲ ሕብረተሰብ ዝፍለጡን ሰብ ጽልዋን ስለ ዝነበሩ፡ ንኽፍትሖ ዝሓትት ጠለባት ናብቲ ምምሕዳር ወሓዘ። እቲ ምምሕዳር፡ እቶም እሱራት ጌጋ ከም ዝገበሩ'ኳ ዳግም እንተ ተረጋገጸ፡ ነፍሰ-ወከፎም ከክልተ ዋሕስ እንተ ኣቕሪቡን ብስም ነፍስ ወከፎም ከክልተ ሚእቲ ፓውንድ ብሪጣንያ እንተተታሒዙን ጥራይ ከም ዝልቀቑ ኣፍለጠ። እቲ ዝተባህለ ድምር 1000 ፓውንድ ብሓጺር ጊዜ ስለ ዝተዋጽአ፡ ዋሕሳት'ውን ከምኡ ብቐሊሉ ስለ ዝተተኽሉ፡ እቶም ሓሙሽተ ሰባት ተፈትሑ። ከምቲ ኣቐዲምና ጠቒስናዮ ዝነበርና፡ ሓደ ካብቶም ከም ዋሕስ ናይ'ዞም ደገፍቲ ሕብረት ኮይናም ዝቐረቡ፡ ዓብደልቃድር ከቢረ ነበሩ።[12]

እዚ ማእሰርትታት እዚ፡ ነቲ ኣዝዩ ተነሃሂሩ ዝነበረ ናይ ሕብረት ምንቅስቓስ ቀሩብ ኣዝሓሎ። ሓደ ናይ ሽዑ ሰነድ ብሪጣንያ፡ ነቶም ብስም ኢትዮጵያ ዝንቀሳቐሱ ዝነበሩ ፖለቲከኛታት "...እዚኣቶም ካብቶም ካልኦት ናይ ምብራቕ (Orient) መሰላቶም ዝፍለዩሉ ምኽንያት፡ ንመሰዋእቲ ዘይቕሩባት ብምዃኖም ኢዩ..." እናበለ ኣባጨወሎም። ተኣሲርና እናበሉ'ኳ ብዙሕ እንተ ተዛረቡ ድማ፡ "ፖለቲካዊ ንጥፈታቶም ምስ'ቶም ናይ ኢትዮጵያን እንግሊዝን ፕሮፓጋንደኛታቶም ካብ ምጽሕሓፍ፡ ሳሕቲ መንሹራት ካብ ምዝርጋሕ፡ ኣብ በዓላት ፈኩስ ሰላማዊ ሰልፍታት ብዛዕባ ኢትዮጵያዊ ሓርበኝነት ኣብ ምክያድ፡ ሓንቲ ቴሌግራም ናብ ዋዕላ ሚኒስተራት ጉዳያት ወጻኢ ናብ ለንደን ካብ ምስዳድ..." ክሓልፍ ኣይከኣለን ብምባል'ውን ኣናሸዎም።

እቲ ተዛማዲ ስቕታን ልኡምነትን ደገፍቲ ሕብረት ክሳብ ክፍላ 1945 ዝጸንሐ ይመስል። እዚ ድማ፡ ይብል እቲ ሰነድ፡ ኣብቲ ንሕብረት ኢትዮጵያን ኤርትራን ብሚስ ሲልቪያ ፓንክረስት ዝግበር ዝነበረ ኣዝዩ ጽዑቕ ጉስጓስ እምነት ስለ ዝተነብረን፡ ናይ ኢትዮጵያውያን ፕሮፓጋንዳ'ውን ውጽኢት ክህብ ኢዩ ዝብል እምነት ስለ ዝሰፈነን ኢዩ። ፍርሒ ናይ መልሰ ተግባር ምምምሕዳር ብሪጣንያ'ውን ኣብ ዝሕታለ'ቲ ምንቅስቓስ ጽልዋ ዝነበሮ ይመስል።[13]

ሲልቪያ ፓንክረስት እውን ኣብ'ዚ ተመሳሳሊ መደምደምታ ትህብ። እቶም ሓሙሽተ ኣባላቶም ክፍትሑ እንክለዉ፡ መራሕቲ ሕብረት ነቲ ፈርማታት ህዝቢ ናይ ምእካብ ንጥፈታቶም ንጊዚኡ ደው ከብሉ ወሰኑ። እዚ ድማ፡ ትድምድም ፓንክረስት፡ "ደገፍ ካብ ካልእ ክመጽም ብምትስፋው ነበረ"።[14]

12. Ibid., p. 14.
13. Contemporary Politics, p. 7.
14. Pankhurst, p. 16.

“ደገፍ ካብ ካልእ” - ናይ ሕብረት ድፍኢት ካብ ኣዲስ ኣበባ

ሰልቬያ ፓንክረስት፡ ኣብ ኤርትራ ዝነበሩ ደገፍቲ ሕብረት ንጥፈታቶም ዘዝሓለ፡ “ደገፍ ካብ ካልእ ክመጾም” ስለ ዝተተሰፈዉ ኢዩ ክትብል እንከላ ብዘይ ምኽንያት ኣይነበረን። ዝፈለጡቶስ ነይሩዋ ኢዩ። “ድምጺ ኤርትራ” ዝተባህለ ጋዜጣ ናይ'ቲ ኣብ ኣዲስ ኣበባ ቈይሙ ዝነበረ “ናይ ኢትዮጵያን ኤርትራን ኣንድነት ማሕበር”፡ ብ13 ጥቅምቲ 1938 (ኣቆጻጽራ ግእዝ)፡ ማለት ድማ ብ23 ጥቅምቲ 1945 ኣብ ዘውጽኦ ሕታሙ፡ መሰርሕ ምምስራት ናይ'ቲ ማሕበር ይገልጽ።

በዚ መሰረት፡ ብ14 ለካቲት 1944 (6 ለካቲት 1936 ኣ.ግ.)፡ ብላታ ወልደሚካኤል ተፈሪ ዝተባህሉ፡ ኣብ ገዛ ኣቶ ዳዊት ዑቕባዝጊ (ሸዑ ናይ ከተማ ኣዲስ ኣበባ ምክትል ከንቲባ ዝነበሩ ኤርትራዊ)፡ ነቲ መሰረታዊ ሓሳብ ምምስራት ማሕበር ኣቕረቡ። ብ27 ለካቲት 1944 (19 ለካቲት 1936 ኣ.ግ.)፡ ኣብ ኣደራሽ “ኣገር ፍቅር ማሕበር፡” ኣዲስ ኣበባ፡ ሓደ ኣኼባ ተገብረ'ሞ፡ ሕጂ'ውን ብኣቕራብነት ብላታ ወልደሚካኤል ተፈሪ እቲ ማሕበር ቈመ።[15] ሓደ ኣብ'ዚ እነስተብህለሉ ነገር፡

ደጊያት ገብረመስቀል ሃብተማርያም

15. ድምጺ ኤርትራ፡ 1/6፡ 13 ጥቅምቲ፡ 1936 ኣ.ግ.።

ምምስራት ናይ'ዚ ማሕበር'ዚ፡ እግሪ እግሪ'ቲ ኣብ ኣስመራ ዝተኻየደ ኣድማታት ፖሊስን ማእሰርቲ ኣለዓዓልቱን ምምጽኡ ኢዩ። ብሓባር ክድንፍዕ ወይ ተተኻኺኢ ኮይኑ ክሳለ ከም ዝተሓሰበ ኸኣ ከጠራጥር ኣይክእልን።

እቲ ማሕበር ቁይሙ'ምበር፡ ክሳብ ዝእወጅ ግን ኣዋርሕ ሓለፈ። "ድምጺ ኤርትራ" ቀዳማይ ኣኼባ ናይ'ቲ ማሕበር ብ27 መስከረም 1937 ኣ.ግ. ኣብ ሲነማ ኢምፔሮ ኣዲስ ኣበባ ከም ዝተኻየደን፡ ኣብኡ ድማ ኣቶ ገብረመስቀል ሃብተማርያም ፕረሲደንት ከም ዝተመርጹን ይሕብር። ዝተፈላለየ ሕታማት "ድምጺ ኤርትራ" ከም ዘብርሆ፡ ዕላማ ናይ'ቲ ማሕበር ምሉእን ቅጽበታውን ሕብረት ኤርትራ ምስ ኢትዮጵያ ነበረ። ብዘይካ እቶም ፕረሲደንት፡ ኣቶ ገብረመስቀል ሃብተማርያም፡ ከም ጉይትኦም ጴጥሮስ፡ ብላታ ክፍለእግዚእ ይሕደጎ፡ ሰረቐብርሃን ገብረግዚእን ገብረመስቀል ገብረእግዚእን ዝተባህሉ ኣሕዋት፡ ኣቶ ዳዊት ዑቕባዝጊ፡ ፊታውራሪ ኣብርሃ ወልደታትዮስን ....፡ ዳርጋ ኹሎም ኣብ ዝተፈላለየ ጽፍሒ መንግስቲ ሃይለስላሴ ዘገልግሉ ኤርትራውያንን እውን ኣባላቱን መራሕቱን ነበሩ።

ኣብ ኢትዮጵያ ዝነበረ ኣምባሳደር ብሪጣንያ፡ ሚስተር ሃው ምስ መሳርሕቱ ብዛዕባ'ዚ ማሕበር'ዚ ሓሓሊፎም ይጽሕፉ ነይሮም ኢዮም። ብ7 ሰነ 1944፡ ብሪጣንያዊ ኣመሓዳሪ ኤርትራ፡ ብስም "ናጻ ኤርትራ" ወይ "ናጻ ሓማሴን" ዝፍለጥ፡ ኢትዮጵያ እትሕብሕቦ ማሕበር ኣብ ኣዲስ ኣበባ ቁይሙ ኣሎ ከም ዝሰምዐ፣ መስረትቱ ድማ ጸሓፊ ትእዛዝ ወልደጊጠርጊስ፡ ናይ ንጉሰ ነገስት ኢትዮጵያ ጸሓፊ፡ ብላታ ዳዊት ዑቕባዝጊን ኣብ ሚኒስትሪ ፖስታ፡ ቴሌግራፍን ተሌፎንን ዳይረክተር ዝነበሩ ኣቶ ገብረመስቀል ሃብተማርያምን ምንባሮም ከም ዝሰምዐን ድሕሪ ምምልካት፡ ብዛዕባ'ዚ ሓበሬታ ንኽህቦ ንኣምባሳደር ሃው ሓተተ።[16]

ኣብ ኣዲስ ኣበባ ዝነበረ ናይ ኤምባሲ ብሪጣንያ ፈጻሚ ጉዳያት (ሻርዥ ዳፌር)፡ ኤፍ.ኤ.ጂ. ኩክ ኣብ መልሱ፡ ከምኡ ዝመሰለ ማሕበር ቁይሙ ከም ዝነበረ፡ ግን ኣባላቱ ብርግጽ በዓል መን ከም ዝነበሩ ምፍላጥ ከም ዘሸገሮ ገለጸ። ቀጺሉ ሚስተር ኩክ፡ እቲ ማሕበር ቡቲ "ብውዲት ዝተራቐቐን ቅጽበታዊ ናይ ጥርዚያ (ወይ ማሕዩር) መቕጻዕቲ ክህብ ስልጣን ዘለዎ ጸቢብ ዝኣራኣእያኡን ጸላእ ወጻእተኛታት ዝኾነን" ጸሓፊ ትእዛዝ ወደጊዮርጊስ ከም ዝምራሕ ነቲ ኣመሓዳሪ ሓበሮ። ኩክ ከም ዝበሎ፡ ኣብቲ መጀመርታ፡ ሸፋን ናይቲ ማሕበር ንዝተሸገሩ ኤርትራውያን ረድኤት ምሃብ'ኳ እንተ ነበረ፡ ቀንዲ ተግባሩ ግን ናይ ኢትዮጵያ ፕሮፖጋንደኛታት ኣብ ኤርትራ ፖለቲካዊ ስርሓቶም ዘሰላስሉሉ ገንዘብ ምሃቦም ኢዩ ነይሩ በለ።

በዚ ደው ከይበለ እቲ ፈጻሚ ጉዳያት፡ ዝበዝሑ ኣብ ኣዲስ ኣበባ ዝነብሩ ኤርትራውያን፡ ሃገሮም ኣብ ትሕቲ ግዝኣት ሸዋ ክትኣቱ ዝምነዩ ከም ዘይነበሩ ኣረድአ። ንኣብነት፡ "ሎሬንዞ ኣብ ሞስኮ ኣምባሳደር ተሸይሙ ዳርጋ ኣብ ጥርዚያ (exile) ኢዩ ዘሎ፣ ኤፍሬም ተወልደ መድህን'ውን ከምኡ ናብ ዋሺንግቶን

16. IES, PRO, 267/ Gen, 7 June, 1944.

ተሰዲዱ ኣሎ። ኣብ'ዚ ጊዜ'ዚ ኣብ ኣዲስ ኣበባ፡ ኤርትራዊ ዝብሃል ኣብ ኩብ ዝበለ ስልጣን ኣይርኩብን። ....እዚ ዝኾነሉ ምኽንያት፡ ብሰንኪ'ቲ ዓሚ ኣብ ትግራይ ዝነበረ (ናይ ወያነ) ምልዕዓል፡ እዚ መንግስቲ'ዚ ንኤርትራውያን ብዓይኒ ጥርጣረ ይርእዮም ስለ ዘሎ ኢዩ" ኸኣ በለ።

ኤርትራውያን ነበርቲ ኢትዮጵያ ብወገኖም፡ ኣብ ስሉጥ ኣመሓዳድራን ፍትሓውነትን መንግስቲ ኢትዮጵያ እምነት ስለ ዘይነበሮም፡ ነፍሶም ንኸመሓድሩ ወይ ናጻ ንክኾኑ ከም ዝመርጹ፡ ኩክ ሓበረ። ኣብ መደምደምታ ጽሑፉ፡ ኩክ፡ ሓንቲ ንማሕበር "ናጻ ኤርትራ" ናይ ምንቅስቓስ ዕድል እትህቦም፡ "ጣልያን ከይምለሱና" እትብል ፕሮፓጋንዳ ኢያ ዝነበረት ድሕሪ ምባል፡ በዚኣ ብዙሓት ሰዓብቲ ከም ዘጥረዩ፡ እንተ ኾነ ግን ኣብ መንጎ'ቶም መራሕቲ ስምምዕ ከም ዘይነበረ ሓበረ።[17]

ኣምባሳደር ሃው እውን ብዛዕባ'ዚ ማሕበር'ዚ ብ14 ጥቅምቲ 1944 ናብ ብሪጣንያዊ ኣመሓዳሪ ኤርትራ ዝጸሓፎ ሰነድ ንረክብ። ንሱ፡ ብ8 ጥቅምቲ 1944 ኣብ ሓደ ሲነማ ኣብ ዝተኻየደ ኣኼባ ናይ'ቲ ማሕበር ከም ዝተሳተፈ ይገልጽ። እዚ፡ ብወግዒ ዝተኣወጀ'ኳ እንተ ዘይነበረ፡ ብዙሓት ኣምሓራ፡ ተጋሩን ኤርትራውያንን ዝተሳተፉዎ ነበረ። ኣብ'ዚ መጀመርታ ዝተዛረበ፡ ፕረሲደንት ናይ'ቲ ማሕበር ኣቶ ገብረመስቀል ሃብተማርያም ነበሩ። እቲ ዘረባኦም ከኣ ኣብ ናይ ጽባሒቱ ጋዜጣታት ኣዲስ ኣበባ ተሓትመ። (ጋዜጣ ድምጺ ኤርትራ ጸኒሑ፡ ብመስከረም 1945 ስለ ዝተጀመረ፡ ኣብዚ እዋን'ዚ ኣይነበረን።) ኣምባሳደር ሃው ዝተኩረሉ ግን ኣብ መደረ ናይ'ቶም ፕረሲደንት ዘይኮነስ ኣብ'ቲ ብላታ ኪዳነማርያም ኣበራ ዝተባህሉ ተወላዲ ትግራይ ዝበሉዎ ነበረ። ብላታ ኪዳነማርያም ኣበራ ማለት፡ እቶም ኣብ ትግራይ ብዛዕባ ናይ ሓባር ቃልሲ ትግራይን ኤርትራን ምስ ግራዝማች ሰዩም መዓሾ ይዝትዩ ነይሮም ዝተባህሉ ኢዮም።

ኣምባሳደር ሃው ከም ዝሕብሮ፡ እቶም ብላታ፡ ዘይኣባል ማሕበር ክነሶም ተንስኡ'ሞ፡ ከበሳታት ኤርትራ ብዘርእን ባህልን ኣካል ከበሳታት ኢትዮጵያ ምንባሩ ከምዘየካትዕ ድሕሪ ምሕባር፡ "እቲ ኣገዳሲ ጉዳይ ግን እቲ ሓቂ'ቲ ዘይኮነስ፡ ናይ ኢትዮጵያ ብቕዓት (ንኤርትራ ንምምሕዳር) ምኳኑ ብትብዓት ገለጹ።" ብርእይቶ ብላታ ኪዳነማርያም፡ ይብል ኣምባሳደር ሃው፡ "ኢትዮጵያ ካብቲ ዘለዋ ዝያዳ መሬት ክትወስድን ከተመሓድርን ብቕዕቲ ምኳና ንሓይልታት ኪዳን ብግብሪ ከተርኢ ኣለዋ።" በዚ ደው ከይበሉ እቶም ብላታ፡ "ኣብ ቅድሚ'ዚ ማሕበር'ዚ ዘሎ ዕማም፡ ብዛዕባ'ቲ ኩሉ ዝፈልጦ ናይ ዘርእን ባህልን ዝምድና ምድግጋም ዘይኮነስ፡ ኣብ ኢትዮጵያ እኹልን ብቑዕን መንግስትነት ንኽህሉ ምጽዓር'ሞ፡ ኤርትራ እትግብኣ ሃገር ኮይና ናብ ሓይልታት ኪዳን ከም ትቐርብ ምግባሩ ኢዩ..." ከም ዝበሉ ሃው ይገልጽ።[18]

17. IES, PRO 147/7/44, 19 June 1944.
18. IES, PRO 148/14/44, 14 October, 1944.

ኣምባሳደር ሃው መቸም በዚ መደረ'ዚ ኣዝዩ ኢዩ ተገሪሙ። ምስቲ ኩክ ዘመልከቶ ዘይምስምማዕ ኣብ መንጎ መራሕቲ'ቲ ማሕበር ክዛመድ እንከሎ ኸኣ፡ እቲ መስርሕ ምምስራት ማሕበር ብዘይ ሰንከልከል ይካየድ ከም ዘይነበረን ኣብ መንጎ ኢትዮጵያውያን'ውን ሕቶ ኤርትራ የካትዕ ከም ዝነበረን ንርዳእ። ቢትወደድ ኣስፍሃ ወልደሚካኤል እውን ኣብ'ቲ ናይ ኣዲስ ኣበባ ማሕበር ገለ ዘይምቅድዳው ከም ዝነበረስ ይገልጹ ኢዮም።

ንሶም ከም ዝብሉዎ፡ ፕረሲደንት ናይ'ቲ ማሕበር ዝነበሩ ኣቶ ገብረመስቀል ሃብተማርያም፡ ኣብ ዓዲ ፈረንሳ ተማሂሮም ምስ መጹ፡ ናይ ፖስታ ዳይረክተር ኮይኖም ዘገልግሉ ዝነበሩ ኢዮም። ኣብ ጊዜ ውግእ ተሰዲዶም ኣብ ካይሮን ካርቱምን ድሕሪ ምጽናሕ፡ ናይ ሳንድፎርድ ሚሽን ዝብሃል እንግሊዛዊ ሓይሊ ብጎኛም ኣንጻር ጥልያን ክኣቱ እንከሎ፡ ምስኡ ኣተዉ። ኣቶ ገብረመስቀል፡ ሓያልን ድርቕ ዝበሉን ምንባሮም ይንገሩሎም። ቢትወደድ ኣስፍሃ ከም ዝገልጹዎ ድማ፡ ኣቶ ገብረመስቀል ኣብ ልዕሊ'ቶም ምስ ጣልያን ጸኒሖም ናብ ኣገልግሎት ሃጸይ ሃይለስላሰ ዝኣተዉ ኤርትራውያን ንዕቀት ነበሮም።

ናይ'ቲ ኣብ ኣዲስ ኣበባ ዝተተኽለ ናይ ኣንድነት ኢትዮጵያን ኤርትራን ማሕበር ፕረሲደንት ምስ ተመርጹ፡ ኣቶ ገብረመስቀል ከይደንጎዩ ምስ'ቲ ብውሽጢ ውሽጢ ነቲ ማሕበር ዝመርሕ ዝነበረ ጸሓፊ ትእዛዝ ወልደጊዮርጊስን ናቱ ሰዓቢ ምስ ዝነበሩ ፊታውራሪ ኣብርሃ ወልደታትዮስን ሰምምዕ ሰኣኑ። እቲ ጸሓፊ ትእዛዝ ኣንጻሮም ስለ ዝሰርሐን ስለ ዘጥቅዖምን ድማ፡ ካብ ናይ ማሕበር ፕረሲደንትነት ጥራይ ዘይኮነ፡ ካብ መንግስታዊ ስርሖምን ቦታኦምን'ውን ተሰጒጒም ንነዊሕ እዋን ብዘይ ስራሕን ደሞዝን ደው በሉ። ጸኒሖም፡ "ደጃዝማች" ተባሂሎም ኣብ ሀይቲ ናይ ኢትዮጵያ ኣምባሳደር ኮይኖም ብምግልጋል ከኣ ተረስዑ።[19]

ንገብረመስቀል ሃብተማርያም ምስ ጸሓፊ ትእዛዝ ወልደጊዮርጊስን ከም ፊታውራሪ ኣብርሃ ወልደታትዮስ ዝመሰሉ ሰዓብቶምን ዘበኣሶም ቀንዲ ምኽንያት፡ ኣብቲ "ኣንድነት ምስ ኢትዮጵያ ብኸመይ!" ዝብል ሕቶ ምንባሩ ብብዙሕ ኩርንዓት ይሕበር'ዩ። ሓደ ኻብ'ቲ ኣብ 1950 ብምስጢር ብቛንቋ ጥልያን ካብ ኣዲስ ኣበባ ንኣስመራ ዝጸሓፍ ዝነበረ ደብዳቤታት፡ ኣቶ ገብረመስቀል ክብ ዝበለ ክእለትን ብቕዓትን ዝነበሮም ክነሶም፡ ኣብ ዘይጠቅም ሚኒስትሪታት ዘይጠቅም ወይ ትሑት መዝነት ይዋሃቦም ከም ዝነበረ ይገልጽ። እዚ ድማ፡ ብሰንኪ'ቲ ኤርትራን ኢትዮጵያን ክሓብራ እንተ ኾይነን ክማላእ ኣለዎ ዝብሉዎ ዝነበሩ ቅድመ ኩነት ምንባሩ እቲ ሰነድ ይሕብር።[20] ብኻልእ ኣዘራርባ፡ ኣቶ ገብረመስቀል ከም በዓል ኣቶ ወልደኣብ ወልደማርያምን ፊታውራሪ ገብረመስቀል ወልዱን፡ ሕብረት ኢትዮጵያን ኤርትራን ቅጽበታውን ቀጥታውን ክንዲ ዝኾውን መሰላት ኤርትራን ህዝባን ብዘኽብር ውዕል ንክኸውን ይድግፉ ብምባሮም ኢዩ።[21] እዚ፡

19. ቢትወደድ ኣስፍሃ ወልደሚካኤል፡ ቃለ መጠይቕ፡ 21/3/1996 ኣዲስ ኣበባ።

20. RICE, ER/FD/26/50.

21. ዮሃንስ ጸጋይ፡ ቃለ መጠይቕ፡ 15 ግንቦት 1996፡ ኣስመራ።

መንግስቲ ኢትዮጵያ ናብ ዘይደለየቶ ኣንፈት የምርሕ ስለ ዝነበረ ኢዩም ከኣ ገብረመስቀል ሃብተማርያም ጽዋእ በዓል ሎረንሶ ዝተቐበሉ።

ብዝኾነ፡ እዚ ናይ ኣዲስ ኣበባ ናይ ኣንድነት ማሕበር ካብ ዝምስረት ጀሚሩ፡ ኣብ ኤርትራ ዝነበረ ናይ ሕብረት ምንቅስቓስ ካብ ኢትዮጵያን ብኢትዮጵያን ክዘወር ጀመረ። ቀንዲ መናሃሪ ናይ'ዚ ኣዝዩ ጽዑቕን ውዱብን ፖለቲካዊ ዘመተ ትግራይ ኮይኑ፡ ሰበ ስልጣን ኢትዮጵያ ኤርትራውያን ልኡኻቶም እናሰደዱ ብውሕልነት ዘሰላስሉዎ ጉዳይ ከኣ ኾነ። መጀመርታ ኣቶ ዳዊት ዑቕባዝጊ፡ ጸኒሖም ከኣ ጀነራል (ሽዑ ኮሎኔል ዝነበሩ) ኢሳያስ ገብረስላሴ ናይ ኣውራጃ ዓድዋ ኣመሓደርቲ ብምኳን ተግበርቲ ስትራተጅን ኣዋፈርቲ ንጥፈታትን መንግስቲ ኢትዮጵያ ኮኑ። ኣብ ኣኽሱም ዝነበሩ ኤርትራዊ ንብረእድ ገብረመስቀል የዕብዮ መንፈሳዊ ስልጣኖም ብምጥቃም ሓደ ናይ ፖለቲካ ግንባር ከፈቱ። ፊታውራሪ ኣብርሃ ወልደታትዮስ፡ ቅድም ካብ መቐለ ጸኒሖም ድማ ሓላፊ ዱጓና ኣብ ዓድ ግራት ብምኳን፡ ኣብ መንጎ ትግራይን ኤርትራን'ውን ብምምልላስ ኣበርቲዖም ሰርሑ። ኣብ መቐለ ናይ'ቲ ማሕበር ናይ ጨንፈር ፕረሲደንት ኮይኖም እውን፡ ምሉእ ጊዜኦም ንኣገልግሎት ሕብረት ኤርትራን ኢትዮጵያን ኣወፈዩ።[22]

በዚኦምን ብመሳርሕቶምን ሰዓብቶምን፡ መንግስቲ ኢትዮጵያ ኢዳ ኣብ ኤርትራ ተእቱ ከም ዝነበረት ከይመስለትን፡ ኣእቲኺ ንዝበላ እናኸሓደትን ኤርትራ ናይ ምርካብ ትልማ ተግበረት። እቲ መስርሕ ነዊሕ፡ ዝተሓላለኸን ናይ ሸፍትነት ጉነጽ ዝተሓወሶን ከም ዝነበረ ክንርኢ ኢና።

ምምቕቓል ማሕበር ፍቕሪ ሃገር (ማ.ፍ.ሃ.)

ኩሉ'ዚ ኣብ ላዕሊ ዝተገልጸ ፍጻመታት፡ ብፍላይ ድማ እቲ ኣብ ውሽጢ ኤርትራ ዝርአ ዝነበረ ናይ ሕብረትን ናጽነትን ኣንፈታት፡ ነታ ዛጊት ብወግዒ ፖለቲካዊ ኢድ ኣይነበራን እትብሃል ዝነበረት ማሕበር ፍቕሪ ሃገር (ማ.ፍ.ሃ.) ይገማምዓ ምንባሩ ክስሓት ኣይኽእልን። እዚ ምግምማዕ'ዚ ግን ኣብ ካልኣይ ክፋል 1944 ዝያዳ ተጋሀደ ወይ ከኣ፡ ኣብ'ዚ እዋን'ዚ ወገን ዝፈለየን ዝተነጸረን ፖለቲካዊ ክትዓት ተጀመረ።

መንቀሊ ናይ'ዚ ክትዕ'ዚ፡ ኣብ ናይ 3 ነሓሰ 1944 ሕታም "ሰሙናዊ ጋዜጣ"፡ ብስም "ሓደ ኤርትራዊ" ዝተጻሕፈት፡ "ብዛዕባ'ቲ ዝመጽእ ኩነታት ኤርትራ ዚትንኪ ገለ ሓሳባት" እትብል ዓንቀጽ ነበረት። ደራሲኣ ስሙ'ኳ እንተ ዘየስፈረላ፡ ሽዑ ናይ ኤርትራ ኣመሓዳሪ ዝነበረ ስቲቨን ሎንግሪግ ምንባሩን፡ ካብ ቋንቋ እንግሊዝ ናብ ትግርኛ ድማ ባዕሎም ከም ዝተርጎሙዋን ኣቶ ወልደኣብ ወልደማርያም ደጋጊሞም ገሊጾም ኢዮም።[23]

22. ብዛዕባ ንብረ እድ ገብረመስቀልን ኮሎኔል ኢሳያስን፡ ጆርዳን ገብረመድህን፡ ገጽ 127-128 ርአ። ቃለ መጠይቕ፡ ግራዝማች ሰዩም መዓሾ'ውን ተወከሰ።
23. ወልደኣብ ወልደማርያም፡ ቃለ መጠይቕ፡ 1987 ኦሮታ ርአ። ኣስተውዕል፡ ኣብቲ፡ "ምሩጻት ዓንቀጻት ኣቶ ወልደኣብ፡ 1941-1991" ዝርእስቱ ብትኳቦ ኣረስዕ ዝተዳለወ መጽሓፍ፡ እዚ ዓንቀጽ'ዚ ኣቶ ወልደኣብ ከም ዝደረሱዎ ኣትዩ ኣሎ። ተርጕሞሞ እምበር፡ ባዕሎም ኣይደረሱዎን።

ኣይንፈላለ

ደራሲ ናይ'ታ ዓንቀጽ፡ መጽኢ ዕድል ኤርትራ ኣብ'ቲ ካልኣይ ኩናት ዓለም ምስ ኣብቅዐ ክካየድ ተመዲቡ ዝነበረ ዋዕላ ሰላም ከም ዝውሰን'ኳ እንተ ኣረጋገጸ፡ ኣብ ኤርትራ "እተመደበን እርኑብን ፖለቲካ" ዝስዕብ ሱብ ስለ ዘይነበረ፡ ሓሳቡ ከካፍል ከም ዝተበገሰ ይገልጽ። እቲ ኣብ ቅድሚ ኤርትራ ዝነበረ ኣማራጺታት፡ ማለት፡ ናብ ግዝኣት ኢጣልያ ምምላስ፡ ናብ ኢትዮጵያ ምሕዋስ፡ ንኣሜሪካ ከም ትዋሃብ ምግባር፡ ብብሪጣንያ "ምውሓጥ"... ወዘተ፡ ከም ዝነበረ ድሕሪ ምዝርዛር፡ ናይ'ዚ ኹሉ ሳዕቤናት እውን ይዘርዝር። ብድሕሪ'ዚ ኢዩ ናቱ ሓሳባት ዝገልጽ። ቀጺሉ ንዝሰዓበ ፖለቲካ ኤርትራ ኣንፈት ዝሃበን መኣዝን ዘትሓዘን ሓሳባት ስለ ዝኾነ ድማ ብዝርዝር ምጥቃሱ ከድልየና ኢዩ። ደራሲ ናይ'ታ ዓንቀጽ ከም'ዚ ይብል፤

> *ኤርትራ ብዓሌታትን ብቛንቋታትን ብወገናትን ብሃይማኖታትን ድብልቕልቕ ዝበለት ሃገር ኢያ። ብሓደ ቅልል ዝበለ መገዲ እንተ ኸድናዮ፡ ነዛ ሃገር እዚኣ ኣብ ክልተ ዓበይቲ ክፍሊ ክንከፍላ ምኸኣልና፣ ቀላን (መታሕት) ደጋን (ከበሳ)። እቶም ኣብ ቀላ (መታሕት) ዚቕመጡ ወገናት ኣስላም ኢዮም። ሙብዝሕትኦም ከኣ ቋንቋ ትግረ ወይ ዓረብ ዚዛረቡ ኢዮም። እቶም ኣብ ደጋ (ከበሳ) ተማሓዲሮም ዚቕመጡ ሕዝቢ ግና ክርስትያን ኢዮም፡ ቋንቋኦም ከኣ ትግርኛ ኢዩ። እቶም ኣብ መታሕት ዚቕመጡ ወገናት (ወይስ ሕዝቢ)፡ ብገለ መገዲ፡ ምስቲ ብትምህርትን ብንግድን ብሃይማኖትን ንኣኦም ዚመስል፡ ምስ ሕዝቢ ሱዳን ኪሓብሩ ከም ዚደልዩ ርግጽ ኢዩ። ድር'ኳ ሎሚ፡ ነቶም ናይ መታሕት ወገናት፡ ምስ ሕዝቢ ሱዳን ዘተሓባብሮም ሓያሎ ነገራት ኣሎ።*

ነዚ ድሕሪ ምባል፡ እቲ ደራሲ፡ ኤርትራዊ ወዲ ኸበሳ ምንባሩ ይሕብር'ሞ፡ ኣውራ ዘገድሶ እቲ ቋንቋ ትግርኛ ንዘዛረቡ ብዙሓት ክርስትያን ዝትንከ ምንባሩ ድሕሪ ምርግጋጽ ጽሑፉ ይቕጽል። ህዝቢ ከበሳ ኸአ ይብል፤

> *.... ምስቲ ኣብ ሰሜናዊት ኢትዮጵያ ዚቕመጥ ሕዝቢ፡ ብዓሌትን ብሃይማኖትን ብደታን ብዛንታን ብትምህርትን ብልማድን ሓደ ወገን ከም ዝኾነ ኣጸቢቑ እተፈልጠ ኢዩ፣ እቲ ትግራዋይ (ትግሬ) ዚብሃል ሕዝቢ፡ እቲ ንምልእቲ ኢትዮጵያ ስልጣንን ጭውነትን ዕብየትን ስርዓትን ዝሃበ ሕዝቢ፡ ኣብ ክልተ ኪምቀል ከኣ ኩቶ ዘይግባእ ኢዩ።*

በዚ ደው ከይበለ እቲ ደራሲ፡ ኣኽሱም ናይ'ቲ ትግርኛ ዝዛረብ ህዝቢ "መንፈሳዊት መደበር ወይ ብልጽቲ መዝገብ ኢያ፡ ናይ ምሉእ ሕዝቢ ትግርኛ ሃይማኖታውን ፖለቲካውን ሃረርታን ናፍቖትን ከኣ ኣብኣ ኢዩ ተዓቝሩን ተዓቂቡን ዚነብር ዘሎ፡" ይብል'ሞ፡ ነቲ መሰረታዊ እማመኡ በዚ ዝስዕብ ኣገባብ የቕርቦ፤

> *...እቲ ደጋን ወይነ ደጋን ዚብሃል ክፍልታት ሃገር ኤርትራ፡ ምስ'ቲ ኣብ ሰሜናዊት ኢትዮጵያ ዚቕመጥ፡ ቋንቋ ትግርኛ ዚዛረብ ዘበለ ሕዝቢ ተጸንቢሩስ ሓደ ሕዝብን ሓንቲ መንግስትን ኪኸውን'ሞ ካብ ዓባይ ብሪጣንያ ድማ ሓገዝን ረድኤትን ክቕበል።*

...ህዝቢ መታሕት ከኣ፡ ምስ ሕዝቢ ሱዳን ብምጽንባርዎ፡ ክይተሓጉሱን ከየማስዉን ኣምበይ ምተረፉን።[24]

ዛጊት ከበሳ ካብ መታሕት፡ እስላም ከኣ ካብ ክርስትያን ዝፈሊ ፖለቲካ፡ ኣብ ምስጢራዊ ሰነዳት መንግስቲ ብሪጣንያ ዝተሓጽረ፡ ምስጢራዊ ትልሚ'ቲ ስርዓት ኢዩ ዝነበረ። ንመጀመርታ ጊዜ ኢና ብመገዲ እዛ ዝተጠቐሰት ዓንቀጽ ኣብ ቃልዕ ወጺኡ እንረኽቦ። ፖለቲካ ኤርትራ ባዕሉ፡ ኣብ ሕብረትን ናጽነትን'ኳ ይግዛዕ እንተ ነበረ፡ መሰረት ክልቲኡ ኣንፈታት ሃይማኖት ወይ ኤትኒካዊ ምድብ ኣይነበረን። ኣብቲ መጀመርታ፡ ክልቲኡ ዝንባሌታት፡ እቲ ናይ ሕብረት'ውን ከይተረፈ፡ ሃይማኖትን መበቆልን ዝፈለየ ኣይነበረን። ኣብ ክልቲኡ እስላምን ክርስትያንን ከበሳን መታሕትን ነይሮም ኢዮም። ሕጂ ግን ናይ ምፍልላይ ፖለቲካ፡ ናይ ሃይማኖት ነገር ኣተዎ።

ብቐጽበት፡ "ሰሙናዊ ጋዜጣ" ብኽትዕ ተጓሃሃረ። መጀመርታ መልሲ ዝሃቡ፡ ፕረሲደንት ማ.ፍ.ሃ. ፊታውራሪ ገብረመስቀል ወልዱ ነበሩ። "ኢታብኣነ እግዚኦ ወስተ መንሱት" ኣብ ትሕቲ ዝብል ኣርእስቲ ድማ ነታ ናይ ሎንግሪግ ጽሕፍቲ ነቐፉዋ። ንኤርትራ ካብ ኢትዮጵያ ምፍላይ፡ "ንሓደ ጡብ እኖኡ ዚጠቡ ቆልዓ ፈሊኻ ምንባሩ መሰሉ ይርእ፡" ድሕሪ ምባል ከኣ፡ ከም'ዚ በሉ፡

> ....ሓደ ሰብ ተኹርምዩ ዝነበረ ኣካሉ እንተ ዘርግሐ፡ ሓደ ሰብ ጥራይ ምኳኑ ኣይተርፎን። ከምኡ'ውን ካብቲ ዋና ኣካሉ ርሕቕ ቢሉ ዝነበረ ናይ ሰውነቱ ክፍሊ እኩብ እንተበሎ፡ ሓደ ሰብ ምኻኑ'ኳ ኣይተርፎን። ስለ'ዚ ኢትዮጵያ ነታ ኣካላ ዝኾነት ኤርትራ ብርትዒ እንተ ኣከበት ከም ምስፋሕ ኮይኑ ደኣ ይርእ'ምበር፡ ከም ሓዲስ ግዝኣት ምውሳኽ ኮይኑ ዚርአ ኣይመስለንን።

ብዛዕባ ብዙሕነት ህዝቢ ኤርትራ ኣመልኪቶም ፊታውራሪ ገብረመስቀል ንቡር ነገር ምኳኑ የረድኡ'ሞ፡ ኣብ መታሕት ዝነብሩ "...ኣሕዋትና፡ መፋጥርትና ዳርጋ ኩሎም እስላም ኢዮም ብሃይማኖት። ብዓሌት ግን፡ ናይ'ቶም ኣብ ደጋ ወይ ወይና ደጋ ዚቕመጡ እስላምን ክርስትያንን ኣሕዋት ኢዮም። ....ቋንቋኣም ዓረብ ዘይኮነስ ትግረ ጥራይ (ዚበዝሕ) ዜረድእ ነገር ኮይኑ ይርከብ..." ይብሉ።[25]

በዚ፡ ፊታውራሪ ገብረመስቀል ብዕልን ብጽሑፍን ጸግዖም ንኢትዮጵያ ኣፍለጡ። በዓል ሰፊሕ ኣእምሮን ሓያል ጸሓፍን ስለ ዝነበሩ፡ ንብልጫታት ሕብረት ብብዙሕ ማእዝናቱ ኢዮም ዝጥምቱዎ ዝነበሩ። ኣብ'ቲ ዝሓለፈ ናይ ዘበናት ታሪኽ፡ ማለት ካብ ዘበን ኣኽሱም ኣትሒዙካ፡ ህዝቢ ኤርትራ ዓብን ግቡእ እጃሙን ከም ዘበርከተ ኢዮም ዝኣምኑ ዝነበሩ። ሽሕ'ኳ "ኤርትራ ንዓዲ ፈረንጂ ዚኸይድ ስርናይ እንተ ዘይወለደት፡ ሃገር ዘቕንዑ፡ 'ብኣይዞኻ' ጥራይ ከኣ ደሞም ዘፍስሱ ቀጽሪ ዘይብሎም ጅጋኑ ትወልድን ተወፍን ከም ዝነበረት ዘይምርሳዕ" ብምባል ከኣ ብዛዕባ ህዝቢ ኤርትራ ዝነበሮም ገምጋም ገለጹ።

24. ሰሙናዊ ጋዜጣ ቍ. 3/101. 3/8/1944።
25. ሰሙናዊ ጋዜጣ ቍ. 3/105፡ 31/8/1944።

ምስ'ዚ ኹሉ ግን፡ ናይ ዲሞክራሲ ኣተሓሳስባ'ውን ነይሩዎም ኢዩ። ህዝቢ ብ"ፍሩያትን ደቀቕትን" ዝቜመ ስለ ዝነበረ መጻኢ ዕድል ኤርትራ ብስምምዕ ክልቲኦም ክውሰን ኣለዎ ዝብል ኣረኣእያ ኢዩ ነይሩዎም። "ፍሩያት" ማለት ምስሌነታትን ዓበይትን፡ "ደቀቕቲ" ኸኣ እቲ ዝበዝሐ ተራ ህዝቢ ምኻኑ ኢዩ። ብ21 መስከረም 1944፡ "ናይ ህዝቢ ኤርትራ ኣእምሮን ክእለትን" ኣብ ዝብል ጽሑፎም ከኣ ነዚ ኣተሓሳስባኦም'ዚ ኣነጸሩ። ስለ'ዚ ኣብ ውሽጢ መጒተኦም፡ ባእታ ናይ ዲሞክራሲ ነይሩ ማለት ኢዩ።[26]

እቶም ካልኣይ ኣብ'ዚ ክትዕ ዝኣተዉ መራሒ፡ ደጊያት ኣብርሃ ተሰማ ነበሩ። ኣብ'ቲ ብ7/9/1944 ዘስፈሩዎ "ዚመጽእ ኩነታት ኤርትራ" ዝብል ዓንቀጾም ድማ፡ ምስ ፊታውራሪ ገብረመስቀል ወልዱ ዝፈላሊ ነገራት ከም ዘይብሎም ብምግላጽ ኢዮም ጽሑፎም ጀሚሮም። እኳ ደኣ፡ መላእ ህዝቢ ኣከለ ጉዛይ ናይ "ትግራይ ትግርኚ" መርገጺኡ ድሮ ኣነጺሩስ፡ ዝተረፈ ህዝቢ ኤርትራ ተመሳሳሊ ርእይቶ ክህብ ይጽበዩ ከም ዝነበሩ ኢዮም ደግያት ኣብርሃ ኣተንቢሆም። ኣብ'ዚ ጥርጥር ዝነበሮም'ውን ኣይመስሉን።

መጒተኦም ግን ሕብእብእ ወይ ቃልዓለም ኣይነበሮን። ናይ ኢትዮጵያ ምኒሊክ ኣብ ልዕሊ ጣልያን ክንዲ ዝተዓወቱ፡ "ተዓሪቖም ገዲፎምና ከይዶም፡

ደግያት ኣብርሃ ተሰማ

26. ሰ. ጋ. ቍ.3/109፡ 27/11/1944 እውን ርአ።

.... ሃገርና ኸኣ 'መሰጋገርያ' ጥራይ ዘይኮነስ፡ ጭዋን ካህንን ተኣኪብና ገለ ብኣፍና (ብጽሕፈትን ትርጁምናን) ገለ ብኢድ ብመሳርያ ኩናት... (ንኢትዮጵያ) ዘሸነፍናያን ዘሕመቕናያን ደቂ ኤርትራዶ ኣይኮንናን፧" ብምባል ኣስተንከሩ። በዚ ድማ ኢትዮጵያውያን ኣብ ልዕሊ ኤርትራውያን ቂም ኣሕዲሮም ኢዮም'ሞ ብሰላም ኣይከንብሩናን ኢዮም ዝብል ሓሳብ'ውን ኣቕረቡ። ዝገደደ ግን፡ ኢትዮጵያውያን ነቲ ኢጣልያ ዝሰርሓትሎም'ኳ ክንዲ ዝዕቅቡ ስለ ዙብረሱዎ፡ ንኤርትራ ከማሓድሩስ ኣይክኽእሉን ኢዮም ኢሎም'ውን ተኸራኸሩ። ኣብ ሕብረት ዝነበሮም ጥርጣረን ፍርሕን ከኣ በዚ ዝስዕብ ቃላት ገለጹ፤

> ...እቲ ናይ ቅድሚ ሕጂ ዝነበረን እቲ ኪኸውን ዘለዎን ከየስተውዓልካ፡ ምስ ኢትዮጵያ "ንተሓወስ! ንተሓወስ' እንተ በልና፡ ሃገር ዜናብሩ መኳንንትን ወተሃደራትን ኣምሓራ ኪመጹና ባርነት ዘይተርፍ ነገር ኢዩ'ሞ፡ ተመሊስና ድማ ናብ ዕግርግርን ናብ መርገምን ምምላስና ኢዩ። 'ኣታ ትማሊ ጾምካ ዝሓደርካ ጋሻ፡ ሎሚ'ውን ከም'ታ ትማሊ'ኻ' እቶም ዚመጽኡ ኣመሓደርትን ኣሕሉቕ ወተሃደራትን ቋንቋ ትግርኛ ዘይፈልጡታ ኢያቶም ኪኾኑታ ዚደልዩ'ሞ፡ ሓሊፉልና እናበልና፡ ሎሚ'ውን ከምታ ጥንትና ኣብ ኢድ ትርጁማናት ክንምለስን ክንወድቕን ምኳንና ምሕሳብ የድሊ። ወኣሳእንካን ይመስላ፡ ኣብ እግርኻን ዘይኣትዋ'፡ ዚብል ናይ ኣቦታትና ምስላ ኣሎ። ህዝቢ ኤርትራ፡ እንተ ኾነ ኩሉ፡ ካብኡ ተረፈ መብዛሕቱ'ኳ ቋንቋ ኣምሓራ ከይፈለጠ፡ ብቕልጡፍ ምስ መንግስቲ ሸዋ ኣንድነት ኪኣቱ ፍጹም ንህዝቢ ዝሸግር ኢዩ።[27]

ደግያት ኣብርሃ ንግዝኣት ሸዋ ጥራይ ኣይኮኑን ነጺጎም። ነቲ ብ "ሓደ ኤርትራዊ" ዝቐረበ ንመታሕት ናብ ሱዳን ናይ ምሕዋስ እማመ'ውን ብትሪ ተቓወሙዎን ኩነንዎን። ብዛዕባ'ቲ ኣብ መንጎ ክልቲኡ ህዝብታት ዝነበረ ምትእስሳርን ሕውነትን'ውን ኣስፊሖም ገለጹ። ኣብ ዝቐጸለ ጽሑፎም ከኣ ነዚ ዝስዕብ እማመኦም ኣቕረቡ፤

> ...ኤርትራ ብኤኮኖሚያ ዝርኢ ርእሳ ክኢላ ክትመሓደር ከም ዘይትኽእል ፍሉጥ ነገር ኢዩ'ሞ፡ እተን ብዓሌት ጥራሕ ዘይኮነስ ብቛንቋ ዚመስልኣ ሃገራት ጽራረን ተከዚን ምላሽ ምስኣ ተሓዊሰን ሓደ ሃገር፡ ሓደ መንግስቲ ክኾና መድለየ ኮይኑ ይስምዓኒ። እዚ ድማ፡ ንሕና ብባሕሪ ክንረኽቦ እንኽእል ዝቶነ ኣቓሑ ኣትሒዝና እንተ ጸናሕና፡ ምስቲ ብትግራይ ኪመጽኣና ዚኽእል ኩብቲ፡ እኽሊ፡ ጠስሚ፡ መዓር፡ ቆርበት ኪልወጥ ዘክኣል ኢዩ'ሞ፡ ከምኡ እንተ ዚኾነልናስ ናህናን ናይ ትግራይን ኣነባብራ ኪመሓየሽን ኪድልድልን ከም ዝኽእል ርግጽ ኢዩ።[28]

በዚ ድማ ደግያት ኣብርሃ ነቲ "መንግስቲ ትግራይ-ትግርኚ" ዘጠመቕዎ ሓሳብ፡ ግን ድሕሪ ውድቀት ወያነ ዳርጋ ቅሂሙ ዝነበረ፡ መሊሶም ከለዓዕሉዎ ፈተኑ። ምስቲ ናይ ፊታውራሪ ገብረመስቀል ናይ ሕብረት ኣተሓሳስባ ፈጺሙ

27. ሰ.ጋ. ቍ. 3/106።
28. ሰ.ጋ. ቍ. 3/112፡ 19/11/1944።

ግራዝማች ተኽለሃይማኖት በኹሩ

ዝጻረር ብምንባሩ ኸኣ፡ ኣብ መንን'ዞም ክልተ መስረትትን መራሕትን ማ.ፍ.ሃ. ግሁድን ህዝቢ ዝፈልጦን ፍልልይ ተፈጠረ።

ነዚ ክትዕ'ዚ ካልኦት'ውን ተጸንበሩዎ። "ሃያንሹፌ" ብዝብል ናይ ብርዒ ስም ዝጽሕፍ ሓደ ንኣብነት፡ ስሰዐን ንዓይ ይጥዓመንን ዝመንቀሊኡ፡ ዘይተሓሰበሉን ንህዝቢ ዘየርብሕን እማመታት ካብ ምድርዳር፡ ከሰልጥናና ምስ ዝኽእላ ሃገራት ግዳ ዘይንጽጋዕ ብምባል፡ ናይ እንግሊዝ መጉዚትነት ሓተተ። ጸኒሖም ኣብ ሃገራዊ ቃልሲ ንናጽነት ግደ ዝተጻወቱን ብዙሕ ዝተሳቐዩን ግራዝማች ተኽለሃይማኖት በኹሩ ድማ፡ እቲ ንኤርትራውያንን ኢትዮጵያውያንን ዘመሳስልን ዝፈላልን ነጥብታት ኣድቂቖም ምስ ተንተኑ፡ ሓደ "ብህዝብን ዝተሸመ ብመንግስትን ዝተፈልጠ ዋዕላ ዓደ'ቦ" ክቖውም ኣመሙ። "እዙይ ዋዕላ'ዙይ ክይቁመ'ሞ ሓሳባት ናይ ህዝቢ ዝኾነ ኣርዩ ሓደ ብሱል ነገር ኣቀሙ እዙይ ኢዩ ድላይ ናይ ህዝቢ ቢሉ ክየፍለጦስ ኣብ ዓዓድና ኾይና ብጋዜጣ ሓሓሳባትና እንተ ኣፍለጥና እንታይ ክነፍሪ ንኽእል፤ እዞም ውሑዳት ሰባት ንጽሕፍ ዘለና ሓሳባትና እንተ ገለጽናስ፡ እቶም ዘይጸሓፉ ወይ ክጽሕፉ ዘይክኣሉ'ኸ ሓሳባቶም መን ይፍለጦ" ኸኣ በሉ።[29] ራእሲ ተሰማ ኣስበሮም'ውን፡ ነቲ ኣብ መንን ገብረመስቀል ወልዱን ወዶም ኣብርሃ ተሰማን ዝነበረ ክትዕ ነቐፉ። ወገን ከይፈለዩ ድማ ከም'ዚ በሉ፤

> ኩሉ ጊዜ፡ ብዘይ ምኽሪ ቡብድላይካ ምጽሓፍ፡ ፍልልይ ከም ዜርክቦ ርግጽ'ዩ። ድሕሪ ሐዚ'ውን ንኤርትራ ዚጠቅም ብምኽሪ እንተ ተገብረ

29. ሰ.ጋ. ቍ. 3/110፡ 5/10/1944።

ኢዩ'ምበር፡ በብድላይ ሰብ እንተ ጸሓፈ፡ ኣብ ብዙሕ ዓይነት፡ ኣብ ብዙሕ ክፍሊ ከም ዚከፋፈል ርግጽ'ዩ። ንኤርትራውያን መንዓቘናን መንቀፌናን ኢዩ... እንኳን እዞም ክልተ ሓሳባቶም ብዙሕ ፍልልይ ዘለዎ፡ ምንም'ኳ ናይ ክልቲኦም ሓሳብ ሓደ እንተ ዚኸውን፡ ብናይ ክልቲኦም ሓሳብ ናይ ምሉእ ኤርትራ ቁይሙ ተጠሪሱ ኪብሃል ኣይከኣልን። ንሕዝቢ ኤርትራ ዚሓይሽ ዚመስል፡ ከምቲ ኣብ ኤውሮጳ ዚግበር፡ ዓበይቲ ሰባት ተመሪጾም፡ ነገሮም ዚኸውን ጠቕሚ መኸሪቶም ዜቕርቡ፡ ንኤርትራውያን'ውን ከምኡ ዚመስል ኣገባብ ኢዩ ዜድልየና፡ ሓቢርካ መኺርካ ዝገበርካዮ ንኹሉ ጽቡቕ ኢዩ።

በዚ ድማ፡ ካብ መላእ ሃገር፡ ካብ እስላምን ክርስትያንን 15 ሰባት ብህዝቢ ክምረጹ'ሞ ኣብ "መንጎኛ ቦታ" ተኣኪቦም ብዛዕባ መጻኢ ዕድል ኤርትራ ክመኽሩ ኣመሙ።[30]

ነዚ ሓሳባት'ዚ ዝተቐበሎ ኣይረኸበን። ብሓቂ'ውን ብዙሕ ሓሳባት ይፍሰስ፡ ማሕበር ፍቕሪ ሃገር'ውን ትብታተን'ምበር፡ ኤርትራውያን ኣብ ሓድሕዶም ዝበሉ እንተበሉ፡ እቶም ቀንዲ ሰብ ጉዳይ ንሳቶም ከም ዝነበሩ ብኣህጉራዊ ደረጃ ዝፈለጠሎም ኣይነበረን። ምምቕቓሎም ነቲ መንግስቲ ብሪጣንያ ኣቐዲሙ ሓንጺጹዎ ዝነበረ ትልሚ ሓይልን ሕጋውነትን ስለ ዝሃቦ ግን፡ በዓል ሎንግሪግ ሽቶኦም ብምውቃዮም ከይዓገቡ ክተርፉ ዘይከውን ኢዩ ነይሩ።

ማ.ፍ.ሃ. ኣበየናይ ጊዜን ዕለትን ናብ ሕብረት እትልምን ማሕበር ከም ዝተቐየረት ዝነግር ሰነድ ኣይንረክብን። ሸኽ ኢብራሂም ሱልጣን ግን፡ ደገፍቲ ሕብረት ዘበሉ ዓበይትን ሹማምንትን ብጻውዒት ኣቡነ ማርቆስ ኣብ ቤት ክርስትያን ከም ዝተራኸቡ ኢዮም ዝገልጹ። ኣብ መንጎ እዚኣቶም፡ ፊታውራሪ ገብረመስቀል ወልዱ፡ ብላታ ደምሳስ ወልደሚካኤል፡ ደጃዝማች ሓጐስ ገብረን ካልኦትን ነበሩ። ኣብ'ዚ ኣኼባ'ዚ፡ ይብሉ ሸኽ ኢብራሂም፡ ንማሕበር ፍቕሪ ሃገር ናብ ናይ ሕብረት ማሕበር ከም ዝቐየሩዋን ምሉእ ስማ ድማ "ማሕበር ፍቕሪ ሃገር ኤርትራ ምስ ኢትዮጵያ - ሓንቲ ኢትዮጵያ" ከም ዝተለወጠን ኣፍለጡ። እቶም እስላም ኣባላት ናይ ቀዳመይቲ ማ.ፍ.ሃ. ነገር ምስ ተወድአ ከም ዝተጸውዑን ኢብራሂም ሱልጣን ባዕሎም ሳልሳይ ርእሶም፡ ማለት ምስ ዓብደልቃድር ከቢረን መሓመድ ኣበራ ሓጐስን ተቓውምኦም ኣስሚዖም ካብቲ ማሕበር ከም ዝወጹን ብተወሳኺ ይሕብሩ።[31]

ወልደኣብ ወልደማርያም'ውን ማሕበር ፍቕሪ ሃገር ናብ ናይ ሕብረት ምስ ኢትዮጵያ ክትቕየረሉ ዝኸኣለት ምኽንያት ብኸምዚ ይገልጹዎ፤

ብሰርቂ ንሕና ተዳህሊልና። ..... ተዘናጊዕና ጸኒሕና። ንሳቶም ወሲዶማ፡ እዚ 44 ምስ ኮነ፡ ሓሳብኩም ግለጹ ዚብል ኣዋጅ ምስ ወጸ፡ ንሳቶም ተቐዳዲሞም ማሕበር ፍቕሪ ሃገር ኤርትራ ምስ ኢትዮጵያ ወሲኾም ስምረት

30. ሰ.ጋ. 3/112፡ 19 ጥቅምቲ 1944.

31. ቃለ መጠይቕ ሸኽ ኢብራሂም ሱልጣን፡ ካይሮ 1982።

ምስ ኢትዮጵያ ትልምን ማሕበር ገይሮማ። ንሕና፡ ተቐዲምና ምስ ረኣና "ኤርትራ ንኤትራውያን" ዝብል ሓዲሽ ስም መሪጽና ተኺልና። ..ካብ ኩሉ ነዚ ዘኽኣሎም ድማ፡ ገብረመስቀል ወልዱ፡ ፕረዚደንት ናይቲ ማሕበር ናብ ወገን ኢትዮጵያ ስለ ዝዘንበለ ኢዩ።.... ተቐቢሎም ስልኮ ኣትዮሞ።

ኣቶ ወልደኣብ ንፌታውራሪ ገብረመስቀል ብዋርህናን ቅንዕናን እምበር ብኽፍኣትን ጉቦን ኣይከሱዎምን ኢዮም። ኣብቲ ጊዜ'ቲ፡ ይብሉ ንሶም፡ "ጽልኢ ንጣልያን፡ ጽልኢ ንወጻእተኛታት ኢዩ መሊኡ ዝጸበረ ልቢ ኤርትራውያን። ብዘይካ ድኽነት፡ ብዘይካ ግፍዒ ካልእ ዝጸበዩዎ ነገር ኣይነበረን።..."። ስለ'ዚ፡ ብዙሓት፡ ፍታሕ ሽግር ኤርትራ ምስ ኢትዮጵያ ብምሕባር ኢዩ ዝመጽእ ዝብል እምነት ነይሩዎም ኢዩ እሞ፡ ንገብረመስቀል ወልዱ ኣብ'ዚ ምድብ'ዚ የእትዉዎም።

እዚ ኾይኑ እቲ፡ ማ.ፍ.ሃ. መልክዓ ለወጠት። ዋጋ ግርህነቱን ምድንጓዩን፡ ከምኡ'ውን ምምሕዳር ብሪጣንያ ብንጥፈት ንኽንቀሳቐስ ስለ ዘኸልከሎን፡ እቲ ናጽነት ዝሓትት ወገን ንስማን ክብረታን ሰረታን ኣጥፍአ። ከም'ዚ ምስ ኮነ፡ ይብሉ ኣቶ ወልደኣብ፡ ንናጽነት ዝሓትት ማሕበር ንምምስራት ምስጢራዊ ርክባት ተጀመረ። እዚ ፈላሚ ዝኾነ ኣገዳሲ ኣኼባ ከም ዝተኻየደን ኣብኡ እንታይ ከም ዝተፈጸመን ወልደኣብ ብኸምዚ ይገልጹዎ፡-

> ....ቅድም ኣብ እንዳ ሳልሕ ኬኪያ ተኣኪብና ትዝርብ ውዒልና ተሰማሚዕና። ብዘይ ዝኾነ ይኹን ናይ ቀቢላነት፡ ኣውራጃነት መንፈስ ንኤርትራ ንኤርትራውያን ክንዓዪ ንመሓሓል ተባሂልና። ኬኪያ ዝሓረዳ ደርሆ ተመሲሕና። ኣብ ቁርኣን ከኣ ጠቒዕና። ብድሕሪኡ እንዳ ደጃች ኣብርሃ ማይ ዕዳጋ ኬድና። ብደጃች ኣብርሃ ዝተሓርደት ደርሆ በሊዕና፡ ኣብ ወንጌል ጠቒዕና ደሓር ሸማግለታት ልኢኽና፡ ኣብ ኩለን ኣውራጃታት ከይዶም ነቶም ምስሌነታት "ኤርትራ ንኤርትራውያን" ኢሎም ዘፈርሙ ልኢኽና። ኣውራ ብምዕራባዊ መታሕት ጀሚርና፡ ደሓር ምብራቓዊ መታሕት ምጽዋዕ ማለት'ዩ፡ ናብ ኣከለ ጉዛይ፡ ኣብ ሰራየ'ውን ...ብዙሕ ፌርማታት ኣኪብና።

ኣብ መንን'ዞም ተመሓሓልቲ እዚኣቶም፡ ደግያት ኣብርሃ ተሰማ፡ ሸኽ ኢብራሂም ሱልጣን፡ ደግያት ሓሰን ዓሊ፡ ደግያት ዑመር ሰፋፍ ካብ ጊንዳዕ፡ ቀኛዝማች ብርሃኑ ኣሕመዲን፡ ምስሌነ ገዛ ብርሃኑን ካልኦትን ነበሩ። ነቲ ዝተኣከበ ናይ ፌርማ ወረቓቕቲ፡ ይብሉ ኣቶ ወልደኣብ፡ ሳልሕ ኬኪያ ኢዮም ብሕድሪ ተቐቢሎሞ ነይሮም። ንሶም ግን፡ ብመሰረት እቲ ሕድሪ ከይዓቀቡዎ ስለ ዝተረፉ፡ ጠፍአ። ባዕሎም ሳልሕ ኬኪያ ድማ፡ ናብ ማሕበር ሕብረት ብምሕዋስ፡ ጸኒሖም ካብ ላዕለዎት መራሕቱ ኮኑ።

ኣብ ምጅማር 1945 እምበኣር፡ ፖለቲካዊ ሰልፍታት ምምስራት ፍቑድ ስለ ዘይነበረ'ኳ ኣይተኣወጀ'ምበር፡ ብውሑዱ ክልተ ናይ ምስጢር ማሕበራት፡ ሓንቲ ናይ ሕብረት፡ ካልኣይቲ ኸኣ ናይ ናጽነት ቈይመን ነበራ። እታ ቀዳመይቲ ማ.ፍ.ሃ. ከኣ ቅሂማ ተረፈት።

ምዕራፍ 6

ኤርትራን ጉዳያን ኣብ መፋርቕ ኣርብዓታት

ዋዕላ ፓሪስ - ኣህጉራዊ መርገጺ ኣብ ልዕሊ ኤርትራ

ዋዕላ ፓሪስ - ኣህጉራዊ መርገጺ ኣብ ልዕሊ ኤርትራ እቲ ብሕዳር 1944 ኣብ መንጎ ብሪጣንያን ኢትዮጵያን ዝተገብረ ስምምዕ ንገለ መሰላት መንግስቲ ኢትዮጵያ'ኳ ኣረጋጊጹ እንተ ነበረ፡ ገና ካብ ትሕቲ ቀጽጽር ብሪጣንያ ዘላቐቓ ኣይነበረን። እቲ ስምምዕ ጊዚኡ ከየእከለ ዝነበረ ጠለባት ክማላእ ስለ ዘይከኣለ ድማ፡ ሃጸይ ሃይለስላሴ ካልእ ኣማራጺ ክናድዩ ጀመሩ። ኩነታት ከም'ዚ ኢሉ እንከሎ፡ ኣብ ናይ ጠልታ (ክራይሚያ) ኣኼባ መራሕቲ ሰለስተ ሓያላን፡ ማለት ምስ ስታሊን ናይ ሩስያን ቸርቺል ናይ ብሪጣንያን፡ ካብ 4-11 ላካቲት 1945 ክራኸብ ዝቐነየ ኣመሪካዊ ፕረሲዳንት ሩዝቬልት፡ ንሃይለስላሴ ኣብ ሱወዝ (ግብጺ) ክረኽቦም ድሉው ከም ዝነበረ ኣፍለጠ። ሃይለስላሴ ድማ፡ ገና ኣብ ትሕቲ ደቂቕ ሓለዋ ብሪጣንያ'ኳ እንተ ነበሩ፡ ነቶም ሰበ ስልጣን ኣዳህሊሎም፡ ሓደ ንግሆ (ሰዓት ሓሙሽተ ወጋሕታ) ብሓንቲ ናይ ኣመሪካ ነፋሪት ጸሊቖም ንግብጺ በረሩ'ሞ፡ ምስ ሩዝቬልት ኣብ ሓንቲ መርከብ ተራኸቡ።[1]

ሃይለስላሴ ንሩዝቬልት ኣብ ዝሃቡዎ መዘክር፡ ሽዱሽተ ነጥብታት ኣመሙ። እቲ ርክብ፡ ንተራ ሕቡራት መንግስታት ኣመሪካ ኣብ ቀርኒ ኣፍሪቃ መገዲ ካብ ዝጸረገ ዓበይቲ ፍጻሜታት ስለ ዝነበረ፡ ነተን ሃይለስላሴ ዘቕረቡወን ነጥብታት ኣሕጺርና ንጠቕሰን፦

- ኢትዮጵያ ናይ ግድን ኣፍደገ ባሕሪ ክትረክብ ስለዘድሊ፡ ብሓገዝ ሕ.ሃ. ኣመሪካ ንኤርትራ ክትርክባ፡
- ቀጽጽር ናይ'ቲ ምስ ጅቡቲ ዘራኽብ መገዲ ባቡር ንኢትዮጵያ ክውሃብ'ሞ፡ ንሳ ኸኣ ብሓንቲ ኣመሪካዊት ኩባንያ ኣቢላ ከተመሓድሮ፡
- ናይ ኦጋዴን ጉዳይ ኣብ መፈጸምታኡ ክበጽሕ፡ ኢትዮጵያ ድማ ሲንክሌር ዝተባህለ ናይ ነዳዲ ኮርፖረሽን ኣብኡ ዕቑር ነዳዲ ንኸናዲ ኣብ ስምምዕ ክትኣቱን ንኣመሪካውያን ዋኒን ትካላት መዓጹኣ ክትከፍትን፡
- ኢትዮጵያ ኣብ ምንዳፍ ቅዋም ሕቡራት ሃገራት ክትሳተፍ፡
- ኢትዮጵያ ኣብ'ቲ ናይ ፓሪስ ናይ ሰላም ዋዕላ ክትሳተፍ፡
- ብረትን ናይ መጓዓዝያ መራኸቢታትን መሳርሕታትን ክውሃባ።

1. Spencer, p. 159.

ኣብቲ ኣኼባ፡ ሩዝቨልት ኣብ ሙብጽዓ ከይኣተወ፡ ብዛዕባ ካልእ ነገራት ጥራይ ኣዕለለ። ሃይለስላሴ ግን፡ ብለውጢ ኤርትራን ኦጋዴንን ንሃገሮም ኣብ ትሕቲ ስዉር መግዛእቲ ኣመሪካ ቁሪኖማን ብመልክዕ ህያብ ሓንቲ ብወርቂ ዝተሰርሐት ግሎብ ንሩዝቨልት ኣበርኪቶምን ካብቲ ኣኼባ ክወጹ እንከለዉ፡ ክሰልጠኒ ኢዩ ካብ ዝብል እምነት፡ ኣብ ደረት ሓጐስ በጺሖም ምንባሮም ኣማኻሪኦም ዝነበረ ጆን ስፔንሰር ይገልጽ።[2]

ከም ሃንቀውታኦም ግን ኣይኮነሎምን፣ ቀልጢፉ ክሰልጦም ዝኽእል እውን ኣይነበረን። ጉዳይ መጻኢ ዕድል ግዝኣታት ኢጣልያ ነበር፡ ሩዝቨልት በይኑ ዝውድኦ ኣይነበረን። ናይ'ተን ኣርባዕተ ሓያላት ናይ ሓባር ጉዳይ ኢዩ ዝነበረ። ኣብ ልዕሊ'ዚ፡ ፕረሲደንት ሩዝቨልት ብ14 ሚያዝያ 1945፡ ማለት ምስ ሃይለስላሴ ካብ ዝራኸብ ክልተ ወርሒ ኣብ ዘይመልእ ጊዜ ሃንደበት ዓሪፉ ብፕረሲደንት ሃሪ ትሩማን ስለ ዝተተክአ፡ ተስፋ ሃይለስላሴ ናብ ኢድ ሓዲሽ በዓል ስልጣን ኢዩ ተመሓላሊፉ።

ነዊሕ ከይጸንሐ፡ ማለት ኣብ ቀዳማይ ሰሙን ወርሒ ግንቦት፡ ሓይልታት ጀርመን ፍጹም ተሳዒሩ፡ ሂትለር ነፍሱ ባዕሉ ቀቲሉ፡ ላዕለዎት መኮንናቱ ኢዶም ስለ ዝሃቡ፡ ካልኣይ ኲናት ዓለም ኣብ ኤውሮጳ ብ8 ግንቦት 1945 ብወግዒ ኣብቀዐ። ጃፓን ኢዳ ስለ ዘይሃበት ግን ኣብ ርሑቕ ምብራቕ ቀጸለ።

ካብ 17 ሓምለ ክሳብ 2 ነሓሰ 1945፡ ስለስቲኦም መራሕቲ ዕዉታት ሓይልታት ኪዳን፡ ማለት ቸርቺል፡ ስታሊንን ትሩማንን ፖትስዳም ኣብ እትብሃል ጥቓ በርሊን እትርከብ ጀርመናዊት ከተማ ተጋብኡ። ኣብኡ ኸኣ ንቻይናን ፈረንሳን ዝሕውስ ቤት ምኽሪ ሚኒስተራት ጉዳያት ወጻኢ ሓሙሽቲኣን ሓያላት ክምስረት ተሰማምዑ። እዚኣን፡ እተን ክሳብ ሕጂ ኣብ ውድብ ሕቡራት ሃገራት ናይ ቀውፊ (ቪቶ) ስልጣን ሒዘን ዘለዋ ኢየን። ኣብ'ዚ ኣኼባ'ዚ እቲ ቤት ምኽሪ ሚኒስተራት ምስ'ታ ኣብ ኲናት ዝተሳዕረት ኢጣልያ ናይ ሰላም ውዕል ክገብር ምሉእ ስልጣን ተዋህቦ።[3] በዚ ድማ ንኤርትራ ዝሕውስ መጻኢ ዕድል ግዝኣታት ኢጣልያ-ነበር ኣብ ኢድ'ቲ ቤት ምኽሪ ወደቐ። እዚ ድማ ንቐዳማይ ኣኼባኡ ካብ 11 መስከረም ክሳብ 2 ጥቅምቲ ኣብ ለንደን ተራኸበ።

ናይ ፖትስዳም (በርሊን) ስምምዕ፡ ኣብ ዋዕላ ሰላም ምስ ኢጣልያ ክሳተፉ ዝኽእላ ሃገራት፡ እተን ኣብ ካልኣይ ኲናት ዓለም ኣንጻራ ዝተዋግኣ ጥራይ ክኾና ኢዩ ወሲኑ ነይሩ። ኢትዮጵያ ኣንጻር ኢጣልያ ዝተዋግኣት ብ1935-36፡ ማለት ቅድሚ ምጅማር ካልኣይ ኲናት ዓለም ስለ ዝነበረ፡ ኣብ'ቲ ዋዕላ እትውቲ ኣይነበረትን። እዚ ውሳነ'ዚ ንዕኣ ዘይጥዑምን ሓደገኛን ነበረ። ምኽንያቱ ኸኣ፡ ተሳታፍነታ ኣብቲ ዋዕላ እንተ ዘይተረጋገጸ፡ ናይ ኤርትራን ሶማልያን ጠለባታ እተቕርበሉ መድረኽ ክዕጸዋ ምኻኑ ብሩህ ኢዩ ነይሩ። ስለ'ዚ፡ ይብል ሽዑ

2. Ibid., p. 160.
3. Ghebre-Ab, Ethiopia and Eritrea, p. 29-31/.

ምኽትል ሚኒስተር ጉዳያት ወጻኢ ኢትዮጵያ ዝነበረ ኣኽሊሉ ሃብተወልድ፡ ነቲ ሓርበኛታት ኢትዮጵያ ኣንጻር ጎበጣ ኢጣልያ ዘካየዱዎ ናይ ሓሙሽተ ዓመት መኸተ ብምጥቃስን ከም ሓደ ክፋል ቃልሲ ሓይልታት ኪዳን ኣንጻር ሓይልታት ፋሺስት ብምቕራብን፡ ኢትዮጵያ ኣብቲ ዋዕላ ናይ ምስታፍ ምሉእ መሰል ከም ዘለዋ ተኸራኸረት።

ኣመሪካ ካብ ቀደማ ተደናጋጺት መንግስቲ ኢትዮጵያ ስለ ዝነበረት፡ ነቲ ሕቶኣ ብዘይ ገለ ጸገም ከም ዝተቐበለቶ ኣኽሊሉ ይገልጽ። ሕብረት ሶቭየት ኢያ ቀ'ሩብ ትኣቢ ዝነበረት፡ ግን ጸኒሓ ንሳ'ውን ተቐበለቶ'ሞ፡ ፈረንሳን ብሪጣንያን'ውን ደገፋኣ። ከም'ዚ ኢላ ኢትዮጵያ ምስተን ዝተረፋ ዕስራ ዝኾና ኣንጻር ኢጣልያ ዝተዋግኣ ሃገራት፡ ተሳታፊት እቲ ዋዕላ ሰላም ኮነት። ብኻልእ ኣዘራርባ፡ ኢትዮጵያ ብዛዕባ መጻኢ ዕድል ኤርትራ'ውን ንኽውሰን ኣብ ዝተኣከበ መጋባእያ ናይ ምስታፍ መሰል ረኸበት።[4]

ናብ'ቲ ኣብ ለንደን ዝተኻየደ ቀዳማይ ኣኼባ'ቲ ቤት ምኽሪ፡ ኢትዮጵያ ነቲ ብስም "ቀጠልያ መዘክር" (Green Memorandum) ዝፍለጥ ጽሑፋ ሒዛ

ሎሬንሶን ኣክሊሉን ኣብ ዋዕላ ፓሪስ

4. ኣኽሊሉ፡ ሃብተወልድ፡ "ለመርማሪ ኮሚስዮን ያቀረቡት ጽሑፍ"፡ መስከረም 10፡ 1967 ዓ.ም.ኢ.. ገጽ 27።

ቀረበት። ኣብ'ዚ ድማ ንኤርትራ ጥራይ ዘይኮነት፡ ሶማልያ'ውን ትብጽሓኒ ኢያ ዝብል ጠለብ ኣቕረበት። ብቐደሙ ሃይለስላሴ ወደብ ዛይላ ትወሃበኒ ይብሉ ስለ ዝነበሩ፡ ሕጂ'ውን ኣሐደሱዎ። ኣብ ሶማልያ ንሕብረት ምስ ኢትዮጵያ ዝድግፍ ጥር ዝብል ምንቅስቓስ'ኳ እንተ ዘይነበረ፡ ሃይለስላሴን ኣማኻሪኦም ስፔንሰርን ሶማልያ ከም ኤርትራ፡ መንቀሊት መጥቃዕቲ ኢጣልያ ኮይና ስለ ዘገልገለት፡ ብውሑዱ ብስትራተጅያዊ ምኽንያት ትወሃበና በሉ። ኣብ ልዕሊ'ዚ ነቲ ብብሪጣንያ ቀሪቡ ዝነበረ ሓሳብ ናይ ዓባይ ሶማልያ'ውን ንምቅዋም ነቲ እማመ ኣቕረቡዎ። ናይ ኢትዮጵያ ሚኒስተር ጉዳያት ወጻኢ ኣኽሊሉ ሃብተወልድ ግን ዝተፈልየ ኣረኣእያ ነበሮ። ንሶማልያ ምጥላብ ዘይግብራዊ ስለ ዝመሰሎ፡ ምሉእ ኣተኩሮ ኣብ ኤርትራ ንኽወድቕ ኣተሓሳሰበ። ኣንጻር'ቲ ናይ ሶማልያ፡ ኣብ ኤርትራ ንሕብረት ዝድግፍ ምንቅስቓስ ኣብ መንጎ ክርስትያን ደቂ ኸበሳ ስለ ዝነበረ ነዚ ከም ድልዱል መበገሲ ወሰዶ። ዛይላ ጥቓ ፈረንሳዊት ጅቡቲ ስለ ዝነበረት፡ ፈረንሳ ንጅቡቲ እትወዳደር ዓባይ ኢትዮጵያዊት ወደብ ንኸትህሉ ከም ዘይተፍቅድ ንኣክሊሉ ብሩህ ነይሩ። ኣብ ልዕል'ቲ ደገፍ ሶማልያውያን ዘይምንባሩ ኸኣ፡ ብሪጣንያ ናይ ገዛእ ርእሳ ውጥን ብዛዕባ መጻኢ ዕድል ሶማልያ ሓንጺጻ ስለ ዝነበረት፡ እቲ ናይ ኤርትራ ጽዕዲ ዝያዳ ክኸውን ከምዝኽእል ተወሰደ።

ኣብቲ መዘክር ንኤርትራን ንኢትዮጵያን የተኣሳስር'ዩ ዝብሃል ልሙድ ናይ ታሪኽ፡ ዓሌት፡ ሃይማኖት... ረቛሒታት ተዘርዚረ። ኢትዮጵያ ንኤርትራውያን ምሁራት እተዕቍብ ሃገር ምንባራ ንምግላጽ ኣስማት ናይ 1600 ኣብ ዝተፈላለየ ጽፍሕታት መንግስታዊ ትካላታ ዝሰርሑ ዝነበሩ ኤርትራውያን ዘርዘረ። ኣስማት 200 ኣብ ጉድኒ ኢትዮጵያ ኣንጻር ኢጣልያ ዝተሰለፉ ኤርትራውያን'ውን ቀረበ። ኣገዳስነት ወደባት ምጽዋዕን ዓሰብን ንኢትዮጵያ፡ ከምኡ'ውን ኤርትራ ብዘይ ኢትዮጵያ ነፍሳ ዘይትኽእል ሃገር ምኻናን'ውን ብሰፊሑ ተተንተነ።[5]

እቶም ሚኒስተራት ግን ንእማመ ኢትዮጵያ ኣይተቐበሉዎን። ሕ.መ. ኣመሪካ፡ ኩለን ናይ ኢጣልያ ግዝኣታት-ነበር (ብዘይካ ኢጣልያዊት ሶማልያ) ኣብ ትሕቲ መጉዚትነት ሕቡራት ሃገራት ጸኒሐን፡ ድሕሪ ዓሰርተ ዓመት ነጻነተን ክውሃባ ኣመመት። ሕብረት ሶቭየት፡ ንትራፖሊታንያ (ኣብ ሊብያ እትርከብ) ብመጉዚትነት ክትቅበላ፡ ዕድል ኤርትራ፡ ኢጣልያዊት ሶማልያን ዝተረፈ ክፋላት ሊብያን ግን ብብሪጣንያን ሕ.መ. ኣመሪካን ክውሰን ኣመልከተት። ፈረንሳ፡ ኩለን'ተን ሃገራት ናብ ኢጣልያ ንኽምለሳ ሓሳብ ኣቕረበት። ብሪጣንያ ድማ፡ ንናጽነት ሊብያ ድሕሪ መጉዚትነት ሕቡራት ሃገራት ተቐቢላ፡ ብዛዕባ ኤርትራን ሶማልያን ግን ርእይቶኣ ምሃብ ኣበየት።

ኣብ ስምምዕ ስለ ዘይተበጽሐ፡ ካልኣይ ኣኼባ ካብ ሚያዝያ 25 ክሳብ ግንቦት 16፡ 1946 ኣብ ፓሪስ ተኻየደ። ሕጂ'ውን ስምምዕ ተሳእነ። ፈረንሳን ሕብረት ሶቭየትን ኢጣልያ ናብ ናይ ቀደም ግዝኣታታ ንኽትምለስ ጠለባ። ሕብረት

5. Ghebre-ab, p. 42-57.

ሶቭየት ነቲ ዝጸንሐ መርገጺኣ ዝቐየረት፡ ዴሳዊ ሰልፊ ኢጣልያ ኣብ ምርጫ ናይ'ታ ሃገር ንኽዕወት ዘኽእሎ ደገፍ እንተ ረኺበ ብምባል ኢዩ ነይሩ። ኣመሪካ ክልተ ጊዜ ርእይቶኣ ብምቕያር፡ ኣብ'ቲ ናይ ቀደም እማመኣ ተመልሰት። ብሪጣንያ ኸኣ ርእይቶኣ ብምንጻር፡ ገለ ክፋል ናይ ኤርትራ ንኢትዮጵያ ክውሃብ፡ ኣጋዴን ግን ክፋል ናይ'ቲ ናይ ዓባይ ሶማልያ ውጥና ንኸትከውን ኣመመት።[6]

እዚ ኹሉ፡ ርእይቶ ናይተን መዛረቢ ዝኾና ዝነበራ ሃገራት ክይተሓተተ ኢዩ ዝግበር ነይሩ። ብዝኾነ ኣብ'ዚ ኣኼባታት'ዚ ንኢትዮጵያ ኣይቀንዓን። እቲ ጉዳይ ከኣ ናብቲ ኢጣልያ ንኽትሳተፎ ተዓዲማትሉ ዝነበረት ዋዕላ ፓሪስ ተመሓላለፈ።

ኢትዮጵያ ናብ ዋዕላ ፓሪስ ተዳልያ ቀረበት። ኣክሊሉ መራሒ'ቲ ጉጅለ ልኡኻ ነበረ። ኤርትራውያን እንተ ሃለዉ ጽቡቕ'ዩ ሰለ ዝተባህለ ኸኣ፡ ንሎሬንሶ ታእዛዝ ካብ ሞስኮ፡ ንብላታ ኤፍሬም ተወልደመድህን ድማ ካብ ለንደን ብምስሓብ ኣብ ጉድኒ ኣክሊሉ ክም ዝረኣዩ ገበሩ። ሎሬንሶ ሽዑ ተነጺሎምን ሓሚሞምን ጥቓ ሞት ዝነበሩሉ ኢዩ። "ክንድዚኦም ዝኣኽሉ ኤርትራውያን ኣብ ክብ ዝበለ መዓርግን ስልጣንን ኣብጺሕና ኢና" ኢሉ ኣክሊሉ ንኽማጉት ግን ኣኽኣሉዎ።[7]

ኣብቲ ዋዕላ ባዕሉ ግን፡ ብፍላይ ንኤርትራ ዝምልከት ጠለባት መንግስቲ ኢትዮጵያ ዝተዛነቐ ተቓውሞን ደገፍን ኣጋጠሞ። ፈረንሳ፡ ገና ኣብቲ ኢጣልያ ናብ ናይ ቀደም ግዝኣታታ ትመለስ ዝብል መርገጺኣ ደረቐት። በልጂዩምን ብራዚልን'ውን ከምኡ ደገፍቲ ኢጣልያ ነበራ።[8] ግብጺ'ሞ፡ ምጽዋዕ ካብ ቀደም ኣትሒዛ ግዝኣተይ ኢያ ነይራ ዝብል መዘክር ብምቕራብ፡ ከም በዓልቲ ጉዳይ ኢያ ትከራኸር ዝነበረት።[9]

ኣብ ፓሪስ ግን፡ ደገፍቲ ኢትዮጵያ ዝኾና ሓያሎ ሃገራት'ውን ነበራ። እዚኤን ድማ፡ ግሪኽን ህንድን፡ ምእንቲ'ቲ ኣብ ኢትዮጵያ ዝነበረ ማሕበረ ኮማተን ክድልድል፣ ዩጎዝላቭያ፡ ካብ'ቲ ኣብ ልዕሊ ኢጣልያ ዝነበራ ሕዱር ጽልኢ ብምብጋስ፣ ከምኡ'ውን ካናዳ ነበራ። ካብ'ቲ ብለውጢ ኤርትራ ንኣጋዴን ምርካብ'ሞ ዓባይ ሶማልያ ምምስራት ዝብል ትልሚ ተበጊሳ፡ ብሪጣንያ'ውን ደጋፊት ኢትዮጵያ ነበረት። ሕ.መ. ኣመሪካ ጥራይ ኣብ'ዚ ጉዳይ'ዚ ካብ ርእይቶን መርገጽን ተቘጠበት።[10]

ዋዕላ ፓሪስ ግን ዝርዝር ጉዳያትን መጻኢ ዕድል ነፍሰ ወከፍ ግዝኣት ኢጣልያ-ነበርን ገዲፉ፡ ሓፈሻዊ ውሳነታት ጥራይ ኢዩ ኣሕሊፉ። በዚ መሰረት እምበኣር፡ በዚ ዝስዕብ ተሰማምዐ፦

1. ኢጣልያ ኣብ ልዕሊ ሊብያ፡ ኤርትራን ኢጣልያዊት ሶማልያን ዝነበራ ናይ ግዝኣት መሰላት (title to territorial possessions) ክትስርዝ፡

6. Spencer, p. 174-180.
7. ሎሬንሶን ኤፍረም ተወልደመድህንን በየናይ ኣገባብ ናብ ዋዕላ ፓሪስ ክም ዝኸዱን ንኣመራርጻ'ቲ ኢትዮጵያዊ ልኡኽ ንዝምልከት ሓበሬታ ብሓፈሻን፡ ዘውዴ ረታ፡ የኤርትራ ጉዳይ፡ ገጽ 46-50 ርአ።
8. Spencer, p. 181.
9. Ghebre-ab, p. 58-61.
10. Spencer, p. 181-182.

2. ክሳብ'ቲ ዝውግናሉ ጊዜ፡ እተን ግዝኣታት ኣብ ትሕቲ ዘዝነበራኦ ምምሕዳራት ክጸንሓ፡
3. ናይ'ተን ግዝኣታት ናይ መጨረሽታ ምውጋን ብመንግስታት ሕብረት ሶቭየት፡ ብሪጣንያ (United Kingdom) ሕ.መ. ኣመሪካን ፈረንሳን ብሓባር፡ ኣብ ውሽጢ ሓደ ዓመት ክውሰን።

በዚ መሰረት፡ እዚ ውሳነ'ዚ ካብ ዝተተግበረሉ ዕለት፡ 10 ለካቲት 1947 ጀሚራ፡ ኤርትራ ብወግዒ ካብ መግዛእቲ ኢጣልያ ተላቒቓት። መጻኢ ዕድላ ናይ መወዳእታ መዓልቦ ክሳብ ዝረክብ ድማ፡ ኣብ ትሕቲ ምምሕዳር ብሪጣንያ ክትጸንሕ ተበየነ።[11] ኣብ ሓደ ጥብቆ ናይ'ዚ ዝተጠቕሰ ውሳነ፡ እቶም ኣርባዕተ ሓያላት ንበይኖም ዝገበሩዎ ውሳነ ንረክብ። ኣብ'ዚ፡ መጻኢ ዕድል ናይ'ተን ግዙኣት ዝነበራ፡ ን"ድሌትን ድሕነትን ነበርተንን ንረብሓ ሰላምን ጸጥታን"፡ ኣብ ግምት ብዘእተወ መገዲ፡ ርእይቶ ዝምልከተን ሃገራት ከኣ ብምውካስ ከም ዝውሰን ተሰማምዑ። ብዛዕባ'ዚ ጉዳይ'ዚ፡ ኣርባዕቲኦም ኣብ ውሽጢ ሓደ ዓመት ምስ ዘይረዳድኡ፡ እቲ ጉዳይ ናብ ውድብ ሕቡራት ሃገራት ክመሓላለፍ፣ ኣብ ውሳነ ንምብጻሕ ግን ወከልቶም ብብጊዚኡ ክላዘቡን ናብተን ሃገራት መርመርቲ ኮሚሽናት ክልእኩን ተወዓዓሉ።[12]

ዋዕላ ፓሪስ ንኢትዮጵያ ዓቢ መኽሰብ ኮነ። ክቃወም ዝኽእል ኤርትራዊ ድምጺ ኣብ ዘይነበር፡ ኢትዮጵያ ዝደለየቶን ዝመሰላን መዲራን ኣቕሪባን ወጸት። ኣክሊሉ ባዕሉ "ንመጀመርታ ጊዜ፡ ኣብ ልዕሊ ኤርትራ ዝነበረና ሕቶ ብዝግባእ ኣቕሪብና....ጉዳይ ግዝኣታት ኢጣልያ ክውሰን እንከሎ'ውን ሓሳባት ኢትዮጵያ ከም ዝሰማዕን ኣብ ግምት ከም ዝኣቱን ጌርና...." ክብል ኣብ'ቲ ዋዕላ ንዝተረኽበ ረብሓ ኢትዮጵያ ገምገመ።[13]

እዚ ንኢትዮጵያ ሓደ ጉንፃ፡ ዓቢ ጉንፃ ምንባሩ ክጠራጥር ኣይክእልን። ካብ ኣጀማምራኡ፡ ጉዳይ ኤርትራ ኣብ ኤርትራ ኣይኮነን ዝውሰን ዝነበረ። ነዚ ኸኣ መንግስቲ ኢትዮጵያ፡ ብፍላይ ከኣ ኣክሊሉ ሃብተወልድ ብዝግባእ ተረዲኦሞ ጥራይ ዘይኮነ፡ ብኣድማዕነት'ውን ክጥቀሙሉ ጀመሩ።

ኩነታት ኤርትራ ኣብ መፋርቕ 40'ታት

ድሕሪ ዋዕላ ፓሪስ፡ መጻኢ ዕድል ኤርትራ ካብ ኢድ ብሪጣንያ ናብ'ተን ንሳ እትርከበን ኣርባዕተ ሓያላት ተመሓላለፈ። ከምቲ ዝተገልጸ ግን፡ ብስም'ተን ሰብ ኪዳን፡ ብሪጣንያ ከም ኣመሓዳሪት ቀጸለት። እዚ ኸኣ፡ ገና ነቲ ኣብ ልዕሊ ኤርትራ ዝነበራ ትልምታት ኣብ ግብሪ ንምውዓል ዘኽእላ እምበር ዘተዓናቕፍ ኩነት ኣይነበረን።

11. Ghebre-ab, p. 39-40.
12. Ibid., p. 41-42.
13. ኣክሊሉ፡ ገጽ 30።

ወተሃደራዊ ምምሕዳር ብሪጣንያ ናብ ኤርትራ ዘተኣታተዎ ብዙሕ ጽቡቕ ነገራት፡ ከም ትምህርቲ፡ መጠነኛ ሓሳብትካ ናይ ምግላጽ መሰልን ደሞክራሲያዊ ባህልን... ከም ዝነበረ ይንገርን ዘየማጉትን'ውን ኢዩ። ኣብታ ሃገር ዝነበሮ ቍጠባዊ ፖሊሲ ግን፡ ብፍላይ ምስቲ ካብ መፈለምታ ጀሚሩ ዝሓንጸጾ ትልምታት ብዛዕባ መጻኢ ዕድላ ተዛሚዱ ክርአ እንከሎ፡ ፖለቲካውን ስትራተጅያውን ረብሓታቱ ንምቕዳም ኮነ ኢሉ ዝፍጸሞ ናይ ተንኰል ተግባራት ምንባሩ ውጽኢታቱ ይምስክር። ካብ 1942 ጀሚሩ፡ ቍጠባ ኤርትራ ተመሓይሹ ከም ዝነበረ ርኢና ኔርና። ብ1945 ግን፡ ኢንዱስትሪታት ኤርትራ ምስቲ ድሕሪ ካልኣይ ኩናት ዓለም ከም ብሓድሽ ጀሚሩ ዝነበረ ኤውሮጳዊ ኢንዱስትሪ ክወዳደራ ኣይከኣላን ብምባል እንግሊዝ ክዓጽወን ጀመረ። ሞተረታት ኣሪት ቅያር ተሳኢኑዎም፡ ተኸዚኑ ዝነበረ ጥረ ነገራት ተወዲኡ፡ ዋጋ ምግዕዓዝ ከቢሩ፡ ገንዘብ ተዋሒዱ...ብዝብል ምኽንያታት ከኣ ኢንዱስትሪ ካብ ምዕጻው ሓሊፉ ነቲ ትካላት ባዕሉ ናብ ካልኦት ምሉእ ብምሉእ ዝቁጻጸረን ሃገራት ከግዕዞ ጀመረ። ጠለብ ወጻኢ ከይተረፈ ክማልእ ጀሚሩ ዝነበረ ቍጠባ ኤርትራ ናብ ውሽጣዊ ሃብቱ፡ ኣብ ኩብቲ፡ ሕርሻ፡ ባህርያዊ ብቑሊ፡ ሃብቲ ባሕርን ማዕድናትን ተሓጽረ።[14] ኤርትራ ብቑጠባ ነፍሳ ክትክእል ዘይትበቅዕ ሃገር ኢያ ዝብል ዘረባ ኸኣ ፈቐድኡ ክዝርጋሕ ተሰምዐ።

ምኽንኳ እቲ ምምሕዳር፡ ነቲ ኢጣልያ ኣብ ኤርትራ ሃኒጻቶ ዝነበረት ትካላት ምዕናው ኣቐዲሙ፡ ማለት ካብ 1941 ኣትሒዙ ኢዩ ጀሚሩዎ ነይሩ። እዚ ግን ብዝያዳ ኣብቲ ኢጣልያ ንመበገሲ ኩናት ንኸገልግላ ብ30'ታት ዝተኸለቶ ዋኒናት ዝተሓጽረ ነበረ። ብ1945፡ ብሪጣንያ ኣብ ኤርትራ ከም ዘይትጸንሕ ብዋዕላ ፓሪስ ምስ ተረጋገጸ ግን፡ እቲ ምምሕዳር ነቲ ዕንወት ናብ ዓበይቲ ኢንዱስትሪታት'ውን ዘርግሖ'ሞ ትካላት ኤርትራ ናብ ካልእ ሃገራት ክሸየጡን ክግዕዙን ተራእዩ። ናይ ምጽዋዕ ናይ ወደብ ህንጻታት መዐሸጊ መራኽብ (ቀዋምን ተንሳፋፍን)፡ ዕፍሪታት፡ ኣዝዮም ገዘፍቲ መኻዚናታት ወዘተ. ብምሉኦም ተሸጡ ወይ ገዓዙ። ኣብዚ ከባቢ'ዚ ጥራይ ክሳብ 1952፡ 75 ህንጻታት፡ ንመንበርን መዕረፍ ኣጋይሽን ዝኸውን ገዛውቲ ከይተረፈ፡ ዓነወ። ዚንጎታቱ፡ ናይ ኣቻዮ ኣዕኑዱ፡ ናይ ምድሪ ቤት ስሚንቶኡ ተተጸፍጺፉ ተሸጠ። ኣብ ጉራዕ፡ ዓሰብን ዙላን ተሰሪሑ ዝነበረ መዓርፎ ነፈርቲ'ውን ተመሳሳሊ ዕድል ኣጋነፎ። ድልድላት ተነቕለ፡ እቲ ካብ ኣስመራ ንምጽዋዕ ተዘርጊሑ ዝነበረ ኣብ ዓለም ዝነውሐ ተለፌሪካ'ውን ብእንግሊዝ ክዓኑን ክሸየጥን ጀመረ።[15] እቲ ኣብ ኣስመራ፡ ጊንዳዕ፡ ጉራዕ፡ ማይ ሓባርን ምጽዋዕን ብኣመሪካውያን ተሃኒጹ ዝነበረ መኻዚናታትን ካልእ ትካላትን ጥራይ ክሳብ 20 ሚልዮን ዶላር ዝግመት ዝተፈላለየ ኣቕሑ ኢዩ ነይሩዎም። ብምሉኡ'ዚ እናፈረሰ ከም ጽፍጻፍ ሓጺንን ዚንጎን ናብ ነጋዶ ኣዕራብ፡ ናብ መንግስታት ፓኪስታንን የመንን ናብ ኢጣልያውያን ነጋዶን

14. Trevaskis, p. 38.
15. Punkhurst, Why Are We Destroying Ethiopian Ports? p. 13; Chie dell'Eritrea,p.xviii.

ኣይንፈላለ

ተሸጠ። ንኣብነት፡ ፓኪስታን ንሓደ ተንሳፋፊ መዐሸጊ መርከብ ብ500,000 ፓውንድ ከም ዝገዝኣት፡ 16 ዓበይቲ ጀላቡ ናብ ዲታታት (ሃብታማት) ከም ዝተሸጠ ፓንክረስት ትሕብር።[16]

ስለምንታይ ኣብ ምጽዋዕ እቲ ኹሉ ዕንወት ይግበር ከም ዝነበረ ምስ ተሓተተ፡ "ዕቃበን ሓለዋን ናይቲ ደጀናት ካብ ከፈልቲ ግብሪ ብዙሕ ገንዘብ ስለዝሓተተ" ክፍርሱዎ ከም ዝወሰኑ ሓደ እንግሊዛዊ ብዓል ስልጣን ብ1947 ገለጸ።[17] "ከፈልቲ ግብሪ" ማለት ዜጋታት ብሪጣንያ ምኻኖም ኢዩ። ብኻልእ ኣዘራርባ፡ ዋጋ ዋርድያን ጽገናን ስለ ዝኸበሮም ኢዮም እንግሊዝ ነቲ ሚልዮናት ኣቕራሽ ዘውጽእ፡ ምንጪ እቶት ዝተዓጻጸፈ ሚልዮናት ኣቕራሽ ክኸውን ዝኽእል ዝነበረ ትካላት ዘፍረሱዎ!!

ከምኡ ደኣ ክኸውን ተደልዩ እምበር፡ ኤርትራ ብቑጠባ ነፍሳ ትኽእልዶ ኣይትኽእልን ዝብል ሕቶ ክንድ'ቲ ማእከላይ መካትዒ ነጥቢ ክኸውን ዝግባእ ኣይነበረን። ዘይተዳህሰሰ ወይ ብግቡእ ዘይተሰርሓሉ ባህርያዊ ሃብቲ ከም ዝነበራ፡ መሬታ'ውን ብሰራሕን ጽፉፍ ውዳበን ዝኣክል ከፍሪ ከም ዝኽእል ይፍለጥ ነይሩ ኢዩ። ካብ'ዚ ንላዕሊ፡ ካልኣይ ኲናት ዓለም ንኣድላይነት ዞባውን ዓለማውን ቍጠባዊ ምትሕግጋዝን ምጥርናፍን ኣጉሊሕዎ ስለ ዝነበረ፡ ብቑጠባ ንሓድሕድካ ምትኽኻእን ምምርኻስን'ምበር፡ ንበይንኻን ኣብ በይንኻን ርእስኻ ምኽኣል ከም ኣምርን መትከልን ጊዜኡ ኣሕሊፉ ነይሩ ኢዩ። ኣብ ኤርትራ ምስ በጽሐ ግን እዚ ተገንዚቦ'ዚ ኣብ ግምት'ውን ኣይኣተወን። ኤርትራ "ድኻ፡ ንነፍሳ ዘይትኸውን..." ዝብሃል ናብ ጭርሖ ኢዩ ተቐዪሩ ነይሩ ክብሃል ይክኣል። ሶማልያን፡ ሊብያ'ውን ኣብ'ቲ እዋን'ቲ፡ ማዕረ ኤርትራ ዝኣክል ትሕተ ቅርጺ ዘይነበረን፡ ከም ኤርትራ'ውን ድኻታት ክነሰን፡ በቲ ኤርትራ ትኸሰሶ ዝነበረት መጠን ብድኽነት ኣይተኸሰሳን፣ ኣይተወንጀላን'ውን። እቲ ፍርዲ እምበኣር፡ ኣብ ቍጠባዊ መሰረት'ታ ሃገርን ካብ ግቡእ ትንታነን ዝተበገሰ ዘይኮነ፡ ንፖለቲካዊ መኽሰባት ብሪጣንያ ዝውሃብ ኢዩ ዝነበረ። መባደሊት፡ መጣልዒት ካርታ ክትከውን እንተ ኾይና፡ ኤርትራ ከም ሓንቲ እንተ ሓገዝካያ'ውን ክትሕገዝ ዘይትኽእል፡ ምስ ካልእ - ኢትዮጵያ ወይ ሱዳን ወይ ክልቲኣን - ተላጊባ እንተ ዘይኮይኑ፡ ንበይና ፍጹም ደው ክትብል ዘይትኽእል ሃገር ክትቀርብ ነይሩዋ። ኲሉ'ቲ ዝግበር ዝነበረ ዕንወት ከኣ ነዚ ዝድግፍን ዘጕልሕን ነበረ።

ከም ውጽኢት ናይ'ዚ ኹሉ፡ እቲ ናይ ምጅማር ኣርብዓታት ናይ ኲናት ቍጠባ'ውን ስለ ዝዘሓለ፡ ኣብ 1944-45 መነባብሮ ኤርትራውያን ካብ'ቲ ብ1941 ዝነበሮ ዝገድድ ቅልውላው ፈጠረ። ምስ'ዚ ድማ፡ እቲ ቍሩብ ዝግ ኢሉ ዝነበረ ስምዒት ህዝቢ ተለዓዓለ። ጽልኢ ኤርትራውያን ዘቐስቅስ ዝነበረ ቀንዲ ጉዳይ፡ ህላወ ኢጣልያውያን ኣብ ክብ ዝበለ መንግስታዊ ሓላፍነት ነበረ። ትሬቫስኪስ

16. Pankhurst, p. 15-16.
17. Pankhurst, p. 21.

ኤርትራን ጉዳያን ኣብ መፋርቕ ኣርብዓታት

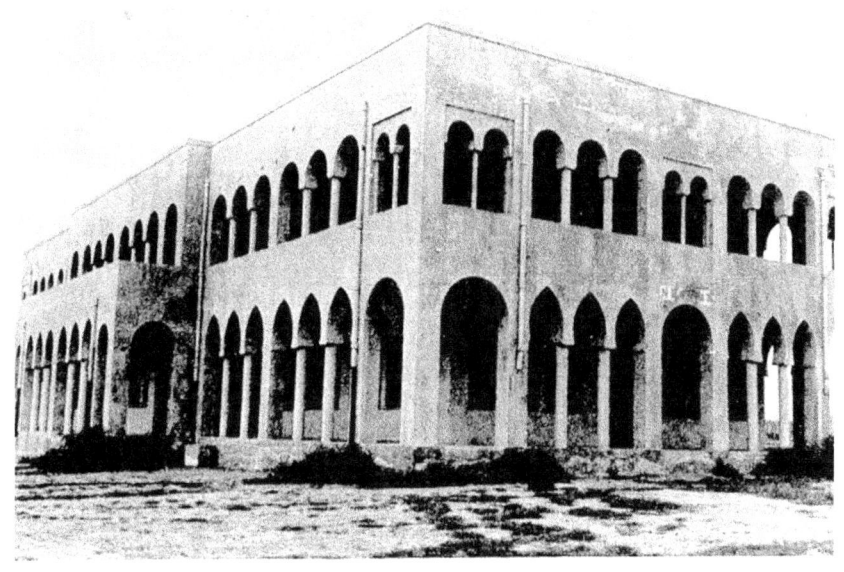

ገለ ካብቲ ብመንግስቲ ብሪጣንያ ዝዓነወ ንብረት ኤርትራ

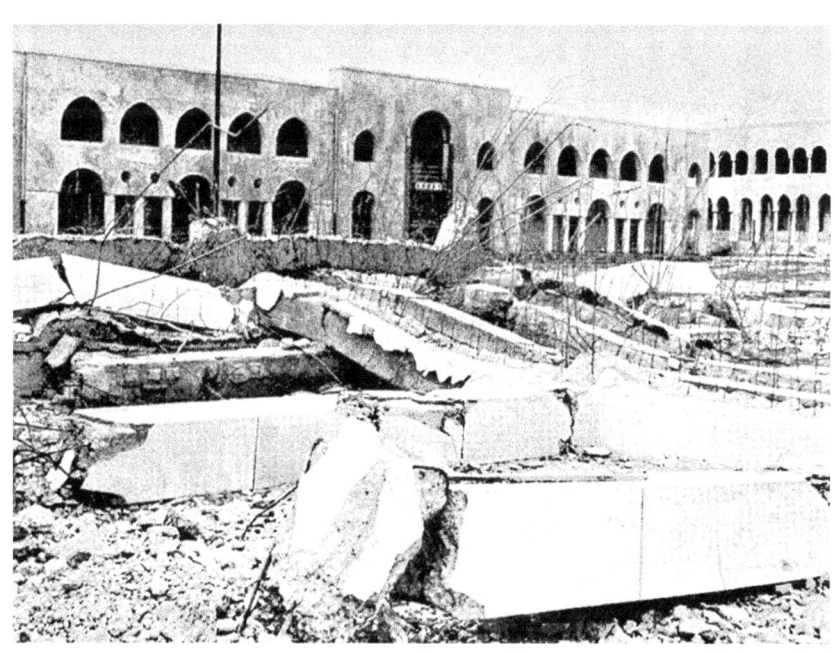

አይንፈላስ

ኤርትራን ጉዳያን ኣብ መፋርቕ ኣርብዓታት

ገለ ካብቲ ብመንግስቲ ብሪጣንያ ዝዓነወ ንብረት ኤርትራ

ኣብ መጽሓፉ፡ ኣብ'ቲ ምጅማር ምምሕዳር ብሪጣንያ፡ ኤርትራውያን ዘይተማህሩ፡ ቋንቋ እንግሊዝ ዘይፈልጡ፡ ግዙኣት ኢጣልያ ስለ ዝነበሩ ኸኣ ብጥርጣረ'ውን ዝረኣዩ ብምንባሮም፡ ካብ ንኣሽቱ ስራሓት ዝሓልፍ ሓላፍነት ምሃቦም ይከኣል ከም ዘይነበረ ይገልጽ። ደሓር ጥራይ ኣብ ደረጃ ኣመሓደርትን ደያኑ ወረዳን ከም ዝበጽሑ'ውን ይነግር።[18]

እቲ ዘገርም ግን፡ ምምሕዳር ብሪጣንያ፡ መኮንናትን ሰበ ስልጣንን ፋሽስት ኢጣልያ - ባዕሎም ኣባላት ሰልፊ ፋሽስቲ ዝነበሩ ጣልያን - ከም መሳርሕቲ ይሕዝ ምንባሩ ኢዩ። ብሓምለ 1944 ኣመሓዳሪ ብሪጋደር ሎንግሪግ ኣብ ዝጸሓፎ ደብዳቤ፡ ኑቶም ተረርትን ዘይእረሙን ፋሽስት ኣሲሩ፡ ልዙብ ንዘዝበሉ ኣብ ምምሕዳሩ ሓቑፉዎም ከም ዝነበረ ንላዕለዎት ሓለፍቱ ይሕብር። እዚ ዝኾነሉ፡ ካልእ መተካእታ ስለ ዘይነበረ ምዃኑ ድሕሪ ምግላጽ ከኣ፡ ነቲ ፋሽስታዊ እምነቶም ክሳብ ዘየሐደሱ፡ ክቕጽሎ ምዃኑን ብዛዕባ'ዚ መምርሒ ወይ ርእይቶ ከም ዝጽበን'ውን ኣብቲ ደብዳበ ሓተተ።[19]

ኣብ ካይሮ ዝነበረ ላዕለዋይ ሓላፊኡ፡ ንጡፋት ኣገልገልቲ ናይ'ቲ ሰልፊ ክሳብ ዘይኮኑ፡ ንፋሽስት ምርዓሞም ከም ዝሓይሽ ተሰማምዐ። ፋሽስታዊ ኣተሓሳስባ ብሓይሊ ክሕከኽ ከም ዘይክኣል ኣመልኪቱ ድማ፡ ኣብ ኣገልግሎት ሒዝካ ምስ ካልእ ኣተሓሳስባ ዝነበሮም ሰባት ከም ዝዋስኡ ምግባር፡ ትምህርቲ ክኾኖም ከም ዝኽእል ደምደመ። እዚ ኸኣ ህዝቢ ኤርትራ ኣብ ትሕቲ ፋሽስት ብዝነበሩ ኢጣልያውያን ምምሕዳር ክቕጽል ተወሲኑሉ ማለት ኢዩ።[20]

እዚ ኩነታት'ዚ ክሳብ ካልኣይ ክፋል 1945 ቀጸለ። ኣብ ወርሒ ሓምለ ናይ'ቲ ዓመት'ቲ ግን ንሎንግሪግ ተኪኡ ዝመጸ ብሪጋደር ሲ.ዲ. ማካርቲ ሓድሽ ምምሕዳራዊ ቅርጽን ኣወዳድባን ከተኣታቱ ጀመረ። በዚ መሰረት፡ ኣቑርደት፡ ከረን፡ ኣስመራ፡ ባጽዕ፡ ዓድ ወግርን (መንደፈራ) ዓድ ቐይሕን ዝማእከለን ሸዱሽተ ዞባታት ወይ ክፍልታት (divisions) ቈማ።[21] ኣብቲ ዕለት'ቲ ማካርቲ፡ ሓደ መኮንናት ብሪጣንያ ጥራይ ዝኣባላቱ ወተሃደራዊ ቤት ፍርድን ብእንግሊዛውያን ፕረሲደንትን ምኽትልን ዝምራሕ፡ ኢጣልያውያን ጥራይ ከኣ ዝኣባላቱ ናይ ገበን ይግባይ ሰማዒ ቤት ፍርድን ኣቑመ። ብዘይካ'ዚ፡ ኣብ ኩለን ኣውራጃታት ዝገልግሉ ኣስታት 250 ዝኾኑ ደያኑ ኣብያተ ፍርዲ ወረዳታትን ኤርትራውያን ኣመሓደርቲ ወረዳታትን እውን ሰየመ።[22] ብስም "ኖታቢሊ" (notables) ዝፍለጡ ደቀባት ተጸዋዕቲ ኣውራጃታት'ውን ረቘሐ። እዚኦም ናይ ምሽምጋል ወይ ምውካል እምበር ካልእ ምምሕዳራዊ ስልጣን ዘይነበሮም ኢዮም።

ትሬቫስኪስ ከም ዝገልጾ፡ ኤርትራውያን ንመጀመርታ ጊዜ ብዘይ ትእዛዝ ግዝኣቲ ዕማማት ዘመናዊ መንግስቲ ክሳልጡ ዕድል ረኸቡ። ናይ ጣልያን

18. Trevaskis, p. 30-31.
19. WO 230/146 62676, 4 July, 1944.
20. WO 230/146 62676, 8 July, 1944.
21. BMA Eritrea General Notice no. 175, 13 July 1945: FO 371/46116.
22. FO 371/46116 42626, 13 July, 1945.

ሬዚደንተ (ኣመሓደርቲ ወረዳ) ካብ'ቲ ህዝቢ ንጹላትን ርሑቓትን ዝነበሩ፡ ኣብ'ዚ እዋን'ዚ ቅርበት መንግስትን ህዝብን ተራእየ። ትምህርትን ኣገልግሎት ጥዕናን ብመጠኑ ኣስፋሕፍሐ። ቋንቋታት ትግርኛን ዓረብን ንቛንቋ ጣልያን እናተክኣ፡ ከም ወግዓውያን ናይ ስራሕ ቋንቋታት ክቕልቀላ ጀመራ።[23] ኮታ፡ ፖለቲካዊ መናውራታትን ተንኰላትን እንግሊዝ ብዘየግድስ፡ ኣብ ኤርትራ ሓደ ኤርትራውያን ዝሳተፉሉ ስረት ምምሕዳርን ፍርዳዊ ስርዓትን ክቐውም ጀመረ። ሕጂ'ውን እቲ ደቀባት ዝዋስኡሉ ዝነበሩ ጽፍሒ ትሑት፡ እቲ ላዕለዋይን ኣገዳስን ከኣ ብኢጣልያውያን ዝተታሕዘ'ኳ ይንበር'ምበር፡ ብኣዎንታ ክርአ ዝክኣል ለውጢ ኣብ ምምሕዳራዊ፡ ስርዓተ ፍትሓዊ፡ ትምህርታውን ካልእ ማሕበራውን ህይወት ኤርትራውያን ተቐልቀለን ሰፍሐን።

ኣብ'ቲ መጀመርታ፡ እቶም ምምሕዳር ብሪጣንያ ዝሸሞም ዝነበረ ደቀባት፡ ልምዳውያን መራሕቲ፡ መሳፍንትን ሹማትን ነበሩ። ጸኒሑ ግን፡ ብፍላይ ከኣ ኣብ ከተማታት፡ ትምህርትን ተዛማዲ ብቕዓትን ብዝነበሮም ሰባት ክትክኦም ስለ ዝጀመረ፡ ኣቃውማኦም ብመጠኑ ተቐየረ። እዚ ንምልመላ ሓደስቲ ኣመሓደርቲ፡ ዳያኑን ካልኦት ኣባላት መንግስታዊ መሳርዕን (ቢሮክራሲ) ዓቢ ዕድል ሃበ። በቲ ሓደ ኣንጻር ግን፡ እቶም ዝትክኡ ዝነበሩ ልምዳውያን መራሕቲ ይኸርዩ ስለ ዝነበሩ፡ ብኣንጻርነት ምምሕዳር ብሪጣንያ ጸግዒ ኢትዮጵያ እናሓዙ፡ ምንጪ ደገፋ ክግዝፉ ጀመሩ።[24]

እዚ ኹሉ ለውጥታት'ዚ፡ ነባሪ ጽልዋ ዘሕድርን ሙብዛሕትኡ ጠቓምን ክነሱ፡ በቲ ሰፊኑ ዝነበረ ቍጠባዊ ቅልውላው ስለ ዝተዓብለለ፡ ኣብ መነባብሮ ኤርትራውያንን ሓፈሻዊ ምረቶምን ዘይዕጉብነቶምን ለውጢ ከምጽእ ኣይከኣለን። ከምቲ ተደጋጊሙ ተገሊጹ ዘሎ፡ ቍጠባዊ ህይወት እታ ሃገር ብጣልያንን ኣዕራብን ዝተባሕተ ስለ ዝነበረ፡ ጽልኢ ከተመኛታት ኤርትራውያን ናብኦም'ውን ቀንዐ። ኩነታት ገጠር'ውን ካብ'ቲ ናይ ከተማ ዝፍለ ኣይነበረን። ምምሕዳር ብሪጣንያ ምልዕዓል ትግረ ንምህዳእ፡ ንግዝኣት ሸማግለ ብምምሕዳር ቀቢላውያን መራሕቲ ንምትካእ ምስ ታሪኽን ወለዶን ናይቲ ብሄር ዝፈልጡ ዓበይቲ ምምይያጥ ይቐጽል ነይሩ ኢዩ። እቲ ናዕቢ ግን ብፍላይ ኣብ ሳሕል ኣይሃድአን። ኣብ ምዕራባዊ ቆላ፡ እቲ ብዓሊ ሙንታዝ ዝምራሕ ዝነበረ ምትህርራም ቤኒ ዓምርን ሃደንደዋን ክሳብ ምውዳእ 1945 ስለ ዝተጓተተ፡ እቲ ዞባ ቅሳነት ኣይነበሮን። ኣብ ከበሳ'ውን እንተ ኾነ፡ ልሙዕ መሬት ንቐለብ ኤውሮጳውያንን ንናይ ወጻኢ ዕዳጋን ይውዕል ስለ ዝነበረ፡ እቲ ህዝቢ ናብ ጥሜትን ሕማምን ወደቐ። መሬትን ሕዛእትን ተዋሒዱ፡ ምሸማው ስለ ዘሰዓበ ሰላምን ፍቕርን ህዝቢ ብነገርን ሓሓሊፉ'ውን ግጭት ኣብ መንጎ ዓድታትን ቀቢላታትን ተበላሸው። ካብ ኩናት ዝተሓብአ ብረት ወጸ። ሽፍትነት ዓመረ። ስርዓት ብህውከት እናተተክአ ኸደ።

23. Trevaskis, p. 29-36.

24. Ghebremedhin, Peasants and Nationalism in Eritrea, p. 73-78.

ምምሕዳር ብሪጣንያ ነዚ ሃገርለኻዊ ስእነት ቅሳነት ኩዳቕሶ ኣይከኣለን፣ ወይ'ውን ኣይደለየን። ብኣንጻሩ፡ ኣብ መንግ'ቲ ክልተ ፖለቲካዊ ዝንባሌታት - ናጽነትን ሕብረትን - ነገር ዘጕሃህር ስጕምትታት ይወስድ ነበረ። ኣቐዲምና ንደግያት ተሰማ ማዕርግ ራእሲ ብምሃብ ነቲ ናይ ናጽነት ወገን ዝደገፈ ከም ዝመሰለ ርኢና ኔርና። ኣብ ውሽጢ 1945 ግን ኣንጻር ናይ'ዚ ዝመሰል ስጕምቲ ወሰደ። ምኽንያቱ፡ ኣብ ኣዲስ ኣበባ ፕረሲደንት ማሕበር ኣንድነት ንዝነበሩ ገብረመስቀል ሃብተማርያም ኣብ ኣስመራ ኣንቀሳቓስን ወዳብን'ቲ ማሕበር ንክኾኑ ስለ ዘፍቀደሎም፡ ደንበ ሕብረት ሓደ ዓቢ ጕንፆ ረኸበ። ነዚ ፍቓድ'ዚ፡ ንበዓል ራእሲ ተሰማ ናይ ምውዳብ መሰል ነፈጉ ኢዩ ዝሃቦ። ኣብ ልዕል'ዚ፡ ናይ ካልእ መንግስቲ፡ ማለት ናይ ኢትዮጵያ ኢድ ምእታው ኢዩ ነይሩ ግን ኣይከልከሎን። ቍሩብ ጸኒሑ፡ ብመጋቢት 1946 ድማ፡ ኮሎኔል ነጋ ንዝብሃል በዓል ስልጣን ኢትዮጵያ ናይ ርክብ መኰንን (liaison officer) ኮይኑ ኣስመራ ንኽነብር ፈቐደሉ። ካብ'ዚ ጊዜ'ዚ ጀሚሩ ኸኣ ናይ ኢትዮጵያ ንጥፈታት ኣብ ኤርትራ ግሁድ እናኾነ ኸደ። ገዛ ኮሎኔል ነጋ መራኸቢት መራሕቲ ማሕበር ሕብረት ኮነት። ላዕለዎት መራሕቲ ሕብረትን ገለ ኣገደስቲ ኣባላቱን ከምኡ'ውን ብዙሓት ሽቕለት ኣልቦን በጋሚንዶን ኤርትራውያንን ተጋሩን ከኣ ብዕንጋሎ ነጋ ክነብሩ ጀመሩ።[25]

ክሳብ ዋዕላ ፓሪስ ኣብ ዝነበረ ጊዜ፡ ኤርትራ ኣብ ዓሚቝ ቍጠባዊ ቅልውላው፡ ጸጥታዊ ዘይምርግጋእ፡ ናይ ግዳም ምትእትታውን ዓቢ ውሽጣዊ ምምቕቓልን ትኣቱ ነበረት። ጽልኣት ጸዓዱ (ጣልያን)፡ ቅትለትን ስርቅን፡ ሽፍትነትን ከትርን.... ኣቐዲሙ ኣብ ታሪኽ'ታ ሃገር ተራእዩ ብዘይፈልጥ ደረጃ ነሃረን ኣስፋሕፍሐን። ኣብ'ዚ ንመጀመርታ ጊዜ መጸኢ ዕድላ ናይ ምውሳን መሰል ክትረኽበሉ ዝኸኣለት ጊዜ፡ ፖለቲካዊ ኣንፈታ ፋሕ እናበለ ኸደ። ሃይማኖት፡ ቀቢላ፡ ኣውራጃን ወረዳን ሰብ መቓቐለ። ብሪጣንያ ትኹን ኢትዮጵያ ነቲ ፍልልይ ዘጋፍሕ ዘሎተ ስለ ዘካየዳ ኸኣ እቲ ፖለቲካ ሃገር ዝበቈለሉን ዝጥጥዓሉ ዝነበረን ባይታ ንሱ ኾነ።

ህዝቢ ነቲ ቕንዕ ካብቲ ዘይቅኑዕ፡ ነቲ ዘርብሓ ኸኣ ካብቲ ዘየርብሓ ፈልዩ ንኽፈልጥ ዘኽእሎ ሃዋህው ኣይተፈጥረን። ከም ልማድ ኣቦታቱ፡ ንልምዳውያን መራሕቱ ኢዩ ዝኽተል ዝነበረ። መብዛሕትኦም እዚኣቶም፡ ጕድለት ትምህርትን ብስለትን ብሓደ ሸነኽ፡ ረረብሓታቶም ድማ በቲ ኻልእ የማነ ጸጋም የቋምቶም ስለ ዝነበረ፡ እቲ ዝርአ ዝነበረ ፖለቲካዊ ምንቅስቓሳት ርግእ ዝበለን ሱር ዝሰደደን ክኸውን ኣይከኣለን። ካብ መፋርቕ 40'ታት ጀሚሩ፡ ፖለቲካ ኤርትራ ኣዝዩ ፍንውን ፍቱሕን፡ ሰብ ዳርጋ ከም ዝማእምኦ ካብ ሕብረት ናብ ናጽነት ናብ ሻራ ጣልያን ናብ "ምቕሊ" ዝኣትወሉን መድረኽ እናኾነ ማዕበለ።

25. Spencer, p. 196; Trevaskis, p. 67.

ሽፍትነትን ፖለቲካዊ ናዕብን

ካብ 1943 ኣትሒዙ፡ ብዕጡቓት ጉጅለታት ዝፍጸም ዘረፋን (armed robbery) ካልእ ናይ ሽፍትነት ተግባራትን ክገንን ተራእየ። ካብ ጥሪ ክሳብ ታሕሳስ 1943 ጥራይ 108፡ ካብ ጥሪ ክሳብ ታሕሳስ 1944 ድማ 85 ተግባራት ስርቅን ዘመተን ብወግዒ ተመዝገበ። ኣመሓደርቲ ኤርትራ፡ ዝበዝሕ እቲ ግብረ ስርቅን ሽበራን ዕጥቂ ብዘይነበሮም ደቂ ዓዲ ዝተፈጸመ ምንባሩ'ኳ ከረድኡ እንተ ፈተኑ፡ ካብ ካይሮ ብዝተገብረሎም ናይ ላዕለዎት ጸቕጢ፡ ውዱብን ዕጡቕን ሽፍትነት ከም ሓዲሽን ኣሰጋእን ተርእዮ ኣሰካፊ ኣንፈት ይሕዝ ከም ዝነበረ ክኸሕዱ ኣይከኣሉን።[26]

በዚ መሰረት፡ ካብቲ ኣብ 1943 ዝተመዝገበ ናይ ዓመጽ ተግባራት፡ እቲ 10 ብዕጥቂ ብረት ዝተሰነየን ክልተ ሰባት ሞይቶም ሽሞንተ ኸኣ ዝቖሰሉሉ ምንባሩን ኣመልከተ። ካብ'ቲ ናይ 1944 ፍጻሜታት ሽፍትነት ድማ፡ እቲ 18 ብዕጡቓት ከም ዝተኻየደን 11 ሰባት ሞይቶም 8 ከም ዝቖሰሉሉን ሓበሩ። ብኻልእ ኣዘራርባ፡ ዕጡቕ ሽፍትነት ኣብ ውሽጢ ሓደ ዓመት ኣዝዩ ወሲኹ ማለት ኢዩ። እቲ ምምሕዳር "ዕጡቕ ዘረፋ" ዝብሎ፡ ን"ዝተወደበን፡ ብኸብ ዝበለ ኣገባብ ብዝተሰርዐ ጉጅለታት ኮነ ተባሂሉ ኣብ ልዕሊ ኮንቸስዮነታትን ኣብ ጽርግያታትን" ዝፍጸም ዘረፋ ምንባሩን፡ እዚ ድማ "ዕላማኦም ንምጭባጥ ቅትለት ካብ ምፍጻም ድሕር ብዘይብሉ መራሕቲ" ከም ዝፍጸምን ይገልጽ ነበረ።

ቀንዲ ዒላማታት ናይ'ዚ ዘረፋታት'ዚ፡ ኣብቲ ፈለማ ናይ ጣልያን ኮንቸስዮነን ኢጣልያውያን ባዕሎምን ነበሩ። ኣብ 1944 ጥራይ ሽዱሽተ ኮንቸንስዮነ ጣልያንን ሓደ ባርን ተዘርፈ። ሓሙሽተ ኢጣልያውያን እውን ኣብ ዝተፈላለየ ዘረፋታት ተቐትሉ። ብኻልእ ወገን፡ ክልተ ኣባላት ፖሊስ ኤርትራን ሓደ ኤርትራዊ ሲቪልን'ውን ተቐትሉ።[27] መብዛሕትኡ'ቲ መጥቃዕቲ ብለይቲ ኢዩ ዝካየድ ዝነበረ። ኣብ መወዳእታ 1944 ግን፡ ሸፋቱ ኣብ መገዲ ኣስመራ-ባጽዕ ጽርግያ ብምዕጋት ብቐትሩ ኣውቶቡስ ከተሩ'ሞ፡ ኣብ'ቲ ዝሰዓበ ተኹሲ ክልተ ኣባላት ፖሊስን ሓደ ኢጣልያዊ መንገደኛን ሞቱ። እዚ፡ ነቲ ምምሕዳር ምንጪ ዓቢ ስክፍታን ሻቕሎትን ኮነ።[28] እቲ ሰግኣት፡ ኣብ ገጠራት ጥራይ ዝተሓጽረ'ውን ኣይነበረን። ኣብ ኣስመራን ደቀምሓረን ዝነብሩ ዝነበሩ ኢጣልያውያን፡ እቲ ዝነበረ ኩነታት ከም ዘሰግኦም ብምምልካት፡ ሓደ ብስም ቪ.ቺላንሳ ኖክቱርና፡ ዝፍለጥ ብኢጣልያውያን ከኣ ዝካየድን ጣልያን ዝኣባላቱን ትካል ሓለዋ ለይቲ ብ1944 ኣቑሞም ነይሮም ኢዮም። ፈቓዳይ ሎንግሪግ ኮይኑ፡ ብላዕለዎት ሓለፍቱ ብዙሕ ዘይድገፍ ከም ዝነበረ ናይ ሽዑ ሰነዳት ይገልጹ።[29]

26. WO 230/146 62676, 27 February, 1945.
27. WO 230/146 62676, 6 March, 1945.
28. WO 230/146 62676, 27 February, 1945.
29. WO 230/146 62676, 10/3/1944; 25/4/1944….

እቲ ናብ ኢጣልያውያን ዝቐንዐ ጉነጻት፣ ኣንጻር ዓሌታዊ ኣድልዎ ጥራይ ዘይኮነ፣ ስልጣንን ሓለፋታትን ኢጣልያውያን'ውን ስለ ዝተቓወመ፣ ዘይሩ ዘይሩ ንኣተሓሳስባን ኣተሓሕዛን ምምሕዳር ብሪጣንያ ኢዩ ዝብድህ ዝነበረ። ስለ'ዚ፣ ተራ ሰርቅን ዘረፋን ዘይኮነስ፣ ፖለቲካዊ መበገሲ ኸአ ነበሮ። ይኹን እምበር ዕሙት ጽልኢ ዝዕብልሎን ዝገዝኦን ነበረ። ኣብዚ እንዛረበሉ ዘለና እዋን፣ ማለት ኣብ ከባቢ 1943-1945፣ ምትእትታው መንግስቲ ኢትዮጵያ ይኹን ሓይሊ ማሕበር ሕብረት ክሳብ ሽፋቱ ኣብ ምውፋር ኣይበጽሐን። ስለ'ዚ ነቲ ገበን ዝመንቀሊኡ ከትርን ዓመጽን ገዲፍካ፣ እቲ ናብ ጸዓዱ ዝቐንዐ መጥቃዕቲ፣ ጽልኣት መግዛእቲ ዘንቀሎ ኢዩ ነይሩ ምባል ዘይክኣል ኣይኮነን።

ጉነጽ ግን ኣንጻር ጣልያን ጥራይ ኣይኮነን ቀኒዑ ዝነበረ። ናይ 22 ለካቲት 1945 ሕታም *ሰሙናዊ ጋዜጣ*፣ "ባእሲ ኣብ መንጎ ሱዳንን ኤርትራውያንን" ኣብ ትሕቲ ዝብል ኣርእስቲ ሓደ ዓምዲ ኣስፊሩ ንረክብ። ንሱ ከም ዘመልክቶ፣ ብዕለት 18 ናይ'ቲ ወርሒ'ቲ፣ ኣብ ዕዳጋ ሓሙስ፣ ኣብ መንጎ ወተሃደራት ሱዳንን ደቀባትን ዝተላዕለ ክትዕ ቀልጢፉ ናብ ቈየቛን ባእስን ስለ ዝበጽሐ፣ ሓይሊ ፖሊስ ተጸዊዖም ክሳብ ዝመጹ፣ ሓደ ወተሃደር ሱዳን ሞይቱ፣ ትሽዓተ ወተሃደራት ሱዳንን ኤርትራውያን ፖሊስን ገለ ሲቪልን ዝርከቡዎምን ቈሲሎም ጸንሑዎም። በዚ ምኽንያት'ዚ ምምሕዳር ብሪጣንያ ዝኣወጆ ናይ ሰዓት 6፡30 ድ.ቀ. "ኮፕሪፎኮ" እውን ምስ ምሉእ ትሕዝቶኡ ኣብቲ ጋዜጣ ንረክብ።[30] እዚ ፍጻሜ'ዚ ነቲ ኣብ 1946 ዝተራእየ ዓቢ ህልቀት ኤርትራውያን ብወተሃደራት ሱዳን ካብ ዘንቀሉ ጠንቅታት ክኸውን ይኽእል።

ኣብ'ዚ፣ ሰለስተ ነገራት ኣዛሚድና ክነስተውዕል የድልየና። እዚ ድማ፣ ቀዳማይ እዚ ክጥቀስ ዝጸንሐ፣ እናዓበየ ዝኸይድ ዝነበረ ፍሉጥ ኣንፈት ዘይነበሮ ሽፍትነትን ጉነጽን ክኸውን እንክሎ፣ ካልኣይ ከኣ፣ ኣብ 1944-1945 ንዕኡ ዝመርሕ ወይ ዝደፋፍእ ርኡይን ውዱብን ፖለቲካዊ ንጥፈት ኣብ ውሽጢ ኤርትራ ዘይምንባሩ ኢዩ። ምናልባት ኣብ ትግራይ ዝነበሩ ደገፍቲ ሕብረት፣ ብፍላይ ካብ ምምሕዳር ዓድዋ፣ ኣተባባዒ ተግባራት ይፍጽሙ ነይሮም ይኾኑ፣ ግን ኣብ ምጅማር ኢዮም ነይሮም ክኾኑ ዝኽእሉ። ኣብ ውሽጢ 1945፣ ካብ'ቲ ኣቐዲምና ዝረኣናዮ ብደገፍቲ ሕብረትን ናጽነትን ዝካየድ ዝነበረ ፊርማታት ሰዓብቲ ናይ ምእካብ ጻዕሪ፣ ካልእ ክጥቀስ ዝኽእል ውዱብ ስራሓት ዳርጋ ኣይነበረን። እቲ ሳልሳይን ዝያዳ ኣገዳስን ነጥቢ፣ ንኣህጉራዊ ዘመተታት መንግስቲ ኢትዮጵያ ይምልከት። ኣብ ኤርትራ ሕንፍሽፍሽ ኣብ ዝነበረሉ መፋርቕ ኣርብዓታት፣ መንግስቲ ሃይለስላሴ ኣብ ዋዕላ ፓሪስን ብድሕሪኡን መንዛሪ ዝኾነ ኣህጉራዊ ባይታ የጣጥሕ ከም ዝነበረ ክነስተውዕል ይግባእ። ድሕሪ'ቲ ኣብ ምጅማር 1944 ዝርኣዮ ምንቅስቓስ፣ ኣብ ኤርትራ ዝውደብ ዝነበረ ማሕበር ሕብረት ይዛሕትል'ምበር፣ በቲ ናይ ኣዲስ ኣበባ ማሕበር ኣንድነት ተተኪኡስ ውሽጠ ውሽጢ ይሰርሕ ነይሩ ኢዩ።

30. ሰ.ጋ. ቁ.130፣ 22/2/1945።

እዚ ድማ ንኢትዮጵያ ዓቢ ጉንፃን ጉልባብን ኮይኑዋ ነበረ። ኣቶ ወልደኣብ "ተዘንጊዕና ንማ.ፍ.ሃ. ኣጥፊእናያ" ዝበሉ'ውን፡ እቲ ናይ ናጽነት ወገን ወጻኢ ካብ ኤርትራ ብኢትዮጵያን ሰዓብታን ዝኻየድ ንዝነበረ ዘመተታት ብዘይ ምርድኦም ከም ዝተዳህለሉ ንምግላጽ ከይኮነ ኣይተርፍን። ብሓቂ እምበኣር፡ ኣብ ኤርትራ ብኤርትራውያን ዝኻየድ ዝነበረ ፖለቲካዊ ንጥፈታት ደኣሉ ዝሒሉ ዝነበረ'ምበር፡ ኢትዮጵያስ መሰለኹ ነይሩዋ ኢዩ። ጸኒሕና ከም እንርእዮ፡ ንሸፍትነትን ነቲ ዝነበረ ኣህጉራዊ መድረኽን ናብ ረብሓኣ ንምቕያር ዘኽኣላ እዚ መሰለኹ'ዚ ነበረ።

ኩነታት ከም'ዚ ኢሉ እንከሎ፡ ነቲ ኣብ ውሽጢ ኤርትራ ዝግ ኢሉ ዝነበረ ፖለቲካዊ ንጥፈታት ዘበራብር ሓደ ፍጻሜ መጸ። ብ23 መስከረም 1945፡ 150 ዝኾኑ፡ ብርክት ዝበሉ ቁልዑ ዝርከብዎም፡ ባንዴራ ኢትዮጵያ ዝዓጠቑ ሰባት ናብ ሰበ ስልጣን ብሪጣንያ ብሰልፊ መጺ'ሞ፡ ሕብረት ኤርትራ ምስ ኢትዮጵያ ዝጠልብ ጥርዓን ኣቕረቡ። እቲ ጽሑፍ፡ ብ"ህዝቢ ኤርትራ" ዝተፈረመ ምንባሩ ዘመልክት ኮይኑ፡ ናብ'ቲ ኣብ ለንደን ዝጋባእ ዝነበረ ዋዕላ ሚኒስተራት ጉዳያት ወጻኢ ንኽልኣኽ ዝተደልየ ነበረ። ንጽባሒቱ፡ ንብሪጋደር ማካርቲ ዝተክአ ኣመሓዳሪ ኤርትራ ብሪጋደር ቤኖይ ንወከልቲ እቶም ሰልፈኛታት ረኺቡ፡ ህውከት ከለዓዕል ዝኽእል ሰላማዊ ሰልፊ ከም ዘይፍቀድ ድሕሪ ምግላጽ፡ ትሕዝቶ'ቲ መልእኽቲ ድሌት መላእ ህዝቢ ኤርትራ ከም ዝውክል ክረጋገጽ ስለ ዘይክኣል፡ ብስም ህዝቢ ኤርትራ ክፍረም ከም ዘይግባእን ናብቲ ቤት ምኽሪ ሚኒስትራት ክለኣኽ ከም ዘይክኣልን ሓበሮም። እቶም ወኪላት ግን፡ መጻኢ ጉዳይ ኤርትራ ኣብ ማዕከናት ዜና ሩስያን ፈረንሳን ብቐጻሊ ይጥቀስ ስለዝነበረ፡ ከም ደቀባት ከኣ ንዕኦም ዝያዳ ስለ ዝምልከቶም ነቲ ጥርዓን ከቕርቡ ከም ዝተገደዱ ገለጹሉ'ሞ፡ ንሱ'ውን መልእኽቶም ናብ'ቲ ቤት ምኽሪ ኣመሓላለፈሎም።[31]

ነዚ ናይ ሕብረት ጥርዓን ዝቃወም ግብረ መልሲ ካብ ዝተፈላለየ ኩርናዓት ኤርትራ ናብ'ቲ ምምሕዳር ወሓዘ። ብ3 ጥሪ 1946፡ ንምምሕዳር ኣውራጃ ከረን ዝውክሉ ምስሌነታትን ወከልትን (ኖታቢሊ)፡ እቲ ናይ ሕብረት ጥርዓን ፍጹም ከም ዘይምልከቶም ድሕሪ ምምልካት፡ እቲ ቤት ምኽሪ ሚኒስትራት ንኽነጽጎ ሓተቱ። ኢትዮጵያ ንርእሳ ዘይሰልጠነትን ናይ ምምሕዳር ሽግር ዝነበራን ብምኳና፡ ንኤርትራ ከተመሓድር ዓቕሚ የብላን ብምባል ድማ፡ ኣብ ትሕቲ ኣህጉራዊ መጉዚትነት (International Trusteeship) ውድብ ሕቡራት ሃገራት፡ ናይ ብሪጣንያ ምምሕዳር ክቕጽል ጠለቡ። ነዚ ድማ ዓሰርተ ኽልተ ሹማት፡ ከንቴባያትን ካልኦት መራሕትን ህዝብታት ማርያ፡ ቤት ኣስገደ፡ ቤጁክ፡ መንሳዕን ቢለንን ፈረሙሉ።

ኣብ'ቲ ሰሙን እቲ፡ ብናዚር በይ መሓመድ ኑር ሓሰን ዝምርሑ ምስሌነታትን ኖታቢሊን ኣውራጃ ምጽዋዕ፡ ከምኡ'ውን ወከልቲ ህዝቢ ደሴታት ቀይሕ ባሕርን

31. FO 1015/4 x CA 62888, 29/11/1945.

ሰሜናዊ ክፍልታት ደንካልያን ዝፈረሙሉ፡ ነቲ ናይ ወከልቲ ከረን ዝመስል ጥርዓናት ቀረበ።

ብ4 ጥሪ ድማ፡ ብራእሲ ተሰማ ኣስበሮም ዝምርሑ 29 ምስሌነታት ኣከለ ጉዛይ ተመሳሳሊ ጥርዓን ናብ ኣመሓዳሪ ኤርትራ ኣቕረቡ። ኣብ'ዚ ጥርዓን'ዚ በዓል ራእሲ ተሰማ፡ እቶም ካብ ኤርትራ ወጻኢ ኮይኖም ንሕብረት ምስ ኢትዮጵያ ዝምጉቱ ዘይኮኑስ፡ ኣብ ኤርትራ ዝነብሩ ዝነበሩ ኤርትራውያን ንኽሰምዑ ኣማሕጸኑ። ክርስትያንን እስላምን ብሓደ ድምጺ ይዛረቡ ከም ዝነበሩ፡ ብልምዲ ኣቦታቶም ባዕሎም ብዝመረጹዎም ወከልቲ ከም ዝመሓደሩ፡ በዚ መሰረት ድማ ኣብ ትሕቲ ኣህጉራዊ መጉዚትነት ወድብ ሕቡራት ሃገራትን ጽላል ዓባይ ብሪጣንያን ነፍሶም ንኽመሓድሩ እውን ሓተቱ። ብዘይካ ደግያት ገብራይ ተኸሉ ናይ ደቀምሓረ፡ ብምሉኦም ምስሌነታት ኣከለ ጉዛይ፡ ንምስሌነታት ቀቢላታት ሳሆ ሓዊስኩ፡ ነቲ ጥርዓን ፈረሙሉ።

ሓሙሽቲኦ'ቲ ዝቐረበ ጥርዓናት፡ ን326,8800 ህዝቢ ዝውክል ከም ዝነበረ፡ ሰነዳት ብሪጣንያ ይሕብር።[32] ኩሉ'ቲ ጥርዓናት ካብ ሓደ ምንጪ ከም ዝመጸን ሓቀኛ ወካሊ ርእይቶ ህዝቢ'ተን ዝተጠቕሳ ወረዳታት ምንባሩን'ውን እቲ ሰነድ ብተወሳኺ ይገልጽ። ናይ ሕብረት ደገፍ ኣብ ብዙሕ ክፋላት ሓማሴንን "ደቡብ ካብ ኣስመራ ኣብ ዝርከባ ወረዳታት ሰራየን" ጥራይ ከም ዝተሓጸረ ኸኣ ይድምድም።[33]

ከምዚ ኢሉ፡ እቲ ዝሒሉ ዝጸንሐ ፖለቲካዊ ምንቅስቓስ ክልቲኡ ወገናት ነፍሲ ዘርአ። ኣብታ ራእሲ ተሰማን ብጾቶምን ጥርዓኖም ዘቕረቡላ ዕለት፡ ማለት ብ4 ጥሪ 1946፡ ሸውዓተ ወከልቲ ሕብረት ናብ ጠቕላላ ኣመሓዳሪ ብሪጋደር ቤኖይ ቀረቡ'ሞ፡ ሓደ ስምዕታ ኣቕረቡ። እቲ ስምዕታ፡ ንምምሕዳር ብሪጣንያ ብኣድልዎ ዝኸሰሰ ነበረ። ብ1944፡ እቲ ምምሕዳር ሓሙሽተ ደገፍቲ ሕብረት ምስ ኣሰረ፡ እቶም "ፈለይቲ" (ደለይቲ ናጽነት ኤርትራ ማለት ኢዩ)፡ በዚ ዕድል'ዚ ተጠቒሞም፡ "ኤርትራ ምስ ኢትዮጵያ ከም ዘይትሕወስ ዚቃወም ምስክር ክእክቡ ተንሲኦም" ብምባል እቲ ስምዕታ ክሱ ጀመረ። ቀጺሉ እቲ ጥርዓን፡ ምምሕዳር ብሪጣንያ ምስ'ቶም "ፈለይቲ" ስለ ዘሻረወ ጥራይ ክሰልጦም ከም ዝኸኣለ፣ ንሳቶም ኣብ ፖለቲካ ከይጽንበሩ ተኸልኪሎም እንከለዉስ፡ እቶም "ፈለይቲ" ዕማሞም ንኽሳልጡ እቲ ምምሕዳር ብሓቒ ፈቒዱሎም እንተ ኾይኑ ክበርሃሎም ብምምሕጻን ድማ፡ እቶም "ሓወስቲ" ወይ ወከልቲ ሕብረት ጥርዓኖም ደምደሙ።

ብ18 ጥሪ 1946፡ ብሪጋደር ቤኖይ ንሸውዓተ ልኡኻት ናይቶም ኣሰማዕቲ ተቐቢሉ ኣዘራረቦም። እዚኣቶም፡ ፊታውራሪ ገብረመስቀል ወልዱ፡ ደግያት ሓጐስ

32. በዚ መሰረት፡ 119,400 ህዝቢ ኣከለ ጉዛይ፡ እንኮላይ 40,000 እስላም'ቲ ኣውራጃ፣ 85,000 ህዝቢ ምዕራባዊ መታሕት፣ 20,000 ህዝቢ ደሴታትን ደንካልያን፣ 44,000 ህዝቢ ኣውራጃ ምጽዋዕ ከም ዝተወከሉ ይሕብር። (FO 1015/4xCH 62888, 6 February, 1946).

33. ኣቶ ወልደኣብ ወልደማርያም፡ ማ.ፍ.ሃ. ናብ ሕብረት ምስ ዘንበለት፡ እቶም ደገፍቲ ናጽነት ቀልጢፎም ካብ ደጋ ናብ ቀላ ብምውንጫፍ ኣብ ውሽጢ 1945 ኣሽሓት ፌርማታት ከም ዝኣከቡ ይገልጽ ኢዩም። ሓሙሽቲኡ እቲ ኣብ ጥሪ 1946 ዝቐረበ ጥርዓናት ሓደ ዝዓይነቱ ዝኾነ፡ በዚ ምኽንያት'ዚ ከይኮነ ኣይተርፍን። (FO 1015/4xCH 62888, 6 February, 1946).(ብሪጋደር ካሚንግ ብ6/2/1946 ዝጸሓፎ ደብዳበ ርአ።)

ገብረ፡ ብላታ ደምሳስ ወልደሚካኤል፡ ፊታውራሪ ሓረጎት ኣባይ፡ ፊታውራሪ ኣደም ጣሃ፡ ሸኽ ዓብደልቃድር ከቢረን ብላታ መሓመድ ዑመር ቃድን ነበሩ።[34]

ኣብቲ ርክብ ቤኖይ፡ ሰላም ክሳብ ዘይተዘርገ፡ ስልጣን ብሪጣንያ ኸአ ክሳብ ዘይተደፍረ፡ ፖሊቲካዊ ሓሳባት ምግላጽ ከም ዝክኣል፣ ህውከትን ዘይስርዓትን መታን ከይነግስ ግን፡ ጉባኤታትን ተኣኪብካ ምዝዋርን ከም ዘይፍቀድ ገለጸ። ኣብ ልዕሊ'ዚ፡ ምምሕዳር ብሪጣንያ ጊዝያዊ ምንባሩን ኣብ'ቲ ውሽጣዊ ፖለቲካ ሻራ ከም ዘይነበሮን ነገረ'ሞ፡ ንብምሉኡ'ቲ ኣብ'ቲ ሰምዕታ ዝተሰንዘረሉ ክስታት ሻርነትን ኣድልዎን ነጸጉ። እኳ ደኣ፡ ነቲ ብመስከረም 1945 ብስም ሕብረት ዝቐረበ ጥርዓናት ብምጥቃስ፡ "ሓወስቲ" ሓሳባቱም ካብ ምግላጽ ከም ዘይተኸልከሉ፡ ብኣንጻሩ "ንወተሃደራዊ ስልጣን ምምሕዳር ምዕጋብ (ምብዳል) ኮይኑ ክቕጽር ዚኽእል፡ ሰላም እውን ዚዘርግ፡ ኣብ መናድቕ እናጥበቕካ፡ ወረቓቕቲ እናዘርጋሕካ ዚግበር ዝነበረ ጸርፍን ዓገብን ዝመልአ ፖለቲካዊ ግብሪ..." ዘየቋረጸ ምንባሩ ብምምልካት ቀሬታኡ ገለጸሎም። ድሕሪ ገለ ምልውዋጥ ሓሳባት ድማ ተመሳጊኖም ተፈላለዩ።

ሰዒቡ ኣብ ዝወጸ ሕታማት ሰሙናዊ ጋዜጣ፡ ኣብ ልዕሊ'ቲ በኖይ ኢሉዎ ተባሂሉ ብጋዜጣ ዝተነግረ ነጥብታት ብርቱዕ ክትዕ ተራእየ። ጀማሪ፡ ፊታውራሪ ገብረመስቀል ወልዱ ኮይኖም፡ ማ.ፍ.ሃ. ቀድሚ ሰዕረት ጣልያን ኣብ ልቢ ኤርትራውያን ከም ዝተመስረተት፡ ንሶም ድማ ህዝቢ ዝመረጾም ወካሊ ህዝቢ ምንባሮም ኣረድኡ። ንሶምን ማሕበሮምን ጸላእቲ እንግሊዝ ዘይኮኑስ፡ ንኢትዮጵያ ካብ መግዛእቲ ስለ ዘድሓና፡ ፈተውቱ ምዃኖም ሓበሩ።[35] ኣቶ ወልደኣብ ኣብቲ ክትዕ ብምእታው፡ "ካብ መቕደላ ናብ ከረን" ኣብ ትሕቲ ዝብል ኣርእስቲ፡ ፊታውራሪ ገብረመስቀል "ንሕና ግን ንመንግስቲ እንግሊዝ ንፈትዎ.. ምኽንያቱ ኸኣ፡ ክንዲ ንኢትዮጵያ እናና ዝሓገዘ..." ንዝበሉዎ ኣስሚሮም፡ ደገፎም ገለጹ። እንግሊዝ ንኢትዮጵያ ቡብጊዚኡ ንዝገበረላ ሞያ ድሕሪ ምዝርዛር ድማ፡ "ርግጽ ኢዩ፡ እቲ ንመንግስቲ እንግሊዝ ዘእምነናን ዜፍቅረናን ዘሎ ሓደ ምኽንያት፡ ንኢትዮጵያ ሓርነት ንምውጻእ እተኻዕወ ደም ጥራይ ኢዩ፡" ክብሉ ዓንቀጾም ደምደሙ።[36]

ምስቲ ኹሉ ዝፈልጦ መርገጺ ኣቶ ወልደኣብ ኣብ ሕቶ ኤርትራ፡ እዛ ዓንቀጽ'ዚኣ ቁሩብ ግር ተብል ኢያ። ንእንግሊዝ በዛ ዝተጠቕሰት ሞያ "ጥራይ" እምበር ብኻልእስ ኣይንፈትዎን ንምባል ዲዩ ወይስ ምስ ፊታውራሪ ገብረመስቀል ኣብ'ዛ ነጥቢ እዚኣ "ጥራይ" ንምስምማዕ'ውን ብንጹር ንምፍላጥ የሸግር። ምኽንያቱ፡ ኣብ'ታ ዝተጠቕሰት ዓንቀጾም፡ ፊታውራሪ ገብረመስቀል ንእንግሊዝ ምፍታዎም ጥራይ ዘይኮነ፡ ፍጹም ደገፎም ንሕብረት ኢዮም ገሊጾም'ሞ፡ ናይ ኣቶ ወልደኣብ ደገፍ ኣበይ ደው ከም እትብል ኣብታ ዓንቀጽ ስለ ዘይብርህ ኢዩ።

34. ሰ.ጋ. 4/184፡ 7/3/1946።
35. ሰ.ጋ. 4/185፡ 14/3/1946።
36. ሰ.ጋ. 4/186፡ 21/3/1946።

እቲ ዝበርትዐ መልሲ ንፊታውራሪ ገብረመስቀል ግን ካብ ብላታ ተስፋጽዮን ደረሰ፡ ሓው ዘርኣይ ደረሰ፡ ኢዩ ዝመጾ። ንሶም፡ ነቲ ፊታውራሪ ገብረመስቀል ብህዝቢ ተመሪጽና ዝበሉዎ ብምንቃፍን ብምብጫውን፤

'ብወረ ኣይንግሱ ብቑንጪ ኣይሓርሱ' ኢዩ'ሞ ሱቕ እንተ በልና ሰብ ሓቂ ከይመስሎ፡ እቲ ንሶም ዝብሉዎ ዓቢ ጌጋ ወይ ድፍረት፡ ኣብ ሓደ ዓቢይ ገደል ዘጽድፍ ኮይኑ ይረኣየኒ። እዞም ክቡር 'ሓለቓ ማሕበር'፡ ገለ ሒደት ሻራና፡ ወገንና መሪጾምና ኢሎም'ኳ ፈልዮም ምውራይ ምሕሾም...

ድሕሪ ምባል፡ ኣተሓሳስባ ፊታውራሪ ገብረመስቀል ኣጻላእን ጉዳእን ኢዩ ኢሎም ነቐፉ። ኣብ ሕቶ ኢትዮጵያ ግን ንሶም'ውን ንጹር መርገጺ ኣይወሰዱን።[37]

ክትዕ ክረሳሰን ጀመረ። ወቐሳን ዘለፋን ሓሓሊፉ ስለ ዝተራእየ ድማ፡ ፍቕርን ጸሎትን ንኽነግስ፡ እቲ ምይይጥ ብህድኣትን ሓሲብካን ንኽካየድ ዝምዕድ ጽሑፋት ኣብ *ሰሙናዊ ጋዜጣ* ወጸ።[38] ምንዝሃር ግን ኣብ መጻኢ ዕድል ኤርትራ ጥራይ ኣብ ዘተኰረ ኣርእስታት ዝተሓጽረ ኣይነበረን። ካብ 21 መጋቢት ዝጀመረ ምጉት ብዛዕባ ኣገዳስነት ቋንቋ ትግርኛ ኣብ መንጎ ኣቶ ባይሩ ዑቕቢት፡ ኣቦ ተድላ ባይሩን ጸኒሖም ሰክረታሪ ፋይናንስ መንግስቲ ኤርትራ ዝኾኑ ኣቶ ፍስሓጽዮን ሃይለን ኣዝዩ ተዋዓዊዑ ነበረ። እቲ ግርጭት፡ ቀንዲ ወራሲ ግዕዝ ትግርኛ ዲዩ ኣምሓርኛ ካብ ዝብል ዝተበገሰ ኾይኑ፡ ብሓይለ-ቃልን ኣሸሙርን ስለ ዝተኻየደ፡ ዘሰክፍ ኣንፈት ዝሓዘ ነበረ። ደግያት ሓሰን ዓሊ እቲ ምምይያጥ ፍቕሪ ንኽሕወሶ ዝተላበዉ እውን ነዚ ኣሰካፊ ኣንፈት'ዚ ንምእላይ ይመስል።[39]

እዚ ኹሉ ዝመሰለ ተናኻፍ ክትዓት እናተኻየደ እንከሎ፡ ናይ 15 ሰነ -12 ሓምለ 1946 ዋዕላ ፓሪስ ኣርከበ'ሞ ፖለቲካዊ ኩነታት ኤርትራ ክዋዓዋዕ ተራእየ። ብመጋቢት ናይቲ ዓመት'ቲ ብፍቓድ መንግስቲ ብሪጣንያ፡ ኮሎኔል ነጋ ሃይለስላሴ ዝተባህለ በዓል ስልጣን ኢትዮጵያ ናይ'ታ ሃገር ናይ ርክብ መኰነን (liaison officer) ኮይኑ ንኸገልግል ኣስመራ ኣተወ። ነጋ፡ ኣብ ፖለቲካዊ ጉዳያት ኤርትራ ንኽይኣቱ ዝተኣገደ'ኳ እንተ ነበረ፡ "ነቲ ሓቀኛ ተልእኾኡ ንምሕባእ'ኳ ኣይፈተነን፡" ብምባል፡ ቤት ጽሕፈቱ ናብ መራኸቢትን መአከቢትን መራሕቲ ሕብረት ከም ዝተቐየረት፡ ትረቫስኪስ ይገልጽ። ኣቐዲሙ'ውን ከም ዝተጠቕሰ፡ ብዘይ ናቱ ስምምዕ ዝውሰድ ዝኾነ ናይ ሕብረት ስጉምቲ ኣይነበረን ጥራይ ዘይኮነ፡ ኣቐዲሙ'ውን ከምዝተገለጸ ብዙሓት ልኡኻት ሕብረት ብቐጥታ ብእኡ ዝኽፈሉ'ውን ኮኑ።[40]

ኣብ ውሽጢ ሓጺር ጊዜ፡ እቲ ዝሓሉ ዝጸንሐ ንጥፈታት ማሕበር ሕብረት ናይ ጉነጽን ረጽምን ኣንፈት ክሕዝ ጀመረ። ጽልኢ ኣዕራብን ጣልያንን ጥርዚ

37. ሰ.ጋ. 4/186፡ 21/3/1946።
38. ደግያት ሓሰን ዓሊ፡ ሰ.ጋ. 4/188፡ 21/4/1946 ርአ።
39. ሰ.ጋ. 4/186፡ 21/3/1946፣ 4/187፡ 28/3/1946፣4/189፡ 11/4/1946።
40. Trevaskis, p. 67.

በጺሖ፡ ኣዕራብ ካብ ሃገር ክስጉጉ፡ ጣልያን ከኣ ካብ ፖሊሳውን ምምሕዳራውን ስራሓት ምምሕዳር ኤርትራ ክእገዱ ዝሓትት ጥርዓናት ናብ ሰበ ስልጣን ቀረበ፣ ፈቐዶ መናድቕ'ውን ተለጠፈ። ኣቐዲሙ፡ ኣብ መጋቢት 1946፡ ደገፍቲ ሕብረት ኣብ ከረን ምጽዋዕን ህውከት ብምልዓል፡ ገለ ኣዕራብ ኣቑሲሎም፡ ንብረቶም'ውን ኣዕንዮምሎም ነይሮም ኢዮም። እዚ ኹሉ፡ ብ"ስም ህዝቢ ኤርትራ" ዝካየድ ኮይኑ፡ "ቅጽበታዊ ሕብረት" ብዝብል ጭርሖ ዝደምቐ ነበረ።

ልክዕ ኣብ'ዚ እዋን'ዚ፡ መንግስቲ ኢትዮጵያ'ውን ጸረ ጣልያንን ኣዕራብን ዝኾነ ስጉምትታት ክትወስድ ጀመረት። ኣብ ወርሒ ሰነ፡ ን130 ኣዕራብ ተቐመጥቲ ኢትዮጵያ፡ ንብረቶም ዘሪፉ ኣብ ዶብ ኣምጺኣ ናብ ኤርትራ ጠረዘቶም። ነዚ፡ ጠቕላል ኣመሓዳሪ ኤርትራ ተቓወሞ። ይኹን'ምበር መንግስቲ ኢትዮጵያ፡ 92 ተወሰኽቲ ኢጣልያውያንን 145 የመናውያንን ኣኪባ፡ መሊሳ ብ19 ሓምለ ናብ ኤርትራ ጠረዘቶም። ከምኡ መግበሪኣ፡ "ምእንቲ ድሕንነትን ሰላምን ሃገር" ምንባሩ ኸኣ ኣፍለጠት።[41] እዚ ኹሉ፡ ይብል ትሬቫስኪስ፡ ኢትዮጵያ ንዘየድለዩዋ ባዕዳውያን ናይ ምስጓጉ ዓቕሚ ዘለዋ ሃገር ምንባራ ንምርኣይ ዝገበረቶ ነበረ።[42]

እዚ ዝተወጠነ ጽልኢ ጸዓዱ፡ ኣቓልቦን ደገፍን ሰዓብቲ ሕብረት ስለ ዝረኸበ፡ ወርሒ ሓምለ 1946 ናይ ዕግርግር ወርሒ ኾነት። በዚ መሰረት፡ ብ28 ሓምለ፡ ፍቓድ ምምሕዳር ዘይሓተቱን ዘይረኸቡን፡ ኣብ ማእከሎም 50 ቈልዑ ዝነበሩዎም፡ ኣስታት 200 ሰልፈኛታት፡ ባንዴራ ኢትዮጵያን ኣብ ዓለባ ዝተገተረ ጭርሖታትን ሒዞም፡ ናብ ቤት ጽሕፈት ኣመሓዳሪ ኤርትራ ቀረቡ። ካብኡ፡ ናብ ምቕማጥ ኮሎኔል ነጋ ምስ ከዱ፡ ልኡኻቶም ምስ'ቲ ኢትዮጵያዊ መኰንን ተራኺቡን ተዘራሪቡን። ካብ'ዚ ንገዛ ኸኒሻ ገጾም ኣቕንዑ'ሞ፡ ኣብ ቤት ጽሕፈት ማሕበር ወንጌላዊት ኣቢሎም ምስ በጽሑ፡ "ጫውጫውታን ጭራሕ ምራሕን ኮነ፡ ናይ ኣስመራ ፖሊስ ሹመኛ ድማ፡ ካብቶም ነቲ ኣኼባ ዝመርሑ ዝነበሩ ንሓሙሽተ ሰባት ኣትሒዙ፡ ኪጥይቐምን ኪመኽሮምን ቢሉ ናብ'ቲ ናይ ዕዳጋ ሰፈር ፖሊስ ኣውሰዶም።"[43]

ከም'ዚ ምስ ኮነ፡ ይብል ትሬቫስኪስ፡-

> ዕግርግር ተላዕለ። ናይ ዓረብ ማሕበረኮም ፕረዚደንት መኪና ብሓዊ ተቓጸለት፡ ናይ ኣዕራብ ድኳናትን ካልእ ንብረትን ተዘምተን ተበላሸወን፡ ጭፍራ ሰባት ከኣ ነቲ እቶም መራሕቲ ኣድማ ተታሒዞሙሉ ዝነበሩ መደበር ፖሊስ ሃጂሞም፡ ኣፍትሒዎም። ከም ብሓድሽ ተታሒዞም ምስ ተፈረዱ፡ ካልእን ዝገደደን ዕግርግር ተላዕለ። ሓደ ክፋል ናይ ሱዳን ምክልኻል ሓይሊ ተቓላጢፉ እንተ ዘይኣትዎም ከኣ እቶም ናይ ቤት ማእሰርቲ

41. ሰ.ጋ. 4/207፡ 25/8/1946፣ Trevaskis, p. 67.
42. Trevaskis, p. 67.
43. ሰ.ጋ. 4/205፡ 25/7/1946።

ኣይንፈላለ

ውሑዳት ዋርድያታት ምተሰነፉ። ድሕሪ ቍሩብ ተኹሲ፡ ኣርባዕተ ካብቶም ኣድመኛታት ሞቱ፡ ብቕጽበት ከኣ ስርዓት ተመለሰ።[44]

እቲ ብሪጣንያዊ ምምሕዳር ኮፐሪፎ ኣብ ልዕሊ ምእዋጅ፡ ከምቲ ናይ 28 ሓምለ ዝመስል ህውከት ንኸይልዓል ሰላማዊ ስልፊ ከልከለ። ጥርዓናት ዝቐርበሉ ቅጥዒ'ውን ኣውጽአ። መራሕቲ "ማሕበር ፍቕሪ ሃገር" ተባሂሎም ዝተዋጽኡ ዓበይቲ ዓዲ'ውን፡ እቲ ዝተገብረ ህውከት "ብዘይ ፍልጠቶምን ብዘይ ፍቓዶምን" ከም ዝተገብረ፡ ነቲ ዝሰዓበ ህውከት ከኣ "ኣበርቲያም ከም እተጸየፉዎ ዜረጋግጽ ምላሽ" ንወኪል ኣመሓዳሪ ቀሪቦም ኣረድኡ።[45]

ጉዳይ ግን ኣጸቢቑ ተበላሽዩ ነበረ። ኣንጻር ወጻእተኛታት፡ ብፍላይ ድማ ኣንጻር ኣዕራብ ዝቐልቀል ዝነበረ ጽልኢ ካብ ርትዒ እናረሓቐ ኢዩ ዝኸይድ ዝነበረ። ነዚ ኣመልኪቶም ኣቶ ወልደኣብ፡ "ኣዕራብ ርእሳቶም ከልዕሉልና ደልዮም" ኢልካ ምኽሳስ እሞ ነዚ ምኽንያት ጌርካ ዕግርግር ምትንሳእ ግቡእን ቅኑዕን ከም ዘይኮነ፡ እኳ ደኣ፡ ኣዕራብ "ብሃገር፡ ብቛንቋ፡ ብኩልቱራ፡ ብልማድ፡ ብጠባይ፡ ብዓሌት፡ ካብቶም ካልኦት ወገናት ዚብጽሑና ኢዮም እሞ እቲ ንኣታቶም ዚትንኪ ጉዳይ ወይ ፕሮብሌማ፡ ብህድኣትን ብስርዓትን ብሕግን ተመርሚሩ፡ ብምስምማዕ ኪዓርፍ ኣዝዩ ዚሓይሽ ኮይኑ ምተረኽበ፡" ኢሎም ተላበዉ። ብዛዕባ'ቲ ብ28 ሓምለ ዝተራእየ ዕግርግር ኣመልኪቶም ድማ፡ ምንጪ ናይ'ቲ ዝርአ ዝነበረ ዘይቅሳነት በዚ ቃላት'ዚ ገለጹ፤

> ኣነ ንርእሰይ ኣብ ብዙሓት መንእሰያት ደቀ'ስመራ፡ ናይ ሓቀኛ ሓርነት መንፈስ ተንሲኡ ከም ዘሎ ኣይጠራጠርን፡ እዚ ድማ ኣዚዩ ባህ ዜብል ነገር ኢዩ። ግናኸ፡ እዞም ንቑሓት መንእሰያት እዚኣቶም፡ ጽቡቕን ግቡእን ዝኾነ ምምራሕ ኣይረኽቡን ኣለዉ። በዚ ምኽንያት እዚ'ውን፡ እቲ ከም ብርቱዕ ውሕጅ ዚሰራሰር፡ ሓዲሽን ጥዑይን ዝኾነ ደሞምሲ፡ ካብቲ እተሓንጸጸሉ መንገዲ ወይስ ሩባ ወጺኡ የማነ ጸጋም ኪሰጥጥ ወይስ ኪጥሕስ ይርአ ኣሎ። ...ነዞም መንእሰያት፡ ናብ ታሕቲ ምድቋሶም ዘይኮነ፡ ናብ ላዕሊ ኣቢልካ ምምራሖም፡ ካብ'ቲ ድሕንነቶም ዘይደሊ፡ ፍቕሪ ሃገር ተጐልቢቡ ንረብሓኡ መንገዲ ዚጸርግ እኩይ መንፈስ ከኣ ምዕቋቦም ምተገብአ።[46]

መቸም፡ "እኩይ መንፈስ" ዝበሉዎ ኣቶ ወልደኣብ ነቲ ብስም ሕብረት ዘዕገርግር ዝነበረ ወገን ምንባሩ ኣየጠራጥርን። ኣብ'ዛ ዓንቀጾም እዚኣ'ውን፡ "ኤርትራ ናይ ኤርትራውያን ከም ዝኾነት፡ ንኤርትራውያን እውን ከም እትኸውን... እተረጋገጸን እተገብአን ነገር ኢዩ'ሞ ብዛዕባኡ'ኳ ብዙሕ ምዝራብ

---

44. Trevaskis, p. 67. ኣለዓዓልቲ ህውከት ተባሂሎም ዝተኸሰሱ ሰለስተ ሰባት፡ እቶም ክልተ ንሰለስተ፡ እቲ ሳልሳይ ከኣ ንኽልተ ዓመት ብወተሃደራዊ ቤት ፍርዲ ተፈርዱ። ሰሙናዊ ጋዜጣ፡ ኣስማት ናይቶም ክሱሳት ፊታውራሪ ያሲን ኢድሪስ፡ ኣቶ ወልዱ ተስፋይን ኣቶ ዓሊ ሳልምን ምንባሩ ይገልጽ። (ሰ.ጋ. 4/205፡ 1/8/1946)።

45. ሰ.ጋ. 4/205፡ 1 ነሓሰ 1946።

46. ሰ.ጋ. 4/206፡ 8 ነሓሰ፡ 1946።

ኣየድልን" ይብሉ ኢዮም። ብቐጥታ ብዛዕባ ናጽነት ኤርትራ ግን ሕጂ'ውን ኣይተዛረቡን። እዚ ዝኾነሉ ምኽንያት፡ ንሶም ጥራይ ዘይኮኑ፡ ብዙሓት ከምኦም ኣብቲ ናይ ናጽነት ሓሳባት ዝነበሩ ዜጋታት፡ ምስ ገለ ካብ ማሕበር ሕብረት ብምርኻብ፡ ኣብ መንጎ ሕብረትን ናጽነትን ሓደ ፍታሕ ንኽናደ ቀጻሊ ርክባት የካይዱ ብምንባሮም ከይኮነ ኣይተርፍን።እዚ ርክባት'ዚ ናብ'ቲ ብስም "ዋዕላ ቤት ጌርጊስ" ዝፍለጥ ኣኼባ ዘምርሐ ስለ ዝነበረ፡ ኣድቅቕ ኣቢልካ ምርድኡ የድሊ።

ምዕራፍ 7

ዋዕላ ቤት-ጌርጊስን ሳዕቤኑን

ቅድሚ ዋዕላ ዝነበረ ኩነታት

ምዕባለታት ኣብ መታሕት

ዋዕላ ቤት-ጌርጊስ፣ እቶም ኣብቲ እዋን'ቲ ኣለዉ ዝብሃሉ ዝነበሩ መራሕቲ ናይተን ዝቀላቐላ ዝነበራ ናይ ፖለቲካ ማሕበራትን ምንቅስቓሳትን ዝተሳተፉሉ ኣኼባ ነበረ። ዕላማኡ፣ እቶም ኣብ ናጽነት ኤርትራን ሕብረት ምስ ኢትዮጵያን ተፈላልዮም ዝነበሩ ወገናት ክራኸቡ'ሞ፣ ኣብ ሓደ ማእከላይ ወይ ኣተዓራቒ መገዲ ክሰምሩ ነበረ። ትሬቫስኪስ፣ በይናም እንተ ዝግደፉ፣ ኤርትራውያን፣ "ሕብረት" ይኹኑ "ፈለይቲ" ኣብ ርትዓዊ ዝኾነ ስምምዕ ክበጽሑ ከም ዝኽእሉ ዘርኢ ምትእኽኻብ ምንባሩ የረድእ።[1]

ኤርትራውያን ግን፣ ህድእ ኢሎም ይመያየጡ ኣይነበሩን። ከበሳታት ኤርትራ፣ ኣብ መንጎ ሕብረትን ናጽነትን ኣዝዩ ተፈላልዩን ስኒት ስኢኑን፣ ግደ ሽፍትነትን ቅሉዕ ምትእትታው መንግስቲ ኢትዮጵያን ይኸውን ከም ዝነበረ ርኢና ኣለና። መታሕት፣ ሕጂ ኣብ 1946 እውን፣ በቲ ናይ ትግረ-ሽማግለ ግርጭትን ብሕማም ደሓር ዘመተታት ዓሊ ሙንጣዝን ፈጺሙ ኣይቀሰነን ዝነበረ። እዚ ዳሕረዋይ፣ ማለት ውግእ በኒዓምርን ሃደንደዋን፣ ብንሓሰ 1945 ኢዩ ናይ መወዳእታ መዓልቦን ሰላምን ረኺቡ። እዚ ህውከት'ዚ ምስ ዓረፈ ጥራይ ኢዩ ኸኣ ህዝቢ ምዕራባዊ ቆላ፣ ከም ህዝቢ ሳሕልን ክፉል ሰንሒትን፣ ኣንጻር ግዝኣት ሽማግለ ክንቀሳቐስ ዝጀመረ። ትሬቫስኪስ'ሞ፣ ኣብ ኣጋ መወዳእታ 1946 ዳርጋ ትሽዓተ ዕስራት ህዝቢ ትግረ ኣንጻር ግዝኣት መሳፍንቱ ተላዒሉ ኢዩ ዝብል። ቅድሚኡ ተበታቲኑ ኢዩ ዝንቀሳቐስ ዝነበረ።[2]

ወተሃደራዊ ምምሕዳር ብሪጣንያ፣ ነዚ ከምዚ ዝመሰለ ኣዝዩ ኣዋጣሪ ኩነታት ፍታሕ ክረክብ ሃሰው ክብል ጀመረ። ሓደ ካብቶም ደቂቕ መጽናዕቲ ብዛዕባ ኣቃውማ ህዝቢ ትግረ ዝገበሩ ሰበ ስልጣን ከም ምንባሩ፣ ትሬቫስኪስ ብዛዕባ'ዚ ጉዳይ'ዚ ዕምቈ ዝበለ ፍልጠት ነይሩዎ ኢዩ። ኣብ'ቲ ፈለማ፣ ይብል ንሱ፣ መራሕቲ ናይ'ተን ዝተፈላለያ ቀቢላታትን እንዳታትን ትግረ፣ ነፍሰ ወከፈን፣ እተን ኣዝዩ ውሑድ ህዝቢ ዝነበረን'ውን ከይተረፋ፣ ነበሰን ዝኽኣላ ፖለቲካዊ

1. Trevaskis, p. 74.
2. Ibid., 71-72.

ኣሃዱታት ንክኾና ኢዮም ዝጠልቡ ነይሮም። እዚ ምጭርራም'ዚ ክፈጥሮ ዝኽእል ምምሕዳራዊ ጸገም ኣብ ግምት ብምእታው ግን፡ እንግሊዛውያን ኣመሓደርቲ ኣብ ዕብይ ዝበላ ጉጅለታት ተጠርኒፈን ካብ'ቶም ሽማግለን መሳፍንትን ሓርነተን ክረኽባ ይመርጹ ነበሩ።

እዚ ሓሳብ'ዚ ግብራዊ ንክኸውን ዘኽኣሉ፡ ይብል ትሬቫስኪስ፡ ኣብ ከረንን ኣቑርደትን ዝነበሩ፡ ትግረ ዝመበቈሎም ነጋዶን ካልኦትን ነበሩ። ሓደ ካብ'ዚኣቶም ሸኽ ኢብራሂም ሱልጣን ኮይኖም፡ እቲ ፍታሕ ነተን ኣብ መበል 16ን 17ን ዘበን ዝተበታተናን ዝጠፍኣን ናይ ጥንቲ ቀቢላታትን እንዳታትን ትግረ ዳግም ምውዳብ ምንባሩ ነቲ ምምሕዳር ኣተንብሁሉ'ሞ፡ ንሱ'ውን ስለ ዝተቐበሎ፡ እቲ ናይ ዳግመ ምውዳብ መስርሕ ብ1947 ተጀመረ።[3]

ኣቐዲሙ፡ ኣብ ምጅማር 1946፡ ብስም ዳርጋ መላእ እስላማዊ ህዝቢ ኤርትራ ዝፈረሙ ምስሌነታትን ኖታብሊን፡ ናጽነት ኤርትራ ከም ዝሓተቱ ርኢና ኔርና። እቲ እስላማዊ ህዝቢ'ውን ምስ ኢትዮጵያ ምሕዋስ ዝብሃል ሓሳብ ዝቃወም ከም ዝነበረ ኣብ ሕቶ ዝኣቱ ኣይኮነን። ካልእ እንተ ተረፈ፡ ኢትዮጵያ ከም ክርስትያናዊት ሃገር ስለ ትፍለጥን ኣብ ኤርትራ'ውን ብማሕበር ሕብረት ኣቢላ ክርስትና ዝኣንፈቱ ስብከት ትሰብኽ ስለ ዝነበረትን፡ ናብኣ ገጹ ዝዘዙ ኤርትራዊ እስላም ኣዝዩ ውሑድ ክኸውን ግድን ኢዩ ነይሩ። ናይ ሽዑ ሰነዳት ብሪጣንያ'ውን፡ እስላም ኤርትራውያን ኣብ ልዕሊ ኢትዮጵያ ኣሕዲሮሞ ንዝነበሩ ክቱር ፍርሒ ይዛረቡሉ ነይሮም ኢዮም።[4]

እዚ ግን፡ ብቱን ነበረ፡ ጥሙር ፖለቲካዊ መግለጺ'ውን ኣይነበሮን። እቲ ምምሕዳር ብሪጣንያ ዘንቀሎ ጉዕዞ ናብ ጥርናፈ ቀቢላታትን እንዳታትን ትግረ ግን፡ ነቲ ዛጊት ፋሕ ኢሉ ብብሸነኹ ዝካየድ ዝነበረ ምልዕዓል ህዝቢ ትግረ፡ ናይ ሓድነት ኣንፈት ከትሕዞ ጀመረ። ብብጊዜኡ ኣኼባታት እናተኻየደ፡ ፋሕ ኢለን ዝጸንሓ ተዛመድቲ ዝነበራ ጉጅለታት ክራኸባን ክዝትያን ምስ ጀመራ፡ ተበቲኹ ዝነበረ ኣፋትል ክለጋገብ ተራእየ። ትግረ ሳሕልን ባርካን ጥራይ ዘይኮኑ፡ ንመሳፍንቲ ግብሪ ምኽፋል ጸሊኦም ዝነበሩ ቀቢላታት ናራ እውን ነቲ ዳግመ ምውዳብ ተሓወሱዎ። ኣብ ሰምሃር፡ ብግዝኣት ናይባት ሰልክዮም ዝነበሩ ትግረ ኣሰር ሰዓቡ......[5]

ብብሪጣንያ ዝተጀመረ ኣገባብ ኣፈታትሓ ምልዕዓል ትግረ ከመይ ዝመሰለ ናይ ርሑቕ ሳዕቤን ከም ዘምጽአ፡ ጸኒሕና ክንምርምር ኢና። ናይ 1946-47 ናይ ቀረባ ውጽኢቱ ግን፡ ንፖለቲካዊ ሃዋህው ናይ'ቲ እዋንን ናይ ሓዋሩ ኣካይዳኡን ብርቱዕ ጽልዋ ኣምጽኣሉ። ብቐዳምነት፡ ኣብ መላእ ኤርትራ፡ ተራእዩ ብዘይፈልጥ ደረጃ ኸኣ፡ ሓደ ዝዓይነቱ ድሌትን ሸቶን ዘለዎ ርክብ ህዝቢ ተራእየ። ካልኣይ

3. Ibid., p.73.
4. FO 1015/4 XCA 62888, 12 February 1946.
5. Trevaskis, p. 73.

ኣይንፈላለ

ከኣ፡ ስግር ውሱን ከባቢኦም ብደረጃ ሃገር ክጥመቱ ዘኽእሉ፡ ኣብ ህዝቢ ስረት ዘለዎም መራሕቲ፡ ብፍላይ ከኣ ሸኽ ኢብራሂም ሱልጣን፡ ተቐልቀሉ።

ነዚ ኣገዳሲ ምዕባለታት'ዚ ግን ከነጋንኖ ወይ ልዕሊ ሚዛኑ ዘኾነ ግምት ክንህቦ ኣይግባእን። ብሓፈሻኡ ኣብ ኤርትራ፡ ትሑት ተመኩሮ ናይ ፖለቲካዊ ጥርናፈ ኢዩ ዝነበረ። ሕጂ'ውን፡ ሓባራዊ ቃልሲ ዝፈጠሮ ርክብ ህዝብታት ትግረ ነይሩ ክብሃል እንከሎ፡ ጥምረት ናይ ኣተሓሳስባን ተግባርን ነይሩ ማለት ኣይኮነን። ስግር ውሱን ከባቢታት ተቐባልነት ዝረኸቡ መራሕቲ ተቐልቂሎም ማለት'ውን፡ ብሱል ናይ ኣመራርሓ ስልትን ስትራተጅን ክሕንጸጽ ተጀሚሩ ነይሩ ማለት ኣይኮነን። ህዝባዊ ምልዕዓል ግን፡ ህቡባት ዝኾኑ ህዝባውያን መራሕቲ ፈጢሩ። ትረቫስኪስ ከም ዝበሎ፡ ኣብ'ቲ መጀመርታ፡ ኢብራሂም ሱልጣን'ውን እንተ ኾኑ፡ ነዚ ባይታ'ዚ መበገሲ ሓደ ፖለቲካዊ ምንቅስቓስ ክገብሩዎ ዝሓሰቡ ዝነበሩ ኣይመስሉን። ይኹን'ምበር፡ ናይ ሕብረት ምንቅስቓስ ሓይሊ እናረኸበ ብዝመጸሉ እዋን፡ ኣብ መንጎ'ቲ ናይ ትግረ ምልዕዓል ሓደ ስግኣት ይፍጠር ነይሩ ኢዩ።

መንግስቲ ኢትዮጵያ፡ "ርስቲ ንበዓል ርስቲ" ትብል ከም ዝነበረት ኣቐዲምና ርኢና ኣለና። እቲ ንቐቢላታት ትግረ ጠርኒፍካ ስልጣን ብምሃብ ሓራ ምውጽኣን ዝብል ናይ በዓል ሸኽ ኢብራሂም ምንቅስቓስ፡ ንገለ ካብቶም መሳፍንቲ ኣኹርዩ ናብ ኢትዮጵያ ቁልሕ ከብሎም ጀሚሩ ነበረ። ምስ መራሕቲ ሕብረት'ውን ርክብ ንኽገብሩ ደረኾም። እዚ ሓዲሽ ናይ ማሕበር ሕብረትን መሳፍንቲ መታሕትን ምጭንናው ብወገኑ ድማ፡ ነቲ ናይ ትግረ ምልዕዓል ፖለቲካዊ ኣንፈት ክትሕዞ ጀመረ። ብኻልእ ኣዘራርባ፡ ኢትዮጵያ መጺኣ ምስ ሸማግለ እንተ ሓበረ፡ እቲ ክፈርስ ዝተጣህለ ስርዓት መስፍንነት መሊሱ ነፍሲ ከይዘርእ፡ መሳፍንቲ ነቲ ናይ ቀደም ቦታኦም ከይዕቅቡ ኣዝዩ ዘሰግእ ኮነ። ስለ'ዚ፡ ነቲ ተወፋራይ ኮይኑ ዝጸንሐ ህዝቢ፡ ናጽነት ኤርትራን ሓርነት ካብ ተዋፋርነትን ሓደን ተወራራስን ትርጉም ሃበ።[6]

ክሳብ ምውዳእ 1946፡ እዚ ናይ ትግረ ምልዕዓል ሃይማኖታዊ መኣዝን ወይ ጠባይ ወይ ስም ከይሓዘ ጸንሐ። ብሓቂ ኸኣ፡ ክሳብ'ዚ እዋን'ዚ፡ ብዘይካ'ቲ ኣብ ማሕበር ሕብረት ዝነበረ፡ ኣቡነ ማርቆስ ዝዕንግልዎን ዝደፋፍኡዎን ክርስትያናዊ ስብከት፡ ሃይማኖት መፈላለዪ ኤርትራውያን ነይሩ ክንብል ኣይንደፍርን። ምስ'ቲ ኹሉ ክሕዞ ጀሚሩ ዝነበረ ኢትዮጵያዊ ኣንፈቱ፡ ዓብደልቃድር ከቢረ፡ ብላታ መሓመድ ዑመር ቃዲ፡ ሸኽ ኢብራሂም ሱልጣን'ውን ባዕሎም፡ ካብ ማ.ፍ.ሃ. ኣይወጹን ዝነበሩ። ዑመር ቃዲ'ኳ ክሳብ ደሓር'ውን ተጣባቒ ሕብረት ኢዮም ኮይኖም ጸኒሖም፣ ከቢረ ግን ብለካቲት 1946፡ ምስ "ሓወስቲ" ኣንጻር "ፈለይቲ" ኮይኖም ምእንቲ ሕብረት ጥርዓን ንምምሕዳር ብሪጣንያ ከም ዘቕረቡ ርኢና ኣለና።

ኣብ ምንቅስቓስ ኤርትራ ንኤርትራውያን እንተ ኾነ'ውን፡ ብምሉኦም መራሕቲ ህዝቢ ሳሆ፡ ምስ በዓል ራእሲ ተሰማ ከም ሓደ ኣካል ኮይኖም ኢዮም ሓሳባቶም ዝሰርዑን ጠለባቶም ዘቕርቡን ዝነበሩ። ኣብ ስራዩ ዝነበሩ ጀበርቲ'ውን ምስ

6. ብዛዕባ'ዚ ትረቫስኪስ፡ ገጽ፡ 73፡ 74 ርአ።

ክርስትያን ናይ'ቲ ኸባቢ ስሚሮም፡ ብታሕሳስ 1945 ናይ ናጽነት ጥርዓን ኣቕሪቦም ነይሮም ኢዮም።[7] ብተመሳሳሊ፡ ብስም 25,000 እስላም ከተማ ኣስመራ ብደግያት ሓሰን ዓሊ ዝምርሑ 18 መራሕቲ፡ እንኮላይ ኣቶ ወልደኣብ ወልደማርያም፡ ዝፈረሙሉ ጥርዓን ኣብ'ቲ ወርሒ'ቲ ናብቲ ምምሕዳር በጺሑ ነበረ።

ብዙሓት ተንተንቲ ፖለቲካ ኤርትራ ይኹኑ ናይቲ እዋን ምምሕዳር ብሪጣንያ'ውን፡ መንቀሊ ፖለቲካዊ ኣተሓሳስባ ኤርትራውያን ሃይማኖት ከም ዝነበረ ገይሮም የቕርቡን፡ ከእምኑ ይፍትኑን ኢዮም። ኣብ 1940'ታት ግን፡ ብዘይካ'ቲ ነዊሕ ዓመታት ዝጸንሐ፡ ብ15 ነሓሰ 1946 ከኣ መሊሱ ናብ ብረታዊ ምትህርራም በጺሑ ብዕርቂ ዝሃድአ ግጭት ጦርዓን ጸንዓደግለን፡ ካልእ ክጥቀስ ዝከኣል ባእሲ ኣብ መንጎ ኣባላት'ቲ ክልተ ሃይማኖታት ኣይነበረን። ጦርዓን ጸንዓደግለን እንተ ኾነ'ውን ብመሬት ድኣ'ምበር፡ ብሃይማኖታዊ ጽልኢ ኣይተዋቐዑን። ነይሩ እንተ ተባህለ፡ ዝመጽእ ኩነታት ክፈጥሮ ዝኽእል ዝነበረ ስግኣት ኢዩ። ማሕበር ሕብረት፡ ብጋህዲ ክርስትያናዊ ስብከት ይሰብኽ ምንባሩ ክዉል ኣይነበረን። ግን፡ ኣብ ውሽጡ እስላም ዝሓቑፈ ማሕበር ስለ ዝነበረ፡ ክሳብ መፋርቕ ኣርብዓታት ነቲ ስብከት'ቲ ብዕቱብነት ዝወሰዱ ኣባላቱ ምናልባት ክንድ'ቲ ብዝሕን ሚዛንን ዘይነበሮም ክኾኑ ይኽእሉ።

እዚ ኩነታት'ዚ ግን ነዊሕ ኣይጸንሐን።

ህልቀት ኣብ ኣስመራ

ረቡዕ 28 ነሓሰ 1946፡ ሓደ ኣብ ፖለቲካ ናይ'ቲ እዋን'ቲ ይኹን ኣብ ዝመጽእ ኣንፈቱ ዓቢ ጽልዋ ዘምጽአ ዘሰቅቕ ፍጻመ ኣብ ኣስመራ ተራእየ። ኣብ'ዚ ዝተጠቕሰ ዕለት፡ መዓልቲ ዒድ ስለ ዝነበረ፡ ገለ ሱዳናውያን ወተሃደራት እንግሊዝ ኣብቲ ንጨርሒ ኣባሻውል ዘደይብ ካብ ሹቕ ዝወርድ ጽርግያታት ሸተኽ በተኽ ክጻወቱ ወዓሉ። ብገለ ምኽንያት ግን ኣብኡ ምስ ዝነበሩ ኤርትራውያን ተበኣሱ። ኣምባጋሮ ስለ ዝተፈጥረ፡ ሓደ ሱዳናዊ ክመውት እንከሎ፡ ውሑዳት ተሃሰዩ። እዚ ምስ ተሰምዐ፡ ኣብ ባራካታቶም ዝነበሩ ኣስታት 70 ወተሃደራት ሱዳን ብዓሰርተታት ተጠርኒፎምን ብረቶም ለጊሞም፡ ሶንኮም ወይ ሳንጃታቶም ገቲሮምን፡ ናብ ማእከል ከተማ ጉየዩ። ቀተልቲ እቶም ሱዳናውያን ክርስትያን ስለ ዝተባህለ ድማ፡ ናብቲ ክርስትያን ይነብሩሉ ኢዮም ኢሎም ዝሓሰብዎ ዞባታት ብምኻድ፡ መዐመምያ ንዘይነበሮን ማዕተብ ንዝኣሰረን ወሰን ኢሎም ረሸኑን ሓረዱን።

ኣብ'ዚ ክልተ ሰዓት ዝወሰደ ህልቀት ሰላማዊ ህዝቢ፡ 46 ኤርትራውያን ክሞቱ እንከለዉ፡ 70 ኣቢሎም ቈሰሉ። ካብ ሱዳናውያን፡ ሰለስተ ምዉታትን 13

7. ነዚ ብስም እስላምን ክርስትያንን ከባቢ መንደፈራ ዝፈረሙ ወከልቲ፡ ብላታ መሓመድ ዓብደል ዓቃልን ኣዝማች ኣሰፍሃ ኣሰበሮምን ነበሩ።

ቁሱላትን ነበሩ።[8] ኣብ ሳልስቱ ዝወጸ ፍሉይ ሕታም ሰሙናዊ ጋዜጣ፡ ናይ ሓዘን ቅንያት ከም ዝተኣወጀን ንሓገዝ ስድራ ቤት ግዳያት ዝውዕል ውጽኢት ገንዘብ ንኽግበር ብጠቕላል ኣመሓዳሪ ተወሲኑ ከም ዝተጀመረን ገለጸ። ዝርዝር ኣስማት ምዉታት ከኣ ኣውጽአ።[9]

ትሬቫስኪስ ኣብ መጽሓፉ፡ ወተሃደራት ሱዳን በቲ ኣገባብ'ቲ ኣብ ጽርግያታት ተፈንዮም ከም ድሌቶም ሰብ ክቐትሉ ምኽኣሎም፡ ኢድ እንግሊዝ ስለ ዝተሓወሶ ኢዩ ዝብል ጥርጣረ ኣብ ህዝቢ ከም ዝሓደረ ይገልጽ። ነቲ ህዝቢ ከም ሕሳብ መቕጻዕቲ ናይ'ቲ ደገፍቲ ሕብረት ኣብ ወርሒ ሓምለ ዘለዓዓሉዎ ህውከት ኮይኑ ከም ዝተራእየ'ውን ይእምት። ጠንቅን መበገስን ናይ'ቲ ባእሲ ግን ብምኽንያት ምትእትታው ሱዳናውያን ኣብ'ቲ ናይ ሓምለ ዕግርግር፡ "ክርስትያን ሓበሻ" ኣብ ልዕሊ ወተሃደራት ሱዳን ኣሕዲሮሞ ዝነበሩ ጽልኢ ኢዩ፡ ይብል ትሬቫስኪስ።[10] ብድሕሪኡ'ውን ምምሕዳር ብሪጣንያ ሓንቲ መርማሪት ሽማግለ ኣውጺኡ ንገለ ሱዳናውያን ከሲሱ ነይሩ ኢዩ።[11] ኣብ ልዕሊ'ዚ፡ ወተሃደራት ሱዳን ካብ ኤርትራ ኣውጺኡ፡ ኣብ ትሕቲ ብሪጣንያዊ ፊልድ ማርሻል ሞንትጎመሪ ይዋግኡ ብዝነበሩ ወተሃደራት እንግሊዝ ከም ዝትክኡ'ውን ገበረ።[12]

እዚ ኹሉ ግን ንህዝቢ ከእምን ኣይከኣለን። ስለምንታይ ኢዩም ወተሃደራት ሱዳን ንኽልተ ሰዓት ዝኣክል ፋሉል ተሰዲዶም፧ ፖሊስ ኤርትራ፡ ካራቢኔሪ ጣልያንን መኰንናት እንግሊዝን'ከ ኣበይ ተሸሪቦም፧ መልሲ ናይ'ዚ፡ ብጽሑፍ ዘይኮነስ ኣብ ዝኽሪ ሰባት ኢዩ ዝያዳ ዝርከብ። ሓደ ሽዑ ኣባል ፖሊስ ዝነበሩ ሽማግለ፡ ንኣብነት፡ ነዚ ዝስዕብ ዝኽሪ ናይ'ቲ ዕለት'ቲ ይገልጹ፦

> ገለ ኤርትራውያን ምስ ኣባ ኽሸብ ዝብሃል ተታሪኾም። ንሱ ናብ ፖሊስ ሱዳን ከይዱ ጠሪዑ። እንግሊዝ ንኹላትና ኤርትራውያን ፖሊስ ጸዊዑ፡ ኣብታ ጥቓ እንዳማርያም ዘላ ፖላሶ ኣባሓበሸ ኣኪቡና። ክሳብ 200 ንኸውን ኢና። ካብ ርሑቕ፡ ብሽነኽ ኣባሻውል፡ ተኹሲ ሰሚዕና። ዝሃደሙ ሓደ ክልተ 'ሓረውያ ሰብ ይቐትሉ ኣለዉ'፡ ኢሎምና። ሰዓት ሰለስተ ኣቢሉ ይኸውን ኢዩ'ዚ፣ ተኹሲ ግን ክሳብ ዝመሲ ጸኒሑ። ንገብሮ ነገር ኣይነበረን፡ ትም ኢልና።[13]

እዚ ንልኡምነት ወይ ዘይምክልኻል ሓይሊ ፖሊስ ኤርትራ ብዝምልከት ኢዩ። እቲ ጉዳይ ብቐንዱ ግን ካልእ መበገሲ ከም ዝነበሮ ይግለጽ ኢዩ። በዚ መሰረት፡ እቲ ባእሲ ብጠላዕ ወይ ሸተኸ በተኸ ስለ ዝተበገሰ፡ ብውሑዱ ብወገን'ቶም ኤርትራውያን ምስ ካልእ ዝተዛመደ መንቀሊ ኣይነበሮን። ይኹን'ምበር፡ ምስኦም ዝነበሩ ክልተ ሰባት፡ ሬሳ ናይ'ቲ ዝሞተ ሱዳናዊ ሒዞም ቪላጅዮ ጀንዮ ናብ ዝነበረ መዓስከር ሱዳናውያን ምስ ወሰዱዎ፡ እቶም ወተሃደራት ዓጢቖምን ተዳልዮምን

8. ኣብ መንጎ'ቶም ዝተቐትሉ፡ ሓንቲ ጓል ኣንስተይቲ ተወላዲት ትግራይ እትርከቦም ሰለስተ እስላም'ውን ነበሩ።
9. ሰ.ጋ. 5/209፣ 31/8/1946፣ 5/210፡ 30/8/1946፣ Trevaskis, p. 67-68.
10. Trevaskis, p. 68.
11. ሰ.ጋ. ካብ 5/410 ናይ 5/9/1947 ጀሚሩ ብተኸታታሊ ዝወጸ ሕታማት ብዛዕባ'ዚ የዘንቱ።
12. ሰ.ጋ. 5/411፡ 12/9/1946።
13. ቃለ መጠይቕ ምስ ሻምበል ባሻ ኪዳነ ከልብ፡ ወግሬት፡ ግንቦት 1988።

ኣብ ተጠንቀቕ ኢዮም ጸኒሖም። ንኽወጹን፡ ወሪሮም ነቲ ገበን ንኽፍጽሙን ከኣ ጊዜ ኣይወሰደሎምን ዝብሉ ናይ ሽዑ መሰኻኽር'ውን ኣለዉ።[14]

ቀጥታዊ መኽሰብ ናይ'ቲ ህልቀት ግን ንመንግስቲ ኢትዮጵያን ማሕበር ሕብረትን ኮነ። ቀብሪ ንጽባሒቱ ኣብ መቓብር እንዳ ማርያም ምስ ተፈጸመ፡ ጠቕላል ኣመሓዳሪ ኤርትራ ልዝብ ንኽገብር፡ ንድሕሪ ቐትሩ ዓበይቲ ዓዲ ዓደመ። ኣብ መንጎ እዚኣቶም፡ ኣቡነ ማርቆስ፡ ሙፍቲ ኤርትራ፡ ደግያት ሓሰን ዓሊ፡ ደግያት በየነ በራኺን ካልኦት ኤርትራውያን ኣማኸርቲ እቲ ምምሕዳርን ነበሩ። ኣብዚ፡ እቲ ጠቕላሊ ኣመሓዳሪ ሓዘኑ ገሊጹ፡ ስርዓትን ፍትሕን ክረጋገጽ ምኽኣኑ ተመባጽዐ። እቶም ሽማግለታት ድማ ነዚ መልእኽቱ'ዚ ንህዝቢ ከመሓላልፉሉ ተላበወ'ሞ፡ ሓሳባት ንኽህቡ ዓደሞም።

መጀመርታ፡ ደግያት በየነ በራኺ፡ ኣብ ልዕሊ እቶም በደለኛታት ፍትሒ ክፍጸም ኣተሓሳሰቡ። ቀጺሎም ኣቶ ወልደኣብ ወልደማርያም ከም'ዚ ዝስዕብ ተዛረቡ፤

> ንዓይ ንርእሰይ፡ ከምዚ ዝበለ ብዙሕ ኣይገርመንን። እዚ ከምዚ ዝበለ ጉድኣት ከኣ ናይ ሓደ ቁናን ምምሕዳር ፍረን ሳዕቤንን ደኣ'ምበር፡ ብድንገት ዝተረኽበ ጉድኣት ኮይኑ ኣይረኣየንን። ከምዚ ጉድኣት ብፍቓድ ኣመሓደርቲ ዝወረደ ኢዩ ኢለ ክኣምን ኣይክእልን። ግና፡ ብቕድሚ ሒደት ሰሙናት ናይ ዓረብ ኣባይቲ ብእምኒ ኪውቃዕ ከሎ ብደቂ እንግሊዝ ዝተመርሐ ዓብይ ሓይሊ ተላዒሉ ንረድኤትን ንዑቕባን ብምቕልጣፉ፡ በደል ዘይብሉ ደም ደቂ ኤርትራ ኪፈስስ ከሎ ግና ወተሃደራት ደቂ እንግሊዝ ኪረድኡ ኢሎም ብዘይ ምቅልጣፎምስ፡ ብዙሕ እግረም። ኣብ ሃገርና ምሉእ ሰላም ምእንቲ ኪርከብ፡ ንሃገርና ብማንም ጓናን በላዕተኛን ጌርኩም ኣብ ክንዲ ምምሕዳር፡ ንሕና ባዕልና ኣብ ትሕቴኹም ኴንና ከነማሓድሮ ፍቐዱልና..።[15]

ናይ ኣቡነ ማርቆስ ዘረባ ኢዩ ግና ምረትን ምሕንሓንን ዝነበሮ። ንሶም፡ ንግሆ'ውን ኣብቲ ቐብሪ፡ ነቲ ጠቕላል ኣመሓዳሪ፡ "እዚ ኢዩ ግዳይካ፡ ናትካ ኢዩ፡" ብምባል፡ ኣብ ቅድሚ ህዝቢ ሓላፍነት ናይ'ቲ ህልቂት ኣሰኪሞሞ ነይሮም ኢዮም። ሕጂ'ውን ኣብ'ቲ ርክብ፡ "እልል እናበለ እተቐበለ ሕዝብስ ከምዚ ዝበለ ኺረክብ ግቡእ ኣይኮነን!..... ንቑጽጽሐ ዛግራ'ኳ እተዕቀቡውን ዘለኹምሲ ብኣርኣያ ኣምላኽ ንእተፈጠረ ሰብ ግዳ ከመይ ዝበለ ድሕንነትን ዕቑባን ክትህቡዎ ዘይግብኣኩም!" ኢሎም ብቑጥዐ ነቓፉን ገሰጹን።[16]

---

14. እቶም ሬሳ ጸይሮም ከይዶም ዝተባህሉ ሰባት፡ ሓደ ኤርትራዊ ኣባል ሕብረትን ሓደ ወጻኢ ዝትውልዱ ኣባል ፖሊስን ነይሮም ይብሃል። እዚኣቶም፡ ናብ'ታ መርማሪት ኮሚቲ ይኹን ኣብ ፍርዲ ኣይቀረቡን፣ ምኽንያቱ ኸኣ፡ ሓዲኦም ንኣዲስ ኣበባ፡ ሓዲኦም ከኣ ንሱዳን ስለ ዝኸዱ ኢዩ። ጸኒሖም፡ ክልቲኦም ተመሊሶም ኣብ ኤርትራ ናብራኦም ቀጺሎም። ግን ቀንዲ መካወስቲ ናይ'ቲ ዕግርግርን ህልቀትን ምንባሮም፡ ብውሑዱ ኢድ መኩንናት እንግሊዝ ብዘተሓወሶ ውዲት ኢትዮጵያ ነቲ ተግባራት ከም ዘፈጸሙን ይንገረሎም። ጭብጢ ቀሪቡዎም፡ ብሕጊ ስለ ዘይተኸሰሱ ወይ ዘይተፈረዱ፡ ኣስማቶምን ኣስማት እቶም ሓበሬታ ዝሃቡን ተዓቂቡ ኣሎ።

15. ሰ.ጋ.5/210፡ 5/9/1946።

16. ሰ.ጋ. 5/240፡ 5/11/1946።

ብድሕር'ዚ፡ ይብል ትሬቫስኪስ፡ ምረት 28 ነሓሰ ቀልጢፉ ኣብ መላእ ከበሳ ተላብዐ። ኣቐዲምና፡ ሓይሊ ሕብረት ኣብ ከተማታት፡ ካብኡ ናብኡ ኣብ ኣስመራን ከባቢኣን ዝያዳ ዝደልደለ ከም ዝነበረ ገሊጽና ኔርና። ሕጂ ግን፡ ጽልኣትን ቅብጸት ኣብ ልዕሊ ግዝኣት ጸዓዱን ብናህሪ ለሓመ፣ ናብ ኢትዮጵያ ገጽካ ቀ'ልሕ ምባል'ውን ንቡር እናኾነ ኸደ።[17]

መንግስቲ ኢትዮጵያ ኸኣ ነዚ ብዝግባእን ንረብሓኣን መዝመዘቶ። ንኣብነት፡ ጠቕላል ኣመሓዳሪ ብሪጋደር ቤኖይ ብዝኣዘዞ መሰረት፡ ንስድራ ቤት ግዳያት 28 ነሓሰ ገንዘብ ክዋጻእ ጀሚሩ ነይሩ ኢዩ። ይኹን'ምበር፡ ሽሕ'ኳ ባዕሎም ኣቡነ ማርቆስ ካብቶም ቀዳሞት ለገስቲ ብምዃን 300 ሽልን እንተ ሃቡ፡ ብውሽጢ ውሽጢ ግን "ካብ ኢድ ቀተልትኻ ካሕሳ ኣይትቀበል" ዝብል ግዝት ብምምሕልላፍ፡ ነቲ ኣቐዲሞም መኹንናት እንግሊዝ ኣዋጺኦሞ ዝነበሩ ገንዘብ ኩኒኖም ነይሮም ኢዮም። ብዛዕባ'ዚ፡ ብሪጋደር ቤኖይ ባዕሉ፡ "እቲ ንደበሳ ኢልና ዝወፈናዮ ገንዘብና ቅቡል ኮይኑ ኪርከብ ኣይተኻእለን፣ ነቲ ምኽንያት መሕሰሚኡ ድማ ተቐቢለ ኣስትውዒለዮ ኣሎኹ። ግናኸ፡ እቶም ናይ ምሕሳም ትእዛዝ ዘሕለፉ ሰባትሲ ነቶም መንባብሮ ጨኒቑዎም ዘሎ፡ ካብዚ ገንዘብ እዚ'ውን ረድኤት ኪረኽቡ ዚኽእሉ ሰባት በዲሎምዎም ከይህልዉ እሓስብ።" ብምባል ኣማረረ። ኣብቲ ኣብ መንጎ ኣመሓደርትን ህዝብን ዝነበረ ርክብ፡ ኣብቲ ተግባረ ህልቂት ኢድ ምምሕዳር ኣይነበረን ክብል ከኣ ተዛረበ።[18]

እዚ ብኣቡነ ማርቆስ ዝተመርሐ ምሕሳም ደበስ ምምሕዳር ብሪጣንያ ግን ውጥን ዝነበሮ ይመስል። ኣብ ምጅማር ወርሒ ጥቅምቲ 1946፡ ሃጸይ ሃይለስላሴ፡ "ንስድራ ቤት እቶም ዝሞቱን ነቶም እተወግኡን" ዝዕደል ወይ ዝወሃብ 40,000 ሽልን ምብራቕ ኣፍሪቃ (East African Shilling)፡ ብሊያዞን ኦፊሰር ኮሎኔል ነጋ ሃይለስላሴ ኣቢሎም ሰደዱ። ብሪጋደር ቤኖይ እውን፡ "ስለቶም ዝተጉድኡ" ከም ዝተቐበሎ ኣፍለጠ። እቲ ሓገዝ ብመገዲ ኮሚቴ ደቀባት ንኽውሃብ'ውን ፈቐደ።

በዚ መሰረት፡ ኮሎኔል ነጋ ሃይለስላሴ፡ ገንዘብ ሃጸይ ሃይለስላሴ ንግዳያት እቲ ህልቂት እትህብ ኮሚተ ከም ዝቖመት ዘፍልጥ ምልክታ ኣብ ጋዜጣ ኣውጽአ።[19] ናይ ኣገባብ ኣከፋፍላ ቅጥዒ'ውን ሓንጸጸ።[20] እቲ ዘገድስ፡ እቲ ልግሲ ዘይኮነስ ሃይለስላሴን ኮሎኔል ነጋን ኣብ ቅድሚ ህዝቢ ንሳቶም ከም ሓለይቲ፡ እቲ ምምሕዳር ድማ ከም ጨቋኒ ኮይኖም ኢዮም ዝቐርቡ ነይሮም። እዚ ድማ፡ ብመጠኑ እውን

17. Trevaskis, p. 68.

18. ሰ.ጋ. 5/217፡ 24/10/1946፣ ቃለ መጠይቕ፡ የሃንስ ጺጋይ፡ 15/5/1996።

19. ኣባላት እታ ኮሚቲ፡ ብሙሉኦም መራሕቲ ማሕበር ሕብረት፣ እዞም ዝስዕቡ ነበሩ፡ ጸሓፊ ትእዛዝ ገብረስላሴ (ኣብ ክንዲ ኣቡነ ማርቆስ)፡ ደግያት ሓጐስ ገብረ፡ ሰይድ ኣሕመድ ሓዮቲ፡ ከሊፋ ዓረቢ ሳሊም በይ፡ ፊታ. ገብረመስቀል ወልዱ፡ ፊታ. ሓረጎት ኣባይ፡ ግራ. ዓብደላ ጎናፍር፡ ብላታ ጠልሰም ሓጅ ሑሰን፡ ፊታ. ገብረማርያም ካሳ፡ ኣዝማች ዘርኦም ክፍሉ፡ ብላታ መሓመድ ዑመር ቃዲ፡ ደግያት ኣርኣያ ዋሴ።

20. 600 ሽልን ንነፍሰ ወከፍ ስድራ ምዉታት፡ 360 ኣካሉ ንዝጐደሎ፡ 240 ብብርቱዕ ንዝቖሰለ፡ 160 ብፈኩስ ንዝቖሰለ። (ሰ.ጋ. 216፡ 17/10/1946።

ብሪጋደር ቤኖይ

ይኹን፡ ሕብረት ጽቡቕ ስም ንኸረኽበ፡ ነጋ ሃይለስላሴ ድማ ኣብ ጉዳይ ህዝቢ ኢዱ ብጋህዲ ንኸእቱ ኣኽኣለ።

ኣብ'ዚ ጊዜ'ዚ፡ ወግዓዊ ፖለቲካዊ ሰልፊ ኣይተፈቕደን ዝነበረ። ግን፡ ብ25 መስከረም 1946፡ ኣብ ፓሪስ ዝተጋብኡ ሚኒስተራት ጉዳያት ወጻኢ ናይተን ሓያላት መንግስታት፡ ኢጣልያ ኣብ ልዕሊ ግዝኣታታ ዝነበራ ጠለባትን መሰላትን ከተልዕል ወሲነን ነበራ። ነቲ ጉዳይ ባዕላተን ክፈትሓኦ እንተ ኾይነን ድሌት ህዝቢ ምውካስ ኣድላዩ ክኸውን ግድን ስለ ዝነበረ ድማ፡ ምምሕዳር ብሪጣንያ ነቲ ኣብ ዕዮ ፖለቲካ ዝነበረ እገዳ ብምልዓል፡ ኤርትራውያን ብናጽነት ርእይቶታቶም ንኸቕርቡ ፈቐደ። ስለ'ዚ ድማ ኣብ ወርሒ ጥቅምቲ 1946፡ ብሪጋደር ቤኖይ ኣብ መላእ ኤርትራ ብምዛር፡ ህዝቢ ተወዲቡ ርእይቶኡ ክፍልጥ ኣተባብዐ።[21]

ህልቀት 28 ነሓሰ ዝፈጠሮ ስምዒት ገና ብጉሁሩ እንከሎ ኢዩ ናይ 25 መስከረም ውሳነታት ፓሪስ ዝመጸ። እግሪ እግሪ'ዚ ዳሕረዋይ ከኣ ፍቓድ ብሪጋደር ቤኖይ ተኣወጀ። ኩሉ'ዚ ኣብ ሓደ እዋን ምምጻኡ ኣጋጣሚ ጥራይ ነይሩ ምባል ኣየድፍርን። ምኽንያቱ፡ ውጡን ዝነበረ ዘምስሎ፡ ጉድኒ ጉድኒ ዝኸይድ ካልእ ፍጻሜታት'ውን ነይሩ ኢዩ። ንኣብነት፡ ብሰሉስ 10 መስከረም 1946፡ ናብ በዓል ቅዱስ ዮሃንስ ዘውግሐት ለይቲ፡ ኣብ ኣስመራ ሰለስተ ቦምባታት ተደርበያ።

21. Trevaskis, p. 69, ሰ.ጋ. 5/217፡ 24/10/1946።

ኣይንፈላለ

ደግያት ሓሰን፡ ኣቶ ወልደኣብ፡ ዮሃንስ ጸጋይን ሓደ ጻዕዳን

እተን ክልተ ናብ "ፍሉጣትን ዓበይትን ዘኾኑ ኤርትራውያን፡ እታ ሓንቲ ድማ ናብ ሓደ ዓረባዊ።" ጉድኣት ግን ኣየውረዳን።[22] ኣብታ ናይ ሰሙና ሕታም'ቲ ጋዜጣ፡ ደግያት ሓሰን ዓሊ ሓደ ካብ'ቶም ግዳያት እቲ ዳርባ ቦምባ ከም ዝነበሩን፡ ጉድኣት ከም ዘይበጽሖምን ዝገልጽ፡ ንበጻሕቶም ድማ ዘመስግን ቃል ኣቕረቡ።[23] ካብቲ ጸኒሑ ንቡርን ዝውቱርን እናኾነ ዝኸደ ፈተነታት ቅትለት ኣብ ልዕሊ ደገፍቲ ናጽነት፡ እዚ እቲ ቀዳማይ ነበረ።

ደግያት ሓሰን ካብቶም ቀዳሞት ዒላማታት ናይ ግብረ ሽበራ ክኾኑ ዘገርም ኣይኮነን። ንሶም፡ ብ1883 ኣብ ዓድ-ሓንስ፡ መራጉዝ (ሰራየ) ዝተወልዱ ኾይኖም፡ ብዙሓት ቋንቋታት ዝፈልጡ፡ ብትርጁማንነትን ካልእ ክብ ዝበለ መዝነትን ኣብ ትሕቲ ጣልያን ዝሰርሑ፡ ክሳብ ኣብ የመንን ሰውድያን ዘገልገሉ ምሁር ሰብ ነበሩ። ኣብ መንጎ እስላምን ክርስትያንን ኣስመራ ክብ ዝበለ ተሰማዕነት ዝነበሮም፡ ካብቶም ዝረኣዩ ናይ'ቲ እዋን ናይ ፖለቲካ ሰባት ከኣ ነበሩ።[24] ኣቐዲምና ከም ዝረኣናዮ፡ ናይ 40'ታት ሰነዳት ብሪጣንያ፡ ደግያት ሓሰን ካብ መስረትቲ ማ.ፍ.ሃ. ክነሶም፡ ናይ ሕብረት ኣንፈት ገለ ኣባላታ ምስ ረኣዩ ቀልጢፎም ዝገደፉዋን ካብቶም ቀዳሞት ናይ ናጽነት ሓሳብ ክሕድሩ ዝጀመሩን ነበሩ። ኣብ'ቲ ቅድሚ ህልቀት 28 ነሓሰ ዝካየድ ዝነበረ ጋዜጣዊ ክትዕ ኣብ መንጎ ዝተፈላለዩ ሰባት'ውን፡ ርትዒ ንኽነግስ ኣትኩሮም ዝላበዉ ዝነበሩ ኢዮም። እዚ ንሕብረት ዘይድግፍ ኣተሓሳስባኦም ዒላማ ከም ዝገበሮም እምበኣር ዘጠራጥር ኣይኮነን።

22. ሰ.ጋ.5/211፡ 12/9/1946።
23. ሰ.ጋ. 5/212፡ 19/9/1946።
24. Chi e dell' Eritrea?, p. 162.

ሓጂ ኢማም ሙሳ

ከም ደጊያት ሓሰን ቀልጢፎም ግዳይ ግብረ ሽበራ ሕብረት ዝኾኑ መራሒ እስላም ኤርትራ፡ ሓጂ ኢማም ሙሳ ነበሩ። ንሶም፡ ካብ መጀመርታ ካብ መስረትቲ ማ.ፍ.ሃ. ጥራይ ዘይኮኑ፡ ንመሰል ኤርትራውያን ብሓፈሻን መሰል እስላም ብፍላይን ዝጣበቑ፡ ጸኒሖም'ውን ኣብ እዋን ፌደረሽን ንመሰላትን ናጽነትን ኤርትራ ዝተቓለሱን ብዝተፈላለዩ ናይ ማእሰርትን ምፍርራሕን መንግስቲ ኢትዮጵያ ዝሓለፉን ሸማግለ ነበሩ። ብ1946፡ ንሶም'ውን ኣብ ቤቶም ብዝተተኹሰ ናይ ኢድ ቦምባ ካብ ሞት ደሓኑ።[25]

ካልኣይ፡ ኣብ'ዚ ቅንያት ዝተፈጸመን ቍሩብ ጸኒሑ ኸኣ ዓቢ ፖለቲካዊ ኣገዳስነት ዘምጽአን ጉዳይ፡ ምውራድ ናይቶም ጸኒሖም መራሒ ሕብረትን መሪሕ መንግስቲ ኤርትራን ዝኾኑ ኣቶ ተድላ ባይሩ ካብ'ቲ ክሳብ ሽዑ ሒዞምዎ ዝነበሩ ምምሕዳራዊ መዝነት ኢዩ።[26] ክሳብ'ዚ እዋን'ዚ፡ ተድላ ባይሩ ኣብ ኣገልግሎት እቲ ምምሕዳር ብምንባሮም ክኸውን ይኽእል፡ ርኡይ ዝኾነ ፖለቲካዊ ስራሕ ክሰርሑ፡ ወይ ከም በዓል ኣቶ ወልደኣብ ኣብ'ቲ ዝነበረ ጋዜጣዊ ክትዓት ክኣትዉ ኣይተራእዩን። ከም መጠን መምህር፡ ንምምህርና ዝምልከት ኣስተምህሮታት ይህቡ፡ ሓሓሊፎም ከኣ መሃሪ ዝኸውን ዓንቀጻት ይጽሕፉ ነይሮም ኢዮም።

25. ደግያት ሓሰን ዓሊ፡ "ካብ ፍቕሪ ዓሻስ ጽልኢ ለባም ይሓይሽ" ሰ.ጋ. 5/209፡ 29/8/1946፣ርአ። Chi e dell' Eritrea, p. 17.
26. ሰ.ጋ. 5/212፡ 19/9/1946።

ጆርዳን ገብረመድህን ንኮሎኔል ነጋ ሃይለስላሴ ብምጥቃስ፡ ተድላ ባይሩ ኣብ ኣገልግሎት እንግሊዝ ከለዉ ጀሚሮም፡ ልኡኽ (agent) ናይ መንግስቲ ኢትዮጵያ ከም ዝነበሩ ይገልጽ።[27] ርክቦም ምስ'ቲ መንግስቲ፡ ካብ'ቲ ናይ ካልኦት ደገፍቲ ሕብረት ዝተፈልየ ናይ "ስለያ" ዝምድና ነይሩዎ ዘብል ካልእ ጭብጢ ዛጊት ኣይንረኽበን። ግን፡ ጸኒሖም ባዕሎም ብዝተኣመኑሉ፡ ቅድሚ ምምጻእ ብሪጣንያ ኣብ ዓድዋ መምህር ካብ ዝነበሩሉ እዋን ኣትሒዞም ፈታው ኢትዮጵያ ዝነበሩ ኢዮም።

ብዝኾነ፡ ናይ ተድላ ባይሩ ካብ መዝነት ምምሕዳር ምውራድ፡ ንኢትዮጵያን ማሕበር ሕብረትን ዝዓበየ ጸጋ ነበረ። ንሶም፡ ብ1914 ኣብ ገረሚ ተወልዱ። ኣብ ናይ ሽወደን ሚስዮን ትምህርቶም ምስ ወድኡ ድማ፡ ኣብ ሃገር ኢጣልያ፡ ፍሎረንስ እትብሃል ከተማ፡ ንሽውዓተ ዓመት ብምምሃር፡ ካብቶም በጻብዕ ዝቝጸሩ ልዕል ዝበለ ትምህርቲ ዝቐሰሙ ኤርትራውያን ንምዃን በቕዑ። ብምልከት ቋንቋታት (ጣልያን፡ እንግሊዝ...) ብዝተራቐቐ ኣተሓሳስባን ዘመናዊ ኣካይዳን፡ ኣብ'ቲ ጊዜ ካብ ዝነበሩ ኤርትራውያን ጸብለልታ ከም ዝነበሮም ይንገረሎም።[28] ኽንያት መውረዲኦም፡ ብተቓውሞ ናይ'ቲ ብንሓሰ ዝተኻየደ ህልቀት ምንባሩ ዝገልጹ ኣለዉ። እቲ ኾይኑ እቲ፡ ማሕበር ሕብረት ሓደ ሓያል ኤርትራዊ ተጣባቒ ከም ዝረኸቡ እናጸንሐ ዝበርህ ጉዳይ ኮነ።

ብሓጺሩ እምበኣር፡ ኣብ ወርሒ ጥቅምቲ 1946፡ ናበይ ገጹ ከም ዘዘንብል ዘይፍለጥ ጭንቕ ፖለቲካዊ ሃዋህው ኣብ መላእ ሃገር ሰፊኑ ነበረ። ኣብ ከምዚ ዝበለ ኩነታት ከኣ ኢዩ ዋዕላ ቤት ጌርጊስ ዝተኻየደ።

ዋዕላ ቤት ጌርጊስ

ናይ 28 ነሓሰ 1946 ህልቀት ንጹሃት ዜጋታት፡ ከም ዝተነጸለ ወይ ሃንደበታውን ምስ ካልእ ፖለቲካዊ ውጥናት ዘይራኸብን ፍጻሜ ጌርካ ክውሰድ ኣይከኣልን። ኣብ ምዕራፍ 5 ራብዓይ ክፋል ናይ'ዚ መጽሓፍ፡ ብዛዕባ'ቲ ብስም "ሓደ ኤርትራዊ"፡ ብሪጋደር ሎንግሪግ ዝጸሓፎ'ሞ ብዙሕ ክትዕ ዘለዓዓለ ዓንቀጽ ኣስፊሕና ገሊጽና ኔርና። እቲ ዓንቀጽ፡ "ኤርትራ ኣብ ቀላን ከበሳን ትመቓል" ዝብል ሓሳብ ካብ ዘቕርብ ጀሚሩ፡ እቲ ናይ ምምቃል ሓደጋ ኣጸቢቑ የንጸላሉ ነበረ። ናይ ግዛእ ርእሱ ታሪኽን ሰረትን ሒዙ ንኽይብገስ ብጸቕጢ ግዛእቲ ተዓጊቱ ዝነበረ ሃገራዊ ፖለቲካ ኤርትራ፡ ገና ኣብ ምጅማሩን ብዕሽልነቱን ብሃይማኖት፡ ቀቢላን ኣውራጃ-ወረዳን ዝከፋፍሎ ናይ ግዳም ባእታ ሒዙ ኣብ ቀጢን ገመድ ንኽጉዓዝ ተገዲዱ ኢዩ ዝበጋገስ ዝነበረ።

ፍጻሜ 28 ነሓሰ፡ ነዚ ሓደጋ'ዚ ዘጋንን፡ ብፍላይ ከኣ ሃይማኖታዊ ጽልኢ ኣጋዲዱ ናብ ጉነጽ'ውን ዘምርሕ ስለ ዝነበረ፡ ዘይተወጠነ ነይሩ ምባል ኣይከኣልን።

27. ገጽ 87፡ እግረ-ጽሑፍ 117 ርአ።
28. JT 1012/2 17978, ዕለት ዘይብሉ ሰነድ መንግስቲ ብሪጣንያ።

ኣብ መንጎ ኤርትራውያን፡ ፖለቲካዊ ዝንባለኦም ብዘየገድስ፡ ስግኣት ጥራይ ዘይኮነ በተሓሕዛ ናይ'ቲ ጉዳይ ዘይዕግበት'ውን ነይሩ ኢዩ። ምምሕዳር ብሪጣንያ ፈጸምቲ ገበን ኢሉ ካብ ዝሓዞም ሰሳን ትሽዓተን ሰባት፡ ንሸሞንተ ብቕትለት፡ ንሓደ፡ ጸጥታ ህዝቢ ብምፍራስን ወተሃደራዊ ሕጊ ብምጥሓስን፡ ነቶም ዝተረፉ ኸኣ "ሕገ'ፍራሽ ብዝኾነ ጠባይን ኣካይዳን" ከሲሱዎም ነበረ። ጸኒሑ ኣብ ልዕሊ'ቶም ክሱሳት ዝተወሰደ ስጉምቲ ምስቲ ዝተፈጸመ ገበን ዘይመጣጠን ብምንባሩ ግን፡ ኩብ ዝበለ ቍጥዐን ጓህን ኣለዓዓለ።[29]

ኩሉ'ዚ ተኣኻኺቡ፡ ስግር ፖለቲካዊ ፍልልያት ዝኸይድ ዝዓይነቱ ኣተሓሳስባን ናይ ልዝብ መንፈስን ንኽቀላቐል ሓገዘ። ኣብ ጋዜጣታት ክሰፍር ዝጸንሐ ዘለፋ ዝተሓወሶ ሓያል ቃል ህድእ ብዝበለ መንፈስ ክትካእ ተራእየ። መንፈስ ምይይጥ ጥራይ ዘይኮነ፡ ውሽጥኻን ኣካይዳኻን ናይ ምምርማር፡ ኤርትራውያን ግዳይ ናይ ካልኦት ንኸይኮኑ ናይ ምጥንቃቕን ምምዕዓድን ትሕዝቶ'ውን ነበሮ። ብ17 ጥቅምቲ 1946 ንኣብነት፡ ብላታ መሓመድ ዑመር ቃዲ፡ "ነቲ ሓላዊ ዘይብሉ ጥቕሚ ህዝብና ዚሕሉ ኣስተርጓሚ የድልየና ኣሎ" ኣብ ትሕቲ ዝብል ኣርእስቲ፡ ብዛዕባ ፖለቲካን ፖለቲካዊ ማሕበራትን ብምልዓል ነቲ ዝነበረ ፖለቲካዊ ጸገም ጥልቕ ኢሎም መርመሩ።

ጠባይን ኣካይዳን ፖለቲካ ይኹን ፖለቲካዊ ተኻፋልነት፡ ትምህርቲ ዘድልዮ ከቢድ ጉዳይ ምዃኑ ብላታ ዑመር ቃዲ ኣመልከቱ። ኩሉ ዝተኻፈለ ሓላፍን መራሕን ክኸውን ከም ዘይክእል፡ ይኹን እምበር፡ እቲ ሰፊሕ ተሳታፍነት ህዝቢ ጥራይ ዴሞክራሲ ከም ዘረጋግጽ እውን ኣብርሁ። ኣካይዳ ናይ'ቲ ዝትከል ዝነበረ ማሕበራት ፖለቲካ ድሕሪ ምንቃፍን ካልኦት ማሕበራት ናይ ምፍጣር ኣድላይነት ክህሉ ከም ዝኽእል ድሕሪ ምሕባርን፡ ከምኡ ንዝበሉሉ ምኽንያት በዚ ዚሰዕብ ቃላት ገለጹ፤

> ናይ ሓደ ህዝቢ ወይ ከኣ ናይ ሓደ ሃገር ፖለቲካ፡ ናይ ገሊኣቶም ሒደት ሰባት ጥራይ ተግባርን ብልሜን እንተ ደኣ ኾይኑ፡ ንጥቕሚ እቶም ሒደትን ንወገኖም ጥራይ ዝኾኑን፡ ኣዝዊሩን ኣሰፊሑን ኪርኢ ዘይኽእል መናገድን መደያይቦን ይኸውን'ሞ፡ ነቶም ህንጡያት መቀዳደሚኦም ዝኾናዎም መንገዲ ጸሪጉሎም ይርከብ። እቶም ማሕበራት ወይ ወገናት ካብኡ ዚካፈሉ እንተ ዝኾኑ ግና፡ ዕላማኡ ኣዝዩ ኩብ ዝበለ፡ ንሃገርን ንሕዝብን ከኣ ንምሉእ ጥቕሚ ዚኸውን ፖለቲካ ይኸውን።

ካብ'ዚ ተበጊሶም ዑመር ቃዲ፡ እቲ ፖለቲካ ናብ ምልእቲ ሃገርን ምሉእ ህዝብን፡ ማለት ድማ፡ ናብ ሰራሕተኛታት፡ ምሁራት፡ ሰብ መዚ፡ ናይ ሃይማኖት

29. እቲ ነቶም ክሱሳት ንኽፈርድ ዝተኣከበ ወተሃደራዊ ቤት ፍርዲ፡ ብናይ ሱዳን ዲፈንስ ፎርስ (ረለል) ኣዛዚ፡ ሜጀር ጀነራል ስታይነር ኣካብነት፡ ብ18 ታሕሳስ 1946 ውሳነታቱ ኣብ ተሰነይ ሃበ። እቲ ውሳነ፡ እቲ ሓደጋ "ብሓደ ኪልለ እተኻእለ ፍሉይ ሰብ ከም እተፈጸመ ተመልኪቱ ኪፍለጥ ኣይተኻእለን"፡ ድሕሪ ምባል፡ ንሸውዓተ ክሱሳት ናጻ ለቐቐ። ካብቶም ዝተረፉ 10 ብናይ 15 ዓመት ንነፍሰ ወከፍ፡ ክልተ ብናይ 12 ዓመት፡ ሽዱሽተ ብናይ 10 ዓመት፡ 36 ድማ ካብ ትሽዓተ ክሳብ 18 ወርሒ ክእሰሩ ድሕሪ ምውሳን፡ ፍርዶም ኣብ ሱዳን ንኽፍጽሙ፡ ናብኡ ሰደዶም። (ሰ.ጋ. 5/225፡ 19/12/1946)።

ማሕበራት ...ክዝርጋሕ ጸውዑ። ከም'ዚ ምስ ዝኾውን ከኣ ቀጸሉ፡ "ካብቲ ዘይሰማማዕ ወይ ከኣ ዚጋጮ ዚመስል ናይ ክልተ ወይስ ካብ ክልተ ናይ ዚበዝሑ ወገናት ባህልታት፡ ንሕዝብን ንሃገርን ዚመርሕ፡ ጥዑይን ዓቢይን ዝኾነ መራሒ ኪርከብ ምተኻእለ ነይሩ።"

ዑመር ቃዲ፡ ምስ ኢትዮጵያ ብቕድመ-ኩነት ወይ ብውዕል ንሕበር ዝብል ኣረኣእያ'ኳ እንተ ነበሮም፡ ነዚ ኣብ ላዕሊ ዝተጠቕሰ ሃረርታ ዲሞክራሲ ቅድሚት ብምስራዕ ነበረ። ጸኒሑ፡ ብፍላይ ድማ ኣብ እዋን ፌደረሽን፡ እዚ ዳሕረዋይ ኣተሓሳስባኦም ኣብ ከቢድ ጸበባን ጽልእን ህልኽን ምስ መንግስቲ ኢትዮጵያ ከም ዘእተዎም ብሰፊሑ ዝተፈለጠ ኢዩ። ሓደ ክበርህ ዝግብኦ ነገር ግን ሓሳባት ዲሞክራስን በየናይ ኣገባብ ክትግበር ከም ዝኽእልን ብጥልቂ ዝዘተየሉ ዝነበረ ጉዳይ ምንባሩ ኢዩ። ብላታ ዑመር ቃዲ ጥራይ ዘይኮኑ፡ ፊታውራሪ ገብረመስቀል ወልዱ'ውን፡ ምሉእ ደጋፊ ኢትዮጵያ ክነሶም፡ ፖለቲካ ኤርትራ ናይ "ፍሩያት" ማለት መሳፍንትን ካልኦትን ጥራይ ከም ዘይነበረ፡ "ደቀቕቲ" ወይ ተራ ህዝቢ ክሳተፉዎ ከም ዝግባእ ደጋጊሞም ይገልጹ ነይሮም ኢዮም። ስለ'ዚ፡ ትምኒት ናይ'ዞም ሰባት እዚኣቶም፡ እቲ ናይ ኢትዮጵያ ዝንባለ ምስ ዲሞክራስያዊ ቅድመ ኩነቱ ቅቡል ክኸውን ኢዩ ዝነበረ።

ብ14 ሕዳር፡ ማለት ሰለስተ መዓልቲ ቅድሚ'ቲ ቀዳማይ ዋዕላ ቤት ጌርጊስ፡ ኣቶ ወልደኣብ ወልደማርያም፡ "ኣብ መንጎ ክልተ ብኡሳትስ እቲ ሳልሳዮም ይረብሕዶ፧" ኣብ ትሕቲ ዝብል ኣርእስቲ፡ ኣብ ኤርትራ ናይ ፖለቲካዊ ድሌትን ምርጫን ፍልልይ ከም ዝነበረ ኣረጋገጹ። ንቶም፡ "ብጀካ'ዛ ሓንቲ ናይ ፖለቲካ ወገንስ ካልእ የልቦን! ንሳ ድማ እታ ኤርትራ ምስ ኢትዮጵያ እትብሃል ማሕበር ኢያ" እናበሉ "ዘበጻጽሑ" ድሕሪ ምንቃፍ፡ "ክልተ ዓይነት ፈልዮምስ ብዛዕባ ኽልተ ዓይነት ማሕበር ዚሓስቡን ዚዛረቡን ክልተ ናይ ፖለቲካ ወገናት ከም ዘለዉ ምኽሓድ ወይ ከኣ ክትእመኖ ዘይምድላይ ኣዝዩ ዝኸበደ ጉድኣት ዜኸትል፡ ፈሊጥካን ፈቲኻን ከኣ እትፍጽሞ እኩይ ግብሪ" ከም ዝመሰል ኣገንዘቡ።

ኢትዮጵያ ንኤርትራ እትምነያ፡ ዝሰመረ ህዝቢ ኤርትራ ሒዛ ናብ ዝለዓለ ደረጃታት፡ መሪሕነት ኣፍሪቃ ከይተረፈ፡ ክትብጽሕ ከም እትደሊ ኣረድኡ። ምርጫ ህዝቢ ኤርትራ ናብ ዝዘዘወ ይዘዙ ግን፡ መጀመርታ ስምረት ኤርትራውያን ሓተቱ። ምኽንያቱ ድማ በሉ፤

> ኣብ ኤርትራ ዚነብር ሕዝቢ.... ነቲ ናይ ብሓቂ ጥቕሙን ምድሓኑን ኣብ ሕብረት ሓድሕዱ ኢዩ ኪረኽቦ ዚኽእል። እንተ ደኣ ተፈላልዩ ግና ጣዕሳኡ ዘይወጽእ ጉድኣት ከም ዚረኽቦ፡ ህልምላሙ'ውን ከም ዘይረክብ እተረጋገጸ ኢዩ። ሕዝቢ ኤርትራ፡ ኣውራ ኣውራ'ኳ በዛ ዝሓለፈት ፍርቂ ዘመን ሓንቲ ንብረት፡ ሓንቲ ዛንታ፡ ሓንቲ ስም ፈጢሩ ይርከብ ኣሎ። እዛ ዛንታ እዚኣ ድማ እንተ ደኣ ብኣኡ ኣቢላ ቀጺላስ ንዕብየትን ንኽብረትን እትኸውን ዛንታ ኢያ። ከምዚ ዝበለ ከቢድ ኩነታት ኣብ ልቢ እቶም ዓበይቲ መራሕትን ምስሌነታትን ጉልሕን ሕያውን ኮይኑ ኪርከብ ዜድሊ ኢዩ።

ወልደኣብ ወልደማርያም | ብላታ ዑመር ቃዲ | ገብረመስቀል ወልዱ

(ሰለስተ ቀንዲ ወደብቲ ዋዕላ ቤት-ጌርጊስ።)

ከም ዑመር ቃድን ገብረመስቀል ወልዱን፡ ወልደኣብ'ውን ሃገራዊ ፖለቲካ ኤርትራ ካብ ኢድ መሳፍንትን ሹማምንትን ክወጽእ ኢዮም ዝጽውዑ ነይሮም። ግን ከኣ፡ ንኻልእ መዳይ ናይ'ቲ ሽዑ ዝነበረ ኣተሓሳሰባ'ውን ነቐፉ። ደቂ መታሕት ብዘይ ደቂ ከበሳ፡ ከምኡ'ውን ከበሳ ብዘይ መታሕት ናናይ በይኖም ህይወት ክምስርቱ እቲ ዝሓለፈ ታሪኽን ተመክሮን ከም ዘየፍቅድ ተማጐቱ። "ሞትን ጥፍኣትን ዚደሊ እኩይ ሰብ እንተ ደኣ ዘይኮይኑ፡ ንኤርትራ ኣብ ክልተ ኺፈሊ ዚደሊ ከይርከብ ተስፋይ ምሉእ ኢዩ"፡ ድሕሪ ምባል ኤርትራ ትመቐል ንዝብል ሓሳባት ከምዚ ዝሰዕብ መለሱሉ፤

> ሕዝብ ኣስላም፡ መሰሉን ክብረቱን ጕዳሉዎ፡ ነቲ ረብሓኡ ድማ ዚሕልወሉ ሓደ'ኳ የልቦን ዚብል ቃል ብጽሑፈትን ብጋዜጣን ብቃልን ንሰምዕ ኣሎና። እዚ ግና ንህውከትን ንፍልልይን መንገዲ ዚጽርገሉ፡ ኣፍደገ'ውን ዚርሕወሉ መንፈስ ድኣዩ'ምበር ክሳዕ ሎምስ ሕዝብ ኤርትራ ኣብ ክልተ ከይተፈለየን፡ እንተ ጸቢቑ እንተ ሓሚቑ ግና ነቲ ዘሎዎ ንብረት ልክዕ ገይሩ ኢዩ ዚካፈሎ ዘሎ ይመስለኒ። ....እቲ ኣድልዎ ብሕጂ ከይመጽእ እንተድኣ ኾይኑ ዝፍራህ ዘሎ ድማ፡ ንረብሓ ሰብ መታሕት ዋሕስ ዚኾና ናይ ትኽክልነትን ናይ ኣንድነትን ባይቶ ይተኸል ኢልካስ ብግዚኡ ኽሎ ምምጓት...ይግባእ። ዓበይትን ወረዙትን ኤርትራ "ዝመጸና ንቀበል" ኢላቶም ሰቕ ኪብሉስ ክብረት ክህቡቶም ኣይኮነን፡ ኣምላኽ ወይስ ኣላህ ድማ ኪተሓሰስቦም ኢዩ።

ብምባል'ውን ሓሳባቶም ደምደሙ።[30]

ኣብ ሕቶ ዲሞክራስን ልዝብን ስምረት ህዝብን ሰለስቲኦም፡ ማለት ወልደኣብ፡ ዑመር ቃድን ገብረመስቀል ወልዱን ዝተቐራረበ ርእይቶ ነበሮም። ምስ ኢትዮጵያ ምሕዋስ፡ መሰላት ኤርትራ ብዝሕሉ ኣገባብ ክኸውን ኢዮም ኩሎም ዝገልጹ ዝነበሩ። ናይ ኣቶ ወልደኣብ መርገጺ ቁሩብ ፍልይ ዝበለ ኢዩ ነይሩ፣ ምኽንያቱ

30. ሰ.ጋ.5/220፡ 14/11/1946።

ሕብረት ዝጠልቡዎ ወይ ዝጣበቑሉ ምርጫ ኣይነበረን። ባዕሎም'ውን ካብ ሓደጋ ምምቅቓል ንምድሓን ሕብረት ክቕበሉ ወይ ኣብቲ ልዝብ ንኽኣትዉ ከም ዝተገደዱ ኢዮም ዝዛረቡ ዝነበሩ። ከምኡ'ውን እንተ ኾነ፡ ቀድም ስምረት ህዝቢ ተረጋጊጹ፡ ነቲ ሕብረት ብድሌቱ ክኣትዎ ኢዮም ዝምነዩ ዝነበሩ።[31] ናይ ዑመር ቃዲ ናይ ሕብረት ዝንባሌ ድማ፡ ኩሉ ጊዜ፡ ክሳብ እዋን ፌደረሽን'ውን፡ ንፍሉይነትን ዝተፈላለየ መሰላትን ኤርትራን ህዝባን ብዝሕሉ ኣገባብ ኢዮም ብተደጋጋሚ ዝጠልቡዎ ዝነበሩ። ገብረመስቀል ወልዱ ኢዮም ብምሉእ እምነት ኢትዮጵያ ዝፍለጡ፣ ግን ንሶም'ውን ብዋጋ ህዝቢ ንኽይከውን ዘጠንቀቑ ዝነበሩ ኢዮም።

እታ ናይ ሎንግሪግ ናይ 1945 ዓንቀጽ ንምምቅቓል ኤርትራ ዳርጋ ብወግዒ ካብ ዝኣወጀትሉ እዋን ጀሚሩ፡ ኣብ መንጎ እዚኣቶምን ተመሳሳሊ ኣተሓሳስባ ዝነበሮም ካልኦትን ልዝብ ተጀሚሩ ነይሩ ይብሉ ኣቶ ወልደኣብ ኣብ ናይ 1987 ቃለ መጠይቖም። እቲ ቀንዲ ልዝብ ግን ኣብ መንጎኦምን ኣብ መንጎ ፊታውራሪ ገብረመስቀልን ከም ዝነበረ ኾኣ ይገልጹ። እቲ ዝርርብ፡ ኤርትራ ካብ ትምቀል ክልቲኡ ወገን ከኳብቲ ደሪቑሉ ዝነበረ መርገጺ ክሰውእ'ሞ ኣብ ሓደ ማእከላይ መገዲ ክራኸብ ዝብል ነበረ። እዚ ድማ፡ "ምሉእ ናጽነት ድሕሪ ናይ እንግሊዝ መጉዚትነት" ዝብል ናይ ኤርትራ ንኤርትራውያን ጠለብን፡ ቅጽበታዊ ሕብረት ዝብል ናይ "ማሕበር ሕብረት" ጠለብን ተሪፉ፡ እቲ ሕብረት ምስ ኢትዮጵያ ብውዕል ንክኸውን ዝጽውዕ ነበረ። እቲ "ብውዕል" እንታይ ከም ዝኾነ ብሩህ ኣይነበረን። ግን ውሽጣዊ ናጽነት ኤርትራ ዝዕቅብ ወይ ከምቲ በዓል ኣውስትራልያን ካናዳን ኣብ ውሽጢ ናይ ብሪጣንያ "ናይ ሓባር ብልጽግና (ኮሞንወልዝ) ዝጥርነፉ፡ ከምኣ ክንጠራነፍ..." ዝብል ነበረ። ትሬቫስኪስ እውን ከምዚ ዝመስለ ሓሳባት ካብ ክልቲኡ ወገን ቀሪቡ ከም ዝነበረ ይገልጽ።[32]

ጆርዳን ገብረመድህን ኣብ መጽሓፉ፡ እቲ ንዋዕላ ክቐርብ ዝተባህለ ሓሳብ፡ 12 ነጥቢ ዝሓዘ፡ ኤርትራ ውሽጣዊ ናጽነታ (autonomy) ዝሓለወትን ከም ናይ ፕሬስ፡ ቋንቋ፡ ሃይማኖትን ምምስራት ፖለቲካዊ ሰልፍታትን ዝኣመሰለ ደሞክራስያዊ መሰላት ዝሕለወላን ኣካል ክትከውን ዝሓትት ከም ዝነበረ የዘንቱ።[33] ብጥቅምቲ 1946 እውን እቲ ሓሳብ ወይ ስምምዕ ብስም ክልቲኦም ወገናት ናብ ኣመሓደርቲ ብሪጣንያ ብወግዒ ቀረበ።[34]

ዋዕላ ቤት ጌርጊስ ክልተ ጊዜ ኢዩ ተኻይዱ። እቲ ቀዳማይ ዛዕባ ወይ ኣጀንዳ ናይ'ቲ ቀንዲ ኣኼባ ንኽሰርዕ ዝተኣከበ ኾይኑ ብዘይ ገለ ጸገም ብ16 ሕዳር 1946 ተፈጸመ። እቲ ካልኣይ ድማ ብኣ ሰሙን፡ ማለት ሰንበት 24 ሕዳር

31. ወልደኣብ ወልደማርያም፡ ቃለ መጠይቕ፡ 1987።
32. Trevaskis, p. 74.
33. Ghebremedhin, p. 92-94.
34. Trevaskis, p. 74.

1946 ንኽግበር ተመደበ።[35] ኣብታ ቐዳመይቲ ኣኼባ፡ ብዘይካ ኣቶ ወልደኣብን ፊታውራሪ ገብረመስቀልን፡ ዑመር ቃዲ፡ ብላታ ደምሳስ፡ ደግያት ኣብርሃ ተሰማ፡ ቀኛዝማች ብርሃኑ ኣሕመዲን፡ ከምኡ'ውን በዓል ፊታውራሪ ሓረጎት፡ ፊታውራሪ ሓድጉ ጊላጋብርን ካልኦት ሓያለ ደገፍቲ ሕብረትን ተረኺቦም ነበሩ። ኣቶ ተድላ ባይሩ ኣብ'ዚ ኣይተረኸቡን፡ እቲ ኣጀንዳ'ውን ጸደቐ።

እዚ ኹሉ እናኾነ እንከሎ፡ ናይ ኢትዮጵያ ሊያዞን ኦፊሰር፡ ኮሎኔል ነጋ ሃይለስላሴ፡ ድሕሪ'ቲ ናይ ሓምለ ህልቀት ኣዲስ ኣበባ ምስ ከደ፡ ኣይተመልሰን ዝነበረ። ትረቫስኪስ'ኳ፡ ነጋ ኣብ ኣስመራ ነይሩ እንተ ዝኸውን፡ ከምቲ ዝመሰለ ኣኼባ ክግበርስ ይትረፍ፡ እቲ ልዝብ ብቐንዱ'ውን ክካየድ ኣይምተኻእለን ኢዩ ዝብል።[36] ሓቂ ክኸውን ኣለዎ፣ ምኽንያቱ፡ ኣብ መንጎ'ዘን ክልተ ናይ ኣኼባ ሰናብቲ፡ ነጋ ዋራይ ዘይኮነ፡ ኣብ ጉዳይ ኤርትራ የማናይ ኢድ ጸሓፊ ትእዛዝ ወልደጊዮርጊስ ነይሮም ዝብሃሉ ፊታውራሪ ኣብርሃ ወልደታትዮስ'ውን ኣስመራ ኣተዉ። ነቲ ኩነታት ንኽልውጡ ድማ ስርሖም ጀመሩ። ኣቶ ወልደኣብ ከም ዝብሉዎ፡ እዞም ዳሕረዋይ፡ ቫልጀ ምሉእ ገንዘብን ቦምባታትን ሒዞም ኢዮም መጺኦም።[37]

ብዙሓት፡ ኣቶ ወልደኣብ'ውን ከም ዝብሉዎ፡ ናብ'ታ ናይ ሰንበት ቈጸራ ኣብ ዘውግሐት ቀዳም ለይቲ፡ ማሕበር ሕብረት ተኣኪቦም ምሉእ ለይቲ ክማጐቱ ሓደሩ።[38] ኣብ'ዚ ኣኼባ'ዚ፡ ነጋን ፊታ. ኣብርሃን'ውን ተረኺቦ'ሞ፡ ንመሰርሕን ኣካይዳን ኣንፈት'ቲ ዘረባን ተቘጻጸሩዎ። ቀንዲ ኣርእስቲ እቲ ናይ ጽባሒቱ ዋዕላ'ኳ እንተ ነበረ፡ ዝተጣፍአ ናይ ማሕበር ገንዘብ'ውን ኣከራኺሩዎም ኢዩ እውን ይብሃል ኢዩ። ካብ ማሕበር ሕብረት ቀንዲ ተሰማማዒ ዋዕላ ፊታውራሪ ገብረመስቀል ስለ ዝነበሩ፡ ኩሉ'ቲ ዝወረደ ርእይቶ ኣብኦም ዘተኩረ ነበረ። ዛጊት፡ ንማ.ፍ.ሃ. ናብ ሕቝፊ ኢትዮጵያ ንምእታው ይኹን መንፈስ ሕብረት ኣብ ልቢ ደቂ ኤርትራ ንኽሰርጽ ካብቲ ዝለዓለ ኣበርክቶ ዘወፈዩ፡ በቲ ኣዝዩ ሓያል ናይ ጽሕፈትን ምጉትን ክእለቶም ንፍልስፍና ሕብረት ዘነጸሩ ክነሶም፡ ናይ "ውዕል" ሓሳብ ብምድጋፎም በቲ ኣኼባ ተወቐሱ። ብኢደ ዋኒኖም ከይዶም ስለ ዝተባህሉ ድማ፡ ኣብ'ቲ ናይ ጽባሒቱ ኣኼባ ንሶም ዘይኮኑስ፡ ኣቶ ተድላ ባይሩ ክዛረቡ ምዃኖም እውን ተነገሮም። ካብ'ቲ ዛጊት ሒዞምዎ ዝነበሩ ናይ ማሕበር መሪሕነት ከም ዝወረዱ ግን ኣብ'ዚ ኣኼባ'ዚ ኣይተነግሮምን፣ ንዕኡ ዝእምት ዘረባ'ውን ኣይተዘርበን።

35. ቍሩብ መዓልታት ጸኒሖም ብዛዕባ'ቲ ዋዕላ ኣብ ዝጸሓፉዎ ዓንቀጽ፡ ኣቶ ወልደኣብ እቲ ዕለት 25 ሕዳር ዓ.ፈ. ከም ዝነበረ ይገልጹ። 25 ሕዳር ግን ሰኑይ ኢዩ ውዒሉ። እቲ ዋዕላ ሰንበት ስለ ዝነበረ፡ ነቲ ዕለት ብኡ መሰረት ኣተዓራሪናዮ ኣለና።

36. Trevaskis, p. 74.

37. ወልደኣብ ወልደማርያም፡ ቃለ መጠይቕ፡ 1987።

38. ቅድም'ዛ ለይቲ'ዚኣ፡ ኣብ ውሽጢ'ቲ ሰሙን፡ ሕብረት ብኣካብኡት ኣቡነ ማርቆስ ብምስጢር ተራኺቦም፡ ተድላ ባይሩ ኣብ ክንዲ ፊታውራሪ ገብረመስቀል መሪሕነት ማሕበር ክወስዱ ዝቐረበ ሓሳብ ከም ዘይሰለጠ ይንገር ኢዩ። (ቃለ መጠይቕ ምስ ኣቶ ዮሃንስ ጸጋይ፡ 1996።

ኣይንፈላለ

እዚ ኹሉ ብምስጢር ክካየድ ስለ ዝሓደረ፡ ፊታውራሪ ገብረመስቀል ንኽይዛረቡ ከም ዝተኣገዱን ብኻልኦት ከም ዝተተክኡን ዝፈልጥ እቲ ኣብ'ቲ ኣኼባ ዝተረኸበ ጥራይ ነበረ። ቈጸራ ንሰንበት ሰዓት ዓሰርተ ኣብ ቤት ጌርጊስ ነበረ። ደገፍቲ ናጽነት ከም ቈጸራኦም ሰላሳ ይኾኑ ኣብቲ ዝተመደበ ቦታ ቦታኦም ሓዙ። ደግያት ሓሰን ዓሊ፡ ወልደኣብ ወልደማርያም፡ ኢብራሂም ሱልጣን፡ ብርሃኑ ኣሕመዲን፡ ካቫሌር ዑመር ሰፋፍ ካብ ጊንዳዕ፡ ዮሃንስ ተኸላይ ናይ ኣገልግሎት ዜና፡ ካብቶም ዝዝከሩ ኢዮም። ጽንሕ ኢሎም፡ ሸማግሌታት ማሕበር ሕብረት መጹ። ኣብ መንጎ'ዚኣቶም፡ ደግያት በየነ በራኺ፡ ብላታ ደምሳስ ወልደሚካኤል፡ ፊታውራሪ ገብረመስቀል ወልዱ፡ ደግያት ሓጐስ ገብሪ፡ ኣቶ ተድላ ባይሩ ወዘተ. ነበሩ። ብዘይካ እዚኣቶምን ካብቲ ስምምዕ ወጻእን ግን፡ ማሕበር ሕብረት ካብኣቶም ዝበዝሑ ናይ ማሕበር ኣንድነት ኣጕባዚ ተማልኡ። ስለዚ ኣብቲ ቦታ፡ ቍጽሪ ኣባላት ሕብረት ዕጽፍ'ቲ ናይ ኣባላት ኤርትራ ንኤርትራውያን ነበረ።

ወልደኣብ ወልደማርያም ነቲ ናይ ሽዑ መዓልቲ ፍጻመ ብደቂቕ ይዝክርዎ፦

ንሕና ሰዓት ዓሰርተ ኢዩ ዝነበረ ንግሆ፡ ብጊዚኡ መጺእና ሰፈርና ሓዝና። ድሕሪኡ መጹ፡ ዳርጋ ኩላቶም እቶም መራሕቲ ናይ ሕብረት ዝነበሩ ክርስትያን ኢዮም መብዛሕትኦም፡ ንሕና ኣስላም መብዛሕትና ተራኺብና። ቅድም ዝተዛረበ ብላታ ደምሳስ ወልደሚካኤል ኢዩ። ከፈተ ነቲ ኣኼባ "ኣንቱም ኣሕዋትና፡ ደቂ ናጽነት ኢና ትብሉ፡ ትጋገዩ ኣሎኹም፡ ምስ ኣቦኻን ኣዴኻን ክትኣቱ፡ ክትጽንበር ከለኻ ውዕል ግበሩለይ ኣይትብሎምን ኢኻ። ኢትዮጵያ ድማ ኣቦናን ኣዴናን ኢያ። ስለዚ ግደፉዎ እዚ ሓሳብ'ዚ። ስመሩና፡ ሕበሩና ንብለኩም ኣሎና

ተድላ ባይሩ

ወልደኣብ ወልደማርያም

በለ። ካልኦት'ውን በብሓደ ተንስኡ። ...ኣብ መወዳእታ ገብረመስቀል ወልዱ ከይተረፈ ክምኡ ተዛረበ። እቲ ነገር ከም ዝተበላሸወ ተረዳእና።[39]

ነቲ ኣብ'ዚ ስዒቡ ዝኾነ፡ ቀጺሉ ኣብ ዝወጸ ሕታማት *ሰሙናዊ ጋዜጣ*፡ ብኣቶ ወልደኣብ ወልደማርያምን ኣቶ ተድላ ባይሩን ብዝተዘንተወ ተጻራሪ ጸብጻባት ኢና ዝያዳ ንርዳእ።[40] ብዙሓት ዓበይቲ ብዛዕባ መንፈስ ምስምማዕን ልዝብን ምስ ተዛረቡ፡ ኣቶ ተድላ ባይሩ ተንሲኡ'ሞ ብግዲኦም መደረኦም ኣሰመዑ። ኣብ'ዚ ክልተ ዝተገራጨወ ትሕዝቶ ኢዩ ዝቐርብ። እቲ ቀዳማይ ናይ ወልደኣብ፡ ካልኣይ ድማ ናይ ተድላ። ብናይ ኣቶ ወልደኣብ ክንጅምር።

ብ28 ሕዳር ኣብ ሰሙናዊ ጋዜጣ ቊ. 5/222፡ "ብዛዕባ ኤርትራ ኪዛረብ መሰል ዘለዎ ደኣ መን ኮን ይኸውን፧" ኣብ ትሕቲ ዝብል ኣርእስቲ፡ ኣቶ ወልደኣብ ብዛዕባ ፍጻመ ዕለት 24 ኣዘንተዉ። እቲ ልዝብ እናተኻየደ እንከሎ ኣቶ ተድላ ባይሩ ተንስኡ'ሞ ብቐጥታ ንወልደኣብ እናመልከቱ፡ "እረ ናይ ካልኦትስ ይጽናሕ፡ ኣነ'ውን ወደባት ስለ ዝኾንኩ ዝመስለኒ ክዛረብ መሰል ዘለኒ እየ። ግናኸ፡ ንስኹም ኣቶ ወልደኣብ ወልደማርያም ወዲ ትግራይ፡ ትግራዋይ ከም ዝኾንኩም ንፈልጥ ኢና። ስለምንታይ ደኣ ብዛዕባ ሃገርና ኤርትራ ቅድም ትራስቲሺፕ፡ ሎሚ ድማ ውዕልነት ትብሉ ኣሎኹም፧ ዓድናስ ይኣ መስሓቒ ኾይና!" ክም ዝበሉ ኣቶ ወልደኣብ ኣብ ዓንቀጾም ገለጹ።

ኣቶ ወልደኣብ ጽሑፎም ብምቕጻል፡ ቀጺሉ ንዝሰዓብ ብኸም'ዚ ዘርዘሩ፡

...ዓድናስ ይኣ መስሓቒ ኾይና! እናበሉ'ውን ተቐመጡ። ምላሽ ንምሃብ ድንጉይ እንተ በልኩ'ኳ፡ እታ ኣብ ነዊሕ ጊዜ ጉቲሮም ሒዞምዋ ዝነበሩ መንቲግ ወይ ለጕሞምዋ ዝነበሩ ጥይት ዱምዱል ግዲ ንሳ ነይራ ኾይናስ፡ ድሮ ብኡ ንብኡ ከርበጥ ኢለ ዝዓረፍኩ ግዲ መሲሉዎም፡ ኣዝዩ ዝዓበየ ሓጐስ ኣብቲ ገጾም ክንጸባርቕ ይርአ ነበረ። ኣነ ግና ናብ'ቲ ዘውደቑዎ ሕቶ ኣቢለ'ኳ ብዙሕ ከየድሃብኩ፡ ብዛዕባ ኣብ ገሊኦቶም ሰባት ሓዲሩ ዘሎ ወይስ ኪሓድር ዚኽእል መንፈስ ኣስተንክር፡ መስተንክር ዝኾነ ነገር'ዩ! "ነቲ ብዛዕባ ዚመጽእ ኩነታት ኤርትራ ዝመስሎ ኪዛረብ መሰል ተቐቢሉ ዘሎ ሰብ ደኣ ኣብዞም ኣብዚ ተኣኪባቶም ዘለዉ ሰባትስ መኖም ኮን ይኸውን፧" እናበልኩ'ውን ብውሽጢ ልበይ እግረም ነበርኩ። ኣቶ ተድላ ባይሩ ኣብ ከምዚ ዝበለ ሕቶ ልበይ ከውድቕ ስለ ዝሓደጉኒ፡ ምላሽ ክሀብ እውን ስለ ዝጕሳጕሱኒ ግና፡ ተንሲአ ክምታ ዓቕመይ፡ ክምታ ንሓደ ትግራዋይ ተዋሂባቶ ዘላ ዓቕሚ ክደራጉስ ጀመርኩ።

ትግራዋይ ማለት፡ በዓል ክልተ ደሞዝ፡ ጠላም ብጻዩ ብዓል ክልተ መልሓስ ከም ዘይኮነ፡ እዚ ኣብ ዘይከውን ከኣ ትግራዋይ ማለት ወድ ነገስታት፡ ወድ መሳፍንቲ ወድ መኳንንቲ ማለት እንኳብ ዝኸውንስ በዚ ዓቢ ጸርፎም ብዙሕ ሕጉስን ኩሩዕን ከም ዝኾንኩ ክገልጸሎም ጀመርኩ። ትግራይ ማለት ሰፊሕ

39. ወልደኣብ ወልደማርያም፡ *ቃለ መጠይቕ*፡ ዓራርብ 1987።

40. ኣብ'ቲ ብ1987 ኣብ ዓራርብ ዝሃቡዎ *ቃለ መጠይቕ* ይኹን ኣብ ካልእ ተራ ዕላላት፡ ኣቶ ወልደኣብ ብዛዕባ'ዚ ብዝርዝር ክዛረቡ ኣይደለዩን። ምስ ኣቶ ተድላ ዝነበሮም ዘይምርድዳእ'ውን ጠሊቑም ክዛረቡ ድሉው ኣይነበሩን። እቲ ኣብ'ዚ ኽፋል'ዚ ተጠቒሱ ዘሎ ኣብ ናይ ሽው ጋዜጣታት ዝተዘርገሐ ስለ ዝኾነ ግን፡ ኩሉ ዝፈልጦ ኢዩ ነይሩ።

ሃገር ኢዩ እሞ፡ ኣነ ብዝተኣሰርኩስ ንሶም ንጉልተይ ሃቡኒ ኢሎም ምእንቲ ደገ ከጸንዑ ኢለ'ውን ዓደ'ቦሓጎታተይን ዓድ'ኖሓጎታተይን ካበይ ጀሚሩ ኣበይ ከም ዘበጽሕ ገለጸኩሎም። ከምዚ ዝበለ ቃል ክዛረብ ከለኹ ድማ፡ ቅድሚ ሎሚ ኣብ ውሽጢ ልበይ ኩቶ ተሰሚዑኒ ዘይፈልጥ ደስታን ሓበንን ይስምዓኒ ነበረ። ሕፍቲ ዘይብሉ ዘይጥርጠር ወለዶ፡ እንታንሳእ ብሓቂ ዚጠቅም ኢዩ! ቀጺለ ድማ ኣብ ቅድሚ ክንድቲ ዝኣኽሉ መኳንንትን ጭዋታትን ወረዙትን ንጥቐሚ ሃገር ክንብል ተኣኪብና ኽለናስ ብዛዕባ ወለዶን ዓሌትን ኣድቕቕ ኣቢልና እንተ ተመራመርና ባህ ዘየብል ክፉእን ነውርን ዝኾነ ነገር ምእንቲ ከይፈናቐል ዓሌትን ወለዶን ክሳብ ጊዜኡ ብወገኑ ክንሓድጎ ዚሓይሽ ከም ዝኾነ እናመልከትኩ፡ ንክቡር ኣቶ ተድላ ባይሩ ክረድኦም ኢለ ኣምሪረ ለመንኩ።[41]

ብ5 ታሕሳስ፡ ኣቶ ተድላ'ውን ብሰሙናዊ ጋዜጣ መልሲ ሃቡ። እቲ ኣብ ቤት ጌርጊስ ዝተዛረቡዎ ዘረባ፡ ከምቲ ኣቶ ወልደኣብ ዝበሉዎ ከም ዘይነበረ ኸኣ ኣብርሁ። ካብቲ ዝበሉዎ፡ ነዚ ዝስዕብ ንጠቅስ፤

ኣቶ ወልደኣብ ወልደማርያም... ንስኹም ዓድኹም ኣብ ኢትዮጵያ ትግራይ ከም ዝኾነ ንፈልጥ ኢና። ሰንደቕ ዓላማኹምን ንጉስኩምን ናጽነትኩምን ዝረኸብኩም ኢኹም። ንሕና'ውን ኢትዮጵያውያን ኢና፡ ግናኸ ... ኣብ ትሕቲ ኣማሓዳርነት ዘይናትና መንግስቲ ወይ ንጉስ ኢና እንነብር ዘሎና። .... ኢትዮጵያዊ ኢኹም እሞ፡ ነዞም ኢትዮጵያውያን ዝኾንና ሕዝቢ መረብ ምላሽ ከማይ ናጽነት ርኸቡ ሰንደቕ ዓላማኹም ብዘይ ውዕል ተተምነዩ ዘይትብሉና። ሓንሳብ መጉዚት፡ ሓንሳብ ከኣ ውዕል እናበልኩም እትዓናቕፉናስ እንታይ ማለት ኢዩ....፣ እየ ዝበልኩ፡

ብምባል ናቶም ወገን ገለጹ። ኣቶ ወልደኣብ ኣብ መልሶም፡ እቲ ናይ ውዕል ፍታሕ፡ "ንሕዝቢ መረብ ምላሽ ዚሓይሽ ኩይኑ ስለ እተራእየኒ እየ እምበር፡ ኣነ ውዕል ዜድልየኒ ኣይኮንኩን። ንዓኻትኩም ግና ሕጂ'ውን ደጊመ እብል ኣሎኹ፡ ብዘይ ውዕል ናብ መንግስቲ ኢትዮጵያ ክንጽንበር ኢና እንተ በልኩም ጌጋ ኢዩ" ኢሎም ከም ዝተዛረቡ'ውን ተድላ ባይሩ ኣብታ ዓንቀጽ ገለጹ።[42]

እቲ ኣብ ቤት ጌርጊስ ዝነበረ ቃለ ምልልስ ሓያልን ተናኻፉን ብምንባሩ፡ መልሲ ኣቶ ወልደኣብ'ውን ትሪ ስለ ዝነበሮ፡ በዚ ኣሳቢቦም፡ ብረትን ካራሩን ሓቢኦም ዝነበሩ መንእሰይ ኣንድነት ዕግርግር ፈጠሩ። ኣብ ልዕሊ'ቶም ናይ ናጽነት ወገን ሓደጋ ከውድቑ ከም ዝደለዩ'ውን ብሩህ ኮነ። ብፍላይ ኣቶ ወልደኣብ ዒላማ ስለ ዝነበሩ፡ ብጾቶም ኣኽቢቦምን ደፋፊኦምን ኣብ መኪና

41. ሰ.ጋ. 5ይ ቍ. 222፡ 28/11/1946።

42. ኣብ'ታ ናይ ተድላ ባይሩ ዓንቀጽ ዝወጸትላ ሕታም፡ ኣቶ ወልደኣብ'ውን "መስተንክር ዝኾነ ነገር ኢዩ" ኣብ ትሕቲ ዝብል ኣርእስቲ፡ ሓጻር ጽሕፍቲ ኣሰፊሮም ንረኽብ። ኣብ'ዚ፡ ኣቶ ተድላ ነቲ ኣብ ቅድሚ ህዝቢ ዝተዛረቡዎ ይኽሕዱ ከም ዝነበሩ፡ ብዙሓት ኣብ'ቲ ዋዕላ ዝነበሩ ደቀባት "ብኡብኡ ናይ ጓሂ ምላሽ" ዝሃቡሉ ጉዳይ'ውን ከም ዝነበረ ይገልጹ። ወልደኣብ ኣሰናዳኢ'ቲ ጋዜጣ ስለ ዝነበሩ፡ ንዓንቀጽ ተድላ ባይሩ ኣቓዲሞም ኣንቢቦም ጸኒሖም ምላሽ ዝሃቡ ይመስል። ሰ.ጋ. 5/223፡ 5/12/1946።

ብምእታው ካብ'ቲ ቦታ ኣርሒቑዎም። ኣብ ሽኻ ዓድ ንፋስ ኣውዒሎም ንምሽቱ ገዝኦም ከም ዝመለሱዎም ድማ ኣቶ ወልደኣብ ይዝክሩ።[43]

ዋዕላ ቤት ጌርጊስ፡ ብኡ ኸኣ እቲ ኣብ መንጎ ክልተ ወገናት ሰፊኑ ዝነበረ ናይ ምትዕራቕ መንፈስ፡ በዚ ኣገባብ'ዚ ፈረሰን ኣብቀዐን። ድሕሪ'ዚ ይብል ትሬቫስኪስ፡ መራሕቲ ማሕበር ሕብረት ናጽነቶም ወይ ከኣ "ናጻ ወካልነቶም" (ንመንግስቲ ኢትዮጵያ) ኣረከቡ፡ "ከደምቲ" መንግስቲ ኢትዮጵያ ከኣ ኾኑ።[44] ካብ'ዚ እዋን'ዚ ጀሚሩ'ውን፡ ተራን ስልጣንን ተድላ ባይሩ ኣብ ውሽጢ ናይ ሕብረት ምንቅስቓስ ዓዘዘ። ኣብ'ታ ቀዳመይቲ ዓንቀጾም፡ ኣቶ ወልደኣብ ንኣባልነት ተድላ ባይሩ ኣብ ውሽጢ ሕብረት ከም ዘይፈልጡ፡ በየን ከም ዝመጹ'ውን ከም ዘይተረድኦም ገሊጾም ነይሮም ኢዮም። ኣቶ ተድላ ግን ንኢትዮጵያዊ ስምዒቶም በዚ ዝሰዕብ ገለጹ፤

> ንተድላ ባይሩ፡ ንስኻ ሕዝበይ ኢኻ እትፈልጦ እምበር ኣቶ ወልደኣብሲ ኣይፈልጡዎን ኢዮም። ኣነ ንጉድኣት ሕዝበይ ከም ዘይሰርሕ መረብ ምላሽ ጥራይ ዘይኮነስ ክንየው መረብ ዘሎ ሕዝቢ ካብቲ ኣብ ዓድዋ ዝነበርኩሉ ጊዜ ጀሚሩ ይፈልጠኒ ኢዩ። ...ከምቲ ናይ ቅድሚ ሎምስ እግዚኣብሔር ንድሕሪ ሎሚ'ውን ይግበረለይ። ምእንቲ ሃገረይ ዝደኸምኩዎ ፍሬኡ ኣብ ቅድመይን ቅድሚ ደቀይን ይጽናሕ...።[45]

ዋዕላ ቤት ጌርጊስ ብዘይ ፍረ ይወዳእ'ምበር፡ ብውሑዱስ ንሃገራዊ ፖለቲካ ኤርትራ ወገን ኣፍለጠ፣ ኣንፈታት ኣትሓዘ። ካብ'ዚ ንደሓር እቲ ምርጫታት ንጹር ኮነ። ብኡ መሰረት ከኣ ዝተፈላለየ ዝንባለታት ብብመኣዝኑ ክተኣኻኸቡን ማሕበራት ናብ ምምስራት ገጹ ክኸይድ ተራእየ።

43. ወልደኣብ ወልደማርያም፡ ቃለ መጠይቕ፡ 1987።
44. Trevaskis, p. 74.
45. ሰ.ጋ. 5/223፡ 5/12/1946።

ምዕራፍ 8

ኣልራቢጣ ኣልእስላሚያ ኣልኤረትሪያ

ኣመሰራርታ ኣልራቢጣ

ሸኽ ኢብራሂም ሱልጣን ከም ዘዘንትዉዎ፡ ናብ'ቲ ናይ 24 ሕዳር ዋዕላ ቤት ጌርጊስ ደንጒዮም ኢዮም መጺኦም። ኣብ'ቲ ዛዕባ ዝተነድፈሉ ቀዳማይ ኣኼባ ኸኣ ኣይተሳተፉን። ነቲ ዝወዓለ ዘረባን ንባእሲ ወልደኣብን ተድላን ከኣ ብናይ ማዕዶ ትዕዝብቲ ከም ዝተኸታተሉዎ ይነግሩ። ከምዚ ድማ ይብሉ፤

ኣብ መሬት ኮፍ ኢልና ደኺምና፡ ከምኡ'ውን ጥሜት ኣርኪቡልና፡ ምስ ተሳእኩ ብላታ ደምሳሰን ደግያት ሓጕስን ኣርኪቦም ሒዞምኒ። "ንሕና ሕማቕ ጌርና፡ ንኣስላም ኣሕዋትና እንታይ ርእይቶኹም ኣይበልናዮምን። ሕጂ ኢብራሂም ተዛረብ" በሉኒ። "ኣነ ዝዛረቦ የብለይን። ንሕና ሕጂ ካብ መገዲ ዝመጻእና ኢና ንኣስላም ኣይንውክልን። ኣስላም ኣይመጹን ኢዮም ዘለዉ። ክንቲባታት ናይ ቤት ኣስገደ፡ ክንቲባታትን ዓድ ሹምን ናይ ቢለንን መንሳዕን ማርያን፡ ደግለላት ናይ በኒዓምር፡ ዓድ ሹም ናይ ናራን ኩናማን፡ ዓድ ናይብ ናይ ባጽዕን ሰምሃርን፡ ዓድ ሹም ናይ ሳሆን ዓሳውርታን፡ መኒፈርን፡ ሹማምንቲ ደንከልን ጀበርትን ኣይመጹን ኣለዉ። ንሕና ንገዛእ ርእስና እምበር ንኻልእ ኣይንውክልን። ስለዚ ነዚ ጉባኤ'ዚ ዓጺኹም ቁጸራ ግበሩ'ሞ ኩሉ ተጸዊዑ ኣብ ቁጸራ ይምጻእ" በልኩዎም። ሓደ ጕበዝ ተሲኡ፡ እቶም ዓበይቲ ሱቕ ኢሎም ከለዉ፡ "ወይ ወድ ሱልጣን፡ ፌስርያ የትሕዘና ኣሎ። ክንደይ ኣስላም ክንብል፡ ክንደይ ጓሳ ኸብቲ፡ ክንደይ ጓሳ ገመል፡ ክንደይ በደው ንሕና ነዚ ክነምጽእ፡....

ሸኽ ኢብራሂም ሱልጣን ዓሊ

ኣብዚኣ ንሕና እንገብሮ ኣስላም በፍንጮኦም ይቕበሉዎ። ንሕና ዝበልናዮ፡ ንዓና ይኽተሉ፡ ንሕና ዝገበርናዮ በፍንጮኦም ይቕበሉ” ኢሉ። ኣብዚ እዋን'ዚ፡ “ኣነ ዓቕምኹም የብለይን ብጸርፊ ክመላለሰኩም። ንሕና ኣብዚ 10-20 ኢና ንኸውን፡ ንስኹም ድማ ኣሽሓት። ስለ'ዚ ረቢ ምሳኹም ይኹን፡ ንስኹም ግበሩ ፈጽሙ። ንኣስላም ድማ መንቈርቈር ጌርኩም በፍንጮኦም ቅድሑሎም፡ ድሓን ይሃብኩም፡ ጻዕዳ” ኢለ ተበገስኩ።

ነዚ ናይ ብድዐ ቃላት'ዚ፡ ብዘይካ ዝኸሪ ኢብራሂም ሱልጣን ካልእ መደገፊ ወይ መረጋገጺ ኣይርከቦን። ሽዑ ካብ መራሕቲ ሕብረት ዝነበሩ ደግያት ገብረዮሃንስ ተስፋማርያም፡ እዚ ተዘሪቡ እንተ ኾይኑ፡ ካብ ቀይዲ ወጻኢ ብዝነበሩ ገለ መንእሰያት እምበር፡ ብመራሕቲ ሕብረት ክኸውን ከቶ ከም ዘይኽእል ኣትሪሮም ይዛረቡ። ምኽንያቱ ድማ፡ ኣብቲ ጊዜ'ቲ ማሕበር ሕብረት ናይ እስላም ኣባልነት ይደሊ ስለ ዝነበረ፡ ንጉዳይ ሃይማኖት ተጠንቂቑ ኢዩ ዝሕዞ ዝነበረ ይብሉ። ብተወሳኺ፡ ናይ'ቲ ጊዜ ፖለቲካ ደኣ ምፍልላይ የምጽእ'ምበር፡ ኩሎም'ቶም መራሕቲ ሕብረትን ናጽነትን ዝነበሩ ዓበይቲ መተዓብይትን ኣዕሩኽን ኮይኖም፡ ናብ ነዚ ዝመስል ዘለፋ ሓድሕድ ዝወድቁ ከም ዘይነበሩ'ውን የረጋግጹ። ኣብ ልዕሊ'ዚ ግን፡ መራሕቲ ሕብረት ዝበዝሑ'ኳ ብክርስትና ዝኣምኑ ተወለድቲ ከበሳ ይኹኑ እምበር፡ ከም ከንቴባይ ዑስማን ህዳድ፡ ሸኽ ሱሌማን ኣልዲን፡ ሳልሕ ኬኪያ ፓሻን ፊታውራሪ ዓሊ በኺትን ዝመስሉ ፍሉጣት እስላም ኤርትራውያን ድሮ ምስ ሕብረት ወጊኖም ነይሮም ኢዮም። በዚ ተወሳኺ ምኽንያት፡ ይብሉ

“ኤርትራ ነጻ ምስ ወጸት ኣብ መቓብረይ መጺእካ ሕሹኽ በለኒ” ሓጂ ሱሌማን

ዓብደልቃድር ከቢረ

ሙፍቲ ኢብራሂም ሙኽታር

ደጊያት ሓሰን ዓሊ

ገብረዮሃንስ፡ እቲ ተዘሪቡ ዝበሃል ቃላት፡ ንኣተሓሳስባ መራሕቲ ሕብረት ዘውክል ኣይነበረን።

ብዝኾነ፡ ከምዚ ምስ ኮነ ይብሉ ሸኽ ኢብራሂም፡ ነቲ ዋዕላ ረጊጾም፡ ትኽ ኢሎም ናብቲ ዝሰርሑሉ ዝነበሩ ናይ ኣስመራ ቤት ምኽሪ ነጋዶ ኸዱ። ኣብ ቤት ጽሕፈት ኮፍ ኢሎም "ብኢስም ኣላህ ኣልራሕማን ኣልራሒም" ኢሎም ብምጅማር ድማ ፕሮግራም ኣልራቢጣ ኣልእስላሚያ ነደፉ። ንድፊ ናይቲ ፕሮግራም ምስ ተወድአ፡ ይቕጽሉ ሸኽ ኢብራሂም፡ ሓጂ ሱሌማንን (ሓዎም ንሙፍቲ ኤርትራ) ሸኽ ዓብደልቃድር ከቢረን ንገዝኦም መጽኡዎም'ሞ፡ ንሶም ከኣ ነቲ ንድፊ ፕሮግራም ኣርኣዩዎም። ንሳቶም ብወገኖም ሒዞሞ ናብ ሙፍቲ ኢብራሂም ሙኽታርን ደግያት ሓሰንን ብምኻድ ብሓሳባቱን ትሕዝትኡን ተሰማምዑ። ንሸኽ ኢብራሂም ጸዊያም'ውን ክታሞም ኣስፈሩሉ።[1]

ኣብ ዋዕላ ቤት ጌርጊስ ንመራሕቲ እስላም ዘጓነፎም ጸርፊ ንበይኑ ቀጥታዊ መበገሲ ናይቲ ዝሰዓበ ተግባራት ሸኽ ኢብራሂም ነይሩ ምባል ዝከኣል ኣይኮነን። ምናልባት ቀሩብ ኣቀላጢፉዎ ክኸውን ይኽእል። ምኽንያቱ፡ ማሕበር እስላም ናይ ምትካል ሓሳብ ቅድሚ'ዚ ጊዜ'ዚ እውን ፈኺም ይብል ከም ዝነበረ ኢዩ ዝንገር። ንኣብነት፡ ገና ኣብ 1944 ገጹ፡ መንእሰያት እስላም ኣስመራ ሓደ ብስም "ማሕበር ምትሕግጋዝ" ብዝዕባ ማሕበራውን ፖለቲካውን ኩነታት እስላም ዝዝተ ምትእኽኻብ ይገብሩ ከም ዝነበሩ ዘዘንትዉ ኣለዉ። ነዚ ድማ፡ በዓል ሸኽ ኢብራሂም፡ ከቢረን ደግያት ሓሰንን ይድግፉዎን ገንዘባዊ ሓገዝ ይገብሩሉን ከም ዝነበሩ'ውን ይትርኹ።[2]

1. ኢብራሂም ሱልጣን፡ ካይሮ፡ 1982።
2. ቃለ መጠይቕ፡ ሓጂ ናስር የረጊ፡ ኣስመራ 1997።

ብ6 መጋቢት 1947 ብዛዕባ ኣልራቢጣ ኣልእስላሚያ ኣብ ዝጸሓፉዎ ዓንቀጽ፡ ደግያት ሓሰን'ውን ተመሳሳሊ ሓበሬታ ይህቡ ኢዮም። ኣልራቢጣ ከመይ ኢላ ከም ዝበቖለት ከረድኡ እንከለዉ ድማ ከምዚ ዝስዕብ ይብሉ፤

ሓድ ሓደ ምሁራት መንእሰይ ኣስላም (ኣውራኳ ደቂ ምጽዋዕ) ካብ ሓያሎ ጊዜ ማሕበር ኣስላም "ራቢጣ ኢስላሚያ" ተባሂሉ ዚስመ ኣብ ኤርትራ ምቛም ከም ዜድሊ ደጋጊማቶም የማላኸቱን ይዛተዩን ነበሩ። ሓሳቡን ዕላማኡን ድማ ኣስላም ኤርትራ ስለ ክፍለጡን ክተሓጋገዙን ይመስል። ነዚ ሓሳብ'ዚ ዝሰምዐ ኣስላማይ ሕማቕ ሓሳብ ኮይኑ እተራእዮ ኣይነበረን። ብድሕር'ዚ ካብቶም ምስ "ማሕበር ፍቕሪ ሃገር" ዚዓዩ ዝነበሩ እሞ ነዚ ሓሳብ'ዚ ዚፈልጡ ዝነበሩ ኣስላም ማሕበር ራቢጣ ክትብሃል ቢሎም ናብ ገዛ ሓደ ዓብዪ ኣስላማይ ሰብ እናጸወዑ ዋቕሚ 'ራቢጣ ኢስላሚያ' ብቓልን ብጽሑፍን ይሰብኩሎም ነበሩ። ወረ ኪስማዕ እውን ገሊኣቶም ፈሪሞም።

ኢብራሂምን ብጾቶምን ነዚኣቶም ከተጥብዑዎም ባህርያዊ ነበረ። ጊዜ ከይወሰዱ እምበኣር፡ ብ3 ታሕሳስ 1946 ናይ ኩሎም መራሕቲ እስላም ኣኼባ ኣብ ከረን ጸወዑ'ሞ፡ ሰረታት ኣልራቢጣ ከም ዝንጸፍን እቲ ማሕበር'ውን ብወግዒ ከም ዝቓውምን ገበሩ። ብድሕር'ዚ፡ ኣብ 20-21 ጥሪ 1947 ኣብ ከረን ኣብ ዝተኻየደ ኣዝዩ ዓቢ ኣኼባ፡ እቲ ማሕበር ተጸንበለ። ሰይድ በክሪ ኣልሙርቓኒ ፕረሲደንት፡ ሸኽ ኢብራሂም ሱልጣን ከኣ ዋና ጸሓፊ ንክኾኑ ድማ ተመርጹ።

ስለምንታይ ኣልራቢጣ ኣልእስላሚያ፧

ስለምንታይ ኢዩ ኣልራቢጣ ቈይሙ፧ እስላም ኤርትራውያን ንበይኖም ማሕበር ንኽቐሙ'ኸ እንታይ ኣድለየ፧ እዚ፡ ሽዑ ጥራይ ዘይኮነ፡ ደሓር'ውን ኣዘውቲሩ ዝተላዕለን ሕጂ'ውን ዘየቋረጸን ሕቶ ኢዩ። ከም መርኣያ ናይ ሓደ ንኤርትራውያን እስላምን ክርስትያንን ዝፈላሊ ከቢድን ጋራድን ግርጭት ዘቕርቡዎ እውን ውሑዳት ኣይኮኑን።[3]

እቲ ማሕበር ወይ ሕብረት (League) ምስ ቈመ፡ ካብ ወገን ኢትዮጵያን ሕብረትን ኣዝዩ ብርቱዕ ወቐሳን ጸቕጥን መጸ። ምምሕዳር ብሪጣንያ ዝደገፎ ስለ ዝመሰለ ወይ ከኣ ሸለል ስለ ዝበሎ ድማ፡ ብብሪጣንያ ዝተዘወረ ማሕበር ኢዩ ዝብል ክሰታት'ውን ተወርወረ። መቸም፡ ብሪጣንያ እንተ ዝኾነላ ንኣልራቢጣ መሳርሒ ናይ'ቲ ናይ ምቕሊ ሓሳባታ ክትገብሮ ኣይምጸልኣትን። ቀንዲ ምንጪ ሓይሊ ኣልራቢጣ ካብ ከረን ጀሚርካ ንሳሕልን ጋሽን ባርካን ስለ ዝነበረ፡ በዚ ኣሳቢብካ ንምዕራባዊ ቆላታት ናብ ሱዳን ንምሕዋስ ይጠቕመኒ ይኸውን ዝብል ሓሳብ'ውን ከይነበራ ኣይተርፍን። ኣልራቢጣ ግን ብናይ ገዛእ ርእሱ መሰርሕን ከም ውጽኢት ውሽጣዊ ፖለቲካ ኤርትራን ዝበቖለ ማሕበር ነበረ።

3. Tekeste Negash, Eritrea and Ethiopia, The Federal Experience, pp. 111-145.

ኣይንፈላለ

ሰነ ስርዓት ምምስራት ኣልራብጣ ብ'ኽፊል። ደው ዝበሉ፡ ካብ ጸጋም - መሓመድ ሰዒድ ኣበራ፡ ኣደም ቁስሙላህ፡ ኢብራሂም ሱልጣን፡ ሰዓድ ሳልሕ፡ (ዘይተለለየ) መሓመድ ኑር (መገፍተን)፡ ኮፍ ዝበሉ፡ ካብ ጸጋም-(ዘይተለለየ)፡ ቃዲ ዓሊ ዑመር፡ ዓሊ በይ፡ ያና ዓሊ፡ ሓጂ ኢብራሂም ማሕሙድ፡ ሓጂ ሱሌማን።

ወተሃደራዊ ምምሕዳር ብሪጣንያ ነቲ ሽግር ትግረ-ሽማግለ ንምፍታሕ ዝካየድ ዝነበረ መጽናዕትን ንድፍታትን ብቐረባ ይከታተሎን ባዕሉ'ውን ይመርሖን ከም ዝነበረ ርኢና ኢና። ኣብ'ዚ፡ ማለት ከኣ ኣብ'ቲ ከም ፍታሕ ዝቐርብ ዝነበረ ኣገባብን ቅጥዕን፡ ኣብ መንጎ'ቲ ምምሕዳርን ብዓል ሽኽ ኢብራሂምን ፍልልይ ዝነበረ ኣይመስልን። ስርዓት ሽማግለ ዝፈርስ፡ ስልጣን ናብ መራሕቲ ቀቢላታት ምስ ዝመሓላለፍ ኢዩ ዝብል ኣረኣእያ ብ'ኽልቲኡ ወገን ይድፍኣሉ ስለ ዝነበረ፡ ኣብ'ዚ ኣልራብጣ ዝተመስረተሉ እዋን፡ ኩሉ'ቲ ምክፍፋላትን ምድባትን ብደቂቕ ይዝርዝርን ይስነድን ኢዩ ዝነበረ። መራሒ ናይ'ቲ መጽናዕቲ ትሬቫስኪስ ከ'ኸውን እንከሎ፡ ሽኽ ኢብራሂም ሓደ ካብቶም ቀንዲ ምንጭታት ሓበሬታን ኣማኻርን ነበሩ።[4] እዚ ምትሕብባርን ሓባራዊ ኣመለኻኽታ ብዛዕባ'ቲ ፍታሕን ግን ካብ በበይኑ ረብሓን መበገስን ዝነቐለ ምንባሩ ኣየጠራጥርን። እዚ ድማ፡ ኢብራሂምን ብጾቶምን ካብ ተቓውሞ'ቲ መስፍናዊ ስርዓት ክብገሱ እንከለዉ፡ እቲ ምምሕዳር ግን ከም መሳርሒ ምምቃል ኤርትራ'ውን ይጥቀመሉ ብምንባሩ ኢዩ።

ከምዚ ይኹን'ምበር፡ እቲ "ፍታሕ" ሽግር ትግረ ጊዚኡ ሓልዩ ብዘይ ዕንቅፋት ኢዩ ዝቐጸል ዝነበረ። ሙብዛሕትኡ እቲ ምምሕልላፍ ስልጣን ጸኒሑ ኣብ 1948

4. Trevaskis, p. 72-73. ሽኽ ኢብራሂም ነዚ ዝተባህለ ፍታሕ ይድግፉ ምንባሮም ባዕሎም'ውን ይገልጹ ኢዮም። ሓደ ጊዜ ከኣ ይብሉ፡ ንከንቲባይ ዑስማን ናይ ናቕፋ፡ ንደግለል ሽኽ መሓመድ ናይ በኒዓምርን ንሹም ሑመድ ኣረይ ናይ ማርያን ንኻልኦትን ብመኪናኦም ናብ እንዳ መሓመድ ዓሊ ፍካክ (ቤት ኣስገደ) ክወስዱዎም እንከለዉ፡ "ስምዑ፡ ነዞም ትግረ ንዘኾነት እዝን (ማይ ቤት) ናታ ዑምዳ ግበሩላ። ንስኹም ድማ ነዛረት (ናዝር ወይ ምስሌነ ምኻን) ይኣኽለኩም" ከም ዝበሉዎምን እቶም ዝጠዝሑ ከም ዝኣበዩዎምን ይገልጹ። (ቃለ መጠይቕ ካይሮ፡ 1982።)

እኳ እንተ ተተግበረ፡ ኣንፈቱ ግን ድሮ ኣብ 1947 ሒዙ ነይሩ ኢዩ። ኣብ ሓደ ካብ ጽሑፋቱ፡ ትረቫስኪስ 123 "ማሕበራዊ ኣሃዱታት" ትግረ ከም ዝነበራ የመልክት። ነዚኣተን ንኣሽቱ ፍንጫላትን ማይ ቤታትን ምስ ዝሕወሳኣን፡ እቲ ቍጽሪ ናብ 230 ጉጅለታት ትግረ ክብ ከም ዝብል ይገልጽ። መጠን ምክፍፋል ትግረ ክሳብ ክንደይ ከም ዝነበረ በዚ ክንግንዘብ ንኽእል።

ነዚ ምጭርራም'ዚ ንምጒዳል፡ ሓደ እኩብ ናይ ትግረ ብ1,000 ሰባት ዝቖመ ምስ ዝኸውን ጥራይ ከም ማሕበራዊ ጉጅለ ወይ ፖለቲካዊ ኣሃዱ ብወግዒ ክፍለጥ ከም ዝተሓሰበ ትረቫስኪስ ይገልጽ። እዚ ኣሃዝ'ዚ፡ ማለት ሽሕ ሰብ፡ ብኸመይ ከም ዝተመርጸ ትረቫስኪስ ኣይገልጾን። ቀጺሉ ግን፡ ነዚ ቅድመ ኩነት'ዚ ዘማልኡ ውሑዳት ስለ ዝነበሩ፡ ንኣሽቱ ጉጅለታት ተሓዋዊሰን ሓደ ዓቢ ጉጅለ ክፈጥራ ወይ ናብ ዓበይቲ ክጽግዓ ወይ ድማ ከም ቀደመን ክፉል ናይተን ሓቍፈናኣን ዝጸንሓ ዓበይቲ ቀቢላታት ኮይነን ክቕጽላ ከም ዝተሓለነ የረድእ። በዚ መሰረት፡ ልዕሊ ሽሕ ዝህዝበን 29 ቀቢላታት ተዘርዚረ። ካብ'ዚኣን፡ እታ ዝዓበየት 26,328 ህዝቢ ዝቝጸራ፡ ኣብ ባርካ ዝነበረት ኣልመዳ ክትከውን እንከላ፡ ብ1,050 ህዝቢ ዝነኣሰት ኣስፈዳ ዓድ ተክሌስ (ሳሕል) ምንባራ የመልክት። እዚ ኸምዚ ዝበለ ኣሃዛት ግን፡ ኣብ ሓደ ቦታ ንዝነብሩ ጉጅለታት ጥራይ ኢዩ ዝሓቍፍ። ብመሰረት ዝርዝር ሓበሬታ ትረቫስኪስ፡ ንኣብነት፡ ኣልመዳ ካብ ሳሕል ክሳብ ሰምሃርን ባርካን፡ ኣብ ሰለስተ ጉጅለታት ተዘርጊሖም፡ 41,401 ህዝቢ ከም ዝበጽሑ ንግንዘብ። ብተመሳሳሊ፡ ኣስፈዳ'ውን ኣብ ሰለስተ ጉጅለ 18,007 በጺሖም ንረኽቦም። ካልኦት ጉጅለታት'ውን ከምዚኦም ዝደጋገሙ ነበሩ።[5]

ከምቲ ዝተገልጸ፡ እቲ መስርሕ ምጽራይን ምውድዳብን ነዊሕ'ዩ ወሲዱ። ኣብ ሰነ 1948 ኢና ኸኣ ነዚ ብዝርዝር ዝገልጽ ሰፊሕ ሰንጠረጅ እንረክብ።[6]

ኣብቲ ቐንዲ ጉዳይና ክንምለስ። እቶም ሽማግለ ነተን ቀቢላታት ብቐሊሉ ክገዝኡወን ዝኽእሉ፡ ዝተበታተና ስለ ዝነበራ ኢዩ። ካብ'ዚ ንምድሓን፡ መራሕቲ ናይ'ቲ ምንቅስቓስ ንምጥርናፈን ክመርጹ ግድነት ነበረ። እዚ ምርጫ'ዚ ምስቲ ምምሕዳር ብሪጣንያ ሓንጺጹዎ ዝነበረ ናይ ምምቕቓል ፖለቲካ ምስናዩ፡ ኣጋጣሚ ወይ ውህደት ናይ ክልተ ዘይዛመድ ድሌታት ኣብ ሓደ ፍታሕ ደኣ'ምበር፡ ብመደብ ወይ ብዘተ ዝተበጽሐ ኣይነበረን።

ሸኽ ኢብራሂምን ብጾቶምን ንኣልራብጣ ዘመስረቶም ግን ጉዳይ ምጥርናፍ ቀቢላታት ትግረ ጥራይ ኣይነበረን። እዝስ ብኣድማዕነት ዝተጠቕሙሉ ድሉው ሰረትን ሓይልን'ምበር እቲ ቐንዲ ምኽንያት'ውን ኣይነበረን። ሰውት ኣልራብጣ ዝብሃል ዝነበረ ወግዓዊ ልሳን ናይ'ቲ ማሕበር ብዛዕባ ኣመሰራርታኡ ክገልጽ እንከሎ፡ "እቲ ንኤርትራ ናብ ሓበሻ (ኢትዮጵያ) ንምጽንባር ዝካየድ ዝነበረ

5. Trevaskis, Report on Serfdom WO 230/255, S/SE / 200, 5 June 1948.

6. FO 1015 / 138 RE 2385, June 1948. ኣብ'ዚ እቲ ሰንጠረጅ፡ ግዝኣቲ ደርቢ፡ ሰረቶም ዘጥፍኡ ጉይተትን ጉጅለታት ተወፋርን ብዝብል ምድባት፡ ነቲ ህዝቢ ኣብ ሰለስተ ይኽፍሎ። ኣብቲ ቐዳማይ 12፡ ኣብቲ ኻልኣይ 26፡ ኣብቲ ሳልሳይ ናይ ተወፋሮ ምድብ ከኣ 125 ጉጅለታት ይዝርዝር። ነፍስ ወከፍ ብኸመይ ከም ዝተወገነት'ውን ይሕብር።

ጉስጓስን ፕሮፓጋንዳን ኣዝዩ ሓያል" ከም ዝነበረ ይነግር። ናይ ኤርትራ ኣመሓዳሪ ዝነበረ ብሪጋደር ቤኖይ፡ ጉዳይ ኤርትራ ብኣህጉራዊ ደረጃ ንኽርአ ይቀራረብ ምንባሩ ብጥቅምቲ 1946 ምስ ኣረድአ ኸኣ ዓበይቲ ዓድን ሰብ ክእለትን ኤርትራ፡ መጻኢ ዕድል እታ ሃገር "ኣብ ቅኑዕን ምዙንን ራኢ" ተመስሪቱ ንኽውሰን ክጽውዑ ከም ዝጀመሩ'ውን የብርህ።

ነዚ ኩብርሆ እንክሎ እቲ ጽሑፍ፡ ኣባላት ሕብረት ዝኾኑ ክርስትያን ደቂ ሃገር፤

...ኑቶም በቲ ክትዕን ለውጥን ዘየፍቅድ መርገጺታቶም ኑቶም እስላም ናይ ግድን ተቐበሉ ስለ ዝበሉዎምን፡ ከምኡ'ውን ደድሕሪኦም ክጉትዎም ስለ ዝፈተኑን፡ እቶም እስላም ናይ ግድን ናቶም መርገጺ ክውስኑ ክኢሎም። ከም ውጽኢት ናይ'ዚ ቃልሲ ኸኣ ኣልራብጣ ኣልእስላሚያ ኣብ ከረን ተመስሪታ ይብል።[7]

እቲ ሰግኣት ብቐንዱ ግን ኣብቲ ኣባላት ሕብረት ዝገብሩዎ ዝነበሩ ጸቕጢ ጥራይ ዝበገሰ ኣይነበረን። እቲ ዝተጠቕሰ ዓንቀጽ፡ "ኢትዮጵያ ኣብ ልዕሊ እቶም ኢትዮጵያውያን እስላም እትርእዮ ዝነበረት ንዕቀትን ሕማቕ ኣተሓሕዛን"፡ ከምኡ'ውን ካብ ኤርትራውያን ክርስትያን'ውን ዝድርበ ዝነበረ ከም "ሰማይ ዓንዲ የብሉ፡ እስላማይ ዓዲ የብሉ" ዝብሃል ምስላታትን፡ እስላም ንዕኦም ዝውክል ማሕበር ንኽምስርቱ ከም ዝደፋፍአ ይማጉት። ቀጺሉ'ቲ ጽሑ፤

ኣብ ፓርላማ ኣዲስ ኣበባ፡ ብጀካ ሓደ ኣስላማይ (እዚ'ውን ከም ወካሊ እስላም ኮይኑ ዝተመርጸ ዘይኮነስ፡ ብኻልእ ፍሉይ ዝምድናታት ምስ ላዕለዎት ሓለፍቲ ዝኣተወ)፡ እስላም ወካሊ የብሎምን። ኣብኦም፡ ሚኒስተር፡ ኣመሓዳሪ ወይ ኣብ ዝኾነ ላዕለዋይ ጽፍሒ ናይታ ሃገር፡ ዝኾነ እስላም የለን።

ድሕሪ ምባል፡ እስላም ብቛንቋ ዓረብ ክጽልዩ ከም ዘይፍቀደሎምን ካልእ ናይ መንግስቲ ኢትዮጵያ ናይ ጭቆና ተግባራትን ይዝርዝር።

እዚ ኣገላልጻ'ዚ፡ ኣብቲ ዝሓለፈ ኣስታት ሸዱሸተ ዓመታት ምምሕዳር ብሪጣንያ፡ ንዝበዝሑ እስላም ኣብ ሰግኣት ዘእተወ ሃዋህው ተፈጢሩ ከም ዝነበረ ኢዩ ዝእምት። ምስታ ብክርስትያንነታ ኣዝያ እትምካሕ ዝነበረት ኢትዮጵያ፡ እሞ ኸኣ ብመገዲ'ቲ ብኦርቶዶክሳዊት ቤተ ክርስትያን ዝድገፍ ዝነበረ ማሕበር ሕብረት ምጽንባር፡ ንመራሕቲ እስላም ኤርትራውያን እናረአኻ ናብ ሓደ ዓምጻጽን ነጻልን ሃገር ምእታው ኢዩ ኾይኑ ተሰሚዑዎም።

ከምቲ ዝተባህለ፡ ምምስራት ኣልራብጣ ኣዝዩ ግንፉል ስምዒት ኣለዓዓለ። ካብቲ ተመስሪቱ ዝተባህለሉ ወርሒ ጥሪ ስዒቡ ኣብ ዝመጸ ወርሓት ድማ፡ ብዙሓት ደገፍቲ ሕብረት ወቐሳኦም፡ ዘለፋታቶምን ምዕዶኦምን ኣብ ሰሙናዊ ጋዜጣ ኣቕረቡሉ። ንሳቶም ጥራይ ዘይኮኑ፡ ኣቐዲሙ ጽንጽንታ ናይ'ቲ ማሕበር ምስ ተሰምዐ፡ ናጽነት ኤርትራ ዝድግፉ ወገናት'ውን ስክፍታኦም ንኽገልጹ ምስ መራሕቲ'ቲ ምንቅስቓስ ርክባት ገበሩ። ኣብ ሓደ ካብ'ዚ ቅድሚ ወግዓዊ ምምስራት ኣልራብጣ ኣብ መንጎ

7. ሰውት ኣልራብጣ 1/5፡ 25/3/1947።

እስላምን ክርስትያንን መራሕቲ ናጽነት ዝተኻየደ ልዝብ፡ ሸኽ ኢብራሂም ሱልጣን እንታይ ከም ዝተባህለ ብኸምዚ ይገልጹ፤

(ከምታ ኣቡነ ማርቆስ ዝገበሩዋ ንግበር።) እናሰማዕና ከለና፡ "ኣንታ ህዝቢ እዞም ኣስላም መዓርግካን ሸመትካን ክብረትካን ዓራትካን ኩርሲኻን ኢዮም ዚደልዩ ዘለዉ። ናይ ስለስተ ሸሕ ኣርባዕተ ሸሕ ዓመት ዝነበረካ ኮረሻ ኣብኡ ንኪሻረኹኻን ንዕኡ ክወስዱልካን ኢዮም ዚደልዩ ዘለዉ። ኣንታ ህዝቢ ክርስትያን ... " በልዎም ኣቡነ ማርቆስ። "ንሕና እውን ከምታ ንሶም ዝገበሩዋ ንግበር" በልኩ። 'እሞ፡ እንታይ ንግበር፤ ነዚ ህዝቢ ብምንታይ ንኣክቦ፣' ተባሂሉ። እዚ እቶም ንኢትዮጵያ ንጸልእ ኣስላምን ክርስትያንን ምስ ተኣኪብና ኢዩ ነይሩ። "ኢብራሂም ሱልጣን እንታይ ርእይቶኻ፣" ምስ በሉኒ፡ "ኣነ ኸምታ ማሕበር ኣንድነት (እንድማም) ዝገበሩዋ፡ ንቤተ ክርስትያንን ኣቡነ ማርቆስን ዘእተዉ፡ ንሕና እውን ከምኡ፡ ኣልራቢጣ ኣልእስላምያ ኣልኤሪትሪያ ንበላ ነዛ ሰልፍና። ብስም ኣስላም ድማ ንኹሎም ትግረ ክንሕዝ። እንዳ ሙርቓኒን መሻይኽን እውን ነእትዎም....።[8]

ሸኽ ኢብራሂም፡ እዚ ሓሳብ'ዚ ቡቶም ተኣኪቦም ዝነበሩ ክርስትያን፡ እንተላይ ራእሲ ተሰማ፡ ቅቡል ስለ ዝነበረ፡ ዝኾነ ጸገም ኣየጓነፈን ይብሉ። ጸኒሖም ዋና ጸሓፊ ማሕበር ኤርትራ ንኤርትራውያን ዝኾኑ ግራዝማች ሰዩም መዓሾ'ውን ተመሳሳሊ ዛንታ የዘንትዉ። ማሕበር ኣልራቢጣ ክቐውም ኢዩ ምስ ተባህለ፡ ይብሉ ግራዝማች ሰዩም፡ ኣብ ኣከለ ጉዛይ ዝነበሩ መራሕቲ ሳሆ ናብ መዘናታቶም ክርስትያን ቀሪቦም፡ እታ ማሕበር፤

...ሕጂ ናይ እስላም እንተ ተባህለት፡ ክትጥርንፈና ደኣ ኢና እምበር ናይ እስላም ፍልልይ ንገብረሉ የብልናን። እስላምን ክርስትያንን ከይንበሃሃል፡ ብሓንሳእ ስጋ በሊዕና - እስላም ዝሓረዱዎ ክርስትያን በሊያም፡ ክርስትያን ዝሓረድዎ ኸኣ እስላም በሊያም - ንፈላለየሉ መገዲ የልቦን። ግን፡ እዚ ነገራት'ዚ (ናይ ሃይማኖት ምፍልላይ) ካብ መንግስቲ ኢትዮጵያ ስለ ዝኣተወ፡ ንሕና ንእስላም ዝጥርንፍ ኣልራቢጣ ኣልእስላሚያ ክንብል ኢና..." ኢሎሞም።.... ተመኻኺሮም፡ እቶም ኣከለ ጉዛይ ዝነበሩ ናህና፡ "ዋእ፡ ንሕና ኣይትግበሩ ኢልና ንብለኩም መገዲ የብልናን። ኣብ ዕላማ ምሳና እንተ ሊኹም ኳንኩም፡ ንሕና ራቢጣ በሉ ዘይራቢጣ በሉ ንብሎ መገዲ የብልናን... ኢሎሞም።[9]

ኣልራቢጣ እምበኣር፡ ኣብ ምብጋሱ፡ ምስ'ቶም ጸኒሖም ማሕበር ኤርትራ ንኤርትራውያን ዝመስረቱ ወገናት ተረዳዲኡ ነይሩ ኢዩ። ሓደ ብዝዓይነቱ ፕሮግራም ከም ዝቖጸሉን ንኹሓብሩ'ውን ፈተነታት ከም ዞኻየዱን'ውን ክንርኢ ኢና።

ኣብ ናይ ፖለቲካ ዓለም፡ ኩሉ'ቲ ብቓልዕ ዝብሃልን ውሽጢ ውሽጢ ዝእለም ወይ ዝሰራሕን ሓደ ኢዩ ማለት ኣይኮነን ካብ ዝብል፡ ኣልራቢጣ ዝበለ እንተ

8. ኢብራሂም ሱልጣን፡ ቃለ መጠይቕ፡ 1982።

9. ሰዩም መዓሾ፡ ቃለ-መጠይቕ፡ 22/11/1996፡ ኣስመራ።

በለ’ውን ፖለቲካዊ ዕላማኡ ሃገራዊ ዘይኮነስ ወገናውን ሃይማኖታውን ኢዩ ዝብል መሪር ክሲ ቡብኸርናዕ ቀረቦ። “ሃገር ንዓረብ ክሸይጥ ደልዩ፡ ከመስልማ ተዓጢቑ…” ተባሂሉ’ውን ተጠርጠረ። ንውሽጣዊ ኣተሓሳስባ ኣልራቢጣ ኩብርህ ዝኸእል ሓደ ምንጪ ግን ክንጠቅስ።[10]

ዓብደልቃድር ከቢረ

10. እዚ ሓበሬታ’ዚ ሳልሕ ዩኒስ ዝተባህለ ኤርትራዊ ኣብ’ቲ ብ”ደሃይ” ዝፍለጥ ኤርትራውያን ዝመያየጡሉ ናይ ኢ-መይል/ኢንተርነት መርበብ ዝቐረበ ኢዩ። ሳልሕ ዩኒስ ከም ዝብሎ፡ ምንጪ ናይ ጽሑፉ፡ ዓብደልቃድር ከቢረ ንምምስራት ኣልራቢጣ ኣመልኪቶም ንዓርኮምን ሓው ሳልሕ ዩኒስን ዝኾኑ ካሻሌረ ኑር ሑሴን ዝተጻሕፈ’ሞ ኣብ ኢዱ ዝኣተወ ደብዳበ ኢዩ። እቲ ደብዳበ ኣብ ዝተጻሕፈሉ እዋን፡ ካሻሌር ኑር ሑሴን ኣብ ሶማል ዝነብሩ ኤርትራዊ ነበሩ። (Dehai, 29 Aug, 1997.)

እቲ ምንጪ ከም ዝሕብሮ፡ ብ25 ነሓሰ 1948፡ ዓብደልቃድር ከቢረ፡ ብስደት ኣብ ሶማልያ ይርከቡ ንዝነበሩ ዓርኮም ሓደ ደብዳበ ለኣኹ። ኣብ'ዚ ድማ፡ ብዛዕባ ዕላማታት ኣልራቢጣ ኣልእስላሚያ ኣስፊሖም ገለጹ። ኣብ'ዚ ደብዳበ'ዚ፡ ከቢረ ኣልራቢጣ ከም ዝተመስረተ፡ ኣብ መላእ ሃገር ጨናፍር ከም ዝኸፈተ፡ ከምኡ'ውን ንሶም ናይ ጨንፈር ኣስመራ ፕሬሲደንት ከም ዝተመርጹ ይገልጹ። ቀጺሎም፡ "ዕላማ'ቲ ማሕበርክ እንታይ ኢዩ፧" ዝብል ሕቶ የቕርቡ'ሞ፡ ባዕሎም ከኣ ከም'ዚ ዝስዕብ ይምልሱዎ፡-

ክርስትያን ደቂ ሃገርና ንምጭቋን ወይ እስልምና ንምስፍሕፋሕ ኣይኮነን። ዕላማኡ፡ ምስ ኢትዮጵያ ፊደራስዮን ንምምስራት ንዙብል ደገፍ ብኸቲልንትናኡን ኩነታቱን ምንጻግ ኢዩ። ምኽንያቱ፡ እቲ ሰማዕን ፈላጥን ኣላህ ርትዒ ዓዲሉና ክነሱ፡ ከመይ ኢልና ኢና'ሞ ምስታ ዓማጺትን መላኺትን ኢትዮጵያ ኢድና እነሰምር።

ኩነታት እቶም ዓቕሚ ኣልቦን ዕቡሳትን ኮይኖም ዘለዉ ዓሰርተ ሚልዮን እስላም ኢትዮጵያውያን ከኣ ንርእዮዶ የለናን፧ ስለ ዝኾነ ንሕና ከም ሓደ ሓቢርና ኣለና፡ ንመስልና ኸኣ ክሳብ ሞት ኣጥቢቕና ክንጠልብን ክንከላኸልን ኢና። ነዚ መርገጺና'ዚ ኸኣ ኣይነመኻንየሉን (ምስምስ ኣይንገብረሉን) ኢና። ኣላህ ደኣ ኣይግበሮ'ምበር፡ እንተ ዘይተዓዊትና'ውን ብውሑዱስ ዕላማና ብኣላህን ፍጡራቱን ብሰፊሑ ተፈሊጡስ ታሪኽ'ውን ከረጋግጾ ኢዩ። ካብ ሽሕ ዓመት ብውርደት፡ ሓንቲ ዓመት ብኽብረት ምንባር ከኣ ይበልጽ።

ምስቲ ጸኒሑ ዘጋጠመ፡ ብኢድ ልኡኻት ኢትዮጵያ ዝተፈጸመ ቅትለት ዓብደልቃድር ከቢረ ክዛመድ እንከሎ፡ እዚ ቓላት'ዚ ናይ ሓደ ኣዝዩ ብሱል፡ ዘይነቓነቕን ኣርሒቑ ዝርእን ሃገራዊ ምኳኑ ንግንዘብ። ቃላት ከቢረ፡ ነቲ ዝኑብሩሉ ዝነበሩ ኣዝዩ ሓደገኛ ኩነታት'ውን የብርህ፣ ምኽንያቱ፡ ኣብ'ዛ ደብዳበኦም እዚኣ ንሞት ወይ መስዋእቲ ከም ክዉንን ዘይተርፍን ኢዮም ተዛሪቦምሉ። ብእስልምና ንዘኣምን ዓርኮም ይጽሕፉ ስለ ዝነበሩ ኸኣ፡ እቲ ኹሉ ብዛዕባ ሃገራውነት ኣልራቢጣ ዝበሉዎ፡ ሓቅን ምትሕብባእ ወይ ቃል ዓለም ዘይነበሮን ምንባሩ ኣየካትዕን።

ኣብ'ታ ደብዳበ፡ ከቢረ ኣብ መዓልቲ ዒድ ኣልፈጥር ኣብ ኣስመራ ዓቢ ሰላማዊ ሰልፊ ከም ዝተገብረን ኣብኡ ድማ "ናጽነት'ምበር ሕብረት ምስ ኢትዮጵያ ኣይንደልን፡" "ዕድመ ንሰልፊ ናጽነትን ልምዓትን"[11] ዝብል ጭርሖታት ከም ዝተላዕለን ይገልጹ።[12] ዕላማታት ናይ'ቶም ሰልፈኛታት ብምዝርዛር ድማ ጽሑፎም ይድምድሙ፡-

ዕላማኡ ክብሪ ኢዩ፡ ዋጋ ክብሪ ድማ ህይወት ኢዩ። ዋጋስ ክኽፍሉ ኢዮም፡ እቲ ዋጋ ግን ሕሱር ኣቕሓ-መሸጣ ኣይኮነን። እቲ ዝለዓለ ወድ ሰብ ዝውንኖ፡ ክቡርን ዋጋ ኣልቦን ደሙ ኢዩ - እዚ ድማ፡ ኣብ ምዕራፋት ናይ'ቲ

11. እዚ ስም'ዚ ወግዓዊ ስም ናይ ማሕበር ኤርትራ ንኤርትራውያን ኢዩ ነይሩ።

12. እቲ ሰላማዊ ሰልፊ ብፊልም ከም ዝተላዕለን ኣብ ሱዳንን ግብጽን ከም ዝተጠልበን ከቢረ ይገልጹ ኢዮም። እዚ ክሳብ ሕጂ ዝተዓቀበ ምኳኑ ግን ሓበሬታ የለን።

ንፍትሒ ዝካየድ ኣህጉራዊ ቓልሲ፡ ሓንቲ ገጽ ንምጽሓፍ ኢዩ ክኽፈል። እቲ ዕላማ ፍትሒ ምጭባጥ ወይ እናፈተንካ ምማት ኢዩ። ኩነታትና እዚ ኢዩ። ዕላማና ኸኣ ፍትሒ ኢዩ።

ነዛ ናይ ጣልያን ምስላ ኣይትረስዓያ፡ Meglio vivere un giorno leone che cento anni come pecora.[13]

እዚ ርሱን ፍቕሪ ሃገርን ዘሰደምም ትንቢትን ዝሓዘለ ቃላት ከቢረ፡ ብውሑዱ ንባህርን ውሽጣዊ ድሌትን መራሕቲ ኣልራብጣ ዝውክል ኢዩ ነይሩ። ርግጽ፡ ሰረት ኣልራብጣ እቲ ተወፋራይ ስለ ዝነበረ - ከቢረ ኣብ ደብዳበኦም 999/1000 ደቂ ገጠር ከም ዝድግፍዎ ኢዮም ገሊጾም - ብዙሓት መሳፍንቲ፡ ንገለ እዋን እቶም ፕረሲደንት ኣልራብጣ ዝነበሩ ሰይድ በክሪ ኣልሙርቃኒ ከይተረፉ፡ ነቲ ማሕበር ገዲፎም ናብ ሕብረት ሰጊሮም ኢዮም። እዚ ግን ረብሓ ኢዩ ኣበጊሱዎም። ብኣጠቓላሊ ግን፡ ከም ዕላማን መትከልን፡ ኣልራብጣ ንሃይማኖት እስልምና ከም መጠራነፊ ዝጥቀም፡ ንምሉእ ናጽነት ኤርትራ ኸኣ ዝጣበቕ ቀዳማይ ሃገራዊ ማሕበር ወይ ሰልፊ ከም ዝኾነ፡ ፕሮግራሙን ተግባራቱን ዝምስክሮ ኢዩ።

ፕሮግራም ኣልራብጣን ዘልዓሎ ክትዕን

ፕሮግራም ኣልራብጣ ብኽልተ መድረኻት ኢዩ ሓሊፉ። እቲ ቐዳማይ ብ3 ታሕሳስ 1946 ኣብ ከረን ዝቐረበ ኢዩ። ትሕዝቶኡ ድማ ከምዚ ዝስዕብ ክጽመቑ ይከኣል፤

1. ኤርትራ በቲ ሒዛቶ ዘላ ዶባት ናጽነታ ክትረክብ፡ ኣብ ትሕቲ ዝኾነ ኩነታት፡ ምስ ኢትዮጵያ ይኹን ምስ ካልእ ሃገር ከይትጽንበር።
2. ክሳብ ነፍሶም ናይ ምምሕዳር ክእለት ዘጥርዩ፡ ኤርትራውያን ኣብ ትሕቲ ኣህጉራዊ ወይ ብሪጣንያዊ መጉዚትነት ክጸንሑ፡
3. እዋን መጉዚትነት ምስ ኣብቅዐ፡ ኤርትራ ምሉእ ናጽነታ ክትረክብ።
4. ምስ ኩነታት ሃገርን ፖለቲካዊ፡ ቍጠባውን ማሕበራውን ደረጃኣን ዝሰማማዕ ስርዓት ምምሕዳር ምቛም።[14]

እዚ እማመታት'ዚ ኣብ ከረን ብሓያሎ መራሕቲ ምስ ተኸተመሉ፡ ካልኣይን ዝዓበየን ጉባኤ'ቲ ማሕበር፡ ብ20-21 ጥሪ 1947 ሕጂ'ውን ኣብ ከረን ተኻየደ። ኣብዚ፡ ወከልቲ እስላም መላእ ኤርትራን ከምኡ'ውን ንደገፍቲ ናጽነት ዝውክሉ ክርስትያን ደቂ ኸበሳን ተሳተፉ። ፕሮግራም ኣልራብጣ ኣብ'ዚ ኣኼባ ከምዚ ዝስዕብ ሰፍሐ፤

---

13. ትርጉም ናይ'ዛ ምስላ ጥልያን፡ "ካብ ሚእቲ ዓመት ዕየት፡ ሓንቲ መዓልቲ ኣንበሳ ይሓይሽ" ዝብል ኢዩ። (እቲ ደብዳበ ብዓረብ ተጻሒፉ፡ ብሳልሕ ዩኒስ ናብ እንግሊዝ ዝተተርጉመ ኢዩ። ደራሲ ድማ ካብ እንግሊዝ ናብ ትግርኛ ተርጕሙዎ። ኣብ መንጎ'ዚ ትርጉማት'ዚ፡ እቲ ቐንዲ ሓይሉን ቃናኡን ጉዲሉ ከም ዘኸውን ኣየጠራጥርን)።
14. ሰውት ኣልራብጣ 1/5፡ 25/3/1947።

1. ኤርትራ ከይተመቓቐለት ክትነብር።
2. ኤርትራ ምሉእ ነጻነት ክትረክብ። ብትምህርቲ ምኽንያት ንሕጂ እንተ ዘይተኻእለ ድማ ውሽጣዊ ናጽነት ተቐቢላስ ብናይ ሕቡራት ነገስታት ዓቃብነት ወይ ከኣ መጉዚትነት ብናይ ብሪጣንያ ወይ ከኣ ናይ ሕቡራት መንግስታት ተዓዛብነት ክሳብ 10 ዓመት ክትጸንሕ፡ እተን ዓሰርተ ዓመት ምስ ኣኽላ ግን ዝኾነ ምኽንያት ዘይብሉ ምሉእ ነጻነት ክትረክብ።
3. ህዝቢ ኤርትራ ትምህርትን ስልጣነን ስለ ዝኾነ ሃረርታኡ፡ እቲ ዕድሉ ኣብ ክሳብ ሕጂ ካብቲ ናይ ቀደም ንብረቱን ኩነታቱን ዘይወጸ መንግስቲ ኬውድቖ ኣይደልን። ስለዚ ምስ ኢትዮጵያ ኮነ ምስ ካልእ ዝኾነ ይኹን ሃገር ኪጽንበር ድሌቱ ኣይኮነን።
4. ማሕበር ኣስላም ኤርትራ፡ እቶም ኣሕዋት ኣስላም ኣብ ኤርትራ ዚቕመጡስ ተፈላልዮም ዘለዉ ምስ መሬቶም ናብ ኤርትራ ኪምለሱ ይደሊ፡
5. ንምሉእ ናጽነት ኮነ ብዛዕባ መጉዚትነት ኮነ ንምዝራብ ምሁራትን ለባማትን ይምረጹ፡
6. ምሉእ ናጽነት ንምሃብ እንተ ዘይተኻእለ ነታ መጉዚት ኮይና ተማሓድር መንግስቲ እተን ሕቡራት መንግስታት ብምስትውዓል ኪዕዘባኣ መዘን ይኸውን።
7. ሰብ ማሕበር ራቢጣ ኢስላምያ ነዚ ቕዋም'ዚ ናብቶም ኣሕዋቶም ክርስትያን ከቕርብዎ'ሞ ክልቲኡ ህዝቢ ብኣኡ ኪሰማምዑ ተስፋ ይገብር።[15]

ደው ኢሎም ዘለዉ፡ ካብ ጸጋም - ቃዲ ሙሳ፡ ሓሰን ዓሊ፡ ሓጂ ሱሌማን፡ ብርሃኑ ኣሕመዲን፡ ዑስማን ሓዮቲ፡ ኢብራሂም ሱልጣን፡ ባጡቕ፡ (ዘይተለለየ)፡ ከቢረ፡ ዓሊ ረድኣይ፡ (ዘይተለለየ)። ኮፍ ኢሎም ዘለዉ፡ ሰዓድ ሳልሕ፡ ኣሕመድ ኩርብያ።

15. ሰ.ጋ. ቍ.5/235፡ 6/3/1947። ሰውት ኣልራቢጣ፡ 1/1፡ 25/2/1947።

ከምቲ ኣቐዲሙ ዝተገልጸ፡ ብዘይካ'ቶም ቀልጢፎም ንሓሳባት ኣልራቢጣ ዝተረድኡ ወይ ዝተቐበሉ፡ እቲ ዝበዝሐ ብኽርስትና ዝኣምን ህዝቢ ነቲ ማሕበር ብዓይኒ ጥርጣረ ጠሚቱዎ ምባል ምግናን ኣይከውንን። ብዘይካ ንኤርትራ "ምምቃል ወይስ ምፍልላይ" ካልእ ረብሓ ከም ዘይህብ ዝተነበዩ ውሑዳት ኣይነበሩን።[16] ፕሮግራም ኣልራቢጣ ብወግዒ ምስ ተዘርግሐ ግን እቲ ክትዕ ኣንፈት ክሕዝን ብጭብጢ ክወርድን ጀመረ።

ኣብ ጽባሕ ጉባኤ ከረን፡ ኣቶ ተድላ ባይሩ፡ ብስም ማሕበር ፍቕሪ ሃገር ኤርትራ ምስ ኢትዮጵያ - ሓንቲ ኢትዮጵያ፡ ናብ ጋዜጣ ጥልያን ኢል ኮቲድያኖ ኤሪትሬዮ ኣብ ዝለኣኹዎ ደብዳበ፡ ንኣልራቢጣ ብሰለስተ ነጥብታት ከሰሱዎ። ከም'ዚ ድማ በሉ፤

1. እዚ "ሕብረት ኣስላም ኤርትራ" ዚብል ስም ንርእሱ፡ ምስ'ቲ ክዉን ዘኾነ ነገር ወይ ከኣ ምስ ሓቂ ዘይሰማማዕ (ስም) ኢዩ።
2. ኣማእት ኣሽሓት ደቂ ኤርትራ ኣስላምን ክርስትያንን፡ ኤርትራ ብኡብኡ ምስ ኢትዮጵያ ክትጽንበር ድሌቶም ከም ዘኾነ፡ ብሓርነት ሓሳባቶም ወይ ድልየቶም ገሊጾም ኣሎዉ።
3. እቶም ኣብ ከረን እተኣከቡ ኣስላም ኤርትራውያን፡ ምንም እኳ ናይ ኩላቶም ኣስላም ወዳእት ነገር ኮይኑ ተሰሚዑዎም እንተ ኾነ፡ ናይ ገዛእ ርእሳቶምን ናይ'ቲ ማሕበሮምን ጥራይ ወዳእት ነገር ደኣዮም።[17]

ብ25 ጥሪ 1947፡ ሸኽ ኢብራሂም ሱልጣን ከም ዋና ጸሓፊ ማሕበር እስላም ኤርትራ፡ መልሲ ጸሓፉ። ተድላ ባይሩ ዝበሉዎ ካብ ሓቂ ዝረሓቐ ከም ዝነበረ ድሕሪ ምምልካት ድማ፡ ኣብቲ ካብ 20-23 ጥሪ ዝተኻየደ ናይ ከረን ኣኼባ፡ ወከልቲ ኩሎም እስላም ከም ዝተረኸቡ ዘመልክት ዝርዝር ኣቕረቡ። ነቲ ዝተረፈ ክስታት ተድላ ባይሩ ንምምላስ ድማ ነዚ ዝስዕብ ኣቕረቡ፤

- ማሕበር ፍቕሪ ሃገርስ ናይቲ ኣዝዩ ዝወሓደ ወይስ ዝነኣሰ ወገን ወዳእ ነገር ደኣዩ። እዚ ድማ ብዛዕባ እስላም ጥራይ ዘይኮነስ ብዛዕባ ክርስትያን ከይተረፈ'ውን ከምኡ ኪብሃል ዚክኣል ኢዩ።
- ማሕበር ኣስላም ናይ ኩላቶም ኣስላም ኤርትራ ወዳእ ነገር ስለ ዝኾነ፡ ኣስላም ከኣ ካብ ሕዝብ ኤርትራስ እቶም ዝበዝሑ ስለ ዝኾኑ፡ እቲ ኣውራ ዝዓበየ ማሕበር ንሱ ኢዩ።
- እቲ ኣማእታትን ኣሽሓትን ኣስላምን ክርስትያንን ምስ ኢትዮጵያ ምሕባር ለሚኖም እተባህለ ቃል ከኣ፡ ፈጺሙ መሰረት ዘይብሉ ቃል ኢዩ። እቲ ሓቂ ዝኾነ ነገርስ፡ እቲ ኣስላም ምስ ኢትዮጵያ ምሕባር ወይ ከኣ ኣብ ኢትዮጵያ ምልጋብ ኩሉ ጊዜ ከም እተሓሰሙ ዚነግር ደኣ'ዩ። ሕብረት ዚልምኑ

16. ወልደኣምላክ ወልደድንግል፡ ሰ.ጋ. 5/227፡ 9/1/1947 ገጽ 2 ርአ። ከምኡ'ውን ጉብረዮሃንስ ተስፋማርያም፡ ጉብረሚካኤል ግርሙ ዘበራቺት፡ በርሀ ምስጉን ኣብ ዝተፈላለየ ሕታማት ሰሙናዊ ጋዜጣ ናይ ወርሓት ጥሪ-ለካቲት ርአ።
17. ሰ.ጋ. 5/230፡ 30/1/1947።

ሰባት.... ናይ ሕዝብ ኣስላም ብፍላይ፡ ከምኡ'ውን ናይ ምሉእ ሕዝብ ኤርትራ ብጃምላ ወዳእት ነገር ኩቶ ዘይምኳኖም ግና ኣይተርፎምን።[18]

ኣልራብጣ ይድለዮን ይሕሰቦን ብዘየገድስ እምበኣር፡ ኑቲ ፖሊቲካ ኤርትራ ሒዙዎ ዝጸንሐ ናይ "ሕብረትዶ ናጽነት" ኣንፈት፡ ሕቶ ሃይማኖት ተወሰኾ። ደገፍቲ ሕብረት ከኣ ነዚ ከም ድሌቶም ንኽመጡዎ ምቹእ ባይታ ረኸቡ። ሓደ ካብዚኦም፡ ጸኒሖም ኣሰናዳኢ ጋዜጣ ኢትዮጵያ ዝኾኑ ኣዝማች ገብረሚካኤል ግርሙ ዘበራቚት፡ ኑቲ ደጃዝማች ሓሰን ንራብጣ ኣመልኪቶም ዝጸሓፉዎ ዓንቀጽ መለሱሉ። ነታ፡ "....እቲ ዕድሉ ኣብ ክሳብ ሕጂ ካብቲ ናይ ቀደም ንብረቱን ኩነታቱን ዘይወጸ መንግስቲ ኬውድቖ ኣይደልን፡ ስለዚ ምስ ኢትዮጵያ ክጽንበር ድሌቱ ኣይኮነን" እትብል ዓንቀጽ 3 ናይ ኣልራብጣ ፕሮግራም ብምስማር ድማ ከምዚ በሉ፤

ክጽንበር ድሌቱ ኣይኮነን ተባሂሉ ዘሎ ዓንቀጽ፡ ፍጹም ጠማማ ደባቒ ርትዒ፡ ኣሸንባይ ንሓደ ጥንታዊ ታሪኻዊ ግኑን ዝኾነ መንግስቲ ሃጸያት፡ ንማንም ትማሊ ምሸት ዝቖመ ታራ ማሕበር እኳ ከማኡ ገቢርካ ኣይባጮን። ከምዙይ ቢልካ ምንጋር ከኣ ናይ ጠማምነት ወይ ድንቍርነት ቃል ኢዩ።[19]

ካብ ዓንቀጻት ፕሮግራም ኣልራብጣ እታ ዝያዳ ክትዕ ዘልዓለት፡ እታ ኣብ ሰሙናዊ ጋዜጣ፡ "ማሕበር ኣስላም፡ እቶም ኣሕዋት ኣስላም ኣብ ኤርትራ ዚቕመጡስ ተፈልዮም ዘለዉ ምስ መሬቶም ናብ ኤርትራ ኪምለሱ ይደሊ" ተባሂላ ናብ ትግርኛ ዝተተርጐመት ዓንቀጽ 4 ነበረት። ኣብ "ሰውት ኣልራብጣ" (1/1፡ 25/2/1947)፡ እቲ ኣቀራርባኣ ዝተፈልየ ኢዩ። "ባይቶ ኣልራብጣ ኣልእስላሚያ ካብ መሬታ ተጨሪሙ ዝተወሰደን መበቊሎም ኤርትራውያን እስላም ዝኾኑ ዝቕመጡዎን መሬታ ክምለሳ ትደሊ፡" ኸኣ ኢያ ትብል።

እዛ ዓንቀጽ'ዚኣ ንዝተፈላለየ ትርጉም ተቓልዐት። እታ ናይ ዓረብ ትርጉማ እንተ ኾነት'ውን ሓጋዚት ኣይነበረትን። ኣልራብጣ'ውን ብዛዕባ ኣየናይ መሬትን ኣየናይ ተፈልዩ ዝቕመጥ ህዝብን ኣብ'ቲ ፕሮግራም ስለ ዘየነጸረ፡ ንግምትን ይኸውንን ጠዓመ። ኣብታ ዝተጠቕሰት ዓንቀጾም፡ ገብረሚካኤል ግርሙ ዘበራቚት፡ ነዘን ዝስዕባ ሕቶታት ኣቕረቡ፤

....ክቡር ደጃዝማች ሓሰን ፍቓዶም እንተ ኾይኑ ኣስፊሖም ከም ኣረድኡና ጽቡቕ ነቢሩ። ናብ ኤርትራ ዝምለሱ ኣየኖት እስላም ኢዮም፧ ተፈልዮም ዝቕመጡ ዘለዉስ በዓል መን ኢዮም፧ እሞ እንተ መጹስ እዘን ዋላኻ መሬት ናይ መን ኢየን፡ እሞ ይህቡዎም ዶኾን፧ ይኣኽላና ዷየንከ ወይ ከኣ ከካብ ብጽሒት ግራትና ክንመቕሎም ዷና፧ ተመንን ገበልን ጓቲትና ኣምጺእናስ ደቅና ወደቂ ደቅና ብሰላምዶ ክነብሩ ኢዮም፧ እንድዒ! ለባማት ተዓዘቡዎ።

ተናኻሲ ቃላት ኢዩ ነይሩ። ናይ "ተወረርና" ስምዕታ ኸኣ ይመስል።

18. ሰ.ጋ. 5/230፡ 30/1/1947።
19. ሰ.ጋ. 5/236፡ 13/3/1947።

ደግያት ሓሰን ኣብ ጽሑፎም፡ ትርጉም "ራቢጣ" ንኸረድኡ፡ ሕብረት ወይ ማሕበር ማለት ከም ዝኾነ ድሕሪ ምግላጾ፡ "እተን ኣብዘን ቁሩባት ዓመታት እተጠምራ መንግስታት ዓረብ ከኣ ራቢጣ ዓረቢያ ተባሂለን ይስመያ፡ ኣረ እዛ ራቢጣ ዓረብያስ ዓሌቱ ዓረብ ይኹን እምበር ኣሰላምን ክርስትያንን ትጥርንፍ ኢያ፡" ኢሎም ነበሩ።

ገብረሚካኤል ግርሙ ነዚኣ ብምውሳድ፡ ዓንቀጽ 4 ብስም ራቢጣ ንባዕዲ ኣምጺእኳ፡ ንኤርትራ ኣብ "ቀንበር ባዕዲ" ምስ ምእታው ክጽብጸብ ከም ዝኽእል ኣመቱ። ኣልራቢጣ፡ ዓንቀጽ 4 ብዛዕባ ኣየናይ መሬት ከም ዝዛረብ ዘነጸሩ፡ ጸኒሖም ብ 18 ሕዳር 1947 ኣብ ቅድሚ ኮሚሽን ኣርባዕተ ሓያላት ምስ ቀረቡ ኢዩ። ኣብ'ዚ ርብክ'ዚ፡ ወከልቲ ኣልራቢጣ ብዛዕባ ተመሳሳልነት ህዝቢ በኒ ዓምርን ስግር ዶብ ዝነበሩ ህዝብታት ሱዳንን ምስ ተሓተቱ፡ ነዚ ዝሰዕብ መለሱ፤

> እው፡ ምስቶም ኣብ'ቲ ናይ በጃ ክፋላት ሱዳን ዝነበሩ ህዝቢ ሓደ ኢዮም። (በዚ ምኽንያት ኢና) ኣብ'ቲ ጠለባትና፡ እቲ ናይ በጃ ዞባታት ናይ ኤርትራ እምበር ናይ ሱዳን ስለ ዘይኮነ፡ ናብ ኤርትራ ንኽምለስ ሓቲትና ዘለና።[20]

እዚ መግለጺ'ዚ ብእዋኑ ተዋሂቡ እንተ ዝኑብር'ውን ነቲ በብሸነኹ ዝውሕዝ ዝነበረ ወቐሳን ክሰታታን ኣይመዝሓሎን። ብፍላይ እቲ ናይ ጋዜጣታት ክትዕ ዳርጋ ብወግዕን ብጋህድን ወገን ፈለየ። ማሕበር ሕብረት'ውን ኤርትራ በቲ ሓዲሽ ናይ ኣልራቢጣ ተርእዮ ከም ዝተበደለት፡ ነቲ ዝተቐልቀለ ሃይማኖታዊ ምፍልላይ ንሳቶም ዘይኮኑስ መራሕቲ ኣልራቢጣ ከም ዘበገሱዎ ዘሰምዕን ከእምን ዝፍትንን ስብከት ኣበርቲዖምን ኣዘውቲሮምን ዘርግሑ።

ኣብ መንጎኦም ግን፡ ሕጂ'ውን ልዝብ ዝሓቱ ኣይተሳእኑን። ኣቶ (ደሓር ደግያት) ገብረዮሃንስ ተስፋማርያም፡ ካብ ቀንዲ መራሕቲ ሕብረት'ኳ እንተ ነበሩ፡ በቲ ዝነበረ ሃዋህው ሰጊኦም ንናይ ኤርትራዊ ውሽጣዊ ልዝብ ጸውዑ። ኣብ ሓደ ካብ'ቲ ኣዝዩ ብዙሕ ጽሑፋቶም ድማ ከምዚ በሉ፤

> ...ካብ ቤት ጊዮርጊስ ዝተረፈት ንእሽቶይ ቁልዒ ፍቕሪ ብልጭ-ብልጭ ትብል ትርእ ኣላ'ሞ ብዚከኣለና ኡ...ፍ ኢልና ከም ነቃጽላን ነንድዳን ንግበር፡ ከመይ ካብ ከምዚ ዝመሰለ ሃልሃልታ ሰምምዕ ጥራይ ኢዩ ናጽነት ኪውለድ ዚከኣል። እንተ ደኣ ከምቲ ናይ ቀዳማይ ቤት ጊዮርጊስ ከተጥፍኡዋ ኾይኑ ሕሳብኩም ዘሎ ግን፡ ቁልዒ ኢያ ዘላ'ሞ ኣይትደከሙ ባዕላ ትጠፍእ ኢያ።[21]

ደግያት ገብረዮሃንስ ናጽነት ክብሉ እንከለዉ፡ ከምቲ ናይ ኣልራቢጣ ልኡላውነት ሃገር ዘይኮነስ፡ ናጽነት ኣብ ውሽጢ ኢትዮጵያ ወይ ምሕዋስ ምስ ኢትዮጵያ ማለቶም ኢዩ። ይኹን'ምበር፡ እቲ ንሶም ዝጣበቑሉ እውን እንተ ኾነ፡ ብዘተን ስምምዕን ኤርትራውያን ይምጻእ ንምባል ኢዮም ን"ዳግማይ ቤት

20. EPC Report, IA Part 2, Eritrea, p. 144.
21. ሰ.ጋ. 5/237፡ 20/3/1947።

ጊዮርጊስ” ዝጽውዑ ዝነበሩ። “ንእሽቶይ ቊልዒ ፍቕሪ ብልጭ ብልጭ ትብል ትርአ ኣላ” ዝበሉ ኸኣ፡ ኣብ’ዚ እዋን’ዚ እቲ ናይ ጽልኢ ኣንፈት ዘፍርሖምን ዝጸልኡን ሰባት ንልዝብ ይደፍኡ ብምንባሮም ኢዩ።

ሓደ ካብዚኣቶም፡ ኣቶ ወልደኣብ ወልደማርያም ነበሩ። ኩሉ ሓበሬታታት ከም ዝእምቶ፡ ወልደኣብ ብምምስራት ኣልራብጣ ኣይተሓጐሱን። ሓላፊ ጋዜጣ ብምንባሮም ብቐጥታ’ኳ ይማጐቱ እንተ ዘይነበሩ ድማ፡ ቃላቶምን መጕተኦምን ዝመስል፡ ውጽኢት ኣልራብጣ ብዘይካ ምፍላይ ወይ ምቅራጽ ሃገር ካልእ ክኸውን ከም ዘይክእል ዝማጐት ጽሑፋት ግን ኣብ ሰሙናዊ ጋዜጣ ንረክብ።[22]

መቸም፡ ፖለቲካ 40’ታት ኣዝዩ ፍኑው ኢዩ ዝነበረ። ንተዋሳእቱ’ ውን፡ ከም ፈሳሲ ናብ ዘይሓሰቡዎ መንቀራቕሮታት ከእትዎም ይርአ ነይሩ ኢዩ። ሓፈሻዊ መትከላት ናይ ናጽነትን ሕብረትን’ኳ ይንበር’ምበር፡ እቲ ናብኡ ንምብጻሕ ብዝተፈላለዩ ሰባት ዝውሰድ ዝነበረ መገዲ፡ ጥውይዋይን ክይድ ምልስን ነበር። እዚ ብዝያዳ ንባህርይ ናይ’ቲ ጊዜ፡ ንኣዋጣርነቱ ኢዩ ዘብርህ እምበር ግድነት ምስ ጠባይ ናይ’ቶም ውልቀ ሰባት ዝተኣሳሰር ኣይነበረን።

በዚ ምኽንያት’ዝን ንሓሳብ ኣልራብጣ’ውን ቀልጢፎም ስለ ዘይረዓሙን፡ ኣብ’ዚ እዋን’ዚ ንኣቶ ወልደኣብ ከም ተቓዋሚ ኣልራብጣን ቊሩብ ናብ ኢትዮጵያ ገጽካ ናይ ምዝዛው ኣንፈት ዘርኣዩን ኮይኑ ክዝረበሎም ንዕዘብ። ከምቲ ናይቲ ጊዜ ሰባት ዝብሉዎ ድማ፡ ኣቶ ወልደኣብ ምስቶም ፕረሲደንት ናይ ኣዲስ ኣበባ ማሕበር ፍቕሪ ሃገር ኤርትራን ኢትዮጵያን ዝነበሩ ገብረመስቀል ሃብተማርያም ብምልዛብ፡ ነቲ ናይ “ሕብረት ብውዕል” ሓሳብ መሊሶም ከበጋግሱዎ ይደልዩ ነይሮም ኢዮም።[23] ጸኒሕና ከም እንርእዮ፡ ነተን ዛጊት ኣዝየን ዘካትዓ፡ “ኤርትራ ንመን፧” ብዝብል ኣርእስቲ ብተኸታታሊ ዘውጽኡወን ዓንቀጻት፡ ልክዕ ኣብ’ዚ ጊዜ’ዚ ኢዮም ጽሒፎመን።

ምናልባት እቲ ዘበርትዐ ነቐፌታ፡ ቀኛዝማች ብርሃኑ ኣሕመዲን፡ ካብ መስረትቲ ማሕበር ፍቕሪ ሃገርን ኣልራብጣን፡ ናብ ኣቶ ወልደኣብ ዘቕረቡዎ ኢዩ። ንሶም፡ ኣቶ ወልደኣብ ኣብ ኣዲስ ኣበባ ዝሕተም፡ “የኤርትራ ድምጽ” ዝብሃል ዝነበረ ጋዜጣ ማሕበር ፍቕሪ ሃገር ኤርትራን ኢትዮጵያን ንኣልራብጣ ዝወቕዕ ጽሑፍ ጽሒፍኩም ብምባል ኢዮም ወቐሳኦም ዘቕረቡ።[24] ነቲ ኣቶ ወልደኣብ ኢሎምዎ ዝተባህለ ነጥቢ ብምምላስ ብርሃኑ ኣሕመዲን ካብ ዝበሉዎ ድማ፡ ነዚ ዝስዕብ ጽማቝ ጥቕስታት ነቕርብ፤

- ...ብውዕል ምስ ኢትዮጵያ ንብል እንተ ነበርና ድማ፡ ኣብ ቤት ጊዮርጊስ ገጽና ወቒዓትኩም ብዝሰደድኩምና እቲ ሓሳብ’ቲ ተበታቲኑ ተሪፉ ነበረ’ሞ፡ ማሕበር ኣልራብጣ ኣልእስላሚያ ብድሕሪኡ ኢዩ ዝቖመ፡

22. ወልደኣምላክ ወልደድንግል፡ ሰ.ጋ. 5/227፡ 9/1/1947፣ ወልኣብዝጊ ቢነጋ፡ ሰ.ጋ. 5/236፡ 13/3/1947፡ 5/238፡ 27/3/1947 ርአ።
23. ኣቶ ዮሃንስ ጸጋይ፡ ቃለ መጠይቕ፡ 1997።
24. እቲ ጽሑፍ ኣብ “የኤርትራ ድምጽ” ቍ. 125፡ 21 የካቲት 1939 ዓ.ኢ. ዝወጸ ነበረ።

ኣይንፈላለ

ቀኛዝማች ብርሃኑ ኣሕመዲን

ሓሳባቱ ድማ ጥሩስን እርኑብን ኢዩ፡ ንሱ ድማ ምሉእ ነጻነት 'ኢንዲፐንደንሳ' ኤርትራ ንምርካብ ኢዩ።"

- ...ንስኹም መንግስቲ ኣስላም እንተ በልኩምዎ ዚኣምነኩም ኣይትረኽቡን። 'ላም ባልዋለችበት ኩበት' ተባሂሉ ኢዩ'ሞ ንሕናስ ማሕበር ደኣ ኢና ኣቑምና ዘለና። (ብዓረብ እንተ ጸሓፍና) ድማ ትምህርትና ዓረብ ስለ ዝኾነ ኢዩ። ከምቲ ንስኹም ብዓመታት ፈረንጂ እትጽሕፉዎ ኢዩ፡ ስለዚ ዝተረኽበና ጽያፍ የልቦን። ኣረ ጽንሕ ኢልኩምስ ብቛንቋ ዓረብ ኣይትጽሓፉ፡ ኣይትዛረቡ ክትብሉና ሓሳብ ኣሎኩም ኢዩ!
- ...ንኢትዮጵያ ዘይሰልጠነት ሃገር እንተ በልናያ ድማ ጋህዲ ኢዩ'ምበር ጸርፊ ኣይኮነን። ሕዝብ ኢትዮጵያ ከመይ ከም ዚነብር፡ ኣሸንኳይ ንሕናስ ወጻእተኛታት እውን ፈሊጦምዎ የዘንትዉዎ ኣሎዉ.....
- .... ንሕናስ እንኳንስ ነቶም ክርስትያን ኣሕዋትና ነቶም ኣስላም ደቂ ሃይማኖትና'ኳ ዝተዛረብናዮም ቃል ዓመጻ የልቦን። መንግስት ኣስላም ከነቐውም ወይስ ንሱዳን መሬት ክንዕድል ዘመሃዝናዮ ሓደ ነገር የለን... እንኳንስ ንዚዋሰነና ሃገር መሬትና ክንዕድል፡ ዚግብኣና መሬት እንክሎ ሰቡ ኣሎ'ሞ ይመለሰልና ዚብል ዕላማ ከም ዘሎና ምፍላጥ ኣሎኩም...።

ምምስራት ኣልራቢጣ እምበኣር፡ ኣሸንኳይዶ ኣብ መንጎ ደንበታት ሕብረትን ናጽነትን፡ ኣብ መንጎ'ቶም ንናጽነት ወይ ሕብረት ብውዕል ዝብሉ ዝነበሩ ከም ወልደኣብን ብርሃኑን ዝመስሉ'ውን ምርሕሓቕ ፈጠረ። ብመሰረቱ፡ ፈላላዪ ፖለቲካ ኣቐዲሙ ዘተኣታተወ፡ ቡቲ ብኢትዮጵያ ዝድገፍ ዝነበረ፡ ንሕብረት ዝጣበቕ ወገን ምንባሩ ኣብ ዝሓለፈ ምዕራፋት ገሊጽና ኔርና። ከምቲ ሸኽ ኢብራሂም ይኹኑ ብጾቶም ብተደጋጋሚ ዝገለጹዎ ኸኣ፡ እቲ ዘይተጉልበበ ክርስትያናዊ ስብከት ሕብረትን ኢትዮጵያን ንእስላም ኤርትራውያን ናብ ኣልራቢጣ ከም ዝደፋፍአ ዝኽሕድ ዕቱብ ተዓዛብን ተመራማርን ናይቲ እዋን ክህሉ ኣይክእልን።

ዛጊት፡ ናይ ማሕበር ሕብረት ኣመለኻኽታ ከምቲ ናይ መንግስቲ ኢትዮጵያ፡ ንክርስትና ከም ዘይድፈርን ዓብላልን ኣብ'ዚ ዞባ'ዚ'ውን ባህርያውን መንፈሳውን ልዕልነት ከም ዘለዎን ዝቖጽር ኢዩ ዝነበረ። ኣብ ፖለቲካውን ምምሕዳራውን ስልጣን፡ እስልምና ማዕረ ክርስትና ክሰርዕ ይኽእል ኢዩ ዝብል ሓሳብን ተኽእሎን ይርኣዮም ኣይነበረን። ኣብ ኢትዮጵያ፡ ኣምላኽ ዝቐብኦን ሓላዊ ኦርቶዶክሳዊት ቤተ ክርስትያን ኢዩ ዝብሃልን ንጉሰ ነገስት ኢዩ ዝገዝእ ዝነበረ። ናይ'ዚ ዘውድን ስልጣንን ናብ ኤርትራ ምስ ተዘርግሐ፡ ዝምድና ክርስትና ምስ እስልምና ከምቲ ናይ ኢትዮጵያ ላዕልን ታሕትን ክሰርዕ ኢዩ ነይሩ'ቲ ትጽቢት።

ኣልራቢጣ ምስ ቈመ እምበኣር ኣብ ደንበ ሕብረት ይኹን ኣብ መንጎ ብዙሓት ክርስትያን፡ ሓደ ጳቦላ ኢዩ ወዲቑ። መሬት ኤርትራ ማዕረ እትብጽሖም ዜጋታት፡ ንመሰሎም ይጣበቑን ኣማራጺ ፍታሕ የቕርቡን ከም ዝነበሩ ኸኣ ኣይተወሰደን። ከም'ዚ ዝረኣናዮ ድማ፡ ብዙሓት ናይ'ቲ ጊዜ ፖለቲከኛታት፡ ንብምሉኡ ዕላማ ኣልራቢጣ፡ ወይ ሃገር ፈሊኻ እስልምና ከም ዝዕብልል ንምግባር ወይ ድማ ንኤርትራ ንኻልኦት እስላማውያን ከም ምሻጥ ወሰዱዎ።

ክሳብ ኣብ ዝሰዕብ ዓመታት ሓቀኛ ዕላማ ኣልራቢጣ ሃገራዊ ናጽነት ምጭባጥ ምንባሩ ብግብሪ ዝረጋገጽ፡ እቶም ንዕላማታቱ ብቕንዕና ዝተቐበሉ ክርስትያን ውሑዳት ጥራይ ነበሩ። ናህሪ ተቓውሞ ናይ ሕብረት ኣዝዩ ተሪርን ንሰዓቢ ሃይማኖት ክርስትና ዘሰናብድን ስለ ዝነበረ ግን፡ ምምስራት ኣልራቢጣ ኣብ ፖለቲካ ኤርትራ ጊዜያዊ ምዝንባል ፈጠረ።

ምዕራፍ 9

ማሕበር ፍቕሪ ሃገር ኤርትራ ምስ ኢትዮጵያ ሓንቲ ኢትዮጵያ (ማሕበር ሕብረት)

ብዛዕባ መራሕትን ሰዓብትን ማሕበር ሕብረት

ኣብ ውሽጢ እታ ቐዳመይቲ ማሕበር ፍቕሪ ሃገር ሓያል ዝኾነ ዝንባለ ናይ ሕብረት ምስ ኢትዮጵያ እናዓበየ ይኸይድ ነበረ። ምስቲ ጸኒሑ ዝጠንከረን ዝደመቐን ኤርትራዊ ሃገራውነት፡ ሰሙር ቃልሲ ንናጽነትን ክምህ ዘይበለ ተቓውሞን ምንጻግን ግዝኣት ኢትዮጵያን፡ እዚ ዝንባለ ናብ ኢትዮጵያ፡ ምኽንያትን ክውሓጥ ዝክኣል መግለጽን ይናደየሉ ኢዩ። ንታሪኽ ብዓይን'ቲ ጸኒሑ ዝማዕበለን ዝመጸን መድረኻት ንዝርኢ ሰብ፡ ከምቲ ዝመሰለ ኣንፈት ኣብ ኤርትራ ክርአ ዘይርትዓዊ ኢዩ። ሕብረትን ኣንድነትን ንዝበሉ ከም ውጹኣት ኩዳዓት ምርኣይ'ውን ዝነበረን ዘሎን ኢዩ።

ንነፍስ ወከፍ ሕብረት ዝበለ መርሚርካ፡ "እከለ ንረብሓ፡ እከለ ግን ብንጽህና ስለ ዝኣመነ ..." ኢልካ ምምማይ ይክኣል ኢዩ። ረብሓ ዘይብሉ ፖለቲካዊ ዝንባለ ሳሕቲ ስለ ዝርአ ድማ፡ ዋላ እቲ ንጹህ ኣማኒ ዝብሃል'ውን ብገለ ጥቕሚ ክሰሓብ ባህርያዊ ኢዩ። በዚ መሰረት፡ ንኣብነት፡ እቶም ኣቐዲሞም ሕብረት ዝተቐበሉን ዝሰበኹን ኣቡነ ማርቆስን ዝበዝሕ ኣባል ቤተ-ክህነቶምን፡ ካብ ኦርቶዶክሳዊት መንግስቲ ኢትዮጵያ ክረኽቡዎ ንዝኽእሉ ናይ ሽመት፡ መሬትን ሃይማኖታዊ ልዕልነትን ረብሓ ቀዳምነት ብምሃብ ኢዮም ተባሂሉ ከም ዝንገረሎም ድሮ ርኢና ኣለና። ካልኦት መሳፍንቲ እውን ጣልያን ዘጥፍኦ ርስቶምን ጉልቶምን ንኽምልሱ ናይ ኢትዮጵያ ሃረርታ ኣሕዲሮም ከም ዝብሃል ተተንቢሁ ኢዩ።

ናይ ሕብረት ስምዒት ግን ኣብ'ዞም ቀዳሞት ኣለዓዓልቱ ወይ ዘርጋሕቱ ዝተሓጸረ ኣይነበረን። ፖለቲካ ኤርትራ እናተነጸረን ወገን እናፈለየን ብዝኸደሉ መጠን ሓያሎ ዓበይትን መራሕትን ህዝቢ መርገጽ ክቕይሩ ወይ ክነጽሩ ተራእዮም ኢዮም። ንኣብነት፡ ብ1943 ብራእሲ ተሰማ ንዝተመርሐ ምልዕዓል፡ ዳርጋ ብምሉኦም መራሕቲ ኣከለ ጉዛይ ደጊፎሞ ኢዮም። ነቲ ብ1945 ናብ ምምሕዳር ብሪጣንያ ዝጸሓፉዎ ናይ ናጽነት ጥርዓን'ውን፡ ብዘይካ ደግያት ገብራይ ተኸሉ፡ ዘይፈረመ በዓል ቁጽልን ምስሌነን ኣይነበረን። ድሕሪ ሓደ ዓመት ግን፡ ብዙሓት ካብ'ዚኣቶም ተገዚያም ጸግዒ ሕብረት ሒዞም ንረኽቦም።

ካብ መስረትትን መራሕትን ማሕበር ሕብረት።
ኮፍ ካብ ዝበሉ፡ ካብ የማን፡ ሸኽ ሱሌማን ኣዲን፡ ኣቡነ ቄርሎስ፡ ከንቲባይ ዑስማን ህዳድ፡ ኣቡነ ማርቆስን ራእሲ ኪዳነማርያም፣ ደው ካብ ዝበሉ ድማ፡ ኣብ ማእከል ራእሲ በየነ በራኺን ደግያት ገብራይ ተኽሉን ይራኣዩ።

ብተመሳሳሊ፡ ኣልራቢጣ ኣልእስላሚያ ኣብ ከረን ዝተመስረተሉ ዕለት፡ ንከንቲባይ ዑስማን ናይ ሮራ ገዲፍካ፡ ኣብቲ ኣኼባ ዘይወዓለ መራሒ እስላም ኤርትራውያን ዳርጋ ኣይትረኽብን። እቲ ናይ ተወፋሮ ምልዕዓል ረብሓ መሳፍንቲ ብዘየርብሕ ኣገባብ ክፍታሕ ኢዩ ምስ ተባህለ ግን መሳፍንትትን ሰዓብቶምን ወገን ክቕይሩ ንርኢ።

ረብሓ ውልቀሰባት'ኳ ዓቢ ተራ ከም ዝተጻወተ ዘይክሓድ እንተ ኾነ፡ ንሱ ጥራይ ድሌት ኢትዮጵያ ኣለዓዒሉ ምባል፡ ነቲ ዝሰዓበ ጥቓ ሓምሳ ዓመታት ንዝኣክል ዕድል ኤርትራ ዝወሰነ ሰፊሕ ምንቅስቓስ ኣቕሊል ኣቢልካ ምግምጋሙ ክኸውን ኢዩ።

ኤርትራ ንዝያዳ ሓምሳ ዓመታት ብኢጣልያ ክትግዛእ እንከላ፡ ኢትዮጵያ ናጻ ኢያ ዝነበረት። ይትረፍዶ ኤርትራውያን፡ ስግር ኣትላንቲክ ዝነበሩ ጸለምቲ ኣመሪካውያን እውን ከም መድሕን ኣፍሪቃን ጸሊም ዓሌትን ይርእዩዋ ነይሮም ኢዮም። ምስ ጣልያን ዝተባእሰ፡ ትምህርቲ ዝጸምአ፡ ዲያቆንነትን ቅሽነትን ዝደለየ፡ ... ኢትዮጵያ ሃዲሙ ክዕቈብ፡ ዕድል ዝገበረ ኸኣ ድሌቱ ከማልእ ይኽእል ነይሩ ኢዩ። ሃጸይ ሃይለስላሴ ኣብ'ዚ ጉሪሖምን ለቢሞምን ንብዙሓት ኤርትራውያን - ዝበዝሖ ካብኣቶም ክርስትያን ደቂ ከበሳ - ኣምሂሮም፡ ኣብ ክብ ዝበለ መዓርግ ከኣ ኣብጺሖ። እዚ ረቛሒ'ዚ፡ ማለት ከኣ ጸሊም ዝነግሰላን ነፍሱ ዘመሓድረላን ሃገር ኣብ ጉረቤቱ ምህላዋ፣ ምስ'ዚ ድማ፡ ሓባራዊ እምነት ኣብ ኦርቶዶክሳዊት ቤተ ክርስትያንን ኣብ ታሪኽ ዝተራእየ ዝተፈላለየ ዝዓቐኑ ህዝባውን ምምሕዳራውን ምትእስሳራትን ዝፈጠሮ ናይ ባህሊ ተመሳሳልነት ምስ ኢትዮጵያ፡ ኣብ ብርክት ዝበሉ ኤርትራውያን ናይ ዝምድና ወይ ቅርበት ስምዒት ክፍጠር ኣኽኢሉ ኢዩ።

ይኹን'ምበር፡ ኢጣልያ ንኤርትራውያን ንፍርቂ ዘመን ዳርጋ ዓጽዩ ስለ ዝሓዞም፡ ኤርትራውያን ብዛዕባ ኢትዮጵያ ዝነበሮም ፍልጠት ናይ ማዕዶ ጥራይ ኢዩ ዝነበረ። ንግስነት ሃይለስላሴ ሃይማኖታውን መንፈሳውን ካባ ለቢሱ፡ ውሽጣዊ ድሕረቱን ዘይብቕዓቱን ይጉልብብ ብምንባሩ፡ ልኡኻቱን ሰበኸቱን ነቲ ጠጥዑሙ ጥራይ ኢዮም ናብ እዝኒ ኤርትራውያን ዘብጽሑ ዝነበሩ። ኣብ ሰላሳታት፡ ጭካነ ዝመልአ ኣገዛዝኣ ፋሽሰት ኢጣልያ ንህዝቢ ኤርትራ ኣሰካሕኪሑ። ከምቲ ደጋጊምና ዝረኣናዮ፡ እንግሊዝ መጺኡ ሰልጣን ጣልያን ስለ ዘረጋገጸ ድማ፡ እቲ ህዝቢ ተገዚኡ ንኽነብር ዝተፈርደ ኢዩ መሲሉዎ። ናጻ ምኻን፡ ነብስኻ ምኽኣል… ከም ተኽእሎን ግብርን ካብ ዓንኬል ኣተሓሳስብኡ ርሑቕ ነበረ።

ስለ'ዚ፡ ነቶም እንተስ ንውልቃዊ ረብሓ እንተስ ቅኑዕ ስለ ዝመሰሎም ሕብረት ዝበሉ መራሕቱ ከይተመራመረን ከየስተውዓለን ዝሰዓበ ኤርትራዊ ውሑድ ኣይነበረን። ጸኒሑና ከም እንርእዮ፡ እቲ ተራ ህዝቢ ጥራይ ዘይኮነስ፡ ብዙሓት ካብቶም መራሕቲ ባዕሎም'ውን፡ ውዒሎም ሓዲሮም ንዘይፈልጥዎ ንጉስን ሃገርን ከም ዝሓቘፉ፡ በቲ ዝኸፍአ ናይ ሕሰም ተመኩሮ ተረዲኦምን ተጣዒሶምን ኢዮም።

እቲ ጊዜ እምበኣር፡ ብስለትን ተመኩሮን ጭቡጥ ፍልጠት ብዛዕባ ነፍስኻ፡ ከባቢኻን ዓለምን ዘይተቐሰመሉ፡ ናይ ምድንጋር ጊዜ ኢዩ ነይሩ። ኣብ ገሊኡ'ኳ፡ ናህሪ ናይቶም ሕብረት ዝድግፉ ዝነበሩ ኤርትራውያን ዘሰደምም ነበረ። ገብረሚካኤል ግርሙ ዘበራቘት፡ ደግያት ሓሰን ንኢትዮጵያ ኣባጭዮምላ ኢሎም ብምቕጣዕ፤

> ስርዓትን ኣደብን ዘለዎ ሰብ ብንጉስን መንግስትን ኣየባጨን፡ ከመይ ብሕጊ ዓለም ንጉስ ማለት ቅዱስ ኢዩ፡ መንግስቲ ማለት ከኣ መቕደስ ኢያ…. ፈጣሪኻን ንጉስካን "ውጻእ ካብ ቤተይ፡ ግለል ካብ ፊተይ" እንተኮይኑ ዝበሉኻ መሬት ክትውሕጠካ ይቐልል ማለት ኢዩ…።[1]

ከምዚ ዝመሰለ እምነት ዝነበሮም ሰባት ኢዮም ካብ 1943-44 ጀሚሮም ንሕብረት ምስ ኢትዮጵያ ዝጽዕሩ ዝነበሩ። ትሬቫስኪስ ከም ዝምስክሮ፡ ክሳብ'ቲ ኣብ ምጅማር 1946 ልኡኽ ኢትዮጵያ መጺኡ ነቲ ምንቅስቓስ ብቐጥታ ዝቈጻጸሮ፡ ዳርጋ ብድሌቶምን ብስምዒቶምን ይኸዱ ነይሮም ክብሃል ይክኣል። ካብ'ዚ ጊዜ'ዚ ጀሚሮም፡ ብፍላይ ድሕሪ ዋዕላ ቤት ጌርጊስ ግን፡ ከም ናይ ኣልራቢጣን ኤርትራ ንኤርትራውያንን ዝመሰላ ኣማራጺ ማሕበራትን ፖለቲካዊ ኣተሓሳስባን እናሃለወ ኢዮም ነቲ ናይ ሕብረት መስመር ዝቐጸልዎ። ኩሎም'ኳ ክንብል እንተ ዘይደፈርና፡ ብዙሓት ካብቶም መራሕቲ ማሕበር ዝነበሩ ብኢትዮጵያ ዝእዘዙን፡ ገሊኦም ከኣ ብእኣ ዝምወሉን ምንባሮም ይንገር። ንኣብነት'ኳ፡ ደግያት ገብረዮሃንስን ካብ ቀንዲ ተንቀሳቐስቲ ኣንድነት ዝነበሩ፡ ዘርኣ ደብረጽዮንን ካብ መንግስቲ ኢትዮጵያ ምዱብ ደሞዝ ዝቕበሉ፡ ምሉእ ጊዜኦም ንስራሕ ሕብረት

---

1. ሰ.ጋ.5/236፡ 13/4/1947 በሉ።

ዘወፈዩ ከም ዝነበሩ ብግልጺ የዘንትዉ።[2]

እቲ ዝሰዕቦም ዝነበረ ህዝቢ ግን፡ መሳፍንቱን መራሕቱን ዝበሉዎ ንምድጋም እንተ ዘይኮይኑ፡ ትርጉምን ውጽኢትን መትከላት እቲ ማሕበር ተረዲኡ ሰዒቡ ምባል፡ ነቲ ጉዳይ ብዕምቈት ዘይምርአዩ ኢዩ።

ምምስራት ማሕበር ሕብረት

ዋዕላ ቤት ጌርጊስ ንኽግበር ኣብ መንጎ ክልቲኡ ወገን ምይይጥ ክካየድን ኣብቲ ቀዳማይ ኣኼባ'ውን ዛዕባ'ቲ ኣኼባ ክሕንጸጽን እንከሎ፡ ልኡኽ ሃይለስላሴ ኣብ ኤርትራ፡ ኮሎኔል ነጋ ሃይለስላሴ፡ ኣስመራ ኣይነበረን። እንተዝኑብር ይብል ትሬቫስኪስ፡ እቲ ኣኼባ ኣይምተኻየደን።[3] ቀዳማይ ኣኼባ ብ16 ሕዳር ዝተኻየደ፡ ዕለት ዋዕላ ን24 ሕዳር፡ ማለት ኣብ ሰሙኑ፡ ንክኸውን ኢዩ ተቘጺሩ። ኣብ ውሽጥ'ዛ ሰሙን እዚኣ፡ ኮሎኔል ነጋን ቀንዲ ልኡኽ ጸሓፊ ትእዛዝ ወልደጊዮርጊስ ዝነበሩ ፊታውራሪ ኣብርሃ ወልደታትዮስን ኣስመራ ኣተዉ።

ኣቐዲምና ከም ዝገለጽናዮ፡ ናብታ መዓልቲ ዋዕላ፡ ናብ ሰንበት ኣብ ዘውግሐ ለይቲ፡ መራሕቲ ሕብረት ተኣኪቦም ኣምሰዩ። ፕረሲደንት ማሕበር ፍቕሪ ሃገር ገብረመስቀል ወልዱ እቲ ናይ ዋዕላ ልዝብ ንኽግበር ስለ ዝተሰማምዑ ድማ፡ ኣበርቲዖም ተወቕሱ። ትሬቫስኪስ፡ ፊታውራሪ ገብረመስቀል ሸው ካብ መዝነቶም ከም ዝወረዱ ኢዩ ዝእምት።[4] ብኻልእ ወገን ዝሰማዕ ግን፡ ሕብረት ምሉእ ለይቲ ከም ዝተኻትዑን ከም ዝተማጐቱን፡ ፊታውራሪ ገብረመስቀል ግን ሸው ብገዛእ ፍቓዶም ይኹን ብጸቕጢ ብጾቶም ኣይወረዱን ዝብል ኢዩ።[5]

ካብ'ዚ ክልተ፡ እዚ ዳሕረዋይ ኣበሃህላ ዝያዳ ሓቅነት ከይሃለዎ ኣይተርፍን። ምኽንያቱ፡ ኣብ ዝቕጽል ክፋላት ከም እንርእዮ፡ ብዘይ ደገፍ ጠልጠል ኢሎም ከም ዝተረፉ ኣምሪሮም ዘስተማስሉሉ ጊዜ መጺኡ ነይሩ ኢዩ። ብዝኾነ፡ ምስ ናቶም ምውራድ፡ ኩሉ'ቲ ንልዝብ ዝእምትን፡ "ብዋጋ መሰላት ህዝቢ ኤርትራ ሕብረት ምስ ኢትዮጵያ ክግበር የብሉን" ዝብል ዝነበረ ኣተሓሳስባ ገለ ኣባላት እቲ ሕብረትን ኣብቀዐ። ኢድ ኮሎኔል ነጋን ልኡኻት መንግስቲ ኢትዮጵያን ከኣ ኣደልዲሉን ጸኒዑን ናብ ሕብረት ኣተወ።

ንቐጥታዊ ኣመሰራርታ እቲ ማሕበር ብዝምልከት፡ ኣብ ሰሙናዊ ጋዜጣ ቍ. 227 "ማሕበር ፍቕሪ ሃገር ናይ ኤርትራ" (ኤርትራ ምስ ኢትዮጵያ) ኣብ ትሕቲ ዝብል ኣርእስቲ ንዘወጸ ጸብጻብ ንመልከት። ኣብ መእተዊ ናይ'ዚ ብገብረሚካኤል ግርሙ ዘበራቒት ዝተጻሕፈ ጸብጻብ፡ ማሕበር ሕብረት መቐጸልታ ናይ'ቲ ሸዱሽተ ዓመት ኣቐዲሙ ዝተመስረተ "ማሕበር ፍቕሪ ሃገር" ኢዩ ዝብል ንረክብ። ኣብ

2. ቃለ መጠይቕ፡ ዘርኣ ደብረጽዮን 1997፣ ደግያት ገብረዮሃንስ ተሰፋማርያም፡ ታሕሳስ 1998።
3. Trevaskis, p. 74.
4. Ibid. P. 74
5. ኣቶ ዮሃንስ ጸጋይ፡ 1997።

እዋን መግዛእቲ ኢጣልያ፡ ምንም'ኳ "ማሕበር ፍቕሪ ሃገር" ዝብሃል "ግሉጽ ማሕበር እንተ ዘይነበረ፡ ብዙሕ ወዲ ኤርትራ ብሓዘን ደሙ እናፈልሖ፡ ልቡ እናተቓልወ፡ ኣብ ሽፍትነትን ስደትን ናኸራ፡ ዓሰም ማእሰርትን ሞትን ዘብጽሖ ዝነበረ ነገር እንታይ ዲዩ፧"

እዚ መቸም ነቲ ማሕበር ንምኽብባር ዝተባህለ ኢዩ። ነቲ "ማሕበር ፍቕሪ ሃገር ኤርትራ" ዝብል ስም ግን ኣብቲ ብ5 ታሕሳስ 1946 (ብ26 ሕዳር 1939 ብግእዝ) ዝካየዱዎ ኣኼባ ንግዚኡ ረዓምዎ። ኣብ'ዚ ኣኼባ'ዚ እውን ኣቡነ ማርቆስ፡ ጳጳስ ኦርቶዶክሳዊት ቤተ ክርስትያን፡ ሓደ "ናይ ፍቕሪ ሃገር ኮሚተ" ዝተሰምየ፡ ዝርዝር ናይቶም ማሕበር ንምክያድ ዝተመዘዙ ሰባት ኣቕረቡ። ኣቡነ ማርቆስ ነዚ ዝርዝር'ዚ "ምስ ዓበይቲ መማኽርቶም ሓቢሮም ስሚሮም" ከም ዘቖምዎ እቲ ጸብጻብ ይገልጽ። ምስቲ ኮሎኔል ነጋ ዝሕዞ ዝነበረ ወሳኒ ተራ ኣብቲ ማሕበር ግን፡ እቲ ዝርዝር ኣስማት ብዘይ ፍቓድ መንግስቲ ኢትዮጵያ ተገይሩ ንምባል ኣየድፍርን። እኳ ደኣ፡ ኣቡነ ማርቆስ ነዚ ዝርዝር'ዚ ኣዲስ ኣበባ ቀንዮም ምስ ተመልሱ ስለ ዘቕረቡዎ፡ ካብኡ ሒዞምዎ ዝመጹ ኢዩ እውን ይብሃል ኢዩ።

ኣካያዲት ኮሚተ ማሕበር እምበኣር ብምርጫ ዘይኮነስ ብሕርያ ቆመት። ናይ ክብሪ ፕረሲደንት ራእሲ ኪዳነማርያም ገብረመስቀል ናይ ዓረዛ፡ ፕረሲደንት ደግያት በየነ በራኺ ካብ ኣርባዕተ ኣስመራ፣ ምኽትል ፕረሲደንት ድማ ሳልሕ ኣሕመድ ኬኪያ ፓሻ ካብ ሕርጊጎ ተመርጹ። 42 ዝኣባላታ ኮሚተ'ውን ቈይማ ተባህለት።[6] ኣብ'ዚ ዝርዝር'ዚ፡ ብዘይካ ኣቶ ወልደኣብ፡ ዳርጋ ኩሎም እቶም ንጡፋት ኣባላት ማሕበር ፍቕሪ ሃገር ዝነበሩ ክርስትያን ደቀባት ይርከቡ። ካብ

ደግያት በየነ በራኺ

ኣቶ ተድላ ባይሩ

6. እታ ኮሚተ በብዕስራን ሓደን እስላምን ክርስትያንን ክትዛነቕ እያ ተሓሊና። ኣብ'ዚ ዝርዝር'ዚ፡ ስም ኢብራሂም ሱልጣን ንረኽብ። ንሶም ግን ድሮ ፕሮግራም ኣልራቢጣ ነዲፎምስ፡ ብ3 ታሕሳስ ኣብ ናይ ከረን ቀዳማይ ኣኼባ ኣቕሪቦሞ ነይሮም። ካልኦት እስላም'ውን ብዘይ ፍቓዶም ኣብ'ቲ ዝርዝር ከም ዝተጠቕሱ ብምምልካት፡ ኣብ'ቲ ማሕበር እቲዋት ከም ዘይነበሩ ኣብ ዝቐጸለ ሕታማት ሰሙናዊ ጋዜጣ መግለጺ ዝሀቡ ነይሮም።

ገዳይም እስላም ኣባላት ናይ'ቲ ቀዳማይ ማሕበር፡ ስም ብላታ መሓመድ ዑመር ቃዲ ጥራይ ንረክብ። እዚ ድማ ዑመር ቃዲ ነቲ ሓሳብ ናይ ሕብረት ከይገደፉ፡ ብውዕል ንክኸውን ይጠልቡ ስለ ዝነበሩ ኢዩ። ጸኒሖም ናይ ገዛእ ርእሶም ማሕበር ከም ዘቖሙ'ውን ክንርኢ ኢና።

እቲ ጸብጻብ ከም ዝሕብሮ፡ እቶም ሰለስተ ላዕለዎት መራሕቲ ብወገኖም ብ29 ታሕሳስ ብምእካብ፡ ሓደ ናይ'ቲ ማሕበር ቤት ጽሕፈት ክኸፈት ወሲኖ'ሞ፡ ተድላ ባይሩ፡ ዋና ጸሓፊ፣ ሰይድ ኣሕመድ ሓዮቲ ምኽትል፣ ፊታ. ጣሃ ኣደም፡ ተሓዚ ገንዘብ፣ ፊታውራሪ ሓረጎት ኣባይ ድማ ምኽትል ተሓዚ ገንዘብ ንክኾኑ መዘዝዎም። ከምዚ ኢሉ መዝነት ማሕበር ፍቕሪ ሃገር ካብ ላዕሊ ንታሕቲ ብዝወርድ ሕርያ ተኻየደ።[7]

ራእሲ ኪዳነማርያም ናይ ክብሪ ፕረሲደንት ንክኾኑ ኣብ ዝተሓርዩሉ ጊዜ ልዕሊ ሰማንያ ዓመት ዝኸዱ ሽማግለ ነበሩ። ንሰምን ንኽብርን እንተ ዘይኮይኑ ድማ ክንድ'ቲ ንጡፍ ናይ ፖለቲካ ሰብ ስለዝነበሩ ኣይኮነን እቲ ቦታ ዝተዋህቦም። ኣብታ ናይ ክብሪ ፕረሲደንትነቶም ዝተመረቐትላ ዕለት፡ ኣብ ቅድሚ'ታ ምስኦም ዝተሓርየት ኮሚተ፡ ናብ ኢትዮጵያ ምሕዋስ መሰልን ግቡእን ኩሉ ኤርትራዊ ምዃኑ ድሕሪ ምግንዛብ፡ ንምጉቶም በዚ ዝስዕብ ቃላት ኣበራትዑ፤

> ትነንያ እትብሃል እንስሳ፡ ክንፋ ተቘሪጽዋ እናተሳቐየት ነበረት እሞ፡ ንኣምላኽ ለመነት። ኣምላኽ ከኣ ልማኖኣ ሰሚዑ፡ "ብዙሕ ሃብትን ወርቅንዶ ክህበኪ ወይ ከኣ እታ እተቘርጸት ክንፍኺ" በላ። ንሳ ኸኣ፡ "እቲ ኹሉ ሃብትን ወርቅን ንካልእ ሃቦ፡ ንኣይ ግን እታ እንካብ ኣካለይ እተቘርጸት ክንፈይ ደኣ ሃበኒ" በለቶ ይብሃል። ኣብዙይ ጊዜ'ዚ ዘሎና ደቂ ኤርትራ ድማ ብዙሕ ሃብትን ሽመትን ካብ ምልማን፡ ነዛ ብዓመጻ ካብ ኣካላታ ዝተቘርጸት ኤርትራ ሃገርና ኣብ ኢትዮጵያ ኣብ ጥንቲ መሰረታ ክትሕወስ ምልማን ይበልጸና።[8]

በዚ ኣገባብን ፍልስፍናን'ዚ፡ ማሕበር ሕብረት ቆመ። እቲ "ማሕበር ፍቕሪ ሃገር ኤርትራ ምስ ኢትዮጵያ-ሓንቲ ኢትዮጵያ" ዝብል ስም ደሓር ዝመጸ ኢዩ ዝመስል፡ ምኽንያቱ ኣብ'ቲ ብ30 ጥሪ 1947 ኣቶ ተድላ ንኣልራቢጣ ኣመልኪቶም ዝጸሓፍዎ ደብዳበ ኢና ንመጀመርታ ጊዜ ብምሉእ ተጻሒፉ እንረኽቦ።[9] ብዝኾነ እቲ ማሕበር ተመስረተ።

ኣልራቢጣ ን21 ጥሪ 1947 ዓ.ም. ጉባኤኡ ኣብ ከረን ንኸካይድ ዝተቛጸረ፡ ማሕበር ሕብረት ብ19 ጥሪ ኣብ ከረን ቤት ጽሕፈት ከፈተ። ነዚ ንምጽንባል እውን ኣብታ ከተማ ሓደ ኣኼባ ኣካየዱ። እዚ በጋጣሚ ዝኾነ ኣይመስልን፣ ምኽንያቱ፡ ኣልራቢጣ ኣቐዲሞም ኢዮም ነቲ ቈጸራ ወዲቦሞ ጸኒሖም'ሞ፡ ናይ ምቕዳምን ህላዌኻ ምርግጋጽን ሓሳብስ ከይነበሮ ኣይተርፍን።

7. ሰ.ጋ. 5/227፡ 9/1/1947።
8. ሰ.ጋ. 5/227፡ 9/1/ 1947።
9. ሰ.ጋ. 5/230፡ 30/1/ 1947።

ናይ ከረን ኣኼባ ሕብረት ብዘይ ተቓውሞ ኣባላት ኣልራቢጣ ኣይተኻየደን። ኣብ'ቲ ሰበ ስልጣን ናይ'ቲ ማሕበር ካብ ጉዕዞኦም ዝወረዱሉ መዓርፎ ባቡር ጀሚርካ ክሳብ ኣብ ውሽጢ'ቲ ኣኼባ ባዕሉ፡ ኣልራቢጣ ንዝነበሮም ተቓውሞ ብሰላማዊ ሰልፍን መደረታትን ኣሰመዑ።[10] እቲ ናይ ሕብረት ኣኼባ ባዕሉ ከም መርኣያ ውህደት እስላምን ክርስትያንን'ኳ እንተ ቖረበን እንተ ተዘርበሉን፡ ኣብኡ ዝተረኽቡ እስላም ግን ብፍላይ ነቲ ዝወድቕ ዝነበረ ስርዓት ሽማግለን ሹማትን ዝውክሉ ወይ ከኣ ሃብታማት ነጋዶ ጥራይ ኢዮም ዝነበሩ።[11] ብስም ህዝቢ ከረን፡ ከም ፕረሲደንት ጨንፈር ከረንን ከባቢኣን ዝቐረቡ፡ ከንቴባይ ዑስማን ህዳድ ፓሻ ናይ ቤት ኣስገደ ነበሩ። ካልኦት ግን ኣይተሓወሱን፣ ከምቲ ኣቐዲምና ዝረኣናዮ ኸኣ ኣብ'ቲ ናይ ሳልስቱ ኣኼባ ኣልራቢጣ ኢዮም ብዘይካ ከንቴባይ ዑስማን ህዳድ፡ ዳርጋ ኹሎም ዝተረኽቡ።

ብዘኾነ፡ እቲ ጸኒሑ ምንጪ ብርቱዕ ህውከትን ምጭናቕን ዘኾነ ምፍጣጥ ኣልራቢጣን ሕብረትን ኣብ'ዚ ክልቲኡ'ዚ ተጻራሪ ዕላማታት ዝነበሮ ማሕበራት ዝተራኸበላ ሰሙን ተጀመረ። ኣቐሊልካ ዝርአ ግርጭትን ምፍጣጥን ኣይኮነን እቲ ኣብ ከረን ዝተበገሰ። ነቲ ክሳብ ሽዑ ኣብ ሕብረተ ሰብ ኤርትራ ዝነበረ ሚዛን ዝሓለወ ሃይማኖታዊ፡ ቀቢላውን ኣውራጃውን ዝምድናን ኣካይዳን ናይ ምዝንባል ሓይልን ተኽእሎን ዝነበሮ ኸኣ ኢዩ። ኣብ'ዚ መድረኽ'ዚ፡ ሰዓብቲ ክልቲኡ ማሕበራት ክሳብ ክንደይ ምስ መራሕቶም ዝተጠምሩን ቃላቶም ዝሰምዑን ከም ዝነበሩ ክፍለጥ ዝክኣል ኣይነበረን፣ ገና ናይ ምጅምማር ወቕቲ ስለ ዝነበረ። እቲ ሓደጋ ግን ነይሩ ኢዩ። ማሕበር ሕብረት ከኣ ከም ወትሩ፡ ንኣልራቢጣ ከም ሓሳብ፡ ህላወን ግብርን ፍጹም ክቕበሉ ስለ ዘይደለዩን ዘይከኣሉን፡ ተኽእሎ ጥራይ ዘይኮነስ፡ ቅርበት ዘለዎ ዘይቅዱው ሃዋህው ኢዩ ዘንጠጠ ዝነበረ። ምናልባት ነዚ እንዛረበሉ ዘለና ዘይዕረቕ ፍልልይ፡ እቶም ኣብ ኣኼባ ከረን ዝወዓሉ፡ መኳንታይ ሕብረት ዝነበሩ ደግያት ገብረዮሃንስ ተሰፋማርያም ብዝበለጸ ገሊጾምዎ ይኾኑ። ተቓወምቲ ሰልፈኛታት ኣልራቢጣ ምስ ረኣኹ፡ ከኣ ይብሉ፤

> ..... መርፍእ ምስ ናጽነትና ዝቃወም ዝተወጋእና ኾይኑ ተሰምዓና። ...ካብኡ ሓደ ካብቶም ደቂ ዓዲ ጸዊዕና .... ሓተትናዮ፡ ንሱ ድማ "እዚኣቶም እንድዮም ኤል ራቢጣ ኤል ኢስላሚያ" ሕብረት ኣስላም ዝተባህሉ፡ ንጽባሕ'ውን ዋዕላ ዘለዎቶም ኢሉ መለሸልና። ከምዚ ምስ ሰማዕና ሽዑኡ፡ "እዝስ ኣይዘረባን ኢዩ፡ ኣረባብጣን ኣተሓባብራንሲ ከምዚ ናትና ዝመሰለ ኣስላማይኒ ክርስትያንኒ ጨሚሩ ዝኣስር ኢዩ'ምበር ኣስላማይኒ ክርስትያንኒ ዚፈሊ ምኽርስ ካብዚኣቶም ካብ ኣሕዋትና ኣይኮነን፡ ካብ ጸላኢና'ኳ ኣይንሰእኖን። እንተ ኾነ ግዳ፡ ንጽባሕ ዋዕላ ኣለዎም ትብል ኣሎኻ'ሞ፡ ኣብ ዋዕላኦም እግዚኣብሔር ተጸንቢሩስ ኤል

10. ሲ.ጋ. 5/229፡ 23/1/1947፣ ሲ.ጋ. 5/230 30/1/1947።
11. ካብቶም ዝተረኸቡ፡ እዞም ዝስዕቡ ንጠቅስ፦ መሓመድ ኣልኣሚን ካብ እምበረሚ፡ ሹም ብላል ሹም ሰብሓት ካብ ደንካልያ፡ ሸኽ ሱሌማን ኣዲን፣ በይ ዓረቢ ሳልም ካብ ኣስመራ፣ ሰይድ ኣሕመድ ሓዮቲ ካብ ምጽዋዕ፣ ከሊፋ ኣልኸሉፍ ሓምድ ዓብደላ መንታይ ካብ ኣስመራ፣ ካቫሌር ዓብደላ ጎናፍር ካብ ኣስመራ።

ደግያት ገብረዮሃንስ ተስፋማርያም

ራቢጣ እስላሚያ ወክስታኒያ ወኤርትራ ምዓ ኢትዮጵያ ዚብል ስምኒ ዋዕላን ዘስምሩ ይግበሮም፡ ኣሚን።[12]

ዋዕላ ከረን፡ ናይ ክልቲኡ ወገን፡ ብዘይ ጉነጽ ተወድአ። ናይ ጉነጽ ባይታ ግን ተነጽፈ። ካብ ከረን ቀጺሎም፡ ማሕበር ሕብረት ኣብ ኩሉ ኣውራጃታት ጨናፍር ብምትካል ኣዝዩ ዝተወደበን ዝተማእከለን፡ ኣብ መላእ ሃገር ከኣ ዝዝርጋሕን ናይ ማሕበር መሳርዕ ኣቖሙ።

ልሳን ሕብረት - ጋዜጣ ኢትዮጵያ

ብ4 ግንቦት 1947፡ ማሕበር ሕብረት ቀዳማይ ቁጽሪ ናይ'ቲ ብስም ኢትዮጵያ ዝፍለጥ ዝነበረ ጋዜጣ ኣመረቐ። እተን ቀዳሞት 14 ቁጽርታት ብዋና ኣሰናዳእነት ተድላ ባይሩ፡ ካብኡ ዝቐጸለ ድማ ብሓላፍነት ገብረሚካኤል ግርሙ ዘበራቕት ዝሕተም ነበረ።

ቀዳማይ ገጽ ናይ ፈላሚ ቁጽሪ፡ ዓቢ ስእሊ ሃጸይ ሃይለስላሴ ዝተሓትሞ ኾይኑ፡ ናቱ ሓጺር መልእኽቲ ዝሓዘ ነበረ። “ብህይወትና ክንጸንሕ እንምነ፡ ዝተበታተኑ ሃገራትን ህዝብታትን ናብ ኣዲኦም ኢትዮጵያ ንምእካብ ጊዜ ንኽንረክብ ኢዩ፡” ይብሉ ሃይለስላሴ ኣብ መልእኽቶም።[13] ላዕለዋይ ፕረሲደንት

12. ሰ.ጋ. 5/229፡ 23/1/ 1947።
13. “የሕይወታችን መቈየት የምንመኘው፡ የተበታተኑትን ሃገሮችና ሕዝቦች ወደናታቸው ኢትዮጵያ ለመሰብሰብ ግዜ እንድናገኝ ነው።” ኢትዮጵያ 1/1፡ 4/5/1947።

ማሕበር፡ ራእሲ ኪዳነማርያም እውን፡ ህዝቢ ኤርትራ ናብ ኢትዮጵያ ንተሓወስ ክብል ግቡኡ ምኻኑ ድሕሪ ምግላጽ፡ እቲ ዝሕተም ጋዜጣ "ኪለው ምትላል ዘይብሉ፡ ከምቲ ዕላማና ኣብ ሓቂ ዝተመስረተ ኪኸውን ሓደራ እብል ኣሎኹ"፡ ብምባል ነቲ ጋዜጣ መረቖ።

ንጋዜጣ ኢትዮጵያን ንኹሎም ጸሓፍቱን፡ ሓቂ ማለት ኢትዮጵያን ሃይለስላሴን ኮነ። ሃይማኖት ማለት'ውን ምስ ኢትዮጵያን ሃይለስላሴን ዝተኣሳሰረ እንተ ዘይኮይኑ፡ ክብርን ሓይልን ዘጥፍእ ዝመስሎም ዝነበረ ኢዩ ዝመስል። ናብ ኢትዮጵያ ምእታው፡ ንሃይለስላሴ ምውዳስን ንነፍስኻ ብደረጃ ጊላኡን ኣማኒኡን ምርኣይን ከም ዝለዓለ ሃገራውን መንፈሳውን ክብሪ ዝወሰድ ጽሑፋት ናብ'ቲ ጋዜጣ ወሓዘ። ንኢትዮጵያ ምድላይ ሓቂ ካብ ተቖጽረ፡ ስለ ኢትዮጵያ ምግናንን ምሕሳውን ከም ነውሪ ዘይቍጸረሉ ኩነታት ድማ ተፈጥረ።

ኣብ'ታ ቐዳመይቲ ቍጽሪ ንኣብነት፡ ገብረሚካኤል ግርሙ ዘበራቚት፡ ማሕበር ሕብረት ማለት እታ ናይ 4 ግንቦት 1941 ማ.ፍ.ሃ. ምኻና ንምርዳእን ንምርግጋጽን፡ ንናይ 4 ግንቦት 1941 ቅትለት ዛብጥያ፡ ነቲ መጕተኦም ብዘጥዕም ቃላት ኣቕረቡዎ። ነቲ ብካራቢኔሪ ኣብ ልዕሊ በዓል ሃብተስላሴ ሂቢት (ሃብተ) ዝተፈጸመ ግፍዓዊ መቕተልቲ ምስ ገለጹ፡ ገብረሚካኤል ግርሙ፡ ህዝቢ ኣስመራ እስላሙ ክርስትያኑ ብሰንበት 26 ሚያዝያ 1933 ዓ.ግ. ማለት ብ5 ግንቦት 1941፡ ዓቢ ሰላማዊ ሰልፊ ከም ዝገበረ የዘንትዉ። ጽባሕ ናይ'ዚ፡ ማለት ሰኑይ 27 ሚያዝያ (6 ግንቦት ብፈረንጂ)፡ ይቕጽሉ ንሶም፡ "ሕዝብ ኣስመራ ሓቢሩ፡ መኺሩ፡ ናብ ሓደ ቦታ ተኣኪቡ፡ ነዛ ቅድስት ማሕበር ብደም ኣሕዋቱ ዛብጥያታት ተኺሉ ኣቘመ።"

27 ሚያዝያ፡ ኢጣልያ ንኢትዮጵያ ንምግዛእ ብ1936 ኣዲስ ኣበባ ዝኣተወላ ዕለት ኢያ። ግን፡ ሃጸይ ሃይለስላሴ'ውን ብሓገዝ ብሪጣንያ ናብ ዝፋኖም ዝተመልሱ በዛ ዕለት'ዚኣ ኣብ 1941 ስለ ዝነበረ፡ ገብረሚካኤል ግርሙ ምምስራት ማ.ፍ.ሃ. ምስቲ "ትንሳኤ ሙታን ናይ ህዝቢ ኢትዮጵያ፡ በዓለ ፋሲጋ መዓልቲ"፡ ዝበሉዎ ምግጣሙ ብዙሕ የስተንክሩ። ኣቐዲምና ከም ዝረኣናዮ ግን፡ እቲ ማሕበር ብ6 ግንቦት (27 ሚያዝያ) ዘይኮነስ፡ ናብ 5 ግንቦት (26 ሚያዝያ) ኣብ ዘውግሐ ለይቲ ኢዩ ተመስሪቱ። እቲ ናይ ዕለት ምምጣጥ እምበኣር፡ ኮነ ተባሂሉ፡ ማ.ፍ.ሃ. ንኢትዮጵያን ምእንቲ ኢትዮጵያን ዝተፈጥረ ውድብ ንምምሳል ዝተገብረ ኢዩ።[14]

ጸሓፍቲ ጋዜጣ ኢትዮጵያ፡ ንኢትዮጵያ መን ዝያዳ መጕሰን ሰማይ ሰቐለን ኣብ ዝብል ዝቀዳደሙ ዝነበሩ ኢዮም ዝመስሉ። ኣብ'ቲ ዓምድታቱ ዝሰፈረ ህንጡይነት፡ ንሃጸይ ሃይለስላሴ ባዕሎም ከየገረሞም ኣይተርፍን። ካብቶም

14. ፕረሲደንት ማሕበር ሕብረት ደግያት በየነ በራኺ'ውን፡ በዓል ናጽነት ኢትዮጵያ ኣብ ዝተጸንበለሉ፡ ብ27 ሚያዝያ 1933 (6 ግንቦት 1941) ማሕበር ሕብረት ከም ዝተመስረተ ይገልጹ። (ኢትዮጵያ 1/2፡ 11/5/1947።) ቢጋጣሚ እቲ ዕለታት ተራኺቡ እምበር፡ ምእታው ሃይለስላሴ ናብ ኢትዮጵያን እቲ ናብ ምምስራት ማ.ፍ.ሃ. ዘምርሐ ናይ'ቲ ቕንያት ፍጻሜታትን ቀጥታዊ ርክብ ኣይነበሮን። ምእታው ሃይለስላሴ ናብ ዋና ከተማኦም ተፈሊጡስ ምስኡ ብምዝማድ ከኣ ማ.ፍ.ሃ. ተመስሪቱ ዝብሃል እምበኣር፡ ተመሊስካ ንታሪኽ ብዘጥዕመካ ምትዕርራይ ኢዩ።

ዝበርትዑን ዝተረሩን መጕትቲ፡ ተድላ ባይሩ ኾኑ። ምስ'ቲ ዝነበሮም ናይ ትምህርቲ ብልጫ ድማ ንምጕቶም ሓዲሽን ምዕቡልን ኣምራት ወሰኹሉ። ኣብ ሓደ ካብ ዓንቀጻቶም፡ ኢትዮጵያ ስለ ዝነገሰት፡ "ዴሞክራስያ መጺአ ኢያ" ዝብል ንረክብ።[15] ብ15 ሰነ 1947 ድማ፡ "ፍቕርን ጽልእን" ኣብ ትሕቲ ዝብል ኣርእስቲ፡ ፍቕሪ ኢትዮጵያን ፍቕሪ ሃይማኖትን ብሓደ ዝሰርዕ ክትዕ ኣቕረቡ። ኣብ'ዚ ጽሑፍ'ዚ፡ ነዚ ዝሰዕብ ሕጡብ ጽሑፍ ንረክብ፦

ሕዝቢ መረብ ምላሽ እምበኣርከስ ኣይትዘንጋዕ። እውነተኛ ፍቕሪ ሃገር ሃይማኖት ኢዩ። እምነት ኢዩ መሰረቱ። ብሓቂ ሃገር እንፍቅርሲ ንሕና ኢና፡ ንስኻ ግና 'ለቕላቒ' ኢኻ እንተ በሉኻ፡ እግዚኣብሔር ይምሓርኩም በሎም። ...ኣነ ሊቕ ፈላስፋ እየ፡ ውዕል መኣስ ከም ዜድሊ፡ ምፍላይ ሃገርካ መኣስ ከም ዜድሊ.... ንሕና ኢና ንፈልጦ ...እንተ በሉኻ፡ ድንብርጽ ኣይትበል፡ ክቡር ሕዝቢ፡ እግዚኣብሔር ይምሓርኩም በሎም። ተነበይቲ ተመሲሎም፡ ሎሚ ንሃገርና ኣብ ኢድ ጓና ትጽናሕ እንብላ ዘለና፡ ምእንቲ ክትጥቀም ኢልናያ ኢና፡ ከማና ተረቂቕካ ኣስተውዕል፡ ግቡዝ ኣይትኹን እንተበሉኻ፡ ቀጥ በል ኢትዮጵያዊነትካ ከይረሳዕካ፡ እግዚኣብሔር ይምሓርኩም በሎም። ...እምበኣርከስ፡ ንሰይጣን ወይ ዲያብሎስ ኣቦ ሓሶት እከይን ንጸልእ ካብ ንኸውን፡ ፍረ ግብረ እከይ፡ ሓሳብ እከይ፡ ትምኒት እከይ ዝኾነ ኩሉ፡ ብኹሉ ሓይልና ክንጸልኦ ኢዩ ዝግብኣና።[16]

ኣብ'ዚ ተድላ ባይሩ፡ ብቐጥታ መንፈሳዊ ፍርሒ ምእመናን ክርስትና ኢዮም ዘቐስቅሱ ዝነበሩ። ሕብረት ዝበለ ጸግዒ ክርስቶስ ዝሓዘ'ሞ፡ ከምቲ ሳጥናኤል ንክርስቶስ ዝተፈታተኖ፡ ናጽነት ዝብሉ'ውን ፈተንቲ፡ ኣስሓትትን ሳጥናኤላትን ከም ዝኾኑ ኢዮም ዝምስሉ ዝነበሩ። እዚ ናይ ፕሮፓጋንዳ ስልቲ'ዚ፡ ብመንጽር ኣብቲ እዋን ዝነበረ ደረጃ ንቕሓት ህዝቢ ክርአ እንከሎ፡ ኣዝዩ ሓያል መሳርሒ ምንባሩ ክንግምት ንኽእል። ተድላ ፕሮቴስታንት ወይ ከኒሻ ኢዮም ነይሮም። ቃላቶም ግን ካብ'ቲ ካህናት ተዋህዶ ዝጥቀሙሉ ዝነበሩ ዝፍለ ኣይነበረን። ርቀት ጥራይ ኢዮም ዘውሰኹሉ ዝነበሩ። ስለ'ዚ ሃይማኖታዊ እምነቶም ኣይኮኑን ዝዘርግሑ ነይሮም። ሃይማኖትስ ብዝያዳ መኸዲ፡ ናብ ኢትዮጵያ ንኽትኣቱ እትጥቀመሉ መሳርሒ ኢዩ ነይሩ። ኣብ'ዚ ምናልባት ምስቲ ናይ ኣልራቢጣ ይሰማማዕ ይኸውን። ከምቲ ኣልራቢጣ እስልምና ንምዝርጋሕ ኣይተበገሰን ዝበልናዮ፡ ሕብረት'ውን ስረተ እምነታት ተዋህዶ ንኸንግስ ዝተላዕለ ኣይነበረን። ከኒሻኡ፡ ኮተሊኹ፡ ተዋህዶኡ መጽሓፍ ቅዱስን ስም መላእኽትን ብማዕረ ዘልዕለሉ ስለ ዝነበረ፡ ሕመረት ናይ'ቲ ምንቅስቓስ ሃይማኖት ኢዩ ነይሩ ምባል የጸግም።[17]

ከምዚ ስለ ዝተባህለ ግን፡ ኦርቶዶክሳዊት ቤተ ክርስትያን ኣብ ቅድመ ግንባር ናይ'ቲ ምንቅስቓስ ኣይነበረትን ማለት ኣይኮነን። ኣብ'ቲ ተድላ ባይሩ "ፍቕርን

---

15. ኢትዮጵያ 1/5፡ 11/6/1947)።
16. ኢትዮጵያ 1/7፡ 15/6/1947)።
17. ካብቶም ክሳብ ሕጂ ኣዘውቲርና ዝጠቕስናዮም መራሕቲ ሕብረት፡ ጉብረመስቀል ወልዱን ጉብረሚካኤል ግርሙን ካቶሊኽ፣ ተድላ ባይሩን ብላታ ደምሳስን ከኒሻ፣... ይርከቡዎም።

ጵልእን" ዝጸሓፉሉ ሰሙናት፡ መልኣከ ጸሃይ ኣባ ንፍታሌም ዝተባህሉ ናይ'ቲ እዋን ብዓል ስልጣን ቤተ ክህነት ተዋህዶ፡ ሓደ ሓያል ስብከት ኣሰመዑ። ነቶም "ንፈለ" ዝብሉ ሰባት ኣመልኪቶም ድማ፡ ከምዚ ዝስዕብ ሰበኹ፤

ንፈለ ዝብሉ ሰባት፡ ምስ እግዚኣብሔር ዝፈታተኑ ኢዮም ዚመስሉ... ንእስራኤል ኣሕዋትና ዝበጽሖም መከራ ከይበጽሓና ንጠንቀቕ። ...ክንነግስሲ ዊን በለና። እተን ትሕዝቶና ኣርባዕተ ኽሻ ኢየን - ሓንቲ ስገም፡ ሓንቲ ዕፉን፡ ሓንቲ ዓተር፡ ሓንቲ መሸላ። እዚኣተን ንቐለብና ዲየን ኪኾና ወይስ ንመንግሲና፣ ወይ ድማ ምስ ሕቡራት መንግስታት በዚኣንሲ ማሕበር ክንኣቱ ኢና፣ እዚ ንፈለ ዚብል ሓሳብ ከንቱ ሓሳብ ኢዩ። ግዳ፡ ኣብታ ደንጒላ ወርቂ ዝእረየላ፡ ምሕርቲ ወርቂ ዝሕፈሰላ፡ ኣብ ቅድሚ ነገስታት ዓለም ብኽብሪ እትርአ ሓዳስ ኢትዮጵያ፡ በዛ ሓዳስ ዘመን፡ ጊዜ ብኸንቱ ከየሕለፍና፡ ኣብኣ ኣቲና ስራሕ ምስራሕ ይሓይሸ። ዓለም ኩሉ ንሃገሩን ንመንግስቱን ኢዩ ዝጽዕር ዘሎ።[18]

እዚ ኣብ ቅድሚ ምእመናን ዝተዘርበ፡ "ቃል ኣምላኽን ስብከትን" ኢዩ። ንኢትዮጵያ ንምውዳስ ተባሂሉ ኸኣ ኢዩ ድኽነት ኤርትራ በቲ ሕልና ዘዕርብ ቃላት ተገሊጹ። ብኣንጻር'ዚ፡ ሃብቲ ኢትዮጵያ ብዘወናውን መገዲ ክግለጽ ስለ ዝነበሮ፡ ነታ ሃገር ብዓይኑ ዝረኣየን ዘይረኣየን፡ በብደረጃኡ እናተፈነወን እናተጋነነን ብዝኸይድ ቃላትን ጻዕቅን ከቈናጅዋ ተራእየ። ኣብ መመረቕታ ማሕበር ሕብረት ዓድ ቐይሕን ሰንዓፈን ንኣብነት፡ ደግያት ዘውደ ሓጐስ፡ "ኢትዮጵያ ማለት

ኣዝማች ገብረሚካኤል ግርሙ ዘበራቒት

18. ኢትዮጵያ 1/9፡ 29/6/1947።

ልዕልትን ሕርይትን... ርእሲ ኣፍሪቃ 5ይ ክፍሊ ናይ ዓለም.... ሕርይቲ ንምኳና ቅዱስ ዳዊት፡ 'ኢትዮጵያ ታብጽሕ እደዊሃ ኀበ እግዚኣብሔር' ኢሉዋ ኣሎ። ብዘመን ሙሴ ጸሓይ ካብ ሰማይ ወሪዳ፡ 7 ወለዶ ኣብ ኢየሩሳሌም ኣብሪሃ ናብ ኢትዮጵያ ዓድና መጺኣ...." በለ።[19]

ገሊኡ'ቲ ዘረባ፡ በሃልቱ ባዕሎም ይኣምኑዎ ንምንባሮም ዘጠራጥር'ኳ እንተ ኾነ፡ ኣብ እዚ'ቲ ተራ ሰማዒ ክበጽሕ እንከሎ ዝፈጥሮ ንዘነበረ ራዕዲ ክእምተና ይኽእል። "ንንጉሱ ዘኸሓደ፡ ንፈጣሪኡ ከም ዘኸሓደ ኢዩ፡ እንካብ ማሕበረ ሕዝቢ ንሸውዓተ ትውልዲ ዝተወገደ ከም ዝኾነ፡ መጽሓፈ ታሪኽ የምህረና...." ይብሉ ነይሮም ገብረሚካኤል ግርሙ ዘበራቐት።

"ኣየናይ መጽሓፈ ታሪኽ" ኢዩ ብፍላይ ንሃጸይ ሃይለስላሴ ኣመልኪቱ ከምኡ ዝምህር ኢሉ ዝሓትት ዘወሓደ ስለ ዝነበረ፡ ንኸምዚ ዝመስለ መፈራርሒ ቃላት፡ ካብ ጽኑዕ እምነት ዘይኮነስ ካብ መንፈሳዊ ፍርሒ ተበጊሱ ሰማዒ ክኸውን ተገደደ። ጋዜጣ ኢትዮጵያ፡ ዝኾነ ንኢትዮጵያ ዘመጉስ ቃላት ዝሰፍረሉ ልሳን እናኾነ ስለ ዘኸደ ድማ፡ ንሓሶትን ምትላልን ከይተረፈ ብዘይ ሕንከት ክሰፍር ተራእየ።

ንኣብነት ናይ ኣርባዕተ ሓያላት ኮሚሽን ኤርትራ ክኣቱ ኢዩ ኣብ ዝተባህለሉ፡ ጋዜጣ ኢትዮጵያ "ላምባን በንዚናን ዝብሃል ሃብቲ ፈልፊላ ኣውጺኣትልኩም" ዝብል "ቃለ ብስራት" ኣሕተመ። እዚ ምልክታ'ዚ፡ ኣብ ኢትዮጵያ 560,000 ኪ.ት. ዝሰፍሓቱ ናይ በንዚንን ላምባን መሬት ከም ዝተረኽበ፣ ነዚ 'ሲንክለይር' ካምፓኒ ክትኩዕቶ ከምዝጀመረት፣ 600,000 ኢትዮጵያውያን ጥራይ ኣብኡ ክሰርሑ ከም ዝተፈቕደ፣ ኣብኡ ካብ ኣዲስ ኣበባ ዝዓቢ ከተማ ክስራሕን መላእ ኢትዮጵያ ብመገዲ ባቡር ክትራኸብን ምኳና... ኮታ፡ ብድኽነት ደንዚዙ ንዝነበረ ህዝቢ ኤርትራ ዘዋናውን ብስራት ቀረበሉ።[20] እቲ "ብስራት" ቅንጣብ ሓቅነት ዘይነበሮ ክነሱ፡ ብዙሕ ኤርትራዊ ኣመነ። ብዙሓት'ውን ናብ ኢትዮጵያ መረሹ፡ ብዙሓት ከኣ ተቐሺሾም ጸግዒ ሕብረት ሓዙ።

እቲ ቐንዲ ነጥቢ ግን ንኣገባብ ኣጉሳጉሳ ማሕበር ሕብረት ይምልከት። ረብሓታቱን ዕላማኡን ንምዕዋት ዝኾነ ኣገባብ፡ ሓሶትን ጎነጽን'ውን ከይተረፈ ካብ ምጥቃም ድሕር ዘይብል ማሕበር ኮነ። እቲ ሓሶትን ምትላልን ብጋዜጣ ኢትዮጵያ፡ ነቲ ጉነጽ ድማ ማሕበር ኣንድነት ብዝሰመ ናይ መንእሰያቱ ማሕበርን ብሸፋቱን ንኸተግብሮ ኸኣ ክውድቦም ጀመረ።

19. ኢትዮጵያ 1/13፡ 27/7/1947።
20. ኢትዮጵያ 1/18፡ 31/8/1947።

ምዕራፍ 10

1947 - ካብ ምምስራት ኤርትራ ንኤርትራውያን ክሳብ ምምጻእ ኮሚሽን ኣርባዕተ ሓያላት

ማሕበር ነጻነትን ዕብየትን ኤርትራ - ኤርትራ ንኤርትራውያን

ብ18 ለካቲት 1947፡ "ማሕበር ነጻነትን ዕብየትን ኤርትራ፡ ኤርትራ ንኤርትራውያን" ወይ ሊበራል ፕሮግሬሲቭ ፓርቲ (Liberal Progressive Party - LPP) ኣብ ዓዲ ቐይሕ ተመስረተ።[1]

እዚ ሰልፊ'ዚ፡ ውልዶ ወይ መቐጸልታ ናይ'ቲ ብ1943 ራእሲ ተሰማ ኣብ ኣከለ ጉዛይ ኣበጊሶሞ ዝነበሩ፡ ቅድም ንትግራይ'ውን ዝሕውስ፡ ጸኒሑ ግን ኣብ ኤርትራ ጥራይ ዘተኰረ ናይ ናጽነት ምንቅስቓስ ነበረ። ኣብ ምጅማር 1946'ውን

ካብ መራሕቲ ኤርትራ ንኤርትራውያን። ካብ ጸጋም - (ዘይተለለየ)፡ ኣስበሮም ወልደጊዮርጊስ፡ ግራዝማች በየነ ካሕሳይ፡ ደጊያት ኣብርሃ፡ ራእሲ ተሰማ፡ ደጊያት ስብሃቱ፡ ኣዝማች ካሕሱ ምልኬስ፡ (ዘይተለለየ) ግራዝማች ስዩም መዓሾ።

1. ብቛንቋ እንግሊዝ፡ ስም'ቲ ማሕበር Liberal Progressive Party ነበረ። ("ሊበራል ገስጋሲ ሰልፊ" ክትርጎም ይከኣል።) ነዚ ስም'ዚ ዘምረጹ፡ እቲ "ኤርትራ ንኤርትራውያን" ምባል፡ ኣብ ውሽጢ ኤርትራ'ምበር፡ ኣብ ኣህጉራዊ መድረኻትስ ፖለቲካዊ ትሕዝቶን ትርጉምን ዝጐደሎ ሰለ ዝነበረ ኢዩ። እቲ "ሊበራል" ዝብል ቃል ዝተመርጸ፡ ኣብ ዓዲ እንግሊዝ ዝነበረ Liberal Party ሽዑ ሓያል ብምንባሩ፡ ናቱ ደገፍን ምድንጋጽን ንምርካብ ተሓሊኑ ኢዩ። እቲ "progressive" ድማ ንግስጋሰ ዘመልክት ኢዩ። (ወልደኣብ ወልደማርያም፡ ቃለ መጠይቕ፡ 1987።)

ብምሉኡም እቶም ነዚ ሓሳብ'ዚ ዘድግፉ መራሕቲ ኣከለ ጉዛይ ዝፈረሙሉ ናይ ናጽነት ጥርዓን ናብ እንግሊዛዊ ኣመሓዳሪ ኤርትራ በጺሑ ነይሩ ኢዩ።

ናይ 1947 ጸብጻብ ኣመሓዳሪ ኤርትራ፡ እዚ ሰልፊ'ዚ ምስ ኣልራቢጣ ክይሓብር ዝኣገዶ፡ ኣባላቱ እስላም ብዘይ ምኽኖም ጥራይ ምንባሩ ይገልጽ። እንተ ዘየለ፡ ዕላማኡን ዕላማ ኣልራቢጣን ሓደ፡ ማለት ተቓውሞ ንሕብረት ምስ ኢትዮጵያን፡ ድሕሪ መጉዚትነት ብሪጣንያ ድማ ምሉእ ናጽነትን ምንባሩ የረጋግጽ። ክልቲኡ ሰልፍታት ብሓባር ከም ዝሰርሕ'ውን ይሕብር።[2]

ኣብ'ቲ ኤርትራ ንኤርትራውያን ዝተጸንበለሉ ዕለት፡ ራእሲ ተሰማ ነዚ ኣጉልሑ። ኤርትራ ካብ ኣሽሓት ዓመታት ጀሚራ ናይ "ክርስትያንን እስላምን" ደቀባት ምኧና ድሕሪ ምርግጋጽ፡ "ኩሉ ጊዜ ተፋቒርና፡ በብሃይማኖትና ጸኒዕና እናተሓጋገዝና ኢዩ ናብራና፡" በሉ። ቀጺሎም ንኣመሰራርታ'ቲ ማሕበር ብምምልካት፡ ነዚ ዝሰዕብ ኣረድኡ፤

> እዚ ሎሚ ንገልጾ ዘሎና ሓሳብናን ሓሳባት ሕዝብናን ድማ ናጽነት ንምርካብ ኢዩ። እዚ ሓሳብ'ዚ ሓደ ዓመት ሓሊፉ ኣሎ። ናይ ኣከለ ጉዛይን ዔናይን ሉጋይን፡ ዓሳውርታ፡ ሚኒፈሪ፡ ሓዞ ሹማምንትን ለባማትን ተሰማሚዕና ዝገበርናዮ ኢዩ'ምበር ሓዲሽ ኣይኮነን። ሻቡ ድማ ንመንግስቲ ብጽሕፈት ኣፍሊጥና ኢና። ሻቡ ኾነ ሎሚ ኮነ ድሌትና ነጻነት ንምርካብ'ሞ፡ እታ ሃገርናስ ብደቀባታ ክትመሓደር ኢዩ።[3]

ቀንዲ መዳራይ ናይ'ቲ ዕለት ግን፡ ወዶም ንራእሲ፡ ደጃዝማች ኣብርሃ ተሰማ ነበሩ። ንሶም፡ ናጽነት ዝብል ሓሳብ፡ ኢጣልያ ወጺኣ ብሪጣንያ ካብ ዝኣተወትላ ዕለት ዝጀመረ'ምበር ሓዲሽ ነገር ከም ዘይነበረ ኣረድኡ። እቲ ፍልልይ ከኣ በሉ፡ ናይ "ፕሮቸዱራ"- ማለት፡ ቅጥዒ ወይ ኣገባብ- እምበር፡ መሰረታዊ ዝኾነ ናይ ዓሌት፡ ሃይማኖት፡ መታሕት፡ ከበሳ ወይ ቋንቋ ኣይነበሮን። እቶም "ሓወስቲ" ይኹኑ "ፈለይቲ" በሰላምን ክርስትያንን ከም ዝቑሙ፡ ናይ ሓድሕድ ጽልኢ'ውን ከም ዘይነበረ ኣረድኡ። እቲ ምፍልላይ ድሕሪ ዋዕላ ቤት ጌርጊስ ከም ዝመጸ ድሕሪ ምእማት፡ ጠንቂ ዘይምስምማዕ፡ መን ምንባሩ በዚ ዝሰዕብ ገለጹ፤

> ዘራጊት ዘላተን ኣሓስ ጽሩይ ማይ ነይሰትያ" ከም ዚብሃል፡ ብሓደ ኽልተ ሕይወት ሃገሮም ዘይደልዩ (ተላኢኾቶም እንተ ኾኑ'ውን ኣይፍለጥን) እቲ መድሃኒት ሃገርና ኪኸውን ተሓሲቡ ዝነበረ ተበቲኑ ተረፈ!! ኣብ ምብታን ድማ፡ ኣፉ ምእንቲ ኪመልእ፡ ብናይ መንፈሳዊ ሰበ ስልጣን ኢና ዚብሉ ሰባት መራሒነት፡ ኣብ ዘየእትዋቶም ስራሕ፡ "ማሕበር ፍቕሪ ሃገር" ኣብ ኣስመራ ተጣየሰ። ጸኒሑ ድማ ኣልራቢጣ ኤልእስላሚያ ኣብ ከረን ተተኸለ። ..እቲ ሕያዋይን ጥዑምን ዝኾነ ሕዝብና'ንክ ብገርህነቱ ተተንቲቱ ኪስዕብ ጀመረ!!!

2. FO 1015/143/ 6302/, 31/12/1947.
3. ሰ.ጋ. 5/234፡ 27/2/1947።

ክሲ ደጊያት ኣብርሃ ናብ ኣቡነ ማርቆስን ሰዓብቶም ካህናትን ዘመልከተ ነበረ። ብዛዕባ ኣልራቢጣ ዝነበሮም ርእይቶ ብቐጥታ ኣይገለጹን። ንቶም ኣብቲ ጽንብል ተረኺቦም ዝነበሩ፡ ንሸኽ ኢብራሂም፡ ደግያት ሓሰን፡ ከቢረን ካልኦትን መራሕቲ ኣልራቢጣ ብቐጥታ ብምዝራብ ግን፤

….ራብጢያ ከስቲኖም ወይስ ማሕበር ነጻነት ኤርትራ መስሊሞም ዚብሉ ሰባት ከይሃለዉ ኣይተርፉን። ነዚ ኸምዚ ዝመሰለ ድምጺ ግን ከም ኪለው ጊዜ ዕላል ወይስ ከም ሓላፊ ንፋስ ጌርና ንሓልፎ ኣሎና።…. ኣስላማይ ብናይ ኣቡኡ ክስታናይ ብናይ ኣቡኡ ልማዱን ሕጉን ሒዙ ኪነብር ደኣ'ዩ እምበር ኣብ መንግስ ናይ ሃይማኖት ኣብ ቤተ ክርስትያናትን መስጊዳትን ኢዩ ዚስበኽ እምበር ኣብ ከምዚ ዝመሰለ ናይ ሃገር ጉዳይ ዘርኢ ኣይኮነን፡[4]

በሉ። ኣብ'ዚ ኣኼባ'ዚ፡ ራእሲ ተሰማ ኣስበሮም ፕረሲደንት፡ ደጊያት መዓሾ ዘወልዲ ምኽትል፡ ግራዝማች ሰዩም መዓሾ ድማ ዋና ጸሓፊ ማሕበር ንክኾኑ ተመረጹ።

ኣብ ልዕሊ'ቶም ኣብ'ቲ ጽንብል ዝተሳተፉ ዳርጋ ኹሎም መራሕቲ ኣልራቢጣ፡ ብደጊያት ወልደጊዮርጊስ ካሕሳይ ናይ ዓድ ኋላ፡ ደጊያት ስብሃቱ ዮሃንስ ናይ ከባቢ መንደፈራን ኣዝማች በርሀ ገብረኪዳን ናይ ጉሕ ጭዓን ዝምርሑ ሓያለይ መራሕቲ ህዝቢ ሰራየ'ውን ተረኺቦም ነበሩ። ገለ ክፋላት ሰራየ ኣብዚ እዋን'ዚ፡ ዳርጋ ኣብ ክልተ - ሕብረትን ናጽነትን - ዝተገምዐ ነበረ። ኣብ ዓዲ ኋላ ጥራይ

ደጊያት መዓሾ ዘወልዲ ግራዝማች ሰዩም መዓሾ
(ምኽትል ፕረዚደንትን ዋና ጸሓፍን ኤርትራ ንኤርትራውያን)

4. ሰ.ጋ. 5/234፡ 27/2/1947)።

ንኣብነት፡ ክልተ ተወዳደርቲ ስድራ ቤታት - እንዳ ደጊያት ወደጊዮርጊስን እንዳ ደጊያት (ደሓር ራእሲ) ሃይለ ተሰፋማርያምን - ንህዝቢ'ቲ ከባቢ ኣብ ናጽነትን ሕብረትን ተማቒሎሞ ነበሩ። ከባቢ መንደፈራ'ውን እንተ ኾነ፡ ጸግዒ ደጊያት ስብሃቱ ሒዞም ናጽነት ዝብሉን፡ ጸግዒ ደጊያት መሓሪ ዓንደመስቀል ሒዞም ሕብረት ዝብሉን ነበሩ።[5] ዓረዛ ኢዩ ንራእሲ ኪዳነማርያም ተኸቲሉ ዳርጋ ምስ ምሉእ ከባቢኡ ኣብ ሕብረት ዝነበረ። ድሕሪ ኣከለ ጉዛይ እምበኣር፡ ምንጪ ሓይሊ ኤርትራ ንኤርትራውያን ሰራየ ነበረ። ኣብ ሓማሴን ብዘይካ'ቲ ንብዓል ኣዝማች ካሕሱ ምልኬስ፡ ፊታውራሪ ወልደሰላሰ ተሰማ ዝሰዓበ፡ እቲ ማሕበር ክንድ'ቲ ዝኣክል ተኸተልቲ ነይሮሞ ንምባል ኣየድፍርን። ዳርጋ ሰረት ይኹን ክዛርብ ዝኽእል ሰዓብነት ኣይነበሮን።

ከምዚ ስለ ዝኾነ፡ ብ8 መጋቢት 1947፡ ሓደ ቤት ጽሕፈት ናይ ኤርትራ ንኤርትራውያን ኣብ ከተማ መንደፈራ ተኸፍተ። ኣብ'ዚ እውን ናይ ኣከለ ጉዛይ መራሕቲ'ቲ ማሕበር ጥራይ ዘይኮኑ፡ ዳርጋ ብምሉኦም መራሕቲ ኣልራቢጣ ተረኽቡ። ፕረሲደንት፡ ደጊያት ስብሃቱ፡ ምኸትሎም ኣዝማች በርሀ፡ ዋና ጸሓፊ ድማ ግራዝማች ኣስበሮም ወልደጊዮርጊስ፡ ወዶም ንደጊያት ወልደጊዮርጊስ ንክኾኑ ተመርጹ። ደጊያት ወልደጊዮርጊስ ናይ ዓዲ ኗላ፡ ሓደ ካብ ላዕለዎት መራሕቲ ኤርትራ ንኤርትራውያን ኮይኖም፡ ብሸፋቱ ኢትዮጵያ ብዙሕ ናይ ቅትለት ፈተነን ዕንወት ንብረትን ጥሪትን ዝወረዶም ሸማግለ ነበሩ።

ኣብ'ዚ ጽንብል'ዚ እውን ንናይ'ቲ ማሕበርን ኣልራቢጣን ተመሳሳልነት ዕላማ ዘመልክት ሰፊሕ መደረ ብኣዝማች በርሀ ተሰምዐ። ማሕበር ሕብረት፡ ነቲ

ደጊያት ስብሃቱ ዮሃንስ

ደጊያት ወልደጊዮርጊስ ካሕሳይ

5. ኣብ 1944 ገጹ፡ ደግያት መሓሪ ዝኾነ ጸግዒ ከም ዘይነበሮም፡ ነቲ ኹነታት ዘገም ኢልካ ብምግምጋም ወገን ምፍላይ ይሓይሽ ዝብል መርገጽ'ውን ከም ዝነበሮም ሰነዳት ብሪጣንያ ይገልጹ። Contemporary Politics, FO 1015 /4/ XHA 62882, 22/2/1946, p.10.

"ኣልራቢጣ" ዝብል ስም ካልእ ሕብሪ ይለኽዩዎ ስለ ዝነበሩ፡ ቅኑዕ ትርጉማ ምሕባር ወይ ማሕበር ምምስራት ጥራይ ከም ዝነበረ ከረድኡ'ውን ጸዓሩ። ደግያት ሓሰን'ውን ኣብ'ቲ ኣኼባ ብምውዓል፡ እተን ክልተ ማሕበራት "ሓሳብን ንጥቕሚ ዓድናን ሕዝብናን ካብ ዝኾና፡ ብብሃይማኖትና ቀጥ ቢልና ናብቲ ዕላማኣን ንምብጻሕ ንጠንክር....." ዝብል ቃል ሓድነትን ምዕዶን ለገሱ።

ሸዑ መዓልቲ ፍልይ ዝበለ መደረ ዘሰመዑ ደግያት ኣብርሃ ተሰማ ነበሩ። ነቲ ናይ 1943-44 ኣተሓሳሰባኦም መሊሶም ብምልዓል ድማ፡ እቲ ናይ "ትግራይ-ትግርኚ" ጥምረት ብዘይካ ብጊዜ ጣልያን ካብ ጥንቲ ጀሚሩ ዝነበረ፡ ንህዝቢ ትግረ፡ ከበሳን ትግራይን ከም ዝሕውስ ኣረድኡ። ብሪጣንያ ናብ'ዚ ዞባ ምስ ኣተወት፡ ከምቲ ጣልያን ጌሮሞ ዝነበሩ ንትግራይ ናብ ኤርትራ ክንዲ ምሕዋስ ምስ ኢትዮጵያ ከም ትጽንበር ምግባሮም ንደግያት ኣብርሃ ዘተሓሳሰቦም ጉዳይ ነበረ። እዚ ከይኣክል፡ እቲ ሸዑ ዘንጸላሉ ዝነበረ ሓደጋ ምፍልላይ እስላምን ክርስትያንን ዕድል ንኸይረክብ ብጽንዓት ቃልሲ ከም ዘድሊ ኣማሕጸኑ።[6]

ካብ መራሕቲ ኤርትራ ንኤርትራውያን ደግያት ኣብርሃ ኢዮም ብተደጋጋሚ ነዚ ናይ "ትግራይ-ትግርኚ" ሓሳባት ዘልዕሉ ዝነበሩ። ንዕኦም፡ ተመሳሳልነት ቋንቋን ባህልን ከበሳታት ኤርትራን ትግራይን መሰረት ምህናጽ ሓንቲ ዓባይን ሓያልን ሃገር ኢዩ ዝነበረ። ኢትዮጵያውነት ትግራይ፡ ኢጣልያ ዶባት ኤርትራ ምስ ፈለየት ከም ዝመጸ፡ ቅድሚኡ ግን ኤርትራን ትግራይን ብሓባር "ምድረ-ኣግኣዚ" ወይ "ትግራይ-ትግርኚ" ይብሃል ከም ዝነበረ ኢዮም ዘረድኡን ዝምጕቱን ዝነበሩ። ነቲ ኣብ ታሪኽ ኤርትራ ከም መወዳድርቲ ዘይብሉ ናይ ጭካነን ዘረፋን ወራር መሳፍንቲ ትግራይ፡ ሰባጋድስን ውቤን ኣሉላን ከይተረፈ፡ ከም መርኣያ ሓድነት ክልቲኡ'ቲ መሬትን ህዝቡን ኢዮም ዝርእዩዎ ዝነበሩ።[7]

ኣዘማች በርሀ ገብረኪዳን ግን ካብ'ዚ ናይ ኣብርሃ ተሰማ ኣዝዩ ዝተፈልየ ኣመለኻኽታ ነበሮም። ኣብ ሓደ ካብ መደረታቶም፡ "ስለ ፍቅር ሃገር ዝብሉዎ ናይ ምምሳል (ፊንቶ) እምበር ካብ ልቢ ዝወጸ ኣይኮነን" ድሕሪ ምባል፡ ኣብ መንጎ ኤርትራውያንን ኢትዮጵያውያንን ኣብ ኮዓቲት፡ ዓድዋ፡ ኣላጀን መቐለን ንዝተኻየደ ግጥማት ዘርዘሩ። እዚ ብወገኑ፡ ምንጪ ዘይምቅዳው ከም ዝኾውን ድማ በዚ ዝስዕብ ቃላት ገለጹ፤

> ....ንኤርትራ ምስ ኢትዮጵያ ዘየሐውሳ ሓደ ዓቢ ገደብ ኣሎ። ንሱ ድማ እቲ ሕዝቢ ኤርትራን ሕዝቢ ኢትዮጵያን ተማሓላሊፎምዎ ዘለዉ ነፍሳትን ተቓቲሎምዎ ዘለዉ ቅትለትን ኢዩ። እዚ ገደብ'ዚ ኪፈርስ ኣይከኣሎን ኢዩ ከመይ እቲ ዝፈሰሰ ደም ከም ጭቃ (ቸመንቶ) እቲ ዝወደቐ ኣዕጽምቲ ከም እምኒ (ካልቾ ኣስትሩስ) ኮይኑ ሒዙዎ ይነብር ኣሎ።
>
> ስለ'ዚ፡ ኤርትራ ንኢትዮጵያ ኣካላ (ኣባላ) ክትከውን ኣይከኣላን እንታይ ደኣ ጕረቤታ፡ ከምዘን ኩለን ኣህጉራት (ሃገራት) ኣብ ኣፍሪቃ ዘለዋ፡ ከም

6. ሰ.ጋ. 5/236፡ 13 መጋቢት 1947።
7. ሰ.ጋ. 5/236፡ 13 መጋቢት 1947።

ኣዝማች በርሀ ገብረኪዳን

ግራዝማች ኣስበሮም ወልደጊዮርጊስ

ኬንያ፡ ከም ሱዳን፡ ከም ግብጺ፡ ከም ታንጋኒካ.... ወዘተ። ፈታዊ ምኳን ጽቡቕ ኢዩ'ምበር ፈታዊ ምምሳል ወይ መሳሊ ምኳን ኣይጽቡቕን።... ናይ ኢትዮጵያ ፈታዊ ዘይኮንካ ፈታዊኣ መሲልካ ዝጠፍአ ርስትን ጉልትን ሽመትን ከምልስ ቢልካ ምሕላን ናይ ከንቱ ከንቱነት ኢዩ። ምስ ኢትዮጵያ ምጽንባርን ነጻነት ረኺብካ ብነፍስኻ ምሕዳርን ፈራዶ ኢዮም ዝፈርዱዎ። እቲ ዝፍረድ ፍርዲ ድማ ከምቲ ብምሳሌ ተነጊሩ ዘሎ፡ "ካብ ኦም ዝኖሐ ካብ ሰብ ዝበርሐ" ኢዩ'ሞ ፍርዲ ንዝበርሐ ከም ዝወጸሉ ምጥርጣር ኣየድልን።[8]

ኣዝማች በርሀ ገብረኪዳን፡ ነዚ ኣረኣእያኦምን መጠንቀቕታን ምሕጽንታኦምን ፍጹም ከየለሰለሱ፡ ክሳብ ዕለተ ሞቶም ጸንዑ። ብዛዕባ ኣማውታኦም ኣብ ዝስዕብ ምዕራፋት ክንገልጽ ኢና። ይኹን'ምበር ኤርትራ ንኤርትራውያን ነቲ ብደግያት ኣብርሃ ዝውከል ዝነበረ ኣረኣእያ እውን ኣብ ውሽጡ ሒዙ ኢዩ ተበጊሱን ተጓዒዙን። እዚ ናይ ደግያት ኣብርሃ ተሰማ ዝንባለ፡ ጸኒሑ፡ ኣብ ምውዳእ 1940'ታት ንዘምጽኦ ሳዕቤን እውን ኣብ ቦታኡ ክንምርምሮ ኢና።

ፖለቲካዊ ምፍሕፋሕን ግብረ ሽበራን

ንኣልራቢጣ ኣልእስላሚያ፡ ማሕበር ኤርትራ ንኤርትራውያን ምስ ተወሰኹ፡ ፖለቲካዊ ክትዕ ጸዓቕን ተነሃሃረን። ንኤርትራ ሓደጋ የንጸላልዋ ከም ዝነበረ ዘተንብህ ሓያለ ጽሑፋት ከኣ ብፍላይ ናብ *ሰሙናዊ ጋዜጣ* ወሓዘ።

እቶም ካብ ፕረሲደንትነት ማ.ፍ.ሃ. ተገሊሎም ዝነበሩ ፈታውራሪ ገብረመስቀል ወልዱ ንኣብነት፡ "ኢታብኣነ እግዚኦ ውስተ መንሱት" ኣብ ትሕቲ ዝብል

8. ሰ.ጋ. 5/244፡ 8/5/1947።

ኣርእስቲ፡ ናብቲ ናይ ቀደም ማሕበሮም፡ ማሕበር ሕብረት ዝቐንዐ ነቐፌታ ኣቕረቡ። ኣብ ናይ ፈለማ ጽንኩር ጊዜ ማሕበር ፍቕሪ ሃገር ብዓቕሙ ዘፍረዮ ቁምነገር ድሕሪ ምጥቃስ ግን፡ እቲ ማሕበር በሉ፤

...በቲ ሓደ ወገን፡ ካብ ግብሩ ስሙ ዚምልክዕን ዚቕደስን ከም ዘኾነ መስተውዓልቲ ኣይትስሕቱዎን። ኣብ'ዚ'ውን ብዙሕ ድሮ መግለ. ዝሓዘን ገና መግለ. ዘይሓዘን ዝረግአ ደም ኣሎ። ኪዝረበሉን ኪምከረሉን ምተገብአ...ግን... ንታሪኽ ጸሓፍቲ ንሓዋሩ፡ ንጊዚኡ ኸኣ ንመስተውዓልቲ እሓድገሎም።

ከምዚ ዘበሎም ጭቡጥ ፍጻሜ ወይ መረዳእታ'ኳ እንተ ዘይሃቡ፡ ገብረመስቀል ወልዱ ቅሬታኦም ንምግላጽ፤

ብትዕቢት ምስራሕ ዚጠቕመና ኣይመስለንን። ብፍቕርን ብትሕትናን ብምምኽኻርን እንተ ዘይኮይኑ፡ ብኣዛዝን ተኣዛዝን ዚካየድ ስራሕ ኣብ መንግና ከይርከብ ሓደራ። ቅድሚ ሕዚ ተረኺቡ እንተ ደኣ ኾይኑ ኸኣ ከይድገም ሓደራ።

ናይ'ቲ ጊዜ'ቲ ፖለቲከኛታትን ጸሓፍትን ት'ኸ ኢልካ ምዝራብን ንጻዕዳ ጻዕዳ ምባልን ኣይመርጹን ዝነበሩ። ንተጻባኢኦም'ውን እንተ ኾነ፡ ግቡእ ክብሩን ስሙን እናሃቡ ኢዮም ብኣገባብ ዝነቕፉ ዝነበሩ። ፊታውራሪ ገብረመስቀል'ውን ከምኡ ብተዘዋዋሪ መገዲ'ኳ እንተ ተዛረቡ፡ ቀንዲ መዛረቢኦም ደቂ ማሕበሮም ከም ዝነበሩ ኣይሓብኡን። ነዚ ዝስዕብ ንመልከት፤

...ብሕምየት፡ ንሰብ ብዘይከውን ምቕላም፡ ብሓሶት፡ ብጥቅራን፡ ብጸርፊ ነጻነት እንረክብ ኣይመስለንን። ብፍቕርን ብትሕትናን፡ ብጸሎትን ብምህለላን ምስ እንሰርሕ ግን እግዚኣብሔር ከይመሓረና ኣይተርፍን። እዚ ኸምዚ ዝበለ እንካብ ስራሕ ማሕበርና ምስ ዚፍጸም፡ ስም ማሕበርና ኣይረክስን፡ ከም ስሙ ደኣ ይኸውን። እንተ ኸፊኡ እንተ ጸቢቑ ብሓንጎልና እምበር ብሓንጎል ደቂ ባዕዲ ኣይንኺድ፡ ኣይንታለል። ብሓቂ እንተደኣ ንሃገርናን ንሕዝብናን ነገልግል እንተኼንና፡ ጸበባ ሕዝብና ንርአ፡ ጣዕሚ ርእስና ኣይንርአ! እህ.... እህህህ ...እህ![9]

ቃንዛ ገብረመስቀል ወልዱ ናይ ሓሶት ወይ ናይ ረኣዩለይ ዝነበረ ኣይመስልን። ካብ መጀመርታ፡ ሕብረት ምስ ኢትዮጵያ ብስምምዕ ህዝብን መራሕትን ኤርትራ፡ ብናቶም ቃላት "ደቀቕትን ፍሩያትን" ደቂ ኤርትራ ክመጽእ ኣለዎ በሃላይ ኢዮም ዝነበሩ። ንዋዕላ ቤት ጌርጊስ ብደረጃ መራሕን ወዳብን ምቕራቦም ከኣ ነቲ ዝኣመኑሉ ናይ ሕብረት ሓሳብ'ውን እንተ ኾነ፡ ብኤርትራውያን ባዕሎም ንኽትግበር ስለ ዝሓለኑ ነበረ። ብኻልእ ኣዘራርባ፡ ንምትእትታው በዓል ነጋ ሃይለስላሴ ክቕበሉ ኣይከኣሉን። እዚ ኢዩ ኸኣ ካብቲ ማሕበር ዘነጸሎም። ካብ'ዚ ጊዜ'ዚ ጀሚሮም እውን፡ ተወጊኖምን ተገሊሎምን ተረፉ። ኣብ ሓደ ካብቲ

9. ሰ.ጋ. 5/242፡ 24/4/1947።

ናይ መወዳእታ ጽሑፋቶም ከኣ፡ "እህህ....እህ..." ኣብ ትሕቲ ዝብል ኣርእስቲ ኢትዮጵያዊ ዕላማኦም ከም ዘይገደፉ ድሕሪ ምርግጋጽ፡ ከምዚ በሉ፤

> ኣብ ክልተ ባላ ኣይንጥልጠልን እየ። እቲ ናይ ንጋሆ ሓሳበይ ተኸቲለ ፍሩያትን ደቀቕትን ደቂ ኤርትራ ዚትምነዩዎ ቅዉም ነገር ንምኽታሉን ንምምሕያሹን ዘሎኒ ቀሩብ ክጽንብር እየ፡ ክጽዕት እየ በሃላይ እየ። ስለ'ዚ፡ ሓማያይ ጠቓራይ ዓዲ ውዓል። ብሓደ መሳልል ገቢረ ናብ ሓደ ሩኻን ደይበ። ብዝደየብኩ ነታ መሳልል እቶም ዘደየቡኒ ወይ እቶም ክድይብ ከሎኹ ዝረኣዩኒ ቀሩባት ሰባት፡ ምእንቲ ብኣ ገቢረ ከይወርድ፡ ነታ ዝደየብኩላ መሳልል ኣልጊሶምዋ። ንጊዚኡ መውረዲ ስኢነ፡ ከመይ ቢለ ከም ዝወርድ'ሞ ምስቶም ብዙሓት ኣሕዋተይ በቲ ንኹልና ዚጠቅም መንገዲ ክሰማማዕ እሓስብን እቝርቁርን እየ ዘለኹ።"[10]

ገብረመስቀል ወልዱ ንፕረሲደንትነት ማ.ፍ.ሃ. ብግቡእ ተመሪጾም ከብቅዑ፡ ድሮ ዋዕላ ቤት ጌርጊስ ብውዲትን ዓመጽን ኣብ ክንዲ ማሕበር ንኸይዛረቡ ስለ ዝተኣገዱ፡ ንሶም እናሃለዉን ብወግዒ ከይወረዱን ብተድላ ባይሩ ከም ዝትክኡ ስለ ዝተገብረ ኢዮም "ካብ ዝደየብኩሉ መውረዲ ስኢነ" ዝበሉ። ብድሕር'ዚ፡ ብዛዕባኦም ብዙሕ ኣይንሰምዕን። ኣብ ፖለቲካ ኤርትራ ዝነበሮም ተራ'ውን እናሃሰሰ ኢዩ ዝኸይድ። መንግስቲ ኢትዮጵያ ንረብሓኣ ተጠቒማ፡ ዘድልያ ምስ ረኸበት ካብ ዝደርበየቶም ፖለቲከኛታት ኤርትራ፡ ድሕሪ ሎረንሶ ታእዛዝ፡ ፊታውራሪ ገብረመስቀል ብቐዳምነት ዝሰርዑ ኢዮም። ካብ'ዚ ዝቐጸለ ህይወቶም፡ ናይ ብሰጭትን መስተን ከም ዝነበረ ዝፈልጡዎም ይዛረቡ። ሓደ ካብቶም ትኩራትን ሰሓብትን መራሕቲ ናይ'ቲ ጊዜ ምንባሮም ግን ቃላቶምን መትከላዊ ጽንዓቶምን ይምስክር።

ንፊታውራሪ ገብረመስቀል ናብ ሓሳብን ውዳብን ዋዕላ ቤት ጌርጊስ ዝሰሓቡ ኣቶ ወልደኣብ ወልደማርያም ነበሩ። ኣቐድም ኣቢልና፡ ምምስራት ኣልራብጣ ኣብ ልዕሊ ኣቶ ወልደኣብ ፈጢሩዎ ንዝነበረ ስግኣት ጠቒስና ኔርና። ቀኛዝማች ብርሃኑ ኣሕመዲን ኣብ ልዕሊኦም ንዘሰንዘሩዎ ነቐፌታ እውን ኣስፊሕና ተዛሪብናሉ።

ኩሉ ከም ዝፈልጦ፡ ኣብ ዓለም ፖለቲካ እንካብ ዝኣትዉ ክሳብ ዕለተ ሞቶም፡ ኣቶ ወልደኣብ ሓደ ካብቶም ንሓድነት ህዝቢ ኤርትራ ኣብርቲያም ዝተቓለሱ ሃገራውያን ኢዮም ዝነበሩ። ብዛዕባ ናጽነትን ሉኣላውነትን እታ ሃገር ዝነበሮም ኣመለኻኽታ ግን፡ ምስቲ ቡብጊዚኡ ዘጓንፍ ዝነበረ ሕልኽላኻትን ሓደጋታት ምምቕቓልን ይፈላለ ነይሩ ኢዩ። ኣብ ዋዕላ ቤት ጌርጊስ ዘወደቡዎ ናይ ምትዕራቕ ወይ ውዕል ምስ ኢትዮጵያ ዝንባለ ከም ኣብነት ክጥቀስ ይክኣል።

ኣልራብጣን ኤርትራ ንኤርትራውያንን ምስ ተመስረቱ'ሞ፡ ግበረ መልሲ ማሕበር ሕብረት ድማ ተጓናጺ እናኾነ ምስ ከደ'ውን ወልደኣብ ደጋፍን ኣባልን ኤርትራ ንኤርትራውያን ከነሶም፡ ፍልይ ዝበለ ሓሳባት ከቕርቡ ፈተኑ። "ኤርትራ

10. ሰ.ጋ. 5/254፡ 17/7/1947።

ኣቶ ወልደኣብ፡ ራእሲ ተሰማ፡ ደግያት ኣብርሃን ወዶም ኣስበሮም ተሰማን

ንመን፧" ኣብ ትሕቲ ዝብል ተኸታታሊ ዓንቀጻት *ሰሙናዊ ጋዜጣ* ኸኣ ነቲ ሸው ይኹን ሕጂ'ውን ዘዛርብ እማመታቶም ዘርግሑ።[11] ኣብ'ዚ ጽሑፎም'ዚ፡ ወልደኣብ ካብ ንኹሎም'ቶም ኤርትራ ትግብኣና ዝብሉ ዝነበሩ መንግስታት፡ ኤርትራ ንኢትዮጵያ ከም እትቐርብን ንዕኣ'ውን ከም ትግባእን ኣትሪሮም ተማጎቱ። እኳ ደኣ፡ ካብ'ቲ ከም በዓል ተድላ ባይሩ፡ ገብረሚካኤል ግርሙ ዘበራቑትን ገብረዮሃንስ ተስፋማርያምን ዝመሰሉ ቀንዲ ተሓለቕቲ ሕብረት ዘቕርቡዎ ዝነበሩ ምጉት ዝበለጸ ነጥብታት ብወልደኣብ ቀረበ። ንሶም ባዕሎም ከም ዝበሉዎ ድማ፡ ቊጽርታት እቲ ዓንቀጽ እናወሰኸ ምስ ከደ፡ ወገን ቀይሮምን ሰዲያምን እናተባህሉ ተሓምዩን ተወቒሱን።[12]

ናይ ወልደኣብ ዕላማ ግን ብሓቂ ሰዲያምስ ሕብረት ንምጥላብ ዘይኮነ፡ ነቲ ምጉት ናይ ሕብረታውያን ተቐቢልካን ኪንኡ'ውን ተሓላቒ መሲልካን ከተፍርሶ ምፍታን ይመስል። ምኽንያቱ፡ ቀደም ይኹን ሸው ወይ ንዘመጽእ፡ ኤርትራ ናይ ኢትዮጵያ ምዃና ብዘየወላውል ድሕሪ ምግላጾም፡ ልቕብ ብምባል፡ ምጉቶም ብምትራር እውን፤

> ነዚ ሕብረትና፡ ኣገባብን ስርዓትን እንተ ገበርናሉዶ ይሓይሽ ወይ ከኣ ከም ኣቕሓ ንግድ፡ ወይስ ከም ዚዝንባ ኲበቲ ሰቕ ኢልና እንተ ሓበርና ይሓይሽ፧ ነዚ ናይ ሕብረትና ጉዳይ ንሕና ኤርትራውያን እውን ... ክንጽንበሮ ይግብኣና ዲዩ ወይስ ብመንግስት ኢትዮጵያን በተን ኣርባዕተ ዓበይቲ መንግስታትን ጥራይ ዚውዳእ ጉዳይ ኢዩ።፧... በሉ።[13]

11. *ሰሙናዊ ጋዜጣ* 5/241፡ 17/4/1947፡ 5/244፡ 8/5/1947፣ 5/245፡ 15/5/1947፡ 5/246፡ 22/5/1947፣ 5/247፡ 24/5/1947። ከምኡ'ውን ትካቦ ኣረስዕ ምሩጻት ዓንቀጻት ኣቶ ወልደኣብ ወልደማርያም፡ ኣስመራ፡ ሕድሪ 1995፡ ገጽ 70-94 ርአ።
12. ትካቦ ኣረስዕ፡ ገጽ 77።
13. ትካቦ ኣረስዕ፡ ገጽ 83።

ዓንቀጻት ናይ'ቲ ጽሑፍ እናወሰኸ ብዝኸደ፡ ቃና ወልደኣብ'ውን ዝያዳ ተነጸረን ተረረን። ነቲ "ምስ ኢትዮጵያ መንግስትናን ህዝብናን ውዑልን ጸብጻብን ኣየድልየናን" ዝብል ዝነበረ መርገጺ ማሕበር ሕብረት ብቐጥታ ብምጥቃዕ ድማ ከምዚ ክብሉ መለሱሉ፤

....ርግጽ ከኣ ኢዩ፡ ከም ናቶም ሓሳብ፡ እቲ ድኻን ሰነፍን ኢዩ ውዕልን ጸብጻብን ዚደሊ። እምበር፡ እቲ ሓያልስ ውዑል ዚብሃል ኣየድልዮን ኢዩ። ውዕልን ጸብጻብን፡ ምልክት ስርዓትን ንጽሕና ልብን ኢዩ'ምበር ምልክት ጥርጣረን ሕመቕን ኣይኮነን።

...ካብቶም ሕብረት ምስ ኢትዮጵያ ኣይደልዩን ዚብሃሉ፡ ኣብ ድፍን ሓማሴን፡ ኣብ ድፍን ሰራየ፡ ኣብ ድፍን ኣከለ ጉዛይ ዚርከቡ፡ ብዕድመን በእምሮን ብጠባይን ዓበይትን ወራዙትን ዝኾኑ ሰባኡትዶ ኣብ'ዚ ሕብረት ምስ ኢትዮጵያ - ሓንቲ ኢትዮጵያ ዚብል ሓዲሽ ፖለቲካ ኣብ ምኽሩን ኣብ ዝኽሩን ኣትዮም ኣለዉ ኢዮም፧ ዘማኽሮም ሰብከ ኣሎዶ፧ ኣይፈረምካን! እምበኣርከስ ንስኻ ጸላእ ንጉስን ሃገርን ኢኻ! ተባሂሎም ምእንቲ ከይሕመዩን ከይጽረፉን፡ ነቲ እቶም መራሕቲ ማሕበራት ዘዘበሉዎም ኩሉ እሸን ኣሚንን እናበሉ ተቐቢሎም ስቕ እንተ በሉኸ ኩብዶም ከሰል ሓቑፉ ኸም ዘሎዶ ዚጠፍኦ ሰብ ኣሎ ኢዩ፧

...ነዞም ኣብ ኤርትራ ዘለዉ ዓበይትን ወራዙትን፡ እቶም ኣብ ኢትዮጵያ ዘለዉ ሚኒስተራትን ዲረክተራትን ኢዮም መዛርብቶም እሞ፡ ካብ ዓበይቲ ደቀባት ኤርትራዶ ምስ ዓበይቲ መንግስቲ ኢትዮጵያ ብዛዕባ'ዚ ዓቢዩ ጉዳይ ኤርትራ ተዘራሪቦምን ተዛትዮምን ይፈልጡ ኢዮም፧ ኣንታ ክቡር ኣንባቢ፡ ኣረ ከመይ ጌርካ ኢኻ ነዚ ዓቢዩ ጉዳይ እዚ ኣፍኩስካ ትርእዮ ዘለኻ!!

ኢትዮጵያ፡ ንህዝቢ ኤርትራ ምስ ሓዘት በዮናይ ኣገባብ ከተማሓድሮ ከም ዝኾነት ዝገልጽ ሓደ ሰፊሕ ዝርዝር ናብ ባይቶ ሕ.ሃ. ከም ዘቕረበት'ሞ፡ እዚ ድማ ብዘይ ኣፍልጦን ልዝብን ምስ ህዝቢ ኤርትራ ስለ ዝተገብረ ድሕሪ ምንቃፍ፡ ወልደኣብ ነዚ ዝሰዕብ ወሰኸ፤

ጓል ክትምርያ ኸላ ደኣ፡ ንሳ ተሸፊና ስቕ ኢላ ኸላስ፡ "ኣነ ወድኹም፡ ኣነ ሓውኩም፡ ከምዝን ከምዝን ገይረ ከሕድራ ጠለቕኩ!" እናበልካ ኣብ ዳስ ይፍከር እምበር፡ ክንዲ ኤርትራዊ ዚኣክል ሕዝቢ ሓዲግካ፡ ናብ ባይቶ ሕቡራት መንግስታት ድማ ሓሊፍካስ፡ ሃቡኒ ደኣ'ምበር ከምዚ ገይረ ከመሓድራ እየ ምባል፡ ምንም'ኳ ናይ ኣባትነት ሓልዮት ዘለዎ ጽቡቕ ሓሳብ እንተ ኾነ፡ ንሕዝቢ ግቡእ ክብረቱ ዚህቦ ኣይመስለንን።[14]

ኣብ መወዳእታ ናይ'ዚ ነዊሕን ዝተወሳሰበን ጽሑፍ፡ ኣቶ ወልደኣብ ንጉዳይ ቋንቋ የልዕሉ'ሞ፡ ቋንቋ ኣምሓርኛ ኣብ ልዕሊ ዘይፈልጥዎ ህዝቢ ነቲ ቋንቋ'ቲ ከም መፍረድን መማሓደርን ብጸቕጢ ምንጋሱ ቅኑዕ ስለ ዘይከውን፡ ውሽጣዊ

14. ትኳቦ ኣረስዕ፡ ገጽ 85።

ናጽነት ህዝብታት ትግራይን ኤርትራን ድማ መታን ክሕሎ፡ ኤርትራን ትግራይን (ትግራይ-ትግርኚ) በዚ ዝሰዕብ ቅድመ ኹነታት ጥራይ ኣብ ትሕቲ ኢትዮጵያ ክመሓደራ ኣመሙ፡-

- ቋንቋ ትግርኛ ኣብ "ውሽጣዊ ምምሕዳር ትግራይ ትግርኚ" መተዓየዩ ኣብያተ ፍርድን ምምሕዳራትን ክኸውን፡
- ቋንቋ ትግርኛን ዓረብን ከም ግዕዝን ኣምሓርኛን፡ ኣብ ኩለን ኣብያተ ትምህርቲ ትግራይ-ትግርኚ...ኣብ ፕሮግራም ክኣትዋ፡
- ንሕዝቢ ትግራይ-ትግርኚ.... ናይ ፖለቲካ ማሕበራት ንምቛም ሓርነት ካብ ሎሚ ጀሚሩ ኪውሃቦ...
- ሕዝቢ ኤርትራ፡ ከምኡ'ውን ሕዝቢ ትግራይ፡ ረብሓኡን መሰሉን ዚሕልዉሉ፡ ብሕዝቢ እተመርጹ ልኡኻቱ ናብ ባይቶ መንግስቲ ኢትዮጵያ ንምልኣኽ ኪፍቀደሉ...።[15]

ወልደኣብ ነዚ ዓንቀጻት'ዚ ምስ ጸሓፉ፡ የማነ ጸጋም ተዘረበሎም። ነቲ ክብሉዎ ዝደለዩ ብትኽክል ንኹብሉዎ ዘማሕጽን ወቐሳታት'ውን መጸም።[16] እቶም ኣብ መጀመርታ "ወልደኣብ ሰዲዑ" ብምባል ዝተሃራረፉ ሕብረታውያን፡ በቲ ደሓር ዘቕረቡዎ ንትግራይ ዝሕውሰ ቅድመ ኹነታት ሕብረት ኣይተሓጉሱን። ብኻልእ ወገን፡ ናይ ወልደኣብ ስልቲ፡ ንትግራይ ናብ ናይ ውዕል ወይ ናይ ሕብረት ቅድመ ኹነታት ብምጽንባር፡ ንኹሉ ተኽእሎታት ሕብረት ምዕጻውን ዘይክኣል ምግባሩን ስለ ዝመሰለ፡ ኣብ ልዕሊ ወልደኣብ ዝነበረ ጽልኢ ማሕበር ሕብረት እናወሰኸ ከደ።

እቲ ዝፍጠር ዝነበረ ፖለቲካዊ ወጥርን ምፍጣጥን ግን፡ ኣብ ወልደኣብ ጥራይ ዘተኰረ ኣይነበረን። እቲ ኣብ ወርሒ ጥሪ 1947 ዝጀመረ ክትዕ ተድላ ባይሩን ሸኽ ኢብራሂም ሱልጣንን'ውን ይቐጽል ኢዩ ዝነበረ። ኣልራቢጣን ኤርትራ ንኤርትራውያንን ዝተፈላለያ ማሕበራት ይንበራ እምበር፡ ሓደ ዕላማን መትከልን ከም ዝሰዕባ ብተደጋጋሚ ይገልጻ ነይረን ኢየን። ነዚ ኣመልኪቶም'ውን ኢብራሂም ሱልጣን ኣብ'ቲ ሸው ዝሕተም ዝነበረ ጋዜጣ ጥልያን፡ ኢል ኮቲድያኖ፡ ኣዘውቲሮም ይጽሕፉ ነበሩ። ተድላ ባይሩ ነዚ ውህደት ክልቲኡ ማሕበራት ብብጊዚኡ የናሽዉዎ፡ ኤርትራ ንኤርትራውያን ድማ ናይ "ብዝምድና ስጋ ንሓድሕዶም እተኣሳሰሩ ሒደት ሰባት" ማሕበር ይብሉዎ ስለ ዝነበሩ፡[17] ዋና ጸሓፊ ናይ'ቲ ማሕበር ሰዩም መዓሾ መልሲ ክህቡ ተገደዱ።

15. ትኳቦ ኣረስዕ፡ ገጽ 92-93።

16. መምህር ሳህለ ዓንደሚካኤል፡ "ፍጆት" ኣብ ትሕቲ ዝብል ኣርእስቲ፡ ኣብ ልዕሊ ወልደኣብ ነቐፌታ ኣቕረቡ፡ "ኣብ ሓደ ወገን ኢትዮጵያውያን ከም ዝኾና ኢትዮጵያዊነትና'ውን ዚኽልኣና ከም ዜብልና ተረጋጊጹልና፡ መሊሰኩም ከኣ ብዘይ ውዕል ኣብ ኢትዮጵያ ከይንሕወስ ትምዕዱና። ....ኢትዮጵያዊነትና እንተ ንረክብ ደኣ እንታይ ከም ሹሙ ዝጠፍኦ ንህቢ ኣዕገርጊሩና....?" ሰ.ጋ. 5/248፡ 6/6/1947።

17. ሰ.ጋ. 5/248፡ 6/6/1947። ተድላ ኣብ'ዚ ጽሑፍ'ዚ፡ "ኤርትራ ንኤርትራውያን" ንዝብል ሰያሜ ንምንሻው፡ "ማሕበር ነጻነት ኤርትራ እትብሃል፡ ዕላማኣ ኤርትራ ንኤርትራውያን ዝብሃል ማሕበር ከም ዘላ ሰሚዕና ኣሎና። እዚ ማለት ከኣ ኣሜሪካ ንኣሜሪካውያን ከም ማለት ደኣ ይመስል፡" በሉ።

ይኹን'ምበር፡ ንሶም'ውን ዕላማ ማሕበሮም፡ "ኣብ መንጎ ኣለ ወሃን ኣብ መንጎ ተከዘን (ማለት እንከሎ ጸለምቲ፡ ወልቃይት፡ ጸገዴ) ዝነብር፡ ትግርኛ ዘዛረብ ሕዝቢ ምእርናብ" ከም ዝነበረ ገለጹ። "(እዚ) ዛንታኡን ቋንቋኡን ኩልቱራኡን ኣብ ምልእት ዓለም እተፈልጠ" ህዝቢ ነጻነቱ ክረክብ ከኣ መጐቱ። ንባዓሚ ተድላ ጠቒሶም ከኣ ከምዚ በሉ፤

ኣልራብጣ ኢስላሚያ የለን ኢልካ ምኽሓድ፡... እዝስ እምብዛ ፈጺሙ ገዚፍ ኢዩ'ሞ፡ ንቶም ደቂ ማሕበር ኤርትራ ምስ ኢትዮጵያ- ሓንቲ ኢትዮጵያ፡ ኤርትራ ንኤርትራውያንን ናይ ደቂ ማሕበር ኣልራቢጣን ዕላማ ጥቓ ንጥቓ ኢዩ። ክብ ኣቢሉን ኣማዕዲዩን ዘርእ'ምበር ሓላፍን በራስን ንዘኾነ ጊዝያዊ ጥቕሚ ዘይርኢ ዕላማ ስለ ዝኾነ ድማ፡ ኣብቲ ንጥቕሚ ፍቕርቲ ሃገሩ ኢሉ ተኸሉዎ ዘሎ ዕላማ ኺበጽሕ ዘይነቓነቕ እምነት ኣሎዎ።[18]

ኣብቲ ስዒም መዓሾ ዝጸሓፉሉ ሰሙን፡ ኢብራሂም ሱልጣን'ውን ኣብ ኢል ኮቲድያኖ ዕላማታት ማሕበራት ኣልራቢጣን ኤርትራ ንኤርትራውያን ማዕረ ኸም ዝነበረ ገሊጾም ነይሮም ኢዮም። ተድላ፡ ነቲ ኣብ መንጎ ክልቲኡ መርገጻት ዝነበረ ፍልልይ በዚ ዝስዕብ ኣረድኡ፤

ኤል ራቢጣ፡ ንኤርትራ ብገዛእ ርእሳ ከም እትሓድር (ኢንደፐንደንሳ) ከም እትረክብ ምግባር ይኣኽለኒ ኢያ እትብል። ማሕበር ነጻነት ኤርትራ ግና፡ ካብ ግዝኣት እታ ብስርዓትን ብሕግን ዝቐመት፡ ብመንግስታት ዓለም ከኣ እተመረቐት መንግስቲ ኢትዮጵያ ቊርሲ ኣቢላ ሓያሎ ግማድ ክትወስድ ትህቅን፡ ማለት ማሕበር ነጻነት ኤርትራ፡ ንትግራይ ካብ ኢትዮጵያ ኣሕዲጋ ክትወስዳ ኢላ ትሓስብ።... እምበኣር እቲ ማዕረማዕረን ስምምዕ ንዘኾነ ዕላማኣተንን ደኣ ኣየናይ ኢዩ፧[19]

መቸም፡ ካብ ምብጋሱ ኣትሒዙ፡ እቲ ናይ ናጽነት ወገን ኣብ ሓፈሻዊ መትከላትን ዕላማታትን ደኣ'ምበር፡ ኣብ ዝርዝር ስልትን ኣካይዳን ይላዘብን ንጥፈታቱ የወሃህድን ኣይነበረን። ቀንዲ ድኽመቱን ምኽንያት ጊዜያዊ መስዓሪኡን እዚእ ከም እትኸውን'ውን ኣብ ግዚኡ ክንርኢ ኢና። እንተ'ቲ ትግራይ ከም መፈራርሒ ኢትዮጵያ ዝሓሰብ ዝነበረ ግን፡ ኣብ ትግራይ ብማዕረ ዕላማ ዝተወደበ መኻይዲ ስለ ዘይነበሮ፡ ግደ ዘረባን መቓይዲ ማሕበር ሕብረትን ካብ ምኺን ይሓልፍ ኣይነበረን። እኳ ደኣ፡ ከምቲ ተድላ ባይሩ ዝበሉዎ፡ ንኢትዮጵያ ክንዲ ዘፈራርሕ፡ ብዘሓየለ ንኽትሰርሕ ዝድርኻ ይኸውን ነበረ።

እዚ ኹሉ እናተደማመረ፡ ን1947 ናይ ወጥርን ምጭናቕን ዓመት ገበራ። ማሕበር ሕብረት ባዕሎም፡ ብፍላይ ነቲ ናይ ኣልራቢጣ ሓይሊ ንኽምክቱ፡ ዶብ ዘይብሉ ውዳሰን ሃረርታን ኢትዮጵያ የዋዓውዑ ስለ ዝነበሩ፡ ነቶም ዛጊት ሓቝፎምዎም ዝነበሩ እስላም ከይተረፈ ከስግኡ ጀመሩ። ብፍላይ እቶም

18. ሰ.ጋ. 5/248፡ 6/6/1947።
19. ሰ.ጋ. 5/249፡ 12/6/1947።

ብመሓመድ ዑመር ቃዲ ዝምርሑ ዝነበሩ ደቂ ምጽዋዕን ከባቢኣን፡ ነዚ ስግኣቶም'ዚ ብወግዒ ካብ ማሕበር ሕብረት ብምፍላይ ገለጹዎ። እዚ ብዙሕ ሕቶታትን ዘረባን ምስ ኣሰዓበ፡ ዑመር ቃዲ ንዕላማታት ናይ'ቲ "ኢንዲፐንደንተ ማሕበር ሕብረት ኤርትራ ምስ ኢትዮጵያ" ዝበሉዎ ገለጹ፤

ብርእስና ዝሓደርና፡ ማለት ኢንዲፐንደንቲ ኢ.ና መበሊ.ና፡ ማሕበርና ማሕበር ምጽዋዕ ምንም እኳ ማሕበር ሕብረት ኤርትራ ምስ ኢትዮጵያ እንተ ኾነት፡ ነቲ ሕብረታስ ብውዕል ኪግበረላ እትደሊ ማሕበር ብምዃና ኢ.ዩ።

...እቲ ማሕበርና እትደልዮ ዘላ ውዕል፡ ንጥቕሚ ሃገርናን ሕዝብናን ዚኸውን፡ እታ ማሕበርና ባዕላ ዝመሃዘቶን ዝመደበቶን ውዕል ኢ.ዩ'ምበር ምስ ካልኦት ማሕበራት ተማኺራ ወይስ ተማጊዳ ዝገበረቶ ምንም ኣይኮነን።[20]

እዚ መርገጽ'ዚ ንጊዚኡ ብኣልራቢጣ'ኳ እንተ ተመስገነ፡[21] ነቲ ሓፈሻዊ ፖለቲካዊ ስእሊ ተወሳኺ ኣንፈት ሃቦ። ስለ ዝኾነ ድማ፡ ነቲ ወጥሪ መሊሱ ኣጋፍሖን ኣትረሮን። ካብ ኣጋ ፍርቂ 1947፡ ናይ ኢጣልያ ንጥፈታት ኣብ ኤርትራን ዝተፈላለየ መልክዕ ዝሓዘ ደገፍ ጠለባት ኢጣልያ ኣብ ልዕሊ ኤርትራን ስለ ዝኸረረ፡ ወጥሪ ናብ ጉነጽ ዝቐየረሉ ሃዋህው መመሊሱ ተጕሃሃረ።

ብ6 ሓምለ 1947፡ ሰንበት መዓልቲ ሰዓት ሸሞንተ ናይ ምሸት፡ ኣቶ ወልደኣብ ገዝኦም ንኽኣትዉ ብመኪና እናኸዱ እንከለዉ ኣብ ከባቢ ቤተ ክርስትያን ገዛ ከኒሻ ብዝተደርበዮም ቦምባ-ኢድ ተወቒያም ቈሰሉ። ሽዑ ወልደኣብ፡ ኣብ ጉድኒ'ዛ ሎሚ ክሊኒክ ዞባ ሳባ ኮይና ዘላ ሰርቪስዮ ኢዮም ምስ ስድራኦም ዝነብሩ ዝነበሩ። ደድሕር'ዚ፡ ማለት ብረቡዕ 9 ሓምለ ድማ ደግያት ሓሰን ገዝኦም እትው ምስ በሉ ዝተደርበየት ቦምባ፡ ኣብ "ቅርዓት ቤቶም" ተተኩሳ ብዘይ ገለ ጉድኣት ተረፈት። ከምዚ ዝመሰለ ሓደጋ ኣብ ልዕሊ ክልቲኦምን ኣብ ከባቢ መንበሪኦምን ክወርድ፡ እዚ ካልኣይ ጊዜ ነበረ። ቅድሚ'ዚ ኣብ ዝነበረ ወርሒ ሰነ'ውን ሓያሎ ተመሳሳሊ ዳርባታት ቦምባ ተደርብዩን በዚ ድማ፡ ሓደ ናይ ቤት ማእሰርቲ ብሪጣንያዊ ኢንስፐክተር ቈሲሉን ነይሩ ኢ.ዩ።[22]

ማሕበር ሕብረት ኣብ ልዕሊ ኣቶ ወልደኣብ ብዝወረደ ሓደጋ ዝተሰምዖ ሓዘን'ኳ ብወግዒ እንተ ገለጸን በደለኛታት ኣብ ፍርዲ ንኽቐርቡ'ውን ብመገዲ ተድላ ባይሩ እንተ ተማሕጸነ፡[23] ተግበርቲ'ቲ ግብረ ሽበራ ባዕሎም ኣባላቶም ምንባሮም ዘጠራጥር ኣይነበረን። ምምሕዳር ብሪጣንያ ባዕሉ፡ እቲ ዳርባታት ቦምባ-

20. እዚ ምስ'ቲ በዓል ኣቶ ወልደኣብ ዝብሉዎ ዝነበሩ ንኸይመሳሰል፡ ወይ ብኣኣቶም ዝተበገሰ ንኸይመስል ዝተባህለ ኢ.ዩ። መሓመድ ዑመር ቃዲ፡ ካብቶም ቀንዲ መስረቲ ማ.ፍ.ሃ.ን ወደብቲ ዋዕላ ቤት ጌርጊስን ኮይኖም፡ ክሳብ እዋን ፊደሬሽን ናይ "ሕብረት ብውዕል" ዕላማኦም ዘይገደፉን ጸኒሖም'ውን ብዙሕ ዝተሳቐዩሉን ዝተኣሰሩሉን በዓል መትከል ኢዮም ነይሮም።

21. ሰውት ኣልራቢጣ ቍ.

22. ሰ.ጋ. 5/253፡ 10/8/1947።

23. ተድላ ባይሩ ናብ ሓለቓ ዜናዊ ኣገልግሎት ኤርትራ ኣብ ዝለኣኾዎ ደብዳቤ፡ "እቲ ጭካኔ ዝመልኦ ምስንዳው ቦምብ ኣብ ልዕሊ ሓለቓ ጋዜጣኹም ኣቶ ወልደኣብ ወልደማርያም ኣዚዩ ዜሰንብድ ዝኾነ ድንጋጸን ምንቅጥቃጥን ኣለዓዓልልና....። በደለኛታት ናብ ቅድሚ ፍርዲ ኪቐርቡ ውሽጣዊ ትምኒትና ከም ዝኾነ ንገልጽ ኣሎና።" ሰ.ጋ. 5/253፡ 10/8/1947።

ብናቱ ጸብጻብ፡ ኣርባዕተ ኣብ ሰነ፡ ክልተ ኣብ ነሓሰ፡ ሓሓደ ኸኣ ኣብ መስከረምን ጥቅምትን - ብ"ገለ ባእታታት ማሕበር ሕብረት" ከም ዝተፈጸመ ኣብ ዓመታዊ ጸብጻቡ ይሕብር። ሓደ ካብቶም በቲ ገበን ዝተኸሰሱ ሰባት፡ "ምእንቲ'ቲ ዕላማ" ገይረዮ ኢሉ ብሓበን ከም ዝተኣመነ ድማ ይሕብር።[24]

ብተወሳኺ፡ ነቲ ገበን ፈጺምኩም ተባሂሎም፡ ኣብርሃ ሞሳዝጊ፡ ኣስገዶም ተኽለን ሃለቃ ገብረመድህን በላይን ዝተባህሉ ሰባት ተታሒዞም ንፍርዲ ቀረቡ። እቶም ክልተ ቐዳሞት ኣባላት ናይቲ ብስም "ማሕበር ኣንድነት" ዝፍለጥ ዝነበረ ጨንፈር ማሕበር ሕብረት ምንባሮም ተረጋገጸ። ነቲ ገበን ዝፈጸሙሉ ምኽንያት፡ እቶም ክልተ ግዳያት ዓንቀፍቲ ፖለቲካ ማሕበር ሕብረት ኢዮም ኢሎም ስለ ዝገመቱ ምንባሩ'ውን ብመርመራ ተፈልጠ። ገበኖም ምሉእ ብምሉእ ምስ ተረጋገጸ፡ ነቲ ጉዳይ ዝመርመረ ቤት ፍርዲ ኣብ ልዕሊ ኣብርሃ ሞሳዝጊን ኣስገዶም ተኽለን ናይ ሞት፡ ኣብ ልዕሊ'ቲ ሃለቃ ድማ ናይ ዕስራ ዓመት ፍርዲ በየነ።[25] እቲ ፍርዲ ግን ከምቲ ዝተባህሎ ኣይተፈጸመን። ከምቲ ዝበሃል ጸኒሖም ካብ ቤት ማእሰርቲ'ውን ወጺኦም ኢዮም።

ግብረ ሸበራ እምበኣር እናሰፍሐን ዝያዳ እናተወደበን ብዝኸደ ደረጃ ኣካል ፖለቲካ ኤርትራ እናኾነ መጸ። ምምጻእ ኮሚሽን ኣርባዕተ ሓያላት እናተቓረበ ምስ ከደን፡ ንኢጣልያ እትድግፍ ራብዐይቲ ዓባይ ማሕበር ምስ ቈመትን እሞ ኸኣ፡ እቲ ግብረ ሸበራ ካብ ቊጽጽር ወጻኢ እናኾነ ኸደ። ብኢትዮጵያ ዝድገፍን ዝምወልን ውዱብ ሽፍትነት እውን ንመላእ ኤርትራ ኣጫነቓ።

ምምስራት ሰልፊ "ሻራ ኢጣልያ" (Pro-Italy Party)

ኣብ ምጅማር ኣርብዓታት፡ ምምሕዳር ብሪጣንያ ብዓቕምን ክእለትን ዜጋታት ኢጣልያ ይጥቀም ከም ዝነበረ፡ ንብዙሓት'ውን ኣብ ዝተፈላለየ ናይ ስልጣን ቦታታት ከም ዘቐጸሎም፡ እዚ ድማ ተቓውሞን ጽልኣትን ኤርትራውያን ከም ዘለዓዓለ ቡብጊዜኡ ተጠቒሱ ኣሎ። ካልኣይ ኩናት ዓለም ብ1945 ምስ ኣብቀዐ ግን፡ ብሪጣንያውያን ኣመሓደርቲ ኤርትራ ኣብ ልዕሊ ኢጣልያውያን ርኡይ ጸቕጥን ናይ ምውጋን ተግባራትን ክፍጽሙ ተራእዩ።

በዚ መሰረት፡ ኢጣልያውያን ሰብ መዚ ተሰጕጉ፣ ኣብ ምምሕዳራውን ፍርዳውን ጉዳያት ዝነበሮም ርክብ ምስ ኤርትራውያን ተበተከ፣ ቋንቋ ጥልያን ካብ ኣብያተ-ትምህርቲ ተሰረዘ፣ ኣፈላላይ ሕብሪ ቊርበት ዘንግስ ሕግታት'ውን ተሳዕረ።[26] ምስ'ቲ ኤርትራውያን ኣብ ልዕሊኦም ኣሕዲሮሞ ዝነበሩ ጽልኣትን ቅሉዕ ጕነጻዊ ዝንባለን፡ እዚ ንስምዒትን ሞራልን ኢጣልያውያን ኣዝዩ ሃሰየ። ትሬቫስኪስ'ኳ፡ ነዚ ናይ ብሪጣንያውያን ለውጢ ኣብ ኣተሓሕዛ ጣልያን ብዙሕ ኣይንእዶን ኢዩ። ምስ'ቲ ዝፍጽምዎ ዝነበሩ ዕንወት ቊጠባ ኤርትራ፡ ነቶም ከም

24. FO 1015/143 6302, 31/12/1947.
25. ሰ.ጋ. 5/266፡ 9/10/1947።
26. Trevaskis, p. 77.

ቀንዲ ኣንቀሳቓሲቲ ልምዓታዊ ንጥፈታት እታ ሃገር ዝርእዮም ኢጣልያውያን ምውጋን፡ ንኤርትራ ድሕሪት ዘትርፍ ሜላ ምንባሩ'ውን ይእምት።[27]

ተግባራት ብሪጣንያ ግን በቲ ኣብ ውሽጢ ኤርትራ ዝነበረ ፖለቲካውን ማሕበራውን ኩነታት ጥራይ ዝተደረኸ ኣይነበረን። ብቐንዱ፡ እቲ ካብ መፈለምታ ዝተሓንጸጸ ብሪጣንያዊ ፖሊሲ ቀርኒ ኣፍሪቃ ገና መምርሒኣን ቀንዲ መንቀሳቐሲኣን ነበረ። ከም ዝዝከር፡ እዚ ፖሊሲ'ዚ ንኦጋዴንን ክፋላት ኬንያን እትሕውስ ዓባይ ሶማልያ ብምቛም፡ ንኸበሳታትን ኣፍ ደገ ባሕርን ኤርትራ ንኢትዮጵያ ብምሃብ ነቲ እተጥፍኦ መሬት ምኽሓሳ ዝብል ኢዩ ዝነበረ።

ብመሰረት ስምምዓት ዋዕላ ፓሪስ፡ ብሪጣንያ ነዚ ሜላ'ዚ ብዘይ ስምምዕ ሰብ ኪዳና፡ ማለት ፈረንሳ፡ ሕብረት ሶቭየትን ሕ.መ. ኣመሪካን ክትትግብሮሉ እትኽእል መገዲ ኣይነበራን። እዚኣተን ድማ በብወገነን ነንውልቃዊ ረብሓአንን፡ ነቲ ናይ ብሪጣንያ ውጥን ክድግፋ ኣይደለያን። በንጻሩ እኳ ደኣ፡ ብፍላይ ኣብ ውሽጢ 1946፡ ኢጣልያዊት ሶማሊላንድን ኤርትራን ናብ መጉዚትነት ኢጣልያ ክምለሳ ዝብል ሕቶ ኣብ መንጎአን ይልዓል ስለ ዝነበረ፡ ብሪጣንያ እዚ ክኾነሉ ዘይኽእል ባይታ ከተጣጥሕ ብዙሕ ጸዓረት። ነዚ ብዝምልከት ንኣብነት፡ ናይ ብሪጣንያ ሚኒስተር ጉዳያት ወጻኢ ኤርነስት በቪን ብ13 ሰነ 1946 ምስ ኣክሊሉ ሃብተወልድ ተራኺበ። ኣብ'ዚ፡ ኤርትራን ሶማሊላንድን ናብ ኢጣልያ ይመለሳ ዝብል ሓሳብ ስለ ዝመጸ፡ ንዕኡ ንምቅዋም ነቲ ናይ ዓባይ ሶማልያ ሓሳብ መሊሱ ከም ዝደፍኣሉ በቪን ንኣክሊሉ ሓበሮ።

ኣክሊሉ ብወገኑ፡ ንኦጋዴን ሰሊዕካ ካብ ኢትዮጵያ ምፍላይ ንሃገሩ ኣዝዩ ከም ዘቑጥዓ ድሕሪ ምሕባር፡ ኣብ ክንድኡ ወደብ ዘይላን ኤርትራን ንኢትዮጵያ ክውሃባ፡ ንሳ ድማ ምስ ብሪጣንያዊ ሶማሊላንድ ዝዳወብ መሬት መጋሃጫ ነቲ ናይ ዓባይ ሶማልያ ውጥን ክተወፊ ኣመመለ። በቪን ኣብ ዝኾነ መብጽዓ ከይኣተወ፡ እቲ ጉዳይ ውዒሉ ሓዲሩ ብዝያዳ ንውድብ ሕቡራት ሃገራት (ው.ሕ.ሃ.) ከም ዝምልከት ጥራይ ኣመተሉ።[28]

ኣብ ውሽጢ 1946፡ ከምኡ'ውን ክፋል 1947፡ ነዚ ዝመስል መልእኽትታትን ስነዳትን ንረክብ። ንብሪጣንያ፡ ምዕዋት ሓፈሻዊ ውጥና ኣብ ዋጋ ዕዳጋ ዝኣቱ ኣይነበረን። ምምላስ ኢጣልያ ናብ ኤርትራ ነዚ ከም ዝዕንቅፍ ስለ ዘይተጠራጠረት ኢያ እምበኣር ኣብ ልዕሊ ኢጣልያውያን ዜጋታት ነዚ ኣብ ላዕሊ ዝተጠቕሰ ስጉምትታት ክትወስድ ዝጀመረት።

ኣብ'ዚ እዋን'ዚ፡ ፋሺስትነት ኣብ ኢጣልያ ወዲቑስ ኣብ ቦታኡ ከም ንግስነታዊ፡ ሪፑብሊካዊ፡ ክርስትያን ደሞክራስያዊ፡ ማሕበርነታውን ዴሳውን ዝመሰለ ሰልፍታት ጠጢዑ ነበረ። ትሬቫስኪስ ከም ዝብሎ፡ እዘን ሰልፍታት እዚኣተን ባንዴራ ኢጣልያ መሊሳ ኣብ ኤርትራ ከተንበልብል ወይ ከኣ ኣብ ልዕሊ ኤርትራ ክውሰንን ክትከልን ኣብ ዝኽእል ናይ መጉዚትነት ቤት ምኽሪ ክሳተፋ ዝደልያ

27. Ibid., p. 77.
28. FO 1015/61 XCA 62888, 18/6/1946.

ነበረ። ንድሕነት እቶም ገና ኣብ ኤርትራ ዝነብሩ ዝነበሩ ዜጋታተን ክብላ ድማ፡ ልዕሊ መጉዚትነት ብሪጣንያ፡ ንሕብረት ኤርትራን ኢትዮጵያን ጸልኣን ንዘኾነ ተኸእሎታቱ ኣበርቲዐን ክቃወማ ጀመራን። ነቲ ብሪጣንያ ትውጥኖ ኣላ ዝበላኦ ምምቃል ኤርትራ ናብ ክበሳን ቆላን እውን ብተመሳሳሊ ነጸጋኦ።[29]

እዚ ይኹን እምበር፡ ናይ ኢጣልያ ፖለቲካዊ ንጥፈት ኣብ ኤርትራ ክሳብ 1947 ዳርጋ ልኡም ጸንሐ። ኣብ ምጅማር 1947 ግን፡ እቶም ኣብ ሓድሕዶም ዝገራጨዉን ዝቋየቑን ዝነበሩ ኢጣልያውያን ነበርቲ ኤርትራ፡ ሓደ ንዕኦም ዝውክል ክሪየ (C.R.I.E. Comitato Rappresentativo Italiani dell' Eritrea) ዝተባህለ ሸማግለ ወይ ኮሚቲ ኣቘሙ። ፕረሲደንት ናይ'ቲ ኮሚቲ፡ ዶቶረ ቪንቸንዞ ዲ ሜልዮ ንኢጣልያ በጺሑ ምስ መጸ፡ እቲ ኮሚቲ ከም ኣፈኛ ናይ መንግስቲ ኢጣልያ ኾይኑ ከገልግል ጀመረ። ኩሉ'ቲ ጽሑፋቱ፡ መንግስቲ ኢጣልያ ንኤርትራ ንምስልጣን ዝገበረቶ ኣስተዋጽኦ ዝውድስ ኮይኑ፡ ኢጣልያ ነቲ "ተልእኾኣ" ክትቅጽል ዘማሕጽን ነበረ።[30]

እዚ መንግስቲ ኢጣልያ ባዕላ እትቕስቅሶ ዝነበረት ፕሮፖጋንዳ፡ ብሪጣንያ ኮነ ኢላ ቀጥባ ኤርትራ ተዕኑ፡ ኮማዊ ግርጭታት ብምውላዕ ድማ ናይ ከፋፊልካ ግዛእ ትልማ ትትግብር ኣላ ኽብል ከሰሰ። እቲ ምጉት፡ ኣብ ኤርትራ ንዝነበሩ ኢጣልያውያን ጥራይ ዘይኮነ፡ ነቶም ኢጣልያ ስለ ዝተሳዕረት ስራሕ ዝሰኣኑ ዜጋታት፡ ብፍላይ ድማ ዓሳክር ኢጣልያ ንዝነበሩ ኤርትራውያን ንምስሓብ ዝሓለነ ነበረ። ምናልባት ከም ቀጥታዊ ውጽኢት ናይ'ዚ ጻዕሪ'ዚ ኸኣ ኣብ ከባቢ መጋቢት 1947 ፍረ ክርኢ ጀመረ።

በዚ መሰረት፡ ብ30 መጋቢት 1947፡ ሓደ ብስም "ማሕበር ዓሳክር ኢጣልያ ዝነበሩ" ዝፍለጥ ውድብ ቆመ። ኣብ ኣባ ሻውል፡ ጥቓ ምሕራድ ስጋ ቤት ጽሕፈት ከም ዝኸፈተን ኩሎም መሰል ዝሓቱ ዓሳክር ዝነበሩ ወይ ስድራ ቤቶም መጺኦም ክምዝገቡ ከም ዝኽእሉን ኣፍለጠ።[31] ኣብ መፈለምታ፡ እንትርፎ እስትሕጋግ ወተሃደራት-ነበር ምሕታት ካልእ ፖለቲካዊ ዕላማ ከም ዘይነበሮ'ኳ እንተ ሓበረ፡ ኢጣልያ ክትምስርቶ ንዝሓለነት ንዕኣ ዝድግፍ ፖለቲካዊ ሰልፊ ዝጉልብብ ወይ መገዲ ዘንጽፍ ውድብ ኢዩ ተባሂሉ ተሓምየ። እቲ ማሕበር ግን ንጥፈታቱ ቀጸለ'ሞ፡ ኣብ ወርሒ ሓምለ 1947 መንግስቲ ኢጣልያ ንጠለባቱ እትምርምር ሓንቲ ኮሚሽን ክትሰድድ ምዃና ኣፍለጠት። ምስ'ዚ ዳርጋ ኣብ ሓደ እዋን ከኣ፡ "ሻራ ኢጣልያ" ዝበሃል፡ መጉዚትነት ኢጣልያ ዝጠልብ ማሕበር ቈይሙ ተባህለ'ሞ፡ እቲ ሕሜታ ሓቂ መሰለ።[32]

ትሬቫስኪስ፡ እቲ ናይ ዓሳክር ማሕበር ኢዩ ብኢጣልያ ተደፋፊኡ ሰልፊ ሻራ ኢጣልያ ዝኾነ ኢዩ ዝብል። እዚ ብዙሕ ዘካትዕ ኣይመስለን፣ ግን፡ ኣብ

29. Trevaskis, p. 78.
30. FO 1015/143 63021, 31/12/1947.
31. ሰ.ጋ. 5/239፡ 2/4/1947፣ 5/240፡ 10/4/1947።
32. Trevaskis, p. 79; FO 1015/143 63021, 31/12/1947.

መንጎ'ቶም ዓሳክር-ነበር ብዛዕባ ምቛም'ቲ ሰልፊ ዘይምስምማዕ ነይሩ ኢዩ። ብ7 ነሓሰ 1947፡ ብስም ማሕበር ወተሃደር ዝጸሓፉ ፕረሲደንት ኣዝማች ኣስፍሃ ሓምቢር፡ ኣብ ከረን "ዓሰርተ ዘኾኑ ጣልያንን 30 ዘኾኑ ደቂ ሃገርናን ሓዱሽ ማሕበር ከቑሙን፡ ባንዴራ ጣልያን ክዕድሉን ገንዘብ ውህብቶ ክፍስሱን ወዓሉ...." ክብሉ ከሰሱ። ቀጺሎም፡ እቶም ሰባት ንዓሳክር-ነበር እናጸውዑ፡ "....ነዛ ባንዴራ ጣልያን ከይትጠልማ ይጥለምካዶ ኣምላክ..... እናበሉ.... ሰለስተ ሰብኣይ ንሓደ ከተማ፡ ምስ ባንዴራኦምን መምስ ዕስራ ጀኔን መስርያ ቤቶም ክኸፍቱ፡ ንዓሳክር ጣልያን ዝነበሩ ድማ፡ ጣልያን ፍተዉ፡ ዘይፈቶ ኣይትጽሓፉዎ እናበሉ ከታልሉ ተኣዚዛቶም ከይዳቶም ኣሎዉ....." በሉ። ነዚ ተግባር'ዚ ብምኻናን'ውን፡ ማሕበር ዓሳክር ናጻ ካብ ፖለቲካ ዝኾነ፡ ንመሰል'ቶም ኣባላቱ ድማ ዝጣበቕ ምዃኑ ኣጥቢቖም ኣሰመሩ።[33]

ካልእ ነዚ ዝመስል ጽሑፋት'ኳ እንተ ወጸ፡ ንማሕበር ሻራ ኢጣልያ ካብ ምምስራት ክኽልክል ኣይከኣለን። እዚ ምስ ኮነ፡ ማሕበር ሕብረትን ኣልራቢጣን ቅጽበታዊ ናይ ተቓውሞ ድምጾም ኣሰመዑ። እቶም ነቲ ማሕበር ዝመስረቱ ዜጋታት ከኣ ብኽሕደትን "ሃገር ብምሻጥን" ተወንጀሉን መጠንቀቕታ ተዋህቦምን።[34] እቲ ማሕበር ወተሃደራት ንኽፈርስ ከኣ ንምምሕዳር ብሪጣንያ ሓተቱ።

እቲ ምምሕዳር፡ ነዚ ጥርዓናት ክልቲኡ ተጻራሪ ማሕበራት ብምስማዕ ንማሕበር ወተሃደራት-ነበር ሰረዞ። መራሕቲ ናይ'ዚ ዳሕረዋይ ብወገኖም፡ ስም ማሕበሮም ናብ ሻራ-ኢጣልያ (Pro Italia) ብምልዋጥ፡ ፖለቲካዊ ሰልፊ ንኽምስርቱ ሓተቱ። ትረቫስኪስ ከም ዘዘንትዎ፡ ተቓውሞ ሕብረትን ኣልራቢጣን ኣዝዩ ስለ ዝበርትዐ፡ እቲ ምምሕዳር መልሲ ከይሃበ ወርሒ ኣቢሉ ጸንሐ። ምስ ፈቐደ ድማ፡ ሰልፊ ሻራ ኢጣልያ ኣብ ኣስመራ ጥራይ እምበር ኣብ ከረን ቤት ጽሕፈት ከይኸፍት፡ ከምኡ'ውን ኢጣልያውያን ዜጋታት ኣባላት እቲ ማሕበር ከይኮኑ ወሰነ። እዚ ቅድመ ኩነትን ውሱንነትን'ዚ፡ ኣብ ካልኦት ማሕበራት ዘይተፈጸመ፡ ንሻራ-ኢጣልያ ጥራይ ዝምልከት ነበረ።[35]

ከምዚ ኢሉ፡ ኣብ ኤርትራ ሳልሳይ ዓቢ ሰልፊ ቈመ። ምስ'ታ ናይ በዓል ብላታ መሓመድ ዑመር ቃዲ "ናጻ ማሕበር ሕብረት"ን እታ ካብ ኣልራቢጣ ኣልእስላሚያ ዝተፈንጨለት፡ ጸኒሕና'ውን እንዛረበላ፡ ብደቂ ቐይሕ ባሕሪ ዝቘመት "ሃገራዊ እስላማዊ ሰልፍ"ን፡ ኩሉኹለን ሓሙሽተ ሰልፍታት ቈማ ማለት ኢዩ። ኣብ ልዕሊ'ዚኦን፡ ክሪየን "ማሕበር ኢጣሎ-ኤርትራውያን" እትብሃል ንሓናፍጽ ጥራይ እትጥርንፍ ማሕበርን እውን ሕጋዊ ህላዌኣን ኣረጋጊጸን ነበራ።

መርማሪት ኮሚሽን ኣርባዕተ ሓያላት ኣብ መወዳእታ 1947 ኤርትራ ኣብ ዝኣተወትሉ እምበኣር፡ እታ ሃገር ኣዝያ ተመቓቒላ፡ ብጉነጻዊ ሃዋህው ከኣ ተጫኒቓ ጸንሐታ።

33. ሰ.ጋ. 5/257፡ 7/8/1947።
34. ሰ.ጋ. 5/258፡ 14/8/1947።
35. Trevaskis, p. 79-80.

ምዕራፍ 11

ናይ ኣርባዕተ ሓያላት መንግስታት መርማሪት ኮሚሽን

መርገጺ ኣርባዕተ ሓያላት መንግስታት

መንግስቲ ናይተን ኣብ ካልኣይ ኩናት ዓለም ስሚረን ሓይሊ ፋሺስትነት ዘስነፋ ኣርባዕተ ሓያላት፡ ማለት ብሪጣንያ፡ ፈረንሳ፡ ሕብረት ሶቭየትን ሕ.መ.ኣመሪካን-ድሕር'ቲ ውግእ ኣብ ናይ ሓድሕድ ውድድርን ምፍጣጥን ኣተዋ። ብቐንዱ፡ ሕብረት ሶቭየት ከም ማሕበርነታዊት፡ እተን ዝተረፋ ድማ ከም ርእሰ ማላውያን ሃገራት ደደንበአንን ናይ ጽልዋ ዓንኬላተንን ስለ ዝሓዛ፡ ዓለም ኣብ ክልተ ተቓናቓኒ ወገናት ተገምዐ። እተን ሰለስተ ምዕራባውያን ሓይልታት እንተ ኾና'ውን፡ ኣብ ውሽጢ ሓደ ደንበ'ኳ ይጠርነፋ'ምበር፡ ኣብ ብዙሕ ጉዳያት ነናተን ኣመለኻኽታን ረብሓታትን ነበረን።

ኣብ ምዕራፍ 6 ከም ዝረኣናዮ፡ እዘን ኣርባዕተ ሓያላት ንሕቶ ኩለን ግዝኣታት ኢጣልያ ዝነበራ-ኤርትራ፡ ሊብያን ሶማልያን-ብስምምዕ ክፈትሓ፡ እዚ፡ ኣብ ውሽጢ ሓደ ዓመት ምስ ዘይብጻሕ ግን እቲ ጉዳይ ናብ ባይቶ ሕቡራት ሃገራት ክመሓላለፍ ተሰማሚዐን ነበራ። ይኹን'ምበር፡ ብምኽንያት እቲ ቀስ እናበለ ዝገሃድ ዝነበረ ናይ ሓድሕደን ናይ ረብሓ ፍልልይ፡ ኣብ መጻኢ ዕድል ናይ ዝኾነት ግዝኣት ኢጣልያ-ነበር ምርድዳእ ሰኣና። በዚ ድማ፡ ኣብ ሕቶ ኤርትራ ጥራይ፡ ሓደ ዘይኮነስ፡ ምስ ጊዜን ተለዋዋጢ ኣህጉራዊ ኩነታትን ዝቀያየር ኣርባዕተ መርገጻት ተራእየ።

እታ ኣቐዲማ ከም ዝሓየለት ሃገር ትቈጻር ዝነበረት'ሞ ብሓይሊ ሕ.መ. ኣመሪካ ዝተተክአት ብሪጣንያ፡ ኣብ ኩለን ግዝኣታታ ብሃገራውነትን ናይ ናጽነት ምንቅስቓሳትን ትዳኸም ስለ ዝነበረት፡ ኣድህቦኣ ነቲ ተሪፋዋ ዝነበረ ስልጣን ኣብ ምዕቃብ ኢዩ ነይሩ። ብፍላይ ንማእከላይ ምብራቕ ንምቍጽጻር፡ ሊብያ ኣብ ክልተ ክትክፈል'ሞ፡ ትሪፖሊታንያ ኣብ ትሕቲ መጉዚትነት ኢጣልያ ክትኣቱ፡ ሲረናይካ ኸኣ ንዕኣ ክትውሃባ ጠለበት። ኩሉ ኣብ ኢዳን ኣብ ኢድ ፈረንሳን ዝነበረ መሬት ሶማልያ፡ እንኮላይ ኦጋዴን፡ ብሓደ ተጣሚሩ፡ ብስም ሕቡራት ሃገራት ባዕላ ንኽተመሓድሮ ሓሳብ ኣቕረበት። ኤርትራ ኣብ ክልተ ተመቒላ ፍርቃ ንኢትዮጵያ ክትውሃብ ፍርቃ ኸኣ ኣብ ትሕቲ ሕቡራት ሃገራት ክትኣቱ ኣመመት።

ፈረንሳ ነዚ ኣይተቐበለቶን ጥራይ ዘይኮነ፡ ብዓይኒ ጥርጣረ'ውን ረኣየቶ። ኣብ ሰሜን፡ ምዕራብን ማእከላይን ኣፍሪቃ ሰፊሕ ግዝኣት ስለ ዝነበራ'ሞ ኣንጻራ ንኺይልዓል

ትፈርሕ ስለ ዝነበረት፡ ናጽነት ዝብሃል ኣብ እዝና ክኣቱ ድሌት ኣይነበራን። በዚ ምኽንያት'ዚ፡ ኩለን'ተን ግዝኣታት ኣብ ትሕቲ ኣህጉራዊ ቁጽጽር ብመጉዚትነት ንኢጣልያ ይውሃባ ዝብል ሓሳብ ኣቕረበት። ግን ትሪፖሊታንያ ንዕኣ ክትውሃብ፡ ዓሰብ ንኢትዮጵያ ተዋሂባ ድማ ኣፍደገ ባሕራ ክትረክብ'ውን ወጠነት።

ኣመሪካውያን ብዙሕ ወሰወሱ። ኣንጻር መግዛእቲ (Colonialism) ኢና በሃልቲ ኮይኖም ንመጀመርታ ኩለን እተን ሃገራት ኣብ ትሕቲ ናይ ሓባር መጉዚትነት ንኽኣትዋ፡ ዓሰብ ንኢትዮጵያ ክትውሃብ፡ ድሕሪ ዓሰርተ ዓመት ከኣ ሊብያን ኤርትራን ነጻነተን ክወስዳ ኣመሙ። ነዚ ሶቭየት ምስ ነጸገቶ ግን፡ ከም ፈረንሳ መጉዚትነት ኢጣልያ ተቐበሉ።

ናይ ሩስያ መርገጽ'ውን ካብ ምውልዋል ሓራ ኣይነበረን። ብዝያዳ'ኳ ደኣ፡ ነተን ግዝኣታት ሓሓዲአን ክማቐልአን ድሕሪ ምእማም፡ ኣብ ኢጣልያ ኣብ ዝነበረ ምርጫ ዴሳውያን ክዕወቱ ዝኽእሉ ስለ ዝመሰላ፡ ደገፍ ህዝቢ ኢጣልያ ንምርካብ፡ ጣልያን ብመጉዚትነት ናብ ግዝኣቶም ይመለሱ በለት።[1]

ከምዚ ኢለን ሰለስቲአን፡ ማለት ሩስያ፡ ኣመሪካን ፈረንሳን በብምኽንያተን መጉዚትነት ኢጣልያ ክድግፉ እንከለዋ፡ ብሪጣንያ ንበይና ተቓወመት። ናይ ኩሎም ስምምዕ ኣድላዪ ስለ ዝነበረ ኸኣ፡ "ድሌት ህዝቢ ኤርትራ" እትምርምር ኮሚሽን ንኽልእኩ ተሰማምዑ።

ምምሕዳር ብሪጣንያ ስራሕ መርማሪት ሸማግለ ናይ ምስላጥ ሓላፍነት ስለ ዝነበሮ፡ ቀቅድሚ ምእታው እታ ሸማግለ፡ ሓደ ብብሪጋደር ፍራንክ ስታፎርድ ዝብሃል ኣማኻሪኡ ዝምራሕ መጽናዕቲ ኣብ ኤርትራ ኣካየደ። ብ7 ጥሪ 1947 ከኣ ስታፎርድ ንውጽኢት መጽናዕቱ ብጥብቂ ምስጢር ናብ ላዕለዎት ሓለፍቱ ኣመሓላለፈ። ዕላማ ናይቲ መጽናዕቲ፡ እታ መርማሪት ኮሚስዮን ንድሌት ህዝቢ ኤርትራ እትምርምረሉ ኣገባብ ምሕንጻጽ፡ ኣብታ ሃገር ንዝነበረ ፖለቲካዊ ዝንባሌ ህዝቢ ምግምጋም፡ መርገጺ መንግስቲ እንግሊዝ ምውሳን ....ወዘተ ነበረ። ብኻልእ ኣዘራርባ፡ ምምሕዳር ብሪጣንያ ነታ ኮሚስዮን ናይ ምጽላው ዕድል ተዋሂቡዎ ማለት ኢዩ።

ስታፎርድ ኣብ ጸብጻቡ፡ እስላም ህዝቢ ኤርትራ ገና "ጥቓ መሬት ዝኑብር ሰበኸ ሳግም ስለ ዝኾነ፡" ትርጉም መንግስትነት ንኽርዳእስ ይትረፍ፡ ኣብቲ ዝቐለለ ጉዳያት ርእይቶ ንኽህብ'ውን ትጽቢት ዘይንበረሉ ኢዩ ድሕሪ ምባል፡ እቲ ክርስትያን ህዝቢ'ውን ጥቓ ፖለቲካዊ ብስለት ዘይበጽሐ ኩብል ገምገመ። ካብዚ ተበጊሱ፡ ድሌት ህዝቢ ኤርትራ ብረፈረንዱም ምውሳን ፍጹም ከም ዘይክኣልን ውጽኢት ከም ዘይህብን ወሰነ። ስለዚ፡ እቲ ዝሓሸ፡ ህዝቢ ኩለን ኣውራጃታት ነናይ ወረዳ፡ ቀቢላ ወይ ማሕበረ ኮም ወከልቲ ክመርጽ'ሞ፡ እቶም ወከልቲ ክሕተቱ ኣመመ። ሽሕ'ኳ ቃል ናይቶም ወከልቲ ዘይእመን ወይ ተጋራጫዊ ምስ ዝኸውን እታ ኮሚስዮን ኣብ ዝመረጸቶ ዓዲ ኣትያ ድሌት ህዝቢ ብቐጥታ

1. Trevaskis, p. 84-86.

ክትሓትት ትኽእል'ያ እንተ በለ፡ ህዝቢ ኤርትራ ብቐጥታ ርእይቶኡ ክገልጸሉ ንዝኽእልን ዝግብኦን ዝነበረ ኣገባብ ዓጸዎ።

ንድሌት ህዝቢ ብዝምልከት፡ ህዝቢ ኤርትራ መንግስቲ ኢጣልያ ዋላ ብመጉዚትነት ንኽትምለስ ኣይደልን'ዩ በለ። መንግስቲ ብሪጣንያ ግን ኢጣልያ ዘየተኣታተወቶ ናይ ትምህርቲ፡ ደሞክራስያዊ ሓሳባት… ሓዲሽ ነገር ብምትእትታዋ፡ ብተዛማዲ ናይ ህዝቢ ተቐባልነት ከም ዝነበራ ኣመልከተ። ኣብ ልዕሊ ብሪጣንያ ክህሉ ይኽእል'ዩ ካብ ዝበሎ ክስታት ወይ ምጉርምራማት፡ ጉዳይ ናይቶም ድሕሪ ምልዕዓል ዓሊ ሙንጣዝ ኣብ ባርካ ብወተሃደራት እንግሊዝ ዝተቐትሉ ሰላማውያን ሰባት፡ እቲ ብ1946 ብወተሃደራት ሱዳን ኣብ ልዕሊ ህዝቢ ኣስመራ ዝተወሰደ ጃምላዊ መቕተልቲ፡ ህዝቢ ዝጽዕዶ ንዝነበረ መሬት ብኮንቸስዮነ ንኢጣልያውያን ምዕዳል ጠቐሰ። ኮይኑ ግን፡ ብሪጣንያ ተቐባልነት ህዝቢ ስለ ዝነበራ፡ ተሰማዕነታ ክብ ዝበለ ከም ዝኾነ ኣመተ።

ካብ ሕብረት ምስ ኢትዮጵያን መጉዚትነት ኣብ ትሕቲ ጣልያን ወይ ኣብ ትሕቲ ኣርባዕተ ሓያላትን፡ ህዝቢ ኤርትራ ነዓናይ ይመርጽ ኣብ ዝብል ሕቶ፡ ስታፎርድ ደገፍቲ ኢትዮጵያ ኣብ ክልተ ኣውራጃታት፡ ማለት ሰራየን ሓማሴንን ከም ዝነበሩ፡ እዚኣቶም ከኣ 85% ናይ ህዝቢ ሰራየ፡ 75% ከኣ ናይ ህዝቢ ሓማሴን ከም ዘቑሙ ኣመልከተ። ዝተረፈ ህዝቢ ግን መጉዚትነት ከም ዝሓትት ድሕሪ ምግላጽ፡ ነቲ ኣከፋፍላ ብኸምዚ ዝስዕብ ገምገሞ፡ 98% ናይ ህዝቢ ባርካ፡ 66% ናይ ህዝቢ ሰንሒትን ሳሕልን፡ 98% ናይ ህዝቢ ኣውራጃታት ቀይሕ ባሕሪ፡ 80% ከኣ ናይ ህዝቢ ኣከለጉዛይ። ካብቲ ብ957,000 ዝገምገሞ ህዝቢ ኤርትራ (50,000 ዝኾኑ ጠላይን፡ ሓናፍጽን ካልኦት ወጻእተኛታትን ከይቁጸርካ)፡ 538,100 ደገፍቲ ናጽነት፡ 418,900 ናይ ኢትዮጵያ ደለይቲ ኢዮም በለ።

እዚ ሓበሬታ፡ ኣሃዛት ይኹን ሚእታዊት ኣብ ከመይ ዝመሰለ መጽናዕቲ ዝተመርኮሰ ምንባሩ ስታፎርድ ኣይገለጸን። ብሓቂ'ውን፡ ኣብቲ ጊዜ'ቲ ከምዚ ዝመሰለ ደቂቕ ጸብጻብ ክውሀብ ዘኽእል ናይ ህዝቢ ቁጸራ ይኹን ናይ ሓቀኛ ድሌታቱ ምርምር ተኻይዱ ነይሩ ዝብል ሓበሬታ ፈጺምና ኣይንረክብን። ስለ'ዚ፡ ከም ቅቡል ወይ ውሁብ ኣይንወስዶን። ይኹን'ምበር፡ ብናይ ገዛእ ርእሱ ጸብጻብ፡ ልዕሊ 56%ናይ ህዝቢ ኤርትራ ናጽነት ድሕሪ መጉዚትነት ከም ዝደሊ ስታፎርድ እናተኣመነን እቲ ኣቐዲምና ዝዘርዘርናዮ ጥርዓናትን ድሌትን ህዝቢ ዝገልጽ መልእኽታት እናተቐበለን እንከሎ፡ ናጽነት ኤርትራ ዘይግብራውን ነባርነት ክህልዎ ዘይክእልን ጠለብ ኢዩ ብምባል፡ ካብ ግምት ኣውጸኦ። ብዝያዳ ንምቕሊ ኤርትራ ኣብ ሱዳንን ኢትዮጵያን ዝዓበየ ሚዛን ብምሃብ ድማ፡ ብሪጣንያ ንኤርትራ ብመጉዚትነት ንኽትሕዛ ካብ ኢጣልያ ክትሕረ ከም እትኽእልን ነዚ ንኽትቀረበሉን ኣማኸረ።[2]

2. FO. 37/6317 128279 (undated.)

መርማሪት ኮሚሽን ኣርባዕተ ሓያላት ኣብ ኤርትራ

ናይ ኣርባዕተ ሓያላት መንግስታት መርማሪት ኮሚሽን ስርሓ ቅድሚ ምጅማራ ሓደ ወርሒ ኣቢሉ፡ ኣልራቢጣን ኤርትራ ንኤርትራውያን ወይ ሊበራላዊ ሰልፍን ብስም ሊበራላዊ ሕብረት ሰሚረን ብሓደ ፕሮግራም ኣብ ቅድሚኣ ክቐርባን ሕቡራት ሃገራት እትቁጻጸሮ መጉዚትነት ዓባይ ብሪጣንያ ንኽጠልባን ተሰማምዓ። ነዚ ኣብ ግብሪ ዘውዕል ሕንጻጽ ወይ ስጉምቲ ግን ኣይወሰዳን።

ነዚ ኣገዳሲ ስጉምቲ'ዚ ስለምንታይ ከም ዘይወሰዳ ብሩህ ኣይኮነን። ብሰንኩ ግን ክረኽብኦ ይኽእላ ንዝነበራ ሓይልን ጥርናፈን ከም ዝሰኣና እናበርሀ ክኸይድ ኢዩ። ኣብ መታሕት እቲ መሰርሕ ምቕያር ካብ ግዝኣት ሸማግለ ናብ ምምሕዳር መራሕቲ ቀቢላታት ይጅመር ስለ ዝነበረ፡ ኣብ ገለ ቦታታት ሓይሊ ሸማግለ ተንዲሉ ነይሩ ኢዩ።[3] እቲ ዝበዝሐ ህዝቢ፡ ትግረ ማለት'ዩ፡ ከኣ ሰዓቢ ኣልራቢጣ ኾነ። ቀንዲ ሓይልን ዓንዲ ሕቖን ናይ'ቲ ናይ ናጽነት ደንበ እዚ ሰዓቢ ናይ ኣልራቢጣ፡ ወይ እቲ ኣብ እስልምና ዝኣምን ክፋል ናይ ህዝቢ ኤርትራ ነበረ። ርግጽ፡ ኣብ ከበሳ'ውን ብርክት ዝበሉ ሰዓብቲ ኤርትራ ንኤርትራውያን ነይሮም ኢዮም፣ ግን ሰብከት ቤተ ክህነት፡ ፍርሒ ሽፍታን ካልእ ረብሓታትን ነቲ ቍጽሪ ከዛይዶ ኣይከኣለን። ስለዚ ሰዓብነት ማሕበር ሕብረት ኣብ ከበሳን ኣብ መንን ክርስትያንን ካብቲ ናይ ኤርትራ ንኤርትራውያን ኣዝዩ ክብ ዝበለ ከም ዝነበረ ኣየካትዕን። እታ መርማሪት ኮሚሽን ኣብ ዝመጸትሉ እምበኣር፡ ህዝቢ ኤርትራ ኣብ ክልተ ተገሚዑ ጸንሓ።

እታ ኮሚሽን፡ ብ12 ሕዳር 1947 ኣስመራ ኣተወት። ሰለስተ ካብ ኣባላታ ብዛዕባ ኤርትራ ዝፈልጡዎ ነገር ኣይነበረን። ጆይ.ኤ. ኣተር ናይ ኣመሪካ፡ ናይ ሓደ ባንክ በዓል ስልጣን ዝነበረ ኢዩ። ኤትየን ቡሪ ናይ ፈረንሳ፡ ኣብ ምዕራባውያን ሃገራት ዘገልግል ዲፕሎማት፡ ኤ.ኤፍ. ፊዮዶሮቭ ናይ ሩስያ ድማ ኣብ ማንቹርያ ዘገልግል ወተሃደራዊ መኰንን ኢዮም ነይሮም። ሓደ ነቲ ጉዳይ ዝፈልጥ ጀነራል ፍራንክ ስታፎርድ፡ እቲ ዝተጠቕሰ ናይ እንግሊዝ ወካሊ ነበሮም። ስታፎርድ፡ ኣብ ማእከላይ ምብራቕን ምዕራብ ኣፍሪቃን ንነዊሕ ጊዜ ዘገልገለ፡ ካብ 1941 ክሳብ 1944 ድማ ናይ መንግስቲ ኢትዮጵያ ኣማኻሪ ኣብ ኣዲስ ኣበባ ዝነበረ መግዛእታዊ መኰንን ኢዩ። ጸሓፋይ፡ ተማራማራይ፡ በዓል ብዙሕ ምስጢርን ንመግዛእታዊ ውዲት ዝራቐቐሉን በዓል ስልጣን ከኣ ኢዩ ነይሩ።[4] መንግስቲ እንግሊዝ፡ ንስታፎርድ ዝመሰል ኣማኻሪ ናይ መንግስቲ

3. ኣብዚ ጊዜ'ዚ፡ ገለ ካብቶም ሰዓብቲ ኣልራቢጣ ኮይኖም ዝነበሩ መሳፍንቲ ሳሕልን ምዕራባዊ ቆላን፡ ናብ ኢትዮጵያ ክሰሉ ጀመሩ። ንኣብነት፡ ከንቲባይ ዑስማን ህዳድ ናይ ሮራ፡ ድግለል ጆላኒ ናይ ቤኒ-ዓምርን ካብቶም ኣብ ቅድሚ'ታ መርማሪት ኮሚስዮን ጸግዒ ኢትዮጵያ ሒዞም ዝተማጎቱ ኢዮም። ምኽንያት መስለሊኦም፡ በቲ ብእንግሊዝ ዝተኣታተወ ለውጢ ኣብ ኣቃውማ ቀቢላታት፡ ስልጣኖምን ርስቶምን ስለ ዝተሓድጉ ወይ ክሕደጉ ምዃኖም ስለ ዝበርሃሎም ኢዩ። ብተመሳሳሊ፡ ኣብ መሬት መንሳዕ'ውን ደርቢ ሸማግለ ጸግዒ ኢትዮጵያ ክሕዙ ጀመሩ።

4. Spencer, p. 197:Trevaskis, 86 ወልደኣብ ወልደማርያም ቃለ መጠይቕ፡ 1987 ርአ።

ኢትዮጵያ ዝነበረ ሰብ ጉዳይ ኤርትራ ንኽምርምር ምምዳቡ፡ ብዘይ ምኽንያት ኣይነበረን። ዕማማትን ኣሰራርሓን መርማሪት ኮሚሽን ንምውሳን ኣብ ዝገበሮ መጽናዕቲ ንዘሃቦ ጓዕጻጺ ርእይቶ'ውን ድሮ ጠቒስና ኣለና። ብዘኾነ፡ ስታፎርድ ኣብ መጻኢ ዕድል ኤርትራ ዓቢ ተራ ናይ ምጽዋት ስልጣን ተዋሂቡ።

እታ መርማሪት ኮሚተ ኣስመራ ምስ ኣተወት ኣብ ሳልስታ፡ ማለት ብ14 ሕዳር፡ ኣልራቢጣ ኣልእስላሚያ ዓቢ ጋዜጣዊ ዋዕላ ኣካየደ። ኣብ'ዚ ድማ ንቢቢሲ፡ ኣሶስየትድ ፕሬስን ዝተፈላለያ ናይ ብሪጣንያ ዓበይቲ ጋዜጣታትን ዝውክሉ ጋዜጠኛታት ተረኺቦ'ም፡ እቲ ማሕበር ጠለባቱ ኣነጸረ። እቲ ኣልራቢጣ ዘቕረቦ ነጥብታት ነዚ ዝስዕብ ዘጠቓልል ነበረ፦

1. ኤርትራ ብቕልጡፍ ርእሳ ክኢላ ክትሓድር ትኽእል ኢያ። ግናኸ እዚ ነገር እዚ ዘይክኣል ኮይኑ ንሕቡራት መንግስታት እንተ ተሰምዓተን ሕ.መ. የዕቍባኣ፡ እቲ ዕቍባ ድማ ብስም ሕ.መ. ብዓባይ ብሪጣንያ ይገበር። ደቂ ኢጣልያ ብጽቡቕ ዓይኒ ኪርኣዩ ይክኣል ኢዩ፡ ከም ኣመሓደርቲ ግና ኣይንደልዮምን።
2. ምስ ኢትዮጵያ ሕብረት ብዝኾነ ይኹን መንገዲ ኣይንደልን።

ኣብ'ቲ ጋዜጣዊ ዋዕላ፡ እንግሊዛውያን ኣብ'ቲ ማሕበር ኢዶም መሊሶም እንተ ነይሮም ክበርሀ ንዝቐረበ ሕቶ፡ መራሕቲ ኣልራቢጣ ፍጹም ከም ዘይተገብረ ድሕሪ ምርግጋጽ ነዚ ዝስዕብ እውን ብተወሳኺ ገለጹ፤

> ኣልራቢጣ ኣል እስላሚያ ኤርትራ ክትምቀል፡ ወደብ ምጽዋዕ ንምስራሕ፡ ወደብ ዓሰም ከኣ ንኢትዮጵያ ኪውሃብ ኩቶ ፍቓዳ ከም ዘይኮነ ብልኡኻታ ሓሳባ ገለጸት።[5]

ኣብ'ዚ ኣኼባ'ዚ፡ ብፕረሲደንት ኣልራቢጣ ሰይድ በክሪ ኣልሙርቃኒን ሸኽ ኢብራሂም ሱልጣንን ዝምርሑ ዓበይቲ መራሕቲ ኣልራቢጣ ተረኺቦ።[6]

እዚ ጋዜጣዊ ዋዕላ'ዚ ኣብ ኣተሓሳስባ ምዕራባውያን ሃገራት ይኹን ፖለቲከኛታት ብሪጣንያ ዘምጸኦ ጽልዋ ዝነበረ ኣይመስለን። ኣብቲ ቅንያት'ቲ፡ "ማንቸስተር ጋርድያን" ዝተባህለ ጋዜጣ እንግሊዝ ኣብ ዘውጽኦ ጽሑፍ፡ ጉዳይ ኤርትራ ካብ ጉዳያት ዝተረፈ ግዝኣታት ኢጣልያ-ነበር እቲ ዝበርትዐ ከም ዝነበረ ገለጸ። ብዛዕባ ናጽነት ኤርትራ ከም ተኽእሎ'ኳ ዝኾነ ቃል ከየውጽአ ድማ፡ ደጋን ወይነ ደጋን ኤርትራ ንኢትዮጵያ ሂብካ፡ መታሕት ብመጕዚትነት ከም ዝጻናሕ

5. ሰ.ጋ. 6/272, 20/11/1947።

6. ኣብታ ልኡኻት ኣርባዕተ ሓያላት ናብ ኤርትራ ከም ዝኣተዉ እትሕብር ሕታም ሰ.ጋ.፣ ድግለል ጀላኒ ፓሻ ናይ በኒ ዓምርን መሓመድ ኢድሪስ ድግለልን፡ ክልቲኦም ኣማኸርቲ ኣልራቢጣ፡ ካብ'ታ ማሕበር ከም ዝወጹ ኣፍለጡ። (ሰ.ጋ. 6/271, 13/11/1947።) ሰሙን ቅድሚ'ዚ፡ ብሸኽ መሓመድ ኣሰናይ ዑምዳ ናይ ዓድ እኩድ ዝምርሖ 80 ዝኾኑ ተወላዶ ከባቢ ኣቘርደት፡ ካብ ማሕበር ሕብረት ከም ዝወጹን እታ ማሕበር ፈላላይት ምንባራን ኣፍሊጦም ነይሮም ኢዮም። (ሰ.ጋ. 6/270, 6/11/1947።) ድግለል ጀላኒ ካብ ኣልራቢጣ ምስ ወጹ፡ ማሕበር ሕብረት 60.000 ርእሶም ናብ ሕብረት ከም ዝኣተዉ ገሊጹ ነይሩ። እዚ ግን መሰረት ዘይነበሮ ምኻኑ ሸኽ ኢብራሂም ምስናይ መረዳእታኡ ኣቕረቡ። (ሰ.ጋ. 6/274,8/12/47)።

ምግባር ምሓሽ ዝብል ሓሳብ መረጸ። ግን ከኣ፡ "ንመታሕት ብመጉዚትነት ዘመሓድርክ ካብይ ኢዩ ዝርከቦ፧" ዝብል ሕቶ ኸኣ ኣጨነቖ።

"ዘ ግላስጎ ሀራልድ" (The Glasgow Herald) ዝተባህለ ጋዜጣ ስኮትላንድ ድማ፡ ግብጺ፡ ኢጣልያን ኢትዮጵያን ኣብ ልዕሊ ኤርትራ ዘቕርብኦ ንዝነበራ ጠለባት ድሕሪ ምንቃፍ፡ ናብ መጉዚትነት ብሪጣንያ ዝያዳ ዘዘው። ኣብ መወዳእታ፡ "ኤርትራውያን ርእሶም ክኢሎም ኪመሓደሩ ከም ዘይክእሉ ግሉጽ ነገር ኢዩ፡" ዝብል መደምደምታ ኸኣ ሃበ።[7]

ኣሸንኳይዶ ነዞም ንዕድል ኤርትራ በብረብሓኦም ዝርእዩዎ ዝነበሩ ኣባላት ኮሚሽን፡ ይብል ትሬቫስኪስ፡ ንዝኾነት ካልእ ረብሓ ዘይነበራ ኣካል ናይ ክኢላታት፡ እቲ መጽናዕቲ ብውሑዱ ዓመት ምወሰደላ። ግን ካብ 12 ሕዳር 1947 ክሳብ 3 ጥሪ 1948፡ ማለት ን52 መዓልታት ጥራይ ኣቢላ ጸንሐት። ንመራሕቲ ፖለቲካዊ ሰልፍታትን ማሕበራትን ኣብ ቤት ጽሕፈታ፡ ወከልቲ ህዝቢ ተባሂሎም ብምምሕዳር ብሪጣንያ ንዝቐረቡ ሸማግለታት ከኣ ኣብ ዝተፈላለየ ክፍልታት ኤርትራ ረኺባ ድማ ኣዘራረበት።

እተን ንናጽነት ዝጠልባ ዝነበራ ሰልፍታት፡ ኣብ ክንዲ ብሓደ ቃል በብውልቀን ኣብ ቅድም'ታ ኮሚሽን ቀረባ። ሰልፊ ሻራ ኢጣልያ፡ መጉዚትነት ጣልያን ብምሕታታ'ኳ ኢያ ፍልይ ዝበለት ነይራ'ምበር፡ ኣብ መንጎ ኣልራቢጣን ኤርትራ ንኤርትራውያንን ዳርጋ ናይ ፕሮግራም ፍልልይ ኣይነበረን። ክልቲኤን ንምሉእ ናጽነት ዝጠልባ፡ ክልቲኤን ንመጉዚትነት እንግሊዝ ዝቐበላ፡ ሕብረት ምስ ኢትዮጵያ ይኹን ምቕሊ ናይ ኤርትራ ዝነጽጋ ኢየን ዝነበራ። ኣብቲ መጀመርታ፡ ብሰም ሊበራላዊ ሕብረት ገይረናኦ ንዝነበራ ምትሕብባርን ጠለብ ናይ ኣህጉራዊ መጉዚትነትን ግን ከምቲ ኣቐዲምና'ውን ዝረኣናዮ፡ ኣብዚ ወሳኒ እዋን'ዚ ገደፋኦ።[8]

እዚ ጥራይ ከይኣክል፡ ኣብ ከባቢ ባጽዕን ገማግም ቀይሕ ባሕርን ዝነብሩ ገለ ዜጋታት፡ ቅድሚ ናጽነት ግድን ናይ እንግሊዝ መጉዚትነት ክንቅበል ኣለና ብምባል ካብ ኣልራቢጣ ኣልእስላምያ ተፈልዩ። ንማሕበሮም "ናይ ምጽዋዕ እስላማዊ ሃገራዊ ሰልፊ" ኢሎም ብምሰያም ከኣ መራሕቶም መረጹ። ምስ ኣልራቢጣ፡ መሰረታዊ ፍልልይ ኣይነበሮምን። ኣልራቢጣ መጉዚትነት እንግሊዝ ኣብ ትሕቲ ኣርባዕተ ሓያላት ትደሊ፡ እዛ ዝተፈንጨለት ከኣ መጉዚትነት እንግሊዝ ጥራይ። እዚ እቲ ብግዳም ዝርአ ፍልልይ ክኾውን እንከሎ፡ እቲ ቀንዲ ምኽንያት መፈንጨሊ ግን፡ እቶም ዝተፈልዩ፡ ዝበዝሑ ካብ ብሄር ዓፋር፡ ናይ በይኖም ማሕበር ክምስርቱ ስለ ዝደለዩ ኢዩ ነይሩ። ገለ'ውን ናይ ስልጣን ውድድር ነቲ ምፍልላይ ከም ዝፈጠረ ይዛረቡ።[9] ዝኾነ ኾይኑ፡ ነቲ ድልዱል ሓይሊ ናይ ኣልራቢጣ ብመጠኑ ኣዳኸሞ። ማሕበር ሕብረት ከም ሓደ ጥርኑፍ ሓይሊ ክቐርብ እንከሎ፡ እተን ናይ ናጽነት ሰልፍታት ከምቲ ኢለን ምፍልላየን ንፍትሓውነት ዕላማኣን ሃሰየ።

7. ሰ.ጋ. 6/275፡ 11/12/1947።
8. FPC, Appendix 123, p. 5.
9. Ghebre-Ab, p. 65.

እታ ኮሚሽን ንመራሕቲ ነፍስ ወከፍ ሰልፊ ወይ ማሕበር በብተራ ሓተተቶም። ኣቶ ተድላ ባይሩ፡ ናይ ማሕበር ሕብረት፡ ንኢትዮጵያ ከም ሓንቲ መሰል ተወፋሮ ከይተረፈ እትሕሉ ደሞክራስያዊት ሃገር ኣቕረቡዋ። መላእ ህዝቢ ኤርትራ፡ ህዝቢ ትግረ'ውን ከይተረፈ፡ ኣብ ጉድኒ ማሕበርም ምንባሩ ገለጹ፣ ንምሉእ ሕብረት ብዘይ ውዕል ከአ ጠለቡ።[10]

ብስም ኤርትራ ንኤርትራውያን ካብ ዝቐረቡ፡ ራእሲ ተሰማ፡ ደግያት ኣብርሃን ደግያት ሰብሓቱ የሃንሰን ይርከቡዎም። መብዛሕትኡ ሕቶታት ብራእሲ ተሰማ ዝምለሰ'ኳ እንተ ነበረ እቶም ካልኦት'ውን ዕድል ተዋህቦም። እንተ ተኻኢሉ ትግራይ ኣካል ኤርትራ ኾይና ናጻ ክትወጽእ፡ ምስ ኢትዮጵያ ብውዕል'ውን እንተ ኾነ ሕብረት ከም ዘይደልዩ፡ እንግሊዝ ትምህርትን ስልጣኔን ብምስፍሑ ዝሓሸ መጉዚት ከም ዝኾነውን፡ ናይ ተወፋሮ ሕቶ ናጽነት ምስ መጸን ባይቶ ምስ ቈመን ከም ዝውሰን .... ከአ ገለጹ።

ሸኽ ኢብራሂም ሱልጣን ከም ቀንዲ ኣፈኛ ዝዛረቡላ፡ ብዓብደልቃድር ከቢረ፡ መሓመድ ዑስማን ሓዮቲ ናይ ባጽዕ፡ ቃዲ ሙሳ ናይ ከረንን ደግያት ሓሰን ዓሊን ዝቘመት ሸማግለ፡ ብስም ኣልራብጣ ቀረበት። ኢትዮጵያ ብጉቦ ሰባት ትሕዝ ከም ዝነበረት፡[11] ኣብ ልዕሊ ኣባላታ ናይ መቕተልቲ ፈተነታት ይግበር ምንባሩ፡ ሸግር ተወፋሮ ኣብ ኢትዮጵያ ከም ዘይፍታሕ፡ ናይ እንግሊዝ መጉዚትነት ከም ዝምረጽ፡ እስላምን ክርስትያንን ኣሕዋት ከም ዝኾኑ፡ ማሕበርም ኤርትራ ክትምቀል ከም ዘይትደሊ፡ ምሉእ ናጽነታ ክትረክብ ከም ዘለዋ... ድማ ገለጹ።

ሻራ ኢጣልያን ካልኦት መብዛሕትአን ብኢጣልያውያን ዝቘማ ማሕበራትን'ውን ከምኡ ተሓተታን መለሳን። ከምኡ ደአ እቲ ወግዒ ንኸይተርፍ፡ ተገይሩን ህዝቢ ተሓቲቱን ንኽብሃል ይግበር ነይሩ'ምበር ከምቲ ኣቐዲሙ ዝተገልጸ ብቕንዕና ናብ ፍትሓዊ መደምደምታ ንምብጻሕስ ኣይነበረን። ርግጽ፡ እቶም መራሕቲ ሰልፍታት ወይ ወከልቲ ህዝቢ ኮይኖም ዝቐርቡ ዝነበሩ ሰባት ነናይ ሰልፎም መርገጺ ከብርሁ ክብሉ፡ ነቲ መሰረታውን ሓባራውን ድሌቶም ብንጹርን ከእምን ብዝኽእል መገድን ኣየቕረቡዎን። በዓል ኢብራሂም ሱልጣንን ራእሲ ተሰማን ከይተረፉ፡ ምስቲ ኩሉ ናይ ምምራሕ ተመኩሮኦም፡ ኣብ ገለ ቀሊል ነጥብታት እኹል ምድላዋት ስለ ዘይገበሩ ተጋራጫዊ ቃላት ይዛረቡ ነበሩ። ብሓደ ቓል ኣይዛረቡ'ምበር፡ ኣብ ሓድሕዶም፡ ንኣብነት ብዛዕባ ቍጽሪ ኣባላት፡ ብዛዕባ መጉዚትነት፡ ናይ ሓድሕዶም መርገጽ ብዛዕባ ተወፋርነት፡... ወዘተ፡ ስምምዕ ክገብሩ ምኸኣሉ። እቶም ኣባላት ኮሚሽን ከአ ነዚ ከምዚ ዝመስለ ዘየሰማምዕ ነጥብታት ሽለል ዝብሉ ኣይነበሩን።

እቲ ዝኸፍአ ግን፡ ኣብ ኣኼባታት ህዝቢ ዝግበር ዝነበረ ግፍዒ ኢዩ። ሽፋቱን ግበረ ሽበራውያንን ማሕበር ሕብረት፡ ንዝኾነ ኣኼባ ናይ ኣልራብጣ፡

10. FPC, Appendix, p. 21.

11. ኢብራሂም ሱልጣን "ኣባል ማሕበር ፍቕሪ ሃገር ነይረ፡ ሎሬንሶ ታእዛዝን ደጆር ዘርእያሰን ንሓገዝ ማሕበር ሕብረት 3000 ካብ መንግስቲ ኢትዮጵያ ሒዞም ምስ መጹ ግን ገዲፈዮም.." ደግያት ሓሰን ዓሊ "ስለስተ ጊዜ ናይ ቅትለት ዒላማ ነይረ፡" " FPC, Appendix,

ኤርትራ ንኤርትራውያን ወይ ሻራ ኢጣልያ ምብታን ስራሕና ኢሎም ሓዙዎ። ወተሃደራት እንግሊዝ ከኣ ተዓዘብቲ ብምዃን፡ ኢዶም ምእታው ኣበዩ። ኣብ ጸዓዘጋ፡ ዳስ ኤርትራ ንኤርትራውያን ብሽፋቱ ፈረሱ ድሕሪ ምጽናሕ፡ ነቶም ተላኢኾም ዝመጹ ኣባላት ሰልፊ ብዳርባ ደናጕላ መለሱዎም። መኪና ናይ ኣዘማች ካሕሱ ምልኬስ ኣብ መገዲ ጸኒሖም ብምግምጣል ከኣ ኣብቲ ኣኼባ ንኸይሳተፉ ከለከሉዎም። ተመሳሳሊ ስጉምትታት ኣብ ደቀምሓረን ካልኦት ቦታታትን ተወሰደ። እቲ ዝሓየለን ዝገነነን ግን ኣብ ተራ እምኒ ኢዩ ነይሩ።

ኣብዚ ብ30/11/1947፡ ሰዓት 7፡00 ናይ ንግሆ ዝተኻየደ ኣኼባ'ዚ፡ ሕብረታውያን ንኣባላት ሻራ ኢጣልያ ኣጥቂያም፡ ካብ'ቲ ናይ ኣኼባ ቦታ ኣርሒቑዎም። ሰዓት 7፡30 ኣዘማች ኣሰበሮም ዓጽመጊዮርጊስ ንዝተባህሉ ናይ ኤርትራ ንኤርትራውያን ናይ ዓዲ ኧላ መራሒ ሃሪሞም ኣቍሰሉዎም። ጸኒሖም ንሓደ ናይ ፖሊስ ሰርጌንተ ሃሰዩ፣ ንድሕሪ ቑትሩ ኸኣ ነቲ ዝዓበየ ናይ ኣልራቢጣን ኤርትራ ንኤርትራውያንን ናይ ሓባር ኣኼባ ኣጥቀዑ። እዞም ዳሕረዎት መልሰ ተግባር ክገብሩ'ኳ እንተ ሃቀኑ፡ ብቑጽሪ ተዓብለሉ፡ 17 ካብኣቶም ከኣ ተሃሰዩ። ናይ ስራየ ጸሓፊ፡ ግራ. ኣሰበሮም ወ/ጊዮርጊስ ከኣ ተወቒያም ሆስፒታል ተወሰዱ።[12] እቲ ኣኼባ ተበተነ። ፖሊስ ይኹኑ ወተሃደራት እንግሊዝ ደው ንኽብሉዎ ኣይፈተኑን።

ኣባላት ኣልራቢጣ ይኹኑ ኤርትራ ንኤርትራውያን እምኒ ብእምኒ ጥይት ብጥይት ክምልሱሉ ዝኽእሉ ዓቕምን ሓገዝን ኣይነበሮምን ይብሉ ወልደኣብን ካልኦት ናይቲ ጊዜ ተዓዘብትን።[13] ሕብረታውያን ገበን ፈጺሞም፡ ሰብ ወቒያም ወይ ሕጊ ጥሒሶም ዝሃድሙሉ ቦታ፡ ማለት ኢትዮጵያ፡ ነይሩዎም ኢዩ። ነቶም ካልኦት ግን እዚ ዕድል'ዚ ዕጹው ነበረ። ሱዳን ምህዳም፡ ካብ ኢድ እንግሊዝ ናብ ኢድ እንግሊዝ ምእታው ስለ ዝነበረ ኸኣ ቃልሶም ሰላማዊ ንኽገብሩዎ ተገዲዶም ነይሮም ኢዮም። ናይ ኢትዮጵያ ኢድ ምእታው ግን ወሰን ኣይነበሮን። ብ17/12/1947 ናብታ ኮሚሽን ኣብ ዝቐረበ ናይ ኣልራቢጣን ኤርትራ ንኤርትራውያንን ናይ ሓባር ጥርዓን፡ በዓል ፕሮፌሰር ተኣምራት፡ ኣቶ ኺዳነ ማርያም ኣበራ፡ ፊተ. ኣስፍሃ ወልደሚካኤልን ኣቶ ክፍለእግዚእ ይሕደጎን ዝበሃሉ ኣብ ኢትዮጵያ ዝሰርሑ ሰበ ስልጣን፡ ብስም ኢትዮጵያ ጕስጓስ የካይዱ ከም ዝነበሩ ኣመልከቱ። ካብ ትግራይ ዝኣተዉ ልዕሊ 1000 ተጋሩ ኣብ ኣኼባ ዓዲ ኧላ ኣብ ጐድኒ ሕብረታውያን ከም ዝተሰርዑ ኸኣ ኣተሓሳሰቡ።

ስታፎርድን ኣተር ናይ ኣመሪካን ነዚ ጭብጥታት'ዚ ነጸጉዎ። ካህናት ተዋህዶ ሕብረት ኣብ ልዕሊ ዘይደገፈ ህዝቢ ዝገብሩዎ ዝነበሩ ናይ ግዝት ምፍርራሕ'ውን ከም ጭብጢ ምቕባል ኣበዩዎ።[14] ከምዚ ኢላ እታ ኮሚሽን ኣብ ሓቀኛ ገምጋም ናይ ድሌት ህዝቢ ኤርትራ ምብጻሕ ሰኣነት። ይኹን እምበር፡ ትሬቫስኪስ ከም

12. FPC, Appendix, 142-144.
13. ቃለ መጠይቕ ወልደኣብ ወልደማርያም፡ ቀሺ. ፍስሓጽዮን እልፊ. 1987።
14. FPC, Appendix, p. 96-100.

ዝገልጹ፡ በቲ ዝረኸበቶ ሓፈሻዊ ገምጋም፡ 44.8% ህዝቢ ኤርትራ ደጋፊ ማሕበር ሕብረት፣ 40.5% ደጋፊ ኣልራቢጣ፣ 4.4% ናይ ኤርትራ ንኤርትራውያን፣ 9.2% ናይ ሻራ ኢጣልያ፣ 1.1% ከኣ ናይ ሃገራዊ እስላማዊ ሰልፊ ምዃኑ ወሰነት። ምስቲ ውሱንነት ናይ ርክባ ምስ ህዝብን ሻረኛ ኣገባብ ኣመራምራኣን፡ እዚ ቍጽሪ'ዚ ከም ውዱእ ሓቀኛ ስእሊ ዝህብ ክውሰድ ኣይከኣለን። ግን ብመሰረት ገምጋማ'ውን እቲ ናይ ናጽነት ደንበ ተደሚሩ፡ 55.2% ኮነ። ዝያዳ 10% ብልጫ ኣብ ልዕሊ ሕብረት ቀሊል ኣይነበረን። ንማሕበር ሕብረት'ውን ኣይተዋሕጠሎምን።

ውሳነታት መርማሪት ኮሚሽን

መርማሪት ኮሚሽን ኣርባዕተ ሓያላት ብ3 ጥሪ 1948 ስራሓ ወዲኣ ምስ ተመልሰት፡ ጉዳይ ኤርትራን ዝተረፉ ግዝኣታት ኢጣልያን ኣዝዩ ርሱን ሕቶ ኾነ። ኣብ ምጅማር 1948፡ ቀንዲ ድሌት ብሪጣንያ እንተ ኾነ ንሊብያ ብምልእታ፡ ካብኡ ዝተረፈ ኸኣ ንሲረናይካ ኣብ ትሕቲ ቊጽጽራ ምእታው ነበረ። ኣብ ልዕሊ'ዚ፡ እቲ ኣቐዲማ'ውን ክትጣበቐሉ ዝጸንሐት ዓባይ ሶማልያ ናይ ምፍጣር ዕላማኣ ኣይገደፈቶን።

እዚ ግን፡ ምስተን ካልኦት ሰብ ኪዳና፡ ብፍላይ ድማ ምስ ፈረንሳ ክሰማምዓ ኣይከኣለን። ፈረንሳ፡ ብዙሓት ናይ ኣፍሪቃ ግዝኣታት ነይረንኣ፡ ኣብ ውሽጢ ዳርጋ ነፍሲ ወከፈን ድማ ብናይ ናጽነት ምንቅስቓስ ትህወኽ ነይራ ኢያ። ስለዚ፡ ግዝኣታት ኢጣልያ ዝነበራ ይኹና ግዝኣታት እንግሊዝ ናጻ ክወጻ ዘርብሓ ኣይነበረን። ብሪጣንያ ንሊብያ ወይ ሲረናይካ ክትረክብ'ውን ድሌት ፈረንሳ ኣይነበረን፣ እዚ ድማ፡ ሞሮኮ፡ ቱኒዝያን ኣልጀርያን ገና ኣብ ትሕቲ ግዝኣታ ስለ ዝነበራ፡ ብሪጣንያ ኣብ ደቡባዊ ማእከላይ ባሕሪ መወዳድርቲ ንኽይትኾና ትሰግእ ስለ ዝነበረት ኢዩ። በዚ ምኽንያት'ዚ፡ ኣብ መንን ኻልእ መርገጺታታ፡ ኢጣልያ ናብ ኤርትራ ብመጉዚትነት ትመለስ ንዝብል ሓሳብ ምድጋፍ ቀጸለት።

እዚ ንብሪጣንያ ምንጪ ብዙሕ ሻቕሎት ኮነ። ኣብ ለካቲት 1948፡ ሰር ኖወል ቻርለስ ዝተባህለ ላዕለዋይ በዓል ስልጣና ኣብ ዝጸሓፎ ምስጢራዊ መዘክር፡ ኢጣልያ ኮሙኒስት እናኾነት ትኸይድ ስለ ዝነበረት፡ ከምኡ'ውን ናብ ኤርትራ እንተ ተመሊሳ ምስ ኢትዮጵያ ኣብ ኲናት ንኸይትኣቱ ስለዘስግእ፡ ፈረንሳ ነቲ ንኢጣልያ ናይ ምድጋፍ ሓሳባታ ክትቋርጾ ከም ዘለዋ ኣተሓሳሰበ። ግን፡ ከኣ በለ፡ "ፈረንሳውያን ንናይ ሊብያ ውጥንና ዝድግፉ፡ ንሕና ኢጣልያ ኣብ ልዕሊ ኤርትራ ንዘለዋ ጽዕዲ (claim) ምስ እንቕበል ጥራይ ኢዩ ዝብል ቅድመ ኩነት እንተ ኣቕሪቦም፡ ብምኽንያት እቲ ምስ ኢትዮጵያ ዘለና ዝምድና፡ መጀመርታ ነቲ ናይ ኢትዮጵያ ጠለብ ንቕበል ከም ዘለና ንኽንመስል የፍቅዱልና.... ደሓር ግን ጸቕጢ ከም ዝተገብረልና ኣምሲልና ንናይ ኢጣልያ መጉዚትነት ክንቕበል

ምኽንና ንፈረንሳ ነፍልጦም።” ንኢትዮጵያ ግን፡ ከም ሕሳብ መደዓዓሲ፡ ዓሰብን ንገማግም ደንካልያን ኣፍ ደገ ባሕሪ ንኽኾና ንኽወሃባ ኣመመ።[15]

ብ4 ለካቲት 1948'ውን ሚኒስተር ጉዳያት ወጻኢ ብሪጣንያ ነዚ ናይ ሰር ኖወል ሓሳብ ደጊፉ ጸሓፈ። ብሪጣንያ ንሲረናይካ ንኽትረክብ ኢጣልያ ብመጉዚትነት ናብ መላእ ሶማልያን ክፋል ኤርትራን (ብዘይካ'ቲ ንኢትዮጵያ ክኸይድ ዝተባህለ ዓሰብን ደንካልያን) ትመለስ ንዝብል ሓሳብ ደገፈ።[16]

እዚ ሓሳብ'ዚ በብቑሩብ ተቐባልነት እናረኸበ ዝኸደ ስለ ዝመሰለ፡ ሃጸይ ሃይለስላሴ ተቓውሞኦም ከሰምዑ ጀመሩ። ብወርሒ ሚያዝያ ኣብ ዘውጽእ ጋዜጣዊ መግለጺ ድማ፡ ኢጣልያ ናብ ሶማልያን ኤርትራን እንተ ተመሊሳ፡ “ነዚ ዓበይቲ ሓይልታት ክገብራኦ ኢየን ዝብሃል ዘሎ ካብኦን ዘይንጽበዮ ተግባር፡ ከም ሓደ ዘሰንብድ ኣህጉራዊ በደል ካብ ምኸሩናን ኣይክንቀጠብን ኢና” ድሕሪ ምባል፡ ነቲ ዝመስል ዘይፍትሓውነት ኣብ ልዕሊ ሓንቲ መሓዛን ኣባል ሕቡራት ሃገራትን (ንኢትዮጵያ ባዕላ ማለት ኢዩ) ክፍጸም ዘይቅቡል ምኳኑ ኣፍለጡን ኣጠንቀቑን።[17]

ስምዕታ ሃጸይ ሃይለስላሴ ተሪር ይምሰል እምበር፡ እዚ ናይ ብሪጣንያ ደገፍ ንኢጣልያ ኣብ ውሽጢ ምምሕዳሮም ስግኣትን ስክፍታን ፈጢሩ ነይሩ ኢዩ። “ንብሪጣንያ ብኸመይ ንመልሳ!” ኣብ ዝብል ሕቶ ንምክታዕ ኸኣ ሃይለስላሴ ብ7 ሚያዝያ 1949 ናይ ኣማኸርቶም ጉባኤ ከም ዘካየዱ፡ ዘውዴ ረታ፡ ኣብታ “የኤርትራ ጉዳይ” እትብል መጽሓፉ ዘርዚሩ ኣሎ። ኣብ'ዚ ኣኼባ'ዚ፡ ኣክሊሉ ሃብተወልድ ኣብ ውሽጢ ውድብ ሕቡራት ሃገራት ንሜላታት ብሪጣንያ ንምቅዋም ዘውጽኦ ዝነበረ ሓያል ቃላት፡ ቅሬታ ብሪጣንያ ንኸይቀስቅሰ'ሞ ዘየድሊ ሳዕቤን ከየኸትል፡ ልዝብ ንኽብል ክንገሮ እቶም ተጋባእቲ ወሰኑ። ብመሰረቱ ረብሓ ኢትዮጵያ ብዝሕሉ እገባብ ይማጉት ስለ ዝነበረ ግን፡ ንብሪጣንያ ከየቐየመ በቲ ዝሓዞ ንኽቕጽልን ኣብቲ መጋባእያ ብዝያዳ ስልጣንን ተኣማንነትን ንኽሰርሕን ተሓበሮ።[18]

ሃይለስላሴ ጥራይ ኣይኮኑን ግን ነዚ ዝተቓወሙ። ሰለስተ ካብ ሰልፍታት ኤርትራ፡ ማለት ድማ፡ ኣልራብጣ ኣልእስላሚያ፡ ኤርትራ ንኤርትራውያንን ማሕበር ሕብረትን'ውን ንመጉዚትነት ኢጣልያ ተቓወማ፡ ተቓውሞኦን ንኸሰምዓ'ውን ወከልተን ንለንደን ንኽሰዳ ክፍቀደለን ሓተታ። ምምሕዳር ብሪጣንያ ኣብ ኤርትራ፡ ነቲ ጠለብ ፖለቲካዊ ሰልፍታት ኣይነጸጎን። ኢጣልያ ናብ ኤርትራ ክትምለስ ዝብል ሓሳብ ኣብ ኤርትራ ናዕቢ ከለዓዕል ይኽእል ኢዩ ዝብል ስክፍታ'ውን ነበሮ።[19] ነዚ ስክፍታ'ዚ ንምትህድዳእ ኢዮም ከኣ ኣመሓደርቲ

15. WO 230/246, 61204 3 Feb, 1948.
16. WO 230/246 61204, 4 Feb., 1948.
17. WO 230/246 61204, 5 April, 1948.
18. ዘውዴ ረታ፡ ገጽ 119-124።
19. WO 230/246, No. Telegram 427/12822/33/CA, 13 April, 1948.

ኤርትራ ነቲ ጉዕዞ ናይ ወከልቲ ንለንደን ዘደገፉዎ፣ ከምኡ'ውን ሓደ ቦጦሎኒ ብሪጣንያ ናብ ኤርትራ ንኽድረብ ዝጠለቡ።[20]

ኣመሓደርቲ ኤርትራ እምበኣር፡ ኢጣልያ ናብ ኤርትራ እንተ ተመሊሳ፡ ብውሽጣዊ ህውከትን ብመጥቃዕቲ ኢትዮጵያን ክትሰዓር ኢያ ኣብ ዝብል መደምደምታ በጺሖም ነይሮም ኢዮም። እቲ ከም ካልኣይ ኣማራጺ ዝወሰዱዎ ኸኣ፡ ንኤርትራ ናብ ኢትዮጵያ ምሕዋስ ነበረ። ኢትዮጵያ ንኤርትራ ብዝግባእ ከተመሓድራ፡ ንጽርግያታታን መገዲ ባቡራን ክትዕቅቦ... ትኽእል ኢያ ዝብል ሓሳብ'ኳ ኣይነበሮምን። ሓደ ሰር ፊሊፕ ሚቸል ዝተባህለ ላዕለዋይ በዓል ስልጣን ብሪጣንያ ናብ ሚኒስተር ወጻኢ ጉዳዩ ኣብ ዝለኣኾ ደብዳበ ከምዚ ዝስዕብ በለ፤

> .... ብዓይኒ ስትራተጂ ክንጥምቶ እንከለና፡ ባዕልና ዘይንሕዞ እንተ ኾንና፡ ዓርክና ዝኾነት ኢትዮጵያ ንዞባ ኣስመራ-ምጽዋዕ እንተ ሓዘቶ ይሕሸና። ምኽንያቱ፡ (1) ኣብ ውድብ ሕቡራት ሃገራት ሓፈሻዊ ደገፍ ክትረክብ ኢያ፡ (2) ከልቅቓ ዝኽእል ሓይሊ ኣይክህሉን ኢዩ፡ (3) ዝኣክል ሓይሊ ኣየር ወኒና፡ ንትራፊክ ቀይሕ ባሕሪ ናይ ምትዕንቓፍ ወይ ምዕጻው ዓቕሚ ክህልዋ ዘይመስል ኢዩ....፡ (4) ምስ ኮሙኒስት ወይ ካልኦት ሰውራውያን ሓይልታት ኩናት ምስ ዝለዓል፡ እቲ ዞባ ኣብ ኣግለግሎትና ከም ዝውዕልን ከም ናይ ቅድመ ግንባር ደጀንና፡ ከም ቦታ መተዓራረዪ ኣጽዋርናን ከምኡ'ውን ናብ ማእከላይን ደቡባውን ዓረብ መሰጋገሪ መዓርፎ ነፈርትናን ንዓና ዓቢ ኣገዳስነት ክህልዎ ምኻኑ ዘጠራጥር ኣይኮነን፣ (5) ሽሕ'ኳ ብመሰረቱ ኤርትራ ግዝኣት (ኮሎኒ) ክትከውን እንተ ኾነት፡ እቲ ገዛኢ ሓይሊ (ኢትዮጵያ) ጸሊም ኢዩ ክኸውን፣ እዚ ድማ ኣብ ዓንኬላት ውድብ ሕቡራት ሃገራት ክብሪ ከም ዝህልዎ ኣየማትእን።[21]

ኩሉ ናይ'ቲ እዋን ሰነዳት ብሪጣንያ ይኹን ናይ ካልኦት ሓያላት ናይ'ቲ ጊዜ፡ መጻኢ ዕድል ኤርትራ ብዓይኒ ረብሓ ኤርትራውያን ይርአ ከም ዘይነበረ ኢዩ ዝሕብር። ኣብ'ዚ ልዒሉ ዝተጠቕሰ ሰነድ'ሞ ኸኣ ኣግሂዱ ካብ መግዛእቲ ጻዓዱስ ረብሓ ብሪጣንያ የርዊ ኢዩ ዝተባህለ መግዛእቲ "ጸሊም" ኢዩ መሪጹላ። ብኣንጻሩ፡ ረብሓ ኢትዮጵያን ኢጣልያ እንተ ተመለሰት ከኣ ግብረ መልሲ ኢትዮጵያን ኢዩ ምሉእ ዘይትዱል ኣቓልቦ ሐዙ ዝነበረ። ኣብ መርማሪት ኮሚሽን ኣርባዕተ ሓያላት ንብሪጣንያ ወኪሉ ዝነበረ ፍራንክ ስታፎርድ ንኣብነት፡ ኢጣልያ ናብ ኤርትራ ምስ እትምለስ፡ ብኢትዮጵያ ካብ ዝተዓጥቁ ሽፋቱ ብርቱዕ ተቓውሞ ከም ዘጋጥማ ይገልጽ። "ኣብ ኣዲስ ኣበባ፡ መጻኢ ዕድል ኤርትራ ተባራዒ ሕቶ ኢዩ። ኢትዮጵያ ኸኣ ኢጣልያ (ናብ ኤርትራ) ንኽይትምለስን ንዘኾነ ክፋላ ንኽይትቈጻጸርን ንምኽልካል ዝኾነ ነገር ካብ ምግባር ኣይክትቀጠብን ኢያ፡" ዝብል መደምደምታ ይህብ።[22]

20. WO 230/246 61204, 504/12822, 14 April 1948.
21. WO 230/246 61204 BO 12822, 2 April, 1948.
22. WO 230/246 61204, 27 April 1948, Telegram 18 from Stafford to Scott. Fox at Foreign Office, London.

ኣብ ወርሒ ሰነ ገጹ ጠለብ ኢጣልያ እናተዳኸመ ኸደ። ዳርጋ ብምሉኡ እቲ ኣብ ጉዳይ ኤርትራ እግደስ እየ ዝብል ኣህጉራዊ ወገን'ውን ኢጣልያ ኣብ ኤርትራ ሰላም ኣይትረክብን ኢያ ንዝብል ምጉት እናተቐበለ መጸ። እቲ ቐንዲ ስግኣት ካብ ግብረ መልሲ ኢትዮጵያ እምበር፡ ኤርትራውያንስ "ኣጽዋር፡ ውዳበን መሪሕነትን ስለ ዘይብሎም፡ ንበይኖም ተቓውሞኦም ብኣድማዕነት ክሰምዑ ኣይክእሉን ኢዮም" ዝብል ሓሳባት'ውን ሓፈሻዊ ተቐባልነት ነበሮ።[23]

ንስምዒት ይኹን ድሌት ኤርትራውያን ብዝምልከት፡ ነዚ ዝመስል ሓፈሻውን ባዕላዊ ግምታት ዝዓብለሎን ርእይቶታት ጥራይ ኢና እንረክብ። ካብ'ቲ ኣዝዩ ውሑድ፡ ኣር.ዊ. መይዘን ዝተባህለ ፖለቲካዊ ኣማኻሪ ናይ ወተሃደራዊ ምምሕዳር ብሪጣንያ ኣብ ኤርትራ ብ2 ሓምለ ንዝጸሓፎ ንረክብ። ንሱ ከም ዝበሎ፡ ናይ ማሕበር ኤርትራ ንኤርትራውያን ፕረሲደንት ራእሲ ተሰማ ኣስበሮም፡ ብዛዕባ ጠለብ ኢጣልያ ምስ ኣብ ኤርትራ ዝነበሩ ኢጣልያውያን መራሕቲ ዶቶር ባርባቶን ዶቶር ቡፎኒን ተራኺቦም ነይሮም። ውጽኢቱ እንታይ ከም ዝነበረ ኣይገለጸን፡ ይኹን'ምበር እቲ ጠለብ'ቲ ብህዝቢ ኤርትራ ተቐባልነት ክረክብ ከም ዘይክእል'ውን ሓበረ። ንተቓውሞ ኤርትራውያን ግን ዘዕግብ መግለጽን ትንታነን ኣይሃበሉን። "ብሃይማኖት ዝተፈላለዩ ስለ ዝኾኑ ኣብ ሓደ ሓሳብ ክረግኡ ኣይክእሉን ኢዮም..... ብረትን ውዳበን መሪሕነትን የብሎምን... ጣልያን ምስ ተመልሰ ንስራሕን ሸመትን ሻማ ሻማ ክብሉ ኣይክሰማምዑን ኢዮም... ወዘተ." ዝመስለ መላእ ህዝቢ ናይ ምንሻው ገምጋም ጥራይ ብምሃብ ከአ ሓለፎ። በዚ ምኽንያት'ዚ ድማ፡ ንርእይቶ ህዝቢ ይኹን ፖለቲካዊ ሰልፍታት ንጉድኒ ብምግዳፍ፡ ኣብ ኤርትራ ኣማኻሪ ፖለቲካ ክነሱ፡ ነቲ ጉዳይ ብረብሓ ኢጣልያን ኢትዮጵያን፡ ብቐንዱ ግን ብረብሓ ብሪጣንያ ጥራይ ገምገመን፡ ኤርትራ ነዚ ኹሉ ተገራጫዊ ረብሓታት ብዘተዓርቕ መገዲ እትመቓቐለሉ ኣገባብ ኣብ ምጥባብ ኣድሃበን።[24]

እዚ ኣረኣእያ'ዚ ኣብ መንጎ ሰበ ስልጣን ብሪጣንያ ጥራይ ዘይኮነ ኣብ መንጎ'ቶም ካልኦት ሰብ-ኪዳኖም ዝነበሩ'ውን ዓብላሊ ኣብ ዝኾነሉ ጊዜ ኢዮም ሚኒስተራት ጉዳያት ኣርባዕተ ሓያላት ኣብ ሕቶ ኤርትራን ካልኦት ግዝኣታት ኢጣልያ ነበርን ውሳነ ንኽህቡ ኣብ መስከረም 1948 ዝተኣከቡ። ኣብ እዋን ካልኣይ ኩናት ዓለም ሰብ ኪዳን ዝነበሩ፡ ሕጂ መቐናቕንቲ ኢዮም ኮይኖም ነይሮም። ብፍላይ ሕብረት ሶቭየት'ሞ መራሒት ማሕበርነት ብምዃን ካልእ ደንበ መሰሪታሰ ድሮ ምስተን ሓይልታት ርእሰ ማል ዝኾና ዝተረፋ ሓያላት ኣብ ምፍጣጥ ኣትያ ነይራ ኢያ። ትሬቫስኪስ ከም ዝበሎ፡ እቲ ናይ ጊዜ ኩናት ሓድነተን ተዓቂቡ እንተ ዝነብር፡ ንጉዳይ ግዝኣታት ኢጣልያ ነበር ብዘይ ብዙሕ ጸገም ቀልጢፈን ምፈትሓኦ። ግን፡ ሕብረት ሶቭየት ኣብ ውሽጣዊ ጉዳይ ግሪኽ

23. Scott-Fox from Foreign Office, London, WO 230/246 61204 5/PA/FO/36/6, 19 June 1948.
24. WO 230/246/ 61204 S/PA/36/11, 2July 1948.

ኢድ ኣእትያ፡ ፍርቂ በርሊን ሒዛ፡ ኣብ ዩጎዝላቭያን ምብራቕ ኤውሮጳን ከኣ ዓብላሊ ተራኣ ኣረጋጊጻ ስለ ዝነበረት፡ ነተን ምዕራባውያን ሓይልታት፡ ማለት ንኣመሪካ፡ ፈረንሳን ብሪጣንያን ኣስጋኢ ኩነት ኮይኑዎም ነበረ። ስለ'ዚ ድማ፡ ነዚ ናይ ምግጣም ድሌት ነቓልቦአን በሓቶ።

ሕቶ ኤርትራ፡ ንበይኑ ተንጠልጢሉ ኣይኮነን ኣብ ቅድሚ'ተን ሓያላት መንግስታት ቀሪቡ ዝነበረ። ክፋል ናይ ሓደ ንመጻኢ ዕድል ሶማልያ፡ ሲረናይካን ትሪፖሊታንያን ዘጠቓልል ዓቢ ጉዳይ ስለ ዝነበረ፡ ኣብ ውሽጡ ብዙሕ ሕልኽላኻት ዝሓቑፈ ነበረ። ብፍላይ ሲረናይካን ትሪፖሊታንያን ንመዓርፎ ነፈርቲ ዝምችእ ሰፋሕቲ ጉላጉል ስለ ዝነበሮ፡ ምድረ በዳ ክነሱ፡ ኣዝዩ ገዚፍ ስትራተጅያዊ ኣገዳስነት ሓዘ። ትሬቫስኪስ ከም ዝበሎ፡ ብኣረኣእያ ምዕራብ፡ ኣብ ልዕሊ ሊብያ ቊጽጽር ወይ ጽልዋ ምህላው ልዕሊ ኹሉ ካልእ ረብሓ ዝርአ ጉዳይ ኮይኑ ነይሩ ኢዩ።

እታ መርማሪት ሽማግለ ኣብ መወዳእታ ዘቕረበቶ ጸብጻብ፡ ነዚ ዝተባህለን ካልእን ረብሓታት'ተን ዝለኣኻኣ ሃገራት ከተንጸባርቕን ብኡ ድማ ክትፈላለን ግድነት ነበረ። ኣብዚ ድማ ኣብ ክልተ፡ ኣመሪካን ብሪጣንያን ብሓደ ወገን፡ ፈረንሳን ሕብረት ሶቭየትን ድማ በቲ ኻልእ ተገምዐት። እዚ መቸም፡ ፈረንሳን ሶቭየትን ኣብ ሓደ ፍልስፍና ተጠሚረን ነይረን ማለት ኣይኮነን። ፈረንሳ ብረብሓኣ፡ ሶቭየት ድማ ብምኽንያታ፡ ኢጣልያ ናብ ናይ ቀደም ግዝኣታታ ክትምለስ ይድግፋ ስለ ዝነበራ ኢዩ።

ኣብ መወዳእታ ብሓባር ኣብ ዘውጽኡዎ ቃል ንኣብነት፡ ኣመሪካውን ብሪጣንያውን ኣባላት መርማሪት ኮሚሽን ከምዚ በሉ፤

> ....ብርግጽ እታ ሃገር (ኤርትራ) ኣብ ክልተ ተገሚዓ ኢያ፡ እዚ ድማ ፖለቲካዊ ኣተሓሳስባ ብሃይማኖታዊ እምነት ስለ ዝድረኽ ኢዩ። ኣብ ልዕሊ'ዚ፡ እዚ ኽልተ ሃይማኖታዊ እምነታት ኣብ ክርስትያናዊ ከበሳን እስልምናዊ መታሕትን ዝሰፈረ ኢዩ።
>
> ክርስትያን ነበርቲ ናይተን ሰለስተ ኣውራጃታት ከበሳ፡ ብዘይካ ሓደ ውሑድ ግን ኣገዳሲ ንኡስ ክፋል (minority) ምስ ኢትዮጵያ ሕብረት ብዘይ ውዕል ይድግፉ።
>
> እቲ እስላማዊ ክፍልታት መታሕት ከኣ ዘገምታዊ ናጽነት ይመርጽ፡ ብሓፈሻኡ ግን፡ ንጊዚኡ ኣብ ትሕቲ መጕዚትነት ሕቡራት ሃገራት ምጽናሕ ከም ዝደሊ ይሰማማዕ... ምርጫኡ ብሪጣንያ መጕዚት ንኽትከውን ኢዩ።

ወከልቲ ሩስያን ፈረንሳን ብወገኖም ዝሃቡዎ ርእይቶ ዝመሳሰል ግን በበይኖም ዘውጽኡዎ ገምጋም ከምዚ ይመስል፤

> ካብቶም (ኣብ ቅድሚ ኮሚሽን ዝቐረቡ) ጉጅለታት ወከልቲ ህዝቢ፡ ኣብ ልዕሊ'ቶም ካልኦት ወከልቲ ብምሉኦም ናይ ቁጽሪ ጸብለልትነት ዘለዎ ጉጅለ ኣይቀረበን። ንቑጽሪ ወከልቲ ሰልፊ ሻራ ኢጣልያ ዝተንከፎ (ዝሃሰዮ) ቀንዲ ረቛሒ፡ እቲ ሰልፊ ኣብ ኣጋ ምምጻእ እቲ ኮሚሽን ንኽምስረት ስለ

ዝተፈቐደሉ ኢዩ። ....(ብሓፈሻኡ) እቶም ወከልቲ ህዝቢ (ኮይኖም ዝቐረቡ) ኣዝዮም ድሑራት ነይሮም....

....እዚ መጽናዕቲ ከም ዝሕብሮ፡ ውሳነ ኣርባዕተ ሓያላት ምስ'ቲ ብወከልቶም ዝቐረበ ርእይቶታት እውን እንተ ዘይተሰማምዐ፡ እቲ ህዝቢ ክቕበሎ ኢዩ።[25]

ኣብ'ዚ ዝተጠቕሰ፡ ብሪጣንያን ኣመሪካን ናብ ምቕሊ ኤርትራ፡ ሩስያን ፈረንሳን ድማ ናብ መጉዚትነት ኢጣልያ ከም ዝዘዘዉ ንርዳእ። ኣቐዲሙ'ውን ከም ዝተገልጸ፡ ፈረንሳ መጉዚትነት ኢጣልያ ትድግፍ ዝነበረት፡ ናይ ገዛእ ርእሳ ግዝኣታት ንተመሳሳሊ መሰል ከይለዓዓላ ብምፍራሕ፡ ሕብረት ሶቭየት ድማ ሸዑ ኣብ ኢጣልያ ይካየድ ኣብ ዝነበረ ምርጫታት፡ ዴሳዊ ሰልፊ ጸብለልትነት የርኢ ስለ ዝነበረ፡ ንዕኡ ንምትብባዕ ነበረ።

ኣብ ከምዚ ዝመሰለ ሃዋህው ኢዩ እምበኣር ጉዳይ ኤርትራ ናብ'ቲ ኣብ ፓሪስ ተጋቢኡ ዝነበረ ኣኼባ ሚኒስተራት ጉዳያት ወጻኢ ኣርባዕተ ሓያላት ንውሳነ ዝቐረበ። ብ15 መስከረም 1948 ድማ ነዚ ዝሰዕብ ንሓድሕዱ ዘይሰማማዕን ዘየሰማምዕን፡ ምስቲ ኣቐዲሙ ዝጸንሐ መርገጺታት መንግስታቶም እውን ዘይሳነን ውሳነታት ሃቡ፦

- ፈረንሳ፤ ካብ ዙላ ንደቡብ፡ ማለት ብምልእታ ደንካልያ ንኢትዮጵያ ተዋሂባ፡ ዝተረፈ ክፍሊ ኤርትራ ኣብ ትሕቲ መጉዚትነት ኢጣልያ ክኣቱ ኣመመት።
- ብሪጣንያ፤ ናይ ቀደም መርገጺኣ ራሕሪሓ ኤርትራ ኣብ ትሕቲ ሕቡራት ሃገራት ንዓሰርተ ዓመት ብኢትዮጵያ ክትመሓደር፡ ነዚ እትቈጻጸር ኣማኻሪት ኮሚሽን ግን ክትቀውም ጠለበት።
- ሕቡራት መንግስታት ኣመሪካ፤ ሰራየ፡ ኣከለጉዛይን ደንካልያን ንኢትዮጵያ ክውሃባ፡ ናይ ከተማ ኣስመራ ምጽዋዕን ዝተረፈ ክፍልታት ኤርትራን ዕድል ግን ንሓደ ዓመት ከይተወሰነ ንኽጸንሕ ሓሳብ ኣቕረበት። (እዚ ድማ እቲ ኣብ ኣስመራን ምጽዋዕን ተኺላቶ ዝነበረት ወተሃደራዊ መዓስከራት ንኸይትንከፍ ብምፍራሕ ኢዩ ነይሩ።)
- ሕብረት ሶቭየት፤ ቀድም ኤርትራ ኣብ ትሕቲ መጉዚትነት ኢጣልያ ንኽትኣቱ ጠለበት። ጸኒሓ ግን ብናይ ኣርባዕቲኦን ሓያላት ናይ ሓባር ኣመመት።

ከምዚ ኢሉ ናይ ኤርትራ ሕቶ ኣብ ዕጹው መገዲ ተሓንቀ። ድሌት ህዝቢ ይኹን ርእይቶ ፖለቲካዊ ሰልፍታት፡ ኣረ ጸብጻብ'ታ ኮሚሽን'ውን ዋጋ ኣይተዋህቦን። ብመሰረት ናይ ፓሪስ ስምምዕ ከኣ፡ እቲ ጉዳይ ናብ ባይቶ ሕቡራት ሃገራት ክቐርብ'ሞ ኣብኡ ንኽውሰን ተመሓላለፈ።

25. Trevaskis, p. 89-90.

ምዕራፍ 12

ምጅማር ውዱብ ፖለቲካዊ ግብረ ሽበራ

ሽፍትነት ኣብ ኤርትራ

ናይ በረኻ ሽፍትነት ኣብ ኤርትራ ቅድሚ ምምጻእ ምምሕዳር ብሪጣንያ ዝነበረ ተርእዮ ኢዩ። ሽዑ ዝተጀመረ ኣይኮነን። ኣብ'ቲ ጽኑዕ ሕግን ስርዓትን ነጊሱ ነይሩ ዝብሃለሉ እዋን መግዛእቲ ኢጣልያ'ውን እንተኾነ፡ ብዝተፈላለየ ውልቃዊ ምኽንያታት ዝሸፍቱ ዜጋታት ነይሮም ኢዮም። ብፍላይ ኣብ ምጅማር ግዝኣት ኢጣልያ'ሞ፡ ካብ በዓል ደጊያት ሓድገምበስ፡ ደጊያት ኣበራን ዘማት ወድ እኩድን ኣትሒዝካ ዝሰዓቡ ሓያሎ ዜጋታት ኣንጻር ቍጽጽር ጣልያን ይሸፍቱ ከም ዝነበሩ ብሰፊሑ ይዝንቶ። እናተታሕዙ ኣብ ናኾራ ዝጠፍኡ ተቓወምቲ ኣዝዮም ብዙሓት ኢዮም።

ደሓር፡ ሓይሊ ኢጣልያ ኣብ ኤርትራ ምስ ደልደለ እንተ ኾነ'ውን፡ ዘቋረጹሉ እዋን ነይሩ ንምባል ኣየድፍርን። ንኣብነት'ኳ፡ እቶም ጸኒሖም፡ ኣብ ምውዳእ ኣርብዓታት ካብ ቀንዲ ሸፋቱ ኢትዮጵያ ብፆሚ ኣብ ኤርትራ ዝተንቀሳቐሱ ፊታውራሪ ሓጐሰ ተምነዎ፡ ኣብ 1920'ታት ምስ እንዳ ካሻኒ ኣብ ዒላበርዕድ ስለ ዝተበኣሱ፥ ብናይ ውልቆም ቂም ምስ ሸፈቱ ኢዮም ክሳብ እዋን "ዓደየ ዓደየ" ዘርከቡ።

ብዘይካ'ቲ ኣንጻር መግዛእቲ ኢጣልያ ዝተላዕለ ናይ ፈለማ ሽፍትነት በዓል ደጊያት ኣበራ ግን፡ መብዛሕትኡ እቲ ደሓር ዝመጸ ዝተነጸረ ፖለቲካዊ ዕላማ ነይሩዎ ክብሃል ኣይክኣልን። ሕነ ናይ ዝተቐትለ ወላዲ፡ ሓው ወይ መቕርብ ሓደ ንቡር ምኽንያት መሸፈቲ ኢዩ ነይሩ። ዝምታ ከብትን ንብረትን ካልኡት'ውን በረኻ የስፍር ነይሩ ኢዩ። ጭቁናን ዓመጽን መሳፍንትን ኣመሓደርትን መሪሩዎም ብኣንጻርነት ዝለዓሉ'ውን ውሑዳት ኣይነበሩን። መብዛሕትኡ ጊዜ ግን እቲ መንቀሊ ካብ ውልቃዊ ወይ ካልእ ጸቢብ ረብሓ ዝሓልፍ ኣይነበረን። ንሃገር ተባሂሉ ዝግበር'ውን ኣይነበረን። በዚ ኢልካ በቲ ግን፡ ምሽፋት ማለት ካብ ሕግን ቀይድን ምውጻእ ስለ ዝነበረ፡ ምስ መንግስቲ ምብኣስን ምስ ሓለውቲ ጸጥታ መንግስቲ ምትህድዳንን ዘስዕብ ስለ ዝነበረ፡ ንጹር ዝኾነ ፖለቲካዊ መበገሲ ኣይንበሮ እምበር፡ ንፖለቲካ'ቲ ሃገር ክጸሉን ብእኡ ክጽሎን ግድነት ነበረ። እዚ ተኽእሎ'ዚ ኣብ ኤርትራ ብዝሰፍሐን ዝተወደበን መልክዑ ዝተራእየ ግን፡ ኣብ እዋን ምምሕዳር ብሪጣንያ፡ ብፍላይ ድማ ካብ 1947 ኣብ ዝጀመረ ጊዜ ኢዩ።

ብ1950፡ ናይ ምምሕዳር ብሪጣንያ ወተሃደራዊ መኰንን ደራስን ዝነበረ ጂ.ኬ.ኤን. ትሬቫስኪስ፡ ብዛዕባ ጉዳይ ሽፍትነት ኣብ ኤርትራን ኣፈታትሓኡን

ኣይንፈላለ

ሓደ ሰፍሕ ዝበለ ጽሑፍ ኣቕረበ።[1] ኣብ'ዛ ጽሕፍቲ እዚኣ ትረቫስኪስ፡ ሽፍትነት ኣብ ኤርትራ ሓድሽ ተርእዮ ዘይምዃኑ ድሕሪ ምግላጽ፡ ምስ ስዕረት ኢጣልያ ኣብ 1941 ብዙሕ ብረት ኣብ ኢድ ውልቀ ሰባት ስለ ዝተረፈ፡ ኣብቲ ዝሰዓበ ዓመታት ኣዝዩ ናይ ምስፍሕፋሑ ዕድል ከም ዝተረኸበ የረድእ። እዚ ግን ንስለ ሽፍትነት ኢልካ በረኻ ይውጽእ ነይሩ ማለት ኣይኮነን። ናብኡ ገጹ ዝደፋፍእ መሰረታዊ ምኽንያታት ከም ዝነበረ'ውን ትረቫስኪስ ይገልጽ ኢዩ።

ቀዳማይ፡ ይብል ንሱ፡ ምስ ስዕረት ኢጣልያ ኣብ ኤርትራ ዝወረደ ቍጠባዊ ጸገማት ንገጠር ይኹን ንኸተማታት ኤርትራ ብዘይ ንሕሰያ ስለ ዝሃረሞን ኣብ ድኽነት ስለ ዝደርበዮን፡ ብዙሓት ዜጋታት ናብ ሽፍትነት ንኽምርሑ ደፋፊኡዎም ኢዩ። ካልኣይ ድማ፡ ብሪጣንያ ነባሪት ኣመሓዳሪት ዘይምንባራን መጻኢ ዕድል ኤርትራ ኸኣ መዕለቢ ዘይነበሮ ምዃኑን እናተነጸረ ምስ ከደ፡ ኣብ መንጎ ኤርትራውያን ሕማቕ ስምዒት ተፈጢሩ ነይሩ ኢዩ። ብሓጺሩ፡ ሓያል መንግስትን ጽኑዕ ሕግን ክህሉ ዘይምዃኑ ብሩህ ስለ ዝነበረ፡ ብዙሓት ነቲ ስርዓት ክደፍሩ ክኢሎም።[2]

እዚ ኸምዚ ዝመሰለ ንሽፍትነት ዝምችእ ኩነታት እምበኣር፡ ናይ ቀደም ደም ንኽደቅሱ፡ ቂምን ቅርሕንትን ንኽውጽኡ፡ ዝጸንሐ ኮማዊ ይኹን ቀቢላዊ ምስሕሓባት ንኽምዝምዙ.... ንዝደልዩ ሰባት ዕድል ከፈተሎም። እዚ እቲ ውሽጣውን ዝጸንሐን ምኽንያታት ኮይኑ፡ እቲ ብብገዚኡ'ውን ዝገለጽናዮ ኣብ ልዕሊ ኢጣልያውያን ገንፊሉ ዝነበረ ጽልኣት ስለ ዝተጋደደ፡ ኣብ 1940'ታት ሽፍትነት መትሓዝን መቈጻጸርን ሰኣነ።

ትረቫስኪስ ኣብ መጽናዕቱ፡ ሽፍትነት ካብ 1941 ጀሚሩ ብኸመይ ከም ዝዓበየ ብሕጽር ዝበለ ኣገባብ ይገልጽ። እዚ፡ ቀጺሉ ንዝመጽእ መግለጽን ትንታነን ጽቡቕ ኣንፈት ስለ ዝህብ፡ ከምቲ ንሱ ኣቐሚጡዎ ዘሎ ብብዓመቱ ምዝርዛሩ ጠቓሚ ኢዩ።

በዚ መሰረት እምበኣር፡ ኣብ 1941 ሽፍትነታዊ ንጥፈታት ዳርጋ ከም ዘይነበረ ንግንዘብ። ኣብ 1942 ግን፡ ኣብ ዶብ ሰራየን ትግራይን ምውራርን ምዝምማትን ተራእየ።[3] ኣብ ልዕሊ'ዚ፡ ኢትዮጵያውያን ሽፋቱ ኣብ ልዕሊ ወረዳ ባረንቱን ህዝቢ ኩናማን ወራራት ኣካየዱ፡ እቲ ኣቐዲምና ብሰፊሑ ዝገለጽናዮ ግጭት ቤኒ ዓምርን ሃደንደዋን'ውን ኣብ'ዚ ዓመት'ዚ ጀመረን ኣስፋሕፍሐን። እዚ ናይ 1942 ሽፍትነታዊ ንጥፈታት'ዚ፡ ኣብ 1943 እውን ኣብ ዶብ ሰራየን ትግራይን ቀጸለ። እቲ ዝርካቡ ሓይሊ ፖሊስ ኤርትራ ኩናት ቤኒ ዓምርን ሃደንደዋን ኣብ

1. GKN Trevaskis, A Study of the Development of the Present Shifta Problem and the Means Whereby it Can be Remedied, BMA. Report, June 1950, FO 371 / 80876 62366, J T 1015 / 170, 13 June, 1950.

2. Ibid, p. 2-3.

3. እዚ ክኾነሉ ዝኸኣለ ምኽንያታት፡ ይብል ትረቫስኪስ፡ ኣብቲ ዓመት እቲ፡ ናይ ወረዳ ዓዲ ኳላ ምስሌነ ዝነበሩ ደግያት ሃይለ ተስፋማርያም ብምምሕዳር ብሪጣንያ ካብ ስልጣኖም ስለ ዝተሰጕጉ'ሞ፡ ኣብ ትግራይ ዝነበሩ ቤተ ሰቦም ነቲ ዝምታታት ስለ ዘተባብዑዎ ኢዩ። (Ibid, p. 9.)

ምህዳእ ስለ ዝተቖረነ ድማ፡ ይብል ትሬቫስኪስ፡ እቲ ቐዳማይ ብዘይ ዓጋቲ ቀጸለ። ነቲ ናይ ምዕራባዊ ቆላ ግጭት ካልኣት'ውን ስለ ዝተሓወሱዎ፡ 1943 እቲ ዞባ'ቲ ቀይድን ስርዓትን ዝሰኣነሉ ዓመት ኮነ።[4]

1944፡ ምምሕዳራውን ቍጠባውን ጸገማት ዝተኸስተሉ ዓመት ኢዩ ነይሩ። ቍጠባዊ ጸገም ዝመጸሉ ምኽንያት፡ መብዛሕትኡ'ቲ ቄይሙ ዝነበረ ናይ ብሪጣንያን ኣመሪካን ናይ ውግእ ፕሮጀክትታት ስለ ዝተዓጽወ፡ ሰፊሕ ሸቐለተ ኣልቦነትን ቍጠባዊ ቅልውላውን ስለ ዘኸተለ ኢዩ። ኣብ ምምሕዳራዊ መዳይ ድማ፡ ወረዳታት ኤርትራ ካብ 30 ናብ 21 ክም ዝንከ ስለ ዝተገብረ፡ ብዙሓት ኣመሓደርቲ ተሰጒጎን ብኻልኦት ተተክኡን። እዚ ድማ ኩራ ናይ ኣዝማድን ሰዓብትን ስለ ዘሰዓበ፡ ኣብ ቀጻሊ ዓመታት ንምስፍሕፋሕ ሸፍትነት ባይታ ዝፈጠረ ጉዳይ ኮነ። ብወገን ሸፍትነት ክርአ እንከሎ ግን፡ ኣብ ውሽጢ 1944፡ ኣብ ዞባታት ጋሽን ባርካን ገዲፍካ ኣብ ዝተረፈ ኤርትራ ክንድ'ቲ ዘዛርብ ንጥፈታት ኣይተራእየን። ኣብ'ዚ ግን፡ እቲ ዝርካቡ ሓይሊ ፖሊስ ስርዓት ንክኽብር ኣብ ዘይክእለሉ ደረጃ በጺሑ ነይሩ ኢዩ። ብሓገዝ ሱዳናውያን ሰራዊት (Sudan Defence Forces) ጥራይ ከኣ ኢዩ ክንቀሳቐስ ክኢሉ ዝነበረ።[5]

ኣብ 1945 ሸፍትነት ክዝሕልን ብፍላይ ድማ ኣብ ከበሳታት ዳርጋ ደው ክብልን ተራእየ። እቲ ናይ ቤኒ ዓምርን ሃደንደዋን ግጭት ረስኑ ወዲኡ ናብ ዕርቂ ገጹ ስለ ዘድሃበ ድማ፡ ኣብ ምዕራባዊ ቆላታት'ውን ህድኣትን ስርዓትን ክነግስ ጀመረ።[6] ይኹን'ምበር፡ ወተሃደራዊ ምምሕዳር ብሪጣንያ ሸፍትነት ዘተባብዕ ስጉምትታት ካብ ምውሳድ ኣይተቖጠበን። ንኣብነት ኣብ'ዚ ዓመት'ዚ፡ እቲ ምምሕዳር ተቓውሞ ህዝቢ ብምጥሓስ፡ ኣብ ሓማሴን ናይ ወርቂ መዐደኒ ቦታታት ንኢጣልያውያን ዓደለ። ከምኡ'ውን፡ ናይ ሕርሻ ኮንቸስዮነታት ኣብ ሓማሴንን ሰራየን ምዕዳል ቀጸለ። ሰለስተ ኣገደስቲ ልምዳውያን መራሕቲ ሓማሴን'ውን ካብ ስልጣን ኣባረረ።[7]

ምምሕዳር ብሪጣንያ ከምዚ ዝመሰለ ህዝቢ ዘይቅበሎን ዝቃወሞን ስጉምትታት ዝወሰደሉ ዝነበረ ምኽንያት ምግማት ይከኣል ኢዩ። ብዛዕባ ምቕያር ልምዳውያን መራሕቲ ክትንትን እንከሎ ትሬቫስኪስ፡ እቲ ምምሕዳር ብዛዕባ ስሉጥነት ስራሕ እምበር ሰዓብነት ናይቶም ሰባትን ምስጓጎም ኣብ ልዕሊ ህዝቢ ክፈጥሮ ብዛዕባ ዝኽእለ ስምዒትን ካብ ዘይምግንዛቡ ከም ዝፈጸሞ ይገልጽ።[8] ምስቲ ኣብ ህዝቢ

4. (Ibid, p. 9.) ሓደ ኣብ ዝሰዕበ ዓመታት ምኽንያት መግደዲ ሸፍትነትን ግብረ ሸበራን ዝኾነ፡ ኣብ'ዚ ዓመት'ዚ ብምምሕዳር ብሪጣንያ ዝተወሰደ ስጉምቲ፡ ምዕዳል መሬት ኮንቸስዮን ንኢጣልያውያን ሓረስቶት ኣብ ሓማሴንን ሰራየን ነበረ።

5. ኣቐዲሙ ዝነበረ "Frontier Striking Force" ተባሂሉ ዝጽዋዕ ሓይሊ ኣብ 1947 ተበቲኑ ብመደበኛ ፖሊስ ተተክአ። ቍጽሪ'ቲ ሓይሊ'ውን ካብ 3200 ናብ 2800 ክም ዝጐድል ተገይሩ ነይሩ ኢዩ።

6. ንሰፊሕ ትንታነ ብዛዕባ'ዚ ግጭት'ዚ፡ ኣብ ምዕራፍ 4 ናይ'ዚ ጽሑፍ'ዚ ተወከስ።

7. ሓደ ካብ'ዚኣቶም ደግያት ኣርኣያ ምንሊክ፡ ኣመሓዳሪ ካርነሽም ዝነበሩ ኢዮም። ቅድሚ'ዚ፡ ብ1944፡ እቲ ምምሕዳር ንፊታውራሪ ባርያጋብር በላይ'ውን ሰጒጎዎም ነይሩ ኢዩ። ክልቲኦም እዚኣቶም ቤተ ሰብ ራእሲ በራኺ በኺት ስለ ዝነበሩ፡ እዚ ስጉምቲ'ዚ ኣብ መንጎ ሰዓብቶም ቅርሕንቲ ዝፈጠረን ንቶም ተካእቶም ጸገም ዝፈጥርን ምንባሩ ትሬቫስኪስ ጥራይ ዘይኮነ፡ ኣፈ ታሪኽ'ውን ይገልጽ። Trevaskis, The Shifta Problem, p. 24.)

8. Ibid, p. 5.

ዘለዓዕሎ ዝነበረ ፈላላዩ ስምዒታትን ኤርትራ ንምምቃል ሓንጺጹዎ ዝነበረ ውጥንን ግን፡ እቲ ዕላማ ስሉጥነት ስራሕ ጥራይ ነይሩ ኢልካ ምድምዳም ዘክኣል ኣይኮነን። ብዝኾነ፡ እዚ'ውን እናኾነ፡ 1946 ብዘይ ዝኾነ ሸፍትነታዊ ንጥፈታት ሓሊፈት። እኳ ደኣ፡ ግጭት ቤኒ ዓምርን ሃደንደዋን ክልቲኡ ወገን ዘተሰማምዓሉ ሰላማዊ ፍታሕ ስለ ዝረኸበ፡ ኣብታ ዓመት እቲኣ፡ እቲ ምምሕዳር ባዕሉ "ሸፍትነት ሃሲሱ" ዝብል መደምደምታ ዝሃበላ ነበረት።[9]

እዚ መደምደምታ'ዚ ቅቡል ዝኸውን ግን፡ ንሸፍትነታዊ ንጥፈታትን ተግባራት ሸፋቱን ካብቲ ፈጢሩዎ ዘጸንሐን ኣብ ዝመጽእ'ውን ዓንጋሊኡ ኾይኑ ከም ዝዕምር ዝገበሮን ኢድ ምምሕዳር ብሪጣንያ ዘይተነፍገ፡ ፖሊቲካውን ቍጠባውን ኩነታት'ታ ሃገር ነጺልካ ምስ እትርእዮ ኢዩ። ምኽንያቱ፡ ምምሕዳር ብሪጣንያ "ሸፍትነት ሃሲሱ" ይብለሉ ኣብ ዝነበረ 1946 ከይተረፈ፡ ተቓውሞ ዜጋታት መመሊሱ እናመረረን እናተረረን እንከሎ፡ ኣብ ሓማሴን ናይ ሕርሻ ኮንቸስዮነታት ንጠላይን ምዕዳል ዝቐጸለሉ ዝነበረ ኢዩ። ኣብ'ቲ ኣውራጃ ጸረ ጣልያን ንዝኾነ ስምዒት ጥርዚ ዘብጽሐ'ውን እዚ ተግባር'ዚ ምንባሩ ይግለጽ። ብተወሳኺ፡ ኣብ'ዚ ዓመት'ዚ፡ እቲ ምምሕዳር ክልተ ነባራት ምስሌነታት ሓማሴን ኣባረረ። እዚኣቶም፡ ደግያት ኣስረስሀይ በራኺ ናይ ሎጎን ከበሳን ጭዋ፡ ደግያት ሃይለመለኮት ወልደሚካኤል ከኣ ናይ ሚናበ ዘርኣይ ስለ ዝነበሩ፡ ምስጓጎም ንስድራ ቤትን ሰዓብትን እንዳ ራእሲ በራኺን ራእሲ ወልደሚካኤልን ስለ ዘቖየመ፡ ንዝመጽእ ጸገማት ኣፍ ደገ ከፊቱ ነበረ።[10]

ከም ዝዘከር፡ ኢጣልያውያን ገዛእቲ ንዝበዝሑ ልምዳውያን መራሕቲ ኣብ በቦታኦም ኣጽኒሖም፡ እቲ ህዝቢ ብዝጸንሐ ሕግታቱን ኣገባቡን ንኽመሓደር ገዲፎሞ ነይሮም ኢዮም። እቲ ኢጣልያ ብላዕሊ ዘቐመጦ መንግስትን ስርዓት ምምሕዳርን እምበኣር ኣብቲ ንመንግስቲ ዝተሓዝአ ከም ምእካብ ግብሪ፡ ምዕስካር ዜጋታት፡ ቍጽጽር ዕዳጋ፡ ምኽባር መሰላት ኢጣልያውያን..... ዝመሰለ ጉዳያት እምበር፡ ኣብ ዕለታዊ መነባብሮን ጉዳያትን ህዝቢ ብቐጥታ ኢዱ ዘእቱ ኣይነበረን። በዚ ምኽንያት'ዚ፡ ኣብ ከበሳታት ይኹን ኣብ መታሕት፡ ኣብ'ቲ ብልምዲ ዝቈጻጸሩዎ ከባቢታት ጽልዋን ሰዓብነትን ዘጥረዩ ልምዳውያን መራሕቲ ነይሮም ኢዮም። ዛጊት ካብ ዝገለጽናዮም'ኳ፡ እንዳ ራእሲ በራኺን ራእሲ ወልደሚካኤልን ኣብ ሓማሴን፡ እንዳ ራእሲ ኪዳነማርያም ኣብ ዓረዛ፡ እንዳ ራእሲ ተሰማ ኣብ ኣከለጉዛይ፡ እንዳ ናስር ፓሻን ዓሊ በይን ኣብ ኣከለ ጉዛይ፡ እንዳ ከንቲባይ ሀዳድ ፓሻ ኣብ ሳሕል፡ እንዳ ደግለል ኣብ ባርካ... ይርከቡዎም።

ኣቐዲምና፡ ምምሕዳር ብሪጣንያ ስልጣን ሸማግለ ኣፍሪሱ ናብ መራሕቲ ቀቢላታት ትግረ ከመሓላልፎ ከም ዝወጠነን ክትግብሮ'ውን ከም ዝጀመረን፡ እዚ ብወገኑ ቅርሕንቲ መራሕቲ ሸማግለ ኣለዓዒሉስ፡ ብዓል ከንቲባይ ዑስማን ሀዳድን ደግለል ጀላኒን ጸግዒ ማሕበር ሕብረት ከም ዝሓዙ ርኢና ኔርና። እቲ ናይ

9. Ibid, p.11.
10. Ibid, p. 24-25

ከበሳ ለውጥታት'ውን ተመሳሳሊ ሳዕቤን ስለ ዘኸተለ፡ ንተቓውሞኦም ብሸፍትነት ዝገልጹ ሰዓብቲ ናይ ዝተሰጐጉ መራሕቲ ንኽጥጥዑ መገዲ ኣርሓወ። እዚኣቶም፡ ብዓይነቶም ፍልይ ዝበሉን ጸኒሖም ኣብ ፖለቲካዊ ህይወትን መጻኢ ዕድልን ህዝቢ ኤርትራ ተራ ዝተጻወቱን ስለ ዝነበሩ፡ ጥልቕ ኢልካ ምርኣዮም የድሊ።

ምስጓግ ልምዳውያን መራሕቲ ካብ ስልጣን ኣቦታቶም፡ ኣብ'ቶም ኣቐዲምና ዝጠቐስናዮም ሰባት ጥራይ ዝተሓጸረ ኣይነበረን። ንኣብነት፡ ኣብ ዓንሰባ'ውን ተመሳሳሊ ስጉምቲ ተወሲዱ ስለ ዝነበረ፡ ጠንቂ ምሸፋት ብዙሓት ደቂ ዓንሰባ ናብ ጭፍራታት ሓጐስ ተምነዎን ገብረ ተስፋጽዮንን ኮይኑ ዝብሉ ኣለዉ።[11] ሓጐስ ተምነዎ ምስ ካሻኒ ስለ ዝተበኣሱ ከም ዝሸፈቱ ድሮ ጠቒስናዮ ኣሎና። መበገሲ ፊታውራሪ ገብረ ተስፋጽዮን እውን እቲ ኣብ ዓንሰባ ዝተገብረ ናይ ስልጣን ለውጢ ጥራይ ነይሩ ምባል ኣይከኣልን። ፊታውራሪ ገብረ፡ ቅድሚ ስዕረት ኢጣልያ ኣብ ኢትዮጵያ ከም ዝነበሩ ኢዩ ዝሕበር። ምስቶም ኣንጻር ኢጣልያ ንሓሙሽተ ዓመት ዝተቓለሱ ሓርበኛታት ርክብ ነይሩዎም እውን ይብሃል ኢዩ። ድሕሪ ምምላስ ሃጸይ ሃይለስላሴ ናብ ኢትዮጵያ ብ1941 እውን እንተ ኾነ፡ ገብረ ተስፋጽዮን ምስ ጸሓፊ ትእዛዝ ወልደጊዮርጊስ ጽኑዕ ምትእስሳር ከም ዝነበሮም፡ ኣብ 1940'ታት እውን በብጊዜኡ ኣዲስ ኣበባ እናተመላለሱ ምስኡ ይራኸቡ ምንባሮም ዝፈልጡዎም የዘንትዉ ኢዮም።[12] እዚ ጥራይ ዘይኮነ፡ ቅድሚ ስዕረት ኢጣልያ፡ ማለት ኣብ 1939-41 ኣብ ዝነበረ እዋን፡ ብላቴን ጌታ ሎሬንዞ ታእዛዝ ካብ ሰደት ብወገን ሱዳን ምስ ሓርበኛታት ኢትዮጵያ ይራኸቡ ኣብ ዝነበሩሉ ጊዜ፡ ምስ ከም ኮሎኔል ገብረቓልን ፊታውራሪ ገብረ ተስፋጽዮንን ዝመሰሉ ኤርትራውያን'ውን ከም ዝተራኸቡ ይፍለጥ ኢዩ።[13] ስለ'ዚ፡ እዞም መራሒ ሸፍታ እዚኦም ብመሰረቱ ኤርትራ ዝኣተዉ፡ ናይ ኢትዮጵያ ሸፍትነታዊ ተግባራት ንምጅማር ከይኮነ ኣይተርፍን ዝብል ጥርጣረ ኣሎ። ምስ ሓጐስ ተምነዎ ናይ ቀረባ ተሓባባርነት ስለ ዝነበሮም ግን፡ ምናልባት በቲ ኣብ ዓንሰባ ዝተገብረ ናይ ምስሌንነት ለውጢ ተጸልዮም እውን ክኾኑ ይኽእሉ። ምኽንያት መሸፈቲኦም ግን ንሱ ጥራይ ኣይነበረን።

ኣብ ከባቢኦም ብዝተገብረ ናይ ስልጣን ለውጢ ንምቅዋም ወይ ካብኡ ብዝተበገሰ ውልቃዊ ረብሓኦም ስለ ዝተተንከፎም ናብ ሸፍትነት ዘምርሑ ግን ነይሮም ኢዮም። ካብዚኦም እቶም ብቐዳምነት ዝሰርዑ ፊታውራሪ ኣስረስሀይ እምባዬ ክኾኑ እንክለዉ፡ ምኽንያት መሸፈቲኦም፡ ኣኮኦም ዝብጽሑዎም ደጃዝማች መንገሻ ብ1947 ምስ ሞቱ፡ ስልጣኖም ናብ ሰለስተ ወረዳታት ተመቓቒሉ፡ ንሰለስተ ካብቲ ቤተ ሰብ ወጻኢ ዝኾኑ ሰባት ስለ ዝተመቕለ ነበረ።[14] ከም ተኸስተ ሃይለን ደበሳይ ድራርን ዝተባህሉ

11. Ghebremedhin, p. 110.
12. ግራዝማች ገብራይ መለሰ፡ ቃለ መጠይቕ ምስ የማነ ምስግና፡ 1997።
13. ደግያት ገብረዮሃንስ ተስፋማርያም፡ ቃለ መጠይቕ፡ ለካቲት 1998።
14. ደግያት መንገሻ፡ ምስሌነ ቀላ ሰራየ፡ ሃርፈ ግሮቶ፡ ጉሕጭዓን ዓናግርን ነበሩ። እዚ ግዝኣቶም'ዚ ናብ ፊታውራሪ ዮሱፍ፡ ፊታውራሪ ገብረዝግን ኣዝማች በርሀ ገብረኪዳንን ስለ ዝተመቓቐለ ኢዩ ም ኣስረስሀይ ዝሸፈቱ። ኣዝማች በርሀ ገብረኪዳን ኣብ'ዚ እዋን'ዚ፡ ሓደ ካብ መስረትቲ ማሕበር ኤርትራ ንኤርትራውያን ብምኻን፡ ኣብ ሰራየ ናይ'ቲ ማሕበር ምክትል ፕረሲደንት ኮይኖም ነይሮም ኢዮም። Trevaskis, Shifta Problem, p. 26.

ናይ'ቲ እዋን ዕሉላት ሸፋቱ'ውን፡ ኣብ ዓዓዶም ተመሳሲሉ ኲነታት ስለ ዘጋጠሞም በረኻ ከም ዝወጹ፡ ዝተፈላለዩ ምንጭታት ይሕብሩ።[15]

ኣብ ኣወጻጽኣኦም ቀሩብ ፍልይ ዝበሉ፡ ብደቂ ሞሳዝጊ ዝፍለጡ ዝነበሩ ኣርባዕተ ኣሕዋት ኢዮም።[16] ታሪኾም ብዙሕ ዝተነግረሉን ዝተጻሕፈሉን እኳ እንተ ኾነ፡ ንባህርይን ኲነታትን እቲ ጊዜ ጽቡቕ መግለጺ ስለ ዝኾነውን፡ ኣብ'ዚ ምድጋሙ ኣይጽላእን። ኣብ 1920'ታት፡ መንግስቲ ኢጣልያ ምስሌንነት መረታ ሰበነ፡ ካብ ግራዝማች ምዒተልካ ኣግዲፉ ንደግያት ኪዳነ ህብታይ ሃበ። ነዚ ዝተቓወሙ ሓያለ ደቂ'ቲ ወረዳ ኸአ ብመንግስቲ ተታሒዞም ናኾራ ከም ዝሕየሩ ተገብረ። ሓደ ካብ'ዚኣቶም፡ ማለት ሞሳዝጊ ፍታው ኣብኡ ስለ ዝሞተ፡ ኣብ መንጎ እንዳ ሞሳዝግን እንዳ ደጊያት ኪዳነን ደም ተተኽለ። ኣርባዕተ ደቂ ሞሳዝጊ እምበኣር ሕነ ኣቦኦም ንምፍዳይ ኢዮም በረኻ ዝወጹ።[17]

ክሳብ 1947 ኣብ ዝነበረ ጊዜ እምበኣር፡ ቀንዲ መሸፈቲ ናይቶም ኣብ ምውዳእ 1940'ታት ንመላእ ኤርትራ ራዕድን ሸበራን ዝዘርኡላ መራሕቲ ሸፋቱ፡ ውልቃዊ ወይ ቤተ ሰባዊ ምኽንያት ኢዩ ዝነበረ። ከምዚ ዝተባህለ፡ ምናልባት ዕላማ ገበረ ተሰፋጽዮን ኢዩ ቀሩብ ናይ ኢትዮጵያ ኣንፈት ዝነበሮ ዝመስል እምበር፡ ኣንጻር'ቲ ገለ ተረኺቱ ዝብሉዎ፡ እቶም ዝተረፉ ድሌትን ፍቕርን ኢትዮጵያ ሓዲሩዎምን ንዕኣ ደልዮምን ኣይኮኑን ናብ ሸፍትነት ዘምርሑ። እቲ ናብ ኢትዮጵያ ገጽካ ምስላል ጸኒሑ፡ ማለት'ውን ኣብ ከባቢ'ቲ ኣብ ምውዳእ 1947 ናይ ኣርባዕተ ሓያላት መንግስታት መርማሪት ኮሚሽን ዝመጸትሉ ኢዩ ክርአ ዝጀመረ።

ማሕበር ኣንድነትን ግብረ ሸበራን ከም መሳርሒ ፖለቲካ ኢትዮጵያ

ከም ኣብ ገጠራት ኤርትራ፡ ኣብ ከተማታት እውን ክሳብ 1947 ኣብ ዝነበረ ጊዜ፡ ብደገፍቲ ሕብረት ሓሓሊፉ ተግባራት ግብረ ሸበራ'ኳ እንተ ተፈጸመ፡ መብዛሕትኡ ካብ ሓድሕዱ ዝተነጻጸለ ስለ ዝነበረ፡ ብዝተወጠነ ኣገባብ ይካየድ ነይሩ ንምባል የጸግም። ዳርጋ ብምሉኡ'ዚ፡ በቲ ብስም "ማሕበር ኣንድነት ኤርትራን ኢትዮጵያን" ዝስመ ማሕበር መንእሰያት ሕብረት ይካየድ ስለ ዝነበረ ግን፡ ኣቐዲምካ ብዛዕባ ኣመሰራርታን ዕላማን እዚ ማሕበር'ዚ ሕጽር ዝበለ መብርሂ ምሃብ የድሊ።

ማሕበር ኣንድነት፡ ኣዝዩ ምስጢራዊ፡ ብፍላይ ንቕትለትን ግብረ ሸበራን ዝተመደበ ፍሉይ ኣሃዱ ዝነበሮ፡ ንኣባላቱ ብማሕላን ራዕድን ዝሕዝ ስለ ዝነበረ፡

15. Ghebre-Medhin, p. 110.
16. እዚኣቶም፡ ከከም ዕድመኦም፡ ወልደጊዮርጊስ፡ በርሀ፡ በየነን ፍስሃየን ዝብሃሉ ተወላዶ በራቑት ዓባይ ነበሩ።
17. Trevaskis, Shifta Problem, p. 24,። ቃለ መጠይቕ ምስ ኣቶ ፍስሃየ በርሀ፡ ግራዝማች ገብራይ መለስ፡ ደግያት ገብረዮሃንስ ተስፋማርያም፡ ኣስመራ።

ካብ ቀንዲ መስረትትን መራሕትን ማሕበር ኣንድነት
ካብ ጸጋም ንየማን፡ ሃብቶም ኣርኣያ፡ ገብረስላሰ ጋርዛ፡ ሃይለ ኣብርሀ

ሎሚ ድሕሪ ፍርቂ ዘመን'ውን እንተ ኾነ፡ ብዛዕባ ኣመሰራርታኡ ይኹን ንጥፈታቱ ዘየካትዕን ዘየጠራጥርን ሓበሬታ ምርካብ ኣዝዩ ኣሸጋሪ ኢዩ። ዝበዝሑ ካብ'ቶም ኣብ'ዚ እዋን ብህይወት ዝርከቡ ዝነጠፉ ኣባላቱ፡ ኣግሂድካ ምዝራብ ማሕላ ምጥሓስ ስለ ዝመስሎም፣ ወይ ባዕሎም ዝፈጸሙዎ'ሞ ከየሕትቶም ዝፈርሑዎ ተግባራት ስለ ዝህሉ፣ ወይ ድማ ብጾቶም ንዝነበሩ፡ ህሉዋት ይኹኑ ምዉታት ኣሕሊፍካ ምሃብ ኮይኑ ስለ ዝስምዖም፡ ጉድኒ ጉድኒ ጥራይ ክዛረቡ ይመርጹ። እቶም ኣግሂዶም ዝዛረቡ ድማ መንነቶም ክንገረሎም ስለ ዘይመርጹ፡ ብዛዕባ'ዚ ማሕበር'ዚ ክንዛረብ እንክለና፡ ነዚ ጸገም'ዚ ኣብ ግምት እናእተና ኢና። ቅድሚ ሕጂ ዘይፍለጥ ዝነበረ ብዙሕ ሓቅታት'ኳ ካብ'ዚ ኣስዒብና ክንዝርዝር እንተ ኰንና፡ ኣብ ብዙሕ ቦታታት ምንጪ ናይ'ቲ ሓበሬታ ክንዕቅብ ክንግደድ ኢና።

ማሕበር ኣንድነት ኤርትራ ምስ ኢትዮጵያ፡ ብ9 መስከረም 1945 ኣብ እግሪ ሓዝሓዝ፡ ማለት ኣብ ማይ ኣንበሳ፡ ካብ ዓሰርተ ብዘይበዝሑ ደቂ ኣባ ሻውል ዝዕብለሉዎም መንእሰያት ቈመ። ቀንዲ መስራቲ ኣንድነት፡ ሃይለ ኣብርሀ ዝተባህሉ፡ ከም ቀዳማይ ፕረሲደንት ኮይኖም'ውን ዘገልገሉ ዜጋ ነበሩ። ካብቶም ምስኦም ነይሮም ዝበሃሉ፡ ሃብቶም ኣርኣያን ተወልደ ፍስሓን ይጥቀሱ። ዕላማ

ናይ'ቲ ማሕበር ሕብረት ምስ ኢትዮጵያ'ኳ እንተ ነበረ፡ ኣብ ኣገባብ ኣመጻጽኣ እቲ ሕብረት ምስ'ቶም "ዓበይቲ" ተባሂሎም'ውን ዝስመዩ ዝነበሩ ማሕበር ሕብረት ፍልልይ ነይሩ ዝብሉ ኣለዉ። ስሞም ባዕሉ ከም ዝሕብሮ፡ ማሕበር ሕብረት "ኤርትራ ምስ ኢትዮጵያ - ሓንቲ ኢትዮጵያ" ክብሉ እንከለዉ፡ ኣንድነት ግን "ኣንድነት ኤርትራን ኢትዮጵያን" ኢዮም ዝብሉ ዝነበሩ። ብኣተራጉማ በዓል ሃይለ ኣብርሀ እምበኣር፡ ማሕበር ሕብረት "ኤርትራ ምስ ኢትዮጵያ" ምባል፡ ክልተ ዝተፈላለያ ኣካላት ዝሓብራ ከም ዝነበራ ከስምዕ እንከሎ፡ እቲ ናይ ኣንድነት ግን ስምረት ናይ ሓደ ኣካል ስለ ዘመልክት፡ ንዋጋ ዕዳጋ ዕድል ዝሁብ ኣይነበረን።[18]

ብሓቂ ኸኣ፡ እቲ ሓሓሊፉ ኣብ ጋዜጣታት ዝሰፍር ዝነበረ ቃላትን መደረታትን ኣባላት ኣንድነት፡ ነቲ ሕልፍ ዝበለ ናይ ሕብረት ድሌቶም ዘመልክት ኢዩ ዝነበረ። ንኣብነት፡ ኣብ ጽንብል ካልኣይ ዓመት ምምስራት እቲ ማሕበር፡ ማለት ብ9 መስከረም 1947፡ ካልኣይ ፕረሲደንት ናይቲ ማሕበር ዝኾኑ በርሀ ምስጉን ንዕላማኡ ኣመልኪቶም ነዚ ዝስዕብ ተዛረቡ፤

ግራዝማች ባህታ ኢዮኣብ

18. ቃለ-መጠይቕ፡ ግራዝማች ተስፋይ ገብረዝጊ 1997፡ ግራዝማች ባህታ ኢዮኣብ 1997፡ ደግያት ገብረዮሃንስ ተስፋማርያም 1998። መደረ በርሀ ምስጉን ኣብ ሰ.ጋ. 6/265፡ 2 ጥቅምቲ 1947 እውን ርአ። ኣብዚ ካልኣይ ፕረሲደንት ኣንድነት ዝነበሩ በርሀ ምስጉን፡ እቲ ማሕበር ብ "ትግሃት" ኣቶ ሃይለ ኣብርሀ ከም ዝተመስረተ ይገልጹ።

.... ነዛ 60 ዚአክል ዓመታት ካብ እኖአ ተፈልያ ኣብ ትሕቲ ከቢድ ኣርዑት ባርነት ተጸሚዳ ዝነበረት ዓድና፡ ከምታ ኪዳኖም (ብሪጣንያ ማለት'ዩ)፡ "ማይ ንሩባኡ ዕንዳይ ናብ እኖኡ" ኪብሉና'ሞ ምስ ኢትዮጵያ ሓቢርናስ ሓደ መንሰ ኣብ ትሕቲ ሓደ ንሳ ኽንከውን ንምልማን ኢዩ።[19]

ሓደ ካብቶም ኣዝዮም ንጡፋት ኣባላት ኣንድነት ዝነበሩ ግራዝማች ባህታ ኢዮኣብ፡ ኣንድነት ብዘይ ዝኾነ ናይ ግዳም ጉስጓስን ድፍኢትን፡ ብናጻ ድሌትን ድርኺትን ናይቶም መሰረትቲ ኣባላቱ ከም ዝቘመ ኢዮም ዝገልጹ። ኣብቲ መጀመርታ ዕላማኡ መታን ከይፍለጥ ከአ ይብሉ፡ ከም ናይ ትምህርቲ ጉጅለ ንምምሳሉ፡ ኣብ ኣብያተ ትምህርቲ ኢዩ ናይ ፈለማ ኣኼባታቱ ዘካይድ ዝነበረ። "ፒሮን ርሳስን ዝሓዙ ተመሃሮ ክንመስል ንጸንሕ'ሞ፡ ሰብ ምስ ከደልና ናብ ፖለቲካና ንኣቱ ነበርና" ኸኣ ይብሉ።[20]

ካልእ ምንጮታት ግን፡ ማሕበር ኣንድነት ብፍላይ ንተግባራት ግብረ ሸበራን ርሱን ጉስጓስን ተባሂሉ ብማሕበር ሕብረት ከም ዝቘመ ይእምት። ሰነዳት ብሪጣንያ ንኣብነት፡ ማሕበር ኣንድነት ናይቲ ዓቢ ማሕበር ቀጥታዊ መሳርሒ ከም ዝነበረ ብዘይ ጥርጥር ይገልጽ። ከምኡ'ውን፡ ፊታውራሪ ገብረመስቀል ወልዱ ፕረሲደንት ማ.ፍ.ሃ. ኣብ ዝነበሩሉ ጊዜ፡ ሕብረት ዝድግፉ መንእሰያት ንኽጥርነፉ ባዕሎም ዝኣዃኸቡዎ ጉጅለ ኢዩ ይብሃል ኢዩ።[21] በዚ ኾይኑ በቲ፡ ማሕበር ኣንድነት ምስ ቈመ ኣብ ኣስታት ሓደ ዓመቱ፡ ማለት ብ1946፡ ደገፍቲ ናጽነት ኣብ ልዕሊ ዝነበሩ ሰባት፡ ብፍላይ ድማ ኣብ ልዕሊ ደግያት ሓሰን ዓሊ ናይ ቅትለት ፈተነ ተኻየደ። ኣብቲ እዋኑ፡ እዚ ከም ዝተነጸለ ግብረ እከይ እንተ ዘይኮይኑ፡ ቀጻልነት ክህልዎ ከም ዝኽእል ፖለቲካዊ ተግባር ኣይተራእየን፣ ክንድ'ቲ እውን ኣይተዘርበሉን። ገበርቱ፡ ማሕበር ሕብረት ወይ ደገፍቶም ከም ዝነበሩ ግን ዘጠራጥር ኣይነበረን።

ፖለቲካዊ ግብረ ሸበራ ዝተወደበን ኢድ ማሕበር ሕብረትን መንግስቲ ኢትዮጵያን ዝነበሮን ክመስል ዝጀመረ፡ ካብ መጋቢት 1946 ጀሚሩ፡ ማለት ኮሎኔል ነጋ ሃይለስላሴ ወኪል (Liason officer) መንግስቲ ኢትዮጵያ ኣብ ኤርትራ ብምዃን ኣስመራ ድሕሪ ምእታዉ ኢዩ። ካብ'ቲ ጊዜ'ቲ ጀሚሮም ክሳብ ነጋ ብ1951 ካብ ኤርትራ ዝወጽእ፡ ብሪጣንያውያን ኣመሓደርቲ ንነጋ ብሓላፍነት ናይ ኩሉ ግብረ ሸበራዊ ንጥፈታት ንጥርጥሮ ኢና ካብ ምባል ሰጊሮም፡ ብጭብጢ ከይከሰሱዎ ሓለፉ። ንሱ'ውን፡ ኣብ'ዚ ጉዳይ'ዚ "ኢድ የብለይን" ኢሉ ካብ ምምሓልን ምጥሓልን ዓዲ ኣይወዓለን።

ምስቲ ተተሓሒዞሞ ዝነብሩ ናይ ምፍልላይን ምምቅቓልን ፖለቲካዊ ሜላ፡ እቶም ኣመሓደርቲ ኣብ ሓደ እዋን ሰለስተ-ኣርባዕተ ገጽ የርእዩ ነይሮም ምባል

19. ሰ.ጋ. 6/265፡ 2 ጥቅምቲ 1947።
20. ግራዝማች ባህታ ኢዮኣብ፡ ቃለ መጠይቕ፡ 1997።
21. ንኣብነት፡ ወልደኣብ ወልደማርያም፡ ቃለ መጠይቕ፡ 1987 ርአ።

ኣይንፈላለ

ኮሎኔል ነጋ ሃይለስላሴ

ምግናን ኣይኮነን። ነጋ ኤርትራ ንኽኣቱ ብምፍቃድ ደገፍቲ ሕብረት ክመስሉ ጸኒሖም፡ ኣልራቢጣን ኤርትራ ንኤርትራውያንን ንኽምስረታ ብምትብባዕ ከኣ ደገፍቲ ናጽነት ተመሲሎም ይቐርቡ ነይሮም ኢዮም። ጸኒሖም ከኣ ደገፍቲ ፕሮ-ኢጣልያ። ኣብ ሓደ እዋን፡ ብሰለስቲኡ'ዚ ፖለቲካዊ ዝንባለታት'ዚ ብሻራነት ክኽሰሱ ንቡር ኢዩ ዝነበረ። ስለ'ዚ፡ ነቲ ኢድ መንግስቲ ኢትዮጵያ ናብ ኲሉ ግበረ ሽበራዊ ንጥፈታት ይፈልጡዎን ዕሽሽ ይብሉዎን ነይሮም ምባል ዘይናቶም ምሃቦም ኣይከውንን።

በቲ ሓደ ወገን ግን፡ ኢድ መንግስቲ ኢትዮጵያ ኣዝዩ ረቂቕን፡ ብፍላይ ብዓይኒ ኤርትራውያን ክትርእዮ እንከለኻ ቀልጢፍካ ንምልላዩ ኣጸጋሚ ከም ዝነበረን ምግንዛብ የድሊ። ንኣብነት፡ ፕረሲደንት ማሕበር ሕብረት ናይ ኣስመራን ሓማሴንን ዝነበሩ ደግያት ገብረዮሃንስ ተስፋማርያም፡ ኮሎኔል ነጋ ተቓዋሚ እምበር ደጋፊ ግበረ ሽበራ ከም ዘይነበረ፡ ማሕበር ሕብረት'ውን እንተ ኾነ፡ ነቲ ጸኒሕና እንርእዮ ሰፊሕ ጉነጻዊ ዘመተ ኣባላት ኣንድነት ከም ዘይዓንገሎን ይቃወሞ ከም ዝነበረን ኢዮም ዝገልጹ። ንሶም ከም ዝበሉዎ፡ ኣባላት ሕብረት ፈለማ ምስቶም ድሮ ቡብም'ኽንያቶም በረኻ ሰፊሮም ዝነበሩ ሽፋቱ ርክብን ናይ ስራሕ ዝምድናን ዝጀመሩ፡ ማሕበር ፕሮ-ኢጣልያ ብ1947-48 ምስ ቈመ'ሞ፡ ንኣባላቱ ንኽሰናብድዎም ስለዝደለዩ ኢዩ። "ምስንባድ" ማለት ግን፡ ይብሉ ገብረዮሃንስ፡ ምቕታል ወይ ንብረት ምዝራፍ ዘይኮነስ፡ "ኣፈራሪሕካ ብውሑዱ

ካብ ጸግዒ ጣልያን ምርሓቖም፡ እንተ ተኻኢሉ ድማ ናብ ሕብረት ምስሓቦም ኢዩ ዝነበረ።"[22]

እቲ ዝነበረ ጭብጥታት ግን ካልእ ኢዩ ዝሕብር። ኣብ ሰነዳት ብሪጣንያ፡ ስም ኮሎኔል ነጋ ንመጀመርታ ምስ ግብረ ሽበራ ተኣሳሲሩ እንረኽቦ፡ ኣብ ወርሒ ሕዳር 1947 ኢዩ። ኣብ ዝሓለፈ ምዕራፍ፡ ብሓምለ 1947 ኣብ ልዕሊ ህይወት ኣቶ ወልደኣብ ናይ ቅትለት ፈተነ ኣካይድኩም ዝተባህሉ ሰለስተ ሰባት ኣብ ፍርዲ ቀሪቦም ከም ዝተበየነሎም ርኢና ኔርና።

እቲ ጉዳይ ይሰምዓሉ ኣብ ዝነበረ ጊዜ፡ ጸሓፊ ኮሎኔል ነጋ ኾይኑ ኣስመራ ዝመጸ ኣቶ ተኮላ ገብረመድህን፡ "ኣብ ልዕሊ ተቓወምቲ ወገናት ናይ ኢድ ቦምባ ንኽድርበ ናይ ቃል ምትብባዕ ይገብር ነይሩ" ዝብል ምስክርነትን ነዚ ዘረድእ ሰነድን ቀሪቡ ነበረ። ቤት ፍርዲ ድማ ነዚ ጭብጢ'ዚ ተቐቢሉ ነቲ ብመሰረት ምድፍፋእ ተኮላ፡ ቦምባ ዝደርበየ ሱብ ናይ ዓሰርተ ኽልተ ዓመት ናይ ማእሰርቲ ፍርዲ ሃበ።

ካብ'ዚ ብምብጋስ፡ ናይ ኤርትራ ብሪጣንያዊ ኣመሓዳሪ፡ "ህላወ ተኮላ ኣብ ኤርትራ ንጸጥታ'ታ ሃገር ሓደገኛ ስለዝኾነ፡ ናብ ኤርትራ ናይ ምእታው መሰሉ ክገፍ ከም ዝተዳለወ ንሓለፍቱ ኣፍለጠ።"[23] እቶም ኣብ ካይሮ ዝነበሩ ሰበ ስልጣን ብሪጣንያ ግን፡ ኣብ ልዕሊ ተኮላ ነቲ ዝተባህለ ስጉምቲ ምውሳድ ብመንግስቲ ኢትዮጵያ ዘየድሊ ትርጉም ከይውሃቦ ስለ ዝሰግኡ፡ "ኣዝዩ ኣድላዪ ምስ ዝኸውን" ኮሎኔል ነጋ ኣብ ግብረ ሽበራዊ ጉዳያት ምእታዉ ምስ ዝረጋገጽ፡ ካብ ንተኮላ ምስጓጉ፡ ነጋ ባዕሉ ብኻልእ ንኽቕየር ብወግዒ ምሕታት ከም ዝሓይሽ ሓበሩ።[24]

እቲ ወርሒ፡ ኮሚሽን ኣርባዕተ ሓያላት ኤርትራ ዝኣተወሉ ኢዩ ነይሩ። ስለ'ዚ፡ ሽሕ'ኳ ኣመሓደርቲ ኤርትራ ብዛዕባ ኢድ ተኮላ ይኹን ነጋ ኣብ ግብረ ሽበራ ጥርጣረ እንተ ዘይነበሮም፡ እቲ ኣንጻር ምስጓጉ ዝነበረ ተቓውሞ ግን በርትዩ። ንኣብነት ኣብ ኣዲስ ኣበባ ዝነበረ ኤምባሲ ብሪጣንያ፡ ተኮላ እንተ ተሰጒጉ፡ ነጋ ሃይለስላሴ ብዛዕባ ንጥፈታት እቲ ኮሚሽን ብዝግባእ ንመንግስቲ ኢትዮጵያ ከፍልጥ ኣይክኽእልን ኢዩ'ሞ፡ እቲ ሓሳብ ይቋረጽ ክብል ሓተተ። ኣባላት እቲ ኮሚሽን ደኣ ብሰላም ይስርሑን ይንቀሳቐሱን'ምበር፡ በለ እቲ ናይ ኤምባሲ እማመ፡ "ዝኾነ ካልእ ፍጻመ ንተኮላ ካብ ቦታኡ ከልቅቐ ኣይግባእን...."። ብኻልእ ኣዘራርባ፡ ኣብ ልዕሊ ኣባላት ኣልራቢጣ ይኹን ኤርትራ ንኤርትራውያን ብተኮላ ዝጉስጎስ ግብረ ዓመጽ እንተ ነይሩ፡ ሸለል ንኽብሃል ኢዩ ዝሕተት ዝነበረ።[25]

22. ቃለ መጠይቕ፡ ኣብ ኣስመራ ታሕሳስ 1998። ደግያት ገብረዮሃንስ፡ ነዚ ዝበሉዎ ከም መረጋገጺ ካብ ዘቕርቡዎ፡ ኣብ ለካቲት 1950 ዝተፈጸመ ሽፍትነታዊ ተግባር ኢዩ። ኣብ ምጅማር ናይ'ዚ ወርሒ'ዚ፡ ካብ ደገፍቲ ኤርትራ ንኤርትራውያን ኣብ ሓማሴን፡ ልጅ በዛብህ ተሰማ፡ ኣዝማች ተስፋይ ሰብሃቱን ባሻይ ፍስሃ ወልደማርያምን (ጋንዲ) ብጭፍራ ገብረ ተስፋጽዮን ተጨውዮም በረኻ ተወሰዱ። ማሕበር ሕብረት ኣብ ልዕሊ እዚኣቶም ጉድኣት ከይፍጸም ኣትሪሩ ስለ ዝተላበወ ግን፡ እቲ ጭፍራ ኣፈራሪሑን "ሕብረት ንድግፍ" ኣቢሉን ለቐቖም። ፍስሓ ወልደማርያም ባዕሎም፡ እዚ ከም ዝተፈጸመ፡ ተፈቲሖም ኣስመራ ምስ ተመለሱ ግን፡ ዕላማኦም ከም ዘይቀየሩ ከም ዘፍለጡ ገሊጾም። Chi e dell' Eritrea, p. 127-128. ፍስሓ ወልደማርያም ቃለ መጠይቕ፡ ፖርት ሱዳን 1987 ርአ።

23. FO 371/63222, 8 November 1947, Chief Administrator to Civil Affairs Branch, Cairo, through Addis Ababa.

24. FO 371/63222. 121930B/ NOV., 13 November, 1947.

25. FO 371/63222, J 5490, 8 November , 1947, Weld Forester, Addis Ababa to Chief Administrator of Eritrea.

ስለ'ዚ፡ እቲ ኣብ ኢድ ምምሕዳር ብሪጣንያ ዝነበረ ጭብጢ ብዘየገድስ፡ ጉዳይ ተኮላ ሽለል እናተባህለ ኸደ። ንኣብነት ኮሎኔል ነጋ ነቶም ቦምባ ደርብዮም ተባሂሎም ዝተታሕዙ ኢትዮጵያውያን ኣብ ቤት ማእሰርቲ ንኽበጽሕ ስለ ዝተፈቕደሉ - ከም መጠን ወኪል ኢትዮጵያ ብዛዕባ ዜጋታቱ ይምልከቶ ኢዩ ተባሂሉ - ክርእዮም ከም ዝኸደ ጸብጻብ እቲ ምምሕዳር ይሕብር። ኮሎኔል ነጋ፡ ይብል እቲ ጸብጻብ፡ "ነቶም እሱራት ፈጺሙ ከም ዘይፈልጦም ኢዩ ብዅለንተናኡ ክርኢ ዝፍትን ዝነበረ። እዚ ግን ውጹእ የዋህነት ኢዩ" ምኽንያቱ ድማ ይብል፡ እቲ ቐዳማይ ክሱስ ፍሉጥ በጻሒ ገዛ'ቲ ወኪል ኢትዮጵያ ነይሩ ጥራይ ዘይኮነ፡ እቲ ወኪል ነቲ ጉዳይ ዝከታተል ሰብ ኣብ ቤት ፍርዲ ይልእኽ ነይሩ ኢዩ....።"[26]

ኣብ መወዳእታ ሕዳር 1947፡ ብዛዕባ ንጥፈታት ኮሎኔል ነጋ ባዕሉ ተወሳኺ ሓበሬታ ንረክብ። እዚ፡ ሓደ ብሪጣንያዊ ናይ ኤርትራ በዓል ስልጣን ንኮሎኔል ነጋ ከም ዝበጽሖ የመልክት'ሞ፡ እቲ ኮሎኔል "ናይ ሕብረት ደገፍ ንምጉስጓስ ካብ ንቡር ንላዕሊ ይነጣጠፍ" ከም ዝነበረ ይሕብር። ቀጺሉ ድማ፡ "ኣብ ልዕሊ'ቲ ንቡርን ክብ ዝበለን ወርሓዊ እትዋቱ (ባጀቱ)፡ ካብ ኣዲስ ኣበባ ፍሉይ ክፍሊታት ተወሲኑሉ ኣሎ፡" ድሕሪ ምባል እቲ ጸብጻብ፡ "ጸሓፊኡ (ተኮላ) ክሳብ ብገበን ኣብ ዝሕትቶ ደረጃ እኳ እንተ ዘይበጽሐ፡ ናይ ሕብረት ግብረ ሽበራ ኣብ ምልዕዓል ይሳተፍ ኣሎ። ከም ትፈልጦ፡ ነቲ ጸሓፊ ናብ ኣዲስ ኣበባ ከም ዝምለስ ናይ ምግባር ስጉምትታት ይውሰድ ኣሎ፡"[27] ዝብል መደምደምታ ይህብ።

እቲ ዝተባህለ ስጉምቲ ግን ኣይተወሰደን። በንጻሩ፡ እቲ ኣብ ኣዲስ ኣበባ ዝነበረ ኤምባሲ ብሪጣንያ፡ ነቲ ነገር እናሓናኸሉ፡ "እታ መርማሪት ኮሚሽን ክሳብ ዘላ፡ ንተኮላ ምስጓጉ ዘሕምየና ኢዩ....." ዝመስል ክትዕ እናልዓለ፡ ነቲ ውሳነ ኣጻንሖ።[28] ኣብ መወዳእታኡ'ውን ተኮላ ከይተሰጎገ ኣብ ኤርትራ ቀጸለ።

ክሳብ ደሓር፡ ሰበ ስልጣን ብሪጣንያ ነዚ ናይ ምውልዋልን ጭብጥታት ናይ ምሕባእን ኣንፈት ብምቕጻል፡ ንቐጥታዊ ኢድ ምእታው ኢትዮጵያ ኣብ ግብረ ሽበራዊ ንጥፈታት ማሕበር ሕብረትን ሰዓብቶምን ምሉእ ብምሉእ ከይኣመኑሉን ግቡእ ፍታሕ ንኽረኽቡሉ ከይጸዓሩን ክድንፍዕ ገደፉዎ።

ኣብ ቅድሚ ከምዚ ዝመሰለ ጭብጢ፡ ማሕበር ሕብረት ይኹን ኮሎኔል ነጋን ጸሓፊኡን ኣብ ግብረ ሽበራ ኢድ ኣይነበሮምን ኢልካ ምእማን ዝከኣል ኣይኮነን። ደግያት ገብረዮሃንስ ደጋጊሞም ዝጸቕጡሉ ነጥቢ ግን ኣሎ። ንሶም ዝብሉዎ፡ "ግብረ ሽበራ ዝእዝዝ ዝነበረ፡ ካብ ኣስመራ ዘይኮነስ፡ ብመገዲ ትግራይ ብቐጥታ ካብ ኣዲስ ኣበባ ኢዩ። ጸሓፊ ትእዛዝ ወልደጊዮርጊስ ነዚ ዘካይዱሉ ናይ ገዛእ ርእሱ ልኡኻት ነይሮሞ፡ ቀጥታዊ መስመር'ውን ነይሩዎ።"

26. FO 371/63222, J 5768/783/66, Extract from No 22 Monthly Political Report, B.M.A., Eritrea, 31 October, 1947.
27. FO 371/63222, J 5768/783/66, Letter to R.D.J. Scott Fox, London, 28 November 1947.
28. FO 371/63222, J 6190, 12 December 1947

ዝተፈላለየ ምንጭታት ከም ዝሕብሮ፡ እዚ "ቀጥታዊ መስመር" ናይ ጸላኢ ትእዛዝ ወልደጊዮርጊስ፡ ብዝያዳ ፊታውራሪ ኣብርሃ ወልደታትዮስ ኢዮም ዝነበሩ። ሓደ ስሞም ክይንገረሎም ዝተላበዉ ናይ'ቲ ጊዜ ሰብ ከም ዘዘንትዉዎ፡ ኣብ ውሽጢ 1949 ኣቢሉ፡ ፊታውራሪ ኣብርሃ፡ ገንዘብ ኢትዮጵያ ሒዞም ብምምጻእ፡ ናብ መራሕቲ ሽፋቱ ንኸረክቡዎ ሓገዝ መራሕቲ ማሕበር ሕብረት ሓቲቶም ነበሩ። እዚ፡ ኣብ'ቲ ዝካየድ ዝነበረ ግብረ ሽበራ ቀጥታዊ ኢድ ምእታው ስለ ዝነበረ፡ ክተሓባበር ድሉው ዝኾነ መራሒ ሕብረት ኣይረኸቡን። ነቲ ተልእኾኦም ብኻልእ መገዲ፡ ማለት ብመገዲ ትግራይ ንኽፍጽሙዎ ድማ ተገደዱ።[29] ነዚ ጸኒሕና፡ ማለት ብዛዕባ መቕተልቲ ግራዝማች ዓብደልቃድር ከቢረ ኣብ እንዛረበሉ ክፋል፡ ሰፍሕ ብዝበለ መገዲ ክንምልከቶ ኢና።

1948 ዓመት ሽፍትነትን ግብረ ሽበራን ውዱብ ሽፍትነትን ግብረ መልሲ ኣመሓደርቲ ኤርትራን

ካብቲ መርማሪት ኮሚሽን ኣርባዕተ ሓያላት ኣብ ኤርትራ ዝነበረትሉን ዝወጸትሉን ጊዜ፡ ማለት ካብ ጥሪ-ለካቲት 1948 ጀሚሩ፡ ናይ ከተማ ይኹን ናይ ገጠራት ግብረ ሽበራ ብኸቢብ ዝበለ ደረጃ ተራእየ። ዛጊት፡ እቲ ኣብ በዓል ተራ እምኒ፡ ጸዓዘጋ፡ ዓድ ኂላን ካልእ ቦታታትን ብደገፍቲ ሕብረት ዝውሰድ ዝነበረ ናይ ዓመጽ ስጉምትታት፡ ብፍላይ ንኣተሓሳስባ ናይታ ኮሚሽን ንምጽላውን ነቲ ናይ ናጽነት ክፍሊ ንምስንባድን ዝዓለመ ኢዩ ዝነበረ። እቲ ኣብ ልዕሊ ከም ኣቶ ወልደኣብን ደግያት ሓሰንን ዝመሰሉ መራሕቲ ናጽነት ዝህቀን ዝነበረ ናይ ቅትለት ፈተነታት ድማ፡ ስሕት ኢሉ ዝመጽእን ካብ ሓድሕዱ ዝተነጻጸለን ኢዩ ዝመስል ዝነበረ። ውጥንን መደብን ዝነበሮ'ውን ኣይመስልን።

ካብ ጥሪ 1948 ግን፡ እቲ ግብረ ሽበራ ኣቐዲሙ ዝተሓሰበሉን ኣንፈቱን ዕላማኡን'ውን ብመጽናዕቲ ዝግበርን እናመሰለ ኸደ። ንኣብነት፡ ብ1 ጥሪ 1948፡ ሓያለ መንእሰያት ማሕበር ኣንድነት፡ ኣባላት ኣልራቢጣ ኣብ ልዕሊ ዝነበሩ ሽዱሽተ መንእሰያት ከረን ሃንደበታዊ መጥቃዕቲ ብምፍጻም፡ መሓመድ ዑስማን ዓብደላ ንዝተባህለ ወዲ 20 ዓመት ቀተሉ። ሓደ ካብቶም ዝተታሕዙ ዓመጽቲ፡ ተስፋይ ሃብተ፡ ሓዎም ንመራሒ ሕብረት ኣብ ከረን ዝነበሩ እምባየ ሃብተ ነበረ።[30]

እዚ ኣብ ውሽጢ ከተማ ከረን ክኸውን እንከሎ፡ ኣብ ምጅማር ወርሒ ጥሪ ድማ ሰላሳ ዝኾኑ ዕጡቓት ንናይ ካሻኒ ፋብሪካ ዒቃ ኣብ ዒላ በርዕድ ብምጥቃዕ 300 ከብቲ ዘሚቶም ከዱ። ብ6 ጥሪ'ውን፡ ኣርባዕተ ወይ ሓሙሽተ ዝኾኑ ኣባላቶም ኣብ ከባቢ ሓሊብ መንተል ሊቶሪና ደው ብምባል፡ ጥይትን ቦምባን ተኲኹሶም ሃደሙ። እዚኣቶም፡ ባንዴራ ኢትዮጵያ ሒዞም ከም ዝነበሩ ጸብጻባት

29. ነዚ ሓበሬታ ዝሃቡ፡ ንፊታውራሪ ኣብርሃ ብቐጥታ ዝፈልጡን ብዛዕባ'ዚ ዝተባህለ ቀጥታዊ ፍልጠት ዝነበሮምን ሽማግለ ኢዮም።

30. WO 230/242 61439 File No. 36/39, 18 January 1948.

ሰለስተ ሸፋቱ

ገለጹ። ካሻኒ ባዕሉ፡ ናይ ከባቢ ከረን ፕረሲደንት ፕሮ-ኢጣልያ ስለ ዝነበረ፡ ዕላማ'ቶም ሸፋቱ ተራ ስርቂ ዘይኮነስ ፖለቲካዊ መበገሲ'ውን ከም ዝነበሮ በርሀ።

ካብ'ዚ ጊዜ'ዚ ጀሚሩ ክሳብ ታሕሳስ 1948፡ ሸፍትነት ሓደ ካብቲ ቐንዲ መዛረቢ ምምሕዳር ብሪጣንያ ኣብ ኤርትራ ኾነ። ነዚ ንምቍጽጻር፡ ምምሕዳር ብሪጣንያ ሸፍታ ንዘዕቁባን ንዝዓንገላን ወይ ንዝሓገዛን ዓድታት ሓባራዊ መቕጻዕቲ ወይ ሞልታ ንኽውሰን ኣመመ። ድሕሪ ነዊሕ ክትዕ'ውን ነቲ ሓሳብ ኣጽደቖ።[31]

እዚ እናኾነ እንከሎ ግን፡ እቲ ተግባራት ሸፍትነት ይቕጽል ነበረ። ብ12 መጋቢት 1948፡ ማሕበር ኢጣለ-ኤርትራውያን (ክሪየ)፡ "ጮፍራ ወሮበላ" ኣብ እምባደርሆ ንእትርከብ ባር ባጂ፡ ወይ ብናይ ሸዑ ኣጻውዓኣ "ኡንዲቸዝሞ"፡ ብምዝራፎም ናብ'ቲ ምምሕዳር ጠርዐ። እቶም ሸፋቱ ዋኒኖም ምስ ወድኡ ኣስማቶም ገሊጾም ስለ ዝነበሩ ድማ፡ ፕረሲደንት ክሪየ ቪንቸንዞ ዲ ሜልዮ፡ እዚ

31. እቲ ቐዳማይ እማመ ብኸፊል ነዚ ዝስዕብ ይመስል ነበረ፡- ለመጨሊ (ዓንሰባ)፡ ብዝሒ ህዝቢ 4700፡ ሞልታ 1500 (ፓውንድ ብሪጣንያ)፣ ደቂ ዓንዱ፡ 1200-150፣ እድርባ፡ 2200-1100 ሸበቕ፡ 300-110፣ ዓዲ ጻድቕ፡ 50-40....... ወዘተ። ኩለን'ዘን ዓድታት ሸፍታ ብምምጋብ፡ ንፖሊስ ሓበሬታ ብዘይ ምሃብ፡ ብሸፍታ ዝተዘምታ ከብቲ ብምኽብኻብ፡ ምስ ሸፍታ ብምትሕግጋዝ ....ኢየን ተኸሲሰን። ሸበቕ ብዝያዳ ሰለስተ ደቃ ስለ ዝሸፈቱ፡ ዓዲ ጻድቕ ድማ ዓዲ ሓጐስ ተምንዎ ብምኳና ኢዩ'ቲ መቕጻዕቲ ተተሊሙለን። WO 230.242 61439. Folio 05379 05422, 11 March 1948.

ኣብ ልዕሊ ሓይሊ ፖሊስ ዓቢ ንዕቀት ከም ዝነበረን ንብረት ህዝቢ ብቕጽበት ሓለዋን ውሕስነትን ክግበረሉን ሓተተ።[32]

ዲ መልዮ ነዚ ጥርዓን'ዚ ዘቕረበ፡ ብፍላይ ኣብታ ወርሒ ጥሪ ኢጣልያውያን ከም ፍሉይ ዒላማ ሽፋቱ ተወሲዶም ይህደኑ ብምንባሮም ኢዩ። ብ19 መጋቢት ዝተጻሕፈ ሓደ መዘክር ንኣብነት፡ ካብ 7 ክሳብ 16 መጋቢት ኣብ ዝተፈላለየ ቦታታት ኣብ ልዕሊ ኢጣልያውያንን ትካላቶምን ዝተኻየደ መጥቃዕትታት ይዝርዝር። በዚ መሰረት፡ ብ7 መጋቢት ኣብ ጥቓ ደቀምሓረ ብ5 ሽፍታ ኣብ ዝተኸትረት መኪና፡ ሓደ ኢጣልያዊ ተቐትለ። ብ9 መጋቢት ኣብ መገዲ ከረን-ኣስመራ ኣብ ዘጓነፈ ተመሳሳሊ ፍጻመ፡ ሓደ ኤርትራውን ሓደ ኢጣልያውን ተወግኡ። ብ11 መጋቢት ብዘይካ'ቲ ኣቓዲሙ ዝተጠቕሰ ናይ ዒላበርዕድን እምባደርሆን ዝምታ፡ ኣብ ዓመጺ'ውን ሕርሻ ጣልያን በረሰ። ብ16 መጋቢት ድማ፡ ኣብ ዓድ ተከሌዛን ዝነበረ፡ ብሜሎትን ዲሮስን ዝውነን ናይ ጣልያን መዐደኒ ወርቂ ብ"ቚምታውን ዝተወጠነን" ኣገባብ ዓነው። እቲ ዝወረደ ክሳራ'ውን ብ30,000 ሽልን ተገመተ። እቲ መዘክር ብምቕጻል፡ ማሕበረ ኮም ጣልያን ኣዝዩ ከም ዝተሸበረ፡ ኣብ ልዕሊ'ቶም ድሮ ኣበየ ትካላቱ ዝነበሩ ዕጡቓት ኢጣልያውያን ዋርድያ ተወሰኸቲ ባንዳ ከም ዘድልዩ ኣመተ። እቲ ተግባራት ባዕሉ ግን ብኢትዮጵያ ዝድገፉ "ተዋህዶ ደቀባት" ይግበር ከም ዝነበረ፡ በቲ ኣብ'ቲ ቦታ ዝገደፉዎ፡ "ሓርበኛታት ኢትዮጵያ" ዝብል ወረቐት ከም ዝረጋገጽ ኣመልከተ። ሓጐስ ተምነዎ ቅሉዕ ተጻባኢ ኢጣልያውያን ምንባሮም ስለ ዝፍለጥ ድማ፡ ነቲ ጥርጣረ ናብኦም ኣቕንዮ። በዚ ደው ከይበለ እቲ መዘክር፡ ህላወ ናይ ነጋ ሃይለስላሴ ጸሓፊ፡ ማለት ተኮላ ገብረመድህን፡ ጠንቂ ምቕጻል ተግባር ግብረ ሽበራ ይኸውን ኣሎ ዝብል ጥርጠራ ስለ ዝነበረ፡ ዘየማትእ ጭብጢ'ኳ ኣይረኸቦ'ምበር፡ ካብ ሃገር ንኽስጎጐ ጸቕጢ ንኽግበር ተማሕጸነ።

እቲ ናይ መጋቢት መጥቃዕታት ግን ናብ ኢጣልያውያን ጥራይ ዘቕንዐ ኣይነበረን። ዳርጋ መላእ ኤርትራ ኣብ'ቲ ወርሒ'ቲ ተራቢሹ ነይሩ ክበሃል ይክኣል። ብ15 መጋቢት ንኣብነት፡ ሰላሳ ሽፋቱ ደቂ ኢትዮጵያ ክልተ በትሪ ዝኾና ክብቲ ካብ ባረንቱ ዘመቱ። ኣብ ምራሩ፡ ሓደ እንግሊዛዊ በዓል ስልጣን ጥይት ተተኩሶ። ኣብ 14ን 19ን መጋቢት'ውን ኣብ መገዲ ከረን-ኣስመራን ገረግር ጉላን ሽፍታን ፖሊስ ብሪጣንያን ገጠሙ፣ ሓደ ካብ'ዞም ዳሕረዎት'ውን ቈሰለ።[33]

እዚ ኹሉ፡ ንምምሕዳር ብሪጣንያ ምንጪ ሻቕሎት ስለ ዝኾነ፡ ኩሉ ጸረ ሽፍታ ስርሒት ኣብ ትሕቲ ቁጽጽር ናይቶም ኣበየ ወረዳ ዝነበሩ ኣዘዝቲ ስራዊት ንኽኣቱን ሰለስተ ሚእቲ ዝኾኑ ነቶም ስሩዓት ሰራዊትን ፖሊስን ዝሕግዙ ባንዳ ንሓደ ወርሒ ክኽተቡ'ውን ተወሰነ። ኣብ ልዕሊ'ዚ፡ ክሳብ 1 ሚያዝያ ዝጸንሕ ሽፍታ ሒዙ ንዘረከበ ሰብ ዝውሃብ 1000 ፓውንድ እውን

32. WO 230/242 61439, 12 March 1948.
33. WO 230/242 61439, No. 12785/42/CA, 19 March 1948.

ተዳልዩ ተቐመጠ።[34] ኣድላዪ ምስ ዝኸውን፡ ንመርኣዩን መፈራርሕን ዝኾና ኣርባዕተ ተምፐስት (Tempest) ዝዓይነተን ነፈርቲ ናብ ኣስመራ ክለኣኻ ከም ዝኾናን'ውን ዓደን ዝነበረ ቤት ጽሕፈት ሓይልታት ብሪጣንያ ኣፍለጠ።[35]

ምስ'ዚ ኹሉ ግን ሽፍትነት ከም ዘይዘሓለ፡ እኳ ደኣ እናገደደ ይኸይድ ከም ዝነበረ እቲ ምምሕዳር ብምእማን፡ ዝያዳ ስልጣን ንኽውሃቦ ሓተተ።[36] እቲ ጉዳይ ካብ ሲቪላዊ ናብ ወተሃደራዊ ቍጽጽር ብምእታዉ'ኳ ኣብ ማሕበረ ኮም ጣልያን ቍሩብ ምርግጋእ እንተ ፈጠረ፡[37] ኣብ ካይሮ ዝነበረ ላዕለዋይ ወተሃደራዊ በዓል ስልጣን ብሪጣንያ፡ ሜጀር ጀነራል ዲ.ሲ. ካሚንግ ግን እቲ ዝምረጽ ዝነበረ ወተሃደራዊ ፍታሕ ናበይ ገጹ ከም ዘምርሕ ክፍለጥ ከምዘይከኣል ኣመተ። በዓል'ታ ደጋፊት ኢትዮጵያ ዝኾና ሲልቪያ ፓንክረስት ከኣ ኣንጻር'ቲ ዝተወጠነ ስጉምቲ ተላዒለን ኣብ ባይቶ ዓባይ ብሪጣንያ ሕቶታት ከለዓዕላ ስለ ዝኽእላ፡ ጥንቃቐ ክግበርን ካብ ሃውራዊ ተግባራት ሕጋዊ መገዲ ክምረጽን ኣተሓሳሰበ።[38] እዚ፡ ነቲ ክውሰድ ዝተባህለ ተሪር ወተሃደራዊ ስጉምቲ ዝገትእ'ኳ እንተ ነበረ፡ እቲ ውጥንስ ኣይተረፈን። ውጽኢት'ውን ክርኢ ጀመረ።[39] በዚ መሰረት፡ ብ4 ሚያዝያ ብኢንስፐክተር ገብረስላሴን ስርጀንተ ያሲንን ዝምራሕ ካብ ደቀምሓረ ዝተበገሰ ሓይሊ ፖሊስ ኣብ ማይ ዓይኒ ንዝነበረ ጭፍራ ናይ ገብሪሀት ዝተባህለ ትግራዋይ ሃንደበት ብምጥቃዕ፡ ሸዱሽተ ሽፍታ ቀቲሉ ሸሞንተ ብምሓዝ፡ 10 ጠበንጃ፡ ክልተ ሽጉጥን ሓያሎ ጥይትን ማረኸ'ሞ፡ እዚ ከም ዓቢ ዓወት ተራእዩ ብዙሕ ተዘርበሉን ተመጕሰን። እዚ እናኾነ እንከሎ፡ ነፈርቲ ብሪጣንያ'ውን ናይ ምርኢትን ምፍርራሕን በረራ ስለ ዘካየዳ፡ ሓያሎ ሸፋቱ ኢዶም ክህቡ ወይ ናብኡ ዘምርሕ ኣንፈታት ክርእዩ ቀነዩ። ከም ውጽኢት ናይ'ቲ ዘመተ ጥራይ 7 ሞይቶም 26 ክማረኹ እንከለዉ፡ 14 ኣባላት ጭፍራ ሓጐስ ተምነዎ ዝርከብዎም 20 ሸፋቱ ኢዶም ሃቡ።[40]

ምስቲ ኣብ ኤርትራ ነጊሱ ዝነበረ ሽፍትነታዊ ግበረሸበራ ክነጻጸር እንከሎ ግን፡ እዚ ብ"ዓወታት" ዝተገልጸ ናይ መጋቢት ስርሒታት ጥማዓዊ ነበረ።[41]

34. ንሓጐስ ተምነዎ ዝሓዘ 50፡ ንተራ ሸፋቱ ድማ 20 ፓውንድ ክወሃብ'ዩ ኣብቲ ፈለማ ተወሲኑ። WO 230/242 61439, No. 12785/61/CA, 23 March 1948.
35. WO 230/242 61439, Folio 13414, 26 March 1948.
36. WO 230/242 61439, File No. 12785, 22 March 1948.
37. WO 230/242 61439, 27 March, 1948.
38. WO 230/242 61439, 12785/91/CA, 31 March 1948. ጀነራል ካሚንግ፡ ካብ 1950-1952 ኣመሓዳሪ ኤርትራ ብምዃኑ ንኤርትራ ብፌደረሽን ናብ ኢትዮጵያ ዘረከበ ወተሃደራዊ መኮንን ኢዩ።
39. ረመዳን ሱለማን ዝተባህለ ሽፍታ ንኣብነት ብ2 ሚያዝያ ኣብ ከረን ምስ ብረቱ ሰለመ። ሽዑ መዓልቲ ሓደ ስልጣን ዝነበሮ ሰዓቢ ሓጐስ ተምነዎ'ውን ብተመሳሳሊ ኢዱ ሃበ። WO 230/242 61439, 5 April 1948.
40. WO 230/242 61439, 10 April 1948. እዚ እናኾነ እንከሎ፡ ሓምድ እድሪስ ዓዋተ 26 ርእሱ ኣብ ከባቢ ቢያጉንዲ ከም ዝተቐልቀለ እዚ ሰነድ'ዚ ይሕብር። ብተወሳኺ ዝዓጠቐ ገባሮ ኣብ ማይ ዓይኒ ኣንጻር ጭፍራ ገብሪሀትን ትኩእን ብምግጣም፡ 7 ቀቲሎም 6 ከም ዝማረኹ፡ ገብሪሀትን ትኩእን ባዕሎም'ውን ከም ዝተታሕዙ እቲ ሰነድ ይሕብር።
41. ካብ 1 ጥሪ ዝጀመረ ግብረ ዓመጽ፡ ክሳብ ምውዳእ መጋቢት ነዚ ዝስዕብ ጉድኣት ኣውሪዱ ነበረ፡ - ኤርትራውያን 6 ምዉታት 8 ቁሱላት፣ ጠላይን 4 ምዉታት 4 ቁሱላት፣ ፖሊስ፡ 1 ምዉት፡ 3 ቁሱላት፣ መዐደኒ ወርቂ ዓዲ ተከሊዛን ዝርከቦ ሓያለይ ንብረት'ውን በረሰ። እዚ ብኤርትራውያን ሽፍታ ዝተፈጸመ ኢዩ። ኣብ ልዕሊ'ዚ'ውን፡ ጸረ ጣልያን ስምዒት ዝነበሮም፡ ኣብ ምዝማት ኩቡት ዘድህቡ ኢትዮጵያውያን ሽፍታ'ውን ብብዝሒ ይንቀሳቐሱ ነይሮም ኢዮም። WO 230/242 61439, 13 April, 1948.

ጠንቂ ሽፍትነትን ምንጪ ደገፉን ኣብ ምግማት ይኹን ምክትታል፡ ምምሕዳር ብሪጣንያ ቀ·ሩብ ይህውትት ነይሩ ኢዩ። ንኣብነት፡ ኣብ ዓዲ ጣልያን ዝነበረ ዴሳዊ ወይ ኮሙኒስታዊ ምንቅስቓስ ይድርኾ ከይከውን ንዝብል ጥርጣረ ንገለ እዋን ብዕቱብነት ክሓስበሉ ጀሚሩ ነበረ። "ከተኽፍኣና ደልያ ሩስያ'ውን ትገብሮ ከይትህሉ" ኢሎም እንግሊዛውያን ዝተሻቐሉሉ ጊዜ'ውን ነይሩ። ጽንሕ ኢሎም ግን፡ ምስቲ ዋሕዲ ናይ ኢጣልያውያን ኮሙኒስት ኣብ ኤርትራ (100 ኣቢሎም ኢዮም እንተ ነበሩ)፡ ነቲ ጥርጣረ ነጸጉዎ።[42]

ብሓቂ ክረኽቡዎ ኣይጸዓሩን ወይ ኣይደለዩን እምበር፡ እቲ ምንጭስ ኣብ ጐረቤቶምን ምስኦምን ኢዩ ዝነበረ። ኣብታ ብዛዕባ ኮሙኒስት ዝተዘርበላ ጸብጻብ፡ ኣብ ትግራይ ወተሃደራዊ ምንቅስቓስ ከም ዝተገብረ ዘረድእ ሓበሬታ ከም ዝመጸ ይግለጽ። እዚ፡ ይብል እቲ ጸብጻብ፤

> .....ኣብ'ዚ እዋን'ዚ (መንግስቲ ኢትዮጵያ) ኣንጻር ብሪጣንያ ኣብ ግጭት ንኽኣቱ ክኸውን ኣይክእልን....። ይኹን እምበር፡ ኢትዮጵያውያን ንመላእ ኤርትራ ናይ ምርካብ ድሌቶም ክማላእ ዝብል ትጽቢት የብሎምን። ብዓሰብን ከባቢኣን ይደዓዓሱ ይኾኑ ኢዮም። ግን፡ ኢጣልያ ናብ ኤርትራ ናይ ምምላስ ተኽእሎ ብዙሕ ኣሰናቢዱዎም ኣሎ.... ነዚ ዝምልከት ውሳነ ዳግመ ምትካል ሓይልታት ኢጣልያ እንተ ተግቢሩ ድማ ሓያል ግብረ መልሲ ኢትዮጵያ ክህሉ እንጽበዮ ኢዩ።"[43]

እዚ እናተባህለ እንከሎ፡ ሓጐስ ተምነዎን ተኽለ ወልደገብርኤልን ኢትዮጵያ ሰጊሮም ስለ ዝተዓቑቡ፡ ምምሕዳር ብሪጣንያ ከም ተራ ገበነኛታት ንኽምለሱሉ ሓቲቱ ብመንግስቲ ኢትዮጵያ መልሲ ኣይረኸበን ወይ ብዕብጥብጥ ይቕሽሽ ነይሩ ኢዩ።[44] ብንጹር ብዘይ ገለጸ ምኽንያት ግን፡ ንመንግስቲ ኢትዮጵያ ምኽሳስ ኣይደለየን፡ ኣይከሰሰን'ውን። ከም ቀጥታዊ ሳዕቤን ናይ'ዚ ድማ፡ ኣብ ወርሒ ሚያዝያ'ውን ተግባራት ግበረ ሽበራ ብዘይ መግትኢ ቀጸለ።

ሓጐስ ተምነዎን ተኽለ ወልደገብሪኤልን ኣብ ወርሒ ግንቦት ካብ ኢትዮጵያ መሊሶም ናብ ኤርትራ ብምእታው፡ ንምዕራባዊ ኤርትራ ሃወኹዎ።[45] ኣብ ሓደ ካብ'ዚ ሽፍትነታዊ ዘረፋታት'ዚ፡ ካብቶም ሽፋቱ ተኽለ ወልደገብርኤል ባዕሉ ተቐትለ። ምስኡ ዝነበሩ ዝቑሰሉ ሽፋቱ ግን ንኢትዮጵያ ክዕቑቡ ከኣሉ።[46]

ኣብ ሓደ ካልእ ኣጋጣሚ፡ ብሓደ ዓቢ ናይ ኢትዮጵያ በዓል ስልጣን ቤተ ክርስትያን ተዋህዶ ዝተፈረመ ናይ ምሕረት ወረቐት፡ ኣብ ጁባ ሓደ ዝተማረኸ ኤርትራዊ ሽፍታ ተረኽበ። ኣብ ኢትዮጵያ፡ ናብ ሰላማዊ ናብራ ክምለስ ዝደሊ

42. WO 230/242 61439, 13 April 1948.
43. WO 230/242 61439, 13 April 1948.
44. ሓጐስን ተኽለን ንኽወሃቡዎ ምምሕዳር ብሪጣንያ ናብ መ/ኢትዮጵያ ዝጸሓፎ ደብዳቤ። WO 230/242 61439, 21 April, 1948፡ ካልኣይ ደብዳቤ ናብ መንግስቲ ኢትዮጵያ WO 230/242 61439, 31 May 1948. ነቲ ጉዳይ "ናብ ዝምልከቶ ኣሕሊፍናዮ" ዝብል መልሲ መንግስቲ ኢትዮጵያ WO 230/242, 24 April 1948.
45. ብ22 ግንቦት፡ 14 ዕጡቓት ሽፍታ ማይ ማሕበር ብምእታው፡ 5 ቤኒ ዓምር ጨወዩ፡ ገዛውቶም'ውን ኣንደዱሎም። ብ25 ግንቦት'ውን፡ ሽፋቱ ናብ ጀርዲን ሞንቴቸሊ ዝተባህለ ኢጣልያዊ ኣትዮም ሰራሕተኛታት ኣበሳበሱ።
46. እ.ጽ. ቊ. 45 ተጠቒሱ ኣሎ።

ሽፍታ፡ ብመገዲ ቤተ ክህነት ኢዩ ምሕረት ዝልምን ዝነበረ ይብሃል። ስም'ቶም ዓቢ በዓል ስልጣን'ኳ ኣብቲ ሰነድ እንተ ዘይተገልጸ፡ ምስቲ ምስ ሽፋቱ ዝነበሮም ጽኑዕ ዝምድና፡ ንብረ እድ ገብረመስቀል የዕብዮ ከይኮኑ ኣይተርፉን። እዚ ንኣመሓደርቲ ብሪጣንያውያን ኣዝዩ ስለ ዘቈጥዖም፡ ማለት ድማ፡ ንሓደ ኤርትራዊ ምሕረት ምሃብ ኣብ ጉዳይ ኤርትራ ምትእትታው ስለ ዝቘጸርዎ፡ ነቲ ሽፍታ ኣሰሩዎን ናብ መንግስቲ ኢትዮጵያ'ውን ናይ ተቓውሞ ቃል ኣቕረቡን።[47] ዝተዋህቦም መልሲ ዝነበረ ግን ኣይመስልን።

እዚ ኹሉ እናኾነ እንከሎ፡ ተግባራት ሽፍትነት ካብ መዓልቲ ናብ መዓልቲ እናገደደ ኸደ። ነቶም ኣቐዲምና ዝጠቐስናዮም ኤርትራውያን ሽፋቱ፡ ኢትዮጵያውያን ሽፋቱ እውን ተወሰኹዎም። በዚ መሰረት፡ ትርፊን ገረዝጊሄርን ዝተባህሉ ተጋሩ ምስ 40 ዕጡቓት ኣብ ወርሒ ስነ ከባቢ ማይ ኣልባ ተራእዩ። ኣብ'ዚ ዕለት'ዚ፡ ሓጕስ ተምነዎን ወልደስላሴ ኣዳልን ሩባ ኮረኮን ብምውራድ፡ 3 ቤኒ ዓምር ቀቲሎም 600 ኩብቲ ዘመቱ። ኣብ'ዛ ጸብጻብ'ዚኣ፡ ሓጕስ ተምነዎ ኣንጻር ቤኒ ዓምር ዝዘመቱ፡ ኣቐዲሞም ቤኒ ዓምር'ውን ኣብ ልዕሊ ካልኦት ተመሳሳሊ ስጕምቲ ወሲዶም ብምንባሮም'ሞ፡ ግብረ መልሲ ናይ'ዚ ምንባሩ ይግለጽ።[48]

ፍሉይነት ሽፍትነት ዓዋተ

ምስ'ዚ ኣዛሚድካ፡ ብዛዕባ እቲ ጸኒሑ፡ ማለት ብ1961፡ ብረት ኣልዒሉ ብረታዊ ቃልሲ ህዝቢ ኤርትራ ዘበገሰን ዝመርሐን ሓምድ እድሪስ ዓዋተ'ውን ምዝራብ የድሊ። ምኽንያቱ ድማ፡ ኣብ'ዚ ጊዜ'ዚ ዓዋተ ተኸላኸላይ ጥሪትን ንብረትን ቤኒ ዓምርን ናራን ብምዃን ናይ ገዛእ ርእሱ ዘመተታት የካይድ ስለ ዝነበረ ኢዩ። ከም ዝዝከር፡ ኣብ 1942-1945 ዓ.ሊ. ሙንጣዝ ኣንጻር ሃደንደዋ ኲናት ኣብ ዘካየደሉ፡ ዓዋተ ቀንዲ ተሓባባሪኡ ኢዩ ዝነበረ። ናብ በረኻ መውጽኢኡ ግን እዚ ጥራይ ኣይነበረን። ኣቐዲሙ ምስ ናይ'ቲ ዞባ ሰበ ስልጣን እንግሊዝ ስለ ዘይተረዳድኡ፡ ዳርጋ ካብ ምጅማር ግዝኣት ብሪጣንያስ ሽፍቱ ነይሩ ኢዩ።[49]

ኣብ 1948፡ ሰነዳት ብሪጣንያ ንዓዋተ ማዕረ'ቶም ካልኦት ሽፋቱ ይዛረበሉ። ንኣብነት፡ ብ19 መጋቢት፡ ዓዋተ ምስ 16 ኢትዮጵያውያንን ሓሙሽተ ቤኒ ዓምርን ሰዓብቱ፡ ኩሎም ጠበናጁ ጣልያን ዝዓጠቑ፡ ከባቢ ቢያጋላ-ሲቶና ከም ዝነበረ ይንገር።[50] ጸኒሑ ብ15 ግንቦት ድማ ምስ 27 ኢትዮጵያውያንን 7 ናራን ሰዓብቱ ኣብ ከባቢ ጋሽ ተራእየ።[51] ምስ ኢትዮጵያውያን ይርአ ነይሩ ጥራይ

47. WO 230/242 61439, 28 May 1948.
48. WO 230/242 61439, 19 June 1948. ብዛዕባ ቤኒ ዓምርን ሓምድ ዓዋተን ኣብ ዝስዕብ ክፋል ርአ።
49. ቃለ መጠይቕ ምስ ሃይለስላሴ ወልዱ፡ 25/1/1999 ኣስመራ። ሃይለስላሴ ወልዱ ብዛዕባ ሓምድ ኢድሪስ ዓዋተ ሰፊሕ መጽናዕቲ ዘካየደ ተጋዳላይ ህ.ግ.ሓ.ኤ.ን ሎሚ ድማ ሰራሕተኛ መገዲ ኣየር ኤርትራን ኢዩ። ውጽኢት መጽናዕቱ ዝገልጽ መጽሓፍ ኣብ 2018 ተሓቲሙ ኣሎ።
50. WO 230/242 61439, 24 April 1948.
51. WO 230/242 61439, 15 May 1948.

ዘይኮነ፡ ዓዋተ ንኢትዮጵያ'ውን ከም መዕቈቢ ይጥቀመላ ከም ዝነበረ ዘረድእ ጸብጻባት ቡብጊዚኡ ክንጠቅስ ኢና። እዚ፡ ከምቶም ካልኦት ናይ'ቲ እዋን ሽፋቱ ጸግዒ ኢትዮጵያ ሒዙ ነይሩ ድዩ ዝብል ሕቶ የልዕል ኢዩ። ኣፈ ታሪኽ ከም ዝገልጾ ግን፡ ዓዋተ ምስ ሽፋቱን ህዝብን ወልቃይት ጽቡቕ ዝምድና ኢዩ ነይሩዎ። እቲ ናይ ኢትዮጵያ ርክቡ በዚ ጥራይ ከም ዝግለጽ ከኣ ብዙሓት ይሕብሩ።[52]

ኣብ ውሽጢ 1948፡ ዓዋተን ጭፍራኡን ዳርጋ ብዘይ ርኡይ ወይ ኣብ ጸብጻብ ዝሰፍር ንጥፈት ድሕሪ ምጽናሕ፡ ኣብ ወርሒ ሰነ ግን ነጠፉ። ኣቐድም ኣቢልና፡ ጭፍራ ሓጉስ ተምነዎን ወልደስላሴ ኣዳልን ኣብ ሩባ ኮረኮን ጓሶት ቤኒ ዓምር ቀቲሎም ከብቲ ከም ዝዘመቱ ርኢና ኔርና። ኣብ ርእሲ'ዚ፡ ብ21 ሰነ ኣርባዕተ ዘይተለለዩ ሽፍታ ንሰፈር ቤኒ ዓምር ብምጥቃዕ፡ ሓደ ሰብ ቀቲሎምን 100 ከብቲ ድማ ዘሚቶምን ነይሮም ኢዮም።[53] ቍሩብ መዓልታት ድሕሪ'ዚ ፍጻመ'ዚ፡ ማለት ብ22 ሰነ 1948፡ ጭፍራ ሓምድ ዓዋተ ካብ ሸነኽ ኢትዮጵያ ንኦምሓጀር ብምእታው፡ ሰለስተ ሰባት ቀቲሉ ሰለስተ ኣንስቲ ከም ዝጨወየ ዘዘንቱ ጸብጻብ ንረክብ።[54] ሓደ ናይ 26 ሰነ ጸብጻብ'ውን፡ ጭፍራ ዓዋተ ታኒና ንእትብሃል ዓዲ ኩናማ ስለ ዘጥቀዐ፡ ኣርባዕተ ደቂ'ቲ ዓዲ ከም ዝሞቱ፡ 39 ኣጓዱ ተቓጺሉ ድማ 70 ከብቲ ከም ዝተዘምታ የዘንቱ።[55]

ኣብ ምውዳእ ኣርብዓታት እምበኣር፡ ዓዋተ ናይ በይኑ ዕላማ ሒዙ ዝጉዓዝ ሽፍታ ኢዩ ዝነበረ። ምስኡ ኣብ ሽፍትነት ዝነበረ ተጋዳላይ ደንጉስ ኣረይ ከም ዝገልጾ፡ ብዘይካ'ቲ ድሮ ተባሂሉ ዘሎ ንብረት ናራን በኒ ዓምርን ካብ ዝኾነ ተጻባኢ ምሕላው፡ ዓዋተ ካልእ ዕላማ ኣይነበሮን።[56] ቅድሚ ኣብዚ ዳሕረዋይ እዋናት ምፍልላዮም ምስ ዓዋተ ዝሸፍቱ ዝነበሩ ሓጉስ ተምነዎ እውን ነዚ ዕላማኡ የረጋግጹዎ ኢዮም። ጆርዳን ገብረመድህን ኣብ መጽሓፉ'ውን፡ ኣብ '40'ታት ዓዋተ ምንጪ ብረትን ገንዘብን ዘይብሉ "ናይ ድኻታት ሰራዊት" እናመርሐ ንህዝቡ ኣንጻር ወራር ዝምክት ሰብ ምንባሩ ኢዩ ዝሕብር።[57]

በዚ መሰረት እምበኣር፡ እዚ ኣብ ዞባታት ጋሽን ባርካን ዝነበረ ሽፍትነት ነዚ ፍልይ ዝበለ ናይ ምክልኻል ዕላማ ዝነበሮ ናይ በዓል ዓዋተ "ጸረ ሽፍትነት" ሓቝፉ ከም ዝነበረ ክንግንዘብ ይግባእ። በዚ ድማ ካብቲ ናይ ከበሳታት ይፍለ። ምኽንያቱ ኣብ 1948፡ ኣብ ከበሳ ይኹን ኣብ ምብራቓዊ ቀላታት፡ ነቲ ኢትዮጵያ ብመደብ ከተዋፍሮ ጀሚራ ዝነበረት ናይ ግብረ ሸበራ መሳርሒኣ ዝቃወም

---

52. ቃለ መጠይቕ ምስ ሃይለስላሴ ወልዱ፡ እ.ጽ. 49 ተመልከት።

53. እ.ጽ. 48 ተመልከት። ከምኡ'ውን WO 230/242 61439, 26 June 1948 ርአ።

54. WO 230/242 61439, 19 June 1948.

55. WO 230/242 61439, 22 June 1948.

56. ደንጉስ ኣረይ፡ ቃለ መጠይቕ፡ ኣቑርደት 1998.

57. Ghebre-Medhin, p. 156- 157. ኣብ'ዚ መጽሓፍ'ዚ ጆርዳን፡ ዓዋተ ምስ መራሒ ኩናማ ፋይድ ቲንጋ ሎንጊ ተሓጋጊዙ ቃልሲ የካይድ ከም ዝነበረ የረድእ። እዚ ግን ናይ ኣሰማት ምድንጋር ከይከውን። ምስ ዓዋተ ዝነበረ ዑስማን ሎንጊ እምበር ፋይድ ቲንጋ ኣይኮነን። ፋይድ ቲንጋን ዓዋተን ሓድሕድ ብምውራር እምበር ብምሕዝነትን ናይ ሓባር ቃልሰን ዝፍለጡ ኣይነበሩን። ቃለ መጠይቕ ምስ ሃይለስላሴ ወልዱ፡ እ.ጽ. 49 ርአ።

ተመሳሳሊ ስጉምቲ በቲ ናይ ናጽነት ደንበ ይውደብ ኣይነበረን። እዚ ደሓር፡ ኣብ ምውዳእ ኣርብዓታትን ምጅማር ሓምሳታትን፡ ምስ ምጥርናፍ እቶም ብስም "ሸባን" ዝፍለጡ ዝነበሩ መናእሰይ ኣልራብጣን ምስ ምሽፋት ተወለድቲ ሳሆ ዝኾኑ መንእሰያት ኣብ ኣከለ ጉዛይን ሰራየን ኢዩ ክርአ። ኣብ'ዚ እንዛረበሉ ዘለና 1948 ግን፡ ብዘይካ ዓዋተ፡ ንሱ'ውን ንውሱን ዕላማታቱ፡ ነቶም ጸግዒ ኢትዮጵያ እናሓዙ፡ ጸረ ጣልያንን ኣልራብጣን ወፈሮም ሃገር ዝህውኹ ዝነበሩ ሸፋቱ ዝቃወም ህዝባዊ ሓይሊ ኣይነበረን።

እዚ ናይ ዓዋተ ኣንፈት'ዚ ይኸውን ንኣመሓደርቲ ኤርትራ ኣዝዩ ዘሻቕሎም ዝነበረ። ንሱን ጭፍራኡን እውን ነቲ ሻቕሎቶም ክብ ዘብል ስጉምትታት ካብ ምውሳድ ዓዲ ኣይወዓሉን። ብ27 ሓምለ ግን ፍልይ ዝበለ ጉዳይ ኣጓነፈ። ዛጊት፡ ተጠቓዕቲ ጣልያንን ጓሶት ኤርትራውያንን ዝነበሩ፡ ኣብ'ዚ ዕለት'ዚ ሓምድ ዓዋተን ጭፍርኡን ካብ ሃይኮታ 15 ኪሎሜትር ንሰሜን ኣብ ዝርከብ ቦታ ሓደ ናይ ፖሊስ ጉጀለ ኣጥቅዑ። ኣብ'ዚ፡ ናይ'ቲ ጉጅለ ኣዛዚ፡ ቺፍ ኢንስፐክተር መሓመድ ዓሊ ሲኪንግ ቤም ምስ ሰለስተ ተራ ኣባላቱ ክሞቱ እንከለዉ፡ ሓሙሽተ ድማ ቈሰሉ። ሰለስተ ብረትን 600 ጥይትን'ውን ተማረኸ።[58] እዚ ተግባር'ዚ፡ ንብሪጣንያውያን ኣመሓደርቲ ብዙሕ ስለ ዘሻቐሎም፡ ብዙሕ ተዛረቡሉን ንዓዋተ ብህይወቱ ይኹን ሬሳኡ ንዘሓዘ ሰብ ዝውሃብ ሽልማት'ውን ናብ 1000 ሽልን ክብ ኣበሉዎን።[59]

ኣንፈት ዓዋተ ናበይ ገጹ ምዃኑ ንመኰንናት እንግሊዝ የሻቕሎም ከም ዝነበረ ኣቐዲምና'ውን ጠቒስና ኔርና። ዓዋተ፡ ስለምንታይ ብፍላይ ነቑጣ ፖሊስ ከጥቅዕ ከም ዝመረጸ ምፍላጥ'ውን ቍሩብ የጸግም። ካብ'ቲ እዋን'ቲ ኣትሒዙ ኢዩ መግዛእቲ ብምቅዋም ሰውራ ጀሚሩ ኢልካ ምዝራብ ከአ መጢጥካ ታሪኽ ምምሃዝ ክኾነና ኢዩ። ይኹን'ምበር ኣብ'ቲ ጊዜ'ቲ ኮነ ኢልካ መዓስከር ወተሃደር ብሪጣንያ ምጥቃዕ ልሙድ ስለ ዘይነበረ፡ ምስ'ቲ ናይ ካልኦት ሸፋቱ ተግባራት ምስ ዝነጻጸር፡ እዚ ናይ ዓዋተ ስርሒት'ዚ ፍሉይነትን ጸብለልታንስ ነይሩዎ ኢዩ።

ኢድ መንግስቲ ኢትዮጵያን ምጥርናፍ ሸፋቱን

ብዘይካ'ዚ ናይ ዓዋተ ኣንፈት፡ ኣብ 1948 ሸፍትነት ፍሉይ ዓውድን መዐንደርን መንግስቲ ኢትዮጵያን ማሕበር ሕብረትን ናይ ምዃን ሰፊሕ ዕድል ረኸበ። ከምቲ ኣቐዲምና ዝረኣናዮ፡ መንግስቲ ኢትዮጵያ ብዝያዳ በቲ ናይ ኣኽሱምን ዓድዋን መስመር ትሰርሕ ከም ዝነበረት፡ ብኡ'ውን ዝያዳ ይጥዕማ ከም ዝነበረ ብዙሕ ዘካትዕ ኣይመስልን። ኣብ'ዚ እዋን'ዚ መቸም፡ ጸሓፊ ትእዛዝ ወልደጊዮርጊስ ኢዩ ኣብ ኢትዮጵያ ላዕለዋይ ስልጣን ጨቢጡ ዝነበረ። ካብ ተራ፡ ቀርበት ዘልፍዑ ስድራ ቤት ዝመጸ ሰብ ስለ ዝነበረ፡ በቲ ስልጣኑ ከይምንዝዖ ዝሰግእ ንጉሳዊ ቤተ

58. WO 230/242 61439, 27 July 1948.
59. WO 230/242 61439, 29 August 1948.

ሰብ ኢትዮጵያ ጽሉእን ዝፍራሕን ሰብ ኢዩ'ውን ዝነበረ። ኮሎኔል ነጋ ሓደ ካብቶም ጸላእቱን ተቐናቐንቱን ስለ ዝነበረ፡ ጸሓፊ ትእዛዝ ወልደጊዮርጊስ ነቲ ኮሎኔል ብምንጻልን ናይ ገዛእ ርእሱ ስልጣን ኣብ ኤርትራ ይኹን ብመገዲ ኤርትራ ኣቢሉ ኣብ ኢትዮጵያ'ውን ንምድልዳልን ንሸፍትነት ከም ፖለቲካዊ መሳርሒኡ ይጥቀመሉ ነይሩ'ውን ይብሃል ኢዩ። ዘምስል ከኣ ኢዩ።[60]

ናይ ጸሓፊ ትእዛዝ ወልደጊዮርጊስ መስመር ግን እታ ናይ ፊታውራሪ ኣብርሃ ወልደታትዮስ ጥራይ ኣይነበረትን። ጸብጻባት ብሪጣንያ፡ እዚ ዝዓይነቱ ርኩብ ምስ ተድላ ባይሩ'ውን ከም ዝነበረ፡ ብውሑዱ ብተዘዋዋሪ መገዲ ይገልጹ ኢዮም። ሓደ ካብ'ዚ ንኣብነት፡ ኣብ ሰነ 1948፡ ተድላ ባይሩ ኣዲስ ኣበባ በጺሖም ከም ዝተመልሱ ይገልጽ። ብ30 ሰነ ንኮሚተ ማሕበር ሕብረት ኣብ ዝሃቡዎ መደረ ድማ፡ "ምምሕዳር ኢጣልያ ናብ ኤርትራ ክምለስ እንተ ኾይኑ፡ መንግስቲ ኢትዮጵያ ኣጽዋር ክትህብ ድልውቲ ምዃና" ተድላ ባይሩ ገለጹ። እቲ ኮሚቲ'ውን ነቲ ሓሳብ ደገፎ።

ኣሰዒቡ እቲ ሰነድ፡ ብ1 ሓምለ'ውን ማሕበር ኣንድነት ከም ዝተኣከበ'ሞ፣ ናይ ሕቡራት መንግስታት ዘይቅዱው ውሳነን ምምላስ ሓይልታት ኢጣልያን ካብ ምጽባይ፡ ስጉምታት ምውሳድ ይምረጽ ከም ዝበለን ኣብ'ቲ ዝተባህለ ስጉምታት ከኣ ክትዕ ከም ዝካየደን ገለጸ።[61]

እዚ ናይ ተድላን ኣንድነትን ዘተን ውሳነታትን ናብ ምንታይ ከም ዘምርሐ ዝፍለጥ የልቦን። ሽፍትነት ግን ብናህሪ ቐጸለ። ብ5 ነሓሰ፡ ማለት 10 መዓልቲ ድሕሪ መጥቃዕቲ ዓዋተ ኣብ ልዕሊ ወተሃደራት ሱዳን፡ ጭፍራ ሓጐስ ተምነዎ ንኽልተ ሰራሕተኛታት ባቡር ምድሪ ዝነበሩ ኢጣልያውያን ኣብ ደም ሰብኣይ ቀቲሎም፡ ብትግርኛ ዝተጻሕፈ ወረቐት ለጢፎምሎም ከዱ።[62] ብሪጣንያውያን

60. ቃለ መጠይቕ ምስ ደግያት ገብረዮሃንስ ተስፋማርያም፡ ንሶም ብ1912 ኣብ ዳዕሮ ጳውሎስ ተወሊዶም፡ ካብ 1947 ጀሚሮም ፈለማ ጸሓፊ፡ ጸኒሖም ፕረሲደንት ማሕበር ሕብረት ኣብ ኣስመራን ሓማሴንን ነበሩ። ኣብ 1950፡ ኣብ ልዕሊ'ቲ ዝጸንሐ መዝነቶም፡ ኣዳላዊ ጋዜጣ "ኢትዮጵያ" ኮኑ። ኣብ እዋን ፈደረሽን፡ ብጊዜ ደጊያት ተድላ ባይሩ፡ ሓላፊ ፕሬስን ኢንፎርመሽንን መንግስቲ ኤርትራ፡ ካብ 1956 ናይ መንግስቲ ኤርትራ ናይ ኢኮኖሚ ሰክረተሪ፡ ጸኒሖም ናይ ንብረት መንግስቲ ሰክረተሪ፡ ድሕሪ ጉበጣ ኤርትራ ብኢትዮጵያ ድማ ቀድም ናይ ፖስታን ቴሌፎንን ቴሌግራምን ሚኒስተር ደኤታ፡ ድሒሮም ከኣ ኣብ ኤርትራ ናይ እንደራሴ ኣማኻሪ ኮኑ። ኣብ እዋን ስርዓት ደርግ ንመሰላት ህዝቢ ኤርትራ ተጣቢቖካ ተባሂሎም ንሸውዓተ ዓመት ኣብ ቤት ማእሰርቲ ተሳቐዩ። ብዛዕባ ፖለቲካዊ ኩነታት ኤርትራ (1941-1962) ዕምቈ ዝበለ ሓበሬታን ትንታነን ብምሃቦም፡ እዚ ጽሑፍ'ዚ ክህብትም ክኢሉ ኣሎ። (ቃለ መጠይቕ፡ ታሕሳስ 1998 ርእ።)

61. WO 230/242 61439, 3 July 1948

62. WO 230/242 61439, 7 August 1948. እቲ ጽሑፍ ከምዚ ዝሰዕብ ይብል፡- "ናብ ናይ ኤርትራ መንግስቲ ብሪጣንያ፡ "ኣነ ቀኛዝማች ሓጐስ ተምነዎ፡ ነዚ ዝብሎ ዘሎኹ ንኽትሰምዑኒ ምሉእ ተስፋ ኣሎኒ። ቅድሚ 24 ዓመት፡ ብዛዕባ መሬተይ እናዘተኹ እንከለኹ፡ መንግስቲ ኢጣልያ ብዘይ ፍርዲ ኣብ ናኹራ ኣሰረኒ። ምስ ወጻእኩ ድማ ሸፈትኩ። ብዕርቂ ምስ ወጻእኩ፡ ኣርባዕተ ጣልያን ቀቲልካ ኢሎም ብምኽሳስ፡ ንሞት ፈሪዶም መሊሶም ብእሰራት ናኹራ ሰደዱኒ። ካብ ማእሰርቲ ወጺአ፡ ዛጊት ብሽፍትነት ኣብ በረኻ እርከብ። ናይ ኤርትራ ዋና ኣማሓዳሪ ምሕረት ምስ ሃቡ፡ ኢደይ ክህብ ተበጊሰ ነበርኩ። እንተ ኾነ ግን፡ ንሓጐስ ተምነዎ ብምዉቱ ወይ ብሕየቱ ዝሓዘ 5000 ፓውንድ (ሺሊንግ?) ክዋህብ'ዩ ዝብል ምስ ኣንበብኩ፡ በዚ ምኽንያት'ዚ ድማ ጣልያን ምቕታል ምሕራድን ድሌተይ ኮነ። እወ እዞም ናጽነትና ዝደምሰሱ ብጭካነ ዝገረፉና፡ ደምና ኣፍሲሶም መሬትና ዝመንዘዑ፡ ጣንጡ ዝሰመዩና፡ ክንዲ ፍረ ጣፍ ዘይርእዩና ጣልያን። ከም ንስሪ ስጋኦም ክበልዕ፡ ከም ነብሪ ደሞም ክመጺ ድሌተይ ኢዩ። ካብ'ዚ ዝተረፈ፡ ምስ እንግሊዝ ባእሲ የብለይን። ጽልኣይ ምስ ጣልያን ምዃኑ ኣረጋግጸልኩም። WO 230/242 61439,

ኣመሓደርቲ፡ ነዚ ናይ ሓጉስ ተምነዎ ስርሒት'ውን ከም ኣዝዩ ፍሉይ ረአዩዎ። ምኽንያቱ፡ ብቐዳምነት እቶም ግዳያት ሳንቲም'ውን ስለ ዘይነበሮም፡ እቲ ተግባር ካብ ዝበዝሕ'ቲ ቅድሚኡ ዝነበረ ብዝተፈልየ ንሰርቂ ተባሂሉ ኣይተገብረን። ብተወሳኺ፡ በሉ ንሳቶም፡ እቲ ደብዳበ ንጽሕፈት ኣብ ዘይምችእ በረኻ ዘይኮነስ፡ ብኣገባብ ኣብ ጥጡሕ ጣውላ ከም ዝተጻሕፈ ዘጠራጥር ኣይነበረን። እዝን ካልእ ሓበሬታታትን ደማሚሮም ከኣ እቲ ገበን ፖለቲካዊ ዕላማ ዝነበሮ፡ ብዘይካ ማሕበር ሕብረት ወይ ኣንድነት ድማ ካልእ ፈጻሚ ክህልዎ ከም ዘይክእልን ደምደሙ።

ከምዚ ዝበሉሉ ተወሳኺ ምኽንያት፡ ድሕሪ'ቲ ተድላ ባይሩ ካብ ኣዲስ ኣበባ ተመሊሶም ብዛዕባ ሓገዝ ኣጽዋር ካብ ኢትዮጵያ ዝተዛረቡሉ፡ ናይ ማሕበር ሕብረት ፕረሲደንት ደግያት በየነ በራኺ'ውን ኣብ ክስን ማእሰርትን በጺሖም ስለ ዝነበሩ ኢዩ። እዚ ዝኾነሉ፡ ኣብ በዓል ልደት ሃጸይ ሃይለስላሴ፡ ማለት ብ23 ሓምለ (16 ሓምለ ብግእዝ)፡ ደግያት በየነ ኣብ ቀጽሪ እንዳ ማርያም፡ ኣብ ቅድሚ እኩብ ህዝቢ ንህውከትን ግበረ ሽበራን ዘዕድም መደረ ኣስሚዖካ ስለ ዝተባህሉ ነበረ። ኣብ'ዚ መደረ'ዚ እቶም ደግያት "ናይ ህዝቢ ባህርያዊ ግቡእ ሓለውቲ፡ ናይ ህዝቢ ብኢትዮጵያውነቱ ዝተገልጸ ድላይ መሰከርቲ ንሕና ኢና...... ስለዚ...... ብዘይካ ምስ ኢትዮጵያ ምሕዋስ፡ ናብዚ ሃገርና ኬደላድል ንዝመጸ ብግብሪ ከም እንቃወም ቍሩጽ ፍቓድና ምኳኑ ከነፍልጥ ትሑዛት ኢና" ኢሎም ነይሮም ኢዮም። ንተኽእሎ ምምላስ ኢጣልያ ናብ ኢትዮጵያ ኣመልኪቶም ድማ፡ "...... ኤርትራ ኢጣልያ ክትምለስ ድላይ ከም ዘይብላ ኣፍሊጣ ኢያ። በዚ ዝመጸ ነገር እምበኣርከስ፡ ንሕና ንዝሓለፈ ከም እንቃወም፡ ክሳብ ዝክኣለና እውን ጽልእናን እምቢታናን ብግብሪ ከም እነርኢ ነፍልጥ ኣለና" በሉ።[63]

እዚ እቲ ኣብ ጋዜጣ ዝተባህለ ኢዩ። ኣብቲ መደረ ባዕሉ ግን፡ ደግያት በየነ፡ "ኣብ ዓለም ምእንቲ ህውከት ኪኣቱስ ነቲ ኣብ መወዳእታ ከተልዕሎ ዝግብኣካ መሳርያ ኣልዒልካ ኣብ ግብሪ ምውዓሉ ኢዩ....." ኢሎም ነይሮም ስለ ዝተባህለን ካልእ ቃላት ተወሲኹዎን ኢዮም ኣብ ክሲ ዝበጽሑ።[64] ምስኦም፡ ዋና ኣዳላዊ ጋዜጣ "ኢትዮጵያ" ዝነበሩ ኣዝማች ገብረሚካኤል ግርሙ ዘበራቕት እውን ተኸሲሶም ነበሩ። ኣብ መወዳእታኡ እውን ክልቲኦም ሰበ ስልጣን ሕብረት ገበነኛታት ኮይኖም ስለ ዝተረኽቡ፡ በየነ ንሓደ ዓመት፡ ገብረሚካኤል ድማ ን6 ወርሒ ማእሰርቲ ተፈረዱ። እዚ ግን፡ ብኽልተ ዓመት ንበየነ፡ ዓመት ድማ ንገብረሚካኤል ኣብ ዝባኖም ተመሓየሸ።[65]

ናይ ምምሕዳር ብሪጣንያ ቀዳማይ ጸሓፊ፡ ኮሎኔል ኬንዮን-ስሌኒ፡ ነዚ ናይ በየነ በራኺ መደረን ናይ ሓጉስ ተምነዎ ግብረ ቅትለትን ምስ'ቲ ኣቐዲምና ዝተዛረብናሉ ምብጻሕ ተድላ ባይሩ ናብ ኣዲስ ኣበባ ስለ ዘዛመዶ፡ "ፖለቲካዊ

63. ኢትዮጵያ፡ ቍ. 65, 25 ሓምለ 1998 ዓ.ፈ.
64. ሰሙናዊ ጋዜጣ 12, August,1948. እዚ ቓላት'ዚ፡ ኣብ'ቲ ብቛንቋ ጥልያን ዝሕተም ዝነበረ ጋዜጣ ኢዩ ወጺኡ እምበር፡ ኣብቲ ናይ ትግርኛ ኣይነበረን። ቀንዲ መኽሰሲ ዝኾነ ግን ንሱ ኢዩ።
65. ኢትዮጵያ፡ ቍ. 68 15 ነሓሰ 1948 ዓ.ፈ.

በደላት እንተ ቐጺሉ፡ ንተድላ ባይሩ ክኣስሮ ምደለኹ፡" በለ። እዚ ስጉምቲ'ዚ ግን፡ በቲ ካብ እዋን ጣልያን ዝጸንሐ ብስም "ኦርዲናሜንቶ ፖሊሲያ" (Ordinamento Polizia) ዝፍለጥ ዝነበረ፡ ንሓይሊ ፖሊስ ጥርጡራት ብዘይ ፍርዲ ናይ ምሓዝ ስልጣን ዝሀብ ዝነበረ መግዛእታዊ ሕጊ ዝድገፍ ምኳኑ ንኽፍልጦ ፍላክስማን ንዝተባህለ ኣብ ካይሮ ዝነበረ ሓለቓኡ ምኽሪ ሓተተ።[66] ፍላክስማን ኣብ መልሱ፡ ግብረ ሽበራ በቲ ዝተባህለ ኢጣልያዊ ሕጊ ንምግታእ ዘኽእል ኩነታት'ኳ ተፈጢሩ እንተ ነበረ፡ ጥንቃቐ ምውሳድ ዘድሊ ምንባሩ ሓበረ። ኣብ'ዚ ጊዜ'ዚ፡ ኸኣ ቀጸለ ፍላክስማን፡ "ናብ'ቲ ናይ ሕብረታውያን ድሌት ገጽና ንዘዙ ዘለና ኢና ንመስል። እታ ማሕበር'ውን (ሕብረት)፡ ምናልባት ደኣ ደሓር እምበር፡ ሎምስ ነዚ ናይ ምፍርራሕ ሜላ ካብ ምቕጻል እትረኽቦ ረብሓ ክህሉ ኣይክእልን። ኣብ ልዕሊ ተድላ ባይሩን ካልኦትን ስጉምቲ ቅድሚ ምውሳድ፡ ከምዚ ዝመሰለ ናይ ጉነጽ ድሌት ከም ዘለዋ ዘረጋግጽ ተወሳኺ ጭብጢ ምርካብ ከድሊ ኢዩ።"[67]

በዚ እምበኣር፡ እቲ ንበዓል ተድላ ባይሩ ናይ ምእሳር ስጉምቲ ኣቋረጸ። ሽፍትነት ከኣ በብጊዚኡ ብዝገድድ ኣገባብ ወሰኽን ብዓይነቱ'ውን በኣሰን። መብዛሕትኡ'ቲ ኣብ ከባቢ ከረን ዝተፈጸመ ብስም ሓጐስ ተምነዎ ይፍረም ስለ ዝነበረ ግን፡ መኰንናት ምምሕዳር ስም ሓጐስ ተምነዎ ንምድንጋር ተባሂሉ ዝጸሓፍ፡ ገበርቱ ግን ማሕበር ሕብረት ባዕሎም ክይኾኑ ይጠራጠሩ ነይሮም ኢዮም።[68] ብዝኾነ፡ ሽፍታ ንዝሓዘ ዝውሃብ ገንዘባዊ ሞሳ ክብ ኣብ ምባል ብምድሃብ፡ ንጉዳይ ማእሰርቲ መራሕቲ ሕብረት ወንዘፉዎ።

ስም ሓጐስ ተምነዎ ይግነን እምበር፡ እቶም ካልኦት ሸፋቱ'ውን ስርሖም ኣይገደፉን። ንኣብነት፡ ንገለ ካብቲ ሓጐስ ገይሩዎ ዝተባህለ፡ ገብረ ተስፋጽዮን ዝያዳ ይጥርጠሩሉ ነይሮም ኢዮም።[69] ብኻልእ ሸነኻት እውን፡ ብፍላይ ድማ ኣብ ኣከለ ጉዛይ፡ ደቂ ሞሳዝጊ ዝገርገሩሉን ንዳርጋ መላእ ከበሳ ሓዊ ዘዘርኡሉን ኣብ'ዚ ሓፈሻዊ ጊዜ'ዚ ነበረ። ንኣብነት'ኳ፡ ናብ 23 ግንቦት ኣብ ዘውግሐ ለይቲ፡ እቶም ኣርባዕተ ኣሕዋት ኣብ ሓሊቦ ቤት ምስሌነ ብምጥቃዕ፡ ሓደ ወዲ ዓዲ ቀተሉ።[70] ቀጺሎም ብ19 ሚያዝያ ብቐትሩ መገዲ ደቀምሓረ-ነፋሲት ብምኽታር

66. WO 230/242 61439, 7th August 1948. Letter from Col. G.W. Kenyon –Slaney to Brig. H.J.M. Flaxmen. Civil Affairs Officer M.E.L.F. Cairo. እቲ Ordinamento Polizia ብመልክዕ ሕጋዊ ዘዋሪ (Legal Circular) ቍ. 22, 1945፡ ከም ሕጊ ወተሃደራዊ ምምሕዳር ብሪጣንያ ኣብ ኤርትራ ቁይሙ ነይሩ ኢዩ። ኣብ ልዕሊ'ቲ ኣብ ልዕሊ ህዝቢ ክጸንዕ ዝኽእል ሓባራዊ መቕጻዕቲ፡ እቲ ሕጊ ጥርጡራት ክሳብ 3 ወርሒ ብኣሰራት ክተሓዙ ዘፍቅድ ነበረ።

67. Brig. H.J.M. Flaxman to Col. G.W. Kenyon-Slaney, WO 230/242 61439, 16 August 1948.

68. ጭፍራ ሓጐስ ተምነዎ መመሊሱ እናጥቅዐ ንኸባቢ ከረን ኣርዒዱዎ ነይሩ ኢዩ። ብ27 ነሓሰ፡ ኣብ መገዲ ከረን ሓደ ጣልያን፡ ሓደ ፖሊስን ሓደ ሽፍታን ኣብ ተኹሲ ሞቱ። ብስም ሓጐስ ዝተፈረመ ንጣልያን ሞት ዝብይን ጽሑፍ'ውን ኣብቲ ቦታ ተረኽበ። (WO 230/242 61439, 28 August 1948.) በቲ ዕለት'ቲ እውን ሸፋቱ ናብ ጀርዲን ማትዮዳ (ሰሜናዊ ባሕሪ) ብምእታው፡ ንማቲዮዳ ጅሆ ሒዞም ደብዳበ ከም ዝጽሕፍ ገበሩዎ፡ እዛ ዳሕረወይቲ ጭፍራ ግን ካብ'ዛ ቐዳመይቲ ዝተፈልየት ምንባራ ስለ ዝተረጋገጸ፡ እቲ ጸብጻብ ስም ሓጐስ ተምነዎ ንምድንጋር ተባሂሉ ይሰመ ከም ዝነበረ ገለጸ። WO 230/242 61349, 29 August 1948. ካብ ቃለ መጠይቕ ሓጐስ ግን፡ ብዙሕ ካብቲ ዝተገብረ ናይ ጭፍራኦም ምንባሩ ንግንዘብ።

69. WO 230/244 61439, 29 August 1948.

70. WO 230/244 61439, 27 March 1948.

ኣርባዕተ ሎሪ፡ ሓንቲ ኣውቶቡስን ሓንቲ ሞቶ-ቢቺክልታን ዓጊቶም ወዓሉ። ኑቶም መንገደኛታት ድማ፡ ክዳውንቶም ኣይገደፉ ሰዓታቶም ድሕሪ ምዝራፍ፡ 3000 ሽሊንግ ወሰዱሎም።[71]

ኣብ ወርሒ ሚያዝያ 1948፡ ኣመሓደርቲ ብሪጣንያ ንደቂ ሞሳዝጊ ዝሓዘ ዝውሃብ ናይ ገንዘብ ሞሳ ኣወጁ።[72] እዚ ግን፡ እቲ ዓመት'ቲ ክሳብ ዝውዳእ ካብ ተግባራቶም ኣይገትኦምን። ብ19 ጥቅምቲ ንኣብነት፡ በራቒት ዓባይ ኣጥቂዖም ሸሞንተ ገዛውቲ ኣቃጸሉ።[73] ዛጊት፡ ደቂ ሞሳዝጊ ኣብ'ቲ ኣቐዲምና ዝተዛረብናሉ ሕነ ኣቦኦምን ኣብ ተራ ዘረፋን ኢዮም ዘድህቡ ዝነበሩ። ብ4 ታሕሳስ ግን፡ ኣብ መበል 12 ኪሎ ሜተር መገዲ ሰገነይቲ- ዓዲ ቐይሕ፡ ከባቢ ማይ ሰራው ምኽኑ ኢዩ፡ ከምቲ ልሙድ ጽርግያ ዓጸዉ። ናብኡ ምስ ዝመጽዎም ሓይሊ ፖሊስ ምስ ገጠሙ ድማ፡ ክልተ ደቂ ሞሳዝጊ፡ በየነን ፍስሃየን ተወቒዖም ሞቱ።[74] ቀታሊኦም ብ"ባርባ" ዝፍለጥ ኢጣልያዊ ፖሊስ ኢዩ ስለ ዝተባህለ ኸኣ፡ ካብ'ቲ ዕለት'ቲ ጀሚሮም ደቂ ሞሳዝጊ'ውን ደመኛታት ጸላእቲ ጣልያን ኮኑ።[75]

እዛ ክልተ ደቂ ሞሳዝጊ ዝሞቱላ ዕለት፡ ብኻልእ ምኽንያት'ውን ኣገዳሲት ከይኮነት ኣይትተርፍን። ዛጊት፡ ንሳቶም ሕነ ኣቦኦም ኣብ ምፍዳይ ኢዮም ዘድህቡ ዝነበሩ። ዝፈልጡዎም ከም ዝሕብሩዎ፡ ክሳብ'ቲ ባርባ ነሕዋቶም ዝቐትለሎም ብፍላይ ኣንጻር ጣልያን ዘቕንዑ ወይ ብፖለቲካዊ መገዲ ዝጥመቱ ሸፋቱ ኣይነበሩን። ድሕሪ'ዚ ፍጻሜ'ዚ ኢዮም ነዚ ዳሕረዋይ ኣንፈት ዝሓዙ።[76]

ዕለቱ ብንጹር ኣብ ዘይተፈልጠሉ፡ ምናልባት ግን ድሕር'ዚ ናይ ደቂ ሞሳዝጊ ፍጻመ፡ ብወገን ቀላ ሰራየ፡ ዑብል ኣብ ዝበሃል ቦታ፡ ሓደ ሰፊሕ ናይ ሸፋቱ ኣኼባ ከም ዝተገብረ ይንገር። ኣብ'ቲ ኣኼባ ዝተሳተፉ፡ መራሒ ሓደ ክፋል ጭፍራ ኣስረስሀይ እምባየ ዝነበሩ ግራዝማች ገብራይ መለስ፡ ብዛዕባ'ቲ ኣኼባ ኣሰፊሖም ይገልጹ። ነቲ ኣኼባ መን ከም ዘወደቦ'ኳ ብንጹር እንተ ዘይዘከሩ፡ እቲ ቦታ ኣስረስሀይ እምባየ ዝቈጻጸሩዎ ስለ ዝነበረ፡ ንሶም ዝጸውዑዎ ክኸውን ይኽእል ይብሉ። ኣብኡ ግን፡ እቶም ቀንዲ መራሕቲ ሸፍታ ዝነበሩ፡ ማለት ገብረ ተስፋጽዮን፡ ሓጐስ ተምነዎ፡ ወልደገብርኤል ሞሳዝግን ኣስረስሀይ ባዕሎምን መምስ ቀንዲ ሰዓብቶም ተረኽቡ።[77]

71. WO 230/244 61439, 24 April 1948

72. በዚ መሰረት፡ 100 ፖውንድ ስቴርሊን ኣብ ርእሲ ወልደገብርኤል፡ ሓሓምሳ ንነፍስ-ወከፍ ኣብ ልዕሊ ኣሕዋቶም በርሀ፡ ፍስሃየን በየነን ተወሰነ። WO 230/242 61439.

73. WO 230/242 61439, 22 October 1948.

74. WO 230/242 61439, 10 December 1948.

75. ቃለ መጠይቕ፡ ፍስሃየ በርሀ፡ ብዶክተር የማነ ምስግና ዝተኻየደ፡ ኣስመራ፡ 1997.

76. እ.ጽ. 75 ርአ።

77. እቶም ቀንዲ ሰዓብቲ (ምክትላት) ዝብሃሉ፡ ነዞም ዝስዕቡ የጠቓልሉ። ናይ ጭፍራ ሓጐስ ተምነዎ በረምበራስ ኣስረስ ጊደይ፡ ሃይለ ኣባይ። ኣብ ጭፍራ ኣስረስሀይ እምባየ፡ ግራዝማች ክፍሉ፡ ግራዝማች ገብረመድህን፡ ግራዝማች ገብራይ መለስ፡ ግራዝማች ኣማረ፡ ባሻይ ዘሙይ፡ በረምበራስ ኣርኣያ ተኽሉ፡ በረምበራስ ጽገ። ኣብ ጭፍራ ወልደገብርኤል ሞሳዝጊ፡ ቀኛዝማች ደበሳይ ድራር፡ ሲሳይ በለጠ፡ በረምበራስ ደቢሹ ... ነበሩ። (ግራዝማች ገብራይ መለስ፡ ቃለ መጠይቕ ምስ የማነ ምስግና፡ 1997።)

ግራዝማች ገብራይ፡ ኣብቲ መጀመርታ ዕላማ'ቲ ኣኼባ ብቐጥታ ንኢትዮጵያ ንምድጋፍ ኣይነበረን ይብሉ። እቲ መጀመርታ ዝተባህለ፡ ብቓላቶም እዚ ዝስዕብ ኢዩ፦

> ኩልና ንወጽእ ኣለና፡ ኩልና እንድሕር ሰብ ደፊእና፡ ኩልና እንድሕር ኩቲርና፡ ኩልና እንድሕር ዘዘረኽብናዮ ሓሓሪድና በሊዕና፡ ኩሉ በረኻ ክወጽእ ኢዩ። ሰላም ኣይተረኽበን፡ ንሕና'ውን ኣገልግሎት እንዳ'ቦ ኣይገበርናን። ምእንት'ዚ፡ ንሕና ቅድም ክብሪ ህዝቢ ንሓሉ፡ ነጋዳይ ከይኹተር፡ ሰበይቲ እውን ከይትስንበድ፡ ብዘይ ፍቓድ ብሓይሊ እንጌራ ከይብላዕ... ውዕል ጌርና ንነባበር።

ስለዚ ይብሉ ግራዝማች ገብራይ፡ ፈለማ ነቲ ምትእኽኻኽብ ዝደረኸ ረብሓ ህዝቢ ምሕላው ኢዩ ዝነበረ። ይኹን እምበር፡ ይቕጽሉ ግራዝማች ኣብ ቃለ መጠይቆም፡-

> እንግሊዝ እናፈላለየ፡ ማለት ንኽቕመጥን ንኽነብርን ሓይሊ ይገብር ስለ ዝነበረ፡ ከምኡ'ውን ጥልያን 'ኤርትራ ኣይትጸልኣንን ኢያ፡ ኣብ ምርጫ ኢደይ ክእቱ እየ' ዝብል ክርክር ስለ ዘልዓለት፡ ንዓና ከቢዱና። እምበኣር እዚ ነገር'ዚ ክሕይለና ስለ ዝኾነ እንግሊዝ'ውን ብዙሕ ኣንጻርና የዋፍር ስለ ዘሎ፡ ሓይሊ ኽንረክብ ክንብል 'ኢትዮጵያ ኢልና ተጉዝጉዝና ምሕታት ይሕሸና' ብዝብል ኢትዮጵያ ኢልና።

እዚ'ኳ፡ መን ኣቐዲሙ ነቲ ኣኼባ'ቲ ከም ዝወጠኖ ዘብርህ ኣይኮነን። ፈታውራሪ ኣስረስሀይ ዓዳምን ኣኣንጋድን ነይሮም ክኾኑ ይኽእሉ። ምናልባት'ውን ነቲ ንተራ ህዝቢ ዘይምግፋዕ ዝብል ሓሳብ ዝድግፉ ነይሮም ክኾኑ ይኽእሉ። ወዳቢ ናይ'ቲ ኣኼባ ግን ካልእ ሰብ ወይ ሓይሊ ክኸውን ዝያዳ ዝመስል ኢዩ።[78] ሓደ ብጭቡጥ ዝዝረበሉ፡ ዳርጋ ብምሉኦም መራሕቲ ሸፋቱ ምስ'ቶም ኣብ ትግራይ ዝነበሩ ንብረ እድ ገብረመስቀልን ኮሎነል ኢሳያስ ገብረስላሴን ርክብ ከም ዝነበሮም ኢዩ። ጆርዳን ገብረመድህን ኣብ መጽሓፉ፡ እዞም ክልተ ሰባት ቀንዲ ኣዋፈርትን ወደብትን ናይ'ቲ ኣብ ኤርትራ ዝካየድ ዝነበረ ሸፍትነታዊ ተግባራት ምንባሮም ኢዩ ዝገልጽ።[79] ንሳቶም ባዕሎም ነቲ ናይ ቀሓይን ኣኼባ ይወድቡዎ ኣይወድቡዎ ግን ዛጊት ክረጋገጽ ኣይተኻእለን።

78. ምስ'ቲ ምስ ጸሓፊ ትእዛዝ ወልደጊዮርጊስ ዝነበሮም ዝምድና፡ እዚ ኣኼባ'ዚ ንኽካየድ ዘኽኣሉ፡ ገብረ ተስፋጽዮን ክኾኑ ይኽእሉ ዝብል ግምት ኣሎ። ንሶም ኢዮም'ውን ምስ ፊታ. ኣብርሃ ወልደታትዮስ ክራኸቡ ዘኽእሉ ዝነበሩ። እዞም ዳሕረዋይ፡ ብመገዲ መራሕቲ ሕብረት ምስራሕ ምስላጥ ምስ ኣበዮም፡ ብወገን ትግራይ፡ ብመገዲ ንብረ እድ ገብረመስቀልን ጀነራል ኢሳያስን ገይሮሞ ክኾኑ ይኽእሉ። ብዛዕባ'ዚ፡ ግምታት ናይ ብዙሓት ሰባት እምበር ጭቡጥ መረጋገጺ ክርከብ ኣይተኻእለን።

79. ጆርዳን ከም ዝብሎ፡ ንብረ እድ ገብረመስቀል የዕብዮ፡ ተወላዲ ኮርባርያ ኮይኖም ኣብ ከባቢ 1910 ንመንፈሳዊ ትምህርቲ ጎንደር ከዱ። ኣብ'ዚ፡ ሓለቓ ቤተ ክርስትያን ቅዱስ ጊዮርጊስ (ኣዲስ ኣበባ) ምስ ዝኾኑ ሓደ ካህን ተላለዩ'ሞ፡ ጸኒሖም ምኽትል ሓለቓ'ቲ ቤተ-ክርስትያን ኮኑ። ጣልያን ንኢትዮጵያ ምስ ሓዘ፡ እቶም ንብረ እድ ሕልቅነት'ቲ ቤተ ክርስትያን ወሲዶም ካብ ዕንወት ኣድሓኑዎን ሰፊሕ ተቐባልነት ረኸቡን። ድሕሪ'ዚ ኢዮም ንብረ እድ ዝተሰየሙ። ኮሎኔል ኢሳያስ ድማ ከም ብዙሓት መንእሰያት ኤርትራ ብ1920'ታት ኢትዮጵያ ብምኻድ ተመሃሩን፡ ካብ ወተሃደራዊ ቤት ትምህርቲ ሆለታ'ውን ተመረቑን። ጣልያን ንኢትዮጵያ ኣብ ዝወረረትሉ፡ ኣብ ጉኒ ሓርበኛታት ኢትዮጵያ ብምስላፍ ስምን ዝናን ኣትረፉ። ብ1943 መንግስቲ ኢትዮጵያ ኣንጻር ምልዕዓል ወያኔ ኣብ ዝገበሮ ወፍሪ፡ ኮሎኔል ኢሳያስ ሰራዊት ኢትዮጵያ መሪሖም ነበሩ። ግን ብወያኔ ተማረኹ። ኣብ መወዳእታ 40'ታት ኢዮም ኣመሓዳሪ ዓድዋ ዝተሰየሙ። (ጆርዳን፡ ገጽ 127-28።) ጸኒሖም ጀነራል ምስ ኮኑ፡ ኣብ መንግስቲ ሃጸይ ሃይለስላሴ ናይ ምድር ጦር ኣዛዚ ኮይኖም ኣገልገሉ። ብ1974፡ እቲ ብደርግ ዝፍለጥ ወተሃደራዊ ጭፍራ ኣብ ኢትዮጵያ ስልጣን ምስ ሓዘ፡ ጀኔራል ኢሳያስ ካብቶም በቲ ጭፍራ ብጃምላ ዝተቐተሉ ሰብ-ስልጣን ነበሩ።

ሓደ ዘየማትእ ሓቂ ግን፡ መራሕቲ ይኹኑ ተራ ሸፋቱ፡ እንተስ ብምምሕዳር ብሪጣንያ ንኽይተሓዙ፡ እንተስ ተወጊኦም ንኽሕከሙ፡ እንተስ ተዓዲሞም፡ ቡብጊዚኡ ናብ ትግራይ ይሰግሩ ምንባሮም ኢዩ። ንኣብነት፡ ሓደ ጊዜ፡ ንብረ እድ ገብረመስቀል ብቑጽራ ናብ ሽረ እንዳስላሴ ብምምጻእ፡ ኣስረስሀይ እምባየን ገብራይ መለሰን ዝርከቡዎም ሓያለ መራሕቲ ጭፍራ ኣስረስሀይ ኣብ መኪና ጽዒኖም ንኣኽሱም ወሰዱዎም። ኣብኡ መታን ከይልለዩ ልብሰ ካህናት ለቢሶም ሓያለ ምስ ጸንሑ፡ ኮሎኔል ኢሳያስ መጺኦም ከም ዝረኸቡዎም ግራዝማች ገብራይ ይዝክሩ። ንኢትዮጵያ ንኽሰርሑ ኣተባቢያዎም፡ ንኣስረስሀይ'ውን ሓንቲ ኣልቢኒ ሂቦም ከም ዘፋነዉዎም ድማ ይነግሩ።[80]

ኣሕሉቕ ሸፋቱ እምበኣር ቡብጊዚኡ ንኢትዮጵያ ይኣትዉ ነይሮም ኢዮም። እቲ ዕለቱ ደኣ ብንጹር ኣይፍለጡዎ እምበር፡ ፊታውራሪ ሓጐስ ተምነዎ ንኣብነት፡ ኣብ እዋን ሸፍትነት ምስ ሃጸይ ሃይለስላሴ ከም ዝተራኸቡን ገንዘብ'ውን ከም ዝተቐበሉን ግራዝማች ገብራይ ይዛረቡ ኢዮም።[81] ፊታውራሪ ገብረ ተስፋጽዮን እውን ምስ ጸሓፊ ትእዛዝ ወልደጊዮርጊስ ንምርኻብ ሓንሳብ ዘይኮነስ ሓያሎ እዋን ኣዲስ ኣበባ በበጺሑም ይምለሱ ምንባሮም ዝተፈለጠ ኢዩ። ኣስረስሀይ እምባየ'ውን እንተ ኾነ፡ ብውሑዱ ሓደ ጊዜ ብሕቡእ ጐንደር ብምኻድ ምስ ንጉስ ተራኺቦም ተመሊሶም ይብሃል ኢዩ።[82]

ካብዚ ርክባት'ዚ፡ እቶም ኣሕሉቕ ጥራይ ኢዶም ይምለሱ ነይሮም ኢልካ ምሕሳብ ዘይከውን ኢዩ። ኣብ መንጎ'ቶም ዝተረፉ ሸፋቱ'ውን ኣሃዛት ከይተረፈ ዝጠቕስ ሕሜታን ፍልጠትን ከም ዝነበረ ይንገር። ንኣብነት፡ ሓጐስ ተምነዎ ኣዲስ ኣበባ ብምኻድ 5000 ቅርሽን ካብ ንብረ እድ ገብረመስቀል ድማ ብረትን ከም ዝረኸቡ ኣብቲ እዋን ብጋህዲ ይዕለል ነይሩ ኢዩ። ሓጐስን ንብረ እድን ፍሉይ ርክብ ከም ዝነበሮም'ውን ይዝንቶ።[83] ገብረ ተስፋጽዮን እውን ኣብ ኣዲስ ኣበባ ካብ ጸሓፊ ትእዛዝ ወልደጊዮርጊስ 2000 ቅርሺ ተቐቢሎም ከም ዝተመልሱ፣ ኣስረስሀይ እምባየ ድማ ካብ ጐንደር ገንዘብ ሒዞም ከም ዝተመልሱ ብርግጽ ዝፈልጡ ግራዝማች ገብራይ መለሰ ይዛረቡ። ብጭቡጥ ዝፈለጡሉ ምኽንያት፡ ንሶም ተሓዝ ገንዘብ ኮይኖም ነተን ዝመጻ ናብ ክልተ ሚእትን ሓምሳን ሰባት ምስ ዘርዘርወን፡ ንነፍስ ወከፍ ዐዕስራ ቕርሺ ስለ ዝበጽሓ ኢዩ። በዚ ድማ ኣስረስሀይ 5000 ቅርሺ ከም ዝረኸቡ ንግንዘብ። እዚ ናይ ሓደ እዋን ጸብጻብ ኢዩ።

80. ግራዝማች ገብራይ ብዘይ እዛ ንኣስረስሀይ ዝተወሃበት ብረት፡ ካልእ ብረት ክወሃብ ከም ዘይረኣዩ፡ ኣብ ሸፍትነት፡ ኩሉ ብረት ካብ ውግእ ምስ ወተሃደራት እንግሊዝ ይዝመት ከም ዝነበረ ኢዮም ዘዘንትዉ። ይኹን'ምበር፡ ንሶም ብዘይፈልጡዎ መገዲ ክኣቱ ዝክኣል ከም ዝነበረ'ውን ኣይከሓዱን። (ቃለ መጠይቕ፡ 1997።)

81. ሓጐስ ተምነዎ፡ ቃለ መጠይቕ ምስ የማነ ምስግና፡ ሻምብቆ፡ 1997።

82. ገብራይ መለሰ፡ ቃለ መጠይቕ፡ 1997።

83. ዶር/ የማነ ምስግና ምስ ፊታውራሪ ሓጐስ ዝገበሮ ሰፊሕ ቃለ መጠይቕ ተሰኒዱ ኣሎ። ዕድሚኦም፡ ብናቶም ግምት 107 ስለ ዝነበረ፡ እቲ መሰርዕ ፍጻሜታት ይተሓዋወሶም ኢዩ። ንመብዛሕትኡ እዚ ዝብሃል ግን የረጋግጹዎ።

ናይ ብሪጣንያ ሰነዳት፡ ኩሉ ጊዜ ኢድ ኢትዮጵያ ኣብ ተግባራት ሽፋቱ ከም ዝነበረ ብዘየማትእ መገዲ ከረጋገጽ ከም ዘይተኻእለ ኢዩ ዝዛረብ። ጆን ስፔንሰር እውን ንኮሎኔል ነጋ እኳ ኣብ ጉዳይ ግብረ ሽበራ ዘጥርጥሮ እንተ ነበረ፡ ቀጥታዊ ጭብጢ ኽረክብ ከም ዘይከኣለ ኢዩ ዝነግር።[84] ብሓቂ እዚ ርክብ'ዚ ጭብጥታት ዝሰኣና እንተ ነይሩ፡ ብኣወዳድባኡን ምስጢራውነቱን ኣዝዩ ዝተራቐቐ ነይሩ ኢዩ ክብሃል። ሓደ ዘገርም ነገር መቸም፡ ሽፋቱ ወይ ናይ ኣንድነት ተንቀሳቓሳስቲ ዝነበሩ ሰባት ሕጂ'ውን ኣግሂዶም ክዛረቡ ሰጋእ ዝብሉ ምኽንያታም ኢዩ። ምናልባት በዲልና ዝብል ስምዒት ይህሉ፡ ምናልባት'ውን ደም ዝፈሰሰሉ ጉዳይ ስለ ዝነበረ፡ ፍርሒ ናይ ሳዕቤናት'ውን ይኸውን። ብዝኾነ እቲ ሰጋእታ ኣሎ።

84. Spencer, p. 197.

ምዕራፍ 13

ጉዳይ ኤርትራ ኣብ ሓፈሻዊ ባይቶ ሕቡራት ሃገራት (ባ.ሕ.ሃ.)

መስዋእቲ ዓብደልቃድር ከቢረ

ክሳብ መስዋእቲ ከቢረ ዝነበረ ኩነታት

ኣብ ዝሓለፈ ምዕራፍ፡ እቲ ብዝተፈላለየ ምኽንያት ተላዒሉ ዝነበረ ናይ ሽፍትነት ግብረ ሽበራ፡ ናብ ረብሓ ኢትዮጵያ ንምጥዋይ ይፍተን ከም ዝነበረ ርኢና። እዚ ድማ ብፍላይ ነቲ ኣብ ውሽጢ 1948 ክውሃብ ዝተባህለ ውሳነ ኣርባዕተ ሓያላት መንግስታት ናብ ኢትዮጵያ ከም ዝዘዙ ንምግባር ዝተሓለነ ነበረ። እቲ ኣብ መስከረም 1948 ዝተዋህበ ውሳነ እተን መንግስታት ግን ብውሽጣዊ ኩነታት ኤርትራ፡ ቡቲ ሰፊሕ ግብረ ሽበራዊ ፈተነ'ውን እንተ ኾነ ከም ዘይተጸልወ፡ ብኣንጻሩ እተን ሓያላት ቡብረብሓአን ከም ዝወሰናአ ርኢና ኣለና።

እዚ፡ ጠባይ ናይ 1940'ታት ፖለቲካ ኤርትራ ኢዩ ነይሩ ኢልካ ምድምዳም ጌጋ ኣይኮነን። ምኽንያቱ፡ ኤርትራውያን ኣብ ሓድሕዶም ዝበሉ እንተ በሉን ዝገበሩ እንተ ገበሩን፡ ኣብ'ቲ ጊዜ'ቲ ወሰንቲ መጻኢ ዕድሎም ንሳቶም ኣይነበሩን። እቶም ሓያላት ናይ'ቲ ጊዜ፡ ንነናይ ውልቂ ኣረኣእያኦምን ውጥናቶምን ዘሳልጥን ዘቀላጥፍን ምስ ዝኸውን ጥራይ ኢዮም ንሓደ ወይ ነቲ ኻልእ ፖለቲካዊ ዝንባለ ከም ጊዜያዊ መሳርሒ ዝጥቀሙሉ ዝነበሩ። ንኣረኣእያ ህዝቢ ኤርትራ ዓቲብካ ናይ ምግምጋም ወይ ከም ሓደ ነፍሱ ዝኸኣለ ሓይሊ ጌርካ ናይ ምቝጻር ኣንፈት ኣይነበሮምን። ቀስ እናበልና፡ ናይ'ቲ እዋን ፖለቲካዊ ንጥፈታት ኤርትራውያን ኣብ ዝቐጸለ ዕስራ ወይ ሰላሳ ዓመታት እምበር ኣብቲ እዋኑስ ሓይልን ተሰማዕነትን ከም ዘይነበሮ ክንርኢ ኢና።

ብዝኾነ፡ ብመሰረት እቲ ኣቐዲሙ ኣብ መንጎኦም ዝተገብረ ስምምዕ፡ ኣርባዕተ ሓያላት ብዛዕባ መጻኢ ዕድል ኤርትራ፡ ሶማልያን ሊብያን ኣብ ሓደ ውሳነ ምብጻሕ ምስ ሰኣኑ፡ እቲ ጉዳይ ናብ ባይቶ ሕቡራት ሃገራት ተመሓላለፈ። እዚ ከይደንጐየ ኢዩ ተተግቢሩ። በዚ ድማ፡ እቲ ዝግ ኢሉ ዝጸንሐ ንጥፈታት ናይ'ተን ኣብ ኤርትራ ዝነበራ ሰልፍታት ክነቓቓሕ ጀመረ። እቲ ጉዳይ ኣብቲ ባይቶ ብኸመይ ከም ዝጀመረ ምዝራብ ንድሕሪት ኣጽኒሕና፡ መጀመርታ ኣብ ኤርትራ ንዝፈጠሮ ሃዋህው ንርአ።

ደድሕሪ'ቲ ውሳነ ኣርባዕተ ሓያላት ዝተዋህበሉ እዋን ዝነበረ ሳምንታት፡ ኣብ ኤርትራ ዝተፈጸመ ዓበይቲ ጉዳያት ነይሩ ክብሃል ኣይከኣልን። ምናልባት፡ ኣብ ምውዳእ ጥቅምትን ዝሰዓብ ወርሒ ሕዳርን 1948፡ ብፕረሲደንት ኣልራቢጣ ኣልሰይድ በክሪ ኣልሙርቃኒ ዝተወስደ ተገላባጢ መርገጺ ቀንዱ ኣዛራቢ ነይሩ ኢዩ። እዚ ድማ፡ መራሕቲ ኣልራቢጣ ንሃይማኖታውን ንውልቃውን ጥቕሞም እምበር ንጥቕሚ ህዝቢ ኤርትራ ዝሰርሑ ኣይኮኑን ብምባል፡ በክሪ ኣልሙርቃኒን ገለ ከሊፋታት ሰዓብቶምን ነቲ ብፕረሲደንትነት ዝመርሕዎ ዝነበሩ ማሕበር ገዲፎም ናብ ማሕበር ሕብረት ከም ዝተጸንበሩ ካብ ምግላጾም ተላዕለ።[1] ነዚ፡ ማሕበር ሕብረት ይኹን መንግስቲ ኢትዮጵያ ከም ዓቢ ዓወት'ኳ እንተ ቖጸሩዎ፡ በክሪ ኣልሙርቃኒ ግን ወርሒ'ኳ ከይጸንሑ፡ “ብኣይ ዝተገብረ ነገራት ብሕርቃን ምስ ገሊኦም ናይ ከረን ደቂ ማሕበረይ ዝኣክል ኢዩ እምበር ብኻልእ መንገዲ ኣይኮነን... ኣብቲ ናይ መጀመርታ ማሕበር እየ ቀይመ ዘለኹ....” ክብሉ ናብ ኣልራቢጣ ከም ዝተመልሱ ኣፍለጡ።[2]

ብሸፋቱ ዝተቐትሉ ኣባል ኤርትራ ንኤርትራውያን
ብላታ ካሕሳይ ማሉ

1. “ኢትዮጵያ” 2/79፡ 28/10/1948።

2. “መብራህቲ ኤርትራ” 2/51፡ 12/11/1948። ኣብ'ቲ እዚ ናይ ጣዕሳ ቃላት'ዚ ዝተሰምዓሉ ኣኼባ፡ ሸኽ ኢብራሂም ሱልጣን ንሰይድ ኣልሞርቃኒ ዝነቅፍ ሓያል ቃላት ከም ዝተዛረቡን፡ እቲ ናይ ኣልራቢጣ ኮሚቲ ድማ፡ “እዚ እንብሎ ዘለና ሞርቃኒ ኣጸቢቑ ድሕር ከም ዝኾነ ስለ ዝፈለጠ ሻብቱይ መዓልቲ ነዚ ሞርቃኒ እንካብ ማሕበር ተጠሪዙስ እንካብ'ቲ ተዋሂቡዎ ዝነበረ ሺመት መሪሕ ኣሕዋት ፕረሲደንተ ስለክወርድ ብሓባር ኮይኖም ሓገኑ” ክብል ጋዜጣ “መብራህቲ ኤርትራ” ጸሓፈ።

ኣይንፈላለ

ናይ በክሪ ኣልሙርቃኒን ሰዓብቶምን ምግልባጥ ሓዲሽ ወይ ብርቂ ኣይነበረን። ናይ'ዚ እዋናት'ዚ ጋዜጣታት፡ ብተመሳሳሊ ምስሓብ ካብ ሓደ ሰልፍን ምእታው ናብ'ቲ ኣንጻሩን ዝተመልአ ኾይኑ ንረኽቦ። ናይ ኣልሙርቃኒ ግን ናይ ሓደ ላዕለዋይ መራሒ ስለ ዝነበረ፡ ንጊዜኡ ኣዛረበ። ብመሰረቱ፡ እቲ ኸምኡ ዝኾነሉ ዝነበረ ምኽንያት፡ እቲ ማሕበራት ኣዝዩ ፍኑውን ብጽኑዕ መትከላት ይኹን ውሽጣዊ ሕጋጋት ዘይጸንዐን ስለ ዝነበረ ኢዩ። ስለ ዝኾነ፡ ንኹለን እተን ተመስሪተን ዝነበራ ማሕበራት ዝጠዓምወን ውልቀ ሰባት ከም ዝነበሩ ብሰፊሑ ይንገር ኢዩ።[3] እዚ፡ ነተን ማሕበራት ድልዱላትን ብዝኾነ ብግዳም ዝመጽእ ተጽዕኖ ዘይነቓነቓን ክገብረን ኣይከኣለን። ከምቲ ኣብ ዝሓለፈ ምዕራፍ ዝተገልጸ ኸኣ፡ ብፍላይ ማሕበር ኤርትራ ንኤርትራውያን ብግብረ ሽበራ እትሰናኸል ተነቃፊት ማሕበር ከም እትኸውን ዝገበራ፡ እዚ ምድኻምን ዘይምጥንኻርን ናይ'ቲ ሱር ማሕበር ዝነበረ ተራ ኣባል ከም ዝነበረ ኣየጠራጥርን።

ብዙሕ ጊዜ፡ እቲ ተራ ኣባል ሰብ እምበር መትከል ወይ ዕላማ ተኸቲሉ ኣይኮነን ኣብ ማሕበር ዝኣቱ ዝነበረ። ከምዚ ስለ ዝኾነ፡ ግብረ ሽበራ ኢትዮጵያ ናብቶም ናይ ናጽነት ዝንባለ ኣለዎም ዝብሃሉ ተሰማዕቲ ሰባት ከተኩር ጀመረ። ነዚ ዝመሰል ሓሳብ መቸም፡ "መራሒ እንተ ዘየለ ሰዓቢ ኣይክህሉን ኢዩ" ካብ ዝብል መጉት ይብገስ። ኣቐድም ኣቢሉ፡ ካብ 1946 ኣብ ከም ወልደኣብ ወልደማርያም፡ ሓሰን ዓሊ፡ ብርሃኑ ኣሕመዲን ዝመሰሉ መራሕቲ ናጽነት ናይ ቅትለት ፈተነ ይካየድ ከም ዝነበረ ርኢና። ሙብዛሕትኡ ግን ሞት ዘብጽሐ ኣይነበረን።[4] ሓደ ሞት ዘሰዓበ ናይ ሸፍታ ፈተነ፡ ኣብ ልዕሊ ምስሌነ ጽልማ ዝነበሩ ብላታ ካሕሳይ ማሉ ብ12 ለካቲት 1949 ዝተወሰደ ስጉምቲ ነበረ። ካሕሳይ ማሉ ካብ ደገፍትን መራሕትን ኤርትራ ንኤርትራውያን ኢዮም ነይሮም። ኣብ ልዕሊ'ዚ ግን፡ ምስሌንነት ጽልማ ምስ ዝተሓደጉ ስድራ ቤታት እውን ምጉትን ባእስን ነይሩዎም ኢዩ። በዚ ዝተባህለ ዕለት፡ ካሕሳይ ማሉ ኣብ መጋባእያ ዓዲ ገዳ ውዒሎም ንዓዶም ደቂ ጸንዓ ክምለሱ እንከለዉ፡ ኣድብዮም ዝጸንሑ ሰብ ብረት ተኩሶም ብኡ ንብኡ ቀተሉዎም።[5] ምኽንያት መቕተሊኦም እዚ ዳሕረዋይ ይኹን እቲ ፖለቲካዊ መርገጺኦም ግን ብንጹርን ብጭቡጥን ዝፍለጥ የለን።

ኩነታት ከምዚ ኢሉ እንከሎ ኢዩ ጉዳይ ኤርትራ፡ ሊብያን ሶማልያን ናብ ሓፈሻዊ ባይቶ ሕቡራት ሃገራት ዝሓለፈ። ፖለቲካዊ ኮሚቲ ናይ'ዚ ባይቶ'ዚ ድማ፡ ብፍላይ ነቲ ጉዳይ እትርኢ ንእሽቶ ኮሚቲ ኣቘመ'ሞ፡ እቲ ክዝሕል ጀሚሩ ዝነበረ ፖለቲካዊ ንጥፈታት ኤርትራ ናይ ምብርባር ኣንፈታት ኣርኣየ። ማሕበር

3. ሓደ ካብ'ዚኦቶም፡ ቃዲ ሓምድ ኣቡ ዕላማ ካበይ ናበይ ይናጠሩ ከም ዝነበሩ ኣብ ዝመጽእ ምዕራፍ ክንምልከት ኢና።

4. ሓደ ካብ ኣባላት ማሕበር ኣንድነት ዝነበሩ ግራዝማች ባህታ ኢዮኣብ፡ ቅትለት ዘይነበረሉ ምኽንያት፡ እቲ ምቕታል ዘይድለ ስለ ዝነበረ'ውን ምንባሩ ይገልጹ ኢዮም። "ደም ምትካል" ነቲ ፈጻሚ ቅትለት ጥራይ ዘይኮነ፡ ንስድራኡ'ውን ስለ ዝልክም፡ ብዙሓት ዘድሓርሕሩሉ ተግባር ምንባሩ የብርሁ። (ቃለ መጠይቕ 1997።)

5. ሰ.ጋ. 7/338፡ 24/2/1949፣ Association of Italo-Eritreans, Terrorism in Eritrea, p. 21.

ሕብረት፡ "ብሪጣንያ ካብ ኤርትራ እንተ ወጺአ ሕንፍሽፍሽ ክኣትወና ኢዩ'ሞ እንታይ ከም ዝሓይሽ ንላዘብ፡" ዝብል፡ ናብ ኣልራቢጣ ዘቐንዐን ናብ ሕብረት ገጹ ንኽዝንብል ዝዕድምን ሓሳባት ኣቕረበ። ኣልራቢጣ ግን፡ ሓፈሻዊ ኣኼባ ብምጽዋዕ፡ ምስ ኢትዮጵያ ዝኾነ ርክብ ከም ዘይደሊ ዘነጽር ውሳነን ጽሑፋትን ኣውጽአ ጥራይ ዘይኮነ፡ ኢትዮጵያ ንኤርትራ ከተመሓድርስ ይትረፍ፡ "ንርእሳ ኣብ ትሕቲ መጉዚትነት ክትኣቱ ከም ዘድልያ" ክበርህ ኣለዎ በለ። ኤርትራ ንኤርትራውያን ድማ፡ ናብ ሕቡራት ሃገራት ዝለኣኽ፡ ናጽነት ዝጠልብ ሰነድ ንምድላው ተንጣጠፈ።[6] ብፍላይ ኣልራቢጣ፡ ጉዳይ ኤርትራ ኣብ ዝዘረበሉ መራሕቲ ማሕበር ኣብኡ ብኣካል ተረኺቦም ጉዳዮም ንኽቕርቡ ብጥብቂ ሓተተ። እዚ ኣብ ጥርን ለካቲትን 1949 ኢዩ ዝኾነ።

ወተሃደራዊ ምምሕዳር ኤርትራ ነዚ ሕቶ'ዚ ኣይደገፎን። ኣብ መጋቢት 1949፡ እቲ ናይ ሕቡራት ሃገራት ፖለቲካዊ ኮሚቲ ወከልቲ ፖለቲካዊ ማሕበራት ኤርትራ ናብ ለይክ ሳክሰስ ከይዶም ድምጾም ንኽሰምዑ ምስ ዓደመ እሞ ኸኣ፡ እቲ ምምሕዳር ፍጹም ተቓዊሞን ንኽታርፎም እውን ጸዓረን። ዝተቓወመሉ ምኽንያት፡ "ጉዳይ ኤርትራን ርእይቶ እተን ማሕበራትን ድሮ ብመርማሪት ኮሚሽን ኣርባዕተ ሓያላት ተጸኒዑ ክነሱ፡ ካልኣይ መጽናዕቲ እንታይ ኣድለየ፧" ካብ ዝብል ናቱ ሰምዒት ነበረ። ብፍላይ እታ ኮሚቲ ኑቶም ወከልቲ ንዝጸውዕትሉ ኣገባብን ንዕኦም ንምጽዋዕ ዝተጠቐመትሉ መምዘንን እቲ ምምሕዳር ነቐፎ። "እዚ ምምሕዳር'ዚ ከይተሓተተ፡ ዝኾነ 'ወካሊ እየ' ንዝበለ ሰብ ወይ ጉጅለ ብቑዕ ኢዩ ኢልካ ዕድመ ምልኣኽ ግቡእ ኣይኮነን" ድማ በለ።[7]

እቲ ፖለቲካዊ ኮሚቲ፡ ነዚ ተቓውሞ'ዚ ኣይሰምዖን። ዕድሚኡ'ውን ሰደደ። በዚ መሰረት ከኣ፡ መራሒ ኣልራቢጣ ኣቶ ኢብራሂም ሱልጣን ራብዓይ ርእሶም፡ ማለት ብዓብደልቃድር ከቢረ፡ መሓመድ ዑስማን ሓዮቲን ሓጂ ኢብራሂም ማሕሙድን ተሰንዮም ንለይክ ሳክሰስ ክብገሱ ከም ዝተዳለዉ፡ ብ25 መጋቢት 1949 ኣፍለጡ። እዚ ንኹሉ፡ ነቲ ምምሕዳር'ውን ከይተረፈ፡ ሓዱሽ ነገር ኮነ። እቶም ወከልቲ ኣብኡ ኸይዶም ዘፍርዩዎ ነገርከህሉ ኣይኮነን ብምባል ድማ፡ እቲ ምምሕዳር ነቲ ሓሳብ ኣናሸዎ።[8]

ካብ'ዚ ሓሊፉ ክኽልክሎም'ውን ደልዩ ነይሩ ኢዩ። ከልካላይ ኮይኑ ክርከብ ስለ ዘይደለየ ግን፡ ኣብቲ ሽኽ ኢብራሂም ብዛዕባ መገሻኦም ዝገለጹሉ ዕለት፡ ሚዛን ዝብሃል ዝነበረ ፖለቲካዊ ኣማኻሪ ናይ'ቲ ምምሕዳር ነቲ ጉዕዞኦም ኣብ ካይሮ ከም ዝሽረፍ ክገብር ፈተነ። ኣብ ግብጺ ናብ ዝነብሩ ኣሕሉቕ ብምጽሓፍ ድማ፡ ሽኽ ኢብራሂምን ብጹቶምን፡ "ቋንቋ እንግሊዝ ዘይዛረቡ፡ ብፖለቲካውን ማሕበራውን መዳያት'ውን ዘይበሰሉ ኢዮም" ድሕሪ ምባል፡ "ካብ ኤርትራ ወጺኦም ስለ

6. FO 1015/187, 28 February 1949.
7. FO 1015/187 Monthly Political Report, 30 April 1949
8. FO 1015/187 Monthly Political Report, 31 March 1949.

ከቢረ (የማን) - ሒደት መዓልታት ቅድሚ መስዋእቱም።
ምስ ካብ ጺጋም፡ ማሕሙድ ኑርሑሴን፡ ዮሃንስ ጸጋይ፡ ቀሺ ገብረስላሰ ሃብቱ።

ዘይፈልጡ፡ ኣብ ካይሮ ክልተ ወይ ሰለስተ ቕነ እንተ ጸኒሖም ክዓግቡ ኢዮም...” ዝብል ወሰኽ'ሞ፡ ካብ ካይሮ ንኣመሪካ ቪዛ ንኸይወሃቦም ተላበወ።[9]

እቲ ምምሕዳር ክምቲ ዝደለዮ ክኾነሉ ስለ ዘይከኣለ ግን ወከልቲ ኣልራብጣ ክምቲ ጠለቦም ናብ ለይክ ሳክሰስ ክኸዱ ተፈቒደሎም'ሞ፡ ምድላዋቶም ገበሩ።[10] ኣብቲ ክብገሱሉ ዝተሓሰበ ወርሒ፡ ማለት ኣብ ዕለተ ሰንበት 27 መጋቢት ምሸት ግን፡ ዓብደልቃድር ከቢረ ሓደጋ ኣጓነፎም። ብዙሓት ከም ዝገልጹዎ፡ ከም ልማዶም ምስ ገለ ብጾቶም ኣብ'ታ ኣብ ቪያ ካሊያሪ (Cagliari) ሎሚ ብጐደና ሰራየ ዝፍለጥ፡ ዝነበረት ቤት ሻሂ መሓመድ ኣበራ ሓጐስ ኣምሰዮም ገዘኦም ንክኸዱ ጽርግያ ሰገር በሉ። እቲ ቤት ሻሂ ሎሚ ብስም “ቤት መግቢ ሉል ቀይሕ ባሕሪ” ዝፍለጥ ዘሎ ኢዩ። ሰጊሮም፡ ማርቻፕየደ ሒዞም ቍሩብ ምስ ሰጐሙ፡ ብድሕሪኦም ዝመጸ ዕጡቕ ሽጉጥ ተኲሱ ወቒዑዎም ሃደመ። ከቢረ፡ ኣብ ጐደና ሰራየ፡ ኣብ መእተዊ ናይ'ታ ኣብ መንጎ ቍ. 41-43 ክሳብ ሕጂ'ውን ዘላ ግርድቲ ጸባብ ናይ ሓመድ ጽርግያ ወደቐ። ብቕጽበት ስለ ዘይዓረፉ፡ ናብ ሆስፒታል ተወስዱ። ን48 ሰዓታት ብህይወቶም ድሕሪ ምጽናሕ ድማ፡ ብ29 መጋቢት 1949 ዓረፉ። ንጽባሒቱ፡ 30 መጋቢት ድማ ብዓቢ ዓጀባን ሰላማዊ ሰልፊን ተቐብሩ።

9. FO 371/3841 J. 2521, 25 March, 1949

10. ክሳብ'ዚ ወከልቲ ኣልራብጣ ለይክ ሳክሰስ ንክኸዱ ዝሓተቱሉ ዕለት፡ እተን ካልኦት ማሕበራት ከምኡ ዝመሳሰለ ሓሳባት ኣይነበረንን። ማሕበር ሕብረት ንኣብነት፡ ኣብቲ ኣኼባ ብመንግስቲ ኢትዮጵያ ንውክል ኢና ዝብል እምነት ስለ ዝነበሮ፡ ብዛዕባ'ቲ ጉዕዞ ሓሳቡ'ውን ኣይፈልጥን ዝነበረ። ምስ'ዚ ናይ ኣልራብጣ ተበግሶ ግን ኩለን'ተን ማሕበራት'ውን ብተመሳሳሊ ሓተታ'ሞ ተፈቒደለን። FO 1015/187 Monthly Political Report, 31 March 1949.

ስነ-ስርዓት ቀብሪ ዓብደልቃድር ከቢረ

ከቢረ ምስ ተሃርመ፡ ፖሊስ ናብ ቤት ጽሕፈት ማሕበር ኣንድነት ብምእታው ፍተሻ ኣካየዱ። ኣንጻር ኢጣልያውያን ዝቖንዐን ንኮሎኒል ነጋ ሃይለስላሴን ተሓጋጊዙ ተኮላ ገብረመድህንን ከኽስሰ ዝኽእልን ሰነዳትን መርትዖታትን ድማ ረኸቡ።[11]

ጉዳይ ከቢረን ኣተሓሕዛኡን

ብሪጣንያዊ ምምሕዳር ኤርትራ ነቲ ኣብ ቤት ጽሕፈት ኣንድነት ዝተታሕዘ ሰነዳት ዘገም ኢሉ ኢዩ መርሚሩዎን ናብ ላዕለዎት ኣዘዝቱ ኣመሓላሊፉዎን። ተቐላጢፉ፡ ገብረስላሴ ጋርዛን ሃብቶም ኣርኣያን ንዝተባህሉ መራሕቲ ኣንድነት'ኳ ኣሲሩ እንተ ነበረ፡ ነቲ ዝተረፈ ኣብቲ ሰነድ ዝረኸቦ መርትዖታት ግን ዕቱብ ሚዛን ኣይሃቦን። ንኣብነት፡ ወተሃደራዊ ኣመሓዳሪ ብሪጋደር ድሩ፡ ነጋን ተኮላን ኣብ ቅትለት ከቢረ ይኹን ኣብ ካልእ ግብረ ሽበራዊ ንጥፈታት ንዝነበሮም ተራ ዘዋወላውል መርትዖ ኣይረኸብናን፣ ኣማቲ ሓበሬታ ጥራይ ኢዩ ዘለና ክብል ብ2 ሚያዝያ ኣፍሊጡ ነይሩ ኢዩ። እዚ ድማ ገና'ቲ ሰነዳት ብዝርዝር ከይተመርመረን ከይተጸንዐን እንከሎ ምኻኑ ኢዩ።[12]

እቲ ብሰለስተ ግንቦት 1949፡ ማለት ዝያዳ ወርሒ ካብ ዝርከብ ተተርጒሙ ናብ ሚኒስተር ጉዳያት ወጻኢ እንግሊዝ ኤርነስት ቤቪን ዝተላእከ ሰነዳት ግን፡ እኹል ሓበሬታ ዝሓዘ ነበረ። ኣሕጽር ኣቢልና በብሓደ ንመርምሮ።

እቲ ቐዳማይ ናይ ኣንድነት ሰነድ፡ ብ24/10/48 ብቛንቋ ጥልያን ዝተጻሕፈ ኾይኑ፡ በቲ ማሕበር ንዝተነድፈ ሓደ ሰፊሕ ውጥን ይዝርዝር። ናብ መን ከም

11. FO 371 73789, 29/3/1949.
12. FO 371/73787 2/4/1949.

ዝተጻሕፈ ወይ መን ከም ዝጸሓፎ ዝሕብር ፊርማ ወይ ስም ግን ኣይነበሮን። እቲ ውጥን፡ መጀመርታ ብዛዕባ ምቛም ጨናፍር'ቲ ማሕበር ኣብ ኤርትራን ብኸመይ ከስፋሕፍሕ ከም ዝድለን፡ ከምኡ'ውን ንዝተሸገሩ ኣባላት ክውሃብ ብዛዕባ ዝኽኣል ሓገዝን ካልእ ደገፍን ድሕሪ ምዝርዛር፡ ናብቲ ዝያዳ ዘገድስ ስራሓቱ የድህብ። ካብ'ዚ፡ እቲ ቐቀንዱ ብኸምዚ ዝስዕብ ክጽመቕ ይከኣል፡-

- ቡብጊዜኡ፡ ነቶም ኣንጻር ጸላኢ ኣድላዪ ተግባራት ዝፍጽሙ ሰባት ሞሳ ወይ ክፍሊት ምሃብ፡
- ንሓለፍትን ኢጣልያውያን ፖለቲካዊ መራሕትን ማሕበር ሻራ ኢጣልያ ምቕንጻል፡
- ኣብኡ ንዘገልግሉ ሰራሕተኛታት ጉቦ ብምሃብ፡ ናይ ጸላኢ ሰነዳት ምስራቕ፡
- ኣብ ምምሕዳር ወይ ኣብቲን ሰልፍታት ካብ ምምሕዳር ዝሰርሑ ሰባት ስለይቲ ምምልማል፡
- ኣብ ካልኦት ሰልፍታት ንዘለዉ መንእሰያት ብምሕባል ናባና ምስሓቦም፡
- ብረት፡ ንኣሸቱን ዓበይትን ከም ዝህልወና ምግባር፡
- ብፍላይ ብኢጣልያውያን ዝምራሕ ህዝባዊ ናዕቢ ተላዒሉ ዘይፍትሓዊ ነገራት መታን ከይፍጸም ምድላዋት ምግባር...፡
- እዚ ኹሉ ንኽፍጸምን ንሓርነትናን ንሕብረት ምስ ኢትዮጵያ ንኽንሰርሕን፡ ምጹብ ወርሓዊ ክፍሊት ክግበረልና...።[13]

ንእግረ መገዱ፡ እዚ ሰነድ እዚ ንኣተሓሳስባን ኣገባብ ኣሰራርሓን ማሕበር ኣንድነት ዘነጽር ብምዃኑ፡ ኣዝዩ ኣገዳሲ ኢዩ። ካብ'ዚ እውን፡ ማሕበር ኣንድነት ብፍላይ ምእንቲ ሕብረት ምስ ኢትዮጵያ ግብረ ሽበራዊ ስራሓት ንምክያድ ዝቘመ ከም ዝነበረን ብላዕሊ ብማሕበር ሕብረትን መንግስቲ ኢትዮጵያን ይድገፍን ይምወልን ከም ዝነበረን ብዘየወላውል ንግንዘብ። እቲ ዝተረኽበ ካልኣይ ሰነድ፡ ኣብ ፍሉይ ግብረ-ሽበራዊ ተልእኾ ብዛዕባ ዘተኩረ ጉዳይ ይዛረብ። እዚ፡ ብ15 መጋቢት 1949 ብቛንቋ ትግርኛ ዝተጻሕፈ ኾይኑ፡ "ኣብ ክንዲ ሕብረት" ዝብል እንተ ዘይኮይኑ ካልእ ናይ ለኣኺ ስም ወይ ሓበሬታ ኣይሀብን። "ናብ ክቡራትን እሙናትን ኣዕሩኽ ሕብረት" ዝተሰደደ ኾይኑ ድማ፡ መዓልቲ ሕብረት፡ ማለት መጋቢት ትቃረብ ከም ዝነበረት ድሕሪ ምግላጽ ብቐጥታ ናብ ጉዳዩ ይኣቱ። ብኸፊል ድማ ነዚ ዝስዕብ ይብል፡-

> መራሒ ኣልራቢጣ ኣልእስላሚያ ኢብራሂም ሱልጣን ኣብ ከረን ይነብር፡ ኣዘውቲሩ ኸኣ ናብ ኣስመራን ምጽዋዕን ይገይሽ። ...ብእንግሊዝ ይሕገዝ ኢዩ፡ ይኹን'ምበር ንሕና ጽኑዓት ኢና፣ ብኸመይ ግብረ መልሲ ከም እንህብ እንፈልጥ፡ ዕላማና ንምጭባጥ ከኣ ምስ ሞት'ውን ንኽንገጥም ድሉዋት ኢና።.... ኣብ መገዲ ባጽዕ፡ ብዓብደልቃድር ከቢረ ዝምርሑ ኢጣልያውያን ገለ ነገር ይምርምሩ ኣለዉ። ...ፍቓድ እንተ ደኣ ሂብኩምና፡ እዞም ሰባት እዚኣቶም ንክቕተሉ ዘድሊ ምድላዋት ክገብር እየ። ከም እትፈልጡዎ፡ እሙናት ኢና። ... ብስም ኩሎም ሰዓብተይ፡ ምሉእ ምትሕብባርና ኣረጋገጸልኩም።[14]

13. FO 371/73787 J 3956, Annexture "A" 3/5/949.
14. FO 371/73787 J 3956, Annexture "B" 3/5/1949.

ቀ'ሩብ ድንግርግር ዝበለ መልእኽቲ ኢዩ። ግን፡ ጸሓፊ'ዚ መልእኽቲ መራሒ ኣንድነት ከም ዝነበረ ብዙሕ ኣየካትዕን። ተቐባላይን ፍቓድ ወሃባይን መን ከም ዝነበረ ግን ኣይብርሆን። እቲ ምምሕዳር እውን እንተስ መረጋገጺ ስለ ዘሰኣነ፡ እንተስ ብፍላጥ ኩሓብእ ስለ ዝደለየ፡ እከለ ኢዩ ኢሉ ኣይረቐሖን። እቲ ኣመት ግን ካብ ነጋ ሃይለስላሴ፡ ወይ መራሕቲ ሕብረት ወይ ከኣ ካቡቶም ካብ ኣዲስ ኣበባ ብቐጥታ ዝራኸቡዎም ዝነበሩ ወከልቲ ጸሓፊ ትእዛዝ ወልደጊዮርጊስ ዝሓልፍ ኣይኮነን። ብፍላይ ነዞም ዳሕረዎት ብዝምልከት፡ ሓደ ሓባሪ ዝኾነ ሳልሳይ ሰነድ ኣብ'ቲ ቤት ጽሕፈት ተረኺቡ ነይሩ ኢዩ። እዚ፡ ብ31/12/1948 ብፕረሲደንት ማሕበር ኣንድነት ጉብረስላሰ ጋርዛ ኣብ ዕለታዊ መዝገቡ (ዳያሪ) ዝተጻሕፈ ኾይኑ፡ ምሉእ ትሕዝቶኡ ነዚ ዝስዕብ ይገልጽ፦

> ናብ ኣልቤርጎ ቻዎ ብምኻድ ምስ ፊታውራሪ ኣብርሃ (ፍሉይ ልኡኽ ጸሓፊ ትእዛዝ ወልደጊዮርጊስ) ተራኺበ። ብዛዕባ ፊናንሳዊ ጸገማት ማሕበርናን ክንፍጽሞ ተዳሊና ብዛዕባ ዝነበርናን ከኣ ገሊጸሎም። ንሶም፡ ነቲ ጉዳይ ንነጋ ከፍልጡዎ ምኳኖም ነጊሮምኒ።[15]

ፊታውራሪ ኣብርሃ ማለት፡ እቶም ብተደጋጋሚ ዝተዛረብናሎም ኣብርሃ ወልደታትዮስ ኢዮም። ካብ'ዚ ድማ፡ ከምቲ ኣባላት ኣንድነት ይኹኑ ሕብረት ዝብሉዎ ዘይኮነስ፡ ኣብ መንጎ ናይ ኣንድነት ግብረ ሸበራን ማሕበር ሕብረትን መንግስቲ ኢትዮጵያን ጥቡቕ ዝምድና ከም ዝነበረ፡ ብፍላይ ድማ ኮሎኔል ነጋን ብመገዲ ፊታውራሪ ኣብርሃ ኸኣ ጸሓፊ ትእዛዝ ወልደጊዮርጊስን ኣብ ኩሉ ዝግበር ዝነበረ ተግባራት ራዕዲ፡ እንኮላይ ኣብ ቅትለት ከቢረ ኢድ ከም ዝነበሮም ኣመት ንረክብ።

ካብ'ዚ ጊዜ'ዚ ጀሚርና ንፊታውራሪ ኣብርሃ ወልደታትዮስ ዳግም ክንረኽቦም ስለ ዘይኮንና፡ ቁሩብ ኣመንጊና ብዛዕባ መጠረሽትኦም ክንዛረብ። ምስቲ ኹሉ ንኢትዮጵያ ዝነበሮም ተወፋይነትን ተኣማንነትን፡ ፊታውራሪ ኣብርሃ ኣብ መወዳእትኡ ብባእስን ብሰጭትን ከም ዝተፈለዩዋ ይንገረሎም። ከምቲ ዝበሃል፡ ቀንዲ ሰዓቢ ጸሓፊ ትእዛዝ ወልደጊዮርጊስ ድሕሪ ምጽናሕ፡ ኣብ'ቲ ኣብ ምጅማር ሓምሳታት ኣቢሉ ኣብ ቤተ-መንግስቲ ሃይለስላሴ ዝተኸሰተ፡ ኣብ መንጎ'ቲ ጸሓፊ ትእዛዝን ብደቂ ሃብተወልድ ዝፍለጡ ሰለስተ ኣሕዋትን፡ ማለት ድማ፡ መኮንን፡ ኣካለወልድን ኣክሊሉን ዝተላዕለ ናይ ስልጣን ውድድር፡ ፊታውራሪ ኣብርሃ ወገን ቀዳሮም ምስቶም ኣሕዋት ተጸግጡ። ኣብ ልዕሊ'ዚ፡ ኣቐዲሞም ምስቲ ኣብ ኤርትራ ዝነበረ ወኪል ኢትዮጵያ፡ ማለት ድማ፡ ምስ ነጋ ሃይለስላሰ ተባኢሶም ስለ ዝነበሩ፡ ካብ ሃጸይ ሃይለስላሰ'ውን ርሒቖም ነይሮም ኢዮም። እዚ ኹሉ ተደማሚሩ፡ ንፊታውራሪ ኣብርሃ ካብ ሰበ-ስልጣን ኢትዮጵያ ነጸሎም። ኣብ ምጅማር ሓምሳታት፡ እቶም ፊታውራሪ ንሸዋ ገዲፎም ኤርትራ ብምእታው፡ ኣብ ዓዶም ዓዲ ግሬቶ ሰራየ ሰፈሩ። ካብኡ ዳርጋ ከይወጹን ከይተሓጉሱን ከኣ ክሳብ መወዳእታ ህይወቶም ብሓውሲ ማሕዩር ጸንሑ።

15. FO 371/73787 J 3956, Annexture "C" 3/5/1949.

ናብቲ ኣመንጊናዮ ዝጸናሕና ንመለስ። ካብ'ቲ ኹሉ ኣብ ቅድሚኡ ዝነበረ መርትዖታት ተበጊሱ እቲ ምምሕዳር ኣብ ልዕሊ ማሕበር ኣንድነት ናይ ሽርሕን ግብረ ሽበራን ውድብ ዝብል ብይን ኣሕለፈ። ብ6 ሚያዝያ 1949 ድማ፡ ወተሃደራዊ ኣመሓዳሪ ብሪጋደር ድሩ፡ "ሎሚ መዓልቲ፡ ንማሕበር ኣንድነት ዝዓኹን ዘይሕጋዊ ዘብሎን ትእዛዝ ኣሕሊፈ ኣሎኹ፣ እዚ ድማ ኣብ'ዚ ግዝኣት'ዚ ንህዝባዊ ጸጥታ ኣብ ሓደጋ ዘእቱ ንጥፈታት ከካይድ ስለ ዝጸንሐ ኢዩ፡" ክብል መግለጺ ኣውጽአ።[16] በዚ መሰረት ድማ፡ ካብ'ቲ ዕለት'ቲ ጀሚሩ ማሕበር ኣንድነት ብወግዒ ተዓጽወ። ንጥፈታቱ ብኻልእ ኣገባብ ከም ዝቐጸለ ግን ጸኒሕና ክንርኢ ኢና።

ቤት ጽሕፈት ኣንድነት ምስ ተፈተሸ፡ ብዘይካ'ቲ ተዘርዚሩ ዘሎ ሰነዳት፡ ኣብ ኢድ እቶም ሽዑ ዝተኣሰሩ መራሕቲ ማሕበር፡ ማለት ገብረስላሰ ጋርዛን ሃብቶም ኣርኣያን፡ 90 ጎዘሞ፡ 50 ጉራደን 20 ፋስን ተረኽበ።[17] ክልቲኦም ድማ በዚ ገበን'ዚ ተኸሰሱ'ሞ፡ ናብ ቤት ፍርዲ ቀረቡን ናይ ገበን ፍርዲ ተበየነሎምን።[18] እዚ ክስን ብይንን'ዚ፡ ብዘይ ፍቓድ መሳርያ ብምሓዝ ጥራይ እምበር ብዛዕባ'ቲ ዝዓበየ ገበን፡ ማለት ቅትለት ከቢረ ኣይነበረን።

ነቲ ብዝምልከት፡ ኣብቲ ፈለማ እቲ ምምሕዳር ጽንዕ ዝበለ ስጉምቲ ክወስድ ዝተዳለወ ኢዩ መሲሉ ነይሩ። ምኽንያቱ፡ ንገብረስላሰ ጋርዛን ንሃብቶም ኣርኣያን ድሕሪ ምእሳሩ፡ ኣብ ምጅማር ወርሒ ሚያዝያ ን31 ካልኦት ተራ ኣባላትን መራሕትን ኣንድነት፡ 13 ካብ ኣስመራ፡ 18 ድማ ካብ ምጽዋዕ ኣሰረ። ጽንሕ ኢሉ ግን፡ ናይ ፖሊስ መርመራ ኣዕጋቢ ውጽኢት ኣይተረኽበን ብምባል ፈትሖም። እቲ ኣዝዩ ኣማቲ ዝኾነ ዝተታሕዘ ደብዳበታት'ውን ናብ መን ከም ዝተላእከ ኣይፍሉጥን ኢዩ ዝብል ምጉት'ውን ኣምጽአ።

ብሪጋደር ድሩ ነዚ ኣብ ዝገለጸሉ ጸብጻብ፡ ካልእ ናይ ኣንድነት ሰነዳት ከም ዝተታሕዘ'ሞ እዚ ድማ እቲ ማሕበር መምርሒታቱ ካብ ተድላ ባይሩን ካብ ተኮላ ገብረመድህንን ይቕበል ከም ዝነበረ ሓበረ። እዚ ናይ መምርሒ ርክብ እዚ ኣብ 1947 ከም ዝጀመረን ኣብ ቀውዒ ናይ'ቲ ዓመት እቲ'ውን ተኮላ ኣብ ግብረ ሽበራዊ ንጥፈታት ኣንድነት ኢድ ከም ዝነበሮ ዘረጋግጽ ሰነዳት ተረኺቡ ከም ዝነበረን ብተወሳኺ ገለጸ።[19] ከምዚ ድሕሪ ምባል ብሪጋደር ድሩ፡ ነዚ ዝስዕብ ኣብ ደብዳበኡ ኣሰፈረ፤

16. FO 371/73787, J 2952, 6/4/1949. ኣብታ ነዚ እትገልጽ ሰነድ፡ እቲ ትእዛዝ ብ8/4/1949 ከም ዝተዋህበ ኢዩ ዝግለጽ። ጸኒሑ ኣብ J 3956 ኣብ ዝጸሓፎ ጸብጻብ ግን፡ ብሪጋደር ድሩ ነቲ ትእዛዝ ብ6/5/1949 ከም ዘሕለፎ ይገልጽ።

17. FO 371/73787, J 2947, 2/4/1949.

18. FO 371/73787, J 2947 እቲ ፍርዲ ኣዝዩ ፈኲስ ኢዩ ነይሩ።

19. ብዘይካ'ዚ ብሪጋደር ድሩ ካልእ መረጋገጺ'ውን ረኺቡ ነይሩ ኢዩ። ንኣብነት፡ ገብረስላሰ ጋርዛ፡ ማሕበር ኣንድነት ቅድሚ ምምጻእ ኮሚሽን ኣርባዕተ ሓያላት ንዘሳለጦ "ስራሕ" ክፍሊት ክውሃቦ ዝሓተተሉ ሓደ ሰነድ፡ ከምኡ'ውን ንዝተሸገሩ ኣባላት ማሕበር ሓገዝ ዝተወፈየ ዘመልክትን፡ ገብረስላሰ ጋርዛ ባዕሉ ስለ'ቲ ምሉእ ምትሕግጋዙ ካብ ተኮላ ገንዘብ ስለ ዝተቐበለ ዘመስግንን ደብዳበታት ኣብ ኢዱ ኣትዩ ነይሩ። FO 371/73787, J 2969, 8/4/1949.

..... (ጉብረስላሰ) ጋርዛ ኣብ ዝተኣሰረላ ምሸት 27 መጋቢት፡ ተድላ ባይሩ ኣብቲ ቤት ማእሰርቲ ብዝጸበረ ሓላዊ (ዱጋና) ኣቢሉ ምስኡ ርክብ ከም ዝገበረ ተረጋጊጹ ኣሎ። ፖሊስ ኣብ ቤት ጽሕፈት ኣንድነት ኣብ ዝገበሩዎ ዳህሳስ፡ ንተድላ ከሕትቶ ዝኽእል (compromising) ሰነዳት ተታሒዙ እንተ ኾይኑ ኸአ ሓተተ። ገለ ካብቲ ሰነዳት ኣዝዩ ኣተሓሳሲቲ ከም ዝኾነ ኸአ ንተድላ ተነጊሩዎ።[20]

ካብ'ዚ ተበጊሱ ብሪጋደር ድሩ፡ እቲ ንዓብደልቃድር ከቢረ ንምቕታል ፍቓድ ዝሓተተ፡ ብኣንፈት ወይ ብግምትን ካብ'ቲ ዝነበረ መርትዖታት ኣዋጺእካን (inference) ካብ ተድላ ወይ ተኮላ ወይ'ውን ካብኦም ዝልዕል ካልእ ኣካል ወጻኢ ክኸውን ከም ዘይክእል ኣመተ። ይኹን እምበር፡ እታ ደብዳበ ናብ መን ከም ዝተሰደደት ስለ ዘይሓበረት፡ እቲ ወሃብ ፍቓድ መን ከም ዝኾነ'ውን ስለ ዘይተነጸረ፡ ጭቡጥ መርትዖ ኣለዎ ክብሃል ኣይክእልን ኢዩ በለ። በዚ ድማ ኣብ ተድላ ባይሩ ምትኳር ገዲፉ፡ ኣቓልቦኡ ናብ ኮሎኔል ነጋን ተኮላን ኣዞረ።

ብዛዕባ ነጋ ክገልጽ እንከሎ፡ ዘየወላውል ጭብጢ ተረኺቡ'ኳ እንተ ዘይተባህለ፡ ካብቲ ኹሉ ዝተባህለን ዝተገብረን ተበጊሱ፡ "ነጋ ምስ ኣባላት (ኣንድነት) ናይ ቀረባ ርክብ ከም ዘለዎን ይፈልጥ ጥራይ ዘይኮነስ ምናልባት'ውን ንንጥፈታት ኣንድነት ከም ዝመርሕን ከም ውዱእ ወሲደዮ ኣሎኹ" በለ። ንነጋ ጥራይ ዘይኮነ፡ ብሪጋደር ድሩ ንተኮላ ገብረመድህን እውን ወንጀሎ። ሓደ ካብ'ቲ ኣብ ቤት ጽሕፈት ኣንድነት ዝተረኽበ ሰነድ፡ ተኮላ ገብረመድህን፡ "ሓደ ፍሉይ ዕማም ንኽፍጽም፡ ክልተ ተባዓትን እሙናትን ኣባላት የድልዩ ኣለዉ" ክብል ናብ መራሕቲ ኣንድነት ዝጸሓፎ ደብዳበ ተታሒዙ ነይሩ ኢዩ።[21] ድሩ፡ እዚ "ፍሉይ ዕማም" እዚ ንከቢረ ንምቕታል ምዃኑን ዘይምዃኑን ብሩህ ኣይኮነን'ኳ እንተ በለ፡ ኣብ ልዕሊ ተኮላ ንዝነበሮ ኣሉታዊ ኣመለኻኽታ ግን ኣጋደዶ።

ካብ'ዚ ኹሉ ተበጊሱ እምበኣር ድሩ፡ ኮሎኔል ነጋ ካብ ናይ ርክብ መኮነን ስራሓቱ ወጻኢ ይሰርሕ ስለ ዝነበረ፡ ተኮላ'ውን ብምኽንያት ኩሉ'ቲ ተግባራቱ፡ ካብ ኤርትራ ክስጐጉን ብኻልኦት ክትክኡን ጠለበ። ኣብ ልዕል'ዚ፡ ማሕበር ኣንድነት ብመገዲ ፊታውራሪ ኣብርሃ ወልደታትዮስ፡ ምስ'ቲ "ተንኰለኛ ጸሓፊ ትእዛዝ ወልደጊዮርጊስ" ይራኸብ ምንባሩ ክትከኣረሉ ዝግባእ ጉዳይ ከም ዝነበረ ኣተሓሳሰበ።[22]

እዚ ናይ ብሪጋደር ድሩ ጠለብ ግን ኣብ ብሪጣንያ ባዕላ፡ ብፍላይ ድማ ኣብቲ ንጉዳያት ኣፍሪቃ ዝከታተል ዝነበረ ሚኒስትሪ ጉዳያት ወጻኢ ተሪር ተቓውሞ ኣጓነፎ። ጆርጅ ክላተን ዝተባህለ በዓል ስልጣን ናይ'ቲ ክፍሊ ንኣብነት፡ ድሩ ኣብ ልዕሊ ኮሎኔል ነጋ "ጠገለ ዘይብሉ" ክሲ ኣቕሪቡ ክብል ወቐሰ። ኣቐዲሙ ንነጋ ናይ ምልጋስ ጠለብ ይቐርብ'ኳ እንተ ነበረ፡ ብኽልተ ምኽንያታት ከም ዘይተሳለጠ

20. FO 371/73787, J 3956, 3/5/1949.
21. FO 371/73787, J 2749, 8/4/1949.
22. FO 371/73787, J 3956, 3/4/1949.

ኣረድኡ። ቀዳማይ፡ ከኣ በሉ፡ እቲ ዝቐርብ ዝነበረ ተመሳሳሊ ክሲ ጭቡጥ መርትዖ ስለ ዘይነበሮ ክኸውን እንከሎ፡ ካልኣይ ድማ፡ ነቲ ጠለብ ምምላእ ንብሪጣንያ ካልእ ጸገም ከስዕባላ ስለ ዝኾነ፡ ሕጂ'ውን እቲ ጊዜ ዘይጥዑም ምንባሩ ክላተን ገለጸ። "ንሕና ብዛዕባ ናይ ሃውድን ዘይላን ልውውጥ (ምስ መንግስቲ ኢትዮጵያ) ሓዲሽ ውዕል ናይ ምግባር ዝርርብ ጀሚርና ኣለና። ብዛዕባ ውጥን ቀላይ ጻና'ውን ናቶም ስምምዕ የድልየና ኢዩ" ብምባል ከኣ፡ ጉዳይ ነጋ ንኸይለዓል ኣተሓሳሰበ።[23] ጸኒሑ፡ ናይ ክላተን ሓሳባት ሓፈሻዊ ተቐባልነት ስለ ዝረኸበ፡ እቲ ብሪጋደር ድሩ ንነጋን ንተኮላን ንምልጋስ ዘቕረቦ ጠለብ ብወግዒ ተወገነ። ድሩ'ውን ቅር ከም ዝበሎ'ኳ እንተ ገለጸ፡ ነቲ ጉዳይ ክንድ'ቲ ኣይደፍኣሉን።[24]

ከም'ዚ ኢሉ፡ ጉዳይ ዓብደልቃድር ከቢረ ኣብ ውሽጢ ሜላታት ብሪጣንያ ተዋሒጡ ግቡእ ቦታኡን ኣቓልቦን ከይረኸበ ተረፈ። ገብረስላሰ ጋርዛን ሃብቶም ኣርኣያን ግን ኣብ ልዕሊ'ቲ ኣቐዲሙ ዝተጠቕሰ'ሞ ፈኲስ ማእሰርቲ ዘፍረደሎም ክሲ፡ ህውከት ብምልዕዓልን ናይ ፖሊስ ተኣማንነት ንኽጉድሉ ብምፍታንን ዳግም ተኸሰሱ።[25] ድሕሪ ተሪር፡ ክልተ ኢጣልያውያን ጠበቓታት ኣብ ክንዲ ክሱሳት ዝመጐቱሉ መስርሕ ድማ፡ ገብረስላሰ ጋርዛ ብ15፡ ሃብቶም ኣርኣያ ድማ ብ10 ዓመት እስራት ንኽቕጽዑ ተፈርደ።[26] ነቲ መቕጻዕቲ'ኳ ኣይወድኡዎን፣ ጸኒሖም ነጻ ተለቒቖም ኢዮም።

ቀታሊ ዓብደልቃድር ከቢረ'ውን ኣይተታሕዘን። ገብረመድህን ኣብርሃ ዝተባህለ ፍሉጥ ትግራዋይ ኣባል ኣንድነት ከም ዝነበረ ሰነዳት ብሪጣንያ ይሕብሩ። ድሕሪ'ቲ ገበን ዓድዋ ብምህዳም፡ ብቓልዕ ቀታሊ ከቢረ ንሱ ብምንባሩ ይጀሃር ከም ዝነበረ'ውን ኣመሓዳሪቲ ኤርትራ ይፈልጡ ነይሮም ኢዮም። ብተደጋጋሚ፡ ናብ ኤርትራ ንኽምለስ ዘድሊ ስጉምቲ ክንወስድ ኢና ይብሉ'ኳ እንተ ነበሩ ግን፡ እንተስ ኣብርቲዖም ስለ ዘይፈተኑ፡ እንተስ ስለ ዘይደለዩ፡ እንተስ ስለ ዘይሰለጦም፡ ንገብረመድህን ኣብርሃ ኣይመለስዎን፣ ኣብ ፍርዲ'ውን ኣይቀረበን።[27]

ከም'ዚ ኢሉ፡ መቕተልቲ ዓብደልቃድር ከቢረ ብዕበጦ ዕበጦ ተጐላቢቡ ሓለፈ። ኣብ ታሪኽ ናጽነታዊ ቓልሲ ህዝቢ ኤርትራ ግን ሓደ ዓቢ ቦታ ሓዘ። መስዋእቲ ከቢረ፡ ፖለቲካ ኤርትራ ዝረኣየ ናይ መጀመርታ ዕላማ ቅትለትን ናይ ዕላማ መስዋእትን ስለ ዝነበረ፡ ከም ነጥበ መቐይሮ ክንርእዮ ንኽእል። ኣብ መንን ሕብረትን ናጽነትን ዝነበረ ምፍጣጥ፡ ናይ ሞትን ሕየትን ቃልሲ እውን ከም ዝነበረ እዚ ፍጻመ'ዚ ጉሉሕ መረጋገጺ ኾነ። ነዚ ስለ ዝተረድአ ይኸውን እቲ ምምሕዳር'ውን ብዛዕባ ሞት ከቢረ ክዛረብ እንከሎ፡ "ብፖለቲካዊ ምኽንያት ምቕታል ደጊም ኣብ መዛግብ ታሪኽ ኤርትራ ቦታኡ ሒዙ ኢዩ" ክብል ጸብጻቡ ዘቕረበ።

23. FO 371/73787, J 5360, 30/6/1949.
24. FO 371/73787, J 5360, 4/7/1949.
25. FO 1015/187, No 42 BMA Monthly Political Report - June 1949, p.3, 30/6/1949.
26. FO 1015/187, No. 43 BMA Monthly Political Report, - July 1949, p. 5, 31/6/1949.
27. FO 371/73787, J 3663, 3/5/1949.

ብሓጺሩ፡ መስዋእቲ ከቢረ ሸዑ፡ ኣብ'ቲ ብውዑዩ፡ ጉሊሑ ዝርአ ፖለቲካዊ ለውጢ ኣየምጽአን። ንመጻኢ ዝኣመተ ዓሚቝ ትርጉሙ ግን ካብ ናይ'ቲ ጊዜ ሰባት'ውን ዝተኸወለ ኣይነበረን። ካብ ዝዓርፉ ኣብ መበል 40 መዓልቶም፡ ኣብ ሲነማ ኢምፔሮ ሓደ ዓቢ ናይ ዝኽሪ ኣኼባ ተኻየደሎም። ኣብ'ዚ መራሕቲ ኣልራቢጣ፡ ኤርትራ ንኤርትራውያንን ናይ ጣልያን ማሕበራትን፡ ከምኡ'ውን እንግሊዛውያን ሰበ ስልጣን ምምሕዳርን ዝተረኽቡሉ ዓቢ ኣኼባ፡ ታሪኽ ህይወት ከቢረ ብሰፊሑ ተዘርዚረ፡ ሞያኦምን ዕብየቶምን እውን ተነግረሎም። ካብ'ዚ ኹሉ፡ እቲ ዝያዳ ትርጉም ዝሃበን ኣብ ጋዜጣታት ዝተዘርግሐን፡ ኣቶ ወልደኣብ ዝሃቡዎ ቃል ነበረ። ብሓጺሩ ነዚ ዝስዕብ ተዛረቡ፤

> እዚ ሎሚ ኣብ'ዚ ተኣኪቡ ዘሎ ክቡር ህዝቢ፡ ንክቡር ሸኽ ዓብደልቃድር ከቢረ ኤርትራዊ ኪዝክር' ኢዩ'ምበር፡ ንሸኽ ዓብደልቃድር ከቢረ ፖለቲካዊ ጥራይ ክዝክር ኢሉ ኣይኮነን። ከምኡ'ውን ን.... ኣቦ ዓቢይ ሰድራ ክዝክር እምበር ... ንመራሕ ኤል ራቢጣ ኢስላሚያ ኪዝክር ኢሉ ኣይኮነን፡ እዚ በዓል እዚ፡ ንኽቡርን ንንፉዕን ሓውና ኤርትራዊ ንምዝካር እተገብረ በዓል ካብ ዚኸውን፡ በዛ ሎሚ ኣብ መንጎ ኤርትራውያን፡ ኣብ መንጎ ክርስትያንን ኣስላምን ምፍልላይ ኪርአ ኹቶ ኣይምተገብአን።

ቀጺሎም ኣቶ ወልደኣብ፡ ብቕትለት ከቢረ ዝረብሕ ወይ ዝዕወት ኮይኑ ዝስምዖ ሰብ ግጉይ ምንባሩ ሓበሩ'ሞ፡ በዚ ዝስዕብ ታሪኻዊ ዘረባ ደምደሙ፤

> ናይ ሰብ ዕላማን ሓሳብን ቅኑዕን ጽቡቕን እንተ ደኣ ኾይኑ፡ ኩቶ ክቕተል ዘይኽእል ኢዩ። ሓሳብ ሰብ ኣኽናፍ ኣለዎ፡ ቀላጽም ከአ ኣሎዎ'ሞ ባዕሉ ኪቃለስን ኪሰዕርን ዚኽእል ኢዩ። ሸኽ ዓብደልቃድር ከቢረ ...... እቲ ሓሳቦምን ዕላምኦምን ንኣና ሓዲጎምልና ሓሊፎም ኣሎዉ። ንሕና ድማ ኣብቲ ዕዉት መፈጸምትኡ ከነብጽሖ ዚግብኣና ኢዩ። ብሕመቕና እንተ ተሰነፍና ግና፡ ናይ ሸኽ ዓብደልቃድር ከቢረ ሓሳብን ዕላማን ቀተልቲ ኴንና ንርከብ። ...... ከም ዘይሞቱ ንምግላጽ እምበኣር፡ ነቲ ንሶም ዝገደፉልና ዕላማን ሓሳብን ኣብቲ ናይ ዓወት መፈጸምትኡ ከነብጽሖ ንጋደል፡ ንሱ ድማ ንኤርትራ ምሉእን ቅልጡፍን ሓርነትን ዕብየትን ምውሃብ ኢዩ።[28]

ናብ ስምምዕ በቨን-ስፎርዛ ዘምርሐ ኣህጉራዊ ኣተሓሳስባ

ከምቲ ተባሂሉ ዘሎ፡ ቅትለት ዓብደልቃድር ከቢረን ኣተሓሕዛኡ ብወተሃደራዊ ምምሕዳር ኤርትራን ንጉዳይን ርእይቶን ኤርትራውያን ዝተሓተ ግምት ይውሃቦ ከም ዝነበረ የርኢ። እዚ ድማ፡ ኣቓልቦ መንግስቲ ብሪጣንያ ብኣውራኡ ኣብ ምዕዋት ናይ'ቲ ደጋጊምና ጠቒስናዮ ዘለና ዓቢ ናይ ምብራቕ ኣፍሪቃ ውጥኑ እምበር ድሌት ወይ ርእይቶ ህዝቢ ኤርትራ ኣብ ምርዋይ ወይ ምስማዕ ስለ ዘይነበረ ኢዩ። እዚ ብወገኑ፡ በቲ ኣርባዕተ ሓያላት መንግስታት ንጉዳይ ግዝኣታት

28. ሰ.ጋ. 7/349፡ 12/5/1949.

ብሪጋደር ድሩ

ኢጣልያ ነበር ምፍታሕ ዝሰኣናሉ ጊዜ ጀሚሩ ዝተራእየ ኣህጉራዊ ንጥፈታት ክረጋገጽ ይክኣል።

ብሪጣንያ ነቲ ንኤርትራ ንምምቃል ኣውጺኣቶ ዝነበረት ውጥን ከተዐውት ጻዕራ ቀጸለት ጥራይ ዘይኮነ፡ ከም ውዱእን ዘይተርፍን እውን ክትቁጽሮን ብዛዕባ ትግባረኡ ዝድሊ ምቅርራብ ክትገብርን ጀመረት። ኣብ ወርሒ ጥሪ 1949 ንኣብነት፡ ኣብ ኤርትራ ዝነበሩ ሰበ ስልጣና፡ ኤርትራ ምስ ተመቕለት ምዕራባዊ ቆላ ብኸመይ ምስ ወጻኢ ክራኸብ ኢዩ ዝብል ጸገም ኣሻቐሎም። እቲ ምምሕዳር ከረን ክቕይር እንተ ኾይኑ፡ እታ ኸተማ ክትጸቦን ነቲ ኣስመራ እትህቦ ዝነበረት መሳለጥያታት ኣይክትቕርበሉን ኢያ ብምባል'ውን ብዙሕ ሓሰቡን ተላዘቡን።[29]

ወተሃደራዊ ኣመሓዳሪ ኤርትራ ብሪጋደር ድሩ ግን፡ ምምቃል ኤርትራ ናብ ከበሳን ቆላን ኣብ ባይቶ ሕቡራት ሃገራት ተቐባልነት ኣይረክብን ኢዩ ዝኸውን ዝብል ስክፍታ ነይሩዎ ኢዩ። ስለ'ዚ፡ መንግስቲ ብሪጣንያ ካልኣይ ኣማራጺ፡ ማለት ንዓሰብ ንኢትዮጵያ ዓዲልካ ንዝተረፈት ኤርትራ ከም ዘላታ ካልእ መደብ ክግበረላ ኣመመ። እዚ፡ ብሃጸይ ሃይለስላሴ ኣይእበን ኢዩ ዝኸውን እኳ እንተ በለ፡ ብሪጋደር ድሩ ግን ንዓሰብ ንኢትዮጵያ ንምሃብ፡ ንደንካልያ ኣበይ ትቑርጻ

29. FO 371/73841, J 507, Mason (Asmara) to Clutton (London), 10/1/1949.

ዝብል ሕቶ ኣተሓሳሰቦ። ቀንዲ ጸገም ዝኾኖ፡ ኣብ ከባቢ መርሳ ፋጥማ ዕቑር ነዳዲ ኣሎ ዝብል ጥርጣረ ስለ ዝነበረ፡ ንምልእቲ ደንካልያ ናብ ኢትዮጵያ ትኺድ ምባል ነቲ ነዳዲ ሓዊስካ ንኢትዮጵያ ኣሕሊፍካ ምሃቡ ስለ ዝነበረ፡ ካብ ቊጽጽርን ጥቕምን ብሪጣንያ ወጻኢ ንኸይከውን ኢዩ። ስለ'ዚ ደምደመ እቲ ኣመሓዳሪ፡ ካብ ወሸመጥ ዙላን ከባቢ መርሳ ፋጥማን ትሕት ኣብ ዝበለ ቦታ መፍለዪ ዝኸውን ዶብ ንኽሕንጸጽ ኣመመ። ስለምንታይ ዝብል ሕቶ ምስ ዝለዓል ድማ፡ "ሰሜናዊ ደንካልያ ካብ ዓሰብ ዘይኮነስ፡ ካብ ምጽዋዕ ኢዩ ብዝቐለለ ክመሓደር ዝጥዕም ኢልና ብቐሊሉ ክነመኽኒ ንኽእል ኢና፡" በለ ብሪጋደር ድሩ።[30] ሓሳባቱ ግን ክንድ'ቲ ተቐባልነት ኣይረኸበን።[31]

ባይቶ ሕቡራት ሃገራት (ባ.ሕ.ሃ.)፡ ንጉዳይ ግዙኣት ኢጣልያ ዝነበራ ኣብ ወርሒ ሚያዝያ 1949 ንኽርእዮ ኢዩ ቈጸራ ሒዙ ነይሩ። እዚ ዕለት'ዚ እናተቓረበ ምስ ከደ፡ በቲ ጉዳይ ማዕረ ብሪጣንያን ኢትዮጵያን ዝግደሳ ካልኦት ሃገራት፡ ብፍላይ ድማ ኢጣልያ ባዕላን ኣመሪካን፡ ብኹሉ ዝበለ ደረጃ ክነጣጠፋ ተራእያ። ብፍላይ ኢጣልያ ብመገዲ ናይ ወጻኢ ጉዳይ ሚኒስተራ ኮንተ ስፎርሳ ኣቢላ ሓደ ሓያል ናይ ፕሮፓጋንዳ ዘመተ ከተካይድ ተራእየት። ኢጣልያ፡ ኣብ ካልኣይ ኩናት ዓለም'ኳ ኣባል እቲ ዝተሳዕረ ሓይሊ ኣክሲስ እንተ ነበረት፡ ኣብ ምውዳእ'ቲ ኩናት ንሙሶሊኒ ብምዕላው፡ ካልእ ዘይፋሽስታዊ መንግስቲ ኣቑማ ነይራ ኢያ። በዚ ድማ፡ ናብ ውድብ ሕቡራት ሃገራት ናይ ኣባልነት መሰል ረኺባ ጥራይ ዘይኮነ፡ ናይ ዳርጋ ብምሉኣን ሃገራት ላቲን ኣመሪካ ደገፍ'ውን ኣጥረየት።[32] ምስቲ ኣብ መንጎ'ተን ሰብ ኪዳን ብምኳን ንኻልኣይ ኩናት ዓለም ብዓወት ዝወድኣኦ ኣርባዕተ ሓያላት ዝርአ ዝነበረ ናይ ውድድር ምፍጣጥ፡ ኢጣልያ፡ ብፍላይ ድማ ኣብ ጉዳይ መጻኢ ዕድል ግዝኣታታ ዝነበራ ኤርትራን ሊብያን ሶማልያን፡ ዓቢን ማእከላይን ኣገዳስነትን ኣቓልቦን ረኸበት።

ካብ'ዚ ተበጊሱ፡ ናይ ኢጣልያ ሚኒስተር ጉዳያት ወጻኢ ዝነበረ ኮንተ ስፎርሳ፡ ኣብቲ ጉዳይ ንዝነበረ መርገጺ ኢጣልያ ዘንጽር ስጉምትታት ክወስድ ጀመረ። ንኤርትራ ብዝምልከት ንኣብነት፡ ሽሕ'ኳ መጻኢ ዕድል ናይ'ታ ሃገር ንኢጣልያን ኢትዮጵያን፡ ንዓባይ ብሪጣንያ'ውን ከም ኣመሓዳሪት፡ ብማዕረ የገድሰን እንተ ነበረ፡ እዚ ናይ ወጻኢ ረብሓታት'ዚ ንኤርትራ ብምምቃል ክረዊ ወይ ክማላእ ከም ዘይግባእ ኣተሓሳሰበ። ኣብ'ዚ ኣብ ወርሒ ለካቲት ዝሃቦ መግለጺ፡ ስፎርሳ ኤርትራ ድሕሪ ሓደ ናይ መጉዚትነት እዋን ናጻ ክትወጽእ ደኣ'ምበር፡ "ንሓንቲ ነቲ ኤርትራ ድሮ ፈቲሓቶ ዘላ ጸገማት ንኽትፈትሕ እትጽዕር ዘላ ሃገር ክትውሃብ ኣይግባእን" በለ። ነቲ፡ "ኤርትራ መበገሲ ኹሉ ናይ ባዕዲ ወራራት ስለ ዝኾነት፡ ናታ ናጽነት ውሕስነት ኣይህበንን ኢዩ..." ዝብል ዝነበረ ናይ ኢትዮጵያ ምሕጽንታታት ንምውዳቕ ድማ ስፎርሳ፡ "ኣብ ትሕቲ መጉዚትነት

30. FO 371/73841, Drew to Mason, 19/1/1949.
31. FO 371/73841, J 759, 2/2/1949.
32. Trevaskis, p. 92-93.

ሕቡራት ሃገራት ዝኣተወት ኤርትራ፡ መንሃርያ ናይ ዓመጽ ኣንጻር ኢትዮጵያ ክትከውን ኣይትኽእልን ኢያ” ዝብል ምጉት ኣቕረበ። ቀንዲ ዕላማኡ መቸም፡ ኢጣልያ ብመጉዚትነት ናብ ኤርትራ ንምምላስ ኢዩ ዝነበረ። ነዚ ድማ፡ ህዝቢ ኤርትራ፡ ሕብረት ምስ ኢትዮጵያ ዘይኮነስ፡ “እቲ ብኢጣልያ ተጀሚሩ ዝነበረ’ሞ፡ ብምምሕዳር ብሪጣንያ ዝቐጸለ ስራሕ ንኽይቋረጽ፡ በንጻሩ’ኳ ደኣ ክድንፍዕን ኣብ ኩሉ ዓንኬላት ክቀላጠፍን” ከም ዝደሊ ኣበርቲዑ ተኸራኸረ።[33]

ናይ ስፎርሳ ኣቀራርባ ጥንቅቕ ዝበለ ኾይኑ፡ ጸግዒ ወይ ሓገዝ ብሪጣንያ ንምርኻብ’ውን ይቋመት ከም ዝነበረ ዝእምት ኢዩ። እዚ ድማ ንኢትዮጵያ ኣዝዩ ኣሰግኣ። ክንዲ ዝኾነ፡ ሽዑ ምኽትል ሚኒስተር ጉዳያት ወጻኢ ኢትዮጵያ ዝነበረ ኣክሊሉ ሃብተወልድ፡ ኤርትራ ብምልእታ ናብ ኢትዮጵያ ትተሓወሰ ዝብል ሓሳብ ደገፍ ኩለን መንግስታት ላቲን ኣመሪካን ፈረንሳን ረኺቡ ኣሎ’ሞ፡ “ብሪጣንያ’ውን ክትድግፎ ኣለዋ” ዝብል ምጉት ናብ ብሪጣንያ ከቕርብን ብዘኽእሎ ክጉስጉሰሉን ፈተነ። ኣብ ሓደ ናብ ሚኒስተር ጉዳያት ወጻኢ ብሪጣንያ ኤርነስት በቪን ዝለኣኾ ደብዳበ፡ ላሽል ዝተባህለ ኣምባሳደር ብሪጣንያ ኣብ ኢትዮጵያ፡ ኩሉ እቲ ኣክሊሉ ዝብሎ ዝነበረ ሓሶት ወይ ዝተጋነነ ገምጋም ምዃኑ ሓበረ። “ስለምንታይ እናፈለጠ ጭብጥታት ይጠማዘዝ ከም ዘሎ’ውን ክርድኣኒ ኣይከኣለን” ብምባል ከኣ ኣስተንከረ።[34] ናይ’ቲ ጊዜ ፖለቲካን ፕሮፓጋንዳን መንግስቲ ኢትዮጵያ ዝፈልጥ ግን በቲ ሓሶት ይኹን ምግናን ክግረም ኣይምተገብአን - ስሩዕ ሜላ ስለ ዝነበረ።

ብዝኾነ፡ መንግስቲ ኢጣልያ ናብ መንግስቲ ብሪጣንያ ዘቕነዐ ናይ ምልስላስ ሜላ ቀጸለ። ኣብ ምጅማር መጋቢት 1949 ንኣብነት፡ ዶቶር ማንዚኒ ዝተባህለ ኢጣልያዊ በዓል ስልጣን ምስ ሰበ ስልጣን ብሪጣንያ ብምርኻብ፡ ነቲ ብሪጣንያ እተቕርቦ ዝነበረት ንኤርትራ ናይ ምምቃል ሓሳብ ክቃወሙ ምኳኖም’ኳ እንተ ሓበረ፡ እማመ ብሪጣንያ ግድን ምስ ዝትግበር ግን፡ ንኢጣልያ ካብ ውርደት ዘድሕን ሓደ ሓደ መዋጽኦ ክመሃዘላ ለመነ። ቀዳምነት ከኣ በለ፡ ኢጣልያ ማዕረ’ተን “ገዛእቲ ሃገራት” ተቘጺራ ኣብ ኩሉ ንኣፍሪቃ ዝምልከት ኣህጉራዊ “ዕላታት ክትሳተፍ፣ ብተወሳኺ ድማ፡ ንኣፍሪቃ ን“ምምዕባል” ኣብ ዝካየድ ኣህጉራዊ ንጥፈታት ኢጣልያ ከም ብዓልቲ ብርኪ ወይ ከም መሻርኽቲ ክትቁጸር ሓተተ።[35] እቲ ኹሉ ሓላይት ኤርትራን ህዝባን ተመሲልካ ዝቐርብ ዝነበረ ምምጽዳቕ እምበኣር፡ ብቐሊሉ ኣብ ዋጋ ዕዳጋ ዝኣቱ ኢዩ ነይሩ ማለት ኢዩ። ሽዑ ቕነ፡ መጋቢት 4፡ 1949፡ ኢጣልያ ናብ ብሪጣንያ ኣብ ዘቕረበቶ መዘክር፡ ብዛዕባ መጻኢ ዕድል ኤርትራውያን ዝሕለቕ እምበር ክብሪ ኢጣልያ ንኽይትንከፍ ዝምጉት ኣይነበረን።[36] እቶም ንዶቶር ማንዚኒ ዝሰምዑ ሰበ ስልጣን ብሪጣንያ’ውን ብልቦም ዝሰሕቁዎ ዝነበሩ ኢዮም ዝመስሉ። ምኽንያቱ ኣብ

33. FO 371 73841, J 1137, Count Sforza, Interview in the Massages of 8/2/1949, 9/2/1949
34. FO 371/ 73841, J 1712, Lascelles to Bevin , 22/2/1949.
35. FO 371 /73841, J 1790/ 512/122, 2/3/1949.
36. FO 371/73841, Note Verbale, Ministero Legli Affari Esteri, 4/3/1949

መልሶም፡ ኢጣልያ ኣብ'ቲ ንኣፍሪቃ ዝምልከት ዋዕላታት ንኽትሳተፍ ዝድግፉ ምኽኒኖም ድሕሪ ምግላጽ፡ ነቲ ኻልኣይ ሕቶ ኢጣልያ፡ ማለት ነቲ ኣብ ኣፍሪቃ ከም መሻርኽቶም ንኽትርአ ዝጠልብ ግን፡ ቀጠባዊ ዓቕሚ ኢጣልያ ኣየፍቅደላን ኢዩ ዝኾውን ብምባል ወገኑዎ።[37]

ይኹን'ምበር፡ እቲ ሰበ ስልጣን ኢጣልያ ብወግዒ ዝብሉዎን ኣብ ዘይወግዓዊ ርክባት ዝዛረቡዎን ዝተዋቐዐ ምንባሩ፡ ንናይ ብሪጣንያ መዘናታቶም ካብ ምሽቃል ዓዲ ኣየወዓለን። ንብሪጣንያ፡ እቲ ንኤርትራ ናይ ምምቃል ሓሳብ ኣብ ዋጋ ዕዳጋ ዝኣቱ ኣይነበረን። ስለ'ዚ፡ ተቓውሞ ኢጣልያ ዝዳኸመሉ ወይ ድማ ዝልሰልሰሉ መገዲ ካብ ምንዳይ ኣይተቐጠበትን። ኢጣልያ፡ ጉዳይ ኤርትራ ኣብቲ ኣብ ወርሒ ሚያዝያ ንኽኽፈት ትጽቢት ዝግበረሉ ዝነበረ ኣኼባ ባይቶ ሕ.ሃ. ክይተወሰነ ተሪፉ፡ ንኻልእ ጊዜ ንኽመሓላለፍ ክትጽዕር እንከላ፡ ብሪጣንያ ድማ ብመሰረት ውጥና ሸው ክውዳእ ትጽዕር ነበረት።

እዚ ድሌት ብሪጣንያ'ዚ ኣብ ግብሪ ንኽውዕል፡ ብሪጣንያ ሓደ እማመ ነደፈት'ሞ፡ ኣብ ባይቶ ሕቡራት ሃገራት (ባ.ሕ.ሃ.) ንምሕላፉ ደገፍ ኣመሪካ ኣናደየት። መንግስቲ ኣመሪካ ግን፡ ውጥን ብሪጣንያ ንምዕዋት ዘይኮነስ ብናታ ምኽንያት ኢያ ነቲ ኢትዮጵያ ኣብ ልዕሊ ኤርትራ ዘልዓለቶ ጠለብ ትድግፍ ዝነበረት። መንግስቲ ኢትዮጵያ'ውን ነዚ ስለ ዝተገንዘበት፡ ንኣመሪካ ኣበርቲዓ ትውርዛ ነይራ ኢያ።

በዚ መሰረት፡ ኣብ ወርሒ ሕዳር 1948፡ ኣክሊሉ ሃብተወልድ ምስ ሚኒስተር ጉዳያት ወጻኢ ኣመሪካ ጆርጅ ሲ.ማርሻል ተራኺቡ'ሞ፡ እንተ ደኣ ኣመሪካ "ምምላስ" ኤርትራ ናብ ኢትዮጵያ ደጊፉ፡ ኢትዮጵያ እቲ ኣብ ራድዮ ማሪና ዝነበረ መራኸቢ መደበር ኣመሪካ ንኽቕጽል ከም እተፍቅድ ሓበሮ። ማርሻል ብወገኑ፡ ራድዮ ማሪና ኣብ ትሕቲ ቍጽጽር ኣመሪካ ክቕጽል፡ ወተሃደራዊ ሓይልታት ኣመሪካ'ውን ብፍላይ ንመዓርፎ ነፈርቲ ኣስመራን ወደብ ባጽዕን ብናጻ ክግልገላሉ ኢትዮጵያ ምስ እተፍቅድ፡ ኣብ ጉዳይ ኤርትራ ምሉእ ደገፍ ኣመሪካ ከም እትረክብ ኣፍለጦ።[38] ኣክሊሉ'ኳ፡ እዚ ስምምዕ'ዚ ብጽሑፍ ክኾነሉ ኢዩ ደልዩ ነይሩ። ማርሻል ግን፡ ብኣህጉራዊ ደረጃ ዘይምርድዳእ መታን ከየስዕብ፡ ናይ ቃል ጥራይ ኮይኑ ክጸንሕ መረጸ።[39]

መንግስቲ ኣመሪካ፡ ዕድል ኤርትራ ብኣህጉራዊ መጉዚትነት ይፈታሕ ክብል ጸኒሑ ክንድ'ዚ ዝኾውን ደገፍ ንኢትዮጵያ ናብ ምሃብ ዘብጽሖ፡ ናይ ገዛእ ርእሱ ፖለቲካውን ስትራተጂያውን ረብሓታት ነበሮ። ምስ ብሪጣንያ ኣብ ምይይጥን ናይ መርገጺ ምቅርራብን ዘብጽሖ'ውን እዚ ረብሓታቱ እዚ ነበረ። ብ5 ነሓሰ 1948 ንኣብነት፡ ናይ ሕ.መ. ኣመሪካ ላዕለዋይ ወተሃደራዊ ስታፍ (Joint Chiefs of Staff) ኣኼባ ብምግባር፡ መንግስቲ ኣመሪካ ኣብ ዞባ ማእከላይ

37. እ.ጽ. 33 ርአ።
38. Okbazgi Yohannes, P. 91. See also, Spencer, p. 201; Marcus , p. 84.
39. እ.ጽ. 36 ርአ።

ምብራቕ ክኽተሎ ንዘግባእ ወተሃደራዊ ሜላ ሓንጸጸ። ቀንዲ ነጥብታቱ ኸኣ በዚ ዝስዕብ ይጠቓለል፤

- ዝኾነ ተጻራሪ ሓይሊ ኣብ ዞባ ማእከላይ ምብራቕ እግሪ ከይተክል ምኽልካል፡
- ማሕበራውን ቍጠባውን ረድኤትን ኣድላዪ ኣጸዋር ውግእን ብምሃብ ምስ ህዝብታት ናይቲ ዞባ ምሕዝነታውን ናይ ሓባር ናይ ምክልኻል ሜላን ምኽታል፡
- ኣብቲ ዞባ ዘሎ ዕቑር ነዳዲ ብሕ.መ. ኣመሪካን መሓዙታ ሃገራትን ጥራይ ከም ዝኩዓት ምግባር፡
- ናይ ኩናት ኩነታት ምስ ዝፍጠር፡ ሓይልታት ውግእ ሕ.መ. ኣመሪካ ክኣትዉሉ ዝኽእሉ መገዲ ምርግጋጽ ወይ ምውሓስ፡
- ነዚ ዘገልግል መሳለጥያታት ንምትካልን ንምስፋሕን ዘኽእል መሰል ምርግጋጽ።

እዚ፡ በሉ'ቶም ኣዘዝቲ ኩናት ኣመሪካ፡ ናይ መንግስቶም ኣህጉራዊ ስትራተጂ ጥራይ ዘይኮነ፡ እቲ ከም ኣካል ስትራተጅያዊ ረብሓኦም ዝርእዩዎ ረብሓታት ዓባይ ብሪጣንያ እውን ዘገድዶ ነበረ። ትግባረ ናይ'ዚ ሜላ'ዚ ንኽዕወት እምበኣር፡ እቶም ኣዘዝቲ ሰራዊት ሓደ ናይ ሓይሊ ኣየር ደጀን ኣብ ትሪፖሊ፡ እቲ ኣብ ኣስመራ ተተኺሉ ዝነበረ ናይ ራድዮን መራኸቢታትን ትካል፡ ከምኡ'ውን ኣብ ምጽዋዕ ዝነበረ ናይ ሓይሊ ኣየርን ባሕርን መደበር ኣብ ኣገልግሎት ኣመሪካ ወይ ኣመሪካን ብሪጣንያን ክውዕል ግድን ከም ዝነበረ ኣመልከቱ። ብፍላይ ንኤርትራ ብዝምልከት ድማ፡ ነቲ ናይ ኣስመራ ወተሃደራዊ መራኸቢታት ዝወዳደር ካልእ መደበር ኣብ መላእ ማእከላይ ምብራቕ ይኹን ምብራቕ ማእከላይ ባሕሪ (Eastern Mediterranean) ክርከብ ስለ ዘይክኣል፡ ናይ ሕ.መ. ኣመሪካ መሰል ኣብ ኤርትራ ፈጺሙ ኣብ ዋጋ ዕዳጋ ዘይኣቱ ምንባሩ ደምደሙ።[40]

ቅድሚ'ዛ መዓልቲ'ዚኣ፡ ማለት ብ4 ነሓሰ 1948 ናይ ኣመሪካ ምክልኻል ተሓጋጋዚ ሚኒስተር ላቫት፡ ምስ ሰበ ስልጣን ብሪጣንያ ድሕሪ ምምይያጥ፡ መንግስቲ ኣመሪካ ክትክተሎ ንዝነበራ ሜላ ዘነጽር እማመ ነቲ ናይ ጸጥታ ቤት ምኽሪ ኣቕሪቡሉ ነይሩ ኢዩ። ቀንዲ ዕላማ ሕ.መ. ኣመሪካ ንኤርትራ ከም ወተሃደራዊት ሰረት ክትጥቀመላ ምኻኑ ድሕሪ ምግላጽ፡ ነዚ ንምርግጋጽ ንዝነበራ ኣማራጺታት ተንተነ። ኢጣልያ ብመጉዚትነት ናብ ኤርትራ እንተ ተመሊሳ፡ ባይቶ ሕቡራት ሃገራት ኣብ ኤርትራ ወተሃደራዊ ንጥፈታት ንኽተካይድ ወይ ንኽትፍቅድ ክእግዳ ስለ ዝኾነ፡ ናይ ኢጣልያ ናብ ኤርትራ ምምላስ ኣንጻር ረብሓ ሕ.መ. ኣመሪካ ክኸውን ኢዩ በለ። ምኽንያቱ፡ ኢጣልያ ንኣመሪካ'ውን ክተፍቅደላ ስለ ዘይትኽእል። ስለ'ዚ እቲ ዝሓሸ፡ ንወደብ ምጽዋዕን ክርስትያን ዝነብሩሉ ከበሳታትን ኤርትራ ንኢትዮጵያ ሂብካ፡ ረብሓኻ ምዕቃብ'ዩ ድሕሪ ምባል፡ ምዕራባዊ ቆላታት ንሱዳን ክውሃብ ኣመመ። ኣመሪካ እምበኣር፡ ንኤርትራ ብዓይኒ ወተሃደራዊ ስትራተጂኣ ብምርኣይን ንዕኡ ንምትግባርን ኢያ ናብ ባይቶ ሕቡራት ሃገራት ትቐርብ ዝነበረት።[41]

40. NSC, 19/5, 9/12/1948.
41. NSC, 19/2, 4/12/1948

ኣብ ልዕሊ'ዚ ዝተጠቕሰ ወተሃደራዊ ረብሓ፡ ሕ.መ. ኣመሪካ ካልእ ተወሳኺ ረብሓታት'ውን ነይሩዋ ኢዩ። ዑቕባዝጊ ዮሃንስ ኣብ መጽሓፉ፡ ሰለስተ ዓበይቲ ረቛሒታት ይገልጽ። ቀዳማይ፡ ኢትዮጵያ ድሌታ እንተ ዘይተማለኡላ፡ ናብ ምብራቕ ወይ ናብቲ ዱሳዊ ደንበ ንኸትከይድ ዝተዳለወት ዘምሰል ስልታዊ ምንቅስቓሳት ትገብር ነይራ ኢያ። ምስ'ቲ፡ ምስ ዱሳዊ ደንበ ተጀሚሩ ዝነበረ ዓቢ ምፍጣጥ፡ እዚ ንመንግስቲ ኣመሪካ ዘሻቕል ኮነ። ኣብ ሓደ ካብ'ቲ ሃጸይ ሃይለስላሴ ናብ ፕረሲደንት ኣመሪካ ሃሪ ትሩማን ዝጸሓፉዎ ደብዳበታት ንኣብነት፡ "ኣፍ ደገ ባሕሪ እንተ ደኣ ክንረክብ ዘይክኢልና... እቲ ንሓንቲ ዓባይ ኣመሪካዊት ኩባንያ ሂብናዮ ዘለና ነዳዲ ናይ ምኹዓት ኮንቸስዮን ክበንን ኢዩ ማለት ኢዩ..." ብምባል ኣጉባዕብዑሉ።[42]

እቲ ኻልኣይ መርገጽ ኣመሪካ ዘቐየረ ረቛሒ፡ ኣመሪካ ኣብ ኢትዮጵያ እተውፍሮ ዝነበረት፡ እናዓበየ ኸኣ ዝኸይድ ዝነበረ ንግዳዊ ረብሓታት ነበረ። ሲንክለይር ዝተባህለ ናይ ኣመሪካ ኩባንያ፡ ናይ ነዳዲ ዳህሳስ የካይድ ከም ዝነበረ ክርሳዕ ኣይግባእን። ሳልሳይ፡ ይብል ዑቕባዝጊ፡ ኣብ ኤርትራ ዝነበረ ፖለቲካዊ ሃዋህው ጠባያት ናይ'ተን ሰልፍታትን ንረብሓታት ኣመሪካ ዘተኣማምን ኣይነበረን። ማሕበር ሕብረት ከይተረፈ ሰፊሕን ድልዱልን ማሕበራዊ ሰረት ከም ዘይነበሮ፡ ኣብ ዝኾነ ጊዜ ኣባልነቱ ከጉድል ወይ ከጥፍእ ከም ዝኽእል መንግስቲ ኣመሪካ ይርዳእ ስለ ዝነበረ፡ ድሌቱ ብናጽነት ኤርትራ ክረጋገጽ ይኽእል ኢዩ ዝብል እምነት ኣይነበሮን።[43]

ኣመሪካ ብረብሓኣ፡ ብሪጣንያ ድማ ብረብሓኣ ኢየን እምበኣር ኣብ ጉዳይ ኤርትራን ዝተረፉ ግዝኣታት ኢጣልያ ነበርን ዝተሓባበራ ዝነበራ። ኣብቲ ብብሪጣንያ ተነዲፉ ዝነበረ እማመ'ውን ተመያየጣን ነጥብታት ተለዋወጣን። ኣብ ምውዳእ መጋቢት 1949፡ ማለት ድማ፡ ጉዳይ ኤርትራ ኣብ ሕ.ሃ. ክስማዕ ሰሙናት ምስ ተረፎ፡ ክልቲኣን'ዘን ሓያላት ብዛዕባ ጉዳይ ምምቃል ኤርትራ ኣብ ሓደ መርገጺ በጺሐን ነበራ። ብ28 መጋቢት፡ ከቢረ ብጥይት ተወቒያም ኣብ ጻዕረ ሞት ዝነበሩሉ ዕለት ምዃኑ ኢዩ፡ ሰበ ስልጣን ብሪጣንያን ኣመሪካን ኣብ ዋሺንግቶን ዲ.ሲ. ተራኺቦም ነጥብታቶም ኣጻፈፉ። ብዛዕባ ምምቃል ኤርትራ ክትዕ ኣይነበረን። ጉዳይ'ቶም ኣብ ኤርትራ ዝነበሩ ኢጣልያውያን ግን ዝያዳ ተተኩረሉን ተነጸረን። በዚ መሰረት፡ እቲ ናይ ብሪጣንያ ንድፊ እማመ፡ ኢጣልያውያን ዜግነቶም ክዕቅቡ፣ ናይ ገዛእ ርእሶም ትምህርታዊ፡ ሃይማኖታውን ሕክምናውን ትካላት ክህልዎም፡ ብቛንቋኦም ከኣ ናይ ናጻ ዘረባ፡ ጽሕፈትን ማሕተምን መሰል ክፍቀደሎም፣ ንብረቶምን ሕጋዊ መሰላቶምን ክሕለወሎም.... ወዘተ. ዝብል ዓንቀጻት ክውሰኾ ኣመሪካ ጠለበት። ነዚ ኹሉ ድማ መንግስቲ

42. Okbazghi Yohannes, pp. 91-93. ብተወሳኺ ኢትዮጵያ፡ ብ8 ሚልዮን ዶላር ፋብሪካ ጥይት ምህናጽ ዘጠቓልል ኣጽዋር ናይ ምግዛእ ውዕል ምስ ቸኮዝላቫክያ ተፈራሪመት። እዚ ስልቲ'ዚ፡ ይብል ዑቕባዝጊ ዮሃንስ፡ ኣብ ልዕሊ ኣመሪካ እቲ ዝድለ ጸቕጥን ውጽኢትን ፈጠረ። (ገጽ 91)

43. Okbazgi, p. 92-93.

ኢትዮጵያ ብዘየወላውል መገዲ ከም ዝቕበሎ ክግበር ከም ዝነበሮ፡ ሰበ ስልጣን ኣመሪካ ኣተሓሳሰቡ።[44]

ኢትዮጵያ መቸም፡ ብግዳም እትብሎ'ኳ ካልእ እንተ ነበረ፡ ንምቕሊ ኤርትራስ ተቐቢላ ነይራ ኢያ። ምዕራባዊ ቀላ ብኸመይ ኣብ ሱዳን ይእቶ ኣብ ዝብል ሕቶ ንኣብነት፡ ምናልባት ኢትዮጵያ ተቓውሞን ጸገማትን ከይትፈጥር፡ ብፍላይ ብመገዲ ቀላይ ጻናን ጸሊም ኣባይን ከአ ንሱዳን ተጻብኦታት ከይትፈጥረላ ዝብል ስግኣት እውን ተቐላቒሉ ነበረ። ስክሪቨነር ዝተባህለ ወኪል ብሪጣንያ ኣብ ው.ሕ. ሃገራት ግን፡ ኣብ ኒዮርክ ዝነበረ ልኡኽ መንግስቲ ኢትዮጵያ ንምፍላይ ምዕራባዊ ቀላታት ኤርትራ ብዝምልከት፡ ስርዓት ሃይለስላሴ ዝኾነ ዕንቅፋት ክፈጥር ከም ዘይኮነ ከም ዘፍለጠ ገለጸ። ስክሪቨነር ነዚ ዘፍለጠ፡ መዓልታት ቅድሚ ጉዳይ'ተን ግዝኣታት ናብ ባ.ሕ.ሃ. ምቕራቡ ኢዩ።[45] ኢትዮጵያ እምበኣር፡ ንምምቃል ኤርትራ ተሰማሚዓ ኢያ ናብ'ቲ መጋባእያ ትኣቱ ዝነበረት።

እዚ ኹሉ ምስ ተዋደደ፡ ናብ'ቲ ባይቶ ንኽቐርብ ዝተወጠነ ብፍላይ ንኤርትራ ዝምልከት ንድፌ መንግስቲ ብሪጣንያ ተዳለወ። እቲ ንድፊ፡ ተመሳሳልነትን ድሌትን ህዝቢ ኤርትራ ኣብ ግምት ተኣትዩ ብዘይካ ምዕራባዊ ቀላታት፡ ብምልእታ ዝተረፈት ኤርትራ ናብ ኢትዮጵያ ክትጽንበር ኣመመ። እቲ ንዜግነትን ዝተፈላለየ መሰላትን ኢጣልያውያን ነበርቲ ኣብ ኤርትራ ዝምልከት ሓሳባት'ውን ነናይ ገዛእ ርእሱ ዓንቀጻት ሒዙ ቀረበ። ፍልይ ዝበለ ጉዳይ እንተ ነይሩ፡ ንመጻኢ ዕድል ምዕራባዊ ቀላታት ዝምልከት ነበረ። ኣብዚ፡ ዓንቀጽ 6 ናይ'ቲ እማመ፡ ምዕራባዊ ቀላታት ኤርትራ ናብ ሱዳን ክሕወስ ክንዲ ዝጠልብ፡ ቤት ምኽሪ መጕዚትነት (Trusteeship Council) ንጉዳይ'ቲ ዞባ ባዕሉ ንኽውስኖ ጥራይ ተማሕጸነ።[46]

ሕጂ'ውን፡ እዚ ዝኾነሉ ምኽንያት ሓልዮት ህዝቢ ምዕራባዊ ቀላታት ኣይነበረን። ኣብ'ዚ ጊዜ'ዚ፡ ሱዳን ኣብ ትሕቲ ሓባራዊ ምምሕዳር ብሪጣንያን ግብጽን ኢያ ዝነበረት። ብስም ኣንግሎ-ግብጻዊት ሱዳን (Anglo Egypian Sudan) ከኣ ኢያ ትፍለጥ ዝነበረት። ግን፡ ናብ ናጽነት ገጻ ንኽትጉዓዝ ናይ ገዛእ ርእሳ ባይቶ ኣቕሚ ስለ ዝነበረት፡ ምዕራባዊ ቀላታት ንሱዳን ይተሓወሳዶ ኣይተሓወሳ ዝብል ሕቶ ብመን ይወሰን ዝብል ዘየቃዱ ነጥቢ ተላዒሉ ነይሩ ኢዩ። እዚ ድማ፡ ንብሪጣንያን ንግብጽን ዘሰሓሕብ ስለ ዝመሰለ፡ ካብኡ ንምህዳም ኢያ ብሪጣንያ ነቲ ጉዳይ ናብ ቤት ምኽሪ መጕዚትነት ው.ሕ. ሃገራት ንኽመሓላለፍ ዝመረጸት።[47]

ኩነታት ከም'ዚ ኢሉ እንከሎ፡ ሳልሳይ መጋባኣያ ባይቶ ሕቡራት ሃገራት ብ5 ሚያዝያ 1949 ኣብ ሌክ ሳክሰስ፡ ኒዩ ዮርክ ተኸፍተ። ጉዳይ ኤርትራ፡ ሊብያን

44. FO 371 / 73841, Clutton to Foreign Office, London, 28/3/1949 ኣመሪካውያን ነዚ ዘተሓሳሰቡሉ ምኽንያት፡ እቲ መሰላት ኢጣልያ ኣብ ኤርትራ ይከበር ዝብል ውሳነ ኣብ'ቲ ባይቶ ኣይሓልፍን ኢዩ ዝኸውን ዝብል ስግኣት ስለ ዝነበሮም ኢዩ።

45. FO371 / 73841, J 3809, FO Minutes by Scrivener, 2/5/1949.

46. FO 371/73842, J 2754, Clutton to Foreign Office, 2/4/1949.

47. FO 371/73842, J 3052, Minutes by Scrivener, 8/4/1949.

ሶማልያን በቲ ጉዳያት ፖለቲካን ጸጥታን ዝምልከቶ ቀዳማይ ኮሚተ ክሰማዕ ስለ ዝነበሮ ድማ ናብኡ ቀረበ።

ክትዕ ኣብ ቀዳማይ ኮሚተ ባይቶ ሕቡራት ሃገራት

መርገጻትን ክትዕን ኣብ ቀዳማይ ኮሚቲ

ጉዳይ ግዝኣታት ኢጣልያ ነበር ናብ ቀዳማይ ኮሚቲ ባ.ሕ. ሃገራት ብ5 ሚያዝያ 1949 ምስ ቀረበ፡ መጀመርታ ኣብ ቅጥዕታት፡ ኢጣልያ ኣብቲ ኮሚቲ ትእቶዶ ኣይትእቶ... ኣብ ዝብል ነጥብታት ተኻትዐ። ወካሊ ኢጣልያ ኣብታ ኮሚቲ ክቕመጥ እንተ ኾይኑ፡ ወከልቲ ህዝብታት እተን ግዝኣታት-ነበር'ውን ዘይሰምዑሉ ምኽንያት ኣይህሉን ዝብል ምጉት ብወካሊ ፓኪስታን ሰር መሓመድ ዛፍሩላህ ካን ቀረበ። ማክ ኒል ዝተባህለ ወካሊ ብሪጣንያ ግን ነዚ ሓሳብ'ዚ ፍርቂ-ፍርቂ ገይሩ ጥራይ ተቐበሎ። እቶም ወከልቲ ዝበሃሉ፡ ገለ ዝእመኑ ገለን ከኣ ዘይእመኑ ክኾኑ ስለ ዝኽእሉ፡ ሓደ ተቐቢሉን ሰሚዑን ርእይቶታቶም ጸሚቑን ናብቲ ኮሚቲ ዘቕርብ ንኡስ-ኮሚቲ ክቐውም ኣመመ። እዚ ሓሳብ'ዚ ስለ ዝተራዕመ ድማ፡ እቲ ንኡስ ኮሚቲ ብ11 ሚያዝያ ክም ዝቐውም ተገበረ።[48]

ክትዕ ብዛዕባ መጻኢ ዕድል እተን ሃገራት ግን ዳርጋ ካብቲ ሰሩዕ ስራሕ ዝተጀመረሉ ዕለት፡ ማለት ካብ 6 ሚያዝያ ጀመረ። ኣብዚ ርክብ እዚ፡ ሚኒስተር ጉዳያት ወጻኢ ኣመሪካ፡ ጆን ፎስተር ዳለስ፡ ነቲ ኣቐዲሞም ምስ ብሪጣንያ ተሰማሚዖምሉ ዝመጹ ሓሳባት ክቕልቅል ተራእየ። ንሊብያ ብዝምልከት፡ ክም ሓንቲ ኣካልዶ ወይስ ኣብ ሰለስተ (ሲረናይካ፡ ፌዛንን ትሪፖሊታንያን) ዝተመቓቐለት ግዝኣት ትርአ ንዝብል ቀንዲ ሕቶ ጉስዩ ብምሕላፍ፡ ርእይቶን ረብሓን ብሪጣንያ ኣብ ግምት ንኽኣቱ ኣዘኻኸረ። ኣቐዲምና ክም ዝረአናዮ መቸም ብሪጣንያ ንሲረናይካ ብመጉዚትነት ክትሕዛ ትጠልብ ነይራ ኢያ። ቀጺሉ ሶማልያ ብመጉዚትነት ንኢጣልያ ክትወሃብ ኣመመ። ኤርትራ ግን "ሓድነት ዘይብላን ንናጽነት ዘይተዳለወትን ኢያ" በለ ዳለስ። ኣብ መጻኢ ኣንጻር ኢትዮጵያ ክብገስ ንዝኽእል መጥቃዕቲ ደጀን ንኸይትኸውንን ኢትዮጵያ'ውን ኣፍ ደገ ባሕሪ መታን ክትረክብን ድማ፡ ቀጸለ'ቲ ሚኒስተር፡ "ምብራቓዊ ክፋል ኤርትራ፡ እንኮላይ ወደብ ምጽዋዕን ከተማ ኣስመራን ናብ ኢትዮጵያ ክጽንበር ኣለዎ" በለ። ምዕራባዊ ቀላ ብዝያዳ "ምስ'ቲ ብምዕራብ ዘሎ ጉረቤት" (ሱዳን ማለቱ ኢዩ) ስለ ዝዛመድ፡ ፍልይ ዝበለ ፍታሕ ይናደየሉ ብምባል'ውን ሓሳባቱ ደምደመ።[49]

ሚኒስተር ዳለስ ኣብ'ዚ መጀመርታ መዓልቲ ክትዕ ነዚ ሓሳብ'ዚ ምቕራቡ ኮነ ኢሉ ኣንፈት ናይቲ ክትዕ ንምምራሕን ናብ'ቲ ዝደልዮ ሸቶ ገጹ ክም ዝቐንዕ

48. UN, Official Records of the Third Session, First Committee, Documet A/C.1/435. ኣባላት ናይታ ርእይቶ ወከልቲ ህዝቢ ንኽትሰምዕ ዝቘመት ንኡስ-ኮሚቲ፡ እዞም ዝስዕቡ ነበሩ። ብራዚል፡ ግብጺ፡ ፈረንሳ፡ ሃይቲ፡ ህንዲ፡ ኒው ዚላንድ፡ ኖርወይ፡ ፖላንድ፡ ሕብረት ሶቭየት፡ ብሪጣንያን ሕ.መ. ኣመሪካን።
49. እ.ጽ. 48፡ ገጽ 7

ንምግባርን ከም ዝነበረ ኣየካትዕን። ምኽንያቱ፡ ነታ ሓሳብ ካብ ዘቕረበላ ደቒቕ ጀሚሩ፡ ክትዕ ናይ'ቲ ኮሚቲ ካብ ዓንኬል ናይ'ቲ ሓሳብ'ቲ ዳርጋ ኣይወጸን። እቲ ምጉት ኣዝዩ ሰፊሕን ብዙሕ ኣማራጺታት ዝቐረበሉን፡ ሓሓሊፉ'ውን ኣብ ምንህሃር ዘብጽሐን ኢዩ ነይሩ። ኣብ'ዚ ንብምሉኡ ምትንታን እውን ኣይከኣልን።

ዑቕባዝጊ የሃንስ ኣብ መጽሓፉ፡ ነቲ ኣብ ቀዳማይ ኮሚተ ዝተራእየ መርገጻት፡ ነቲ ናይ ኢትዮጵያን ወከልቲ ሰልፍታት ኤርትራን ገዲፍካ፡ ኣብ ኣርባዕተ ይመቕሎ - መርገጺ ሃገራት ምዕራብ፡ መርገጺ ሶሸየት ሕብረትን ሰዓብታን፡ መርገጺ ሃገራት ላቲን ኣመሪካን "እቲ ሳልሳይ መገዲ" ዝበሎ ናጻ መርገጺ ገለ ሃገራትን።[50] እዚ ኣከፋፍላ'ዚ ነቲ ሕልኽላኽ ዘፉኸሶ ስለ ዝኾነ፡ ኣብ'ዚ'ውን ክንጥቀመሉ ኢና።

እቲ ናይ ምዕራባውያን መርገጺ ብመሰረቱ ነቲ ኣንግሎ-ኣመሪካዊ ሓሳብ ዝድግፍ'ኳ እንተ ነበረ፡ ኣብ ውሽጡ ግን ምምቕቓል ነይሩዎ ኢዩ። ፈረንሳ ንኣብነት፡ ጉዳይ እተን ግዝኣታት ኢጣልያ-ነበር ኤውሮጳዊ ፍታሕ ክህልዎ'ኳ ትደሊ እንተ ነበረት፡ ካልኦት ሃገራት ኣፍሪቃ ብሕማም ተላገብ ናጽነት ከይጠልባ'ሞ ኩለን ግዝኣታታ ከይተጥፍእ ብምፍራሕ፡ ናይ ኢጣልያ መጉዚትነት ናብ ኩለን ክምለስ ኣለዎ ዝብል ምጉት ምቕራብ ቀጸለት። ኢትዮጵያ ብመገዲ ዓሰብ ኣፍደገ ባሕሪ ንኽትረክብ ግን ተሰማምዐት።[51] ኢጣልያ'ውን ከም ምዕራባዊት ሃገር ናይ ገዛእ ርእሳ መደብን ድሌትን ሒዛ ኢያ ዝቐረበት። ናይ ወጻኢ ሚኒስተራ፡ ኮንተ ስፎርዛ፡ ነቲ ኣቐዲምና'ውን ጠቒስናዮ ዝነበርና "ኤርትራ ኣካል ኢትዮጵያ ኾይና ኣይትፈልጥን.... ንውሱን ጊዜ ኣብ ትሕቲ መጉዚትነት ኢጣልያ ስለ ዝኣተወት፡ ንኢትዮጵያ ሓደጋ ክመጻ ኣይክእልን ኢዩ.... ስለዚ ንዓና ብመጉዚትነት ትውሃበና......" ዝብል ምጉት ኣሰምዐ። ከም ፈረንሳ፡ ኢጣልያ'ውን "ንስነ ምግባራውን ኤኮኖሚያውን ምኽንያታት" ኢትዮጵያ ብዓሰብ ኣቢላ ኣፍ ደገ ባሕሪ ክትረክብ ከም ዘይትቃወም ኣፍለጠት።[52]

ወካሊ ብሪጣንያ፡ ሓያል ተጣባቒ ኢትዮጵያ ኾይኑ ኢዩ ዝቐረበ ነይሩ። ኣብ ሓደ ካብ መደረታቱ ንኣብነት፡ "መንግስትን ህዝብን ብሪጣንያ፡ ኢትዮጵያ ካሕሳ ይግብኣ ኢዩ ዝብል ርእይቶ ኣለዎም" ክብል ተማጐተ።[53] እቲ "ካሕሳ" ዝተባህለ'ኳ ንኤርትራ ዝምልከት ወይ ብዝኾነ መጉት ኤርትራ ክትከፍሎ ዝግብኣ ኣይነበረን። ብ1936፡ ኢጣልያ ንኢትዮጵያ ምስ ወረረታ፡ ሃጼ ሃይለስላሴ ናብ ሕብረት ሃገራት ወይ League of Nations ብምኻድ ሓገዝ ሓቲቶም፡ ሃገራት ምዕራብ ጸማም እዝኒ ሂበናኦም ነይረን ኢየን። በዲልናዮ ዝብል ስክፍታ ስለ ዝነበረን ከኣ ኢየን "ኢትዮጵያ ክትክሓስ ኣለዋ" ዝብላ ዝነበራ። በደልቲ ንሳተን፡ ብመልክዕ ካሕሳ ተበዳሊት ድማ ኤርትራ.... እቲ "ፍትሒ" ዝብሃል በዚ መገዲ'ዚ ኢዩ ተራእዩ።

50. Okbazghi Yohannes, pp. 102-119.
51. ኢ.ጽ. 48፡ ገጽ 9።
52. ኢ.ጽ. 48፡ ገጽ 102-104።
53. ኢ.ጽ. 48፡ ገጽ 12

እዚ ከምዚ ዝመሰለ መርገጺ ሓያላት ሃገራት ንኢትዮጵያ ዓቢ ፍናን ነበረ። ወካሊ ኢትዮጵያ ኣክሊሉ ሃብተወልድ ድማ ንርእይቶ ኮንተ ስፎርሳ የናሹን የውድቕ'ዩ ዝበሎ መጉት ካብ ምቕራብ ኣይተቖጠበን። ደጊሙ፡ ንኢጣልያ ከም ወራሪትን ናይ ኢትዮጵያ ሓደጋን ኣቕረባ። ኣብ መንግስቲ ኢትዮጵያ ኩብ ዝበለ ትምህርትን ሓላፍነትን ብዛዕባ ዝነበሮም ኤርትራውያን ብምጥቃስ፡ ብዛዕባ ኤርትራውያን እትግደስ ኢትዮጵያ እምበር ኢጣልያ ከም ዘይነበረት ኣረድአ። ኤርትራ ብዘይ ኢትዮጵያ ብቑጠባ ደው ክትብል ከም ዘይትኽእል፡ ኢጣልያ ብኽሳራ ጥራይ ተመሓድራ ከም ዝነበረት.... ኮታ፡ ኩሉ'ቲ ክሳብ ሕጂ'ውን ዘይጠፍአ ናይ ምስፍሕፋሕ ጥሙሓት ገዛእቲ ኢትዮጵያ ብዛዕባ ኤርትራ ዝደጋግምዎ ነጥብታት ብኣክሊሉ ቀረበ።[54]

ነዚ ናይ ምዕራባውያን ሃገራት መርገጺ ዝጻረር ናይ ሕብረት ሶቭየትን ሰዓብታን ሓሳባት ነበረ። ኣብ'ታ ቀዳመይቲ ኮሚቲ፡ ምስ ሕብረት ሶቭየት ባዕላ፡ ሽዱሽተ ኣባላት እቲ ብስም "ማሕበርነታዊ ደንበ" ክፍለጥ ጀሚሩ ዝነበረ ዴሳዊ ጉጅለ ነበራ።[55] ዛጊት፡ ሕብረት ሶቭየት፡ ስለ'ዚ ድማ እተን ሰዓብታ'ውን፡ ኢጣልያ ብመጉዚትነት ናብ ናይ ቀደም ግዝኣታታ ንኽትምለስ'ሞ፡ ጸኒሐን እተን ግዝኣታት ናጻ ክኾና ናብ ዝብል ሓሳባት ኢያ ትዘዙ ዝነበረት። እዚ ድማ፡ ዴሳዊ ሰልፊ ኢጣልያ እንተ ተዓወተስ ኣብ ኣፍሪቃ ቦታ ንረክብ ንኸውን ካብ ዝብል ዝተበገሰ ነበረ።

እዚ ተኽእሎ'ዚ እናማህመነ ምስ ከደ ግን መርገጺ ሕብረት ሶቭየት ናብ ሓባራዊ መጉዚትነት ናይ ወከልቲ ሕቡራት ሃገራት ገጹ ክዘዙ ተራእየ። በዚ መሰረት፡ ወካሊ ሕብረት ሶቭየት ኣንድረ ግሮሚኮ፡ ጉዳይ ግዝኣታት ኢጣልያ መዕለቢ ዘይረኸበ፡ ብሰንኪ ህርፋንን ስስዐን ምዕራባውያን ሃገራት፡ ብፍላይ ድማ ብሰንኪ ብሪጣንያ ምንባሩ ብሰፊሑ ድሕሪ ምኽሳስ፡ ሊብያ፡ ኤርትራን ሶማልያን ኣብ ትሕቲ መጉዚትነት ው.ሕ. ሃገራት ንኽኣትዋ ዝእምም ንድፊ ኣቕረበ። በዚ መሰረት፡ እቲ መጉዚት፡ ንብሪጣንያ፡ ሕብረት ሶቭየት፡ ሕ.መ. ኣመሪካ፡ ፈረንሳን ኢጣልያን ዝሕውስ ኮይኑ፡ ብሸውዓተ ኣባላት ክቖውም ሓሳብ ኣቕረበ። ንኤርትራ ብዝምልከት፡ እቲ ናይ መጉዚት ኣካል፡ ክልተ ወከልቲ ህዝቢ ክውሰኹዎ፡ ኢትዮጵያ ግን ኣፍ ደገ ባሕሪ እትረኽበሉ መገዲ ክናደ ኣመመ።[56]

እዚ ምትሕልላኽ እዚ፡ ካልእ ረብሓታትን ሓሳባትን እናተሓወሶ፡ መመሊሱ ተጠናነገ። ዑቕባዝጊ የሃንስ ከም ዝገለጾ፡ ሃገራት ላቲን ኣመሪካ፡ ኣብ መንጎ ንኣመሪካ ምሕጓሰን ንኢጣልያ ዘይምጥላምን ተቐርቀራ - ኣመሪካ ሃብታም ጐረቤተንን ዓሚለንን ስለ ዝነበረት፡ ምስ ኢጣልያ ድማ ሓደ ባህልን መበቈልን ስለ ዝቐጸራ። እዚ ጥራይ ዘይኮነ፡ ሃገራት ላቲን ኣብ ትሕቲ ሮማዊት ካቶሊካዊት

54. እ.ጽ. 48፡ ገጽ 13-14

55. እተን ዝተረፉ ሓሙሽተ ማሕበርነታውያን ሃገራት፡ ዩጎዝላቪያ፡ ፖላንድ፡ ዩክሬይን፡ ቤሎራሽያን ቸኮዝላቫክያን ነበራ። ካብ'ዚኣተን ዩጎዝላቪያ ካብ ሕብረት ሶቭየት ናጻ ዝኾነ መርገጺ ብምውሳድ እትፍለጥ ሃገር ነበረት። ዩክሬይንን ቤሎራሽያን ድማ ኣካላት ሕብረት ሶቭየት ክነሰን ኢየን ኣብ ው.ሕ. ሃገራት ዝውከላ ዝነበራ።

56. እ.ጽ. 48 ገጽ 22-23።

ቤተ ክርስትያን ስለ ዝጥመራ፡ ምስ ኢጣልያ ጥራይ ዘይኮነ፡ ምስቶም ኣብ ኤርትራ ዝነበሩ ኢጣልያውያን'ውን ናይ ሃይማኖት ምድንጋጽ ነይሩዎም ኢዩ። በዚ መሰረት፡ ዳርጋ ብምሉኦን እዘን ሃገራት እዚኣተን ንኣሽቱ ፍልልያት ገዲፍካ፡ ንምምላስ ገለ ክፋል ኤርትራ ናብ መጉዚትነት ኢጣልያ ክድግፋ እንከለዋ፡ ኢትዮጵያ'ውን ኣፍ ደገ ባሕሪ ክትረክብ ተሰማምዓ። እቲ ዘገርም መቸም፡ ሽሕ'ኳ ኹለን ከም ጎብለላት ናይ ናጽነትን መሰላትን ህዝብታት እንተ ቐረባ፡ ኣብ ልዕሊ ግዙኣት ህዝብታት ዝነበረን ኣረኣእያ ንዕቀት ዘርኢ ምንባሩ ኢዩ። ወካሊ ፔሩ ንኣብነት፡ ንጥቡብ ኣገዛዝኣ ኢጣልያ ዝንእድ መደረ ኣቕረበ። ወካሊ ኣርጀንቲና ድማ፡ መጉዚትነት ኢጣልያን ኣፍ ደገ ባሕሪ ንኢትዮጵያን ድሕሪ ምድጋፍ፡ "ኢትዮጵያ ፍትሒ ክትጉናጸፍ ኢያ፡ እቲ ትርፊ ዘሾነ ህዝቢ ኢጣልያ'ውን መተንፈሲ ክረክብ ኢዩ" በለ።[57]

ፍልይ ዝበለ መርገጺ ዝነበረ ናይቶም ዑቕባዝጊ ዮሃንስ "ሳልሳይ መገዲ" ዝበሎም ኢዩ። እዚኣቶም ጥራይ ኢዮም ኣብቲ ኮሚቲ ናይ ሓደ ወይ ናይ'ቲ ካልእ መርገጽ ንምድጋፍ ዝተበገሱ ከይመሰሉ፡ ምእንቲ ፍትሕን ዕላማታት ቻርተር ሕቡራት ሃገራት ንምዕዋትን ዝተማጐቱ። ኩሎም፡ ጉዳይ ኤርትራ ይኹን እተን ካልኦት ግዝኣታት፡ ብስትራተጂያዊ ረብሓታት እተን ሓያላት እምበር ብመንጽር መጻኢ ዕድል ህዝብታተን ይርአ ከም ዘይነበረ ኣተሓሳሰቡ። ስዑዲ ዓረብ ንኣብነት፡ እተን ሓያላት ስለ ዘይተሰማምዓ፡ እቲ ጉዳይ ክዓርፍ ኣይክእልን ማለት ከም ዘይነበረ ኣዘኻኸረት። ንኤርትራ ብዝምልከት፡ እቲ ኮሚቲ ክምርሓሉ ዝግባእ መትከላት፡ ሓድነት ኤርትራ ምዕቃብ፡ ረብሓ ህዝቢ ኤርትራ ምቕዳም፡ ናብ ናጽነት ከብጽሖም ዝኽእል መጉዚትነት ምውዳብ፡ ህዝቢ ዝቐበሎ ምምሕዳር ምትካል.... እምበር ረብሓ ካልኦት ምትግባር ከም ዘይነበረ ከተረድእ ጸዓረት።

ዒራቕ'ውን ብወገና፡ ድሌት ህዝቢ ኤርትራ ክሳብ ዘይተጻረረ፡ ኢትዮጵያ ናይ ኣፍደገ ባሕሪ ፍታሕ ክትረክብ ስለ እትኽእል፡ ንኤርትራ መጻኢ ዕድላ ባዕላ ናይ ምውሳን መሰላ ምንፋግ ቅቡል ከም ዘይኮነ ኣረድአት። ካብ ወከልቲ ፊሊፒንስ፡ ዩጎዝላቭያን ቱርኪን እውን ንኣገባብ ኣተሓሕዛ እቲ ጉዳይ ብኣውራኡን ንኢደ ዋኒናዊ ዝንባለ እተን ሓያላት ዝወቅሰን ንመሰላት እተን ግዙኣት ሃገራት ዝጣበቕን ምጕት በብገዚኡ ኣቕረባ። ናይ ፊሊፒንስ ወኪል ንኣብነት፡ ነቲ ኣገባብ ኣትሪሩ ድሕሪ ምኹናን፡ ከምዚ ዝስዕብ በለ፤

> እዘን ሃገራትስ ብሓቂ ከም ኣቕሓ መሸጣ ዲየን ኣብ መንጎ ግብጺ፡ ኢትዮጵያን ኢጣልያን ክመቓቐላ፧ ብዘይካ ኣብ ኣንታርክቲካ ከምዚ ዝመሰለ ምምቕቓል ናይ መሬት ጊዚኡ ከም ዝሓለፎ ክቱጸር ምተገብአ። ግዝኣታት ኢጣልያ ምውጋን ዝብሃል ኣዘራርባ ብቐደሙ ጌጋ ኢዩ። እቲ ናይ ብሓቂ ሕቶ፡ መጻኢ ናይቶም ህዝብታት፡ ትዕድልቲ ናይ ደቂ ሰብ ኢዩ። እቲ ቐንዲ መትከል፡ እቲ መሬት ናይ'ቶም ዝነብሩሉ ህዝቢ ዲዩ ኣይኮነን ዝብል ኢዩ ዝነበረ። ድሌቶም ክረጋገጽ ክሳብ ዝከኣለሉ፡ ክሕተቱ ኢዩ ዝግባእ።[58]

57. Ogkbazghi Yohannes, p. 111.
58. Ibid., p. 111.

ከምዚ ዝመሰለ ርትዓዊ ኣረኣእያ ግን በተን ካልኦት ሃገራት እዝኒ ዝውሃቦ ኣይነበረን። ኣብ መንጎ ኩሉ'ዚ ዝተፈላለየ ረብሓታትን ኣረኣእያታትን ድማ ምክሳስን ምውንጃልን ዝተሓወሶ ዝተነሃሃረ ክትዕ ተኻየደ። ወከልቲ ብሪጣንያን ኢትዮጵያን ንኤርትራ ከም ሓንቲ ፈጺማ ብነፍሳ ክትሓድር ዘይትኽእል ድኻ መሬት ኢዮም ዘቕርቡዋ ዝነበሩ። ነዚ፡ በዓል ሶቭየት ኣትሪረን ተቓወማኦ። ወካሊ ሶቭየት ኣንድሬ ግሮሚኮ ንኣብነት፡ ኣብ ኤርትራ ንብሪጣንያ ዘጓነፉ ናይ ሸዱሽተ ዓመት ድምር ክሳራ ወይ deficit 1.3 ሚልዮን ፓውንድ ስተርሊንግ ክኸውን እንከሎ፡ ብሪጣንያ ግን ዋጋ 85 ሚልዮን ፓውንድ ዝኾነ ንብረት ካብ ኤርትራ ከም ዝዘመተት ኣፍለጠ።[59] ሓደ ካብቲ ንብዙሓት ወከልቲ ሃገራት ዘገርሞም ዝነበረ፡ ብሪጣንያ ነተን ግዝኣታት-ነበር ብሓደ ወገን ማዕከን ክሳራ ኢየን እናበለት፡ በቲ ካልእ ሸነኽ ከኣ ኣብ ልዕሊ ሲረናይካ መጉዚትነት ትሓትት ምንባራ ኢዩ። "ፍቕሪ ህዝቢ ሲረናይካ ዘበገሶ ዲዩ ወይስ ካልእ ቍጠባዊ፡ ስትራተጂያውን ፖለቲካውን ምኽንያት'ውን ኣለዎ፧" ኢሎም ዘባጭዉ እውን ኣይተሳእኑን።[60] ኣብ ካልእ ነጥብታት እውን ተመሳሳሊ ርእይቶን ምውንጃልን ብሰፊሑ ተራእየ።

ወከልቲ ፖለቲካዊ ማሕበራት ኤርትራ ኣብ ቅድሚ ቀዳማይ ኮሚቲ

ኣቐዲምና ከም ዝረኣናዮ፡ ኑቶም ካብ ኤርትራ፡ ሊብያን ሶማልያን ወኪሎም መጺኦም ዝነበሩ መራሕቲ እትሰምዕ፡ ካብ ቀዳማይ ኮሚቲ ባ.ሕ. ሃገራት ዝተዋጽአት ንኡስ ኮሚቲ ቈይማ ነይራ ኢያ። ንሳ ግን፡ በቲ ዘኾየደቶ ርክባት ኣዕጋቢ ውጽኢት ስለ ዘይረኸበት፡ እታ ዓባይ ኮሚቲ እንተ ሰምዓቶ ይሓይሽ ዝብል ሓሳብ ኣቕሪባ ቅቡል ኮይኑ ስለ ዝተረኽበ፡ ወከልቲ ኤርትራ ብ20 ሚያዝያ ኣብ ቅድሚ ቀዳማይ ኮሚቲ ክቐርቡ ተፈቒደሎም።[61] ቀዳማይ ዝተጸውዑ ድማ ሽኽ ኢብራሂም ሱልጣን ብሽም ኣልራቢጣ ኣልእስላሚያ ኣል ኤርትሪያ ኾኑ። ከምቲ ዝፍለጥ፡ ኣብ ኤርትራ ዝነበረ ወተሃደራዊ ምምሕዳር ንሽኽ ኢብራሂምን ብጾቶምን ናብ ለይክ ሳክሰስ ካብ ምኻድ ክእግድ ጽዒሩ ነይሩ ኢዩ። ቀዳማይ ኮሚቲ ው.ሕ. ሃገራት ነቲ ምምሕዳር ሰጊሩ ዕድመ ስለ ዝገበረሎም ጥራይ ድማ ኢዮም ኣብኡ ክርከቡ ዝኸኣሉ። ናቶም ምስ ረኣዩ፡ ካልኦት ማሕበራት'ውን፡ ብመልክዕ ቅጽጽ ተመሳሳሊ መሰል ክረኽቡ ስለ ዝሓተቱ፡ ኣብ'ዚ ጊዜ'ዚ ወከልቲ ማሕበር ሻራ ኢጣልያን ንኢጣልያውያንን ሓናፍጽን ዝውክላ ማሕበራትን፡ ከምኡ'ውን ወከልቲ ማሕበር ሕብረት በብተራ ኒው ዮርክ ይኣትዉ ነይሮም ኢዮም።

ሽኽ ኢብራሂም ኣብ ቅድሚ'ቲ ኮሚቲ ቐሪቦም መደረኦም ኣስመዑ። መደረኦም ግን ካብቲ ኣብ ኤርትራ ዝብሉዎን ዝማጐቱሉ ዝነበሩን መትከላት

59. እ.ጽ. 48 ገጽ 115
60. እ.ጽ. 48 ገጽ 159
61. እ.ጽ. 48 ገጽ 90-91

ኣይንፈላለ

ወከልቲ ኣልራቢጣ።
ካብ ጸጋም መሓመድ ዑስማን ሓዮቲ፡ ኢብራሂም ሱልጣን፡ ሓጂ ኢብራሂም።

ኣልራቢጣ ተባሂሉ'ውን ብኹሉ ዝንገር ዝነበረን ሃገራዊ ትሕዝቶኡ ቀሩብ ውጽእ ዝበለን ነበረ። ብፍላይ ኣብ መእተዊ ዘረባኦም ሸኽ ኢብራሂም፡ ኣልራቢጣ ኣልእስላሚያ ረብሓታት ናይቶም "75 ካብ ሚእቲ ናይ ህዝቢ ኤርትራ ዘቑሙ እስላም ኤርትራውያን ዝሕሉ ኢዩ" በሉ። ነቲ ኣብ እስልምና ዘይኣምን ህዝቢ ድማ፡ ብመበቁል፡ ቋንቋን ሃይማኖትን ዝተኸፋፈለ ምንባሩ ሓበሩ።

ቀጺሎም፡ ብኢጣልያ ናብ ኤርትራ ተሓዊሱ ዝነበረ መሬት ኢትዮጵያ ስለ ዝተመለሰላ፡ ዶባት ኤርትራ እቲ ኣብ 1935 ዝነበረ ምኻኑ ኣፍለጡ። ንታሪኽ ኣመልኪቶም ድማ፡ ሽሕ'ኳ ኤርትራ ንዘመናት ብዝተፈላለዩ ሓይልታት እንተ ተገዝአት፡ ኣካል ኢትዮጵያ ኾይና ኣይትፈልጥን በሉ። "እቲ ተኣሚሙ ዘሎ ምሕዋስ (ናብ ኢትዮጵያ) እንተ ተፈጺሙ፡" ቀጸሉ ሸኽ ኢብራሂም፡ "ብዘይ ጥርጥር፡ ኣንጻር'ቲ ህዝብታት ናይ ገዛእ ርእሶም መንግስቲ ንኽመርጹ ዘውሕስ ቻርተር ኢዩ ክኸውን። ኤርትራ፡ ምስ ኢትዮጵያ ኣገዳሲ ዝበሃል ናይ ሓባር ቍጠባዊ ረብሓታት'ውን የብላን፡" ድሕሪ ምባል ድማ፡ ብጆኦግራፍያዊ መንጽር እንተ ኾነ'ውን፡ ካብ ወደባት ምጽዋዕን ዓሰብን ወደብ ጅቡቲ ዝያዳ ከም ዝጥዕማ ኣረድኡ።

መደረኦም ብምቕጻል፡ "ምስ ኢትዮጵያ ዝኾነ መበቈላዊ (ኤትኒካዊ)፡ ሃይማኖታዊ፡ ታሪኻዊ ይኹን ኤኮኖምያዊ ምትእሳሳር ዘይብሎም እስላም ኤርትራውያን፡ ንምሕዋስ ኤርትራ ናብ ኢትዮጵያ ኣበርቲዖም ይቃወሙ" በሉ ሸኽ ኢብራሂም። ንቕትለት ዓብደልቃድር ከቢረ ከም ኣብነት ኣልዒሎም ድማ፡ መንግስቲ ኢትዮጵያ ንኤርትራ ክትጐብጥ ምስ ዝፍቀደላ፡ ብፍላይ ኣብ ልዕሊ እስላም ኤርትራውያን ጸቕጥን ግፍዕን ክትፍጽም ከም ዝኾነት ኣረድኡ። ዝበዝሐ ህዝቢ ኤርትራ ናጽነት ከም ዝደሊ፡ 80 ካብ ሚእቲ ድማ ኤርትራ ትመቓል ንዝብል ሓሳብ ፍጹም ከም ዝነጸገ ድሕሪ ምብራህ ድማ፡ "ኤርትራ ናጽነታ ምስ ረኸበት፡ ኣልራብጣ ኣልእስላሚያ ብድሌት ሰላምን ዕርክነታዊ ዝምድና ምስ ጎረባብትን ተደሪኹ፡ ንኹሎም ኣብ ኤርትራ ዝነብሩ ካልኦት ኮማት፡ ንኢጣልያዊ ኮም ሓዊሱካ፡ ኣድላዪ ውሕስነት ክህብ ድሉው ክኸውን ኢዩ" ብምባል መደረኦም ወድኡ።[62]

ንኤርትራ መጉዚትነት ክውሰን እንተ ኾይኑ፡ ማሕበሮም ናይ ሕቡራት ሃገራት ከም ዝመርጽ ኣረዲኦም ሸኽ ኢብራሂም ካብቲ ኮሚቲ ክፋነዉ እንከለዉ፡ ደድሕሪኦም ወካሊ ማሕበር ሓዳስ ኤርትራ-ሻራ ኢጣልያ ዝነበሩ ብላታ መሓመድ

ወከልቲ ሻራ ኢጣልያ።
ካብ ጸጋም፡ መሓመድ ዓብደላ፡ ዑመር ባዱሪ፡ ገብረሚካኤል በራኺ።

62. እ.ጽ. 48 ገጽ 91-92

ዓብደላ ተኪኦሞም ኣብቲ መጋባእያ ቀረቡ።[63] ብላታ መሓመድ ብወገኖም፡ ድሕሪ ሓደ ውሱን ናይ ኢጣልያ መጉዚትነት፡ ማሕበሮም ምሉእ ናጽነት ኤርትራ ከም ዝጠልብ ኣረድኡ። ኢጣልያ እትምረጸሉ ምኽንያት፡ እቲ ንመጉዚትነት ዘድሊ ፖለቲካውን ማሕበራውን ብስለት ዘጥረየት ሃገር ብምንባራ'ውን ሓበሩ። ቋንቋ ጥልያን ኣብ ኤርትራ ብሰፊሑ ዝፍለጥ ምንባሩ፡ ህዝቢ ኢጣልያ ኸኣ ንሓፈሻዊ ምዕባለ ኤርትራ እጃም ዘበርከተን ብመገዲ'ቲ መጉዚትነት ዝያዳ ከበርክት ከም ዝኽእልን ብምንጻር፡ ኣብ መንጎ ኢትዮጵያውያንን ኤርትራውያንን ቅርሕንቲ ስለ ዝነበረ፡ ንኤርትራ ናብ ኢትዮጵያ ምሕዋስ ዘይቅቡል ከም ዝኾነ ኣረጋገጹ። ንምቕሊ ኤርትራ'ውን ነጸጉ።

ንብላታ መሓመድ'ውን ብዛዕባ ኣብ ኤርትራ ዝነበረ ደገፍ ህዝቢ ንማሕበሮም ዝምልከት ሕቶታት ቀረበሎም። ኣብ'ዚ፡ ንሶም'ውን ኣዝዩ ዝተጋነነ ጸብጻብ ኣቕረቡ። መጀመርታ "ደገፍ መላእ ህዝቢ ኤርትራ፡ እስላምን ክርስትያንን ኣለና" ክብሉ ድሕሪ ምጽናሕ፡ ድሕሪ ትርር ዝበለ ሕቶታት ነቲ ቍጽሪ ናብ 400,000 ኣውረዱዎ። ኣብ'ዚ፡ ዝተፈላለዩ ወከልቲ መንግስታት ብሕቶታት ኣዋጠሩዎም። ኣብ መወዳእታ'ውን፡ "ብመሰረት ድሌት ኣልራቢጣ ኣል ኤርትሪያ ንኤርትራ ናጽነት እንተ ተወሰነ፡ ማሕበርኩም ናጽነት ክቕበል ዲዩ ወይስ ክኣቢ፧" ዝብል

ወከልቲ ሕብረት።
ካብ ጸጋም - ደጊያት በየነ፡ ሸኽ ሱሌማን ኣዲን፡ ኣቶ ተድላ ባይሩ።

63. ብላታ መሓመድ ዓብደላ፡ ብ1907 ኣብ ኣስመራ ተወልዱ። ኣብ ቤት ትምህርቲ ሳልሻን ራጁ፡ ከረን ድሕሪ ምምሃር ድማ፡ ኣብ ኣገልግሎት ፖስታ ከረን፡ ተሰነይን ናቕፋን ኣገልገሉ። ብድሕሪ'ዚ ኣብ ስራሕ ንግዲ ድሕሪ ምውፋር፡ ካብ 1946 ጀሚሮም፡ ሓደ ካብ መሰረትትን ኣማኸርትን ማሕበር ሓዳስ ኤርትራ ሻራ-ኢጣልያ ኾኑ። ወካሊ ማሕበሮም ብምዃን'ውን ክልተ ጊዜ ናብ ለይክ ሳክሰስ ገሹ። Chi-e dell'Eritrea, p. 207.

ሕቶ ቀረበሎም። ብላታ መሓመድ ኣብ መልሶም፡ "ኤርትራ ንምሉእ ናጽነት ድልውቲ ኣይኮነትን። ማሕበር ሓዳስ ኤርትራ-ሻራ ኢጣልያ ንዘመጽእ ጊዜ'ኳ ናጽነት እንተ ሓተተ፡ ክሳብ ሸው ሓገዝ ናይ ሓንቲ ኤውሮጳዊት ሓያል ኢዩ ዝደሊ ዘሎ..." ብምባል፡ ግድን መጉዚትነት ኢጣልያ ይኹነልና ዝብል ምጉት ልዕሊ ናጽነት ሰርዑ።[64]

ከም'ዚ ኢለን፡ ክልተ ንናጽነት ዝሓታ ኤርትራውያን ሰልፍታት፡ ፋሕ ዝበለ ጠለባት ብምቕራብ፡ ኣብ ቅድሚ'ቲ ኮሚቲ ነቲ ሕቶ ናጽነት ብኣውራኡ ሚዛን ከልኣኦ። ልዕሊ ኹሉ፡ እቲ ብኽልቲኦም ወከልቲ ብዛዕባ ብዝሒ ኣባልነት ማሕበሮም ዝቐረበ ዘይቀራረብን ዝተጋነነን ኣሃዛት ንዕቱብነቶም ሃሰዮ። ደጋጊምና ከም ዝረኣናዮ፡ ኣብቲ ኮሚቲ ብዙሕ ንኣፍሪቃን ኣፍሪቃውያንን ዘቑናጽብ ኣመለኻኽታን ኣዘራርባን ነይሩ ኢዩ። ኣሸንኳይዶ ከምዚ ዝመሰለ ጫለዳ ተረኺቡስ፡ ብዘይ ብኡ'ኳ ንዕቀት ኣብ ልዕሊ ብቕዓት ኣፍሪቃውያን ንርእሰ ውሳነን ርእሰ ምሕደራን ግኑን ዝነበረሉ እዋን ኢዩ። ሓደ ካብቲ ገለ ሃገራት ዘቕርብኦ ዝነበራ ኤርትራ ናብ ኢትዮጵያ ክትሕወስ የብላን ዝብል ዝነበረ ምጉት ንኣብነት፡ ንመሰል ኤርትራ ኣብ ግምት ዘእተወ ዘይኮነስ፡ ኣብ ዘይብቕዓትን ድሑርነትን ኢትዮጵያ ዝተመርኩሰ ኢዩ ዝነበረ። ብዝኾነ፡ ናይ ሸኽ ኢብራሂምን ብላታ መሓመድን ርክብ ምስ'ቲ ኮሚቲ ንጊዚኡ በዚ ኣብቅዐ።

ድሕሪ ብላታ መሓመድ፡ ብ26 ሚያዝያ ዝቐረቡ ተድላ ባይሩ፡ ንማሕበር ሕብረት ብምውካል ነበረ። ናይ ተድላ ምጉት ካብቲ ኢትዮጵያ እተቕርቦ ዝነበረት ዝፈልዮ ዝኾነ ነገር ኣይነበሮን። ብታሪኽ፡ ብሃይማኖት ይኹን ብጆግራፈያዊ ኣቀማምጣ፡ ኤርትራ ካብ ኢትዮጵያ ከም ዘይትፍለ ኣረድኡ። እተን ካልኦት ማሕበራት ሓቀኛ ድሌት ህዝቢ ኤርትራ ከም ዘይውክላ ድሕሪ ምምልካት ድማ፡ ብፍላይ መጉዚትነት ኢጣልያ ፍጹም ከም ዘነጽጉ ኣፍለጡ። ረብሓ ኤርትራ ብኢትዮጵያ ጥራይ ከም ዝሕሎ ሓቢሮም ከብቅዑ፡ ንምምቃል ኤርትራ ግን ንሶም'ውን ነጸጉ። ዝዓበየ ኤርትራዊ ሰልፊ ናቶም ከም ዝነበረ፡ እተን ካልኦት ሰልፍታት ኣባልነተን ከም ዘጋንና፡ ሓደ ሲሶ ካብ ኣባላቶም እስላም ከም ዝነበሩን ድሌት ህዝቢ ኤርትራ ብማሕበሮም ከም ዝውክልን ምስ ኣስመዑ፡ ተድላ ባይሩ'ውን ካብቲ ኮሚቲ ተፋነዉ።[65]

ቀጺሉ፡ ብግንቦት 1949 ኣብ ቅድሚ'ቲ ኮሚቲ ዝቐረበ፡ ወካሊ ማሕበር ኢጣሎ-ኤርትራውያን - Italo Eritrei ዝነበረ ሲኞር ካሻኒ ኢዩ። እዚ፡ ኣብ ክንዲ እቶም ካብ ጣልያንን ኤርትራውያንን ዝተዳቐሉ ሓናፍጽ ዝዛረብ ነበረ። ዑቕባዝጊ የሃንስ ኣብ መጽሓፉ፡ ካብ'ቲ ናይ ካልኦት፡ መደረ ካሻኒ ዝሓየለ ምጉት ከም ዘልዓለ ይገልጽ። ካሻኒ፡ ሽሕ'ኳ ኤርትራ ዝተፈላለየ ኤትኒካዊ፡ ሃይማኖታውን ናይ ቋንቋን ፍልልይ ብዘለዎም ህዝብታት እንተ ቖመት፡ ብሓድሕዳዊ መርዓን

64. እ.ጽ. 48 ገጽ 95-96
65. እ.ጽ. 48 129-13

ሓባራዊ ቁጠባዊ ረብሓታትን ዘተቐራረበት ሃገር ምዃና ኣረድአ። እዚኣቶም፡ ንዘመናት ጐድኒ ጐድኒ እናተሓጋገዙን ብሓድሕድ ምኽብባርን ስለ ዝተናበሩ፡ ናይ ሓደ ማሕበረ-ኮም ኣበርክቶ ንድሕነት ናይቶም ካልኦት መሰረታዊ ምንባሩ ኣነጸረ። በዚ ምኽንያት'ዚ ድማ፡ ማሕበሩ ኣብ መበቈል፡ ሃይማኖት ወይ ቋንቋ ንዝምርኰሰ ናይ ምቕሊ ይኹን ንኤርትራ ናብ ኢትዮጵያ ናይ ምሕዋስ ሓሳባት ከም ዘቃወም ኣፍለጠ።

ናይ ካልኣይ ሓሳባት ንቕድሚት ዘጠመተ'ውን ነበረ። ንኣብነት፡ ንባጽዕን ንዓሰብን ንኢትዮጵያ ሂብካ ኣፍደገ ባሕሪ ከም ትረክብ ምግባራ ንዝብል ሓሳብ ፍጹም ብምንጻግ፡ ንኢትዮጵያ ፍሉይ ናይ ወደብ መሳለጥያታትን ናጻ ናይ ንግዲ ዞባን (free zones) ክግበረላ ከም ዝኽእል ሓበረ።[66]

ድሕሪ ካልኣይ፡ ደ ሮሲ ዝተባህለ ወካሊ ኢጣልያውያን ተቓማጦ ኤርትራ'ውን ናይ ናጽነት ደገፉ ገለጸ። በዚ ድማ፡ ወግዓዊ ርእይቶታት ኤርትራውያን ኣብ ቀዳማይ ኮሚቲ ባይቶ ሕ.ሃ. ኣብቅዐ። ከም'ዚ ኢሉን፡ እተን ንህዝቢ ኤርትራ ክውክላ ዝመጻ ማሕበራት፡ ነቲ ዝወከለኦ ህዝቢ ከም ሓደ ዝተመቓቐለን ዘይቃዶን ኣካል ኣቕረባኦ።

ኣብ ኩሉ ቅድሚኡ ዝነበረ መደረታቶምን ጽሑፋቶምን፡ ሸኽ ኢብራሂም ኣብቲ ሃገራዊ እምበር ኣብ ሃይማኖታዊ ጠባይ ናይ ኣልራቢጣ ረጊጾም ይማጐቱ ኣይነበሩን። ርግጽ ኣብ'ዚ ቐዳማይ ኮሚቲ በጺሖም ናብቲ ዳሕረዋይ ኣንፈት ምዝዛዎም ብዘይ ምኽንያት ኣይነበረን። ኣብ ው.ሕ. ሃገራት፡ ኢትዮጵያ ንኤርትራ ከም ክርስትያን ዝበዝሑላን ዝዕብልሉላን ሃገር ኢያ ተቕርባ ዝነበረት። ኣብ ልዕሊ'ቲ ኣመሪካን ብሪጣንያን ብብረብሓኦን ዝሀብኦ ዝነበራ ደገፍ፡ እዚ ክርስትያናዊ ምጉት'ዚ ንበይኑ ናይተን ዝበዝሓ ኣባላት ው.ሕ. ሃገራት ደገፍ ንኢትዮጵያ ከምጽኣላ ኢዩ ዝብል ጭቡጥ ተኽእሎን ስግኣትን ነይሩ ኢዩ። ብኣንጻር እዚ፡ ደገፍ ናይተን ኣብቲ ኮሚቲ ዝነበራ ዓሰርተ እስላማውያን ሃገራት ንምርካብ ተባሂሉ ኢዩ ናይ ሸኽ ኢብራሂም ክትዕ ነቲ መልክዕ'ቲ ዝሓዘ።[67]

ከምኡ ይኹን እምበር፡ ኣብ'ዛ ኣኼባ እዚኣ መደረ ሸኽ ኢብራሂም ኣድማዒ ነይሩ ንምባል ኣየድፍርን። በቲ ሓደ ኣንጻር፡ ወካሊ ኢትዮጵያ ኮይኖም ኣብቲ ኮሚቲ ተቐሚጦም ዝነበሩ፡ ኣክሊሉ ሃብተወልድ ዘይኮነስ፡ ኤርትራዊ ዝመበቆሎም ብላታ ኤፍረም ተወልደመድህን ነበሩ።[68] ከከድልዮን ንሕቶ ናጽነት ኤርትራ

66. እ.ጽ. 48፡ ገጽ 148-149። Okbazghi Yohannes, pp. 115-116.

67. እተን ኣብ ቀዳማይ ኮሚቲ ዝነበራ እስላማውያን ሃገራት እዘን ዝስዕባ ኢየን፤ ግብጺ፡ ኢራን፡ ዒራቕ፡ ልብናን፡ ፓኪስታን፡ ስዑዲ ዓረብ፡ ሶርያ፡ ቱርኪ፡ የመን፡ ኣፍጋኒስታን።

68. ብላታ ኤፍረም ተወልደመድህን፡ ሓዎም ንመምህር ይስሃቅ ተወልደመህን ኮይኖም፡ ካብቶም ቀዳሞት ንግዝኣት ኢጣልያ ገዲፎም ናብ ኢትዮጵያ ዝሰገሩ ኤርትራውያን ኢዮም። ከም ብላቴንጌታ ሎሬንሶ ታእዛዝ፡ ኤፍረም'ውን ኣብ ኢትዮጵያን ወጻእን ኩብ ዝበለ ትምህርቲ ረኺቡ። ስርዓት ሃይለስላሴ'ውን ኣብ ዝተፈላለየ ናይ ዲረክተርነት፡ ሚኒስተርነትን ኣምባሳደርነትን ጽፍሕታት ኣሰርሖም። ኣብ'ቲ ጉዳይ ኤርትራ ብኣርባዕተ ሓያላትን ውድብ ሕ.ሃ.ን ዝረኣየሉ ዝነበረ ጊዜያት፡ ብላቴንጌታ ኤፍረም ምስ ኣክሊሉ ሃብተወልድ ብምዃን ወይ ንዕኡ ብምውካል ንጠለባት ኢትዮጵያ ኣትሪሮም ዝተጣበቑ ኢዮም።

ኩዳኽም እናኸደልን እንከሎ መቸም፡ ኣክሊሉ ንብላታ ኤፍረም ከም መሳርሒ ይጥቀመሎም ነይሩ ኢዩ። ብላታ ኤፍረም ካብ መደረ ሸኽ ኢብራሂም ብምጥቃስ፡ ቍጽሪ ህዝቢ ኤርትራ 1,250,000 ካብ ኮነ'ሞ እስላም ከኣ 75 ካብ ሚእቲ ኢዮም ካብ ተባህለ፡ "ብፍላይ ህዝብታት ኣከለ ጉዛይ፡ ሰራየ፡ ሓማሴንን፡ ምጽዋዕን ምዕራባዊ ቆላን ክክንደይ ኢዮም ማለት ኢዩ፧" ዝብል ባሻ ዝተሓወሶ ሕቶ ኣቕረቡ።[69]

ሸኽ ኢብራሂም፡ እቲ ዘቕረቡዎ ቍጽሪ ህዝቢ ኤርትራ ናቶም ግምት ዘይኮነስ፡ ኮሚሽን ኣርባዕተ ሓያላት ባዕላ ዝገምገመቶ ከም ዝነበረ ድሕሪ ምብራህ፡ ኣብ መላእ ኤርትራ ብዛዕባ ዝነበሮም ብዝሒ ሰዓብቲ ብዝርዝር ነቲ ኮሚቲ ገለጹ። ብመሰረት ጸብጻቦም፡ ቍጽሪ ሰዓብቲ ኣልራቢጣ 1,204,764 ኮነ።[70] በዚ መሰረት፡ እተን ዝተረፋ ማሕበራት፡ ንማሕበር ሕብረት ሓዊስካ፡ ኣስታት 45,000 ሰዓብቲ ጥራይ ነይሮመን ማለት ኢዩ። ኣብዚ መቸም፡ ናይ ሸኽ ኢብራሂም ኣቀራርባ ጥንቁቕ ኣይነበረን ምባል ከም ጌጋ ኣይቍጸርን።

ውዲት-ስምምዕ በቪን-ስፎርዛ

እቲ ኹሉ ክትዕ ኣብ ቀዳማይ ኮሚቲ ክካየድ እንከሎ፡ ብሪጣንያ ነቲ ናይ ምቕሊ ሓሳባታ ውሽጢ ውሽጢ ምጕስጓስ ቀጸለት። ኣብዚ ድማ፡ ምሉእ ደገፍ ናይ ሕ.መ. ኣመሪካ ኣይተፈልያን። ብኣጠቓላሊ ኣብቲ ባይቶ፡ እቲ ጸኒሑ ብ3 ግንቦት 1949 ሰነድ ሃ/ሆ.1/446 ተሰምዩ ናብቲ ኮሚቲ ዝቐረበ፡ ካብ መጀመርታ ግን ብሪጣንያ ትደፍኣሉ ዝነበረት እማመ ኢዩ ቀንዲ መዛረቢ ኾይኑ ዝነበረ።[71] ብኣንጻር'ዚ ግን፡ እቲ መሰል ህዝቢ ናይተን ግዝኣታት ኢጣልያ-ነበር ይተሓሎ ዝብል ዝነበረ መርገጽ፡ ምስቲ ሕብረት ሶቭየትን ሰዓብታን ዘርእያኦ ዝነበራ ተቓውሞ ተሓዊሱ፡ ብተዛማዲ ሓዩሉ ነይሩ ኢዩ። እቲ ናይ ብሪጣንያ እማመ መሰልን ረብሓን ኢጣልያ ዘይሕሉ ስለ ዝነበረ ድማ ፈረንሳን ሃገራት ላቲን ኣመሪካን'ውን ነቲ ዳሕረዋይ ኣረኣእያ ከበራትዓ ተራእያ።[72]

ንኤርትራ ብዝምልከት፡ እማመ ብሪጣንያ መላእ ከበሳ፡ ባጽዕን ዓሰብን ንኢትዮጵያ ዓዲሉ፡ ምዕራባዊ ቆላታት ግን ናብ ሱዳን ንኽጽንበር ዝሓትት ከም ዝነበረ ተገሊጹ ኣሎ። ብተወሳኺ እቲ እማመ፡ ባጽዕን ኣስመራን ብፍሉይ ቻርተር ንኽመሓዳደራ ሓሳብ ኣቕሪቡ ነይሩ ኢዩ። መንግስቲ ኢትዮጵያ ኣብቲ ኮሚቲ'ኳ ካልእ ይብል እንተ ነበረ፡ ነዚ እማመ'ዚ ውሽጢ ውሽጢ ከም ዝተቐበሎስ ኣቓዲሙ ኣፍሊጡ ነይሩ ኢዩ።[73] እኳ ደኣ፡ እቲ እማመ ንኢትዮጵያ ንኽህባ ዝሓለነ

69. ኢ.ጸ. 48፡ ገጽ 92

70. እቲ ሸኽ ኢብራሂም ናብቲ ኮሚቲ ዘቕረቡዎ ዝርዝር ከምዚ ዝስዕብ ነበረ፡- ከረን-188,604 ኣባላት፡ ኣቑርደት-87,575፡ ተሰነይ-464,445፡ ባረንቱ-46,000፡ ዓዲ ወግሪ-27,850፡ ዓዲ ኳላ-16,520፡ ምጽዋዕን ሰሜናዊ ደንካልያን-110,000፡ ደቡባዊ ደንካልያ-28,000፡ ኣስመራን ከባቢኣን-67,340፡ ኣከለ ጉዛይ-168,400።

71. እዚ ኣብ ክፋል 2 ናይ'ዚ ምዕራፍ'ዚ ብሰፊሑ ተገሊጹ ኣሎ።

72. FO 371/73842, 20 April, 1949.

73. Okbazghi Yohannes, p. 121.

ክፍልታት ኤርትራ መታን ከይሓልፍ ኢዩ ዝመስል፡ ኣክሊሉ ሃብተወልድ ንሃገሩ ይሕግዝ ኢዩ ዝበሎ ምጉት፡ እንኮላይ እቲ "ሃገርና ብኢጣልያ ክትውረር እንከላ ኣይሓገዝኩምናን'ሞ ሕጂ ክሓሱና" ዝብል ልመናኡ ኣዘውቲሩ ኣሰምዐ። ሚኒስተር ጉዳያት ወጻኢ ኣመሪካ ጆን ፎስተር ዳለስ ብወገኑ እውን፡ እማመ ብሪጣንያ እቲ ዝሓሸን ከሰርሕ ዝኽእልን ፍታሕ ምኳኑ ብምግላጽ፡ ነቲ ሃገሩ ካብ'ቲ ፍታሕ ንኽትረኽቦ ዝጸበዮ ዝነበረ ሓለፋን ጉንያን ብፍላጥ ክዓብበጦ ተራእየ።

ይኹን እምበር፡ እቲ እማመ ኣብ ውሽጢ'ቲ ኮሚቲ ብርቱዕ ክትዕን ምስሕሓብን ኣለዓዓለ። ወኪል ኢጣልያ፡ እቲ እማመ ህዝቢ ኤርትራ ንዘይደልዮ ምምቃል እታ ሃገር ስለ ዝጣበቕ፡ ኣዝዩ ሓደገኛ ምንባሩን ሓቀኛ ድሌት ህዝቢ ኤርትራ ንናጽነት ንክኽበርን ሓተተን ኣሰምዐን። ወካሊ ኣርጀንቲና፡ መሰል ኢትዮጵያ ክሕሎ ዘይቃወም'ኳ እንተ ነበረ፡ ክፋል ኤርትራ ብኢትዮጵያ ክገብጥ፡ ምዕራባዊ ቆላታት ድማ ንረብሓ ብሪጣንያ ተባሂሉ ናብ ኣንግሎ-ግብጻዊት ሱዳን ክሕወስ ንዝብል ሓሳብ ከም ዘይድግፍ ኣፍለጠ። ፈረንሳ'ውን ብወገና፡ እቲ እማመ ድሌት ህዝቢ፡ ኣህጉራዊ ጸጥታን ረብሓ ኢጣልያን ኣብ ግምት ኣብ ልዕሊ ዘይምእታዉ፡ ብፍላይ ወከልቲ ኤርትራ ኣብ ሓድሕዱ ዝገራጮ ሓበሬታታት ስለ ዘቕረቡ፡ ዝያዳ ሓበሬታ ዝርከበሉ መገዲ ንኽናደ ሓሳብ ኣቕረበት።[74]

ዑቕባዝጊ ዮሃንስ ከም ዝበሎ፡ እዚ ናይ ኢጣልያን ካልኦት ናይ ላቲን ሃገራትን መርገጻት፡ ብሓቂ ንረብሓ ኤርትራውያንን ካልኦት ግዙኣት ኢጣልያ ነበርን ተባሂሉ ዝቐረበ ኣይነበረን። ብዝያዳ፡ ነቲ ኣብ ውሽጢ ምዕራባውያን ሃገራት፡ ኣብ መንጎ ላቲን ዝመበቑሎምን ኣንግሎ-ሳክሶን ዝመበቑሎምን፡ ማለት ኣብ መንጎ ሃገራት ላቲን ብሓደ ወገን፡ ብሪጣንያን ሕ.መ. ኣመሪካን ድማ በቲ ኻልእ፡ ዝርአ ንዝነበረ ውድድር ዘመልክት ነበረ።[75] ሜክሲኮ ነዚ ፍልልይ'ዚ ሓደ ስጉሚ ንቕድሚት ብምውሳድ፡ ብስም ኩለን ሃገራት ላቲን ኣመሪካ፡ ሓደ ነቲ ናይ ብሪጣንያ እማመ ዝጻረር ናታ እማመ ኣቕረበት። እዚ ድማ፡ ውዒሉ ሓዲሩ ንኤርትራ ናጽነት ዘውህብ ኮይኑ፡ ክሳብ ንዓኡ እትዳሎ ግን ብመጉዚትነት ብሪጣንያ፡ ኢጣልያ፡ ፈረንሳ፡ ሕ.መ. ኣመሪካን ኢትዮጵያን ንውሱን ጊዜ ክትመሓደር ዝእምም ነበረ።[76]

ከምዚ ምስ ኮነ ዝተፈላለየ ረብሓታትን ኣረኣእያን ዝውክል ካልእ እማመታት ክስዕብ ተራእየ። ሕብረት ሶቭየት'ውን ናይ ገዛእ ርእሳ እማመ ኣቕረበት። ኣብ'ዚ፡ ኤርትራ ኣብ ሓባራዊ መጉዚትነት ናይ ሕብረት ሶቭየት ባዕላ፡ ሕ.መ. ኣመሪካ፡ ብሪጣንያን ኢጣልያን ክትኣቱ ጠለበት። ካብቲ ናይ ሜክሲኮ ዝፈልዮ ነጥቢ እንተ ነይሩ፡ እቲ ቐዳማይ ንሶቭየት ዘየእቱን ንኢትዮጵያ ዝሕውስን ምንባሩ ኢዩ። እዚ ድማ፡ ደገፍ ናይ'ተን ማሕበርነታውያን ሃገራት ረኸበ።[77]

74. Okbazghi Yohannes, quoting First Committee Report, pp. 121-122.
75. እ.ጽ. 74፡ ገጽ 122
76. እ.ጽ. 74 ገጽ 123
77. እ.ጽ. 74 ገጽ 123

ዛጊት እቲ ዝቐርብ ዝነበረ እማመታት ፍሉይ ስትራተጂያዊ ወይ ፖለቲካዊ ረብሓታት ዝሓቍፍ ኢዩ ዝነበረ። ነዚ ብዓይነቱ ዝቐይር ሓሳባት ዝሓቘፈ እማመታት ብህንድን ዒራቕን ቀረበ። ናይ ህንዲ ሓሳብ፡ ጉዳይ ኤርትራ ይኹን ናይተን ካልኦት ግዝኣታት-ነበር ካብ ዓንኬል ረብሓታት ሓያላት ዓለም ወጺኡ ብዓይኒ ረብሓ እተን ሃገራት ንኽርአ ሓተተ። ንኤርትራ ብዝምልከት፡ እዚ እማመ'ዚ ድሌት ህዝቢ እታ ሃገር ንኽፍለጥ ረፈረንደም ክካየድ፡ ነዚ ዘሰላስል ሓደ ኮሚሽን ብውድብ ሕቡራት ሃገራት ንኽሰየም'ውን ጠለበ። ዒራቕ'ውን ብወገና፡ ሓሙሽተ ዝኣባላታ ኮሚሽን ናብ ኤርትራ ተላኢኻ፡ ድሌት ህዝቢ ኤርትራ ዝግምግምን ብዛዕባ መጻኢ ቦታ እታ ሃገር ኣመት ዝሁብን ሓበሬታ ሒዛ ናብ ባይቶ ሕ.ሃ. ክተቕርብ ሓተተት።[78]

ከምዚ ኢሉ፡ እቲ ኣብ ቀዳማይ ኮሚተ ዝነበረ ሓፈሻዊ ኣረኣእያ ኣብ ጉዳይ ኤርትራ ጥራይ ዘይኮነስ ኣብ ጉዳይ ሊብያን ሶማልያን'ውን ኣንጻር እማመ ብሪጣንያ ክዝንብል ተራእየ። ብፍላይ ናይ ህንድን ዒራቕን እማመታት ክአ ደገፍ ካልኦት ክረኽብ ጀመረ። በዚ እምበኣር፡ ቀዳማይ ኮሚቲ ተገማምዐ'ሞ፡ ሚኒስተር ጉዳያት ወጻኢ ኣመሪካ ዳለስ፡ ነቲ ኹሉ ኣብ ቅድሚ'ታ ኮሚቲ ቀሪቡ ዝነበረ እማመታትን "ካልእ ክቐርበላ ዝኽእል ሓዲሽ ሓሳባትን" ጸሚቛ እተቕርብ፡ ብ15 ኣባላት ዝቖመት ንኡስ-ኮሚቲ ክትምዘዝ ሓሳብ ኣቕረበ።[79] እቲ "ካልእ ክቐርበላ ዝኽእል ሓዲሽ ሓሳባት" ዝበሎ ዳለስ ጸኒሑ ትርጉም ክሀብ ስለ ዝኾነ፡ ዘይምርሳዑ ጽቡቕ ኢዩ። ኣብ ኣቃውማ ናይታ ንኡስ ኮሚተ ክትዕ ምስ ተኻየደ፡ ብብልጫ ድምጺ ንኽትቀውም ንሓሙስ 12 ግንቦት ክአ ጸብጻባ ክተቕርብ ተወሰነ። እዚ ብሰኑይ 9 ግንቦት ኮነ።

ኮንት ካርሎ ስፎርሳ

ኣርነስት በቪን

78. እ.ጽ. 74 ገጽ 268
79. እ.ጽ. 48 ገጽ 268

ንጽባሒቱ ግን፡ ኣሶስየትድ ፕረስ ዝተባህለ ኣህጉራዊ ማዕከን ዜና፡ ስፎርሳ ናይ ኢጣልያን በቪን ናይ ብሪጣንያን ብምስጢር ድሕሪ ምርኻብ፡ ብዛዕባ ጉዳይ በዓል ኤርትራ ኣብ ስምምዕ ከም ዝበጽሑ ኣፍለጠ። እዚ ኢድ ሕ.መ. ኣመሪካ ዝተሓወሶ ስምምዕ'ዚ፡ ኣብ መንጎ 6 ክሳብ 9 ግንቦት ዝተበጽሐ ኾይኑ፡ ብሪጣንያ ኣብ ልዕሊ ሲረናይካ፡ ፈረንሳ ኸኣ ኣብ ልዕሊ ፌዛን ቀጥታዊ መጉዚትነት ክረኽባ ዝእምም ነበረ። ትሪፖሊታንያ ካብ መወዳእታ 1951 ጀሚራ ኣብ ትሕቲ መጉዚትነት ኢጣልያ ክትኣቱ፡ ክሳብ ሽዑ ግን ብብሪጣንያን ሓደ ኣህጉራዊ ኣማኻሪ ኮሚቴን ክትመሓደር እቲ ሓሳብ ጠለበ። ንኤርትራ ብዝምልከት ግን፡ ስምምዕ በቪን-ስፎርዛ፡ "ንምዕራባዊ ኣውራጃ (ቆላታት) ገዲፍካ፡ ኤርትራ ብምልእታ ንኢትዮጵያ ክትውሃብ፡ ግን፡ ኢትዮጵያ ምስ ውድብ ሕቡራት ሃገራት ብእትገብሮ ውዕል፡ ንኣስመራን ምጽዋዕን ውሕስነት ናይ ፍሉይ ኣተሓሕዛ (status) ክትገብር፡ ኣብ ዝርዝር ናይቲ ውሕስነት'ውን ኢጣልያ ክትሕተት... ምዕራባዊ ቆላ ድማ ናብ ሱዳን ክጽንበር" ሓተተ። ኣብ ልዕሊ'ዚ ኹሉ፡ ኢጣልያዊት ሶማሊላንድ ብቐጽበት ኣብ መጉዚትነት ኢጣልያ ክትኣቱ ሓሳብ ኣቕረበ።[80]

እዚ ስምምዕ'ዚ፡ ኣብ'ቲ እታ እማመታት ንኽትመሚ ብርእይቶ ጆን ፎስተር ዳለስ ዝቖመት፡ ብስም ንኡስ ኮሚቴ 15 እትፍለጥ ኣካል ዝተሰየመትሉ ዕለት፡ ማለት ብ9 ግንቦት ዝተኣትወ ኢዩ። ሽዑ መዓልቲ ዝተጻሕፈ ሓደ ናይ መንግስቲ ኣመሪካ መዘከር፡ "ብመሰረት ስምምዕ በቪን-ስፎርዛ፡ ናይ ደጀን መሰላትና (ኣብ ትሪፖሊ ዝነበረ) ብውሑዱ ክሳብ 1951 ክኽበረልና ኢዩ። ኣድላዪ እንተ ኾይኑ፡ ድማ ሽዑ'ውን ምስ ኢጣልያውያን ንዓና ዝምችእ ኣገባባት ክንገብር ንኽእል ንኸውን ኢና" ዝብል ጽሑፍ ንረክብ።[81] መጻኢ ዕድል ሃገራትን ህዝብታትን እምበኣር በዝን ንዕኡ ብዝመስልን ምኽንያታትን ረብሓታትን ኢዩ ዝውሰን ዝነበረ ማለት ኢዩ።

ኣብ'ዚ እቲ ዘገድሰና፡ ናይ መንግስቲ ኢትዮጵያ መርገጺ ኢዩ። ዛጊት፡ ንመላእ ኤርትራ ክትጠልብን ኢጣልያ ብመጉዚትነት ናብ ሶማልያ ንኸይትምለስ ብዘለዋ ዓቕሚ ከም እትቃወም ክትገልጽ ዝጸንሐትን ኢትዮጵያ፡ እማመ በቪን ስፎርሳ ምስ ቀረበ ነቲ ውሽጢ ውሽጢ ክትሰማምዓሉ ዝቐነየት ኤርትራ ናይ ምምቃል ውዲት ከተግህዶ ተራእየት። ኣብታ "የኤርትራ ጉዳይ" እትብል መጽሓፉ፡ ዘውዴ ረታ ነዚ መሰርሕ'ዚ ብዝርዝር ገሊጹዎ ኣሎ። ኣክሊሉ ሃብተወልድ፡ ውጥን በቪን-ስፎርሳ ደገፍ እንግሊዝን ኣመሪካን ስለ ዝነበሮ፡ ኣንጻሩ ደው ምባል ዘዋጽእ ኣይኮነን ኣብ ዝብል መደምደምታ ከም ዝበጽሐ ዘውዴ ረታ ይሕብር። ስለ ዝኾነ፡ ኣብ ቅድሚ ኢትዮጵያ ንዝነበረ ኣማራጺታት ንምሕባር'ሞ ንጉሳዊ ውሳነ ንምርካብ፡ ኣክሊሉ ነዚ ዝስዕብ ቴለግራም ናብ ሃጸይ ሃይለስላሴ ለኣኸ፤

1. ነቲ ንኤርትራ ኣብ ክልተ ናይ ምኽፋል (ሓሳብ) ስምምዕ በቪን-ስፎርሳ ስለ ዘሐየሎ፡ ኢትዮጵያ ነዚ ተሓሲቡላ ዘሎ ፍርቂ ሃገር ኣብ ኢዳ ኣእትያ ነቲ ዝተረፈ ምቕላስ እንተ ትቕጽል ይሓይሽ፣

80. Department of State, Office Memorandum, A/JP 8650.00/ 5 -949, May 9, 1949, to Dean Rusk.
81. እ.ጽ. 80

2. ንኸተማታት ኣስመራን ምጽዋዕን ዝኸውን መመሓደሪ ቻርተር ብሕቡራት ሃገራት ክዳለወለን የድሊ ተባሂሉ ዘሎ፡ ኣብ ውሽጣዊ ጉዳይና ምእታው ስለ ዝኾነ ኣሰፊሕና ንኽንከራኸር ተዳሊና ኣሎና፣
3. ሶማልያን ትሪፖሊታንያን ብመጉዚትነት ንመንግስቲ ኢጣልያ ክውሃባ ቀሪቡ ንዘሎ ሓሳብ ብጥብቂ ንቃወም፣
4. ካብ ኣውራጃታት ሊብያ፡ ሲረናይካ ብእንግሊዝ፡ ፌዛን ብፈረንሳ ክመሓደራ ይጽንሓ ብዘዕባ ዝተባህለ፡ ክመይ ዝመሰለ መርገጽ ከም ዝወሰድ ተጨኒቐ ኣሎኹ፣

ኣክሊሉ ዝተጨነቐ፡ ምስ ገዛእቲ ኳንኩም ንሊብያ ኣግዚእኩማ ተባሂላ ኢትዮጵያ ብታሪኽ ንኸይትኽሰስ ምንባሩ፡ ባዕሉ ኣብቲ ቴለግራም ይገልጽ። ግን፡ ኣብ'ዚ ጉዳይ'ዚ ኣንጻር እንግሊዝን ፈረንሳን ደው ምባል ኣብ ጉዳይ ኤርትራ ምኽሳር ስለ ዝኾነ፡ ኣክሊሉ ሓገዝን መምርሕን ሃይለስላሴ ሓተተ። ብ12 ግንቦት 1949፡ ማለት ድማ፡ ኣብቲ እማመ በቪን-ስፎርሳ ናብ ቀዳማይ ኮሚቲ ዝቐረበሉ ዕለት፡ ሃጸይ ሃይለስላሴ ንኣክሊሉ ናይ መልሲ ቴለግራም ለኣኹ። ከምዚ ዝስዕብ ከኣ በሉ፤

> መቸም ኣብ ናይ ኤርትራ ቀንዲ ጉዳይና፡ በዚ ስምምዕ በቪን ስፎርሳ ዝተባህለ ነገር ልብና ምሉእ ብምሉእ ከም ዘይተደሰተ ትፈልጥ ኢኻ። ኮይኑ ግን፡ ፍርቂ ኣብ ኢድና ኣእቲና ነቲ ዝተረፈ ኣብ መጻኢ ምቅላስ ይሓይሽ ኢልካ ዘቐረብካዮ ሓሳብ ርኢና ንኽትደፍኣሉ ፈቒድናልካ ኣሎና።

ሃጸይ ሃይለስላሴ ነዚ ድሕሪ ምባል፡ ኣክሊሉ ኣብ ልዕሊ'ቲ በቪን-ስፎርሳ ዝተባህለ ጥሙር ውጥን ዘቕርቦ ዝነበረ ተሪሪ ተቓውሞ፡ "ምስ ግርማዊ ናይ ዓባይ ብሪጣንያ ንጉስን ህዝብን ንዘለና ቅዱው ርክብ ዘበላሹን ካልእ መዘዝ ዘኽትለልናን ከይከውን ብርቱዕ ምጥንቃቕ ከድሊ ኢዩ...." ዝብል ስምዕታ ኣቕረቡሉ። ሃይለስላሴ ነዚ መጠንቀቕታ'ዚ ዝለኣኹ፡ ቅድሚ ኣክሊሉ ናብኦም ምጽሓፉ፡ ማለት ብ10 ግንቦት 1949 ምስ ላሸል ዝተባህለ እንግሊዛዊ ኣምባሳደር ኣብ ኢትዮጵያ ኣብ ዝገበሩዎ ርክብ፡ ንኤርትራ ኣብ ክልተ ምምቃል ዝብል ሓሳብ ግቡእ ከም ዘይኮነ ጥራይ እምበር፡ ንስምምዕ በቪን-ስፎርሳ ዝቕበሉ ወይ ዝነጽጉ ምዃኖም ኣይገለጹን። ካብ'ቲ ኹሉ ጥሙር ውጥን፡ ነቲ ንኣስመራን ምጽዋዕን ዝምልከት እማመ ጥራይ ብምቑንጫል ድማ፡ "ንመመሓደሪአን የድሊ ዝተባህለ ኦቶኖሚ፡ ናይ ወጻኢ ኢድ ከይኣተዎ ብጽቡቕ ፍቓድና ዝፍጸም እንተ ኾይኑ፡ ክንቕበሎ ንኽእል ንኸውን ኢና...." ኢሎም ንላሸል ኣፋንዮሞ ነይሮም ኢዮም።

ናይ ሃጸይ ሃይለስላሴ መልእኽትን መጠንቀቕታን ንጹር ስለ ዘይነበረ፡ ኣክሊሉ ተደናገረ። ኣሰዒቡ ኣብ ዝለኣኾ ቴሌግራም ግን፡ ጸሓፊ ትእዛዝ ወልደጊዮርጊስ ነቲ ምድንጋሩ ብመጠኑ ፈትሓሉ። ኣብ'ዚ መልእኽ'ቲ፡ ወልደጊዮርጊስ፡ "ኣብ'ቲ ጉባኤ ክትዕ ኣብ ዝካየደሉ እዋን፡ ንፈተወትና ብቐጥታ ዝነቕፍ ወይ ንጥቕሞም ብቐጥታ ዘበላሹ ነገር ብናትካ ግንባር-ቀደምትነት ከይፍጠር ጥራይ....." ኢዩም ከምኡ ዝበሉኻ ብምባል፡ ንኣክሊሉ ኣፋኾሰሉ።[82]

82. ዘውዴ ረታ፡ የኤርትራ ጉዳይ፡ ገጽ 144-167 ርአ።

በዚ እምበኣር ኢትዮጵያ ንምቕሊ ኤርትራን ብፍላይ ድማ ነቲ ንኤርትራ ዝምልከት ስምምዕ በቪን-ስፎርሳን ተቐቢላ ናብ ኣኼባ ንኡስ ኮሚቲ 15 ኣተወት።

ንኡስ ኮሚቲ 15 ንኽትቀውም ዳለሰ ክጠልብ እንከሎ፡ "ሓዲሽ ክቐርብ ዝኽእል እማመታት እንተሎ'ውን ንኽተጽንዕ" ስልጣን ይውሃባ ኢሉ ከም ዝነበረ ይዝከር። እዚ ናይ ጉርሒ ምንባሩ ደሓር በሪሁ። ምኽንያቱ፡ እታ ንኡስ ኮሚቲ ስራሓ ምስ ጀመረት፡ ስምምዕ በቪን-ስፎርሳ ከም ሓዲሽ ሓሳብ ቀረበላ'ሞ፡ ንሳ ድማ ነቲ ኻልእ እማመታት'ውን ዳርጋ ብዕቱብነት ከይመርመረት ንዕኡ ኣጽዲቓ፡ ከምቲ ቈጸራኣ ሓሙስ 12 ግንቦት ናብ'ቲ ቀዳማይ ኮሚቲ ቀረበት። ብመሰረቱ፡ ካብቲ ኣቐዲሙ ብብሪጣንያ ቀሪቡ ዝነበረ እማመ፡ ደቀቕቲ ነጥብታት ገዲፍካ፡ ክንድ'ቲ ለውጢ ኣይነበሮን። ንሳ ግን ብኽምኡ ተቐበለቶ። ብ10 ድምጺ፡ 4 ተቓወምትን ሓደ ድምጹ ዝሰሓበን ከኣ ኣሕለፈቶ።[83]

ብቕጽበት፡ እዚ ተግባር'ዚ ናይ ኣባላት ቀዳማይ ኮሚቲ ተቓውሞ ኣለዓዓለ። ወካሊ ዒራቕ ንኣብነት፡ ንኡስ ኮሚቲ 15 ናይ ምምማይ እምበር ናይ ምውሳን ስልጣን ስለ ዘይተዋህባ፡ ልዕሊ ዓቕማ ከም ዝኸደት፡ እማመ በቪን-ስፎርሳ ኸኣ እቲ ዓቢ ኮሚቲ ከይረኣዮ ብቐጥታ ናብኣ ክሓልፍ ቅቡል ከም ዘይነበረ ሓበረ።[84] እዚ ብወገኑ፡ ኣዝዩ ብርቱዕ ዝኾነ ክትዕ ኣለዓዓለ። ብዒራቕ፡ ህንድን ሕብረት ሶቭየትን ዝቐረበ ካልእ ሓሳባት ዝሓቍፍ'ሞ ቀዳማይ ኮሚቲ ድማ በታ ንኡስ ኮሚተ ንኽርአ ዝመዘዘቶ፡ ሚዛን ክውሃቦ ዝግባእ እማመታት እናሃለወ ስምምዕ በቪን-ሶፎርሳ ጥራይ ከም ሓደን ውዱእን ክቐርብ ንብዙሓት ወከልቲ ኣይተዋሕጠሎምን። እዚ ጥራይ ዘይኮነ፡ ትሕዝቶ እቲ ስምምዕ ኣብ'ተን ግዝኣታት ዝነበራ ምስ ተሰምዐ፡ ብርቱዕ ተቓውሞ ህዝቢ ከለዓዕል ከም ዝጀመረ ተነግረ። ብፍላይ ኣብ ትሪፖሊታንያ ክብ ዝበለ ጸረ ጣልያን ሰላማዊ ሰልፍን ናዕብን ስለ ዝተገብረ፡ ኣብ ኣተሓሳስባ እቲ ዓቢ ኮሚቲ ሰኽኽታን ለውጥን ኣምጽአ።[85] ስለ'ዚ ድማ፡ ወካሊ ብሪጣንያ'ኳ ኣበርቲዑ እንተ ተቓወመ፡ ወከልቲ ህዝቢ ኤርትራ፡ ሊብያን ሶማልያን መሊሶም በቲ ዓቢ ኮሚቲ ይሰምዑ ዝብል ርእይቶ ወካሊ ፖላንድ ተዓወተ'ሞ፡ በብተራ ንኽቐርቡ ተፈቒደሎም።

በዚ መሰረት፡ ሽዑ መዓልቲ፡ ማለት 12 ግንቦት፡ ኤርትራውያን ወከልቲ ኣልራቢጣ ኣል-እስላሚያ፡ ሓዳስ ኤርትራ ሻራ ኢጣልያን ማሕበር ኢጣሎ-ኤርትራውያንን፡ ብስም ህዝባዊ ግንባር ኤርትራ (Eritrean Popular Front) ክጥርነፉ ምዃኖም ኣፍለጡ'ሞ፡ ሸኽ ኢብራሂም ሱልጣን ናይ ሓባር መደረኦም ንኽሰምዑ ናብቲ ኮሚቲ ቀረቡ።[86]

ሸኽ ኢብራሂም፡ ብስም'ተን ሰለስተ ማሕበራት ጥራይ ዘይኮነ፡ ብስም ኤርትራ ንኤርትራውያንን ማሕበር ዓሳከር ኢጣልያ-ነበርን ይዛረቡ ስለ ዝነበሩ፡ ነቲ ዝበዝሐ

83. እ.ጽ. 48፡ ገጽ 325
84. እ.ጽ. 48፡ ገጽ 325
85. Trevaskis, p. 93
86. እ.ጽ. 48፡ ገጽ 333-334

ህዝቢ ኤርትራ ይውክሉ ምንባሮም ኣብ ክትዕ ከም ዘይኣተ ኣረድኡ። ቀጺሎም፡ ኣብ መንጎ በቪንን ስፎርሳን ዝተገብረ ስምምዕ፡ "ኣንጻር ሕጋዊ ድሌት መላእ ህዝቢ ኤርትራ ንቐጥታዊ ናጽነት ኢዩ። ህዝቢ ኤርትራ፡ ንሓሳባት ምቕሊ ይኹን ምጽንባር ዝኾነ ክፋል እታ ሃገር ንዝኾነት ካልእ ሃገር ኢዩ፡" በሉ። እቶም ንሶም ዝውክሉዎም ማሕበራት ብተወሳኺ፡ እቲ ዝቐረበ እማመ ንመትከላት ኣትላንቲክ ቻርተር ስለ ዝጻረር፡ ቅድሚ ናብ ክትዕ ምቕራቡ፡ ብሓደ ብቕዓት ዘለዎ ናይ ሕቡራት ሃገራት ሸማግለ ብዝግባእ ክምርመር ሓተቱ። ኣብ መወዳእታ ሸኽ ኢብራሂም፡ "ሓንቲ ኣብ'ዚ ጉዳይ'ዚ ቀጥታዊ ረብሓ ብዘይብለን ሃገራት ዝቖመት ኮሚሽን ንኤትኒካውን ቍጠባውን ኩነታት ህዝቢ ክትድህስስ" ንኤርትራ ትለኣኽ ዝብል ሓሳብ ኣቕረቡ። ውጽኢት ናይ'ቲ መርመራ "መሰል ናይ'ቲ ህዝቢ ንናጽነት ኣብ ውሽጢ ህሉው ደባቱ" ዘረጋግጽ ከም ዝኸውን ኣመቱ። ናጽነት ኣይከኣልን ኢዩ ዝብሃል እንተ ኾይኑ ድማ፡ ሕቡራት ሃገራት ቀጥታዊ መጉዚትነት ኤርትራ ክቕበል ተማሕጸኑ።[87]

እዚ ከም'ዚ ዝመስለ ሓባራዊ ኣቀራርባ መቾም ኣቐድም ኣቢሉ ተሓሲቡሉን ተፈጺሙን እንተ ዝኸውን ሓደ ውጽኢት መምጽአ ይኸውን። ግን፡ ስምምዕ በቪን-ስፎርሳ ድሕሪ ምኽታሙ መጺኡ። ድሕሪ'ዚ ስምምዕ'ዚ፡ ሃገራት ላቲን ኣመሪካ ከምቲ ቐደመን ተረርቲ ተቓወምቲ እማመታት ብሪጣንያ ምዃን ኣቋረጻ። ቀደሙ ናታተን ዕላማ ንኽብሪ ኢጣልያ ምጥባቕ ደኣ'ምበር መሰል ህዝብታት እተን መዛረቢ ኾይነን ዝነበራ ሃገራት ምሕላው ኣይነበረን። ስለ'ዚ፡ እቲ ኣቐዲሙ ኤርትራ ክትከስቦ እትኽእል ዝነበረት ምድንጋጽ፡ ኣብ'ዚ ጊዜ'ዚ ኣይመጸን። በዚ መሰረት ንኣብነት፡ ወካሊ ኤኩዋዶር ንምሕዋስ ከበሳታትን ገማግም ቀይሕ ባሕርን ናብ ኢትዮጵያ ክድግፍ እንከሎ፡ ንምጽንባር ምዕራባዊ ቆላ ናብ ሱዳን ግን ነጸጎ። "ነቲ ህዝቢ ከይሓተትትና ንሱዳን ናይ ምዕዳል ስልጣን" የብልናን ብዝብል መጉት ከኣ ኢዩ ዝነጸጎ። በየናይ ርትዒ ነቲ ቐዳማይ ምጽንባር ተቐቢሉ ነቲ ኻልኣይ ከም ዝነጸጎ ግን ኣየብርሀን።[88]

ወካሊ ፓኪስታን፡ ሰር መሓመድ ዛፍሩላህ ካን ብወገኑ፡ ንስምምዕ በቪን-ስፎርሳ ብኻልእ ምኽንያታት ነጸጎ። ኢትዮጵያ፡ ብምኽንያት ኤትኒካዊ ዝምድናን ቍጠባዊ ኣድላይነትን - ማለት ከኣ፡ ኣፍ ደገ ባሕሪ ንኽትረክብ - እንተኾይና ምቃል ኤርትራ ንኽትወስድ ዝፍቀደላ ዘሎ ኸኣ በለ፡ ብቐዳምነት ድሌት እቲ ህዝቢ ክርአ ነይሩዎ። ዝበዝሐ ህዝቢ ኤርትራ እስላምን ብምሉኡ ምስ ኢትዮጵያ ክጽንበር ዘይደልን ኢዩ ድሕሪ ምባል ከኣ፡ እቲ ተኣሚኑ ዝነበረ ምምቃል፡ ንእስላም'ውን ዝጽንብር ስለ ዝነበረ፡ ፍጹም ዘይፍትሓዊ ኢዩ፣ ከም ፍታሕ ድማ፡ ቅድሚ ዝኾነ ስጉምቲ ምውሳድ፡ ድሌት ህዝቢ መላእ ኤርትራ እትምርምር ኮሚሽን ክትለኣኽ ኣመመ።[89]

87. እ.ጽ. 48፡ ገጽ 334
88. እ.ጽ. 48፡ ገጽ 349
89. እ.ጽ. 48፡ ገጽ 352

ማሕበርነታውያን ሃገራት'ሞ ኸኣ ንስምምዕ በቪን-ስፎርሳ ከም ሓደ ውዲትን ጸርፊ ንቀዳማይ ኮሚቲን ረኣያአን ኲነናአን። ወካሊ ቤሎሩስያ ንኣብነት፡ "ስቱር ኣዎንታ ኣመሪካ ዝተሓወሶ ውዱእ ስምምዕ ብሪጣንያን ኢጣልያን ተቐበሉ ኢና ንብሃል ዘለና" ክብል ወቐሳኡ ኣስምዐ።[90]

ብዝኾነ፡ እቲ ናይ ቀዳማይ ኮሚቲ ክትዕ ምስ ተወድአ፡ ኩሉ'ቲ እማመታት ቀሪበ'ሞ፡ ብዘይካ'ቲ ናይ በቪን-ስፎርዛ፡ ኩሉ ብብሓደ ወደቐ። ኣብ መወዳእታ፡ ንሱ'ውን ብ13 ግንቦት ቀረበ። ኣባላት ቀዳማይ ኮሚቲ ብብዝሒ ድምጺ ኣሕለፉዎ። እቲ ጉዳይ ግን ኣብቲ ኮሚቲ ዘይኮነስ፡ ኣብ ሓፈሻዊ መጋባእያ ባይቶ ሕቡራት ሃገራት ኢዩ ናይ መወዳእታ መዕለቢኡ ክረክብ ዝነበሮ። በዚ መሰረት እምበኣር ናብ'ቲ መጋባእያ ሓለፈ።

ባይቶ ሕቡራት ሃገራት ኣብቲ ጉዳይ ውሳነኡ ንኸሕልፍ ን17 ግንቦት ኢዩ ተቘጺሩ ዝነበረ። ከምቲ ዝረአናዮ፡ ቅድሚ'ዚ ዕለት'ዚ ብፍላይ ኣብ ትሪፖሊታንያ፡ ብሓፈሻኡ ግን ኣብ ኤርትራን ሶማልያን'ውን ኣብ'ቲ እማመ ብርቱዕ ተቓውሞ ከም ዝነበረ ዝእምት ሓበሬታታት ናብ ኣባላት ባይቶ በጺሐ'ሞ፡ ብፍላይ ሃገራት ኣዕራብ ብማሕበርነታውያን ሃገራት ተደጊፈን ተቓውሞታት ኣስምዓ።[91]

ኣብ ከምዚ ዝመሰለ ሃዋህው፡ እቲ እማመ ንድምጺ ቐረበ። ቅጥዒ ኣወሃህባ ድምጺ ዝተሓላለኸ ኢዩ ነይሩ። መጀመርታ፡ ኣባላት ባይቶ ንነፍሲ ወከፍ ክፋል ናይ'ቲ እማመ ከድምጹሉ ነይሩዎም - ማለት ድማ፡ ንሲረናይካ ዝምልከት፡ ንፌዛን ዝምልከት፡ ንምዕራባዊ ቀላ ኤርትራ ዝምልከት.... ወዘተ በብሓደ ከድምጹሉ ነይሩዎም። እዚ ምስ ተወድአ፡ ነቲ እማመ ከም ጥማር'ውን ተመሊሶም ከድምጹሉን ብናይ ሰለስተ-ርብዒ ብልጫ ድምጺ ከሕልፉዎን ኢዮም ተሰማሚዖም ነይሮም።

በዚ መሰረት፡ ናይ ኤርትራ ሕቶ ምስ ቀረበ፡ እቲ ከበሳን ገማግም ቀይሕ ባሕርን ንኢትዮጵያ ይውሃብ ዝብል ክፋል ብብልጫ ድምጺ ሓለፈ። ምዕራባዊ ቀላታት ኣብ ሱዳን ይጸንበር ዝብል ሓሳብ ግን ወደቐ። ይኹን እምበር፡ እቲ ውጥን በቪን-ስፎርሳ ዝብሃል እማመ ከም ሓደ ጥማር ምስ ቀረበ ብድምጺ ስለ ዝተሳዕረ፡ እቲ ናይ ኢጣልያ ግዝኣታት-ነበር ጉዳይ ኣብ'ቲ ናይ ቀደሙ ተመልሰ።[92]

ውጥን በቪን-ስፎርሳ ውዲት ኢዩ ነይሩ። ውዲት ኣብ ልዕሊ'ቲ መዋገዒ ኣህጉራዊ ረብሓታት ኮይኑ ዝነበረ ህዝቢ ጥራይ ዘይኮነስ፡ ውዲት ኣብ ልዕሊ ቀዳማይ ኮሚቲ ባይቶ ሕ.መ. ባዕሉ'ውን። ብፍላይ ንኤርትራ፡ እቲ እማመ ኣዝዩ ሓደገኛ ነበረ። ህዝቢ ኤርትራ ነቲ ናይ ምቕሊ ሓሳብ ብዘይ ምቍራጽን ፖለቲካዊ ዝንባለኡ ብዘየገድስን ይቃወም ስለ ዝነበረ ኸኣ ኢዩ እቲ ሓሳብ ክዕወት ዘይከኣለ። ኣብ ዝሰዕብ ክፋላት ከም እንርእዮ፡ እዚ ሓደጋ'ዚ ኣብ ልዕሊ ፖለቲካዊ ኣተሓሳስባ ኤርትራውያን ዓቢ ለውጢ ንኸመጽእ ደሪኹ ኢዩ። ልዕሊ ኹሉ፡ ህዝቢ ኤርትራ፡ ፖለቲካዊ ማሕበራቱ ይኹን እቶም መራሕቱ ባዕሎም

90. እ.ጽ. 48፡ ገጽ 360
91. Trevaskis, p. 93; Okabazghi Yohannes, p. 126.
92. Ibid.

ዝበሉ እንተ በሉ፣ እቲ ጉዳይ ዝውሰን ንረብሓ ካልኦት ከም ዝነበረ ዘመኩር ሓደ ዓቢ መምሃሪ ኢዩ ኾይኑ ውጥን በቪን-ስፎርሳ። እቲ ትምህርቲ'ቲ ኣቐዲሙ ከይተቐሰመ ብምጽናሑ ኸኣ ኢዩ እቲ ሓደጋ ዳርጋ ተፈጻምነት ንኽረክብ ተቓሪቡ ዝነበረ።

ምዕራፍ 14

ቀጽሪ ናጽነት ኤርትራ

ጽልዋ ውጥን በቪን-ስፎርሳ ኣብ ፖለቲካ ኤርትራ

ትሕዝቶ ውጥን በቪን-ስፎርሳ ኣብ ኤርትራ ምስ ተሰምዐ፡ ናይ ተቓውሞ ድምጺ በብሸነኹ ኣቃልሐ። ኣብ'ቲ ናብ ቀዳማይ ኮሚቲ ባይቶ ሕ.ሃ. ዝቐረበሉ 12 ግንቦት፡ ብምድፍፋእ ኢጣልያውያን መምህራን፡ ጠላይን ተመሃሮ ከካብ ኣብያተ ትምህርቶም ብምውጻእ ኣብ ጽርግያታት ኣስመራ ሰላማዊ ሰልፊ ክገብሩ ሃቀኑ። ፖሊስ ግን በተኑዎም፣ ነቶም መራሕቶም'ውን ኣሰሩዎም። ኣብ ኤርትራ ዝነበሩ ጣልያን፡ ኤርትራ ንኢትዮጵያ ክትውሃብ ዝብል ሓሳብ ኣይቅበሉዎን ጥራይ ዘይኮነ፡ ኢትዮጵያውያን ኣብ ልዕሊኦም ሕነ ከይፈድዩ ይሰግኡ ስለ ዝነበሩ፡ እቲ ተኸእሎ ባዕሉ'ውን የሰንብዶም ነይሩ ኢዩ። ኮንተ ስፎርሳ ነቲ ዝመሰል ኣንጻርዎም ዝኾነ ስምምዕ ገይሩ ምስ ተባህለ ኸአ ኣዝዮም ተተንከፉን ክንዲ ክሕደት ረኣይዎን።[1]

ንጽባሒቱ፡ ብ13 ግንቦት ግን፡ ዕምቈት ናይቲ ኣብ ኤርትራ ተፈጢሩ ዝነበረ ተቓውሞ ብዝያዳ ክገሃድ ጀመረ። ቅድሚ'ዚ ዕለት'ዚ ክኸውን ኣለዎ፡ ኣልራቢጣ ኣልእስላሚያ ስምዒቱ ንምግላጽ፡ ሰፊሕ ሰላማዊ ሰልፊ ንኽገብር ፍቓድ ሓቲቱ ነይሩ ኢዩ። ነዚ ግን እቲ ምምሕዳር ኣይተቐበሎን። ኣብ ክንድኡ፡ ብ13 ግንቦት፡ እቲ ማሕበር ብወከልቱ ንኽራኸቦ ኣፍቀደ'ሞ፡ ንሳቶም ድማ ንውጥን በቪን-ስፎርሳ ኣትሪሩ ዝቃወም፡ ብፍላይ ድማ ንምምቃል ኤርትራ ዝነጽግ ጥርዓን ኣቕረቡ። እቲ ጥርዓን ብተወሳኺ፡ ሓደ ናይ ውድብ ሕቡራት ሃገራት ኮሚሽን ንኤርትራ መጺኡ ውሽጣዊ ኩነታታ ክምርምርን ነቲ ኣብ መላእ ህዝባ ዝነበረ ተቓውሞ ንምቕሊ ከረጋግጽን ዝሓትት ነበረ።

ኣብ'ቲ ዝተገብረ ምርድዳእ፡ ወከልቲ ኣልራቢጣ፡ ማሕበሮም ጥራይ ዘይኮነ፡ ኩለን እተን ዝተረፋ ሰልፍታት እውን ሓሳብ ምቕሊ ከም ዘይቅበላ ሓበሩ። ብዘይካ'ዚ፡ እስላም ምዕራባዊ ቆላታት ምስ ሱዳን ዘራኽቦም ዝኾነ ነገር ከም ዘይነበረ፡ ኤርትራውያን ብታሪኽ ሓደ ህዝቢ ኮይኖም ስለ ዝነበሩ ዝፈላለዩሉ ምኽንያት'ውን ከም ዘይርከብ ኣረጋገጹ። ነቶም ወከልቲ ዘተሓሳስቦም ዝተተሓሓዘ ጉዳይ፡ ኣብቲ ናይ ክርስትያን ቦታ ተባሂሉ ንኢትዮጵያ ንኽውሃብ

1. FO 371/ 73787, J 4008, 12 May 1949.

ዝተኣመመ ክፋላት፡ እስላም'ውን ምንባሮም ኢዩ። እቲ ውጥን ብዛዕባ እዚኣቶም ከይሓሰበ፡ ለኪሙ ናብ ሓንቲ "ዘይማዕበለትን ዘይተማህረትን" ሃገር ክዕደሉ ምባል ዘይፍትሓዊ ኢዩ በሉ። ኢትዮጵያ ናይ ገዛእ ርእሳ እስላም እትጭቁን ሃገር ምንባራ ድሕሪ ምሕባር ድማ መጉዚትነት ብሪጣንያ ከም ዝመርጹ ኣፍለጡ።

እቲ ኣመሓዳሪ ብወገኑ፡ ነቲ ናይ ሕቡራት ሃገራት ኮሚሽን ይምጽኣና ዝብል ሓሳብ ኣስሚሩ ሕቶታቱ ኣቕረበ። "ከምዚ ዝኣመሰለ ሓዲሽ ኮሚሽን፡ ነቲ ኣቐዲሙ መጺኡ ዝነበረ ናይ ኣርባዕተ ሓያላት ኮሚሽን እንታይ ክምልኣሉ ኢዩ፧ ምምጻእ ሓዲሽ ኮሚሽንከ ናብ ምፍሳስ ደምዶ ኣየብጽሕን ትብሉ፧" ዝብል ሕቶ ኢዩ ኣቕሪቡሎም - ካብ ሓልዮትን ንሰላምን ይሓትት ከም ዝነበረ'ውን ገለጸሎም። እቶም ወከልቲ ግን ንጹር መልሲ ሃቡዎ። "ወከልቲ'ተን ሓያላት ኣብ ሓድሕዶም ስለ ዝተባእሱ፡ ናይ ሓባር ጸብጻብ ክህቡ ኣይከኣሉን" ድማ በሉዎ። ብርእይቶኦም፡ ናይ ሕቡራት ሃገራት ኮሚሽን፡ "ብውሑዱስ ካብ ህዝቢ ኤርትራ ሓደ'ኳ ምቕሊ ከም ዘይድግፍ፡ እቲ ዝበዝሐ ንኢትዮጵያ ክውሃብ ከም ዘይደሊ፡ እስላም ድማ ናብ ኢትዮጵያን ሱዳንን ክገማምዑ ከም ዘይደልዩን ካብ ክልቲኦን ናጻ ክኾኑ ከም ዝመርጹን" ከም ዝገለጹሉ እቲ ኣመሓዳሪ ሓበረ። ሓሳባት በቨን-ስፎርሳ ድማ ተጻባኢ ናይ ድሌትን ረብሓን ህዝቢ ኤርትራ ምንባሩ ደጋጊሞም ኣረድኡ።[2]

እዚ ናይ ሰላማዊ ሰልፊ ሓሳብን ጥርዓንን ኣልራቢጣ፡ ምስቲ ኣብ ኒው ዮርክ በተን ማሕበራት ቈይሙ ዝነበረ ህዝባዊ ግንባር ኤርትራ (ህ.ግ.ኤ.) ብቐጥታ ዝተራኸበ ወይ ብኡ ዝተደረኸ ክኸውን ይኽእል። ምኽንያቱ፡ እቲ ግንባር ብ13 ግንቦት ብስም ሰለስቲኦን ኣቘምቱ፡ ማለት ኣልራቢጣ፡ ፕሮ ኢጣልያን ኢጣሎ-ኤርትራውያንን፡ ብኢብራሂም ሱልጣን፡ መሓመድ ዑመር ባዱሪን ደሮሲን ዝተፈረመ ቴለግራም ናብ ኩለን እተን ናጽነት ዝድግፋ ማሕበራት (ኣልራቢጣ፡ ኤርትራ ንኤርትራውያን፡ ሻራ-ኢጣልያ ወተሃደራት ኢጣልያ ነበር) ተላኢኹ ነይሩ ኢዩ። እቲ ቴሌግራም፡ እቲ ብውድብ ሕቡራት ሃገራት ተኣሚሙ ዝነበረ ሓሳብ ንኣትላንቲክ ቻርተር ዝቃወም ከም ዝነበረ ድሕሪ ምግላጽ፡ ነዚ ዝስዕብ ኣመልከተ፦

> እቲ.... ብበቨንን ስፎርሳን ዝተገብረ ስምምዕ ንዓና ዓቢይ ጉድኣት ስለ ዝኾነ ክንቅበሎ ኣይከኣለናን ኢዩ፣ ከመይ ንማለት፡ እዚ ዝገበርዋቶ ስምምዕሲ ነቲ እንጽበዮ ዝነበርና ናጽነት ኤርትራ ሃገርና ክንረክብ ዘኽእል መንገዲ ኾይኑ ኢዩ ዝርአ ዘሎ። ብዝኾነ ኾይኑ ምቕቃል ናይ ኤርትራ ሃገርናን ወይ ከዓ ብካልእ ዘይናታ ምጽንባራን እዚ ብኣማን ቅቡል ኮይኑ ኣይክርከብን ኢዩ። በዚ ነገራት'ዚ ንዛ ክብርቲ ባይቶ ሕቡራት ነገስታት ዓለም ብግልጺ ነፍልጥ ኣሎና፡ ከመይ ንማለት እቲ ወጢናቶ ዘላ ሓሳባትስ ከምቲ "ውዕል ኣትላንቲክ" ተገይሩ ዝነበረ ኣምሳያኡ ስለ ዘይኮነ እቲ ኩሉ ፍትሕን ሓቅን ስለ ክርክብሲ እዙይ ኩሉ ነገራት ናብቶም "ናታት ጨረሽቲ ነገር ናይ "ኣትላንቲክ ውዕል" .... ክምርመር ኢዩ ድላይና።

2. WO 230/246, 13 May 1949.

ኣብ ልዕሊ'ዚ፡ እቲ ቴሌግራም ነቲ ጠለብ ናይ መርማሪት ኮሚሽን ደገሞ፡ ምሉእ ናጽነት ዘይክኣል ኢዩ ዝብሃል እንተ ኾነ ድማ፡ ኣህጉራዊ መጉዚትነት ጠለበ። በዚ ዝስዕብ ቃላት ድማ ደምደመ፤

> እዚ ተሓሲቡ ዘሎ ናይ ምምቕቓል ሃገርና ኤርትራ፡ ከም ስጋ ጉዚ፡ ንሕና ኣይንቕበሎን ኢና። እቲ ምርጫዊ ሓሳባትናን ትምኒትናንሲ ከይተኸፋፈልና ምሉእ ዘይጉዱል ናጽነት ናይ ህዝብና ክንረክብ ኢዩ ድላይና። እዛ ብርኽትን ለምለምን እነፍቅራ ሃገርና ብጥንቲ ብጥቅምቲ ጀሚራ ተፈላልያ ዘይትፈልጥስ ኣብ ሎሚ በጺሓ ድላይናን ድላይ ምሉእ ህዝብናን ኣይኮነን።[3]

ወተሃደራዊ ምምሕዳር ብሪጣንያ፡ ሓሳብ ምቕሊ ኣብ ኤርትራ ፈጢሩዎ ንዝነበረ ዓቢ ስግኣትን ሕርቃንን ኣይሰሓቶን። ኣብ ሓደ ካብ ጸብጻባቱ፡ “ኩለን ሰልፍታት ንምምቃል ናይ'ዛ ሃገር ይቃወማ ኢየን። ስለዚ ድማ፡ እቲ ጉዳይ ዘይምፍጻሙ ቅሳነት ሂቡና ኣሎ፡” ክብል ተኣመነ። ቀጥታዊ ውጽኢት ውዲት በቪን-ስፎርሳ፡ ምምስራት ህዝባዊ ግንባር ኤርትራ ምንባሩ'ውን ሓበረ። ብፍላይ ኣልራቢጣ፡ ብኽሕደት ብሪጣንያ ንብምሉኡ መትከላቶምን ጠለባቶምን ኣዝዮም ከም ዝጐሃዩ፡ ናብ ሱዳንን ኢትዮጵያን ክገማምዑ'ውን ከም ዘይደልዩ ተኣመነ። ሽሕ'ኳ ሰላማዊ ሰልፊ ንኽይገብሩ እንተ ተኸልከሉ፡ እቲ ዝተቓወሙዎ ሓሳብ ክሳብ ዘየብቅዕ፡ ኣብ መጻኢ ነቲ መደቦም ክትግብሩ ከም ዝኾኑ'ውን ኣመተ።[4]

ካብ ኩሉ እቲ ናይ ፖለቲካ ሰልፍታት፡ ማሕበር ሕብረት ኢዩ ነቲ ናይ ቀደም ዋዕዋዕታኡ ዝግ ኣቢሉዎ ዝቐነየ። ኣብ ለይክ ሳክሰስ፡ ኢትዮጵያ ኢያ ብውሽጢ ውሽጢ ምቕሊ ዝተቐበለት እምበር፡ እቲ ማሕበርስ ነዚ ብንጹር ዝቕበል መርገጽ ወይ መደረ ኣየስምዐን። ተድላ ባይሩ'ውን ኣብ'ቲ መጋባእያ ቀዳማይ ኮሚቲ፡ ኤርትራ ብምልእታ ናብ ኢትዮጵያ ንኽትጽንበር ኢዮም ሓቲቶም ዝነበሩ።

ስለ'ዚ፡ እዚ ድሌቶም'ዚ እኳ እንተ ዘይተማልኣሎም፡ መራሕቲ ይኹኑ ኣባላት ሕብረት ብፍሽለት ውጥን በቪን-ስፎርሳ ናይ ዘይምሕጓስ ኣንፈት ኣየርኣዩን። እዚ ድማ፡ ኣብ ወርሒ መስከረም ውድብ ሕቡራት ሃገራት ዳግም ንጉዳይ'ተን ግዝኣታት ኢጣልያ-ነበር ክሰምዕ ኣብ ዝጀመረሉ ጊዜ ብዝሓሸን ዝበርትዐን ኣገባብ ክንቀርብ ኢና ካብ ዝብል እምነቶም ከይኮነ ኣይተርፍን።[5] ምምሕዳር ብሪጣንያ'ውን ነዚ ኣስተብሂሉሉ'ኳ እንተ ነበረ፡ እቲ ነፍሰ-ተኣማንነት ግን ብዝያዳ ኣብቶም መራሕቲ ዝተሓጽረ እምበር፡ ኣብቲ ተራ ኣባል ዝንጸባረቕ ዝነበረ ከም ዘይመስል ይእምት ነይሩ ኢዩ። ንኣብነት፡ ኣብ'ቲ ወርሒ'ቲ ንዝኾሪ

3. “መብራህቲ ኤርትራ”፡ 2ይ ዓመት ቍ. 77፡ 13/4/1949፡ እዛ ጋዜጣ ናይ ማሕበር ሓዳስ ኤርትራ-ሻራ ኢጣልያ ዝነበረት ኢያ። ነዚ ኣብ ላዕሊ ዝተጠቕሰ ካብ ቋንቋ እንግሊዝ በታ ጋዜጣ ዝተተርጐመ ኢዩ። ኣብ'ዚ ዕለት'ዚ እውን፡ ኩለን'ተን ናይ ጣልያን ዝንባለ ዝነበረን ማሕበራት ኤርትራ ዝፈረማሉ ሓደ ናይ ተቓውሞ ቴሌግራም ናብ ባይቶ ሕ.መ. ተሰደደ። ቅዳሑ'ውን ኣብ'ዛ ቁጽሪ ጋዜጣ'ዚኣ ተሓትመ።

4. FO 1015/187, Monthly Political Report, 31,4/ 1949.

5. ወከልቲ ሕብረት ደግያት በየነ በራኺን ሸኽ ሱለማን ኣልዲንን ካብ ለይክ ሳክሰስ ናብ ኣስመራ ምስ ተመልሱ፡ እቲ ድሌቶም ኣብ መጻኢ ክረጋገጽ ኢዩ ዝብል ምሉእ እምነት ከም ዝነበሮም ኢዮም ብተኣማንነት ዝገልጹ ዝነበሩ። “ኢትዮጵያ”፡ 3ይ ዓመት ቍ. 108፡ 22 ግንቦት 1949።

ምምላስ ሃጸይ ሃይለስላሴ ካብ ስደት ኣብ ዝተገብረ በዓል፡ ተሳታፍነት እቲ ተራ ኣባል ኣዝዩ ልኡም ምንባሩ ተዓዘበ።

እቲ ድሕሪ በቪን-ስፎርሳ ክርአ ዝቐነየ ሓፈሻዊ ምትህድዳእ ኣብ ኤርትራ ግን ነዊሕ ክጸንሕ ኢዩ ዝብል ትጽቢት ኣብቲ ምምሕዳር ኣይነበረን። ብቐዳምነት፡ ሸኽ ኢብራሂም ካብ ለይክ ሳክሰስ ክምለሱ እንከለዉ ብሮማ ተኣልዮም ገና ዘይተመልሱ ብምንባሮም፡ እቲ ናይ ናጽነት ወገን ይጽበዮም ኢዩ ዝነበረ'ሞ፡ ገና ኣዐርዩ ኣይተነጣጠፈን።[6] ኣብ ልዕሊ'ዚ ግን፡ ምስ ምጥርናፍ እቲ ናይ ናጽነት ወገን፡ ፖለቲካ ኤርትራ ክልተ ንጹር ክፋላት ሒዙ ኢዩ ክጠማመት ጀሚሩ ዝነበረ-ማሕበር ሕብረትን ህዝባዊ ግንባር ኤርትራን። ኣብ'ዚ'ውን፡ ይብል ጸብጻብ'ቲ ምምሕዳር፡ ናብ ሓፈሻዊ ስምምዕ ከብጽሕ ዝኽእል ናይ ሓባር ኣረኣእያን መርገጽን ድሮ ተቐልቂሉ ነይሩ ኢዩ። እዚ ድማ፡ ብዙሓት ሕሉፍ ናይ ሕብረት ስምዒት ዝነበሮም ሰባት፡ ድሕሪ በቪን-ስፎርዛ ናይ "ሕብረት ብውዕል" ዝንባለ ክርእዩ ካብ ምጅማሮም ዝተበገሰ ነበረ።[7]

ውጥን በቪን-ስፎርሳ ጥራይ ዘይኮነ፡ ብምሉኡ እቲ ናይ ባይቶ ሕ.ሃ. መስርሕ ንስምዒትን ድሌትን ህዝቢ ኤርትራ ግምት ስለ ዘይሃበ፡ ኣብ መንጎ ኤርትራውያን ዝተፈጥረ ቅሬታ ቀሊል ኣይነበረን። ካልእስ ይትረፍ፡ ተድላ ባይሩ ባዕሎም'ኳ፡ ብብድዐን ኢደ "ኒንነትን ኣባላት እቲ ባይቶ ቅሬታኦም ገለጹ። ብ29 ግንቦት ካብ ለይክ ሳክሴስ ኣስመራ ምስ ተመልሱ ምስ ኣመሓደርቲ ኤርትራ ኣብ ዝገበሩዎ ርክብ፡ እቲ ኣብኡ ዘጓነፎም ኣዒንቶም ከም ዝኸፈተሎም ገለጹ። "መጉዚትነት" ዝብሃል፡ ንረብሓ ግዙኣት ዘይኮነስ፡ እተን ሓያላት ከም መርከቢ ዝያዳ መሬት ዝመርጻአ ናይ ሸፈጥ ኣገባብ ከም ዝነበረ'ውን ኣብርሁ። ልዕሊ ኹሉ ተድላ ዝተቓወሙዎ፡ ውጥን በቪን ስፎርሳ ከም ሓደ ጥማር ኣብ ድምጺ ምእታዉ ነበረ። ብብውልቀ ጉዳይ ተራእዩ እንተ ዝኸውን፡ ኤርትራ ናብ ኢትዮጵያ ምኽደት ካብ ዝብል እምነት ከአ ኢዮም ከምኡ ዝበሉ። በዚ ኾይኑ በቲ፡ ኣብ ቅድሚ ኣህጉራዊ ፖለቲካ፡ ርእይቶ ህዝቢ ኤርትራ ዋጋ ከም ዘይነበሮ ኩሎም ወገናት ተረዲኦም ምንባሮም ንጹር ኮነ።[8]

እዚ ኹሉ እናኾነ እንከሎ፡ ብፍላይ ኣብ'ዚ ወርሒ ግንቦት፡ ንጥፈታት ሽፍታ ዝግ ዝበለ መሲሉ ነይሩ ኢዩ-እዚ ግን፡ ነቲ ዝቕጽል ዝነበረ መጥቃዕቲ ኣብ ልዕሊ ኢጣልያውያን ከይጸብጸብካ ማለት ኢዩ። ሓደ በዚ መዳይ'ዚ ተፈጺሙስ እቲ ምምሕዳር'ውን ኣብ ጸብጻቡ ገሊጹዎ ዝነበረ፡ ኣብ ወርሒ ሚያዝያ ኣብ መንጎ ሓጉስ ተምነዎ፡ ገብረ ተስፋጽዮን፡ ወልደስላሴ ኣዳልን ኣስረስሀይ እምባየን ተኻይዱ ዝነበረ ኣኼባን ብሓባር ናይ ምስራሕ ስምምዕን ኢዩ።[9] ጸኒሑ እቲ ምምሕዳር፡ እቲ ምትእኽኻብ ከም ዝተገብረ፡ ኣንጻር ሕብረት ንዝነበሩ ምስሌነታት

6. እ.ጽ. 4፡ ሕ.ጽ. 878 ርአ
7. እ.ጽ. 4፡ ሕ.ጽ. 880
8. እ.ጽ. 4፡ ሕ.ጽ. 883
9. FO 1015/187, Monthly Political Report - March, Par. 862, 30/4/1949.

ስራየ ብኣርባዕቲኦም እቶም ሽፋቱ ብዝተፈረመ ናይ መጠንቀቕታን መፈራርሕን ደብዳበ ከረጋግጽ ክኢሉ ኢዩ።[10]

ብኻልእ ወገን፡ ኣብ'ዛ ወርሒ'ዚኣ፡ ናይ ኣኽሱም ንቡረ እድ ገብረመስቀል የዕብዮ ኤርትራ ብምእታው፡ ምስ ኣቡነ ማርቆስ ኵለላታት ክገብሩን ኣብ ውሽጣዊ ፖለቲካ'ታ ሃገር ኢዶም ክእትዉን ቀንዮም ነበሩ። እዚ ኹሉ፡ ናብ ዝሰዓበ ኣዋርሕ ንዘመጽእ ምንቅስቓሳት ሕብረትን ኢትዮጵያን ባይታ ንምንጻፍ ነበረ።[11]

ምጥርናፍ ቀጽሪ ናጽነትን ሳዕቤኑን

ሸኽ ኢብራሂም ሱልጣን ካብ ናይ ለይክ ሳክሰስ መገሻኦም ኣስመራ ምስ ተመልሱ፡ ከምቲ ትጽቢት፡ ዝግ ኢሉ ዝነበረ ፖለቲካዊ ንጥፈታት ኤርትራ ክዋዓዋዕ ጀመረ። "ካብቲ ናይ ቀደም ገይሹ ዘይፈልጥ ወድ ገዛውቲ፡ ኣዝዩ ተቐዪሩ መጺኡ ኣሎ። ርእሱ ኣሕቢጡ፡ ሓፈሻዊ ኩነታቱ ከኣ ሚዛን ዘይሓለወ ኾይኑ ኣሎ" በለ ሓደ ናይ ሽዑ ምምሕዳራዊ ጸብጻብ ንኢብራሂም ሱልጣን ከናሽዎም እንከሎ። "ግን፡ ህይወት ዘለዎ (ንጡፍ) ስለ ዝኾነ፡ ብእንታውነቱን ጸዓቱን ነዚ ውሽጣዊ ኩነታት ኣበርቲዑ ክጸልዎ ኢዩ።" ኣብ'ቲ መጀመርታ፡ ቀጸለ'ቲ ጸብጻብ፡ ኢብራሂም "ጸረ ብሪጣንያ ዝኾነ ዘረባታት ኢዩ የስምዕ ነይሩ። ግን፡ እዚ ዘረባ'ዚ ኣብ መንጎ'ቶም ኣብ ስልጣን ኣልራቢጣ ንኽድይብ ዝደገፉዎ ተወፋሮ ምዕራባዊ ቀላ ተቐባልነት ከም ዘይብሉ ምስ ተገንዘበ፡ ሕጂ ቃናኡ ቐይሩ እቲ ቀጽሪ ኤርትራ ሓገዝ ብሪጣንያ ክረክብ ኣለዎ ምባል ጀሚሩ ኣሎ።"[12]

ብኻልእ ኣዘራርባ፡ ሰበ ስልጣን እቲ ምምሕዳር፡ ብንጥፈታት ኢብራሂምን ብሓሳብ ናይ'ቲ ዝጠራነፍ ዝነበረ ደንበ ናጽነትን ሕጉሳት ኣይነበሩን። ኣብ'ዚ መድረኽ'ዚ ግን፡ ክዓናቕፉዎ ወይ ካልእ ተመሳሳሊ ስጉምቲ ክወስዱ ኣይተራእዩን። ኣብ ለይክ ሳክሰስ ብስም ህዝባዊ ግንባር ኤርትራ እቶም ሰለስተ መራሕቲ፡ ማለት'ውን ኢብራሂም ሱልጣን፡ መሓመድ ዑመር ባዱሪን ዴሮሲን ምስ ተራኸቡ፡ ብድሕሪኡ ኣብ ኤርትራ ኣፈናዊ ዝኾነ ብዙሕ ርክባት ተገብረ'ሞ፡ ብ19 ሰነ 1949፡ ኣብ መንጎ መራሕቲ ኣልራቢጣ ኣልእስላሚያ፡ ኤርትራ ንኤርትራውያን (ሊበራል ገስጋሲ ሰልፊ)፡ ሓዳስ ኤርትራ ሻራ-ኢጣልያን ማሕበር ወተሃደራት ጣልያን-ነበርን ሓደ ኣኼባ ተገብረ። ዕላማ ናይ'ዚ ኣኼባ'ዚ ነቲ ናይ ሓባር ሰልፊ ወይ ቀጽሪ ምምስራት'ኳ እንተ ነበረ፡ መራሕቲ ኣልራቢጣን ኤርትራ ንኤርትራውያንን ግን ቅድም ይማላእ ዝበልዎ ካልእ ጠለብ ኣቕረቡ።

እቲ ጠለብ፡ ቅድሚ ኣብ ዝኾነ ስምምዕ ምብጻሕ፡ ማሕበር ሓዳስ ኤርትራ ሻራ-ኢጣልያ፡ ብወግዒ ፕሮግራሙ ቀዪሩ፡ ነቲ መጉዚትነት ኢጣልያ ዝሓትት ዝነበረ ሓሳቡ ክገድፎ'ሞ፡ ከም'ተን ካልኦት ንቐጥታዊ ናጽነት ንኽሓትት ዝደፍእ ነበረ።

---

10. እ.ጽ. 4፡ ሕ.ጽ. 881
11. እ.ጽ. 4፡ ሕ.ጽ. 883
12. FO 1015/187, Monthly Political Report - - June, par. 394.

ኣብ መጀመርታ፡ ምዕጥይጣይ ተራእየ፣ ጸኒሑም ግን ወከልቲ ሻራ-ኢጣልያን ወተሃደራት-ነበርን ነቲ ሓሳብ ብምቕባል፡ ብሓባር ስሚሮም፡ ስሞም ናብ ስልፊ ሓዳስ ኤርትራ ቀዪሮም ክቕጽሉ ተሰማምዑ። እዚ ምስ ኮነ፡ ኣርባዕቲኦም እዞም ወገናት ሓቢሮም፡ "ስልፊ ኤርትራ ንናጽነት ኤርትራ" (The Eritrean Bloc for the Independence of Eritrea) ብዝብል ስም፡ ኤርትራ ኣብ ውሽጢ'ቲ ሽዑ ዝነበረ ዶባታ ነጻ ሃገር ንኸትከውን ክቃለሱ ተሰማምዑ።[13]

ነዚ ናይ ፈለማ ስምምዕ'ዚ ማሕበር ኢጣሎ-ኤርትራውያን ኣይተሓወሶን። ብመሰረት ጸብጻባት ብሪጣንያ እዚ ዘይኮነሉ ምኽንያት፡ ኣባላቱ ብምሉኦም ሓናፍጽን ኣብ ኤርትራ ሱር ዝሰደደ ረብሓ ዝነበሮም ኢጣልያውያንን ስለ ዝነበሩ፡ ናቶም ምጽንባር ንገለ ዝያዳ ዓቃባውያን ዝኾኑ ኣባላት ኣልራቢጣን ኤርትራ ንኤርትራውያንን ከየህድሞም ብምፍራሕ ኢዩ። እንተ ዘይኮይኑ፡ ኣብ ለይክ ሳክሰስ'ውን ከም ዝተራእየ፡ ወካሊ'ዚ ማሕበር'ዚ፡ ማለት ካቫኒ ኢዩ ካብ ኩሎም'ቶም ካልኦት ንቐጥታዊ ናጽነት ዝጠለበን ነቲ ሓሳብ'ቲ መጀመርታ ዘንቀለን።[14]

እቲ ማሕበር ነዚ ጸገም'ዚ ጽቡቕ ገይሩ ተገንዚቡዎ ነበረ። ካብ'ቲ ቀጽሪ ክፍለ ስለ ዘይደለየ ድማ፡ ንሱ'ውን ነቲ መጉዚትነት ኢጣልያ ዝብል ናይ ፕሮግራም መርገጹ ቀየረ ጥራይ ዘይኮነ፡ ናጽነት ኤርትራ ምስ ተረኽበ፡ ኣባላቱ ሕግታት ኤርትራውያን ሓልዮም፡ ኤርትራውያን ዝለዓለ መንግስታዊ ቦታታት ክሕዙ ግቡእ ምዃኑ ተቐቢሎም ክነብሩ ከም ዝኾኑ ኣፍለጠ። እዚ በቲ ቀጽሪ ቅቡል ኮይኑ ስለ ዝተረኽበ ኸኣ እቲ ማሕበሮም ብኣባልነት ኣብ'ቲ ሓጆፊ ማሕበር ኣተወ።[15]

ስልፊ ወይ ቀጽሪ ናጽነት ኤርትራ እምበኣር በዚ ኣገባብ'ዚ ንኽቐውም ተወሰነ። ወግዓዊ ስሙ 'ብትግርኛ ስልፊ ናጽነት ኤርትራ'ኳ እንተ ነበረ፡ ካብ ካልእ ተመሳሳሊ ስም ዝነበሮ ማሕበር ንምፍላዩ፡ ኣብ'ዚ ጽሑፍ'ዚ ብ'ቐጽሪ ናጽነት' ኤርትራ ወይ ቀ.ና.ኤ. ክንዛረበሉ ኢና። እቲ ወግዓዊ መልክዕ ዘልበሶ ጽንብልን ናይ ኣሰራርሓ ቅርጽን ግን ገና ንዘመጽእ ኢዩ ዝሕሰበሉን ዝሰርሓሉን ዝነበረ። ብዝኾነ፡ እቲ ምጥርናፍ ንበይኑ፡ ኣብ ኤርትራ ሓዲሽን ብዓይነቱ ዝተፈለየን ፖለቲካዊ ሃዋህው ፈጠረ። ብግምት፡ ጸብጻባት ምምሕዳር ብሪጣንያ እቲ ቀጽሪ ኣስታት ክልተ-ሲሶ ህዝቢ ኤርትራ ክጥርንፍ ከም ዝኽእል ኣይሓብኡን። ማሕበር ሕብረት ብወገኖም ነዚ ስለ ዝተገንዘቡ፡ ኣዝዮም ተሻቐሉ። እቲ ዝያዳ ንመራሕቶም ዘሻቕል ዝነበረ ጉዳይ ግን፡ ገለ ብኣታቶም ምስቲ ቐጽሪ ዋጋ ዕዳጋ ናይ ምግባር ኣንፈት የርእዩ ብምንባሮም ኢዩ። እቲ ናይ ናጽነት ቀጽሪ ክሳብ ክንድ'ዚ ኢዩ ናይ ምሕያል ኣንፈት ኣርእዩ ነይሩ። ብውሑዱ እቲ ድሌት እቲ ከም መትከል ናብ ደረጃ ቅቡልነት ምድያቡ ስለ ዘይተርፎ፡ ግን ከኣ ብቕጽበት

13. FO 1015/187, Monthly Political Report - June, par. 394, - June 30, 1949.
14. Ibid.
15. "መብራህቲ ኤርትራ" 2/83፡ 24 ሰነ 1949፣ እ.ጽ. 13፡ ሕ.ጽ. 897 እውን ርአ።

ኣይንፈላለ

ኣብ ግብሪ ክውዕል ስለ ዘይክኣል፡ መራሕቲ እቲ ቐጽሪ ናይ መጉዚትነት ፍታሕ ንምርካብ ኣበርቲዖም ክጽዕሩ ጀመሩ። ወርሒ ሰነ ብርቱዕ ምንቅስቓስ ዝረኣየላ ኽትከውን ከኣ ትጽቢት እንግሊዛውያን ኣመሓደርቲ ነበረ።[16]

ፈተነታት ንምትዕንቓፍ ናጽነት

ቀጽሪ ናጽነት ክጠራነፍ ምስ ጀመረ፡ ማሕበር ሕብረት ተሰናቢዱ ንጥፈታቱ ኣየቋረጸን። ኣብ ብዙሕ ንኤርትራ ዝትንክፍ ጉዳያት ከኣ ገና ሰፊሕ ጽልዋ ነይሩዎ ኢዩ። ንኣብነት'ኳ፡ ነቲ ኣብ ምጅማር 1949 ክሳብ ሚያዝያ-ግንቦት ገጹ ንሂሩ ዝነበረ ኣድማ ሰራሕተኛታት ባቡር ምድሪ ኤርትራ፡ ኣቡነ ማርቆስ ኢዮም ነቶም ኣድመኛታት ብምግናሕ ደው ክብሉዎ ዝኸኣሉ።[17] እዚ ድማ፡ ከም መርኣያ ናይ ሓይልን ተሰማዕነትን ናይ'ቲ ማሕበር ኢዩ ቡቶም ኣመሓደርቲ'ውን ተወሲዱ ዝነበረ።

ከምዚ ክንዲ ዝኾነ፡ ሸሕ'ኳ እቲ ቐጽሪ ኣብቲ ዝተመስረተሉ ጊዜ ናይ ምሕያልን ምዕብላልን ኣንፈት እንተርኣየ፡ ሕብረት ብዘይ ተሪር ቃልሲ ክንብርከኹሉ ኢዮም ኢልካ ምሕሳብ ዝክኣል ኣይነበረን። ከምቲ ዝተጠቕሰ፡ ደድሕሪ ፍሽለት በቪን-ስፎርሳ፡ ብሓፈሻኡ ጽቡቕ ጠባይ ኢዮም ከርእዩ ቐንዮም። ግን ከኣ፡ ኣብ መንጎ'ቶም ዝለዓሉ ከም ተድላ ባይሩ ዝመሰሉ መራሕቲ፡ ኣብ ዝመጽእ መጋባእያ ባይቶ ሕ.ሃ. ድሌት ኢትዮጵያ ምምልኡ ኣይተርፎን ኢዩ ዝብል ተስፋ ነይሩ ኢዩ።

በዚ ምኽንያት'ዚ፡ ነቲ ዝርአ ዝነበረ ዝሕታለ ንጥፈታት ማሕበር ሕብረት ንምብርባር ብሓደ ወገን፡ ሓይሊ ቀ.ና.ኤ. ከይደልደለ ንምቕጻይ ድማ በቲ ኻልእ፡ እቲ ብንብረ እድ ገብረመስቀል የዕብዮ ዝጀመረ ዋሕዚ ሰበ ስልጣን ኢትዮጵያ ናብ ኤርትራ ቀጸለ። ብወገን ትግራይ እውን ንኣመሓደርቲ ኤርትራ ክተሃዳድእ ዝተወጠነ ፖለቲካዊ ምንቅስቓሳት ተራእየ። ኣቐድም ኣቢሉ፡ ገባሮ ትግራይ ብብዝሒ ብረት ከም ዝዓጥቁ ተገይሩ ስለ ዝነበረ፡ እቶም ኣመሓደርቲ፡ ኤርትራ ብኢትዮጵያ ንኽይትውረር ሰጊኦምን ብዛዕባኡ ብዙሕ ተጸሓሒፎምን ነይሮም ኢዮም።[18] ኣብ መወዳእታ ወርሒ ግንቦት ግን፡ ጸብጻብ'ቲ ምምሕዳር፡ "ጠቕላሊ ገዛኢ ትግራይ ራእሲ ስዩምን ዋና ዲረክተር ናይ'ቲ ጠቅላይ ግዝኣት ፈታውራሪ ይመኑን ምትህድዳእ ኢዮም ዝደልዩ ዘለዉ"፡ ኢትዮጵያ ድማ ንኤርትራ ናይ ምውራር ሓሳብ የብላን፣ እኳ ደኣ፡ ፈታውራሪ ይመኑ ንተግባራት ናይቶም ኣንጻር ብሪጣንያዊ ምምሕዳር ዝሰርሑ ናይ ኤርትራ ሕብረታውያን ኩኒኖም ኣሎ። እዚ ድማ፡ ብሪጣንያ ዝበለጸት ዓርኪ ኢትዮጵያ ስለ ዝኾነት ኢዩ..." ክብል ጸሓፈ።[19]

16. እ.ጽ. 13፡ ሕ.ጽ. 399

17. FO 1015/187, Monthly Political Report April, par. 864, 30 April, 1949. ብዛዕባ'ዚ ኣድማ'ዚ፡ ምስ ታሪኽ ምንቅስቓስ ሰራሕተኛታት ኤርትራ ኣብ ካልእ ቅጺ ናይ ታሪኽ ኤርትራ ክቐርብ ኢዩ።

18. FO 371/73842. J3965/6, Telegram Lascelles (Addis Ababa) to Asmara, 10 May, 1949, ኣብ'ዛ ቴሌግራም እዚኣ ኣብ ኢትዮጵያ ዝነበረ ኣምባሳደር ላሸል ናይ ብሪጣንያ፡ ኣብ ኤርትራ ዝነበረ ብመንግስቲ ኢትዮጵያ ዝደፋፋእ ዕልዋ መንግስቲ ክህሉ ይኽእል ኢዩ ዝብል ስግኣት ክኸውን ከም ዘይክእል ይሕብር።

19. እ.ጽ. 13፡ ሕ.ጽ. 885።

እዚ መቸም፡ መንግስቲ ኢትዮጵያ መወሳወሲ ቦታ ንኽትረክብን ነቲ ምምሕዳር ንኽቕስንን ዝሓለነ ስልቲ ምንባሩ ኮካትዕ ኣይከእልን። ምኽንያቱ፡ እቲ ጸብጻብ ከምዚ ኣብ ዝብል ሰሙን ኣብ ዘይኣክል ጊዜ፡ እቲ ቁሩብ ሃዲኡ ዝበሃል ዝነበረ ናይ ሸፍትነት ተግባራት ብሓዲሽ ናህሪ ጀመረ። ብ4 ሰነ፡ ኣብ ጥቓ ሰንዓፈ ኣብ ዝተገብረ ድብያ፡ ደቂ ሞሳዝግን ጭፍራኦምን ክልተ ኢጣልያውያን ቀቲሎም ንኽልተ ካልኦት ኣቑሰሉ። ብ8 ሰነ፡ ዘይተለለዩ ሸፋቱ ኣብ መገዲ መንደፈራ-ዓረዛ ንሓደ ኢጣልያዊ ኮብራሪ ቀተሉ። ብ19 ሰነ ድማ ሓደ ወናኒ ኮንቸስዮነ ዝነበረ ጥልያን ኣብ ማይ ሓባር ተቐትለ። በዚ ከየብቅዐ፡ ኣብ'ቲ ወርሒ'ቲ ኣብ ቢንቶ መረብ፡ ካብ ዓድዋ ዝመጹ ትግራዎት ሸፋቱ መካይን ክዓግቱ ክብሉ ፖሊስ ሰለ ዘጓነፉዎም ክሞቱን ክማረኹን መንነቶም'ውን ክረጋገጽን ተኻእለ።[20]

እምበኣርከስ፡ እቲ ኣመሓደርቲ ኤርትራ ወራር ከይከውን ኢሎም ዝፈርሑዎ'ኳ መሰረት ኣንይብርዮ እምበር፡ እቲ ምስ ትግራይ ዝተኣሳሰር ናይ ግብረ ሽበራ ተግባራትስ ኣይተረፈን። ጸኒሕና ከም እንርእዮ'ውን፡ ካብ 1948 ጀሚሮም ኣብ ትግራይ ዝነበሩ ሸፋቱ፡ ኣብ ዶብ ኤርትራን ትግራይን ይነብሩ ኣብ ልዕሊ ዝነበሩ ተወላዶ ሳሆ፡ ብፍላይ ከአ ዓሳውርታ፡ ግፍዕታት ይፍጽሙ ነይሮም ኢዮም። ኣብ'ዚ እንዛረበሉ ዘለና ጊዜ ግን፡ ምውሳኽ ግብረ ሽበራ ብፍላይ ኣብ ኢጣልያውያን ዘተኩረ ሰለ ዝነበረ፡ ኣብ መንጎኦም ክብ ዝበለ ስግኣት ተፈጥረ። ብቑዕ ሓለዋ ኣይተገብረልናን ዝብል ወቐሳ'ውን ኣብ ልዕሊ'ቲ ምምሕዳር ዘነበ። መንግስቲ ኢጣልያ ከይተረፈ ድምጹ ብምስማዕ፡ ንሱ ባዕሉ ዝምውሎ ምድንፋዕ ሓይሊ ፖሊስ ንኽግበር ኣመመ። እዚ ግን፡ ብፍላይ ብሕብረታውያን ካልእ ዘይተደለየ ትርጉም ንኽይውሃቦ፡ በቲ ምምሕዳር ተቐባልነት ኣይረኸበን። ኢጣልያውያን ግን ክብ ዝበለ ጥንቃቐ ካብ ምግባር ዓዲ ኣይወዓሉን። ንኣብነት፡ ማሕበር ኢጣሎ-ኤርትራውያን ወይ እቶም ሓናፍጽ፡ ናብ ቀ.ና.ኤ. ክኣትዉ እንከለዉ፡ እቲ ናይ ውጹኣት ኢጣልያውያን ማሕበር ክ.ሪ.የ. (CRIE) ግን ወገን ከይፈለየ ትም ምባል መሪጹ ነይሩ ኢዩ።[21]

ኣንጻር ጣልያን ዝቐንዐ ናይ ጉነጽ ተግባራት ኣብ ቅትለትን ኣዝዩ መሪር መጥቃዕትን ዝተሓጽረ ኣይነበረን። ሕብረት፡ ብጋዜጣኦም *ኢትዮጵያ* ኣቢሎም ኣዝዩ መሪር ዝኾነ ቀጥታዊ ጸርፍን ሓይሊ ቃልን ይሰንዝሩሎም ነይሮም ኢዮም። ንኣብነት ክኾነና፡ ብሰም "ዜኬዎስ" ዝጽሕፉ ዝነበሩ ተወልደብርሃን ገብረመድህን፡ ኢጣሎ-ኤርትራውያን ናብ ቀ.ና.ኤ. ምስ ተጸንበሩ ብዛዕባ ሓናፍጽ ኤርትራውያን ንዝበልዎ ንርአ፤

> *በቦታቶም ዘይተጠመቑ፡ ዓዲ የብሎም መንግስቲ የብሎም (ከመይ መንግስቲ እንተ ዝህልዎምስ ኣብ ሓደ ቀይሞም መንነቶም መፍለጡ'ሞ ምዓረፉ)፡ ዛንታ ፋሺስቲ ረሲያም - ይዋኣዮም ደቂ ሰይጣን ይብሃሉ ከም*

20. እ.ጽ. 13፡ ሕ.ጽ. 900
21. እ.ጽ. 13፡ ሕ.ጽ. 908

ዘይነብሩ - ደባን ቁርበቶም ብሓይሊ ከጸዕድዉዖ ንኸንቱ ጽዒሮም ኣብዩዎምስ፡ ቀርኖም ብዘተሰልዑ ተገልቢጦም ከጸልምዎ ይጋደሉ ኣለዉ።[22]

ነዚ ብዝመስል ቃላት፡ ሕብረት ንቀ.ና.ኤ. ብኢጣልያዊ ጽልዋን ብክሕደትን ሽዩጥነትን ከሰሱ። ኢብራሂም ሱልጣን ኣብ ዓዲ ጥልያን ጉቦ በሊዑ መጺኡ ዝብል ሕሜታ'ውን ከም ዝናፈስ ገበሩ።[23] ቀ.ና.ኤ. ካብ መንግስቲ ኢጣልያ ሓገዝ ይቕበል ነይሩዶ ኣይነበረን ኣብ ዝብል ሕቶ፡ ሓደ ካብ ቀንዲ መስረትቱ፡ ኣቶ ወልደኣብ ወልደማርያም፡ ብዙሕ ቃል ዓለም ኣይገበሩን። "... ካብ መንግስቲ ኢጣልያ ሒደት ገንዘብ ይቕበል ከም ዝነበረ ዜሕባእ ኣይኮነን። እተቐበለ ግን፡ መንግስቲ ኢጣልያ ናጽነት ኤርትራ ብግሁድ ብዘተቐበለት ኢዩ። ቅድሚኡ፡ ካብ ዝኾነ ይኹን ወገን ናይ ገንዘብ ሓገዝ ኣይተቐበለን" ብምባል ከኣ መለሱሉ።[24]

ብውሑዱ ብኣረኣእያ ብሪጣንያውያን፡ ደገፍ ኢጣልያ ንናጽነት ኤርትራ ቅድመ ኩነት ዝነበሮ ኢዩ ዝመስል። ኣቐዲሙ ኣብ 1949፡ መንግስቲ ኢጣልያ ሓደ ዲ ግሮፔሎ ዝተባህለ ናይ ርክብ መኰነን ወይ ሊያዞን ኦፊሰር ኣብ ኣስመራ ኣቐሚጡ ነይሩ ኢዩ። ንሱ ይሕብሮ ነይሩ ከም ዝብሃል፡ ኣብ መንጎ'ተን ኢጣልያውያንን ኤርትራውያንን ማሕበራት፡ ናይ ሓድሕድ ምጥርጣር ነበረ። እዚ ድማ፡ ኢጣልያ ብኢጣልያውያን ዝዕብለል ናጻ መንግስቲ ኤርትራ ክትምስርት ትደሊ ኢያ ዝብል ጥርጣረ ኤርትራውያን ሰልፍታት በቲ ሓደ ወገን፡ ኤርትራውያን ዝተኸሉዎ መንግስቲ ንኢጣልያውያን ማዕረ ተሳትፎ ክኽልእ ኢዩ ዝብል ጥርጣረ ኢጣልያውያን ድማ በቲ ኻልእ ስለ ዝነበረ ኢዩ። ኣብ ውክልና ናይ ባይቶ'ኳ ማዕርነት ክሓቱ ሓሳብ እንተ ዘይነበሮም፡ ኢጣልያውያን ኣብ ኩሉ ኻልእ መንግስታዊ ስራሓትን ቦታታትን ማዕረ ተሳትፎ ክውሃቦም ኣለዎ ዝብል ጠለብ ናይ ዲ ግሮፔሎ ነበረ።[25]

እዚ፡ እቲ ታሕቲ-ታሕቲ ዝብሃል ዝነበረ ክኸውን እንከሎ፡ ብቓልዕ ግን መንግስቲ ኢጣልያ፡ ብፍላይ ከኣ በዓል ሸኽ ኢብራሂም ካብ ለይክ ሳክሰስ ኣብ መልሶም ሮማ ምስ ቀነዩ፡ ንዘይቅድመ ኩነታዊ ናጽነት ኤርትራ ኢዩ ዝጣበቕ ዝነበረ። ምስ መንግስቲ ኢትዮጵያ መተዓረቒ ክኸውን ዝኽእል ኮይኑ ስለ ዝተራእዮ ድማ፡ ኣብ መጉዚትነት ይኹን ኣመጻጽኣ ናጽነት ኤርትራ፡ ምስኡ ብቐረባ ክሰርሕን ክተሓባበርን ድሉው ከም ዝነበረ ኢዩ ዝገልጽ ዝነበረ።[26] ከምዚ ይኹን እምበር፡ ምስ ምምስራት ቀ.ና.ኤ. ዝበዝሐ ህዝቢ ኤርትራ ናጽነት ከም ዝጠልብ ንሱ ይኹን መንግስቲ ብሪጣንያ ተረዲኦም ስለ ዝነበሩ፡ ኤርትራ ብምልእታ ይኹን ዝኾነ ክፋላ ናብ ኢትዮጵያ ክትጽንበር ንዝብል ሓሳብ፡ መንግስቲ ኢጣልያ ኣትሪሩ ምቅዋም ቀጸለ። ኣብ ሮማ ዝነበረ ኣምባሳደር

22. "ኢትዮጵያ"፡ ቊ. 113፡ 26 ሰነ 1949
23. Trevaskis, p. 94 - 95
24. ወልደኣብ ወልደማርያም፡ ቃለ መጠይቕ ሮማ፡ 1982
25. FO 371/73844, J5416, Mason (Asmara) to Clutton (London), 24 June 1945.
26. FO 371/73844, J5280, Sir V. Mallet (Rome) to Foreign Office (London), 27 June 1949.

ብሪጣንያ ንኣብነት፡ ንኤርትራ ናብ ኢትዮጵያ ምጽንባራ ብፖለቲካዊ ይዅን ቍጠባዊ መገዲ ምህሳያን ንድሕሪት ምምላሳን ክኸውን ኢዩ ንዝብል ናይ ኢጣልያ ኣረኣእያ ደገፈ። ካብ ህዝቢ ኤርትራ እቲ ዝወሓደ ምጽንባር ናይ ኢትዮጵያ ከም ዝደሊ'ውን ኣመነ።[27]

እዚ ኹሉ ግን ብሪጣንያ ኣብ ልዕሊ ኤርትራ ንዝነበራ ፖሊሲ ከቐይር ኣይከኣለን። ብሪጣንያ፡ ገና ብዛዕባ ምቕሊ ኤርትራን ንኣስመራን ምጽዋዕን ብፍሉይ ቻርተር ብዛዕባ ምምሕዳረንን ኢያ ትሓስብን ትቀራረብን ዝነበረት። በዚ ድማ መንግስቲ ኢጣልያ ቅሬታ ተሰምየን ብግልጺ'ውን ተዛረበሉን።[28]

ብኻልእ ወገን ደገፍ ንቀ.ና.ኤ. እናዛየደ ምኻዱ እናረኣዩን ብተደጋጋሚ እናተኣመኑን፡ ሰበ ስልጣን ብሪጣንያ ዳርጋ ብምሉኦም ናጽነት ኤርትራ "ዘይክዉንነታዊ" ኢዩ ኣብ ዝብል ሓፈሻዊ መረዳእታ ደረቑ። ኤም. ስቱዋርት ዝተባህለ ናይ ወጻኢ ጉዳያት በዓል ስልጣን ንኣብነት፡ "ኣብ ቦታ ሓላፍነት ክቕመጥ ዝኽእል ኤርትራዊ ተወላዲ (native) ሓደ'ኳ ኣይርከብን፡ እታ ሃገር ጥቓ ነፍሳ እትኽእለሉ ኩነታት ከኣ ኩቶ የልቦን" ዝብል ገምጋም ድሕሪ ምሃብ፡ "ባይቶ ሕ.ሃ. ንናጽነት ኤርትራ እንተ ወሲኑ፡ እቲ ውጽኢት ሕንፍሽፍሽ ኮይኑ፡ ብወራር ኢትዮጵያ ወይ ድማ ኢጣልያዊ ጠባይ ዝዓብለሎ መንግስቲ ምትካል ኢዩ ክድምደም፡" ክብል ርእይቶኡ ዓጸወ። ጆርጅ ክላተን ዝተባህለ ካልእ በዓል ስልጣን ድማ፡ ንናጽነት ኤርትራ ከም ዝረሓቐ ተኽእሎ'ውን ነጸጎ። ዝሃቦ ምኽንያት ነዚ ዝሰዕብ ይመስል፦

> ኤርትራ ሓድነት የብላን። ናይ ሓባር ቋንቋ፡ ናይ ዘርኢ ሓድነት፡ ጆግራፍያዊ ጥምረት የብላን። ኣብ ዝጸረሩ ጉጅለታት ዝተመቓቐለት ኢያ። ቍጠባ ናይ ማእከሎትን ምብራቓውን ኣውራጃታት ክፋል ናይ ኢትዮጵያ ኢዩ፡ ከም ኣካል ናይ ኢትዮጵያ ጥራይ ከኣ ኢየን ብቑጠባ ኣብ ኑብሰን ክምርኮሳ ዝኽእላ። እታ ሃገር ድሕርቲ ስለ ዝኾነት፡ ክሳብ ክካይዳ ዝኽእል ናይ ደቀባት መንግስቲ ክህሉ ኣይክእልን ኢዩ።[29]

ብኸምዚ ዝመሰለ ምኽንያት፡ ብሪጣንያ ገና ኣብቲ ናይ ምቕሊ ሓሳባታ ጸንዐት። ከምቲ ዝረኣናዮ ግን፡ ውዲት በቪን-ስፎርሳ ምስ ፈረሰ፡ ኢጣልያ ንናጽነት ኤርትራ ኢያ ክትጣበቕ ዝጀመረት። ካብ'ዚ ሓሊፉ፡ ስፎርሳ ባዕሉ ነቲ ውዲት ክይፈተወ ዝኣተዎ እምበር ምሉእ ብምሉእ ከም ዘይኣመነሉ ይዛረብ ነይሩ ኢዩ።[30] መርገጽ ኢጣልያ እምበኣር ንድሌት ብሪጣንያ ዝዕንቅፍ ኮነ። ምኽንያቱ፡ ከምቲ ቅድሚ በቪን-ስፎርሳ ዝነበረ፡ ኢጣልያ ደገፍ ፈረንሳን ሃገራት ላቲንን ብምርካብ ንውጥናት ብሪጣንያ ከተፍሽሎ እትኽእል ኩነታት ተፈጢሩ ስለ

27. FO 371 /73844, J5561, Mallet (Rome) to Wright (London), 30 June 1949.
28. FO 371/73844, J5359, Mallet (Rome) to Foreign Office (London), 30 June 1949.
29. FO 371/73844, Minutes signed, Stewart and Clutton, 7-8 July 1949.
30. FO 371/73844, J 5581, Mallet (Rome) to Foreign Office, 8 July 1949. ንኢጣልያ ዝያዳ ዘቑጥዓ፡ ድሕሪ ስምምዕ በቪን-ስፎርዛ፡ ብሪጣንያ እቲ ኢጣልያ ብመሰረት እቲ ስምምዕ ረኺባቶ ዝነበረት መሰል ኣብ ልዕሊ ትሪፖሊታንያ ተሰሪዙ ኢዩ ካብ ምባላ ኢዩ።

ዝነበረ ኢዩ። ኣብ ልዕሊ'ዚ፡ ኣብ ኤርትራ ዝነበረ ሰዓቢ ቀ.ና.ኤ. ክሳብ ክልተ-ሲሶ ናይ ጠቕላላ ህዝቢ ስለ ዝተገመተ፡ ተኽእሎ ናጽነት ኤርትራ ክብ ኢሉ ከም ዝነበረ ክኽወል ኣይተኻእለን።[31]

እምበኣር ብሪጣንያ ንሓይሊ ቀ.ና.ኤ. ተነኣእስ ኣብ ዝነበረትሉ፡ እቲ ቐጽሪ ባዕሉ ኣብ ኤርትራ ይነጣጠፍ ነይሩ ኢዩ። ብ4 ሓምለ ንኣብነት፡ እቲ ክሳብ ሽዑ ዝነበረ ሓሙሽተ ክፋላቱ፡ ማለት ድማ፡ ኣልራቢጣ፡ ኤርትራ ንኤርትራውያን፡ ማሕበር ወተሃደራት-ነበር፡ ሓዳስ ኤርትራን ኢጣለ-ኤርትራውያንን ኣብ ኣስመራ ኣኼባ ኣካዪዱ ሓደ ንዕኡ ዝመርሕ ቤት ምኽሪ ኣቘመ። ኣብ'ዚ ኣኼባ'ዚ፡ እቲ ቤት ምኽሪ ዝሀቦ ወይ ዘውጽኦ ዝኾነ ውሳነ ተፈጻምነት ንኽህልዎ ብምሉእ ድምጺ ክሓልፍ ተሰማምዑ። ብሓባር ንህጹጽ ናጽነት ኤርትራን ኣብ ውሽጢ'ቲ ህሉው ጂኦግራፊያዊ ዶባታ ድማ፡ ንመሬታዊ ሓድነታን ዝሰርሕ፡ ኣንጻር ዝኾነ ናይ ምቕልን ጉበጣን ውጥናት ከኣ ደው ዝብል "ኤርትራዊ ናይ ናጽነት ልፍንቲ" ከም ዘቘመ ኽኣ ብወግዒ ኣወጀ።[32]

ቍጽሪ ናይ'ተን ኣብ ቀ.ና.ኤ. ዝኣትዋ ዝነበራ ማሕበራት እናወሰኸ ኢዩ ዝኸይድ ዝነበረ። በዚ መሰረት፡ እቲ ሕዝብ ኣል-ወጠን ዝተባህለ ሰልፊ'ውን ተጸንበሮ'ሞ፡ ብ22 ሓምለ ኣብ ኣስመራ ዝዓበየ ኣኼባ ተገበረ። ኣብ'ዚ፡ ወግዓዊ ስሙ ቀጽሪ ወይ ሰልፊ ናጽነት (Eritrean Bloc for Indepence) ምዃኑ ኣፍለጠ። ነዚ ዝሰዕብ ዕላማታቱ ድማ ዳግም ኣነጸረ፡-

1. ቀጥታዊ ናጽነት
2. ዲሞክራሲያዊ መንግስቲ
3. መሬታዊ ሓድነት ኣብ ውሽጢ ህሉው ዶባት
4. ምንጻግ ሓሳባት ምቕሊ ኤርትራ ኣብ ውጥን በቪን-ስፎርሳ ከም ዝተኣመመ ወይ ሓሳባት ምሕዋስ ክፋላት ኤርትራ ናብ ኢትዮጵያ ወይ ናብ ሱዳን። ኣብ ትሕቲ ዝኾነ ኩነታት፡ ተቓውሞ ንምሕዋስ ናብ ዝኾነት ካልእ ሃገር።[33]

ነዚ ድሕሪ ምስልሳል እቶም መራሕቲ ቐጽሪ ናጽነት ኤርትራ፡ ናብ ሓላፊ ፖለቲካዊ ጉዳያት ምምሕዳር ኤርትራ ብምኻድ ሰነዶም ኣቕረቡ'ሞ ናብ ንመንግስቲ ብሪጣንያ ንኽልኣኽሎም ሓተቱ። ንሱ ብወገኑ፡ መርገጺ ብሪጣንያ ኣብ ጉዳይ ኤርትራ ካብቲ ናብ ባይቶ ሕ.ሃ. ዝነበሮ ከም ዘይተቐየረ፡ ማለት ድማ ገና ምቕሊ ኤርትራ ከም ዝድግፍ ሓበሮም።[34]

ቀጺሎም እቶም መራሕቲ ማሕበራት፡ ብ ዲ ግሮፔሎ ድሕሪ ምሕላፍ፡ ናብ ኮሎኔል ነጋ ሃይለስላሴ'ውን ብምብጻሕ ሰነዶምን ጠለባቶምን ኣቕረቡሉ።

31. እ.ጽ. 30፡ ርኣ።

32. Ambasciata d'Italia, Leqter to State Department, Wash. D.C., 20 July 1949። እቲ ቤት ምኽሪ እዚ ዝሰዕብ ኣባልነት ነበሮ፡- ኣልራቢጣ 12 ኣባላት፡ እተን ዝተረፋ ማሕበራት ከኣ ክክልተ ወከልቲ። ኣቦ መንበርነት ቡብተራ ክበጽሐን፡ ዋና ጸሓፍነት ግን ንኣልራቢጣ ክውሃብ ከኣ ተሰማምዓ።

33. Independence Bloc leaflet Signed by Ibrahim Sultan, Seyoum Maasho, Mohammed Abdalla, 24 July 1949.

34. FO 1015/187 BA Monthly Political Report - July, par. 915, July 31, 1949.

ቀጽሪ ናጽነት ኤርትራ

ጸብጻባት እቲ ምምሕዳር ከም ዝሕብሩዎ፡ ደገፍ ናይ መንግስቲ ኢትዮጵያ ንኽረኽቡ ናብኡ ብምኻዶም ነጋ ተገረመ። ባህ ከይበሎ ኸኣ ተቐቢሉዎም። እቲ ርኽብ ግን ብዕርክነታውን ብናይ መስተታት ምግብባዝ ቃል ዓለምን ተወድአ።[35]

እቲ ምምሕዳር ደጋጊሙ፡ ቀ.ና.ኤ. ናጽነት ኤርትራ ንምምጻእን ንምቕልን ጉበጣን ኤርትራ ንምቅዋምን ዝቘመ ውጹእ ኤርትራዊ ምንቅስቓስ ምንባሩ ኢዩ ዝገልጽ ዝነበረ። ካብ መንግስቲ ብሪጣንያ ዝኾነ ይኹን ደገፍ ከም ዘይረኸበን ከም ዘይረክብን፡ ብኣንጻሩ ብሪጣንያ ካብ'ቲ ካብ 1946 ጀሚራ ዝኣወጀቶ ንኽፋል ኤርትራ ንኢትዮጵያ ናይ ምሃብ መደባ ፈልከት ከም ዘይበለትን'ውን ኣልጊቡ ምርግጋጽ ቀጸለ።[36]

ምትዕንቓፍ ብሪጣንያ ብዘየገድስ፡ ኣብ ምውዳእ ሓምለ፡ ቀ.ና.ኤ. እናሓየለን ደገፍ እናኣደልደለን ከደ። ኣብ ውሽጢ'ዚ ወርሒ'ዚ፡ ሓደ ብስም ማሕበር ኤርትራውያን ምሁራት (Association of Eritrea Intellectuals) ዝፍለጥ፡ ብኣቶ ወልደኣብ ወልደማርያም ዝምራሕ ምትእኽኻብ'ውን ቈይሙ ነይሩ ኢዩ። ናይ'ዚ ማሕበር'ዚ ዕላማ፡ ነቲ ፋሕ ኢሉ ዝነበረ ኤርትራዊ ምሁር ኣብ ሓደ መስመር ምጥርናፉ ነበረ። ዛጊት፡ ኣብ ገለ ኣኼባታት ቀ.ና.ኤ. ጥራይ ይሳተፍ ስለ ዝነበረ፡ ኣብ'ቲ ናይ 22 ሓምለ ኣኼባ ቀ.ና.ኤ. ገና ከም ምሉእ ኣባል ስለ ዘይኣተወ ኢዩ ኣብ'ቲ ኣዋጅ ዘይተጠቕሰ። ዕላማኡ ግን ምስቲ ናይ ቀ.ና.ኤ. ዝሰመረ ነበረ።[37]

እዚ ኹሉ እናኾነ እንከሎ፡ ኢትዮጵያ ትኹን ማሕበር ሕብረት ደቂሶም ኣየሕለፉዎን። ኣብ ወርሒ ሓምለ፡ እቲ ብተዛማዲ ዝግ ዝበለ መሲሉ ዝነበረ ናይ ሽፍትነት ግብረ ሽበራ መሊሱ ተወልዐ። ደቂ ሞሳዝጊ ኣብ ሰሜናዊ ባሕርን ሕርጊጎን መጥቃዕታት ብምክያድ ነቲ ቦታ ሃወኹዎ። ኣብ ሓደ ናይ ጣልያን ኮንቸስዮነ ገዲፎሞ ዝኸዱ ሰነዳት'ውን ምስ ካልኦት ሽፋቱ ርክብ ከም ዝነበሮምን ብማሕበር ሕብረት ከም ዝደፋፍኡን ዝሕብር ነበረ።[38]

ብ17 ሓምለ፡ ኢትዮጵያውያን ሽፋቱ ዶብ ሰጊሮም ኣብ ከባቢ ኣንቶረ ኣብ ዝፈጸሙዎ መጥቃዕቲ፡ ሰለስተ ደቂ በኒ ዓምር ሞቱ። ብ19 ሓምለ ድማ ኣብ ከባቢ ዓዲ ቐይሕ ፖሊስን ሚሊሻን ምስ ሽፍታ ኣብ ዝገበሩዎ ግጥም፡ ሞት ሰለስተ ሽፋቱ ኣስዓበ።[39]

እቲ ግብረ ሽበራ ብዝያዳ ንማሕበር ሓዳስ ኤርትራን ንኢጣልያውያን ደገፍታን ከም ዕላማ ዝወሰደ'ኳ እንተ ነበረ፡ ንጽልዋን ተሳታፍነትን ናይ'ዚ ሓይሊ'ዚ ኣጉዲልካ፡ ንቀ.ና.ኤ. ንምድኻም ዝሓለነ ኢዩ ዝነበረ። በዚ ደው ከይበለ ማሕበር ሕብረት፡ ኣንጻር'ቲ ቀጽሪ ሰፊሕ ናይ ምጽላም ዘመተ'ውን የካይድ ነይሩ

35. እ.ጽ. 34፡ ሕ.ጽ. 916።
36. እ.ጽ. 34፡ ሕ.ጽ. 917።
37. እ.ጽ. 34፡ ሕ.ጽ. 918።
38. እ.ጽ. 34፡ ሕ.ጽ. 919 እቲ ጸብጻብ፡ ኣብ'ዚ ናይ ሕርጊጎ መጥቃዕቲ ካብ ደቂ ሞሳዝጊ ከም ዝተቐትለ ይሕብር። እዚ ግን ጌጋ ሓበሬታ ኢዩ። በርሀ ሞሳዝጊ ጸኒሑ ኢዩ ኣብ ካልእ ቦታ ዝተቐትለ።
39. እ.ጽ. 34፡ ሕ.ጽ. 921፡ 920።

ኢዩ። እዚ ብዝያዳ ኣብ ኢብራሂም ሱልጣን ዘተኩረ ኾይኑ፡ ንቐጽሪ ናጽነት ናብ ዓብላልነት ኢጣልያን ኢጣልያውያንን የእትዎ ኣሎ ብዝብል ሕሜታ ንዕኦም ብቐጥታ ዝኸሰሰ ነበረ። ኣብ ልዕሊ'ቲ ጥሙር ፖለቲካዊ ኣረኣእያ ዘይነበረን ምኽንያት፡ እተን ናይ ሸዑ ማሕበራት ነንሓድሕዶም ብዝወዳደሩን ዝተሃላለኹን መራሕትን ላዕለዎት ኣባላትን ዝመልኣ'ውን ኢየን ዝነበራ። ስለ'ዚ፡ ኣብ'ዚ ፈለማ ምምስራት ቀ.ና.ኤ. ተቐባልነት ሸኽ ኢብራሂም ብፍላይ ኣብ ምዕራባዊ ቀላታት ዘየማጉት'ኳ እንተ ነበረ፡ ኣብ ገለ ቦታታት ግን ምሽርራፉን ናይ ገለ ሰዓብቲ ወለቕ-ዘለቕ ምስዓቡን ኣይተረፈን። እቲ ናይ "ጸግዒ ጣልያን" ሕሜታ ምስ በርትዐ ንኣብነት፡ ኣብ ከባቢ ምጽዋዕ ዝነበሩ ገለ ሰዓብቲ ንኣልራቢጣ ክሳብ ኣብ ምግዳፍ ኣብጺሑዎም ነይሩ ኢዩ።[40]

ብኻልእ ሸነኽ ግን፡ ከምቲ ኣቐዲምና'ውን ዝረኣናዮ፡ ኣብ ወርሒ ሓምለ፡ እቶም ብሕዳር 1948 ንኣልራቢጣ ገዲፎ ናብ ሕብረት ተጸንቢረ ክብሉ ዝኣወጁ ፕረሲደንት ኣልራቢጣ ዝነበሩ በክሪ ኣልሙርቃኒ፡ ተገምጢሎም ንሕብረት ገዲፎም ናብ ቀ.ና.ኤ. ከም ዝተመልሱ ኣፍለጡ።[41] እዚ፡ ክሳብ ክንድ'ቲ ኣኽቢድካ ዝርአ ፖለቲካዊ ጽልዋ ወይ ኣገዳስነት ኣይነበሮን። ምናልባት ንሕብረትን መንግስቲ ኢትዮጵያን፡ ነቲ "መራሕቲ እስላም እውን ኣለዉና" መበሊ ኾይኑዎም ዝነበረ ኣሰኢኑዎም ይኸውን። ካብኡ ዝዓቢ ፖለቲካ ሚዛን ግን ኣይተዋህቦን። ንዓይነት ናይ'ቲ ናይ ሸዑ ሰብን ፖለቲካዊ ማሕበራቱን፡ እዚ ጽቡቕ ኣመት ኢዩ። ካብ ሓደ መትከል ናብቲ ኣንጻሩ ምግዓዝ ልሙድ ኢዩ ዝነበረ።

ብሓፈሻኡ ኣብ'ዚ ወርሒ'ዚ እምበኣር፡ ኩሉ ነገር ኣብ ረብሓ ቀ.ና.ኤ. ከም ዝነበረ ጥርጥር የልቦን። ሕብረት ኣብ ወጥሪ ኣትዩ፡ ነቲ ናይ ቀደሞም ናይ ምህዳድ ዓቕሚ ከጥፍኡ ዝተቓረቡ ኢዮም መሲሎም ዝነበሩ። ንኣብነት፡ እቶም ምስ መቕተልቲ ዓብደልቃድር ከቢረ ብዝተኣሳሰረ ተኸሲሶም ዝነበሩ መራሕቲ ኣንድነት፡ ገብረስላሰ ጋርዛን ሃብቶም ኣርኣያን፡ በቲ ኣቐዲሙ ዝተዋህቦም ፈኩስ ክስን ማእሰርትን ጥራይ ኣይሓለፈሎምን። ዝያዳ ጭብጥታት ተረኺቡዎም ተባሂሉ፡ ህውከት ብምልዕዓልን ንፖሊስ ኤርትራ ብምሕባልን እውን ተኸሲሶም ነይሮም ኢዮም። ኣብ ወርሒ ሓምለ፡ እቲ ኣቐዲምና'ውን ዝገለጽናዮ ናይ መወዳእታ ፍርዶም ማለት ገብረስላሰ ን15፡ ሃብቶም ኣርኣያ ድማ ን10 ዓመት-ተቐበሉ። ከምቲ ቐደም፡ ኣንድነት ገለ መለዓዓሉ፣ ሕጂ ግን እቲ ፍርዲ ዝኾነ ግብረ መልሲ ከይተገብረሉ፡ ከም ተራ ፍጻመ ሓለፈ።[42]

ከምዚ ዝመሰለ ምድኻም ናይ ማሕበር ሕብረት ብመንግስቲ ኢትዮጵያ ቅቡል ኣይነበረን። ቀደም፡ ብ1944 እውን ናይ ሕብረት ምንቅስቓስ ኣብ ኤርትራ ክዳኸም ምስ ተራእየ፡ ኣብ ኣዲስ ኣበባ ባዕላ እትዝውሮ ካልእ ሕብረት ዝጠልብ ናይ ኤርትራውያን ማሕበር ብምትካል ከም ዘድሓነቶ ምዝካር የድሊ። ሕጂ'ውን

40. እ.ጽ. 34፡ ሕ.ጽ. 913፡ 925።
41. እ.ጽ. 34፡ ሕ.ጽ. 924።
42. እ.ጽ. 34፡ ሕ.ጽ. 933።

መንግስቲ ኢትዮጵያ ንመሳርሒኣ ንምድላን ጻዕርታታ ጀመረት።

ኣቐዲምና፡ ንብረ እድ ገብረመስቀል ምስ ኣቡነ ማርቆስ ኮይኖም ኣብ ኤርትራ ዑደት የካይዱ ከም ዝነበሩን፡ እዚ ድማ ፖለቲካዊ ትሕዝቶ ከም ዝነበሮን ርኢና ኔርና። ኣብ መወዳእታ ወርሒ ሓምለን ወርሒ ነሓሰን፡ ናይ ኢትዮጵያ ሰበ ስልጣን ብብሓደ ኣስመራ ክኣትዉ ጀመሩ። በዚ መሰረት፡ ኣብ ውሸጢ ውሑዳት መዓልታት፡ ሚኒስተር ንግድን ኢንዱስትሪን ይልማ ደሬሳ፡ ሚኒስተር ሕርሻ ኤፍሬም ተወልደመድህን፡ ም/ሚኒስተር ጥዕና ኪዳነማርያም ኣበራን ዳኛ ላዕለዋይ ቤት ፍርዲ ክፍለእግዚእ ይሕደጎን ኣስመራ ኣተዉ። እቶም ካልኣይን ራብዓይን ኤርትራውያን ስለ ዝነበሩ፡ ዓድና ብምባል ኢዩ። ዝተረፉ ብናይ ጥዕና ምኽንያት ከም ዝመጹ ኣፍለጡ።[43]

ካብ መጀመርታ ኣመጻጽኣኦም ስለ ዘጠራጠሮ፡ ኣመሓዳሪ ኤርትራ ብሪጋደር ድሩ ብሓቂ ብምኽንያት ጥዕና እንተ ኾይኑ ክበርሃሉ ሓቲቱ ነይሩ ኢዩ። ኣብ ኣዲስ ኣበባ ዝነበረ ኤምባሲ ብሪጣንያ ካልእ ምኽንያት ከም ዘይነበሮም ምስ ኣረጋገጸሉ ድማ ተቐበሎም።[44] እቶም ኣጋይሽ ግን ጊዜ'ኳ ከይሃቡ ትኽ ኢሎም ናብ'ቲ ቐንዲ መምጽኢኦም ብምእታው፡ ብሓባር ኮይኖም ንማሕበር ሕብረት ከማኽሩ ተረኺቦ። ድሩ ከም ዝገለጾ፡ ቀንዲ ስክፍታኡ፡ ምስቲ ቀ.ና.ኤ. ሓይሉዎ ዝነበረ፡ ንጥፈታቶም ናዕቢ ከየለዓዕል'ሞ፡ ሰላም ከይዝረግ ኢዩ ዝነበረ። በዚ ምኽንያት'ዚ ድማ፡ "ንመንግስቲ ኢትዮጵያ ኣኽላባትካ ሰሓብ ኢልካ ምምሕጻኑስ ምተኻእለዶ" ኽብል ንናይ ለንደን ሓለፍቱ ሓተተ።[45]

ናይ ድሩ ጥርጣረ፡ ኣብ ኣዲስ ኣበባ ብዝነበረ ኤምባሲ ብሪጣንያ'ውን ተረጋገጸ። እዚ፡ ናይ ይልማ ደሬሳ ምብጻሕ ብጉዳይ ጥዕና ከም ዘይነበረ ድሕሪ ምሕባር፡ ነቲ ቐንዲ መኽዲኡ ብኸምዚ ዝስዕብ ገለጾ፤

> (ማሕበር) ሕብረት፡ ብሰንኪ ምምስራት ሓዲሽ ቀጽሪ ናጽነት ምግዓዝ ናይ ብዙሓት ካብ ኣባላቶም (ናብቲ ቐጽሪ) የስዕብ ከም ዘሎ ዝሕብር ተሪር መጠንቀቕታ ናብ መንግስቲ ኢትዮጵያ ሰዲዶም ኣለዉ። መንግስቲ ኢትዮጵያ ብዛዕባ ምውካል (ወይ ኣወኻኽላ) ኤርትራ (ወይ ኤርትራውያን) ኣብቲ ማእከላይ መንግስቲ (ኢትዮጵያ) ህጹጽ መረጋገጺ ዘይህብ እንተ ኾይኑ፡ ብምሉኡ ማሕበር ብወግዒ ናብ'ቲ ቐጽሪ ክሕወስ ከም ዝኽእል እውን ኣጠንቂቖምዎም። ንኣብነት'ኳ፡ ካብ ኤርትራ ክንደይ ናይ ካቢነ ሚኒስተራት ክሕረዩ፡ ኣብ ቤት ምኽሪ ወከልቲ (ፓርላማ) ኢትዮጵያ ድማ ንኤርትራ ክንደይ መናብር ክሕዛእ ኢዩ ዝብል ሕቶታት'ውን ኣቕሪቦም ኣለዉ።[46]

መራሕቲ ሕብረት ነቲ ናይ ሕብረት መትከል ቅድመ ኩነታት ከእትዉሉ ስለ ዝጀመሩ ኢዩ እምበኣር ይልማ ነዚ ዘይቅዱው ኩነታት ከተዓራሪ ኢሉ ናብ

43. FO 1015/187 BA Monthly Political Report. - August, par. 941, 31 August 1949.
44. FO 1015/187, Drew to British Embassy, Addis Ababa, 29 July, 1949.FO 1015/187, Bell (Addis Ababa) to Drew 2 August, 1949.
45. FO 1015/187, Drew to Foreign Office, 2 August, 1949.
46. FO 1015/187, Bell to Drew, 2 August, 1949.

ኣይንፈላለ

ደጊያት ኣብርሃ ተሰማ (የማን) ምስ ኣክሊሉ፡ ኣባ ገብረየሱስ ሃይሉን ሓደ ወጻእተኛን።

ኤርትራ ዝመጸ። ንሱ ኣብኡ እንከሎ ድማ ሚኒስተር ጉዳያት ወጻኢ ኣክሊሉ ሃብተወልድ እውን ኣርከቦ።

ኣክሊሉ ኣስመራ ምስ ኣተወ፡ ምስ ብዙሓት ሰባት፡ እንኮላይ ምስ ነጋ፡ ይልማን ኤፍሬምን ተራኺቡ። ዝያዳ ዘገድስ ግን፡ ምስ ሓደ ካብ መሰረትትን መራሕትን ኤርትራ ንኤርትራውያን ወይ ሊ.ገ.ስ.፡ ማለት ምስ ደግያት ኣብርሃ ተሰማ እውን ምርኻቡ ኢዩ።[47] እዚ ርክብ'ዚ፡ ምስቲ ጸኒሑ ብኣብርሃ ተሰማ ዝተወስደ ስጉምቲ ክዛመድ ስለ ዝኽእል ኣብ ግምት ኣእቲናዮ ክንጽንሕ ዝግባእ ኢዩ።

ድሕሪ'ዚ ኹሉ ኣክሊሉ ንኣመሓዳሪ ድሩ ረኺቦ'ሞ፡ ምሕያል ናይቲ ናይ ናጽነት ምንቅስቓስ ኣዝዩ ከም ዘተሓሳሰቦ ገለጸሉ። ቀ.ና.ኤ.፡ ኣብ ባይቶ ሕ.ሃ. ናይ ድምጺ ብልጫ ክረክብ ከም ዝኽእል ድሕሪ ምሕባር፡ ናጻ ኤርትራ ግን ብቑጠባ ኣዝያ ድኽምቲ ከም እትኸውን ብሰፊሑ ገለጸሉ። "ልጓም ናይ ኢትዮጵያ" ኢያ ክትከውን ድማ በሎ። እዚ ድማ፡ ኤርትራ ናጻ ምስ ትወጽእ ንኢትዮጵያ ኣፍ ደገ ባሕሪ ክትከልኣ ኢያ ንምባል ነበረ። ድሩ ብወገኑ፡ ብቑጠባ ድኽምቲ ዝኾነት ናጻ ኤርትራ ኣብ ሕቝፊ ኢትዮጵያ ምውዳቓ ዘይተርፍ ኢዩ ክብል ከም ዘደዓዓሶ ድሕሪ ምግላጽ፡ "ብዘይ ጥርጥር፡ እዚ ናይ ናጽነት ምንቅስቓስ ንኢትዮጵያውያን ዓቢ ሻቕሎት ኣውሪዱሎም ኣሎ..." ክብል ደምደመ። ደጊሙ'ውን ምንቅስቓስ በዓል ይልማ ከምጽኦ ዝኽእል ጸጥታዊ ምዝራግ ከም ዘሰክፎ ገለጸ።[48] ለንደን ግን ምብጻሕ ናይቶም ሰበ ስልጣን ጭቡጥ ጸገማት ክሳብ ዘይፈጠረ፡ ፕሮፓጋንዳ ጥራይ ክሳብ ዝኾነ፡ ክኽልከሉ ከም ዘይግባእ ንድሩ ሓበሩዎ'ሞ፡ እቶም በጻሕቲ

47. FO 1015/187 Drew to Foreign Office, 3 August 1949.
48. Ibid.

ምንቅስቓሶም ብናጻ ቀጸሉ።[49]

ብዛዕባ ቀጥታዊ ውጽኢት ንጥፈታት እቶም ሚኒስተራት ክዛረብ እንከሎ ግን ድሩ ክንድ'ቲ ዋጋ ኣይሃቦን። እኳ ደኣ፡ ይልማ ደሬሳ ምጽዋዕ ምስ በጽሐ፡ ገለ ናይ'ቲ ከባቢ ኣባላት ብጉቦ ክሕበሉ ከም ዝተፈተነን እዚ ግን ከም ዘይተዓወተን ገለጸ።[50] ብኻልእ ሸነኽ፡ ኣብ ሕርጊጎ ብሳልሕ ክኪያ ፓሻ[51] ዝተሰርሐ ቤት ትምህርቲ፡ ብስም ቀዳማዊ ሃይለስላሴ ክኸውን ስለ ዝተሓሰበ፡ እቶም ሰበ ስልጣን ኢትዮጵያ ኣብቲ መመረቕታ ተዓዲሞም ተረኺቦ። እቲ ዕላማ፡ ብዙሓት ደቂ ሰምሃር ናብቲ በዓል ክመጹ'ሞ፡ ኣብቲ ኣውራጃ ደገፍ ሕብረት ክብ ዝበለ ዝነበረ ክመስል ኢዩ ነይሩ። ኣይተዓወተን ግን። ድሩ ኣብ ጸብጻቡ፡ 1500 ዕድመ ከም ዝተለኣኸ፡ ኣብኡ ግን 600 ዕዱማት ጥራይ ከም ዝተረኽቡ፡ ካብዚ'ኦም ድማ እቶም ዝበዝሑ ካብ ኣስመራ ዝኸዱ ክርስትያን ምንባሮም ኣረጋገጸ። ከም'ቲ ዝተሓሰበ ዘይኮነ ብኣንጻሩ፡ ብስም'ቲ ቤት ትምህርቲ ዝግበር ዝነበረ ፖለቲካዊ መናውራታት ንእስላም እቲ ከባቢ ኣዝዩ ከም ዘቑጥዖም'ውን ድሩ ገለጸ።[52]

ብሓጺሩ፡ ከም ኣብ ወርሒ ሓምለ፡ ኣብ ነሓሰ'ውን ሕብረት ይሰልጦም ኣይነበረን። ኣብ ምዕራባዊ ቆላታት እንተ ኾነ'ውን ነቲ ኩነታቶም ዘጋድድ ሓደ ኻልእ ተወሳኺ ጉዳይ ተፈጥረ። ብዙሓት ካብቶም ናይ ቀደም ኣባላቶም፡ ንማሕበር ሕብረት ገዲፎም፡ ብስም "ሰልፊ ናጻ ኤርትራ" ኣብ ቀ.ና.ኤ. ከም ዝጥርነፉ ኣፍለጡ። ቡብውልቒ ናብ'ቲ ቑጽሪ ምጽንባር፡ ምስቲ ቐደም ኣብ ሕብረት ዝነበሩዎ ስለ ዘጸገሞም ኢዮም ከምኡ ዝገበሩ።[53] እዚ ድማ ንሕብረት፡ ሓደ ዓቢ ተወሳኺ መዳኸሚ ኮነ።

ነዚ ኹሉ ንምፍዋስ ኢዩ ዝኸውን፡ ሕብረት ብ21 ነሓሰ ኣብ ኣስመራ ሰፊሕ ኣኼባ ገበሩ'ሞ፡ መራሕቶም ብዛዕባ ጽንዓትን ንመትከላት ማሕበር እሙናት ምዃንን መደሩ። ኣብ ዝመጽእ ኣኼባ ባይቶ ሕ.መ. ዓወት ዕላማኦም ከም ዘዮዋላውል እውን ገለጹ። ከምቲ ዝደለዩዎ ዝኸደሎም ግን ኣይመስልን። ኣንጻር'ቲ ዝሓሰቡዎ'ውን ብዙሕ ኣባል ኣብቲ ኣኼባ ኣይተረኽበን።[54]

ብኹሉ ኹሉ ክርእ እንከሎ ወርሒ ነሓሰ ብኽብ ዝበለ ረብሓ ቀ.ና.ኤ. ተደምደመት። ሓደ ኣበር ናይ'ቲ ቑጽሪ፡ እቲ "ብጣልያን ዝተዓብለለ" ወይ

49. FO 1015/187, Reid (London) to Drew, 10 August 1949.

50. እ.ጽ. 43፡ ሕ.ጽ. 941።

51. ሳልሕ ክኪያ ፓሻ ብ1904 ኣብ ሕርጊጎ ተወልዱ። ኣብ 1920'ታትን ምጅማር 30'ታትን ናይ ሰድራ ቤቶም ዋኒናት ንግዲ ከካይዱ ድሕሪ ምጽናሕ፡ ብ1935 ኢትዮጵያ ብምስጋር፡ ኣብኡ ሓደ ካብ ፍሉጣትን ዓበይትን ነጋዶ ኾኑ። ኣብ ምጅማር ፖለቲካዊ ምንቅስቓስ ኣብ ኤርትራ ጸግዒ'ቶም ናጽነት ዝጠለቡ ወገናት ብምዃን፡ ምስ በዓል ደግያት ኣብርሃን ኣቶ ወልደኣብን ምእንቲ ናጽነት ከም ዝመሓሉ ይዝንቶ። ጸኒሖም፡ ማለት ማሕበር ሕብረት ብ1946 ኣብ ዝተመስረተሉ ግን፡ ሳልሕ ክኪያ ካብ መራሕትን መስረትትን እቲ ማሕበር ኮኑ። ምክትል ፕረሲደንት ንክኾኑ'ውን ተመዚዞ። ንተወሳኺ ሓበሬታ፡ Chi e dell' Eritrea, p. 262. ርአ።

52. እ.ጽ. 43፡ ሕ.ጽ. 942።

53. እ.ጽ. 43፡ ሕ.ጽ. 943።

54. እ.ጽ. 43፡ ሕ.ጽ. 944።

"ንኤርትራ ናብ ኢጣልያ ክሸይጥ ኢዩ" ዘሰምዕ ሕሜታን ንሱ ኣብ ኣባላት ዝፈጥሮ ዝነበረ ምጥርጣርን ነበረ። ነዚ ንምእላይ ኢዩ ዝመስል፡ ቀ.ና.ኤ. ብ28 ነሓሰ ሓደ ሓፈሻዊ ኣኼባ ኣብ ከረን ጸውዐ። ኣብ'ዚ ኣኼባ'ዚ፡ ሸኽ ኢብራሂም ምስ ኢጣልያውያን ዝተሓባበሩ ዝነበሩ፡ ኣብ ባይቶ ሕ.ሃ. ደገፍ ሃገራት ላቲን ኣመሪካ ንምርካብ እምበር፡ ንኤርትራ ኣሕሊፎም ንምሃብ ከም ዘይነበረ ነቲ ኣኼበኛ ኣረጋገጹሉ። ናጽነት ምስ ዝርከብ ካብ ኢጣልያ ሓገዝ ክሓቱ ወይ ክቕበሉ ከም ዘይኮኑ ብስም ኣልራቢጣ ብምፍራም ድማ ነቲ ኣብ ኣባላት ተላዒሉ ዝነበረ ምጥርጣርን ሕሜታን ኣህዲኦም ናይ ስምምዕ ሃዋህው ኣሰፈኑ።[55]

ኣብ ወርሒ ነሓሰ እምበኣር ዓብላልነት ቀጽሪ ናጽነት ኤርትራ ተረጋገጸ። ሰነዳት ብሪጣንያ ክልተ-ሲሶ ወይ ካብኡ ዝበዝሕ ህዝቢ ኤርትራ ናጽነት ይደሊ ኣሎ ዝበሎ፡ ነዚ ሓቅታት'ዚ ብምግንዛብ ኢዩ። ኣብ'ዚ ጊዜ'ዚ፡ ኣብ ኤርትራ ረፈረንደም ህዝቢ ተገይሩ እንተ ዝኸውን፡ እቲ ናይ ናጽነት ድምጺ ብዘይ ዝኾነ ውልውል ብዓቢ ብልጫ ምተዓወተ። ዕድል ህዝቢ ኤርትራ ኾይኑ ግን እቲ ወሳኒ ረቛሒ ረብሓታት ሓያላት እምበር ድሌት ህዝቢ ኣይነበረን። ካብዚ ዝገድድ፡ እቲ ጥምረት ናይ ቀ.ና.ኤ. እውን ከምቲ ዝመስሎ ዝነበረ ዘይኮነ፡ ንናይ ወጻኢ፡ ብፍላይ ድማ ንናይ ብሪጣንያ ተንኰልን መናውራታትን ተጻዊሩ ብሓድነት ክቕጽል ዝኽእል ኮይኑ ኣይተረኽበን።

55. እ.ጽ. 123፡ ሕ.ጽ. 939፡ 940።

ምዕራፍ 15

ጉዳይ ኤርትራ ኣብ ራብዓይ መጋባእያ ባ.ሕ.ሃ.

ካልኣይ ንቕሎ ናብ ለይክ ሳክሰስ

ቀ.ና.ኤ. ብ28 ነሓሰ ኣብ ከረን ተኣኪቡ መርገጺኡ ኣብ ልዕሊ ተራን ተሳታፍነትን ኢጣልያ ከፍልጥ እንከሎ፡ ኣባሉ ዝኾነ ማሕበር ኢጣሎ-ኤርትራውያን ናብቲ ኣኼባ ኣይተዓደመን። በዚ ዝተቖጥዑ መራሕቲ እቲ ማሕበር፡ ኣብ ምጅማር ወርሒ መስከረም ምስ ኣመሓዳሪ ኤርትራ ንኽራኸቡ ሓተቱ። ንሱ ጥራይ ዘይኮነ፡ ገለ ካብ መራሕቲ ኤርትራ ንኤርትራውያን እውን ሓደ ሓደ ቅሬታታት ከስምዑ ጀሚሮም ስለ ዝነበሩ፡ ምስ'ዞም ላዕለዎት ንኽሰምዑ፡ ርክብ ምስ ኣመሓዳሪ ሓተቱ።

ኣብቲ ርክብ፡ ክልቲኦም እዞም ወገናት፡ ኤርትራ ናጽነታ ክሳብ እትረክብ መንግስቲ ብሪጣንያ ብመጉዚትነት ንኽትርከባ ድልውቲ ምዃናን ዘይምዃናን በቲ ኣመሓዳሪ ንኽሕበሮም ሓተቱ። እቲ ኣመሓዳሪ፡ መርገጺ ብሪጣንያ ብዛዕባ ኤርትራ ካብቲ ናይ ቀደሙ ፍጹም ከም ዘይተቐየረን ናይ መጉዚትነት ሓሳብ እውን ክትቅበል ድልውቲ ከም ዘይትኾውንን ገለጸሎም።[1] ኣብ ልዕሊ ሕቡእ ውጥናት ኢጣልያ ዝነበረ ተቓውሞ ትርር ዝበለ ስለ ዝነበረ፡ እዚ ኣብያ ናይ ብሪጣንያ፡ ብፍላይ ኣብ ልዕሊ'ቶም ዝጣርዑ ዝነበሩ ኣባላት ኤርትራ ንኤርትራውያን ብዙሕ ምውልዋል ኣስዓበ። ኣብ ምዕራባዊ ቀላታት እንተ ኾነ'ውን ጽልኣት ናይ ኢጣልያ ዝፈጠሮ ናይ ዘይምርግጋእ መንፈስ ኣብ ገለ ኣባላት ኣልራብጣ ይርአ ነይሩ ኢዩ።[2]

ነዚ ዝርአ ዝነበረ ሓዲሽ ዝንባለታት ንምህዳእ ኢዩ ዝኸውን፡ ሸኽ ኢብራሂም ሱልጣን ሓፈሻዊ ኣኼባ ናይ'ቲ ቐጽሪ ብምጽዋዕ፡ እቲ ምስ ኢጣልያ ዝገበር ዝነበረ ዝምድና ደገፍ ናይተን ኣብ ባይቶ ሕ.ሃ. ዓቢ ተራ ዝነበረን ደገፍቲ ኢጣልያ ዝኾና ሃገራት ላቲን ኣመሪካ ንምርካብ እምበር፡ ንኤርትራ ኣሕሊፍካ ንምሃብ ከም ዘይነበረ ዳግም ዘረጋገጹ። ንኢጣልያውያን ኣባላት እቲ ማሕበር እንተ ኾነ'ውን በዚ ምኽንያት ኢዩ ኣብቲ ዝፍጠር ናጻ መንግስቲ ክህልዎም ብዛዕባ ዝኽእል ተራን ዝሕለወሎም መሰላትን ብምዝርዛር ከም ዝተሃዳድኡ ዝገበሩዎም።[3]

---

1. FO 1015/187, Monthly Plitical Report - September, par. 962-963, 30 Septembet 1949.
2. እ.ጽ. 1፡ ሕ.ጽ. 964።
3. እ.ጽ. 1፡ ሕ.ጽ. 965።

ኣብ'ዚ ጊዜ'ዚ፡ ኣብ ልዕሊ ሸኽ ኢብራሂም ዝወርድ ዝነበረ ብርቱዕ ሕሜታን ወቐሳን ይቕጽል ነይሩ ኢዩ። ንሶም ግን፡ ብዘይካ'ቲ ቡብጊዚኡ ዘካይዱዎ ዝነበሩ ኣኼባታት፡ ንኻልእ ኣብ ውሽጢ ኤርትራ ዝካየድ ዝነበረ ምትእኽኻብን ምፍንጣሕ ናይ ዝተፈላለዩ ውልቀ ሰባትን ጉጅለታትን ይኹን ብሓፈሻ ነቲ ኣብ ልዕሊኦም ዝካየድ ዝነበረ ናይ ሕሹኽታ ዘመተ ዘቃልቡሉ ዝነበሩ ኣይመስሉን። ንመብዛሕትኡ ወርሒ መስከረም እምበኣር፡ ኣብ መገሻ ኢዮም ኣሕሊፎሞ። በዚ መሰረት፡ ብ3 መስከረም ናብ ካይሮ ብምጋሽ፡ ደገፍ ናይ ጃምዓ ኣልዓረቢያን (Arab League) ፓኪስታንን ንምርካብ ምስ ዝምልከቶም ሰበ ስልጣን ተመያየጡ። ካብ'ዚ መገሻ'ዚ ብ15 መስከረም ክምለሱ እንከለዉ፡ ብዘይካ ግብጺ ካልኦት ኣባላት ጃምዓ ኣልዓረቢያ ደገፎም ከም ዝገለጹሎም ኣፍለጡ። መሊሶም ብ19 መስከረም ኣቐዲሞም ብምብጋስ ሮማ ቀንዩ'ሞ፡ ብኡ ኣቢሎም ንለይክ ሳክሰስ ኣምረሑ። ኣብ ሮማ'ውን ምስ መንግስቲ ኢጣልያ ጥራይ ዘይኮነ፡ ምስ ደገፍቲ ኢጣልያ ዝኾኑ ወከልቲ ሃገራት ላቲን ኣብ ኢጣልያ ርክባት ኣካየዱ።[4]

ናይ ኢብራሂም ሱልጣን ናይ ፖለቲካ ክእለትን ርቀትን ኣብ'ዚ ጊዜ'ዚ ኢዩ ዝያዳ ዝተጋህደ። ሽሕ'ኳ ኣመሓደርቲ ኤርትራ "ካብ ትሕቲ ጽልዋን ገንዘብን ኢጣልያ ዘይወጽእ ኢዩ ...." እናበሉ ከም ኩሉ ኻልእ ሓማዩ ንሚዛን ሸኽ ኢብራሂም ከፋኽሱ እንተ ፈተኑ፡ ብፖለቲካዊ ጥበብን ትኩር መረዳእታ ፖለቲካ ናይቲ ግዜን ንዕኦም ዘርክብ ከም ዘይነበረ ክእመኑ ይግደዱ ነይሮም ኢዮም። ኣብ ሓደ ጸብጻብ ናይቲ ጊዜ፡ ነዚ ዝስዕብ ገምጋም ሸኽ ኢብራሂም ንረክብ፦

> ካብ ኩሎም'ዞም ናይ ውሽጢ ፖለቲከኛታት፡ ኢብራሂም ሱልጣን እቲ ኣዝዩ ዝረጠበ ምኳኑ ኣመስኪሩ ኣሎ ክብሃል ይከኣል። እቲ ኣብ ለይክ ሳክሰስ ዝውሃብ ውሳነ፡ በቲ ኣብዚ ዝርአ ዘሎ ትያትሮ ናይ ፖለቲካዊ ሰልፍታት ክጽሎ ከም ዘይኮነ ቀልጢፉ ተገንዚቡ ኣሎ። እቶም ካልኦት ነዚ ኣይተረድኡን። እቲ ኣገዳሲ ነገር፡ ሓገዝ ናይቶም ዝያዳ ዘገድሱ ሰባት፡ ማለት ድማ፡ ናይቶም ኣብ ባይቶ ሕ.ሃ. ዘድምጹ ሰባት ምኳኑ ስለ ዝፈለጠ ድማ፡ ንኹሉ ጸዓቱ ናብኦም ገጹ ብምቕናዕ፡ ነዚ ናይ ውሻጠ ቁየቛ ግዲ ኣይገብረሉን ዘሎ።[5]

ከምዚ ክብሉ ጸኒሖም እቶም ኣመሓደርቲ ጥውይ ኢሎም ንኢብራሂም ብውልቃውነት፡ ክሕደት፡ ተለዋዋጥነት .... እውን እናኸሰሱ፡ ነቲ ኢብራሂም ዝጣበቑሉ ዝነበሩ ዕላማን ኣረኣእያን፡ ማለት ንናጽነት ኤርትራ ግቡእ ሚዛኑ ካብ ምኽላእ ዓዲ ኣይወዓሉን። ብኣንጻሩ፡ ንኹሉ'ቲ ኣንጻር ቀ.ና.ኤ. ዝካየድ ዝነበረ ተቓውሞታት፡ ሰፍሓቱ ይኹን ሚዛኑ ብዘየገድስ፡ እናጋነንካ ምቕራብን ጸኒሕና ከም እንርእዮ ድማ ሓብሒብካ ነቲ ቐጽሪ ንምድኻም ምጽዓርን ስራሕና ኢሎም ሓዚዎ።

4. እ.ጽ. 1፡ ሕ.ጽ. 972።
5. እ.ጽ. 1፡ ሕ.ጽ. 973።

ነዚ ንኽገብሩ፡ ናይቲ ጊዜ ባህሪ ፖለቲካ ኤርትራ'ውን መገዲ ይኸፍተሎም ነይሩ ኢዩ። እተን ፖለቲካዊ ሰልፍታት ድሌትን ባህግን ኣብ ምግላጽ እምበር ኣብ ጥርናፈ ሓይልን ቀጻልነትን ኣይነበረንን። መራሕተን እንተ ኾኑ'ውን፡ ሙብዛሕትኦም ነቲ ዘዝሓዙዎ መትከል ኣነጺሮም ዝፈልጡን ብደረጃ መትከል ሰዓብቲ ክውድቡሉ ዝኽእሉን ኣይነበሩን። ከምቲ ጸኒሕና እንርእዮ፡ ካብ'ቶም ቀንዲ ጀመርትን መራሕትን ናይ'ቲ ናጽነታዊ ምንቅስቓስ፡ ኣብ'ዚ ወሳኒ ጊዜ ወለቕ-ዘለቕ ክብሉ ጀሚሮም ነይሮም ኢዮም። ጣልያን ጸሊእና ብምባል ጥራይ ምቕሊ ኤርትራ ክትቃወም ጸኒሕካ ኣብ መወዳእታኡ ምቕባሉ፡ ብዘይካ ዘይብሰለት ካልእ መግለጺ ክርከቦ የጸግም። ብተመሳሳሊ፡ ናጽነት ወይ ሞት ክትብል ጸኒሕካ፡ ብገለ ምኽንያት ሕብረት ምቕባል ብተመሳሳሊ ርትዓዊ ምኽንያት ክትረኽበሉ የጸግም። ኣብ'ዚ እዋን'ዚ ግን እዚ ተርእዮ'ዚ ንቡር ኮይኑ ነይሩ ኢዩ።

በዚ መሰረት፡ እቲ ኣብ ውሽጢ መስከረም ኣብ ምጽዋዕ ዝተራእየ፡ ኣቐዲምና'ውን ዝጠቐስናዮ፡ ምንቅስቓስ ተቐልቀለ። መራሒ ናይ'ቲ ምንቅስቓስ፡ ብላታ መሓመድ ዑመር ቃዲ ክኾኑ እንከለዉ፡ ካብ 1946 ኣቢሎም ጀሚሮም ምስ ኢትዮጵያ ንሕብረት ብውዕል ዝሓቱ ዝነበሩ ተሰማዕነት ዝነበሮም መራሒ ናይቲ ጊዜ ነበሩ።[6] እቲ ምንቅስቓስ መጀመርታ ብስም "ናጻ ኣልራቢጣ ኣልእስላሚያ" ክፍለጥ ጸኒሑ፡ ጸኒሑ ብርቱዕ ተቓውሞ ናይ'ቲ ቐንዲ ኣልራቢጣ ምስ ኣጓነፎ ግን ስሙ ናብ "ናጻ ኣልራቢጣ ኣልእስላሚያ - ክፍሊ ምጽዋዕ (ወይ ቀይሕ ባሕሪ)" ቀየሮ።[7] ኣብ ምጅማር መስከረም 1949 ኣብ ምጽዋዕ ኣብ ዝገበሮ ኣኼባ ድማ፡ ሕብረት ምስ ኢትዮጵያ ብቕድመ ኩነት ንኽሓትት፡ ልኡኻቱ ናብ ባይቶ ሕ.ሃ. ክልእኽ ድሉው ምንባሩ ኣፍለጠ። ገለ ካብቲ ምልክታኡ ዝበሎ ንጠቅስ፡-

> ... እዚ ዝኾነ ዘሎ ፖለቲካዊ ምንቅስቓስ፡ ማሕበር ኣልራቢጣ ኣልእስላሚያ ኣብ ክልተ ወገን ከም ዝገበራ ርኡይ ነገር ኮይኑ ኣሎ። እዚ ድማ፡ እቲ ሓደ ወገን፡ ነቲ ብጣልያን ዝተማህዘ 'ብሎኮ' ዚብሃል ምህዞ ዚሰዕብ ዕላማ ዚቃወም ኮይኑ ኣሎ። ምኽንያት ምቅዋምና፡ ኤርትራ ሃገርና ኣብቲ ቅድሚ ሕጂ ዝነበረ ግዝኣት ቅኒ ሃገር ስለ ኸይትምለስ፡ እቲ እንግሊዝ ሞግዚት ኮይኑ ኣብ ትሕቲ ሕቡራት መንግስታት ብርእስና ክንሓድር ዚብል ዝነበረ ዕላማ ማሕበር ራቢጣ ስለ ዝፈረሰ ኢዩ። ምእንት'ዚ፡ ነቲ ምስ ኢትዮጵያ ብመሬትን ብጥቕምን ዘሎና ርክብ ብምስትውዓል፡ እቲ ዚሓይሽ ሕብረት ምስ ኢትዮጵያ ምዃኑ ፈሊጥና፡ ሕብረት ኤርትራ ምስ ኢትዮጵያ ንሓትት ኣሎና። እዚ

6. መሓመድ ዑመር ቃዲ፡ ብ1909 ኣብ ምጽዋዕ ተወሊዶም ኣብኡ ተማሂሩ። ክሳብ 1940'ታት ኣብ ሓደ ናይ ስጋ ምዕሻግ ፋብሪካ በዓል ብርኪ ብምዃን ኣብ ኢንዱስትሪያዊ ምዕባለ ኤርትራ እጃሞም ኣበርኪቶም። ብ1941፡ ሓደ ካብ ቀንዲ መስረትቲ ማሕበር ፍቕሪ ሃገር ኮኑ። ዑመር ቃዲ ቀንዲ ተጣባቒ ናይ'ቲ "ሕብረት ምስ ኢትዮጵያ ብውዕል" ዝብል መትከል ብምዃኑ ካብ ወደብቲ ናይ'ቲ ብ1946 ዝፈሸለ ዋዕላ ቤት ጊርጊስ ነበሩ። ብ1949፡ ካብ ኩለን ፖለቲካዊ ማሕበራት ብምፍላይ ናጻ ኣልራቢጣ ኣልእስላሚያ ዝበሃል ንፈደረሽን ዝጣበቕ ማሕበር መስረቱ። ነቲ መትከል'ቲ ዘማጉት "L' Unite" ዝበሃል ጋዜጣ'ውን ሓተሙ። Chie dell' Eritrea?, p. 209. ኣብ እዋን ፈደረሽን፡ ዑመር ቃዲ መሰላት ኤርትራ ንኸይግሃስ ሰፊሕ ጻዕሪ ኣካየዱ። ከም ተሪሪ ተቓዋሚ መንግስቲ ኢትዮጵያ ይረኣዩ ስለዝነበሩ ድማ ኣብ ትሕቲ ስርዓት ሃይለስላሰ ብዙሕ ጊዜ ተኣሲሮን ተሳቒዮን።

7. እ.ጽ. 1፡ ሕ.ጽ. 966።

ኣይንፈላለ

ብላታ ዑመር ቃዲ

ክኸውን ከሎ፡ እቲ ሕብረት ... ኣብ ትኽክለኛ ግድነትን መሰልን ዝተመስረተ ኪኸውን፡ እዚ ሓሳብ እዚ ኣብ ሕቡራን መንግስታት ኪቐርብ ወሲንና ኣሎና።[8]

ብሓጺሩ፡ ዑመር ቃዲ ነቲ ናይ ቤት ጌርጊስ ሓሳብ ኢዮም ዘደግሙ ዝነበሩ። እቲ ማሕበሮም፡ ከም ኩሎም ካልኦት፡ ኣባልነቱ ብምግናን 60,000 ኣለዉኒ'ኳ እንተ በለ፡ ክንድ'ቲ ብዝሒ ሰዓብትስ ኣይነበሮን። ከም ፍጻመ ግን፡ ኣብ ውሽጢ ኣልራቢጣ ኣንፈት ፍልልይን ምግምማዕን ስለ ዘርኣየ፡ ንሓይሊ ናይ'ቲ ቑጽሪ ዘርብሕስ ኣይነበረን። መሓመድ ዑመር ቃዲ ዝኣኽሉ ብደረጃ ሃገር ዝፍለጡ ዝነበሩ መራሒ ኣብ ጕድኒ ማሕበር ሕብረት ናብ ለይክ ሳክሰስ ክቐርቡ ኸኣ፡ ንሕብረት ጽቡቕ ወደቓ ኢዩ ዝነበረ'ሞ፡ ምስ ኩሉ'ቲ ናይ "ብውዕል" ቅድመ ኩነቱ፡ ማሕበር ሕብረት ተቐበሎም።

ራብዓይ መጋባእያ ባይቶ ሕ.ሃ. ብ20 መስከረም 1949፡ ኣብ ለይክ ሳክሰስ ክኽፈት እንከሎ፡ ኩለን ማሕበራት ወከልተን ንኽሰዳ ተሸባሸባ። ኩሉ ኣቓልቦ ኣብ'ቲ መጋባእያን ብዛዕባ ኤርትራ ክህቦ ዝኽእል ውሳነን ስለ ዝነበረ፡ ክሳብ'ቲ ዕለት'ቲ፡ ግብረ ሸበራ ይኹን ናይ ጽሕፈትን ኣፍን ፕሮፖጋንዳ ቍሩብ ዝሕል ዝበለ ኢዩ መሲሉ ነይሩ። ሸፋቱ ንኢጣልያውያን ምዝራፍን ምህራምን'ኳ እንተ ዘይገደፉ፡ ኣብ መስከረም ግን ቅትለት ኣይተራእየን። መብዛሕትኡ'ቲ ራዕድን ሸበራን ግን ብደቂ ሞሳዝጊ ይግበር ከም ዝነበረ ሓበሬታ ይመጽእ ነይሩ ኢዩ።[9] ናይ ጽሑፍ ፕሮፖጋንዳ፡ ብፍላይ ድማ ኣንጻር ኢብራሂም ሱልጣንን ወልደኣብ

8. "ኢትዮጵያ" - 3ይ ዓመት ቍ. 127፡ 15 መስከረም 1949።
9. እ.ጽ. 1፡ ሕ.ጽ. 969-970።

ወልደማርያምን ድሕሪ ምኽፉት እቲ ዋዕላን ምድላው ወከልቲ ቀ.ና.ኤ. ናብ ኣመሪካ ምስ ተጀመረን ኢ.ዩ ክረሳሰን ዝተራእየ። ብኻልእ መዳያት ግን ህድእ ዝበለ ወርሒ መስከረም ሓለፈ።

ኣቐዲምና፡ ሸኽ ኢብራሂም ናብ ለይክ ሳክሰስ ንምብጋስ ብ19 መስከረም ሮማ ከም ዝተራእዩ ጠቒስና ኔርና። እቶም ዝተረፉ ልኡኻት ቀጽሪ ናጽነት ኣብ መወዳእታ መስከረም ንኽርክቡዎም ካብ ኣስመራ ተበገሱ።[10] ቍሩብ መዓልታት ድሕሪ እዚኦም፡ ማለት ብ2 ጥቅምቲ ድማ፡ ወከልቲ ማሕበር ሕብረት እውን ሰዓቡዎም።[11]

ክትዕ ኣብ ራብዓይ መጋባእያ ባይቶ ሕ.ሃ.

ከምቲ ዝቐደመ ሕጂ'ውን ጉዳይ ኤርትራ ናብቲ ብ20 መስከረም 1949 ክጋባእ ዝጀመረ ባይቶ ሕ.ሃ. ቀረበ። ክሳብ ናብቲ ብቐጥታ ዝምልከቶ ቀዳማይ ኮሚቲ ናይ'ቲ ባይቶ ዝመሓላለፍ ድማ፡ ኣብ መጋባእያ ሓፈሻዊ ባይቶ ክትዕ ተኻየደሉ። ዝበዝሕ እቲ ኽትዕ፡ ድግማ ናይ ኩሉ'ቲ ኣብ ሳልሳይ መጋባእያ ባይቶ ሕ.ሃ. ዝተሰምዐ ነበረ።

መንግስቲ ኢትዮጵያ ብዛዕባ ጉዳይ ግዝኣታት ኢጣልያ-ነበር ኣዝዩ ቅልጡፍ ውሳነ ክውሃብ ሓተተት። ከም ፓኪስታን ዝመሰላ ሃገራት፡ ቅድሚ ናብ ዝኾነ ውሳነ ምትያይ፡ ድሌት ናይ'ቲ ዝምልከቶ ህዝብታት ክስማዕ ጸውዓ። ካልእ ፋሕ ዝበለ ርእይቶታት'ውን ቀረበ'ሞ፡ እቲ ጉዳይ ከም ቀደሙ ኣብ ዕጹው ማዕጾ ዝበጽሕ ብዘምስል ኣንፈት ተበገሰ። እዚ ርሑቕ ከይከደ ግን፡ ዲን ኣቸሰን ዝተባህለ ሚኒስተር ጉዳያት ወጻኢ ኣመሪካ፡ ሊብያ ከይተመቓቐለት ከም ናጻ ሃገር ደው ክትብልን እዚ ድማ ድሕሪ ናይ ሰለስተ ወይ ኣርባዕተ ናይ ምድላው ዓመታት ክፍጸምን ኣመመ።[12]

እዚ እማመ'ዚ፡ ኣብ'ቲ ጉዳይ ብሓፈሻ ሓደ ሓዲሽ ረቛሒ ኣተኣታተወ። ዛጊት፡ እቲ ባይቶ ንጉዳይ ኩለን እተን ግዝኣታት-ነበር ከም ሓደ ጥማር ኢ.ዩ ክርእዮ ዝጸንሐ። ድሕሪ'ዚ ደገፍ ብዙሓት ሃገራት ዝረኸበ ሓሳባት ኣመሪካ ግን፡ ጉዳይ ናይ ነፍሲ ወከፍ ሃገር ተፈልዩ ቡብናቱ ጠባይን ምዕባለን ክግምገም ጀመረ።

10. ብስም ቀጽሪ ናጽነት ዝተበገሱ፡ ወከልቲ ትሸዓተ ማሕበራት ነበሩ። እዚኣቶም፡ (1) ብስም ኣልራቢጣ ኣልእስላሚያ፡ - ኢብራሂም ሱልጣን፡ ያሲን ባጡቕ፡ ዓሊ. መሓመድ ሙሳ፡ ሱሌማን ኣሕመድ፣ (2) ብስም ማሕበር ናጻ ኤርትራ፡ - ዓብደልጀሊል መሓመድ ሸኽ፡ ፊተ. ወልደሰላሰ ተሰማ፣ (3) ብስም ወተሃደራት-ነበር፡- ፊታ. ዓሊ. ኢብራሂም፡ (4) ብስም ሕዝብ ኣልወጠን፡- ኣሕመድ ዓብደልቃድር፣(5) ብስም ማሕበር ሓዳስ ኤርትራ፡- ግራ. ገብረሚካኤል በራኺ፣ (6) ብስም ማሕበር ምሁራት፡- ወልደኣብ ወልደማርያም፣ (7) ብስም ኤርትራ ንኤርትራውያን፡- ኣስበሮም ወልደጊዮርጊስ፡ (8) ብስም ኢጣሎ-ኤርትራውያን፡- ፊሊፖ ካሻኒ፡ ሚከለ ፖሌራ፣ (9) ብስም ቤት ምኽሪ ንግዲ፡- ኣሾካቶ ሽርቸሊኒ፡ ነበሩ። ሰ.ጋ. 8/369፡ 29 መስከረም 1949።

11. ወከልቲ ማሕበር ሕብረት እዞም ዝስዕቡ ነበሩ፦ ደግያት በየነ በራኺ፡ ተድላ ባይሩ፡ ፊታ. ያሲን ግሩነይ፡ ዶክ. ገብረኢየሱስ ሃይሉ፡ ብላታ መሓመድ ዑመር ቃዲ፡ ኣባ ሃይለማርያም ንጉሩ፡ ያሲን መሓመድ ጉሕማድ፡ ኢድሪስ ዑመር ኬኪያ። ሰ.ጋ. 8/370፡ 6 ጥቅምቲ 1949.

12. Amare Tekle, The Creation of Ethio-Eritrean Federation, p. 253.

በዚ ኣንፈት'ዚ፡ እቲ ጉዳይ ብሓፈሻ ናብ ቀዳማይ ኮሚቲ ሓለፈ'ሞ እቲ ኮሚቲ ብወገኑ ድማ ሓደ ንርእይቶ ዝተፈላለያ ማሕበራትን ወከልትን እተን ሃገራት ዝሰምዕ ንኡስ ኮሚቲ ኣቘመ። ብውሳነ ናይ'ዚ ንኡስ-ኮሚቲ 16 ዝተሰየመ፡ ኣርባዕተ ኤርትራውያን ፖለቲካዊ ማሕበራት ወይ ሰልፍታት፡ ማለት ድማ ቀ.ና.ኤ.፡ ማሕበር ሕብረት፡ ናጻ ኣልራቢጣ ኣል እስላሚያን ክ.ሪ.የ.ን ርእይቶታተን ንቐዳማይ ኮሚቲ ከቕርባ ተዓደማ።[13]

ኣቶ ወልደኣብ ወልደማርያም፡ ከም ኣባል ቀ.ና.ኤ.፡ ሰልፎም ወኪሎም ኣብኡ ተረኺቦም ነይሮም። ነፍሰ ወከፍ ወኪል፡ እንተ ነውሐ ዓሰርተ ሓሙሽተ ደቒቕ ኢዩ ክዛረብን ሕቶታት ክምልስን ዝፍቀደሉ ዝነበረ።[14] ሙብዛሕትኡ እቲ ስራሕ ግን፡ ወጻኢ ካብቲ ኣኼባ፡ ኣብ ኮሪደዮታት ናይቲ መጋባእያ፡ ብውልቃዊ ልዝብ ይሰላሰል ከም ዝነበረ ይዝክሩ። በዚ መሰረት፡ ፈለማ ናብ ቀዳማይ ኮሚቲ ዝቐረበ፡ ብሰም ቀ.ና.ኤ. ሸኽ ኢብራሂም ነበሩ። ሓያል ጥርዓን ድማ ኣሰሙዑ። ናጽነት፡ ድሌት ናይ'ዚ ኣዝዩ ዝበዝሐ ህዝቢ ኤርትራ ከም ዝነበረ ብጭቡጥ (de facto) ንዝተረጋገጸ ጉዳይ ሕጋዊ (de jure) ልብሲ ንኸልብሱዎ ንኣባላት እቲ ኮሚቲ ሓተቱ። ከም ወትሩ፡ ንምቕሊ ኤርትራ ይኹን ንምሕዋስ ምስ ኢትዮጵያ ብምንጻግ ድማ፡ ብዛዕባ ፖለቲካዊ ሓድነት ኤርትራን ፍሉይነት ናይ'ታ ሃገር ካብ ኢትዮጵያን ኣስፊሖም ኣብርሁ።

ኢብራሂም ሱልጣን፡ ኢትዮጵያ ኤትኒካዊ ይኹን ሃይማኖታዊ ፍልልያት ዘይትጻወርን ኣድልዎ እትገብርን፡ ንርእሳ ድኻን ብድኹም ስርዓተ ምምሕዳር እትፍለጥን ስለ ዝኾነት፡ ንኤርትራ ንምምሕዳር ዘይትበቅዕ ሃገር ኢያ ክብሉ ምጉቶም ኣሰሙዑ። በዚ ዝሰዕብ ቃላት ድማ ዘረባኦም ደምደሙ፡-

> "ኢትዮጵያ ንኸም ኤርትራ ዝመሰለት ብስልጣኔ ከም እትበልጻ ዘይተጠራጥር ሃገር ንምምሕዳር ዘብቅዕ ደረጃ ምዕባለ ኣይበጽሐትን ዘላ። .... ህዝቢ ኤርትራ፡ ንሃገሮም ብምልእታ ይኹን ብኸፊል ብባዕዲ ከግዝእ ንዝህቅን ዝኾነ ፈተነ ይነጽጉ። ኤርትራውያን ፖለቲካዊ ነጻነት ከውሁብ ዝኸእል ቅድመ ኩነታት የማልኡ ኢዮም። ብፍላይ ድማ፡ ዝኾነ መግዛእታዊ ስግኣት፡ ኤውሮጳዊ ይኹን ኢትዮጵያዊ ኣብ ልዕሊኦም ንኸይጽዓን ሓቲቶም ኣለዉ።[15]

ናይ ክ.ሪ.የ. ወኪል'ውን ብዘይካ ናጽነት፡ ካልእ ፍታሕ ኣንጻር ርትዕን ድሌት ህዝቢ ኤርትራን ምዃኑ ምስ ኣገንዘበ፡ ወካሊ ሕብረት፡ ኣቶ ተድላ ባይሩ ኣብ ቅድሚ'ቲ ኮሚቲ ቀረበ። ዛጊት መንግስቲ ኢትዮጵያ ደኣሉ ካብ ቅድሚ በቪን-ስፎርዛ ኣትሒዙ ውሽጠ ውሽጢ ምቕሊ ኤርትራ ዝቕበል ዝነበረ'ምበር፡ ማሕበር ሕብረትስ ነዚ ሓሳብ'ዚ ይቕበሎ ኣይነበረን። ኣብዚ ኻልኣይ እግሩ ንለይክ ሳክሰሰ ኣብ ዝተበገሰሉ'ውን ናይ'ዚ ኣንፈት ኣይነበሮን። ልኡኽ ሕብረት ኒው ዮርክ ምስ በጽሐ ግን፡ ይብሉ ኣቶ ወልደኣብ፡ በዓል ኣክሊሉ ሃብተወልድ ኣብ መዓርፎ ነፈርቲ

13. Ibid, p. 255.
14. ወልደኣብ ወልደማርያም፡ ቃለ መጠይቕ፡ ዓሪርብ 1987።
15. እ.ጽ. 12፡ ገጽ 256-257።

ተቐበሉዎ'ሞ፣ ነቲ ሐዙዎ ዝመጸ ጠለብ ናይ ሕብረት መላእ ኤርትራ ቀዩሩ፣ ምቕሊ ኤርትራ እንተ ተወሲነ'ውን ተቓውሞ ከም ዘይህልዎ ንኽገልጽ ወሰኑሉ። እቲ ሓሳብ ሓዲሽን እቶም ወከልቲ ሕብረት ዘይተቐረቡሉን ነበረ። ከምኡ ክንዲ ዝኾነ፣ ፕረሲደንት ማሕበር ሕብረት ዝነበሩ ደግያት በየነ በራኺ፣ ብሰንባደ ወይ ብጓሂ፣ ሰሙን ከም ዝሓመሙ ኣቶ ወልደኣብ ብተወሳኺ ይገልጹ።[16]

ወካሊ ሕብረት ተድላ ባይሩ እምበኣር ነዚ መምርሒ ሐዚዎም ኢዮም ናብ'ቲ ቀዳማይ ጉባኤ ዝቐረቡ። ነቲ ልሙድ ናይ ታሪኻዊ፣ ቊጠባውን ባህላውን ምትእስሳር ኤርትራ ምስ ኢትዮጵያ ምስ ደገሙ ድማ፣ ኣብ ኤርትራ ምስ ኢትዮጵያ ክሰምሩ ዘይደልዩ ወገናት ምስ ዝህልዉ፣ ማሕበሮም ግድን እንተ ዘይሰመሩ ኩብል ከም ዘይኮነ ኣብርሁ። እዚ መቸም፣ ንምዕራባዊ ቀላታት ፍሉይ ፍታሕ ይገበር ክበሃል እንተኾይኑ ማሕበር ሕብረት ተቓውሞ ከም ዘይህብ፣ ብኻልእ ኣዘራርባ፣ ኤርትራ ንኽትምቀል ምሰምማዕ ኢዩ ነይሩ። ብኣንጻር ናይ'ዚ፣ ናጽነት ኤርትራ ምስ ዝውሰን፣ "ህዝቢ ማእከላይ ከበሳ ኣብ ስርዓት ቀ.ና.ኤ. ክቕረን ኢዩ ማለት ኢዩ" ብምባል፣ እዚ ዳሕረዋይ፣ ማለት ከበሳ ናጻ ናይ ምኻን ድሌት ከም ዘይነበሮ ኣረድኡ። ብኻልእ ኣዘራርባ፣ ማሕበሮም፣ ነቲ ኣቐዲሙ ዝተነጸረ ውዕል በቪን-ስፎርሳ ከም ዝድግፍ ኣፍለጡ። እዚ ማለት ግን፣ ማሕበሮም ኣብ ልዕሊ ምዕራባዊ ቀላታት ንዝነበሮ ጠለብ ይውንዘፎ እምበር ፈጺሙ ይስርዞ ከም ዘይነበረ ክፍለጠሎም ተማሕጸኑ።[17]

ብድሕሪ'ዚ ኢዩ ኣብቲ ኮሚቲ ክትዕ ዝተጀመረ፣ ናይ ሊብያ ጉዳይ ናብ ምሉእ ናጽነት ገጹ ኣዘንበለ። ሶማልያ'ውን ብመጉዚትነት ኢጣልያ ጸኒሓ ናጻ ትኹን ዝብል ኣንፈት ሓዘ። ጉዳይ ኤርትራ ኣከራኸረ። ከምቲ ኣብ ሳልሳይ መጋባእያ ዝተራእየ፣ ኣብ'ዚ እውን ዝተፈላለየ ኣረኣእያታትን ረብሓታትን ስለ ዝተጋጨዉ፣ ቅልጡፍን ስሙርን ፍታሕ ክርከብ ከም ዘይኮነ እናበርሀ ኸደ።

ወኪል ፈረንሳ ንኣብነት፣ ፍታሕ ጉዳይ ኤርትራ፣ ድሌት ህዝባን ረብሓታት ኢጣልያን ኢትዮጵያን ብዘዕግብ ኣገባብ'ምበር ውጥናትን ፕሮግራማትን ብምንዳፍ ክፍታሕ ከም ዘይነበሮ ብምሕባር፣ ፍንው ዝበለ ርእይቶ ጥራይ ኣቕረበ። ብሪጣንያ ሕጂ'ውን ነቲ ናይ በቪን-ስፎርዛ ሓሳባታ ደገመት። ወኪላ፣ ነቲ ደጋጊሙ ዝሕየኽ፣ "ኤርትራ ሓንቲ ኣካል ኣይኮነትን" ዝብል ሰረተ ሓሳቡ ካልእ የእምን ኢዩ ዝበሎ ቓላት ወሰኸሉ። "ኤርትራ፣ ውጽኢት ናይ ኦርጋኒካዊ ፖለቲካዊ ዕብየት - organic political growth - ዘይኮነትስ፣ ቅርሲ ናይ ገዳይም ንግዳዊ ትካላት ኢያ፣" ብምባል ከም እኽብኩብ ናይ ፋሕ ዝበሉ ነገዳትን ሃይማኖታትን ኣቕረባ።[18] እዚ ጠባያት'ዚ፣ ኣብ ኩለን ሽዑ ዝቖማ ዝነበራ ሃገራት ኣፍሪቃ ዝርከብ ናይ ሓባር ረቛሒ ምንባሩ ንብሪጣንያ ስዉር ከም ዘይነበረ ክካትዕ ኣይክእልን። ነዚ ምጉት'ዚ ከም ሓያል መርትዖኣ ምቕራብ ግን ቀጸለት።

16. ወልደኣብ ወልደማርያም፣ ቃለ መጠይቕ፣ ዓራርብ 1987።
17. እ.ጽ. 12፣ ገጽ 257-258።
18. እ.ጽ. 12፣ ገጽ 261።

ናይ ሊብያ ጉዳይ ዳርጋ ውዱእ እናኾነ ይኸይድ ስለ ዝነበረ፡ እቲ ንትሪፖሊታንያ ክረክብ'የ ዝብል፡ ስምምዕ በቪን-ስፎርሳ ኣለዓዒሉዎ ዝነበረ ተስፋ ኢጣልያ ድሮ በኒኑ ነይሩ ኢዩ። ሓደ ካብቲ ቅጽበታዊ ናጽነት ኤርትራ ዘሕተታ ምኽንያታት እውን እዚ ነበረ።[19] ሕብረት ሶቨየት፡ ገና ዴሳዊ ሰልፊ ኢጣልያ ኣብ ምርጫታት ይዕወት ይኸውን ኢዩ ኢላ ካብ ምሕሳብን ኣንጻር ብሪጣንያን ኣመሪካን'ውን ደው ንምባልን፡ ኣብቲ ኮሚቲ ቀጥታዊ ናጽነት ኤርትራ ጠለበት። ክሳብ'ዚ ራብዓይ መጋባእያ ዝዕጾ፡ ሕብረት ሶቨየት ነዚ መርገጺኣ'ዚ መሰረታዊ ምቅይያራት ኣይገበረትሉን። ናይ መወዳእታ እማመኣ'ውን ናጽነት ኤርትራ ድሕሪ ናይ ሓሙሽተ ዓመት ቀጥታዊ መጉዚትነት ሕቡራት ሃገራት ዝብል ኢዩ ዝነበረ። እዚ ዘሰዓቦ ጽልዋ'ውን ጸኒሕና ክንርኢ ኢና።

ከምዚ ዝመሰለ ኣዝዩ ኣሰሓሓቢ መርገጻት ንኢትዮጵያ ዝጥዕም ኣይነበረን። ኣክሊሉ ሃብተወልድ ነቲ ናይ ታሪኽን ቊጠባዊ ምትእስሳርን ኤርትራን ኢትዮጵያን ብዘይ ምስልካይ ደጋገመ። ንቀ.ና.ኤ. ከም ሓደ ንውልቃዊ ረብሓታት መራሕቱ ዝቒመ ምትእኽኻብ ብምቕራብ፡ ሚዛን ክኸልኦ ጸዓረ። እቲ "ድሌትን ትጽቢትን ህዝቢ ኤርትራ ንምፍላጥ መርማሪት ኮሚሽን ምስዳድ" ዝብል በዓል ፓኪስታን

ዛፍሩላህ ካን

19. እ.ጸ. ገጽ 264-265 ርአ። ኣብ ቀዳማይ ኮሚቲ፡ ኮንተ ካርሎ ስፎርሳ፡ ናብ ስምምዕ በቪን-ስፎርሳ ዝኣተወ፡ ምስ ብሪጣንያ ምዉቕ ዝምድና ንኽፈጥር እምበር፡ ነቲ ኣብ ልዕሊ ኤርትራ ዝጸዓን ዝነበረ ዘይፍትሓዊ እማመ ስለ ዝኣመነሉ ከም ዘይነበረ ኣምሪሩ ገሊጹ ኢዩ።

ብላቴንጌታ ኤፍረም ተወልደመድህን

ዝደፍኣሉ ዝነበራ ሓሳብ ተሰማዕነት እናረኸበ ይኸይድ ስለ ዝነበረ፡ ኣክሊሉን ሰዓብቱን ነቲ ውጥን በሺን-ስፎርሳ ንኢትዮጵያ ዝሃባ ክፋል ኤርትራ'ውን ከየጥፍኡ ሰግኡ። ስለዚ ኣክሊሉ፡ ብውሑዱ ከበሳታትን ገማግም ቀይሕ ባሕርን ጥራይ ብቐጥታ ንኢትዮጵያ ክውሃብ ብምእማም፡ ምቕሊ ኤርትራ ከም ዝቕበል ኣብቲ ኮሚቲ ኣፍለጠ። ንሕ.መ. ኣመሪካ፡ ብሪጣንያን ፈረንሳን ፈልዩ ድማ ብመርገጺታተን ኣመስገነን።[20]

ከም ብሪጣንያ፡ ኢትዮጵያ'ውን ንኤርትራ ከም ነፍሳ ዘይትኸእል፡ ብቑጠባ ኣዝያ ዝደኸመት ሃገር ኢያ ተቕርባ ዝነበረት። ወካሊ ፓኪስታን ዛፍሩላህ ካን፡ ንምጕት ናይ ክልቲአን'ዘን ሃገራት በድሆን ብኸምዚ ዝስዕብ ከአ ኣናሸዎን፡-

> ... ወካሊ ብሪጣንያ ነዚ (ቍጠባዊ) ረቛሒታት ክሳብ ክንድ'ዚ ካብ ጸቐጠሉ፡ ናይ'ዘን ክልተ ሃገራት ምጽንባርስ ንናጽነት ኢትዮጵያኸ ኣብ መዋጥር ኣየእትዎንዶ ዝብል ሕቶ የለዓዕል። ካብ'ዚ ኣገላልጻኹም መቸም ኤርትራ ተስፋ ዘይብላ ዑና ኢያ። ንኢትዮጵያ፡ ከምዚኣ እትመስል ከባድ ጽዕነት ተሰከሚ ምባልክ ዘይፍትሓዊዶ ኣይከውንን፧[21]

20. እ.ጽ. ገጽ 263-264። ካብ ኣክሊሉ ብዝያዳ ነዚ ብትሪ ዝገለጹ፡ ምኽትሉ ኮይኖም ኣባል'ቲ ልኡኽ ዝነበሩ ኤርትራዊ ብላቴን ጌታ ኤፍሬም ተወልደመድህን ነበሩ። ነቲ ኮሚቲ ኣብ ዘቕረቡዎ መደረ ድማ ከምዚ በሉ፦"ሓደ ፈጺሙ ዘይተኸሓደ ነገር፡ ድሌት ኣዝዩ ዝበዝሐ ህዝቢ ማእከላይ ከበሳ ኤርትራ ናብ ኢትዮጵያ ክምለስ ምዃኑ ኢዩ። ... ሽሕ'ኳ ኢትዮጵያ ንምምላስ መላእ ኤርትራ ክትሓትት ፍትሓዊ እንተ ኾነ፡ ኣብ ምዕራባዊ ቆላ ካብ ዘሎ እስማላዊ ህዝቢ እቲ ዝበዝሐ ምጽንባር ምስ ኢትዮጵያ ኣይደልን ኢዩ ምስ ተባህለ፡ ነዚ (ንምዕራባዊ ቆላ ዝምልከት) ጠለባ ስሒባቶ ኢያ።"

21. እ.ጽ. 12፡ ገጽ 267።

ዛፍሩላህ ካን የባጨ፡ ኢዩ ነይሩ እምበር፡ እቲ ሓቀኛ ርእይቶኡስ ንሓንቲ ንእሽቶ ሃገር፡ ጥቓኣ ብእትርኩብ ዓባይ ሃገር ትዋሓጥ ዝብል ስረተ እምነት ሓደገኛ ምዃኑ ብምምልካት፡ ግድን ድሌት ህዝቢ ይመርመር'ሞ ድሕሪኡ ውሳነ ይወሰድ በሃላይ ኢዩ ዝነበረ።[22]

ሰሙናት እናሓለፈን እቲ ጉዳይ እናተሓላለኸን ብዝኸደ፡ ጉዳይ ኤርትራ በቲ ኢትዮጵያ እትደልዮ ዝነበረት መገዲ ክውዳእ ከም ዘይኮነ እናበርሀ ከደ'ሞ፡ ወከልታ'ውን ብርኡይ ተሻቐሉ። ሓደ ኻብቲ ሽዑ ይኹን ኣብ ዝኾነ ካልእ ጊዜ ጸገም ክንገፎም እንክሎ ኣብ ኣህጉራዊ መድረኽ ዝጥቀሙላ ስልቲ መቸም፡ ሕልና ምዕራባውያን ሃገራት ምትንካፍ ኢያ። "ፋሽስት ኢጣልያ ክትወርረና እንከላ ኣጽቂጥኩም፡ ሕጂ ኸኣ ትደገሙና ኣሎ'ኹም..." ዘሰምዕ ወቐሳ ኣብ'ቲ ኮሚቲ ኣሰመዐ። ኤርትራ ናጻ ተባሂላ፡ ኢጣልያ ድማ ናብ ሶማልያ ምስ እትምለስ፡ በሉ ብላቴንጌታ ኤፍሬም ኣብ ሓደ ካብ መደረታቶም፡-

> .... ኢትዮጵያ፡ ካብ'ቲ ብኢድ ሕብረት ሃገራት (League of nations) ዝተፈደየቶ ዝዓበ በደል ብውድብ ሕ.ሃ. ክትፍደ ኢያ ማለት ኢዩ። ድሕሪ'ዚ ኹሉ ዘሕለፈቶ ስቓይ፡ ከምቲ ኣብ ሕብረት ሃገራት ዝተገበረ፡ ኢጣልያ መታን ክትተሃዳዳእ ተባሂሉ ኢትዮጵያ ኣብ ታቦት ሕቡራት ሃገራት ነፍሳ ንመሰዋእቲ ኣሕሊፉ ክትህብ ኣይኮነትን። ካብ ሕቡራት ሃገራት ፍትሒ ክርከብ ይኽእል ኢዩ ዝብል ተስፋ ነጺጋ ድማ፡ ቻርተርሕቡራት ሃገራት ብዝፈቐዶ መሰረት፡ ንሕጋዊ ነፍሰ ምክልኻል ዘድሊ ኹሉ ስጉምትታት ክትወስድ ኢያ።[23]

ልማኖን ፈኸራን ኢዩ ነይሩ። ቅጽበታዊ ፍረ ግን ኣየምጽአን። ምትሕልላኽ ምስ በዝሐ እምበኣር ነቲ ብዛዕባ ኩለን'ተን ግዝኣታት ነበር ዝቐርብ ዝነበረ ሓሳባትን እማመታትን እትጥርንፍ ሓዳስ ንኡስ ኮሚቲ 17 ተመርጸት።[24] ኣብ'ዛ ንኡስ-ኮሚቲ፡ ሳላ ዓብላሊ ብዝሖን ዝያዳ ተሰማዕነት ዝነበረን ሃገራት ላቲን ኣመሪካ ነበራ። ካብ ኩሉ'ቲ ሕቶታት፡ እቲ ቐልጢፉን ብዘይ ብዙሕ ክርክርን ዝጸደቐ፡ እቲ ናይ ፈረንሳ፡ ኢጣልያን ሃገራት ላቲንን ደገፍ ዝረኸበ እማመ ምሉእ ናጽነት ንስምርቲ ሊብያ ኾነ።[25] ቀጺሉ ዝቐረበ፡ ጉዳይ ሶማልያ'ኳ እንተ ነበረ፡ ኢትዮጵያ መጀመርታ ናይ ኤርትራ ጉዳይ ንረብሓኣ ክውሰን ስለ ዝደለየት፡ ንሱ ቅድም ክቐርብ ብላይበርያ ተደጊፋ ኣትሪራ ተማጕተት። ሶማልያ ብመጕዚትነት ናብ ኢጣልያ ክትውሃብ ምዃና ዳርጋ ከም ውዱእ ኢዩ ተወሲዱ ዝነበረ። ኢትዮጵያ፡ ከምኡ ክኸውን እንተ ኾይኑ፡ "ናይ ኤርትራ ውሕስነት ይገበረለይ እምበር ብኽልተ ጕድነይ ኣብ ስግኣት ክወድቕ ኣይኮንኩን...." ዝብል ክትዕ ከኣ ኢያ ተቕርብ ዝነበረት። እዚ ግን ኣይቀንዓን፡ ደገፍ ሃገራት ላቲን ስለ

22. እ.ጽ. 12፡ ገጽ 267-268።
23. እ.ጽ. 12፡ ገጽ 270።
24. ንኤርትራ ብዝምልከት ጥራይ ማዕረ 12 እማመታት ኢዩ ቀሪቡ ዝነበረ። (እ.ጽ. 12፡ ገጽ 146፡ ገጽ 271)
25. Spencer, p. 215.

ዘይረኸበ።[26] ሃገራት ላቲን ጥራይ ዘይኮና፡ ሕ.መ. ኣመሪካ እውን ኣብ ጉዳይ ሶማልያ ደጋፊት ኢጣልያ ስለ ዝነበረት፡ እዚ'ውን ውዱእ እናኾነ ከደ።

በዚ እምበኣር፡ ኤርትራ ጥራይ ጸገም ፈጠረት። ኩሉ'ቲ ብዛዕባኣ ቀሪቡ ዝነበረ እማመታት፡ ካብ ምሉእ ናጽነት፡ ምጽንባር ናብ ኢትዮጵያ፡ ምቕልን ቀጥታዊ መጕዚትነት ው.ሕ.ሃ.ን ዝወጽእ ኣይነበረን። ኣብ ወርሒ ጥቅምቲ ግን ወኪል ሕ.መ. ኣመሪካ ፊሊፕ ጀሰፕ ሓደ ናይ ፈደረሽን ሓሳብ ኣቕረበ። ብዝርዝር ክርአ እንከሎ፡ እዚ ሓሳብ'ዚ ኤርትራ ኣብ ትሕቲ ንጉስ ነገስታዊ ዘውዲ ኢትዮጵያ ነፍሳ እተመሓድር ሃገር (State) ኮይና፡ ምስ ኢትዮጵያ ብፈደረሽን ክትሻረኽ ዝብል ኮይኑ፡ ብኻልኦት ሃገራት ምምሕያሻት ተገበረሉ። በዚ መሰረት፡ እቲ ፈደረሽን ንዓሰርተ ዓመት ክጸንሕ'ሞ፡ ብድሕር'ዚ ሓደ ናይ ህዝቢ ኤርትራ ምርጫ ተገይሩ፡ ህዝቢ ባዕሉ ነባሪ ሕብረት ምስ ኢትዮጵያ ዝደሊ እንተኾይኑ ክውስን ዝብል ነበረ።[27] እዚ እማመ'ዚ እውን የማነ ጸጋም ተነቕፈ፣ ብቐንዱ ሓገዝ ብሪጣንያ ስለ ዝተነፍጎ ኸኣ ኣብቲ ንኡስ ኮሚቲ ክሓልፍ ኣይከኣለን። ብሪጣንያ ነቲ ሓሳብ ዘይደገፈት፡ ኩሉ'ቲ ናይ ምብራቕ ኣፍሪቃ ፖሊሲታታ ኣብ ባይቶ ሕ.ሃ. ዘይቅቡል እናኾነ ቡብሓደ ይፈሽል ስለ ዝነበረ ኢዩ። ከም ዝዝከር፡ ካብ ፈለማ ኣትሒዛ፡ ንሳ እትቈጻጸራ፡ ንኦጋዴን ዝሓወሰት ዓባይ ሶማልያ ናይ ምፍጣር መደብ ነይሩዋ ኢዩ። ሃገራት ላቲን ኣብቲ ንኡስ ኮሚቲ ብሓባር ብምድማጽ ኢጣልያ ናብ ሶማልያ ብመጕዚትነት ንኽትምለስ ንዝብል እማመ ንኽሓልፍ ምስ ሓገዛ ግን፡ ናይ ብሪጣንያ ተስፋ ኣብቲ ቦታ ሃፈፈ። ብቐደሙ፡ ድሌት ኢትዮጵያ ኣብ ኤርትራ ብኸፊል ንኽማላእ ትጽዕር ዝነበረት፡ ንኸበሳታትን ገማግም ባሕርን ኤርትራ ከም መባድልቲ ኦጋዴን ብምውሳድ ኢዩ ዝነበረ። እዚ ከይኮነ ምስ ተረፈ፡ ይብል ስፔንሰር፡ ብሪጣንያ ንኢትዮጵያ እትህቦ ዝነበረት ንኤርትራ ወይ ንኹሉላ ናይ ምርካብ ሓገዝ እናነከየ ከደ። በዚ ምኽንያት እዚ ኸኣ ኢያ ንእማመ ኣመሪካ ዘይደገፈት።[28]

ከምዚ ምስ ኮነን ድሕሪ ብዙሕ ክትዓትን ምንጻግ ዝተፈላለየ እማመታትን፡ ንኡስ ኮሚቲ 17 ሓደ መርማሪ ኮሚሽን ናብ ኤርትራ ይለኣኽ ንዝብል ሓሳብ ተሰማሚዖሙ'ሞ፡ ናብ'ቲ ዝመዘዞ ቀዳማይ ኮሚቲ ንኽቐርብ ወሰነ። እቲ ኮሚሽን ብሓሙሽተ ኣባላት ባይቶ ክቖውም ድሕሪ ምስምማዕ ድማ፡ ቀንዲ ዕላማኡ "ድሌት ተቐማጦ ኤርትራ፡ ብምሉእነቱ ምርግጋጽ፣ ድሕነቶም ዘረጋግጸሉ መገዲ ምጥጣሕ፣ ሕቶ ምውጋን እታ ሃገር ኣጽኒዑ፡ ጸብጻቡን ግቡእ ዝበሎ ናይ ፍታሕ እማመታቱን ናብ ዋና ጸሓፊ ምቕራብ" ምንባሩ ኣነጸረ።[29] ምስ'ዚ፡ እቲ ንኡስ ኮሚቲ ናጽነት ሊብያን ኢጣልያዊ መጕዚትነት ንሶማልያን እውን ኣመመ።

26. Ibid., p. 215-216. ስፔንሰር ከም ዝገልጾ፡ ሃገራት ላቲን ኣብ ልዕሊ ኣፍሪቃ ንዕቀት እውን ነይሩ ኢዩ። ወኪል ላይበርያ ኢጣልያ ናብ ግዝኣታታ ክትምለስ የብላን ኢሉ ምስ ተኸራኸረ፡ ይብል ስፔንሰር፡ ወኪል ኣርጀንቲና ተንሲኡ፡ "ኣብ ላይበርያ ገና ሰብ ምብላዕ ዘይተረፈሉ.... ብኸመይ ንምምላስ ኢጣልያ ናብ ግዝኣታታ ትቃወም" ዝሰምዕ ዘለፋ ደርበየሉ።
27. እ.ጽ. 12፡ ገጽ 272
28. Spencer p. 216
29. እ.ጽ. 12፡ ገጽ 273።

እዚ እማመታት'ዚ ናብ ቀዳማይ ፖለቲካዊ ኮሚቲ ባይቶ ሕ.ሃ. ቀረበ። ብኢትዮጵያ ዝቐረበን ላይበርያን ኖርወይን ከአ ዝደገፉኦን ብርቱዕ ተቓውሞ እናሃለወ ድማ እቲ ሓሳብ በቲ ኮሚቲ'ውን ጸደቐ። እቲ ኮሚቲ ብተወሳኺ፡ ኣርባዕተ ንምጽንባር ኤርትራ ናብ ኢትዮጵያ ዝተቓወማ ኣባላቱ፡ ማለት ድማ፡ ንፓኪስታን፡ ጉዋቲማላ፡ በርማን ደቡብ ኣፍሪቃን ኣባላት እቲ ኮሚሽን ንክኾና መዘዘን። ንኢትዮጵያ ንምድዕዓስ፡ ደጋፊት ኢትዮጵያ ዝነበረት ኖርወይ ሓሙሻይቲ ኣባል ንክትከውን መረጸ።[30] ብ21 ሕዳር 1949፡ እቲ ናይ ቀዳማይ ኮሚቲ ጸብጻብን እማመን ኣብ ሓፈሻዊ ባይቶ ሕ.ሃ. ኣብ ድምጺ ወደቐ። 48 ሃገራት ክድግፉኦ እንከለዋ፡ ሓንቲ ጥራይ ተቓወመት፡ 9 ድማ ድምጸን ሰሓባ። በዚ ኸኣ ናይ ሕ.ሃ. መርማሪት ኮሚሽን ንኤርትራ ክትልኣኽ ተወሰነ።[31]

ኢትዮጵያ ነዚ ከም ዓቢ በደልን ጽፍዒትን ወሰደቶ። ኣክሊሉ ኣብ'ቲ ሓፈሻዊ ባይቶ ተቓውሞኡ ኣስምዐ ጥራይ ዘይኮነ፡ ብፍላይ ነተን ኣንጻር ድሌት ኢትዮጵያ ዝኸዳ ሃገራት ላቲን ኣመሪካ ብዓሌታዊ ኣድልዎ ከይተረፈ ነቐፈን።[32] ሃጸይ ሃይለስላሴ'ውን ናብ ዋና ጸሓፊ ው.ሕ.ሃ. ትሪግቨ ሊ ደብዳበ ብምጽሓፍ፡ ነቲ ውድብ ብዘይ ፍትሓውነት ከሰሱዎ። ንሶም'ውን፡ ነቲ ናይ ቀደም ናይ ፋሺስት ኢጣልያ ወራር ብምዝካር፡ ኢጣልያ ናብ ሶማልያ ብምምላሳ፡ ሃገሮም መሊሳ ናብ "ሸግርን መዓትን" ትቓላዕ ምንባራ ኣተሓሳሰቡ። ዓለም ካብ'ቲ ነቲ ዝመስል ውሳነ ንኸተሕልፍ ዘኽኣላ "ዘይጠቅም ጊዚያዊ ቃልስታት ወጺኣ፡ ፍትሕን ሓቅን ኣብ ዝነግሰሉ መዓልቲ ክትሰግር እንከላ ብህይወተይ ዝርእየሉ መዓልቲ ክመጽእ ኢዩ...." ብምባል ድማ ምረቶም ገለጹ።[33]

ናይ መንግስቲ ኢትዮጵያ ናይ ሕጊ ኣማኻሪ ዝነበረ ጆን ስፔንሰር፡ ድሌት ኢትዮጵያ ኣብ ራብዓይ መጋባእያ ባይቶ ሕ.ሃ. ዘይምምላኡ፡ ሃገራት ላቲን ውሽጢ ውሽጢ ብኣመሪካ ስለ ዝተሓገዛ ኢየን ዝብል ጥርጣረ ኣብ መንግስቲ ኢትዮጵያ ሓደረ። ብውሑዱ ከም ስልትን ከም መፈራርሒ ንመንግስቲ ኣመሪካን፡ ኢትዮጵያ ናብ ሶቭየትን እቲ ማሕበርነታዊ ደንበን እትኸይድ ዘላ ዘምስል ምንቅስቓሳት ኩተርኢ ጀመረት። ነዚ ድማ፡ ብፍላይ ኣብ ዝሰዓበ ዓመት፡ ካብ ቸኮስሎቫኪያ ብረት ብምግዛእ፡ ኣብ ባይቶ ሕ.ሃ. ኣንጻር ኣመሪካን ምዕራብ ብሓፈሻን ብምድማጽ.... ወዘተ፡ ከተርእዮ ደፈረት።[34] ኣብ ኩሉ ዝሰዓበ ንጥፈታታ፡ ከም'ታ ጸጸኒሓ እተውጽኦ ናይ "ጣልያን ክትወርረኒ እንከላ ሰቕ ኢልኩም ርኢኹምኒ" መጣልዒት ካርታኣ፡ እዛ "ከድኩ ናብ ሶቭየት" እውን ንረብሓኣ እትሰርሕ ተወሳኺት ካርታ ኮነታ።

---

30. Spencer: P. 217. ኢትዮጵያ ብፍላይ ንወከል ፓኪስታን ዛፍሩላህ ካን ኣምሪራ ተቓወመቶ። ከም ዝዘከር፡ ኣብ ኩሉ'ቲ ዝሓለፈ ክትዓት፡ ካን ኣዝዩ ተሪር ነቃፊ ኢትዮጵያን ደጋፊ ናጽነት ኤርትራ ወይ ምርምር ድሌት ህዝባ ኢዩ ዝነበረ።
31. እ.ጽ. 12፡ ገጽ 275።
32. Spencer, p. 217-218.
33. እ.ጽ. 12፡ ገጽ 275-276
34. Spencer, p. 218-219.

ምቕርራብ ንምምጻእ ኮሚሽን ሕ.ሃ.

ራብዓይ መጋባእያ ባይቶ ሕ.ሃ. ይካየደሉ ኣብ ዝነበረ ሳምንታት፡ ውሽጣዊ ኩነታት ኤርትራ ከቢድ ስቕታ ዓብሊሉዎ ቀውዑ። ጋዜጣታት ኤርትራ፡ ነቲ ቡብጊዚኡ ዝብሃልን ዝሕሰብን ዝነበረ እናሕተማ ይዝርግሓኦ ስለ ዝነበራ፡ ህዝቢ ሓበሬታ ኣይተነፈጎን። እቲ ሓሳባት ቡብዓይነቱን ተጻራርን ስለ ዝነበረ ድማ፡ ሓንሳብ እቲ ሓደ፡ ካልእ እዋን ድማ እቲ ኻልእ ክትሰፎን ተሰፋ ክቖርጽን ናይ ምርባጽ ጊዜ ኣሕለፈ።

ኣብ ኤርትራ ዝያዳ ፖለቲካዊ ምብርባርን ምውዕዋዕን ዝተራእየ ግን፡ እቲ ፌደሬሽን ዝእምም ናይ ሕ.መ. ኣመሪካ ሓሳባት ምስ ተነግረ ኢዩ። ብፍላይ እቲ ቅጽበታዊ ሕብረት ዝሓትት ዝነበረ ማሕበር በዚ ሃንደበት ዝመጸ ኣመሪካዊ ሓሳብ ስለ ዝተሰናበደ፡ ተቓውሞኡ ብሰላማዊ ሰልፊ ንኽገልጽ ናብ ኣመሓደርቲ ኤርትራ ጥርዓን ኣቕረበ። ኣመሓዳሪ ብሪጋደር ድሩ ኣይነበረን። ክንድኡ ሰር በርናርድ ካርን ክሮፎርድን ዝብሃሉ ምኽትላቱ ኢዮም ነታ ሃገር ዘካይዱ ዝነበሩ። ካርን ክሮፎርድን ሰላማዊ ሰልፊ'ኳ እንተ ኸልከሉ፡ ምስ ወከልቲ ማሕበር ሕብረት ግን ተራኺቦ'ሞ፡ ብራእሲ ኪዳነማርያምን ኣቡነ ማርቆስን ዝምርሑ 30 ዝኾኑ መራሕቲ እቲ ማሕበር ኣብ ቅድሚኦም ቀረቡ። ብዘይካ ቅጽበታዊ ሕብረት ካልእ ከም ዘይቅበሉ፡ እማመ ኣመሪካ ፍጹም ከም ዝነጽጉ ድሕሪ ምሕባር ድማ፡ ናብ ለንደንን ለይክ ሳክሰስን ቴለግራማት ለኣኹ።[35] ድሕሪ ቍሩብ መዓልታት፡ መራሕቲ ቀ.ና.ኤ. እውን ኣርብዓ ዝኾኑ ወከልቶም ብምልኣኽ ብዘይካ ናጽነት ካልእ ዝኾነ ፍታሕ ክቕበሉ ከም ዘይደልዩ ኣፍለጡ።[36]

ከም ወትሩ፡ እዚ ጥርዓናት እዚ ኣብ'ቲ ዝግብኦ መድረኽ፡ ማለት ኣብ ለይክ ሳክሰስ፡ ቦታ ይኹን ግምት ኣይተዋህቦን። ከምቲ ዝረኣናዮ መጀመርታ ኣብ ንኡስ ኮሚቲ 17፡ ጸኒሑ ድማ እቲ ዓቢ ኮሚቲ ናብ ኤርትራ መርማሪ ኮሚሽን ክልኣኽ ምስ ኣመመ፡ ብፍላይ ኣብ ውሽጢ ማሕበር ሕብረት ዓቢ ምንዋጽ ተፈጥረ። ገለ መራሕቲ'ውን ናይ "ሕብረት ብውዕል" ሓሳባት ናብ ምድጋፍ ክዘዝዉ ተራእዩ።[37]

በዚ መጠን፡ ፕሮፓጋንዳ ሕብረት እውን ኣዝዩ እናመረረን ካብቲ ቐደም ብዝገደደ ውልቀ ሰባት ናይ ምጥቃዕ ጠባያቱ እናጋደደን ከደ። ኢብራሂም ሱልጣንን ወልደኣብ ወልደማርያምን ቀንዲ ኣርእስትን ናይ ዘለፋ ዕላማታትን ብምኳን፡ ንዓምድታት ጋዜጣ "ኢትዮጵያ" ኣህብተሙዎ።[38] በቲ ጋዜጣ ኣብ ልዕሊ ቀ.ና.ኤ. ዝብሃል ካብ ዝነበረ ንርአ፦

35. "ኢትዮጵያ"፡ 3/138፡ ጥቅምቲ 23፡ 1949።
36. FO 1015/187, Monthly Political Report, - October, 31 October, 1949.
37. Ibid., par. 990.
38. ንኣብነት፡ "ኢትዮጵያ"፡ 3/135፡ 13/11/49፣ 3/136፡ 16/11/49 ርአ።

(ኢጣልያ) "ኢንዲፐንደንስ ብሎኮ ነጻነት ዝብሃል" ማሕበር ባርነትካ ኣቘማ ንሃገርካን ንብረትካን መሬትካን ርስትኻን ክትወርስ፡ ንዓሌትካን ዘርእኻን ክትድምስስ፡ መሬትካ ከም ልማዱ "ደማንያለ" ገቢራ ወሪሳ ደይሳ፡ ሺሔና ገቢራ ንርእሳ ከቢራ ክትቀመጠሉ ትጋደልን ትእገልን ከም ዘላ፡ ኣቐዲምና ከነፍልጠካ ግቡእና ኢዩ።

ተኸሳ ቈርበቱ እንተ ለወጠ፡ ጠባዩን ክፍኣቱን መንቀኝነቱን ከም ዘይለዋውጥ፡ ኢጣልያ ኸአ ከማኡ ደማን ስራሕ ቀደማን ከም ዘይትርስዕ ፍለጦ!! ምናልባት ብስብከታን ብገንዘባን እንተ ሰሓትካ፡ ንርእስኻን ንዘርእኻን ንውሉድ ወለዶኻን ሕዘነሎም!! ኣንቱም ብዘይ ኣበሳኹም እትኹነኑ ሕጻናት ድማ፡ ኣቦኹም መርቑ፡ ኣቦኹም ርገሙ።[39]

ሓለቓ ጋዜጣ ኢትዮጵያ ገብረሚካኤል ግርሙ ዘበራቝት፡ ካብቶም ዝሓየሉ ጸሓፍቲ ናይ'ቲ ጊዜ ኢዮም ዝነበሩ። ነቲ ዘዳልዉዎ ዝነበሩ ጋዜጣ በዝን ንዕኡ ብዝመስልን፡ ከምኡ'ውን ኣብ ምእመናን መንፈሳዊ ራዕዲ ብዘእቱ ሃይማኖታዊ ስብከትን ከም መሳርሒ ፖለቲካዊ ዕላማታት ሕብረት ተጠቐሙሉ። እቲ ተቓዋሚ ክፍሊ፡ ነዚ ጋዜጣ'ዚ ዝመስልን ምስኡ ዝዳረግን ናይ ፕሮፓጋንዳ መሳርሒ ኣይነበሮን ክብሃል ይከኣል። ማሕበር ሓዳስ ኤርትራ፡ ነቲ *መብራህቲ ኤርትራ* ዝብሃል ዝነበረ ጋዜጣኦም ናብ ነጻነት ኤርትራ ቀይሮም ብመደብ ኣብ ሰሰሙን የውጽኡዋ ነይሮም ኢዮም። ብትሕዝቶ፡ ብዓይነት ይኹን ብኣቀራርባ ግን ሓይልን ኣስማዕነትን ኣይነበሮን። *ሰሙናዊ ጋዜጣ* ድማ፡ ኣብ'ዚ እዋን'ዚ ናይ ክትዕ መድረኽ ምዃኑ ኣቋሪጹ፡ ሓጸርቲ ዜናታትን ማሕበራዊ ጉዳያትን ጥራይ ኢዩ ዘሰፍር ዝነበረ። ኣቶ ወልደኣብ ፕረሲደንት ማሕበር ምሁራን ብምዃን ብወግዒ ናብ ፖለቲካዊ ህይወት ምስ ኣተዉ'ሞ፡ እቲ ጋዜጣ ነቲ ናይ ቀደም ስፍሓቱ፡ ሚዛኑን ተቐባልነቱን ኣጥፊኡ ነይሩ ኢዩ። ስለ'ዚ ብፍላይ ንቛንቋ ትግርኛ ብዝምልከት፡ ክሳብ'ቲ ቀ.ና.ኤ. ናይ ገዛእ ርእሱ ጋዜጣ ክሕትም ዝጀመረሉ፡ ኣብ ሜዳ መራኸቢ ብዙሃን ጋዜጣ ኢትዮጵያ ኢዩ ብሒቱ ነይሩ ክብሃል ይከኣል።

እቲ ማሕበር ሕብረት ብጽሑፍ ዘሰፍሮ ዝነበረ ዝተራሰነ ፕሮፓጋንዳ፡ ብፍላይ ድሕሪ ውሳነ ሓፈሻዊ ባይቶ ሕ.ሃ. ብግብሪ'ውን ብመልክዕ ግብረ ሸበራ ክርአ ጀመረ። ከም ዝዝከር፡ ግብረ ሸበራ ክሳብ ኣጋ መወዳእታ ወርሒ መስከረም ዝግ ኢሉ ነይሩ ኢዩ። ኣብ መንጎ መስከረም 15ን ምውዳእ ወርሒ ሕዳርን ግን፡ ማለት ድማ፡ ኣብቲ ጉዳይ ኤርትራ ንኻልኣይ ጊዜ ኣብ ባይቶ ሕ.ሃ. ዝሰምዓሉ ዝነበረ ሳምንታት፡ ሸፍትነት ኣዝዩ ተላዓለ።

ሰማንያ ዝኾኑ ሸፍታ ካብ ቦታ ናብ ቦታ ኲለል ክብሉ ድሕሪ ምኽራም፡ ብ25 መስከረም በራቝት ዓባይ ብምጥቃዕ እኽሊ ኣንደዱ። ድሕሪ ሰለስተ መዓልቲ፡ ዓሰርተ ዝኣባላቱ ኣብ ኲለላ ዝነበረ ሓይሊ ፖሊስ ኣብ ዓዲ ሮሶ ብሸፍታ ተጠቒዖ'ሞ እዞም ዳሕረዎት ረዳት ስለ ዝረኸቡ ብቑጽርን ሓይሊ ብረትን

39. "ኢትዮጵያ"፡ 3/139 27/11/1949።

ዓብሊሎም፡ ሓደ መኰንን ፖሊስ ክቐትሉ እንከለዉ ሓደ ሰርጀንት ዝርከቦም ሓሙሽተ ማረኹ። እቶም ሽፍታ፡ መጀመርታ ነቶም ምሩኻት ክቐትሉ'ኳ ድንዕ ኢሎም እንተ ነበሩ፡ ኣብ መወዳእታ ግን ክዳውንቶም ከይተረፈ ገፊፎም ኣፋነዉዎም።[40] ሓደ ካልእ ናይ'ቲ እዋን ጸብጻብ፡ ኣብ'ዚ ናይ ዓዲ ሮሶ ግጥም፡ ክልተ ኣሕዋት-ወልደገብርኤልን በርሀ ሞሳዝግን-ጥራይ ዘይኮኑ፡ ጭፍራ ኣሰረስሀይ እምባየ እውን ከም ዝተሓወሶም፡ ቍጽሪ ሽፋቱ ከኣ ካብ 50 ክሳብ 75 ከም ዝግመት ገለጸ።[41]

ኣብ ዝቐጸለ መዓልታት፡ ንጥፈታት ሽፍታ ብኹብ ዝበለ ደረጃ ቀጸለ። ቀንዲ መኽተርን መዛወርን ቦታታቶም ከባቢ ሕምብርቲ - ዓዲተኽላይ፡ መገዲ መንደፈራ-ዓረዛ፡ ከምኡ'ውን ካብ ከባቢ ሰገነይቲ ኣትሒዙ ክሳብ ጽርግያ ኣስመራ-ባጽዕ'ኳ እንተ ነበረ፡ ኣብ ምዕራባዊ ቆላታት እውን ኣብ መንጎ ኢትዮጵያውያን ሽፋቱን ዕጡቓት በኒ ዓምርን ግጥማት ይግበር ነይሩ ኢዩ። እቲ ምምሕዳር፡ ነዚ ንምዕጋት ኣብ'ዚ ዝተባህለ ቦታታት ብሮያል በርክሻይር ሬጂመንት (Royal Berkshire Regiment) ዝፍለጥ ሰራዊት እንተ ዋፈረ'ውን፡ ክቈጻጸሮ ኣይከኣለን።

ኣብ ምጅማር ጥቅምቲ፡ ኣብ ዝተፈላለየ ቦታታት፡ ንብረት ጣልያን ክምንዛዕ ምስ ቀነየ፡ ብ5-6 ጥቅምቲ፡ ማይ ጤል ኣብ እትብሃል ነቝጣ ምድሪ ባቡር-ማለት 6 ኪሎሜትር ካብ ኣስመራ ንባጽዕ-ሓሙሽተ ዕጡቓት፡ ገዛ ሰይሮም ብምእታው፡ ክልተ ኢጣልያውያን ቀተሉ፣ ሓደ ኤርትራዊ'ውን ኣቝሰሉ። ነቲ ተግባር፡ ሕብረት ዝደልዩ ኤርትራውያን ከም ዝፈጸሙዎ ዝገልጽ ናይ ትግርኛ ጽሑፍ ድማ ገደፉ። ቍሩብ መዓልታት ድሕሪ'ዚ፡ ዶብ ሰጊሮም ምዕራባዊ ቆላታት ዝኣተዉ ሽፋቱ ምስ ዕጡቓት ቤኒ ዓምር ገጠሙ'ሞ፡ ሰለስተ ሽፍታ ሞይቶም ተረኽቡ።

ኣብ ዝተረፈ ወርሒ ጥቅምትን ቀዳማይ ክፋል ሕዳርን፡ ቍጽሩ ብርክት ዝበለ ዘረፋ ንብረት ኢጣልያውያንን ኤርትራውያንን ኣብ ብዙሕ ቦታታት ተፈጸመ። ብ13 ሕዳር ምሸት ሰዓት 9፡00 ግን፡ ሸሞንተ ዕጡቓት ውሽጢ መንደፈራ ኣትዮም ናብ ሓደ ኣብ'ቲ ቀንዲ ጉደና ዝነበረ ባር ኣምርሑ'ሞ፡ ኣብኡ ዘዋግዑ ንዝነበሩ ሓደ ጣልያንን ሓደ ግሪኽን ድሕሪ ምቕታል፡ ንሓደ ኻልእ ሓንፈጽ ግሪኽ ኣቝሰሉ። ክልተ ጽሑፋት-እቲ ሓደ እንግሊዝ መብጽዓኦም ንከኽብሩ ዘዘኻኽር፡ እቲ ኻልኣይ ድማ ጣልያን ናጽነት ኤርትራ ንኸይድግፉ ዘጠንቅቕ-ኣብቲ ቦታ ገዲፎም ሃደሙ። ካብ ኩሉ ክሳብ ሽዑ ዝተኻየደ ናይ ሽፋቱ ግብረ ሸበራ፡ እዚ ኣብ ከብዲ መንደፈራ ስለ ዝነበረ ብዓይነቱ ዝተፈልየ ኾነ። በዚ ከይኣኽለ፡ ነዚ ዝተባህለ ተግባር ኣብ ራብዕቱ፡ ክልተ ኢትዮጵያውያን ተባሂሎም ዝተጠርጠሩ ሽፋቱ፡ ሓሙሽተ ኪሎሜትር ካብ እምባትካላ ንባጽዕ መኪና ብምኽታር፡ ሓደ ህንዳውን ሓደ ጣልያንን ቀተሉ። ነዚ ኣብ ታሽዓይ መዓልቱ እውን፡ ምዕራብ

40. WO 230/243, Shifta Activity in Eritrea, 5 December, 1949.
41. WO 230/243, 7 Oct., 1949.

ደቀምሓረ ኣብ ዝርከብ በረኻታት ዕንጸይቲ ንዝጽዕኑ ዝነበሩ ሓደ ጣልያንን ሓያሎ ደቀባትን ሓዙ'ሞ፡ ነቲ ጣልያን ክቐትሉዎ እንከለዉ፡ ነቶም ኤርትራውያን ግን ምስ ጣልያን ንኸይሰርሑ ብምፍርራሕ ጥራይ ለቐቑዎም። መኪና ኸኣ ምስ ጽዕነት ዕንጸይታ ተቓጸለት።[42]

ኣብ ምጅማር ጥቅምቲ፡ ሸበራዊ ተግባራት ሸፋቱ ምስ በርትዐ፡ ኣመሓዳሪቲ ኤርትራ ናብ ኮሎኔል ነጋ ብምኻድ፡ ኣብ ልዕሊ መራሕቲ ሕብረት ንዝነበሮ ጽልዋ ተጠቒሙ ነቲ ዘይሕጋዊ ተግባራት ደው ንኸብሎ ክተሓጋገዞም ሓቲቶሞ ነይሮም ኢዮም። ከምቲ ቐደሙ፡ ይብል ሓደ ጸብጻብ፡ "ኣብ ልዕሊ መራሕቲ ሕብረት ጽልዋ ከም ዘይብሉ ዘምሰል ጽውጽዋይ'ኳ እንተ'ቕረበ፡ ዝከኣሎ ክገብርስ ተማባጺዑልና ኣሎ። ኣጋጣሚ ይኸውን (ምናልባት'ውን ኣይከውንን) ድሕሪ'ዛ ዝርርብ እዚኣ ካልእ ዓመጽ ወይ ዕግርግር ኣይተራእየን ዘሎ።"[43] ብሓቂ ኸኣ፡ ብዘይካ ንኣሽቱ ናይ ስርቅን ዘረፋን ተግባራት፡ ካብ ቀዳማይ ሰሙን ጥቅምቲ ንዝያዳ ወርሒ ዓበይቲ ናይ ሸፍትነት ፍጻሜታት ኣይተራእዩን።

ብሪጣንያ ንረብሓ ግዛእ ውጥናታ ደኣ ኣይደለይትን እምበር፡ ነቲ ኣብ መንጎ ሕብረትን ሸፋቱን ይኹን ሸፋቱን ኢትዮጵያን ዝነበረ ርክብ ክትረኽቦን ስጉምቲ ክትወስደሉን ስለ ዘይከኣለት ኣይነበረን ክሳብ ክንድ'ቲ ኣብ ትሕቲ ኣፍንጫኣ ዘሰፋሕፍሕ ዝነበረ። ብዝያዳ ኣብ ኢጣልያውያን ምትኳሩ መቸም ኣጋጣሚ ኣይነበረን። ጣልያን ኢዮም ፊናንስያዊ ዓንድ-ሕቖ ቀ.ና.ኤ.፡ ንዓኣቶም ከም ዝሃድሙ ምግባር ከኣ ነቲ ቐጽሪ ብቐንዱ ምድኻም ኢዩ ዝብል መጕት ናይ ሕብረትን ኢትዮጵያን ኢዩ ዝሰርሕ ዝነበረ። ብብዙሕ መገዲ ኸኣ፡ ብፍላይ'ኳ እቲ ንጣልያን ምስንባድ ዝብል ዕላማ፡ ከምቲ ሕብረት ዝሓሰቡዎ ሰርሐ። ዳርጋ ኹሎም ወጻኢ ካብ ከተማ ዝሰርሑ ዝነበሩ ጣልያን ዋኒናቶምን ንብረቶምን እናራሕርሑ ኣስመራ ኣተዉ። ደገፎም ንቀ.ና.ኤ. ግን ኣየቋረጹን፡ ብዝያዳ'ኳ ደኣ ኣብ ጋዜጣታቶም ይኹን ብግብሪ ካብ'ቲ ዝነበሮ ኣጽዓቑዎ። ብተደጋጋሚ፡ እቲ ምምሕዳር ዘድሊ ሓለዋ ንኽገብረሎም ምሕታት'ኳ እንተ ዘየቋረጹ ድማ፡ ሰበ ስልጣን ምምሕዳር ኤርትራ ግዳያት ፕሮፓጋንዳ ግዝእ ርእሶም ይኾኑ ስለ ዝነበሩ፡ ናይ ጣልያን ጋዜጣታት ኣንጻር ኢትዮጵያን ሕብረትን ዝገብራኦ ንዝነበራ ሓያል ፖለቲካዊ መጥቃዕቲ ንኽዝሕላ ጥራይ ብምምላስ ገጽ ይኸልኦም ነበረ።[44]

ምስ'ዚ ኹሉ ተጻራሪ ተግባራት ግን ኣብ ወርሒ ሕዳር ሓይሊ ቀ.ና.ኤ. ክጕድል ኣይተራእየን። ብኣንጻሩ፡ እቲ ብኣባላት ሕብረት ዝርአ ዝነበረ ምግዓዝ

---

42. እ.ጽ. 40፡ ጥብቀ ርአ። ኣብተን ሰለስተ ዓበይቲ ቅትለታት ተሳቲፎም ዝብሃሉ፡ ኣብ'ታ ናይ መንደፈራ ጭፍራ ኣሰረስሀይ እምባየ፤ ኣብታ ናይ መገዲ ባጽዕ፡ ሃይለ ኣባይን ሰዓብቱን፣ ኣብታ ናይ ከባቢ ዓድ ሮሶ ድማ ወልደገብርኤል ሞሳዝግን ተኸተልቱን ነበሩ። ብፍላይ ምስቲ ናይ መንደፈራ ፍጻመ ብዝተዛመደ፡ ክልተ ናይ ሰራየ ሰብ መዚ ማሕበር ሕብረት፡ ኣዝማች ተሰፋይ በራኺን ቀሺ ዲሜጥሮስ ገብረማርያምን ከም ሕሳብ ማሕዩር ናብ ተሰነይ ተሰደዱ። እቲ ምምሕዳር ነዚ ዝገበረ፡ እዞም ክልተ ሰባት ኣዋፈርቲ ሸፍታ ተባሂሎም ስለ ዝተጠርጠሩ ኢዩ። (እ.ጽ. 45፡ ሕ.ጽ. 1019 ርአ።) ጸኒሕና ግን እቲ ናይ መንደፈራ ቅትለት ብጭፍራ ኣሰረስሀይ ዘይኮነስ ካብ ትግራይ ብዝተላእኩ ካልኦት ሸፋቱ ከም ዝተፈጸመ ዝነግር ሓበሬታ ንረክብ።

43. እ.ጽ. 36፡ ሕ.ጽ. 993።

44. እ.ጽ. 36፡ ሕ.ጽ. 1004

ናብቲ ቐጽሪ ስለ ዘየቋረጸ፡ ማሕበር ሕብረት ኢዩም ዝያዳ ዝሻቐሉ ዝነበሩ። ከምቲ ዝግለጽ፡ ኣብ'ዚ ጊዜ'ዚ፡ ኣባላቶም ኣብ ሰለስተ ዝንባለታት ተገማሚያም ነበሩ-ኣብቲ ናይ ቀደም ዘይቅደመ ኩነታዊ ሕብረት ምስ ኢትዮጵያ ዝቐጸሉ ብሓደ ወገን፣ ምቕሊ ኤርትራ ዘይቃወሙ በቲ ኻልኣይም፣ ፈደሬሽን ዘይጸልኡ ድማ በቲ ሳልሳይ። ኣብ ኩሎም ግን ጽልኢ ጣልያን ነይሩ ኢዩ።[45] ዋና ጸሓፊ ሕብረት፡ ኣቶ ተድላ ባይሩ ኣብ ምውዳእ ሕዳር ካብ ለይክ ሳክሰስ ምስ ተመልሱ'ውን እዚ ምምቕቓል ማሕበር'ዚ ኣይሃድኣን። ተድላ ባዕሎም ብመስርሕን ውጽኢትን መጋባእያ ለይክ ሳክሰስ እናማረሩ ኢዮም ተመሊሶም። ብፍላይ ብሪጣንያ ምቕሊ ኤርትራ ጥራይ ብምድፋእ ፈደሬሽን ምንጻጋ፡ ገና ኣብ ናይ ገዛእ ርእሳ ውጥን ስለ ዘድሃበትን ንምዕራባዊ ቆላ ንነፍሳ ስለ ዝደለየትን ኢዩ ብምባል ተድላ ወቐሱዋ።[46]

ተድላ ባዕሎም ኣብ ለይክ ሳክሰስ ምቕሊ ኤርትራ ከም ዘይተቓወሙን እዚ ብኸመይ ከም ዝኾነን ርኢና ኢና። እቲ ኣስመራ ምስ ተመልሱ ዘርኣዩዎ ተሰፋ ምቝራጽ ምናልባት ምስቲ መመሊሱ ዝዓቢ ዝነበረ ኢድ ምእታውን ምቍጽጻርን መንግስቲ ኢትዮጵያ ንማሕበር ሕብረት ዝተተሓሓዘ ከይኮነ ኣይተርፍን። ጸኒሖም እውን ኣብ'ዛ ሕቶ እዚኣ ነግ ፈረግ ክብሉ ክንረኽቦም ኢና።

ብሓጺሩ እምበኣር፡ ኣብዚ ኮሚሽን ሕቡራት ሃገራት (ኮ.ሕ.ሃ.) ንኤርትራ ንኽመጽእ ምቅርራብ ዝግበረሉ ዝነበረ ጊዜ፡ ብፍላይ ክሳብ መወዳእታ ወርሒ ሕዳር፡ ቀ.ና.ኤ. ዓብላሊ ደገፍ ህዝቢ ኤርትራ ሒዙ፡ በቲ ኣንጻሩ ዝካየድ ዝነበረ ውሽጣዊ ፖለቲካን ግብረ ሽበራን'ውን ከይተሰናኸለ፡ ይስጉም ነይሩ ክብሃል ይክኣል። ውሽጣዊ ጥርናፈኡ ጽኑዕ ነይሩ ኢልካ ምዝራብ ግን ዘይክኣል ኢዩ። ካብ ዝኾነ ጊዜ ንላዕሊ፡ እዚ እዋን'ዚ ብዙሕ ናይ ኣባልነት ምግልባጥ ዝተራእየሉ ኢዩ። እቲ ኣዝዩ ዝበዝሕ ምግዓዝ ኣባላት ካብ ሕብረት ናብ ቀ.ና.ኤ. እኳ እንተ ነበረ፡ ፍርሒ ግብረ ሽበራ ንገለ ኣባላት እቲ ቐጽሪ ናብ ሕብረት ንክኸዱ'ውን ይግድዶም ነይሩ ኢዩ። እዚ ጥራይ ዘይኮነ፡ ንርክብ ቀ.ና.ኤ. ምስ ኢጣልያውያን ዝጸልኡ፡ መሪሕነት ሸኽ ኢብራሂም ዘይቅበሉ፡ ካልእ ውልቃውን ጉጅላውን ምኽንያታት'ውን ዝነበሮም ወገናት፡ ሰረት ናይቲ ቐጽሪ ድልዱል ከም ዘይከውን ይገብሩዎ ከም ዝነበሩ ምግንዛብ የድሊ።

ንቀ.ና.ኤ. ንምድኻም፡ ነዚ ውሽጣዊ ሃጓፉቱ'ዚ ብኣዕናዊ ኣገባብ ዝተጠቕመሉ ግን እቲ ምምሕዳር እምበር ሕብረት ወይ መንግስቲ ኢትዮጵያ ኣይነበሩን። ካብኡ ናብኡ ድማ፡ እቲ ቅድሚ ሕጂ'ውን ከም ኣባል መርማሪት ኮሚሽን ኣርባዕተ ሓያላት ተላሊናዮ ዝነበርና፡ ኣማኻሪ መንግስቲ ሃይለስላሴ'ውን

45. FO 1015/187, Monthly Political Report - November, par. 1007-1008, 30 November, 1949.
46. እ.ጽ. 179፡ ሕ.ጽ. 1017።

ዝነበረ እንግሊዛዊ መኰንን ብሪጋደር ፍራንክ ስታፎርድ ነበረ።[47] ስታፎርድ፡ ኣብ ምጅማር ኣርብዓታት ኣብ መንግስቲ ኢትዮጵያ ናይ ፋይናንስ ኣማኻሪ ዝነበረ ኾይኑ፡ ኣብ ውሽጢ መርማሪት ኮሚሽን ኣርባዕተ ሓያላት ነቲ ኤርትራ ትመቓቕል ዝብል መርገጺ ብሪጣንያ ተቐባልነት ንኽረክብ ብርቱዕ ጻዕሪ ዘካየደ ውዲተኛ መግዛእታዊ መኰንን ኢዩ ነይሩ።

ኣብ ወርሒ መስከረም 1949፡ ስታፎርድ ንኤርትራ ብምብጻሕ፡ ንፖለቲካዊ ኩነታት ኤርትራ ዝድህስስ ሓደ መጽናዕቲ ኣካየደ። ኣብታ ሃገር ከኣ ክልተ ፖለቲካዊ ዝንባለ፡ ማለት፡ እቲ ቐዳማይ ሕብረት ዝደልን ምቕሊ ዝቕበልን፣ እቲ ኻልኣይ ድማ ናጽነት ዝጠልብን ሕብረት ይኹን ምቕሊ ዘይቕበልን ከም ዘሎ ገለጸ። ንማሕበር ሕብረት ብዝምልከት፡ ኣብ ምዕራባዊ ቆላ ፍጹም ፋሕ ፋሕ ከም ዝበለ፣ ኣብ ከባቢ ቀይሕ ባሕሪ'ውን ከምኡ ደገፍ ከም ዘይነበሮ፣ ኣብ ከበሳ ግን ሰዓብነቱ ካብቲ ቀዳመይቲ ኮሚሽን ዝገምገመቶ ኣይጐደለን በለ። "ምዕራባዊ ቆላ እንተ ደኣ ተኣልዩ፡ 65% ህዝቢ ኤርትራ ብሕብረት ምስ ኢትዮጵያ ክሰማማዕ ኢዩ። እቶም ዝተረፉ (ብዘይካ ምዕራባዊ ቆላ)፡ እንተስ ብግብሪ እንተስ ብስቕታ ነዚ ዝቃወሙን ኣብ ቀ.ና.ኤ. ዝተጸንበሩን ኢዮም" ከኣ በለ።

ብዛዕባ ትርጉም ናይ'ዚ ገምጋም'ዚ ክዛረብ እንከሎ ስታፎርድ፡ "ወጻኢ ካብ ምዕራባዊ ቆላ ካብ ዘለዉ እስላም፡ ብዘይካ ምናልባት ኣብ ገማግም ዝነብሩ ደንከልን ገለ ሳሆን፡ እቶም ዝተረፉ ሓንጐፋይ ኢሎም እኳ ኣይቀበሉዎ እምበር ምቕሊ ክቃወሙ ኣይኮኑን፡" በለ። ነዚ መደምደምታታት እዚ ኣብ ከመይ ዝመስለ ዳህሳስን ስታቲስቲካዊ መጽናዕትን ከም ዘመርኰሶ ዝገለጾ የልቦን። ኣቐዲሙ፡ ቅድሚ ምምጻእ ኮሚሽን ኣርባዕተ ሓያላት እንተ ኾነ'ውን፡ ስታፎርድ ኣፈናዊ መጽናዕቲ ክገብር ብምባል፡ እቲ ኮሚሽን ኣብ ህዝቢ ወሪዱ ስምዒቱ ካብ ምግምጋም ዝዓናቕጽ "ህዝቢ ኤርትራ ፖለቲካዊ ብስለት ስለ ዘይብሉ ብወከልቱ ይሰማዕ ....." ዝብል መጐት የቕርብ ነይሩ ኢዩ። ሕጂ'ውን ብተመሳሳሊ፡ ብመጽናዕቲ ዘይተሰነየ፡ ኣብ ናይ ገዛእ ርእሱ ኣድልዎኣዊ ስምዒትን ባዕሉ ከም ዝገለጾ ድማ፡ ኣብቲ ምስ ዋና ኣመሓዳሪ ኤርትራን ኣመሓደርቲ ኣውራጃታትን ዝገበሮ ዕላላት ተመርኲሱ ኢዩ ዝግምግም ዝነበረ።

ብዝኾነ፡ ኣብ'ዛ መጽናዕቲ እዚኣ ናብ ቀ.ና.ኤ. ብምስጋር፡ ነቲ ቐጽሪ "ፍኑውን ዘይቅዱውን ልፍንቲ ኢዩ" በሎ'ሞ፡ "ኣባላቱ ንስሙ'ኳ ኣብ ናይ ሓባር ፕሮግራም እንተ ሰመሩ፡ ነንሓድሕዶም ኣይተኣማመኑን ኢዮም፡ ኣብታ ናጽነት ብዘይ ምቕሊ እትብል ጥራይ ከኣ ኢዮም ዝሰምሩ፡" ክብል ደምደመ። ቀንዲ

47. ፍራንክ ስታፎርድ ብ1895 ተወልደ። ኣብ ናይ ብሪጣንያ ምምሕዳር፡ ኣብ ማእከላይን ርሑቕን ምብራቕ ድሕሪ ምግልጋል፡ ካብ 1946 ጀሚሩ ኣብ ሚኒስትሪ ጉዳያት ወጻኢ ብሪጣንያ ተጸንበረ። ኣቐዲሙ ኣብ ቀዳማይ ኩናት ዓለም ወተሃደር ኮይኑ ብምግልጋል፡ ክሳብ መዓርግ ብሪጋደር ጀነራል በጺሑ ነይሩ ኢዩ። ካብ 1941-48፡ መራሒ ወኪል ብሪጣንያ ኣብ መርማሪት ኮሚሽን ኣርባዕተ ሓያላት፣ መሊሱ ብ1950፡ ኣማኻሪ ምምሕዳር ብሪጣንያ ኣብ ቅድሚ ኮ.ሕ.ሃ. ኣብ ኤርትራ፣ ኣብ 1951 ድማ ኣማኻሪ ኣመሓዳሪ ኤርትራ ነበረ። በዚ መሰረት፡ ኣብ ኩሉ'ቲ ንኤርትራ ዝምልከት ጉዳያት ጽልዋ ከውህቦ ኣብ ዝኽእል ቦታ ይቕመጥ ነይሩ ኢዩ። (Chi e dell' Eritrea, Asmara, p. 275.)

ሓይሊ ቀ.ና.ኤ. ኣብ ስምረት ኣልራቢጣን ኤርትራ ንኤርትራውያንን ምንባሩ ስታፎርድ ይርዳእ ነይሩ ኢዩ። እቲ ኣብ ልዕሊ ኢጣልያ ዝነበረ ተቓውሞ ናይ ዝበዝሑ ኣባላት ቀ.ና.ኤ. ንጊዚኡ ተወጊኑ ኣብ ባይቶ ሕ.ሃ. ከም ስሙር ሓይሊ ምቕራብ'ውን ካብ ኣስተብህሎኡ ኣይረሓቐን። ናይ ስታፎርድ ዕላማ፡ ንምዕራባዊ ቀላ ካብ ኤርትራ ብምፍላይ፡ ሓይሊ ቀ.ና.ኤ. ምድኻም ኢዩ ነይሩ። ኣብቲ ጸብጻብ'ውን ብግልጺ፡ "ነዚ (ስምረት እዚ) ምስባሩ ዘጸግም ኣይኮነን" ድሕሪ ምባል፡ ኣብ ምዕራባዊ ቀላ "ተቓውሞ ንኢትዮጵያ ጥራይ እምበር፡ ካልእ ዝተነጸረ ኣማራጺ የልቦን"፡ ስለ'ዚ ድማ፡ "ናይ ምቕሊ እማመ ብባይቶ ሕ.ሃ. እንተ ጸዲቑ፡ ክንድ'ቲ ሽግር ክለዓዕል ኣይኮነን" ክብል ነቲ ናይ ቀደም ናይ ብሪጣንያ መርገጺ ኣስመረሉ። ብኣንጻር'ዚ ስታፎርድ፡ እቲ እማመኡ እንተ ተነጺጉ ወይ እቲ ውሳነ እንተ ተወንዚፉ፡ ኣብ ከበሳን ብደለይቲ ሕብረትን ብርቱዕ ናዕቢ ክለዓዓል ኢዩ ክብል ኣጠንቀቐ።[48]

ናይ ስታፎርድ ርእይቶ ኣዝዩ ኣገዳሲ ዝኾነሉ ምኽንያት፡ ነቲ ዝጸንሐ መርገጺ ብሪጣንያ ዳግም ብምድጋሙ ጥራይ ኣይኮነን። ስታፎርድ፡ ምስ'ቶም ኣብ ኤርትራ ዝነበሩ ሰበ ስልጣን ብምትሕብባር፡ ዓንዲ ሕቖ ቀጽሪ ናጽነት ንዝነበረ ዝተፈላለየ ፖለቲካዊ ዝንባለታትን ምጥርጣራትን ስርሐይ ኢሉ ኣጽኒዑ ንምምዝማዝ ኢዩ ዝቀራረብ ዝነበረ። ካብ ኩሉ'ቲ ሕብረት፡ ሽፋቱኦምን መንግስቲ ኢትዮጵያን ዘካይዱዎ ዝነበሩ ሸርሕታትን ሸበራን፡ እዚ ናይ ስታፎርድ ዝኸፍኣን ኣዕናውን ነበረ።

48. FO 371/73788, J 7123, 8 September 1949.

ምዕራፍ 16

ድሮ ምምጻእ ኮሚሽን ሕቡራት ሃገራት (ኮ.ሕ.ሃ.)

ሸባንን "ሓለዋ" ኣልራቢጣን

ሓደ ካብቲ ኣብ ድሮ ምምጻእ ኮሚሽን ሕቡራት ሃገራት ኣዝዩ ዘሰፋሕፍሐ ምንቅስቓስ፡ እቲ ብስም ሸባን ኣልራቢጣ ዝፍለጥ ናይ መንእሰያት ውድብ ነበረ። ብዛዕባ'ዚ ምንቅስቓስ'ዚ ሓሓሊፍካ ኣብ ጋዜጣታት ዝሰፍር ዝነበረ ሓጸርቲ ጸብጻባት እንተ ዘይኮይኑ፡ ዝተሰነደ ሓበሬታ ምርካብ ኣይተኻእለን። እቲ ኣፈ-ታሪኽ እንተ ኾነ'ውን ዳርጋ ኣብ ዝኽሪ ውሑዳት ሰባት ተሪፉ ዘሎ ኢዩ ዝመስል። ብዝኾነ፡ ኣብቲ ክተኣኻኽብ ተኻኢሉ ዘሎ ሓበሬታ ተመርኲስካ ሓደ ንቐጻሊ ሰፊሕ ምርምር መገዲ ዝኸፍት ስእሊ ምሃብ ኣዝዩ ኣድላዪ ኢዩ።

ኣልራቢጣ ኣልእስላሚያ ብታሕሳስ 1946 ኣብ ከረን ንኽምስረት ፈላሚ ኣኼብኡ ኣብ ዘካየደሉ፡ እቶም መሰረትቲ ኣብ ኩሉ ኩርንዓት ኤርትራ ንዝነበሩ እስላም መንእሰያት እውን ክዕድሙ ወሰኑ። ሓደ ካብ'ዚኣቶም፡ ጸኒሖም መራሒ ማሕበር ሸባን ዓዲ ቐይሕ ዝኾኑ ኣቶ ኣሕመድ መሓመድ ዓሊ ነበሩ። ናቶም ዝኽሪ ነቲ ኣብ ካልእ ክፍልታት ኤርትራ ዝነበረ ናይቲ እዋን ናይ መንእሰያት ኩነታት ክውክል ስለ ዝኽእል፡ ኣብዚ ብሰፊሑ ክነስፍሮ ኢና።

ካብ ላዕለዎት መራሕቲ ሸባን ኣልራቢጣ።
ካብ ጸጋም - መሓመድ ሰዒድ ኣበራ፡ ባጡቕ፡ ሰዓድ ሳልሕ፡ ኩርብያ።

ኣሕመድ መሓመድ ዓሊ ከም ዝዝክርዎ፡ ኩሎም'ቶም ኣብ ኣከለ ጉዛይ ዝነበሩ እስላም መራሕቲ፡ ማለት ድማ፡ ናስር ኣቡበከር ፓሻ፡ ዓሊ በይ፡ ያና ዓሊ፡ ቃዲ ዓሊን ካልኦትን ናብ'ቲ ናይ ኣልራቢጣ ኣኼባ ኣብ ዝነቐሉሉ፡ ንዕኦምን ንኻልኦት መንእሰያት ናይ'ቲ ከባብን ተማልኡዎም።

ሙብዛሕትኡ መንእሰይ ናይ'ቲ እዋን ጥልቕ ዝበለ ትምህርቲ'ኳ ኣይንበሮ እምበር፡ በቲ ዝነበረ ፖለቲካዊ ሃዋህውስ ኣዝዩ ዝተጸልወ ከም ዝነበረ ከጠራጥር ኣይክእልን። በዚ መሰረት፡ ኣብ ምምስራት ይኹን ጽንብል ኣልራቢጣ ኣዝዮም ብዙሓት መንእሰያት እስላም ተረኺቦም።

ብመሰረት ሓበሬታ ኣሕመድ መሓመድ ዓሊ፡ ንብዙሓት ኣብ ከረን ዝተረኽቡ መንእሰያት ዘሻቐለ ሓደ ሕቶ "ምምስራት ማሕበር እስላም ኣብ መንጎ'ቲ ዝተረፈ ክርስትያናዊ ክፋል ኤርትራ ሽግር ኣይፈጥርንዶ፧" ዝብል ነበረ። ምስ ኣሕመድ ኩርብያ፡ ሑሰኖ መሓመድ፡ ኣሕመድ ሰዓድ ሳልሕ ዝተባህሉ ብጾቶም ኮይኖም ድማ ነዚ ሕቶ'ዚ ናብ ሸኽ ኢብራሂም ሱልጣን ከም ዘቕረቡ ይዝክሩ። ካብ'ዚኣቶም፡ ኣሕመድ ኩርብያ ሓደ ካብ መራሕቲ መንእሰያት እስላም ኣብ ኣስመራ ዝነበሩ ኢዮም።

ሸኽ ኢብራሂም ኣብ መልሶም፡ ምቛም እስላማዊ ማሕበር ስለቲ እምበር ዕላማ ወይ መትከል ከም ዘይነበረ ገለጹሎም። ኢትዮጵያ "ሺሕ ዓመት ዝገበረ

ናይ ኣከለ ጉዛይ መራሒ ኣልራቢጣ ቃዲ ዓሊ

ዛንታ ክርስትና እናምጽኣት ሰብ ካብ ሓዘት ንሕና ድማ ብስም ሃይማኖት ሰብ ንሓዝ ካብ ምባል ጥራይ ኢዩ" ድማ በሉዎም። ብዛዕባ'ቲ ምስ ክርስትያን ሰኒት ክይሰኣን ዝብል ስግኣት ግን፡ ሸኽ ኢብራሂም፡ "ድሕሪ ሰለስተ ወርሒ ንሳቶም'ውን ናይ ናጽነት ማሕበር ክተኻሉ ስለ ዝኾኑ፡ ኣብኡ ክንሰማማዕ ኢና" ብምባል ኣደዓዒሶምና ይብሉ ኣሕመድ መሓመድ ዓሊ።

ብድሕሪ'ዚ፡ ማለት ኣልራቢጣ ኣልእስላሚያ ተመስሪቱስ ኣብ ኩሉ ኣውራጃታት ጨናፍር ምስ ከፈተ፡ ሓደ ናይ መንእሰያት ወይ ሸባብ ክፋል ንኽምስርት ተነጣጠፈ። በዚ መሰረት ንኣብነት፡ ኣሕመድ መሓመድ ዓሊ በቶም ፕረሲደንት ኣልራቢጣ ናይ ኣውራጃ ኣከለ ጉዛይ ኮይኖም ዝነበሩ ቃዲ ዓሊ ተመዚዞም፡ ኣብ ምምስራት ሸባን ኣልራቢጣ ንኽውክሉ ተላእኩ።

መስራቲ ኣኼባ ሸባን ኣልራቢጣ ኣልእስላሚያ ሕጂ'ውን ኣብ ቤት ሻሂ መሓመድ ኣበራ ሓጉስ ወይ ቤት ሻሂ ሉል ቀይሕ ባሕሪ ተኻየደ። ብመሰረት ዝኽሪ ኣሕመድ መሓመድ ዓሊ፡ ነቲ ኣኼባ መሓመድ ስዒድ ኣበራ፡ ወዶም ንኣበራ ሓጉስ፣ ኣቶ ስዒድ ሰፋፍ፡ ወዲ ደግያት ሰፋፍ ናይ ጊንዳዕን ሓደ ማሕሙድ ዑመር ዝተባህሉ ናይ'ቲ ጊዜ ናይ መሃንዲስነት ምሁርን ነበሩ። ካብ

ቀዳማይ ፕረሲደንት ሸባን ኣልራቢጣ መሓመድ ስዒድ ኣበራ

መንነቶም ኣብኡ ዝተረኽቡ፡ ኣቶ ኣሕመድ ሳልሕን ጉላይ ሰሩርን ዝተባህሉ ካልእ ምሁር ናይ'ቲ እዋንን ይዝክሩ።

ኣብ'ዚ ኣኼባ'ዚ፡ ማሕበር ሸባን ኣልራቢጣ ኣብ ኩሉ ኣውራጃታት ኤርትራ ጨናፍር ከፊቱ፡ ንመንእሰያት ኣብ መስመር ኣልራቢጣ ንኸእቱ ክጽዕርን ንተግባራት ኣንድነት ንኽቃወምን ስምምዕ ተገብረ። ሓደ ላዕለዋይ ኮሚቲ ንኽቐውም ምስ ተመርጸ'ውን፡ መሓመድ ሰዒድ ኣበራ ፕረሲደንት፡ ሰዒድ ሰፋፍን ማሕሙድ ዑመርን ድማ ካብ ላዕለዎት መራሕቲ ኮኑ።

ኣብ ግብሪ ምስ መጸ፡ እቲ ማሕበር ሸባን ብድሌት ናይ ዝተኣኻኸቡ መንእሰያት ውድብ ስለ ዝነበረ፡ ከንቀሳቐሶ ዝኽእል ባጀት ኣይነበሮን። ጨናፍር ኣልራቢጣ ኣብ ዘዝተኸፈተሉ ኣንድነት ዕግርግር ንኸየልዕሉ ሓለዋ ንምውጻእ፡ ኣባላት ሸባን ካብ ቦታ ናብ ቦታ ዝንቀሳቐሱ ካብ ጁባ ነፍሲ ወከፎም ስለ ዝነበረ፡ ከምቲ ዝድለ ብብዝሒ ክርከቡ፡ ምስ ዝርከቡ'ውን ብኣድማዕነት ክውደቡን ክሰርሑን ጸገም ነበረ። ይኹን'ምበር፡ ኣብ'ዚ ሓሓሊፉ ይጥቀስ ከም ዘሎ፡ ሓሓሊፎም ዓቕሞም ዘፍቅዶ ንጥፈታት ካብ ምግባርስ ዓዲ ኣይወዓሉን።

እዚ ግን ነቶም ሸባን ኣልራቢጣ ዝብሃሉ፡ ነቲ ቃልሶም ብሰላማዊ መገዲ ዘሰላስሉ ዝነበሩ ዜጋታት ይምልከት። በቲ ሓደ ኣንጻር ግን፡ ብፍላይ ኣብ መንጎ ተወላዶ ሳሆ ዝኾኑ ዜጋታት ካብ ኣከለ ጉዛይ፡ ካብ 1948 ኣቢሎም ዕጥቃዊ ተቓውሞ ኣንጻር ናይ ሕብረትን ናይ ኢትዮጵያ ሸፋቱን ኣካይዶም ኢዮም። ብዛዕባ እዚኣቶም ዘለና ዝበዝሕ ሓበሬታ ፋሕ ዝበለን ኣብ ውልቀ ፍጻሜታት ዘተኩረን ኢዩ። ካብ'ዚ ኹሉ፡ እቲ ጸኒሑም ኣባል ቀዳማይ መጋባእያ ባይቶ ኤርትራ ካብ ዝኾኑ ሸኽ ሳልሕ ሙሳ ኣቡዳውድ ዝረኸብናዮ ሓበሬታ ዝያዳ ዝሰፍሐን ንቐጻሊ መጽናዕቲ ጽቡቕ ኣንፈት ዝህብን ኢዩ። ናይ ሸኽ ሳልሕ ዝኽሪ በዚ ዝስዕብ ክጽሞቑ ይከኣል።

ኣብ ከባቢ 1947-1948 ኣብ ኤርትራ ሸፍትነትን ግብረ-ሽበራን ኣዝዩ ምስ ገርገረ፡ ኣብቶም ካብ ሃዘሞ ክሳብ መረብ ኣብ ዝርከብ ዶብ ኤርትራን ትግራይን ዝነብሩ ዝነበሩ ሙብዛሕትኦም ዓሳውርታ ዝኾኑ ኤርትራውያን፡ ብዙሕ ጸገማት ክጓንፍ ጀመረ። ምንጪ ናይ'ዚ ጸገም'ዚ ካብ ትግራይ ናብ ኤርትራ እናተመላለሱ ህውከት ዝፈጥሩን ዝዘምቱን ተጋሩ ነበሩ። እዚኣቶም፡ ከም ልቦም ንኸይመላለሱ ቡቶም ዓሳውርታ ይዕገቱ ስለ ዝነበሩ፡ ሳሆ ዘበለ ካብቲ ከባቢ ዶብ ንኽእለየሎም ጠለቡ። ካብ'ዚ ሓሊፎም'ውን፡ ኣብ ከባቢ ኣሕሰኣ ዝብሃል ናይ ትግራይ ቦታ ይነብሩ ኣብ ልዕሊ ዝነበሩ ተወላዶ ሳሆ ሓደጋ ብምውዳቕ፡ ክልተ ደቂ ሳሆ ክቐትሉ እንከለዉ፡ ካብኣቶም ሓደ ሞቶም።

እዚ ምስ ኮነ፡ ይብሉ ሸኽ ሳልሕ ሙሳ፡ ብፍላይ ኣብ መላእ ህዝቢ ዓሳውርታ ቁጥዐን ስግኣትን ተፈጢረ'ሞ፡ እቲ ህዝቢ ብውሑዱ መከላኸሊ ነብሱ ዝኾና ብረት ንኽሕዝ ክፍቀደሉ ንምምሕዳር እንግሊዝ ኣፍለጠ። ኣብቲ መጀመርታ እቲ ምምሕዳር ንህዝቢ ሳሆ ብሓፈሻ፡ ንዓሳውርታ ድማ ብፍላይ ብረት ምሃብ፡

ኣይንፈላለ

ዑስማን ሓጂ ናስሮ

ነቲ ዝነበረ ግጭታት ምግዳድ ክኸውን ኢዩ ብዝብል ምኽንያት ፍቓድ ካብ ምሃብ ተቘጠበ።

ጎድኒ ጎድኒ እዚ፡ መራሕቲ ናይ'ቲ ህዝቢ፡ ናብ መራሒ ኣልራቢጣ ሸኽ ኢብራሂም ሱልጣን ብምኻድ፡ ሓለዋ ኣልራቢጣ ዝወጹ ዕጡቓት በቲ ማሕበር ንኽምልመሉ ሓተቱ። ሸኽ ኢብራሂም ነዚ ሓሳባት'ዚ ከም ዘይተቐበሉዎ ሸኽ ሳልሕ የዘንትዉ። ሸኽ ኢብራሂም ዝሃቡዎ ምኽንያት፡ "ኣልራቢጣ ንሰዓብቱ ብረት ሂቡ ዕጥቃዊ ግጭት ከለዓዕል ማለት፡ ኢትዮጵያ ብምሉእ ሓይላ ናብ ኤርትራ ንኽትኣቱ ዕድል ምኽፋት ኢዩ። ኣብ ከምኡ ዝመሰለ ውድድር ክንኣቱ ዓቕሚ ይኹን ምንጪ ብረት ስለ ዘይብልና ድማ፡ ብፖለቲካዊ መገዲ ጥራይ ምቅላስ ኢዩ ዘዋጽኣና...." ዝብል ነበረ። በዚ ድማ እቲ ጉዳይ ተዓጽወ።

ምምሕዳር ናይ'ቲ ኣውራጃ ግን ጸኒሑ ነቲ ናይ ፈለማ መርገጺኡ ቀየረ'ሞ፡ እቲ ህዝቢ መከላኸሊኡ ዝኸውን ብረት ዝረክብ እዚ ዝስዕብ ሰለስተ ቅድመ ኩነታት ምስ ዝማላእ ጥራይ ምንባሩ ገለጸ፤

1. እቲ ካብ ዓዲ ግራትን እንትጮን ተበጊሱ ናብ ኤርትራ ዝኣቱ መስመር ንግዲ ወይ ጽርግያ ንኸሉ ክፉት ኮይኑ ከገልግል ስለ ዝድለ፡ ኣብኡ ናይ ምትዕንቃፍ ተግባራት ከይፍጸም፡

2. ቡቲ ዝተረኽበ ብረት ጎረባብትን ሰላማውያን ተመላለስትን ከይግፍዑ፣
3. እቲ ብረት ኣንጻር ሰራዊትን ፖሊስን መንግስቲ ከይቀንዑ።

እዚ ምስ ኮነ፡ ናስር ኣቡበከር ፓሻ ባዕሎም ኣኼባ ናይ ዝምልከቶ ኹሉ ጸውዑ'ሞ ነቲ ብስራት ነገሩ። መግዝኢ ብረት ዝኸውን ገንዘብ'ውን ተዋጽአ። ኣብዚ ነቲ ብረት ዝዓጥቕ መንእሰይ ዝመርሕ ሰብ ብመን ሕራይ ንኽወጽእ ሓሳብ ምስ ቀረበ፡ ሓደ ዑመር ኣደም ጉዱፍ ዝተባህለ መንእሰይ ተወፈየ'ሞ፡ ኣብኡ ተመረቐ። ካልኦት ካብኡ ዝዓብዩ'ኳ ኣብኡ እንተ ነበሩ፡ ብሕፍረት ወይ ዒብ ገይሮም ስለ ዘጽቀጡ ኢዩ ዑመር ኣደም ከም መንእሰይ ሕራይ ዝበለ። ብዝኾነ ንሱ ይምራሕ ተባህለ።

ምስኡ ግን ብርክት ዝበሉ፡ ጸኒሖም'ውን ስም ዝገበሩ ኣጉባዝ ተወፈዩ። ካብ'ዚኣቶም ዑመር ኣሉላ፡ ዓሊ ሹም፡ ዑስማን ሓጂ ናስርን ሳልሕ ሱሌማንን እቶም ዝያዳ ዝዝከሩ ኢዮም። ኣስማት ናይ'ዚኣቶም ጸጸኒሕና ክንረኽቦ ኢና። ምናልባት፡ ኣብ ካልእ ግዜ ስለ ዘይንረኽቦ፡ ኣብ'ዚ ክንዛረበሉ ዝግባኣና ዑስማን ሓጂ ናስሮ ኢዩ። ዑስማን ሓጂ ናስሮ፡ እቲ ኣብ ኣጋ መወዳእታ ታሕሳስ 1958፡ ማለት'ውን ኣብ እዋን ፈደረሽን፡ ዓሰርተ ሓደ ርእሱ ብምርሻን ብሞት ዝተቐጽዐ ኢዩ። ዝቐረበሎም ክሲ፡ ኣብ ሰነ 1955 ንሽዱሽተ ኣባላት ፖሊስ ኤርትራ ቀቲልኩም ተባሂሉ'ኳ እንተ ነበረ፡ ብፍላይ ንዑስማን ሓጂ ናስሮ ብዝምልከት፡ ኣፈ ታሪኽ ናይ'ቲ ቦታ፡ ነዚ ክሲ'ዚ ፈጺሙ ይነጽግ ኢዩ። ንሱ ቀታሊ ስለ ዝነበረ ዘይኮነስ፡ ካብ 1948 ኣትሒዙ ኣብ ልዕሊ መንግስቲ ኢትዮጵያ ብዝነበሮ ተቓውሞ

ሸኽ ሳልሕ ኣቡዳውድ — ኣሕመድ መሓመድ ዓሊ

(ኣባላት ሸባን ዝነበሩን ብዛዕብኡ ሰፊሕ ሓበሬታ ካብ ዝሃቡን ሃገራውያን።)

ብዓቢ ምትላል ኢዱ ከም ዘህብ ተገይሩ ብመንግስቲ ኣስፍሃ ወልደሚካኤል ብግፍዒ ከም ዝተቐትለ ድማ ይዝከር።

ዑመር ኣደም ንዝያዳ ሓደ ዓመት ዝኸውን ነቲ ጭፍራ መርሐ። ኣብ ውሽጢ ሓጺር ጊዜ'ውን ቁጽሪ ሰዓብቱ ብዓሰርተታት ዓበየ። ብመሰረት እቲ ብመንግስቲ እንግሊዝ ይኹን ቡቶም ብናስር ኣቡበከር ፓሻ ዝምርሑ ዝነበሩ ሽማግለታት ዝተዋህቦ ለበዋ ድማ፡ ኣብ ልዕሊ ህዝቢ ናይ ምግፋዕ ይኹን ናይ ዝርፉ ተግባራት ከየካየደ፡ ኣብ ምክልኻል ተወሲኑ ተሳለየ። ምስ ናይ ኢትዮጵያ ሽፋቱ'ውን ሓያለ ግጥማት ኣካየደ። ኣብ ሓደ ካብ'ዚ ግጥማት'ዚ ግን፡ ኣብ ውሽጢ ሓጋይ 1949፡ ብጥይት ቆሲሉ ሞተ።

ድሕሪ ዑመር ኣደም፡ እቲ ናይ ምምራሕ ሓላፍነት ናብ ብዓል ዓሊ ሹም፡ ዑመር ኣሉላ፡ ዑስማን ሓጂ ናስሮን ካልኦትን ሓለፈ። ንኣስታት ትሸዓተ ወርሒ ድማ፡ ይብሉ ሸኽ ሳልሕ ሙሳ፡ እቲ ህዝቢ ከየጋፉዕካ ብስርዓት ምምልላስ ቀጸለ። ብቐንዱ፡ ዕላማ ናይ'ዞም ንነብሶም "ሓለዋ ኣልራቢጣ" ዝጸውዑ ዝነበሩ ጉጅለታት፡ ንተግባራት ኣንድነት ምቅዋም ኢዩ ዝነበረ። ኣብ'ዚ ድማ ሓደ ኣብነት ክጥቀስ ይከኣል።

ንኣብነት ይዝክሩ ሸኽ ሳልሕ፡ ብ23 መጋቢት 1950፡ ማለት ድማ ኮሚሽን ሕ.ሃ. ርእይቶ ህዝቢ ንምስማዕ ናብ ፎሮ ንኣኼባ ኣብ ዝወረደሉ፡ ሸኽ ሳልሕ ወካልን ወዳብን ኣልራቢጣ ኮይኖም ኣብኡ ተረኽቡ። ማሕበር ኣንድነት ኣባላቱ ካብ ካልእ ቦታታት ኣምጺኡ ዕግርግር ክፈጥር ከም ዝተዳለወ ተፈሊጡ ስለ ዝነበረ፡ ብዓሊ ሹምን ዑመር ኣሉላን ዝምርሑ ክልተ ጉጅለታት ኣብ ከባቢ ፈጠርን ዘሕዘሕን ዝበሃል ቦታ ኣድብዮም ብምጽናሕ፡ ሰንቂ ኣንድነት ሒዛ ትኸይድ ንዝነበረት መኪና ኩቲሮም ነቲ ናይ ሕብረት ሓሳባት ከም ዘምከንዎ ሸኽ ሳልሕ የዘንትዉ።

እዚ ከምዚ ዝመስል ብመትከል ናይ ምምልላስ ኣንፈት ግን ኣቐጺሙ'ውን ቀሰ እናበለ ይፍሓር ነይሩ ኢዩ።

በዚ መሰረት፡ ኣብ 31 ታሕሳስን 1 ጥርን፡ ተወላዶ ሳሆ ዝኾኑ ዕጡቓት ኣብ ከባቢ ዓዲ ኳላ ንዝርከባ ዓድታት ብምንዳድን ብምዝራፍን ንሓደ ቤተ ክርስትያን ኣራኺሶም ተባህለ።[1] ነዚ ዝገበሩ ብዓል መን ምንባሮም'ኳ ብንጹር እንተ ዘይተረቘሐ፡ ጸብጻብ ምምሕዳር'ቲ ኣውራጃ፡ እዚ ተግባር'ዚ መልሰ ግብሪ ናይ ክርስትያን ሽፋቱ ስለ ዘለዓለ፡ እዞም ዳሕረዎት ሃዘሞ ብምውራድ ኣብ ልዕሊ ህዝብን ንብረትን እቲ ከባቢ ሓደጋ ከም ዘውደቑ ሓበረ። በዚ መሰረት፡ ብ1 ጥሪ 1950፡ ብደቂ ሞሳዝጊ ዝምራሕን ጭፍራ ኣስረስሀይ ዝተሓወሶን ሓደ ጉጅለ፡ ምስ ጭፍራ ዑመር ኣሉላን ዓሊ ሹምን ገጠመ፣ ኣብዚ ድማ ጭፍራ ደቂ ሞሳዝጊ ዝያዳ ተሃሰየ።[2]

1. WO 230/243, 7 January 1950.
2. WO 230/243, 4 January 1950.

ጸኒሕና ከም እንርእዮ፡ ከም ዑመር ኣሉላ፡ ዓሊ ሹም፡ ሳልሕ ሱሌማንን ዑስማን ሓጂ ናስሮን ዝመሰሉ መራሕቲ ሸፍታ፡ ኣብ ምጅማር ሓምሳታት ምሕረት እናተቐበሉ ናብ ሰላማዊ ናብራ ተሳገሩ። እዚ ብወገኑ፡ ነቲ ነይሩ ዝብሃል ስርዓት ናይ ምሕላውን ካብ ተራ ሸፍትነታዊ ተግባራት ናይ ምቍጣብን ኣንፈት ስለ ዘህሰሶ፡ ብዙሓት ካብቶም ኣብ ሸፍትነት ዝቐጸሉ ናብ ተራ ናይ ምዝራፍን ምዝማትን ተግባራት ከም ዝወደቑን እዚ ድማ ብዙሕ ናይ ህዝቢ ምረት ከም ዘስዓበን ኣፈ ታሪኽ እቲ ከባቢ የዘንቱ።

መንግስቲ ኢትዮጵያ፡ ነቲ ናይ ሸባን ኤርትራን እስላም ሸፋቱን ናይ ምክልኻል ፈተነ ብመንግስቲ ብሪጣንያ ይደፋፋእ ከም ዝነበረ ብምምሳል ኢያ እትዛረበሉ ዝነበረት። እዚ ግን ዘይመስል ኢዩ። ርግጽ፡ ምስቲ ናይ ምቕሊ ሓሳባታ፡ ብሪጣንያ ሃይማኖታዊ ግጭት ከስፋሕፍሕ ኣይትደልን ነይራ ምባል ኣይክኣልን። እስላም ሸፋቱ ምትብባዕ ግን ነቲ ናይ ናጽነት ቀጽሪ ምሕያል ስለ ዝነበረ፡ ነዚ ድማ ብሪጣንያ ከም ዘይትደልዮ ብዝተፈላለየ መገዲ ተርእዮ ስለ ዝነበረት፡ ትድግፎ ነይራ ክብሃል ዘይክኣል ኢዩ። ስለ'ዚ፡ እዚ ፈተነ'ዚ፡ ፍኑውን ብዙሕ ናይ ዝምታን ዕንወትን ተግባራት ዝተሓወሶ'ውን ይንበር'ምበር ብውሑዱስ ነቲ ናይ ሕብረት ግብረ ሽበራ ናይ ምቅዋም ኣንፈት ነይሩዎ ኢዩ። ኣብ'ዚ ኮሚሽን ሕ.ሃ. ቅድሚ ምምጻእ ዝነበረ ጊዜ ሓይሉ ምንባሩ ኸኣ ኣየካትዕን። እዚ ስለ ዝተባህለ ግን መኮንናት እንግሊዝ ነገር ዘንሃህርን ምርሕሓቕ ኤርትራውያን ዝፈጥርን ተግባራት ካብ ምግባር ቍጡባት ነይሮም ማለት ከም ዘይኮነ ክበርህ ይግባእ።[3]

ጅንብል ቀ.ና.ኤ.

ሸኽ ኢብራሂም ሱልጣን ካብ ሌክ ሳክሰስ ኣብ መልሶም ብኢጣልያ ስለ ዝተኣልዩ ቀልጢፎም ናብ ኤርትራ ኣይኣተዉን። በዚ ምኽንያት'ዚ ድማ፡ እቲ ወግዓዊ ምምስራት ወይ ቅርጻዊ (መዋቕራዊ) ምቛም ቀ.ና.ኤ. ቀልጢፉ ኣይተሰላሰለን። በዚ ድማ፡ እተን ከም ኣባላት ዘቑምኦ ዝተፈላለያ ማሕበራት በበይነንን፡ በቲ ናይ ቀደመን ኣቃውማን ኣሰራርሓን ኢየን ክቕጽላ ጸኒሐን።

ኣብ ወርሒ ታሕሳስ 1950 እምበኣር ብዛዕባ ንጥፈታት ቀ.ና.ኤ. ብዙሕ ኣይንሰምዕን። ውሽጢ ውሽጢ፡ ነቲ ማሕበር ብወግዒ ናይ ምምስራት ንጥፈታት ምክያዱ'ኳ ዘጠራጥር እንተ ዘይኮነ፡ ኣብ ሰነዳት ናይቲ ጊዜ ዝሰፈረ ክጥቀስ ዝኽኣል ተግባራትን ፍጻሜታትን ናይቲ ቐጽሪ ግን ኣይንረክብን። ጸብጻባት እቲ ምምሕዳር ብዛዕባ ቀ.ና.ኤ. ዘቕርብዎ ዝነበሩ ገምጋም፡ ኣብ ሓድሕዱ ዝገራጮ ኢዩ ዝነበረ። ኣብ ሓደ ንኣብነት፡ "ሰረታት እቲ ቐጽሪ ኣብ ሑጻ ዝተነድቀ ኾይኑ

3. ኣፈ ታሪኽ ናይ'ቲ ከባቢ፡ ክልተ መኮንናት እንግሊዝ፡ ሜጀር ብራንሲን ሜጀር ሎሪመርን ዝተባህሉ፡ ኣንጻር መርገጻት ብምሓዝ ንኽልቲኦም ሸፋቱ፡ ማለት ነቶም ናይ ኢትዮጵያን ነቶም ደቂ ሳሆን ብረት የዕጥቑ ነይሮም ኢዮም ይብል ኢዩ። እዚ ድማ፡ ብራንሲ ነቶም ናይ ኢትዮጵያ ሎሪመር ድማ ነቶም ናይ ሳሆ ምዃኑ ኢዩ። እዚ ግን ካልእ መረጋገጺ ኣይተረኽበሉን።

ብውሽጣዊ ግርጭታት ዝተመቓቐለ'ኳ እንተ ኾነ፡ ካብ ፍጹም ምብትታንስ ነፍሱ ኣድሒኑ ኣሎ፣ እቲ ብሓቂ ዝፍተነሉ ጊዜ ኸኣ ይመጽእ ኣሎ" ዝብል ንረክብ።[4] እዚ ዝተባህለ "ፈተነ" መቐጸልታ ናይ'ቲ ኣብ ዝሓለፈ ምዕራፍ ዝጠቐስናዮ፡ ብፍራንክ ስታፎርድ ዝምራሕ ዝነበረ ውዲት ምዃኑ ጸኒሕና ክንርኢ ኢና።

ብኻልእ ወገን፡ ቀ.ና.ኤ. ንፕሮፓጋንዳዊ ስርሓቱ ዘገልግሎ ልሳን ዛጊት ከየዳለወ ኢዩ ጸኒሑ። ኣብ'ዚ እንዛረበሉ ዘለና ኣዋርሕ፡ ኣብ ኤርትራ ኣርባዕተ ኤርትራውያን ጋዜጣታት ኢየን ዝነበራ። ካብ'ዚኣተን፡ እተን ሰለስተ፡ ማለት *ሰውት ኣልራቢጣ፡ ኢትዮጵያን ናጽነት ኤርትራ* እትብሃል ጋዜጣ ናይ ማሕበር ሓዳስ ኤርትራን ክቕጽላ እንከለዋ፡ እታ *ሕብረት (ስምረት) ኤርትራ* (Unita dell'Eritrea) እትብሃል ኣብ መፋርቕ ክራማት 1949 ኣቋረጸት። እዛ ጋዜጣ እዚኣ ናይ ዴስነት (Communism) ኣተሓሳስባ ብዝነበሮም ዜጋታትን ብደቂ ጥልያንን እትሕተም ዝነበረት ኢያ። ነዊሕ ከይጸንሐት ምሕታም ምስ ኣቋረጸት ግን፡ ቀጽሪ ናጽነት ወሰደታ እሞ፡ ካብ 28 ጥሪ 1950 ጀሚራ፡ በታ "ሓንቲ ኤርትራ" እተሰምየት ወግዓዊት ጋዜጣኣ ተክኣታ።[5]

ሓንቲ ኤርትራ ብኣዳላውነት ወልደኣብ ወልደማርያም እትሕተም ጋዜጣ ኮይና፡ ከም ልሳን ናይ ናጽነት ከተገልግል ጀመረት። ኣብቲ ናይ 4 ለካቲት ካልኣይ ሕታማ ድማ ብዛዕባ'ቲ ኣብ ደቀምሓረ ብ31 ጥሪን 1 ለካቲትን ዝተኻየደ ዓቢ ዋዕላ ቀ.ና.ኤ. ኣሰፊሓ ጸሓፈት። እዚ፡ ዳርጋ ብምሉኦም መራሕቲ ኹለን እተን ነቲ ቐጽሪ ዘቖማ ማሕበራት ዝተሳተፉዎ ኾይኑ፡ ነቲ ማሕበር ብወግዒ ንምጽንባልን መራሕቲ ንምምራጽን ዝተኣከበ ነበረ። *ሓንቲ ኤርትራ* ኣብቲ ዋዕላ ንዝነበረ ሓፈሻዊ ሃዋህው በዚ ዝስዕብ ቃላት ገለጸቶ፡-

> ኣብዚ ዋዕላ'ዚ ኣብ ናይ ካልኦት ዋዕላታት ከም ዚግበር፡ ናይ ብጾትካ ኣዒንትን ገጽን እናረኣኻ ዘይመስለካ ምዝራብ ወይስ ንሓሳብካ ምጉዕጻጽ ኣይተራእየን። ነፍስ ወከፍ ልኡኽ ናብቲ ንማሕበሩን ንሃገሩን ዚሓይሽ ኮይኑ ዝተሰምዖ ሓሳብ ተኩሩ እናጠመተ፡ እገለ እንታይ ይብለኒ ከይበለ፡ ብራህዋን ብሓጉስን ተዛረበ።
>
> ኣብ ሰልፊ ናጽነት፡ ምስጢር ዝብሃል ፖለቲካዊ ጉዳይ የልቦን። ስዉር ነገር የልቦን። ኩሎም ልኡኻትን ህዝብን ዘይፈልጡዎ ጉዳይ ተሓቢኡ ኣይነብርን። ኩሉ ብህዝቢ፡ ካብ ህዝቢ፡ ንህዝቢ ስለ ዝኾነ፡ ኣብ ቅድሚ ህዝቢ ብብጊዚኡ እናቐረበ ይዝተን ይምደብን።....ኣብተን ብሓደ ሓሳብን ብሓደ ቓልን ዚምርሓ ካልኦት ማሕበራት ግን ምስቲ ናይ መራሕቲ ዘይሰማማዕ ቃል ምዝራብ፡ ኣረ ምስቲ ሓሳባቱ ዘይሰማማዕ ሓሳብ እኳ ምሕሳብ፡ ዓቢይ በደልን ሕማቕን ኮይኑ ይቐርብ። እዚ ፋሺዝሞ-ፋሺዝሞ ዝሸትት ኣገባብ እንተ ዘተየን እንተ መደበን ከኣ፡ ንጥቕሚ ህዝብን ሃገርን ከም ዘይከውን ዝተረጋገጸ ኢዩ።[6]

4. B.A.E. , Eritrea - Annual Report for 1949, 31 December 1949.

5. እ.ጽ. 1፡ ገጽ 56 ርአ። ካብ መፋርቕ ታሕሳስ 1949 ክሳብ መፋርቕ ጥሪ 1950፡ እቲ ምምሕዳር ንኹለን ነጻ ጋዜጣታት ዓጽይወን ነይሩ ኢዩ። እዚ ዝኾነሉ ምኽንያት፡ ኣብ መንጎ'ቲ ኩሉ ናይ ግብረ ሽበራን ሸፍትነትን ተግባራት፡ እተን ጋዜጣታት ቀንዲ መረሳሰንቲ ጽልእን ቂምን ኮይነን ኣለዋ ብዝብል ክሲ ኢዩ።

6. "ሓንቲ ኤርትራ" 1/2፡ 4 ለካቲት 1950።

ነቲ ዋዕላ ብኣቦ መንበርነት ክመርሑ ዝተመርጹ ራእሲ ተሰማ ኣስበሮም፡ መበል 80 ዓመት ዕድመኦም ኢዮም በጺሖም ነይሮም። ነቲ እዋንን ንግብረ ዓመጽ ማሕበር ሕብረትን ኣመልኪቶም ድማ፡ ነዚ ዝስዕብ ቃል ኣስመዑ፤

እቲ ዚቃወመና ዘሎ ማሕበር፡ ካብ ሕጊ ዓደቦን ሕጊ እግዚኣብሄርን ብዝወጸ መሳርያ ገይሩ ይዓዪ ስለ ዘሎ፡ ብዙሕ የሕዝነና። ንኤርትራ፡ ንጥቕሚ ከም ዘይከውን ከኣ ኣቐዲምና ከነስምዕ ንደሊ።

... ንኣኡ ዚቃወም መደብ ክንገብር ምኽኣልና ኔርና፡ ግንከ ንሕናስ ነዚ ናጽነት ንምርካብ እንገብሮ ዘለና ገድልና፡ ብሕጊ ዓደቦን ብሕጊ ሕቡራት መንግስታትን ብሕጊ እግዚኣብሄርን ክንፍጸም እንደሊ እምበር፡ ኣብዛ እነፍቅራ ሃገርና ህውከት ክነእቱ ኣይንደልን ኢና።

"ናጻን ሓራን ዝኾነት፡ ብምሁራት ደቀባት እትመሓደር፡ ኣድልዎን ዓመጻን ዘይብላ፡ ኤርትራ ንምምስራት ኢና እንደሊ ዘለና። ኣነ ንርእሰይ ብዕድመ ዝሸምገልኩ ሰብ ስለ ዝኾንኩ፡ ንዝተረፈ መዋእለይ ብጸሎትን ምህለላን ክሕልፎ እየ ዝትምነ ዘለኹ'ምበር፡ ብድሕሪ ሕጂ ዝምነዮ ሽመት የብለይን...[7]

ፕሮግራም ዋዕላ ተነቢቡ ሙብዛሕትኡ ምስ ጸደቐ፡ "ሓለቓ" ወይ ድማ ፕረሲደንት ሰልፊ ወይ ቀጽሪ ናጽነት ምምራጽ ኣብ ዝብል ዛዕባ ፍልልይ ተራእየ። እዚ ፍልልይ'ዚ ድማ፡ ሙብዛሕትኦም እቶም ወከልቲ ማሕበራት ምስ ኣባላቶም ዘይዘተዩሉ ጉዳይ ምንባሩ ስለ ዘገንዘቡ፡ ብቑጽራ ዳግም ክጋብኡ'ሞ ምሉእ ዝኾነ መልሲ ሒዞም ንኽመጹ ስለ ዝተሓተቱ ዝመጸ ነበረ። በዚ መሰረት፡ እቲ ዋዕላ ብ10 ለካቲት ንኽጋባእ ተወሲኑ ተበተነ።

ከምቲ ቑጽራ፡ እቲ ዋዕላ ብ10 ለካቲት ኣብ ኣስመራ ተጋብአ። ቃዲ ሙሳ ናይ ደቀምሓረ ኣቦ መንበር ዋዕላ ተመርጹ። ከምቲ ዝሓለፈ፡ ብዛዕባ ምምራጽ "ሹም ኣሕዋት" ወይ ፕረሲደንት ማሕበርን ካልእ ጉዳያትን ናይ ነዊሕ ሰዓታት ክትዕ ተኻየደ። ብዙሕ መደረን ምስሕሓብን ነይሩ ክኸውን ኣለዎ። ምኽንያቱ ንኻልኣይ ጊዜ ቑጽራ ክግበር ዝሓተቱ ወከልቲ ነይሮም ኢዮም። ኣብ መወዳእታኡ ግን፡ እቶም ንምምራጽ ፕረሲደንት ቀ.ና.ኤ. ብዝምልከት ናይ 10 መዓልቲ ቑጽራ ሓቲቶም ዝነበሩ ወከልቲ ኣልራቢጣ፡ ብመገዲ ዋና ጸሓፊኦም ሸኽ ኢብራሂም ሱልጣን፡ ሓደ ኣተዓራቒ ሓሳብ ኣቕረቡ። እዚ ድማ፡ ፕረሲደንት ቀጽሪ ቡብተራ ሓንሳብ ክርስትያን ሓንሳብ ድማ እስላም እናተበራረዩ፡ ነፍስ ወከፎም ንሓደ ዓመት ጥራይ ክጸንሑ፡ እቲ ቐዳማይ ዕድል ድማ ንሓደ ክርስትያን ክውሃብ ዝብል ነበረ። እዚ ምሉእ ደገፍ ምስ ረኸበ፡ ራእሲ ተሰማ ኣስበሮም ፕረሲደንት ማሕበር ክኾኑ ተመርጹ።

እቲ ኣብኡ ተኣኪቡ ዝነበረ ወካሊ፡ ካብ መላእ ኤርትራ ስለ ዝተዋጽአ፡ ዳርጋ ኹለን ቋንቋታትን ሃይማኖታትን ኤርትራ ተወኪለን ነበራ። ምስ ክብደት ናይ'ቲ ፕረሲደንት ናይ ምምራጽ ሕቶ፡ ነቲ ዝመስል ስሙር ድሌትን ውሳነን ክርአ

7. እ.ጽ. 4፡ ርእ።

ቀሊል ጉዳይ ኣይነበረን፣ ብቐሊሉ'ውን ኣይተወሰደን። ነዚ ኣመልኪታ ጋዜጣ ሓንቲ ኤርትራ፡ "ናእዳ ዚግብኦ ሕዝቢ ኢዩ" ኣብ ትሕቲ ዝብል ኣርእስቲ፡ ነዚ ዝስዕብ ሕጡብ ኣስፈረት፤

> ሕዝብ ኤርትራ፡ እቲ ብእኩይ ዝኾነ ወጻእተኛ ማይ-ብሑቕ ዘይመጸጸ ኡነተኛ ሕዝብ ኤርትራ፡ ብውርዝነትን ብኣእምሮን ሓለፋ ዘለዎ ሕዝቢ ምዃኑ እናተገልጸ ይኸይድ ኣሎ። ኣብተን ምሁራትን ስልጡናትን ዚብሃላ ዓበይቲ ሃገራት ዓለም'ኳ፡ ንባይቶ ዚመርሕ ሰብ ኪምረጽ ከሎ፡ ክንደይ ዚኣክል ህውከትን ምፍሳስ ደምን ይኸውን፡ ክንደይ ዚኣክል ገንዘብን ስብከትን ከኣ ይጠፍእ። ኣብዚ ኣብ መንጎ እዚ ጨዋን ወረጃን ዝኾነ ሕዝቢ ኤርትራ ግን፡ እሞ ኣብ ማእከል ሰይጣናዊ ዝኾነ በብዓይነቱ መጻወድያታትን ተንኰልን፡ ከምዚ ዝበለ ዓቢይ ነገር፡ ብሓደ ዋዕላ፡ ብሓደ ቃል፡ ብሰላምን ብፍቕርን ኪውዳእ ይኽእል። ናይ ሓደ ሕዝቢ ስልጣኔን ዕብየትን ማለት እዚ ኢዩ'ምበር፡ ናይቶም ቦምብ ጌርካ ሚልዮናት ሰባት ብሓንቲ ደቒቕ ምጥፋእ ማለት ኣይኮነን። ስለ'ዚ እምበኣር ነተን ዓበይቲ መንግስታት ዓለም ካብዚ ሒዶትን ንእሸቶን ሕዝቢ ኤርትራ "ውርዝነት" ዚብሃል ሓዲሽ ቃል ኪመሃራ እንተ እንዕድመንስ ከም ድፍረት ኮይኑ ደኾን ምተቘጸረና፣[8]

ሓንቲ ኤርትራ፡ ንፕሮፓጋንዳዊ ሃልኪ ጥራይ ዝኣመተ ጽሑፋት ንጉድኒ ገዲፋ፡ ብዛዕባ ስርዓትን ዴሞክራስን ንህዝቢ ኣብ ምስትምሃር ኢያ ዝያዳ እተተኩር ዝነበረት። ኣዳላዊ ጋዜጣ ኣቶ ወልደኣብ ስለ ዝነበሩ፡ እዚ ከምዚ ዝመስለ ጽሑፋት፡ ብትሕዝቶ ይኹን ብቓና፡ ናቶም ምንባሩ ከካትዕ ኣይክእልን። እዚ ስለ ዝተፈለጠ ክኸውን ኣለዎ፡ ካልኣይቲ ሕታም ጋዜጣ ሓንቲ ኤርትራ ዝወጸትላ መዓልቲ፡ ማለት ብ4 ለካቲት 1950፡ ወልደኣብ ንሳልሳይ እዋን ኣብ ዝተኻየደሎም ናይ ቅትለት ፈተነ፡ ዳርባ ቦምባ ተሰንድዩሎም ዝደሓኑ።[9] ብዝኾነ፡ እቲ ዋዕላ ነቲ ዝተባህለ መንፈስ ብዘንጸባርቕ ኣገባብ ናብ ምድምዳም ገጹ ምስ ኣበለ፡ ከም "መኸምከምታ" ናይቲ ዝወዓለ፡ ሸኽ ኢብራሂም ሱልጣን ብፍላይ ነቶም ኣብኡ ተኣኪቦም ዝነበሩ መንእሰያት ናብ ውሸጢ ገዛ ንኽኣትዉ ድሕሪ ምዕዳም ነዚ ዝስዕብ ለበዋ ሃቡዎም፤

> .... እቶም ጸላእቲ ብዛዕባ'ዚ ናይ ናጽነት ሰልፍና ኪዛረቡ ከለዉ፡ ናይ ወጻእተኛ ወይ ከኣ ናይ ባዕዲ፡ ኣውራ ኣውራ'ኳ ናይ መንግስቲ ጥልያን መሳርያ ኢዩ እናበሉ ከም ዜዕልሉ ከይሰማዕኩምዎ ኣይክትህልዉን። ከምዚ ዝበለ ወረን ዕላልን ግና፡ መሰረት ሓቂ ዘይብሉ ናይ ጸላኢ ምህዞ ከም ዝኾነ ንስኻትኩም እውን ኣይትስሕትዎን።
>
> ንሕና ሰዓብቲ ሰልፊ ናጽነት ኤርትራ፡ ስለ ናጽነትናን ሓርነትናን ኢና እንጋደል ዘለና። ናጽነትና ንዓናን ንደቅናን ንምሉእ ወለዶና ኢዩ እምበር -- ንኻልእ ኣይኮነን። ስለ ናጽነት ኤርትራ ንጋደል ኣሎና'ምበር ስለ ጣልያን ወይ

8. "ሓንቲ ኤርትራ"፡ 1/3፡ 11 ለካቲት 1950።
9. Chi E dell' Eritrea? p. 291

ከኣ ስለ እንግሊዝ ወይስ ስለ ኢትዮጵያ ሓደው ስለ ምስሪ.... ኣይኮነን። ነቲ ናጽነት ኤርትራ ዚፈቱ ንፈትዎ፡ ነቲ ናጽነት ኤርትራ ዘይፈቱ... ግን ክንፈትዎ ኣይንኽእልን።

ኣንቱም መንእሰያት ደቂ ኤርትራ ... ናጽነት ኤርትራ ሃገርኩም ንኣኻትኩም ኢዩ'ምበር ንሕናስ ደጊም ሽምጊልና ስለ ዘሎና ሓለፍቲ ኢና። ናጽነት ኤርትራ እንተ ተረኽበ ንኣኻትኩም ኪሕሸኩም ኢዩ፡ ኤርትራ ናጽነታ እንተ ዘይረኸበት ግና ንኣኻትኩም ኢዩ ዚገደኩም። እምበኣርከስ፡ ስለ ናጽነትኩም፡ ስለ ክብረትኩምን ርስትኹምን ዛንታ ኣቦታትኩምን ኢልኩም ኣብዚ...ገድሊ ክትጽንበሩ ነዘኻኽረኩም ኣሎና።

ተንኰለኛን ቅጥፈትን ንዘኾነ ዕላል ጸላኢ ኣይትስምዑ፡ ወግዱዎ ንዮው በሉዎ። ... ንናጽነት ንጋደል ኣሎና። እዚ ቃል'ዚ ንድሕሪት ኪምለስ ዘይክእል፡ ዘይሕባእ፡ ዘይሕሰን ዘይጥበርን ኢዩ። ስለዚ'ውን እቶም ጸላኢ ብዛዕባኡ ዝበሉ እንተበሉ ኣይትስምዑዎም ዕላሎም መባኹርን ዓንቃፍን ኢዩ። ብስም ናጽነት ኤርትራ እዕድመኩምን እላበወኩምን። ናጻን ሓራን ደሞክራስያዊትን ኤርትራ ንዘልኣለም ትንበር![10]

ሸኽ ኢብራሂም ከምቲ ኢሎም ንመንእሰያት ምዝራቦም ብዘይ ምኽንያት ኣይነበረን። ካብ ዝኾነ ጊዜ ንላዕሊ፡ እቲ ናይ ሕብረት ወገን ሓይሊ መንእሰያት ተጠቒሙ ህውከት ከበኣእስ ዝተበገሰሉ እዚ ወርሒ'ዚ ኢዩ ዝነበረ። ኣቐዲምና፡ ድሕሪ ሞት ዓብደልቃድር ከቢረ፡ ማሕበር ኣንድነት ብትእዛዝ ኣመሓደርቲ ኤርትራ ፈሪሱ ከም ዝነበረ ርኢና። ኣብ ምጅማር ታሕሳስ 1949 ግን፡ "ማሕበር መንእሰይ ሓማሴን" ብዝብል ሓዲሽ መጸውዕን መጕልበብን መሊሱ ቈመ።[11] ናይ ግብረ ሽበራ ሃዋህው፡ ብውጥንን ብግብርን ኣዝዩ ክብ ኢሉ ስለ ዝነበረ ኾኣ ኢዮም ሸኽ ኢብራሂም ነቲ ለበዋኦም ናብ መንእሰያት ዘወፈዩዎ።

ካብ ኩሉ'ቲ ንሶም ይኹኑ ራእሲ ተሰማ ዝተዛረቡዎ እንርድኦ ነገር እንተሎ፡ መራሕቲ ቀጽሪ ናጽነት ኣብ ክብ ዝበለ ስግኣት ምንባሮም ኢዩ። ብሓቂ ድማ፡ እቲ ኣብ ልዕሊ'ቲ ናይ ናጽነት ወገን ዝነበረ ጸቕጢ ኣዝዩ ብርቱዕ ኢዩ ዝነበረ። ንሓዊ ብሓዊ ናይ ምምላስ ተኽእሎኡ ኣዝዩ ድሩት ስለ ዝነበረ ኾኣ፡ ናይ'ቲ ቐጽሪ ተስፉ ኣብ ፖለቲካዊ ፍታሕ ናይ ብምሉኡ ሕቶ መጻኢ ዕድል ኤርትራ ነበረ። እዚ ግን፡ ብውሽጢ ይኹን ብግዳም ይፍሓስ ብዝነበረ ውዲት ካልእ ኣንፈት ስለ ዝሓዘ፡ እቲ ተስፋ'ቲ ዘተኣማምን ክኸውን ኣይከኣለን።

10. እ.ጽ. 6፡ ርእ።
11. "ኢትዮጵያ"፡ 3/148፡ 4 ታሕሳስ 1949።

መንፈሳውን ኣካላውን ጉነጽ ኣብ ልዕሊ ቀ.ና.ኤ.

ቀ.ና.ኤ. ምስ ተመስረተ፡ ኣዝዩ ብዙሕ ኣባል ማሕበር ሕብረት ዝነበረ ናብኡ ከም ዝገዓዘ ብሰፊሑ ገሊጽና። እዚ ብወገኑ ኣብ ደንበ ሕብረት ኩብ ዝበለ ስግኣት ስለ ዝፈጠረ፡ ቤተ ክህነት ኦርቶዶክሳዊት ቤተ ክርስትያን ዝተሓወሰቶ ሓደ ዓቢ መንፈሳዊ ጸቕጢ ኣብ'ቲ ቐደሙ ብዝሓየለ ኣገባብ ተጀመረ። ንኣብነት'ኳ፡ ማሕበር ፍቕሪ ሃገር ሓማሴን፡ "ባይቶ ሓማሴን" ብወግዒ ዝሓገጎ "ዋዕላን ሕግን" ኢዩ ንዝበለቶ ዝሰዕብ ውሳነታት፡ ኣብ ልዕሊ ኣባላት ቀጸሪ ወይ ብሎኽን ናብኡ ዝገዓዙ ኣባላት ሕብረት ዝነበሩን ኣውጸአት፡

1. ምስ ኣብ ማሕበር ብሎኮ ዘሎ ሰብ ብዝኾነ ይኹን ምኽንያት ከይንሳተፍ፡
2. ምስ ኣብ ማሕበር ብሎኮ ዘሎ ሰብ ሕጸ ተሓጻጺና እንተለና ክንፋታታሕ፡
3. ኣብ ማሕበር ብሎኮ ዘሎ ሰብ መርዓ እንተ ገበረ፡ ከይንዕደም፡ ከይንኣትዎ፡ ዝኾነ ይኹን ገንዘብናን ኣቕሑትናን እውን ከይንህቦ፡
4. ኣብ ማሕበር ብሎኮ ዘሎ ሰብ ንሱ ወይ ብኣኡ ዝናበሩ ስድራ ቤቱ እንተ ሞቱ፡ መርድእ ከይንኸደሎም። ሬሳኦም ዝወሰዶ እንተ ሰኣነግን ዓዲ ፈራ ከይቐትል ከም ሕኑቕ ብዘይ መስቀል፡ ብዘይ ፍትሓት ኣርባዕተ ዓራት ዝሰከሙ፡ ሰለስተ ጉድጓድ ዝኸዕቱ ኾይናም ይቕበሩዎ። ዝኾነ ይኹን ናይ ደበስ ዓይነት ከይንህብ፡
5. ቀሺ ኣብ ማሕበር ብሎኮ ዘሎ ኣብ ማሕድሮ እንተልዩ ካብ ማሕድሮ ክለቕቕ፡ ዝኾነ ይኹን ምእመን ብእኡ ከይናዘዝ፡ ከይጥመቕ፡ ከይባረኽ፡ ካብ ኢዱ ጨሪሹ ክወጽእ.....።[12]

ከምዚ ዝመሰለ መንፈሳዊ ውሳነታት መቸም ብሓደ ጨንፈር ማሕበር ሕብረት ጥራይ ሓሊፉስ፡ ብዘይ ስምምዕ ቤተ ክርስትያን ነቲ ዝድለ ሓይሊ ክረክብ ማለት ዝሕሰብ ኣይኮነን። ኣብ ልዕሊ ምእመናን ይፈጥሮ ንዝነበረ ምጭናቕን ራዕድን ግን ብቐሊሉ ክንግንዘብ ንኽእል።

ኣብታ ካልኣይቲ ሕታማ፡ ሓንቲ ኤርትራ "ዘይሕከኽ በደል" ብዝብል ኣርእስቲ ነዚ ሻርነትን ፖለቲካዊ ዓመጽን ቤተ ክህነት ተዋህዶ ነቐፊቶ። ኣብቲ ካብ 1935 ክሳብ 1950 ዝነበረ ዓሰርተ ሓሙሽተ ዓመታት ድማ፡ እቲ ቤተ ክርስትያን ክልተ ዓበይቲ በደላት ፈጺሙ ክትብል ከሰሰት። ነቲ ኢጣልያ ብ1935 ንኢትዮጵያ ኣብ ዝወረረትሉ እዋን በቲ ቤተ ክርስትያን ዝተወሰደ መርገጺ ኣመልኪታ ድማ እታ ጋዜጣ ከምዚ በለት፤

> በቲ ቐዳማይ በደላ፡ ነታ ካብ ኣሽሓት ዓመታት ብናጽነታ ዝነበረት ሃገር ኢትዮጵያ ንምጥቃዕ፡ ምስ ባዕዳዊ መንግስቲ ሓቢሩ፡ መሳርያኡ'ውን ኮይና፡ ኣብ ምፍሳስ ደም ቁረብትን ስገድትን ኢዳ መሊሳ ተረኽበት። በቲ ጊዜ'ቲ፡ ነቲ ዘይሃገሩ ዚወርር ዝነበረ ሰራዊት ዘይሰዓበ ወዲ ኤርትራ ኾነ ወይስ ወዲ

12. እ.ጽ. 9፡ ርአ።

ትግራይ፣ ብነፍሱን ብስጋኡን ኩነን ኮይኑ ኺነብር ኢዩ ኢላ እናፈራርሀት፣ ናይ ሕዝበ ክርስትያን፣ ሕዝበ ተዋህዶ መንፈሳውን ስጋውን ናጽነት ሰበረት።

በዚ ጊዜ'ዚ ድማ፣ ምሉእ ሕዝቢ ኤርትራ፣ ኣስላማይን ክርስትያንን ይርእዮን ይሰምዖን ከም ዘሎ፣ ነቶም ናጽነት ኤርትራ ንምምላስ ዚጋደሉ ዘለዉ ደቀባት ቈረብቲ ሰገድቲ፣ ሰላማውያን ሰባት፣ ቅዱስ ምስጢራታ እናኸልአት፣ ከም ኣድገ በቕሊ ብዘይ መስቀል ክቕበር ትእዝዝ ኣላ።

ካብ ሃይማኖት ኣቦታቱ ዝወጸ፣ ካብቲ ናይ ኦርቶዶክሳዊት ቤተ ክርስትያን ሕግን ስርዓትን ዝዘንበለ ሰብ እንተ ዚርከብ'ኳ፣ ብጸሎትን ብምህለላን፣ ብፍትሕን ብትሑት ኣገልግሎትን ደኣ ናብ መጓሲኣ ክትመልስ ምተገብአ'ምበር ብጥፍኣቱ ክትጸወት ወይ ንጥፍኣቱ ክትሕግዝ ኣይምተገብአን። ንሳ ግን፣ ነቶም ካብ ሃይማኖት ኣቦታቶም ዘይወጹ..... ሰላማውያን ምእመናን ደቂ ኤርትራ፣ ብፖለቲካዊ ሓሳባቶም፣ ካብቲ ንሳ ትመርሖ ዘላ ፖለቲካዊ ማሕበር እተፈልዩ ስለ ዝኾኑ፣ ንናጽነት ሃገሮምን ሕዝቦምን ከኣ ስለ እተጋደሉስ፣ ከም መናፍቃን ቈጺራ፣ ናይቲ ምእንታኣቶም እውን ዝሞተ ናይ ኢየሱስ ክርስቶስ ምስጢራት ከሊኣ ከተጨንቖምን ክትገፍዖምን ትርእ ኣላ።

ብኣንጻር'ዚ፣ ሓንቲ ኤርትራ፣ ኣብ ሃይማኖት እስልምና ከምዚ ቤተ ክርስትያን እትገብሮ ዝነበረት ካብ መንፈሳውነት ዝረሓቐ ናይ ኩነኔ ተግባራት ይርአ ኸም ዘይነበረ በዚ ዝስዕብ ቃላት ኣመልከተት፤

እቶም ንነቢይ መሓመድ ዝኽተሉ፣ ንሕዝብ ኣስላም ዝመርሑ፣ ናይ ኤርትራ ደቀባት፣ ክቡር ሙፍቲ ምስ ቓድታቶምን ሸኻቶምን ከኣ፣ ኣብ መንን'ቶም ንኣልራቢጣ ዚኽተሉን ንኻልእ ፖለቲካዊ ማሕበር ዚኽተሉን ደቂ ሃይማኖቶም፣ ኩቶ ልዩነት ከይገበሩ፣ ብትኽክልነትን ብሓቅን ይጓሰዩን ይማሓደሩን ኣለዉ።

በዚ ደው ከይበለ እቲ ዓንቀጽ፣ ሓደ ናይ ዓረዛ ዓቢ ካህን፣ ኣብ ሓደ ዓቢ ኣኼባ ማሕበር ሕብረት ንቐጽሪ ናጽነት ኣመልኪቶም ክዛረቡ እንከለዉ፣ “ምድሓን ብዘይ ምኽዓው ደም ኣይርከብን” ንዝበልዎ ናይ ምፍርራሕ ቃላት ጠቐሰ'ሞ፣ ከም'ዚ ዝስዕብ መለሰሉ፤

“ስለ ሃገረይን ስለ ሃይማኖተይን እየ ዝዋጋእ ዘለኹ” ኢሉ ደሙ ዓቐሩ፣ ደም ካልኦት እንተ ኣፍሰሰ፣ “ብሴፍ ዝቐትል ብሴፍ ይቕተል” ከም ዝተባህለ፣ ኣብ ባይቶ ሰማይን ኣብ ባይቶ ምድርን ይፍረድ፣ ንኩነኔን ንጥፍኣትን ከኣ ይውፈ'ምበር፣ እቲ ቅትለቱ ንምድሓን ክኸውን ኩቶ ኣይክእልን። ስለ'ዚ፣ እቶም ዓቢ ካህን ንርእሶም ተጋግዮም ንሰብ ስለ ዘጋገዩ፣ ምኽንያት ዓቢ ስሕተትን ህውከትን ከኣ ስለ ዝኾኑ፣ በደሎም ዝገደደ ኮይኑ ይርከብ።

ድሕሪ ምባል፣ እቲ ዓንቀጽ፣ ነቶም ካህን “.... ደምኩም ኬፍስስ ዚደሊ ደኣ የልቦን እምበር፣ እንተ ኸኣልኩምስ፣ ስለ መንፈሳውን ስጋውን ናጽነትኩም

ኢልኩም ደኣ ደምኩም ኣፍሰሱ'ምበር፡ ደም በደል ዘይብሎም ሰባት ንምፍሳስ እንተ ተበገስኩምሲ ፍርዱ ኪብርትዓኩም ኢዩ..." በሎም።[13]

ከምዚ ዝመሰለ ቃላት መቸም፡ ካብ ወልደኣብ ዝወጽእ ዝነበረ ኢዩ ዝመስል። ሕብረት'ውን ነዚ ዝጠርጠሩ ወይ ዝፈለጡ ኢዮም ዝመስሉ። ስለ ዝኾነ ከምቲ ቕድም ኢልና'ውን ዝጠቐስናዮ፡ ኣብ'ታ እዛ ዓንቀጽ እዚኣ ዝወጸትላ ዕለት፡ ማለት ብ4 ለካቲት 1950፡ ኣብ ልዕሊ ወልደኣብ ሳልሳይ ናይ ቅትለት ፈተነ ተኻየደ። ግን፡ ማህሰይቲ ኣይወረዶምን።

እዚ ኸምዚ ዝመሰለ መንፈሳዊ ጸቕጢ፡ ብፍላይ ገጠር ንዝነበረ ኤርትራዊ ቀሊል ከም ዘይነበረ ምርዳእ ኣየጸግምን። ብሰንኪ'ዚ፡ ብዙሓት ናጽነት ኤርትራ ዝምነዩ ዜጋታት፡ ኣብ ሕብረት ክጽግዑ ወይ ድማ ብውሑዱ ንኽጽቅጡ ከም ዝተገደዱ ምግላጽ ዘድልዮ ጉዳይ ኣይኮነን።

እቲ ኣብ ልዕሊ ወልደኣብ ዝወረደ ፈተነ፡ ሓደ ካብቲ ካብ ዳግመ ምቛም ማሕበር ኣንድነት ብስም "መንእሰይ ሓማሴን" ጀሚሩ ዝተኻየደ ኣዝዩ ሰፊሕ ናይ ሽበራ ተግባራት ነበረ። እዚ ኣብ ትሕቲ "ማሕበር ፍቕሪ ሃገር ሓማሴን" ዝተወደበ ኣካል፡ 18 ዓንቀጻት ዝሓዘ ውሽጣዊ ሕጊ ተገይሩሉ ቈመ። ኣብቲ ዓንቀጻት፡ ዕላማኡ ብንጹር'ኳ እንተ ዘይተገልጸ፡ ኣብ መወዳእታን ከም ሓውሲ ዕላማን ነዚ ዝስዕብ ቃላት ንረክብ፤

> ዓለም ንዳሕራይ፡ ቃድራ ንብዓል ብዕራይ ከም ዝበሃል፡ ማሕበር ፍቕሪ ሃገር ሓማሴን እዚ ኣብ ነፍሲ ወከፍ ዓድታትን ኣውራጃታትን ኣቑሙዎ ዘሎ ማሕበር መንእሰይ ጉዳይ ሃገር ብዝበለጸን ንመንእሰይ ዝግድድ ስለ ዝኾነ ኢዩ'ሞ፡ ጽባሕ ካብ ኣቦታቶም ከይደልዩዎ ወይ ከይርገሙ እንሆ ጊዜ ኣሎ ጉዳይ ሃገሮም የዕቁቦም ኣሎ። እምበኣረይከ ዓቢይ ምስ ንእሽቶ ነዚ ናብ ቅድሚና ተቐሪቡ ዘሎ ክቡር ሰዓት ተዳሊኻን መኪትካን ንምጽናሕ መዝና ይኹን።[14]

ዳርጋ ናይ "ተለዓል" ጻውዒት ኢዩ ነይሩ። እቲ ማሕበር እውን፡ ኣብ ትሕቲ ማ.ፍ.ሃ. ሓማሴን ቈይሙ ይብሃል እምበር፡ ኣብቲ ውሽጣዊ ሕጊ ካብ ማሕበር ሕብረት ናጻ ዝገብሩዎ ዓንቀጻትስ ነይሮም ኢዮም። ኣብ ዓንቀጽ 10 ንኣብነት፡ "ሓደ ሓሳብ ብዝቐረበ፡ ዝበዝሑ መንእሰያት ብዝፈትዉዎ ይሰምር። ፍርቀ ፍርቂ እንተ ኾኑ ግን ሓለቓ ናብ ዝሰዓቦም ይሰምር፡" ዝብል ንረክብ። ኣብ'ቲ ቐዳማይ ማሕበር ኣንድነት፡ ፈጸምቲ ግብረ ሽበራ ብምስጢር ወጢኖም ብምስጢር ተግባሮም ይፍጽሙ ነይሮም ከም ዝብሃል ርኢና ኔርና። እዚ ዓንቀጽ እዚ'ውን፡ ገበርቲ ሽበራ ናጻ ኢድ ንኽህልዎምን፡ ነቶም ላዕለዎት እውን ጉልባብ ንክኾኖምን ኮነ ተባሂሉ ዝኣተወ ይመስል።

---

13. "ሓንቲ ኤርትራ"፡ 1/2፡ 4/2/1950።
14. "ኢትዮጵያ"፡ 3/148፡ 4 ታሕሳስ 1949።

ሸዑ ፕረሲደንት ማሕበር ሕብረት-ሓማሴን ዝነበሩ ደግያት ገብረዮሃንስ ተስፋማርያም ነዚ ማሕበር'ዚ ባዕሎም ኣብ ትሕቲ ጽላሎም ከም ዝወደቡዎ የዘንትዉ። ምኽንያቱ ይብሉ፡ ማሕበር ኣንድነት ነቲ ዓቢ ማሕበር ሕብረት "መሕፈሪኡ" ኢዩ ዝነበረ። ምናልባት እቶም እንግሊዝ ነቲ ዳግመ ምውዳቡ ከይቃወሙ ድማ፡ "ኣነ ብሓላፍነተይ ክገብሮ፡ ምስኦም ክእኩብ እየ ክብል" ብምባል ንብጾቶም ኣእሚኖም ነቲ ማሕበር ዳግም ከም ዘቘምዎ ይዛረቡ።

ኣንድነት እምበኣር በዚ ኣገባብ'ዚ፡ ኣብ ትሕቲ ፕረሲደንትነት ሓደ ኪዳነ ሃብተጽዮን ዝተባህለ መንእሰይ ካብ እገዳ ምምሕዳር እንግሊዝ ተመለሰ። ኣብ ውሽጢ ሰሙን ድማ፡ ነቲ ካብ ቀደሙ ገዲዱ ዝነበረ ሽፍትነት ኣብ ገጠራት ኤርትራ ሓዲሽ ናይ ከተማ ራዕድን ሽበራን ተወሰኾ።[15] ብ12 ታሕሳስ፡ ልክዕ ሰሙን ድሕሪ ምቛም እቲ ማሕበር፡ ሰዓት 2፡15 ናይ ቀትሪ፡ ኣባላት ቀ.ና.ኤ. ዝነበሩ ፊታውራሪ ገብረሚካኤል በራኺ፡ ፊታውራሪ ሓጐስ ተስፋማርያምን ብላታ ተስፋጽየን ደረሰን ኣብ ቅድሚ ባር ኢጣልያ (ኮርሶ ደል ረ ወይ ናይ ሎሚ ጐደና ዓወት) ኣብ መኪናኦም ተጸጊዖም እናዕለሉ እንከለዉ፡ "ኣብ ቢቶክለታ እተቐመጡ፡ ክልተ ደቀባት መጺኦም፡ ናይ ኢድ ቦምባ ደርበዩሎም። ግናኸ ግንባሮም ገይሩሎም እተን ቦምብ፡ ኣብ ምድሪ ወዲቐን ከይተተኩሳ ተረፋ እሞ፡ ሓደ ብልሓተኛ መጺኡ ካብ ዘለዋኦ ከየልዓለ ተኩሰን።[16]

ናይ ሸዑ መዓልቲ ግብረ ሽበራ በዚ ኣየብቅዐን። ሰዓት 9፡15 ናይ ምሸት፡ ኣብ ቪያ ሎረንሲኒ (ጸኒሑ ጐደና ሃይለማርያም ማሞ ዝተባህለ) ብዝተገብረ ተኾሲ፡ ሓደ ዶቶር ዲጃማ ሙቲ ዝተባህለ ኢጣልያዊ ብጽኑዕ ቈሰለ፡ ጸኒሑ'ውን ኣብ ሆስፒታል ዓረፈ። ዕላማኦም ሙቲ ዘይኮነስ ካልእ ኢጣልያዊ ኢዩ ዝነበረ። እዚ ምስ ኮነ፡ ጠቕላል ኣመሓዳሪ ሓደ ናይ ኮፕሪፎኮ ኣዋጅ ብምውጻእ፡ ፍቓድ ዘይብሉ ዝኾነ ሰብ ካብ ሰዓት 6.00 ድ.ቀ. ክሳብ 5.00 ቅ.ቀ. ካብ ገዝኡ ወጺኡ ከይንቀሳቐስ ኣወጀ።[17]

ድሕሪ ሞት ሙቲ፡ ኪዳነ ሃብተጽዮን ባዕሉ ዝርከቦም ካብ 23 ክሳብ 30 ዝኣኽሉ መንእሰያት ኣንድነት፡ "በረኻ ወጺእና ክንቃለስ" ብማለት ካብ ኣስመራ ከም ዝወጹ ብዙሓት የዘንትዉ። ምኽንያት መውጽኢኦም ግን ብርግጽ እንታይን ብኸመይን ምኳኑ ዝፈልጥ ኣይርከብን። እቶም ባዕሎም ኣብ ኪዳነ ምህረት ኣፋንየዮም ዝበሉ ደግያት ገብረዮሃንስ፡ "እቶም ድሮ በረኻ ዝነበሩ ሽፋቱ ኣብ ልዕሊ ህዝቢ ግፍዕን ዓመጽን ይፍጽሙ ስለዝነበሩ፡ ነዚ ደው ንምባል፡ ሕብረት ማለት ስርቂ ከም ዘይነበረ ንምርዳእ ኢና ንወጽእ ዘለና ኢሎምኒ" ይብሉ።

---

15. ንገጠር ብዝምልከት፡ ብ3 ታሕሳስ ሽፋቱ ናብ ባጽዕ ትጉዓዝ ንዝነበረት ሎቶሪና ኣብ ማይ ኣጣል ብምኽታር ምስ ወታሃደራት ተታኾሱ። ንጽባሒቱ፡ 20 ዝኾኑ ሽፍታ ናብ ሓደ ናይ ሕርሻ መደበር ምርምር ብምእታው ሓደ ኢጣልያዊ ቀቲሎም፡ ምስ ሓሙሽተ ባንዳ ተታኾሶም፡ ሓደ ቀቲሎምን ጠበናጁ ዘሪፎምን ከዱ። ሰ.ጋ. 8/379፡ 8 ታሕሳስ 1949።

16. ሰ.ጋ. 8/380፡ 15 ታሕሳስ 1949።

17. እ.ጽ. 14 ርአ።

ኣስማቶምን ምኽንያቶምን ዝገልጽ ጽሑፍ ኣብ ጥርሙዝ ኣእትዮም ተቐቢሩ ንኽጸንሓሎም ከም ዝሃቡዎም፡ እዚ ግን ከም ዝጠፍአ'ውን ይሕብሩ።[18]

ኪዳነ ሃብተጽዮን ግን፡ ምስ ኪዳነ ገብሩን ገብረሂወት ወልዱን ዝተባህሉ ተጋሩ ብጾቱ፡ ሙቲ ካብ ዝመውት ኣብ ሰሙኑ፡ ማለት ብ19 ታሕሳስ ኣብ መገዲ መንደፈራ-ዓድ'ዃላ ተታሒዙ።[19] ፍርዲ ቀሪቡ ንሞት ተፈሪዱ'ውን እንተ ነበረ፡ ምስ ምቑም ፈደረሽን ተለቒቑ። ብዛዕባ'ቶም ምስ በዓል ኪዳነ ሃብተጽየን በረኻ ዝኸዱ ዝተረፉ መንእሰያት ዝርዝራዊ ሓበሬታ'ኳ እንተ ዘይተረኸበ፡ ኣብ ሓደ ካብ ሰነዳት ብሪጣንያ ግን የጓንፉና። ብ7 ለካቲት 1950፡ ኣባል ቀ.ና.ኤ. ዝነበሩ ፍሰሓ ወልደማርያም (ጋንዲ) ብጭፍራ ገብረ ተስፋጽየን ተጨውዮም ካብ ዓዶም ጸዓዘጋ ናብ ለይቶ ተወሰዱ። ኣብኡ፡ ይብል እቲ ሰነድ፡ ገብረ ተስፋጽየን ባዕሎም እንተ ዘየድሕኑዎም፡ ብፍላይ እቶም ሽዑ ካብ ከተማ ዝወጹ፡ ተጋሩን ካልኦት ኢትዮጵያውያንን እውን ዝርከቡዎም ሽፋቱ፡ እንተ ዘይተቐትለ ክብሉ ከም ዝተዋጠጡ ይሕብር።[20] ብኻልእ ኣዘራርባ፡ ምስ ምውጻእ ናይቶም ኣባላት ኣንድነት እቲ ተግባራት ግብረ ሽበራ ክቕጽል እምበር ከምቲ በዓል ኪዳነ ሃብተጽየን ሓሲቦሞ ዝብሃል ክዝሕል ፈጺሙ ኣይተራእየን። ብኣንጻሩ'ኳ ድኣ፡ እቶም ካብ ከተማ ዝወጹ ዝያዳ ደለይቲ ግብረ-ሽበራ ከም ዝነበሩ ንርዳእ።

ትርጉም ናይዚ ኹሉ መቸም፡ ኣብ መንጎ ሽፍትነት ከተማን ሽፍትነት ገጠርን ሓደ ድልዱል ርክብ ምፍጣሩ ኢዩ። እዚ ቀደሙ'ውን ዘጠራጥር ኣይነበረን። ይኹን እምበር እቲ ምምሕዳር ዝተፈላለየ ምኽንያታት እናፈጠረ ስጉምቲ ከይወሰደሉ ጸንሐ። ኣብ ጥሪ 1950 ግን፡ ኣዳላዊ ጋዜጣ ኢትዮጵያ ኣዝማች ገብረሚካኤል ግርሙን ካልኦትን በቲ ምምሕዳር ተኣሲሮም ክሳብ ንኽልተ ኣዋርሕ ዝኣክል ተቐየዱ።[21] እዚ ስጉምቲ'ዚ፡ ምስ ጉዳይ ግብረ ሽበራ ብዝተኣሳሰረ ጥርጣረ ዝተወሰደ'ኳ እንተ ነበረ፡ ካብ ምፍርራሕ ዝሓልፍ ካልእ ዕላማ ወይ ሳዕቤን ኣይነበሮን።

እዚ እናኾነ እንከሎ፡ ኩሉ'ቲ ብቐጻሊ ኣብ ልዕሊ ኣባላት ቀ.ና.ኤ. ዝፍጸም ዝነበረ ካብ ሕጊ ዝወጸ ተግባራት፡ ቀስ እናበለ ውጽኢት ክርኢ ጀመረ። ኣብ መፋርቕ ጥሪ 1950፡ ዋና ጸሓፊ ማሕበር ናጻ ኤርትራ (Eritrea Independente) ዝነበሩ ተስፋጽዮን ደረስ፡ ሓናፍጽ ኣብ ውሽጢ ቀ.ና.ኤ. ምህላዎም ንሓድነት ኤርትራ ኣሰጋኢ ኢዩ ብምባል፡ "ሓደ ዜሰማምዕ መንገዲ ረኺብና ምስቶም ኣብ ኢትዮጵያ ምጽንባር ዚደልዩ ኣሕዋትና ደቂ ማ.ፍ.ሃ. ኤርትራ ምስ ኢትዮጵያ-ሓንቲ ኢትዮጵያ ካብ 16 ጥሪ 1950 ዓ.ም. ሓቢርና ኣሎና" ክብሉ ኣፍለጡ።[22]

18. ደጊያት ገብረዮሃንስ ተስፋማርያም፡ ቃለ መጠይቕ፡ 1998።
19. ሰ.ጋ. 8/381፡ 22 ታሕሳስ፣ 8/384፡ 12 ጥሪ 1950 ካብኡ ዝቐጸለ ቍጽርታት'ውን ርአ።
20. FO 371/80873, BA Asmara to FO, London, 16/2/1950.
21. ኣብ መንጎ እዚኣቶም፡ ቀኛዝማች ኪዳነ መሰለ፡ ብላታ መብራህቱ ገነጠው፡ ጸጊሖም እውን ብላታ ደምሳስ ወልደሚካኤል፡ ደግያት ሓጕስ ገብረ፡ ደግያት ኣርኣያ ዋሴ... ነበሩዎም። "ኢትዮጵያ"፡ 3/153፡ 15/1/1950፣ 3/160፡ 9/2/1950።
22. ኢትዮጵያ 3/154፡ 19/1/1950።

ከምቲ ዝበሉዎ ኩሉ'ቲ ወዲ ማሕበሮም ምስኦም ኣብ ሕብረት ኣይተጸንበረን። ንዕኦም እውን ካብኡ ንንየ ብዙሕ ጸገም ኣጓኒፉዎም ኢዩ። ግን ምኽድ ተሰፋጽዮን ደረስ (ሓው ዘርኣይ ደረስ ምዃኖም ኢዩ) ካብ ቀ.ና.ኤ. ናብ ሕብረት፡ ነቲ ናይ ናጽነት ደንበ ጽቡቕ ኣይነበረን። ብኻልእ ዘይኮነስ፡ ካልኦት'ውን ንኽግዕዙ ስለ ዘተባብዐ፣ ከም'ቲ እንግሊዛውያን ዝብሉዎ ዝነበሩ ድማ ቀ.ና.ኤ. ድልዱል ሰረት ዘይብሉ ስለ ዝመሰለ።

ኣብቲ 4ይ መጋባእያ ባይቶ ሕ.ሃ. ጉዳይ ኤርትራ ብኮሚሽን ንኽምርመር ዝወሰነሉ ጊዜ፡ ሕብረት ኣብ ቅብጸት ኣትዮም ነይሮም ኢዮም። ደግያት ገብረዮሃንስ ከም ዝሕብሩዎ፡ ተድላ ባይሩ ከይተረፉ ኣብ ተስፋ ምቍራጽ ኣድሂቦም፡ ማዕረ ብመልክዕ ምሕካል ኣብ ኣመሪካን ኤውሮጳን ተደናጒዮም፡ ኣብ ኤርትራ እውን እንተ ኾነ ናይ ምውልዋል ወይ ዘይምግዳስ ኣንፈት ኣርእዮም ነይሮም ኢዮም። ከምቲ ኣቐዲምና ዝረኣናዮ'ውን፡ ኣብ'ዚ ጊዜ'ዚ፡ ቀ.ና.ኤ. ፍጹም ዝብዳህ ዘይመሰለሉ ጊዜስ ነይሩ ኢዩ። ብኸፊል ብሰንኪ'ቲ ዘወዓዋዕ ዝነበረ ናይ ኦርቶዶክሳዊት ተዋህዶ ቤተ ክርስትያን መንፈሳዊ ጸቕጢ ኣብ ልዕሊ ምእመናንን ኣብ መላእ ኤርትራ ተባሪዑ ዝነበረ ግብረ ሽበራን ግን፡ ኣብ ቀ.ና.ኤ. ጋጋት ክፍጠር ጀመረ። እዚ ድማ ንውጥን መንግስቲ ብሪጣንያ፡ ብፍላይ ግን ነቲ ውጥን ሃገሩ ንኽተግብር ዳግም ኤርትራ ኣትዩ ዝነበረ ብሪጋደር ፍራንክ ስታፎርድ ጽቡቕ ዕድል ሃበ።

ውዲት ፍራንክ ስታፎርድ

ኣባላት ኮሚሽን ሕቡራት ሃገራት (ኮ.ሕ.ሃ.) ካብ 8 ለካቲት 1950 ኢዮም ኤርትራ ክኣትዉ ዝጀመሩ። ቀቅድምን ደድሕርን ምምጻኦም ብብሪጣንያ ይኹን ብኢትዮጵያ ዝተራእየ ዲፕሎማስያዊ ንጥፈታት መቸም መሰተንክር ኢዩ ነይሩ። ሙብዛሕትኡ'ዚ ድማ ብስምምዕ ሰበ ስልጣን ክልቲኦን መንግስታት ዝግበር ነበረ።

ሓደ ካብቲ ርኡይ ንጥፈታት፡ ሰለስተ መዓልቲ ቅድሚ ምምጻእ ኣባላት እቲ ኮሚሽን መራሕቲ ማሕበር ነጻ ራቢጣ ኣልእስላሚያ ተዓዲሞም ንኣዲስ ኣበባ ምኻዶም ኢዩ።[23] ዕላማ መኸዲኦም፡ ኣብ ሃጸይ ሃይለስላሴ ኢድ ነሲኦም ናይ ማሕበሮም ፕሮግራም ምምራቕ ኮይኑ፡ ባዕሉ ኣክሊሉ ሃብተወልድ ኢዩ ብተገዳስነት ኣእንጊዱዎም። ምስ መራሒ ናይ'ቲ ማሕበር መሓመድ ዑመር ቃዲ ኣብ ለይክ ሳክሰስ ተላልዮም ስለ ዝነበሩ ድማ እቲ ምፍላጦም ንኢትዮጵያ ጠቐመ። በዓል ዑመር ቃዲ፡ ነዚ ዝስዕብ ነጥብታት ዘጠቓልል ፕሮግራም ማሕበሮም ኣቕረቡ፤

- ማሕበር ነጻ ኣልራብጣ ዕላማኡ ምስ ኢትዮጵያ ምሕባር ከም ዝነበረ፡
- ኤርትራውያን ምስ ኢትዮጵያውያን ብትኽክልነት ክርኣዩ፡

23. እዚኣቶም፡ ሽኽ መሓመድ ዓሊ ሽኽ ኣልኣሚን፡ ብላታ መሓመድ ዑመር ቃዲ፡ በረምበራስ ረመዳን ዑመር፡ ሽኽ ሓሰን መሓመድ ኣሕመድ ኣል ደንከሊ ነበሩ። ኢትዮጵያ፡ 3/159፡ 5 ለካቲት 1950።

- ኤርትራውያን ኣብ ምምሕዳራዊ ስራሓት ምስ ኢትዮጵያውያን ማዕረ መሰል ክህልዎም፡
- ኣብ ቅድሚ መንግስቲ ኢትዮጵያ ናይ ሃይማኖታት ማዕርነት ክህሉ፡
- ኣብ ኤርትራ ዘሎ ልማድ (ናይ ህዝቢ) ክኽበር
- ቋንቋ ዓረብ ኣብ ኤርትራ ምስቲ ወግዓዊ ዝኾነ ብቛንቋ ማዕረ ክኸውን ኣብ ኣብያተ ትምህርቲ'ውን ከም መምሃሪ ከገልግል፡
- ሕጊ ሸሪዓ ብመንፈሱን ብተግባሩን ብቛንቋ ዓረብ ኣብ ኤርትራ ኣብ ልዕሊ እስላም ክጸንዕ....[24]

ኣክሊሉ ሃብተወልድ ነቶም ወከልቲ ነጻ ኣልራቢጣ ዘደሳድስ ቃላት ኣሰምዖም። እቲ ዘልዓሉዎ ነጥብታት ብምሉኡ፡ "ብናይ ግርማዊ ንጉሰ ነገስት ቀዳማዊ ሃይለስላሴ ጽቡቕ ፍቓድ" ንሕዝቢ ኢትዮጵያ ዝተዋህበ ሕገ መንግስቲ ዝተፈቕዶን ብስራሕ ድማ ክፍጸም ዝነበረን ምዃኑ" ኣረጋገጸሎም። እንተ ንኤርትራውያን ማዕረ ኢትዮጵያውያን ብዛዕባ ምርኣይ ዝመጸ ግን፡ ኣክሊሉ፡ "ኣሸንኳይ ኤርትራ ምስ ኢትዮጵያ ሓቢራስ ኣብ ኢድ ጸላኢ ብዝነበረትሉ ጊዜ እውን እንተ ኾነ.... ንኤርትራውያን ናይ ኢትዮጵያውያን መሰል ካብ ምሃብ ዝኸልከሎ ሓደኳ ነገር የለን..." ብዝብል እውን ሓበሎም። ብላታ ዑመር ቃድን ብጾቶምን ድማ በዚ ቃላት'ዚ ዓጊቦም ተመልሱ።[25]

ነዚ ክንብር እንከሎ፡ ኣክሊሉ ሃብተወልድ ምስቲ ናይ ገዛእ ርእሱ መደብ ሐዙ ኣስመራ ኣትዩ ዝነበረ ፍራንክ ስታፎርድ ርክብ ነይሩዎ ኢዩ። እቲ ዘገርም፡ እዚ ኣቐዲሙ'ውን ናይ ብሪጣንያ ወኪል ኮይኑ ኣብ ኮሚሽን ኣርባዕተ ሓያላት ንምቕሊ ኤርትራ ዝተማጐተ እንግሊዛዊ መኮንን'ዚ፡ ሕጂ'ውን ቀንዲ ወኪል ብሪጣንያ ብምዃኑ ምስቲ ኮሚሽን ናይ ምርኻብ ምሉእ ሓላፍነት ከም ዝረክብ ምግባሩ ኢዩ። ብፍላይ ንኣረኣእያ ብሪጣንያን ኑቲ ንሳ ንኢትዮጵያ ይግባእ ኢዩ ዝበለቶ መሰልን ሓለፉታትን ኣብ'ቲ ኮሚሽን ንኽጽንዕ ኮነ ተባሂሉ ዝተሰየመ ኾይኑ ነበረ።

ናይ ስታፎርድ ፍሉይ ተልእኾ፡ ኣብቲ ምስ ሃጸይ ሃይለስላሴ ኣብ ኣዲስ ኣበባ ዝተራኸበሉ ዕለት 27 ጥሪ 1950 ተጀመረ። ሃይለስላሴ፡ መንግስቲ ብሪጣንያ ንስታፎርድ ከም ናይ ኮሚሽን ወኪላ ምስዳዳ ጭቡጥ መርኣያ ናይ'ቲ ንኢትዮጵያ ናይ ምሕጋዝን ናይ ሓባር ውጥናት ክልቲኣን ሃገራት ናይ ምምላእን ድሌታ ምዃኑ ንስታፎርድ ገለጹሉ። ብተወሳኺ ናብ ኤርትራ ምስ ከደ፡ ምትሕብባር ኮሎኔል ነጋ ከም ዘይፍለዮን ኩሉ ምኽርታቱ እውን ቅቡል ከም ዝኾነን ተመባጽዑሉ። ኣብ ልዕል'ዚ፡ ስታፎርድ ኣብ ኩለን ናይ ኤርትራ ሰልፍታት ኣትዩ ጽልዋ ንኽሕድረለንን ኣካይዳአንን ኣገባባተንን ንኽዝውርን ድሉው ብምዃኑ፡ ሃይለስላሴ ሓጕሶም ገለጹ። ስታፎርድ ብወገኑ፡ ደገፍ ክርስትያን ኤርትራውያን ሐዚካ ጥራይ ንኤርትራ ምርካብ ስለ ዘይክኣል፡ ደገፍ እስላም ኤርትራውያን

24. እ.ጽ. 21 ርእ።
25. እ.ጽ. 21 ርእ።

ብሪጋደር ፍራንክ ስታፎርድ

ንምርካብ እውን ብርቱዕ ምንቅስቓስ ከም ዘድሊ ኑቶም ንጉስ ኣረድኡ።[26] በዚ ተመሳጊኖም ተፈላለዩ።

እቲ ኣብ ላዕሊ ዝጠቐስናዮ ጉዕዞ ብላታ መሓመድ ዑመር ቃድን ብጾቶምን ድሕሪ'ዚ ኢዩ መጺኡ። ኢድ ስታፎርድን መሻርኽቱ ኣክሊሉን ከም ዝነበሮ ኸኣ ከጠራጥር ኣይክእልን።

ስታፎርድ ኣስመራ ምስ ኣተወ መጀመርታ ንኤርትራ ንኤርትራውያን ወይ ሊብራል ገስጋሲ ሰልፊ (ሊ.ገ.ሰ.) ናብ ምምቕቓል ኢዩ ኣድሂቡ። ኣብዚ ጻዕሩ እዚ እንታይ እንታይ ከም ዝገነፎን እንታይ ከም ዝፍረየን ናብቲ ኣብ ኣዲስ ኣበባ ዝነበረ ኣምባሳደር ብሪጣንያ ኣብ ዝጸሓፎ ደብዳበ ንርዳእ። ንኣክሊሉ ሃብተወልድ ነዚ ዝሰዕብ መልእኽቲ ንኽመሓላልፈሉ ድማ ስታፎርድ ነቲ ኣምባሳደር ተላበዎ፤

.... ሸሕ'ኳ ንራእሲ ተሰማ ኣስበሮምን ነቲ ወግዓዊ ሊብራል ገስጋሲ ሰልፍን (ሊ.ገ.ሰ.ን) ናብ ዕላማ ሕብረት ክሓብሎም እንተ ዘይከኣልኩ፡ ሓደ ሰፊሕ ጽልዋ ዘለዎ ክፋል ናይ'ቲ ሰልፊ ኣብ ውሽጢ'ቲ ቐጽሪ (ብሎኮ) ብዘለዎ ቦታን በቲ ኣብ ገንዘብ ጣልያን ዘሎ ምምርኳስን ኣዝዩ ተበሳጭዩ ከም ዘሎ ተገንዚበ። እዚ ንዝበዝሑ ኣባላት ናይቲ ሰልፊ ክቕይር ይኽእል ኢዩ ኢለ ዝኣምነሉ ክፋል'ዚ፡ በቲ ኣዝዩ ክኢላን ቅኑዕን (honest) ዝኾነ ወዲ ራእሲ፡ ማለት ብደጃዝማች ኣብርሃ ተሰማ ኢዩ ዝምራሕ። ኣብ ልዕሊኡ ምሉእ ምትእምማን ኣሎኒ። ንሱን ተሓባበርቱን ሓደ ተፈንጫሊ ሰልፊ ኣብ ምምስራት ይርከቡ። እቲ ሰልፊ "ናጽነታዊ ሕብረት" (Liberal Unioist Party) ዝብል መጸዋዕታ ሒዙ፡ ምስ ኢትዮጵያ ቅድመ ኩነታዊ (ብውዕል) ሕብረት ክሓትት ኢዩ።

26. Ogkbazghi Yohannes, p. 140

ደጊያት ኣብርሃ ተሰማ

ስታፎርድ ካብ'ዚ ብምቕጻል፡ መንግስቲ ብሪጣንያ ብዘቕረቦ ሓሳብ መሰረት፡ እዞም ዝፍንጨሉ ዝነበሩ መራሕቲ እዚኣቶም ናብ ኣዲስ ኣበባ ተዓዲሞም ሓሳባት ሰልፎም ከቕርቡ ጽቡቕ ስለ ዝመሰሎ፡ ብቕጽበት ካብ መንግስቲ ኢትዮጵያ ዕድመ ክመጾም'ሞ፡ ብቕጽበት ከኣ ኣዲስ ኣበባ ክበጽሑ ኣመመ። ኣስማቶም ድማ፡ ደግያት ኣብርሃ ተሰማ፡ ደግያት ገብረዝጊ ጓንጉልን ዋና ጸሓፊ ናይ ኤርትራ ንኤርትራውያን ዝነበሩ ግራዝማች ሰዩም መዓሾን ምንባሩ ገለጸ።[27]

እቲ ሓሳብ እምበኣር፡ ናይ ስታፎርድ ጥራይ ዘይኮነ፡ መንግስቲ ብሪጣንያ'ውን ብንጥፈት ዝዋሰኣሉ ከም ዝነበረ ቃላት ስታፎርድ ባዕሉ ይምስክር። ስታፎርድ ነዚ ፈናሚሊ. ስጉምቲ'ዚ ኣገዳስን ንኻልኦት ጸረ ኢጣልያዊ ስምዒት ዝነበሮም ኣባላት ቀ.ና.ኤ.'ውን ክሰልል ዝኽእልን ምዕባለ ኢዩ ብምባል፡ በዓል ደግያት ኣብርሃ ኣብ ኣዲስ ኣበባ ክብ ዝበለ ክብርን መዓርግን ክልገሰሎም ኣመመ። ቀልጢፎም ኤርትራ ተመሊሶም፡ ማሕበሮም ተኺሎም፡ ኣብ ቅድሚ'ቲ ድሮ ኣስመራ ክኣቱ ጀሚሩ ዝነበረ ኮሚሽን ቃሎም መታን ከስምዑ ድማ፡ እቲ ምብጻሕ ንኽቀላጠፍ ደፋፍአ።[28] ብመገዲ'ቲ ኣምባሳደር፡ ኣክሊሉ ብተግባራትን ሓሳባትን ስታፎርድ ኣዝዩ ከም ዝተሓጐሰ ገሊጹ ምስጋናኡ ድሕሪ ምቕራብ፡ ብመገዲ ነጋ ሃይለስላሴ ኣቢሉ ነቲ ዝተኣመመ ዕድመ ክልእኽ ምኳኑ ኣፍለጠ።[29]

ንጽባሒቱ 16 ለካቲት 1950፡ ጋዜጣ ኢትዮጵያ "ምልክታ ንሕዝቢ ኤርትራ" ኣብ ትሕቲ ዝብል ኣርእስቲ፡ ብሰዩም መዓሾ ዝተፈረመ፡ ምምስራት "ናጽነታዊ

27. FO 371/80871, JT 1015/531
28. እ.ጽ. 25 ርአ።
29. FO 371/80871, JT 1015/54, 16 February 1950.

ድሮ ምምጻእ ኮሚሽን ሕቡራት ሃገራት (ኮ.ሕ.ሃ.)

ደጊያት ገብረዝጊ ጓንጉል

ግራዝማች ስዩም መዓሾ

ሕብረት ምስ ኢትዮጵያ" ዝገልጽ ሓደ ዓምዲ ኣውጽአ። ኣብቲ ምልክታ፡ ስዩም መዓሾ እቲ ሓዲሽ ማሕበሮም ነቲ ኣብ ቤት ጌርጊስ ተወጢኑ ዝነበረ "ኤርትራ ብውዕል ምስ ኢትዮጵያ" ዝብል ሓሳብ ይኸተል ምንባሩ ኣፍለጡ። እቲ ሸሞንተ ዓንቀጻት ዝሓዘ ምልክታ ድማ ነዚ ዝስዕብ ዝሓትት ነበረ፤

1. ኤርትራ ከምዚ ሎሚ ዘላቶ እምኒ መሬታን ባሕራን ከይተፈልየት ክትነብር፡
2. ዋና ቋንቋታት ኣብ ኤርትራ ትግርኛን ዓረብን ክኾውን፡
3. እቲ ብሕቡራን መንግስታት ዝተወሰነ መሰል ወድ ሰብ ተሓልዩ ክነብር፡
4. ውሽጣዊ ሕጊ ዝውሰነሉ ቤት ፓርለማ ኣብ ኤርትራ ክቐውም
5. ደቂ ኤርትራ ኣብ'ቲ ኣብ ኣዲስ ኣበባ ሕጊ ዝውስኖ ማእከላይ ቤት መሰሎም ኪረኽቡ፡
6. ናይ ኤርትራ ጠቕላሊ ገዛኢ ናይ ግድነት ኤርትራዊ ክኾውን፡ ንሱ ድማ "ናይ ኤርትራ ሕጊ ዝውስኖ ቤት ብዘቕረቦ፡ ብንጉስ ነገስት ኪሽየም"፡
7. ዝኾነ ናይ ሲቪል ወይ ወተሃደር መዓርግ ዘለዎ ዘይወዲ ኤርትራ፡ ብዘይ ፍቓድ ገዛኢ ኤርትራ ተዛዊሩ (ናብ ኤርትራ) ከይመጽእ፡
8. እዚ ውዕል'ዚ፡ ከም መድሕን ዓይነት፡ ኣብ ቤት ጽሕፈት ናይ ሕቡራት መንግስታት ክድብተር ....።[30]

ደግያት ኣብርሃን ብጹቶምን ነዚ ስጉምቲ'ዚ ንኽወስዱ ዘገደዶም ምኽንያት ብብዙሕ ኢዩ ዝግለጽ። መቸም እዚ ኣብ ላዕሊ ተዘርዚሩ ዘሎ ዕላማታት፡ ብቐንዱ ነቲ መንግስቲ ኣመሪካ "ፈደራል ፍታሕ" ኢላ ኣብ ለይክ ሳክሰስ ዘቕረቦቶ ኢዩ ዝመስል። ከምቲ ዝብሃል፡ ስታፎርድ ንደግያት ኣብርሃ ብምርካቡ፡ ነዚ

30. "ኢትዮጵያ"፡ 3/162 16 ለካቲት 1950።

መገዲ'ዚ ምስ ዝመርጹ፡ ኣብ'ቲ ዝትከል ኤርትራዊ ስርዓት ናይ መሪሕነት ቦታ ተመባጺዑሎም ነይሩ ኢዩ።[31] ሓደ ካብቶም ተፈለይቲ፡ ሰዩም መዓሾ፡ ኣብ መንጎ ስታፎርድን ኣብርሃ ተሰማን ብዛዕባ ዝተባህለ ፈጺሞም ከም ዘይፈልጡ፡ ንሶም ነቲ ሓሳብ ዝተቐበሉ ግን፡ ተስፋ ናይ ናጽነት ርሒቑስ፡ እቲ ኤርትራ ናይ ምምቃል ሓሳባት ንኸይዕወት ስለ ዝሰግኡን ንዕኡ ንምክልኻልን ምንባሩ የረድኡ።[32]

ካልእ ሓበሬታ እውን ኣሎ። ኣብ'ዚ እንዛረበሉ ዘለና ጊዜ ብሸነኽ ትግራይ እውን ሓደ ምንቅስቓስ ተራእዩ ነይሩ ኢዩ። እዚ ድማ፡ ኣብ ዶብ ኤርትራን ትግራይን ዝነበሩ ሓያሎ መሳፍንትን ሰብ ያታዊ መዝን ትግራይ፡ "ንሕናውን ካብቲ ዓፊኑና ዘሎ ኣርዑት ንግስነት ሸዋ ወጺእና፡ ምስ ኣሕዋትና ኤርትራውያን ናጻ ክንከውን ንደሊ ኢና" ዝብልን ናይ ጣልያን ደገፍ ዝሓትትን ጥርዓን ከቕርቡ ከም ዝደልዩን ብዛዕባ'ዚ ድማ ምስ ቀ.ና.ኤ. ርክብ ከም ዝጀመሩን ዝሕብር ጸብጻባት ናብ ኢድ ሰበ ስልጣን ብሪጣንያ በጺሑ ነበረ።[33] እዚ ጸብጻባት እዚ፡ ብሓደ ወገን ኣብ ሰሜን ትግራይ፡ ብፍላይ ድማ ብሸነኽ ኣድያቦ ዘይምርግጋእን ንግዝኣት ሸዋ ናይ ምዕላውን ስምዒት ከም ዝነበረ ገለጸ።[34] በቲ ኻልእ ወገን ግን፡ ብፍላይ ድማ ብኣተረጓጉማ ሰበ ስልጣን ብሪጣንያ፡ እቲ ናይ ትግራይ ምልዕዓል ብመገዲ ቀ.ና.ኤ. ኣቢሉ ንትግራይ ይኣቱ ኣሎ ብዝበሉዎ ናይ ኢጣልያ ገንዘብ ይደፋፋእ ከም ዝነበረ ሓበረ። ነዚ ኹሉ ሓበሬታ ናብ'ቶም እንግሊዛውያን ዘብጽሐ ድማ፡ ገብርኤል ወልደማርያም ዝተባህለ ናይ ማሕበር ምሁራን በዓል መዚ ምዃኑ ተፈልጠ።[35]

ብዛዕባ'ዚ ኽዛረቡ እንከለዉ ኣቶ ወልደኣብ ነዚ ዝስዕብ ይብሉ፤

> ኣብ መንጎ ብሎኮን ኣብ መንጎ ትግራይን ርክብ ኣይነበረን። ካብ ኤርትራ ናብ ትግራይ ሰባት ተሰዲዶም እንተ ኾይኖም ከኣ፡ ሰዳዲኦም ሓደው እንግሊዛውያን ባዕሎም ኢዮም፡ ሓደው ከኣ በዓል ደጃዝማች ኣብርሃ ተሰማ ኢዮም። ጣልያን ኣይገብርን ማለተይ ኣይኮንኩን። ግናኸ፡ ስለምንታይ ማለተይ እየ።[36]

ከምቲ ኣቶ ወልደኣብ ዝበሉዎ፡ ምስቲ ካብ መፈለምታ ዝዕንግሉዎ ዝነበሩ ስምዒት "ትግራይ-ትግርኚ"፡ መንቀሊ ደግያት ኣብርሃ መሪሕነት ናይ'ቲ ኣብ ክልተ ሸነኻት መረብ ዝርከብ ተዛራቢ ትግርኛ ዝኾነ ህዝቢ ነይሩ ክኸውን እውን ይኽእል። ብዝኾነ ምስ ሰዓብቶም ኮይኖም ሓይሊ ኤርትራ ንኤርትራውያን

31. ወልደኣብ ወልደማርያም፡ ቃለ መጠይቕ ዓራርብ 1987፣ ፍስሓ ወልደማርያም (ጋንዲ)፡ ቃለ መጠይቕ ፖርት ሱዳን 1987።
32. ሰዩም መዓሾ፡ ቃለ መጠይቕ፡ ኣስመራ - 1997።
33. ገለ ካብቶም ነዚ ሓቲቶም ዝተባህሉ፡ ደጃዝማች በዛብህ ንጉስ፡ ደጃዝማች ረዳ ተኽለሚካኤልን ካልኦት 22 መሳፍንቲ እንደርታን፣ ደጃዝማች ማሩን ፊታውራሪ ገብረሚካኤልን ካብ ቴንቤን ምስ 17 ደገፍቶም... ይርከቡዎም። FO 371/80871, 30/1/1950;
34. FO 371/80871, 3/2/1950.
35. FO 371/80871, 30/1/1950.
36. ወልደኣብ ወልደማርያም፡ ብኢድ ዝተጻሕፈ እገረ ጽሑፍ ን FO 371/80871, JT 10160/55, 9/2/1950.

ዘዳኸም ሓደ ዓቢ ስጉምቲ ወሰዱ። እቲ ምስ ትግራይ ገይሮሞ ከይኾኑ ዝብሃል ዘሎ ርኩብ እውን ኣብ ፍረ ከይበጽሐ መኺኑ ተረፈ።

ንእለት፡ "ናጽነታዊ ሕብረት ምስ ኢትዮጵያ" ኣብ ውሽጢ ማሕበር ኤርትራ ንኤርትራውያን ሕርቃንን ተቓውሞን ኣለዓዓለ። ስዩም መዓሾ ካብቲ ዛጊት ዘይለቐቑዎ ናይ ዋና ጸሓፍነት መዚ ተኣልዮም ብኣስበሮም ወልደጊዮርጊስ ተተክኡ።[37] ኣብ ልዕሊ'ቶም ተፈንጨልቲ ብርቱዕ ወቐሳን ሕሜታን ወረደ። ደግያት ኣብርሃ በቦኦም ብራእሲ ተሰማ ተረጊሞም ተባህለ።

ቀሩብ መዓልቲ ድሕሪ'ቲ "ምልክታ" ናይ'ቲ ተፈንጫሊ ማሕበር፡ *ሓንቲ ኤርትራ* ንዕኡ ኣመልኪታ ሰፊሕ ሓተታ ኣውጽኣት። ካብኡ ድማ ዚ ዝስዕብ ንጠቅስ፤

> ... ብሓቂ ከምቲ ዋረ ቓሉ "ናይ ናጽነት ሕብረት" እንተ ደኣ ኾይኑ ድማ፡ ካብቲ ሓቀኛ መንገዱ ብዙሕ ዝዘንበለ ኣይመስልን። "ናጽነታዊ ሕብረት" ማለት፡.... ኤርትራ ናጽነታ ረኺባስ ምስታ ከምኣ ነጻ ዝኾነት ኢትዮጵያ ብውዕል ክትሰማማዕ ማለት ከም ዝኾነ ግሉጽ ኢዩ።
>
> እዙይ እንካብ ዚኸውንከ፡ ሓንትስ ምሉእ ናጽነት ደኣ ኣቐዲሙ ቅቡልን ምሩቕን ኮይኑ ይረኸብ እምበር፡ ምስ ኢትዮጵያ ብውዑል ምስምማዕ ዚጸልእ ሰብ ወይስ ማሕበር ደኣ ዚርከብ ኮይኑ፧ ነዙይ ኢልካስ ሓድሽ ማሕበር እውን ምትካል ኣይመድለየን።
>
> ሰልፊ ናጽነት ኤርትራ (ብሎክ) ባዕሉ፡ ንኤርትራ ምሉእ ናጽነትን ሓርነትን ኣውሂቡ ብዙብቅዐ፡ ምስ ኢትዮጵያ ከምኡ'ውን ምስተን ካልኦት ኣብ ጉረቤት ዝርከባ ሃገራት፡ ብግቡእ ውዕላት ኪሰማማዕ ሃረርታኡ ኢዩ።
>
> እወ፡ ሰልፊ ናጽነት ኤርትራ'ውን፡ ባህርያዊ ዝኾነ ናይ ግዛእን ተገዛእን ሕብረት ኢዩ ዚጸልእ እምበር፡ ናይ ክልተ ናጻ ዝኾና ሃገራት፡ ማለት ናይታ ናጻ ኾይና ብርእሳ ዝሓደረት ኤርትራን ናይ ኢትዮጵያን ምቅብባልን ምስምማዕን ኩቶ ኣይጸልእን። እምበኣርከስ ኢትዮጵያ ኣቐዲማ ናጽነት ኤርትራ ተቐቢላ ትመርቕ እሞ ቀጺልና ብዛዕባ ውዕል ክንዘራረብ።[38]

እቲ ፍልልይ እምበኣር በዚ መገዲ'ዚ ተጋህደ። በዓል ደግያት ኣብርሃ፡ ክንድ'ዚ ሰባት ሒዞም ተፈልዮም ኢልካ ብኣሃዛት ምዝራብ ዝከኣል ኣይኮነን። ካብ ቀንዲ መሰረትቲ ኤርትራ ንኤርትራውያን ስለ ዝነበሩ ግን፡ ምፍላዮም ኣብ ልዕሊ'ቲ ማሕበሮም ጥራይ ዘይኮነ፡ ኣብ ልዕሊ ቀ.ና.ኤ. ብዓቢኡ ዘስዓቦ ስነ ኣእምሮኣዊ ኣበሳ ክግመት ይከኣል። ኣብቲ ንቀ.ና.ኤ. ናይ ምድኻም መደባቱ ኸኣ፡ ፍራንክ ስታፎርድ ሓደ ዓወት ኣመዝገበ።

37. "ሓንቲ ኤርትራ"፡ 1/4፡ 18 ለካቲት 1949።
38. እ.ጽ. 35 ርኣ።

ስታፎርድን ኣልራቢጣ ኣልእስላሚያ-ምዕራባዊ ቀላን

ኣቐዲምና፡ ስታፎርድ ካብ ወርሒ መስከረም ኣትሒዙ ንኣልራቢጣ ከም ዒላማ ወሲዱ፡ ነቲ ናይ ምዕራባዊ ቀላታት ክፋሉ ንኽፈሊ መደብ ከም ዝነበሮ ርኢና ኔርና። ምስ ሃጸይ ሃይለስላሴ ኣብ ዝተዛተየሉ ጊዜ እውን፡ ድሌት ኢትዮጵያን ብሪጣንያን ብዝግባእ ንምምላእ፡ ኣብ እስላም ኤርትራውያን ፍሉይ ኣተኩሮ ምግባር ከም ዘድሊ ኣተንቢሁ ነይሩ ኢዩ። ናይ በዓል ደግያት ኣብርሃ ጉዳይ ምስ ወድአ እምበኣር፡ ምሉእ ኣድህቦኡ ናብ ኣልራቢጣ ኣልእስላሚያ ጨንፈር ምዕራባዊ ቀላ ጠወየ።

ኣብ ዝቐደመ ክፋላት ናይ'ዚ መጽሓፍ'ዚ፡ እቲ ምልዕዓል ህዝቢ ትግረ ኣንጻር መስፍናዊ ጭቁና "ሸማግለ" ብመሪሕነት ሸኽ ኢብራሂም ሱልጣንን ኢድ ምምሕዳር ብሪጣንያን ሓደ መዓልቦ ከም ዝተገብረሉ ርኢና ኢና። ኩለን ቀቢላታት ትግረ፡ እንኮላይ እተን ቡቶም ደርቢ ሸማግለ ዝቖማ ናብ ሓውሲ ነጻነትን ዝኸኣላ ኣሃዱታት ፋሕ ክበላ'ሞ፡ ብዐናተን መራሒ ወይ ናዝር ክመሓደራ ከም ዝተገብረ እውን ብሰፊሑ ገሊጽና ኣለና። እዚ ፍታሕ'ዚ ኣብ'ቶም ላዕለዋይ ኢድ ዝነበሮም ሸማግለ-ክንቲባያት፡ ሹማትትን ደግለላትን-ቂምን ቅርሕንትን ስለ ዘሕደረ፡ ዝበዝሑ ካብኣቶም፡ ኣብ ውሱን እዋን'ሞ እቶም ፕረሲደንት ኣልራቢጣ ዝነበሩ ሰይድ በኽሪ ኣልሙርቃኒ ከይተረፉ፡ ናብ ሕብረት ሰጊሮም ከም ዝነበሩ'ውን ርኢና ኢና።

ከም መራሒ ናይ'ዚ ምንቅስቓስ እዚ፡ ሸኽ ኢብራሂም ሱልጣን ፊት ፊት ናይ ኩሉ እቲ ኣንጻሩ ዝግበር ዝነበረ ናይ ሸማግለ ቃልሲ ከም ዝነበሩ ዘጠራጥር ኣይኮነን። ኣብ ምቛም ኣልራቢጣ ኣልእስላሚያ፡ ሸኽ ኢብራሂም ኣብ ቅድመ ግንባር ወይ ኣብ መሪሕነት ደረጃ ኢዮም ነይሮም። ቀ.ና.ኤ. እንተ ኾነ እውን፡ ብዘይ ናቶም ምትሕብባርን መሪሕነትን ሰድሪ ኣይምሰጉመን። ነዚ ስለስቲኡ ተግባራት እዚ፡ ማለት ድማ፡ ንሓይሊ ሸማግለ ኣውዲቕካ መሰል ህዝቢ ትግረ ከም ዝኽበር ምግባር፣ እስላም ኤርትራውያን ጠርኒፍካ ናብ ሃገራዊ ፖለቲካዊ ሓይሊ ምቕያሮም፣ ኣብ መወዳእታ ድማ፡ ሓደ ሰፊሕ ቀጽሪ መሰረትካ ንዝበዝሐ ህዝቢ ኤርትራ ናብ ናይ ናጽነት ሓሳብ ምስማሩ፡ ንሸኽ ኢብራሂም ኣብ ኣዒንቲ ብዙሓት ተጻያት ዘእቱ ምንባሩ ኣየጠራጥርን።

ኣብ ታሪኽ ናይቲ እዋን ከም ሸኽ ኢብራሂምን ካልኣዮም ዝነበሩ ወልደኣብ ወልደማርያምን ገይሩ ቡቶም ኣንጻር ናጽነት ህዝብን ሃገርን ኤርትራ ዝነበሩ ሓይልታት ዝተጸልአ ኣይነበረን። ኣብ ነፍሰ ወከፍ መድረኽ፡ ሸኽ ኢብራሂም ጸላእቲ ነይሮሞም ኢዮም - ኣብ እዋን ቃልሲ ህዝቢ ትግረ፡ እቶም ሸማግለ፣ ኣብ እዋን ምምስራት ኣልራቢጣ፡ መንግስቲ ኢትዮጵያን ሕብረትን፣ ቀ.ና.ኤ. ምስ መስረቱ ድማ፡ ኩሎም እዞም ዝተጠቕሱ ጥራይ ዘይኮኑ፡ ሰበ ስልጣን ብሪጣንያን ገለ ኻቡቶም ብጸዓት ሸኽ ኢብራሂም መሰሎም ዘረጋገጹ መራሕቲ ቀቢላታትን እውን።

ሰበ ስልጣን ብሪጣንያ፡ ንተራ ሸኽ ኢብራሂም ንምንእኣሰን ንዕኦም ከም ሰብ እውን ንምጽላምን ዘይብሉዎ ነገር ዳርጋ ኣይነበረን። ኣብ ልዕሊ'ቲ "ግዙእ ናይ ኢጣልያ ኢዩ" ዝብል ዝነበረ ምጕቶም፡ ንዕኦም ከም ሰብ እውን ከኽፍእ ይኽእል ኢዩ ዝብሉዎ ሓረጋት ከይቀጸሉ ኣይዛረቡሎምን ዝነበሩ። ምኽንያቱ፡ ብፍላይ ካብቲ ብሪጣንያ ናይ ምቕሊ ሓሳባታ ዘግሃደትሉን ናይ ናጽነትን ሕብረትን መስመራት ድማ ብንጹር ዝተፈለየሉ፡ ማለት ካብ 1944-1945 ኣቢሉ ጀሚሩ፡ ኢብራሂም ኢዮም ብግብሪ ኣብቲ ናይ ፖለቲካ ዓውደ ቃልሲ ከም ሞቶረ ናይ'ቲ ናጽነታዊ ምንቅስቓስ ዘገልግሉ ዝነበሩ። እቲ ምስ ጣልያንን ኣዕራብን ገይሮሞ ዝብሃል ሽርክነት እንተ ኾነ'ውን፡ እቶም እንግሊዛውያን ባዕሎም ይእመኑሉ ከም ዝነበሩ፡ ናጽነት ኤርትራ ብዘይ ደገፍ ናይቶም ኣብ ባይቶ ሕ.ሃ. ዝነበሩ ሓይልታት ወይ ሃገራት ክሳለጥ ኣይክእልን ኢዩ ካብ ዝብል፡ ንፖለቲካ ናይቲ ግዜ ናይ ምርዳእ ኣንፈት ዝነበሮ ኣተሓሳስባኦም እምበር፡ ብሓቂ ሃገር ንምሻጥስ ኣይነበረን።

ብኻልእ ኣዘራርባ፡ ሸኽ ኢብራሂም ካብቲ ናይ'ቲ እዋን ፖለቲካዊ ኣተሓሳስባ ኤርትራውያን መራሕቲ ማሕበራትን ካልኦት ፖለቲከኛታትን ውጽእን ልዕልን ዝበሉ ኢዮም ነይሮም ምባል ምግናን ኣይከውንን። ኣብ ውልቃዊ ጠባዮም ነይሩ ዝብሃል ኣሉታታት እንተ ኾነ'ውን ነዚ ሓቂ'ዚ ዘጥፍእ ክኸውን ኣይክእልን። ብምኽንያት እቲ ዝተገብረ ናይ ቀቢላታት ምምሕዳራዊ ለውጢ፡ ባዕሎም ብ1948 መራሒ ቀቢላ ርግባት ኮይኖም'ኳ እንተ ነበሩ፡ ኣብ ናይ ቀቢላ ፖለቲካ ክውሓጡ ዝደልዩ ኣይነበሩን። ኣብ ልዕሊ'ቶም ዝወደቑ መሳፍንትን ተመሳሳሊ ኣተሓሳስባ

ሸኽ ዓሊ ሙሳ ረድኣይ

ዝነበሮም ቀቢላዊ መራሕትን ዘርእዩዎ ዝነበሩ ዘይምጽዋርን ዘውርዱሎም ዝነበሩ ቅሉዕ ነቐፌታን ዘለፋን ብዙሓት ናይ ውልቂ ጸላእቲ የጥርየሎም ከም ዝነበረ'ውን ብሰፊሑ ይዝንቶ ኢዩ። ከም ሰብ፡ ሸኽ ኢብራሂም ዋዛን ቁም ነገርን ዝሕውሱ፡ ኣብ ዘረባኦም ቃል ዓለም ዘይገብሩ፡ ህዉኽን ሓያልን ከም ዝነበሩ እውን ይንገር።

ስታፎርድ፡ ነዚ ባህርያት ሸኽ ኢብራሂምን ኣብ ልዕሊኦም ንዝነበረ ሓደ ሓደ ቅርሕንትትን ከም መመዝመዚ መሳርያ ሒዙ ኢዩ ንኣልራብጣ ኣልእስላሚያ ክበታትን ዝኣተወ። መጀመርታ፡ ንናይ ከበሳ እስላም ኢዩ ፈቲኑዎም። ኣብኡ ግን ከም በዓል ደግያት ሓሰን ዓሊ ዝመሰሉ ቃሎም ዘይዓጽፉ መራሕቲ ኣልራብጣ ስለ ዝነበሩ፡ ኣይቀንዖን። ቀጺሉ ግን ናብ'ቲ ብቐደሙ'ውን ብሪጣንያ ተቓሪጹ ንሱዳን ይውሃብ ክትብሎ ዝጸንሐት ምዕራባዊ ቀላ ኣምርሐ። ኣብ'ዚ ድማ ምስቲ ሓሳቡ ክሰማምዑ ዝኽእሉ ክልተ መራሕቲ፡ ሓዲኦም ናዝር፡ ሓዲኦም ከኣ ቃዲ ረኸበ።

እዞም ክልተ ሰባት፡ ሸኽ ዓሊ ሙሳ ረድኣይን[39] ቃዲ ሓምድ ኣቡ ዕላማን[40] ዝብሃሉ ነበሩ። ዓሊ ረድኣይ ካብ ምምስራት ኣልራቢጣ ሓደ ካብ መራሕታን ቀንዲ ተጣበቕቲ ዕላማታታን ክነብሩ እንከለዉ፡ ቃዲ ሓምድ ግን ኣብ ሓንቲ ማሕበር ወይ ሰልፊ ከይጸንሑ፡ ዳርጋ ንኹለን፡ ንኣልራቢጣ፡ ንሻራ-ኢጣልያ፡ ንውሱን ጊዜ ንሕብረት'ውን ዝጠዓሙወን ነበሩ።[41] ስታፎርድ ነዚኣቶምን ሰዓብቶም ንዝኾኑ ካልኦት ናዝራትን ቡብሓደ ብምርካብ፡ ሸኽ ኢብራሂም ናይ ጣልያን ልኡኽ ወይ ሰላዩ ኢዩ ብምባል ሰበኾም። ኣብ ልዕሊ'ዚ፡ ነቲ ፍሉጥ ናይ ሸኽ ኢብራሂም ጸረ መስፍናዊ መርገጺ እናልዓለ፡ ንሳቶም'ውን ከም ናዝራት ወይ ምስሌነታት ካብ መጥቃዕቲ ሸኽ ኢብራሂም ናጻ ክኾኑ ከም ዘይክእሉ ጐስጐሶም።[42] እቲ ሓሳብ መቸም፡ ዕላማ ሸኽ ኢብራሂም "ንኹሎም'ቶም ሓደሽቲ ናዝራት ኣውዲቖም፡ ናይ ገዛእ ርእሶም ሕልቅና ኣብ ልዕሊ ኹሉ ህዝቢ ትግረ ከረጋግጹ ኢዮም ዝደልዩ" ብምባል፡ ንሸኽ ኢብራሂም ንምጕናይ ወይ ንምንጻል ኢዩ ዝነበረ።

ሓደ ካብቶም በዚ ኣገባብ'ዚ ዝተጐሳጐሱ ናይ'ቲ እዋን ናዝራት፡ ጸኒሖም ኣባል ባይቶ ኤርትራ ዝተመርጹ ሸኽ ዑመር ናሸፍ ነበሩ። ሸኽ ዑመር ከም ዝገለጹዎ፡ ቀ.ና.ኤ. ምስ ተመስረተ'ሞ ዝበዝሕ ኤርትራዊ፡ ኣባላት ሕብረት'ውን

39. ሸኽ ዓሊ ረድኣይ፡ ብ1913 ኣብ ኣውራጃ ከረን ተወልዱ። መባእታዊ ትምህርቲ ቋንቋ ዓረብ ብውልቂ ድሕሪ ምክትታል፡ ኣብ ቤት ትምህርቲ ሳልሻን ራጂ፡ ከረን ናይ ጽርበት ዕንጸይቲ ክእለት ኣጥረዩ። ኣብ ልዕሊ ጽርበት ዕንጸይቲ፡ ካብ ሰላሳታት ኣቢሎም ኣብ ዝተፈላለየ ንግዳዊ ንጥፈታት ብምእታው ህይወቶም መርሑ። ብ1946-47 ኣልራቢጣ ኣልእስላሚያ ምስ ቖመ፡ ናይ ከባቢ ከረን ዋና ጸሓፊ ኮይኖም ተመርጹን ኣገልገሉን። ክሳብ'ቲ ኣልራቢጣ ኣልእስላሚያ-ምዕራባዊ ቀላ ዝምስርቱ ድማ ሓደ ካብ ቀንዲ ሓለፍቲ ናይቲ ማሕበር ነበሩ። Chi e dell' Eritrea, p. 12.

40. ቃዲ ሓምድ ኣቡ ዕላማ፡ ኣብ ምጽዋዕ ተወልዱ። ኣብ 1930'ታት ናይ ኣቑርደት ቃዲ ኮይኖም ክገልግሉ ድሕሪ ምጽናሕ፡ ኢጣልያ ንኢትዮጵያ ምስ ወረረት፡ ፕረሲደንት ላዕለዋይ ቤት ፍርዲ ሸሪዓ መላእ ምብራቕ ኣፍሪቃ ንክኾኑ ብመንግስቲ ኢጣልያ ተሸሙ። ድሕሪ ስዕረት ኢጣልያ ግን ናብ ኣቑርደት ተመልሱ። ብ1947፡ መስራቲ ኣባል ኣልራቢጣ ኣልእስላሚያ ነበሩ። ይኹን'ምበር ምስ ሸኽ ኢብራሂም ሱልጣንን ናይ ከረን ቃድን ስለ ዘይተቓደዉ፡ ንኣልራቢጣ ገደፉዎ። ኣብ 1948፡ ኣባል ሓዳስ ኤርትራ ሻራ ኢጣልያ ብምዃን ኣብ ቅድሚ ኮሚሽን ኣርባዕተ ሓያላት ቀረቡ። ኣብ ምምስራት ቀጽሪ ናጽነት ኤርትራ ኣባል'ኳ ኮይኖም እንተ ነበሩ፡ ኣጋ ምምጻእ ኮ.ሕ.ሃ. ናብ ኤርትራ ግን ምስ በዓል ዓሊ ረድኣይ ተፈንጨሎም፡ ኣልራቢጣ ኣልእስላሚያ-ምዕራባዊ ቀላ መስረቱ። RDC. ER/FC/01/40-42 JT 1012/2 (undated.)

41. FO 371/80876, JT 1015/164, 16 May, 1950.

42. Ogbazghi Yohannes, p. 141.

ክይተረፉ ምስ ተሓወሱዎ፡ እንግሊዛውያን ንሽኽ ኢብራሂም ብምርካብ ካብ ሓሳባት ናጽነት ክዘብሉዎም ሓሲቦም ነይሮም ኢዮም። ማዕረ ብዙሕ ምፍርራሕ ከም ዝገበሩሎም እውን ሽኽ ዑመር ይገልጹ።[43] ነዚ ሽኽ ዑመር ዝበሉዎ ይኹን ንኻልእ ኣጋጣሚ ደኣ ክረጋገጽ ኣይተኻእለን'ምበር ኣብ ሓደ ናይ ጥብቂ ምስጢር ሰነድ ብሪጣንያ፡ ዲ.ሲ.ኤ. ኩክ ዝተባህለ እንግሊዛዊ በዓል ስልጣን ምስ ሽኽ ኢብራሂም "ማዕበላዊ" (stormy)፡ ማለት ናይ ቁየጃ ርክብ ከም ዝገበረ ይዛረብ ኢዩ። "ኣብ'ዚ ዝሓለፈ ሰሙናት፡ ናይ ስልጣን ህርፋኑ ብዝተዓጻጸፈ ወሲኹ ኣሎ። ብፖለቲካዊ መዳይ ገና ክግጠም ዘለዎ ሓይሊ ኢዩ ዘሎ፡ ካብ መጻብቦታት ፈንጺግካ ናይ ምውጻእ ዘደንቕ ጥበብ ከኣ ኣለዎ"፡ ብምባል ብዛዕባ ሽኽ ኢብራሂም ዝነበሮ ገምጋም ይገልጽ።[44]

ነዚ ዝመስል ኣብያ ሽኽ ኢብራሂም ምስ ኣሸገረ ክኸውን ኣለዎ ፍራንክ ስታፎርድ መደባቱ ሒዙ ዝመጸ። ሽኽ ዑመር ናሸፍ ኣብቲ ስታፎርድ ዘካየዶ ናይ ናዝራት ዞባ ባርካን ጋሽን ኣኼባ ከም ዝነበሩ የዘንትዉ። ሽኽ ዑመር፡ ኣብቲ ኣኼባ ትሬቫስኪስ ከም ዝተዛረበ ኢዮም ዝገልጹ። ምናልባት ምስ ስታፎርድ ክልቲኦም ስለዝተረኽቡ ወይ ኣብ ክንዲ ስታፎርድ ትሬቫስኪስ ነቲ ኣኼባ ስለዘካየደ ወይ'ውን ስም ስለ ዘደናገሩ ይኸውን። ስም ትሬቫስኪስ ይጠቐስ'ምበር እቲ ውዲትን ውጥንን ብቐንዱስ ናይ ስታፎርድ ኢዩ ዝነበረ። ነቲ ሸው ዝተባህለ ድማ በዚ ዝስዕብ ቃላት ይዝክሩዎ፡-

> ከምቲ ቀደምኩም ናብ ክንቲባይን ደግለልንዶ ክንመልስኩም ወይስ ኣብ ተቐሲም (ምቕሊ) ትኣምኑ፡" ኢሉ ትሬቫስኪስ ሓቲቱና። ንሕና ድማ፡ "ትብዝሕ ትግረ ምስ ኢብራሂም ኣላ። ንሕና 10 ናዝራት ኢና ተኣኪብና ዘለና፡ ከመይ ጌርና ተቐሲም ንብል!" ኢልናዮ። ሸው ትረቫስኪስ፡ "ዓሰርተ ይኣኽሉና ኢዮም። ግን፡ ክንዲ 'ተቐሲም'፡ ንማሕበርኩም 'ኣልራቢጣ እልእስላሚያ - ምዕራባዊ ቀላ' በሉዋ" ኢሉና። ብኸም'ዚ 'ተቐሲም' ቈይሙ። ህዝቢ ኩሉ ኣልራቢጣ እናበለ እንክሎ፡ ንሕና እቶም ናዝራት፡ ግዝኣት ክንቲባይን ደግለልን መታን ክይምለሰና ተፈሊና። ኩሉ እንግሊዝ፡ ትረቫስኪስ ኢዩ ገይሩዎ።[45]

እዚ፡ ኣብ መፋርቕ ወርሒ ለካቲት፡ ማለት ኮ.ሕ.ሃ. ኣስመራ ኣትዩስ ስርሑ ይጅምረሉ ኣብ ዝነበረ ጊዜ ኢዩ ኾይኑ። ማሕበር ተቐሲም እምበኣር፡ ብፕረሲደንትነት ቃዲ ሓምድ ኣቡ ዕላማን ዋና ጸሓፊነት ዓሊ ረድኣይን ቈመ። ከምቲ ሽኽ ዑመር ዝበሉዎ፡ ካብተን ኣብ ባርካ ዝነበራ ኣስታት 23 ቀቢላታት ትግረ፡ ዓሰርተ ዝኾና ብመገዲ መራሕተን ኣብ'ዚ ሓዲሽ ምንቅስቓስ'ዚ ኣተዋ። እተን ዝተረፋ ዓሰርተ ናይ ምዕራባዊ ቀላን፡ ብዘይካ እተን ድሮ ሕብረት ዝነበራ

43. ኣብ ሓደ ካብ'ዚ ምስ ሽኽ ኢብራሂም ዝተገብረ ምስጢራዊ ኣኼባታት፡ ሓደ እንግሊዛዊ መኰንን ንኣብያ ሽኽ ኢብራሂም ኣመልኪቱ፡ "ክልቢ እንተ ተጸሊሉ ናብ ወርሒ ይነብሕ" ምሳና ትበኣስ ኣለኻ፡ ናብ ወርሒ ትነብሕ ኣለኻ። ኣብ ኣፍ ኣንበሳ ከእትወካ እየ፣ ሕቡራት ሃገራት ካብኡ እንተ ኣውጺኡካ ኸኣ ንርኢ." ከም ዝበሎምን ሽኽ ኢብራሂም ነጺጎሞ ከም ዝኸዱን ሽኽ ዑመር ይገልጹ። (ሽኽ ዑመር ናሽሕ፡ ቃለ መጠይቕ፡ ከሰላ፡ 1987።)
44. እ.ጽ. 40 ርኣ።
45. ሽኽ ዑመር ናሽፍ፡ ቃለ መጠይቕ፡ ከሰላ፡ 1987።

ናይ ሽማግለ ቀቢላታት ከኣ፡ እተን ዝተረፉ ናይ መላእ ኤርትራ ቀቢላታት ትግረን ግን ገና ኣብ ሰዓብነት ሸኽ ኢብራሂም ጸንዖ። ብመንጽር'ዚ ክርእ እንከሎ፡ ሓይሊ ናይ'ቲ ቀንዲ ኣልራብጣ ከም ዘይጉደለ ርዱእ ኢዩ። ግን፡ ምቋም ተቐሲም፡ ሽዑ ይኹን ኣብ ዝሰዓበ ዓመታት ኣብ ፖለቲካ ኤርትራ ዘእተዎ ሰለሎ ብቐሊሉ ዝግመት ኣይነበረን። ካብ ኩሉ'ቲ ንህዝቢ ኤርትራ ንምፍልላይ ዝተፈጸመ ተግባራትን ውዲታትን፡ ሰበ ስልጣን እንግሊዝ ጭቡጥ ፖለቲካዊ ውጽኢት ዝረኸቡሉ እዚ ነበረ። ምኽንያቱ ድማ፡ ሰዒብና ብብጊዜኡ ከም እንርእዮ፡ እቶም ተቐሲም ዘቑሙ ሰባት ኣብ ዝተፈላለየ ፖለቲካዊ ዝምድናታትን ኪዳናትን እናኣተዉ፡ እቲ ናጽነታዊ ቃልሲ ህዝቢ ኤርትራ ንኽጉናደብ መሳርሒ ኮይኖም ኢዮም።

ምዕራፍ 17

መርማሪት ኮሚሽን ሕቡራት ሃገራት ኣብ ኤርትራ

ዕግርግር፡ ራዕድን ሓድሕድ ምቅትታልን ኣብ ኣስመራ

ኮ.ሕ.ሃ. ካብ 8 ለካቲት ጀሚራ ኣስመራ ምስ ኣተወት፡ ከይተደናጐየት ስራሓ ጀመረት። ይኹን እምበር፡ ክልተ ሰሙን'ኳ ከይመልአት፡ ኣብ ጽርግያታት ኣስመራ ኣዝዩ ከቢድ ፍጻመ ኣጋነፈ። ኣብ ብዙሕ ተመኩሮታት፡ ሃገራውነትን ሓድነትን ሓደ ህዝቢ ብጸቢብን ጽንኩርን ፈተነ ይሓልፍ ኢዩ። እቲ ብ21 ለካቲት 1950 ኣብ ጽርግያታት ኣስመራ ዘጋነፈ ናይ ኣሕዋት ባእሲ፡ ምናልባት ከም ሓደ ካብ'ቲ ዝበርትዐ ንህዝቢ ኤርትራ ዘጋነፎ ፈተነ ክርአ ይክኣል።

በዚ ዝተጠቕሰ ዕለት፡ ናይ ሓደ ነቑጣ ሓለቓ መደበር ባቡር ምድሪ ሓለቓ ዝነበረ ባሻይ ነስረዲን ዝተባህለ ኣባል ቀ.ና.ኤ. ኣብ እምባ ደርሆ ብሽፋቱ ሕብረት ብዝወረዶ ማህረምቲ ኣብ ሆስፒታል ረጂና ኤለና (ናይ ሎሚ መካነ ህይወት ሆስፒታል) ዓረፈ። ካልኦት፡ እቲ ሞት ኣብ እምባ ደርሆ'ኳ እንተ ወረደ፡ ሰበ ስልጣን ብሪጣንያ ኮነ ኢሎም ህውከት ንምልዕዓልን ሰላማዊ ሰልፊ ንኽግበር ንምትስስን፡ ነቲ ሬሳ ካብ እምባደርሆ ናብ'ቲ ሆስፒታል ከም ዘምጽኡዎ የዘንትዉ።[1] ዘኾነ

ቀብሪ ባሻይ ነስረዲን ኣብ ኣስመራ

1. ንኣብነት ሸኽ ኢብራሂም ሱልጣን (ቓለ መጠይቕ፡ ካይሮ 1982) ዝ. የዘንትዉ። ኣዝማድ መዋቲ በቲ ኻልእ ወገን፡ ነቲ

ኾይኑ፡ ሰብ መዚ ኣልራቢጣ ነቲ ናይ ቀብሪ ሰነ ስርዓት ናብ ሰላማዊ ፖለቲካዊ ሰልፊ ክልውጡዎ ስለ ዝደለዩ፡ ነዚ ዝኸውን ምቅርራብ ገበሩ። ኣብ'ዚ፡ ሸኽ ኢብራሂም ህውከት ከይልዓል ብምስጋእ፡ እቲ ሰላማዊ ሰልፊ ኣድላዪ ከም ዘይነበረን ንኽተርፍን ከም ዝተኻትዑ፡ ይኹን እምበር ዝሰምዖም ከም ዘሰኣኑ ይዝክሩ።[2]

ልክዕ ኣብቲ ዕለት እቲ፡ ብግብረ ሸበራውያን ሕብረት ዝተቐትለ ሓደ ኢጣልያዊ እውን ይቕበር ስለ ዝነበረ፡ መኰንናት እንግሊዝ ኣብ'ቲ ናቱ ቐብሪ ዕግርግር ከይህሉ ስለ ዝሰግኡ፡ ኣቓልቦኦም ብዝያዳ ናብኡ ጠውዮም ነይሮም ኢዮም። መታን ብጊዜ ከይጋጮ ድማ እቲ ናይ ነስረዲን ሰዓት 3፡00 ድ.ቐ. ንክኸውን ኣፍቀዱ። እቲ ቀባራይ ስለ ዝተደናገየ ግን፡ ሬሳ ነስረዲን ኣስታት 4፡ 15 ድ.ቐ. ኢዩ ካብ'ቲ ሆስፒታል ዝተበገሰ።

ብጽፈት ዝተወደበ ሰልፊ ኢዩ ነይሩ። ቅድሚት ዝተሰርዑ፡ ሴቱትን ኣባትርን ዝሓዙ መንእሰያት ዝርከቡዎም ኣባላት ሽባን ኣልራቢጣ-ገሊኦም ቀይሕን ቀጠልያን ዝሕብሩ ባንዴራ ማሕበሮም ጸይሮምን ዩኒፎርም ለቢሶምን -ነበሩ። ቀጺሎም ተመሃሮ እስላማውያን ኣብያተ ትምህርትን መምህራኖምን መጹ። ብድሕሪኦም፡ እቲ ኣብ ማእገር ዝተጸረ ሬሳ ክሰዕብ እንከሎ፡ ብሙፍቲ ኤርትራ፡ መራሕቲ ኣልራቢጣን ካልኦት ሰብ መዚ ቀ.ና.ኤ.ን ይዕጀብ ነበረ። ኣብ ዳሕረዋይ ጫፍ ከኣ ዝተረፈ ቀባራይ ተኸተለ። ኩሉ ኹሉ፡ ካብ 3,000 ክሳብ 3,500 ሰብ ዝተሳተፎ ቀብሪ ክኸውን እንከሎ፡ ብናይ ከክልተ ተርታ ተፈናቲቱ ስለ ዝነበረ፡ ቁመቱ ኣዝዩ ክነውሕ ከኣለ።

ሰላማዊ ሰልፊ ሸባን ኣልራቢጣ

ሬሳ ንእምባደርሆ ወሲዶም ክቐብሩዎ ሓሳባት ከም ዝነበሮም፡ ይኹን'ምበር ኣባላት ኣልራቢጣ መታን ምኽንያት ንሰላማዊ ሰልፊ ክኾኖም፡ እቲ ሬሳ ኣብ ኣስመራ ንኽቕበር ከም ዘገደዱዎም ይገልጹ። ነዚ ግን እቲ መርማሪ ቤት ፍርዲ ነጺጉዎ ኢዩ። ልሠ 371/80879, FO 371/80879, Finding of the Court of inpuioy.

2\. ቃለ መጠይቕ፡ 1982።

እቲ ጉዕዞ ካብ ሆስፒታል ጀሚሩ ፊት ሲነማ ካፒቶልን ኣብያተ ጽሕፈት መንግስትን ብምሕላፍ፡ ንሆቴል ከረን ተጠውየ'ሞ፡ ነቲ ኮርሶ ደል ረ ዝብሃል ዝነበረ ዓቢ ጽርግያ ሒዙ፡ ንሴዳዎ ንጸጋም ገዲፉ፡ ብዕዳጋ እኽሊ ኣቢሉ ኣንፈት ሰሜን ብምእላይ፡ ንጉደና "ቀዳማዊ ምኒሊክ" ኣተወ። እቲ መደብ፡ በዚ ሎሚ ኣውቶቡስ ባጽዕ እትብገሰሉ፡ ሽዑ ግን ክፉት ቦታ ዝነበረ ጉልጎል ሓሊፉ፡ ምሕራድ ስጋ ንጸጋም ገዲፉ ማይ በላ ድሕሪ ምስጋር፡ ብመንገ ዕዳጋ ሓሙስ ትኽ ኢሉ መቓብር እስላም ምብጻሕ ኢዩ ዝነበረ።[3]

ኣብቲ ጊዜ'ቲ፡ ማእከላይ ቤት ጽሕፈት ሕብረት፡ እቲ ጥቓ ክሊኒክ ምምሕዳር ኣስመራ፡ ማለት ንምዕራብ ኣብ ሓደ ተርታ ዝርኩብ ዓቢ ርሻን ነበረ። ኣብ'ዚ ቦታ እዚ ክሳብ ዝበጽሕ፡ እቲ ስነ ስርዓት ቀብሪ ሰላማዊ ከም ዝነበረ ብዙሓት መሰኻኽር ገለጹ። ኣብ ገለ፡ ንኣብነት ሸኽ ኢብራሂም ርእየዮ ዝበሉ፡ የማነ ጸጋም ጽርግያታት ተሰሪዑ ይዕዘብ ካብ ዝነበረ ህዝቢ፡ ሓደ ሓደ ነቲ ሽዑ ምልክት ሕብረት ዝነበረ ዓባይ-ዓባይቶ ንላዕሊ ዊጥ ናይ ምባል ተግባራት የርእዩ ነይሮም ኢዮም። ካልእ ዝተራእየ ግን ኣይነበረን።[4]

ሰልፈኛታት ከባቢ ቤት ጽሕፈት ሕብረት ምስ በጽሑ፡ ካብ ውሽጢ እቲ ተዓዛቢ ህዝቢ እምኒ ተደርበዮም። ሓደ በዚ ዝነደረ መንእሰይ ኣልራቢጣ ካብ መስርዑ ብምውጻእ በቲ ሒዙዎ ዝነበረ ሴፍ ወሰ በለ'ሞ፡ ንሓደ ካብ'ቶም ተዓዘብቲ ኣፍኩሱ ኣብ ምዕጉርቱ ሃረሞ፣ ብዙሕ ግን ኣይሃሰዮን። እዚ ብወገኑ፡ ዝያዳ ኣእማን ምድርባይን ናይ ኣባትር ምትህርራምን ስለ ዘኸተለ፡ ቁልዑ ብሰንባደ ሃደሙ። እቲ ስርዓት ናይ'ቲ ሰልፊ ድማ ክበታተን ተራእየ። ኣብኡ ዝነበሩ እንግሊዛውያንን ኤርትራውያንን ፖሊስ ነቲ ዕግርግር ከተሃዳድኡ እናፈተኑ እንከለዉ፡ ሓንቲ ቦምባ ኢድ ኣብ መናድቕ ቤት ጽሕፈት ሕብረት ተፈጀረት። እዚ ሓፈሻዊ ስንባደን ቊጠዐን ስለ ዘለዓዓለ ድማ እቲ ዕግርግር ናብ ግሁድ እምባጋሮን ምቅትታልን ኣምርሐ። የማነ ጸጋም፡ ተኾሲ ቦምባን ብረትን ተሰምዐ፣ ሰባት ድማ ብጥይት፡ ቦምባን ጉራዴን ወደቑ።

እቲ ህውከት ኣዝዩ ቐልጢፉ ከም ዝተላብዐ ካብ ምስክርነት ሸኽ ኢብራሂም ሱልጣን ንርዳእ። ንሶም፡ ምስ ሙፍቲን ደግያት ሓሰን ዓሊን ኣብ ሴዳዎ እንከለዉ ኢዩ እቲ ዕግርግር ጀሚሩ። ኣብ ከባቢ ዕዳጋ እኽሊ ነቶም ዝሃድሙ ዝነበሩ ቈልዑ ድሕሪ ምትህድዳእ፡ ንሶምን ካልኦት ዓበይትን ነቲ ሬሳ ጸይሮም፡ እምኒ እናተደርበዮም፡ መገዶም ቀጸሉ። ንእንዳባ ምሽሙሽ ሓሊፎም ናብ'ቲ መዓርፎ ኣውቶቡስ ምስ ኣተዉ፡ ሸኽ ኢብራሂም ሰለስተ ኤርትራውያን ፖሊስ ናብኦም ገጾም ክትኩሱ ከም ዝረኣዩ መስከሩ። በቲ ተኹሲ ሰብ ክወድቕ ኣይረኣዩን።[5] እቲ ቦታ ግን ብድምጺ ተኹስን ኣውያት ዝወደቑ ሰብን ፍጹም ተረቢሹ ጸንሖም። ሓደ ካብ መራሕቲ ኣልራቢጣ፡ ሓጂ ኢማም ሙሳ፡ መንእሰያት

3. FO 371/80879, Finding, Record of the Proceedings of the Court of Inquiry, p. 4, para. 5.
4. እ.ጽ. 3፡ ቊ. 44፡ ምስክርነት ኢብራሂም ሱልጣን።
5. እ.ጽ. 3፡ ምስክርነት ኢብራሂም ሱልጣን።

ኣይንፈላለ

ሰላማዊ ሰልፊ ኣንድነት

ኣልራቢጣ ናብ ኣባሻውል ንኸይኣትዉ ክኸልክሉ ክብሉ ነቲ ሬሳ ክሳብ'ቲ መቓብር ከም ዘየፋነዉዎ ገለጹ። ኣባላት ኣንድነት ንሓደ መንእሰይ ኣልራቢጣ ብጥይት ክቐትሉ እንከለዉ፡ ምስኦም ዝነበረ ናይ ፖሊስ ኮሚሽነር ክከላኸለሉ ኣይፈተነን ክብሉ'ውን ከሰሱ።[6]

መንቀሊት ናይ'ቲ ዕግርግር እታ ዝተደርበየት እምኒ ትንበር እምበር፡ ናብ'ቲ ዝበጽሖ ደረጃ ዘብጽሐት ግን እታ ናብ ቤት ጽሕፈት ሕብረት ዝተደርበየት ቦምባ ነበረት። ሸው-ሸው፡ ብዙሓት ካብቶም ሰልፈኛታት ነቲ ክድርብያ ዝረኣዩዎ ሰብ ብምምልካት ብፖሊስ፡ ማለት ኩፐር ብዝተባህለ መኰንን እንግሊዝ፡ ኣትሓዙዎ። እቲ ሰብ፡ ከሊፋ ዝተባህለ ፍሉጥ እስላም ኣባል ኣንድነት ነበረ። እዚ፡ ኮነ ኢሉ ነቲ ዕግርግር ንኸለዓዕል፡ ብሸባን ኣልራቢጣ ዝተፈጸመ እውን ንኸምስል፡ ነታ ቦምባ ጉድኣት ከተውርድ ናብ ዘይትኽእለሉ ክፋል ቤት ጽሕፈት ሕብረት ንኽድርብያ በቲ ማሕበር ዝተላእከ ምንባሩ በታ መርማሪት ቤት ፍርዲ ጸኒሑ ተረጋገጸ።[7]

ኣብ ማእከል ከተማ ረብሻን ምቅትታልን እናተጐሃሃረ እንከሎ፡ እቲ ክቐጽል ዝኸኣለ ቀባራይ ብፖሊስ ተሰንዩ መቓብር እስላም በጽሐ'ሞ፡ እቲ ስነ ስርዓት ተፈጸመ። ይኹን'ምበር፡ ፖሊስ ነቲ እኩብ ሰብ ብምኽባብን ነቶም መንእሰያት ብምፍታሽን ሴፎምን ካራቶኦምን ኣሕደጉዎም። ኣብ መልሶም፡ ብዙሓት ካብቶም ሸባን ኣእማን ኣርዮም ናብቲ ቦታ ዕግርግር ኣምርሑ። ሓይሊ ፖሊስ ወሲኹ፡ እቲ ተኹስን እምባጋሮን ከኣ ብፍላይ ካብ ማይ በላ ክሳብ መንገ'ቲ ክሊኒክን እንዳ'ባ ምሸሙሸን በርቲዑ ጸንሖም። ኣንድነት፡ ነቶም ብፖሊስ ተሰንዮም ዝምለሱ ዝነበሩ ቀባሮ ስለ ዝተኩሱሎም፡ ገለ ካብቶም ፖሊስ'ውን ይትኩሱ ነበሩ። እዚ ግን ብዝያዳ ነፍሶም ንምውጻእ'ምበር ነቲ ብረት ዘይነበሮ ሸባን ንምክልኻል ኣይነበረን። ምድሪ ክሳብ ዝመሲ እቲ ኩነታት ብኸምዚ ቀጸለ። ካባቢ ሰዓት

6. እ.ጽ. 3፡ ምስክርነት ሓጂ ኢማም ሙሳ፡ (ምስክር ቍ. 41)።
7. እ.ጽ. 3፡ ገጽ 44፡ ሕ.ጽ. 54 (ቓቕ)።

ሸዱሸተ ንኣብነት፡ ኣእማንን ኣባትርን ዝሓዙ ሸባን ብሸነኽ ምዕራብ፡ ማለት ብሸነኽ መዐደሊ በንዚና ሸል ዕቑብ ሃይለ ተጠራኒፎም ናብቲ ቦታ ዕግርግር እናምርሑ እንከለዉ፡ ብፖሊስን ሸማግለታት እስላምን ተዓግቲ'ሞ ተለሚኖም ተሃዳድኡ። በዚኦም ተሰንዮም ንዕዳጋ እኽሊ ገጾም ምስ ተጠውዩ ግን፡ ቦምባ ተደርበዮም፣ ሓደ ካብኣቶም'ውን ብጥይት ወደቐም። እዚ ድማ፡ "ፖሊስ ኮነ ኢሉ ኣግዲዑና" ናብ ዝብል ከምስል ዝኽእል ምጥራዕን ምክሳስን ኣብጽሖም።[8]

ኣስታት ሰዓት 6:00 ድ.ቀ. ነቲ ሓይሊ ፖሊስ ጋንታታትን ሓይልን ሰራዊት ብሪጣንያ ተወሰኾ።[9] ሽው ምሸት ናይ እቶ-እቶ ትእዛዝ ስለ ዝተኣዘዘ፡ ብዘይካ ሓሓሊፉ ዝሰማዕ ተኹስን ሓደ ብኣንድነት ዝተኻየደ ገዛ ናይ ምቅጻል ፈተነን ካልእ ዝተራእየ ኣይነበረን። ፖሊስን ሰራዊትን ብሪጣንያ ኣባ ሻውል ምእታው ፈሪሖም ወሰነ ወሰን ጥራይ ክሕልውዋ ሓደሩ። ምስ ወግሑ፡ ብ22 ለካቲት ጥራይ ኢዮም ነቲ ዞባ ኣትዮሞ። ኣብኡ፡ ቅድሚኡ መዓልቲ ብኩፐር ዝምርሑ ፖሊስ ኣብ ዘካየዱዎ ዳህሳስ ብዝተኻየደ ተኹሲ ዝተቐትሉ ኣርባዕተ መንእሰያት ኣንድነት ተሰጢሖም ጸንሑዎም። ኣባይቲ ምስ ተፈተሸ ድማ፡ 18 ውጉኣትን 24 ቦምባ ኢድን ጸንሖም። ሽው ንግሆ፡ ኣብ ዝተረፈ ዞባታት ኣስመራ'ውን ዘረፋን ምቅጻል ኣባይትን ተፈቲኑ ገሊኡ ብፖሊስ ክኹለፍ እንከሎ፡ ገሊኡ ግን ክድሕን ኣይከኣለን። ኩሉ'ዚ ብኣንድነት ዝተገብረ ነበረ።[10]

እቲ ዝኸፍአ ናይ'ቲ ኻልኣይ መዓልቲ ፍጻመ ግን ኣብ ኣኽርያ ተኻየደ። ንግሆ፡ ብኣኽርያ ዝመጹ ሸባንን ካብ ዕዳጋ ዓርብን ሓድሽ ዓድን ዝተኣከቡ ኣንድነትን ኣብ መንጎ ዕዳጋ ሓሙስን ኣኽርያን ክገጥሙ ኸብሉ፡ ብኩፐር ብዝምርሑ ፖሊስ ንላዕሊ ብዝተተኩሰ ጠያይቲ ተፈላልዮም ነይሮም ኢዮም። ኣብዚ፡ ኣንድነት ክሃድሙ እንከለዉ፡ ኣርባዕተ ካብቶም ሸባን ቦምባ ኢድ ሒዝኮም ተባሂሎም ተታሕዙ። ድሕሪ ቐትሪ፡ እቲ ተፋጣጢ ወገናት መሊሱ ኣብቲ ቦታ ተራኺበ'ሞ፡ ተኹሲ ተኸፍተ። ኣብኡ ዝጸንሑ ተዓለምትን ነባራትን ፖሊስ ተኹሲ ስለ ዝኸፈቱ ግን፡ ሓደ ካብቶም ሸባን ሞተ። ሕጂ'ውን ክሲ ብዛዕባ ወገናውነት ፖሊስ ተላዕለ። ሕጂ'ውን ኩፐር ዝመርሑም ፖሊስ ብሪጣንያ ነቲ እምባጋሮ በተኑዎ። ይኹን'ምበር፡ ኣንድነት ውሽጢ ኣኽርያ ብምእታው ገለ ገዛውቲ ኣንደዱ።

እዚ ተበቲኑ እናተባህለ፡ ብሸነኽ ዓድ ንፉስ ዝተኣኻኸቡ ኣንድነት ንኣኽርያ ኣብ ኣንፈት ሰሜን ኣጥቀዑዋ። እዚኣቶም፡ ብሽጉጥን ቦምባ ኢድን ጥራይ ዘይኮነ፡

8. እ.ጽ. 3፡ ገጽ 8-10፡ ሕ.ጽ. 10።

9. እቲ ዝተወሰኸ ሰራዊት፡ ክልተ ጋንታ ናይ ሮያል በክሻይርን ሓንቲ ሓይሊ ናይ ሳውዝ ወይልስ ምንደረርስን ነበሩ። ሓንቲ ረሻሽ ዝጸዓነት ናይ ሰራዊት ኣመሪካ ጂፕ እውን ኣብ ከተማ ተዘዋዊራ ነይራ ኢያ። ካብ ራድዮ ማሪና (መደበር ምልክት ኣመሪካ ዝነበረ) ዝኾብለሉ ኣመሪካውያን ንምእራይ እንተ ዘይኮይኑ ካልእ ሞያ ዘይነበራ ክነሳ፡ ቡቲ ዝገበረቶ ናይ ርኣዩለይ ምንቅስቓስ ኣብ ማዕከናት ዜና ተዘሪቡላ ነይሩ ኢዩ። (እ.ጽ. 3፡ ሕ.ጽ. 13።)

10. ብ22 ለካቲት ንግሆ፡ ሓደ ናይ ሰራዊት ሮንዳ ኣብ ዕዳጋ ሓሙስ እኩብ ሰብ ርእዩ ንኽብትኖ ኣብ ዝገበሮ ተኹሲ፡ ሓንቲ ሰላማዊት ሰበይቲ ተቐቲላ። እቲ ዝተገበረ ተኹሲ ብጽዕቕ ወይ ተመጣጣኒ ማጠቢ ወይ ምኽንያት'ኳ እንተ ዘይነበረ፡ እቲ ዝተኩሰ ወተሃደር "ካብ ጉድለት ተመኩሮ ከምኡ ገይሩ" ተባሂሉ ቢታ መርማሪት ቤት ፍርዲ ተማሒሩ። (እ.ጽ. 3፡ ሕ.ጽ. 56ላ ርእ።)

ብጠበናጁ'ውን ዝተዓጥቁ ስለ ዝነበሩ፡ ሽፋቱ ከይነብሩዎም ይጥርጠር ኢዩ። ኣብ'ዚ፡ ገለ ካብ ኣንድነት'ኳ እንተ ወደቑ፡ ግመ ባሕሪ ነቲ ቦታ ስለ ዝሸፈኖ፡ እቲ ሬሳታት በዚ ሽፋን'ዚ ተወሲደ። ኣንፈት ተኾሲ ግን ብጸጋም፡ ማለት ብኣምባ ጋልያኖ ገጹ ተሰምዐ። ኣብ'ዚ 300 ዝኾኑ ኣንድነት፡ ንኣኽርያ ገጾም ኣምርሑ'ሞ፡ ኣብኡ ይከላኸሉ ምስ ዝነበሩ ሸባን ገጠሙ። ኣንድነት ሽጓጉጥን ቦምባን፡ ሸባን ግን ቦምባን ሴፍን ጥራይ ሒዞም ነበሩ። ኣንድነት ብግልጺ ዓመጽቲ ስለ ዝነበሩ፡ ይብል'ቲ ነዚ ዘቕረበ ጸብጻብ ናይ ምምሕዳር፡ ፖሊስ ናብኦም ተኹሶም ክልተ ኣውደቑሎም። ሰለስተ ሸባን ከኣ በቲ እምባጋሮ ተቐትሉ። እቲ ናይ ኣንድነት ጉጅለ ንድሕሪት ኣንሰሓበ። ንምሸቱ፡ ብዘይካ ሓሓሊፉ ዝሰማዕ ተኾሲ ቦምባን ጥይትን ብርቱዕ ህውከት ኣይተራእየን።[11]

ኣብ'ዚ ናይ ክልተ መዓልቲ፡ ማለት 21-22 ለካቲት 1950 ግጥማት ጥራይ፡ 27 ሰባት (9 ኣንድነት፡ 18 ድማ ሸባን) ሞቱ። 73 ካልኦት (34 ኣንድነት፡ 39 ሸባን) ተወጊዖም ሆስፒታል ኣተዉ። 69 ተወሰኽቲ (45 ኣንድነት፡ 13 ሸባን) ድማ ተሓኪሞም ገዛኦም ተሰደዱ። ካብቶም ዝሞቱ፡ 18 (5 ኣንድነት፡ 24 ሸባን) ብጥይት ዝተወቕዑ ነበሩ። ኣብ መንጎ'ቶም ዝሞቱ፡ ክልተ ኣንስትን ሓደ ሕጻንን ተረኺቡዎም።[12]

እታ ብ24 ለካቲት ብኣመሓዳሪ ድሩ ዝቘመት መርማሪት ቤት ፍርዲ ኣብ ፍጻመታት ናይ 21-22 ለካቲት ጥራይ'ኳ እንተ ተገደሰት፡ እቲ ዕግርግር ግን ክሳብ 26 ለካቲት ኣቢሉ ጸንሐ። ምስቲ ዝተወሰኸ መዓልታት ደሚርካ፡ ብሰንኪ'ቲ ሓፈሻዊ እምባጋሮ ዝተረኽበ ኣጠቓላሊ ሰብኣዊ ጉድኣት ከምዚ ዝስዕብ ኮነ፡- 47 ምዉታት-16 ኣንድነት፡ 31 ሸባን፣ 100 ቍሱላት-51 ኣንድነት፡ 49 ሸባን፣ 121 ተሓኪሞም ዝተፋነዉ-72 ኣንድነት፡ 49 ሸባን። ካብ'ዞም ኩሎም፡ ብናይ ፖሊስን ሰራዊትን ተኾሲ ዝሞቱ 10 ክኾኑ እንከለዉ፡ 10 ድማ ቈሰሉ። ብመደምደምታ እታ መርማሪት ቤት ፍርዲ፡ ዳርጋ ኹሎም እዚኣቶም ኣንድነት ኮይኖም፡ ባዕሎም ኣብ ልዕሊ'ቶም ፖሊስ መጥቃዕቲ ስለ ዘካየዱ፡ ኣብ መስርሕ ነፍሰ ምክልኻል ዝተቐትሉ ወይ ዝተወግኡ ነበሩ።[13]

ከምቲ ዝረኣናዮ፡ ናይ'ቲ ምምሕዳር ወተሃደራዊ ስጉምቲ፡ ነቲ ዕግርግር ከተሃዳድኦ ኣይከኣለን። ብኣንጻሩ እኳ ደኣ፡ ክልቲኦም ወገናት፡ ብፍላይ ግን ደገፍቲ ኣልራብጣ፡ ብብዝሒ ጠበናጁ፡ ሽጓጉጥን ቦምባታት ኢድን ምስ ዝዓጠቑ ኣንድነት ይገጥሙ ስለ ዝነበሩ፡ ንእንግሊዛውያን ብኣድልዎን ዝርያን ከሰሱዎም። ነቲ ሓድሕድ ምቅታል ደው ንምባል እኹል ጻዕሪ ኣየካየዱን ዝብል ክሲ'ውን መጾም። እዚ ኹሉ እናኾነ እንከሎ፡ ኮምሽን ሕቡራት ሃገራት እውን ሱቕ ኢሉ ኣይረኣየን። ብ22 ለካቲት "ቃል ምዕዶን ምሕጽንታን" ብምቕራብ፡ እቲ ድንገት ከም ዘሕዘኖ፡ እቲ ናቱ ሰራሕ ወይ ተልእኾ ድማ "በዚ ተገይሩ ዘሎ ናይ ሓይሊ

11. እ.ጽ. 3፡ ገጽ 10-12፡ ሕ.ጽ. 16-20።
12. እ.ጽ. 3፡ ገጽ 19፡ ሕ.ጽ. 26።
13. እ.ጽ. 3፡ 20-21፡ ሕ.ጽ . 27-28።

ስራሕ ክሕበል ከም ዘይክእል" ኣፍለጠ። እቲ "ህውከትን ዕግርግርን ብሸነኹ ናይ ደም ምፍሳስ ጽልእን ቂምን ኣብ ልዕሊ ህዝቢ ንምፍጻም ኢዩ'ምበር ዚዓብስ ቁም ነገር የብሉን" ብምባል ድማ፡ ህዝቢ ነቲ ሓደገኛ ኣንፈት እቲ ከይኽተል ተላበወ።[14]

እቲ ህውከት ግን ብሓይልታት ብሪጣንያ ወይ ብኮ.ሕ.ሃ. ኣይኮነን ደው ዝበለ። ሽዑ ፕረሲደንት ሕብረት ናይ ሓማሴንን ኣስመራን ዝነበሩ ደግያት ገብረዮሃንስ ተስፉማርያም፡ እቲ እምባጋሮ ምስ ተነሃሃረ፡ ማሕበር ሕብረት ባዕሉ ነቶም ኣንድነት ብረት፡ ቦምባታት ይኹን ጠያይቲ ገዚኡ ይኹን ካብ ዘዙተኸዘኖ ኣውጺኡ ከም ዝዓደለን ነቲ ዕግርግር ከም ዝተሳተፎን ብዘይ ተጕላባ ይሕብሩ። መዓልታት እናሓለፈ፡ እቲ ጉድኣት ከኣ እናኸበደ ምስ ከደ ግን፡ ገለ "ለባማት ካብ ክልቲኡ ወገን እቲ ናይ ሓድሕድ ምቅትታል ደው ዝብለሉ መገዲ ንምንዳይ ውሽጠ ውሽጢ ክላዘቡ ጀመሩ"። ወልደኣብ ወልደማርያም እውን ተመሳሳሊ ታሪኽ ኢዩም ዘዘንትዉ። እቲ ዕግርግር ምእንቲ ነፍሱ ተሃኒ ወዲኡ ዘፍ ኢሉ ስለ ዝነበረ ድማ፡ ንዘተ ምቹእ ዝኾነ ሃዋህው ተፈጥረ። ከም ወትሩ፡ እቲ ዘተ ብቐንዱ ኣብ እንዳ ቁፍርላህ ይካየድ ከም ዝነበረ ኢዩ ዝሕበር።

ኣፈታትሓ ናይ'ዚ ንህዝቢ ኣስመራ ኣጓኒፍዎ ዝነበረ ኣዝዩ ከቢድ ሓደጋ፡ ኤርትራዊ መጻኢ ትውልዲ ክመሃረሉ ዝግብኦ ብሱል ኣገባብ ኢዩ። ኣብ ውሽጢ ሃገርን ኣብ መንጎ ህዝብታትን ግርጭት ወይ ግጭት ምስ ዝፍጠር ብኸመይ ክፍታሕ ይግባእ ወይ ይክኣል ዝብል ሕቶ፡ ካብ'ዚ ተመኩሮ'ዚ ሓደ ፍታሕ ወይ ትምህርቲ ክረክብ ይኽእል።

ብ24 ለካቲት 1950፡ ኣብ ሳልሰቲ ምጅማር ዕግርግር ኣብ ሰዓታት ድሕሪ ቐትሪ፡ እቶም ክመያየጡ ዝቐነዩ "ምስሌነታትን ሹማምንትን ደቀባት ከተማ ኣስመራ" ኣብ ቤት ጽሕፈት ኣመሓዳሪ ኣስመራን ሓማሴንን ተረኺቦ'ሞ፤

> ነቲ ኣብ ከተማ ኣስመራ ዝቐነየ ህውከትን ባእስን ዘደቓቕስ፡ ንሕዝቢ ብሓርነት ንምምልላስን ንምዝዋርን፡ ከምኡ'ውን ጉዳዩ ብዘይ ፍርሃት ንምፍጻም ዋሕስ ዚኾኖ መንገዲ ንምርካብ ብዝዘተዩን ነቲ ብጹዕ ኣቡነ ማርቆስን ክቡር ሙፍትን ብሓንሳእ ኮይኖም ንሰዓብቶም ዝዘርግሑሎም ምኽርን ጽቡቕ ምዕዶን ብዝሰምዑ፡ ካብ ክርስትያን 31፡ ካብ እስላም ድማ 31፡ ኩሉ ኹሎም 62 ልኡካን መሪጾም፡ ብዛዕባ ጸጥታን ድሕነትን ሕዝብ ደቀባት ኣስመራ ገለ መንገዲ ዕርቂ ንምድላይ መዘዙዎም።

ከም'ዚ ምስ ኮነ፡ እቶም 62 ብወገኖም ሰሰለስተ ሽማግለታት ካብ ክልቲኡ ወገን መረጹ'ሞ፡ ደግያት ኣስረስሀይ በራኺን ብላታ ኑሩ ኣሕመድን ንኣቦ መንበርነት እቲ ንኡስ ሽማግለ ክበራረዩሉ ተመረጹ።

እታ ንኡስ ሽማግለ ስርሓ ምስ ወድኣት፡ ብ2 መጋቢት 1950 ምስታ ዓባይ ሽማግለ ተጋብአት'ሞ፡ ኣብዚ ዝስዕብ ናይ ዕርቂ ነጥብታት ስምምዕ ተገብረ፤

14. ሓንቲ ኤርትራ፡ 1/5፡ 25 ለካቲት 1950።

1. ብዛዕባ እቲ ካብ 21 ለካቲት ወ.ፈ. ክሳዕ ሎሚ 1 መጋቢት 1950 ዘሎ ኩነታት መርሚሮም ዚፈርዱ፡ እቶም ብጠቕላል ኣመሓዳሪ ተመሪጾም ዝቘሙ ሸማግለታት ኢዮም።
2. ሉኡካን ክርስትያን ነቲ ዝለኣኾም ሕዝቢ ካብ ህውከትን ግብረ ዓመጽን ኪኽልክልዎ፡ ነቲ ካብ ሎሚ ንንየው ኣብ ህውከትን ዓመጽን ዚርከብ ዝኾነ ይኹን ሰብ ከኣ፡ ናይ ባዕሉ ሓላፍነት ኣብ ርእሱ ከም ዝኾነ ኬሰምዑሉ ንወንጌል እናጠቐዑ መሓሉ።
3. ከምኡ እውን ልኡካን እስላም ነቲ ክርስትያን ዝበሉዎ እናደገሙ፡ ንሕዝቦም ክምዕዱን ኪመኽሩን ኣብ ቁርኣን እናጠቐዑ መሓሉ።[15]

ብመሰረት እዚ ስምምዕ'ዚ፡ ብ25 መጋቢት 1950 ሓደ ዓበይቲ ክልቲኡ ወገናት ዝተረኽቡሉ ኣዝዩ ዝሰፍሐ ናይ ዕርቂ ኣኼባ ተኻየደ።[16] ኣብ'ዚ፡ ኩሉ'ቲ ናይ ዕርቂ ዘረባን መንፈሳዊ ጸሎትን ምስ ተሰምዐ፡ ንጽባሒቱ ሰንበት ንግሆ ሓደ ዓቢ ናይ ዕርቅን ሰላምን ሰልፊ ተገብረ። ኩሎም ሃይማኖታውያን መራሕትን መራሕቲ ቀ.ና.ኤ.ን ሕብረትን ከኣ ተሳተፉዎ። ጋዜጣ ኢትዮጵያ ከም ዝገለጾ፡ ኣኽሊል ዕንባባ ኣብ ልዕሊ 17 ምዉታት ክርስትያንን 34 ምዉታት እስላምን ተቐመጠ።[17] በዚ ድማ እቲ ዕግርግር ኣኽተመ። እቲ ኣዝዩ ዘገርም ድማ ነባሪ በሰላ ወይ ኣሰር ስለ ዘይገደፈ፡ ከም ሓደ ኣብ ውሱን ጊዜ ዝተቐልቀለ ተርእዮ ጥራይ ቀሃመ።

ስለምንታይ ከምኡ ኾይኑ፧ ደግያት ገብረዮሃንስ፡ "ሸው ፖለቲካ እንግሊዝ ስለ ዘራብሸና እንተዘይኮይኑ፡ ካልእ'ኮ ምኽንያት ኣይነበሮን። ናይ ኣንድነትን ናጽነትን እምበር፡ ናይ እስላምን ክርስትያንን ባእሲ ኣይነበረን። ሰረት ስለ ዘይነበሮ፡ ዝጸንሐ ባእሲ ስለ ዘይነበረ፡ ኣብኡ ተሪፉ" ይብሉ።[18] እንግሊዛውያን ሰበ ስልጣን ነቲ ዝተራእየ ዕግርግር ብመልክዕ ሃይማኖታውን ቀቢላውን (ኤትኒካውን) ጽልኢ ክቕርብዎ ኢዮም ፈቲኖም።[19] ከምኡ እንተ ዝኸውን እውን መፍቶኦም ምኾነ፡ ምስ'ቲ ንኤርትራ ናይ ምምቃል መደቦም ስለ ዝሰማማዕ።

እዚ ናይ ብሪጣንያ ኣተሓሳስባ ግን፡ ካልእስ ይትረፍ ዋና ጸሓፊ ሕብረት ተድላ ባይሩ እውን ነጸጉዎ። ኣብ ቅድሚ'ታ መርማሪት ቤት ፍርዲ ኣብ ዝሃቡዎ

15. ሰ.ጋ. 8/393፡ 16 መጋቢት 1950። እቶም ሽዱሽተ ሸማግሌ እዞም ዝስዕቡ ነበሩ፤ ጸሓፊ ትእዛዝ ገብረስላሴ፡ ኣባ ገብረኢየሱስ ሃይሉ፡ ቀሺ ገብረስላሰ ሃብቱ፡ ሸኽ ዓብደልዓሊም ኢድሪስ፡ ሸኽ ኢድሪስ ሱለማን ኣዲን፡ ብላታ ነጋሽ መሓመድ።

16. ኣብ'ዚ ኣኼባ'ዚ ካብ ዝተረኽቡ፡ ጠልሰም ሓጅ ሑሰን እምናይ፡ ኢብራሂም ሓሰን በያን፡ ሸኽ ኑር ሑሰን ናስር፡ ፊታ. ሓጎስ ኣድም፡ ፊተ. ሓረጎት ኣባይ፡ ቀሺ ገብረስላሴ... ይርከቡዎም። ኣብ መቓብር ምዉታት ክልተ ወገን ኣኽሊል ዕንባባ ንኽንበር ዝተጠልበ'ውን ኣብ'ዚ ኣኼባ'ዚ ኢዩ። ኢትዮጵያ ፡ ቊ. 7፡ 30 መጋቢት 1950።

17. እ.ጽ. 3፡ ርአ። እቲ ብጋዜጣ ኢትዮጵያ ዝተዋህበ ቍጽሪ፡ ካብቲ ናይ መርማሪት ቤት ፍርዲ ይበዝሕ። ምናልባት ከምዚ ዝኾነ፡ ክሳብ'ቲ እዚ ናይ ዕርቂ ስነ ስርዓት ዝተገበረሉ፡ ቊሲሎም ዝጸንሑ ሓደ ኣንድነትን ሰለስተ ሸባንን ስለ ዝሞቱ ክኸውን ይኽእል።

18. ደግያት ገብረዮሃንስ ተስፋማርያም፡ ቃለ መጠይቕ፡ 1998።

19. FO 371/80873, JT 1015/86, Freeman M.P., to Secretary of State, approx. 1/3/50.

ምስክርነት ድማ፡ መንቀሊ ይኹን ምኽንያት ናይ'ቲ ዕግርግር፡ ኣብ መንጎ ደገፍቲ ቀ.ና.ኤ.ን ሕብረትን ዝተፈጥረ ምትህልላኽ ወይ ዘይምርድዳእ እምበር ጽልኢ ኣብ መንጎ እስላምን ክርስትያንን ከም ዘይነበረ ኣትሪሮም ኣረድኡ። ታሪኽ ህዝቢ ኤርትራ ናብ ከምቲ ዝመስለ ሓድሕድ ምቅትታል ከምርሕ ዝኽእል ቂም ከም ዘየውረሰ እውን ኣስፊሖም ኣረድኡ። ካብ'ዚ ንላዕሊ፡ ክልቲኦም ተፋጠጥቲ ማሕበራት ሕብረትን ናጽነትን ብእስላምን ክርስትያንን ዝቖሙ ስለ ዝነበሩ፡ ጠንቂ ባእሲ ፖለቲካ እምበር ሃይማኖት ኣይኮነን በሉ።[20]

እታ መርማሪት ቤት ፍርዲ እውን፡ ሽሕ'ኳ ንሃይማኖታዊ መበገሲ'ውን ገለ ቦታ እንተ ሃበቶ፡ ቀንዲ ጠንቂ ፖለቲካዊ ፍልልይ ምንባሩ ኣመነት። ነዚ ካብ ዘደምደማ ቀንዲ ረቛሒታት ሓደ፡ እቲ ዕግርግር ኣብ ውሱናት ቦታታትን ኣብ መንጎ ዝተወሰኑ ሰባትን ዝተሓጽረ ምንባሩ ኢዩ። "ተረኽበ እስላም፡ ተረኽበ ክስታን" ተባሂሉ ዘይኮነ፡ ኣንድነትን ሕብረትን ተላልዮምን ተደላልዮምን ዝተሃራረሙሉ ስለ ዝነበረ፡ ዕሙት ዝኾነ ወገናዊ ኣንፈት ኣይነበሮን።

እቲ ኻልኣይ መርማሪት ሸማግለ ዘረጋገጸቶ ነጥቢ፡ ደለይቲ ህውከትን ጀመርትን ቀጸልትን ዓመጽን እቶም "ተዋህዶ" ዝበለቶም መንእሰያት ኣንድነት ምንባሮም ኢዩ። ብቐዳምነት እዚኣቶም ቀልጢፎም ኣብ ጥይት ምትኳስን ቦምባ ምድርባይን ስለ ዝኣተዉ፡ ተዳልዮም ከም ዝጸንሑ ከም ዘመልክት እታ መርማሪት ደምደመት። ገለ ዝተታሕዙ ውሑዳት ገዲፍካ፡ እቶም ሸባን ዝሓዙዎ ዝለዓለ መሳርሒ ሴፋት ኢዩ ዝነበረ። ኣብ ቀብሪ ሴፍ ምሓዝ ንቡር ከም ዝነበረ ድማ እታ ቤት ፍርዲ ኣረጋገጸት። ኣብ ልዕል'ዚ፡ ቍጽሪ ምዉታት ሸባን ዕጽፊ እቲ ናይ ኣንድነት ምንባሩ፡ ብኣንጻሩ ግን ኣካላዊ ጉድኣት ኣንድነት ካብ'ቲ ናይ ሸባን ምብዝሑ፡ እዞም ዳሕረዎት ብዝያዳ በእማን፡ ኣባትርን ሴፍን ከም ዝተኸላኸሉ እታ መርማሪት ደምደመት።

ከምቲ ኣቐዲሙ'ውን ዝተጠቕሰ፡ እታ መርማሪት ንፖሊስን ሰራዊትን ብሪጣንያን ኤርትራውያን ተሓጋገዝቶምን ካብ ዝኾነ ነቐፌታ ሓራ ገበረቶም። "ብዝግባእ ስርሖም ኣሰላሲሎም" ተባሂሎም እውን ተናእዱ። 50 ካብ ኣንድነት፡ 48 ከኣ ካብ ሸባን ብምኽንያት እቲ ዕግርግር ክእሰሩን ክቖስሉን እንከለዉ እምበኣር፡ ዝተነቕፈ'ኳ ኣባል ፖሊስ ወይ ሰራዊት ኣይነበረን።[21]

ከምዚ ኢሉ፡ እቲ ንኤርትራ ብሃይማኖታዊ መገዲ ክገምዓ ዝተሓለነ ሃቐነ ፈሸለ። እቲ ህውከት፡ ኢድ ኢትዮጵያን ሕብረትን ዘይተፈልዮ ተግባር ግበረ ሸበራ ኣንድነት ከም ዝነበረ ኣየጠራጥርን። ቦምባ ናብ ቤት ጽሕፈት ሕብረት ዝደርበየ፡ ከሊፋ ዝተባህለ ኣባል ኣንድነት ምንባሩ ምስኩር ኢዩ። እታ መርማሪት

20. እ.ጽ. 3፡ ምስክርነት ተድላ ባይሩ፡ ቁ. 55፡ ገጽ 2።

21. እ.ጽ. 3፡ ገጽ 31-38፡ 39-44 ርአ። ኣብ Appendix A ናይ'ዚ ጸብጻብ'ዚ ተመልኪቱ ከም ዘሎ፡ ብጠቕላላ 154 ኤርትራውያን ተኸሲሶም ንፍርዲ ቀረቡ። ካብ'ዚኣቶም 113 ብገበን ክፍረዱ እንከለዉ፡ ዝተረፉ 41 ተማሕሩ። ካብቶም ዝተፈርዱ፡ እቶም ዝበዝሑ (47) ብስርቂ ዝተኸሰሱ ክኾኑ እንከለዉ፡ 29 ብኣምባጋሮ፡ 10 ቦምባ ኢድ፡ 12 ድማ ሴፍን ካራ-ን ስለ ዝተረኽቦም፣ 4 ብቕትለት፡ 8 ብቓጸሎ ኣባይቲ.... ዝተፈርዱ ይርከቡዎም።

ባዕላ ልኡኽ ወይ ኣሳዋሪ ነገር (agent provocaeur) ኢዩ ኢላ ከም ዝኣመነት እውን ገሊጻ ኢያ።[22] ናይ መን ልኡኽ ወይ ኣሳዋሪ ንዝብል ግን ኣሚታ እምበር ኣየነጸረትን።

እቲ ልኡኽ ናይ ሕብረት ጥራይ ነይሩ ኢልካ ምድምዳም ግን ኣዝዩ የጸግም። ምኽንያቱ፡ እዚ ጊዜ'ዚ፡ ፍራንክ ስታፎርድ ነቲ ኣቐዲሙ ዝተገልጸ መደባቱ ንምትግባር ላዕልን ታሕትን ዝብለሉ ዝነበረ ኢዩ። ንቀ.ና.ኤ. ንምድኻም፡ ብውሽጢ ፋሕ-ፋሕ ንምባላ ኣበርቲዑ ዝጽዕረሉ ዝነበረ እዋን ኢዩ ከኣ ዝነበረ። መደቡ ኩሉ ጊዜ፡ ንኤርትራ ምምቃል ስለ ዝነበረ፡ ኣብ'ዚ ናይ 21 ለካቲት ፍጻመ'ውን ብውሑዱ ማዕረ ኢትዮጵያን ሕብረትን ከጥርጠር ግቡእን ካብ ክዉንነት ዘይረሓቐን ይመስለና። ጭቡጥ ኣይኹን እምበር፡ እቲ ከባብያዊ ወይ ናይ ቀረባ መረዳእታ ናብ'ዚ የመልክት ኢዩ።

ብዝኾነ፡ ናይ ኤርትራውያን ሓድነትን ኤርትራዊ ሃገራውነት ድማ ብሓፈሻን፡ ኣብ'ታ ሰሙን እቲኣ ንሓደ ዓቢ ፈተነ ወይ መሰናኽል ሓለፎን ሰገርን። ትርጉም ናይ'ዚ ዓወት'ዚ፡ ሽዑ ይኹን ኣብ ዝቐጸለ ኣዋርሕ ዘይኮነስ፡ ዓመታት ሰጊሩ ኢዩ ክገሃድን ግብራዊ ናይ ኣተሓሳስባ ለውጥታት ዘምጽእ ክኽውንን ዝኽኣለ።

ስራሓትን ጸብጻብን ኮ.ሕ.ሃ.

ኮ.ሕ.ሃ. ብ14 ለካቲት ኢዩ ስራሑ ዝጀመረ። እቲ ብ21 ለካቲት፡ ማለት ሰሙን ድሕሪ ስራሑ ምጅማሩ፡ ዝተኸሰተ ዕግርግር ከኣ ኣብ ምርመራኡን ሓባራዊ ይኹን ናይ ኣባላቱ ውልቃዊ ኣረኣእያን ኣሉታዊ ዝንባለ ኣየሕደረን ምባል ኣየድፍርን። እዚ ግን፡ ነቲ ኣባላቱ ሒዞሞ ዝመጹ ናይ መንግስቶም መርገጻት ዝቕይር ዓሚቕ ጽልዋ ከሕድር ኣይተራእየን።

ኣባላት ናይ'ቲ ኮሚሽን፡ ፓኪስታን፡ በርማ፡ ጓተማላ፡ ኖርወይን ደቡብ ኣፍሪቃን ነበሩ። ኣብ ራብዓይ መጋባእያ ባይቶ ሕ.ሃ.፡ ፓኪስታንን ጓተማላን ደገፍቲ ናጽነት፡ በርማ ድማ ርእይቶ ህዝቢ ኤርትራ ይመርመር ናይ ዝብል ሓሳብ ደጋፊት ነበራ። ኖርወይ ብወገና ደጋፊት ኢትዮጵያ፡ ደቡብ ኣፍሪቃ ድማ ንዝኾነ ዓይነት ናጽነት ወይ ርእሰ ምሕደራ ግዙኣት ሃገራት ዝነጽግ ስርዓት ነበራ።

ብሪጣንያ፡ ኣብ ውሽጢ እቲ ኮሚሽን ደጋፊ ምቕሊ ኤርትራ ስለ ዘይነበረ፡ ሕጉስቲ ኣይነበረትን። ኣብ ውሽጢ ባይቶ ዓባይ ብሪጣንያ እውን፡ ብሲልቪያ ፓንክረስት ዝጉስጎስ፡ ንኣቃውማ እቲ ኮሚሽን ከኣ ዝጻረር ምድፍፋእ ይግበር ነይሩ ኢዩ።[23] ከምዚ ክንዲ ዝኾነ፡ ስታፎርድ ኣብ ቅድሚ እቲ ኮሚሽን ብምቕራብ፡ ንኣባላቱ ናብ ሓሳብ ምቕሊ ክስሕብ ሃቀነ። ወከልቲ ፓኪስታንን ጓተማላን

22. እ.ጽ. 3፡ 227፡ ገጽ 36፡ ሕ.ጽ. 55 (vivi)።

23. FO 371/80873, Freeman (M.P.) and S.Pankhrust to E. Bevin, Undated (Approx 10-13/2/50).

ንመናውራታቱ ብቕጽበት ነጸጉዎ፣ ኣብቶም ዝተረፉ ሰለስተ ግን መኸሰባት ከም ዝረኸበ ገለጸ።[24]

ኣብ ርእሲ እዞም ክልተ ወከልቲ ፓኪስታንን ጓተማላን፡ ቀንዲ ጸሓፊ ናይቲ ኮሚሽን ዝነበረ ሽሚት ዝተባህለ ኣመሪካዊ እውን ኣንጻር መርገጺ ብሪጣንያ ነበረ። ንሱ፡ ኣባል እታ ኮሚሽን ኣይነበረን። ቀጥታዊ ርክቡ ኸኣ ምስ ዋና ጸሓፊ ሕ.ሃ. ኢዩ ነይሩ። ዑቕባዝጊ የሃንስ ከም ዝገልጾ፡ ሽሚት ደጋፊ ናጽነት ወይ ናጽነት ድሕሪ መጉዚትነት ኮይኑ፡ እዚ ተኸእሎ'ዚ ግብራዊ ንኸይከውን ዝዕንቅፍ ከኣ ናይ ብሪጣንያ ኣሉታዊ ፕሮፖጋንዳን ዘመተን ኢዩ ዝብል እምነት ነበሮ። ኤርትራ ብቑጠባ ነፍሳ ኣይትኽእልን ኢያ ንዝብል ሓሳብ ከይተቐበለ ኣብ'ቲ ሓሳባቱ ብምጽናዑ ድማ፡ ብእንግሊዛውያን ሰብ መዚ ከም ሓደገኛ ሰብ ተራእየ።[25]

እዚ ኹሉ ኣንፈት'ዚ ኣንጻር'ቲ ናይ ብሪጣንያ ሓሳባት ምቕሊ ደው ስለ ዝበለ፡ ኣብ መንጎ ሰበ ስልጣና ምውልዋልን ምምቕቓልን ተራእየ። ማዕረ ንኤርትራ ናይ ገለ ዓመታት መጉዚትነት ዝጣበቑላ ሰብ መዚ እውን ተቓልቀሉ። እቲ ቍጠባዊ ዓቕሚ የብላን ዝብሃል ምጕት ከኣ ሓቅነት ከም ዘይነበሮን ንኻልኦት ንናጽነት ዝቀራረባ ዝነበራ ሃገራት እውን ከም ዝምልከትን ዝኣትዉ እውን ተረኸቡ።[26] ይኹን እምበር፡ እዚ ኣረኣእያ እዚ ናይቶም ዝወሓዱ ስለ ዝነበረ፡ ወግዓዊ ፖሊሲ መንግስቲ ብሪጣንያ ኣብቲ ናይ ምቕሊ ሓሳባት ዝጸንዐ ኾይኑ፡

ገለ ካብ ኣባላት ኮሚሽን ሕቡራት ሃገራት ኣብ ኤርትራ

24. FO 371/80984, Stafford, “The United Nations Commissions in Eritrea, A Summary of its Activities”, Feb.12-19, 1950. Quoted by Ogbazghi Yohannes, Ó. 143. ናይ ጓተማላ ኣምባሳደር ጋርሲያ ባወር ነቲ ናይ ስታፎርድ ሓሳብ ምስ ነጸጎ፡ ስታፎርድ፡ “ካብ ናይ ትሑትነት ስምዒቱ ተበጊሱ ኢዩ” ኢሉ ከም ዘናሸዎ ይንገር።
25. FO 371/80985, Drew Memorandum, 14/3/50. Quoted by Ogbazghi Yohannes, p.144.
26. Amare Tekle, p. 144. ኣብ መንጎ እዚኣቶም፡ ኣመሓዳሪ ኤርትራ ብሪጋደር ድሩ፡ ስክሪቨነር ዝተባህለ ላዕለዋይ ብዓል ስልጣን ጉዳያት ወጻኢ ብሪጣንያ ይርከቡዎም።

ንሰራሓት እቲ ኮሚሽን ንኽዕንቅፍ እምበር ኣብ ወድዓዊ ሓቂ ንኽበጽሕ ዕድል ዘኽፍት ኣይነበረን።

ኣብ ከምዚ ዝመስለ ኩነታት ኢዩ ኮ.ሕ.ሃ. ስራሑ ዘሰላስል ዝነበረ። እቲ ናይ ኣስመራ ዕግርግር'ኳ ውልዕ ኢሉ ቀልጢፉ እንተ ቐሃመ፡ እቲ ዝጸንሐ ናይ ሽፍትነትን ናይ ከተማን ግብረ ሽበራ ግን ኣዝዩ ይወዓዋዕ ነይሩ ኢዩ። ብፍላይ እቲ ኣብ መንጎ ሽፋቱን ኣብ ከባቢ ዶብ ዝነበሩ ሰበ ስልጣን ትግራይን ዝነበረ ርክብን ምትእስሳርን ድማ ብዘየወላውል ተረጋጊጹ ነበረ። ንኣብነት'ኳ፡ ሓደ ናይ ለካቲት ጸብጻብ ምምሕዳር ኣውራጃ ሰራየ፡ ምክትል ኣመሓዳሪ ትግራይ ፊታውራሪ ይመኑ ሓሰንን ንቡረ እድ ገብረመስቀል ናይ ኣኽሱምን ምስ ገብሩ ተሰፋጽዮንን ኣስረስሀይ እምባየን ቀጻሊ ርክባት ይገብሩ ከም ዝነበሩ ብእሙናት ምንጭታት ከም ዝተረጋገጸ የብርህ። ሓጐስ ተምነዎ ካብ ኣኽሱም ሰለስተ ክሻ ቦምባ ኢድ ከም ዝተቐበሉ እውን ይገልጽ። ብተወሳኺ፡ ኣብ ውሽጢ'ቲ ወርሒ'ቲ፡ ምስሌነ ኣድያቦ ደጃች ጸሃየ ብስራት ምስ ኣስረስሀይ ብቐጻሊ ይራኸብ ከም ዝነበረ፡ ሓጐስ ተምነዎ ድማ "ብትእዛዝ ዓድዋ" ወይ ብትእዛዝ ገዛኢ ዓድዋ ዝነበሩ ኮሎኔል ኢሳያስ ገብረስላሴ፡ ካብ ኣድያቦ 20 ሰባት ከም ዘኽተቡ እቲ ጸብጻብ ይነግር።

ከም ቀንዲ ሽፍታ ናይ'ቲ ዞባ፡ ኣስረስሀይ ካብ ምስሌነ መደባይን ዓደርባዕተን ዝነበሩ ደጃች ተስፋይን ካብ ኣመሓዳሪ ሽረ ደጃች መስፍንን ጠያይቲ ይቕበሉ ከም ዝነበሩ እቲ ጸብጻብ ብተወሳኺ ይሕብር። ኣብ'ዚ ጊዜ'ዚ፡ ስድራ ቤት ኣስረስሀይ ኣስገደ ኣብ ዝተባህለ ኣብቲ ኸባቢ ዝርከብ ዓዲ ተዓቝቦም ነይሮም ኢዮም። ካብ'ዚ ንላዕሊ፡ ደቂ ሞሳዝጊ እውን ኣብ ትሕቲ ተኸላኻልነት ምስሌነ ኣሕስአ ዝነበረ ደጃች ሃይሉ፡ ኣብቲ ዞባ ከም ድሌቶም ይዘዋወሩ ነበሩ። እቲ ጸብጻብ ኣብ መወዳእታ፡ ሰበ ስልጣን ትግራይ ምስ ሕብረት ተሻሪኾም ፖለቲካዊ ጉነጽን ግብረ ሽበራን የካይዱ ከም ዝነበሩ ብምእማን፡ መንግስቲ ኢትዮጵያ እንተ ዘይሓጊዙ እቲ ጉዳይ ካብ ቁጽጽር ወጻኢ ከም ዝኸውን ደምደመ።[27]

ከምቲ ልሙድ፡ ብፍላይ ከኣ ኣብ'ዚ ኮ.ሕ.ሃ. መርመርኡ ዝጀመረሉ ጊዜ፡ ቤተ ክህነት ተዋህዶ'ውን ኣብ ልዕሊ ምእመናን ዝገብሮ ንዝነበረ ጸቕጢ ብርኡይ ኣኸረሮ። ኣብ ውሽጢ ቀ.ና.ኤ. ዝነበሩ ሓያለ ኣባላት ግን ነዚ ኣገባብ ናይ ቤተ ክህነት ብድፍረት በድሁዎን ደፈሩዎን። ንኣብነት ንክኸውን፡ ሓደ ግራዝማች ማትዮስ ሓድጉ ዝተባህሉ ኣባል ናይ'ቲ ቐጽሪ፡ ብዛዕባ ኣቡነ ማርቆስ ኣብ "ሓንቲ ኤርትራ" ንዝበሉዎ ንጠቅስ፤

> ....ነስላማይን ንኽርስትያንን ሓዊ ዚመልሱ ዘለዉ ኣባ ማርቆስ፡ መናፍቃን ዚመኸሩዎም እናሰምዑ፡ ንዝሞተ ኣይትቕበሩ፡ ንዝሓመመ ኣይትብጽሑ፡ ስለ

---

27. FO 371/80873, Extract from SDO Adi Ugri's Report, 21/2/50. ብተወሳኺ እዚ ጸብጻብ'ዚ፡ ምስሌነ እንትሮጮ ደጃች ደስታ ምስ ዕሉል ሽፍታ ደበሳይ ድራር ተዓራሪኾም ከም ዝነበሩ የረድእ። ኣብ'ዚ ጊዜ'ዚ፡ ክልተ ኣባላት ኣንድነት ዝነበሩ መንእሰያት፡ ኣብ ዓደርባዕተ ተዓቝቦም ከም ዝነበሩ ተፈሊጡ ነይሩ ኢዩ።

ማሕበርኩምን ስለ ዕላማኹምን ቅተሉ፡ ኣጆኹም በልዎም እናበለ ዚሰብኽዶ ኣቡን ይብሃል። ንምስትንክር ኢዩ! ዓለማዊ'ኳ ከምዚ ኢሉ ንኺሰብኽ ሕልናኡ ይወቕሶ።

ብሓሶት መሰኪሩ ንዓርኩ ርስቲ ዘውህብ ሰብ፡ ጸኒሑ በቲ ዓርኩ ከም ዝከዓብ ድሕሪ ምምሳል፡ እቶም ጸሓፊ ከምዚ ዝሰዕብ ቀጸሉ፤

...ኣቡነ ማርቆስ ምስ መናፍቃኖም ምንም እኳ እስላማይን ክርስትያንን ደቂ ኤርትራ ብሰብኩቶም ደም እንተ'ፋሰሱ፡ ሸዋ ግን ዘይጠቕሙ ከም ዝኾኑ ተዓዚቡቶም ከም ዘላ ኣየስተውዓሉዎን ይመስለኒ። ዝኾነ ኾይኑ በዚ ሰብኩቶም ዝጠፍአ ርስቲ ይርከብ ብምባል ሕልሚ ኢዩ። ናጽነት ማለት ዋና ርስቲ ናይ ምሉእ ህዝቢ ከም ዝኾነ ኸኣ ካብ ማንም እተሰወረ ኣይኮነን።[28]

እቲ ጽልእን ምንህሃርን ክሳብ'ዚ ደረጃ'ዚ ኢዩ በጺሑ ነይሩ። እቲ ኮሚሽን፡ ካብ 14 ለካቲት ክሳብ 6 ሚያዝያ፡ ማለት ን51 መዓልታት ኣብ ኤርትራ እናዞረ ርእይቶ ህዝቢ ክእኩብ እንከሎ፡ እዚ ዝተባህለ ናይ ሸፍትነትን ናይ መንፈስ ጸቕጥን ምፍርራሕን ተጋደደ። ኮ.ሕ.ሃ. ኣብ 37 መበደራት 64 ኣኼባታት ወከልቲ ህዝቢ ኣካየደ። እዚ፡ ካብ'ቲ ናይ ኮሚሽን ኣርባዕተ ሓያላት ዝወሓደ ነበረ። ኣብ ልዕል'ዚ፡ ይብል ትሬቫስኪስ፡ ኣገባብ ኣጸናንዓ ናይ'ቲ ቐዳማይ ብተዛማዲ ዝያዳ ዝተወደበ ክኸውን እንከሎ፡ እዚ ኮሚሽን'ዚ ግን፡ "ዘይግዱስ ተዓዛቢ ናይ ተጻረርቲ ኣኼበኛታት ጥራይ ብምኳን ሓቀኛ መንነቶምን ወካልነቶምን ንዘየረጋግጸም ሰባት ዝመጸሉ ሕቶታት ካብ ምቕራብ ኣይሓለፈን።[29]

ነዚ ትሬቫስኪስ ዝበሎ፡ እቲ ዝነበረ ጉድለት ጸጥታ ምስ እንውስኸሉ፡ መርመራ ይኹን ውጽኢት መርመራ ናይ'ቲ ኮሚሽን ሓቀኛን ዘተኣማምንን ከም ዘይነበረ ኣየካትዕን። ኣባላት ኣንድነት ዝነበሩ ባዕሎም ከም ዘረጋግጹዎ፡ እቲ ኮሚሽን ምስ ቀ.ና.ኤ. የካይዶ ንዝነበረ ኣኼባታት ኮነ ኢሎም ንምብታን ዝተመደቡ ጉጅለታት ነይሮም ኢዮም። እዚኣቶም፡ ካብ ዓበይቲ ከተማታት ብእግሪ ናብ ከባቢታት ይወጹ'ሞ፡ ዘይተጻዕና ካምዮናት የርክባኦም። ካብኡ ተሰኪመን ኣኼባ ናብ ዘለዎ እናወሰዳ፡ ንሳቶም ብውሽጢ ሸፋቱ ድማ ብግዳም ተሰማሚዖም መገዲ እናዓጸዉን ንኣባላት ቀ.ና.ኤ. እናበተኑን ንተሳትፎኦም ብዓቢ ግናዕ ከጓድሉ ይኽእሉ ነበሩ።[30] እዚ ተግባር እዝን ኣቡነ ማርቆስን ሰዓብቶምን ኣብ ልዕሊ ምእመናኖም ዝገብሩዎ ዝነበሩ ተጽዕኖን፡ ንቀ.ና.ኤ. ምሉእ ሓይሉ ካብ ምርኣይ ከልኪሉዎ ኢዩ ንዝብል ክትዕ፡ እቲ ኮሚሽን ኣብ ክልተ ተገምዓሉ። በርማ፡ ኖርወይን ደቡብ ኣፍሪቃን "ቅኑዕ ገማጋም ካብ ምግባር ኣይከልከለናን" ክብላ እንከለዋ፡ ጓተማላን ፓኪስታንን ግን ነዚ ክልተ ዕንቅፋት'ዚ ኣብ ግምት ኣእተዋኦ።[31]

28. "ሓንቲ ኤርትራ"፡ 1/12፡ 1/4/1950።
29. Trevaskis, p. 99.
30. ግራዚ. ዝሀታ ኢዮኣብ፡ ቃለ መጠይቕ 1997።
31. UN General Assembly, Official Records Fifth Session, Supplement No 8 (A/1285) Lake Success, New York, 8 June 1950, pp. 20,30.

ኣዝማች በርሀ ገብረኪዳን

ብተደጋጋሚ፡ ኣባላት ቀ.ና.ኤ. ኣብ ቅድሚ'ቲ ኮሚሽን እናቐረቡ፡ ናብ'ቲ ናይ ኣኼባ ቦታታት መጺኦም ርእይቶኦም ንኸይገልጹ ብሽፍታ ይኽልከሉ ከም ዝነበሩ ይገልጹ ነይሮም ኢዮም። ሓደ ካብ'ዚኣቶም፡ ናይ ሰራየ ምክትል ፕረሲደንት ቀ.ና.ኤ. ዝነበሩ ኣዝማች በርሀ ገብረኪዳን ንኣብነት፡ ሽፍታ ንዕኦም ብኣካል ይደልዩዎምን ንኽቕትልዎም ይደናደኑ ከም ዝነበሩን ብግልጺ ከሰሱ።[32] እቲ ኮሚሽን ግን ካብ ምስማዕ ሓሊፉ ዝገበሮ ገለ'ኳ ኣይነበረን። ድሕሪ'ዚ ርክቦም'ዚ ወርሒ ኣብ ዘይመልእ ጊዜ፡ ማለት ናብ 16 ግንቦት 1950 ዘውግሐት ለይቲ፡ ምስሌነ ደቡብን ደቂ ድግናን (ሰራየ) ዝነበሩ ኣዝማች በርሀ፡ ጥቓ ሰሳ ብዝግመት ሓይሊ ኣብ ቤቶም ደንበ ምንጭዎ ተኸበቡ'ሞ፡ ብዳርባ ጥይት ተቐትሉ። ኩሉ ናይ'ቲ ግዜ ጸብጻብ ምምሕዳር እንግሊዝን ሰሙናዊ ጋዜጣን፡ እቲ ዕጡቕ ሓይሊ ናይ ጭፍራ ኣስረስሀይ እምባየ ምንባሩ ይሕብር።[33]

ብኻልእ ወገን፡ ሓደ ክፋል ኣፋዊ ታሪኽ ናይ'ቲ እዋን፡ እቲ ቀጥታዊ ቅትለት ብሓደ ዘሙይ ነባራይ ዝተባህለ፡ ኣብ ልዕሊ ኣዝማች በርሀ ውልቃዊ ጽልኢ ዝነበሮ ኣባል'ቲ ጭፍራ ከም ዝተፈጸመ ይግለጽ ኢዩ።[34] ብወግዒ ግን፡ ጭፍራ ኣስረስሀይ ኢዩ ተወንጂሉ። ኣዝማች በርሀ፡ ናይ'ቲ እዋን ፖለቲካዊ ቃልሲ እንካብ ዝጅመር ኣትሒዞም፡ ኣንጻር ሕብረት ምስ ኢትዮጵያ ተሪር መርገጽ ምስ

32. "ኢትዮጵያ" 3/171፡ 26/3/50።

33. "ሓንቲ ኤርትራ"፡ 1/22፡ 17 ግንቦት 1950።

34. ቃለ-መጠይቕ፡ ቀኛዝማች ተስፋሰላሰ ኪዳን፡ 26/8/99፡ ኣስመራ። እዚ ሓበሬታ'ዚ ብብዙሓት ካልኦት ሰባት'ውን ይውሃብ ኢዩ። ዘሙይ ነባራይ፡ "ሳላ ጅግል ውላድ የብለይ፡ ሳላ በርሀ ርስቲ የብለይ" ዝብል ጭርሖ ከም ዝነበሮን፡ ኣብ ልዕሊ ኣዝማች በርሀ ይፍክር ምንባሩ'ውን ብሰፊሑ ይዝንቶ።

ወሰዱ፣ ፈጺሞም ድሕር ዘይብሉ ተጣባቒ ናጽነት ኢዮም ዝነበሩ። “ኣብ መንጎ ኤርትራን ኢትዮጵያን ታሪኽ ዘምጽኦ ዝሰረተ ጽልኢ ኣሎ’ሞ፡ እቲ ዝምድና ናይ ጉርብትና ጥራይ እንተ ኾነ ይሓይሽ” ዝብል ተሪር መትከል ከኣ ነበሮም።[35] ድሕሪ ዓብደልቃድር ከቢረ፡ ኣብ ልዕሊ ዓበይቲ መራሕቲ ናጽነት ዝተወሰደ ናይ ቀትለት ስጉምቲ፡ እዚ ኻልኣይ ኮነ። ኣቐዲሙ፡ ማለት ብ1 ሚያዝያ 1950፡ ንኣቶ ወልደኣብ ወልደማርያም ንምቕታል ዝተገብረ ራብዓይ ፈተነ ብመውጋእቲ ጥራይ ሓሊፉሎም ነይሩ ኢዩ።[36]

ኣብ ኩሉ ካልእ ጉዳያት እንተ ኾነ’ውን እቲ ኮሚሽን ኣብ ክልተ ኢዩ ተገሚዑ። ንቕጠባዊ ዓቕሚ ኤርትራ እውን ብዝምልከት ንኣብነት፡ በርማ፡ ኖርወይን ደቡብ ኣፍሪቃን ነቲ ዝጸንሐ መርገጺ ብሪጣንያን ኢትዮጵያን ደገማ። ከበቲ ኤርትራ መጋሃሚ ኢትዮጵያ ስለ ዝጥቀማ፣ ኤርትራ እኹል ካብ ኢትዮጵያ ስለ እተእቱ፣ “ካብ’ቲ ጻዕቂ ህዝቢ ዘለዎ ከበሳታት ኤርትራ፡ ህዝቢ ናብ ከበሳታት ኢትዮጵያ ምግዓዙ ስለዘይተርፎ” ....ቍጠባ ኤርትራ ጽግዕተኛ ቍጠባ ኢትዮጵያ ኢዩ ኣብ ምባል ከኣ በጽሑ።[37] ብኣንጻር’ዚ ፓኪስታንን ጓተማላን ኤርትራ ቍጠባዊ ጸገማት ከም ዝነበራ’ኳ እንተ ተኣመና፡ “ኣብ’ዚ ጊዜ፡ ቍጠባዊ ናጽነት ኣለዋ እትብሃል ዘኾነት ሃገር ክትርከብ ኣይከኣልን” በሉ። እቲ ኣብ ኤርትራ ዝርአ ዝነበረ ጸገማት፡ “ብዘይርጉጽነት” ናይ መጻኢ ዕድላ፡ በቲ እዚ ዘስዕቦ ዝነበረ ፖለቲካዊ ዘይምርግጋእ፡ ሸፍትነትን ግብረ-ሸበራን ኣብ ልዕሊ ቍጠባ’ታ ሃገር ዘውርዶ ብዝነበረ ማህሰይቲ፡ ብቐጻሊ ምግዓዝ ኢጣልያውያን ካብ ኤርትራ.... ይጋነን ከም ዝነበረ’ውን እቶም ክልተ ወከልቲ ኣረድኡ። ብሓጺሩ፡ ነቲ ዝቐርብ ዝነበረ ናይ ቍጠባ ምጉት ነጸጉዎ።[38]

ኣብ’ቲ ኮ.ሕ.ሃ. ምስ ወከልቲ ፖለቲካዊ ማሕበራትን ህዝብን ዝገበረቶ ርክባት፡ ብዙሕ ሓዲሽ ነገር ኣይነበረን። ዝተፈልየ እንተ ነይሩ፡ ማሕበር ሕብረት ከምቲ ቐደም መላእ ኤርትራ ናብ ኢትዮጵያ ትጸንበር ምባል ገዲፉ፡ “ድሌት ህዝቢ ምዕራባዊ ቀላታት እንተ ኾይኑ፡ ምቕሊ ንቕበል” ዝብል መርገጺ ምውሳዱ ኢዩ።[39] እዚ ምልክት ናይ’ቲ ኣብ ውሽጢ ደንበ ሕብረት ዝነበረ ዓቕሊ ጽበት ምንባሩ ብብዙሕ ሸነኻት ይንገር። ብዘይካ ኣብ ከበሳታት፡ ኣብ ዝተረፈ ክፍልታት ኤርትራ ደገፍ ሕብረት ኣዝዩ ትሑት ምንባሩ’ውን ክዉል ኣይነበረን። ኣባላት ኣንድነት፡ ብጕነጽ ንኣባላት ቀ.ና.ኤ ካብ ምዕጋት ሓሊፎም ኣብ ነፍሰ ወከፍ ዝተገብረ ኣኼባ

35. ኣዝማች በርሀ ገብረኪዳን፡ ኣብ ደምበ ምንጭ (ሰራየ) ተወልዱ። ናይ ወረዳ ደቡብ፡ ጉሕ ጭዓን ደቂ ድግናን ምስሌነ ጥራይ ዘይኮኑ፡ ካብ መሰረትቲ ማሕበር ኤርትራ ንኤርትራውያን ብምዃን ብ1947 ናይ’ቲ ማሕበር ጨንፈር ሰራየ፡ ምክትል ፕረሲደንት ኮኑ። ፈላጥ ናይ ሕግታት እንዳባ፡ ብፍላይ ድማ ናይ ኣድከመ ምልጋእ ስለ ዝነበሩ፡ ነዚ ንምጥርናፍ ኣብ ዝተገብረ ጻዕሪ ዓቢ ተራ ኣወፈዩ። ብጭፍራ ኣሰረሰሀይ ኣብ ዝተጠቕዑሉ፡ ምስኦም ሓደ ሰብኣይ ሓብቶምን ሓደ ካልእ ዘመድን እውን ተቐትሉ። Chi e dell’ Eritrea, p. 44.

36. “ሓንቲ ኤርትራ”፡ 1/13፡ 5 ሚያዝያ 1950።

37. እ.ጽ. 30 ፡ ገጽ 16፡ ሕ.ጽ. 99-100።

38. እ.ጽ. 30፡ ገጽ 32፡ ሕ.ጽ. 219....።

39. እ.ጽ. 30፡ ገጽ 17፡ ሕ.ጽ. 110። እዚ መርገጺ ማሕበር ሕብረት፡ ኣቐዲሙ ኣብ ራብዓይ መጋባእያ ባ.ሕ.ሃ. ብኢትዮጵያ ተወሲዱ ዝነበረ ኢዩ። ኣብ ውሽጢ እቲ ማሕበር ግን ተቐባልነት ዝነበሮ መርገጺ ኣይነበረን።

ክዳውንቶም እናቐያየሩ ቀጽሪ ተሳተፍቶም ከዕብዩ ይጽዕሩ ከም ዝነበሩን እዚኣቶም ድማ ብኣባላት እቲ ኮሚሽን ዝልለዩ ሰባት ምንባሮምን ይንገር። ኣብ ምዕራባዊ ቀላ ንኣብነት፡ ሕብረት ሰባት ስለ ዝሰኣኑ፡ "ዕስራ ዝኾና ኣመንዝራታትን ውሑዳት ግዳም-ሓደርን" ከም ዘቐረቡን እቲ ኮሚሽን ድማ ብዛዕባ ጥቕውና ናይ'ቶም ዝቐረቡ ከም ዝተደናገሩን ስታፎርድ ባዕሉ ይገልጽ። ኣብ ምብራቓዊ ቀላ ድማ ንሕብረት ዝድግፍ ድምጺ ዳርጋ ከም ዘይተሰምዐ ይምስክር።[40]

በዝን ኣብ ዝርዝር ምእታዉ ዘየድሊ ንዕኡ ብዝመስል ኣገባብን መስርሕን፡ ኮ.ሕ.ሃ. ብ8 ግንቦት ናይ ኤርትራ ዑደታ ወድኣት። ሓደ ካብ ተልእኾታታ፡ ርእይቶታት ናይ ዝምልከተን ሃገራት፡ ማለት ኢትዮጵያ፡ ግብጺ፡ ፈረንሳ፡ ኢጣልያን ዓባይ ብሪጣንያን ምእካብ እውን ስለ ዝነበረ ግን፡ ነዚ'ውን ኣሳለጠቶ።

ኢትዮጵያ ኣብ'ዚ ርክባት'ዚ፡ መላእ ኤርትራ ናብ ትሕቲ ግዝኣታ ክትሕወስ ጠለበት። ግን፡ ድሌት ህዝቢ ምዕራባዊ ቀላታት ከምኡ እንተ ኾይኑ፡ ነቲ ዞባ'ቲ ፍሉይ ፍታሕ ከም እትቕበል ኣረጋገጸት። ግብጺ፡ ድሌት መላእ ህዝቢ ኤርትራን ሓድነት መሬታን ፍታዋ ከም ዝኾነውን'ኳ እንተ ሓበረት፡ መጻኢ ዕድል ኤርትራ ከመይ ይኹን ንዝብል ግን ርእይቶኣ ዓቂባ ከም እትጸንሕ ኣፍለጠት። እዚ ድማ፡ ባይቶ ሕቡራት ሃገራት ነቲ ጉዳይ ብኸመይ ከም ዝፈትሖ ከይፈለጠት ሓሳባታ ክትልግስ ስለ ዘይደለየት ነበረ።[41]

ፈረንሳ፡ እቲ ውሳነ ኣብ ኢድ እቲ ኮሚሽንን ባይቶ ሕ.ሃ.ን ክግደፍ ኣለዎ'ኳ እንተ በለት፡ እቲ ውሳነ'ቲ ንብዙሕነት ህዝቢ ኤርትራ ኣብ ግምት ኣእትዩ፡ ኢትዮጵያ እትከሓሰሉ መገዲ ኸኣ ክናደ ተላበወት። ኣብ ልዕሊ'ዚ፡ እቲ ውሳነ ኢትዮጵያን ኢጣልያን ዝዕረቓሉን ረብሓታተን ከኣ ዝሕለወሉን ባብ ክኸፍት ዘለዎ ድሌት ፈረንሳ ገለጸት።[42] ኢጣልያ'ውን፡ ነቲ ሒዛቶ ዝጸንሐት ናይ ናጽነት ኤርትራ መርገጺ እኳ እንተ ዘይቀየረት፡ እቲ ናጽነት ግን ንረብሓ ኢትዮጵያ ብዘይጉድእ መገዲ ክውሃብ ተላበወት።[43]

ብሪጣንያ ጥራይ ኣብ ናይ ቀደም መርገጺኣ ደረቐት። በዚ መሰረት፡ ገማግም ቀይሕ ባሕሪ፡ እንኮላይ ምጽዋዕ፡ ከምኡ'ውን ሓማሴን፡ ሰራየን ኣከለ ጉዛይን ናብ ኢትዮጵያ ክሕወስ፡ ኣብኡ ዝነበሩ ኢጣልያውያን ውሕስነታት ክግበረሎም፡ ኣስመራን ምጽዋዕን ድማ ብቻርተርክመሓደራ ኣመመት። ንምዕራባዊ ቀላታት ብዝምልከት፡ ህዝቢ'ቲ ዞባ ኣብ ዘይድሌቱ ምስ ኢትዮጵያ ከይጽንበር ድሕሪ ምባል፡ ንናጽነት እውን ብቕዓት ስለ ዘይነበሮ፡ ናብ ሱዳን ንኽሕወስ ሓሳብ ኣቕረበት። ንናጽነት ኤርትራ ክትነጽግ እንከላ ብሪጣንያ፡ እታ ሃገር "ብቑጠባ ነፍሳ ዘይትኽእልን ከኢላ'ውን ዘይትፈልጥን ኣብ ልዕሊ ምኳና፡ ቅድመ ኩነታት

40. Okbazghi Yohannes, p. 146.
41. እ.ጽ. 30፡ ገጽ 21-22፡ ሕ.ጽ. 136-141።
42. እ.ጽ. 30፡ ገጽ 22፡ ሕ.ጽ. 142-144።
43. እ.ጽ. 30፡ ገጽ 22፡ ሕ.ጽ. 145-146፣ ሓንቲ ኤርትራ 1/20፡ 8 ግንቦት 1950።

መንግስትነት ከማልእ ዝኽእል ሃገራዊ፡ ሃይማኖታዊ፡ ኤትኒካውን ጆግራፊያውን ሓድነት ዘይብላ ኢያ” ዝብል ፍርዲ ሃበት።[44]

ኣብ'ዚ ኹሉ ዝተባህለ ተመርኩሱ፡ እቲ ኣብ ኣመራምራ እቲ ጉዳይ ንባዕሉን ኣብ ትንታነን ተገማሚዑ ዝነበረ ኮሚሽን ናይ መወዳእታ እማመታቱ ንኸቕርብ ተዳለወ።

እማመታት ኮሚሽን ሕቡራት ሃገራት

ከም ኣብ መስርሕ መርመራን ገምጋምን፡ ኣብ ደረጃ መደምደምታታትን እማመን ምስ ተበጽሐ'ውን ኣባላት ኮ.ሕ.ሃ. ኣብ ሰለስተ ተመቓቒላሉ። ፓኪስታንን ጓተማላን ሓደ መርገጺ፡ በርማን ደቡብ ኣፍሪቃን ካልእ ዝተፈለየ፡ ኖርወይ ድማ ናይ በይና እማመታት ከአ ኣቕረባ።

ፓኪስታንን ጓተማላን ኣብ ዘቕረብኦ ናይ ሓባር ደምዳሚ ጽሑፍን እማመን፡ ንኤርትራ ዝበለጸ ዕድል፡ ዕድል ናይ ናጽነት ክኸውን መረጸ። ቅጽበታዊ ናጽነት ግብራዊ ኾይኑ ስለ ዘይተራእየን ግን፡ ንሱ ክሳብ ዝኸውን ብመጉዚትነት ኣብ ትሕቲ ሕቡራት ሃገራት ክትጸንሕ ኣመማ። ቀንዲ ትሕዝቶ ናይ'ቲ ዘቕረብኦ ሓሳብ በዚ ዝስዕብ ክጽሞቕ ይከኣል፦

1. ኤርትራ፡ ኣብ ውሽጢ እዚ ዘሎ ዶባታ፡ ናጻን ልኡላዊትን ሃገር ክትከውን፡
2. እዚ ናጽነት እዚ፡ ሓፈሻዊ መጋባእያ ሕ.ሃ. ነዚ ሓሳብ'ዚ ካብ ዝተቐበለሉ ዕለት፡ ኣብ ውሽጢ 10 ዓመት ክትግበር፡
3. (ነዚ ዝተጠቕሰ 10 ዓመት) ኤርትራ ኣብ ትሕቲ ሓደ ብ.ሕ.ሃ. ባዕሉ ዝምራሕ ስርዓት ኣህጉራዊ መጉዚትነት ክትመሓደር፡
4. እቲ ኣብ ክንዲ ሕ.ሃ. ብኣመሓዳርነት ዘገልግል፡ ብሓፈሻዊ መጋባእያ ሕ.ሃ. ክምረጽን ብወከልቲ ናይ'ዘን ዝስዕባ ሃገራት ብዝቑመ ናይ ኣማኸርቲ ቤት ምኽሪ ኸኣ ክሕገዝ፦
   - ሕ.መ. ኣመሪካ፡
   - ኢትዮጵያን ኢጣልያን፡
   - ሓንቲ እስላማዊት ሃገር፡
   - ሓንቲ ሃገር ካብ ሃገራት ላቲን ኣመሪካ፡
   - ካብ ውሽጢ ኤርትራ ድማ ሓሓደ ወከልቲ ካብ እስላምን ክርስትያንን ዜጋታት፣ ከምኡ'ውን ሓደ ወካሊ ናይ ውሑዳን (ኢጣልያውያንን ሓናፍጽን ማለት ኢዩ)።

ኣብ ልዕሊ'ዚ፡ ወከልቲ ፓኪስታንን ጓተማላን ኣብ መንጎ ኤርትራን ኢትዮጵያን ንግድን ዝመላለስ ኣቑሑን ስሉጥ መታን ክኸውን ፍሉይ ስምምዓት ክግበር፡ ከምኡ'ውን ኣብ ወደባት ባጽዕን ዓሰብን ናጻ ዞና ክኽፈት ተማሕጸና። ሕ.ሃ. ኣብ ምዕባለ ኤርትራ ንጡፍ ተራ ኸትጻወት፣ ማዕረ ነቲ ዞባ ብሓፈሻ ዘገልግል ሓደ ዩኒቨርሲቲ ኣብ ኤርትራ ክትከል'ውን እዘን ክልተ ሃገራት ሓሳባት ኣቕረባ።[45]

44. እ.ጽ. 30፡ ገጽ 23፡ ሕ.ጽ. 147-149።
45. እ.ጽ. 30፡ ገጽ 35፡ ሕ.ጽ. 265-267

በርማ፡ ኖርወይን ደቡብ ኣፍሪቃን ብሓባር ኣብ ዝጸሓፉዎ ሓፈሻዊ መደምደምታታት፡ ኤርትራ ብቑጠባ ነፍሳ ስለ ዘይትኽእል፡ ንዘኾነ ናይ ናጽነት ሓሳባት ነጸጉ። ምስ ምንጻል ኣልራብጣ-ምዕራባዊ ቀላ ወይ ምቕሊ ድማ፡ እቲ ናጽነት ዝደሊ ህዝቢ ካብ ዝበዝሐ ናብ ዝወሓደ ኣንቈልቍሉ ኣሎ በሉ። እዚ ጥራይ ዘይኮነ፡ ኢትዮጵያ ኣፍ ደገ ባሕሪ ክትረክብ ሕጋዊ መሰል ኣለዋ ድሕሪ ምባል፡ ኣብ መንጎ ህዝብታት ኤርትራን ኢትዮጵያን ዝነበረ ዝተፈላለየ ርክባትን ተመሳሳልነትን፡ ንሕብረት ክልቲኡ ከም ዘድርኽ ኣመልከቱ። ኣብ'ዚ ከም መእተዊ ድሕሪ ምስምማዕ ግን፡ ኣብ ክልተ ተኸፍሉ።[46]

በርማን ደቡብ ኣፍሪቃን ኣብ ዘቕረብኦ ናይ ሓባር እማመ፡ ክልቲኡ እቲ ኣብ ኤርትራ ዝነበረ ናይ ሕብረትን ናጽነትን ተጻራሪ መደባት መመንቀሊኡን መመስረቱን ከም ዝነበሮ ተገንዘቡ። ሸሕ'ኳ እቲ ዝበለጸ ፍታሕ "ናይ ቀረባ ፖለቲካውን ምሉእ ቍጠባውን ምትእስሳር ምስ ኢትዮጵያ" ኢዩ እንተ በሉ ግን፡ እዚ ፍታሕ'ዚ ንድሌትን ሰምዒትን እስላማዊ ህዝቢ ኤርትራን ኣብ ኤርትራ ዝቕመጡ ኢጣልያውያንን ሓናፍጽን ብዝሃሰ መገዲ ክኸውን የብሉን በሉ። በዚ ምኽንያት'ዚ፡ ነዚ ዝሰዕብ መትከላት ዝሓቑፍ "ፈደራል" ፍታሕ ኣመሙ፡-

1. ኤርትራ ከም ነፍሳ እተመሓድር ኣሃዱ (Seif-governing unit) ናይ ሓደ ፈደረሽን ክትቀውም፡ እታ ኻልኣይቲ ኣባል ኢትዮጵያ ኾይና፡ እቲ ፈደረሽን ኣብ ትሕቲ ልኡላውነት ዘውዲ ኢትዮጵያ ክምስረት፡
2. ክልቲኦን ኣባላት ውሽጣዊ ሕጋውን ምምሕዳራውን ስልጣን ክህልወን፡ ንኸም ምክልኻል፡ ጉዳያት ወጻኢ፡ ግብሪ፡ ፋይናንስ፡ ስግረ ሃገራዊ ንግድን መራኸቢታትን ብዝምልከት ግን እቲ ፈደራል መንግስቲ ስልጣን ክህልዎ፡
3. ኣብ መንጎ ክልቲኦን ሃገራት ጉምሩክ (Customs) ሕብረት ግድን ክትግበር፡
4. ኣብ መላእ'ቲ ፈደረሽን ሓደ ናይ ሓባር ዜግነት ክህሉ። ዘኾነ ሃይማኖታዊ ሰብኣዊ፡ ሲቪካዊ፡ ናይ ንብረት ... ኣድልዎ ከይህሉ፡
5. እዚ ፈደራል ስርዓት'ዚ፡ ኣብ ውሽጢ ሰለስተ ዓመት ዝትግበር ኮይኑ፡ ክሳብ ሽዑ ብሪጣንያ ከተመሓድሮ፣ ግን፡ ኤርትራውያን እናሰልጠነት ኣብ ቦታታት ሓላፍነት ከተቐምጥን ነዚ እዋን'ዚ ድማ ሓደ ብሕ.ሃ. ዝተመዘዘን ብብሪጣንያ፡ ግብጺን ኢትዮጵያን ዝቑመን ቤት ምኽሪ ክተሓጋግዞ። ምስ መንግስቲ ኢትዮጵያ ኾይኑ ስልጣን ዝቕበል ባይቶ ኤርትራውን ክምረጽ....[47]

ልኡኽ በርማ ካብዚ ብምሕላፍ ናይ በይኑ ሓሳባት'ውን ኣቕረበ። ንሱ ዝመረጾ፡ መንግስታት ኤርትራን ኢትዮጵያን በበይነን ክቐማ'ሞ፡ ንጉሰ ነገስት ኢትዮጵያ ከም ቀዋማዊ መራሒ ብላዕሊ ክኸውን ኢዩ። ኣብ ክልቲኡ ሃገራት ብፈጻሚ፡ ሓጋግን ፈራድን ኣካላት ዝምራሕ መንግስታዊ መሳርዕ ክምስረት'ውን ኣመመ። ሓሳባት በርማ፡ ንኽልቲኦን ሃገራት ዝጠምር፡ ተሓታትነቱ ንሓደ ፈደራል

46. እ.ጽ. 30፡ ገጽ 24፡ ሕ.ጽ. 155-162
47. እ.ጽ. 30፡ ገጽ 24-26፡ ሕ.ጽ. 163-170

ሓጋጊ ኣካል ዘኾነን ነፍሱ ዘኸኣለን ፌደራል መንግስቲ ይቑም ዝብል ኢዩ ነይሩ።[48]

ኖርወይ ናይ በይና እማመ ኣቕረበት። ልኡኽ ኖርወይ፡ ቅድሚ 1946፡ ቅድሚ ዋዕላ ቤት ጊርጊስ ኣቢሉ ማለት ኢዩ፡ ኣብ ኤርትራ ፖለቲካዊ ፍልልይ ኣይነበረን በለ። ነቲ ቐዳማይ ማሕበር ፍቕሪ ሃገር ድማ ብፍላይ ንሕብረት ምስ ኢትዮጵያ ከም ዝቘመ ገይሩ ወሰዶ። እኳ ደኣ፡ ብ1941 ኤርትራን ኢትዮጵያን ብቐጥታ ሓቢረን እንተ ዝኾና፡ ዝኾነ ጸገም ኣይመጓነፈን ዝብል ርእይቶ ኣቕረበ። ንኹሉ እቲ ኤርትራ ብቑጠባ ነፍሳ ኣይትኽእልን ኢያ፣ ጽግዕተኛ ኢትዮጵያ ኢያ፣ ናጻ ናይ ምኳን ተኽእሎ የብላን፣ ናብ "ኣዴኣ ኢትዮጵያ" ትተሓወስ ዝብል ምጉታት ብዝርዝር ድሕሪ ምድጋም ድማ፡ ኤርትራ ብምልእታ ናብ ኢትዮጵያ ትተሓወስ ንዝብል እማመኡ ኣቕረበ።[49]

በዚ፡ ተልእኾ ኮ.ሕ.ሃ. ተደምደመ። እቲ ሰለስቲኡ እማመታት ድማ ንናይ መወዳእታ ብይን ብ8 ሰነ 1950 ናብ ዋና ጸሓፊ ሕ.ሃ. ቀረበ።[50]

48. እ.ጽ. 30፡ ገጽ 26 ሕ.ጽ. 171

49. እ.ጽ. 30፡ ገጽ 26-27፡ ሕ.ጽ. 172-183

50. እቶም ወከልቲ ኾይኖም ነቲ ሰነድ ዝፈረሙ ኣባላት ኮሚሽን እዞም ዝስዕቡ ነበሩ፡- ኣንግ ኪን (በርማ) ካርሎስ ጋርሲያ ባወር (ጓተማላ)፡ ኣርሊንግ ክቫለ (ኖርወይ)፡ ሚያን ዚያድ-ዲን (ፓኪስታን)፡ ኤፍ. ኤች. ቴሮን (ድቡብ ኣፍሪቃ)፡ ብተወሳኺ ፔትሩስ ጀይ. ሸሚት (ቀንዲ ጸሓፊ)።

ምዕራፍ 18

ኤርትራ ድሕሪ ዑደት ኮ.ሕ.ሃ.

ውሽጣዊ ኩነታት ኤርትራ - 1950

ኮ.ሕ.ሃ. ካብ ኤርትራ ብግንቦት 1950 ምስ ወጸ፡ ብ13 ሓምለ ኢዩ ነቲ ሰለስተ እማመታቱ ናብ ሓሙሻይ መጋባእያ ባይቶ ሕ.ሃ. ዘቕረቦ። ኣብ'ዚ እቲ ጉዳይ ብሓደ ነዊሕ መስርሕ ስለ ዝሓለፈ፡ ኣብ ውሽጢ ሕዳር ድማ ነዊሕ ክትዕ ስለ ዘተገብረሉ፡ ብ2 ታሕሳስ 1950 ናይ መወዳእታ ብይን ረኸበ። ነዚ መስርሕ'ዚ ንዝሰዕብ ገጻት ገዲፍና፡ ንሱ እናተኻየደ እንከሎ ኣብ ውሽጢ ኤርትራ ዝኸሰት ንዝነበረ ኩነታት ንመልከት።

ሕጂ'ውን፡ ናይ'ቲ ዓመት ቀንዲ ፖለቲካዊ ንጥፈት፡ ሽፍትነትን ንሱ ዝፈጥሮ ዝነበረ ኩነታትን ኮይኑ ንረኽቦ። ኮ.ሕ.ሃ. ካብ ኤርትራ ምስ ከደ፡ ንጥፈታት ናይተን ፖለቲካዊ ማሕበራት ዳርጋ ተዳኺሙ ነይሩ ክብሃል ይከኣል። እቲ ኣቐዲሙ ዝተገልጸ ካብ ሓደ ማሕበር ናብ'ቲ ኻልእ ምግዓዝን ምፍንጫልን ግን ከም ሓደ ልሙድ ተርእዮ ስለ ዝተወሰደ፡ ጋዜጣታት ነዚ ብዝምልከት ምልክታታትን ኣዋጃትን ዝተመልኣ ነበራ። ሙብዛሕትኡ እዚ ምግዓዝን ምምላስን እዚ ኣብ ውሽጢ እተን ማሕበራት፡ ብፍላይ ድማ ኣብ ውሽጢ ቀ.ና.ኤ. ካብ ዝነበረ ናይ ውልቀ ሰባት ህልኽ ይነቅል'ኳ እንተ ነበረ፡ ፍርሒ ሽፋቱን ካልእ እንዳዊ ወይ ዓዳዊ ምኽንያታትን እውን ይቕስቅሶ ነይሩ ኢዩ። ካብ ንኻልእ ግን እዚ ነቲ ፈላላዩ ሜላ ናይ ስታፎርድን እንግሊዛውያን ኣመሓደርትን ምቹእ ኩነታት ፈጠረ።

ብፍላይ ብሪጋደር ስታፎርድ ቡቲ ድሮ ኣሰላሲሉዎ ዝነበረ ምፍንጣሕ ቀ.ና.ኤ. ስለ ዘይዓገበ፡ መመሊሱ ኢዩ ዝውስኸሉ ዝነበረ። ኣብ ግንቦት 1950፡ ጋዜጣ 'ሓንቲ ኤርትራ' ብዛዕባ'ዚ ሓደ ሓጺር ዓንቀጽ ኣስፈረት። "ተሓጓሚ ኸሎስ ንተሓዝ ርእሲ ገደዶ" ብዝብል ኣርእስቲ ድማ፡ ንስታፎርድ ነዚ ዝስዕብ ወቐሳ ኣቕረበትሉ፡-

> .... ብፖለቲካዊ መንገዲ እንተ ተዓዚብናዮ፡ በዚ ጊዜ'ዚ ዝሕጉም ዘሎ ወዲ ኤርትራ ኢዩ፡ ሎሚስ ብኸብዱ ምሕጓም ጥራይ ኢዩ ተሪፉዎ ዘሎ... ግናኸ ኣውራ ገዲዱዎም ዘሎስ ንልኡኽ መንግስት እንግሊዝ፡ ንብሪጋደር ስታፎርድ ድኣ ይመስል። ንሶም ብጊዜ ማሕጉማ ወዲ ኤርትራስ ርእሲ ሐዞም ዘለዉ ይመስሉ።
>
> ወዲ ኤርትራ፡ "ንሃገረይ ኩቶ ኣየምቅልን" እናበለ ይጭነቕ፡ ንሶም ግና፡

"ብፍጹም ክትምቀል ኢዩ ዜድሊ" ይብሉ። ኤርትራ እንተ ዘይተመቕለት ጥዕናን ሓጐስን ከም ዘይትረክብ ከአ ደጋጊሞም ይከራኸሩን ይምጕቱን።

.... ኣብ ምዕራባዊ መታሕት ዚቕመጡ ገለ ሰባት፡ ንዓሰርተ ዓመት መንግስቲ እንግሊዝ ተመሓድረና፡ ብድሕሪ እተን ዓሰርተ ዓመት ከአ ናጽነትና ክንረክብ እናበሉ ኣብ ኮሚሰዮን ከም እተዛረቡ ንዘክር ኢና። ብሪጋደር ስታፎርድ ግን ነዚኦቶም ከይተረፈ እውን ዓንም ኣይመልኡሎምን፡ "ምዕራባዊ መታሕት ሓንትስ ምስ ሱዳን ይጸንበር እምበር መንግስቲ እንግሊዝ ከተመሓድሮ ኣይትደልን ኢያ" እናበሉ ንልቢ ለመንቶም የቝሩሩ።

..... መንግስቲ እንግሊዝ ዓባይን ሓያልን ኢያ፡ ደሞክራስያዊ ኣገባባ ድማ ኣብ ዓለም እተፈለጠ ኢዩ። ብሪጋደር ስታፍርድ ግን ብኸመይ ዝበለ መንገድን ኣገባብን ንጉዳይ ኤርትራ ክፍጽሙ ይደልዩ ኸም ዘለዉ ኪፍለጥ ኣይከኣልን።[1]

እዚ ኣብ ዝተባህለሉ ሳምንቲ፡ እንግሊዛውያን ሰበ ስልጣን፡ እቲ ብፍራንክ ስታፎርድ ተመስሪቱ ኢሎም ዝተኣመኑሉ ማሕበር ተቐሲም (ራቢጣ ኣል እስላሚያ-ምዕራባዊ ቀላ) ባዕሉ ኣብ ምብትታን ከይበጽሕ ይሰግኡን ኣብ ረብሓኦም ዝቕጽለሉ መገዲ የናድዩን ነይሮም ኢዮም።[2] ነዚ ብዝምልከት፡ ሓደ ኩክ ዝተባህለ ኣብ ኣስመራ ዝነበረ እንግሊዛዊ በዓል ስልጣን፡ ማሕበር ተቐሲም ንምዕራባዊ ቀላ ጥራይ ዝማጕት ውድብ ምዃኑ ክሳብ ዝቖጸለ፡ ነቲ ኣንጻር ናጽነት ኤርትራ ዝገበር ምጕት ሓያል መረጋገጽን ደጀንን ከም ዝኸውን ገለጸ።

ይኹን እምበር፡ ኣብ ውሽጢ ተቐሲም'ውን ዘይቃዶ ረብሓታትን ዝንባለታትን ነይሩ ኢዩ። ምንጪ ናይ'ዚ ድማ፡ እቲ ኣብ መንጎ ቃዲ ሓምድ ኣቡ ዕላማን ሽኽ ዓሊ ረድኣይን ዝነበረ ግርጭት ወይ ውድድር ነበረ። ኣቡ ዕላማ፡ ንኹለን ሽው ዝነበራ ፖለቲካውያን ውድባት በብሓደ ዝጠዓሙ፡ ተለዋዋጢ መርገጽ ዝነበሮም ሰብ ክንሶም፡ ብድፍኢት እንግሊዛውያን ኢዮም መራሒ ተቐሲም ክኾኑ ዝኸኣሉ። እዚ ድማ፡ ብትምህርቶምን ሰፊሕ ፍልጠቶምን ኣቓልቦ በዓል ስታፎርድ ስለ ዝሰሓቡ ኢዩ። ይኹን'ምበር፡ ብምኽንያት እቲ ዘርእዩዎ ዝነበሩ ምግልባጥ፡ ኣብ ምዕራባዊ ቀላ ክንድ'ቲ ሰዓብቲ ኣይነበሩዎምን። ሓሳባት ተቐሲም ብእንግሊዝ ምስ ተቓስቀሰ ተቐቢሎም ናብ መሰላቶም ዝዘርግሑ ዓሊ ረድኣይ ኢዮም ዝነበሩ። ሰዓብቲ ዝነበሩዎም እውን ንሶም ኢዮም። እቲ ክዉን እዚ እናኾነ፡ እንግሊዛውያን ንቃዲ ሓምድ ምምራጾም ንዓሊ ረድኣይ ኣይተዋሕጠሎምን። እዚ ድማ ሓደ ምንጪ ውድድሮም ኮነ።

ነዚ ውሽጣዊ ናይ ተቐሲም ምፍሕፋሕ፡ ሽኽ ኢብራሂም ሱልጣን ከይጥቀሙሉ'ሞ ንሓዲኦም ካብቶም መራሕቲ ናብኦም ስሒቦም ነቲ ማሕበር

1. ሓንቲ ኤርትራ፡ 1/22፡ 17 ግንቦት 1950።

2. FO 371/80876, JT 1015/164, D.C.A. Cook, Asmara to M.Stewart, Foreign Office, 16 May, 1950. ሓንቲ ምስ'ዛ ዝተጠቕሰት ሰነድ እትዛመድ ካልእ ሰነድ፡ ኣብ ኣርሺቫት ሚኒስትሪ ጉዳያት ወጻኢ ብሪጣንያ ተዓቂባ ዛጊት ንህዝቢ ኣይወጸትን። ምናልባት፡ ነቲ ማሕበር ተቐሲም ንምምስራትን ንኻልእ ተዛማዲ ውዲታትን ስታፎርድ እተቃልዕ ሰነድ ክይትኸውን የጠራጥር ኢዩ። ቍጽሪ ናይ'ታ ሰነድ፡ FO 371/80876, JT 1015/165 ኢዩ።

ከየዳኸሙዎ ዝብል ፍርሒ ኣብ እንግሊዛውያን ተለዓዓለ። ኣብ መንጎ ቃዲ ሓምድን ኢብራሂም ሱልጣንን ክቱር ፖለቲካዊ ዘይምርድዳእን ጽልእን ስለ ዝነበረ ግን፡ እቲ ዝያዳ ንእንግሊዛውያን ዘዛረቦምን ዘተሓሳሰቦምን፡ ኣብ መንጎ ኢብራሂምን ዓሊ ረድኣይን ምርድዳእ ከይግበር'ሞ፡ እቲ ማሕበር ተቐሲም ከይህሰ ነበረ። በዚ ምኽንያት እዚ፡ በዓል ኩክ "ካብ ዓሊ ረድኣይ ምስ ኢብራሂም ዝዕረቕ፡ እቲ ድኹም ሰዓብነት ዘለዎ ቃዲ ሓምድ ኣቡ ዕላማ እንተ ኸዶ (ናብ ኢብራሂም) ይሓይሽ" ኣብ ምባል በጽሑ።[3]

እዚ ጊዜ'ዚ፡ ሸኽ ኢብራሂም ምስ ጸሓፊ ማሕበር ሓዳስ ኤርትራ፡ ግራዝማች ገብረሚካኤል በራኺ፡ ግብጺ በጺሖም ዝተመልሱሉ ኢዩ። በቲ ኣብኡ ምስ ሰበ ስልጣን ግብጽን ሕብረት ዓረብን (Arab League) ዝገበሩዎ ርክባት ዓጊቦም ከም ዝነበሩ ኸኣ ብሰፈሖ ይውረ። ከም ወትሩ፡ እንግሊዛውያን "ብኣንነት" ዝሰኸረ (megalomaniac) እናበሉ'ኳ ኣብ ጸብጻባቶም የናሸዉዎም እንተ ነበሩ፡ ከም'ቲ ኣቐዲሙ'ውን ዝተራእየ፡ ሸኽ ኢብራሂም "ዘይነዓቕ ፖለቲካዊ ሓይሊ ኢዩ"፣ ካብ መጸብቦታት ናይ ምውጻእ ክእለቱ ድማ ዘደንቕ ኢዩ እናተባህሉ ብሓደ ኣፍ ከኣ ይንኣዱ ነበሩ።[4] እዚ ናይ ግብጽን ዓረብን ዝምድና'ዚ ኣብ ውሽጢ ቀ.ና.ኤ.፡ ብፍላይ ድማ ኣብ'ቲ ክርስትያናዊ ኽፋሉ ጸገማት ይፈጥር'ኳ እንተ ነበረ፡ ነቲ ሸኽ ኢብራሂም ምስ በዓል ዓሊ ረድኣይ ዝገብሩዎ ዝነበሩ ርክባት ግን ናብ ምጥቃም ገጹ ዘዘወ። እዚ ድማ ንቶም ሰበ ስልጣን ረበጾም።

ብፍላይ ሸኽ ኢብራሂም ምስ ዓሊ ረድኣይ ናይ ርክብ ቁጸራ ምስ ገበሩ፡ እንግሊዛውያን ነዚ ናይ ምትዕንቓፍ ስጉምቲ ንኽወስዱ ተነጣጠፉ። ኣብ'ቲ ናብ ሚኒስትሪ ጉዳያት ወጻኢ ብሪጣንያ ዝጸሓፎ ደብዳቡ፡ ኩክ ነዚ ርክብ ኣመልኪቱ ከም'ዚ ዝስዕብ በለ፤

> (ኢብራሂምን ዓሊ ረድኣይን) ምዝራቦም ጥራይ ንዕኡ (ንኢብራሂም) ገለ ጥቕሚ ክህቦ ኢዩ። እንተ ደኣ ከም ውጽኢት ናይ'ቲ ርክብ ምስ ዓሊ ረድኣይ ሓደ ናይ ሓባር ግንባር ክፈጥሩ ክኢሎም እሞ፡ ኣዝዩ ብዙሕ ረብሓ ክረኽበሉ ኢዩ። ዓሊ ረድኣይ ከም ዝብሎ እንተ ኾይኑ፡ እቲ ዝርርብ እንተ ተገይሩ፡ ኢብራሂም ንዓሊ ረድኣይ መላእ ኤርትራ ኣብ መጉዚትነት ብሪጣንያ ንኽትኣቱ ብሓባር ክሰርሑን ነዚ እማመ'ዚ ሒዞም ድማ ሓቢሮም ንለይክ ሳክሰስ ክኸዱን ክሓቶ ኢዩ።[5]

እዚ መቸም፡ ዓሊ ረድኣይ ምስ እንግሊዛውያን እናተማኸሩ ይሰርሑ ከም ዝነበሩ ኢዩ ዘረጋግጽ። ይኹን'ምበር፡ ነቲ ዝተባህለ ናቶምን ናይ ኢብራሂምን ናይ ርክብ ተኽእሎ፡ እቶም እንግሊዛውያን ኣይፈተዉዎን። ኩክ ባዕሉ፡ ነቲ ተኽእሎ "ዘይድለ ኢዩ" ድሕሪ ምባል፡ ነዚ ዝስዕብ ወሰኸ፤

3. FO 371/80876, JT 1015/164, ኢ.ጽ. 2፡ ርአ።
4. Ibid., par. 5.
5. Ibid.

.... ዓሊ ረድኣይ'ኳ መታለሊ (blackmailer) ኢዩ ኢልና ኣይንኣምንን። ሓዲሽን ንሱ ዘይደልዮን ፖሊሲ ኣውጺእና ወይ ከኣ ንዕኡን ንማሕበሩን ኣብ ሓደጋ ዘእቱ ወይ ዘዋርድ ካልእ ጉዳይ ኣምጺእና እንተ ዘይደፋፊእናዮ ድማ፡ ንሓሳባት ኢብራሂም ሱልጣን ዝቕበል'ውን ኣይመስለናን። ነዚ ክንብል እንከለና፡ ብዛዕባ መበቈልን ኣተዓባብያን ኣልራቢጣ ኣልእስላሚያ-ምዕራባዊ ቀላ፡ ካብ'ቲ ንሕና ክብሎ እንደልዮ ንላዕሊ ከም ዝፈልጥ ጠፊኡና ኣይኮነን። ብዛዕባ'ቲ ምስ ኢብራሂም ሱልጣን ክገብሮ ዝብሃል ዘሎ ርክብ ግን፡ እቲ መዲብናዮ ዘለና፡ (መጀመርታ) ዓሊ ረድኣይ ነዚ ምዕጥጣይ (ወይ ቃል ዓለም - stall) ክቕጽሎ፣ ብድሕር'ዚ፡ ብናቱ ርእይቶ (suggestion) ቅድም ኬንን ኣነን ንኢብራሂም ሱልጣን (ምናልባት ሓሙስ ዕለት 18) ክንረኽቦ'ሞ፡ ደሓር ምስ ዓሊ ረድኣይ ክራኸቡ ኢዩ።[6]

እቲ ውዲት ክሳብ ክንድ'ዚ ደቂቕ ኢዩ ነይሩ። ዓሊ ረድኣይ ከኣ እንተስ ንውልቃዊ ረብሓ እንተስ ካብ ግርህነት፡ መሳርሒ ኢዮም ኮይኖም ዝነበሩ። ገለ ዓሰርተ መዓልቲ ድሕሪ እዛ ናይ ኩክ ደብዳቤ፡ ስታፎርድ እውን ኣብ'ቲ ጉዳይ ርእይቶኡ ሃበ። ሽሕ'ኳ ንቃዲ ሓምድ መራሒ ተቕሲም ንክኸውን ምድጋፉ ቅኑዕ ኢዩ እንተ በለ፡ ቃዲ ሓምድ ግን ብዋጋ ዓሊ ረድኣይ ኣብ መሪሕነት ክጸንሑ ከም ዘይግባእ ኣፍለጠ። ምኽንያቱ ኸኣ በለ ስታፎርድ፡-

ዓሊ ረድኣይ ብድሕሪ'ቲ ምንቅስቓስ ዘሎ ኣንቀሳቓሲ ሓይሊ ኢዩ... ሓቀኛን ንጹህን ሰብ ከኣ ኢዩ። ንኢብራሂም ሱልጣን ግን ትንክፍ እኳ ኣይመበልኩዎን። በላሕ በትሪ ዝሓዘ ፖለቲካዊ እንቀ፟ርዖብ ኮይኑ ኢዩ ዝረኣየኒ። እኩይ (sinister) ጽልዋ ኢዩ ዘለዎ። ግን፡ ብናተይ ርእይቶ፡ እናቕሃመ ኢዩ ዝኸይድ ዘሎ። ስለ'ዚ ድማ፡ ኣብ መንገኡን ኣብ መንገ ሓደ ካብ'ዞም ዝጠቐስኩዎምን ዕርቂ ምሕሳብ ወይ ካብ ሕጂ ንዕኡ ኣቓልቦ ምሃቡ ጌጋ ኢዩ።[7]

ኢብራሂም ብእንግሊዛውያን ጽሉእ ኢዮም ዝነበሩ። ኩክ ባዕሉ፡ ምስኦም ሓደ "ማዕበላዊ" (stormy) ርክብ ከም ዝገበረን ክረዳድኡ ከም ዘይከኣሉን ተዛሪቡ ከም ዝነበረ'ውን ዝዘከር ኢዩ። ሕጂ ድማ ስታፎርድ ተመሳሳሊ ሓሳብ ሃበ። ኣብ መደምደታ ናይ'ቲ ናብ ኤም. ስቱዋርት ዝተባህለ ናይ ጉዳያት ወጻኢ በዓል መዚ ብሪጣንያ ዝለኣኾ ጽሑፍ፡ ንኣገዳስነት ኣልራቢጣ ኣልእስላሚያ-ምዕራባዊ ቀላ ኣመልኪቱ፡ ስታፎርድ ከምዚ ዝስዕብ በለ፤

..........እተን ብዝኾነ መገዲ ፖሊሲና ዝመርጻ ሰልፍታት፡ ብምሉእ ውዳበ ክህልዋን ኣብ ዘድሊ ደገፍ ክልገሰን ኣለዎ። ጽልዋ ኣልራቢጣ ኣልእስላሚያ - ምዕራባዊ ቀላ ምስ ዝዓቢ፡ ንዓና ዝበለጸ ኢዩ። ክዓቢ ክርእዮ ኸኣ እደሊ።[8]

6. Ibid.
7. Ibid.
8. Ibid.

በዚ መሰረት፡ ስልጣን ዓሊ ረድኣይ ኣብ ማሕበር ተቐሲም ደልደለ። ስታፎርድን ብጾቱን እውን ክሳብ'ቲ ዝደልዎም ቀጸሉዎ። እቲ ንዓሊ ረድኣይን ሰዓብቶምን ዝተገብረ ናይ መጉዚትነት ይኹን ናጽነት ሓሳብ ግን ባዶ መብጽዓ እምበር ንክኸውን ተባሂሉ ኣይነበረን። ንመዳኸሚ ቀ.ና.ኤ. ግን ኣገልገለ። ናይ ታሪኽ ሰግንጢር መቸም ዘይተሓሰበ ወይ ዘይቅዱስ ኪዳናት ኢዩ ዝኸስት። ናይ ተቐሲምን ሕብረትን ኪዳን ሓደ ካብ'ቲ እዚ መድረኽ ታሪኽ ኤርትራ ዘምጽኦ ሰግንጢራት ኢዩ። ብኸመይ ከም ዝማዕበለ ኣብ መድረኹ ክንርኢ ኢና።

ናይ'ቲ ወርሓት'ቲ ውሽጣዊ ፖለቲካ ግን በዚ ጥራይ ዝተሓጽረ ኣይነበረን። መራሕቲ ሕብረት ኣብ ቅድሚ'ቲ ኮሚሽን ቀሪቦም፡ ድልየት ህዝቢ ምዕራባዊ ቆላ እንተ ኾይኑ፡ ነቲ ብሪጣንያ እትደፍኣሉ ዝነበረት ምቕሊ ኤርትራ ከም ዝድግፉ ኣፍሊጦም ምንባሮም ዝዘከር ኢዩ። እዚ ኣብ ውሽጢ'ቲ ማሕበር፡ ብፍላይ ድማ ኣብ ገለ ሽነኻት ሰራየ ዓቢ ተቓውሞ ኣለዓዓለ። ብፍላይ ግራዝማች ትኩእ ዘወልዴ፡ ባላምበራስ ባህታ ዘሙይን ባሻይ ሃይሉ ገብረጻድቕን ዝተባህሉ ሰለስተ ኣብ ቅድሚ'ቲ ኮሚሽን ብስም ክፋል ህዝቢ ሰራየ ቀሪቦም ዝነበሩ ወከልቲ ነዚ ዝስዕብ፡ "ሓሳብ ሕዝብ ሰራየ" ዘርእስቱ ምልክታ ብጋዜጣ ኣወጁ፦

> ንሕና ኣብ ታሕቲ ስምና ፈሪምና ዘለና ልኡኻት ሕዝብ ሰራየ፡ በታ ቐዳመይቲ ኮሚስዮንን በዛ ዳሕረወይቲ ናይ ሕ.መ. ኮሚስዮንን ብዛዕባ ዝመጽእ ኩነታት ኤርትራ ዝተሓተትና ኢና።
>
> ኣብ ክልቲኣተን ኮሚስዮን ዘቕረብናዮ ሓሳብን ልመናን ከኣ፡ ኤርትራ ከይተመቕለትን ከይተቖርጸትን፡ ብምልእታ ምስ ኢትዮጵያ ክትሕወስ ዚብል ልመና ነበረ።
>
> ሎሚ ግን፡ ናይ ማሕበር ሕብረት ኤ-ምስ-ኢ መራሕቲ ባዕላቶም፡ ባዕላቶም ብርእሶም ሃንዲሶም፡ ንኣና ከየፍለጡ፡ ምስ ድሌት ሕዝቢ ኤርትራ ዚቃወም ልማኖ ስለ ዘቕረቡ፡ ማለት ኤርትራ ሃገርና ኣብ ክልተ ተመቒላስ ንእንግሊዝን ንኢትዮጵያን ትዋሃብ ኢሎም ስለዝለመኑ፡ ሎሚ እውን ንሳልሳይ ግዜ ናይ ሕዝብና ሓሳብ ኣስተርጕምቲ ኰንና፡ ምሉእ ሕዝቢ ሰራየ፡ ኤርትራ ሃገሩ እንኳብ እትምቀልሲ ናጽነታ ክትረክብ ሃረርታኡ ምዃኑ ነፍልጥ ኣሎና። እግዚኣብሄር ኣንድነት ሃገርና ኤርትራ ይሓሉ።[9]

ንማሕበር ሕብረት፡ እዚ ምንቅስቓስ'ዚ ኣዝዩ ሓደገኛ ስለ ዝነበረ፡ ቅልጡፍ ስጉምቲ ክውሰደሉ ተወሰነ'ሞ፡ ዳርጋ ብዘይ ውዓል ሕደር፡ ፕረሲደንት ሕብረት ናይ ሰራየ ደግያት ሃይለ ተሰፋማርያምን ዋና ጸሓፊ ሕብረት ተድላ ባይሩን ኣብ መንደፈራ ኣኼባ ጸውዑ። ናይ ግብረ ሸበራ መንእሰያቶም ኣኪቦም ድማ ኣብ ልዕሊ'ቶም ሰለስተ ወከልቲ ህዝቢ ተሪር ስጉምቲ ንኽውሰድ ጕስጕሱ። ከም እንዝክሮ፡ ደግያት ሃይለ ካብ'ቶም ኣብ 1944-45 ብእንግሊዝ ምስሌንኦም ስለ ዝተሓደጉ ጠንቂ ደባዊ ዘይምርግጋእን ሽፍትነታዊ ተግባራትን ኮይኖም ተባሂሉ ብኣመሓደርቲ

9. ሓንቲ ኤርትራ፡ 1/26፡ 14 ሰነ 1950።

እንግሊዝ ዝዘረበሎም ዝነበሩ ኢዮም።[10] ኣብ'ቲ ናይ መንደፈራ ኣኼባ፡ ደግያት ሃይለ ኣስማት እቶም ወከልቲ እናረቖሑ ነዚ ዝሰዕብ መደረ ኣሰመዑ፤

..... ብወርቂ ሃይማኖቶም ዝለወጡ፡ ማሕላኣቶም ዝወሓጡ፡ ሃገሮም ዝኸሓዱ፡ ካብ ማሕበር ሕዝቦም ዝተወገዱ ጽኑታት ሓቦ፡ ብዙሓት ኢዮም። ሎሚ ድማ ንኣና ግዱና በጺሑና፡ እነሀዉ ሓደ ክልተ ሕማም ሓንጉልን ደዌ ሕልናን ዝሓዞም ንርኢ ኣሎና፡ ነዞም ምኽንያት መዛረቢ ኾይኖም ዘለዉ ሰለስተ ... ከም ይሁዳ ኣስቆሮታዊ ብ30 ቅርሺ ጉይታኡ ዝሸጠ ገቢሮም ከግምቱዎም ዚደልዩ ኣይሰኣኑን። እዚ ግን ዓቢ ስሕተት ኢዩ። ይሁዳ ንበይኑ ክሒዱ፡ ንዘተቐበለን "ብሩር" ካይበልዐን ብጣዕሳ ተሓኒቑ ኢዩ ዝሞተ እምበር፡ ነቶም ዝተረፉ 11 ሓዋርያት ኣይለከሞምን ወይ ናይ ሓሳባቶም ኣስተርጓሚ እየ ኣይበለን።

እዚ መቸም፡ ኣብ'ቲ ኣኼበኛ መንፈሳዊ ራዕዲ ይፈጥር ኢዩ ተባሂሉ፡ ኮነ ኢልካ ዝተዘርበ ቃል ኢዩ ዝነበረ። ኩሎም መራሕቲ ሕብረት ነዚ ሜላ'ዚ ተራቒቐሙሉ ከም ዝነበሩ ኸኣ ኢዩ ዘረድእ። ደግያት ሃይለ ነዚ ናይ ጭንቀት ሃዋህው እዚ ምስ ፈጠሩ፡ ተድላ ባይሩ ተዛረቡ። ነቲ ቐንዲ፡ ማለት ነቲ "ስለምንታይ ሕብረት ንምቕሊ ኤርትራ ተቐበለ?" ዝብል ኣብቲ ህዝቢ ተላዒሉ ዝነበረ ሕቶ ድማ በዚ ዝሰዕብ መለሱዎ፡-

ትሽዓተ ዓመት ተጸቢና እንደገና ናብ ደረቱ ክንፈልጦ ዘይንኽእል ስለ ኸይንጉተት ብምባል፡ ኣብ ዝሓለፈ ባይቶ ሕቡራት ሃገራት፡ "እምበኣር ክሳብ ክንድ'ዚ ካብ ኣሰሓሓብኩምስ፡ እቲ ኢትዮጵያዊነቱ ዝኣመንኩምሉ ወገን ኤርትራ ሃቡና፡ ነቲ እትጥርጥሩዎ ድማ መርምሩልና እምበር ክንደይ ክነስፈልል ኮይናን?" ክንብል ግዲ ኮነና። ሕቡራት ሃገራት ግን፡ "የልቦን፡ ከም ዘለኹምዎ ደኣ ጽንሑ ክሳብ ልኡኻትና ሰዲድና እንርእየኩም" ስለ ዝበሉና፡ ኣብ'ዞም ብእጁብ ዝኾነ ኣገባብ ዘፋነኹምዎም ኮሚስዮን ወደቕና።

(ንሕቡራት ሃገራት እንብሎ)..."ንኤርትራ ዓድና ከም ቀደምኩም መጠን ክልተ ኽፍሊ ቈጺርኩም ኣብ ክልተ ምውዳቕ ድምጺ እንድሕሪ ኣብጺሕኩምዋ፡ እሞ ኸኣ ኣብ ምዕራባዊ ኣውራጃ ዝበሃል - ቅርደትን ከባቢኡን - እቶም ምስ ኢትዮጵያ ምሕባር ኣይንደልን ዚብሉ ዚበዝሑ ኮይኖም እንተ ተረኺቦም፡ ንኣቶም ብፍላይ ዚኸውን ካልእ መደብ እንተ ተማህዞም ኣይንቃወምን፡ ከመይ ክእለት የብልናን.....

ኢና እንብሎም ድማ በሉ። ናይ ተድላ ኣቀራርባ ጉራሕ ኢዩ ነይሩ። እቲ ምቕሊ ናቶም ድሌት ዘይኮነስ፡ ተገዲዶምን ድሌት ህዝቢ ምዕራባዊ ቆላታት ንምምላእን ጥራይ ይቕበሉዎ ከም ዝነበሩ ኢዮም ተማጒቶም። ነቲ ኣኼበኛ በዚ ድሕሪ ምትህድዳእ ግን፡ ተድላ ናብ'ቶም ቀንዲ መዛረቢ ዝነበሩ ሰለስተ ተፈላይቲ ብምምላስ ነቲ ቐንዲ ዘምጽኦም መልእኽቲ ኣመሓላለፉ፡-

10. Trevaskis, A study of The Development of the Shifta Problem..... FO371/80876 62366, JT1015/170, 13 June 1950; ምዕራፍ 13፡ እ.ጽ. 3 ርአ።

ኣይንፈላለ

.....ክቡራት እንዳባ፡ ብዛዕባ'ዞም ሰለስተ ሰብ ስራየ ብዙሕ ተዛሪብኩም። ናብ ሰበ ስልጣን ኣመሓደርቲ እውን ግቡእ ጥርዓንኩም ኣቕሪብኩም ኣሎኹም። እዚ ግን ኣይኣክልን። ድሕሪ ሐዚ ምጥንቃቕ ይግባእ። ነፍስ ወከፍ ወወገኑ ይኽኣል። ሓደ ነገር መሃዙ፣ ድሕሪ ደጊም ከየበላሸውኹም ሓደ ሕጊ ትኽሉ። ካብ ሓሙሻይ ባይቶ ሕ.ሃ. ሰለስተ ወርሒ ጥራይ ኢየን ፈልየናና ዘለዋ። ኣብ ጊዜ ምብጽሑ ንጽንዓትና ክንኩስኩስ ይግብኣና። እግዚኣብሄር ኣምላኽ ኢትዮጵያ ድልን ዓወትን ይሃበና።

ሕብረት ኣብ ውሽጦም ብኸመይ ይሰርሑ ኣኼባታቶምከ እንታይ ይመስል ነበረ ዝብል ሕቶታት ስኑድ መልሲ ኣይርከቦን ኢዩ። ጋዜጣ ኢትዮጵያ ነዚ ኹሉ ምስፋሩ ግን ሓደ መስኮት ከፊቱ ክብሃል ይክኣል። ተድላ ዘረባኦም ወዲኦም ፍርዲ ናይቶም ሰለስተ ካብቲ እኩብ ንኽሰምዑ ቦታኦም ምስ ሓዙ፡ ሓደ ተንሲኡ "ንምዓዶም" ብምባል ነቲ ዝጸንሐ ናይ ኣበዋት ፍታሕ ኣመመ። ጠባይ ማሕበር ሕብረትን ኣንድነትን ዘረድእ ሓደ ሓበሬታ ስለ ዝኾነ፡ ነቲ ካብ'ዚ ዝሰዓበ ብቓላት ኢትዮጵያ ንገልጾ። "ንምዓዶም" ምስ ተባህለ፤

ወጣቱ ልጅ ሰይፉ ክፍለጽዮን ወዲ ማሕበር መንእሰይ ስራየ (ኣስመራ ዝምቕማጡ) "....እዞም ሰለስተ ሰባት እዚኣቶም ርግጽ ኢዩ ደቂ ዓድና ኢዮም። ግና ክንድ'ዚ ኪዝረብሎምስ ኣይምተገብኣን። ፈውሶም ቀረባ ኢዩ....." ብዝበለ እቶም ሻቡ ዝነበሩ 100 ዝኾኑ መንእሰይ ኣንዊሖም ኣጨብጨቡሉ።

....ቅድሚ ኣኼባ ምብታኑ፡ ስድራ ግራዝማች ትኩእ ዘወልዲ.... እናበኸያ ኣብ ቅድሚ እንዳባ ብግንባረን ብዝተደፍኣ፡ ሓሳበን ንኽገልጻ ተዓደማ.... "ጥራይስ ካብ ማሕበር ሕዝቦም ዘወግዶም ውሳነ ደኣ ኣይትግበሩ እምበር ኣብ ዝበልኩምና መዓልቲ ኣባኻትኩም ኣቕሪብና ይቕሬታ ከም ዚልምኑኹምን ዝኣዘዝኩምዋቶ ዝኾነ ነገር ከም ዚፍጽሙልኩምን ክንነገሮም ንኽእል ኢና...." ምስ በላ .... ቈጸራ ተዋሂበን...[11]

ኣስታት ወርሒ ቅድሚ'ዚ ኣኼባ'ዚ፡ ኣዝማች በርሀ ገብረኪዳን ተቐቲሎም ነይሮም ኢዮም። ሕብረትን ኢትዮጵያን ብሸፋቱኦም ኣቢሎም ነቲ ዝሰንዘሩዎ ዝነበሩ መፈራርሒ ኣይገብሩዎን ዝብል እምነት ኣብቲ እዋን'ቲ ኣይነበረን። ጉነጽ፡ ኣካላዊ ይኹን ስነ ኣእምሮኣዊ፡ ቀንዲ መሳርሒኦም ኢዩ ዝነበረ። ቀ.ና.ኤ. ይኹን ኣልራቢጣ፡ ነዚ ዝመስል ዝኾነ ስጉምቲ ክወስድ ኣይርአን። እቶም ኩሎም ኣባላቱ ዝነበሩ፡ በክሪ ኣልሙርቃኒ፡ ደግያት ኣብርሃ ተሰማን ሰዓብቶምን ካብኡ ተተፈልዮም ክገድፉዎ ወይ ናይ ገዛእ ርእሶም ማሕበራት ከቕሙ እንክለዉ፡ ካብ ጋዜጣዊ መግለጺ ወይ ገለ ናይ ወቐሳ ቃላት ዝሓልፍ ካልእ ስጉምቲ ይወስደሎም ኣይነበረን።

ከም ሓቂ፡ እቲ ፖለቲካ ናይ'ዚ ጊዜ'ዚ፡ ጉነጽ ዝዓብለሎን ነቲ ሓቀኛ መልክዑ ዝጽይቕ ወይ ዝብርዞን ኢዩ ዝነበረ። *ሓንቲ ኤርትራ ትኹን ውሕደት ኤርትረያን*

11. ኢትዮጵያ፡ 4/188፡ 25 ሰነ 1950።

ሰውት ኣልኤርትረያን ስልጥን ዝበለ ጽሑፋት ብዛዕባ ናጽነትን ዴሞክራስን ከስፍራ እንከለዋ፡ ኢትዮጵያ ትጻረፍ ኢያ ዝነበረት። ኣብ ሓደ ደረጃን ዓይኒ ንዓይኒ ዝጠማመትን ተጻራሪ ፖለቲካ ኣይኮነን ዝካየድ ዝነበረ። ዕድል ናይ'ቲ ቡቶም ደለይቲ ናጽነት ዝሕሰብን ዝብሃልን ዝነበረ፡ ኣብ መጻኢ ምኳኑ ብሩህ ኢዩ ነይሩ። ነቲ ናይ ሽዑ ናይ ውሽጢ ፖለቲካ ዝዕብልል ዝነበረ ግን እቲ ጉነጽ ዝባህርያቱ፡ መንግስቲ ኢትዮጵያ ከም ድሌታ ኢድ እተእትወሉ፡ ብሪጣንያ ድማ እትዕንግሎ ዝነበረት ናይ ሕብረት ወይ ምቕሊ ፖለቲካ ኢዩ።

ሽበራን ጸረ ሽበራን

ዛጊት፡ ዳርጋ ኹሉ ዓይነት ሽፍትነታውን ሽበራውን ተግባራት ብኣባላት ሕብረትን ኣንድነትን ኢዩ ዝፍጸም ዝነበረ። እቲ ኣብ ምዕራባዊ ቆላታት ሰብን ንብረትን በኒ ዓምርን ናራን ንኽሕሎ ብሓምድ ኢድሪስ ዓዋተ ዝካየድ ዝነበረ ጸረ እንግሊዝን ጸረ ሽፋቱን ናይ ምክልኻል ፈተነ እንተ ዘይኮይኑ፡ በቲ ናይ ናጽነት ወገን ዝካየድ፡ ክጥቀስ ዝከኣል ናይ ጸረ-ሽበራ ግብረ መልሲ ኣይነበረን።

ኣብ መፋርቕ 1950 ግን ናይ'ዚ ኣንፈታት ክቀላቐል ተራእየ። ንኣብነት፡ ብ14 ግንቦት፡ ማለት ሳልሰቲ ቅድሚ መቕተልቲ ኣዝማች በርሀ ገብረኪዳን፡ ናብ ቤት ጽሕፈት ማሕበር ሕብረት ሓደ ቦምባ ተደርበየ።[12] ጉድኣት ኣየውረደን ግን ካብ ደገፍቲ ኢጣልያ ከይከውን ዝብል ጥርጠራ ኣለዓዓለ።[13] ገለ መዓልታት ቅድሚ'ዚ ፍጻመ'ዚ፡ ክልተ ኢጣልያውያን ሰራሕተኛታት ዕደና ወርቂ ኣብ ዓዲ ንፋስ ተቐቲሎም ነይሮም ኢዮም።[14] ነዚኦም ደሚርካ፡ ኣብ ውሽጢ ክልተ ወርሕን ፈረቓን ዘይኣክል ጊዜ 10 ኢጣልያውያን ተቐቲሎም ነበሩ።[15]

እዚ ኹሉ፡ ንኢጣልያውያንን ንማሕበር ሓዳስ ኤርትራን ኣብ ስግኣትን ሕርቃንን የብጽሖም ስለ ዝነበረ ኢዩ ባዕሎም ናብ ግብረ ሽበራ ንኽምርሑ ዘገደዶም።[16] እንግሊዛውያን ኣመሓደርቲ ነዚ ንምግታእ፡ ሓደገኛታት ንዝበሉዎም ሰባት እናሓዙ ብመልክዕ ማሕዩር ካብ ኣስመራን ካልኦት ከተማታትን ንተሰነይ ብግዲ ክሰፍሩን ኣብ ልዕሊ እተን ንሽፋቱን ግብረ ሽበራውያንን ኣዕቍብን ዝብሃላ ዓድታት ድማ ናይ ሓባር መቕጻዕቲ ክውሰኑን ጀመሩ።[17] እዚ ተግባር'ዚ፡ በታ ኣብ ብሪጣንያ ቀንዲ ተሓላቒት ኢትዮጵያ ዝነበረት ሲልቪያ ፓንክረስትን ናይ

12. ሓንቲ ኤርትራ፡ 1/22፡ 17 ግንቦት 1950።

13. FO 371/80875, JT 1015/142, 15 May 1950. እቲ ቦምባ ኣብ ዝተደርበየሉ ለይቲ፡ ዋና ጸሓፊ ሕብረት ኣቶ ተድላ ባይሩ ምስ ስድራ ቤቶም ኣብ ውሽጢ'ቲ ህንጻ ነበሩ። ዝኾነ ጉድኣት ግን ኣይወረዶምን።

14. FO 371/80874, JT 1015/129, 2 May 1950.

15. ብ24 ሚያዝያ ዝቐረበ ጸብጻብ፡ ክሳብ'ቲ ዕለት እቲ ኣብ ዝሓለፈ ሸሞንተ ሳምንታት፡ ሸሞንተ ኢጣልያውያን ተቐቲሎም ከም ዝነበሩ ይሕብር። FO 371/80876, 24 April, 1950

16. ሕርቃን ኢጣልያውያን ናብ'ቶም እንግሊዝ ገጹ'ውን የምርሕ ነይሩ ኢዩ። ብ30 መጋቢት ንኣብነት፡ ኣብ መንጎ ክልቲኦም ኣብ ሓደ ባር ብዝተላዕለ ምስሕሓብ፡ ሓደ እንግሊዛዊ ወተሃደር ብኻራ ተወግአ። እዚ ድማ ኣብ ጋዜጣታት ብሪጣንያ ብሰፊሑ ተዘተየሉ። FO 371/80876, JT 1015/153, (undated).

17. እ.ጽ. 15።

ባይቶ ብሪጣንያ ደገፍታን ከም ምስጓጕ ዜጋታት (diportation) ክኸውን እንከሎ፣[18] ኢጣልያ ግን ኣብ ኤርትራ ንዝነበሩ ዜጋታታ ውሕስነት ዘይምግባር፡ መፍቶ ናይ'ቶም ኣብ ኢጣልያ ዝነበሩ ዴሳውያን ወይ ኮሙኒስት ይኸውን ኣሎ ብምባል፡ ብሪጣንያ ግብራዊ ስጉምቲ ንኽትወስድ ጸቕጢ ምግባር ቀጸለት።[19]

ጸኒሕና ከም እንርእዮ፡ እዚ ጊዜ'ዚ ብሪጣንያን ኢጣልያን ብዛዕባ መጻኢ ዕድል ኤርትራ ኣብ ስምምዕ ንኽበጽሓ ብዙሕ ዝመያየጣሉ ዝነበራ ጊዜ ኢዩ። ኢጣልያ ግን፡ ጉዳይ ናይ'ቶም ኣብ ኤርትራ ዝነበሩ ዜጋታታ ከም ሓደ ዓቢ መባደሊ ትወስዶ ስለ ዝነበረት፡ ብሪጣንያ ከተረጋግእ ትደሊ ነይራ ኢያ። ስለዝኾነ፡ ካብ 25 ግንቦት ክሳብ 5 ሰነ 1950 ኣብ ዝነበረ ጊዜ፡ ብቦጦሎኒታት ዝቖጻሩ ፍሉያት እንግሊዛውያን ወተሃደራታ ብምውፋር፡ ሰፊሕ ጸረ ሽፍታ ዳህሳስን መጥቃዕትን ኣካየደት። ኣብ'ዚ ኣብ ከባቢታት ማይ ሓባር፡ ማይ ወሰን፡ ድርፎ፡ ዓድ ኳላ፡ ያበልን ካልእ ቦታታትን ዝተኻየደ ስርሒታት፡ ክልተ ሽፋቱ ክሞቱ፡ 32 ከኣ ክማረኹ እንከለዉ፡ ኣስታት 850 ጥርጡራት ተኸቢቦም ከም ዝተመርመሩን ብዓሰርተታት ዝቖጻሩ ድማ ተታሒዞም ንማሕዩር ከም ዝተሰደዱን ንመንግስቲ ኢጣልያ ኣፍለጠት። ኣብ'ቲ ፖለቲካዊ ኣማኻሪ ምምሕዳር ኤርትራ ቢ.ሲ.ኤ. ኩክ ዘቕረቦ ጸብጻብ፡ ካብ መስከረም ክሳብ ሚያዝያ 1950 ጥራይ፡ 39 ሽፋቱ ሞይቶም፡ 29 ከም ዝቘሰሉን 80 ከም ዝተማረኹ ወይ ኢዶም ከም ዝሃቡን ኣፍለጠ። ኣብ'ዘን ኣዋርሕ እዚኣተን፡ ሓሙሽተ ፖሊስን ሓሙሽተ ኢጣልያውያንን እውን ተቐትሉ። 44 ሲቪል ኤርትራውያን ከኣ ብሰንኪ ግብረ ሽበራ ሞቱ።[20] እቲ ናይ ኢጣልያውያን ቍጽሪ፡ ነቶም ኣብ ውሽጢ ኣስመራ ዝቐተሉ ዝነበሩ ዝሕውስ ኣይነበረን።[21]

እዚ ወፍሪ እዚ ግን ንግብረ ሽበራ ደው ኩብል ዝኽእል ኣይነበረን። ሓደ ኻብቲ ኣብ'ዚ ጊዜ'ዚ ዝርአ ዝነበረ ሓዲሽ ነገር፡ ዒላማ ሽፋቱ ኢጣልያውያን ጥራይ ዘይኮኑ፡ ደቂ ሃገር እውን፡ ኣረ ገለ መራሕቲ ሕብረት ባዕሎም እውን ምንባሮም ኢዩ። ንኣብነት፡ ምስሌነ ደቡብ ዓንሰባ ዝነበሩ መብራህቱ ገነጠው፡ ብ16 ሽፍታ ተጠቂያም ባዕሎም'ውን ተወግኡ። ጠንቂ ናይ'ዚ፡ ዝጸንሐ እንዳዊ ወይ ዓዳዊ ወይ ካልእ ጸቢብ ረብሓ ክኸውን ዝኽእል'ኳ እንተ ነበረ፡ እቲ እንግሊዝ ዝመስረቱዎ ስርዓት ምምሕዳር እውን ይፈናጣሕ ኢዩ ዝነበረ። ባዕሎም እቶም ኣመሓደርቲ እውን ነዚ ክእመኑሉ ጀመሩ። ንኣብነት'ኳ፡ ኣመሓዳሪ ስራየ፡ ብምሉእ ምዕራባዊ ሸነኻት ናይ'ቲ ኣውራጃ ኣብ ትሕቲ ቍጽጽር ሽፍታ ስለ

18. FO 371/808155, 24 May 1950.

19. FO 371/80876, JT 1015/169, 9 June 1950.

20. FO 371/80876, Cook, Aide Memoire for H.E. Sig. Brusasca (ca. June 1950).

21. እ.ጽ. 20 ርአ። ምስ ናይ 1948-1949 ጸብጻባት ክርአ እንከሎ፡ እዚ ናይ ኣርባዕተ ኣዋርሕ ጸብጻብ ናይ 1950 ኣዝዩ ብዙሕ ኮይኑ ይርከብ። ንኣብነት፡ ንሽፍታ ብዝምልከት፡ ኣብ መላእ 1948 ዓሰርተ ሓሙሽተ፡ ኣብ 1949 ከኣ 11 ኢዮም ተቐቲሎም። ዝበዝሑ ኢጣልያውያን ዝተቐተሉላ ዓመት 1949 ኢያ ነይራ። ሽዑ 13፡ ብ1948 ድማ 7 ተቐቲሎም። እቲ ዘሰንብድ፡ ማዕረ 44 ሲቪል ኤርትራውያን ኣብ ውሽጢ ኣርባዕተ ኣዋርሕ ምቕታሎም ኢዩ። እዚ፡ እቲ ጕነጽ ናብ ሓድሕድ ገጹ የቕንዕ ከም ዝነበረ የርኢ።

ዝኣተወ፡ ንሱ ከመሓድሮ ይኽእል ከም ዘይነበረ ዝሕብር ጥርዓን ንሓለቓታቱ ኣመሓላለፈ። ኣመሓዳሪ ምዕራባዊ ኣውራጃ'ውን፡ ብምኽንያት ኣብ'ቲ ዞባ ዝርአ ዝነበረ ናይ ሓድሕድ ህውከትን ናይ ሸፍታ መጥቃዕቲ ኣብ ልዕሊ'ቲ ህዝብን፡ ንወረዳ ባረንቱ የመሓድራ ከም ዘይነበረ ኣፍለጠ።[22]

ኣብ'ቲ ሸፍታ ናይ ምጽራግ ወፍሪ ተኻፊዱ ዝተባህለሉ ሰሙናት እንተ ኾነ'ውን፡ ሰራዊት ብሪጣንያ ኮሊሉ ወይ ተታኺሉ ይምለስ ስለ ዝነበረ፡ እቲ ቦታ ቀልጢፉ ብሸፍታ ኢዩ ዝትካእ ዝነበረ። ሸፍታ ካብ ድርፎ ጸሪገ ኣብ ዝበለሉ ድሕሪ ቍሩብ መዓልታት ንኣብነት፡ ገብረ ተሰፋጽዮን፡ ሓጐስ ተምነዎ፡ ተኸስተ ሃይለን ሃይለ ኣባይን ዝርከቡዎም መራሕቲ ሸፍታ ኣብቲ ቦታ ኣኼባ ብምግባር፡ ዝዘመቱዎ ብረት ከም ዝተማቐሉ ሓደ ዝተማረኸ ሸፍታ ሓበረ። ኣብኡ ዝተታሕዙ፡ ሰለይቲ ፖሊስ ተባሂሎም ዝተጠርጠሩ ኤርትራውያን ብትእዛዝ ሓጐስ ተምነዎ ከም ዝተረሸኑ'ውን ኣዘንተወ።[23]

ኣብ ወርሒ ሰነ፡ ሸፍትነት ቅጥዕን ቍጽጽርን ስለ ዝሰኣነ፡ ኣብ ሚኒስትሪ ጉዳያት ወጻኢ፡ ለንደን፡ ሓደ ናይ ክብ ዝበሉ ሰበ ስልጣን ብሪጣንያ ኣኼባ ተገብረ።[24] ድሕሪ ነዊሕ ክትዕን ምልልስን ድማ፡ ሓይሊ ፖሊስ ኤርትራ ብ300 ክዓቢ፡ ሓደ ብፍላይ ንሸፍታ ዝምልከት ፍሉይ ሓይሊ (field force) ክውደብ ተወሰነ። ነዚ ዝእዝዝ እንግሊዛዊ ናይ መኰንናት ጉጅለ ክህሉ፡ ነፈርቲ ውግእ ኣብ ስርሒታት ክኣትዋ'ውን ተወሰነ።[25]

እዚ ቐደም ክውሰድ ዝግብኦ ዝነበረ ስጉምቲ ንኽትገብር ጊዜ ዝወሰድ ስለ ዝነበረ፡ ነቲ ቐይዲ ስኢኑ ዝነበረ ሸፍትነት ቅልጡፍ መዕገቲ ክኸውን ዝኽእል ኣይነበረን። ስለ'ዚ ሰነን ክፋል ሓምለን ኣዝዩ ብርቱዕ ናይ ሸፍትነት ንጥፈታት ዝጸዓቐ ወርሓት ኮይኑ ቐጸለ። ብፍላይ እቲ ካብ ኢትዮጵያ ዝመጽእ ዝነበረ ሸፍትነታዊ ተግባራት ኣዝዩ ይጽዕቕ ስለ ዝነበረ፡ ሰበ ስልጣን ብሪጣንያ ናብ ኢትዮጵያውያን መዘናታቶም የቕርቡዎ ንዝነበሩ መተሓሳሰብን ጥርዓናትን ክብ ኣበልዎ። ኣብ ኣዲስ ኣበባ ዝነበረ ኣምባሳደር ላሸል ንኣብነት፡ ነቲ ኣብ ከተማ መንደፈራ ኣብ ልዕሊ ሓደ ኢጣልያውን ሓደ ግሪኽን ዝተፈጸመ መቕተልቲ፡ ከምቲ ኣቐዲሙ ተጠርጢሩ ዝነበረ ብደቂ ሞሳዝጊ ዘይኮነስ፡ ደጃዝማች ጸሃየ ብስራት ዝተባህለ ኣመሓዳሪ ኣድያቦ ብዝለኣኾም ተጋሩ ከም ዝተፈጸመ ድሕሪ ምሕባር፡ እቶም ቀተልቲ ተታሒዞም ንምምሕዳር ኤርትራ ንኽስትለሙ

22. FO 371/80876, JT 1015, 1 June 1950

23.FO 371/80876, Cracknell to Chief Secretary, 3 June 1950. ነዚ ዝሓበረ፡ ዘሞ ሃይሉ ዝተባህለ፡ ኣባል ጭፍራ በየነ ሓጐስ ዝነበረ ትግራዋይ ኢዩ። ሓደ ካብቲ ዝሓበሮ ነገራት፡ ገብረ ተሰፋጽየንን ሃይለ ኣባይን ናብ ኣመሓዳሪ ትግራይ ዝነበሩ ራእሲ ስዩም መንገሻ ከይዶም መተዓበዪ ረኺቦም፡ ኤርትራ ተመሊሶም ስርሖም ንኽቕጽሉ ከም ዝተነገሮም ኢዩ። መንግስቲ ኢትዮጵያ ንዕኦም ዝኸውን ገንዘብ ትሰድድ ከም ዝነበረት፡ ይኹን እምበር እዚ ኣብ ጁባታት መራሕቲ ሕብረት ይኣቱ ከም ዝነበረ'ውን ንፖሊስ ሓበረ።

24. FO 371/80876, FOAAT, Minutes “Anti-Shifta Measures in Eritrea,” 5 June, 1950.

25. FO /371/80877, 23 June, 1950.

ሓተተ።[26] መንግስቲ ኢትዮጵያ ግን ዘድሊ መርመራ ኣካዪዱ ከምቶም ዝተባህሉ ገበነኛታት ከም ዘይረኸበ ዝሕብር ኣሉታ መለሰ።[27] ኣብ'ዚ ጥራይ ዘይኮነ፡ ብሸነኽ ባረንቱ እውን ኣብ ከባቢ ዶብ ዝነበሩ ኣመሓደርቲ ትግራይ ብፍላይ ኣብ ልዕሊ ህዝቢ ኩናማ ዘካይዱዎ ንዝነበሩ ዝምታን ወራርን ኩብ ኣቢሎሞ ነይሮም ኢዮም። ኣብ ሓደ ካብ'ቲ ጸብጻባት ብዛዕባ'ዚ ክዛረብ እንከሎ፡ መሳፍንቲ ትግራይ ነቲ መጥቃዕትታት ዘካይዱ ዝነበሩ፡ ካብ'ቲ "ኣብ መንጎ ጋሽን ሰቲትን ንዘሎ መሬት ናይ ምቍጽጻር ድሌቶም ዝብገሰ ኢዩ" ክብል ጸሓፈ።[28] እዚ ባህጊ'ዚ ካብ ቀደም ዝጸንሐ ኢዩ ማለት ኢዩ።

ካብ ኩሉ ካልእ ጊዜ፡ ምምሕዳር ብሪጣንያ ሸፍትነት ደው ንምባል ተንቀሳቒሱ ዝብሃለሉ ምናልባት እዚ ክኸውን ይኽእል። ኣብ ምውዳእ ወርሒ ሰነ፡ ሰራዊት ብሪጣንያ ስፒትፋያር ንዝተባህላ ነፈርቲ ውግእ ኣንጻር ሸፋቱ ክጥቀመለን ጀመረ።[29] ኣብ ወርሒ ሓምለ ድማ፡ ዘኾነ ትንፋስ ሰብ ዘሕለፈ ሸፍታ ብማሕነቕቲ ከም ዝቕጻዕ ዝሕግግ ኣዋጅ ተኣወጀ። ማሕነቕቲ ኣብ ልዕሊ ምርሻን ዝተመርጸሉ፡ ኣብቲ ሕብረተ ሰብ ራዕዲ ይፈጥር ኢዩ ተባሂሉ ነበረ።[30] በዚ መሰረት እውን፡ ኣብ ልዕሊ ሓደ ወልደሩፋኤል ኣብርሃ ዝተባህለ ዕሉል ሸፍታ

ብግብረ ዓመጽ ዝተቐትሉ ኣዘማች ዓብደልቃድር ጃብር ናይ ኣልራቢጣን ቪቶርዮ ሎንጊ ናይ ማሕበር ኢታሎ ኤሪትረይን።

26. FO 371/80877, JT 1015/180, Lascelles to V/Minister Zewde of Ethiopia, 26 June 1950.
27. FO 371/80877, Zewde G. Hiwet to Lascelles, 22 June 1950.
28. FO 371/80877, Monthly Political Report, May 11 - June 10, 1950.
29. FO 371/80877, O.C. 208 Sgn., R.A.F. , to District Commander, (undated).
30. FO 371/80877, Deterrent Measures to be Taken Against Shifta, 4 July 1950.

ዝተበየነ ናይ ሞት ፍርዲ ብሚኒስተር ጉዳያት ወጻኢ ብሪጣንያ ስለ ዝጸደቐ፡ ናይ ሞት መቕጻዕቱ ተቐበለ።[31]

እዚ ስጉምትታት እዚ ከምቲ ዝድለ ቅልጡፍ ለውጢ ከምጽእ ኣይተራእየን። ብ15 ሰነ 1950፡ መንነቶም ብንጹር ዘይተፈልጡ ሽፋቱ ኣርባዕተ ኣስመራ ብምእታው፡ ኣባል ቤት ምኽሪ ኣልራብጣ ዝነበሩን፡ ኣስታት 85 ዓመት ከአ ንዝዕድመኦም ኣዝማች ዓብደልቃድር ጃብር ኣብ ቤቶም ብግፍዒ ቀተሉዎም። ኣዝማች ዓብደልቃድር፡ ኣቐዲሞም ሹም ገዛ ብርሃኑን ወኪል ራእሲ በራኺ በኺትን ዝነበሩ ኮይኖም፡ ብቕንያቱ ብሽፋቱ ይኽበቡን ይህደኑን'ኳ እንተ ነበሩ፡ ሳላ ሓለዋን ምክልኻልን ኣባላት ሕብረት ዝነበሩ ጎረባብቶም ይድሕኑ ከም ዝነበሩ ይንገር። ኣብ'ዛ ዝተባህለት፡ ስድርኦም ናብ ካልእ ቦታ ኣግዒዞም በይኖም ዝተረፉላ ለይቲ ግን፡ ብቓጻ ተቐትሉ።[32] ብ20 ሓምለ፡ ሓደ ካብቶም ዓበይቲ መራሕቲ ማሕበር ኢጣለ-ኤርትራውያንን ካብ ቀንዲ ተጣበቕቲ መንግስቲ ኢጣልያ ዝርአ ዝነበረን ሲኞር ቪቶርዮ ሎንጊ፡ ኣብ ማእከል ኣስመራ ተቐትለ።[33] ቀተልቱ፡ ኣባላት ኣንድነት ኮይኖም፡ ሓደ ካብኣቶም ካብ ሓይሊ ፖሊስ ኤርትራ ዝተረፈት'ሞ ኢትዮጵያ በጺሑ ዝተመልሰ ምንባሩ ተፈልጠ። ሎንጊ ምስ ተቐትለ ኣብ ሳልስቱ፡ ሓናፍጽ ኢዮም ተባሂሎም ዝተጠርጠሩ ሰባት ሓንቲ ቦምባ ናብ እንዳ ደግያት ኣርኣያ ዋሴ ደርበዩ። ንሶም፡ ሓደ ካብ ቀንዲ መራሕቲ ሕብረት ኮይኖም፡ ኣዲስ ኣበባ ኢዮም ነይሮም። ኣብ ልዕሊ'ቲ ገዛ መጠነኛ ዕንወት በጽሐ፡ ውሽጢ ዝነበሩ ስድራኦም ግን ኣይተጎድኡን።[34]

እዚ እናኾነ እንከሎ፡ ሽፋቱ መመሊሶም ይተብዑ እምበር ይዝሕሉ ኣይነበሩን። ኣብ መወዳእታ ሓምለ፡ ደሞዝ ወተሃደራት እንግሊዝ ከፊሉ ካብ ዑብል ናብ መንደፈራ ዝምለስ ዝነበረ ሓደ ናይ እንግሊዛውያንን ባንዳ ኤርትራውያንን ጉጅለ፡ ብጭፍራ ኣስረስሀይ እምባዬ ተጠቕዐ። ሓደ እንግሊዛውን ሰለስተ ባንዳን

31. FO 371/80877, JT 1015/183, 24 July 1950; JT 1015/184, 1 August 1950. ወልደሩፋኤል ኣብርሃ ተራ ሽፍታን ቀታልን ኮይኑ፡ ኣብ መሰርሕ ናይ ክልተ ክትራ፡ ኣብ ሞት ሓደ ወተሃደርን ሓንቲ ሰበይትን ስለ ዝተሳተፈን ንሓደ ኢጣልያዊ ስለ ዝቐተለን ኢዩ ተበይኑሉ።

32. ሰ.ጋ. 8/407፡ 22 ሰነ 1950። ከምኡ'ውን ቃለ መጠይቕ ምስ ሰይቲ ወዶም ንኣዝማች ዓብደልቃድር ጃብርን ጓል ደጊያት ሓሰን ዓሊን ዝኾና፡ ወ/ሮ ስዕዲ ሓሰን።

33. ቪቶርዮ ሎንጊ፡ ሓደ ካብ ፍሉጣት ኢጣለ-ኤርትራውያን ናይቲ እዋን ነበረ። ካብ 1947፡ ሓደ ካብ ላዕለዎት ኣማኸርቲ ማሕበር ኢጣለ-ኤርትራውያን ብምዃን ቅድም ንመጉዚትነት ኢጣልያ፡ ጸኒሑ ንናጽነት ኤርትራ ተጣበቐ። ማሕበር ሕብረት፡ ንቲ ናይ ለካቲት 1950 ምፍሳስ ደም ኣንድነትን ኣልራብጣን ኣሳዊርካ ዝብል ክሲ ብምስንዛር ናይ ሞት መጠንቀቕታታት ክልእኹሉ ድሕሪ ምጽናሕ፡ ብ20 ሓምለ 1950 ኣብ ቪያለ ባዶልዮ (ጸኒሑ ጉደና ኣንሰ ማቴንዞ ዝተባህለ) ብጥይቶም ተወጊኡ ሞተ። (Chi e dell' Eritrea, p. 184.)

34. ደግያት ኣርኣያ ዋሴ ብ1906 ኣብ ከረን ተወለዱ። ናይቲ ጊዜ ካብ ዝበለ ናይ ጥልያን ትምህርቲ ምስ ቀሰሙ፡ ከም ትርጁማንን ተሓዝ መዝገብን ኣብ ሶማልያ ኣገልገሉ። ኢጣልያ ንኢትዮጵያ ምስ ሓዘት፡ ኣብ ኣዲስ ኣበባ መጀመርታ ናይ ማርሻል ግራስያኒ፡ ጸኒሖም ከኣ ናይ ዱካ ዳ'ኦስታ ተርጓሚ ኾኑ። ኣብ 1940 ከኣ ብኸብ ዝበለ ናይ ጣልያን መዓርግ ናብ ኣስመራ ተቐየሩ። ብ1941፡ ሓደ ካብ ቀንዲ መሰረትቲ ማ.ፍ.ሃ. እኳ እንተ ነበሩ፡ ጸኒሖም፡ እቲ ማሕበር ናብ ሕብረት ንኽቕየር ዓቢ ተራ ካብ ዝተጻወቱ ኣባላት ብምዃን፡ ካብ ቀንዲ መራሕቲ'ውን ነበሩ። ኣብ ልዕሊ ህይወቶም ሰለስተ ፈተነታት ተገይሩ ነይሩ ኢዩ። ድሕሪ ፌደረሽን፡ ሓደ ካብ ሴክረተሪታት መንግስቲ ኤርትራ ብምዃን ኣገልገሉ። ደግያት ኣርኣያ፡ በቦኦም ተወላዲ ወገሬ ኢትዮጵያ ምንባሮም ይንገር። (Chi e dell' Eritrea, p. 21.)

ንበርሀ ሞሳዝጊ ቀቲሉ ዝባሃል ሳልሕ ሱሌማን

ተቐትሉ። እቶም ዝተረፉ ክልተ እንግሊዛውያን ምስ ሰዓብቶም ተታሕዙ'ሞ፡ ጭፍራ ኣስረስሀይ ክልተ መትረየስ ዝርከቦ ሓያሎ ብረት ሰለበ።[35]

ነዚ ዝመስል መጥቃዕቲ ሽፋቱ ኣብ ልዕሊ ፖሊስ ሓላሊፉ እናቐጸለ እንከሎ፡ ነቲ ዝጸንሐ ሽበራ ሃይማኖታዊ መኣዝን ከትሕዝ ዝኽእል ሓደ ፍጻመ፡ ኣብ ዝባን ሰብዖ፡ መራጉዝ (ሰራየ) ኣጓነፈ። እዛ ዓዲ እዚኣ፡ ዝያዳ እስላም ዝነብሩላ ኾይና፡ ምስ ሰለስተ ዘዋሰናኣ ዓድታት ናይ መሬት ክርክር ተላዒሉዋስ፡ ብፍርዲ ረቲዓ ነይራ ኢያ። ነዚ ዘይተቐበሉ ጉረባብታ ስለ ዝሸፈቱ'ሞ የፈራርሑዋ ስለ ዝነበሩ፡ መከላኸሊ ነፍሳ ዝኸውን ገለ ብረት ተዋህባ። ጸኒሖም፡ ካብቶም ሽፋቱ ዓዶም ስለ ዝተመልሱ ግን፡ እቲ ምምሕዳር ነቲ ዝዓደላ ብረት ከም ዝምለስ ገበረ። ኣስታት ወርሒ ድሕሪ'ዚ፡ ማለት ብ2 ነሓሰ 1950፡ ዝባን ሰብዖ ብኣዝዮም ብዙሓት ሽፋቱ ተጠቕዐት። ቀንዲ ናይ'ዚ ፈጻሚ ጭፍራ ኣስረስሀይ ክኸውን እንከሎ፡ ደቂ ሞሳዝጊ እውን ተሳተፉዎ። ኣብ'ዚ መጥቃዕቲ'ዚ ኣርባዕተ ደቂ ዝባን ሰብዖ ክቕተሉ እንከለዉ፡ 12 ቈሰሉ።

እዚ ግብረ ዓመጽ እዚ፡ ብፍላይ ኣብ መንጎ እስላም መንደፈራ ዓቢ ሕርቃን ኣለዓዓለ። ማዕረ ድኳናቶም ዓጽዮም'ውን ተቓውሞኦም ኣስመዑ። ብብዝሒ ንዝባን ሰብዖ ብምኻድ ድማ ኣብ ስነ ስርዓት ቀብሪ ናይቶም ምዉታት ተሳተፉ። እቲ መቐየሚ ዝኾነ ቐንዲ ጉዳይ፡ እቲ ምምሕዳር ይኹን ወተሃደራቱ ንሰላማዊ ህዝቢ ካብ ሽፋቱ ኣይከላኸሉን ዘሎ ዝብል ስምዒት ጭቡጥ መረጋገጺ ስለ ዝረኸበ ኢዩ። ምስ ሓንቲ ኤርትራ ኣብ ሓደ ሕታም እትወጽእ ዝነበረት ናይ

35. FO 371/80878, JT 1015/194, 29 July 1950. ሰ.ጋ. 8/413,3 ነሓሰ 1950 እውን ርአ።

ቋንቋ ዓረብ ልሳን ቀ.ና.ኤ. ማለት "ውሕደት ኤርትሪያ" ንግፍዒ ዘባን ሰብዖ ኣመልኪታ፡ እቲ ሸፍታ ከጥፍእ ዝተባህለ "ፍሉይ ሓይሊ" (field force)፡ ዲሺዛ ተኸዲኑ ኣብ ከተማታት ሸናዕ ስለ ዘበለን ብረቱ ክወላውል ስለ ዘወዓለን ጥራይ ተልእኾኡ ዝፈጸመ ይመስሎ ኣሎ ክትብል ከሰሰት።[36]

ናይ ዘባን ሰብዖ ፍጻመ ብኡ ኣየብቅዐን፡ ካልእ ሳዕቤናት እውን ኣኸተለ። ኣቐዲምና፡ ምስ ኣልራቢጣ ኣልእስላሚያ ምትእስሳር ነይሩዎም ዝብሃሉ ደቂ ሳሆ ሸፈቶም ከም ዝነበሩ ርኢና ኔርና። ምስ ደቂ ሞሳዝጊ ግጥማት እናካየዱ፡ ባዕሎም'ውን ብፍላይ ኣብ ዘባን ሰራየ ኣብ ልዕሊ ገለ ዓድታት መጥቃዕቲ የካይዱን ኣባይቲ የንድዱን ከም ዝነበሩ'ውን ጠቒስና ኢና። ሓደ ካብ'ዞም ጉጅለታት እዚኣቶም፡ ማለት ብመሓመድ ሳልሕ ሱለይማን ዝምራሕ ጭፍራ፡ ብ2 ነሓሰ 1950፡ ካብ ዓዲ ጣፋ ንፋስ (ሰራየ) ናብቲ ንምብራቑ ዝርከብ በረኻታት ይምለሱ ኣብ ልዕሊ ዝነበሩ፡ ብበርሀ ሞሳዝግን ደበሳይ ድራርን ዝምርሑ 40 ዕጡቓትን 120 ዘይዓጠቑን ሸፋቱ፡ ምሕማድ ኣብ ዝብሃል ቦታ ሃንደበታዊ ናይ ድብያ መጥቃዕቲ ፈነወ። መሓመድ ሳልሕ ሱሌማን፡ 20 ዕጡቓትን 5 ዘይዓጠቑን ጥራይ ነበሩዎ። ክልተ ኣባላቱ ምስ ተወግኡዎ፡ ደበሳይ ድራር ሰዓብቱ ሒዙ ሃደመ። ኣብ'ዚ ኸቢድ ውግእ እዚ፡ በርሀ ሞሳዝጊ ተቐትለ። ደበሳይ ድራር ግን ሀሩማቱ ሒዙ ትግራይ ኣትዩ ተባህለ።[37] ነዚ ምስ ፈጸመ ኣብ ኣስታት ሰሙኑ መሓመድ ሳልሕ ሱለይማን ምስ 32 ሰዓብቱ ኢዱ ንመግስቲ ሃበ።[38] ንሱ ጥራይ ዘይኮነ፡ ኣብቲ ሰሙናት እቲ፡ ቅድምን ድሕርን ሳልሕ ሱሌማን፡ በዓል በየነ ሓጕስን ኣበራ መንግስቱን ዘጠቓልሉ ሓያለ ሸፍታ መምስ ሰዓብቶም ኢዶም ሃቡ። ብራንስ ዝተባህለ፡ ምስ ኩሎም ርክብ ነይሩዎ ዝብሃል እንግሊዛዊ መኰነን ኢዩ ዘእትዎም ዝነበረ። ቀተልትን ከተርትን ክነሶም፡ ከም ጀጋኑ እናፈከሩን ምስ ብረቶምን ይምለሱ ምንባሮም ግን፡ ምንጪ ስክፍታ ሰላማዊ ህዝቢ ከም ዝነበሩ ተደጋጊሙ ይግለጽ ነይሩ ኢዩ።[39]

እዚኣቶም ይእተዉ'ምበር፡ እቲ ቐንድን መሳርሒ ኢትዮጵያን ዝነበረ ሕመረት ሸፍትነት ግን ቀጸለ። እቲ ሓርበኛታት ኢና ዝብል ዝነበረ ጉልባብ እናተቐንጠጠ፡ ብዙሕ መዳያት ናይ'ቲ ሸፍትነት ቅሉዕ ስርቅን ከትርን እናኾነ ይኸይድ ከም ዝነበረ ንህዝቢ ሕቡእ ኣይነበረን። በዚ ምኽንያት'ዚ ክኸውን ይኽእል፡ ብ31 ነሓሰ 1950፡ ኣስረስሀይ እምባዩ፡ ሓጕስ ተምንዎ፡ ገብረ ተስፋጽዮንን ገብረመድህን ከፈላን ዝርከቡዎም 240 ዝኣኽሉ ሸፋቱ ኣብ ለይቶ ተኣኪቡ'ሞ፡ ንውልቀ ሰባት ምኽታርን

36. ውሕደት ኤሪትሪያ፡ 1/19፡ 26 መጋቢት 1950። FO 1015/853, Eritrea - Annual Report for 1950, p. 30, par. 174.

37. ሰ.ጋ. 8/415፡ 17 ነሓሰ 1950። ምስ ሞት በርሀ፡ ካብቶም ኣርባዕተ ኣሕዋት ወልደገብርኤል ጥራይ ተሪፎም ማለት ኢዩ። በርሀ ሞሳዝጊ ኣብ ዝሞተሉ፡ ሰ.ጋ. ካብ ዝጸብጸቦ ንሱ ዝተረኽበሉ'ሞ ሞት ዘሰዓበ ናይ ሸፍትነት ገበናት፡ ነዚ ዝስዕብ ይዝርዝር፡- 11 ጣልያን፡ ሓደ ሞልታዊ (Maltese) ሓደ ግሪኽ፡ ሰለስተ ሲቪልን ክልተ ወተሃደራት ፖሊስ ኤርትራውያንን።

38. FO 1015/529, 12 August 1950.

39. ውሕደት ኤሪትሪያ፡ 1/36፡ 23 ነሓሰ 1950።

ተራ ስርቅን ኣቋሪጾም፡ ንሃብታማት ገያሾ፡ ኣውቶቡሳት፡ ንፖሊስን ንፍሉይ ሓይልን ጥራይ ብምጥቃዕ ገንዘብ፡ ብረትን ክዳውንትን ጥራይ ክዘምቱ ተሰማምዑ።[40]

እዚ መቸም ከም ምምሕያሽን ጣቋን ተወሲዱ ኢዩ ክንድ'ቲ ዝኣክል ኣኼባ ዘጸውዐ። በዚ ዝተሓተ ስነ ምግባር ሸፍትነት ኣይንቅየድን ዝበሉ ዕሉላት ግን ኣይተሳእኑን። ተኸሰተ ሃይለ ንኣብነት፡ ናይ ዝረኸቦ እስላም ወድ ሰራዩ እዝኒ እናቖረጸ ኣብቲ ኣውራጃ ራዕዲ ፈጠረ። ደበሳይ ድራር'ውን ከምኡ ሕነ በርሀ ሞሳዝጊ እስላም ምቕታል ስርሐይ ኢሉ ተተሓሓዞ። ልዕሊ ኹሉ፡ ኣብ'ቲ ካብ ሸፍትነታዊ ምቅትታል ብተዛማዲ ናጻ ዝነበረ ከባቢ ከረን'ውን፡ ኣብ ወርሒ መስከረም መቕተልቲ ናይ ሓደ እስላም መንእሰይ ኣጓነፈ።[41]

ኣብ ከባቢ ባረንቱ'ውን፡ እቲ ዝጸንሐ፡ ብፍላይ ኣብ መንጎ ኩናማን በኒ ዓምርን ዝነበረ ህልኽ ይቐጽል ነይሩ ኢዩ። ንኣብነት፡ ብ28 ነሓሰ፡ 150 ዝኾኑ በኒ ዓምር መስመራት ቴሌፎን ድሕሪ ምቑራጽ፡ ከባቢ ኣውጋሮ ንዝነበራ ዓድታት ኩናማ ኣጥቂዖ'ሞ፡ ሸዱሸተ ኣቑሲሉ፣ ሓያሎ ከብትን ጤለ በጊዕን ድማ ዘሚቱ። ኣንጻር'ቲ ብዑስማን ሎንጊ ዝምራሕ ዝነበረ ጭፍራ ንምግጣም ድማ ንኩርኩጊ (Kurkuggi) ገጾም ኣምረሑ። እዚ ጥራይ ከይኣክል፡ ህዝቢ ኩናማ ካብ ትግራይ ብዝመጽእ መጥቃዕቲ እውን ኣዝዩ ይሸገር ነይሩ ኢዩ።[42]

ከም ኩሉ ጊዜ፡ እቲ ኣዝዩ ዘገርም፡ እዚ ሃይማኖታውን ቀቢላዊ ወይ ካልእ ወገናውን ናዕቢ ክፈጥር ኮነ ተባሂሉ ዝቕስቀስ ዝነበረ ናይ ሸፍትነት ተግባራት፡ ኣብ'ቲ ህዝቢ ለውጢ ናይ ዝምድና ወይ ሓዲሽ ቂምን ናይ ሕነ ስምዒትን ዘየለዓዕል ምንባሩ ኢዩ። ኣብ ዝተፈላለየ ዓንቀጻት *ውሕደት ኤሪትረያ* ይብሃል ከም ዝነበረ፡ ቀ.ና.ኤ.፡ ብፍላይ ድማ ኣልራቢጣ፡ እቲ ናይ ሸፋቱ ሃይማኖት ዝፈለየ መቕተልቲ ካልእ ዕላማ ዝነበሮን እቲ ምምሕዳር እውን ዘተባብዖ ወይ ብስቕታ ዝዕንግሎ ኢዩ ነይሩ። መንግስቲ ኢትዮጵያ ትደፋፍእ ከም ዝነበረት ድማ ከጠራጥር ኣይክእልን። ይኹን እምበር፡ ኣብ ህዝቢ ጊዜያዊ ራዕድን ምንጻል ካብ ፖለቲካዊ ንጥፈታትን እንተ ዘይኮይኑ፡ ዓሚቝ ወገናዊ ምፍልላይን ምቅርሓንን ከለዓዕል ኣይተራእየን። ናይ ሽዑ ላዕለዋይ መራሒ ሕብረት ዝነበሩ ደግያት ገብረዮሃንስ ከም ዝብልዎ፡ እዚ ካልእ ዘይኮነስ፡ ብግዳም ዝመጸን ዝተደፋፍእን ጽልኢ ኣብ ከርሲ ህዝቢ ክኣቱ ስለዘይከኣለ ኢዩ። ህዝቢ ኤርትራ፡ ኣብ ታሪኹ ዝዓበየ፡ ውሽጣዊ ዝምድናታቱ ዝፈጠሮ ናይ ሃይማኖት ይኹን ናይ ቀቢላን ወገንን ሰፊሕ ጽልኢ ኣይነበሮን። "ይሃሉኻ" ስለ ዝተባህለ ድማ ከምጽእ ኣይከኣለን።

እዚ ክበሃል እንከሎ ግን፡ እዚ ናይ ግዳም ፈተነ፡ ኣብቶም ገና ፖለቲካዊ ብስለት ዘየጥረዩ ዝነበሩ መራሕቲ ፖለቲካዊ ማሕበራት ተቐባልነት ኣይረኸበን ማለት ኣይኮነን። ስለ ዝረኸበ ኢዩ ክንድ'ቲ ዝኣክል ምምቕቓል ናይ ፖለቲካዊ

40. FO 1015/529, R. Dean, FAAAT, Minutes, 14 September, 1950.
41. FO 371/80878, Foreign Office to Whitehall, 28 September 1950.
42. FO 1015/529, Anti-Shifta Operation , 26 August 1950.

ሰልፍታት፡ ክይድ-ምልስ ናይ ኣባላትን ጉድለት ጽንዓት ኣብ መትከላትን ዝተራእየ። እቲ መራሒ ዝተባህለ ክፋል፡ ንብሰለትን ልቦናን ሕብረተ ሰብ ኤርትራ ዘንጸባርቅ ዓቕምን ብስለትን ኣይነበሮን።

ኤርትራ ኣብ ከምዚ ዝመሰለ ውሽጣዊ ኩነታት እንከላ፡ ሓሙሻይ መጋባእያ ባይቶ ሕ.ሃ. ጉዳያ ክምርምር ጀመረ። እቲ ኣብኡ ዝተራእየን ኣብ ኤርትራ ዝነበረ ኩነታትን ከኣ ዘራኽብ ኣይነበሮን።

ምዕራፍ 19

ቃልሰን ውዲትን ኣብ ሓሙሻይ መጋባእያ ባይቶ ሕ.ሃ.

እማመታት ኮ.ሕ.ሃ. ኣብ ባይቶ ሕ.ሃ.

እቲ ኣብ ሰለስተ ተመቓቒሉ ዝነበረ እማመታት ኮ.ሕ.ሃ. ብ13 ሓምለ 1950 ኢዩ ናብ ሓሙሻይ መጋባእያ ባይቶ ሕ.ሃ. ዝቐረበ። እዚ ቕድሚ ምዃኑ ግን ሕ.መ. ኣመሪካን ብሪጣንያን ብዛዕባ ኤርትራ ኣብ ናይ ሓባር ርእይቶ ንምብጻሕን ነቲ ጉዳይ ብድሌተን ንምውዳእን ንኣዋርሕ ክንቀሳቐሳ ጸኒሐን ነይረን ኢየን። ሓደ ናይ ሓባር ኮሚቲ ብምውጻእ ድማ፡ ኤርትራውያን ደለይቲ ናጽነት ክቕበልዎ ዝኽእሉን ኢትዮጵያ'ውን መሰረታዊ ጠለባታ እትረኽበሉን ፍታሕ ንኸናድዩ ተላዘቡ። ዑቕባዝጊ ዮሃንስ ነዚ መስርሕ'ዚ ብዝተማልአ ዝርዝር ገሊጹዎ ስለ ዘሎ፡ ካብ መጽሓፉ ብሰፊሑ ክንጠቅስ ኢና።[1]

ኣመሪካን ብሪጣንያን ግን ነዚ ናይ ኮሚቲ ርክባተን ብሓደ ኣረኣእያ ኣይኮናን ጀሚረናኦ። መንግስቲ ኣመሪካ፡ ነቲ ኣቐዲማ ኣቕሪባቶ ዝነበረት ናይ ፈደረሽን ሓሳብ ከም ብቑዕ ኣማራጺ ናጽነት ኤርትራ ኢያ ትወስዶ ዝነበረት። ብሪጣንያ ግን፡ ነቲ ናይ ምቕሊ ሓሳባታ ምሉእ ብምሉእ ስለ ዘይገደፈት፡ ከም መናውራ ወይ መዐደጊ ጊዜ ኢያ ንሽዑ ዝረዓመቶ ዝመሰለት። ብዝኾነ፡ እታ ናይ ሓባር ኮሚቲ ነዚ ከም መበገሲ ብምውሳድ፡ ብኣጋኡ እንክሎ፡ ማለት ብመስከረም 1950፡ ነቲ ሓሳብ ናብ መንግስታት ኢጣልያን ኢትዮጵያን ኣቕረበቶ። ጉዳይ ኤርትራ ንምፍታሕ ጥራይ ዘይኮነ፡ ንኢጣልያን ኢትዮጵያን ምቅርራብ ዝብል ዕላማ'ውን ስለ ዝነበረ፡ ኣብ'ዚ ወርሒ'ዚ፡ ኣመሪካ ከም ኣቀራራቢት፡ ሓያሎ ኣኼባታት ወደብትለን።[2]

ኢጣልያ ምስ ኢትዮጵያ ምቅርራብ ትደሊ'ኳ እንተ ነበረት፡ ንመጻኢ ዕድል ኤርትራ ብዝምልከት ግን ኣብ ውሽጣ ስምምዕ ኣይነበረን። ናይ ቀደም ክብርን ዝናን ኢጣልያ ክምለስ እንተ ኾይኑ፡ ኤርትራ ትወሃበና ዝብሉ ብሓደ ወገን፣ ኣብ ዓለም ቅቡላት ንኽንከውን፡ ድሌት ብሪጣንያ ኣብ ኤርትራ ነማልእ ዝብሉ በቲ ኻልእ... ጥሙር ኣተሓሳስባ ኣይነበረን። ኣብ ሓደ እዋን ንኣብነት፡ ኢጣልያ ነቲ ናይ ናጽነት ጠለባ ገዲፋ፡ ፈደረሽን ኤርትራን ኢትዮጵያን ክትቅበል ድልውቲ ምንባራ ንብሪጣንያ ኣፍሊጣታ ነይራ ኢያ። እዚ ሓሳብ'ዚ ንምቕሊ ኤርትራ ዝጻረር ስለ ዝነበረ ግን፡ ብሪጣንያ ንኤርትራን ኢትዮጵያን ማዕረ ዝሰርዕ ናይ

1. Okbazghi Yohannes, p. 149 ff.
2. Ibid, p. 150.

ፈደረሽን ፍታሕ ኢትዮጵያ ስለ ዘይትቕበሎ ግብራዊ ክኸውን ኣይክእልን ኢዩ ዝብል መመኽነይታ ኣምጺኣ ነጸገቶ።[3] ኣመሪካ ብወገና፡ ሓሳባታ ብኢትዮጵያ ቅቡል ንክኸውን ትጎሳጉሳ ነበረት። በዚ መሰረት፡ ሕጂ'ውን ቅድሚ ኮ.ሕ.ሃ. ኤርትራ ዝኣተወትሉ፡ ማለት ብጥሪ 1950፡ ኢትዮጵያ ንስራሕ እታ ኮሚሽን ዘተዓናቕፍ ተግባራት ከይትፍጽም ድሕሪ ምምሕጻን፡ ጉዳይ ኤርትራ ካብቲ ኮሚሽን ናብ ባይቶ ሕ.ሃ. ምስ ሓለፈ፡ በቲ ዝምልከቶ ኮሚቲ ከይተራእየ እንከሎ ብሪጣንያን ኣመሪካን ሓደ ቅቡል ዝኾነ ፍታሕ ብጎኒ ከቕርባ ምኻነን ንኢትዮጵያ መብጽዓ ኣተወትላ።[4]

እዚ ኣብ ጀነቫ ዝተበጽሐ እማመ ንስምምዕ ንኢትዮጵያ ባህ ዘዩብል መዳይ ነበሮ። ምኽንያቱ፡ ኮ.ሕ.ሃ. ናይ ኤርትራ ዑደቱ ይፍጽመሉ ኣብ ዝነበረ ጊዜ፡ ኢትዮጵያ ካብ ፖለቲካዊ ንጥፈታት ክትቍጠብ እንተ ኾይና፡ ጽልዋ ቀ.ና.ኤ. ክሕይል፡ ጽልዋ ሕብረት ግን ክጉድል ማለት ኢዩ ዝነበረ። በዚ ምኽንያት'ዚ ድማ ኣንጻሩ ከደት። በቲ ሓደ ወገን ግን፡ ኣመሪካን ብሪጣንያን ንእማመ ኮ.ሕ.ሃ. ንጉድኒ ገዲፈን ናይ ገዛእ ርእሰን ኣማራጺ ናብ ፖለቲካዊ ኮሚቲ ባይቶ ሕ.ሃ. ከቕርባ እንተ ኾይነን፡ እቲ ንናጽነት ኤርትራ ዝድግፍ ዝነበረ ክፋል እማመ'ቲ ኮሚሽን ክርእ'ውን ተኽእሎ ኣይነበሮን ማለት ነበረ። ብዝኾነ፡ እዚ ንኢጣልያን ኢትዮጵያን ከቀራርብ ይኽእል ኢዩ ተባሂሉ ዝነበረ ኣመሪካዊ ተበግሶ በዚ ዝተሓላለኸ ምኽንያታት ከይተዓወተ ተረፈ።[5]

እቲ ፈተነ ግን በዚ ኣየቋረጸን። ይኹን'ምበር፡ ከም ኣብ ኢጣልያ፡ ኣብ ኣመሪካ'ውን ብዛዕባ ኣፈታትሓ ጉዳይ ኤርትራ ፍልይ ዝበለ ርእይቶ ዝነበሮም ሰበ ስልጣን ይቕልቀሉ ነይሮም ኢዮም። ኣብ ኢጣልያ ዝነበረ ኣምባሳደር ኣመሪካ ንኣብነት፡ ካብ ፈደረሽን፡ ናይ ሕ.ሃ. መጉዚትነት ዝኣመመሉ ጊዜ ነበረ። እዚ ድማ፡ ሕብረት ኢትዮጵያን ኤርትራን ክመጽእ እንተ ኾይኑ፡ መጀመርታ፡ ኤርትራ ኣብ ትሕቲ መጉዚትነት ሕ.ሃ. ነፍሳ ተመሓድር፡ ድሕሪኡ ድሌት ህዝባ እንተ ኾይኑ እቲ ሕብረት ወይ ካልእ ፍታሕ ይምጻእ ዝብል ነበረ። እዚ ግን ብሪጣንያ ፍጹም ዘይትሰምዖን እትነጽጎን ሓሳብ ስለ ዝነበረ፡ ኣመሪካ'ውን ወገንቶ'ሞ፡ መሊሳ ንኢትዮጵያን ኢጣልያን ናይ ምቅርራብ ምንቅስቓሳ ቀጸለት።[6]

ነዚ ንምግባር፡ ኣመሪካ ኣብ ልዕሊ ገለ ኣባላት ኮ.ሕ.ሃ. ርኡይ ዝኾነ ናይ ጸቕጢ ቃላት ክትደራቢ ተራእየት። ንኣብነት፡ ሓደ በዓል ስልጣና ንሓደ በዓል መዚ ጉዳያት ወጻኢ ፓኪስታን ብምርካብ፡ "ኤርትራ ነፍሳ እትኽእል ሃገር ኣይክትከውንን ኢያ፡ ስለ'ዚ፡ ናጻ ትኹን ኢልካ ምጽቃጥ ዘይግብራውን ሓደገኛን ኢዩ ክኸውን... (ኣብ ልዕሊ'ዚ) ሩስያ ንመጀመርታ ጊዜ ኣፍሪቃ ንኽትኣቱ

3. Ibid, p. 150-151.
4. Ibid, p. 151-152.
5. Ibid, p. 152.
6. Ibid, p. 153

ዕድል ምሃባ ክኸውን ኢዩ” ክብል ከም ዝተዛረቦ ይጥቀስ።[7] ኤርትራ ናጻ እንተ ኾይና፡ ሸርካ ሶቭየት ብምኺን ንዴስነት ኣፍ ደገ ክትህብ ኢያ ንምባል ኢዩ።

በዚ ደው ከይበሉ ኣመሪካውያን፡ ደገፍ ኢጣልያ ንምርካብ'ውን ኣበርቲያም ምጽዓር ቀጸሉ። ሚኒስተር ጉዳያት ወጻኢ ኦም ዲን ኣቸሶን ባዕሉ'ውን ኣብ'ቲ ጉዳይ ኣትዩ፡ ንበዓል ኮንተ ስፎርሳ መርገጽ ኣመሪካ ንኽርዕሙ ጻውዒትን ተጽዕኖን ኣብዝሓሎም። እዚ ኢጣልያ መሊሳ ኣብ ጉዳይ ናጽነት ኤርትራ ናይ ምዝላቕ ኣንፈት ከም እተርኢ ገበራ። ኮንተ ስፎርሳ'ውን፡ “ናይ ኤርትራ ናጽነት ናይ ምእዋጅ ጉዳይ ምዉት ጉዳይ (mortalettera) ኢዩ” ክብል ተሰምዐ። እዚ ንኣመሪካ ስለ ዘተባብዓ፡ ናብ ባይቶ ሕ.ሃ. ሓደ ንእማመታት እቲ ኮሚሽን ከጸግዕ ዝኽእል ናይ ገዛእ ርእሳ እማመ ከተቕርብ ተተሰፈወትን ብኡ መጠን ከኣ ንጥፈታታ ኣሐየለትን።[8]

መርገጺ ኢጣልያ ግን ከምቲ ኣመሪካ እትደልዮ ዝነበረት ዘተኣማምን ኣይነበረን። ብሓደ ወገን ህዝቢ ኢጣልያ ዳርጋ ብምሉኡ ደጋፊ ናጽነት ኤርትራ ኢዩ ዝነበረ'ሞ ሙብጽዓታትን ዘረባታትን ሰበ ስልጣን'ቲ መንግስቲ ውሕስነት ኣይነበሮን። በቲ ኻልእ ወገን ድማ፡ መንግስቲ ኢጣልያ ክትድግፎ ኢያ ዝብሃል ዝነበረ ፈደረሽን፡ ንኤርትራ ምሉእ ፈደራል ስልጣንን መሰላትን ዝህብ እምበር ብተዘዋዋሪ መገዲ ዕብለላ መንግስቲ ኢትዮጵያ ዘረጋግጽ ኣይነበረን። በዚ መዳይ'ዚ እምበኣር፡ ድሌት ኢጣልያ ምስ'ቲ ኣብ ኮ.ሕ.ሃ. ዝነበረ ፈደራል ዝንባለ ዝሰማማዕ ስለ ዝነበረ፡ ምስ ድሌት ኣመሪካን ብሪጣንያን ዝራጸም ኮነ።[9]

መርገጽ ኣመሪካን ብሪጣንያን ክዕወት እንተ ኾይኑ፡ እዚ ዕንቅፋት እዚ ክእለ ነይሩዎ። ንዓኣቶም፡ ኣብ ኤርትራ ዝነበረ ፖለቲካዊ ኩነታት ይኹን ድሌት ህዝባ ዘይኮነ፡ እቲ ደገፍ ዝበዝሓ ሃገራት ላቲን ኣመሪካ ዝነበሮ ጽልዋ ኢጣልያ ኢዩ ዝዓበየ ዕንቅፋት ረብሓታቶም ኮይኑ ዝነበረ። በዚ ምኽንያት'ዚ፡ ገለ መዓልታት ቅድሚ ኮ.ሕ.ሃ. እማመታቱ ናብ ባይቶ ሕ.ሃ. ምቕራቡ፡ ማለት ካብ 30 ሰነ ክሳብ 3 ሓምለ፡ ብሪጣንያ፡ ኣመሪካን ኢጣልያን ሓደ ንኤርትራ ዝምልከት ዋዕላ ወደባ። ኣብ'ዚ ዋዕላ'ዚ፡ ወከልቲ ኣመሪካን ብሪጣንያን ንወከልቲ ኢጣልያ፡ በቲ በትሪ እናወጣወጡ በቲ ኸኣ ካሮቲ እናቐረቡ፡ ኣፈራርሑዎምን ኣተሃራረፉዎምን። ንጉዳይ ኤርትራ ፍታሕ ምርካብ ማለት፡ ከኣ በሉዎም፡ ምስ ኢትዮጵያ ምትዕራቕን ኣብ ኢትዮጵያ ሰፊሕ ዕዳጋ ምርካብን ማለት ኢዩ ነይሩ። እዚ ምስ ዘይፍታሕ፡ ዕርቂ ምስ ኢትዮጵያ ኣይህሉን ጥራይ ዘይኮነ፡ ሶቭየታዊ ዴስነት ብኤርትራ ኣቢልካ ንኣፍሪቃ ከም ዝኣቱ ምግባር ምንባሩ ኢጣልያ ንኽትዝክር መተሓሳሰቢ ቀረበላ። ኮታ፡ ንኹሉ'ቲ ኢጣልያ ትደልዮ ኢያ ዝብሃል፡

7. Ibid. p. 153-154. እዚ ብ24 ግንቦት 1950፡ ማለት ኮ.ሕ.ሃ. ናይ መወዳእታ ናይ ኤርትራ ጸብጻቡ ንኸጽሕፍ ጀነቫ ተኣኪቡሉ ኣብ ዝነበረ ጊዜ፡ ብተሓጋጋዚ ሚኒስተር ጉዳያት ወጻኢ ጆርጅ ማክጊ ንዋና ጸሓፊ ሚኒስትሪ ጉዳያት ወጻኢ ፓኪስታን ዝተዛረቦ ቓላት ኢዩ።
8. Ibid, p. 154.
9. Ibid, p. 155.

እንኮላይ ድሕነት ኢጣልያውያን ኣብ ኤርትራ ምርግጋጽ፡ ብወከልቲ ብሪጣንያን ኣመሪካን መብጽዓ ተኣተወላ።[10]

ኢጣልያ ነዚ ኹሉ ተሰማምዐትሉ። ነቲ ሓሳብ ናይ ፈደረሽን ተቐበለት፣ ተኽእሎ ምትእትታው ሶቭየት ናብ ኤርትራ ከም ዘኻቕላ'ውን ኣገንዘበት። መቾም ምትእትታው ሶቭየት በየንን ብኸመይን ከም ዝመጽእ ዝገልጽ ዝኾነ መረዳእታ ኣይነበረን፣ ግን፡ ከም ምኽንያት መኸልኢ ናጽነት ኤርትራ ቀረበ፣ ኢጣልያ ድማ ተቐበለቶ። ይኹን'ምበር፡ ኩሉ ናይ ኣንግሎ-ኣመሪካን ነጥብታት ሰምምዕ ኢጣልያ ኣይረኸበን። ምኽንያቱ፡ ኣብ ምውዳእ እቲ ዋዕላ፡ ኢጣልያ እቲ ብኣመሪካን ብሪጣንያን ክቐርብ ዝተባህለ ኣማራጺ እማመ፡ መሬታዊ ሓድነት ኤርትራ ዘይሕሉ፡ ከምኡ'ውን ኤርትራውያን ኣብ ቁጠባውን ሲቪላውን ጉዳያት ገዛእ ሃገሮም ምሉእ ብምሉእ ከም ዝሳተፉ ዘኽእል ርእሰ ምምሕዳር ዘየረጋግጽ ምስ ዝኸውን፡ ኢጣልያ ክትሰማምዓሉ ከም ዘይኮነት ኣፍለጠት።[11]

ከምዚ ዝመሰለ ሓሳብ ናይ ሰፊሕ ውሽጣዊ ስልጣን ኤርትራ ብብሪጣንያን ኣመሪካን ተቐባልነት ኣይነበሮን። እቲ ናይ ኣመሪካ ፈደራል እማመ፡ ኤርትራ ኣብ ትሕቲ ልኡላውነት ኢትዮጵያ ክትኣቱ'ሞ፡ ኣብ ውሽጢ'ዚ ገለ ውሽጣዊ መሰላት ክህልዋ ዝጠልብ ኢዩ ዝነበረ። ኢጣልያ እትብሎ ዝነበረት ግን ልዕሊ'ዚ ብምኻድ፡ ልኡላውነት ኢትዮጵያ ዘጉድል ኢዩ ዝነበረ። በዚ ነጥቢ'ዚ ክፈላለዩ ስለ ዘይመረጹ፡ እቶም ተጋባእቲ ብገለ ገለ መተዓረቒ ሓሳባት ተፈላለዩ። ኢጣልያ ኣብ ውሽጢ ውድብ ሕ.ሃ. ንናጽነት ኤርትራ ብንጥፈት ንኸይትጣበቐን ንኸይትጉስጉስን መብጽዓ ኣተወት። ኣብ መሰረታዊ መትከላቱ'ኳ ገና ሰምምዕ እንተ ዘይነበረ ድማ፡ ኢጣልያ ነቲ ፈደራል ፍታሕ ንኽትድግፍ ተሰማምዐት።[12] ከምዚ ኢለን፡ ብሪጣንያን ኣመሪካን፡ ኢጣልያ እትሰማምዓሉ ውዱእ ዝኾነን ንእማመታት ኮ.ሕ.ሃ. ዘውድቐን ክትክእ ዝኽእልን ኣማራጺ እማመ ሒዘን ናብ ባይቶ ሕ.ሃ. ክቐርባ'ኳ እንተ ዘይከኣላ፡ ብውሑዱ ንተቓውሞ ኢጣልያ ዘምክን ሰምምዕ ረኸባ። ግና፡ ብዙሕ ዘየሰማምዕ ነጥብታት ነይሩ ኢዩ። ብሪጣንያ ብውሽጣ ነቲ ናይ ምቕሊ ሓሳባታ ገና ኣይገደፈቶን። ኣብ'ቲ ሓፈሻዊ ሰምምዕ ዝተገብረሉ ናይ ፈደረሽን ፍታሕ እንተ ኾነ እውን፡ ኣብ እንታይ ዝዓይነቱ ፈደረሽን ስሙር ኣረኣእያ ኣይነበረን... ወዘተ።

ይኹን'ምበር፡ ነቲ ዋዕላ ይኹን ንኹሉ'ቲ ብድሕሪት ዝገብሩዎ ዝነበሩ ምንቅስቓሳት ንጊዜኡ ብዘሰርሕ ሓደ ሓደ ውዲታዊ ምርድዳኣት ተፈላለዩ። በዚ መሰረት፡ ብሪጣንያ፡ ነቲ ናይ ምቕሊ መርገጺኣ'ኳ ክትገድፍ እንተ ዘይኮነት፡ ኣብ ባይቶ ሕ.ሃ. ወኪላ ኣብ ዘቕርቦ መደረ፡ ንመተዓረቒ ሓሳባት ቦታ ክትገድፍ ቅርብቲ ከም ዝኾነት ክሕብር ተነግሮ። ወኪል ኢትዮጵያ'ውን ኣብ'ቲ መጋባእያ ተናኻይን ተጃሃርን ቋንቋ ከይጥቀም ተመኽረ። ወከልቲ ኖርወይን ደቡብ

10. Ibid, p. 155.
11. Ibid, p. 156-157.
12. Ibid, p. 157

ኣፍሪቃን ዝነበሩ ኣባላት ኮ.ሕ.ሃ. ነቲ ናይ ኮሚሽን መርገጺኦም ኣስሚሮም ክጸቕጡሉ ተሓቢሮም። እቲ ናይ ባይቶ ሕ.ሃ. ክትዕ ምስ ተጀመረ እውን እንተ ኾነ፡ እቲ መስርሕ ምቕርራብ ኢጣልያን ኢትዮጵያን ብዅሉ ወገናት ክድፍኣሉን ክቕጸልን ድማ ሓፈሻዊ ምርድዳእ ተገብረ።[13]

ብምሉኡ'ዚ፡ ዝኾነ ተኽእሎ ናይ ናጽነት ኤርትራ ንኽመክን ኮነ ተባሂሉ ዝተኻየደ መስርሕ ናይ ሓደ ቅሉዕ ውዲት ኢዩ ነይሩ። ጸብጻብ ኮ.ሕ.ሃ. ብ13 ሓምለ 1950 ኢዩ ናብ ባይቶ ሕ.ሃ. ቀሪቡ። ክልተ መዓልታት ቅድሚ'ዚ፡ ማለት ብ11 ሓምለ፡ ሚኒስተር ጉዳያት ወጻኢ ኣመሪካ ዲን ኣቸሰን ንዲፕሎማስኛታቱ ኣብ ዝሃቦ መምርሒ፡ ንኤርትራ ብዝምልከት፡ እቲ ኣብ መንጎ ኣመሪካን ብሪጣንያን ዝነበረ ፍልልያት ንኽይጋፋሕ ኣጠንቀቐ። እዚ ንክኸውን፡ ወኪላት ኣመሪካ ኣብ'ቲ ባይቶ መጀመርታ ምቕሊ ኤርትራ ክሓቱ፡ ጸኒሖም ግን ኣዝለቕ እናበሉ ብምኽያድ ንፈደረሽን ዝመስል "መተዓረቒ ፍታሕ" እናተቐበሉ ክኸዱ ኣዘዘ። ኣብ ልዕሊ'ዚ ኣቸሰን፡ እቲ ኣመሪካ እትደልዮ ዝነበረት ፍታሕ ምስ'ቲ ሽዑ ዝወዓዋዕ ዝነበረ "ቅልውላው ኮሪያ" ከም ዝተኣሳሰር ክገብሩ'ሞ ንቕልጡፍ ፍታሕ ከኣ ክደፍኡ ንወከልቱ ኣማሒጸነ።[14]

በዚ ኣገባብ'ዚ፡ መርገጺ ኢጣልያ ንናጽነት ኤርትራ ናይ ምምካን ኣንፈት ሓዘ። ምስኡ'ውን ንዕኡ ዝነበረ ደገፍ ሃገራት ላቲን ኣብ ሕ.ሃ. ዳርጋ ሓቐቐ። ኣመሪካን ብሪጣንያን ድማ፡ ውዱእ እኳ ኣይኹን እምበር፡ ሓደ ዝተወዳደበ ሓሳብ ሒዘን ናብ ባይቶ ሕ.ሃ. ቀረባ። ኣብ'ዚ ኹሉ ክንርእዮ ዝጸናሕና ውዲት፡ ሕቶ ወይ ድሌት ህዝቢ ኤርትራ ንሓንሳብ'ኳ ኣይተላዕለን።

ካልእ ውዲት ኣብ ኣዳራሻት ባይቶ ሕ.ሃ.

ጉዳይ ኤርትራ ንሳልሳይ ጊዜ ናብ ባይቶ ሕ.ሃ. ብ13 ሓምለ ምስ ቀረበ፡ ሓደ ብፍላይ ንዕኡ ዝርኢ ጊዜያዊ ኮሚቲ ሕቡራት ሃገራት (ግ.ኮ.ሕ.ሃ.) ቈመ። ብቕልጡፍ ድማ፡ ኣመሪካን ብሪጣንያን ነቲ ሒዘናኦ ዝጸንሓ እማመ ናብ'ቲ ኮሚቲ ኣቕረባኦ። ኣብ'ቲ መጀመርታ ቀልጢፉ ዝሰልጠን መሲሉወን ነይሩ። ምስ'ቲ በርማ ኣቕሪባቶ ዝነበረት እማመ፡ እቲ "ፈደረሽን" ዝብል ሓሳብ ኣብ ኮረዶዮታት እቲ ውድብ ክስማዕ ቀንዩ ስለ ዝነበረ።

ብግብሪ ግን ከምኡ ምኻን ኣበየ። ካልእስ ይትረፍ ኣብ መንጎ ሃገራት ኤውሮጳ እውን ፍልልይ ተራእየ።[15] ኣብ'ዚ እውን እቲ ዝዓበየ መሰናኽል ንፈደረሽን ካብ ኢጣልያ መጸ። ኢጣልያ፡ ነቲ ኣብ ዋዕላ ዝሃበቶ መትከላዊ ደገፍ ንፈደረሽን ኣብ'ዚ እውን ከም እተኹብሮ ሓበረት። ይኹን እምበር፡ ከም'ቲ ቐደማ እቲ "ፍታሕ" ንኤርትራ ሰፊሕ ምምሕዳራውን ቍጠባውን መሰላት

13. Ibid, p. 157
14. Ibid, p. 158.
15. Ibid. p. 156. ንኣብነት ሆላንድ መጉዚትነት ሕ.ሃ. ብምድጋፍ ኣንጻር'ቲ ፊደራል እማመ ደው በለት። ሽወደን እውን ቡቲ ጉዳይ ስለ ዘይተገደሰት፡ ርእይቶ ካብ ምሃብ ተቘጠበት። (እ.ጽ. 1፡ ገጽ 164 ርአ።)

ዘይህብ እንተ ኾይኑ ከም እትቃወም ወይ ከኣ ነቲ ኣንግሎ-ኣመሪካዊ ኣተረጓጕማ ፈደረሽን ከም እትነጽግ ኣፍለጠት። ሃገራት ላቲን፡ ኢጣልያ ዘይትድግፎ ዝኾነ ፍታሕ ከም ዝቃወማ ምስ ኣፍለጣ ድማ፡ እቲ ጉዳይ ቀልጢፉ ኣብ ዕጹው መገዲ ተዓገተ። እቲ ብበርማ ቀሪቡ ዝነበረ፡ ንኤርትራን ኢትዮጵያን ከም ማዕረ መንግስታት ስሪዑ ሓዲሽ ፈደራል ስርዓት ንኽትከል ዝኣመመ ሓሳባት ከኣ፡ ንመርገጺ ኢጣልያ ዝያዳ ሓይልን ተሰማዕነትን ሃቦ።[16]

ከም'ዚ ምስ ኮነ፡ ድሌት ኣመሪካን ብሪጣንያን ኣብ ውሽጢ'ቲ ኮሚቲ ክማላእ ከም ዘይክኣል ምስ ተነጸረ፡ ኣመሪካ ሓሳባታ ብታሕቲ ታሕቲ ከተፈጽም ተበገሰት። ኣብ'ዚ ስቱር ርክባት'ዚ፡ ኣቦ መንበር ናይ'ቲ ጊዜያዊ ኮሚቲ ሕ.ሃ. ማለት ኣምባሳደር ሙኒዝ ናይ ብራዚል ከም መንጎኛን ኣራኻብን ኮይኑ ከገልግል ተሰማምዐ። ወደብቲ ናይ'ዚ ምስጢራዊ ኣኼባ'ዚ፡ ወኪል ኣመሪካ ኣብ ሕ.ሃ. ቻርለስ ኖየስን እቲ ንኤርትራ ከም ጭርናዕ ክተኹባ ዝጸንሐ ብሪጋደር ፍራንክ ስታፎርድን ነበሩ። ስታፎርድ ሕጂ'ውን ኣባል ልኡኽ ብሪጣንያ ናብ ሕ.ሃ. ብምዃን ኢዩ መጺኡ ነይሩ። እዚኣቶም፡ ንኢጣልያዊ ወኪል ቪተቲ፡ ንኣክሊሉ ሃብተወልድን ኣማኻሪኡ ጆን ስፐንሰርን፡ ከምኡ'ውን ከም ተሓጋጋዚ ኣምባሳደር ሙኒዝ፡ ንኣምባሳደር ሜክሲኮ ፒ. ነርቮ ዓደሙዎም። ብኻልእ ኣዘራርባ፡ ወከልቲ ኣመሪካ፡ ብሪጣንያ፡ ኢጣልያ፡ ኢትዮጵያ፡ ብራዚልን ሜክሲኮን ዕድል ኤርትራ ንኽውስኑ ተመሻጠሩ ማለት ኢዩ። ኤርትራ ኣብ'ቲ ስእሊ ኣይነበረትን።

እዚኣቶም ስቱር ኣኼባታቶም ምስ ጀመሩ፡ ነቲ ብወኪል በርማ ኣብ ኮ.ሕ.ሃ. ቀሪቡ ዝነበረ እማመ ከም መበገሲ ወሰዱዎ። ከም ዝዝከር፡ እዚ እማመ'ዚ፡ ኤርትራን ኢትዮጵያን ነናተን መንግስቲ ሃልዩወን፡ ከም ማዕረ ሃገራት ሓደ ማእከላይ ፈደራል መንግስቲ ከቖማ'ሞ፡ ንጉስ ነገስት ኢትዮጵያ ድማ ቀዋሚ መራሒ ናይ'ቲ ፈደረሽን ክኾኑ ዝብል ኢዩ ዝነበረ። ኣክሊሉ ነዚ ሓሳብ'ዚ ቀልጢፉ ነጸጎ። ንኣማኢት ዓመታት ልኡላውነታን ናጽነታን ሓልያ ዝነበረት ኢትዮጵያ፡ ምስ ሓንቲ ናጻ ኾይና ዘይትፈልጥን ክንዲ መበል 1/20 ዘይትኾናን ሃገር ብፈደረሽን ክትሓብር ክትብል ህላወኣ ከተጥፍእ ኣይኮነትን ዝብል ተሪር ተቓውሞ ኸኣ ኣሰምዐ። ቀጺሉ ኣክሊሉ፡ ኢትዮጵያ ታሪኻውን ኣህጉራውን ህላወኣ ዘይረጋገጸላ እንተ ኾይኑ፡ ናይ ኤርትራ ሕቶ ክፍታሕ ከም ዘይኮነ፡ ኢጣልያ ናብ ኤርትራ እንተ ተመሊሳ'ሞ ኸኣ ኢትዮጵያ ብዘለዋ ዓቕሚ ክትቃለስ ምዃና ኣዘኻኸሮም።[17]

እዚ ቀጥታዊ ምንጻግ'ዚ ናብ ዕጹው መገዲ ዘብጽሕ ትሕዝቶ ስለ ዝነበሮ፡ ነቶም ተሻረኽቲ ብዙሕ ኣዛረቦም። ኣክሊሉ ግን ንኽፈራርሕ ዝዛረብ ዝነበረ ኢዩ ዝመስል፣ ምኽንያቱ፡ ኣማኻሪኡ ጆን ስፔንሰር ከም ዝብሎ እንተ ኾይኑ፡ ካልእ ምርጫ ዝሰኣን እንተ መሲሉ፡ ሃጸይ ሃይለስላሴ ነቲ ዝቐረበ ፈደራል እማመ'ውን

16. እ.ጽ. 1፡ ገጽ 164-165።
17. J. Spencer, Ethiopia at Bay, p. 233.

ክቕበሉ ይወናወኑ ነይሮም ኢዮም። ኣብ መንጎ መልእኽቲ ስዲዶም እውን፡ ኢትዮጵያ ነቲ ሓሳብ ተሓጕሳ ዝተቐበለቶ መታን ከይትመስል መጀመርታ ምሉእ ሕብረት ንኽሓቱ፡ ደሓር ባይቶ ሕ.ሃ. ተቐበሉ ምስ በለት ግን ተገዲዶም ይቕበሉዎ ከም ዝነበሩ ንኽመስሉ፡ ኣብ መወዳእታኡ ግን ንኽቕበሉዎ ኣዚዞም ነበሩ።[18]

ነዚ መዋጥር'ዚ፡ ኣቦ መንበር ጊዜያዊ ኮሚቲ ሕ.ሃን መሻርኽቲ እዞም ውዲተኛታትን ኣምባሳደር ሙኒዝ ኣፋኾሶ። በዚ መሰረት፡ ሙኒዝ ነቲ ኢትዮጵያ ምስ ኤርትራ ብፌደረሽን ክትቍረን የብላን ዝብል ናይ ኣክሊሉ መርገጺ ደገፈ። ግን፡ ኤርትራ ምስ ኢትዮጵያ ብፌደረሽን ተኣሳሲሩ፡ ኣብ ትሕቲ ላዕለዋይ ስልጣን ዘውዲ ኢትዮጵያ ንኽትኣቱ ሓሳብ ኣቕረበ። ክልቲኡ ሓደ ይመስል፡ ግን ኣይኮነን። ኣብ ታሪኽ ቅዋማዊ ሕጊ ተራእዩ ዘይፈልጥ ናይ ፌደረሽን ሓዲሽ ኣተራጉማ ኢዩ ነይሩ። ምኽንያቱ፡ ብፌደረሽን ትሕበር ትብሃል ዝነበረት ኤርትራ እምበር ኢትዮጵያ ካብ ዘይትኸውን፡ እቲ "ፌደራል" ስርዓት ንመንግስቲ ኢትዮጵያ ክትንክፈሉ ዝኽእል መገዲ ኣይነበረን። ብኣንጻሩ፡ እቲ እዞም ተሻረኽቲ "ፌደራል መንግስቲ" ዝበሉዎ፡ መንግስቲ ኢትዮጵያ ባዕሉ ማለት ኢዩ ዝነበረ። ቻርለስ ኖየስ ናይ ኣመሪካን ፍራንክ ስታፎርድን ብዛዕባ ቅዋማዊ ሕግን መስርሕን ንዝነበሮም ፍልጠትን መትከላዊ እምነትን ንጕድኒ ገዲፎም ነዚ ኣተረጓጕማ'ዚ ምቕባሎም ዓቢ ሓገዝ ነይሩ ክብል ጆን ስፔንሰር የመስግኖም።[19]

በዚ ምስ ተሰማምዑ፡ ስልጣን ናይ'ቲ "ፌደራል" መንግስቲ ኣብ ምውሳን ጸገም ኣየጓነፈን። ናይ ምክልኻል፡ ዝምድናታት ወጻኢ፡ ገንዘብን ፊናንስን፡ ናይ ወጻእን ፌደራል ንግድ፡ ናይ ወጻእን ፌደራልን መራኸቢታት ናይቲ ፌደረሽን ስልጣን ንክኸውን ተሰማምዑ። ሕቶ ፌደራል ባይቶ ግን ብዙሕ ኣካትዮም። ኣብ መወዳእታ፡ ናይ ኢትዮጵያ ባይቶ ክሰፍሕ'ሞ ብመጠን ቍጽሪ ህዝቢ ኤርትራ ንዝምረጹ ወከልቲ ክሓቍፍ፡ ንሱ ድማ ከም ፌደራል ባይቶ ከገልግል ወሰኑ። ብኻልእ ኣዘራርባ፡ ህዝቢ ኤርትራ ከም ኩለን ካልኦት ጠቕላይ ግዝኣታት ኢትዮጵያ ወከልቶም ናብ ባይቶ ኢትዮጵያ ክሰዱ ማለት ኢዩ ነይሩ። መታን ማዕርነት ህዝቢ ኤርትራ ኣይተረጋገጸን ከይብሃል ግን፡ ካብ ኢትዮጵያን ኤርትራን ማዕረ ቁጽሪ ብዘለዎም ኣባላት ዝቘመ ሓደ ፌደራል ቤት ምኽሪ ክምስረት'ሞ፡ እዚ ድማ ሓንሳብ ኣብ ዓመት ንኽራኸብ ተረዳድኡ። ይኹን እምበር፡ ነዚ ቤት ምኽሪ'ዚ ናይ ምምካር እምበር ናይ ምውሳን ዕድል ወይ ስልጣን ኣይሃቡዎን። ጉዳይ ኣብያተ ፍርዲ እውን ብተመሳሳሊ መገዲ ክውደብ ኣመሙ። በዚ መሰረት፡ ኣብያተ ፍርዲ ኢትዮጵያ ከም ፌደራል እናዓየየ፡ ንዘጾነ ኣብ ኤርትራ ዝለዓል ጉዳያት ከም ናይ መወዳእታ ፈራዲ ኣካል ክኸውን ወሰኑ።[20]

እቲ ዝርዝር ነዊሕን ኣብ ሕጋዊ ትንታነ ዘእቱን ስለ ዝኾነ፡ ካብ'ዚ ዝተገልጸ ጥራይ ነቲ ዝድለ ኣንፈት ምርካብ ክኣክል ኢዩ። ብሓጺሩ፡ እቲ እማመ ንኹሉ

18. Ibid, p. 234.
19. Ibid, p. 234.
20. Ibid, p. 234-35

ናጽነት ኤርትራ ከረጋግጽ ዘኽእል ነገራት ወይ ረቛሒታት፣ ካብ ምቊጽጻር ወደባት ጀሚርካ ክሳብ "ፈደራል ዜግነት" ንኢትዮጵያ ዓደሎ። ንዜግነት ብዝምልከት ንኣብነት፣ ውሽጣዊ ኤርትራዊ ዜግነትን ፈደራል ዜግነትን ንኽህሉ ጠለበ። ፈደራል ዜግነት ዝብሃል ግን ክህሉ ዘኽእል ኣይነበረን። መሰላትን ግቡኣትን ይህሉ፣ ዜግነት ግን ሓዲሽ ነገር ኢዩ ነይሩ። መንግስቲ ፈደረሽንን መንግስቲ ኢትዮጵያን ሓደ ይኹን ይብሃል ስለ ዝነበረ፣ ኮነ ተባሂሉ፣ ንኤርትራውያን ናብ ኢትዮጵያውያን ንምቕያር ዝተኣልመ ኣገባብ ምንባሩ ክስሓት ኣይክኣልን።

ኣብ መወዳእታ እቶም ተሻረኽቲ ሓንቲ ሕቶ ተረፈቶም። ኣምባሳደር ሙኒዝ ምስቶም መማኽርቱ ኢጣልያውያን ተረዳዲኡ፣ እቲ ዝተባህለ እማመ ብምሉኡ ናብ ህዝቢ ኤርትራ ክቐርብ'ሞ፣ ናይ ምቕባል ወይ ምንጻግ ዕድል ክውሃቦ ዝብል ሓሳብ ኣቕረበ። ኣክሊሉን ስፔንሰርን ነዚ ስለ ዝተቓወሙ፣ እቲ እማመ ብቐንዱ ክፈርስ በለ። ግን፣ ይብል ስፔንሰር፣ ስታፎርድን ኣመሪካዊ ኖየስን ነቲ ምስሕሓብ ፈትሑዎ። ኣብ ክንዲ ሕ.ሃ. ናብ ዋጢጥ ናይ ትግባረ ናይቲ ፈደረሽን ዝኣቱ፣ እቲ ጉዳይ ኣብ መንጎ'ቲ ዝቐውም ባይቶ ኤርትራን መንግስቲ ኢትዮጵያን ክተርፍ'ሞ፣ ክልቲኡ ወገን ነቲ ፈደረሽን ክፍርስ'ውን እንተ ደልዩ ናቱ ምርጫ ክኸውን ተረዳድኡ።[21]

እዚ ምርድዳእ እዚ ግን ኣብ ውሽጡ ዘይተገልጸ ካልእ ረብሓታትን ዕቃበታትን ነይሩዎ ኢዩ። ምኽንያቱ፣ እቲ እማመ ናብቲ ጊዜያዊ ኮሚቲ ቅድሚ ምቕራቡ መታን ክፍተን፣ ኣምባሳደር ሙኒዝ ናብ ዝተመረጹን ነቲ "መተዓረቒ" ይቕበሉ ይኾኑ ኢዮም ዝተባህሉን ወከልቲ ሃገራት ኣቕረቦ። ግን፣ ክልተ ጸገማት ኣጓነፈ። ዑቕባዝጊ ዮሃንስ ነዚ መስርሕ'ዚ እውን ብዝርዝር ይገልጾ።

ቀዳማይ፣ ኢጣልያ ሓሳባታ ብምቕያር፣ እቲ እማመ ብህዝቢ ኢጣልያ ቅቡል ከም ዘይከውን፣ ሕብረት ሶቭየት ኣብ ባይቶ ሕ.ሃ. እማመ ናጽነት ኤርትራ እንተ'ቕሪባ፣ ኢጣልያ ክትቃወሞ ከም ዘይትኽእል... ዝብል ምጉት ኣቕረበት። ካብ'ዚ ንላዕሊ፣ እቶም ተመሻጢርቲ ዝነበሩ ኣምባሳደራት ሙኒዝን ነርቮን ነቲ ሓሳብ ምስ ኣቕረቡሎም፣ ወከልቲ ሃገራት ላቲን ኣመሪካ ኣይተቐበሉዎን። እዚ'ውን ንኢጣልያ ተወሳኺ ምኽንያት መቐየሪ ሓሳባታ ኮነ።[22]

ናይ ኢጣልያ ምግልባጥ መፍቶ ብሪጣንያ ኾነ። ብቐደሙ ብሪጣንያ ነቲ "ፈደራል" ውሳነ ብዕቃበ ድኣ ተቐቢላቶ ነበረት እምበር፣ ነቲ ናይ ምቕሊ ሓሳባታስ ኣይገደፈቶን። ብፍላይ ኣብ ኤርትራ፣ ኣመሓዳሪ ብሪጋደር ድሩ ንምቕሊ ኢዩ ዝዳሎ ዝነበረ። ነቲ ብኣመሪካ ዝድፋእ ዝነበረ ሓሳብ ፈደረሽን ድማ፣ ከም ሓደ ኢትዮጵያ እንተ ደልያን ኣብ ዘድለያን ክተፍርሶ እትኽእል ኣቃውማ ብምውሳድ ብዕቱብነት እውን ኣይርእየን ዝነበረ። በንጻሩ እኳ ደኣ፣ ኩሎም ወከልቲ ማሕበራት ኤርትራ ናብ ሕ.ሃ. ይኺዱ'ሞ፣ ኣብኡ ዝተገራጨወ

21. Ibid, p. 234
22. እ.ጽ. 1፣ ገጽ 168።

ሓሳባቶም ምስ ኣቕረቡ እቲ ናይ ፈደረሽን ተስፋ ክቕህም ኢዩ ዝብል ኣተሓሳስባ ኢዩ ዝነበሮ።[23] ኣብ ካልኦት፡ ኣብ በዓል ስታፎርድን ሰብ መዚ ጉዳያት ወጻኢ ብሪጣንያን እውን ተመሳሳሊ ኣተሓሳስባ ነበረ።

ኣብ ወርሒ መስከረም፡ እቲ ናይ ኣመሪካ እማመ ዝመውት ዘሎ መሰለ። ብኽምኡ ክጥቀስ'ውን ጀመረ። ካብ'ቲ ፍታሕ እትን ካብ ተግባራትን ኣተሓሳሰባን ብሪጣንያን ተስፋ ክትቑርጽ ዝጀመረት ኢትዮጵያ፡ ቁላሕታኣን ተስፋኣን ናብ ሕ.መ. ኣመሪካ ኣቕንዐት። ብዕድል፡ እዚ ጊዜ'ዚ፡ ናይ ኮሪያ ቅልውላው ዝተላዕለሉ ኢዩ ዝነበረ።[24] ከም ዝዝከር፡ ሚኒስተር ጉዳያት ወጻኢ ዲን ኣቸሰን፡ ኣብ መንጎ ጉዳይ ኤርትራን ቅልውላው ኮሪያን ሓደ ምትእስሳር ክፍጠር ንኣመሪካውያን ዲፕሎማሰኛታቱ ሓቢሩ ነይሩ ኢዩ። ኢትዮጵያ ባዕላ ነቲ ምትእስሳር እቲ ንምፍጣር፡ ነቲ ኣመሪካ ኣብ ኮሪያ እተካይዶ ዝነበረት "ጸረ-ዴሳዊ" ኲናት ከም እትድግፍን ኣብ ጐድኒ ሰራዊት ኣመሪካ ዝሰለፉ ወተሃደራት ንኽትልእኽ ድልውቲ ከም ዝነበረትን ኣፍለጠት።[25]

ንመንግስቲ ኣመሪካ እዚ ዓቢ ህያብ ኮነ። ሓንቲ ጸላም ኣፍሪቃዊት ሃገር ኣብ ጐድኒ ምዕራባውያን ጸዓዱ ኮይና ኣንጻር ዴስነት ክትቃለስ ማለት፡ ንመሪሕነት ኣመሪካ ኣብ ዓለም ሓዲሽ ማእዝን ዝኸፍት ዕድል ኢዩ ነይሩ። ኣመሪካ ነዚ ብዓጀባ ተቐበለቶ፣ ነቲ ንኢትዮጵያ ዝድግፍ መርገጺኣ ኣብ ጉዳይ ኤርትራ ኸኣ መሊሳ ኣትረረቶ። በዚ ድማ፡ እቲ ኣቸሰን ደልዩዎ ዝነበረ ርክብ ኣብ መንጎ ጉዳይ ኤርትራን ቅልውላው ኮሪያን ተኣሳሰረ።

እዚ እናኾነ እንከሎ፡ ብሪጣንያ ነቲ ናይ ምቕሊ መደባ፡ ህይወት ንኽትመልሰሉ ግብራዊ ስጉምትታት ትወስድ ነበረት። ንዕኡ ዝምልከት መዘክራት ከተውጽእን ኣብ ሕ.ሃ. ክትጉስጉሰሉን እውን ተራእየት። እዚ፡ ብርቱዕ ናይ መንግስቲ ኣመሪካ ተቓውሞ ኣስዓበ። ማዕረ ሓደ ኣመሪካዊ ልኡኽ ናብ ለንደን ከይዱ ብዛዕባ'ቲ ጉዳይ ሰፊሕ ዘተ ከም ዝግበር ክኣ ተገብረ። ኣብ'ዚ ዘተ'ዚ፡ ሰበ ስልጣን ብሪጣንያ፡ ኢጣልያ ዘይትድግፎ እማመ ሃገራት ላቲን'ውን ስለ ዘይቅበላኦ፡ እቲ ፈደራል ሓሳብ ብምቕሊ ክትካእ ኣለዎ በሉ። ማዕረ፡ ጉዳይ ኤርትራ ብሕ.ሃ. መፍትሒ ዘይርከበሉ እንተ ኾይኑ፡ ብሪጣንያ ባዕላ በቲ ዝመሰላ ኣገባብ ክትፈትሖ ኢያ ክብሉ'ውን ዳርጋ ኣጉባዕበዑ። ብሪጣንያ ግን፡ ናይ ቀደማ ስልጣንን ተሰማዕነትን ኣጉዲላ ነይራ ኢያ። ድሕሪ ብዙሕ ክትዕን ውረድ ደይብን፡ ኣመሪካን ብሪጣንያን ኣብ ጉዳይ ኤርትራ ንዝነበረን ፍልልያት ወጊደን ብሓባር ነቲ ፈደራል እማመ ክድግፋ ተሰማምዓ።[26]

ዲን ኣቸሰን እውን ኣብ'ቲ ጉዳይ ብቐጥታ ብምእታውን ብላዕለዋይ ሓላፍነት እውን ብምምርሑን፡ ንበሺን ናይ ብሪጣንያን ብፍላይ ከኣ ንኮንተ ስፎርሳ፡ ነቲ

23. እ.ጽ. 1፡ ገጽ 169።
24. እ.ጽ. 1፡ ገጽ 170።
25. እ.ጽ. 1፡ ገጽ 170።
26. እ.ጽ. 1፡ ገጽ 172።

ፈደራል እማመ ክድግፉ ለበዋን ተጽዕኖን ገበረ። ቀንዲ መሓንቐ ናይ'ቲ እማመ፡ ኢጣልያን እቲ ኣብ ባይቶ ሕ.ሃ. ዝነበረ ላቲናዊ ደገፋን ስለ ዝነበረ፡ ናይ ኣመሪካን ኢትዮጵያን ኣቓልቦ ንዓኣ ናብ ምሕባል ወይ ነቲ ላቲናዊ ደገፋ ናብ ምስባር ኣድሃበ። ልኡኽ ኣመሪካ ኖየስን ኣማኻሪ ኢትዮጵያ ስፔንሰርን ነዚ ንምስልሳል ሓደ ንኢጣልያ ምስ ኢትዮጵያ ዘተዓርቓ፡ ተቓውሞ ኢትዮጵያ ንኢጣልያዊ መጉዚትነት ኣብ ሶማልያ ዘወግድ፡ ኣብ መንጎ ክልቲኦን ዲፕሎማስያዊ ዝምድና ዘጀምር.... ትሕዝቶ ዝሓዘ ጥሙር ሓሳብ ንኢጣልያ ኣቕረቡላ። ሚኒስትሪ ጉዳያት ወጻኢ ኣመሪካ ኸኣ ነዚ ሓሳባ'ዚ ምሉእ ብምሉእ ደገፎ።[27]

እዚ ኹሉ እናኾነ እንከሎ፡ እቲ ንጉዳይ ኤርትራ ንኽርኢ ቆይሙ ዝነበረ ጊዝያዊ ኮሚቴ መዓልቱ ስለ ዘእከለ፡ እቲ ዕማም ባዕሉ ናብ'ቲ ዝሰፍሐ ፖለቲካዊ ኮሚቴ ባይቶ ሕ.ሃ. (AD Hoc Political Committee of the General Assembly) ሓለፈ። እዚ ኮሚቴ'ዚ ድማ ንጉዳይ ኤርትራ ካብ 8 ክሳብ 26 ሕዳር 1950 ተኻትዓሉ።

ኢብራሂም ሱልጣን ኣብ ቅድሚ ፖለቲካዊ ኮሚቴ ባይቶ ሕቡራት ሃገራት

ጉዳይ ኤርትራ ንሳልሳይ ጊዜኡ ናብ ፖለቲካዊ ኮሚቴ ባይቶ ሕ.ሃ. ምስ ቀረበ፡ ኢጣልያ ነቲ ብስም ኣንግሎ-ኣመሪካዊ እማመ ዝተፈልጠ ናይ ፈደረሽን ውጥን ከም ዝተቐበለት ኣፍለጠት። ሓያሎ ሃገራት ላቲን ኣሰራ ሰዒበን መርገጺኤን ቀየራ። ብግብጺ ዝምርሓን ንበዓል ሶርያን ዒራቕን ዝሓቖፉን ሓያሎ ሃገራት ዓረብ እውን ነቲ እማመ ዝነበረን ደገፍ ገለጻ። በዚ ድማ፡ እቲ ክሳብ ሽዑ ገለ ነፍሲ ዝነበሮ ተኽእሎ ናጽነት ኤርትራ ኣብቅዐ። ኣመሪካ ድማ ደገፍ 13 ካልኦት ሃገራት ብምርካብ፡ እቲ እማመ ንኽጸድቕ ብ20 ሕዳር ናብ'ቲ ፖለቲካዊ ኮሚቴ ኣቕረበቶ።

ክሳብ ሕጂ ክንዕዘቦ ከም ዝጸናሕና፡ ኩሉ ንኤርትራ ዝምልከት ካልእ ተኽእሎታት - ማለት፡ ተኽእሎታት ናይ ምሕዋስ ምስ ኢትዮጵያ፡ ምቕሊ ኤርትራ ናብ ሱዳንን ኢትዮጵያን፡ ኩሉ ዝዓይነቱ ፈደረሽን ኢትዮጵያን ኤርትራን.... ኣብ'ቲ ባይቶ ዓበይቲ ተማጉትቲ ነበሩዎ። ሓሳብ ምቕሊ ናይ ብሪጣንያ ኢዩ ዝነበረ፣ ፈደረሽን ናይ ኣመሪካ፣ ሕብረት ምስ ኢትዮጵያ ናይ ኢትዮጵያ ባዕላን ካልኦትን .... ወዘተ። ሓሳብ ናጽነት ኤርትራ ኢዩ ናይ መትከል ተማጓቲ ዘይነበሮ። ኢጣልያ ንረብሓኣ ክትብል ኢያ ህይወት ትህቦ ዝነበረት። እቲ ረብሓ ብኻልእ መገዲ ክረጋገጽ ከም ዝኽእል ምስ ተገንዘበት ድማ ራሕርሓቶ። ሕብረት ሶቭየትን ሰዓብታን እውን ቅድም ንዴሳዊ ሰልፊ ኢጣልያ ንምሕያል፡ ጸኒሐን ድማ ገለ ብመገዲ ኤርትራ ኣብ ኣፍሪቃ መርገጽ እግሪ እንተ ረኽባ ኢየን ደገፈን

27. እ.ጽ. 1፡ ገጽ 173።

ኣይንፈላለ

ኢብራሂም ሱልጣን ምስ ያሲን ባጡቕን (ዕማ ዝገበሩ) ካልኦትን ኣብ ኒው ዮርክ።

ዘርእያ ዝነበረ። ከምቲ ኤርትራውያን ባዕሎም ንረብሓታቶም ዝካትዑዎ ገይሩ ዝካታዕ ወካሊ ናጽነት ኤርትራ ኣብቲ ባይቶ ኣይነበረን።

ኣብቲ ጉዳይ ኤርትራ ናብ ፖለቲካዊ ኮሚቲ ዝተመሓላለፈሉ ቀዳማይ ሰሙን ወርሒ ሕዳር 1950፡ ወከልቲ ቀጽሪ ናጽነት ሸኽ ኢብራሂም ሱልጣንን ኣቶ ያሲን ባጡቕን ነዚ ርእይን ዓቢን ሃጓፍ ንኽመልኡ ናብ ለይክ ሳክሰስ ተበገሱ። ቅድሚ ካብ ኣስመራ ምብጋሶም ግን ኣብ ለይክ ሳክሰስ ዝነበሩ ወከልቲ ብሪጣንያ፡ ንኽትርፉዎም ፈተኑ። ኣብታ ንብሪጣንያ ዘእቱ ቪዛ ዝረኽቡላ ዕለት ንኣብነት፡ እዛ እትስዕብ ቴሌግራም ካብ ልኡኽ ብሪጣንያ ኣብ ሕ.ሃ. ሰር ጂ. ጀብ ናብ ጉዳያት ወጻኢ ለንደን ተላእከት፤

> ምምጻእ ኢብራሂም ሱልጣን ናብ ለይክ ሳክሰስ ብኣና ይኹን ብልኡኽ ኢጣልያ ፈጺሙ ዘይድለ ኢዩ። ነቲ ንፈደራላዊ ፍታሕ ቅቡል ንምግባሩ እንካይዶ ዘለና ጻዕርታት እውን ዕንቅፋት ክኸውን ኢዩ። ሓሳቡ ከም ዘቋርጽን ከም ዘልግስን ክትገብሩልና ተስፋ ንገብር።[28]

ስታፎርድ እውን ተመሳሳሊ ርእይቶ ነበሮ። ኤርትራውያን ናብ ለይክ ሳክሰስ ከም ዝመጹ ምግባር፡ "ነቲ ቐደም ጉዳያት ዝሓናኸረ መዓጹ ውዲትን ናይ ሓሶት ውክልናን ምድንጋርን ምኽፋት ኢዩ፡" ኢሉ ነይሩ ኢዩ።[29] ብዝተኻእለ መጠን፡

28. FO 1015/527, Sir ls, UN, to Foreign Office, 6 November 1950.
29. እ.ጽ. 1፡ ገጽ 169-170።

ርእይቶ ህዝቢ ኤርትራ ብፍላይ ድማ እቲ ንናጽነት ዝጣባቐ ሸነኹ፡ ጥቓ ሕ.ሃ. ክቐርብ የብሉን ዝብል መርገጺ ኢዩ ብልኡኻት ብሪጣንያ ዝድመጽ ዝነበረ። ከም ዝዝከር፡ ኣብ ቀዳማይ እግሪ'ውን እንተ ኾነ፡ "ንኢብራሂም ሱልጣንን ሰዓብቱን ኣብ ካይሮ ኣዛዊርኩም ምለስዎም፡ ብኡ ክዓግቡ ኢዮም...." ዝብል ናይ ብድዐ ቃላት ካብቶም ናይ ሕ.ሃ. ወከልቲ ብሪጣንያ ተሰሚዑ ነይሩ ኢዩ። ከምቲ ቐዳማይ ግን እዚ ኻልኣይ ፈተነ'ውን ኣይተዓወተን። ኣብ ሮማ ዝነበረ ኣምባሳደር ብሪጣንያ፡ ኢብራሂምን ያሲንን ድሮ ናይ ብሪጣንያን ናይ ኣመሪካን ቪዛታት ከም ዝረኸቡን ኣብ ለንደን ሰሙን ጸኒሖም ብ16 ሕዳር ኒው ዮርክ ከም ዝኣትዉን ኣፍለጠ። ብመትከል ይከልከሉ እንተ ዝበሃል እውን ኣሸጋሪ ምኾነ፡ ምኽንያቱ፡ "ኣቐዲሞም ኢዮም ቪዛ ኣመሪካ ረኺቦም" ክኣ በለ።[30]

በዚ ኣገባብ'ዚ፡ ሸኽ ኢብራሂምን ያሲን ባጡቕን ኒው ዮርክ ኣተዉ። ኣብ'ቲ ዝኣተዉሉ ጊዜ፡ ፖለቲካዊ ኮሚቲ ናይቲ ባይቶ ድሮ ስርሑ ጀሚሩስ ሓያለይ ሰጉሙ ነይሩ ኢዩ። ብ20 ሕዳር፡ ኣመሪካን 13 ደገፍታን ነቲ ናይ ፈደረሽን እማመኦን ናብቲ ኮሚቲ ኣቕረቡ። ብ21 ሕዳር ድማ ሸኽ ኢብራሂም ኣብ ቅድሚ'ቲ ኮሚቲ ርእይቶኦም ንኽቕርቡ ተፈቕደሎም። ንሶም ድማ፡ ኣብ'ቲ ጉዳይ ኮረያ ንኣቓልቦ'ታ ኮሚቲ ዓብሊሉሉ ዝነበረ ህሞት፡ መጻኢ ዕድል ልዕሊ ሓደ ሚልዮን ኤርትራውያን ብትዕግስቲ ንኽሰማዕ ብምምሕጻን መደረኦም ጀመሩ።

ቀዳማይ ኣቓልቦ ሸኽ ኢብራሂም ኣብ ጸጥታዊ ኩነታት ኤርትራ ነበረ። ኮ.ሕ.ሃ. ኤርትራ ኣብ ዝነበረትሉ ጊዜ፡ ብሰንኪ'ቲ ሽፋቱ ኢትዮጵያ ኣብ ልዕሊ ኣባላት ቀ.ና.ኤ. ዘካይዱዎ ዝነበሩ ጸቕጥን ምፍርራሕን ኣብ ሓቀኛ ገምጋም ድሌት ህዝቢ ኤርትራ ከም ዘይበጽሐት ኣመልከቱ። ጠንቂ ናይ'ዚ ድማ፡ እታ ቐንዲ ኣዋፋሪትን ተቐባሊትን ሽፋቱ ብምዃን ንረብሓኣ ክትብል ሰላም ኤርትራ ትዘርግ ዝነበረት ኢትዮጵያ ምንባራ ኣረድኡ።[31] ብሰንኪ'ዚ ጸረ ሰላም ተግባራት እዚ፡ ህዝቢ ኤርትራ ናይ ናጽነት ድሌቱ ብዝግባእ ንኸይገልጽ ከም ዝተኸልከለ፡ ብፍላይ ኣብ ከበሳ ድማ መራሕቲ ቀ.ና.ኤ. ኣብ ቀጻሊ ቅትለትን ፈተነ ቅትለትን ከም ዝነበሩ ገለጹ። ከም መረዳእታ'ውን፡ ንቕትለት ኣዝማች በርሀ ገብረኪዳን ናይ ጉሕጭዓ፡ ከምኡ ድማ፡ ኣብ ልዕሊ ኣቶ ወልደኣብ ወልደማርያም ንዝተኻየደ ሓሙሻይ ናይ ሰሚ ፈተነ ቅትለትን ኣብ ልዕሊ ደግያት ወልደጊዮርጊስን ወዶም ኣስበሮምን ኣብ ዓድ ኺላ ዝተሃቀነ ናይ ሞት ሰጉምትን ዘርዘሩ።

30. FO 1015/527, Sir V. Mallet, Rome to Foreign Office, 7 November 1950.

31. ኣብ'ዚ ቐዳማይ ክፋል መደረኦም ሸኽ ኢብራሂም ዝምድና ሽፋቱን መንግስቲ ኢትዮጵያን ዘረድእ፡ ብደግያት ስብሃቱ ዮሃንስ ናይ ማሕበር ኤርትራ ንኤርትራውያን ናብ ባይቶ ሕ.ሃ. ዝተጻሕፈ ደብዳበ ኣንበቡ። እዚ ደብዳበ'ዚ፡ ብ24 መጋቢት 1950፡ ወልደገብርኤል ሞሳዝጊን ሓው በርሀን ኣኽሱም ብምኻድ ኣብ ሰበ ስልጣን ትግራይ ተኣማንነቶም ንኢትዮጵያ ከም ዝገለጹ፣ ብ27 መጋቢት 1950፡ ሓኔታ ገብረማርያም ዝብሃል በዓል ቀሓይን እውን ንተመሳሳሊ ጉዳይ ኢትዮጵያ ከም ዝበጽሐ፣ ብ30 መጋቢት ድማ ኣስረስሀይ እምባዬ ምስ ጭፍራኦም ብራማ ትግራይ ብምእታው፡ ምስ ኣመሓዳሪ ኣሕሰኣን ዓደርባዕተን ከም ዝቐነዩን ካብኡ መምርሒኦም ከም ዝተቐበሉን ኣመልከቱ። UN GA AD For Political Committee, A/AC. 38/ L. 46, 21 November 1950.

እዚ ኹሉ ዕንቅፋት'ዚ ግን ነቲ ፍትሓዊ ድሌትን ጠለብን ህዝቢ ኤርትራ ክዓግት ከም ዘይክእል ድሕሪ ምምልካት፡ ሸኽ ኢብራሂም ነቲ ድሌትን ጠለብን በዚ ዝስዕብ ሽዱሽተ ነጥብታት ጸመቑዎ፤

- ርግጸኛ (ግብራዊ - effective) ናጽነት፡
- ምምስራት ደሞክራስያዊ መንግስቲ፡
- ምዕቃብ መሬታዊ ሓድነት ኤርትራ ኣብ ውሽጢ ህሉው ጆግራፍያዊ ዶባታ፡
- ምንጻግ ዝኾነ ንኤርትራ ዝመቅል፡ ወይ ንዝኾነ ክፋላ ናብ ኢትዮጵያ ወይ ሱዳን ዘልሕቕ (annexation) ከምኡ'ውን ምንጻግ ናብ ዝኾነ ነገር ዘልሕቕ ወይ ዘጉብጥ ውጥን፡
- ምእባይ ንዝኾነ ምስ ኢትዮጵያ ዘሕብር ወይ ብፈደራሊስት ዘተኣሳስር ፕሮጀክት፡
- ምቅዋም ንኹሉ ምድንጓይ ኣብ ፍታሕ ሕቶ ኤርትራ።

ነዚ ምስ ዘርዘሩ ሸኽ ኢብራሂም፡ ኣተኩሮኦም ዝያዳ ኣብ ሕብረት ወይ ፈደራልነት ምስ ኢትዮጵያ ኣንበሩ'ሞ፡ እቲ ዘቕርቡዎ ዝነበሩ ርእይቶ ናይ ኣልራቢጣ ኣልእስላሚያ ዘይኮነስ፡ ናይ ኩለን እተን ንቀ.ና.ኤ. ዘቖማ ዝነበራ ማሕበራት ምዃኑ ኣረጋገጹ። ንተቓውሞኦም ከኣ በዚ ዝስዕብ ቃላት ኣቕረቡ፡

....(ኤርትራ) ጥንቲ እንተኾነ'ውን ግዝእቲ ኢትዮጵያ ኾይና ኣይትፈልጥን። ብኣንጻሩ፡ ኣብ ብዙሕ ኣጋጣሚታት፡ ኤርትራ ውያን ነቲ ኢትዮጵያውያን ንስርቅን ዘመተን ክብሉ ዘካይዱዎ ዝነበሩ ናይ ወራር ዘመተታት ክመልሱ ይግደዱ ነይሮም ኢዮም።

ዘመናዊ ታሪኽና እንተ ኾነ ድማ፡ ሃገርና ብንኣሽቱ ልኡላዊ - (principalities) ምምሕዳራት ዝቘመት ከም ዝነበረት... ጸኒሓ ግን ብኦቶማን ቱርኪ፡ ብግብጻውያንን ቡቶም ካብ ግብጻውያን ዝወሰድዋ ኢጣልያውያን ደኣ ተታሒዘት እምበር ከምቲ ሚኒስተር ጉዳያት ወጻኢ ኢትዮጵያን ንሱ ዘለዓዓሎምን ንዕኡ ዝድግፋን ዝበሉዎ፡ ካብ ኢትዮጵያ (ብኢጣልያ) ከም ዘይተወሰደት ኢዩ ዘብርሆ።

ሸኽ ኢብራሂም መደረኦም ብምቕጻል፡ እስላም ጥራይ ዘይኮነ ክርስትያን ኤርትራውያን እውን ኣብ ትሕቲ ምልኪ ኢትዮጵያ ንኽይኣትዉ ብራእሲ ወልደሚካኤል ሰለሞን ናይ ሃዘጋን ብእንዳ ከንቲባ ኣስበሮም ናይ ማዕረባን ንዝተኻየደ ቃልሰታት ዘርዘሩ። ከበሳ ብኢትዮጵያ ንነዊሕ ዘመናት ተገዚኡ ዝብሃል እንተ ኾይኑ፡ ኣስማት እቶም ገዛእቲ ክዝርዝረሎም እውን ሓተቱ። እንተ ንተቓውሞ እስላም ኤርትራውያን ብዝምልከት እሞ፡ ናይ ሮብሮብያ ውግኣትን ብቐቢላታት በለው፡ ባርያ፡ ኩናማ፡ በኒ ዓምር፡ ቢለን፡ ማርያን፡ መንሳዕን ኣልገደንን ኣንጻር ወራራት ኢትዮጵያ ንዝተገብረ ናይ ዕጥቂ መኸተ ምጥቃስ ከም ዝኣክል ኣብርሁ። ቀጺሎም ሸኽ ኢብራሂም ከምዚ ዝስዕብ ተዛረቡ፤

እዚ ኹሉ ዕጥቃዊ ተቓውሞ ብፍላይ ንሳቶም (ኢትዮጵያውያን) ነታ ሃገር ንኽይገዝኡ ተባሂሉዶ ኣይኮነን ዝተኻየደ፧ ነዚ ኹሉ ጭብጥታት ትግንዘቡ እንተ ሃሊኹም፡ ገና ኣብ ትሕቲ ምኽኒት ሕብረት ወይ ፌደራልነት፡ ንኤርትራ ናብ ታሪኻዊት ጸላኢታ ኣሕሊፍኩም ክትህቡዋ ትደልዩ ኣሎኹም ማለት ድዩ፧ ሃገር ብምልእታ እናኣበየት እንክላኽ፡ ስለምንታይ ኢዩ ምቕሊ ኣብ ግምት ዝኣቱ ዘሎ፧ ከም ሃገር ድኹማትን ደለይቲ ሰላምን ስለ ዝኾንና ዲዩ፧

ከምዚ ዝመሰለ ኣንጻር ድሌት ሃገር ዝኾነ ውሳነ ምውሳድ፡ ምስቲ ሓይልታት ኪዳን ዝተዋግኡሉን ምስቲ እዚ ዓቢ ኣህጉራዊ ውድብ'ዚ ዝተመስረተሉ'ሞ ድኹም ይኹን ሓያል ብሓደ ዘመጉሶ ልዑል መትከላት ዘየሳኒ ኢዩ።

ሸኽ ኢብራሂም፡ ፍትሓውነት መሰል ህዝቢ ኤርትራ ፍጹም ከም ዘየካትዕን ነቲ ኮሚቲ'ውን ካብ'ቲ ዝቐረበ ሓበሬታን መረዳእታን ንላዕሊ ተወሳኺ መእመኒ ከም ዘየድልን ተማጒቱ። ህዝቢ ኤርትራ ኢትዮጵያዊ መግዛእቲ ክቕበል ስለ ዘይኮነ፡ ናጽነቱ እንተ ደኣ ተነፊጉ፡ ምርግጋእ ዞባ ምብራቕ ኣፍሪቃ ክረጋገጽ ከም ዘይኮነ'ውን ተነበዩ። ነተን ከም ኤርትራ ግዙኣት ኢጣልያ ዝነበራ ሊብያን ሶማልያን ናጽነት ኣፍቂድካ ንኤርትራ ምኽልካላ ኣድልዎ ኢዩ እውን በሉ።

እቲ ዝሓየለ ዘረባኦም፡ ነቲ "ንኤርትራውያን ሓደ ህዝቢ ኣይኮኑን'ሞ ይመቓሉ ወይ ንኢትዮጵያ ይወሃቡ..." ዝብል ገምጋም ዝሃቡዎ መልሲ ነበረ። እዝስ "ንናይ ኢትዮጵያ ሜላ ምስፍሕፋሕ ክትልበብ ዝቐረበ ዘሕፍር ምኽኒት ኢዩ" ድሕሪ ምባል ሸኽ ኢብራሂም፡ ንሓድነት ህዝቢ ኤርትራ በዚ ዝስዕብ ቃላት ተኸላኸሉሉ፤

ኣበየናይ ክፋል ናይ ታሪኽና ኣብ መንጎ እስላምን ክርስትያንን መርኣያታት ናይ ሃገራዊ ምፍልላይን ግጭትን ከም ዝተራእየ ክንፈልጥ ምደለና። ከምዚ ዝመሰለ ኣፍልጦን ኣብ መንጎ ሃይማኖታዊ ባእታታት ኤርትራ ዘይምስምማዕን ካብ ዘይሃለወ፡ ዝኾነ ናይ ምምቃል ውጥን ክነጽድቕ ኣይግባእን። ከምዚ ዝመሰለ ሓሳብ ብኹለን ፖለቲካዊ ሰልፍታት ኤርትራ ተገጢሙን ተነጺጉን ኢዩ፣ ንሓደ ዘይባህሪያዊ (artificial) ኩነት ንምፍጣር፡ እዚ ኮሚቲ'ዚ ከምዚ ዝመሰለ ናይ ኣስገዳድ ስጉምቲ ንኽውሰድ ክሰማማዕ ኢዩ ኢልና ክንኣምን ድማ ኣይንኽእልን።

ነቲ ናይ ፌደረሽን ሓሳብ'ውን ብተመሳሳሊ መገዲ ነጸጉዎ። "ዘይንጹር ውጥን" እውን ኣጠመቑዎ።

ከምቲ ንሕና እንርድኦ፡ ፌደራል ሕብረት ብድሌት ናይ ክልተ ማዕረ ሉኡላዊ መሰላት ዘለወን ናጻ ሃገራት እምበር፡ ኣብ መንጎ ሓንቲ ናጻን ሓንቲ ካልእ ናጽነት ዝተነፍጋን ሃገራት ዝፍጸም ኣይኮነን። ከምዚ ዝመሰለ ኣንጻር ድሌትና ንኽንቕበሎ እንእዘዘሉ ዘለና ግድነታዊ ፌደረሽን፡ ንሓርነት ይኹን ንደሞክራስያዊ መትከላት ርእሰ ውሳነ ዘኽብር ኣይኮነን.... ስም ኤርትራ ካብ ካርታ ዓለም ክስረዝ ማለት፡ ብህዝብና ዝጽወር ጉዳይ ኣይክኸውንን ኢዩ....

ኢብራሂም ሱልጣን ኣብ ሕቡራት ሃገራት መደረ እናሰምዑ።
ብየማናዎም ግራዝማች ኣስበሮም ወልደጊዮርጊስ፡ ብድሕሪኦም ድማ ያሲን ባጡቅ ይረኣዩ።

ሸኽ ኢብራሂም፡ ነቲ ኤርትራ ብቑጠባ ነፍሳ ኣይትኽእልን ኢያ ዝብል ምጉት ጭብጥታቶም ብምቕራብ ነጸጉ። ንማሕበር ሕብረት ብኽሓድትን ብገንዘብ ኢትዮጵያ ዝንቀሳቐሱን ሰባት ዝምራሕ፡ ሕብረት ምስ ኢትዮጵያ ምስ ኣበዮ ምቕሊ ዝደገፈ፣ ምንጪ ዘይምርግጋእን መከራን ምንባሩን ድሌት ህዝቢ ከም ዘይውክልን እውን ኣረድኡ። ንኹሉ'ቲ ኣብ'ቲ ኮሚቲ ብኣባላት ዝውሃብ ዝነበረ ንኤርትራ ብግቡእ ዘይግምግም ርእይቶታት ድማ ሓደ ብሓደ መለሱሉን መጉቱዎን።[32]

ሸኽ ኢብራሂም ነዚ መደረ'ዚ ዘሰምዑ፡ ኣብቲ ኮሚቲ ኣዝዩ ብርቱዕ ክትዕ ይካየደሉ ኣብ ዝነበረ ጊዜ ኢዩ። ነቲ ኣመሪካ ኣቕሪባቶ ዝነበረት ናይ ፌደረሽን እማመ ዝጻረር ካልእ ሓሳባት'ውን ምቕራብ ይቐጽል ነበረ። ንኣብነት፡ ንጽባሒቱ፡ ማለት ብ21 ሕዳር፡ ፖላንድ ናጽነት ኤርትራ ዝጠልብ ሓደ እማመ ኣቕረበት። ብ24 ሕዳር ድማ ፓኪስታን ሓደ ተመሳሳሊ ሓሳብ ኣብ ድምጺ ንኽወድቕ ሓተተት።[33]

ብዘይካ'ዚ፡ ኣብ'ቲ ኮሚቲ ዘይበርህ ሕቶታት ስለ ዝተላዕለ፡ ሸኽ ኢብራሂም መሊሶም ብ27 ሕዳር ተጸውዑ'ሞ፡ ኣብቲ ክትዕ ንኽሳተፉን መግለጺ ንኽህቡን ተዓደሙ። ቀዳማይ ሕቶ ንቕጽሪ ወይ ብዝሒ ቀ.ና.ኤ. ዝምልከት ክኸውን እንከሎ፡ እቲ ኻልኣይ ድማ ኣብ ቍጠባዊ ዝምድና ኤርትራን ኢትዮጵያን ዘተኰረ ነበረ። ኣብ'ቲ ቀዳማይ፡ ሸኽ ኢብራሂም ነቲ ካብ ማሕበር ሕብረት ናብ

32. UN GA, Fifth Session, Ad Hoc Political Committee, A/AC. 38 /L 49, 21 November 1950.
33. UN GA, Fifth Session, A/AC. 38/l. 47 21 November 1950; A/AC. 38/L.48, 24 November 1950.

ቀ.ና.ኤ. ውሒዙ ዝነበረ ህዝቢ ኣብ ግምት ብምእታው፡ ቀ.ና.ኤ. ኣስታት 80% ህዝባዊ ደገፍ ከም ዝነበሮ ኣስፊሖም ገለጹ። ኣልራቢጣ-ምዕራባዊ ቀላ ይኹን እቲ ካልእ ካብ ቀጽሪ ዝገዓዙ ደገፍ ህዝቢ ሒዙ ከም ዘይከደ፡ እቲ ህዝቢ ገና ኣብ'ቲ ናይ ቀደሙ ጽኑዕ ከም ዝነበረ'ውን ኣረድኡ።

ኣብ መንጎ ኤርትራን ኢትዮጵያን ብዛዕባ ዝነበረ ቍጠባዊ ዝምድና፡ ሸኽ ኢብራሂም ነዚ ዝስዕብ ተዛረቡ፤

> ኣብ መግለጺታትና፡ ኣብ መንጎናን ኣብ መንጎ ኢትዮጵያን ንዘሎ ገለ ቍጠባዊ ምትእስሳራት ክሒድና ኣይንፈልጥን። እቲ እንብሎ ዘሎና፡ ማዕረ ኣገዳዱን ኣንጻር ድሌትናን ኣብ ትሕቲ ኢትዮጵያ ዘእትወና ስፊሕን ሓያልን ቍጠባዊ ዝምድና፡ ናይ ኢትዮጵያ ጕባጢ ኣርዑት ክሳብ ንምቅላል ዘገድደና ከቶ ኣይኮነን። ሎሚ፡ ቍጠባዊ ዝምድናታት ኣብ መላእ ዓለም ዝተዋሰበ ኢዩ፣ ኢትዮጵያ ብቑጠባ ትደልየና፡ ንሕና'ውን ንደልያ....
>
> እንተ'ዚ ኤርትራ ድኻ ኢያ'ሞ ካብ መሬት ኢትዮጵያ ኢያ እትቕለብ (Supplied) ዝብል ጠቐነ ግን፡ ቅሉዕ ሃለውለው ኢና እንብሎ። ምኽንያቱ ኤርትራ ንምህርቲ ምግብን ካልእ ሃላኽን ምሉእ ብምሉእ ኣብ ኢትዮጵያ ተመርኲሳ ኣይትፈልጥን። ንመሰረታዊ ጠለባታ ዘድልያ ናይ ገዛእ ርእሳ እኹል ሕርሻዊ ምህርቲ ኣለዋ። ... (እቲ ካብ ኢትዮጵያ ብብዝሒ ዝመጽእ) .... ጣፍ እንተኾነ'ውን፡ መብዛሕትኡ ህዝቢ ኤርትራ ከም ንቡር እኽሊ ዝጥቀመሉ ኣይኮነን፣ ብዝያዳ ዕፉንን መሽላን ኢዩ ዝበልዕ፡ እዚ ኸኣ ኣብ ሃገርና መሊኡ ኢዩ።

ትንታነኦም ብምቕጻል ሸኽ ኢብራሂም፡ እቲ ካብ ኢትዮጵያ ናብ ኤርትራ ይለኣኽ ዝብሃል ዝነበረ ምህርቲ፡ ነቲ ከም ሰደድ ብኤርትራ ኣቢሉ ንወጻኢ ዝወጽእ ዝነበረ ዘጠቓልል ከይከውን ኣተሓሳሰቡ። ሰደድ ኤርትራ ናብ ኢትዮጵያ ደኣሉ ኣብኡ ዝተርፍ እምበር፡ ዝበዝሕ እቲ ናይ ኢትዮጵያ ንግዳም ይሰግር ምንባሩ ካብ ዘይምፍላጥ ከይከውን ኤርትራ ብጸጋ ኢትዮጵያ ኢያ እትነብር ዝብሃል ዘሎ እውን በሉ። ኤርትራ፡ ናጽነት፡ ሓልዮት፡ ቴክኒካዊ መምርሕን ዓበይቲ ፕሮጀክትታት ከተፈጽመሉ እትኽእል ገንዘብ ጥራይ ከም ዘድልያ ኸኣ ኣስሚሮም ተዛረቡ።

ንናጽነት ኤርትራ ካብ ዝተባህለን ዝተጻሕፈን ቃላት፡ እዚ ሸኽ ኢብራሂም ኣብ ቅድሚ'ቲ ኮሚቲ ዝተዛረቡዎ ካብ'ቲ ዝሓየለን ዝመረረን ነበረ። ኣብ ምዝዛም ናይ'ዚ ካልኣይ መደረኦም ካብ ዝበሉዎ፡ ነዚ ዝስዕብ ጽማቝ ንጠቅስ። ንኣባላት ናይ'ቲ ኮሚቲ፡ ክንደይ ካብኣታቶም ኣብ ትሕቲ መግዛእቲ ከም ዝነበሩ'ሞ ክቡር ደም ዜጋታቶምን ዕንባባታት መናእሰዮምን ኣወፍዮምን ሰዊኦምን ናጽነቶም ከም ዝተጓናጸፉ ድሕሪ ምሕታት፡ ሸኽ ኢብራሂም ልመናኦምን ወቐሳኦምን ኣቕረቡ፤

ምጉት ኢብራሂም ሱልጣን ኣብ ኮሪደዮታት ሕቡራት ሃገራት

... ስለምንታይ ኢና ንሕና ነዚ ባህርያዊ መሰል ናይ ኩለን ሃገራት ዝኾነ ናጽነት እንኽላእ ዘለና፧ ኣብ'ዚ ሓደ ሕብረት ምስ ጓኖት ዝሓትት ንእሽቶ ጉጅለ ስለ ዘሎ ዲዩ፧

.... ሃገርና፡ ጉረቤት ናይ ሓንቲ ኣንጻር ድሌት ህዝብና ክትጉብጠና እትደሊ ዓባይ ሃገር ኢያ። ንሃገርና ዝገዝእ ዘሎ ምምሕዳር፡ ንሃገርና መቐሉ፡ ብውሑዱ ሓደ ክፋላ ናብ ኢትዮጵያ ክቖርን ዝደሊ ኢዩ። ክልቲኦም እዞም ወገናት እዚኦቶም ነዚ ናይ ናጽነት ሓሳባትና ዝድግፉ ኣይኮኑን። እቲ (ናይ ሕብረት) ጉጅለ ኣብ'ዚ ኢዩ ጠጢዑ፡ ዝወሓደ (minority) ድማ ኢዩ።

.... ስለምንታይ ኢዩ ኤውሮጳዊ መግዛእቲ ዝብዳህን ዝግጠምን ዘሎ፧ ብኣፍሪቃዊ መግዛእቲ ንኽትካእ ዲዩ፧ ... ኢትዮጵያ፡ ሶማልያ ንኽትወሃባ እውን ሓቲታ ነይራ...። ሶማልያ መሰል ናጽነታ ስለ ዝተፈልጠላ ሕጉሳት ኢና። ግን፡ ስለምንታይ ኢዩ እቲ ንሊብያን ሶማልያን ተዋሂቡ ዘሎ መሰል ንዓና ዝንፈገና ዘሎ፧

ግጉይ ውሳነ እንተ ደኣ ተወሲዱ፡ ንዕኡ ንምቅዋምን ናጽነትና ንምርካብን ንምዕቃብን፡ ከምኡ'ውን ህላወና ንምርግጋጽ ክንገብሮ ብእንግደድ ተቓውሞ ኣብ ምብራቕ ኣፍሪቃ ክፍጠር ንዝኽእል ግጭትን ምልዕዓላትን፡ ኣባላት እዚ ኮሚቲ'ዚ ተሓተቲ ክኾኑ ኢዮም። ክሳብ ሕጂ ኣብ ሃገርና መታን ሰላምን ስርዓትን ክዕቀብን እዚ ኮሚቲ'ዚ ድማ ፍትሕን ዘይወገናዊ ኣመለኻኽታ ንባህርያዊ መሰላትናን ክህልዎ ኢዩ ብዝብል ተስፋን ሽግርን ጸበባን ክንጻወር ጸኒሕና ኢና።

ነዚ ተነባዪ ቃላት'ዚ ድሕሪ ምዝራብ፡ ሸኽ ኢብራሂም እቲ ኮሚቲ ውሳነኡ ብንጹህ ሕልናን ኣብ መትከላት ፍትሕን ሓቅን ተመርኲሱን ንኽህቦ ተላብዮም መደረኦምን መግለጺኦምን ወድኡ።[34]

ብሓቂ፡ መደረ ሸኽ ኢብራሂም ኣብ ቅድሚ'ቲ ኮሚቲ ብምሉኡ'ኳ እንተ ተሰምዐ፡ ተቐበልቱ ውሑዳት ኢዮም ዝነበሩ። እቲ ናይ መወዳእታ ውሳነ፡ ሓሙሸተ መዓልቲ ጥራይ ኢዩ ተሪፉዎ ነይሩ። እቲ ዝምክር ተመኺሩ፡ ዝዋደድ ድማ ተዋዲዱ ነይሩ ማለት ኢዩ። መደረ ሸኽ ኢብራሂም፡ ንመጻኢ ትውልዲ ኤርትራውያን፡ ንመጻኢ ቃልሰታት ዞባ ቀርኒ ኣፍሪቃ ዝኣመተ ስለ ዝነበረ፡ ሕጂ ተመሊስካ ክርአ እንከሎ ብሰለቱን ተነባይነቱን ዝያዳ ይደምቕ።

34. UN GA, Fifth Session, Ad Hoc Political Committee, A/AC. 38/ L. 51, 27 November 1950.

ምዕራፍ 20

ፈደራላዊ ውሳነ ሓፈሻዊ ባይቶ ሕ.ሃ.

ክትዕ ኣብ ኮሚተን ሓፈሻዊ መጋባእያን ባይቶ ሕ.ሃ.

ክልተ መዓልቲ ቅድሚ ሸኽ ኢብራሂም ሱልጣን ንኻልኣይ ጊዜ ኣብ ቅድሚ ፖለቲካዊ ኮሚተ ባይቶ ሕ.ሃ. ምቕራቦም፡ ማለት ብ25 ሕዳር 1950፡ እቲ ብኣመሪካን 13 ሰዓብታን ዝቐረበ ናይ ፈደረሽን እማመ ናብ'ቲ ኮሚተ ንድምጺ ቐሪቡ ነበረ። ናይ ክልተ መዓልታት ርሱን ክትዕ ምስ ተገብረሉ ኸኣ ኢዩ፡ ኣብታ ሸኽ ኢብራሂም ዝተዛረቡላ ዕለት፡ ማለት ብ27 ሕዳር ኣብ ድምጺ ዝወደቐ። እቲ ዝቐረበ ክትዓት እንታይ ይመስል፧ ናብ ኤርትራ ብኸመይ ይበጽሕ ነይሩ፡ ኤርትራውያንከ ብዛዕባኡ እንታይ ይሓስቡ ነበሩ፧

ኣብ ባ ይቶ ሕ.ሃ. ዝበሃል ዝነበረ ብምሉኡ ዳርጋ ቀቀልጢፉ ኢዩ ናብ ኤርትራ ዝበጽሕን ኣብ ጋዜጣታት ዝሰፍርን ዝነበረ። እማመ ፈደረሽን ናብ'ቲ ኮሚተ ቀሪቡ ኣሎ ምስ ተባህለ ንኣብነት፡ ጋዜጣ ሓንቲ ኤርትራ ነቲ ቃልን ኣምርን ፈደረሽን ኣመልኪታ ሓደ ሰፊሕ ሓተታ ጸሓፈት፡ ነቲ ናይ ኣመሪካ እማመ'ውን ዓንቀጽ ብዓንቀጽ ተንተነቶ። ኣብ መእተዊ ናይ'ዚ ጽሑፍ እዚ፡ ንፈደረሽን በዚ ዝስዕብ ህዝቢ ዝርድኦ ቀሊል ኣገባብ ገለጸቶ፤

...... ፈደራስዮን ማለት፡ ሕብረት ክልተ መንግስታት ማለት ኢዩ። ካብ ክልተ ዚበዝሓ መንግስታት እውን ብፈደራላዊ ወይ ከኣ ብፈደራስዮን ኪሓብራ ይኽእላ ኢየን። ክልተ መንግስቲ፡ ውሽጣዊ መልክዐን፡ ውሽጣዊ ጉዳየን ወይ ከኣ ሓዳረን ብምሉኡ ፈልየን እናሓለዋ፡ ብገለ መንገዲ ማሕበር ክተኽላ ወይስ ከም ሓንቲ መንግስቲ ኾይነን ኪደጋገፋ ይሰማምዓ ኢየን።

ንኣብነት ክልተ ሓረስቶት፡ በቤቶምን ሓሓዳሮምን ጥሪቶምን እንከለዎም፡ ብዕዮ-ማሕረስ ግራሁኦም ማሕበር ኪኣትዉ ይኽእሉ። ንግራሁኦም ወይ ከኣ ንርስቶም ኣብ ማሕበር ኣእትዮም ብሓንሳእ ኪሓርሱዎ፡ ኪሓፍሱዎ፡ ኪከላኸሉሉ ይሰማምዑ። ንዕዮ ሕርሻኦም ዚኸውን ገንዘብ ከካብ ማሕፉዳኦም ይህቡ፡ ወይ ከኣ ካብቲ ናይ ክልቲኦም ፍረ መሬት ከፊሎም ንዕዮ ዚኸውን ገንዘብ ፈልዮም የቐምጡ። እቲ ርስቲ ናይ ነፍስ ወከፎም፡ እቶም ኣብዑር ናይ ነፍስ ወከፎም፡ ከምኡ'ውን ምናልባሽ እቶም ግዙኣት ናይ ነፍስ ወከፎም ክነሶም፡ ከም ናይ ሓደ ሰብ ርስትን ጥሪትን ገይሮም ይከናኸኑዎን ይሕልዉዎን ይጥቀሙሉን። እዞም ሓረስቶት እዚኣቶም፡ ምንም እኳ ብዕዮ ሕርሻ ግርሁኦም ኣብ ማሕበር ዝኣትዉ፡ ብውዕል ከኣ ዝተኣሳሰሩ እንተ ኾኑ፡ ሓሓዳሮም ዘሎዎም፡ ቡብርእሶም

እውን ዝሓድሩ ክልተ ሓዳር ስለ ዝኾኑ፡ ናይ ላዕሊ ርስቲ፡ ናይ ላዕሊ ኣብዑር፡ ናይ ላዕሊ ግዙኣት ክህሉዎም ይክእል። ስለዝ'ውን እቲ ሓደ ወዲ ማሕበር፡ ዒራ ወዲ ማሕበረይ ኢዩ ኢሉ፡ ኣብቲ ኣብ ማሕበር ዝኣተወ ገንዘብ ወይ ከኣ ጥሪት ወዲ ማሕበሩ፡ ብዘይ ፍቓድ እቲ ወዲ ማሕበሩ፡ ኢዱ ኬእቱ ኣይክእልን፡ ኣይግባእን ከኣ።[1]

እዚ ናይ ሓንቲ ኤርትራ ኣረዳድኣ፡ ነቲ ንቡር ሕጋዊ ትርጉም "ፈደረሽን" ዝኾተል እምበር ነቲ ብኣመሪካ ተኣሚሙ ዝነበረ ብስም "ፈደረሽን" ዝተሸፈነ ግብራዊ "ምሃብ" ወይ "ምዕዳል" ኤርትራ ንኢትዮጵያ ብግቡእ ዝተገንዘበ ኣይነበረን። ኣብ'ቲ ትንታነ እንተ ኾነ እውን፡ እታ ጋዜጣ ክልተ መንግስታት ቁይመንስ ብሓደ ኣብ ልዕሊኣን "ጸብለል" ዝብል ንጉሰ ነገስት ዝተኣሳሰራ፡ ኣብቲ ይወሃሃዳሉ ዝተባህለ ናይ ጉዳያት ወጻኢ፡ ምክልኻል፡ ኣህጉራዊ ንግዲ፡ ፋይናንስ... ጥራይ ዝሓብራ ም'ዃነን ኢዩ ዝግለጽ ዝነበረ። ብ'ኻልእ ኣዘራርባ፡ እቲ ናይ ናጽነት ወገን፡ ክብርን መሰልን ክልቲኣን ሃገራት ዝሕሉ ናይ ክልተ መንግስታት ፈደራል ምትእስሳር ይቖውም ኣሎ ዝብል እምነት ኢዩ ኣሕዲሩ ዝነበረ።[2]

እቲ ናይ ሕብረት ወገን ግን ካብ መፈለምታኡ ነቲ ሓሳብ ፈደረሽን ኣጽቢቡ ኢዩ ተርጕሙዎ። ኮ.ሕ.ሃ. ነቲ ዝተመቓቐለ ርእይቶታቱ ናብ ሕ.ሃ. ምስ ኣሕለፈ ንኣብነት፡ ጋዜጣ ኢትዮጵያ ነቲ ብበርማን ደቡብ ኣፍሪቃን ዝቐረበ ናይ ፈደረሽን ውጥን በዚ ዝስዕብ ቃላት ተቐቢሉዎ ነበረ፤

> ..... ኤሪትሪያ ብኢኮኖሚያን ብፖለቲክን ካብ ኢትዮጵያ ተፈልያ ክትሓድር ከም ዘይት'ኽእል ጥራይ ዘይኮነስ ሕይወት ከም ዘይትረክብ እናተኣመኑ፡ ኣብ ማእከል ኢትዮጵያ ዚወሃብ "ውስጣዊ ነጻነት" (federazione) ይወሃባ ናብ ዚብል ምዕራፍ በጺሖም። ማእሰርያኡ፡ ሽሕ'ኳ ኣገባብ እንተ ለወጠ፡ "ኢትዮጵያ ንኤርትራ" ስለዝኾነ፡ "መ'ኹርመዩ ዝረኸበ መሳፍሒ ኣይስእን" ኢዩ'ሞ፡ ኣንባቢ ካብ'ዚ ሓሊፍካ ንሎሚ ካልእ ክትጥይቕ ኣየድልየካን።[3]

ብ'ኻልእ ኣዘራርባ፡ ማሕበር ሕብረት ይኹኑ ኢትዮጵያ ባዕላ፡ እቲ ውጥን ኣማስያኡ ንረብሓኦም ከም ዝነበረ ጥርጥር ኣይነበሮምን። እዚ፡ ንመራሕቲ ቀ.ና.ኤ. ስዉር ኣይነበረን። ነቲ ኣብ ላዕሊ ዝተጠቕሰ ናይ ኢትዮጵያ ዓንቀጽ ኣመልኪታ፡ ሓንቲ ኤርትራ ሓተታ ወይ መልሲ ሃበት፤

> ናይ'ዚ ኽምዚ ዝበለ ዓንቀጽ ሓሳብ ወይስ ርእሰ ነገር፡ ኢትዮጵያስ ንሎሚ ደኣ "ፈደራስዮን" ኣምሲላ ንኤርትራ ትቀበላ እምበር፡ ጽባሕ ከኣ፡ ኤርትራ ንበይና ብዘይ ደገፍን ዕቑባን ሕ.መ. ብዝተረፈት፡ ጠቕሊላ ክትወስዳ ት'ኽእል ኢያ.... ማለት ከም ዝኾነ ብግልጺ ኪስትውዓል ዚከኣል ኢዩ።
>
> .....በቲ እቲ ጸሓፊ ዚብለና ዘሎ ቃልን ሓሳብን እንተ ገመትናዮ፡ መንግስቲ

1. ሓንቲ ኤርትራ፡ 1/49፡ 22 ሕዳር 1950።
2. እ.ጽ. 1.
3. ኢትዮጵያ፡ 4/186፡ 11 ሰነ 1950።

> ኢትዮጵያስ ማሕላን ኪዳንን ዘይተጸገንዕ፡ ናይ ዓለም ሕግን ስርዓትን ዘይዓጅባ፡ ዴሞክራስያ እንታይ ምዃኑ ዘይተስተውዕል መንግስቲ ማለት ኢዩ። ግናኸ መንግስቲ ኢትዮጵያ ከምዚ ዝበለት መንግስቲ ክይትኸውን ተስፋ እናገበርና፡ እዚ ናይ ቀልዕነት ሓሳብ'ዚ ናይ'ቲ ጸሓፊኡ ሓሳብ ጥራይ ኪኸውን ንምነ።[4]

ክልተ ሓሳባት ኢዩ ኣብ'ዚ ዝርከብ። በቲ ሓደ ወገን ንኢትዮጵያ ይጕጢ፡ በቲ ሓደ ድማ እቲ ፈደረሽን ክሰርሕ ኢዩ ዝብል ተስፋ የተንብህ። ብሓቂ ኸኣ፡ ምስ'ቲ ኣብ ኤርትራ ዝነበረ ፖለቲካውን ግብረ ሸበራውን ወጥሪ፡ እቲ ሓሳብ ናይ ፈደረሽን፡ በቲ ኣብ ሓንቲ ኤርትራ ዝትንተን ዝነበረ ሓቀኛ መልክዑ፡ መዋጽኦ ክኸውን ይኽእል ኢዩ ዝብል ሓሳብን ተስፋንስ ከይነበረ ኣይተርፍን።

ከም ወትሩ ግን፡ እቲ ኣብ ኤርትራ ዝትሰፎን እቲ ኣብ ባይቶ ሕ.ሃ. ዝእለምን ሓደ ኣይነበረን። ከምቲ ዝተባህለ፡ እቲ ናይ ፈደረሽን እማመ ናብ'ቲ ፖለቲካዊ ኮሚተ ምስ ቀረበ፡ ብዙሕ ኣዛረበን ኣከራኸረን። ብዘይካ'ዚ ናይ ኣመሪካ እማመ'ዚ፡ ኣርባዕተ ካልእ እውን፡ ማለት ከኣ፡ ናይ ሕብረት ሶቭየት፡ ፖላንድ፡ ዒራቕን ፓኪስታንን እመማታት ቀሪቡ ነይሩ ኢዩ።[5]

እማመ ሶቭየት፡ ቀጥታዊ ናጽነትን ምውጻእ ሰራዊት ብሪጣንያ ካብ ኤርትራን ዝጠልብ ነበረ። ፖላንድ ብወገና፡ ናጽነት ኤርትራ ኣብ ውሽጢ ሰለስተ ዓመታት ክትግበር፡ ክሳብ ሽዑ ግን ብኢትዮጵያን ገለ ሃገራት ዓረብን ብኤርትራን ዝቘመ ቤት ምኽሪ ክትመሓደር..... ኣመመት። ፓኪስታን ኤርትራ ብ1 ጥሪ 1953 ናጻ ሃገር እትኾነሉ ኣገባብን ናይ ጊዜ ሰሌዳን ሰሪዓ ኣቕረበት። ክሳብ እዚ ዝኸውን ብሓደ ኮሚሽነር ሕ.ሃ.ን ሓደ ቤት ምኽርን ክትመሓደር'ውን ተማሕጸነት። ናይ ዒራቕ ርእይቶ ፍሉይ ዝገብሮ፡ ዕድል ኤርትራ ብባይቶ ሕ.ሃ. ክንዲ ዝውሰን፡ ሓደ ናይ ኤርትራ ሃገራዊ ባይቶ ክቖውም እሞ እታ ሃገር ኣብ ትሕቲ ዘውዲ ኢትዮጵያ ብፈደረሽንዶ ትተሓወስ ወይስ ንኢትዮጵያ ኣፍ ደገ ባሕሪ ድሕሪ ምሃብ ናጻ ትኸኑን ንዝብል ሕቶ ባዕሉ ክመርጽ ዝብል ነበረ። ኩሉ እዚ እማመታት'ዚ በቲ ፖለቲካዊ ኮሚተ ብብልጫ ድምጺ ተሳዕረ'ሞ፡ እቲ ናይ ኣመሪካ እማመ ጥራይ ተረፈ።[6]

ኣብ'ዚ፡ ነቲ ፈደራል ውጥን ዝድግፋን ዝነጽጉን ወኪላት ክትዓቶም ኣቕረቡ። ከም ግሪኽ፡ ቺለን ፓራጓይን ዝመሰላ ሃገራት፡ ነቲ ሓሳብ ከም ማእከላይ መገዲ ተቐበላኦ። ወኪል ቺለ ንኣብነት፡ "መንቅብ ስለ ዘለዎ፡ ገለ ምልውዋጥ የድልዮ ኢዩ" ክትብል ኣመልከተት። ወኪል ኣርጀንቲና፡ እቲ ዝበለጸ ፍታሕ ናጽነት ኤርትራ ምንባሩ'ኳ እንተ ተኣመነ፡ እቲ ሽዑ ዝነበረ ኩነታት ወይ ፖለቲካዊ ሃዋህው ግን ነቲ ፈደራል ፍታሕ ንኽድግፍ ከም ዘገደዶ ገለጸ። ብሪጣንያን ሕ.መ. ኣመሪካን ከኣ እማመኦን ንኽጸድቀለን ኣሎ ዝብሃል ክትዓትን ጸቕጥን

4. ሓንቲ ኤርትራ፡ 1/26፡ 14 ሰነ 1950።

5. እተን ንሕ.መ. ኣመሪካ ዘሰነያ 13 ሃገራት፡ ቦሊቭያ፡ ብራዚል፡ በርማ፡ ካናዳ፡ ደንማርክ፡ ኤኩዋዶር፡ ግሪኽ፡ ላይበርያ፡ ሜክሲኮ፡ ፓናማ፡ ፓራጉዋይ፡ ፔሩን ቱርኪን ነበራ።

6. Amare Tekle, p. 319-20

ምግባር ቀጸላ። ወኪል ኣመሪካ፡ እቲ ውጥን፡ "ነቲ ሎሚ ኣብ ኤርትራ ዘሎ ኩነታት ብምዕዛብን ብምምርማርን እተረኽበ መንገዲ ዕርቂ ኢዩ፡ ከም ማንም ፌደራስዮነ ስለ ዘይኮነ ኸኣ፡ ምድጋፉ ግድን ዜድሊ ኢዩ፡" ክብል ተጽዕኖ ገበረ።[7]

ልኡኽ ብሪጣንያ ብወገኑ፡ ንኹሉ'ቲ ናጽነት ኤርትራ ዝድግፍ ዝነበረ ክፋል፡ ብፍላይ ከኣ ንሃገራት እስላም ብወገንነት ከሰሰ። ኣብ ኤርትራ ብዙሕ ህልኽን ክርክርን ከም ዝነበረ ድሕሪ ምምልካት ድማ፡ "እቲ ብሰዓብቱ ካብ ኩሉ ዝበርትዐን ዝበዝሐን፡ ኣብ ሕብረት ኤርትራ ምስ ኢትዮጵያ ዚልምን ማሕበር ኢዩ፡" በለ። ነቲ ሶቭየት ዘቕረበቶ እማመ ንናጽነት ከኣ ነጸጎ'ሞ፡ "ኤርትራ ብርእሳ ንምሕዳር ገና ኣይተዳለወትን.... (ከም'ዚ ዝመሰለ መደብ ድማ) ብዘይካ ህውከትን ናዕብን ካልእ ቅዉም ነገር ከምጽኣላ ኣይኮነን..." በለ። ነቲ ናይ ቀደም ናይ ምቕሊ መርገጺኡ ገዲፉ ድማ፡ ብወግዒ ነቲ እማመ ፌደረሽን ደገፈ።[8]

እዚ ከምዚ ዝመሰለ ናይ ኣመሪካን ብሪጣንያን ጸቕጢ ግን ነቲ ናይ ናጽነት ደገፍ ኣየጥፍኦን ወይ ካብቲ ኮሚተ ክኣልዮ ኣይከኣለን። ነዚ መእዝን'ዚ ብምድጋፍ ንኣብነት፡ ወኪል ቤሎ ሩስያ ነዚ ዝሰዕብ ኣሰምዐ፤

> ናይ ፌደራስዮነ ሓሳባት ካብ ድሌትን ሃረርታን እቲ ብርእሱ ንምሕዳር ዚጋደል ዘሎ ሕዝቢ ዝረሓቐ ኢዩ። ከምኡ ኸኣ፡ ምንም እኳ ሎሚ ከም ማእከላይ መንገዲ ኾይኑ እንተ ተራእየ፡ ውዒሉ ሓዲሩ፡ ናብ ፍጹም ሕብረት ዜብጽሕ መንገዲ ስለ ዝኾነ፡ ብጀካ "ነጻነት" ንኤርትራ ኪጠቅም ዚኽእል ካልእ መደብ የልቦን።[9]

ወኪል ኡራጓይ እውን፡ "ህዝቢ ኤርትራ ብዛዕባ ኩነታቱ ባዕሉ ምእንቲ ክሓስብን ክመክርን ብመጉዚትነት ሕ.ሃ. እናተመሓደረ እንተጸንሐ ይሓይሽ" ብምባል፡ ነቲ እማመ ነጸገ። ፓኪስታን ከኣ ከም ቀደማ፡ መጻኢ ዕድል ኤርትራውያን ብእኦም ንኽውሰን፡ ካልእ ብደገ ዝመጽእ ፍታሕ ቅኑዕ ከም ዘይነበረ ከተረድእ ፈተነት። ወኪል ፓኪስታን ነዚ ድሕሪ ምስማር፡ "በቲ ሽፍታ ዚፍጽምዎ ዘለዉ ናይ ዓመጽን ናይ ሽበራን ግብሪ፡ ከምኡ እውን በቲ ቤተ ክርስትያን ተዋህዶ እትገብሮ ዘላ ናይ ምውጋዝ ግብሪ ደኣ ፈሪሆም እምበር፡ ኣብ ኤርትራ፡ ርእሰና ክኢልና፡ ናጽነትን ሓርነትን ረኺብና ምሕዳር ይሕሸና ኪብሉ ዚደልዩ ብዙሓት ሰባት ኣለዉ፡" በለ። ነቲ ሸኽ ኢብራሂም ሱልጣን ኣብ ቅድሚ'ቲ ኮሚተ ዘልዓሉዎ ጉዳይ ብምጥቃስ ድማ፡ መሰል እስላም ኤርትራውያን ኣብ ኢድ ኢትዮጵያ ተሓልዩ ክነብር ከም ዘይክእል እናመልከተ፡ ፌደረሽን ንኤርትራ "ህውከትን ናዕብን እምበር ካልእ ጥቕምን ረብሓን ከምጽእ ኣይክእልን" ዝብል መደምደምታ ሃበ።[10]

እቲ ዝተገብረ ክትዕ ሓያል ፍልልይ ዘርኣየ'ኳ እንተ ነበረ፡ ብሓቂስ ውጽኢቱ ዳርጋ ፍሉጥ ኢዩ ዝነበረ። ናጽነት ኤርትራ፡ ኢጣልያን ናይ ላቲን ኣመሪካ መሓዙታን

7. ሰ.ጋ. 9/430፡ 30 ሕዳር 1950።
8. ኢ.ጽ. 7።
9. ኢ.ጽ. 7።
10. ኢ.ጽ. 7።

ክሳብ ዝደገፉኦ ኢዩ ህይወት ዝጸበሮ። ኢጣልያ ንዕኡ ራሕሪሓ እማመ ኣመሪካ ምስ ተቐበለት ግን፡ እቲ ናይ ላቲን ስሙር መርገጺ ተሰብረ ወይ ተመቕለ።

በዚ መሰረት፡ እቲ እማመ ናብ ድምጺ ምስ ቀረበ፡ 12 ሃገራት ላቲን ደገፉኦ። ሓሙሽተ ጥራይ ንዕኡ ነጺገን ናጽነት ኤርትራ ደገፉ።[11] ካብ ሃገራት ዓረብ፡ ኣብ'ዚ ወሳኒ ጊዜ'ዚ፡ ግብጺ ፈደረሽን ደገፈት፡ ምስኣ'ውን ልብናንን የመንን። ዒራቕ፡ ስዑዲ ዓረብን ሶርያን ግን ነጸጋኦ። ካብ 15 ሃገራት ኤውሮጳን ብብሪጣንያ ዝምርሓ ናይ ሓባር ዕብየትን (Commonwealth)፡ ሽወደን ጥራይ ድምጻ ስሒባ፡ ኩለን ካልኦት ፈደረሽን ኣድመጻ። ሕብረት ሶቭየት ዝመራሒተን ሓሙሽተ ማሕበርነታውያን ሃገራትን ፓኪስታንን እውን ፈደረሽን ነጸጋ። ከም ሽወደን ከኣ ሽውዓተ ዝተፈላለያ ካልኦት ሃገራት ድምጸን ስሒባ።[12]

ንኢትዮጵያን ላይበርያን ሓዊስካ፡ 38 ኣባላት እቲ ፖለቲካዊ ኮሚተ ነቲ እማመ ፈደረሽን ደገፉ። 14 ተቓወምኦ፡ ሸሞንተ ድማ ድምጸን ስሒባ። በዚ ድማ፡ እቲ ብብዙሕ ናይ ውሽጢ ውሽጢ ዘተን ምምሻጣርን ዝሓለፈ፡ ብኣመሪካን 13 ደገፍታን ዝቐረበ እማመ ፈደረሽን ኤርትራ ምስ ኢትዮጵያ ንናይ መወዳእታ ውሳነ ናብ ባይቶ ሕ.ሃ. ንኽቐርብ ተወሰነ። እዚ ድማ ብ27 ሕዳር 1950 ኮነ።

ውሳነ 390 ሃ(ራ) ናይ ባይቶ ሕ.ሃ.

ጉዳይ ኤርትራ፡ ነቲ ጊዜን መስርሕን እቲ ናይ መወዳእታ ንዝኾነ ውሳነ፡ ብ2 ታሕሳስ 1950 ናብ ሓፈሻዊ መጋባእያ ወይ ባይቶ ሕ.ሃ. ቀረበ። ውጽኢቱ ፍሉጥ ስለ ዝነበረ ድማ፡ እቶም ንናጽነት ኤርትራ ዝጣበቑ ዝነበሩ ወከልቲ ሃገራት ርእይቶኦም ንኽቕርቡ ተፈቕደሎም። ሓደ ጸሓፊ፡ ነቲ ዝሞተ ሓሳብ ናጽነት፡ ደጉዓ (eulogy) ኢዩ ተገይሩሉ ይብል።[13]

ሓደ ካብቶም ብስምዒት ዝተዛረቡ፡ እቲ ፍታሕ ፈደረሽን ዝነጸገ ወኪል ኩባ ነበረ። ናይ ፈደረሽን ስምምዕ፡ ክልቲኡ ወገን ሓድሕድ ስምዒታቱ፡ ሓሳባቱን እምነታቱን ፈሊጡን ረድዩን ዝኣትዎ ምኻኑ ኩባዊ ኣምባሳደር ኢቻሶ ኣመልከተ። ሓላፍነት ሕ.ሃ. ድማ፡ ንግዙኣት ህዝብታት ብዘገምታ ናብ ምሉእ ናጽነት ምምራሕ ከም ዝነበረ ኣዘኻኸረ። ቀጺሉ ከምዚ ዝስዕብ ተዛረበ፤

> እዚ ብፖለቲካዊ ኮሚተ ጸዲቑ ዘሎ ፈደረሽን ዝጽምም ንድፊ ውሳኔ ንኹሉ መገድታት ናጽነት ኤርትራ ዝዓጹ ኢዩ፣ እቲ ብልኡኽ ፓኪስታን ቀሪቡ ዘሎ'ሞ ንሕና'ውን ዝደገፍናዮ እማመ ናጽነት ግን መገዲ ፈደረሽን ከይዓጸወ ነቲ ጉዳይ'ቲ ናብ ናጻ ውሳነ (ምርጫ) ህዝቢ ኤርትራ ይገድፎ...። ንሊብያን ሶማሊላንድን ናጽነት

---

11. Amare Tekle, Chart V, p. 326-7; እተን ናጽነት ኤርትራ ዝደገፋ ሃገራት ላቲን፡ ኩባ፡ ዶመኒካን ሪፓብሊክ፡ ኤል ሳልቫዶር፡ ጓቴማላን ኡራጓይን ኢየን። ኣርጀንቲና፡ ቦሊቪያ፡ ብራዚል፡ ኮስታ ሪካ፡ ኤኩዋዶር፡ ሆንዱራስ፡ ኒካራጉዋ፡ ፓናማ፡ ፓራጓይ፡ ፐሩ፡ ቨነዙዌላን ሜክሲኮን ነቲ ፈደራል እማመ ደገፋ።
12. እተን ድምጸን ዝሰሓባ፡ ኣብ ርእሲ ሽወደን፡ ኢራን፡ ህንዲ፡ እስራኤል፡ ቺለ፡ ኮሎምብያ፡ ኣፍጋኒስታንን ኢንዶነዥያን ኢየን።
13. እ.ጽ. 1፡ ገጽ 174።

ሂብኩ፡ ንኤርትራ ተመሳሳሊ ኣተሓሕዛ ዘይምግባር፡ ኣብ ኣፈታትሓ ሽግር ግዝኣታት ኢጣልያ-ነበር ናይ ኣድልዎ ተግባር ምፍጻም ኮይኑ ይርኣየኒ።[14]

ወኪል ኤል ሳልቫዶር ኣምባሳዶር ካስትሮ እውን ተመሳሳሊ ርእይቶ ብምሃብ፡ ድሌት ህዝቢ ኤርትራ ንምምማይ ኮ.ሕ.ሃ. እኳ እንተ ተለኣኸ፡ ድሌት መላእ ህዝቢ ኤርትራ በቲ ኣገባብ'ቲ ጥራይ ክውሰን ከም ዘይግባእ ተማጒተ'ሞ፡ ነዚ ዝስዕብ ሓሳባት ዘጠቓልል ርእይቶ ሃበ፤

ህዝቢ ኤርትራ ፈደረሽን ይደሊ ምዃኑ ንምርግጋጽ፡ ረፈረንዱም (plebiscite) ክካየድ ነይሩዎ፡ ረፈረንዱም ግን ኣይተኻየደን።... ብሓቂ፡ ርእይቶ መላእ ህዝቢ ኤርትራ ኣይተናደየን።

ስለዚ፡ ንኤርትራ ሓደ ፍሉይ ፖለቲካዊ ቅርጺ - ፈደረሽን ይኹን ኮንፈደረሽን፡ ንግስነት ይኹን ሪፑብሊክ - (ኣብዚ) ክውሰነላ እንከሎ፡ ህዝቢ ኤርትራ ባዕሉ ጥራይ ብግቡእ ክውስኖ ንዝግብኦ ጉዳይ፡ ሕ.ሃ. ዝውስነሉ ዘሎ ኾይኑ ይስምዓና።[15]

ወኪል ጓተማላ'ውን ብተመሳሳሊ፡ እቲ ፈደራል ፍታሕ "መተዓረቒ" ወይ "ሚዛን ዘሐሉ" ኣይኮነን ክብል ነጸጎ። እዚ ኣበሃህላ'ዚ ሓቅነት ዘለዎን ዘይብሉን ምዃኑ ኸአ ጊዜ ከም ዝምልሶ ኣዘኻኸረ። ኣባላት ደንበ ሕብረት ሶቭየት ብሸነኾም፡ ነቲ እማመ ከም መርኣያ ሕሱር ሸቐጥ ምዕራባውያን ሃገራት ብምግላጽ፡ ነቲ ቐንዲ ከሳቢ ናይ'ቲ ጓዕጻጺ ፈደራል ውጥን ዝነበረ ሃጸይነት ኣመሪካ ኩነኑ። እቲ ናይ'ዞም ዳሕረዎት ስምዒት ብቓላት ወኪል ቼኮስሎቫኪያ ክጠቓለል ይኽእል። ከም'ዚ ኸኣ በለ፤

እዚ ኣብ ልዕሊ ኤርትራ ክጸዓን ተቐሪቡ ዘሎ ፈደራል ቅርጺ መንግስቲ፡ ኣብ ናጻ፡ ቀጥታውን ዲሞክራስያውን መግለጺ ድሌት ክልተ ሉኣላውያን ሃገራት ዝተመስረተ ኣይኮነን። ብሓቂ፡ ጉልባብ ናይ ጉበጣ ንእሽቶ ኤርትራ ብሓንቲ ካብኣ እትዓብን ብብዝሒ ህዝቢ እትበልጻን ሃገር ኢዩ...። ወከልቲ ኢትዮጵያ ኣብ ክንዲ 16 ሚልዮን ተቐማጦ ኣብ ዝዛረቡሉም ሓገግቲ ኣካላትስ፡ ወከልቲ ናይ'ታ ሓደ ሚልዮን ዝህዝባ ኤርትራ ከመይ ዝመስለ ጽልዋ ክህልዎም ይኽእል፧ ኣብ ከም'ዚ ዝመሰለ ፈደረሽንን ኩነታትንከ ናይ ህዝቢ ኤርትራ መሰል ንናጻ ምዕባለ ብኸመይ ክሕሎ ኢዩ፧[16]

ኣብ'ዚ ናይ ሓፈሻዊ መጋባእያ ክትዕ፡ ተጣበቕቲ ናይ'ቲ ፈደራል እማመ ቃል ኣየሰመዑን። ኩሉ ውሽጠ-ውሽጢ ተዋዲዱ ስለ ዝነበረ፡ ምዝራብ'ውን ኣየድለዮምን። እቲ ኽትዕ ግን ኣዝዩ ሓያል ኢዩ ዝነበረ። ብዙሓት ገና መርገጺኣን ዘየነጸራ ሃገራት ስለ ዝነበራ ድማ፡ እማመ ኣመሪካ ብኸንደይ ድምጺ ከም ዝዕወት ፍሉጥ ኣይነበረን። ኣብ መንጎ'ዚ ኹሉ፡ ሚኒስተር ጉዳያት ወጻኢ

14. እ.ጽ. 1.
15. እ.ጽ. 1፡ ገጽ 175።
16. እ.ጽ. 1፡ ገጽ 175-176።

ኢትዮጵያ ኣክሊሉ ሃብተወልድ፡ ኣብ'ቲ መጋባእያ ተንሲኡ፡ ነቲ ሓሳባት ብዙሓት ወከልቲ ዘቖየረ ጉራሕ መደረኡ ሃበ። ሽዑ፡ ቅልውላው ኮረያ ኣዝዩ ተረሳሲኑ ነበረ። ኣክሊሉ፡ እቲ ቅልውላው'ቲ ብቐዳምነት ክስረዕ ከም ዘለዎ ኣመተ። በዚ ምኽንያት'ዚ ድማ፡ ሽሕ'ኳ እቲ ፈደራል ፍታሕ ጠለባት ኢትዮጵያ ዘየዕግብ እንተ ነበረ፡ "እዚ ዝካየድ ዘሎ ኣዝዩ ህጹጽ ኩነታት (ኮረያ) ኣብ ግምት ብምእታው፡" መንግስቲ ኢትዮጵያ ነቲ እማመ ብ "መንፈስ ምትዕራቕ" ክትቅበሎ ድልውቲ ምንባራ ገለጸ። "ብጥንቃቐ ክተኽብሮ፡ ንምትግባሩ'ውን ኩሉ ጻዕሪ ክተካይድ" ምኳና እናረጋገጸ'ውን ነዚ ዝስዕብ ዝተመርጸ ቃላት ኣስምዐ። ኣብ'ቲ ዝምስረት ፈደረሽን፡ ከኣ በለ፤

> ... ብዙሃን ወይ ውሁዳን፡ እስላም ወይ ክርስትያን፡ ናይ ቀደም ፖለቲካውያን ተጻባእቲ ወይ ጸላእቲ ክህልዉ ኣይኮኑን። ነዊሕ ዘመን ናይ ስደትን ስቓይን ኣወጊዶም፡ ኣብ'ዚ ተነቃፊ ሰዓታት'ዚ ነቲ ሕቡራት ሃገራት ዝተደኰነሉ ዓሚቕ ሓቅን ፍትሕን ዘጐልሕ ሓዲሽ ታሪኽ ንምጽሓፍ፡ ምሳና ምስ ኢትዮጵያውያን ዝተሓባበሩ ኤርትራውያንን ቀደም ጸላእቲ ዝነበሩ ኣዕሩኽን ጥራይ ኢዮም ክህልዉ።[17]

ኮነ ተባሂሉ፡ ልቢ ናይቶም ዘወላውሉ ወከልቲ ሃገራት ንምትንካፍ ዝተዘርበ ቃላት ኢዩ ነይሩ። ዕላማኡ ድማ ወቕዐ። ኣክሊሉ የማነ ጸጋም ተወደሰ። ወኪል'ታ ኣብ ፖለቲካዊ ኮሚተ ድምጻ ስሒባ ዝነበረት ኢራን፡ መደረ ኣክሊሉ፡ ነቲ "ኣገባብን ስርዓትን ኣማሊኡ ዘይሓለወ" ዝበሎ ናይ ምድማጽ መስርሕ ሽለል ንኽብሎ ከም ዝገበሮ ሓበረ፣ ነቲ እማመ ኸኣ ተቐበሎ።[18] ወኪላት ልብናንን ቺለን'ውን ብምኽንያት መደረ ኣክሊሉ ሒዘናኦ ንዝጸንሓ መርገጻት ገዲፈን ፈደረሽን ደገፉ። እቲ ኣክሊሉ ዘለዓዓሎ ስምዒት ክሳብ ክንደይ ከም ዝነበረ፡ በዚ ዝስዕብ ቃላት ወካሊ ልብናን ንግንዘብ፤

> ልኡኽና ሎሚ፡ ንዝጸንሐ እምነቱ በቲ ብሚስተር ኣክሊሉ ዝተሰምዐ ኣገዳሲ ቃላት ዝያዳ ኣጠናኺሩ፡ ነቲ ንድፌ ውሳነ ደጊፉ ከድምጽ ኢዩ። እቲ መግለጺ (ናይ ኣክሊሉ)፡ መንፈስ ናይ'ዚ ብሓፈሻዊ ባይቶ ዝጸድቕ ዘሎ ውሳነ ኣብ ግብሪ ክውዕል ምኳኑ ብምሉእነት ዘረጋግጽ ፖለቲካዊ ፕሮግራም ጥራይ ዘይኮነ፡ ከም ብሓደ ፍቱን መራሕን (ኣክሊሉ) ብሓደ ንፍትሕን ናጽነትን ዘለዎ ተኣማንነት እኹል ግብራዊ መረዳእታታት ዝሃበ መንግስትን (ኢትዮጵያ) ዝተዋህበ ናይ እምነት ቃል እውን ንወስዶ።[19]

ከም'ዚ ዝመሰለ ቃላት'ኳ እንተ ተሰምዐ፡ እቲ ንኣባላት ባይቶ ሕ.ሃ. ዝያዳ ዘሻቕሎም ዝነበረ፡ እቲ ኹሎም ቀዳምነት ዝህቡዎ ዝነበሩ ናይ ኮረያ ቅልውላው ነበረ። ውድብ ሕ.ሃ. ካብ ዝምስረት ገና ሓሙሻይ ዓመቱ ኢዩ ሒዙ ዝነበረ።

---

17. Amare Tekle, p, 331-332.
18. Ibid, p. 332.
19. Ibid, p. 334-5.

ዕድል ኤርትራን ቅልውላው ኮረያን ከኣ ከም ቀዳማይ ፈተናኡ ኣብ'ዛ ጊዜ'ዚኣ ተገተሮ። ብዙሓት ሃገራት፡ ነቲ ፌደራል ውጥን ምቕባለን ስኽፍክፍ የብለን ከም ዝነበረ ዘመልክት ቃላት ብወከልተን ይገልጻ ነይረን ኢየን። ወካሊት ቺሌ ንኣብነት፡ ልኡኻ ነቲ ፌደራል ውጥን ስለ ዝደገፈ፡ ንመትከል ርእሰ ውሳነ ህዝብታት ረሲዑ ወይ ክሒዱ ማለት ከም ዘይነበረ፡ እኳ ደኣ፡ ኣብ'ቲ መትከል'ቲ ዘይነቓነቕ እምነት ከም ዝነበሮ ኣረድኣት።[20] ብኻልእ ኣዘራርባ፡ "ንሎሚ ጥራይ እምበር፡ ኣብ ካልእ ጊዜስ ኣመንቲ መትከል ርእሰ ውሳነ ኢና" ከም ዝበለት ክቕጸር ይከኣል።

ኣብ ከምዚ ዝኣመሰለ ኣህጉራዊ ውዲት፡ ጸቕጢ ሓያላትን ውጡር ዓለማዊ ፖለቲካን መጻኢ ዕድል ኤርትራ ኣብ'ታ ሃገር ዘይኮነስ ኣብ ለይክ ሳክሰስ ንኽውሰን ንድምጺ ቀረበ። ስሪ'ቲ ሰንኮፍ ኣገባብ ኣመራምራ ኮ.ሕ.ሃ.፡ ሓቀኛ ድሌት ህዝቢ ኤርትራ ዘረጋግጽ ሓበሬታ ኣብ ቅድሚ'ቲ ባይቶ ኣይነበረን።

እቲ እማመ ብ2 ታሕሳስ 1950 ምስ ተደምጸ፡ 46 ሃገራት ኤርትራ ብፌደረሽን ኣብ ትሕቲ ዘውዲ ኢትዮጵያ ክትሓብር ኣድመጻ። 10 ተቓወማ፡ ኣርባዕተ ድማ ድምጸን ሰሓባ።[21] በዚ ድማ፡ እቲ ብስም "ፌደራል ኣክት" ወይ ፌደራል ብይን ዝፍለጥ ውሳነ 390 A(V) ናይ ባይቶ ሕ.ሃ. ጸደቐ። ስርዓት ፌደረሽን ኣብ መስከረም 1952 ክትግበር፡ ሕገ መንግስቲ ኤርትራ ዝነድፍን ነቲ ውጥን ኣብ ክንዲ ሕ.ሃ. ዝፍጽምን ሓደ ናይ ሕ.ሃ. ኮሚሽነር ከኣ ክስመን እውን ኣብ'ዚ መጋባእያ'ዚ ተወሰነ።

ህዝቢ ኤርትራን ፌደራል ብይንን

ፌደረሽን፡ ከም ሓሳብ፡ ኣብ ኤርትራ ሓዲሽ ኣይነበረን። ብ1946፡ ኣብ ዋዕላ ቤት ጊርጊስ ንኽዝረበሉ ተሓሊኑ ዝነበረ "ሕብረት ብውዕል" ፌደረሽን እኳ ኣይበሃል እምበር፡ ሓደ ተምሳሉ ነበረ። ሽዑ በርዒኑ ስለ ዝተረፈ ግን፡ ከም ህዝቢ ኤርትራ ባዕሉ ዘንቀሎ ሓሳብ ኣይቀጸለን። ርግጽ፡ እቲ ብብላታ መሓመድ ዑመር ቃዲ ዝምራሕ ዝነበረ ናጻ ኣልራቢጣ ኣልእስላሚያን ናይ ደግያት ኣብርሃ ተሰማ ሰልፊ ሊበራል ሕብረትን ሓደ መልክዕ ፌደረሽን ዝሓትት ሓሳብ ኢዩ ዘቕረበ። ከም'ቲ ኣቐዲምና ዝረኣናዮ ግን፡ እዚ ብምድፍፋእ ምምሕዳር ብሪጣንያ፡ ብፍላይ ድማ ብምትብባዕ ፍራንክ ስታፎርድ ዝኾነ እምበር፡ ከም'ቲ ናይ ቤት ጊርጊስ ፈተነ ካብ ተበግሶ ኤርትራውያን ፖለቲከኛታት ናይ'ቲ እዋን ዝተላዕለ ኣይነበረን።

በዚ ምኽንያት እዚ፡ ብመንጽር ድሌት ህዝቢ ኤርትራ ብምሉኡ ምስ እንርእዮ፡ ፌደረሽን ዝሓተተ ሚዛን ዝነበሮ ክፋል ኣይንረክብን። ብፍላይ ድሕሪ ፍሽለት ውጥን በቪን-ስፎርሳ፡ ሓይሊ ማሕበር ሕብረት ብርኡይ ተጓዲሉ ስለ ዝነበረ፡ ብዝወሓደ ካብ 70-75 ሚእታዊት ህዝቢ ኤርትራ ናጽነት ከም ዝመርጽ

20. Ibid, p. 335.

21. ሰ.ጋ. 9/431፡ 7 ታሕሳስ 1950። እተን ዝተቓወማ፡ ሕብረት ሶቭየት፡ ቤሎሩስያ፡ ፖላንድ፡ ቸኮዝላቫክያ፡ ኩባ፡ ሬፑብሊክ ዶመኒካ፡ ኤል ሳልቫዶር፡ ጓተማላን ፓኪስታንን ነበራ። ሽወደን፡ እስራኤል፡ ስዑዲ ዓረብን ኡራጓይን ድምጸን ሰሓባ።

ከም ቅቡል ተወሲዱ ነይሩ ኢዩ። እዚ ብሓያላት ዓለም ስለ ዘይተደልየ ግን፡ በቲ ድሮ ተዘርዚሩ ዘሎ ምኽንያታትን ኣገባባትን፡ እዚ ህዝቢ ኤርትራ ዘይተሓተተሉ ብይን'ዚ ብተጽዕኖ ተወሰነሉ።

እቲ ፈደራል ውሳነ ምስ ተወሰደ፡ ኣመሓዳሪ ኤርትራ ብሪጋደር ድሩ ባዕሉ፡ "ንተጻረርቲ ወገናት ዘዕግብ ትሕዝቶ ካብ ሃለዎ፡ እቲ ውሳነ ብሓቂ ኣተዓራቒ ዘይኮነስ እኽብካብ ናይ ፖለቲካዊ ሓሳባት ኢዩ፣ ኣብ ግብሪ ናይ ምትግባሩ እዋን ምስ ኣኸለ ድማ ንብዙሓት ሰባት ተስፋ ዘቝርጽ ኩነታት ክኸውን ኢዩ" ብምባል ኣባጨወሉ።[22]

ከምቲ ድሩ ዝበሎ፡ ኩሉ ወገን ነቲ ብይን ብብዝመሰሎን ብብረብሓኡን ጠሙቶን ተቐበሎን። በዚ ምኽንያት ድማ፡ ኣብ መንጎ'ተን ተጻረርቲ ማሕበራት ናይ ተቓውሞ ወይ ናይ ዘይምርግጋእ መንፈስ ኣይተራእየን። እቲ መንግስታዊ *ሰሙናዊ ጋዜጣ* ንኣብነት፡ ቀንዲ ትሕዝቶ ናይ'ቲ ውጥን ምስ ገለጸ፤

> እዚ ውሽጣዊ (ናይ ኤርትራ) መንግስቲ ግና፡ ኣብ ልዕሊ ናይ ወጻኢ ጉዳይ ኣገልግሎት ኮነ ኣብ ልዕሊ ኣገልግሎት ምምሕዳር ገንዘብ... ስልጣን ኮነ ሓላፍነት ኣይክህልዎን ኢዩ። እዚ ሰለስተ ዓበይቲ ኣገልግሎት እዚ፡ በቲ ኣብ ኣዲስ ኣበባ ኪቐውም ዘለዎ፡ ኤርትራውያንን ኢትዮጵያውያንን ማዕረ ኾይኖም ተኻፊልቲ ዝኾኑሉ ፈደራል መንግስቲ ኪምራሕ ኢዩ" በለ።[23]

እዚ መረዳእታ እዚ ግን ቅኑዕ ኣይነበረን። ምኽንያቱ፡ እቲ ብይን ንኤርትራ ደኣሉ ብፈደረሽን ናብ ኢትዮጵያ ዘሕብራ እምበር፡ ኢትዮጵያ ብተመሳሳሊ መገዲ ናብ ኤርትራ ንኽትሓብር ወይ ነዚ ንምፍጻም ኣብ ልዕሊ'ቲ ዝጸንሐ መንግስታዊ መሳርዓ ለውጥታት ክትገብር ዘገድዳ ኣይነበረን። ኤርትራ ደኣላ ናይ ገዛእ ርእሳ ባይቶን መንግስትን እተቐውም ዝነበረት እምበር፡ ምእንቲ ማዕርነት ኤርትራውያን ተባሂሉ ኣብ ኢትዮጵያ ዝትከል ካልእ ባይቶ ወይ መንግስቲ ኣይነበረን። እቲ ብይን፡ ኤርትራውያን ብመጠን ብዝሖም ኣብ ባይቶ ኢትዮጵያ ንኽሳተፉ ዘፍቅድ ዓንቀጽ ነይሩዎ። ሓደ ዕላማኡን ዕማሙን ብንጹር ዘይፍለጥ ካብ ኢትዮጵያን ኤርትራን ብዝተዋጽኡ ሓሓሙሽተ ወከልቲ ዝቐውም ፈደራል ቤት ምኽሪ ንኽህሉ ዘፍቅድ ክፋል እውን ነይሩዎ። እዝን ክንድኡን ግን ንኽብርን ጥምረትን መንግስቲ ኢትዮጵያ ዘይትንክን ንኣቃውማኡ ኸኣ ኣብ ዋጋ ዕዳጋ ዘየእቱን ኢዩ ዝነበረ።

ይኹን እምበር፡ እዚ ናይ *ሰሙናዊ ጋዜጣ* ኣተናትና ከም ዘረጋግጾ፡ ኣብ ኤርትራ ዝነበረ ዝዓብለለ መረዳእታ ሰግር'ቲ በዓል ኣመሪካ ዝሓለናኦ ጸቢብ ኣተራጕማ ፈደረሽን ዝኸደ ነበረ። በቲ ኣንጻሩ፡ ማሕበር ሕብረት ነቲ ኣምር ካብቲ ተሓሲቡ ዝነበረ ብዝጸበበ መገዲ ብምትርጓም፡ ዳርጋ ሕብረት ኢዩ ዝብል ጕስጓስ ከሰምዕ ተራእየ። ቀደሙ'ውን እንተ ኾነ፡ መራሕቲ ሕብረት ንፈደረሽን

---

22. BMA, Eritrea, Annual Report - 1950, p.6, par. 23.
23. ሰ.ጋ. 9/431፡ 7 ታሕሳስ 1950

ከም "መኹርመዩ" ስለ ዝወሰዱዎ፡ እቲ ውሳነ ኣብ ኤርትራ ምስ ተሰምዐ ድሮ ብሓሳቦምን ብቓላቶምን ክሳፍሑ ጀመሩ። ተድላ ባይሩ ካብ ለይክ ሳክሰስ ብዛዕባ'ቲ ውሳነ ዝገልጽ ቴሌግራም ንፕረሲደንት ሕብረት ደግያት በየነ በራኺ ምስ ለኣኹ፡ እዞም ዳሕረዋይ ገለ ኣባላቶም ኣኪቦም ነዚ ዝሰዕብ መደረ ገበሩ፤

ኤርትራ ምስ ኢትዮጵያ ሓንቲ ኢትዮጵያ ንዚብል ዕላማ መሰረት ገቢርካ ብዝተለዓልካ ኣብ ዓሰርተ ዓመት፡ መረብ ምላሽ ሃገርካ ጨሪሱ ኣብ ኢድ ባዕዲ ብዝኣተወሉ ድማ ኣብ 61 ዓመቱ፡ እነሆ በዚ ሎሚ መዓልቲ እዛ እትፈትዋ ኤርትራ ዓድኻ ብምሉኣ ከም ጥንታ ኣብ ሕቑፊ እናት ሃገራ ተመሊሳ ናይ ኢትዮጵያ ኣካል ኮይና ኣላ።

ድሕሪ ምባል፡ ነቲ ፌደራል ኣገባብ ኣመልኪቶም ድማ፤

... እንኳዕ ደኣ ኤርትራ ሃገርና ምስ እናት ሃገር ምስ ኢትዮጵያ እትሓብረሉ፡ ኣብ ትሕቲ ሰለስተ ዝሕብሩ ሰንደቕ ዕላማና እነጽልለሉ፡ ብግርማዊ ንጉስ ነገስትና ብቀዳማዊ ሃይለስላሴ እንምርሓሉ መንገዲ ተረኺበ እምበር፡ ናይ ዳሕረዋይ ንብረትና ነገር ኣብ ኢድና ስለ ዘኾነ፡ ክርስትያንና እስላምና ኩልና ብስምምዕ ክንዝትየሉ ዝክኣል ኢዩ።[24]

ብሓጺሩ፡ ንመራሕቲ ሕብረት ፈደረሽን መንጠሪ ናብ'ቲ ካብ ቅድም ዝጠልቡዎ ዝነበሩ ምሉእ ሕብረት እምበር ብዕቱብነት ዝውሰድ ካልእ ቍንቍኛ ኣይነበሮን።

ነቲ ውሳነ ኣዕቲቡ ዝረኣየ ወገን ቀ.ና.ኤ. ነበረ። ሓንቲ ኤርትራ ነቲ ውሳነ ኣብ ዝኣወጀትሉ መዓልቲ፡ "ሕዝቢ ኤርትራ፡ ንሃገሩ ባዕሉ ኺገዝእን ኬማሓድርን መሰልን ክእለትን ከም ዘሎዎ እዚ ናይ ሕቡራት መንግስታት ፍርድን ኣዋጅን ይእመነሉ" ድሕሪ ምባል፡ ናብቲ ዓወት ቀ.ና.ኤ፡ ዝበለቶ መዳይ ናይ'ቲ ውሳነ ኣተኲረት። ከም'ዚ ኺኣ በለት፤

በዚ ኸምዚ ዝበለ ፍርድን ኣዋጅን፡ እቲ ኣብ ልዕሊ ምሉእ ሕዝቢ ኤርትራን ሃገር ኤርትራን ኣንጠጥዩ ዚነብር ዝነበረ፡ ስልፊ ናጽነት ኤርትራ ንበይኑ ኣበርቲዑ እተዋግኦ፡ ሕይወትን ጥሪትን ከኣ ኣብዚሑ ዝሰውኣሉ ናይ "ምምቃል" ራዕድን ስንባደን ፈጺሙ ይቕንጠጥ።

... በቲ ናይ ሕቡራት መንግስታት ፍርድን ኣዋጅን፡ እቲ ዝለመናዮ ምሉእ ናጽነት ኤርትራ ከም ዘይተዋህበና ንፈልጥ ኢና፡ ግናኸ መሬት ኤርትራ ከም ዘይምቀል፡ ሕዝቢ ኤርትራ ድማ ኣብ ልዕሊ ሃገሩ ምሉእ ጕይትነቱ ኸም ዚምረቐሉ ምግባር ዝኸኣልና ንሕና ኢና'ሞ፡ እዚ ናይ ምሉእ ሕዝቢ ኤርትራ ዓወትስ ናትና ዓወት ኢዩ ንምባል መሰል ዘሎና ኾይኑ ይርኣየና።[25]

24. ኢትዮጵያ፡ 4/211፡ 3 ታሕሳስ 1950።
25. ሓንቲ ኤርትራ፡ ፍሉይ ሕታም፡ 5 ታሕሳስ 1950።

ኣይንፈላለ

ቀ·ሩብ መዓልታት ድሕሪ'ዚ፡ ፕረሲደንት ቀ.ና.ኤ. ራእሲ ተሰማ ኣስበሮም እውን ሕ.ሃ. ነቲ "ንሕና ወገን ሰልፊ ናጽነት ዝለመናየ፡ ብዙሕ ዓመታት ከኣ እተጋደልናሉ፡ ምሉእ ናጽነት" እኳ እንተ ዘየፍቀዱ፡ "ግናኸ ኤርትራ ከይትምቀል፡ ሕዝቢ ኤርትራ ድማ ኣብ ልዕሊ ሃገሩ ምሉእ ጉይትነት ኪረክብ ተበዩት ኢዩ'ሞ፡ ነዚ ዓወት እዙይ ዓወትና ክንገብሮ ምሉእ መሰል ኣሎና" በሉ። ብናይ ምትዕራቐ መንፈስ ድማ፡ ንኹሉ ወገን ነዚ ዝሰዕብ ጻውዒት ኣቕረቡ፤

እዚ ሎሚ ተረኺቡ ዘሎ ዓወት፡ ንኹላትና ኬርብሓና ኢዩ ዚግባእ። ብሳላ'ዚ ዓወት እዙይ፡ ኣንድነት ሃገርና ኣየቋረጸን፡ ሕዝብና'ውን ኣይተመቓቐለን። ነዚ ዓወት እዙይ፡ ብዙሓት ንሕይውቶም ኣሕሊፎም ከም ዝሃቡሉ ንዘኸር እሞ ነመስግን። ኩላትና ደቂ ኤርትራ ክርስትያንን እስላምን፡ ደቂ ቆላን ደቂ ደጋን፡ በዚ ኣብ ማእከልና ዘሎ ናይ ሃይማኖት ምፍልላይ ከይተዓንቀፍናን ከይተሰርንቐናን፡ ናይ ሃገርና ኣንድነት፡ ናይ ሕዝብና ሕብረት ከየቋርጽ ኢልና ክሳዕ ክንድዚ ብምግዳልና ንምልእቲ ዓለም ኣገሪምናያ ከም ዘሎና እተረጋገጸ ኢዩ።[26]

በዚ ድማ፡ ከም ደግያት በየነ፡ ራእሲ ተሰማ'ውን ማሕበሮም ምስ'ቲ ዝመጽእ ኮሚሽነር ሕ.ሃ. ክተሓባበር ጸውዑ። እዚ ግን ናይ መራሕቲ ዘረባ ነበረ። ውርድ ኢሉ ኣብ ህዝቢ ግን ምፍሕፋሕ ኣይነበረን ኩብሃል ኣይክኣልን። ነዚ ዝምልከት ዓንቀጻት'ውን ኣብ'ቲ ኣብ ዝሰዓበ መዓልታት ዝወጽእ ዝነበረ ዓምድታት ጋዜጣታት ይርአ ነይሩ ኢዩ።[27]

ብሪጣንያዊ ምምሕዳር ኤርትራ ብወገኑ፡ እቲ ፈደራል ውጥን ብኹሉ ህዝቢ ቅቡል ንክኸውን ጉስጓሳቱ ኣካየደ። ኣመሓዳሪ ብሪጋደር ድሩ እውን ነዚ ዝምልከት ሰፊሕ መግለጺ ንህዝቢ ኤርትራ ዘርግሐ። ንለንደን ኣብ ዘመሓላለፎ መልእኽቲ፡ ብሪጋደር ድሩ ንፈደረሽን ክቃወም ዝኽእል ቀንዲ ክፋል ምዕራባዊ ቆላ ከይኮነ ከም ዘይተርፍ ኣመልከተ።[28] ነዚ ዘረጋግጽ ጉሉሕ ነገር ግን ኣብቲ እዋን'ቲ ይርአ ኣይነበረን።

ሓደ ምስ ውሳነ ፈደረሽን ክዝሕል ትጽቢት ዝተገብረሉ ጉዳይ፡ እቲ ብፍላይ ንገጠራት ኤርትራ ዝህውኽ ዝነበረ ሸፍትነት ኢዩ። ንብዙሓት ሸፋቱ ግን፡ እቲ ተግባራት ዘረፋን ዓመጽን ምንጪ ሃብትን መነባብሮን ኮይኑ ስለ ዝነበረ፡ ክቋርጽዎ ኣይተራእዩን። ክሳብ እዋን ፈደረሽን እውን ቀጸለ።

ብሓፈሻኡ ግን፡ እቲ ናይ ፈደረሽን ውጥን ኣብ ኤርትራ ሓደ ሓዲሽ ፖለቲካዊ ሃዋህው ፈጠረ። ዓይነት ናይ'ቲ ቓልሰን ምጉትትን እውን፡ ኣብ ውሽጢ'ቲ ፈደራል ብይን ዝፈቐዶ መሰላት፡ ብጽሒት ኤርትራ እንታይ ይኹን፡ ይዕበዶ ይንኣስ ናብ ዝብል ኣምርሐ። እዚ ድማ፡ ንሓዲሽ ኣረኣእያን ኣገባብ ቃልስን ከምኡ'ውን ንሓድሽ ኣሰላልፋ ፖለቲካዊ ሓይልታት መገዲ ከፈተ።

---

26. ሓንቲ ኤርትራ፡ 1/51፡ 6 ታሕሳስ 1950።
27. ሓንቲ ኤርትራ፡ 1/53፡ 20 ታሕሳስ 1950። ንኣብነት ኣብ'ዛ ሕታም እዚኣ፡ መንእሰይ ጸሃየ ኣብርሃ፡ ኣባል ቀ.ና.ኤ.፡ ኣብ መንጎ ብዙሓት ሰባት "ንሕና ረቲዕና፡ ንሕና'ባ" ዝብል ምስሕሓብ ይርአ ከም ዝነበረ፡ ኣብ ክንድኡ ግን መናእሰይ ናጽነትን ሕብረትን ሓደ ክለብ መሰሪቶም ክዝትዩ ዝጽውዕ ጽሑፍ ኣውጽአ።
28. FO 1015/527, Drew to FO, London, 13 December 1950.

መደምደምታ

ጉባኤ ሰላም

እቲ ናብ ፈደራል ብይን ባይቶ ሕ.ሃ. ዘብጽሐ፡ ካብ 1941 ክሳብ 1950 ዝጸንሐ ቀዳማይ ምዕራፍ ፖለቲካዊ ቃልሲ ህዝቢ ኤርትራ፡ ሓደ ንመንፈስ እቲ ተበጺሑ ዝነበረ ፍታሕ ዘንጸባርቕ መዛዘሚ ኣድለየ። በዚ መሰረት ድማ፡ ካብ ክልቲኡ ወገን፡ ሕብረትን ናጽነትን ብዝፈልፈለ ሓሳባትን ብዝተገብረ ዘተን፡ ሓደ ናይ ሰላም ጉባኤ ክግበር'ሞ ናይ ሰላም ጒደና ክንጸፍ ኣብ ስምምዕ ተበጽሐ። በዚ መሰረት ድማ፡ ኣብ ናይ ኣስመራ ሲነማ ኢምፐሮ ኣስታት 4000 ህዝቢ ብውሽጥን ብግዳምን ተኣኪቡ'ሞ፡ እቲ ናይ ሰላም ጉባኤ ብ31 ታሕሳስ 1950 ተኻየደ።

ኣብ'ዚ ሰበ ስልጣን ምምሕዳር፡ ቆንስላት ኢጣልያ፡ ኣመሪካን ኢትዮጵያን፡ ከምኡ'ውን ኩሎም መራሕቲ ሃይማኖት ኤርትራን ዝተረኸቡሉ ጉባኤ፡ ራእሲ ተሰማ ናይ ናጽነትን ራእሲ ኪዳነማርያም ናይ ሕብረትን "ብድሕሪ ሓያሎ ዓመታት ፖለቲካዊ ምፍልላይን ምርሕሓቕን ከም ክልተ ብርሑቕ መገሻ ተፈላልዮም ዝነበሩ ኣሕዋት ኪተሓቛቘፉን ኪሰዓዓሙን ብምርኣይ፡ ንቶም በሽሓት ዝቑጸሩ ተዓዘብቲ ኣሰላምን ክርስትያንን፡ ንልቦም ምድንፋቕን ሓጒስን ነዒንቶም ከኣ ንብዓት መልአ" ክትብል *ሓንቲ ኤርትራ* ጸሓፈት።

እቲ ናይ ሕ.ሃ. ውሳነ ምስ ተፈልጠ፡ ሰልፊ ወይ ቀጽሪ ናጽነት ኤርትራ ተኣኪቡ ስሙ ናብ "ደሞክራስያዊ ሰልፊ ኤርትራ" (ዴ.ሰ.ኤ.) ቀዪሩዎ ነይሩ

ጉባኤ ሰላም ኣብ ሲነማ ኢምፐሮ፣ ሙፍቲ ኢብራሂም ሙኽታር መደረ እናሰምዑ። ራእሲ ተሰማን ራእሲ ኪዳነማርያምን ጎድኒ ጎድኒ ተቐሚጦም ይራኣዩ።

ኢዩ። እዚ ድማ፡ እቲ ናይ ናጽነት ቃልሲ ከም ዝተወድአ፡ ገና ግን ናይ ዴሞክራሲ ስራሕ ከም ዝተረፈ ንምብራህ ብሓደ ወገን፡ በቲ ኻልእ ድማ ከም መርኣያ ጽቡቕ ድሌት ዝተገብረ ነበረ። ኣብ'ዚ ጉባኤ ሰላም፡ ሕጂ'ውን ዋና ጸሓፊ ዴ.ሰ.ኤ. ኾይኖም ዝተመርጹ ሸኽ ኢብራሂም ሱልጣን ሰፊሕ መደረ ኣሰሙዑ።

መደረ ሸኽ ኢብራሂም፡ ናይ ኣጉል ተሰፋ ወይ ናይ ቃል ዓለም ኣይነበረን። በዚ ቃላት'ዚ ድማ ጀመሩዎ፤

እቶም ብዛዕባ ፖለቲካዊ ዕድል ኤርትራ ነንበይኑ ብዝኾነ ሓሳብ ተፈላልዮም ዝነበሩ ኣሕዋት፡ ሎሚ እቲ ጥንታዊ ሕውነቶም ተመሊሱዎምሲ እንደገና ኪተሓቋቈፉ ብምርኣይ ከመይ ዝበለ ደስታ ንልብና ይመልኦ ኣሎ።

ግናኸ፡ እቲ ብሰንኪ ንሓድሕድና ዘይምቕብባልን ዘይምስምማዕን ዓሰርተ ዚኣክል ዓመት በብወገንና እተሰቁርናዮን ዝሓዘንናዮን ሓዘንሲ፡ ሎሚ ኣብ ሓንቲ ቤት ብምእካብና ጥራይ ከም ግመ ኣብ ቅድሚ ጸሓይ መኺኹን በኒኑን ዚጠፍእ፡ ንሱ ኸኣ ከምኡ በኒኑ ድሮ ጠፊኡ ኢዩ እናበልና እንተ እንዛረብ፡ ከምዚ ዝበለ ቃልና ሓቀኛን ንጹሕን ኮይኑ ክርከብ ኣይምተኻእለን። ግናኸ፡ በቲ ሓደ ወገን እንተ ተዓዚብናዮ ኸኣ፡ እዚ ናይ ሎሚ ኣኼባና ወይ ከኣ ጉባኤና፡ ኤርትራውያን ኩሎም ብሰላምን ብእውነትን ኪነብሩሉ ዘሎዎም፡ ናይ ኩላቶም ቤትን ሓዳርን ዚምስረተሉ ጉባኤ ኽም ዝኾነ ክንእመኖ ዚግብኣናን ዚክኣለናን ኢዩ።

ሸኽ ኢብራሂም ቀጺሎም፡ ብይን ሕ.ሃ. ድሌት ኩሉ ሸነኽ ከም ዘየማልአ ገለጹ'ሞ፡ ይኹን እምበር ነቲ ብይን "ብቕንዕናን ሓቅን ክንፍጽም ከም ዝመደብና ከነፍልጥ ንደሊ...። ከምዚ ዝበለ ቅንዕናን ሓቅን ኣብቶም ካልኦት ዕድል ኤርትራ ዝግድሶም ወገናት እውን ኪርከብ ድማ ዜድልን ዚግባእን ኢዩ" በሉ። ማሕበሮም ምስ'ቲ ክመጽእ ዝተባህለ ኮሚሽነር ሕ.ሃ.ን ምስ ምምሕዳር ብሪጣንያን ክተሓባበር ድሉው ከም ዝነበረ'ውን ኣፍለጡ።

ማሕበሮም፡ ሓዲሽ ብይን ንምዕዋት ንዘለዎ ጽቡቕ ድሌት ድማ ብኸምዚ ገለጹዎ፤

ንሕና እዞም "ሰልፊ ናጽነት ኤርትራ" እንብሃል ወገን፡ ነቲ ብሕቡራት መንግስታት እተፈጸመ መደብ ንምዕዋት፡ ነዚ ስምና፡ "ደሞክራስያዊ ኤርትራዊ ሰልፊ" ናብ ዚብል ሓዲሽ ስም ብምልዋጥ ሓዲሽ ስጉምቲ ከም ዝሰጐምና ብግብርና ከነርኢ ጀሚርና ኣሎና።... ናይቲ ብሓርነት ዚግለጽ ድምጺ ወይስ ሃረርታ ሕዝቢ ኤርትራ መግለጺ ኽም ዚኸውን ከኣ ዝተረጋገጸ ኢዩ። እዚ ሰልፊ'ዚ፡ ከምቲ ብሕቡራት መንግስታት ተመዲቡ ዘሎ ንኤርትራ ብፌደራል መንገዲ ምስ ኢትዮጵያ ንምስምማዕ፡ ብቅዉም ነገርን ብሓቅን ኪጋደል ኢዩ። ብዛዕባ'ዚ ፌደራል ምስምማዕ፡ እተን ካልኦት ማሕበራት ከኣ፡ ከምዚ ናትና ዝበለ ቅዉም ነገርን ሓቅን ክህልወንን ኬርእያን ሃረርታናን እምነትናን ንገልጽ።[29]

29. ሓንቲ ኤርትራ፡ 1/55፡ 3 ጥሪ 1951።

ሸኽ ኢብራሂም መቸም ምስ ጊዜ ናይ ምጕዓዝን ኣርሕቕ ኣቢልካ ናይ ምርኣይን ክእለት ዝተዓደሉ ዝተማልኡ ፖለቲከኛ ከም ዝነበሩ እንግሊዛውያን ባዕሎም ዝእመኑሉ ዝነበሩ ጉዳይ ኢዩ። እቲ ቓልሲ ናይ ናጽነት ኣብቂዑ፡ ብቓልሲ ናይ ዴሞክራሲ ከም ዝተተክእ'ሞ፡ ኣብ'ዚ ሓዲሽ ዕማም'ዚ ምትሕብባር ናይ'ቲ ኻልእ ወገን ንምስማር ኢዮም ከኣ ክንድ'ዚ ዝተላበዉ።

ኣብ'ዚ ጉባኤ ሰላም፡ ብስም'ቲ ኻልእ ወገን፡ ማለት ብስም ሕብረት ዝተዛረቡ፡ ኣብ'ዚ ጊዜ'ዚ ናይ ማሕበር ሕብረት ጸሓፊ ዝነበሩ ኣዝማች ዘርኣም ክፍለ ነበሩ።[30] ኣዝማች ዘርኣም እውን ናይ ዕርቅን ሕውነትን ቃላት ኣስመዑ። ነታ ናይ ጉባኤ ዕለት "መዓልቲ ኤርትራ" ንስመያ ድሕሪ ምባል'ውን፡ ንኹሎም'ቶም ኣብ ኤርትራ፡ ኣብ'ቲ ዝሓለፈ ዓሰርተ ዓመታት ካብ ኩሉ ወገን ህይወቶም ዝሰፈሉ ኤርትራውያንን ደቂ ወጻእን ከም ሰማእታት ክቝጸሩ ሓተቱ። ንሓድነት ከኣ ጸውዑ፤

ዝኾነ ኾይኑ፡ እቲ ኣብ ውሽጥና ተፈጢሩ ዝነበረ ምስሕሓብ ናይ ኣሕዋት ደቂ ሓደ ሃገር ምስሕሓብ ስለ ዝኾነ፡ ከምቲ ኣቐዲምና ዝበልናዮ፡ ፍሬኡ ጸቢቑ፡ ናይ ኤርትራ መጻኢ ዕድል ብዝርኢ ጉዳይ እነሆ ንኹልና ዚኣክል፡ ኣብ ሓደ ዓዲ፡ ኣብ ሓደ ዘውዲ ዚእርንብ መደብ ፈጢሩልና ኣሎ።

....እቲ መደብ .... ቅድሚ ኹሉ ካባና ካብ እዞም ወገናት ዚጥይቕ "እንታይ ኮን ይኸውን!" እንተ በልና፡ ነቲ ዝሓለፈ እምኒ ኣንቢርና ኣብ ናይ ሃገርና ታሪኽ ሓዲሽ ምዕራፍ ምኽፋት ከም ዝኾነ ንርዳእ። እምበኣርከስ፡ ኣቐዲምና ኣሕዋት ኢና'ሞ እቲ ሕውነትና ሎሚ እውን ንሓድሶ።

ጉባኤ ሰላም ኣባ ኪዳነ ካብ ካቶሊካዊት ቤተክርስትያን መደረ እናስመዑ።

30. ደግያት ዘርኣም ክፍለ ሓደ ካብ መስረትትን ላዕለዎት ሓለፍትን ማሕበር ሕብረት ኮይኖም፡ ብጊዜ ጥልያን ኣብ ዝተፈላለየ ሓላፍነታት ዘገልገሉ ነበሩ። (Che e dell' Eritrea, p. 302)

በዚ ድማ፡ ኣዝማች ዘርኦም ንሕብረትን ንሓድነትን ጸውዑ። ከም ሸኽ ኢብራሂም ድማ፡ ኑቶም ገና ኣብ ናዕቢ (ሸፍትነት) ዝነበሩ ብሰላም ዓዓዶም ክኣትዉ፡ ድሕሪ'ቲ ናይ ሰላም ጉባኤ'ቲ ብሰንኮም ዝጠፍእ ህይወት ወይ ንብረት ኤርትራውያን ከም ጸላእቲ ኩሉ ህዝቢ ከም ዘቑጽሮም ኣገንዘቡ።[31]

ንመደረ እዞም ክልተ መራሕቲ ጥልቕ ኢልና ምስ እንምርምር ጥራይ ኢና ፍልልይ እንርኢ እምበር፡ ብኣጠቓላሊ ብዛዕባ ዕርቅን ሰላምን ኢዮም ተዛሪቦም። እቲ ፍልልይ ሸኽ ኢብራሂም ብዝያዳ ኣብ መሰላት ህዝብን ዴሞክራስን ምጽቃጦም፡ ኣዝማች ዘርኦም ድማ በቲ ተፈጢሩ ዝነበረ ሓድነት፡ "ኣብ ትሕቲ ሓደ ዘውዲ ምዃን" ምትኳሮም ነበረ። ሸኽ ኢብራሂም ንኣብነት፡ ንመደረኦም በዚ ቃላት'ዚ ኢዮም ደምዲሞሞ፡ "ናይ ሃገርና ልምዓትን ኣንድነትን ካብ ሰላም ኢዩ ዚርከብ እሞ፡ ነዚ ኸምዚ ዝበለ ናይ ሰላም ሃረርታን ገድልን እግዚኣብሄር ይባርኮ።"

መዛዘሚ ዘረባ ኣዝማች ዘርኦም ድማ እዚ ነበረ፤ "ኣብ ትሕቲ በትረ መንግስቲ ናይ ግርማዊ ንጉስ ነገስትና ቀዳማዊ ሃይለስላሴ፡ ኢትዮጵያን ኤርትራን ስልጣኔን ምዕብልናን ኪረኽባ ትምኒትና ንገልጽ።"[32]

ኣብ'ዚ ኽልቲኡ መደምደምታታት፡ ነቲ ፌደራል ብይን ሕ.ሃ. ፈጢሩዎ ዝነበረ ዘይብሩህ ኩነታት ዝሓቑፍ ሓሳባት ንረክብ። ሸኽ ኢብራሂም ገና ብዛዕባ ኤርትራ ከም ሃገር፡ ከም ሓንቲ ኣሃዱ ኢዮም ዝሓስቡ ዝነበሩ። ሰላማን መሰላታን ከኣ ኢዩ ዝያዳ ዘገደሶም። ኣዝማች ዘርኦም ድማ፡ እቲ ዘውድን ንጉስ ነገስትን ቀንዲ ጠማሪኦም ብምዃኑ'ኳ ዝድሰቱ እንተ ነበሩ፡ ንኢትዮጵያን ኤርትራን ከም ሓደን ዘይፈላለያን ኣካላት ምቑጻር ከኣ ዘጸግሞም ዝነበረ ይመስሉ። ብኻልእ ኣዘራርባ፡ "ሓንቲ ኢትዮጵያ" ክብሉ ጸኒሖም፡ "ኤርትራን ኢትዮጵያን" ብምባሎም፡ ብውሑዱ ንመትከል ፌደረሽን ከኽብሩ ክብሉ ነቲ ሓሳብ ባዕሉ ዝቐበሉ ዝነበሩ የምስሎም። ካብ'ዚ ጊዜ'ዚ ጀሚሮም፡ ሓያሎ መራሕትን ደገፍትን ሕብረት፡ ኣብ መንግ'ቲ ዝጭርሑሉ ዝነበሩ ድሌት ሓንቲ ኢትዮጵያን እቲ ፌደራል ኣገባብ ክህብ ዝረኣዩ ሓደሓደ ፍሉይነትን ሓለፋታትን ክቐርቀሩ ጀሚሮም ነይሮም ኢዮም።

እዚ፡ ባህርይ ናይ'ቲ ሰንኮፍ ኣቃውማ'ቲ "ፌደረሽን" ዝፈጠሮ ዝተደናገረን ዝተገራጨወን ኣተሓሳስባን ኣቀባብላ ናይ'ቲ ውጥንን፡ ንናይ ዝመጽእ ዓሰርተ ኽልተ ዓመታት ፖለቲካዊ ህይወት ኤርትራ ዓብለሎ። እቲ ኣክሊሉ ሃብተወልድ ኣብ ባይቶ ሕ.ሃ. ዝሃቦ ሙብጽዓ ብዘየገድስ፡ ንመንግስቲ ኢትዮጵያ እቲ ፌደራል ምትእስሳር መሰጋገሪ ንጉብጣ ኤርትራ እምበር ካልእ ትርጉም ኣይነበሮን። ከምቲ ኣብ መዛዘሚ ዘረባ ኣዝማች ዘርኦም ዝረኣናዮ ግን፡ እቲ ፌደረሽን ሒዙዎ ዝመጸ ደሞክራሲያዊ ኣምራትን ባህልን ኣብ መላእ ኤርትራ፡ ኣብ መንጎ ብዙሓት መራሕትን ደገፍትን ሕብረት ዝነበሩ ከይተረፈ፡ ናይ ጣዕሳን ኣተሓሳስባን ለውጢ ኣምጺኡ ኢዩ። እዚ ግን፡ ኣብ ዳሕረዋይ መድረኽ ታሪኽ ኤርትራ ዝመጽእ ኣብኡ ዝግለጽን ኢዩ።

31. እ.ጽ. 1 ርአ።
32. እ.ጽ. 1 ርአ።

ናብ ጉባኤ ሰላም ንመለስ። ኣብኡ፡ እዚ ዝስዕብ ኣዋጅ ኣብ ኩለን ጋዜጣታትን ብሰም ኩለን ፖለቲካዊ ማሕበራትን ንኽዝርጋሕ ተወሰነ፤

1. ነቲ ንኤርትራ ናብ ኢትዮጵያ ብፌደራዊ መንገዲ ኬእቱ ብላዕለዋይ ባይቶ ሕ.መ. ተመዲቡ ዘሎ መደብ ብምሉእ፡ ንቅዉም ነገሩን ንሓሳቡን ንኣገባቡን ኣኽቢረን ኣብ ግብሪ ኽም ዚውዕል ምግባር፡
2. መ. ኤርትራ ንምትካል (ወይስ ንምሕናጽ) ኪግበር ኣብ ዘለዎ ዕዮ፡ ብምስሌነ ሕ.መ. ብምሉእን ብሓቅን ምድጋፍ፡
3. ኣብ'ዛ ሃገር ጸጥታን ስርዓትን ምእንቲ ኺርከብ፡ ነዚ እንግሊዛዊ ስልጣን ምምሕዳር፡ ኣብቲ ተዋሂቡዎ ዘሎ ናይ ሓለዋ ጸጥታ መዙ ምሕጋዝን ምትዕያዩን፡
4. ምሉእ ሓይልን ክእለትን ናይ ኩሎም ኤርትራውያን ሓቢሩን ተሰማሚዑን፡ ብዝሓጸረ ጊዜ ንናይ ሕዝቢ ኤርትራ ልምዓትን ዕብየትን ስለ ኪኽትትን ኪጋደልን መብጽዓ ምውሃብ።[33]

ከም'ዚ ኢሉ፡ ህዝቢ ኤርትራ ናብ'ቲ ፈደረሽን ናይ ምምስራት ምድላዋት ኣተወ። ነዚ መሰጋገሪ ጊዜ'ዚ እውን መንግስቲ ብሪጣንያ ብሓላፍነት ክትስከሞ ስለ ዝተወሰነ፡ ክሳብ'ቲ ክፍጸመሉ ዝተባህለ ዕለት፡ ማለት 13 መስከረም 1952 ከም ኣመሓዳሪት ከም እትጸንሕ ተገብረ። ብ9 ለካቲት 1951፡ ኮሚሽነር ሕ.ሃ. ኣብ ኤርትራ ኾይኑ ዝተመዘዘ፡ ኣብ ባይቶ ሕ.ሃ. ከኣ ናይ ቦሊቭያ ኣምባሳደር ዝነበረ ኣንስ ማቴንሶ፡ ስርሑ ንምጅማር ኣሰመራ ኣተወ። ዕማሙ፡ ነቲ ፈደራል ብይን ኣብ ግብሪ ንምውዓል ኩሉ ዘድሊ ነገራት፡ ቅዋም መንግስቲ ኤርትራ ምንዳፍ፡ ምስ ኢትዮጵያ ዝህሉ ዝምድናን ርክባትን ምንጻር..... ወዘተ ነበረ።

* * *

ኣብ 1940'ታት፡ ኣብ ኤርትራ ክልተ ታሪኻት ኢዩ ጉድኒ ንጉድኒ ዝኸይድ ዝነበረ ክንብል ንኽእል። እቲ ቐዳማይ፡ እቲ ህዝቢ ኤርትራ ይኸውን ኣሎን ክኸውን ኣለዎን ኢሉ ዝጸዓረሉ ኢዩ። እዚ ምናልባት ዝተፈላለየ መልክዓት፡ ማለት ቃልሲ ንናጽነት፡ ጠለብ ንሕብረት ምስ ኢትዮጵያ፡ ሕቶ ንምምላስ ኢጣልያ...፡ ሒዙ ነይሩ ይኸውን። ብምሉኡ እዚ ዝንባለታት እዚ፡ እቲ ናይ ሕብረትን ሻራ-ኢጣልያን እውን፡ ካብ ህዝቢ ኣይነቐለን ክንብሎ ኣይንኽእልን - ኩሉ ብሓደ ድምጺ፡ ንናጽነት ስለ ዘይተሓተተ፣ እንተስ ብምኽንያት ታሪኻዊ ምትእስሳር፡ እንተስ ብረብሓ'ውን ኣብ መንጎ ኤርትራውያን ድሌት ኢትዮጵያ ወይ ኢጣልያ'ውን ስለ ዝነበረ። እዚ ኹሉ ብሓደ ተጠሚሩ፡ ከም ቃልሲ ወይ ጠለብ ህዝቢ ክርአ ይክኣል። ካብ'ዚ፡ እቲ ናይ ናጽነት ድሌት ዝሓየለን ዝዓበለለን ምንባሩ ግን ኣብ ብዙሕ ኣጋጣሚ ምስናይ መረዳእታኡ ርኢና ኢና።

33. እ.ጽ. 1 ርአ። ከምኡ'ውን ሰ.ጋ. 9/435፡ 4 ጥሪ 1951 ርአ።

እቲ ኻልኣይ ግን፡ ነዚ ዝተባህለ ኹሉ ኣብ ግምት ዘየእቱ፣ ብኣንጻሩ'ኳ ደኣ፡ እንተ ኸኣለን ኣብ ዘድለዮን ንዕኡ ከም መሳርሒ ዝጥቀም፡ ናይ ምዕራባውያን ሓያላት፡ ብፍላይ ናይ ኣመሪካን ብሪጣንያን ጓዕጻጽን ኣብ ገዛእ ረብሓኦን ዝተመርኰሰን ፖለቲካዊ ጸወታ ኣብ ልዕሊ ሓንቲ ድኻምቲ ሃገር ነበረ። ኣብ'ዚ ብኣኦን ዝተሳእለ ሓፈሻዊ ስእሊ'ዚ፡ ኤርትራ ትኹን ህዝባ ዝነኣሰ ግምትን ቦታን'ውን ኣይተዋህቡን። ከምቲ ብሪጋደር ድሩ ዝበሎ፡ እቲ ፈደራል ብይን ብዝያዳ ረብሓታተን ዘሐሉ፡ ንሸዑ ግን ንኹሉ ኤርትራዊ ድሌታት ዘለዓዓለ ዝመስል ትሕዝቶ ኢዩ ዝነበር። ኣብ መወዳእታኡ ክቡር ዋጋ ዝኸፈለ ግን እቲ ኤርትራዊ ኾነ። ሸዑ ዝጀመረ ቃልሲ ንናጽነት፡ ልክዕ ኣብ ሓምሳ ዓመቱ፡ ብ1991 ኢዩ ተዓዊቱ። ጠንቂ ናይ'ቲ ኣብ'ዚ መስርሕ'ዚ ዝተኸፍለ ዋጋ፡ እዚ ብምድፍፋእ እዘን ሓያላት ኣብ መጋባእያታት ሕ.ሃ. ዝተወሰደ፡ ዝበዝሕ ህዝቢ ኤርትራ ዘይደለዮን ዘይተሓተተሉን ግድነታዊ ሕብረት ምስ ኢትዮጵያ ምንባሩ ምዝንጋዕ ኣይግባእን።

ኩሉ ነቲ ሓላፍነት ናብ ወጻኢ ኣዝቢልካ ብኡ ምድምዳሙ ግን ቅኑዕን ምሉእ ሓቅን ኣይከውንን። ናይ ሸዑ መራሕትን ፖለቲካዊ ማሕበራትን ኤርትራ'ውን ነቲ ሓቀኛ ድሌት ህዝቢ ብዝግባእ መርሚሮምን ተረዲኦምን ምስኡ ዝዳረግ ናይ ኣወዳድባን ኣገባብ ቃልስን መደብ ኣየውጽኡን። ብፍላጥ ከኣ ኣይኮነን። እቲ ዓቕሚ ኣይነበረን። እቲ ደረጃ ብስለት ኣይተጠርየን። ንህዝቢ ብሓሳብን ብመትከልን ክንዲ ምጥማር፡ ናይ'ቲ ጊዜ ኣገባብ ብወገን፡ ሃይማኖት ይኹን ኣውራጃን ቀቢላን ከም ዝሰዕቦካ ምግባር ኢዩ ዝነበረ። እዚ ድማ ነቲ ደሓር እናጐልሐን እናሓየለን ዝኸደን ሕጂ'ውን ዝኸይድ ዘሎን ታሪኻዊ ጥምረት ህዝቢ ኤርትራ ከዳኽሞ ተራእየ። ኢትዮጵያን ብሪጣንያን ናብ ህዝቢ እናኣተዋ ፖለቲካዊ ሃንፋት ዝፈጥራሉ ዕድል'ውን ፈጠረለን። እዚ፡ ናይ'ቲ እዋን'ቲ ትምህርቲ ኢዩ።

ፈደረሽን ንሕቶ ህዝቢ ኤርትራ ፍታሕ ኣይነበረን። ብፍላይ እቲ ናይ ናጽነት ወገን ድማ ከም ፍታሕ ኣይተቐበሎን። ምናልባት፡ ነዚ ኣቶ ወልደኣብ ብዝበለጸ ገሊጾሞ ይኾኑ። ከም'ዚ ድማ በሉ፤

> ውሳነ ፈደረሽን፡ ሓደ ዓቢ ጥልመት ወድ ሰብ፡ ሓደ ዓቢ ጥፍኣት ዓበይቲ መንግስታት ንናኣሽቱ መንግስታት ኮይኑ ይርኣየኒ። ስለምንታይ፡ ህዝቢ ኤርትራ ከይፈለጠ፡ ከይተጠየቐ፡ ብድሕሪኡ፡ ብጽቡቕ እምነት እናተጸበየ እንከሎ ብሓይሊ ዝኾነ ምትላል ወይ ጥልመት ኢዩ።
>
> (እቶም ናይ ናጽነት ወገን ድማ) ብኣዝዩ ዘጉሂ፡ ኣዝዩ ዘሕዝን መንገዲ ርእዮሞ። ግን፡ ፈደረሽን ኪሕሰሙ ኣይከኣሉን። ፈደረሽን ምሕሳም ማለት ኣብ መንጎ እስላምን ክርስትያንን ውግእ ምፍጣር፡ ሸፍትነት ኣብ ዓወት ከም ዘበጽሕ ምግባር፡ ብኤኮኖምያዊ መንገዲ ኤርትራ ከም ትወድቕ፡ ከም ትጠፍእ ምግባር ኢዩ ዝነበረ።[34]

34. ወልደኣብ ወልደማርያም፡ ቃለ መጠይቕ፡ 1987።

እቲ "ፈደራል" ዝተሰየመ ውጥን እምበኣር፡ ክሰርሕ ክም ዘይክእልን ነባርነት ንኽህልዎ ክም ዘይተወሰነን ብብዙሓት ኤርትራውያን ይፍለጥ ነይሩ ኢዩ። ስለ'ዚ፡ ከምቲ ኣቶ ወልደኣብ ዝበሉዎ፡ ብፍላይ እቲ ናይ ናጽነት ክፋል፡ ነቲ ውሳነ ብጓሂን ስክፍታን ኢዩ ዝተቐበሎ። ፈትዩን ረድዩን ዘይኮነስ፡ ምስ ዕቃበታቱን ናይ ናጽነት ድሌቱ ከይሰውኣን ኢዩ ዝኣተዎ። ብርግጽ ድማ፡ እዚ ጓሂ፡ ስክፍታን ዕቃበን'ዚ፡ መንጸፍን መበገስን ናይቲ ኣብ ዝቐጸል መድርኽ ፈደረሽን ብዘገምታ ዝዓበየን ኣብ 1960'ታት ከኣ ናብ ብረታዊ ገድሊ ዝተሰጋገረን ናጽነታዊ ቃልሲ ህዝቢ ኤርትራ ክም ዝኾነ ኣየጠራጥርን።

ፈደራል ውሳነ ሕ.ሃ. ግን፡ ነቶም ኣብ 1940'ታት ሕብረት ምስ ኢትዮጵያ ዝመረጹ፡ ብፍላይ ድማ ንብዙሓት ኣባላት ኣንድነት ብዘይ ተሓሰበ መገዲ ጸልዩዎምን ተንኪፉዎምን ኢዩ። ምኽንያቱ፡ እቲ ኤርትራ ንኽትመሓደረሉ ዝተነድፈ "ፈደራል ድንጋጌ" (Federa Act) ንዝኾነ ፍትሕን ቅኑዕ ምሕደራን ዝደሊ ዜጋ ክሰሕብ ወይ ከእምን ዝኽእል ደሞክራስያዊ ቅርጽን ትሕዝቶን ዝነበሮ ኢዩ። ከምኡ ስለ ዝነበረ፡ ብዙሓት ካብ'ዞም ዝተጠቕሱ "ሓወስቲ" ወይ "ፈተውቲ" ኢትዮጵያ፡ ናብ ተሓለቕትን ተኸላኸልትን "ፈደራል" መሰላት ኤርትራ ንኽቕየሩ ጊዜ ኣይወሰደሎምን።

ንመብዛሕትኦም እዚኣቶም፡ ንኢትዮጵያ ምድላይ ካብ ምሉእ ፍልጠትን መረዳእታን ዝበገሰ ኣይነበረን። ዝና ኢትዮጵያን ዝና ሃጸይ ሃይለስላሴን፡ ኣሸንኳይዶ ነቲ ኣብ ጎረቤት ኮይኑ ብጣልያን ዝሳቐ ዝነበረ ህዝቢ ኤርትራ፡ ክፍለ ዓለም ኣፍሪቃን ውቅያኖስ ኣትላንቲክን ሰጊሩ ኣብ ጀማይካን ኣመሪካን ከይተረፈ ሰዓብቲ ኣጥርዩ ነይሩ ኢዩ። እቲ ኹሉ መዝሙርን ሆይሆይታን ከኣ፡ ንኢትዮጵያ ከይርኣኻን ምሕደራ ንጉስ ሃይለስላሴ እንታይ ክም ዝመስል ከየስተውዓልካን ኢዩ ዝነበረ። ሰበ ሰልጣን ኢትዮጵያ ንኤርትራ ዝኣትዉ ክም ገዛእቲ ዲዮም ወይስ ከም ኣሕዋት ከይመርመርካን ከይሓሰብካሉን ኢዩ ዝነበረ። እቲ ስርዓት ቁይሙ፡ ስርዓት ኢትዮጵያ፡ ምስ ኩሉ'ቲ ድሕረቱ፡ መስፍናዊ ባህርያቱን ምምሕዳራዊ ግዕዝይናኡን ኣብ ልዕሊ ህዝቢ ኤርትራ ምስ ተጻዕነ ከኣ ኢዮም ብዙሓት ደለይቲ ኢትዮጵያ ባዕሎም ሽግር ክም ዝጸውዑ ዝተገንዘቡ።

እቲ ን1940'ታት ሰዒቡ ዝመጸ መድረኽ ፈደረሽን፡ ነዚ ክልተ ዝዓይነቱ ግብረ መልሲ ኤርትራውያን ንፈደራል ውጥን ዝሓቑፈ ኾነ። እዚ ነብሱ ዝኸኣለን ዝተሓላለኸን ታሪኽ ስለ ዝኾነ፡ ብፍሉይ ተጸኒዑ ክጽሓፈሉ የድሊ። እዚ ጽሑፍ'ዚ፡ ኣብ 1950 ተወዲኡ ዘሎ፡ እቲ ናይ 1940'ታት ቃልሲ ኤርትራውያን ብፈደራል ብይን ሕ.ሃ. ሓደ መዓልቦ ስለ ዝረኸበ ኢዩ። ብድሕሪ'ዚ፡ ምምሕዳር ብሪጣንያ'ኳ ክም ኣላዩን ኣቀራራቢ ናብቲ ፈደራል ስርዓትን እንተቐጸለ፡ እቲ ናይ 1951-52 ናይ ኮሚሽነር ኣንሰ ማቴንሶ ንጥፈታት፡ ብዝያዳ ክም ኣካል ናይ'ቲ ፈደራል መድረኽ ስለ ዝወሰድናዮ፡ ኣብ'ዚ ኣይተዘርበሉን። ኣብ ቀጻሊ መጽናዕታት ግን፡ ክም መእተዊ ናይ'ቲ ፈደራል ስርዓት ክኸውን ዝሓሸ ኢዩ።

በዚ እምበኣር፡ ናይ 1940'ታት ታሪኽ ኤርትራ ንድምድም። ናይ ኤርትራ ፖለቲካዊ ታሪኽ ሰረት ዝረኸበ፡ ኣብ'ዚ ዓሰርተ ዓመታት ኢዩ። ከምቲ ኣብ መእተዊ ገሊጽናዮ ዘለና ድማ፡ ታሪኽ ሓደ ህዝቢ፡ እቲ ጸጽቡቑን ኩሉ ሰብ ዝሰማምዓሉን ጥራይ ኣይኮነን። ድኽመታት ናይ ህዝቢ ይኹን ናይ ሰልፍታቱን መራሕቱን'ውን ታሪኹ ኢዩ። እቲ ቐንዲ መምዘኒ፡ ሓደ ህዝቢ ንድኽመታቱ ወጊዱ፡ ከም ህዝብን ሃገርን ክቕጽል ይኽእልዶ ዝብል ኢዩ። ናይ 1940'ታት ታሪኽ ህዝቢ ኤርትራ ንበይኑ ክርአ እንክሎ፡ ታሪኽ ናይ ምምቕቓልን ድኹም ፖለቲካዊ ባህልን ኣገባብ ኣወዳድባን ክመስል ይኽእል ይኸውን። እዚ ጽሑፍ'ዚ፡ ብዛዕባ'ዚ'ኳ ኣሰፊሑ እንተ'ቕረበ፡ ነቲ ኣብ ውሽጢ ህዝቢ ዝነበረ ናይ ሓድነትን ናይ ናጽነትን ደራኺ ሓይሊ ወይ ዳይናሚክስ እውን ኩብርህ ፈቲኑ ኣሎ። ኣብ መወዳእትኡ ንህዝቢ ኤርትራ ዘዐወቶ እዚ ዳሕረዋይ ስለ ዝኾነ ድማ፡ ቀንዲ ቴማ ናይ'ዚ መጽሓፍ'ዚ፡ ንሱ፡ እቲ ናይ ህዝቢ ኤርትራ ናይ ሓድነት፡ ናጽነትን ደሞክራሲን ደራኺ ሓይሊ ወይ ዳይናሚክስ ምዃኑ ክፍለጥ የድሊ።

መወከሲ (Bibliography)

Primary Sources (ቀንዲ ምንጭታት)

Department of State, Division of Communication and Records, 1947-1950
Four Power Commission of Investigation Reports, Eritrea, I.A. (4 parts),
Public Records Office, Foreign Office Files, (FO 371)
(FO 230)
(FO 1015)
Public Records Office, War Office Files (WO 230)
UN General Assembly, Report of the UN Commission for Eritrea, Third-Sixth Sessions, 1949-1950.
Research and Documentation Centre of Eritrea (RDC)
The Yohannes Tzeggai Collection, ER/ FF/ 01/150
ER/ FE/ 01/ 49
ER/ FO/ 01/50
ER/ FB/ 01/ 48-50
ER/ FG/ 01/ 50
ER/ FC/ 01/ 40-42

ጋዜጣታት (News papers)

ናይ ኤርትራ ሰሙናዊ ጋዜጣ
ኢትዮጵያ
ሰውት ኣልራቢጣ
መብራህቲ ኤርትራ
ሓንቲ ኤርትራ
ወሕዳ ኣል ኤረትሪያ
Il Quotidiano Eritreo
The Eritrean Daily News

ቀንዲ ቃለ-መጠይቕ (Major Interviews)

ወልደኣብ ወልደማርያም፡ ሮማ 1982 (ብኣረፋይነ በርሀ)
ዓራርብ 1987 (ብገብረሰላሰ ዮሴፍ)
ኢብራሂም ሱልጣን፡ ካይሮ 1983 (ብኣሕመድ ሓጂ ዓሊ)
ደግያት ገብረዮሃንስ ተስፋማርያም፡ ኣስመራ 1998 (ኣለምሰገድ ተስፋይ)
ግራዝማች ሰዩም መዓሾ፡ ኣስመራ፡ 1997 (ኣለምሰገድ ተስፋይ)
ኣቶ ዮሃንስ ጸጋይ፡ ኣስመራ 1996,1997 (ኣለምሰገድ ተስፋይ)

ሸኽ ሳልሕ ሙሳ ኣቡዳውድ፡ ኣስመራ 1999 (ኣለምሰገድ ተስፋይ)
ግራዝማች ገብራይ መለስ፡ ኣስመራ 1997 (የማነ ምስግና)
ግራዝማች ባህታ ኢዮኣብ፡ ኣስመራ 1997 (የማነ ምስግና)
ፊታውራሪ ሓጎስ ተምነዎ፡ ሻምብቆ 1997 (የማነ ምስግና)

መጻሕፍቲ - Books

Churchill, W.R., The Second World War Vol I, The Gathering Storm, Penguin Books, 1948.
Dan Segre, Vittorio, La Guerra Privata del Tenente Guillet, TEA, Milano, February 1997
Evans, The Battle of Keren, Perrin, 1941
Gebru Tareke, Ethiopia, Power and Protest, Red Sea Press Inc., Lawrenceville, NJ, 1996
Gebre Medhin, Jordan, Peasants and Nationalism in Eritrea, A Critique of Ethiopian Studies, The Red Sea Press Inc., Trenton N.J., 1989.
Ghebre-Ab, Habtu, Ethiopia and Eritrea, Red Sea Press, Trenton NJ 1993.
Government of United Kingdom, Ministry of Information, The First to Be Free, His Majesty's Stationary, London, 1944.
Okbazghi Yohannes, Eritrea, A Pawn in World Politics, University of Florida, Gainsville Fla, 1991.
Pankhurst, Richard, Italy and Ethiopia, The Emperor Rides Back in Triumph, African Quarterly, 1971-72.
Pankhurst, Sylvia, British Policy in Eritrea, Walthanstow Press, Woodward Green, UK (undated).
Pankhurst, Sylvia, Eritrea on the Eve, "New Times and Ethiopia News" Books, Woodward Green, 1952.
Puglisi, G., Chi e dell ' Eritrea, Agenzia Regina, Asmara, 1952.
Rasmunsson, J.R., A History of Kagnew Station and American Forces in Eritrea, Asmara, 1973.
Sbacci, A., Ethiopia Under Mussolini, Fascism and the Colonial Experience, Zed Book Ltd, London, 1985.
Spencer, J., Ethiopia at Bay: A Personal Account of the Haile Selassie Years, Reference Publications Inc., Algonac, Mich, 1987.
Tecle, Amare, The Creation of the Ethio-Eritrean Federation: A Case Study in Post-war International Relations, University of Denver, University Microfilms Inc., Ann Arbor, Mich., 1964 (unpublished).
Tekeste Negash, Eritrea and Ethiopia, The Federal Experience, Nordiska Afrikainstitutet, Uppsala, 1997.

Trevaskis, GKN, Eritrea, A Colony in Transition, Oxford University Press, London, 1960.
Westwood, J., The Allies Triumph, Grange Books, London, 1994.

ናይ ኣምሓርኛ ጽሑፋት

ኣክሊሉ ሃብተወልድ፡ ክቡር ጸሓፊ ትዕዛዝ ኣክሊሉ ሃብተወልድ መስከረም 10 ቀን 1967 ዓ.ም. ለመርማሪ ኮሚሽዮን ያቀረቡት ጽሑፍ፡ (ሰነድ፡ ዘይተሓትመ) ዘውዴ ረታ፡ የኤርትራ ጉዳይ

ብዛዕባ ገበር

ኣብ ገበር ዘሎ ስእሊን ዲዛይንን፡ ተስፋይ ገብረሚካኤል (ሓንኪሽ)፡ ካብ ደራሲ ካብ ዝኣከቦ ናይ ቀደም ፎቶግራፋት፡ ዝኣረገ ጋዜጣታትን ሓፈሻዊ ሓበሬታን ንቑንዲ መልእኽቲ እቲ ጊዜ ይውክል ኢዩ ንዝበሎ ሓሳብ ዘንጸባርቕ ኢዩ። ኣብኡ፡ ሓደጋ ምቕሊን ጥፍኣትን፡ ኣብ መንጎ ኤርትራውያን ዝነበረ ክትዕን ምክፍፋልን፡ ከምኡ'ውን እቲ ውዒሉ ሓዲሩ ዘይተረፈ ብርሃን ናጽነት ብቑንቋ ስነ-ጥበብ ቀሪቡ ኣሎ።

እቶም ኣብ ገበር ዝረኣዩ ሰባት፡ ካብ ጸጋም ንየማን ምስ እንሰሚ፡ ኣቶ ወልደኣብ ወልደማርያም፡ ሸኽ ኢብራሂም ሱልጣን ዓሊ፡ ራእሲ ተሰማ ኣስበሮምን ሸኽ ዓብደልቃድር ከቢረን ኢዮም። ኣብ 1940'ታት "ኣይንፈላለ" ዝበሉ ወይ ንሓድነት ኤርትራ ዝተቓለሱ ንሳቶም ጥራይ ስለ ዝነበሩ ኣይኮኑን ኣብ ገበር ብሒቶም ዘለዉ። ነቲ ናይ ህዝብና ባህግን ቃልስን ንሓድነትን ናጽነትን ግን ይውክሉ ኢዮም ስለ ዝተባህሉ ኢዩ። በዚ ዝስዕብ ምኽንያታት፡-

1. ራእሲ ተሰማ ኣስበሮም፤ ከም ዓብን ኣቦን በቲ ነቕ ዘይበለ ቃሎምን እምነቶምን ነቲ ናጽነት ዝሓተተ ህዝቢ ስለ ዝሓቖፉ፣
2. ሸኽ ኢብራሂም ሱልጣን ዓሊ፤ ነቲ ንናጽነት ኤርትራ ዝተኻየደ ቃልሲ ብትብዓት ስለ ዝመርሑን ንመጻኢ ኣንፈቱ መገዲ ስለ ዝጸረጉን፣
3. ኣቶ ወልደኣብ ወልደማርያም፤ ንኤርትራዊ ሃገራውነት ብዘይርሳዕ ቃላት ብምንጻር ናብ መጻኢ ትውልዲ ስለ ዘመሓላለፉ፣
4. ሸኽ ዓብደልቃድር ከቢረ፤ ብደረጃ ሃገር ካብ ዝተራእዩ ተቓለስቲ ንናጽነት ቀዳማይ ስዉእ ስለ ዝኾኑን ምእንቲ መትከል ህይወት ምኽፋል ክብሪ ምዃኑ ስለ ዘመሃሩን።

ሓባሪ

390 A(V)፡ 387
ሃሪ ትሩማን (ፕረሲደንት)፡ 94፡ 241
ሃብተስላሴ ሂቢት (ሃብተ)፡ 162
ሃብቶም ኣርኣያ፡ 203፡ 229፡ 232፡ 5፡ 274
ሃይለ ተስፋማርያም (ራእሲ)፡ 169፡ 198፡ 350
ሃይለ ኣባይ፡ 220፡ 294፡ 355
ሃይለ ኣብርሃ፡ 203፡ 204
ሃይለመለኮት ወልደሚካኤል (ደግያት)፡ 200
ሃይለማርያም ማሞ፡ 313
ሃይለማርያም ረዳ (ብላታ)፡ 71
ሃይለማርያም ደቦና (ቀኛዝማች)፡ 21፡ 58
ሃይለስላሴ ወልዱ፡ 214፡ 215
ሃይሉ ገብረጻድቅ (ባሻይ)፡ 350
ሃርፊ ግሮቶ፡ 201
ሃብረንገቓ፡ 19
ሃዘጋ፡ 374
ሃይጦ፡ 243
ሃይኮታ፡ 8፡ 10፡ 216
ሃደንደዋን (ሕዳረብ)፡ 51
ሃጸይ ሃይለስላሴ፡ 4፡ 39-42፡ 44፡ 61፡ 78፡ 93፡ 122፡ 155፡ 161፡ 162፡ 192፡ 201፡ 218፡ 222፡ 241፡ 244፡ 256፡ 257፡ 290፡ 315፡ 316፡ 322፡ 367፡ 397
ህንዲ፡ 5-8፡ 10፡ 16፡ 36፡ 48፡ 97፡ 255፡ 293፡ 243፡ 384
ህዝባዊ ግንባር ኤርትራ (ህ.ግ.ኤ.)፡ 53፡ 258፡ 263-266
ሆላንድ፡ 2፡ 366
ሆንዱራስ፡ 384

ለንደን፡ 39፡ 44፡ 97፡ 373፡ 390
ለይክ ሳክሰስ፡ 227፡ 228፡ 242፡ 247፡ 250፡ 264-267፡ 270፡ 279፡ 280-284፡ 291፡ 295፡ 305፡ 315፡ 319፡ 348፡ 372፡ 387፡ 389
ሊበራላዊ ገስጋሲ ሰልፊ (ሊ.ገ.ሰ.)፡ 71፡ 76፡ 317
ምምስራት ሊበራል ፕሮግረሲቭ ፓርቲ፡ 166
ሊብያ፡ 1፡ 4-9፡ 17፡ 45፡ 47፡ 96፡ 97፡ 100፡ 183፡ 184፡ 191፡ 195፡ 224፡ 226፡ 237፡ 242፡ 243፡ 245፡ 247፡ 255-258፡ 283፡ 285፡ 286፡ 288፡ 289፡ 375፡ 378፡ 384
ላሸል (ኣምባሳደር)፡ 238፡ 257፡ 268
ላቲን ኣመሪካ፡ 244፡ 253፡ 254፡ 278፡ 288፡ 343፡ 364፡ 367፡ 383
ላይበርያ፡ 289፡ 382
ልብናን፡ 252፡ 384፡ 386
ሎረንሲኒ፡ 8፡ 10፡ 18፡ 313
ሎረንሶ ታእዛዝ (ብላቴን ጌታ)፡ 61-63፡ 95፡ 97፡ 189፡ 201፡ 252
ታሪኽ ህይወት ሎሬንሶ ታእዛዝ፡ 61

ሑመድ ሸንጡብ፡ 52፡ 53
ሑሰኖ መሓመድ፡ 299
ሓሊብ መንተል፡ 209
ሓሙሻይ መጋባእያ ባይቶ ሕ.ሃ፡ 361፡ 346
ሓማሴን፡ 14፡ 20፡ 29፡ 67፡ 82፡ 110፡ 169፡ 185፡ 199፡ 200፡ 206፡ 207፡ 217፡ 253፡ 309፡ 310፡ 312፡ 313፡ 333፡ 342
ሓምድ እድሪስ ዓዋተ፡ 212፡ 214፡ 215-217፡ 353
ሓምድ ዓብደላ መንታይ፡ 160
ሓሰን ዓሊ (ደግያት)፡ 19፡ 24፡ 48፡ 59፡ 92፡ 112፡ 119፡ 121፡ 124፡ 125፡ 132፡ 138፡ 139፡ 147፡ 149፡ 150፡ 156፡ 168፡ 170፡ 189፡ 205፡ 226፡ 324፡ 329፡ 357
ሓረጎት ኣባይ (ፊታውራሪ)፡ 19፡ 67፡ 111፡ 122፡ 131፡ 159፡ 334
ሓይልታት ኪዳን፡ 1-7፡ 17፡ 18፡ 36፡ 42፡ 83፡ 94፡ 95፡ 375
ሓዳስ ኤርትራን ኢጣሊ-ኤርትራውያን፡ 272፡ 273
ሓድጉ ጊላጋብር (ፊታውራሪ)፡ 67፡ 131
ሓጎስ ተምነዎ (ፊታውራሪ)፡ 198፡ 201፡ 210፡ 211-215፡ 217-220፡ 222፡ 265፡ 338፡ 355፡ 359
ሓጎስ ተስፋማርያም (ፊታውራሪ)፡ 313
ሓጎስ ኣድም (ፊታውራሪ)፡ 222፡ 334
ሓጎስ ገብረ (ደግያት)፡ 67፡ 91፡ 110፡ 122፡ 132፡ 136፡ 314
ሕርጊጎ፡ 158፡ 273፡ 277
ሕቡራት መንግስታት ኣመሪካ (ሕ.መ.ኣ)፡ 1-5፡ 11፡ 34፡ 36፡ 39፡ 41- 44፡ 47፡ 93-99፡ 155፡ 180፡ 183-186፡ 190፡ 195፡ 196፡ 199፡ 228፡ 237-245፡ 252-256፡ 259፡ 260፡ 279፡ 283፡ 286-291፡ 315፡ 319፡ 331፡ 337፡ 343፡ 362-371፡ 373፡ 376፡ 380-385፡ 388፡ 391፡ 396፡ 397

ሕብረት ሶሻየት (ሩሲያ)፡ 1፡ 2፡ 4፡ 36፡ 44፡ 93፡ 95-98፡ 109፡ 180፡ 183-186፡ 194-196፡ 213፡ 243-245፡ 247፡ 253፡ 254፡ 258፡ 260፡ 286፡ 363፡ 364፡ 365፡ 369፡ 371፡ 382-385፡ 387
ሕዝብ አለወጠኩ 283

መሐመድ ሳልሕ ሱለይማኑ 359
መሐመድ ሰዒድ አብራ፡ 22፡ 140፡ 298፡ 300፡ 301
መሐመድ ኑር (መንፍተን)፡ 140
መሐመድ ኢድሪስ (ድግለል)፡ 187
መሐመድ አልአሚኑ 160
መሐመድ አስናይ ዐምዳ (ሽኽ)፡ 187
መሐመድ አበራ ሓጉስ (ፊታውራሪ)፡ 22፡ 23፡ 91፡ 228፡ 300
መሐመድ ዑመር ቃዲ (ብላታ)፡ 111፡ 118፡ 122፡ 127-131፡ 159፡ 178፡ 182-283፡ 315፡ 317፡ 387
 ታሪኽ ህይወት መሐመድ ዑመር ቃዲ፡ 281
መሐመድ ዑመር ባዱራ፡ 249፡ 263፡ 266
መሐመድ ዑስማን ሓዮቲ፡ 147፡ 189፡ 227፡ 248
መሐመድ ዑስማን ዓብደላ፡ 209
መሐመድ ዓሊ ሲኪንግ ቤም፡ 216
መሐመድ ዓሊ (ሽኽ)፡ 315
መሐመድ ዓሊ በየ፡ 77፡ 140፡ 200፡ 299
መሐመድ ዓሊ ፍኽ፡ 140
መሐመድ ዓብደላ (ብላታ)፡ 111፡ 118፡ 119፡ 122፡ 127፡ 159፡ 182፡ 249፡ 250፡ 251፡ 281፡ 283፡ 315፡ 317፡ 387
 ታሪኽ ህይወት መሐመድ ዓብደላ (ብላታ)፡ 250
መሐመድ ዓብደል ዓቃል (ብላታ)፡ 119
መሐመድ ዛፍሩላህ ካን (ሰር)፡ 243፡ 259
መሐሪ ዓንደመስቀል (ደጊየት)፡ 169
መረብ ምላሽ፡ 21፡ 134፡ 135፡ 163፡ 389
መረታ ሰበኩ 202
መራጉዝ 124
መርማሪት ኮሚሽን፡ 51፡ 182፡ 183፡ 185-187፡ 189፡ 191፡ 193፡ 195፡ 202፡ 208፡ 209፡ 227፡ 264፡ 286፡ 289-291፡ 295፡ 296፡ 327፡ 329፡ 331፡ 333፡ 335፡ 337፡ 339፡ 341፡ 343፡ 345፡ 366፡ 337፡ 395
መርሳ ፋጥማኩ 237
መቐለ፡ 1፡ 16፡ 71፡ 85፡ 170

መብርሁቱ ኅጠው (ብላታ)፡ 314፡ 354
መታሕት፡ 11፡ 21፡ 28፡ 50፡ 54፡ 71፡ 73፡ 86፡ 87፡ 92፡ 110፡ 116፡ 118፡ 129፡ 167፡ 186-188፡ 195፡ 200፡ 347
መትረብ ሰወጽ፡ 9፡ 19፡ 36
መንሳዕ፡ 30፡ 51፡ 109፡ 136፡ 374
መንሹራት፡ 4፡ 16፡ 71፡ 80
መንእሲያት፡ 4፡ 44፡ 59፡ 61፡ 78፡ 114፡ 137፡ 138፡ 202፡ 203፡ 205፡ 209፡ 216፡ 221፡ 230፡ 298-301፡ 308፡ 309፡ 312-314፡ 328-331፡ 335፡ 338
መንደፈራ፡ 16፡ 30፡ 104፡ 119፡ 168፡ 169፡ 269፡ 293፡ 294፡ 314፡ 350፡ 351፡ 355፡ 357፡ 358
መዐደኒ ወርቂ፡ 211፡ 212
መዓሽ ዘወልዲ (ደጊያት)፡ 168
መደበር ቃንየው፡ 5፡ 39
መጎዚትነት ኢጣልያ፡ 180፡ 181፡ 183፡ 184፡ 192፡ 196፡ 244፡ 246፡ 251፡ 256፡ 266፡ 267፡ 285፡ 357
ሙሲሌኒ፡ 3፡ 5፡ 6፡ 237
ሙኒዝ (አምባሳደር)፡ 367-369
ሙፍቲ ኢብራሂም ሙኽታር፡ 138፡ 391
ሚጌፌራ፡ 167
ሚናስ ዘርአይ፡ 200
ሚከለ ፖሉራ፡ 20፡ 283
ሚያን ዚያድ-ዲን፡ 345
ማሕሙድ ኑርሐሴን፡ 228
ማሕሙድ ኢራዕ፡ 75
ማሕሙድ ዑመር፡ 300፡ 301
ማሕበር ፍቕሪ ሀገር (ማ.ፍ.ሀ.)፡ 8-10፡ 13፡ 17፡ 19- 25፡ 27፡ 29፡ 31፡ 33፡ 35፡ 48፡ 58-60፡ 66-68፡ 70፡ 71፡ 78፡ 85፡ 87፡ 91፡ 92፡ 109-111፡ 114፡ 118፡ 124፡ 125፡ 131፡ 139፡ 148፡ 151፡ 154፡ 155፡ 157፡ 158፡ 159፡ 161-165፡ 167፡ 178፡ 189፡ 205፡ 281፡ 310፡ 312-314፡ 345፡ 357
 ምምስራት ማሕበር ፍቕሪ ሀገር (ማ.ፍ.ሀ.)፡ 24
ማሕበር ሓዳስ ኤርትራ ሻዕ-ኢጣልያ፡ 250፡ 283
ማሕበር ሕብረት (አንድነት)፡ 4፡ 9፡ 10፡ 14፡ 77፡ 85፡ 92፡ 106፡ 108፡ 112፡ 115፡ 117-119፡ 121፡ 122፡ 126፡ 130-132፡ 135፡ 137፡ 142፡ 143፡ 150፡ 153-155፡ 157፡ 159-165፡ 169፡ 176፡ 177- 179፡ 182፡

403

186-189፣ 191፣ 192፣ 200፣ 202-209፣ 216-219፣ 225፣ 226፣ 228፣ 230-232፣ 241፣ 247፣ 251፣ 253፣ 264፣ 265፣ 267፣ 268፣ 273-275፣ 277፣ 282-285፣ 291፣ 292፣ 294-296፣ 304፣ 307፣ 309-313፣ 333፣ 341፣ 350፣ 352፣ 353፣ 357፣ 376፣ 381፣ 387፣ 388፣ 393

ማሕበርት ሕብረት ምምስራት፣ 82፣ 159
   ሕብረት ብውዕል፣ 153
   ሶላማዊ ሰልፊ ኣንድነት፣ 330

ማሕበር ኤርትራውያን ምሁራት፣ 273፣ 283፣ 292

ማሕበር ሸባኑ፣ 301

ማሕበር ነጻነትን ዕብየትን ኤርትራ ኤርትራ ንኤርትራውያን 166

ማሕበር ናጻ ኤርትራ፣ 83፣ 283፣ 314

ማሕበር ኢጣባ-ኤርትራውያን (ኢታሎ ኤሪትሬይን)፣ 182፣ 210፣ 251፣ 267፣ 269፣ 279፣ 283፣ 356፣ 357

ማሕበር ኤርትራ ንኤርትራውያን፣ 8፣ 71፣ 75፣ 76፣ 143፣ 145፣ 169፣ 191፣ 194፣ 201፣ 226፣ 321፣ 341፣ 373

ማሕበር ዓሳክር ኢጣልያ፣ 181፣ 182፣ 258፣ 272

ማሕበር ፕሮ-ኢጣልያ፣ 206፣ 210፣ 263

ማሕበርነታዊ ደንቢ፣ 245፣ 290

ማርያ (ቀያሕ ወይ ጸላም)፣ 30፣ 53፣ 109፣ 136፣ 140፣ 374

ማንቶስ ሓድት (ግራዝማች)፣ 338

ማንዮዳ (ጀርዲን)፣ 219

ማእርቲ፣ 125፣ 207፣ 208፣ 218፣ 274

ማእከላይ ምብራቅ፣ 5፣ 6፣ 7፣ 5፣ 42፣ 43፣ 47፣ 183፣ 186፣ 240

ማእከላይ ባሕሪ፣ 3፣ 5፣ 191፣ 240

ማኽርቲ ሲ.ዲ. (ብሪጋደር)፣ 104፣ 109

ማክሰዌል (ጀነራል)፣ 41፣ 42

ማዕሪቤ፣ 76

ማይ ሓባር፣ 99፣ 269፣ 354

ማይ ሰራው፣ 220

ማይ ዓይኒ፣ 212

ማይ ዕዳጋ፣ 92

ማዝጌ (ዶቶር)፣ 238

ሚካሲኑ፣ 254፣ 367፣ 382፣ 384

ምልዕአል ወያኑ፣ 71፣ 72፣ 75፣ 221

ምስራ፣ 187

ምስፋር ኣየሁዳውያ፣ 34፣ 35

ምሽማው ንኣፍሪቃ፣ 1

ምቅሊ ኤርትራ፣ 185፣ 196፣ 242፣ 250፣ 258፣ 271፣ 272፣ 281፣ 284፣ 285፣ 287፣ 295፣ 316፣ 336፣ 350፣ 351፣ 362፣ 366፣ 371

ምብራቅ ኣፍሪቃ፣ 6፣ 7፣ 9፣ 289፣ 375፣ 378

ምዕራባዊ ቀላ፣ 7፣ 68፣ 105፣ 116፣ 242፣ 253፣ 256፣ 259፣ 260፣ 262፣ 266፣ 274፣ 279፣ 285፣ 293፣ 296፣ 322፣ 325፣ 342፣ 347፣ 390

ምጽዋዕ (ባጽዕ)፣ 4-7፣ 16፣ 19፣ 25፣ 32፣ 34፣ 46-49፣ 64፣ 92፣ 96፣ 97፣ 99፣ 100፣ 104፣ 107፣ 109፣ 110፣ 113፣ 136፣ 139፣ 160፣ 178፣ 187፣ 188፣ 189፣ 193፣ 196፣ 227፣ 230፣ 232፣ 237፣ 239፣ 294፣ 240፣ 243፣ 248፣ 253፣ 256፣ 257፣ 271፣ 274፣ 277፣ 279፣ 281፣ 313፣ 324፣ 329፣ 342፣ 343

ሞርኳ፣ 5፣ 191

ሞንትጎመሪ (ፊልድ ማርሻል)፣ 120

ሶላማዊ ሰልፊ፣ 25፣ 26፣ 78፣ 109፣ 114፣ 145፣ 162፣ 228፣ 262-264፣ 291፣ 327፣ 328

ሰልፊ ኤርትራ ንናጽነት ኤርትራ፣ 267

ሰሙናዊ ጋዜጣ፣ 8፣ 13፣ 63፣ 75፣ 85፣ 87፣ 108፣ 111፣ 112፣ 114፣ 120፣ 133፣ 134፣ 142፣ 148፣ 149፣ 151፣ 157፣ 218፣ 292፣ 340፣ 388

ሶሜን ኣፍሪቃ፣ 5-7፣ 9፣ 10፣ 36፣

ሶማር፣ 20፣ 53፣ 117፣ 136፣ 141፣ 277

ሰረቻብርሃን ጉብረጊዜ፣ 82

ሰርዮ፣ 14፣ 20፣ 22፣ 54፣ 75-77፣ 92፣ 110፣ 118፣ 124፣ 168፣ 169፣ 185፣ 190፣ 196፣ 198፣ 199፣ 201፣ 216፣ 220፣ 228፣ 231፣ 253፣ 266፣ 294፣ 338፣ 340፣ 341፣ 342፣ 350፣ 352፣ 354፣ 358-360

ሰቦኽ ሳዓም፣ 35፣ 50፣ 184

ሰብደራት፣ 7፣ 8፣ 29

ሰንሒት፣ 116፣ 185

ሰንጓፊ፣ 30፣ 164፣ 269

ሰዓን ሳልሕ፣ 140፣ 147፣ 298

ሰይድ በክሪ ኣልሙርቃኒ፣ 139፣ 146፣ 187፣ 225፣ 322

ሰይድ ኣሕመድ ሓዮቲ፣ 122፣ 159፣ 160

ሰይፉ ክፍለጽዮን (ልጅ)፣ 352

ሰኸይቲ፣ 293

ሱሌማን ኣሕመድ (ሓጂ)፣ 137፣ 138፣ 140፣ 147፣ 283

ሱሌማን አልዲን (ሸክ)፣ 137፣ 155፣ 160፣ 250፣ 264

ሱዳን፣ 6-8፣ 26፣ 28፣ 31-34፣ 36፣ 39፣ 47፣ 62፣ 66፣ 69፣ 75፣ 86፣ 87፣ 100፣ 108፣ 113፣ 120፣ 121፣ 127፣ 139፣ 145፣ 150፣ 152፣ 185፣ 190፣ 201፣ 207፣ 217፣ 240፣ 242፣ 243፣ 253፣ 256፣ 259፣ 260፣ 262-264፣ 272፣ 320፣ 324፣ 342፣ 347፣ 371፣ 374
    ወሃደራት ሱዳን፣ 47፣ 49፣ 108፣ 119፣ 199፣ 120

ሲልቪሪያ ፓንክረስት፣ 13፣ 25፣ 26፣ 58፣ 78-81፣ 100፣ 212፣ 336፣ 353

ሲሳይ በለጠ፣ 220

ሲረናይካ፣ 247፣ 256፣ 257፣ 260

ሲኖግ ኤምፐሮ፣ 6፣ 82፣ 391

ሲንክሌየር' ካምፓኒ፣ 165፣ 241

ሳህለ ግንደማካኤል (መምህር)፣ 176

ሳሆ፣ 54፣ 12፣ 77፣ 110፣ 118፣ 136፣ 143፣ 216፣ 269፣ 296፣ 301፣ 304፣ 305፣ 359

ሳልሕ ሙላ አቡዳውድ (ሸክ)፣ 301

ሳልሕ ሱሌማን፣ 303፣ 305፣ 358

ሳልሕ አቡዳውድ (ሸክ)፣ 303፣ 304

ሳልሕ አሕመድ ኪኪያ ፓሻ፣ 92፣ 137፣ 158

ሳልሕ ኪኪያ ፓሻ ታሪክ ህይወት፣ 277

ሳልሕ ዮኑስ፣ 144

ሳሕል፣ 16፣ 17፣ 20፣ 30፣ 50፣ 52፣ 68፣ 105፣ 116፣ 117፣ 139፣ 141፣ 185፣ 186፣ 200

ሴኔጋል፣ 41

ስብሃቱ የሃንስ (ደጊያት)፣ 166፣ 168፣ 169፣ 189፣ 373

ስቱዋርት ኤም.፣ 271፣ 349

ስቲቨን ሎንግሊግ (ብሪጋደር)፣ 26-30፣ 32፣ 35፣ 70፣ 74-78፣ 85፣ 87፣ 91፣ 104፣ 107፣ 126፣ 130

ስታይነር (ሜጀር ጀነራል)፣ 127

ሰዑዲ ዓረቡ፣ 124፣ 246፣ 384

ሰዒድ ሰፋፍ፣ 300፣ 301

ሰዮም መንገሻ (ራስሲ)፣ 355

ሰዮም መሳኅ (ግራዝማች)፣ 71፣ 72፣ 75፣ 83፣ 85፣ 143፣ 166፣ 168፣ 176፣ 318፣ 319፣ 321

ሶማሊላንድ፣ 31፣ 32፣ 180፣ 256፣ 384

ሶማልያ፣ 1፣ 4-10፣ 20፣ 32፣ 34፣ 39-41፣ 44፣ 46፣ 94፣ 96፣ 97፣ 100፣ 144፣ 145፣ 180፣ 183፣ 191፣ 192፣ 195፣ 224፣ 226፣ 237፣ 243፣ 245፣ 247፣ 255-258፣ 260፣ 285፣ 288፣ 289፣ 290፣ 357፣ 371፣ 375፣ 378

ሶርያ፣ 252፣ 371፣ 384

ረመዳን ሱለማ (ሸፍታ)፣ 212

ረዳ ተኽለሚካኤል (ደጃዝማች)፣ 320

ሪጂና ኤሌና ሆስፒታል፣ 327

ሪቻርድ ፓንክሁስት፣ 4

ራዕይ መጋቢያ ባይቶ ሒ.ሃ.፣ 315፣ 336

ራድዮ ማሪና፣ 5፣ 239፣ 331

ሬፑብሊክ ዶመኒክ፣ 387

ርሟቡት ቀቢላ፣ 52፣ 53፣ 323

ርማ፣ 19፣ 66፣ 265፣ 270፣ 280፣ 373

ርራ፣ 155፣ 186

ርብራ፣ 76

ርብርብያ፣ 374

ሮያል በርክሻየር ሬጂመንት፣ 293

ሮያል አርሚ ሜዲካል ኮር፣ 18

ሸል ዑቆብ ሃይሉ፣ 331

ሸዋ፣ 28፣ 72፣ 82፣ 320

ሹም ሐመዶ አራይ፣ 140

ሹም ብላል፣ 160

ሻራ ኢጣልያ፣ 179፣ 181፣ 182፣ 188-191፣ 195፣ 230፣ 247፣ 249፣ 251፣ 258፣ 264፣ 324

ሻርል ደገል (ጀነራል)፣ 3

ሽራ፣ 222፣ 338

ሽቀለት አልቦነት፣ 48፣ 67

ሽባን አልራቢጣ፣ 22፣ 298፣ 300፣ 301፣ 328፣ 330

ሽወደን፣ 63፣ 126፣ 366፣ 384፣ 387

ሽፍትነት፣ 11፣ 51፣ 68፣ 85፣ 105-109፣ 116፣ 158፣ 179፣ 198-202፣ 209፣ 210-217፣ 219፣ 222፣ 224፣ 269፣ 273፣ 292-294፣ 301፣ 305፣ 306፣ 313፣ 314፣ 332፣ 338፣ 339፣ 341፣ 346፣ 353-356፣ 358-360፣ 390፣ 394፣ 396

ቀጸሪ ናጽነት ኤርትራ (ቀ.ና.ኤ.)፣ 267-280፣ 283-286፣ 291፣ 292፣ 294-297፣ 305-307፣ 310፣ 313-315፣ 318፣ 320-322፣ 324፣ 327፣ 328፣ 334-336፣ 338-340፣ 346፣ 348፣ 350፣ 352፣ 359፣ 360፣ 363፣ 373፣ 374፣ 376፣ 377፣ 381፣ 389፣ 390

ቀርኒ አፍሪቃ፣ 379

ቀይሕ ባሕሪ፣ 5፣ 19፣ 22፣ 43፣ 109፣ 185፣ 188፣ 193፣ 259፣ 260፣ 281፣ 287፣ 296፣

342
ቀዳማይ ኩርት ዓለም፣ 1-3፣ 296
ቀጠዎ ኤርትራ፣ 45፣ 47-48፣ 99፣ 179፣ 181፣ 341
ቃርራ፣ 6፣ 7
ቃዲ ሓምድ፣ 348
ቃዲ ሓምድ አቡ ዕላማ፣ 226፣ 324፣ 325፣ 347፣ 348
ቃዲ ሓምድ አቡ ዕላማ ታሪኽ ህይወት፣ 324
ቃዲ ሙሳ፣ 147፣ 189፣ 307
ቃዲ ዓሊ ዑመር፣ 140፣ 299፣ 300
ቀሓይኸን፣ 221፣ 373
ቃርራ፣ 16

በልጂየም፣ 2፣ 97
በራኺ በኺት (ራእሲ)፣ 199፣ 200፣ 357
በርሀ ምስጉን፣ 148፣ 204
በርሀ ሞሳዘጊ፣ 273፣ 293፣ 358-360
 ደቂ ሞሳዘጊ፣ 202፣ 219፣ 220፣ 269፣ 273፣ 282፣ 304፣ 338፣ 355፣ 358፣ 359
በርሀ ገብረኺዳን (አዝማች)፣ 8፣ 168-170፣ 201፣ 340፣ 352፣ 353፣ 373
በርሀ ገብረኺዳን (አዝማች) ታሪኽ ህይወት፣ 341
በርማ፣ 290፣ 336፣ 339፣ 341፣ 343-345፣ 366፣ 367፣ 381፣ 382
በኽሪ አልመርቃኒ፣ 226፣ 274
በዘህዝ ንጉሰ (ደጃዝማች)፣ 320
በዘህዝ ተሰማ (ልጅ)፣ 207
በየን ሓጉለ፣ 355፣ 359
በየን በራኺ (ራእሲ)፣ 48፣ 121፣ 132፣ 155፣ 158፣ 162፣ 218፣ 264፣ 283፣ 285፣ 389
በየን ካሕሳይ (ግራዝማች)፣ 166
በይ መሓመድ ኑር ሓሰን (ናዝር)፣ 109
በይ ዓረቢ ሳልም፣ 160
በቨን-ሰርቪሱ፣ 256-265፣ 268፣ 271፣ 272፣ 285-287፣ 387
ቢለን፣ 109፣ 136፣ 374
ባሀታ ሓጎስ (ደጊዓት)፣ 21
ባሀታ ኢዮአብ (ግራዝማች)፣ 204፣ 205፣ 226፣ 339
ባሀታ ዘሙዪ (ዓላምበራስ)፣ 350
ባረንቱ፣ 8፣ 10፣ 15፣ 33፣ 198፣ 211፣ 253፣ 355፣ 356፣ 360
ባርካን ጋሽን፣ 15፣ 33፣ 51፣ 141፣ 185፣ 200፣ 325
ባርያጋበር ቦላይ (ፊታውራሪ)፣ 199

ባሻይ ክረዲን፣ 327፣ 328
ባይሩ ዑቅቢት፣ 75፣ 112
ባይቶ ሓቡራት ሃገራት፣ 4፣ 6፣ 7፣ 183፣ 197፣ 224-227፣ 229፣ 231፣ 237፣ 239-245፣ 247፣ 249፣ 251፣ 253፣ 255፣ 257፣ 259-261፣ 342፣ 351፣ 371፣ 384
ቢሎራሺዮ፣ 245
ቤት ሻሂ ሉል ቀይሕ ባሕራ፣ 228፣300
ቤት አስገደ፣ 30፣ 50፣ 51፣ 52፣ 53፣ 70፣ 109፣ 136፣ 140፣ 160
ቤት ፍርዲ ሸርዓ፣ 324
ቤኒ ዓምር፣ 12፣ 20፣ 21፣ 32፣ 34፣ 51፣ 70፣ 136፣ 140፣ 150፣ 186፣ 187፣ 214፣ 215፣ 273፣ 293፣ 360፣ 374
ቤኒ ዓምርን ሃደንደዋን ጥቸት፣ 21፣ 29፣ 51፣ 105፣ 116፣ 199፣ 198፣ 200፣ 214
ቤኔቶ ሙሶሊ፣ 3
ቤኖይ (ብሪጋር)፣ 109-122፣ 123፣ 142
ቤጀኽ፣ 109
ቤጃ፣ 33
ብሌን፣ 30
ብሪጣንያ፣ 1-11፣ 13፣ 15-23፣ 25-36፣ 39-46፣ 49፣ 58፣ 59፣ 60፣ 62፣ 63-66፣ 68-80፣ 82፣ 83፣ 86፣ 87፣ 91-100፣ 104-112፣ 114፣ 116-120፣ 122-127፣ 130፣ 139-142፣ 146፣ 147፣ 154፣ 162፣ 167፣ 169፣ 170፣ 178-188፣ 191-200፣ 205፣ 207፣ 208፣ 210-220፣ 222፣ 223፣ 227፣ 229፣ 237-247፣ 252-260፣ 264፣ 267- 273፣ 275፣ 278፣ 279፣ 285-289፣ 294-297፣ 305፣ 314-318፣ 320፣ 322-325፣ 327፣ 331፣ 333-337፣ 341፣ 342፣ 344፣ 347-350፣ 353-357፣ 362፣ 363-373፣ 382-384፣ 387፣ 390፣ 392፣ 395-397
 መዝቢትነት ብሪጣንያ፣ 254፣ 263
 ዝዓነወ ንብረት ብዘራጣንያ፣ 101፣ 103
 ወተሃደራዊ ምምሕዳር ብሪጣንያ፣ 69፣ 99፣ 194
ብሪዝሉ፣ 97፣ 243፣ 367፣ 382፣ 384
ብርሁት አሕመዲን (ቀኛዝማች)፣ 10፣ 24፣ 92፣ 131፣ 132፣ 147፣ 151፣ 152፣ 226
ቦሊቪያ፣ 382፣ 384፣ 395

ተሰማ አስበርም (ራእሲ)፣ 13፣ 19፣ 29፣ 72፣ 74-78፣ 106፣ 110፣ 118፣ 143፣ 154፣ 166-168፣ 189፣ 194፣ 200፣ 307፣ 309፣ 317፣

321፣ 390፣ 391
    ራእሲ ተሰማ ታሪኽ ህይወት፣ 76
ተሰነይ፣ 7፣ 8፣ 127፣ 250፣ 253፣ 294፣ 353
ተሰፉሚካኤል ወርቀ (ግራዝማች)፣ 80
ተሰፋስላስ ኪዳን (ቀኛዝማች)፣ 340
ተሰፋይ ሰብሃቱ (አዝማች)፣ 207
ተሰፋይ በራኺ (አዝማች)፣ 294
ተሰፋይ ገብረዝጊ (ግራዝማች)፣ 204
ተሰፋጽዮን ደረስ (ብላታ)፣ 112፣ 313፣ 314
ተራ እምኔ፣ 190
ተሳ ገብረመድህን፣ 4፣ 61፣ 207፣ 208፣ 211፣ 229፣ 232
ተኸስተ ሃይሉ፣ 201፣ 355፣ 360
ተኸለ ወልደገብርኤል፣ 213
ተኸላሃይማኖት በኹሩ (ግራዝማች)፣ 29
ተኸለጊዮርጊስ ተመልሶ (ሰርጀንት)፣ 79
ተወልደ ፍስሓ፣ 203
ተወልደብርሃን ገብረመድህን፣ 269
ተድላ ባይሩ፣ 4፣ 10፣ 13፣ 48፣ 112፣ 125፣ 126፣ 131-135፣ 148፣ 158፣ 159፣ 161፣ 163፣ 176-178፣ 189፣ 217-219፣ 232፣ 250፣ 251፣ 264፣ 265፣ 268፣ 283-285፣ 295፣ 315፣ 334፣ 335፣ 350፣ 351፣ 353፣ 389
ተአምራት (ፕሮፌሰር)፣ 190
ቱርክ፣ 36፣ 79፣ 246፣ 252፣ 374፣ 382
ቱኒዚዮ፣ 5፣ 191
ታልባት ሶሚዙ፣ 42
ታንጋኒካ፣ 1፣ 39፣ 8
ቴንቤን፣ 320
ትምህርቲ፣ 50፣ 105
ትሪሸ ሊ፣ 290
ትሪፖሊታንያ፣ 256፣ 257፣ 260፣ 286
ትሬቫስኪስ፣ 11፣ 12፣ 31፣ 47፣ 48፣ 51፣ 66፣ 70፣ 100፣ 104፣ 112፣ 113፣ 116-118፣ 120፣ 122፣ 130፣ 131፣ 135፣ 140፣ 141፣ 156፣ 157፣ 179-182፣ 188፣ 190፣ 194፣ 195፣ 198፣ 199፣ 325፣ 339
ትኩእ ዘወልዴ (ግራዝማች)፣ 350፣ 352
ትኳቦ አረሰዱ፣ 85፣ 13፣ 176
ትግራ፣ 52፣ 53፣ 116-118፣ 141፣ 170፣ 186፣ 189፣ 200፣ 322፣ 326
    ቃልሲ ትግራ፣ 11፣ 50፣ 52፣ 54፣ 60፣ 68፣ 70፣ 105
ትግራ-ሽማግለ ግርጭት፣ 21፣ 30፣ 50፣ 52፣ 53፣ 68፣ 116፣ 200፣ 322፣ 326

ትግራይ፣ 21፣ 28፣ 29፣ 32፣ 43፣ 62፣ 64፣ 65፣ 71፣ 75፣ 83፣ 85፣ 108፣ 120፣ 133፣ 134፣ 166፣ 170፣ 176፣ 177፣ 189፣ 190፣ 198፣ 208፣ 209፣ 213፣ 221፣ 222፣ 268፣ 269፣ 294፣ 301፣ 311፣ 320፣ 321፣ 338፣ 355፣ 356፣ 359፣ 360፣ 373
ትግራይ-ትግርኘ፣ 69፣ 72፣ 75፣ 88፣ 28፣ 170፣ 176፣ 320
ትግርኛ፣ 11፣ 28፣ 29፣ 32፣ 33፣ 54፣ 69፣ 72፣ 74፣ 75፣ 85፣ 86፣ 105፣ 112፣ 146፣ 149፣ 176፣ 177፣ 217፣ 218፣ 230፣ 267፣ 292፣ 293፣ 319፣ 320
ቶን፣ 1

ቸትዘላሻኪያ፣ 2፣ 241፣ 245፣ 290፣ 387
ቺሌ፣ 382፣ 384፣ 386፣ 387
ቻርለስ ግየስ፣ 367፣ 368
ቻይና፣ 36፣ 94

ነጋ ሃይለስላሴ (ኮሎኔል)፣ 4፣ 9፣ 61፣ 106፣ 112፣ 113፣ 122፣ 123፣ 126፣ 131፣ 157፣ 158፣ 205-208፣ 211፣ 217፣ 223፣ 229፣ 231፣ 272፣ 294፣ 316፣ 318
ነጋሸ መሐመድ (ብላታ)፣ 334
ኑሲት፣ 19፣ 219
ኑሩ አሕመድን (ብላታ)፣ 333
ኑር ሑሴን ናስር (ሸኽ)፣ 144፣ 334
ኒካራጓ፣ 384
ኒው ዚላንድ፣ 243
ኒው ዮርክ፣ 4፣ 242፣ 247፣ 263፣ 373
ናስር አቡበከር ፓሻ፣ 77፣ 200፣ 299፣ 303፣ 304
ናሩ፣ 51፣ 117፣ 136፣ 214
ናቍሬ፣ 33፣ 140፣ 250
ናብታቤ፣ 51፣ 70
ናኹሬ፣ 53፣ 158፣ 198፣ 202፣ 217
ናይብ፣ 20፣ 53፣ 117
ናጽ አልሪቢታ አልአስላሚያን፣ 281፣ 284
ናጽነታዊ ሕብረት፣ 182፣ 317
ኖርወይ፣ 2፣ 243፣ 290፣ 336፣ 339፣ 341፣ 343-345፣ 365
ኖታቢለ፣ 104፣ 109፣ 117
ኖወል ቻርለስ (ሰር)፣ 191፣ 192

ኡራጓይ፣ 383፣ 384፣ 387
ኡጋንዳ፣ 7

ኢማም ሙሳ (ሓጂ)፡ 24፡ 125፡ 329፡ 330
ኢሳይስ ገብረስላሴ (ጀነራል)፡ 85፡ 221፡ 222፡ 338
ኤራን 36፡ 252፡ 384፡ 386
ኢብራሂም ሓሰን ቢያክ 334
ኢብራሂም ማሕሙድ (ሓጂ)፡ 140፡ 227፡ 248
ኢብራሂም ሱልጣን (ሺክ)፡ 19፡ 53፡ 11፡ 60፡ 68፡ 70፡ 71፡ 91፡ 92፡ 117፡ 118፡ 132፡ 136-141፡ 143፡ 147፡ 148፡ 168፡ 176፡ 187፡ 189፡ 225፡ 247-249፡ 252፡ 253፡ 258፡ 265፡ 266፡ 270-275፡ 278፡ 279፡ 299፡ 300፡ 302፡ 305፡ 307-309፡ 322-329፡ 347-349፡ 372፡ 377፡ 380፡ 383፡ 392፡ 393
    ኢብራሂም ሱልጣን መደረ አብ ሕ.ሃ፡ 376፡ 379
ኢታልቡት ሰሚዙ 41
ኤቻሶ (አምባሳደር) 384
ኢንዱስትሪ 30፡ 43፡ 45፡ 46፡ 99፡ 275፡ 281
ኢንዶነሽያ 384
ኤድሪስ ሱለማን አዱን (ሺክ) 334
ኤድሪስ ዑመር ከኪያ 283
ኤድሪስ ዓሊ በኪት 51
ኢጣልያ (ጣልያን) 3-8፡ 10፡ 11፡ 13፡ 15-21፡ 25፡ 29፡ 48፡ 50፡ 53፡ 54፡ 58፡ 59፡ 65፡ 70፡ 113፡ 367
ኢጣልያ መጥዚትነት፡ 191፡ 244፡ 250
 ቋንቋ ጥልያክ 27፡ 179፡ 250
 ጸረ ጣልያክ 113፡ 200፡ 212፡ 216፡ 258
ኢጣልያውያን ማሕበር ከ.ሪ.የ፡ 181፡ 182፡ 210፡ 269፡ 284
አልመዳ 53፡ 141
አልራቢጣ አልእስላሚያ አል ኤርትርያ፡ 8፡ 22፡ 51፡ 60፡ 136-139፡ 141-145፡ 147፡ 149፡ 151፡ 153፡ 155፡ 160፡ 182፡ 187፡ 191፡ 192፡ 230፡ 247-249፡ 262፡ 266፡ 281፡ 283፡ 298፡ 300፡ 322፡ 324፡ 349፡ 359፡ 374፡ 387
    ፕሮግራም አልራቢጌ 146፡ 149
    ምምስራት አልራቢጌ 139
አልራቢጣ አልእስላሚያ-ምዕራባዊ ቀላ ወይ ተቛሲም፡ 322፡ 324፡ 325፡ 344፡ 347-350፡ 377
አልበርቶ ሶዞ፡ 9
አልጀርያ፡ 5፡ 191
አልገዴ፡ 374
አልጋ ወራሽ ኢ.ትዮጵያ፡ 60
አሕመድ መሓመድ ዓሊ 298፡ 299፡ 300፡ 303
አሕመድ ስዓድ ሳልሕ 299፡ 301
አሕመድ ከርቢያ 147፡ 298፡ 299
አሕመድ ዓብደልቃድር 283
አመደዮ ጊየ 9
አምሓርኛ 75፡ 112፡ 14፡ 176
አምባ ጋልየኝ 332
አስፋው አንስቲኖ 79
አስመራ 4-7፡ 16-19፡ 21፡ 25፡ 26፡ 30፡ 32፡ 36፡ 41፡ 47፡ 48፡ 58- 64፡ 71፡ 77፡ 78፡ 82፡ 84፡ 99፡ 104፡ 106፡ 107፡ 110፡ 112፡ 113፡ 119፡ 122-124፡ 131፡ 138፡ 143፡ 145፡ 157፡ 158፡ 160፡ 162፡ 167፡ 182፡ 185-187፡ 193፡ 196፡ 202፡ 205-208፡ 211፡ 212፡ 214፡ 217፡ 220፡ 230፡ 232፡ 239፡ 240፡ 243፡ 250፡ 253፡ 256፡ 257፡ 262፡ 264-266፡ 270-272፡ 275-277፡ 283፡ 293-295፡ 299፡ 307፡ 313፡ 316-318፡ 320፡ 325፡ 327-329፡ 331፡ 333፡ 338፡ 340፡ 342፡ 347፡ 352-354፡ 357፡ 372፡ 391፡ 395
ህልቀት አስመራ 119
እምባጋር አስመራ 333፡ 335
ዝርዝር ጉድአት እምባጋር 332
አስረስ ጊደይ (በርምብራስ)፡ 220
አስረስሀይ በርኺ (ደግያት)፡ 200፡ 221፡ 304፡ 333፡ 338፡ 341
አስረስሀይ አስገዱ 338
አስረስሀይ እምባየ (ፊታውራሪ)፡ 201፡ 220፡ 222፡ 265፡ 293፡ 294፡ 338፡ 340፡ 357፡ 359፡ 373
አስበርም ዓጽመጊዮርጊስ (አዝማች)፡ 190
አስበርም ዕንቱራ (ከንቲባ)፡ 76
አስበርም ወልደጊዮርጊስ (ግራዝማች)፡ 166፡ 169፡ 190፡ 283፡ 321፡ 374፡ 376
አስገዶም ተኸሉ 179
አስፈዳ 141
አስፍሃ ሓምቢር (አዝማች)፡ 182
አስፍሃ አስበርም (አዝማች)፡ 119
አስፍሃ አብርሃ (ብሎታ)፡ 80
አስፍሃ ከሑሳይ (ቀኛዝማች)፡ 58
አስፍሃ ወልደሚካኤል (ቢትወደድ)፡ 62፡ 63፡ 84፡ 190፡ 304
አርሊንግ ክባለ 345
አርባዕት ሓያላት 150፡ 186፡ 191፡ 196

አርኣያ ሱብሃቱ፡ 80
አርኣያ ተክሉ (ቢራምበራስ)፡ 220
አርኣያ ዋሴ (ደጊያት)፡ 19፡ 122፡ 314፡ 357
አርኣያ ዋሴ (ደጊያት) ታሪክ ህይወት፡ 357
አርጀንቲና፡ 246፡ 254፡ 289፡ 382፡ 384
አቸርደት፡ 8-10፡ 15፡ 33፡ 70፡ 104፡ 117፡ 187፡ 215፡ 253፡ 324
አበራ መንግስቱ፡ 359
አቡነ ማርቆስ፡ 28፡ 29፡ 64-66፡ 78፡ 91፡ 118፡ 121፡ 122፡ 131፡ 143፡ 154፡ 155፡ 158፡ 168፡ 266፡ 268፡ 275፡ 291፡ 333፡ 338፡ 339
አቡነ ማርቆስ ታሪክ ህይወት፡ 64
አቡነ ቄርሎስ፡ 155
አቡነ ማሪኖ፡ 19
አባ ሀይለማርያም ንጉሩ፡ 283
አባ ሻውል፡ 119፡ 331
አባ ንፍታሌም፡ 164
አባ ኪዳኑ፡ 393
አባ ገብረኢየሱስ ሃይሉ፡ 276፡ 334
አብርሃ ሞሳዘጊ፡ 179
አብርሃ ተሰማ (ደጊያት)፡ 28፡ 48፡ 72፡ 75፡ 88፡ 92፡ 131፡ 166-168፡ 170፡ 189፡ 276፡ 317፡ 318፡ 320-322፡ 352፡ 387
አብርሃ ወልደታትዮስ (ፊታውራሪ)፡ 63፡ 82፡ 84፡ 85፡ 131፡ 157፡ 209፡ 217፡ 221፡ 231፡ 4
አተር ጆይ.ኤ.፡ 186፡ 190
አትላንቲክ ቻርተር፡ 34፡ 259፡ 263፡ 397
አንስ ማቴንሉ፡ 395፡ 397
አንቶሮ፡ 273
አንቶኒ ኤደን አር.ጇ.ሃው (አምባሳደር)፡ 31፡ 32፡ 39፡ 60፡ 62፡ 82፡ 83፡ 84
አንድረ ግርማኩ፡ 245፡ 247
አንግሎ ኢትዮጵያ ስምምዕ፡ 40
አንግሎ-አመሪ፡ 244
አንግሎ-ግብጻዊት ሱዳን፡ 242፡ 254
አክለ ገዛዩ፡ 14፡ 29፡ 64፡ 72፡ 75-77፡ 88፡ 92፡ 110፡ 143፡ 154፡ 166፡ 167፡ 169፡ 185፡ 196፡ 200፡ 216፡ 219፡ 253፡ 299-301፡ 342
አክሊሉ ሃብተወልድ፡ 44፡ 95፡ 96፡ 98፡ 180፡ 192፡ 238፡ 239፡ 245፡ 252-254፡ 256፡ 257፡ 276፡ 284፡ 286፡ 287፡ 315-318፡ 367፡ 386፡ 394
አክሱስ ኪዳኑ፡ 2፡ 9፡ 27፡ 42
አዕራቡ፡ 48፡ 49፡ 67፡ 99፡ 105፡ 112-114፡ 260፡ 323
አክሱም፡ 85-87፡ 216፡ 222፡ 266፡ 338፡ 373
አክርያ፡ 331፡ 332
አውስትራልያ፡ 130
አውስትርያ፡ 2
አደም ቁስሙላህ (ሸኽ)፡ 22፡ 23፡ 140
አደም ጣዛ (ፊታውራሪ)፡ 111፡ 159
አዲስ አበቦ፡ 31፡ 39፡ 40፡ 42፡ 44፡ 64፡ 66፡ 78፡ 81-84፡ 142፡ 151፡ 158፡ 165፡ 186፡ 201፡ 207፡ 208፡ 217፡ 222፡ 275፡ 316-318፡ 357
አድሚራል ቦቲ፡ 19
አድጋ ሰራሕተኛታት ባርር ምድሪ፡ 268
አድከም ምልጋኡ፡ 341
አድያቦ፡ 355
አዶልፍ ሂትለር፡ 2፡ 6፡ 36፡ 94
አገልግሎት ጥዕና፡ 105
አገልግሎት ፖስታ፡ 250
አፍሪቃ፡ 1-7፡ 9፡ 15፡ 17፡ 18፡ 21፡ 26-28፡ 30፡ 36፡ 39-41፡ 47፡ 70፡ 93፡ 128፡ 155፡ 165፡ 170፡ 180፡ 183፡ 186፡ 191፡ 238፡ 239፡ 244፡ 245፡ 251፡ 285፡ 289፡ 290፡ 324፡ 363፡ 364፡ 370፡ 371፡ 378፡ 397
አፍጋኒስታን፡ 252፡ 384
ኤል ሳልባዶር፡ 384፡ 385፡ 387
ኤርትራ ሰሙናዊ ጋዜጣ፡ 75
ኤርትራዊ ሃገራውነት፡ 20፡ 21፡ 154፡ 336
ኤርነስት ቤቪን፡ 180፡ 229፡ 238፡ 255
ኤርዊን ሮመል (ጀኔራል)፡ 4-7፡ 9፡ 27፡ 36
ኤኩዋዶር፡ 259፡ 382፡ 384
ኤመሪጾ፡ 1፡ 2፡ 4፡ 7፡ 9፡ 11፡ 12፡ 28፡ 35፡ 36፡ 42፡ 45፡ 46፡ 62፡ 67፡ 91፡ 94፡ 99፡ 105፡ 195፡ 244፡ 251፡ 284፡ 315፡ 366፡ 378፡ 384
ኤፍሬም ተወልደመድህን (ብላቴንጌታ)፡ 63፡ 82፡ 97፡ 252፡ 253፡ 275፡ 287፡ 288
ኤቭክስ (ጀኔራል)፡ 9
እምሩ ሃይለስላሴ (ራስ)፡ 62
እምበረሚ፡ 160
እምባ ስንኪል፡ 15
እምባ ደርሆ፡ 210፡ 211፡ 327
እምዬ ሃብቱ፡ 209
እስላም፡ 12፡ 24፡ 54፡ 59፡ 69፡ 87፡ 91፡ 110፡ 117፡ 119፡ 120፡ 124፡ 125፡ 137-139፡ 142-146፡ 148፡ 149፡ 153፡ 155፡ 158-160፡ 167፡ 170፡ 177፡ 184፡ 188፡ 189፡

409

248-251፣ 253፣ 259፣ 262፣ 263፣ 274፣
277፣ 296፣ 298፣ 299፣ 305፣ 307፣ 316፣
322፣ 324፣ 329-331፣ 333-335፣ 343፣
358፣ 360፣ 374፣ 375፣ 383፣ 386፣ 389፣
390፣ 396
ሃገራዊ አሰማዊ ሰልፍ፡ 182
እስራኤል፡ 384፣ 387
እሲየ፡ 1
እንዳ ቁፍርላሁ፡ 333
እገላ ሐመሴ፡ 76
አምሐጀር፡ 6፣ 8፣ 15፣ 215
አርቶዶክስ ተዋህዶ፡ 33፣ 54፣ 64-67፣ 154፣ 155፣
163፣ 164፣ 190፣ 211፣ 213፣ 310፣ 311፣
315፣ 335፣ 338፣ 383
ኡጋዴን፡ 32፣ 34፣ 40፣ 41፣ 44፣ 93፣ 94፣ 97፣ 180፣
183፣ 289

ዑመር ሰፋፍ (ደግያት)፡ 92፣ 132
ዑመር ናሸፍ (ሸኽ)፡ 70፣ 324፣ 325
ዑመር አለሳ፡ 303፣ 304፣ 305
ዑመር አደም ጉዱፍ፡ 303፣ 304
ዑስማን ሀዳድ (ከንቲባይ)፡ 137፣ 155፣ 160፣ 186፣
200
ዑስማን ሎንጒ፡ 215፣ 360
ዑስማን ሓጂ ናስር፡ 302-305
ዑብል፡ 220፣ 354፣ 357
ዑቅባዚ የሃንስ፡ 241፣ 244-246፣ 251፣ 254፣
337፣ 362፣ 369
ዓሊ መሐመድ ሙሳ፡ 283
ዓሊ ሙሳ ረድአይ (ሸኽ)፡ 147፣ 323-325፣ 347፣
348፣ 349፣ 350
ዓሊ ሙሳ ረድአይ ሸኽ ታሪኽ ህይወት፡ 324
ዓሊ ሙንጣዠ፡ 51፣ 68፣ 105፣ 116፣ 185፣ 214
ዓሊ ሳልም፡ 114
ዓሊ ሹም፡ 303፣ 304፣ 305
ዓሊ በኪት ዑመር (ፊታውራሪ)፡ 51፣ 137
ዓሊ ኢብራሂም (ፊታውራሪ)፡ 283
ዓቶቤ፡ 19፣ 33፣ 96፣ 99፣ 184፣ 192፣ 213፣ 237፣
244፣ 248፣ 252፣ 253፣ 343
ዓሳውርታ፡ 76፣ 77፣ 167፣ 269፣ 301
ዓረብ፡ 67፣ 74፣ 75፣ 86፣ 87፣ 105፣ 113፣ 121፣
142፣ 144፣ 146፣ 149፣ 150፣ 152፣ 176፣
193፣ 252፣ 316፣ 319፣ 324፣ 359፣ 371፣
382፣ 384፣ 387
 ሕብረት ዓረብ፡ 348
 ጃምዓ አልዓረቢያ፡ 280

ዓረዙ፡ 15፣ 16፣ 158፣ 169፣ 200፣ 293፣ 311
ዓርቡ፡ 13፣ 133፣ 284፣ 285፣ 320
ዓበደላ ጎናፍር (ካሻሌር)፡ 122፣ 160
ዓበደልቃድር ከቢረ (ሸኽ)፡ 4-6፣ 19፣ 24-26፣ 58፣
60፣ 80፣ 91፣ 111፣ 118፣ 137፣ 138፣ 144፣
145፣ 147፣ 168፣ 189፣ 209፣ 224፣ 227፣
229፣ 230፣ 249፣ 274፣ 309፣ 341
ዓበደልቃድር ከቢረ (ሸኽ) ታሪኽ ህይወት፡ 25
 መቅተልቲ ዓበደልቃድር ከቢረ፡ 228፣ 229
ዓበደልቃድር ጆብር (አዝማች)፡ 356፣ 357
ዓበደልዓሊም ኢድሪስ (ሸኽ)፡ 334
ዓበደልጀሊል መሐመድ (ሸኽ)፡ 283
ዓናግር፡ 201
ዓንሱቤ፡ 201፣ 354
ዓዲ ሮሱ፡ 292-294
ዓዲ ቓይሕ፡ 30፣ 61፣ 74፣ 75፣ 78፣ 104፣ 166፣
220፣ 273፣ 298
ዓዲ ተክሌዜ፡ 212
ዓዲ ኳላ፡ 168፣ 169፣ 190፣ 209፣ 253፣ 304፣ 314፣
354፣ 373
ዓዲ ወገሪ፡ 15፣ 104፣ 253
ዓዲ ግራት፡ 85፣ 302
ዓዲ ተክሌዞን፡ 19፣ 21፣ 211፣ 212፣
ዓዲ ተኽላይ፡ 293
ዓድ ሸንጡቡ፡ 53
ዓድ ሸኽ፡ 70
ዓድ ሹም፡ 70
ዓድ ተክሊሱ፡ 30፣ 52፣ 141
ዓድ ኑራዴን፡ 52
ዓደዋ፡ 1፣ 15፣ 71፣ 85፣ 108፣ 126፣ 135፣ 170፣
216፣ 221፣ 5፣ 269፣ 338
ዓፉር፡ 188
ዒሳበርዕድ፡ 198፣ 209፣ 211
ዒራቕ፡ 36፣ 246፣ 252፣ 255፣ 258፣ 371፣ 382፣
384
ዔናይን ሉጋይን፡ 167
ዕደና ወርቂ፡ 353
ዖና ዓሊ፡ 140፣ 299

ከሊፋ አልኸሉፍ፡ 160
ከሊፋ ዓብዲ ሳለም በይ፡ 122
ከሰላ፡ 6-8፣ 20፣ 70፣ 325
ከረን፡ 4፣ 9፣ 10፣ 15፣ 18፣ 30፣ 33፣ 35፣ 66፣ 104፣
109-111፣ 113፣ 117፣ 139፣ 142፣ 146፣
148፣ 154፣ 155፣ 158-161፣ 167፣ 182፣
189፣ 209-212፣ 219፣ 225፣ 230፣ 250፣

253፤ 278፤ 279፤ 298፤ 299፤ 324፤ 329፤
357፤ 360
ኩናት ከረን 16
ከበሮ፡ 11፤ 12፤ 54፤ 60፤ 71፤ 73፤ 122፤ 129፤ 170፤
181፤ 199-201፤ 296፤ 374
ከተማታት፡ 10፤ 16-18፤ 29፤ 30፤ 45፤ 46፤ 48፤ 50፤
105፤ 122፤ 202፤ 339፤ 353፤ 359
ኩባ፡ 384፤ 387
ኩናኝ፡ 12፤ 51፤ 52፤ 136፤ 198፤ 215፤ 356፤
360፤ 374
ኩTC፡ 330፤ 331
ኪዳነ ሃቡተጽዮን፡ 313፤ 314
ኪዳነ ሀብታይ (ደግያት)፡ 202
ኪዳነ መሰለ (ቀኛዝማች)፡ 314
ኪዳነ ክልብ (ሻምበል ባሻ)፡ 120
ኪዳነ ጉዱ፡ 314
ኪዳንማርያም ጉብረመስቀል (ራእሲ)፡ 155፤ 158፤
159፤ 162፤ 169፤ 200፤ 291፤ 391
ኪዳንማርያም አበራ (ብላታ)፡ 72፤ 83፤ 190
ካልአይ ኩናት ዓለም፡ 1፤ 2፤ 3፤ 5፤ 7፤ 9፤ 15፤ 18፤
20፤ 34፤ 86፤ 94፤ 99፤ 100፤ 179፤ 183፤
194፤ 237
ካህሉ ምልክስ (አገዞማች)፡ 166፤ 169፤ 190
ካሕሳይ ማሉ (ብላታ)፡ 225፤ 226
ካሚንግ ዲ.ሲ. (ሜጀር ጀነራል)፡ 212
ካሜሮን ሪጅ፡ 1፤ 15
ካስትሮ (አምባሳዶር)፡ 385
ካርሎስ ጋርሲያ ባወር፡ 345
ካርቲም፡ 6፤ 7፤ 19፤ 84
ካቶሊኩ፡ 19፤ 163፤ 393
ካናዳ፡ 130፤ 382
ካይሮ፡ 84፤ 91፤ 104፤ 107፤ 138፤ 140፤ 207፤ 212፤
219፤ 227፤ 228፤ 280፤ 373
ኬሩ፡ 8፤ 9
ኬኔዲ-ኩክ (ብሪጋደር ጀነራል)፡ 25፤ 82-84፤ 349፤
325
ኬንያ፡ 7፤ 32፤ 36፤ 39፤ 8፤ 180
ኬንዞን-ሰለኒ (ኮሎኔል)፡ 218
ክርስትያን፡ 6፤ 11፤ 12፤ 23፤ 24፤ 26፤ 32፤ 33፤
54፤ 64፤ 69፤ 86፤ 87፤ 91፤ 96፤ 110፤ 119፤
120፤ 124፤ 132፤ 139፤ 142፤ 143፤ 145-
148፤ 150፤ 152፤ 153፤ 155፤ 158፤ 160፤
163፤ 167፤ 170፤ 178፤ 180፤ 184፤ 186፤
189፤ 195፤ 213፤ 221፤ 240፤ 246፤ 250፤
252፤ 262፤ 277፤ 300፤ 304፤ 307፤ 310፤
311፤ 315፤ 316፤ 333-335፤ 339፤ 343፤

374፤ 375፤ 383፤ 386፤ 389-391፤ 393፤
396
ክፍለአግዚእ ይሕደጎ (ብላታ)፡ 63፤ 82፤ 190፤ 275
ኮሎምቢያ፡ 384
ኮስታ ሪካ፡ 384
ኮሬያ፡ 366፤ 370፤ 386
ኮርሶ ደል ረ ኢታልያ፡ 79፤ 313፤ 329
ኮንት ካርሎ ሰቦርሳ፡ 237፤ 238፤ 244፤ 245፤ 255፤
262፤ 286፤ 364፤ 370
ኮንቲ ሮሲኔ፡ 20
ኮንቶሰፎን፡ 11፤ 29፤ 45፤ 46፤ 65፤ 107፤ 185፤ 199፤
200፤ 241፤ 269፤ 273
ኮህን፡ 10
ኮርCCይ፡ 221
ኮፐሬጅ፡ 47፤ 108፤ 114፤ 313

ወልቃይት፡ 15
ወልደሚካኤል ሰለሞን (ራእሲ)፡ 21፤ 200፤ 374
ወልደሚካኤል ተፈሪ (ብላታ)፡ 81
ወልደስላሴ ተሰማ (ፊታውራሪ)፡ 283፤ 169
ወልደስላሴ አዳኑ፡ 214፤ 215፤ 265
ወልደሩፋኤል አብርሃ፡ 357
ወልደአምላክ ወልደድንግል፡ 148፤ 151
ወልደአብ ወልደማርያም፡ 6፤ 10፤ 13፤ 17፤ 19፤
24፤ 26፤ 59፤ 64፤ 65፤ 67፤ 75፤ 84፤ 85፤
91፤ 92፤ 109-111፤ 114፤ 119፤ 121፤ 128፤
129፤ 131-135፤ 151፤ 166፤ 178፤ 186፤
190፤ 205፤ 226፤ 270፤ 273፤ 283-285፤
291፤ 292፤ 306፤ 320፤ 322፤ 333፤ 341፤
373፤ 396
ወልደአብ ፈተነ ቅትለት፡ 178
ወልደገብርኤል ምሳዞ፡ 220፤ 293፤ 294፤ 373
ወልደጊዮርጊስ ወልደዮሃንስ (ጸሐፊ ትእዛዝ)፡ 62፤
82፤ 84፤ 131፤ 157፤ 201፤ 208፤ 209፤ 216፤
221፤ 222፤ 231፤ 257፤ 373
ወልደጊዮርጊስ ካህሳይ (ደጊያት)፡ 168፤ 169
ወልዱ ተስፋዩ፡ 114
ወሸመጥ ዙላ፡ 237
ወደብ ዛይላ፡ 96
ዊልያም ፕላት (ጀነራል)፡ 6፤ 8፤ 18፤ 21፤ 32፤ 41
ዊንስተን ቸርቺልን፡ 3፤ 5፤ 40፤ 39፤ 93፤ 385
ዋዕላ ሰላም፡ 30፤ 31፤ 58፤ 86፤ 94፤ 95፤ 391፤ 392፤
393፤ 395፤ 397
ዋዕላ ቤት ጊርጌ፡ 116፤ 117፤ 119፤ 121፤ 123፤
125፤ 127-129፤ 131፤ 133፤ 135፤ 138፤
156፤ 157፤ 167፤ 282፤ 319፤ 345፤ 387

ዋዕላ ፓሪስ፡ 63፣ 93፣ 95፣ 97-99፣ 106፣ 108፣ 112፣ 123፣ 180፣ 196
ውሕደት ኤርትርያ፡ 352፣ 360
ውድብ ሕቡራት ሃገራት (ው.ሕ.ሃ.)፡ 94፣ 98፣ 109፣ 110፣ 180፣ 192፣ 193፣ 237፣ 255፣ 256፣ 262፣ 263፣ 264
  ቻርተር ሕቡራት ሃገራት፡ 246፣ 257

ዘግት ወድ እኩድ፡ 198
ዘሞ ሃይሉ፡ 355
ዘርአ በኺት (ግራዝማች)፡ 80
ዘርአ ደብረጽዮን፡ 156፣ 157
ዘርአይ ደሪሱ፡ 112፣ 315
ዘርአም ክፍለ (ኣዝማች)፡ 122፣ 393
ዘርአም ክፍለ (ኣዝማች) ታሪኽ ህይወት፡ 393
ዘውደ ሓጉስ (ደግያት)፡ 164
ዘውዴ ረታ፡ 97፣ 192፣ 256፣ 257
ዙላ፡ 99
ዛፍራላህ ካን፡ 286፣ 287፣ 288፣ 290
ዚሥት፡ 242፣ 344፣ 369

የመን፡ 25፣ 49፣ 99፣ 113፣ 124፣ 252፣ 384
የማን ምስግና፡ 201፣ 220፣ 222
የክረይን፡ 245
ዩጎዛላቪያ፡ 97፣ 245፣ 246
ያሲን መሓመድ ጉሕማድ፡ 283
ያሲን ባጡቂ፡ 147፣ 283፣ 298፣ 372፣ 373፣ 376
ያሲን ኤድሪስ (ፊታውራሪ)፡ 114
ያሲን ግነይ (ፊታውራሪ)፡ 283
ይልማ ደሩሳ (ሚኒስትር)፡ 43፣ 275፣ 277
ይሙኑ ሓሰን (ፊታውራሪ)፡ 338
ይስሃቅ ተወልደመድህን (መምህር)፡ 75፣ 252
ዮሃንስ ተኸላይ፡ 132
ዮሃንስ ጸጋይ፡ 24-26፣ 65፣ 84፣ 122፣ 124፣ 131፣ 151፣ 157፣ 228

ደሎችሮዲኹ፡ 15
ደማንየለ፡ 53፣ 292
ደምሳስ ወልደሚካኤል (ብላታ)፡ 19፣ 24፣ 67፣ 91፣ 111፣ 132፣ 136፣ 163፣ 314
ደምቦዞ፡ 19
ደሞክራሲያዊ ሰልፊ ኤርትራ (ዴ.ሰ.ኤ.)፡ 391፣ 391፣ 392
ደንብ ናጽነት፡ 186፣ 191፣ 216፣ 315
ደቀምሓሪ፡ 30፣ 64፣ 77፣ 107፣ 110፣ 190፣ 211፣ 212፣ 219፣ 294፣ 306፣ 307

ደቁ ጸንዓ፡ 226
ደቁ አድመቾም፡ 76
ደበሰይ ድራር፡ 201፣ 220፣ 338፣ 359፣ 360
ደቡብ አፍሪቃ፡ 5፣ 336፣ 339፣ 341፣ 343-345፣ 366፣ 381
ደብሪ በዞኽ፡ 64
ደብዓት፡ 53
ደንማርክ፡ 382
ዳንነ ምጭሪ፡ 340
ደንክልያ፡ 7፣ 32፣ 33፣ 34፣ 70፣ 110፣ 136፣ 160፣ 192፣ 196፣ 237፣ 253፣ 296
ደንገስ አረይ (ተጋዳላይ)፡ 215
ደንገስ፡ 4
ደማለል፡ 51፣ 53፣ 136፣ 140፣ 200፣ 325
ዳካ ዳዕስታ፡ 357
ዲ ግሮልሙ፡ 270፣ 272
ዲሜጥሮስ ገብረማርያም (ቀሺ)፡ 294
ዴን አቸሰን፡ 283፣ 364፣ 366፣ 370
ዴጀማ ሙቲ (ዶቶር)፡ 313
ዳዊት ዑቅባዜ (ብላታ)፡ 63፣ 81፣ 82፣ 85
ዴሳዊ ሰልፊ፡ 97፣ 196፣ 245፣ 286፣ 371
ድሩ (ብሪጋደር)፡ 4፣ 5፣ 7፣ 229፣ 232፣ 237፣ 275፣ 291፣ 337፣ 369፣ 388፣ 390፣ 396
ድርፅ፡ 354፣ 355
ዱሉቸርዶቹ፡ 18
ዶሞኒካን ሪፓብሊክ፡ 384
ጀላኒ ፓሻ (ድማለል)፡ 187፣ 186፣ 200
ጀማይኩ፡ 397
ጀርመን፡ 1-5፣ 9፣ 36፣ 40፣ 42፣ 94
ጀበርቲ፡ 22፣ 54፣ 67፣ 118፣ 136
ጀነቫ፡ 364
ጁባ፡ 6
ጂ. ጀብ (ሰር)፡ 372
ጃፓን፡ 1፣ 2፣ 4፣ 5፣ 44፣ 94
ጂቡቲ፡ 40፣ 41፣ 44፣ 93፣ 96፣ 248
ጅዱ፡ 19
ጆርዳን ገብረመድህን፡ 85፣ 126፣ 130፣ 215፣ 221
ጆርጅ ማክጊ፡ 364
ጆርጅ ሲ.ማርሻል፡ 239
ጆርጅ ክላተን፡ 4፣ 271
ጆን ሰፔንሰር፡ 39፣ 41፣ 42፣ 44፣ 94፣ 96፣ 223፣ 289፣ 290፣ 367፣ 368፣ 369፣ 371
ጆን ካልድዌል፡ 43
ጆን ፎስተር ዳለስ፡ 243፣ 254፣ 255፣ 256፣ 258

ገብረ ተስፋጽዮን (ፊታውራሪ)፡ 201፣ 202፣ 207፣

219-222፤ 265፤ 314፤ 338፤ 355፤ 359

ገብረሂወት ወልዱ፤ 314

ገብረመስቀል ኀብተማርያም (ደጃዝማች)፤ 63፤ 81፤ 82-85፤ 106፤ 151

ገብረመስቀል ወልዱ (ፊታውራሪ)፤ 8-10፤ 19፤ 24፤ 28፤ 29፤ 67፤ 78፤ 84፤ 87፤ 88፤ 91፤ 92፤ 110-112፤ 122፤ 128-133፤ 157፤ 163፤ 205

ገብረመስቀል ታሪክ ህይወት፤ 66

ገብረመስቀል የዑቦ (ንብረእድ)፤ 82፤ 85፤ 214፤ 222፤ 266፤ 268፤ 275፤ 338

ገብረመስቀል የዑቦ ታሪክ ህይወት፤ 221

ገብረመድህን አብርሃ፤ 5

ገብረመድህን ከፈላ፤ 359

ገብረመድህን ቦዬ (ሃለቃ)፤ 179

ገብረሚካኤል በራኺ፤ 249፤ 283፤ 313፤ 348

ገብረሚካኤል ግርሙ ዘበራቄት (አዝማች)፤ 148፤ 149፤ 150፤ 156፤ 157፤ 161-165፤ 13፤ 218፤ 292፤ 314፤ 320

ገብረማርያም ካሳ (ፊታውራሪ)፤ 122

ገብረማርያም ገብረኢየሱሱ፤ 79

ገብረስላሰ ኀብቱ (ቀሺ)፤ 228፤ 334

ገብረስላሰ ጋርኸ፤ 203፤ 229፤ 231፤ 232፤ 274

ገብረኢየሱስ ኀይሉ (ዶክተር)፤ 283

ገብረዘቢ ጎንጉል (ደግያት)፤ 318፤ 319

ገብረዮሃንስ ተስፋማርያም (ደግያት)፤ 62፤ 59፤ 64፤ 137፤ 138፤ 148፤ 150፤ 156፤ 157፤ 160፤ 161፤ 201፤ 202፤ 204፤ 206-208፤ 313-315፤ 333፤ 334፤ 360

ገብረዮሃንስ ተስፋማርያም (ደግያት) ታሪክ ህይወት፤ 217

ገብሬት ትኩእ (ሽፍታ)፤ 212

ገብራይ መለስ (ግራዝማች)፤ 201፤ 202፤ 220፤ 221፤ 222

ገብራይ ተኽሉ (ደግያት)፤ 77፤ 110፤ 154፤ 155

ገብርኤል ወልደማርያም፤ 320

ጉላይ ሰሩር፤ 301

ጉህ ጭዓ፤ 168፤ 201

ጉራዕ፤ 10፤ 16፤ 36፤ 4፤ 5፤ 47፤ 58፤ 99

ጊንዳዕ፤ 4፤ 47፤ 92፤ 99፤ 132፤ 300

ጋላባት፤ 7

ጋስፓሪኒ፤ 50

ጋርሲያ ባወር፤ 337

ጋሽን ባርኳ፤ 139፤ 199፤ 214፤ 215

ጋዜጣ ሓንቲ ኤርትራ፤ 306፤ 308፤ 321፤ 352፤ 380፤ 381፤ 391

ጋዜጣ ሕብረት (ስምሪት) ኤርትራ፤ 306

ጋዜጣ መብራህቲ ኤርትራ፤ 225፤ 264፤ 292

ጋዜጣ ማንቸስተር ጋርድያን፤ 187

ጋዜጣ ሰውት አልራቪቴ፤ 141፤ 142፤ 146፤ 147፤ 149፤ 178፤ 306

ጋዜጣ ሰውት አልኤርትሬያ፤ 353

ጋዜጣ ኢል ኮቲድያኖ፤ 148፤ 176፤ 177

ጋዜጣ ሓንቲ ኢትዮጵያ፤ 149፤ 161፤ 162፤ 165፤ 269፤ 291፤ 292፤ 314፤ 318፤ 334፤ 352፤ 353፤ 381፤ 394

ጋዜጣ ኢትዮጵያን ናጽነት ኤርትራ፤ 306

ጋዜጣ ዘ ግላሰነ ሀራልድ፤ 188

ጋዜጣ የኤርትሮ ድምጽ፤ 151

ጋዜጣ ጥልያን ኢል ኮቲድያ ኤርትራዮ፤ 148

ግራኸ፤ 97፤ 293፤ 355፤ 382

ግርማቸው ተክለሃዋርያን፤ 61

ግብረ ሸበረ፤ 124፤ 178፤ 199፤ 208-209፤ 211፤ 218፤ 219፤ 224፤ 226፤ 229፤ 231፤ 269፤ 282፤ 295፤ 309፤ 313፤ 338፤ 341፤ 353፤ 354

ግብጽ፤ 4-9፤ 27፤ 31፤ 36፤ 59፤ 93፤ 97፤ 188፤ 227፤ 243፤ 246፤ 252፤ 280፤ 342፤ 344፤ 348፤ 371፤ 374፤ 384

ግራስኒ (ማርሻል)፤ 357

ጉንደር፤ 20፤ 222

ጉይትአም ጴጥሮስ፤ 82

ጓቴማላ፤ 336፤ 337፤ 339፤ 341፤ 343፤ 345፤ 384፤ 385፤ 387

ጠልሰም ሓጅ ሓብን (ቦላታ)፤ 122፤ 334

ጥንቀልሓሉ፤ 15፤ 16፤ 18

ጦርናን ጸንደገለን፤ 21፤ 66፤ 76፤ 119

ጦቡዕቒ፤ 6-7

ጨዓሎ፤ 76

ጸሃየ ብስራት (ደጃዝማች)፤ 355፤ 338

ጸየ አብርኸ፤ 390

ጸዓዘጋ፤ 190፤ 314

ፈረንሳ፤ 1፤ 2፤ 40፤ 41፤ 61፤ 84፤ 94-98፤ 109፤ 180፤ 183፤ 184፤ 186፤ 191፤ 192፤ 195፤ 196፤ 238፤ 243-245፤ 253፤ 256፤ 257፤ 271፤ 285፤ 287፤ 342

ፈርዲናንዶ ማርቲኒ፤ 20፤ 25

ፈደረሽን፤ 295፤ 344፤ 365-371፤ 384-387፤ 390፤ 394፤ 396፤ 397

ፈደረሽን ትርጉም፡ 380፣ 381
ፈሊጶ ካሻኒ፡ 198፣ 201፣ 209፣ 210፣ 251፣ 252፣ 267፣ 283
ፈሊፒንስ፡ 246
ፈሊፕ ጀሰፒ፡ 289
ፋሲል ዑቅባዜ (ብላታ)፡ 60፣ 80
ፋሽስታዊ ዓሌት፡ 1፣ 13፣ 17፣ 27፣ 58፣ 65፣ 70፣ 95፣ 104፣ 156፣ 180፣ 183
ፋይድ ቲንጋ ሉንጌ፡ 215
ፊዛክ፡ 256፣ 257፣ 260
ፍስሃዬ ብርሁ፡ 202፣ 220
ፍስሃ ወልደማርያም (ባሻይ) ወይ ጋንዴ፡ 75፣ 207፣ 314፣ 320
ፍስሐጽዮን ሃይሉ፡ 112
ፍስሐጽዮን እልፈ (ቀሺ)፡ 65፣ 190
ፍሩስኪ፡ 18
ፍራንክ ስታፎርድ (ብሪጋደር)፡ 184-187፣ 190፣ 193፣ 297፣ 306፣ 315-322፣ 324፣ 325፣ 336፣ 337፣ 342፣ 346፣ 347፣ 349፣ 350፣ 367-370፣ 372፣ 387
ፍራንክ ስታፎርድ ታሪክ ህይወት፡ 296
ፍራንክሊን ሩዘቬልት (ፕሬሲዳንት)፡ 36፣ 42፣ 93፣ 94
ፒ. ነርፖ (አምባሳደር)፡ 367
ፓራጓይ፡ 382፣ 384
ፓናማ፡ 382፣ 384
ፓኪስታን፡ 99፣ 100፣ 243፣ 252፣ 259፣ 280፣ 283፣ 286፣ 287፣ 290፣ 336፣ 337፣ 339፣ 341፣ 343፣ 345፣ 363፣ 364፣ 376፣ 382-384፣ 387
ፔሩ፡ 246፣ 382፣ 384
ፔሬ፡ 20
ፔተን (ማርሻል)፡ 3
ፔትሩስ ጀይ. ሽሚት፡ 345
ፕሮቴስታንት ወይ ከሺሽ፡ 163
ፖለቲክ ማህበራት፡ 13፣ 116፣ 176፣ 179
ፖለቲክ ኤርትራ፡ 5፣ 10፣ 21፣ 86፣ 87፣ 106፣ 119፣ 126፣ 128፣ 129፣ 135፣ 139፣ 153፣ 154፣ 179፣ 224፣ 262፣ 265፣ 281፣ 326
ፖሊስ፡ 4፣ 5፣ 18፣ 23፣ 26፣ 40፣ 49፣ 64፣ 78፣ 79፣ 82፣ 107፣ 108፣ 113፣ 120፣ 121፣ 190፣ 198፣ 199፣ 210-212፣ 216፣ 219፣ 220፣ 229፣ 232፣ 262፣ 269፣ 273፣ 274፣ 292፣ 293፣ 303፣ 329-332፣ 335፣ 354፣ 355፣ 357-360
ፖሊስ ኤርትራ፡ 23፣ 64፣ 78፣ 107፣ 120፣ 198፣ 274፣ 303፣ 355፣ 357፣ 359

ፖላንድ፡ 2፣ 243፣ 245፣ 258፣ 376፣ 382፣ 387
ፖርት ሱዳን፡ 16፣ 19
ፖትሱዳም (በርሊን) ሶምሙዕ፡ 94

ሸንዞዋላ፡ 384
ሺላጅዮ ጀዞ፡ 120
ሺቶሮ ሉንጌ፡ 356፣ 357
ሺንቸንዝ ዲ ሜልዮ (ዶቶሪ)፡ 181፣ 210፣ 211
ሺያለ ባይልዮ፡ 357

www.ingramcontent.com/pod-product-compliance
Lightning Source LLC
LaVergne TN
LVHW021754060526
838201LV00058B/3091
* 9 7 8 9 9 9 4 8 0 0 5 3 7 *